JN493788

제 25 판

세법개론

이만우 · 정규언 · 정재연
노준화 · 심준용

2025

세학사

2025년 개정판을 발간하며...

2025년부터 시행되는 세법개정은 경제의 역동성 지원, 민생경제 회복, 조세체계 합리화 및 납세자 친화적 환경 구축에 중점을 두고 이루어졌다.

첫째, 경제의 역동성 지원을 위해 국가전략기술 등 R&D 세액공제·통합투자세액공제 적용기한을 연장하고, 중소기업 기준 초과시 중소기업 졸업유예기간을 연장하였다. 기업 경쟁력 제고를 위해 최대주주 등 보유주식 할증평가를 폐지하고, 자본시장 활성화를 위해 금융투자소득세를 폐지하였다.

둘째, 결혼·출산·양육 지원을 위해 결혼세액공제를 신설하고, 기업의 출산지원금 비과세 한도를 폐지하였으며, 자녀세액공제 금액을 확대하였다. 서민·중산층의 세부담 경감을 위해 수영장·체력단련장 시설 이용료 등 신용카드 소득공제 적용대상을 확대하고, 맞벌이가구의 근로장려금 소득상한금액을 인상하였다.

셋째, 조세체계 합리화를 위해 가상자산소득에 대한 과세를 2027년까지 유예하고, 창업중소기업 세액감면 제도, 지방이전기업 지원세제 등을 정비하였다. 한편 종업원할인금액에 대한 근로소득 비과세 기준을 마련하고, 세원투명성 제고를 위해 전자세금계산서 및 전자계산서 발급 세액공제 적용기한을 연장하였다.

넷째, 납세자 편의 제고를 위해 전자기부금영수증 발급을 의무화하고, 해외직구 통관제도를 개선하였다. 한편, 납세자 권익 보호를 위해 세액공제액에 대한 경정청구를 허용하고, 세무조사 사전통지 기간을 합리화하였다.

매년 연말에 세법개정안이 국회를 통과하고 이후 연초에 이에 대한 법령의 정비가 이루어져 아직도 각종 법령이 최종 확정되지 않은 상태에 머물러 있다. 그럼에도 본서가 대학교에서 세법 및 세무회계의 기본개념을 체계적으로 익힐 수 있도록 앞으로도 계속해서 부족한 부분을 보완하고 개정내용을 반영하기 위한 노력을 할 것임을 약속드리며 본서를 이용하는 모든 학생들이 세법에 조금 더 쉽게 다가갈 수 있기를 기대한다.

2025년 2월

저자 일동

머리말…

살아가다 보면 항시 즐겁고 편리한 환경만 만나는 것은 아니다. 어쩔 수 없이 성인병에 걸리기도 하고 빚을 지고 고생하기도 한다. 성인병은 완쾌를 기대하기가 어려운 난치병으로 잘 다스려가며 평생을 같이 지낼 수밖에 없다. 성인병은 먹고 싶은 것을 마음대로 먹지 못하고 일에 대한 욕심도 자제하면서 생활의 일부를 병치레에 할애해야 한다는 점에서 소득이나 재산의 일부를 떼어주어야 하는 세금과 비슷하다 본서는 세금에 대한 전문지식을 전달하기 위한 세법기본서로 집필되었다.

세법은 복잡 다양하기 때문에 세무전문가를 양성하는 공인회계사 · 세무사 · 사법시험 등에서 세법과목을 채택하고 있다. 본서는 대학 · 대학원에서 세무회계 또는 세법개론 과목을 수강하는 학생들을 위한 교과서와 공인회계사 · 세무사 · 사법시험 등의 수험서에 초점을 맞추어 집필되었다. 본서의 특징은 다음과 같다.

첫째, 초보자도 쉽게 세법개론의 틀을 잡을 수 있도록 각 규정의 이론적 배경과 취지를 설명하고 있으며, 세법의 나열을 지양하고 가능한 한 도표위주로 전개하고 있다 또한 특히 중요한 것은 C/h/e/c/k 로 정리하였으며, 수험생들이 알아두면 도움이 될 수 있을 정도의 것은 본문과 별도로 심/화/학/습 으로 구분하여 제시하고 있다.

둘째, 기업회계기준과 세법과의 관계를 비교 · 제시함으로써 세법을 기업회계와 연결하여 이해할 수 있도록 구성하였다.

셋째, 복잡한 세법조문을 세무회계관점에서 재구성함으로써 회계학을 학습하는 수험생들 이 보다 쉽게 이해할 수 있도록 구성하였다.

넷째, 본문에 수록된 예제 이외에 각 장마다 객관식문제를 수록함으로써 세무회계연습 등 별도의 교재를 보지 않더라도 1차 시험에 대비할 수 있도록 구성하였다.

저자들이 최선의 노력을 기울였으나 여전히 부족한 부분이 있을 것으로 생각된다. 세법은 매년 개정되기 때문에 매년 개정판을 출간하여야 한다. 앞으로 계속되는 개정작업을 통하여 보다 더 나은 책을 만들 것을 약속드린다.

2001년 2월

이만우 · 노준화 · 정재연

일러두기…

■ 약어표

약어	법령	약어	법령
국기법	국세기본법	조특법	조세특례제한법
국기령	국세기본법 시행령	조특령	조세특례제한법 시행령
국기칙	국세기본법 시행규칙	조특칙	조세특례제한법 시행규칙
국기통	국세기본법 기본통칙	조특통	조세특례제한법 기본통칙
소 법	소득세법	상증법	상속세 및 증여세법
소 령	소득세법 시행령	상증령	상속세 및 증여세법 시행령
소 칙	소득세법 시행규칙	상증칙	상속세 및 증여세법 시행규칙
소기통	소득세법 기본통칙	상증통	상속세 및 증여세법 기본통칙
부 법	부가가치세법	국징법	국세징수법
부 령	부가가치세법 시행령	국징령	국세징수법 시행령
부 칙	부가가치세법 시행규칙	국조법	국제조세조정에 관한 법률
부기통	부가가치세법 기본통칙	국조령	국제조세조정에 관한 법률 시행령
법 법	법인세법	지 법	지방세법
법 령	법인세법 시행령	지 령	지방세법 시행령
법 칙	법인세법 시행규칙	지기법	지방세기본법
법기통	법인세법 기본통칙	지기령	지방세기본법 시행령
		지특법	지방세특례제한법
		지특령	지방세특례제한법 시행령

차 례…

제 1 편 조세총론

제 2 편 국세기본법

제 4 편 소득세법

제4장 근로소득 · 연금소득 및 기타소득

제5장 소득금액계산의 특례

제6장 종합소득과세표준

제7장 종합소득세액의 계산

제8장 퇴직소득세

제9장 양도소득세

제10장 소득세 납세절차

제 5 편 부가가치세법

제1장 부가가치세의 개요

제 1 편

조세총론

1 조세제도의 개관

제 1 절 | 조세의 개념

조세는 일반적으로 "국가 또는 지방자치단체가 수입을 얻기 위하여 법률의 규정에 의해 직접적인 반대급부를 제공함이 없이 자연인이나 법인에게 강제로 부과하는 경제적 부담"으로 정의되어진다. 이 정의를 좀 더 분명하게 하기 위하여 다음과 같이 나누어 생각해 보기로 한다.

(1) 조세를 부과하는 주체는 국가 또는 지방자치단체이다

국가 또는 지방자치단체가 아닌 주체가 그 구성원에게 부과하는 금전급부는 조세라고 할 수 없다. 예를 들면, 각종 경제단체나 협회가 부과하는 협회비 또는 분담금 등은 조세라고 할 수 없다. 여기서 국가가 부과하는 조세를 국세, 지방자치단체가 부과하는 조세를 지방세라고 한다.

(2) 조세는 수입을 목적으로 한다

국가나 지방자치단체는 그 기능을 수행하기 위하여 상당한 경비를 필요로 하며, 이에 대한 수입원을 확보하여야 한다. 물론 국가나 지방자치단체는 공공기업수입이나 행정수입 등 조세 이외에 다른 방법으로 수입을 얻기도 하나 조세가 가장 중요한 수입원이다. 또한 조세는 수입을 주된 목적으로 한다는 점에서 특정행위를 방지하는 것을 주목적으로 하는 벌과금과는 그 성격이 다르다. 물론 조세의 운용을 경제정책이나 사회정책의 수단으로 삼는 수도 있다. 그 한 예로 부동산투기억제를 위한 조세운용을 들 수 있다. 그러나 이러한 것은 조세의 주목적이라기보다는 부차적인 목적으로 보아야 할 것이다.

(3) 조세는 법률규정에 의해서 확정된다

근대국가 초기부터 시민의 재산권을 보호하기 위하여 조세의 부과요건을 법률로 정하도록 하는 조세법률주의가 확립되었다. 이는 "대표 없이 과세 없다"는 이념으로부터 출발하여 납세의무는 국민의 동의, 다시 말하면 국민의 대표기관인 의회가 제정한 법률에 의해서만 성립된다는 것을 각국의 헌법이 선언함으로써 구체적으로 표시되고 있다. 따라서 조세는 법률에 정해진 과세요건에 따라 그 채무가 발생하는 법규강제성을 띠는 것으로 당사자의 자유로운 계약에 의하여 채권·채무가 발생하는 일반사법관계와는 그 성격을 달리한다.

(4) 조세는 직접적인 반대급부를 수반하지 않는 비보상성(非報償性)을 지닌다

국가나 지방자치단체가 조세수입으로 국방·치안·기타 사회복지에 사용함으로써 납세자에게 간접적으로 보상하고 있지만, 자신이 납세한 세금에 비례하여 보상한다기보다는 국민에게 공평한 서비스를 제공하는 것이기 때문에 직접적인 보상은 없는 것으로 볼 수 있다. 다만, 지방세 중 지역자원시설세는 장래에 일정한 사업 또는 시설의 혜택을 받을 자를 납세자로 한다는 점에서 이러한 정의의 예외로 인정되어야 할 것이다. 조세는 직접적인 반대급부가 없는 점에서 국가나 지방자치단체의 특정한 행정서비스의 대가로 지급하는 수수료나 사용료와는 다르다.

(5) 조세의 부담자는 자연인과 법인이다

일반적으로 권리능력자인 살아있는 사람을 「자연인」이라 하고 권리능력이 인정되는 사단이나 재단을 「법인」이라고 하는데, 헌법상의 의무는 그 성격에 따라 자연인 또는 법인만이 부담하기도 하고 자연인과 법인이 모두 부담하기도 한다. 예를 들면, 국방의 의무, 교육의 의무 등은 자연인만 부담하는 의무이다. 조세에는 그 부담자가 법인인 것(예 법인세)과 자연인인 것(예 소득세, 상속세), 그리고 법인과 자연인 모두에 해당되는 것(예 부가가치세·재산세 등)이 있다.

(6) 조세는 원칙적으로 금전의 형태로 부과되는 경제적 부담이다

조세는 금전으로 납부하는 것을 원칙으로 하며, 예외적으로 상속세에 대해서는 물납이 허용되고 있다.

물납대상 세목의 축소

종전에는 상속세 외에도 증여세, 법인세, 소득세 및 종합부동산세에 대해서도 일부 물납이 허용되었으나, 물납제도의 실효성 확보를 위해 2016년부터 상속세 이외의 다른 국세에 대한 물납제도가 폐지되었다.

제 2 절 | 조세의 분류

조세는 과세권자 · 부담자 · 세원 · 세율 등 여러 가지 관점에서 분류할 수 있다.

1. 과세권자에 의한 분류

조세는 부과권자가 국가인 경우 이를 국세(National Tax)라 하고, 지방자치단체인 경우 이를 지방세(Local Tax)라 한다. 국세에는 소득세 · 법인세 · 상속세 · 증여세 · 부가가치세 · 개별소비세 · 주세 · 인지세 · 증권거래세 · 관세 · 임시수입부가세 · 교육세 · 교통에너지환경세[1] · 농어촌특별세 · 종합부동산세 등이 있는데 정부의 재정수입에 사용되며 기획재정부장관이 총괄하고 국세청과 관세청에서 그 관리업무를 담당한다.

지방세는 서울특별시, 각 광역시 및 각 도에서 부과하는 도세 또는 특별시세 · 광역시세와 특별시나 광역시 이외의 각 시 · 군 또는 구청이 부과하는 시 · 군세 또는 구세로 분류된다.

도세에는 취득세 · 등록면허세 · 레저세 · 지방소비세[2] · 지역자원시설세 · 지방교육세 등이 있고, 시 · 군세에는 주민세 · 재산세 · 자동차세 · 지방소득세[3] · 담배소비세 등이 있다.

서울특별시나 각 광역시에서는 지방세 중 일부는 구청에서 부과하게 하고 일부는 직접 부과한다. 현재 등록면허세와 재산세는 구세로 구청에서 부과하고, 기타 세목은 특별시세 · 광역시세로 부과하고 있다. 다만, 광역시의 경우에는 주민세 사업소분 및 종업원분은 구세(區稅)로 하고 있다. 지방세는 각 지방자치단체의 재정조달수단으로 이용되며 별도의 과세대상이 있기도 하고, 국세인 소득세 · 법인세 등에 부가하여 징수하기도 한다.

---

1) 교통에너지환경세는 2009년 말에 폐지되고 2010년 1월 1일부터 개별소비세로 통합될 예정이었으나, 폐지 시점이 2028년으로 연기되었다.

2) 기존의 부가가치세 중 74.7%는 국세인 부가가치세로 그대로 과세되고, 25.3%는 지방세인 지방소비세로 과세된다.

3) 2009년 말에 농업소득세가 폐지되고 지방소득세가 신설되었다.

2. 수출입유무에 의한 분류

조세는 재화가 다른 나라로부터 수출입이 될 때 부과하는 관세(Customs Duty)와 이러한 수출입활동과 관계없이 부과되는 국내세(Internal Tax)로 나눌 수 있다. 관세는 원칙적으로 수출이나 수입에 동시에 부과할 수 있으나 우리나라는 수출을 장려하고 수입을 억제하는 목적에서 수입행위에 대해서만 관세를 부과한다.

한편 관세는 국가가 과세권자라는 면에서 볼 때 국세의 하나이다. 따라서 수출입 유무에 의한 분류를 국세 내에서의 세분류로 보아 관세와 내국세로 분류하는 경우도 있다.

3. 조세의 전가유무에 의한 분류

일반적으로 납세의무자에게 직접 부과되고 납세의무자가 바로 담세자(조세부담자)가 되는 조세를 직접세(Direct Tax)라 하고, 조세의 부담이 타인에게 전가되어 납세의무자와 담세자가 일치하지 않는 조세를 간접세(Indirect Tax)라 한다.

특히 이러한 조세전가 유무는 사후적(Ex Post)으로 판단할 것이 아니라 입법단계에서 입법자가 사전적(Ex Ante)으로 어떻게 판단하는가에 따라 구별되어야 할 것이다. 예를 들면, 국세 중 법인세 · 소득세 · 상속세 · 증여세 등은 직접세에 속하고, 부가가치세 · 개별소비세 · 주세 · 증권거래세 · 인지세 · 교통에너지환경세 등은 간접세에 속한다고 볼 수 있다.

여기에서 주목할 사실은 조세의 전가란 그 의미가 분명하지 아니하다는 것이다. 예를 들면, 소득세의 경우 그 납세의무와 세부담이 소득을 얻은 자에게 있는 것이 분명하나 일부의 근로소득이나 이자소득에 있어서 이를 지급하는 자가 세금을 부담하기로 사전에 약정하고 이를 대신 납부해 주는 사례가 빈번하다. 또한 부가가치세에서 볼 수 있듯이 실제에 있어서 공급가격을 미리 책정하고 이에 대해 부가가치세를 가산한 금액으로 거래하는 사례도 있지만, 거래금액을 미리 정하고 이에 따르는 부가가치세를 판매자가 부담하는 형식의 거래도 많이 있다.

이러한 이유에서 지금까지 일반적으로 인정되어 왔던 조세전가 유무에 의한 간접세 · 직접세의 구분에 대해 논란이 대두되고 있다. 그 한 가지 대안으로 직접세와 간접세를 구분하는 기준을 과세물건의 특징에 두는 견해가 있다. 즉, 소득의 획득에 기준을 두고 부과하는 조세를 직접세로, 소득의 지출에 기준을 두고 부과하는 조세를 간접세로 구분하는 것이다.

4. 과세대상의 주체에 의한 분류

수입이나 재산이 귀속되는 사람을 중심으로 인적사정을 고려하여 부과하는 조세를 인세(Personal Tax)라 하며, 각 사람의 인적사정이 고려되지 않고 수입이나 재산 그 자체에 대하여 부과하는 조세를 물세(In rem Tax)라 한다. 한편 인세를 주체세로 물세를 객체세로 부르기도 한다.

인세에는 소득세 · 상속세 · 증여세 등이 있고, 물세에는 재산세 · 자동차세 등이 있다.

5. 과세물건에 의한 분류

과세권자는 부담능력을 고려하여 과세대상을 선정하게 되는데, 그 과세대상을 과세물건이라고 부른다. 조세는 그 과세물건의 형태에 따라 소득세 · 재산세 · 소비세 · 유통세로 나누어진다.

소득세(Income Tax)는 소득을 과세물건으로 하여 부과하는 조세이다. 소득세는 자연인의 소득에 대하여 부과하는 개인소득세(Individual Income Tax)와 법인의 소득에 대하여 부과하는 법인소득세(Corporate Income Tax)가 있는데, 우리나라에서는 개인소득세를 소득세, 법인소득세를 법인세의 명칭으로 하여 국세로 징수하고 있다.

재산세(Property Tax)는 재산의 소유를 과세물건으로 하여 부과하는 조세를 말한다. 세계 각국은 이 재산세를 지방세로 하여 교육이나 지방행정에 소요되는 수입을 확보하는데 사용하고 있다. 우리나라에서도 재산세는 대부분 지방세에 속하며, 지방세법의 규정에 따라 과세하는 재산세 · 자동차세 등이 이에 속한다. 한편 국세 중에는 종합부동산세가 재산세에 해당한다.

소비세(Consumption Tax)는 재화 또는 용역의 구입 및 소비를 과세물건으로 하여 부과하는 조세이다. 소비세는 일반적으로 제조업자나 판매업자가 재화나 용역의 공급가격에 부가징수하여 세무당국에 납부하는 형식으로 징수된다. 소비세에는 국세인 부가가치세 · 개별소비세 · 주세 · 교통에너지환경세 등이 있다. 지방세의 일종인 자동차세(소유분)의 경우 일종의 소비세인 것처럼 보이나 납세의무가 자동차를 소유하는 자에게 속한다는 점에서 재산세의 하나로 보아야 한다.

유통세(Exercise Tax)는 권리의 이전이나 재화의 유통을 과세물건으로 하여 부과하는 조세이다. 국세인 인지세 · 증권거래세 및 지방세인 등록면허세가 이에 속한다.

6. 조세의 사용목적에 의한 분류

조세는 그 사용목적을 기준으로 하여 보통세와 목적세로 나눌 수 있다. 보통세(Ordinary Tax)는 과세권자가 일반적 재정수요를 위하여 부과하는 조세이고, 목적세(Earmarked Tax)는 교육사업 · 농어촌개발사업 · 지역개발사업 등 특별한 목적을 위하여 부과하는 조세이다.

현재 목적세에는 국세인 교육세 · 교통에너지환경세 · 농어촌특별세와 지방세인 지역자원시설세 및 지방교육세가 있으며, 그 이외는 모두 보통세이다.

7. 과세표준의 표시에 의한 분류

특정한 과세물건에 대하여 부담되어야 할 세액을 계산하기 위해서는 세율이 적용될 기준치가 정해져야 한다. 이와 같이 과세물건에 대한 계량화된 기준치를 과세표준이라 한다. 기준치는 대개 금액이나 물량 또는 건수로 표시된다. 종가세(Advalorem Tax)는 화폐단위로, 종량세(Specific Tax)는 수량 · 중량 · 용적 등으로 과세표준이 표시된다.

우리나라의 조세는 대부분 종가세의 성격을 띤다. 종량세의 대표적인 예로는 국세인 주세의 주정할과 지방세인 사업소분 주민세를 들 수 있다. 주세의 경우 주정의 킬로리터 단위를 과세표준으로 하고 있으며, 사업소분 주민세의 경우 사업소 총면적의 제곱미터 단위를 과세표준으로 한다.

8. 과세의 독립성에 의한 분류

다른 조세에 부가되는 것이 아니라 직접 부과되는 조세를 독립세라 하고, 다른 조세에 부가적으로 부과되는 조세를 부가세라 한다.

우리나라에 있어서 부가세에는 국세로서 개별소비세 · 교통에너지환경세 · 주세에 부가되는 교육세와 조세특례제한법에 의한 소득세 · 법인세 감면세액 등에 부가되는 농어촌특별세가 있고, 지방세로서 재산세 · 자동차세 등에 부가되는 지방교육세가 있다.

9. 부과기간에 의한 분류

매년 계속적으로 부과되는 조세를 경상세라 하며, 일정한 기간 동안 임시적으로 부과되는 조세를 임시세라 한다. 현재 우리나라의 임시세로는 교통에너지환경세 · 농어촌특별세 · 임시수입부가세가 있다.

▶ **그림 1-1** 우리나라의 조세체계

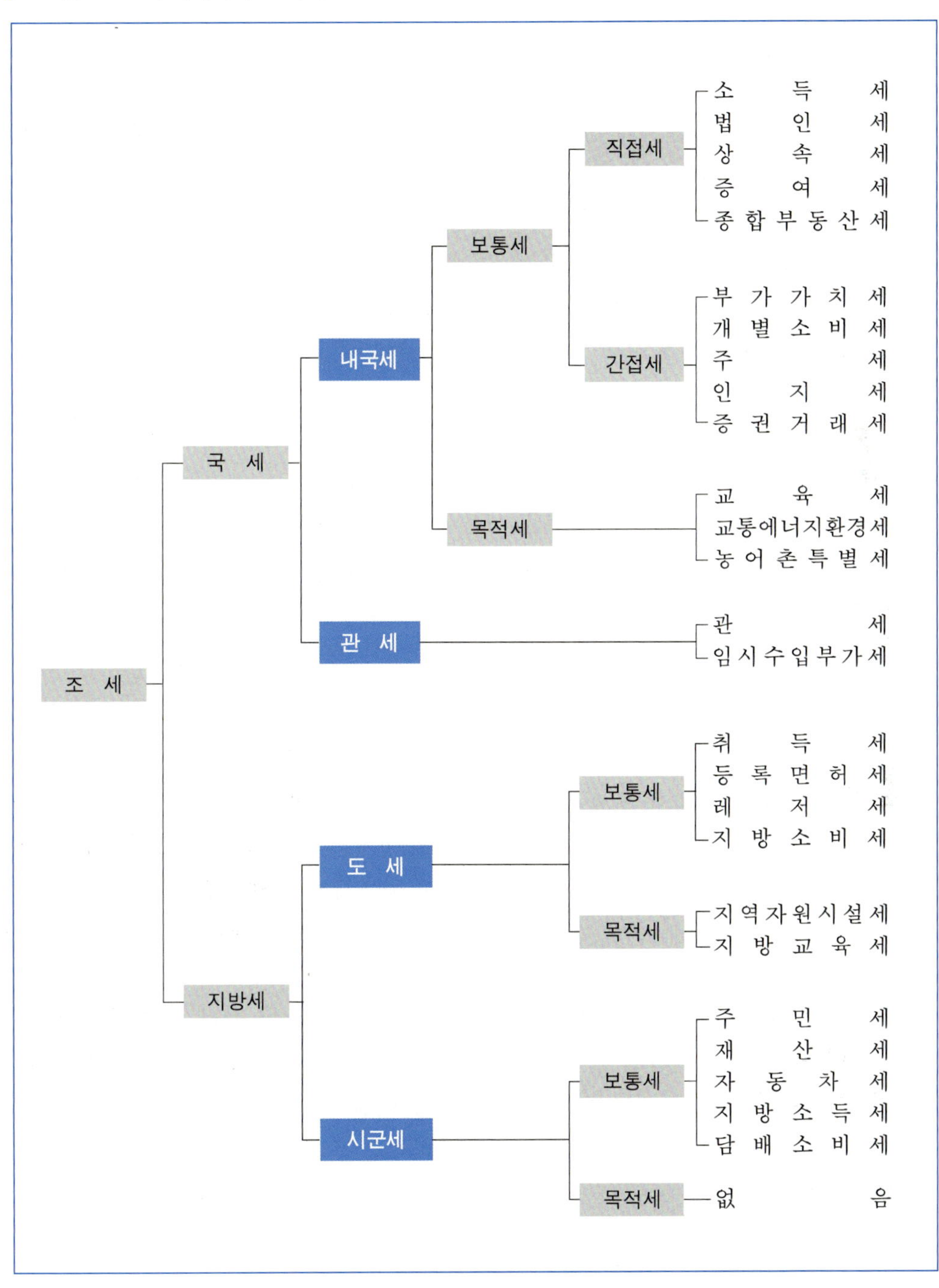

제 3 절 | 조세의 원칙

조세의 주된 목적은 재정수입을 조달하는 데 있다. 조세는 국가나 지방자치단체가 각종의 기능을 수행하는데 필요한 재원을 국민으로부터 징수하는 것으로 재화의 이전이 수반된다. 이러한 재화의 이전이 경제활동에 부당한 위축을 가져오지 않기 위해서는 합리적인 과세기준이 설정되어야 한다. 과세기준의 준거가 되는 조세의 원칙은 스미스(A. Smith), 와그너(A. Wagner) 등에 의해서 주장되어 왔다.

스미스는 그의 저서 「국부론」(Wealth of Nation)에서 조세의 네 가지 원칙을 제시하고 있는데, 이는 ① 평등의 원칙(Equity), ② 확실의 원칙(Certainty), ③ 편의성의 원칙(Convenience), ④ 경제성의 원칙(Economy) 등이다.

와그너는 그의 저서 「Three Extracts on Public Financed」에서 조세의 원칙을 ① 재정정책상의 원칙, ② 국민경제상의 원칙, ③ 공정의 원칙, ④ 세무행정의 원칙 등 네 가지로 분류하고, 이 네 가지 원칙을 세분한 아홉 가지의 소원칙을 들고 있다.

근래에 와서 학자들은 스미스의 네 가지 원칙에 경제적 능률의 원칙(Economic Efficiency)을 가산하여 조세의 5원칙으로 부르고 있는데, 이들을 살펴보면 다음과 같다.

1. 경제적 능률성(Economic Efficiency)

경제학자들은 특정한 조세가 이의 부과와 관련된 경제행위에 미치는 영향이 중립적(Neutral)일 경우에 그 조세는 경제적 능률을 가지는 것으로 보고 있다. 예를 들어 새로 도입된 특정한 조세에 의하여 납세자들의 저축성향, 노동시간, 투자와 소비 사이의 배분 등에 변화를 일으키지 않는다면 그 조세는 경제적 능률을 지니는 것으로 볼 수 있다.

한편 실제에 있어서 완전한 경제적 능률의 확보는 불가능하다. 그러나 자원의 효율적 배분에 대한 왜곡이나 경제적 의사결정에의 부당한 간섭을 극소화하기 위한 조세의 중립성, 즉 경제적 능률은 중요한 의미를 지닌다.

2. 평등성(Equity)

조세의 평등성은 공정성(Fairness)과 관련된 것으로서 매우 주관적인 개념이다.

일반적으로 건전한 조세제도 하에서는 유사한 경제적 여건에 놓여 있는 사람은 유사한 납세의무가 부과되어야 하며, 동시에 이질적인 여건에 놓여 있는 사람들간에는 그 환경의 차이점이 고려된 납세의무가 부과되어야 한다. 유사한 여건에 있는 사람 사이에 유사한 과세를 추구하는 것을 수평적 평등(Horizontal Equity), 이질적인 환경을 고려하여 합리적인 과세차별을 추구하는 것을 수직적 평등(Vertical Equity)이라 한다.

3. 단순성(Simplicity)

스미스는 조세는 납세의무를 진 사람이 납부하기에 가장 편리한 시간에 편리한 방법으로 부과되어야 한다고 주장하였다. 이는 세법의 규정 등이 가장 간단하고 쉽게 이해될 수 있어야 한다는 것을 의미한다. 다시 말하면 보통의 상식을 가진 국민은 많은 비용을 들여 전문가에게 의뢰하지 않고도 스스로 소득세신고서를 작성할 수 있도록 규정되어야 한다는 것이다. 또한 기업의 경우도 각종 조세의무를 행하는데 있어서 세무회계 시스템의 운용비용이 과다하게 지출되지 않도록 조세제도가 운영되어야 한다.

이러한 조세의 단순성의 확보는 평등성에도 영향을 준다. 다시 말하면 조세를 단순화함으로써 교육수준이 낮은 사람이라도 자기가 납부할 세금을 정확히 계산하여 다른 사람에 비해 불리한 납세를 하는 것을 방지할 수 있다.

4. 경제성(Fiscal Economy)

스미스는 조세는 재정이 필요로 하는 최소한의 수입을 조달하는데 필요한 금액을 국민의 부담과 징수비용이 최소화되는 방법으로 부과하여야 한다고 주장하였다. 이는 조세징수를 위한 조세당국의 부담이 최소가 되어야 하는 동시에 조세를 부담하는 국민의 비용도 최소가 되도록 제도를 확립하여야 한다는 의미이다.

5. 확실성(Certainty)

스미스는 조세납부의 시기 · 방법 · 금액이 확실 · 명료하고 쉽게 이해될 수 있도록 표시되어야 한다고 주장하였다. 또한 세무당국이 세무조사를 실시함에 있어서도 가장 전문적이고 신속한 방법으로 행하여야 하며, 조세구제제도를 통한 법적 구제도 납세자에게 가장 확실하게 그 적부(適否)를 밝힐 수 있도록 확립되어야 할 것이다.

이상에서 든 조세원칙은 조세구조의 결정에 있어서 일정한 기준을 제시하여 줄뿐만 아니라 조세정책 및 수단설정에 관한 원칙을 결정하는 데도 유용한 기준을 제공하여 준다.

객 관 식 문 제

▶ 제1장 조세제도의 개관

1 다음 중 국세에 포함되지 않는 것은?

① 교육세 ② 부가가치세
③ 재산세 ④ 종합부동산세

해설

재산세는 지방세에 속한다.

2 다음 조세의 원칙 중에서 스미스(A. Smith)가 「국부론」에서 제시한 조세의 원칙에 포함되지 않는 것은?

① 평등의 원칙 ② 확실의 원칙
③ 편의성의 원칙 ④ 경제적 능률의 원칙

해설

위의 ①에서 ③까지와 경제성의 원칙을 조세의 4원칙이라 한다.

3 목적세이면서 부가세인 세목으로 옳은 것은?

① 교육세 ② 지방소득세
③ 지역자원시설세 ④ 개별소비세

해설

목적세에는 교육세, 교통에너지환경세, 농어촌특별세, 지역자원시설세 및 지방교육세가 있으며, 부가세에는 교육세, 농어촌특별세 및 지방교육세가 있다.

정답	1	③	2	④	3	①

조세법학의 체계

제 1 절 | 조세법의 의의 및 법원

일반적으로 조세법은 국가와 국민간의 조세관계를 규율하는 법률로 정의할 수 있다. 국가와 국민간의 조세관계에는 법률규정에 따라 세금액을 계산하여 신고납부하거나 부과징수를 행하고, 신고납부나 부과징수에 있어서 위법부당함이 있다고 판단되면 구제절차를 밟게 되며, 조세를 포탈한 경우에는 조세범으로 처벌을 받게 되는 것 등이 있는데, 이러한 관계를 규율하는 것이 조세법인 것이다.[4)]

법원(法源)이란 일반적으로 법의 존재형식을 의미한다. 법원은 크게 성문법과 불문법으로 나누어진다. 성문법은 문자로 표시되고 일정한 형식을 가지고 제정된 것을 말하며, 불문법은 성문법 이외의 법을 말한다.

성문법에는 최고규범인 헌법을 비롯하여 법률, 시행령 및 시행규칙 등이 있고, 지방자치단체의 조례(條例) 및 규칙(規則) 등이 있다. 그밖에 행정규칙으로 통첩(通牒) · 예규(例規) · 훈령(訓令) · 고시(告示) 등도 성문법의 일종으로 볼 수 있다.

한편 불문법에는 관습법 · 판례 · 조리 등이 있으나 조세법에서 불문법의 법원으로의 인정 여부에 관해서는 논란이 있다. 왜냐하면 헌법에서 선언하고 있는 조세법률주의의 원칙을 국민의 재산권 보호를 위하여 엄격하게 해석하여야 하기 때문이다.

1. 성문법

(1) 헌 법

우리나라 헌법에서는 제38조에서 국민의 의무로서 납세의무를 규정하고, 제59조에서 조세법률주의를 명시하고 있다. 헌법 제38조는 「모든 국민은 법률이 정하는 바에 의하여 납세의무를 진다」라고 규정하고 있다. 또한 헌법 제59조에는 「조세의 종목과 세율은 법률로 정한다」라고 규정하고 있다. 헌법 제59조는 조세법률주의의 선언이며, 국민

4) 김두천, 세법학, 박영사, 1988, 9면

에게 부담을 주는 조세에 관한 법률은 국민의 대표기관인 국회가 그 제정권을 가지게 하여 국회의 동의하에서만 국민에게 조세부담을 부과한다는 이념을 명확히 표명한 것이다.

(2) 법 률

위에서 본 바와 같이 헌법은 조세의 종목과 세율은 반드시 국회가 제정권을 가진 법률로 정하도록 규정하고 있다. 따라서 법률은 가장 중요한 조세법의 법원이 되고 있다.

국세에 관한 법률은 국세기본법 · 국세징수법 · 조세특례제한법 · 조세범처벌법 · 조세범처벌절차법과 국세의 세목별 납세의무자 · 과세물건 · 과세표준 · 세율과 같은 과세요건을 정한 소득세법 · 법인세법 · 부가가치세법 등의 조세실체법이 있다. 그리고 국제거래에 대하여 조세조정을 할 수 있는 법적근거를 마련하기 위한 국제조세조정에 관한 법률이 제정되어 1996년 1월 1일부터 시행되었다.

한편 지방세에 관한 법률은 지방세기본법, 지방세징수법, 지방세법 및 지방세특례제한법이 있다.

(3) 조 약

현행 헌법에 의하면 체결 · 공포된 조약과 일반적으로 승인된 국제법규는 법률과 같은 효력을 갖는다(헌법 6 ①). 따라서 국가간 이중과세방지조약 등 조세와 관련된 조약은 법률과 마찬가지로 조세법의 법원이 될 수 있다.

(4) 명 령

헌법이 선언한 조세법률주의에 의하여 조세의 종목과 세율은 반드시 법률로 정하도록 규정되어 있다. 그러나 과세요건이 되는 광범위한 사항을 모두 법률로 규정하기는 어려우므로 일정한 범위를 정하여 하위법인 명령에 세부사항의 규정을 위임하고 있다.

명령은 입법기관인 국회의 의결을 거치지 않고 다른 국가기관에 의하여 제정되는 것이며, 법률에 의하여 위임된 사항을 규정하는 위임명령과 법률을 집행하기 위한 세부사항을 규정하는 집행명령으로 나누어지는데, 이 두 가지 유형은 별개의 명령으로 따로 존재하는 것이 아니라 동일한 명령 내에 혼재되어 있다.

위임명령이 효력을 가지기 위해서는 법률에 의하여 위임사항이 구체적으로 규정되어야 한다. 그렇지 않고 위임의 범위가 막연한 때, 즉 포괄위임의 경우와 위임되지 않은 사항을 규정한 경우에는 그 명령의 효력이 인정될 수 없다. 그 한 예로서 구 법인세법 시행령 제44조의2의 규정, 즉 기밀비 손금불산입규정이 법인세법의 위임이 없이 기밀비의 한도를 정한 것으로서 모법의 불비로 인하여 무효인 판결을 받은 일이 있다(대법 81누361 판결, 1982. 11. 23).

명령에는 대통령령인 시행령과 부령(또는 총리령)인 시행규칙이 있다. 국세에 관한 시행규칙은 기획재정부령으로 제정되는데, 이는 상위법인 법률이나 시행령에서의 위임이 있어야 하며 법제처의 심의를 거쳐야 한다. 한편 지방세법 시행규칙은 행정자치부령으로 제정된다.

⑸ 조례 · 규칙

지방자치단체는 법령의 범위 내에서 자치에 관한 법규를 제정할 수 있는데, 이러한 자치법규에는 조례와 규칙이 있다. 조례는 지방의회의 의결을 거쳐서 법령의 범위 안에서 제정되는 것이며, 규칙은 지방자치단체의 장이 법령 또는 조례에서 위임한 범위 내에서 제정한다.

지방세의 경우에는 조례와 규칙도 법원으로 인정된다.

⑹ 행정규칙

대통령이나 주무부장관이 제정하는 법령 이외에도 조세업무를 담당하는 행정기관(국세의 경우 기획재정부와 국세청, 지방세의 경우 행정안전부)에서는 법률이나 명령 등에서 위임된 바에 의해서 각종의 행정규칙을 제정한다. 이러한 행정규칙에는 훈령 및 예규 · 통첩이 있다. 조세에 관한 훈령은 국세청장이 제정한다.

훈령은 기본적 사항에 관해서 제정되며, 예규 · 통첩은 상급행정관청이 구체적이고 개별적인사항을 규제하기 위하여 제정된다. 예규와 통첩은 서로 혼동하여 예규통첩 등의 명칭으로 사용 되고 있는데, 이를 엄격히 구분하면 예규란 원래는 상급행정관청이 하급행정관청에 대한 법령 해석에 관한 지시이지만 대부분이 납세자의 질의에 대한 회답의 형식으로 존재한다.

한편 통첩이란 법령의 해석이나 이의 운용에 대한 지침을 말하는데, 각 세법에 부수되어 있는 기본통칙이 이에 속한다. 이러한 예규나 통첩은 과세관청 내부에 있어서 세법의 해석기준 및 집행기준을 시달한 행정규칙에 불과하고, 법원이나 국민을 기속하는 효력이 있는 법규에는 해당되지 아니한다.

2. 불문법

⑴ 관습법

관습법은 국민들 사이에 다년간 반복되어 온 질서가 법적 확신의 정도에까지 이르러 국가기관이 법적 가치를 인정한 법규범이다. 그러나 조세법률주의원칙은 엄격히 적용되어야 하므로 법률에 의하지 않고 다년간 과세하여 왔다는 관행만으로 납세의무가 발생하지 않는다. 반면 납세자가 일정한 관행에 의지하여 법령이 정한 의무를 해태한 경우에는 국민의 재산권을 보호하는 입장에서 비과세관행의 성립을 인정한 사례는 다수 있다.

⑵ 판 례

판례란 법원에서 내리는 판결에서 선언된 법규범을 말한다. 대법원의 판시는 당해 사건에 대하여 하급법원을 구속하며, 또 국민들도 추후에 법원들이 따를 것이 예상되는 이러한 판시에 구속을 받으면서 행동하게 된다. 그러나 헌법상 법관은 독립적으로 심판할 수 있고, 판례에 구속을 받지 않기 때문에 엄밀히 말하면 판례의 법원성은 원칙적으로 부인된다. 그러나 실제에 있어서는 판례에서 선언된 논지는 다른 법률관계에도 적용되므로 판례의 법원성을 전혀 부인할 수는 없다.

한편 불문법을 위주로 하는 영미법계통의 국가에서는 판례가 중요시되며, 판례는 장래의 재판의 선례(precedence)의 역할을 하므로 원칙적으로 판례의 구속력이 인정된다.

⑶ 조 리

조리(條理)란 사물의 본질적 법칙 또는 사물의 도리를 말하며, 이성을 가진 사람들이 따르는 규범이다. 민법은 "민사에 관하여 법률에 규정이 없으면 관습법에 의하고, 관습법이 없으면 조리에 의한다"고 규정하여 조리의 보충적 법원성을 인정하고 있다. 그러나 세법에서는 조세법률주의의 엄격한 적용이 요구되므로 조리의 법원성을 인정하기 어렵다.

제 2 절 | 조세법의 기본원칙

1. 조세법률주의

헌법은 제38조에서 「모든 국민은 법률이 정하는 바에 의하여 납세의무를 진다」고 규정함으로써 국민의 대표기관인 국회의 의결 없이는 납세의무가 발생하지 않는다는 원칙을 선언하였다. 또한 헌법은 제59조에서 「조세의 종목과 세율은 법률로 정한다」라고 규정하였는데, 이는 곧 조세법률주의의 표현이다.

조세법률주의원칙은 영미법에서 발달한 개념으로 「대표 없이는 조세 없다」(no taxation without representation)는 원칙이 보여 주는 바와 같이 조세는 국회의 의결을 거친 법률에 의해서만 부과하도록 하는 원칙이다.

조세법률주의는 국민의 동의를 얻지 아니한, 행정 집행권자의 자의적인 조세부과를 금지하는 것이다.

(1) 과세요건 법정주의

과세요건 법정주의란 조세를 부과하기 위해서는 과세요건을 반드시 국민의 대표로 구성된 국회를 통과하는 법률로만 규정해야 하며, 대통령령 등의 명령(시행령, 시행규칙)에 위임하여 제정할 수 없다는 것이다. 과세요건이란 납세의무가 성립되기 위하여 충족되어야 하는 요건을 말하는데, 일반적으로 납세의무자 · 과세대상 · 과세표준 · 세율을 말한다. 이러한 과세요건은 반드시 법률에서 규정하여야 한다. 따라서 대통령이 국회의 동의없이 새로운 종목의 세금을 만들거나, 세율을 변경하는 것은 불가능하다. 과세요건을 법률로 정하도록 규정한 것은 행정부가 자의적으로 명령을 제정하여 과세권을 행사하는 것을 방지하여 국민의 재산권을 보호하기 위한 것이다.

그러나 과세요건과 부과 · 징수절차에 대한 세부적인 사항을 모두 국회에서 입법하기 어렵고, 경제환경의 변화에 따른 세법 변경을 국회에서 수시로 하기 어렵기 때문에 대통령령, 기획재정부령 등의 명령에 위임하는 위임입법이 필요하다. 헌법 제75조에서도 "대통령은 법률에서 구체적으로 정하여 위임받은 사항과 법률의 집행을 위하여 필요한 사항에 관하여 대통령령을 발할 수 있다."고 위임입법에 대하여 규정하고 있다. 그러나 명령에 위임하는 경우에도 법률에서 구체적인 위임의 범위와 조건을 정하는 개별위임만 인정되고, 포괄적으로 위임하는 백지위임이나, 법률에서는 골격만 정하고 대부분을 명령에 위임하는 골격입법은 허용되지 않는다. 백지위임이나 골격입법은 조세법률주의에 위배되기 때문이다.

(2) 과세요건 명확주의

과세요건 명확주의란 법률에 과세요건을 정함에 있어 그 내용이 명확하여 한 가지 의미로만 해석되어야 하며, 애매하거나 여러 가지로 해석되지 않아야 함을 말한다. 만일 법률에 과세요건을 애매하게 규정하여 과세관청의 자의적인 해석과 재량이 가능하게 되면, 조세법률주의에 위배되는 결과를 초래하기 때문이다.

(3) 조세법의 엄격해석

조세법의 엄격해석이란 조세법은 법조문의 문자나 문장의 의미에 따라 엄격하게 해석되어야 함을 말한다. 따라서 조세법은 법조문의 문자적 의미에 따라 해석하는 문리해석을 원칙으로 하며, 논리해석은 문리해석으로 해석이 불가능한 경우에만 보완적으로 이루어져야 한다. 논리해석 중 통상적인 의미보다 넓은 의미로 해석하는 확장해석이나 유사한 사항에 적용하는 유추해석을 통한 납세의무의 확대는 허용되지 않는다.

2. 조세평등주의

조세평등주의란 조세부담이 국민들 사이에 공평하게 배분되고, 각종 조세법률관계에서 국민은 평등하게 대우받아야 함을 말한다. 이러한 조세평등주의는 헌법 제11조에서 정하고 있는 "모든 국민은 법 앞에 평등하다. 누구든지 성별 · 종교 또는 사회적 신분에 의하여 정치적 · 경제적 · 사회적 · 문화적 생활의 모든 영역에 있어서 차별을 받지 아니한다."는 국민의 평등권 선언에 근거한다.

조세평등주의는 수평적 공평과 수직적 공평의 관점에서 적용할 수 있다. 수평적 공평이란 동일한 담세력을 가진 납세자에게는 동일한 세부담을 지워야 한다는 것을 말한다.

수평적 공평을 구체적으로 적용한 사례로는 거래의 명칭이나 형식이 달라도 그 실질 내용이 동일하면 실질내용에 따라 동일하게 과세하는 실질과세제도, 과도한 조세경감을 방지하여 불공평을 줄이는 최저한세제도, 배당의 형식을 취하지 않더라도 배당과 동일한 효과를 가져오면 배당소득으로 보고 과세하는 의제배당 등을 들 수 있다.

수직적 공평이란 담세력이 큰 납세자에게 더 많은 세부담을 하게 하는 것을 말한다. 수직적 공평을 적용한 사례는 과세표준이 증가함에 따라 더 높은 세율로 과세하는 초과누진세율제도, 일정 요건을 갖춘 1세대1주택은 양도소득세가 비과세되지만 고가주택의 경우에는 양도소득세 비과세가 제한[5]되도록 규정한 것 등을 들 수 있다. 법인

5) 고가주택이 1세대1주택 비과세 요건을 만족하는 경우에는, 양도가액 12억원까지는 비과세가 인정되고, 12억원을 초과하는 부분에 대해서는 양도소득세가 과세된다.

세 · 소득세 · 상속세 및 증여세의 세율은 과세표준이 클수록 일정 금액 초과분에 대하여 높은 세율로 과세하는 초과누진세율의 구조로 되어 있다.

▶ **표 2-1** 조세법의 기본원칙

구 분	내 용	사 례
조세법률주의	과세요건 법정주의	백지위임 · 골격입법 금지
	과세요건 명확주의	과세요건이 명확하여 한가지 의미로만 해석
	조세법의 엄격해석	유추해석 · 확장해석의 금지
조세평등주의	수평적 공평	실질과세제도, 최저한세제도, 의제배당
	수직적 공평	초과누진세율제도, 고가주택의 양도소득세 비과세 제한

제 3 절 | 조세법의 법전체계

일상적으로 사용되는 용어인 조세법전 또는 세법전이란 조세에 관한 법규를 통일적 · 체계적으로 편찬한 성문조세법의 전체를 말한다. 특히 우리나라는 성문법주의를 취하고 있으므로 세법전은 국민의 조세관계를 규율하는 데 있어서 중요한 역할을 한다.

세법전의 양식으로는 미국의 Internal Revenue Code와 같이 국세(미국의 경우 연방세 : Federal Tax)에 관한 모든 규정이 통합된 형태와 우리나라 내국세에 관한 세법전과 같이 각 조세에 공통적으로 적용되는 일반법과 각 조세에 관한 과세요건을 규정한 개별법이 개별적으로 규정된 형태가 있다. 그러나 우리나라의 관세법전 및 지방세법전은 미국의 국세법전과 같은 통합방식을 취하고 있다.

1. 내국세의 법전체계

국세법전은 통칙, 단속 및 감면규제를 다루는 일반세법과 각종 조세의 실체를 다루는 개별세법으로 나누어진다.

(1) 일반세법

국세에 관한 일반세법으로는 국세기본법 · 국세징수법 · 조세범처벌법 · 조세범처벌절차법 · 조세특례제한법이 있다. 이 중 조세특례제한법은 개별세법이 정하는 납세의무의 내용을 수정하는 특례에 관한 사항을 규제하므로 특례법으로 따로 분류되기도 한다. 한편 「국제조세조정에 관한 법률」은 국제조세와 관련된 특별법으로 볼 수 있다.

위의 여섯 가지 세법의 내용을 간략히 살펴보면 다음과 같다.

국세기본법은 국세에 관한 기본적이고 공통적인 사항과 납세자의 권리 · 의무 및 권리구제에 관한 사항을 규정하고 있다. 국세기본법이 추구하는 목표는 ① 국세에 관한 법률관계를 명확하게 하고, ② 과세를 공정하게 하며, ③ 국민의 납세의무의 원활한 이행에 이바지하는 것이다. 국세기본법이 정의하는 국세에는 지방세와 관세는 포함되지 않으며, 따라서 지방세와 관세에 관해서는 각 세법의 규정이 없는 경우에만 국세기본법의 규정이 준용된다.

국세징수법은 국세의 징수에 필요한 사항이 규정되어 있는 개별세법을 주체법으로 한 절차법이다. 따라서 이 법에는 국세의 납부고지, 독촉, 납부기한의 연장 및 강제징수절차가 포함되어 있다. 이 법이 규정하는 조세에도 지방세와 관세는 제외되어 있으므로 이 두 가지 조세에 대해서는 각 세법에 특별한 규정이 없는 경우에만 국세징수법이 준용되는데 이러한 사항은 국세기본법의 경우와 같다.

조세범처벌법은 세법을 위반한 자에 대한 형벌에 관한 사항을 규정한 형법의 특별법이다. 이 법은 관세를 제외한 모든 조세에 대한 위반자를 처벌대상으로 한다. 다시 말하면 관세법만 위반자에 대한 처벌규정을 독자적으로 가지고 있고, 지방세법에는 조세범처벌규정이 없으며, 지방세법을 위반한 자도 조세범처벌법에 의하여 처벌을 받게 된다.

조세범처벌절차법은 조세범칙사건을 공정하고 효율적으로 처리하기 위하여 조세범칙사건의 조사 및 처분에 관한 사항을 정함을 목적으로 한다. 이 법은 형사소송법에 대한 특별법적 지위를 가지며, 조세범처벌법을 실체법으로 한 절차법의 성격을 띤다.

조세특례제한법은 조세의 감면 또는 중과 등 조세특례와 이의 제한에 관한 사항을 규정하여 과세의 공평을 도모하고 조세정책을 효율적으로 수행함으로써 국민경제의 건전한 발전에 이바지함을 목적으로 한다. 이 법은 특히 조세를 감면할 수 있는 법률(조약을 포함)을 제한적으로 열거함으로써 조세에 대한 감면조치가 남용되는 것을 금지시켰다.

국제조세조정에 관한 법률은 국제거래에 관한 조세의 조정과 국가 간의 조세행정 협조, 해외자산의 신고 및 자료 제출에 관한 사항을 규정함으로써 국가 간의 이중과세 및 조세회피를 방지하고 원활한 조세협력을 도모함을 목적으로 제정되었다. 이 법은 국외특수관계인과의 거래에 대한 과세조정, 국외지배주주에게 지급하는 이자에 대한 과세조정, 특정외국법인의 유보소득에 대한 합산과세, 국외증여에 대한 증여세 과세특례, 상호합의절차, 국가간 조세협력 및 해외금융계좌의 신고 등을 규정하고 있다.

(2) 개별세법

세목별로 조세의 실체를 규정한 내국세에 관한 법률로는 소득세법 · 법인세법 · 부가가치세법 · 상속세 및 증여세법 · 개별소비세법 · 주세법 · 인지세법 · 증권거래세법 · 교육세법 · 교통에너지환경세법 · 농어촌특별세법 · 종합부동산세법 등이 있다.

개별세법은 공통적으로 납세의무자, 과세물건, 과세표준 및 세율 등의 과세요건과 함께 신고 및 납부에 관한 절차의 규정도 포함하고 있다.

2. 관세의 법전체계

관세법은 과세요건과 부과절차, 법규위반에 대한 벌칙과 범칙사건에 대한 조사처분절차를 동시에 규정하고 있는 단일법전의 형태를 취하고 있다. 현행 관세법은 본법과 별표세율로 구성되어 있다.

3. 지방세의 법전체계

지방세에 관하여는 지방세기본법, 지방세징수법, 지방세법 및 지방세특례제한법 등 4개의 법률이 제정 · 시행되고 있다.

지방세기본법은 지방세에 관한 기본적이고 공통적인 사항과 납세자의 권리 · 의무 및 권리구제에 관한 사항 등을 규정함으로써 지방세에 관한 법률관계를 명확하게 하고, 공정한 과세를 추구하며, 지방자치단체 주민이 납세의무를 원활히 이행하도록 함을 목적으로 한다.

지방세징수법은 지방세 징수에 필요한 사항을 규정함으로써 지방세수입을 확보함을 목적으로 한다.

지방세법은 취득세 · 등록면허세 · 주민세 · 재산세 · 자동차세 · 지방소득세 · 레저세 · 담배소비세 · 지방소비세 · 지역자원시설세 · 지방교육세 등 지방자치단체가 과세하는 지방세 각 세목의 과세요건 및 부과 · 징수, 그밖에 필요한 사항을 규정하고 있다.

지방세특례제한법은 지방세 감면 및 특례에 관한 사항과 이의 제한에 관한 사항을 규정하여 지방세 정책을 효율적으로 수행함으로써 건전한 지방재정 운영 및 공평과세 실현에 이바지함을 목적으로 하고 있다.

객/관/식/문/제

▶ 제2장 조세법학의 체계

1 조례와 규칙에 대한 설명으로서 올바른 것은?

① 조례는 지방자치단체의 장이 법령에서 위임한 범위 내에서 제정한다.
② 규칙은 지방의회의 의결을 거쳐서 법령의 범위 안에서 제정된다.
③ 규칙은 지방자치단체의 장이 법령 또는 조례에서 위임한 범위 내에서 제정한다.
④ 조례와 규칙은 조세의 법원이 될 수 없다.

해설

조례는 지방의회의 의결을 거쳐서 법령의 범위 안에서 제정되는 것이며, 규칙은 지방자치단체의 장이 법령 또는 조례에서 위임한 범위 내에서 제정한다. 한편, 지방세의 경우에는 조례와 규칙도 법원으로 인정된다.

2 국세에 관한 일반세법에 해당되지 않는 것은?

① 국세기본법　　② 상속세 및 증여세법
③ 조세범처벌법　　④ 국세징수법

해설

상속세 및 증여세법은 세목별로 조세의 실체를 규정한 개별세법에 해당한다.

3 조세법률주의에 대한 다음 설명 중 잘못된 것은?

① 국민의 납세의무가 국회를 통과한 법률에 의해서만 성립할 수 있다는 사상을 의미한다.
② 대표 없이는 과세 없다는 사상과 일맥상통한다.
③ 과세권의 자의적 발동으로부터 국민을 보호하기 위한 대원칙이다.
④ 법률에 의할 경우에는 필요에 따라 법규의 유추해석이 허용된다.

해설

조세법규는 엄격히 해석되어야 하므로 유추해석이나 확대해석에 의해 납세의무를 확대할 수 없다.

4 조세법원에 관한 다음 설명 중 가장 올바른 것은?

① 국가간의 이중과세방지조약은 조세법원이 될 수 없다.

② 위임명령 중 포괄위임의 경우와 위임되지 않은 사항을 규정한 경우도 그 명령의 효력이 인정될 수 있다.

③ 지방세의 경우는 조례 · 규칙도 법원으로 인정된다.

④ 예규나 통첩은 조세에 영향을 미치는 정도가 상당하므로 법원으로 인정된다.

해설

위의 설명 중 ③만이 올바른 내용을 포함하고 있다.

5 헌법재판소에서는 구 법인세법상 법인세 특별부가세의 과세대상이 되는 토지 등의 범위를 대통령령으로 규정한 것에 대하여 헌법불합치 결정을 내린 바 있다. 그 결정의 근거로서 가장 적합한 것은?

① 소급과세금지

② 조세법률주의

③ 실질과세의 원칙

④ 조세평등주의

해설

조세법률주의(과세요건의 법정주의원칙)에 어긋나는 것이다.

6 조세법의 법전체계에 대한 다음 설명 중 옳지 않은 것은?

① 국세에 관한 일반세법으로는 국세기본법, 국세징수법, 조세범처벌법, 조세범처벌절차법 및 조세특례제한법이 있다.

② 개별세법은 공통적으로 과세요건과 함께 신고 및 납부에 관한 절차의 규정을 포함하고 있다.

③ 관세법은 과세요건과 부과절차, 법규위반에 대한 벌칙과 범칙사전에 대한 조사처분 절차를 동시에 규정하고 있는 단일법전의 형태를 취하고 있다.

④ 지방세법은 지방세에 대한 기본적 사항 및 불복절차, 지방세 각 세목에 대한 과세요건, 지방세 감면 및 특례에 관한 사항을 규정하고 있다.

해설

지방세에 대한 기본적 사항 및 불복절차는 지방세기본법에, 지방세 감면 및 특례에 관한 사항은 지방세특례제한법에 각각 규정하고 있다.

정답	1	③	2	②	3	④	4	③	5	②	6	④

메모

60
MINUTES
IS IT ENOUGH FOR YOU ?

24
HOURS
IS IT ENOUGH FOR YOU ?

30
DAYS
IS IT ENOUGH FOR YOU ?

제 2 편

국세기본법

국세기본법의 개요

제 1 절 | 국세기본법 통칙

1. 국세기본법의 의의

국세기본법은 국세에 관한 기본적이고 공통적인 사항과 납세자의 권리·의무 및 권리구제에 관한 사항을 규정함으로써 국세에 관한 법률관계를 명확하게 하고, 과세를 공정하게 하며, 국민의 납세의무의 원활한 이행에 이바지함을 목적으로 한다(국기법 1).

국세기본법의 내용과 성격

① 총칙법 : 국세기본법은 국세에 관한 기본적이고 공통적인 사항을 규정하고 있으므로 총칙법으로서의 성격을 가진다.

② 불복절차법 : 국세기본법은 위법 또는 부당한 국세처분에 대한 불복절차를 규정하고 있으므로 절차법으로서의 성격을 가진다.

2. 조세용어의 정의

(1) 국세와 세법

1) 국 세

국가가 부과하는 조세 중 소득세, 법인세, 상속세와 증여세, 종합부동산세, 부가가치세, 개별소비세, 교통에너지환경세, 주세, 인지세, 증권거래세, 교육세, 농어촌특별세를 말한다(국기법 2 (1)).

국세의 범위

관세 및 임시수입부가세도 넓은 의미의 국세에 해당하지만 국세기본법의 적용을 받는 국세의 범위에는 포함되지 아니한다.

2) 세 법

① 국세의 종목과 세율을 정하고 있는 법률(법인세법·소득세법 등)과

② 국세징수법 · 조세특례제한법 · 국제조세조정에 관한 법률 · 조세범처벌법 및 조세범처벌절차법을 말한다(국기법 2 (2)).

세법의 범위

국세기본법 · 지방세법 및 관세법 등도 넓은 의미의 세법에 해당하나 국세기본법에서 사용하는 용어로서의 세법에는 포함되지 아니한다.

(2) 가산세 및 강제징수비

1) 가산세

국세기본법 또는 세법에서 규정하는 의무의 성실한 이행을 확보하기 위하여 세법에 따라 산출한 세액에 가산하여 징수하는 금액을 말한다(국기법 2 (4)). 가산세는 세법에 규정하는 의무의 불이행에 대한 행정상의 제재로서 일종의 행정벌(과태료)적인 성격을 가지며, 그 세법이 정하는 국세의 세목으로 징수한다. 예를 들어 법인세법상 가산세는 법인세에 포함하여 징수한다.

납부불성실가산세와 가산금을 납부지연가산세로 통합(2020년부터 시행)

비슷한 제도를 중첩적으로 운영하여 발생하는 납세자의 혼란을 완화하기 위하여 납세자가 세법에 따른 납부기한까지 세금을 완납하지 아니한 경우에 납부고지 전에 적용되는 국세기본법에 따른 납부불성실가산세와 납부고지 후에 적용되는 국세징수법의 가산금을 일원화하여 국세기본법에 따른 납부지연가산세로 통합하였다.

2) 강제징수비

국세징수법 중 강제징수에 관한 규정에 따른 재산의 압류 · 보관 · 운반과 매각에 든 비용(매각을 대행시키는 경우 그 수수료를 포함함)을 말한다(국기법 2 (6)).

▶ **그림 1-1** 국세징수절차의 개요

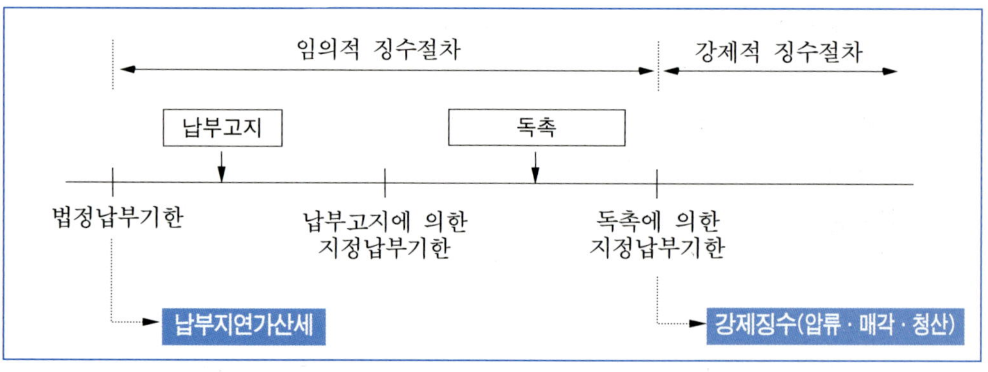

(3) 납세의무자와 납세자

1) 납세의무자

세법에 따라 국세를 납부할 의무(국세를 징수하여 납부할 의무는 제외함)가 있는 자를 말한다(국기법 2 (9)).

납세의무자의 범위

본래의 납세의무자뿐만 아니라 연대납세의무자와 납세자를 갈음하여 납부할 의무가 생긴 경우의 제2차 납세의무자 및 납세보증인을 포함한다.

2) 납세자

납세의무자와 세법에 따라 국세를 징수하여 납부할 의무를 지는 자(징수납부의무자)를 말한다(국기법 2 (10)). 즉, 납세자는 납세의무자와 징수납부의무자를 포괄하는 개념이다.

징수납부의무자의 개념

징수납부의무자란 소득세법 및 법인세법상의 원천징수의무자와 부가가치세법상의 대리납부의무자를 말한다.

▶ **그림 1-2** 납세의무자와 납세자의 범위

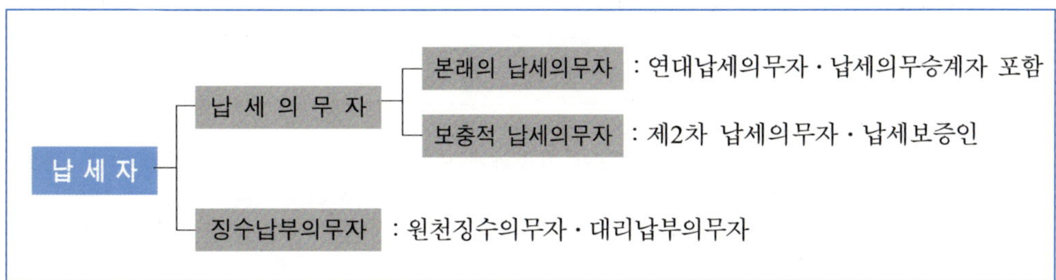

3) 제2차 납세의무자

납세자가 납세의무를 이행할 수 없는 경우에 납세자를 갈음하여 납세의무를 지는 자를 말한다(국기법 2 (11)).

(4) 기타용어의 정의

1) 세무공무원

세무공무원의 범위는 다음과 같다(국기법 2 (17)).

① 일반적인 경우 : 국세청장 · 지방국세청장 · 세무서장 또는 그 소속공무원

② 세법에 따라 국세에 관한 사무를 세관장이 관장하는 경우 : 그 세관장 또는 그 소속공무원

2) 전자신고

과세표준신고서 등 국세기본법 또는 세법에 따른 신고관련 서류를 국세청장이 정하여 고시하는 국세정보통신망을 이용하여 신고하는 것을 말한다(국기법 2 ⒆).

3) 세무조사

국세의 과세표준과 세액을 결정 또는 경정하기 위하여 질문을 하거나 해당 장부·서류 또는 그 밖의 물건을 검사·조사하거나 그 제출을 명하는 활동을 말한다(국기법 2 ㉑).

4) 특수관계인

"특수관계인"이란 본인과 다음의 어느 하나에 해당하는 관계에 있는 자를 말한다. 이 경우 국세기본법 및 세법을 적용할 때 본인도 그 특수관계인의 특수관계인으로 본다(국기법 2 ⒇, 국기령 1의2).

구 분	특수관계인의 범위
① 친족관계	㉠ 4촌 이내의 혈족 및 3촌 이내의 인척 ㉡ 배우자(사실상의 혼인관계에 있는 자를 포함) ㉢ 친생자로서 다른 사람에게 친양자 입양된 자 및 그 배우자·직계비속 ㉣ 본인이 민법에 따라 인지한 혼인 외 출생자의 생부나 생모(본인의 금전이나 그 밖의 재산으로 생계를 유지하는 사람 또는 생계를 함께하는 사람으로 한정함)
② 경제적 연관관계	㉠ 임원과 그 밖의 사용인 ㉡ 본인의 금전이나 그 밖의 재산으로 생계를 유지하는 자 ㉢ '㉠' 및 '㉡'의 자와 생계를 함께하는 친족
③ 경영지배관계	<본인이 개인인 경우> ㉠ 본인이 직접 또는 그와 친족관계 또는 경제적 연관관계에 있는 자를 통하여 법인의 경영에 대하여 지배적인 영향력을 행사하고 있는 경우 그 법인 ㉡ 본인이 직접 또는 그와 친족관계, 경제적 연관관계 또는 '㉠'의 관계에 있는 자를 통하여 법인의 경영에 대하여 지배적인 영향력을 행사하고 있는 경우 그 법인
	<본인이 법인인 경우> ㉠ 개인 또는 법인이 직접 또는 그와 친족관계 또는 경제적 연관관계에 있는 자를 통하여 본인인 법인의 경영에 대하여 지배적인 영향력을 행사하고 있는 경우 그 개인 또는 법인 ㉡ 본인이 직접 또는 그와 경제적 연관관계 또는 '㉠'의 관계에 있는 자를 통하여 어느 법인의 경영에 대하여 지배적인 영향력을 행사하고 있는 경우 그 법인 ㉢ 본인이 직접 또는 그와 경제적 연관관계, '㉠' 또는 '㉡'의 관계에 있는 자를 통하여 어느 법인의 경영에 대하여 지배적인 영향력을 행사하고 있는 그 법인 ㉣ 본인이 독점규제 및 공정거래에 관한 법률에 따른 기업집단에 속하는 경우 그 기업집단에 속하는 다른 계열회사 및 그 임원

지배적인 영향력의 판단

경영지배관계에 따른 특수관계인의 범위을 판단할 때 다음의 구분에 따른 요건에 해당하는 경우 해당 법인의 경영에 대하여 지배적인 영향력을 행사하고 있는 것으로 본다.

구 분	요 건
영리법인인 경우	㉠ 법인의 발행주식총수 또는 출자총액의 30% 이상을 출자한 경우 ㉡ 임원의 임면권의 행사, 사업방침의 결정 등 법인의 경영에 대하여 사실상 영향력을 행사하고 있다고 인정되는 경우
비영리법인인 경우	㉠ 법인의 이사의 과반수를 차지하는 경우 ㉡ 법인의 출연재산(설립을 위한 출연재산만 해당)의 30% 이상을 출연하고 그 중 1인이 설립자인 경우

3. 국세기본법과 다른 법률과의 관계

(1) 국세기본법과 세법과의 관계

국세에 관하여 세법에 별도의 규정이 있는 경우를 제외하고는 국세기본법에서 정하는 바에 따른다(국기법 3 ①). 따라서 세법에 별도의 규정이 있는 경우에는 그 규정을 우선하여 적용하고, 세법에 별도의 규정이 없는 경우에는 국세기본법을 적용한다.

연대납세의무에 대한 소득세법 규정

국세기본법에서는 공유물·공동사업 또는 해당 공동사업에 속하는 재산에 관계되는 국세에 대하여 공유자 또는 공동사업자가 연대납세의무를 지도록 규정하고 있다(국기법 25 ①). 그러나 소득세법에서는 공동사업에 관한 소득세에 대해서는 공동사업자가 연대납세의무를 지지 아니하고, 해당 공동사업자별로 납세의무를 진다고 규정하고 있다(소법 2의2 ①). 국세기본법의 규정과 소득세법의 규정이 상충되지만 소득세법에 별도의 규정을 두고 있으므로 이를 우선하여 적용하여야 한다.

(2) 국세기본법과 관세법과의 관계

관세법과 수출용 원재료에 대한 관세 등 환급에 관한 특례법에서 세관장이 부과·징수하는 국세에 관하여 국세기본법에 대한 특례규정을 두고 있는 경우에는 관세법과 수출용 원재료에 대한 관세 등 환급에 관한 특례법에서 정하는 바에 따른다(국기법 3 ②). 세관장은 관세를 부과·징수할 때 관세법에 따라 국세(부가가치세·개별소비세·주세 등)도 함께 부과·징수한다. 이 경우 관세법의 규정과 국세기본법의 규정이 서로 다를 경우에는 관세법을 우선하여 적용하여야 한다.

⑶ 국세기본법과 행정심판법 및 행정소송법과의 관계

국세기본법은 불복절차에 관하여 행정심판법 및 행정소송법의 특별법적 성격을 가진다(국기법 56). 이에 대해서는 '제7장 심사와 심판'에서 자세하게 설명하기로 한다.

제 2 절 | 기간과 기한

1. 기간의 계산

⑴ 기간의 개념

'기간'이란 한 시점에서 다른 시점까지 계속되는 시간을 말한다. 예를 들면, 소득세의 과세기간은 매년 1월 1일부터 12월 31일까지로 규정되어 있다.

⑵ 기간의 계산방법

국세기본법 또는 세법에서 규정하는 기간의 계산은 국세기본법 또는 그 세법에 특별한 규정이 있는 것을 제외하고는 민법에 따른다(국기법 4). 따라서 기간의 계산에 관하여 국세기본법은 민법에 대해 특별법적 지위를 가진다고 볼 수 있다. 민법의 기간계산 규정은 다음과 같다(민법 157~161).

1) 민법의 기간계산 원칙(초일불산입 · 말일산입)

① 기간을 일 · 주 · 월 또는 연으로 정한 때에는 기간의 초일은 산입하지 않는다.

② 기간을 일 · 주 · 월 또는 연으로 정한 때에는 기간말일의 종료로 기간이 만료한다. 다만, 기간의 말일이 토요일 또는 공휴일에 해당한 때에는 기간은 그 익일로 만료한다.

초일불산입 원칙의 예외

1. 그 기간이 오전 0시로부터 시작하는 때에는 초일을 산입한다(예 법령의 시행일 등).
2. 연령계산에는 출생일을 산입한다.
3. 국세기본법 또는 세법에 특별한 규정이 있는 경우에는 초일을 산입한다.

역에 의한 기간계산

1. 기간을 주 · 월 또는 연으로 정한 때에는 역(曆)에 따라 계산한다(예 9월 5일부터 3월은 월의 대소를 구별하지 않고 12월 5일로 계산됨).
2. 주 · 월 또는 연의 처음으로부터 기간을 기산하지 아니하는 때에는 최후의 주 · 월 또는 연에서 그 기산일에 해당한 날의 전일로 기간이 만료한다.

3. 월 또는 연으로 정한 경우에 최종의 월에 해당일이 없는 때에는 그 월의 말일로 기간이 만료한다.

예제 1-1 | 기간의 계산 

1. 부가가치세법에서는 사업개시일부터 20일 이내에 사업자등록신청을 하도록 규정하고 있다. 사업개시일이 3. 5이라면 언제까지 사업자등록신청을 하여야 하나?
2. 증여세는 증여받은 날이 속하는 달의 말일부터 3개월 이내에 자진신고 · 납부하여야 한다. 증여를 받은 날이 8. 31이라면 언제까지 신고 · 납부하여야 하나?
3. 경정청구는 법정신고기한 경과 후 5년 이내에 청구할 수 있다. 소득세의 법정신고기한이 20×1.5. 31인 경우 경정청구는 언제까지 할 수 있는가?

해답

1. 기산일은 3. 6이며, 동 일자로부터 20일이 되는 날은 3. 25이 된다. 따라서 3. 25까지 사업자등록신청을 하여야 한다(초일불산입 · 말일산입).
2. 기산일은 9. 1이며, 최후의 월에서 그 기산일에 해당하는 날(12. 1)의 전일이 기간의 종료점이 된다. 따라서 11. 30까지 신고 · 납부하여야 한다(월의 대소를 구별하지 않는다). 또는 8. 31로부터 3월이 되는 날이 11. 31이나 해당일이 없으므로 그 월의 말일인 11. 30이 기간의 종료점이 되는 것으로 계산하여도 결과는 일치한다.
3. 기산일은 20×1. 6. 1이며, 기간의 종료점은 최후의 연도에서 그 기산일에 해당하는 날의 전일인 20×6. 5. 31이 된다. 따라서 20×6. 5. 31까지 경정청구를 할 수 있다.

2. 기 한

(1) 기한의 개념

'기한'이란 법률행위 효력의 발생 · 소멸 또는 채무의 이행을 하도록 미리 정해놓은 일정한 시기를 말한다.

(2) 기한의 특례

1) 신고 · 납부 등의 기한이 공휴일에 해당하는 경우

국세기본법 또는 세법에 규정하는 신고 · 신청 · 청구 · 그밖에 서류의 제출 · 통지 · 납부 또는 징수에 관한 기한이 토요일 및 일요일, 공휴일 및 대체공휴일이거나 근로자의 날일 때에는 토요일 · 일요일 · 공휴일 · 대체공휴일 또는 근로자의 날의 다음날을 기한으로 한다(국기법 5 ①).

2) 국세정보통신망의 가동이 정지된 경우

국세기본법 또는 세법에서 규정하는 신고기한 만료일 또는 납부기한 만료일에 국세정보통신망이 정전, 통신상의 장애, 프로그램의 오류, 그밖의 부득이한 사유로 가동이 정지되어 전자신고나 전자납부(국세기본법 또는 세법에 따라 납부할 국세를 정보통신망을 이용하여 납부하는 것을 말함)를 할 수 없는 경우에는 그 장애가 복구되어 신고 또는 납부할 수 있게 된 날의 다음날(+1일)을 기한으로 한다(국기법 5 ③, 국기령 1의2 ①).

3. 우편신고 및 전자신고

(1) 우편신고

우편으로 과세표준신고서 · 과세표준수정신고서 · 경정청구서 또는 과세표준신고 · 과세표준수정신고 · 경정청구와 관련된 서류를 제출한 경우 우편법에 따른 우편날짜도장이 찍힌 날에 신고된 것으로 본다(발신주의). 이 경우 우편날짜도장이 찍히지 아니하였거나 분명하지 아니한 경우에는 통상 걸리는 배송일수를 기준으로 발송한 날로 인정되는 날에 신고되거나 청구된 것으로 본다(국기법 5의2 ①).

● 의사표시의 효력발생시기

민법에서는 의사표시의 효력발생시기에 관한 일반원칙으로서 도달주의(그 통지가 상대방에 도달한 때로부터 그 효력이 발생한다는 것)를 채택하고 있으며, 세법에서도 과세관청 또는 납세자의 의사표시의 효력발생시기와 관련하여 도달주의를 원칙으로 한다. 다만, 납세자가 우편으로 서류 등을 제출하는 경우에는 우편물의 배달지연으로 인하여 권익을 침해당할 우려가 있으므로 예외적으로 발신주의를 인정하고 있는 것이다.

(2) 전자신고

과세표준신고서 · 과세표준수정신고서 또는 과세표준신고 · 과세표준수정신고와 관련된 서류를 국세정보통신망을 이용하여 제출하는 경우에는 해당 신고서 등이 국세청장에게 전송된 때에 신고되거나 청구된 것으로 본다(국기법 5의2 ②).

4. 천재지변 등으로 인한 신고기한의 연장

(1) 의 의

관할 세무서장은 천재지변이나 그 밖에 대통령령으로 정하는 기한연장의 사유로 국세기본법 또는 세법에서 규정하는 신고, 신청, 청구, 그 밖에 서류의 제출 또는 통지를 정하여진 기한까지 할 수 없다고 인정하는 경우나 납세자가 기한 연장을 신청한 경우에는 그 기한을 연장할 수 있다(국기법 6).

(2) 기한연장의 사유

천재지변이나 그 밖에 대통령령으로 정하는 기한연장의 사유란 다음의 사유를 말한다(국기령 2).

① 천재지변
② 납세자가 화재, 전화(戰禍), 그 밖의 재해[*1]를 입거나 도난을 당한 경우
③ 납세자 또는 그 동거가족이 질병이나 중상해로 6개월 이상의 치료가 필요하거나 사망하여 상중(喪中)인 경우
④ 권한 있는 기관에 장부나 서류가 압수 또는 영치된 경우
⑤ 위 '②'부터 '④'에 준하는 사유가 있는 경우
⑥ 정전, 프로그램의 오류나 그 밖의 부득이한 사유로 한국은행(그 대리점을 포함한다) 및 체신관서의 정보통신망의 정상적인 가동이 불가능한 경우
⑦ 금융회사 등(한국은행 국고대리점 및 국고수납대리점인 금융회사 등만 해당함) 또는 체신관서의 휴무나 그 밖의 부득이한 사유로 정상적인 세금납부가 곤란하다고 국세청장이 인정하는 경우
⑧ 세무사법에 따라 납세자의 장부 작성을 대행하는 세무사(세무법인을 포함) 또는 공인회계사(회계법인을 포함)가 화재, 전화, 그 밖의 재해를 입거나 도난을 당한 경우

*1 그 밖의 재해 : 화약류, 가스류 등의 폭발사고, 광해, 교통사고, 건물의 도괴 기타 이에 준하는 물리적인 재해를 말한다. 다만, 조세포탈 목적으로 고의적인 행동에 의한 재해는 제외한다(국기통 6-2…1).

(3) 기한연장의 기간

천재지변 등으로 인한 기한연장은 3개월 이내로 하되, 해당 기한연장의 사유가 소멸되지 않는 경우 관할세무서장은 1개월의 범위에서 그 기한을 다시 연장할 수 있다(국기령 2의2 ①). 그러나 이 규정에도 불구하고 신고와 관련된 기한연장은 9개월을 넘지

않는 범위에서 관할세무서장이 연장할 수 있다(국기령 2의2 ②).

⑷ 기한연장의 신청과 승인

천재지변 등의 사유로 인하여 기한의 연장을 받으려는 자는 기한 만료일 3일 전까지 법령에서 정하는 사항을 적은 문서로 해당 행정기관의 장에게 신청하여야 한다(국기령 3).

제 3 절 ㅣ 서류의 송달

1. 서류송달의 의의

서류의 송달이란 조세의 부과 또는 징수에 관한 서류를 그 명의인의 주소·거소·영업소 또는 사업소에 보내는 것을 말하는데, 이는 국세의 부과·징수에 필요한 각종 처분절차의 효력을 완성시키며 기간의 기산점을 정하는 등 중요한 의미를 지닌다.

2. 서류송달의 장소

⑴ 일반적인 경우

국세기본법 또는 세법에 규정하는 서류는 그 명의인(그 서류에 수신인으로 지정되어 있는 자를 말함)의 주소 또는 영업소에 송달한다. 이 경우 "주소 또는 영업소"란 주소·거소·영업소 또는 사무소를 말하며, 전자송달인 경우에는 명의인의 전자우편주소(국세정보통신망에 저장하는 경우에는 명의인의 사용자확인기호를 이용하여 접근할 수 있는 곳을 말함)를 말한다(국기법 8 ①). 다만, 서류의 송달을 받을 자가 주소 또는 영업소 중에서 송달받을 장소를 정부에 신고한 경우에는 그 신고된 장소에 송달하여야 하며, 송달받을 장소를 변경한 경우에도 또한 같다(국기법 9).

⑵ 예외적인 경우

1) 연대납세의무자에 대한 서류송달

연대납세의무자에게 서류를 송달할 때에는 그 대표자를 명의인으로 하며, 대표자가 없을 때에는 연대납세의무자 중 국세를 징수하기에 유리한 자를 명의인으로 한다(국기법 8 ②). 다만, 납부의 고지와 독촉에 관한 서류는 연대납세의무자 모두에게 각각 송달하여야 한다(국기법 8 ② 단서).

2) 상속재산관리인이 있는 경우

상속이 개시된 경우 상속재산관리인이 있을 때에는 그 상속재산관리인의 주소 또는 영업소에 송달한다(국기법 8 ③).

3) 납세관리인이 있는 경우

납세관리인이 있을 때에는 납부의 고지와 독촉에 관한 서류는 그 납세관리인의 주소 또는 영업소에 송달한다(국기법 8 ④).

4) 구속된 사람 등에 대한 송달의 특례

송달받아야 할 사람이 교정시설 또는 국가경찰관서의 유치장에 체포·구속 또는 유치(留置)된 사실이 확인된 경우에는 해당 교정시설의 장 또는 국가경찰관서의 장에게 송달한다(국기법 8 ⑤).

3. 서류송달의 방법

서류의 송달은 교부송달·우편송달 또는 전자송달의 방법으로 하는 것을 원칙으로 한다(국기법 10 ①). 다만, 이러한 방법에 의한 송달이 불가능한 경우에는 예외적으로 공시송달의 방법으로 할 수 있다.

(1) 교부송달

교부에 의한 서류 송달은 해당 행정기관의 소속공무원이 서류를 송달할 장소에서 송달받아야 할 자에게 서류를 교부하는 방법으로 한다. 다만, 송달을 받아야 할 자가 송달받기를 거부하지 아니하면 다른 장소에서 교부할 수 있다(국기법 10 ③).

서류를 교부하였을 때에는 송달서에 수령인이 서명 또는 날인하게 하여야 한다. 이 경우에 수령인이 서명 또는 날인을 거부하면 그 사실을 송달서에 적어야 한다(국기법 10 ⑥). 따라서 수령인이 서명 또는 날인을 거부하더라도 교부송달의 효력에는 영향을 미치지 않는다.

(2) 우편송달

1) 의 의

우편송달이란 체신관서를 통하여 우편으로 송달하는 것을 말하며, 원칙적으로 통상우편과 등기우편에 의한 송달이 모두 가능하다.

2) 납부고지서 등의 송달

납부의 고지·독촉·강제징수 또는 세법에 따른 정부의 명령과 관계되는 서류의 송달을 우편으로 할 때에는 등기우편으로 하여야 한다. 다만, 소득세 중간예납세액의 납부고지서, 부가가치세 예정고지를 위한 납부고지서 및 신고납세제도 적용 국세에 대한 과세표준신고서를 법정신고기한까지 제출하였으나 과세표준신고액에 상당하는 세액의 전부 또는 일부를 납부하지 아니하여 발급하는 납부고지서로서 50만원 미만에 해당하는 납부고지서는 일반우편으로 송달할 수 있다(국기법 10 ②).

⑶ 교부송달 또는 우편송달을 할 때 유의할 점

1) 송달할 장소에서 송달을 받아야 할 자를 만나지 못한 경우

교부송달 또는 등기우편에 의한 서류송달의 경우에 송달할 장소에서 서류의 송달을 받아야 할 자를 만나지 못하였을 때에는 그 사용인이나 그밖의 종업원 또는 동거인으로서 사리를 판별할 수 있는 사람에게 서류를 송달할 수 있다(국기법 10 ④ 전단).

2) 유치송달

서류를 송달받아야 할 자 또는 그 사용인이나 그밖의 종업원 또는 동거인으로서 사리를 판별할 수 있는 사람이 정당한 사유 없이 서류 수령을 거부할 때에는 송달할 장소에 서류를 둘 수 있다. 이를 유치송달이라 한다(국기법 10 ④ 후단).

3) 주소 또는 영업소를 이전한 경우

서류를 송달받아야 할 자가 주소 또는 영업소를 이전하였을 때에는 주민등록표 등으로 이를 확인하고 이전한 장소에 서류를 송달하여야 한다(국기법 10 ⑤). 따라서 서류를 송달받아야 할 자가 주소 또는 영업소를 이전한 경우 이러한 확인절차를 밟지 않고 주소불분명 등의 이유로 공시송달하는 것은 적법한 송달로 보지 않는다.

⑷ 전자송달

1) 전자송달의 의의

전자송달이란 정보통신망을 이용한 송달을 말하며, 전자송달은 문서로 서류를 송달받아야 할 자가 신청한 경우만 한다(국기법 10 ⑧). 서류를 송달받아야 할 자가 전자송달을 신청한 경우라도 국세정보통신망의 장애 등 법령으로 정하는 사유에 해당되어 전자송달이 불가능한 경우에는 교부 또는 우편의 방법으로 송달할 수 있다(국기법 10 ⑩, 국기령 6의3).

2) 자진납부 시 전자송달 신청의 의제

납부고지서가 송달되기 전에 납세자가 국세정보통신망(홈택스)을 통해 소득세 중간예납세액, 부가가치세 예정고지 및 예정부과세액을 확인하여 계좌이체 또는 신용카드 등으로 전액 자진납부한 경우 납부한 세액에 대해서는 자진납부한 시점에 전자송달을 신청한 것으로 본다(국기법 10 ⑧).

3) 전자송달서류의 범위 등

전자송달할 수 있는 서류는 납부고지서, 독촉장, 국세환급금통지서, 신고안내문, 그 밖에 국세청장이 정하는 서류로 한다(국기령 6의4 ①).

(5) 공시송달

공시송달이란 송달하여야 할 서류의 주요 내용을 공고함으로써 송달의 효력을 발생하게 하는 송달방법으로서 교부송달 · 우편송달 및 전자송달이 불가능할 경우에 예외적으로 인정되는 송달방법이다(국기법 11).

1) 공시송달의 사유

서류를 송달받아야 할 자가 다음 중 어느 하나에 해당하는 경우에는 공시송달에 의한다(국기법 11 ①, 국기령 7, 7의2).

① 주소 또는 영업소가 국외에 있고 송달하기 곤란한 경우

② 주소 또는 영업소가 분명하지 아니한 경우 : 주민등록표 · 법인등기부 등에 의해서도 주소 또는 영업소를 확인할 수 없는 경우를 말한다.

③ 서류를 등기우편으로 송달하였으나 수취인이 부재중(不在中)인 것으로 확인되어 반송됨으로써 납부기한 내에 송달이 곤란하다고 인정되는 경우

④ 세무공무원이 2회 이상 납세자를 방문[처음 방문한 날과 마지막 방문한 날 사이의 기간이 3일(기간을 계산할 때 공휴일, 대체공휴일, 토요일 및 일요일은 산입하지 않음) 이상이어야 함]해 서류를 교부하려고 하였으나 수취인이 부재중인 것으로 확인되어 납부기한까지 송달이 곤란하다고 인정되는 경우

2) 공시송달의 방법

공시송달에 따른 공고는 다음 중 어느 하나에 게시하거나 게재하여야 한다. 이 경우 국세정보통신망을 이용하여 공시송달을 할 때에는 다른 공시송달 방법과 함께 하여야 한다(국기법 11 ②).

① 국세정보통신망

② 세무서의 게시판이나 그 밖의 적절한 장소

③ 해당 서류의 송달 장소를 관할하는 특별자치시 · 특별자치도 · 시 · 군 · 구(자치구를 말함)의 홈페이지, 게시판이나 그 밖의 적절한 장소

④ 관보 또는 일간신문

4. 송달의 효력발생

서류송달의 효력발생시기는 다음과 같다(국기법 11, 12).

구 분	효 력 발 생 시 기
① 교부송달 및 우편송달	송달받아야 할 자에게 도달한 때(도달주의)
② 전 자 송 달	송달받을 자가 지정한 전자우편주소에 입력된 때(국세정보통신망에 저장하는 경우에는 저장된 때)
③ 공 시 송 달	서류의 주요 내용을 공고한 날부터 14일이 지나는 때

서류송달의 효력발생시기

과세관청의 납세자에 대한 서류송달은 원칙적으로 도달주의에 의해 효력이 발생한다. 이는 납세자의 우편에 의한 신고(또는 불복청구)가 발신주의에 의한다는 점과 비교된다.

제 4 절 | 인 격

'인격'이란 권리 · 의무의 주체가 될 수 있는 자격이나 지위를 말한다. 민법은 자연인과 법인에 대하여 인격을 인정하고 있다. 자연인이란 권리능력자인 살아있는 사람을 의미하며, 출생과 동시에 인격을 취득하여 사망함으로써 인격이 소멸된다. 따라서 자연인은 생존하는 동안 인격을 갖게 된다. 한편 법인은 자연인과 달리 법에 따라 인격이 주어진 자를 말한다. 법인에는 민법상의 사단법인과 재단법인, 상법상의 주식회사, 유한회사, 합명회사, 합자회사 등이 있다. 법인은 설립등기를 함으로써 인격을 부여받게 되며, 청산완료등기에 의해 인격이 소멸하게 된다. 따라서 법인은 설립기간 동안에만 인격(법인격)을 갖게 된다.

자연인과 법인의 구별이 중요한 이유는 자연인으로 보느냐, 법인으로 보느냐에 따라 세금이 달라질 수 있기 때문이다. 만일 설립등기를 하지 않은 사단 · 재단 및 그밖의 단체와 같이 법인 아닌 단체가 소득이 있는 경우, 자연인으로 보는 경우에는 소득

세법에 따라 소득세를 내야하고, 법인으로 보는 경우에는 법인세법에 따라 법인세를 내야한다. 법인세와 소득세는 계산구조와 세율이 다르기 때문에 동일한 소득에 대해서도 세금이 달라진다.

1. 법인으로 보는 법인 아닌 단체

(1) 무조건 법인으로 보는 단체

법인(법인세법에 따른 내국법인 및 외국법인을 말함)이 아닌 사단 · 재단 · 그 밖의 단체(이하 “법인 아닌 단체”라 함) 중 다음의 어느 하나에 해당하는 경우로서 수익을 구성원에게 분배하지 아니하는 것은 법인으로 보아 국세기본법과 세법을 적용한다(국기법 13 ①).

① 주무관청의 허가 또는 인가를 받아 설립되거나 법령에 따라 주무관청에 등록한 사단 · 재단 · 그 밖의 단체로서 등기되지 아니한 것

② 공익을 목적으로 출연(出捐)된 기본재산이 있는 재단으로서 등기되지 아니한 것

무조건 법인으로 보는 취지

위 요건을 충족하는 법인 아닌 단체들은 그 특성상 비영리법인에 해당한다. 비영리법인의 설립절차 중 가장 중요한 것은 주무관청의 설립허가 또는 인가이다. 또한 재단법인의 설립절차 중 가장 중요한 절차는 기본재산의 출연이다. 따라서 중요한 설립절차가 완료된 경우에는 비록 설립등기를 하지 않은 경우라 하더라도 이를 법인으로 보아 과세하겠다는 취지이다.

(2) 신청 · 승인에 따라 법인으로 보는 단체

무조건 법인으로 보는 단체 외의 법인 아닌 단체 중 일정한 요건을 모두 갖춘 것으로서 대표자나 관리인이 관할세무서장에게 신청하여 승인을 받은 것도 법인으로 보아 국세기본법과 세법을 적용한다. 이 경우 해당 사단 · 재단 · 그 밖의 단체의 계속성과 동질성이 유지되는 것으로 본다(국기법 13 ②).

1) 승인요건

① 사단 · 재단 · 그 밖의 단체의 조직과 운영에 관한 규정을 가지고 대표자나 관리인을 선임하고 있을 것

② 사단 · 재단 · 그 밖의 단체 자신의 계산과 명의로 수익과 재산을 독립적으로 소유 · 관리할 것

③ 사단 · 재단 · 그 밖의 단체의 수익을 구성원에게 분배하지 아니할 것

승인에 의해 법인으로 의제하는 취지

종중 · 동창회 또는 종교단체 등 임의단체들도 위의 승인요건을 갖춘 경우에는 그 실체가 법인과 다를 바 없다. 따라서 법률상으로는 법인에 해당하지 않지만 그 실질이 법인과 동일하다면 그 실질에 따라 법인세법의 적용을 받을 수 있도록 규정한 것이다.

2) 거주자로의 변경 제한

신청 · 승인에 따라 법인으로 보는 법인 아닌 단체는 그 신청에 대하여 관할세무서장의 승인을 받은 날이 속하는 과세기간과 그 과세기간이 끝난 날부터 3년이 되는 날이 속하는 과세기간까지는 소득세법에 따른 거주자 또는 비거주자로 변경할 수 없다. 다만, 위의 승인요건을 갖추지 못하게 되어 승인취소를 받는 경우에는 그러하지 아니하다(국기법 13 ③).

3) 신청 및 승인통지 등

법인으로 승인을 받으려는 법인 아닌 단체의 대표자 또는 관리인은 단체의 명칭 등 법령에서 정한 사항을 적은 문서를 관할세무서장에게 제출하여야 한다(국기령 8 ①). 관할세무서장은 법인 아닌 단체의 대표자 또는 관리인이 제출한 문서(승인신청서)에 대하여 그 승인 여부를 신청일부터 10일 이내에 신청인에게 통지하여야 한다(국기령 8 ②).

4) 승인취소

법인으로 승인을 받은 법인 아닌 단체가 승인요건을 갖추지 못하게 되었을 때에는 관할세무서장은 지체없이 그 승인을 취소하여야 한다(국기령 8 ④).

(3) 법인으로 보는 단체의 납세의무 이행

법인으로 보는 법인 아닌 단체의 국세에 관한 의무는 그 대표자나 관리인이 이행하여야 한다(국기법 13 ④). 법인으로 보는 법인 아닌 단체는 국세에 관한 의무 이행을 위하여 대표자나 관리인을 선임하거나 변경한 경우에는 관할세무서장에게 신고하여야 한다(국기법 13 ⑤).

법인으로 보는 단체의 법인유형

법인으로 보는 법인 아닌 단체는 법인세법과 상속세 및 증여세법상 비영리내국법인으로 본다.

2. 법인으로 보지 않는 법인 아닌 단체

법인으로보는 단체 외의 법인 아닌 단체는 국내에 주사무소 또는 사업의 실질적 관리장소를 둔 경우에는 1거주자로, 그 밖의 경우에는 1비거주자로 보아 소득세법을 적용한다. 다만, 다음의 어느 하나에 해당하는 경우에는 소득구분에 따라 해당 단체의 각 구성원별로 납세의무를 진다(소법 2 ③).

① 구성원 간 이익의 분배비율이 정하여져 있고 해당 구성원별로 이익의 분배비율이 확인되는 경우

② 구성원 간 이익의 분배비율이 정하여져 있지 아니하나 사실상 구성원별로 이익이 분배되는 것으로 확인되는 경우

객/관/식/문/제

▶ 제1장 국세기본법의 개요

1 국세기본법 제1조(목적)에 대한 설명으로 옳은 것을 모두 고른 것은? ⊙ 2012년 국가직 9급

ㄱ. 국세에 대한 기본적이고 공통적인 사항을 규정
ㄴ. 납세자의 권리구제에 관한 사항을 규정
ㄷ. 국세의 징수에 관하여 필요한 사항을 규정하여 국세수입을 확보
ㄹ. 납세자의 부담능력 등에 따라 적정하게 과세함으로써 조세부담의 형평을 도모
ㅁ. 국세에 대한 법률관계를 명확하게 함

① ㄱ, ㄴ, ㄹ　② ㄱ, ㄴ, ㅁ
③ ㄱ, ㄹ, ㅁ　④ ㄴ, ㄷ, ㄹ

해설

국세기본법은 국세에 관한 기본적이고 공통적인 사항(ㄱ)과 납세자의 권리·의무 및 권리구제에 관한 사항을 규정(ㄴ)함으로써 국세에 관한 법률관계를 명확하게 하고(ㅁ), 과세(課稅)를 공정하게 하며, 국민의 납세의무의 원활한 이행에 이바지함을 목적으로 한다(국기법 1). 국세의 징수에 관하여 필요한 사항을 규정하여 국세수입을 확보하는 것은 국세징수법의 목적이다.

2 국세기본법상 용어의 정의로 옳지 않은 것은? ⊙ 2012년 국가직 7급 수정

① 세법(稅法)이란 국세의 종목과 세율을 정하고 있는 법률만을 말한다.
② 가산세란 세법에서 규정하는 의무의 성실한 이행을 확보하기 위하여 세법에 따라 산출한 세액에 가산하여 징수하는 금액을 말한다.
③ 과세표준이란 세법에 따라 직접적으로 세액산출의 기초가 되는 과세대상의 수량 또는 가액을 말한다.
④ 전자신고란 과세표준신고서 등 국세기본법 또는 세법에 따른 신고 관련 서류를 국세정보통신망을 이용하여 신고하는 것을 말한다.

해설

세법(稅法)이란 국세의 종목과 세율을 정하고 있는 법률과 국세징수법, 조세특례제한법, 국제조세조정에 관한 법률, 조세범처벌법 및 조세범처벌절차법을 말한다.

3 국세기본법과 다른 법률과의 관계에 대한 다음 설명 중 옳지 않은 것은?

① 국세기본법의 규정과 상충되는 규정을 세법에 둘 수 있다.

② 국세기본법은 세법에 우선하여 적용한다.

③ 관세법의 규정과 국세기본법의 규정이 서로 다를 경우에는 관세법을 우선하여 적용한다.

④ 국세기본법은 불복절차에 관하여 행정심판법 및 행정소송법의 특별법적 성격을 가진다.

해설

세법에 별도의 규정이 있는 경우에는 그 규정을 우선하여 적용하고, 세법에 별도의 규정이 없는 경우에는 국세기본법을 적용한다.

4 국세기본법에서 정하는 기간과 기한에 대한 설명으로 옳은 것은?

① 국세의 신고에 관한 기한이 근로자의 날일 때에는 그 날을 기한으로 한다.

② 신고기한 만료일에 국세정보통신망이 프로그램의 오류로 가동이 정지되어 전자신고를 할 수 없는 경우에는 그 장애가 복구되어 신고할 수 있게 된 날의 다음날을 기한으로 한다.

③ 과세표준신고서를 국세정보통신망을 이용하여 제출하는 경우에는 국세정보통신망에 입력된 때에 신고된 것으로 본다.

④ 천재지변으로 인한 기한연장은 3개월 이내로 하며, 해당 기한연장의 사유가 소멸되지 않더라도 재연장할 수 없다.

해설

① 신고 및 납부에 관한 기한이 근로자의 날일 때에는 근로자의 날의 다음날을 기한으로 한다.
③ 해당 신고서 등이 국세청장에게 전송된 때에 신고된 것으로 본다.
④ 해당 기한연장의 사유가 소멸되지 아니하는 경우에는 관할 세무서장은 1개월의 범위에서 그 기한을 다시 연장할 수 있다.

5 국세기본법상 기간 및 기한에 대한 설명으로 옳은 것은? ◐ 2011년 국가직 9급 수정

① 기간의 계산에 대한 국세기본법 또는 세법의 규정이 민법의 규정과 상충되면 민법의 규정에 따른다.

② 우편으로 과세표준신고서를 제출한 경우로서 우편날짜도장이 찍히지 아니하였거나 분명하지 아니한 경우에는 신고서가 도달한 날에 신고된 것으로 본다.

③ 세법에서 규정하는 납부기한 만료일에 국세정보통신망이 프로그램 오류로 가동이 정지되어 전자납부를 할 수 없는 경우에는 그 장애가 복구되어 납부할 수 있게 된 날의 다음날을 기한으로 한다.

④ 증여세 신고기한이 4월 1일(금요일)이고 공휴일인 경우 4월 3일까지 신고하여야 한다.

해설

① 국세기본법 또는 세법에 특별한 규정이 있는 것을 제외하고는 민법에 따른다.
② 우편날짜도장이 찍히지 아니하였거나 분명하지 아니한 경우에는 통상 걸리는 배송일수를 기준으로 발송한 날로 인정되는 날에 신고된 것으로 본다.
④ 4월 2일이 토요일, 4월 3일이 일요일이므로 4월 4일(월요일)까지 신고하여야 한다.

6 서류의 송달에 관한 설명으로서 틀린 것은?

① 송달을 받아야 할 자가 송달 기를 거부하지 아니한다면 서류를 송달할 장소 이외의 다른 장소에서 서류를 교부하더라도 적법한 서류의 송달에 해당한다.

② 전자송달은 문서로 서류를 송달받아야 할 자가 신청한 경우만 한다.

③ 국세정보통신망을 이용하여 공시송달을 할 때에는 다른 공시송달 방법과 함께 하여야 한다.

④ 서류를 송달할 장소에서 서류를 송달받아야 할 자가 정당한 사유 없이 서류 수령을 거부할 때에는 유치송달 또는 공시송달의 방법에 따라 서류를 송달하여야 한다.

해설

서류를 송달받아야 할 자 또는 그 사용인이나 그밖의 종업원 또는 동거인으로서 사리를 판별할 수 있는 사람이 정당한 사유 없이 서류 수령을 거부할 때에는 송달할 장소에 서류를 둘 수 있다. 이를 "유치송달"이라 한다. 서류 수령을 거부한다고 하여 "공시송달"의 방법으로 서류를 송달할 수 없으므로 따라야 한다.

7 국세기본법령상 서류의 송달에 대한 설명으로 옳지 않은 것은?
◐ 2023년 국가직 7급

① 연대납세의무자에게 납부의 고지에 관한 서류를 송달할 때에는 그 대표자를 명의인으로 한다.

② 납부의 고지와 관계되는 서류의 송달을 우편으로 할 때에는 등기우편으로 하여야 하나, 소득세법에 따른 중간예납세액이 50만원 미만인 경우 납부고지서를 일반우편으로 송달할 수 있다.

③ 교부송달의 경우 서류를 송달할 장소에서 송달받아야 할 자를 만나지 못하였을 때에는 그 사용인이나 그 밖의 종업원 또는 동거인으로서 사리를 판별할 수 있는 사람에게 서류를 송달할 수 있다.

④ 서류를 송달받아야 할 자의 주소 또는 영업소가 분명하지 아니한 경우 서류의 주요 내용을 공고한 날부터 14일이 지나면 서류 송달이 된 것으로 본다.

해설

연대납세의무자에게 납부의 고지와 독촉에 관한 서류를 송달할 때에는 연대납세의무자 모두에게 각각 송달하여야 한다.

8 국세기본법상 법인 아닌 단체에 대한 설명으로 옳지 않은 것은?
◐ 2015년 국가직 9급

① 국세기본법에 의하여 법인으로 보는 법인 아닌 단체는 법인세법에서 비영리법인으로 본다.

② 주무관청의 허가 또는 인가를 받아 설립된 단체로서 수익을 구성원에게 분배하지 않는 경우에는 대표자나 관리인이 관할세무서장에게 신청하여 승인을 받아야 법인으로 본다.

③ 법인 아닌 단체가 국세기본법에 의하여 법인으로 의제되지 않더라도 소득세법에 의하여 그 단체를 1거주자로 보아 과세할 수도 있다.

④ 법인으로 보는 법인 아닌 단체의 국세에 관한 의무는 그 대표자나 관리인이 이행하여야 한다.

해설

주무관청의 허가 또는 인가를 받아 설립된 단체로서 수익을 구성원에게 분배하지 않는 경우에는 관할세무서장의 승인 없이 무조건 법인으로 본다.

정답	1	②	2	①	3	②	4	②	5	③	6	④	7	①	8	②				

국세부과와 세법적용

제 1 절 | 국세부과의 원칙

1. 국세부과원칙의 의의

'국세의 부과'란 국가가 납세자에 대한 조세채권을 확정하는 행정처분을 말한다. 따라서 '국세부과의 원칙'이란 국가가 조세채권을 확정시키는 과정에서 지켜야 할 기본원칙을 말한다. 국세부과의 원칙을 규정한 목적은 국세에 관한 납세자와 과세관청간의 조세법률관계를 확실하게 하고 국민의 재산권을 보호하기 위함이다.

국세부과의 원칙에는 다음의 4가지가 있다.

① 실질과세의 원칙	② 신의성실의 원칙
③ 근거과세의 원칙	④ 조세감면사후관리의 원칙

2. 실질과세의 원칙

(1) 실질과세원칙의 의의

'실질과세의 원칙'이란 법적 형식과 경제적 실질이 일치하지 아니할 경우 경제적 실질에 따라 과세하여야 한다는 것을 의미한다. 만약 경제적 실질을 무시하고 법적 형식에 따라 과세한다면 이를 이용하여 조세부담을 회피하고자 하는 행위가 유발될 수 있으며, 담세력에 따른 공정한 과세가 이루어질 수 없게 된다. 따라서 국세기본법에서는 조세평등주의와 납세자의 실질적인 담세능력에 따른 과세를 실현하고자 실질과세원칙을 기본원칙 중 하나로 규정하고 있다.

실질과세의 원칙은 경제적 환경을 규율하는 조세법의 성질상 실질적 귀속에 따른 경제적 부담능력을 고려한 귀결로서 세법의 명문규정이 없더라도 조세법에 내재하는 당연한 기본적 해석원리라 할 것이다. 이러한 관점에서 실질과세의 원칙을 선언한 국세기본법이나 소득세법 · 법인세법 등의 규정은 창설적 규정이 아니고 선언적 · 확인적 규정에 불과한 것이다.

⑵ 국세기본법상 실질과세원칙

1) 소득귀속에 대한 실질과세(귀속주체의 입장)

과세의 대상이 되는 소득 · 수익 · 재산 · 행위 또는 거래의 귀속이 명의(名義)일 뿐이고 사실상 귀속되는 자가 따로 있을 때에는 사실상 귀속되는 자를 납세의무자로 하여 세법을 적용한다(국기법 14 ①).[1]

2) 거래내용에 대한 실질과세(귀속객체의 입장)

세법 중 과세표준의 계산에 관한 규정은 소득 · 수익 · 재산 · 행위 또는 거래의 명칭이나 형식과 관계없이 그 실질내용에 따라 적용한다(국기법 14 ②). 이 때 거래의 실질내용은 형식상의 기록내용이나 거래명의에 불구하고 상거래관례, 구체적인 증빙, 거래당시의 정황 및 사회통념 등을 고려하여 판단한다(국기통 14-0…5).

3) 우회거래에 대한 실질과세

제3자를 통한 간접적인 방법이나 둘 이상의 행위 또는 거래를 거치는 방법으로 국세기본법 또는 세법의 혜택을 부당하게 받기 위한 것으로 인정되는 경우에는 그 경제적 실질내용에 따라 당사자가 직접 거래를 한 것으로 보거나 연속된 하나의 행위 또는 거래를 한 것으로 보아 국세기본법 또는 세법을 적용한다(국기법 14 ③).

---

1) 소득귀속에 대한 실질과세의 사례를 살펴보면 다음과 같다.
   ① 사업자명의등록자와는 별도로 사실상의 사업자가 있는 경우에는 사실상의 사업자를 납세의무자로 본다(국기통 14-0…1).
   ② 회사의 주주로서 명부상 등재되어 있더라도 회사의 대표자가 임의로 등재한 것일 뿐 회사의 주주로서 권리행사를 한 사실이 없는 경우에는 그 명의자인 주주를 세법상 주주로 보지 않는다(국기통 14-0…3).
   ③ 공부상 등기 · 등록 등이 타인의 명의로 되어 있더라도 사실상 해당 사업자가 취득하여 사업에 공하였음이 확인되는 경우에는 이를 그 사실상 사업자의 사업용자산으로 본다(국기통 14-0…4).
   ④ 명의신탁부동산을 매각처분한 경우에는 양도의 주체 및 납세의무자는 명의수탁자가 아니고 명의신탁자이다(국기통 14-0…6).

⑶ 실질과세원칙에 근거한 세법상의 규정

1) 부당행위계산의 부인

소득세법과 법인세법에서는 세법에서 정하는 특수관계인과의 거래를 통하여 조세의 부담을 부당하게 감소시킨 것으로 인정되는 경우에는 납세자의 계산을 부인하고 각 세법에서 정한 방법에 따라 소득금액을 계산할 수 있도록 규정하고 있다(소법 41, 법법 52).

2) 부담부증여에 대한 양도소득세 과세

부담부증여에 있어서 증여자의 채무를 수증자가 인수하는 경우에는 증여가액 중 그 채무액에 상당하는 부분은 그 자산이 유상으로 사실상 이전되는 것으로 본다(소법 88).

⑷ 실질과세원칙에 대한 세법상 예외규정

권리의 이전이나 그 행사에 등기 등이 필요한 재산(토지와 건물을 제외함)의 실제 소유자와 명의자가 다른 경우에는 국세기본법의 실질과세원칙에 불구하고 그 명의자로 등기등을 한 날에 그 재산의 가액을 실제소유자가 명의자에게 증여한 것으로 본다(상증법 45의2). 이를 "명의신탁재산의 증여의제"라 하며, 이 규정은 조세를 회피하기 위하여 타인의 이름을 빌려서 등기하는 명의신탁의 경우, 경제적 실질은 이름만 빌린 명의신탁임에도 불구하고 조세회피방지를 위하여 경제적 실질과 달리 명의자가 증여받은 것으로 의제하여 증여세를 과세하도록 규정한 것이다.

⑸ 실질과세원칙과 조세법률주의와의 관계

실질과세원칙은 조세평등주의를 실현하기 위한 세법의 고유한 법원리이다. 그러나 실질과세원칙을 확대 해석하여 적용할 경우에는 납세자의 법적안정성과 예측가능성을 침해할 우려가 있다. 따라서 실질과세원칙은 조세법률주의의 범위 내에서 제한적으로 적용되어야 한다.

3. 신의성실의 원칙

(1) 신의성실원칙의 의의

'신의성실의 원칙'이란 공동사회의 일원으로서 모든 사람은 상대방의 신뢰를 배반하지 않도록 신의와 성실을 가지고 행동하여야 한다는 원칙으로서 일종의 윤리적 규범이다. 민법 제2조에서는 '권리의 행사와 의무의 이행은 신의에 좇아 성실히 하여야 한다'고 규정하고 있는데, 이를 '신의성실의 원칙' 또는 '신의칙(信義則)'이라고도 한다.

특히 과세관청의 언동에 대하여 납세자가 그 정당성 또는 존속성을 신뢰한 경우 그 신뢰를 보호(신뢰이익의 보호)하기 위한 원칙으로서 중요한 의미를 가지며, 이러한 측면에서 신의성실의 원칙에는 '신뢰이익 보호의 원칙'이 포함된다고 볼 수 있다.

(2) 국세기본법상 신의성실원칙

납세자가 그 의무를 이행할 때에는 신의에 따라 성실하게 하여야 한다. 세무공무원이 직무를 수행할 때에도 또한 같다(국기법 15).

(3) 신의성실원칙의 적용요건

대법원 판례에 따라 명시된 신의성실원칙의 적용요건은 다음과 같다. 이러한 요건은 납세자의 신뢰이익을 보호한다는 측면을 강조한 것이다.

1) 과세관청이 납세자에게 신뢰의 대상이 되는 공적인 견해표시를 하였을 것

과세관청의 공적인 견해표시에는 예규·통첩·기본통칙과 같은 일반적 견해표시뿐만 아니라 특정납세자에 대한 질의회신 등 개별적 견해표시도 포함된다. 공적인 견해표시가 반드시 문서에 의해 이루어질 필요는 없으므로 이론상으로는 구두에 의한 견해표시도 포함될 수 있다. 공적인 견해표시에는 적극적인 견해표시와 소극적인 견해표시가 모두 포함된다. 소극적인 견해표시란 특정한 과세대상에 대하여 과세관청이 장기간 과세하지 않음으로써 비과세관행이 성립된 경우를 말한다.

2) 과세관청의 견해표시가 정당하다고 신뢰한 데 대해 납세자에게 귀책사유가 없을 것

납세자가 과세관청의 공적인 견해표시가 잘못되도록 유도하였거나 납세자의 사실은폐 또는 허위사실의 고지 등으로 인하여 과세관청이 잘못된 견해표시를 하였을 경우에는 납세자의 신뢰이익을 보호할 가치가 없다.

3) 납세자가 과세관청의 견해표시를 신뢰하고 이에 따라 세무상의 처리를 하였을 것

과세관청의 공적인 견해표시에 근거를 둔 납세자의 세무상 처리가 실제로 없는 경

우에는 과세관청이 견해표시를 변경하더라도 신뢰이익을 침해한다고 볼 수 없는 것이다. 따라서 납세자의 신뢰와 구체적인 세무상 처리 사이에는 상당한 인과관계가 반드시 존재하여야 한다.

4) 과세관청이 당초 견해표시에 반하는 적법한 처분을 하였을 것

과세관청이 당초의 견해표시를 번복하여 적법한 처분을 하는 경우에만 신의성실의 원칙이 적용될 여지가 있다. 즉, 당초의 견해표시에 반하는 위법한 처분을 하는 경우에는 신의성실의 원칙을 논하기 전에 당연히 무효이거나 취소될 수 있는 처분이기 때문이다.

5) 납세자의 이익이 침해되는 결과를 초래하였을 것

과세관청의 처분이 납세자에게 오히려 이익이 되거나 이익을 전혀 침해받지 않은 경우에는 신의성실의 원칙이 적용될 여지가 없다.

(4) 신의성실원칙에 근거한 세법상의 규정

1) 비과세 관행의 인정

신의성실의 원칙이 실제적으로 적용된 예로 국세기본법 제18조 제3항의 규정에 의한 비과세관행의 인정을 들 수 있다. 이는 「세법의 해석이나 국세행정의 관행이 일반적으로 납세자에게 받아들여진 후에는 그 해석이나 관행에 의한 행위 또는 계산은 정당한 것으로 보며, 새로운 해석이나 관행에 따라 소급하여 과세되지 아니한다」라고 규정함으로써 과세당국이 명시적인 언급이 없더라도 일정기간에 걸쳐 특정한 과세대상에 대해서 조세를 부과하지 않음으로써 이러한 사실관계를 믿고 납세하지 않은 자에게 소급하여 과세할 수 없도록 보호하였다.

2) 납세자의 신의성실 준수에 근거한 규정

경정할 것을 미리 알고 과세표준수정신고서를 제출한 자에 대해서는 수정신고에 의한 가산세 경감혜택을 박탈하는 국세기본법 제48조 제2항의 규정이 이에 해당한다.

4. 근거과세의 원칙

(1) 근거과세원칙의 의의

'근거과세의 원칙'이란 납세의무자가 세법에 따라 장부를 갖추어 기록하고 있는 경우에는 해당 국세 과세표준의 조사와 결정은 그 장부와 이에 관계되는 증거자료에 따라야 함을 말한다. 근거과세원칙의 목적은 과세관청이 근거 없이 과세함으로써 납세

자의 재산권을 부당하게 침해하는 것을 방지하는 데 있다. 따라서 이 원칙은 납세자의 재산권 보호측면을 강조한 원칙이라고 볼 수 있다.

(2) 국세기본법상 근거과세원칙

1) 실지조사결정 원칙

납세의무자가 세법에 따라 장부를 갖추어 기록하고 있는 경우에는 해당 국세 과세표준의 조사와 결정은 그 장부와 이와 관계되는 증거자료에 따라야 한다(국기법 16 ①).

근거과세원칙의 적용

근거과세의 원칙은 과세관청이 해당 국세의 과세표준을 조사·결정함에 있어서 준수하여야 할 원칙이다. 이 원칙에 근거하여 각 세법에서는 과세관청이 과세표준을 조사하여 결정하거나 경정함에 있어서 '실지조사·결정'함을 원칙으로 하고, 실지조사·결정이 불가능한 경우에만 예외적으로 '추계조사·결정' 할 수 있도록 규정하고 있다.

2) 장부의 기록 내용이 사실과 다르거나 누락된 경우

국세를 조사·결정할 때 장부의 기록 내용이 사실과 다르거나 장부의 기록에 누락된 것이 있을 때에는 그 부분에 대해서만 정부가 조사한 사실에 따라 결정할 수 있다(국기법 16 ②). 이 경우 정부는 장부의 기록 내용과 다른 사실 또는 장부 기록에 누락된 것을 조사하여 결정하였을 때에는 정부가 조사한 사실과 결정의 근거를 결정서에 적어야 한다(국기법 16 ③).

3) 결정서의 열람 및 복사

행정기관의 장은 해당 납세의무자 또는 그 대리인이 요구하면 결정서를 열람 또는 복사하게 하거나 그 등본 또는 초본이 원본과 일치함을 확인하여야 한다(국기법 16 ④). 이때 결정서의 열람 또는 복사 요구는 구술(口述)로 한다. 다만, 해당 행정기관의 장이 필요하다고 인정할 때에는 열람하거나 복사한 사람의 서명을 요구할 수 있다(국기법 16 ⑤).

5. 조세감면사후관리의 원칙

(1) 조세감면사후관리원칙의 의의

조세의 주목적은 재정수입확보에 있으나 부차적으로 재정정책이나 사회정책의 수단으로 이용되기도 한다. 이러한 부차적인 목적은 조세를 감면하거나 중과하는 방법으로 이루어진다. 현재 우리나라가 사용하고 있는 중과는 주로 수도권 인구집중방지, 부동산에 대한 투기억제 등을 목표로 하고 있으며, 조세지원을 위한 감면은 주로 수출진흥, 중소기업육성, 연구 및 인력개발의 촉진, 고용창출 등을 목표로 하고 있다. 이러한 조세지원방법에는 산출세액을 감면하는 직접지원방법과 과세소득을 차기 이후로 이월시키는 간접지원방법이 있다.

이러한 조세감면은 본질적으로 조세평등주의에 위배되는 것이지만 국가의 정책적인 목적이 더 중요하기 때문에 예외적으로 인정되고 있다. 따라서 정부는 조세감면을 받은 납세의무자가 본래의 조세감면 취지를 위배하거나 국가정책을 수행하기 위하여 필요하다고 인정되는 때에는 당초의 조세감면을 취소하고 감면세액을 추징하여야 한다.

⑵ 국세기본법상 조세감면사후관리원칙

정부는 국세를 감면한 경우에 그 감면의 취지를 성취하거나 국가정책을 수행하기 위하여 필요하다고 인정하면 세법이 정하는 바에 따라 감면한 세액에 상당하는 자금 또는 자산의 운용범위를 정할 수 있으며, 운용범위를 벗어난 자금 또는 자산에 상당하는 감면세액은 세법이 정하는 바에 따라 감면을 취소하고 징수할 수 있다(국기법 17 ①, ②).

⑶ 조세감면사후관리원칙에 근거한 세법상의 규정

조세감면사후관리원칙에 대한 예로는 투자세액공제액의 추징규정을 들 수 있다. 조세특례제한법에 따라 투자세액공제를 받은 자산은 투자완료일부터 2년간 처분 또는 임대가 제한된다. 만일 투자세액공제를 받은 자가 이러한 자산의 운용범위를 따르지 않는다면 세법이 정하는 바에 따라 감면을 취소하고 감면세액과 이자상당액을 추징한다.

조세감면사후관리원칙에 대한 다른 예로는 공익법인 등이 출연받은 재산에 대한 사후관리(상증법 48)를 들 수 있다. 공익법인 등이 출연받은 재산의 가액은 증여세과세가액에 산입하지 아니한다. 그러나 재산을 출연받은 공익법인 등이 출연받은 재산을 직접 공익목적사업 등의 용도 외에 사용하는 경우에는 출연받은 재산의 가액을 공익법인 등이 증여받은 것으로 보아 즉시 증여세를 부과한다.

제 2 절 | 세법적용의 원칙

1. 세법적용원칙의 의의

'세법의 적용'이란 세법규정을 명확하게 해석하고 이를 과세대상이 되는 요건사실에 구체적으로 결부시킴으로써 조세채무를 발생시키는 절차를 말한다. '세법적용의 원칙'이란 과세관청이 세법을 해석하고 적용하는 과정에서 준수하여야 할 원칙을 말한다. 세법적용원칙은 과세권을 가지고 있는 국가(과세관청)가 세법을 해석하고 적용함에 있어서 지나치게 국가에 유리한 방향으로 해석·적용함으로써 상대적으로 열세에 있는 납세자의 재산권이 부당하게 침해되는 것을 막기 위한 기본원칙으로 해석할 수 있다.

세법적용의 원칙에는 다음의 4가지가 있다.

① 재산권 부당침해 금지의 원칙	② 소급과세금지의 원칙
③ 세무공무원 재량한계의 원칙	④ 기업회계존중의 원칙

2. 재산권 부당침해 금지의 원칙

(1) 재산권 부당침해 금지의 원칙의 의의

국세기본법에서는 세법해석의 기준으로써 재산권 부당침해 금지의 원칙을 선언하고 있다. 세법의 해석·적용은 과세권자에 따라 이루어지므로, 납세자의 재산권을 보호하기 위해서는 엄격히 해석하여야 하고, 유사한 상황에 적용하는 유추해석이나 통상적인 의미보다 넓은 의미로 해석하는 확장해석은 금지하고 있다. 세법은 구체적이고 명확하게 제정되어야 하며, 세법의 해석·적용은 문리해석을 원칙으로 하지만, 불가피하게 추상적이고 불명확한 개념을 사용하기도 한다. 따라서 세법을 해석하고 적용할 때에는 과세의 형평(공평성)과 입법취지를 고려하여 목적에 맞게 해석하여(합목적성), 납세자의 재산권이 부당하게 침해되지 아니하도록 하여야 한다.

(2) 국세기본법의 내용

세법을 해석·적용할 때에는 과세의 형평(衡平)과 해당 조항의 합목적성에 비추어 납세자의 재산권이 부당하게 침해되지 아니하도록 하여야 한다(국기법 18 ①).

① 과세의 형평 : 과세의 형평이 구체적으로 의미하는 바가 무엇인가에 대해서는 논란이 있을 수 있다. 그러나 일반적으로 과세에 있어서 자의성이 배제되고, 합리성이 확보되며 납세자의 담세력이 고려된 것을 의미한다고 볼 수 있다.

② 해당 조항의 합목적성 : 세법은 우선 해당 세법의 목적을 고려하고 다시 개별조항의 특성에 따른 개별적인 목적을 고려하여 해석되어야 한다. 예를 들면, 기업업무추진비의 한도에 관한 규정을 해석함에 있어서 법인세법상 동 규정의 목적이 기업업무추진비를 규제함으로써 과세의 형평에 기여하는 것임을 고려하여야 한다.

③ 납세자의 재산권에 대한 부당한 침해 금지 : 이는 위의 두 가지 사항과 관련이 있다. 즉, 세법의 해석기준으로서 형평의 원칙이 납세자의 재산권을 부당하게 침해하지 않는 범위 내에서 적용되어야 하며, 합목적성을 고려한 해석 또한 납세자의 재산권을 부당하게 침해하지 않는 범위 내에서 허용된다는 의미이다.

3. 소급과세금지의 원칙

(1) 소급과세금지의 의의

'소급과세의 금지'란 행정법규의 효력발생 전에 이미 완결된 사실에 대하여 새로 제정된 법률 또는 세법에 대한 새로운 해석이나 관행을 적용하지 않는다는 것을 말한다. 소급과세금지의 원칙은 조세법률주의를 구성하는 중요한 내용 중의 하나로서 ① 납세자의 기득권 존중, ② 법적 안정성 및 예측가능성의 보장 및 ③ 납세자 신뢰이익의 보호를 목적으로 한다. 소급과세의 금지는 입법상의 소급과세금지와 새로운 해석 또는 관행에 의한 소급과세금지로 구분할 수 있다.

신의성실의 원칙과의 관계

소급과세의 금지는 납세자의 신뢰이익을 보호하고자 하는 목적을 가지고 있으므로 국세부과의 원칙 중 신의성실의 원칙을 보다 구체화한 것으로 볼 수 있다.

(2) 입법상의 소급과세금지

국세를 납부할 의무(세법에 징수의무자가 따로 규정되어 있는 국세의 경우에는 이를 징수하여 납부할 의무)가 성립한 소득·수익·재산·행위 또는 거래에 대해서는 그 성립 후의 새로운 세법에 따라 소급하여 과세하지 아니한다(국기법 18 ②).

⑶ 해석 · 적용상의 소급과세금지(비과세 관행의 인정)

세법의 해석이나 국세행정의 관행이 일반적으로 납세자에게 받아들여진 후[2)]에는 그 해석이나 관행에 의한 행위 또는 계산은 정당한 것으로 보며, 새로운 해석이나 관행에 따라 소급하여 과세되지 아니한다(국기법 18 ③).

⑷ 소급과세의 기준시점

소급과세 여부를 판단하는 기준시점은 납세의무의 성립시점이다. 따라서 새로운 법률의 시행일 또는 새로운 해석이 있은 날 이후에 납세의무가 성립하는 국세에 한하여 새로운 법률이나 새로운 해석을 적용할 수 있다.

1) 진정 소급과세와 부진정 소급과세의 개념

이미 납세의무가 성립한 국세에 대하여 소급과세하는 것은 진정 소급과세에 해당하므로 허용되지 않는다. 그러나 일정한 기간을 단위로 하여 과세하는 국세(예를 들면, 법인세 · 소득세 · 부가가치세 등)는 과세기간이 종료하는 시점에 납세의무가 성립하므로 과세기간 중에 새로운 법률이 시행되거나 새로운 해석이 있는 경우에는 이미 경과된 과세기간에 대하여 이를 소급적으로 적용하는 것은 부진정 소급과세에 해당되어 허용된다고 해석하는 것이 통설이며, 대법원의 판례도 이와 같다.[3)]

예제 2-1 | 부진정 소급과세 

20×5. 7. 1부터 시행되는 개정법률에 따라 양도소득세의 최고세율을 65%에서 70%로 변경하고, 20×5. 1. 1 이후 양도한 자산부터 변경된 세율을 적용하도록 하였다. 이는 소급과세금지원칙에 위배되는 것인가?

해답

소득세는 매년 1. 1부터 12. 31까지를 과세기간으로 하므로 12. 31에 납세의무가 성립한다. 만약 양도소득세에 대한 최고세율을 65%에서 70%로 변경하는 법률개정이 7. 1자로 시행되었다면 6. 30까지 발생한 소득에 대하여 70%의 세율을 적용하는 것이 불합리하다고 생각할 수도 있을 것이다. 그러나 이는 부진정 소급과세에 해당하므로 소급과세금지원칙에 위배되지 않는다.

---

2) 이 때 '세법의 해석 또는 국세행정의 관행이 일반적으로 납세자에게 받아들여진 후'라 함은 성문화의 여부와 관계없이 행정처분의 선례가 반복됨으로써 납세자가 그 존재를 일반적으로 확신하게 된 것을 말하며, 명백히 법령위반인 경우는 제외한다(국기통 18-0…1).

3) 대법원 83누26, 1983. 6. 28, 대법원 91누13670, 1992. 9. 8, 대법원 97누13191, 1997. 12. 12 외

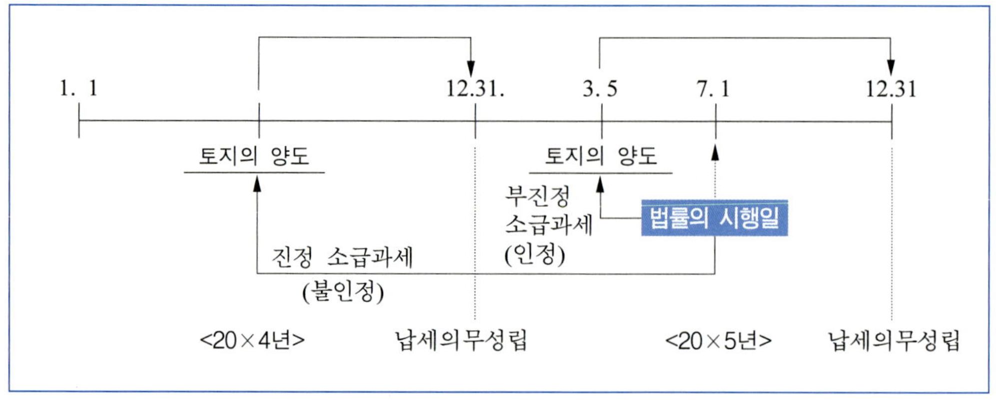

2) 유리한 소급과세의 인정여부

납세의무자에게 유리한 개정세법의 소급적용은 인정된다는 것이 통설이다. 왜냐하면 소급과세를 금지하는 취지는 납세자의 법적안정성 보장과 신뢰이익의 보호에 있기 때문이다. 따라서 납세자에게 유리한 소급과세는 조세공평성을 침해하지 않는 범위 내에서 허용된다고 볼 수 있다.

(5) 다른 법률에의 적용

세법 외의 법률 중 국세의 부과 · 징수 · 감면 또는 그 절차에 관하여 규정하고 있는 조항은 재산권 부당침해 금지의 원칙(세법해석의 기준) 및 소급과세금지의 원칙을 적용할 때에는 세법으로 본다(국기법 18 ⑤).

4. 세무공무원 재량한계의 원칙

(1) 세무공무원 재량한계의 의의

조세법률주의를 완벽하게 이행한다면 조세에 관한 모든 사항을 법률로써 규정하고 법률에 의해서만 과세할 수 있도록 함으로써 과세관청의 재량(판단)이 전혀 개입되지 않도록 하여야 할 것이다. 그러나 급속하게 변화하는 경제상황을 완벽하게 법률에 규정한다는 것이 불가능하므로 세법에서는 세무공무원에 대하여 재량행위를 할 수 있도록 허용하고 있는 것이다. 이 경우 세무공무원에 대한 재량행위가 제한 없이 인정된다면 국가의 조세권이 우선되어 국민의 재산권이 부당하게 침해될 우려가 있다. 따라서 이러한 세무공무원의 재량행위는 당연히 일정한 범위 내에서 제한적으로 인정되어야 할 것이다.

(2) 국세기본법의 내용

세무공무원이 재량으로 직무를 수행할 때에는 과세의 형평과 해당 세법의 목적에 비추어 일반적으로 적당하다고 인정되는 한계를 엄수하여야 한다(국기법 19).

재산권 부당침해 금지의 원칙과의 비교

재산권 부당침해 금지의 원칙에서는 과세의 형평과 해당 조항의 합목적성에 비추어 세법을 해석 · 적용하도록 규정함으로써 해당 세법조항의 합목적성을 강조하고 있는데 반하여, 세무공무원 재량한계의 원칙에서는 해당 세법의 합목적성을 강조하고 있으므로 이를 비교해 둘 필요가 있다.

5. 기업회계존중의 원칙

(1) 기업회계존중의 의의

조세법은 강행규정이므로 조세관계에 관하여는 법률적 강행성이 없는 기업회계기준보다 우선 적용되어야 한다. 국세기본법상 '기업회계의 존중'이란 세무공무원이 과세표준을 조사 · 결정할 때에는 당연히 세법에 의해서 하는 것이 원칙이지만 세법에 특별한 규정이 없는 경우에는 해당 납세의무자가 계속하여 적용하고 있는 기업회계의 기준 또는 관행으로서 일반적으로 공정 · 타당하다고 인정되는 것을 보충적으로 인정하겠다는 의미이다.

기업회계존중원칙의 적용범위

이 원칙은 세무공무원이 과세표준을 조사 · 결정할 때에 세법에 특별한 규정이 없는 경우에 한하여 보충적으로 적용되는 것이며, 기업회계기준을 무조건 존중하겠다는 의미는 아니다. 따라서 이 원칙을 세법과 기업회계기준과의 우선관계를 규정한 것으로 해석해서는 아니된다.

(2) 국세기본법의 내용

세무공무원이 국세의 과세표준을 조사 · 결정할 때에는 해당 납세의무자가 계속하여 적용하고 있는 기업회계의 기준 또는 관행으로서 일반적으로 공정 · 타당하다고 인정되는 것은 존중하여야 한다. 다만, 세법에 특별한 규정이 있는 것은 그러하지 아니하다(국기법 20). 따라서 세법에 특별한 규정을 두지 않은 사항의 과세표준 계산에 있어서는 납세의무자가 계속하여 적용하고 있는 기업회계의 기준이나 관행을 세법 해석의 기준으로 삼게 되는 것이다.

객 관 식 문 제

▶ 제2장 국세부과와 세법적용

1 실질과세원칙에 대한 다음 설명 중 옳지 않은 것은?

① 실질과세원칙에 관하여 세법에 특례규정을 둔 경우에는 해당 세법이 국세기본법에 우선하여 적용된다.

② 과세의 대상이 되는 소득·수익·재산·행위 또는 거래의 귀속이 명의일 뿐이고 사실상 귀속되는 자가 따로 있을 때에는 사실상 귀속되는 자를 납세의무자로 하여 세법을 적용한다.

③ 실질과세의 원칙은 실질과 다른 형식을 통해 조세부담을 회피하고자 하는 행위를 방지하고, 부담능력에 따른 과세형평을 실현하고자 하는 조세평등주의를 구체화한 것이므로 조세법률주의에 우선한다.

④ 세법 중 과세표준의 계산에 관한 규정은 소득·수익·재산·행위 또는 거래의 명칭이나 형식과 관계없이 그 실질내용에 따라 적용한다.

해설

조세법률주의는 조세법규의 적용에 있어서 가장 우선적으로 적용되어야 할 조세법의 기본원칙이므로 실질과세의 원칙은 반드시 조세법률주의의 범위 내에서 적용되어야 한다. 즉, 법률에 근거하지 않은 과세는 실질과세원칙을 실현하는 경우라 하더라도 인정되지 않는다.

2 국세기본법 제15조의 "신의성실의 원칙"은 납세자와 과세관청에게 모두 적용되는 개념이다. 그러나 현실적으로는 납세자의 과세관청에 대한 신뢰이익의 보호가 중요하다고 할 수 있는데 이러한 측면에서 학설과 판례에 따른 신의성실의 원칙의 적용 요건 중 잘못된 것은?

① 과세관청이 납세자에게 신뢰의 대상이 되는 공적인 견해표시를 하여야 한다.

② 납세자가 과세관청의 견해표시가 정당하다고 신뢰하고 그 신뢰에 납세자의 귀책사유가 없어야 한다.

③ 과세관청의 처분이 납세자의 이익을 침해하지 않는다면 신의성실 원칙의 적용은 불필요해진다.

④ 과세관청이 당초 견해표시에 반하는 처분을 하여야 하며, 이러한 처분의 적법 또는 위법 여부를 따지지 않는다.

해설

과세관청이 당초 견해표시에 반하여 위법한 처분을 한 경우에는 그 처분은 무효이거나 취소될 수 있으므로 신의성실의 원칙을 적용할 여지가 없다. 따라서 과세관청이 당초 견해표시에 반하는 적법한 처분을 한 경우에만 신의성실의 원칙이 적용될 수 있다.

3 다음 중 국세기본법상 근거과세의 원칙에 해당하지 않는 것은?

① 납세의무자가 세법에 따라 장부를 갖추어 기록하고 있는 경우에는 해당 국세의 과세표준의 조사와 결정은 그 장부와 이와 관계되는 증거자료에 따라야 한다.

② 행정기관의 장은 해당 납세의무자 또는 그 대리인이 구술(口述)로 요구하면 결정서를 열람 또는 복사하게 하여야 한다.

③ 정부는 장부의 기록 내용과 다른 사실 또는 장부 기록에 누락된 것을 조사하여 결정하였을 때에는 정부가 조사한 사실과 결정의 근거를 결정서에 적여야 한다.

④ 국세를 조사·결정할 때 장부의 기록 내용이 사실과 다르거나 장부의 기록에 누락된 것이 있을 때에는 그 장부의 기록 전체를 불인정하고 정부가 조사한 사실에 따라 결정할 수 있다.

해설

국세를 조사·결정할 때 장부의 기록 내용이 사실과 다르거나 장부의 기록에 누락된 것이 있을 때에는 그 부분에 대해서만 정부가 조사한 사실에 따라 결정할 수 있다.

4 국세기본법 제18조 제3항에서 "세법의 해석이나 국세행정의 관행이 일반적으로 납세자에게 받아들여진 후에는 그 해석이나 관행에 의한 행위 또는 계산은 정당한 것으로 보며, 새로운 해석이나 관행에 따라 소급하여 과세되지 아니한다"고 규정하고 있다. 해당 조항에 관한 설명 중 가장 타당한 것은?

① 소급입법에 의한 진정소급과세금지의 원칙을 선언하고 있는 규정이다.

② 신의성실의 원칙을 구체화한 규정이다.

③ 조세법률주의에 있어서의 합법성의 원칙을 명시한 규정이다.

④ 조세법의 법원(法源)으로서의 관습법 및 판례법의 성립을 인정하는 근거규정이 되고 있다.

해설

소급입법이 아니라 세법해석에 의한 소급과세금지원칙을 규정한 것이며, 이는 신의성실의 원칙을 보다 구체화한 규정으로 볼 수 있다.

5 국세기본법상 국세부과의 원칙 및 세법적용의 원칙에 대한 설명으로 옳지 않은 것은?

2024년 국가직 7급 수정

① 세무공무원이 국세의 과세표준을 조사·결정할 때에는 세법에 특별한 규정이 있는 경우에도 해당 납세의무자가 계속하여 적용하고 있는 기업회계의 기준 또는 관행으로서 일반적으로 공정·타당하다고 인정되는 것이 있으면, 이를 우선 적용한다.

② 세법의 해석이나 국세행정의 관행이 일반적으로 납세자에게 받아들여진 후에는 그 해석이나 관행에 의한 행위 또는 계산은 정당한 것으로 보며, 새로운 해석이나 관행에 의하여 소급하여 과세되지 아니한다.

③ 세무공무원이 재량으로 직무를 수행할 때에는 과세의 형평과 해당 세법의 목적에 비추어 일반적으로 적당하다고 인정되는 한계를 엄수하여야 한다.

④ 정부는 국세를 감면한 경우에 그 감면의 취지를 성취하거나 국가정책을 수행하기 위하여 필요하다고 인정하면 세법이 정하는 바에 따라 감면한 세액에 상당하는 자금 또는 자산의 운용 범위를 정할 수 있다.

해설

세무공무원이 국세의 과세표준을 조사·결정할 때에는 해당 납세의무자가 계속하여 적용하고 있는 기업회계의 기준 또는 관행으로서 일반적으로 공정·타당하다고 인정되는 것은 존중하여야 한다. 다만, 세법에 특별한 규정이 있는 경우에는 그러하지 아니하다.

6 국세기본법상 국세부과의 원칙과 세법적용의 원칙에 대한 설명으로 옳지 않은 것은?

2016년 국가직 7급

① 국세를 조사·결정할 때 장부의 기록 내용이 사실과 다르거나 장부의 기록에 누락된 것이 있을 때에는 그 부분에 대해서만 정부가 조사한 사실에 따라 결정할 수 있다.

② 과세기간 진행 중 법률의 개정이나 해석의 변경이 있는 경우 이미 진행된 과세기간 분에 대하여 소급과세 하는 것은 원칙적으로 허용되지 아니한다.

③ 납세자가 그 의무를 이행할 때에는 신의에 따라 성실하게 하여야 한다. 세무공무원이 직무를 수행할 때에도 또한 같다.

④ 과세의 대상이 되는 소득, 수익, 재산, 행위 또는 거래의 귀속이 명의(名義)일 뿐이고 사실상 귀속되는 자가 따로 있을 때에는 사실상 귀속되는 자를 납세의무자로 하여 세법을 적용한다.

해설

일정한 기간 단위로 과세하는 국세는 과세기간이 종료하는 시점에 납세의무가 성립하므로 과세기간 진행 중 법률의 개정이나 해석의 변경이 있는 경우 이미 진행된 과세기간 분에 대하여 이를 소급적으로 적용하는 것은 부진정 소급과세에 해당되어 허용된다고 해석하는 것이 통설이다.

정답	1	③	2	④	3	④	4	②	5	①	6	②

납세의무의 성립 · 확정 · 소멸

제 1 절 | 납세의무의 성립

1. 납세의무의 성립

(1) 납세의무성립의 의의

납세의무는 각 세법에서 정하는 과세요건을 충족함으로써 과세관청이나 납세의무자의 특별한 행위 없이 자동적으로 성립된다. 납세의무가 성립된다는 것은 구체적으로는 국가의 조세채권과 납세의무자의 조세채무(즉, 납세의무)가 동시에 성립된다는 것을 의미한다. 그러나 납세의무의 성립만으로는 조세의 납부나 징수가 불가능하므로 이렇게 성립된 납세의무를 '추상적인 조세채무(납세의무)'라고 한다.

▶ **그림 3-1** 납세의무의 성립 · 확정 및 소멸

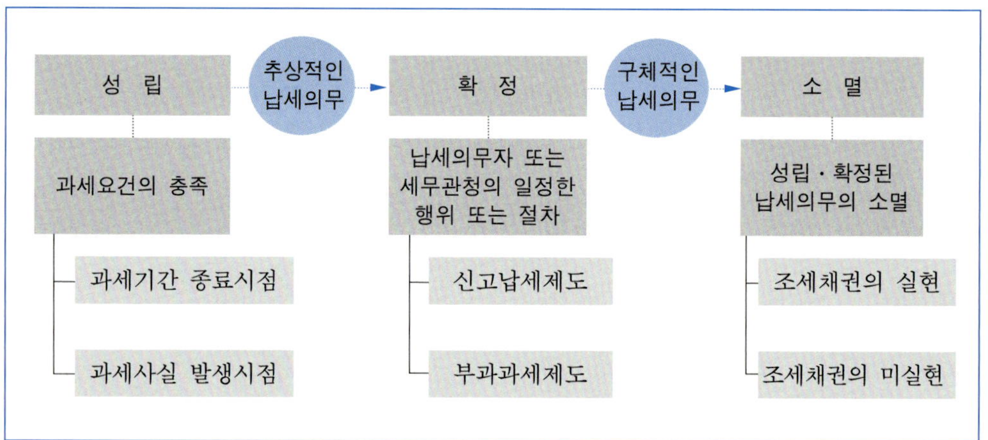

(2) 과세요건

'과세요건'이란 조세채권·채무를 성립하게 하는 법률로서 정한 요건을 말한다. 과세요건이 충족되는 시점은 특정의 시기에 특정 사실 또는 상태가 존재함으로써 과세대상(물건 또는 행위)이 납세의무자에게 귀속됨으로써 세법에서 정하는 바에 따라 과세표준의 산정 및 세율의 적용이 가능하게 되는 때를 의미한다(국기통 21－0…1).

과세요건은 통상 다음의 4가지로 구분된다.

1) 납세의무자

'납세의무자'란 조세채권·채무관계의 당사자 중 일방으로 과세권자인 국가 등에 대해 조세채무를 부담하는 자연인이나 법인을 말한다. 따라서 납세의무자는 조세의 채권·채무관계에 있어서 조세채무자를 의미하게 된다.

2) 과세대상(또는 과세물건, 과세객체)

'과세대상'이란 세법에 따라 조세부담을 지우는 대상을 말하며, 과세물건 또는 과세객체라고 표현하기도 한다. 세법에서는 소득·수익·재산·행위 또는 거래 등을 과세대상으로 규정하고 있다. 예를 들면, 법인세는 법인의 소득을 과세대상으로 하는 국세이며, 소득세는 개인의 소득을 과세대상으로 하는 국세이다.

3) 과세표준

'과세표준'이란 세법에 따라 직접적으로 세액산출의 기초가 되는 과세대상의 수량 또는 가액을 말한다(국기법 2 ⒁). 즉, 과세표준이란 과세대상을 물량 또는 화폐단위로 측정한 값을 의미한다. 현행 조세의 대부분은 과세표준을 금액으로 측정하는 '종가세'에 해당한다.

4) 세율

'세율'이란 과세표준 단위당 세액을 결정하는 비율 또는 금액을 의미한다. 과세표준이 금액으로 표시되면(종가세의 경우) 세율은 비율로 표시되고, 과세표준이 수량·건수 등으로 표시되면(종량세의 경우) 세율은 금액으로 표시된다. 세율은 과세표준과의 관계에 따라 비례세율, 누진세율 및 역진세율 등의 세 가지로 구분된다.

2. 납세의무의 성립시기

(1) 과세기간이 종료하는 때 성립하는 국세

과세기간이 종료하는 때에 성립하는 국세의 예로는 법인세, 소득세, 부가가치세, 금융・보험업자의 수입금액에 부과되는 교육세를 들 수 있으며, 구체적인 납세의무 성립시기는 다음과 같다.

세 목	납세의무의 성립시기
① 법 인 세	사업연도의 종료일*1
② 소 득 세	매년 12월 31일
③ 부가가치세	과세기간의 종료일*2
④ 금융・보험업자의 수익금액에 부과되는 교육세	매 분기의 말일(분기단위 과세)

*1 청산소득에 대한 법인세 : 해당 법인이 해산을 하는 때
*2 수입재화에 대한 부가가치세 : 세관장에게 수입신고를 하는 때

⑵ 과세사실이 발생하는 때 성립하는 국세

과세사실이 발생하는 때에 성립하는 국세의 예로는 상속세, 증여세, 개별소비세, 주세, 교통에너지환경세, 인지세, 증권거래세를 들 수 있으며, 구체적인 납세의무 성립시기는 다음과 같다.

세 목	납세의무의 성립시기
① 상 속 세	상속을 개시하는 때
② 증 여 세	증여에 따라 재산을 취득하는 때
③ 개별소비세*・주세・교통에너지환경세	㉠ 과세물품을 제조장으로부터 반출하거나 판매장에서 판매하는 때 ㉡ 과세장소에 입장하거나 과세유흥장소에서 유흥음식행위를 하는 때 또는 과세영업장소에서 영업행위를 하는 때
④ 인 지 세	과세문서를 작성한 때
⑤ 증권거래세	해당 매매거래가 확정되는 때

* 수입물품에 대한 개별소비세 등 : 세관장에게 수입신고를 하는 때

⑶ 본세의 납세의무가 성립하는 때 함께 성립하는 국세

교육세(국세에 부가되는 경우), 농어촌특별세와 같이 다른 국세에 부가하여 징수하는 국세는 본세인 해당 국세의 납세의무가 성립하는 때에 함께 성립한다.

세 목	납세의무의 성립시기
① 교 육 세	국세에 부가되는 교육세 : 해당 국세의 납세의무 성립일 (금융보험업자의 수입금액에 부과되는 교육세는 과세기간이 끝나는 때)
② 농어촌특별세	본세의 납세의무 성립일

⑷ 가산세

가산세의 납세의무 성립시기는 다음과 같다(국기법 21 ② ⑾).

구 분	납세의무의 성립시기
① 무신고가산세 및 과소신고 · 초과환급 신고가산세	법정신고기한이 경과하는 때
② 납부지연가산세 및 원천징수 등 납부지연가산세 중 미납일수에 따른 가산세	법정납부기한 경과 후 1일마다 그 날이 경과하는 때[*1]
③ 납부지연가산세 중 3% 적용분	납부고지서에 따른 납부기한이 경과하는 때[*1]
④ 원천징수 등 납부지연가산세 중 3% 적용분	법정납부기한이 경과하는 때
⑤ 그 밖의 가산세	가산할 국세의 납세의무가 성립하는 때

*1 국세기본법 제39조(출자자의 제2차 납세의무)를 적용할 때에는 법정납부기한이 경과하는 때로 한다.

⑸ 예외적인 경우

납세의무가 성립하기 전(과세기간 중)에 미리 징수하는 국세의 경우에는 일반적인 원칙을 적용할 수 없다. 따라서 국세기본법에서는 납세의무의 성립시기에 대하여 다음과 같은 예외규정을 두고 있다.

세 목	납세의무의 성립시기
① 원천징수하는 소득세 또는 법인세	소득금액 또는 수입금액을 지급하는 때
② 납세조합이 징수하는 소득세 또는 예정신고납부하는 소득세	과세표준이 되는 금액이 발생한 달의 말일
③ 중간예납하는 소득세 · 법인세 또는 예정신고기간 · 예정부과기간에 대한 부가가치세	중간예납기간 또는 예정신고기간 · 예정부과기간이 끝나는 때
④ 수시부과하여 징수하는 국세	수시부과할 사유가 발생한 때

● 종합부동산세의 납세의무 성립시기

종합부동산세는 과세기준일(매년 6월 1일)에 납세의무가 성립한다.

제 2 절 | 납세의무의 확정

1. 납세의무의 확정

'납세의무의 확정'이란 조세의 납부 또는 징수를 위하여 세법에서 정하는 바에 따라 납부할 세액을 납세의무자 또는 세무관청의 일정한 행위나 절차를 거쳐서 구체적으로 확정하는 것을 말한다(국기통 22－0…1). 이는 추상적으로 성립한 납세의무를 조세의 납부 또는 징수가 가능한 상태로 만들기 위하여 일정액의 현실적인 금액으로 구체화하는 절차를 의미한다. 이렇게 확정된 납세의무를 추상적으로 성립된 납세의무에 대비하여 '구체적인 납세의무'라고 한다.

납세의무의 확정방법에는 다음과 같은 3가지 유형이 있다.

① 납세자의 신고에 따라 확정되는 것 : 신고납세제도
② 정부의 결정에 따라 확정되는 것 : 부과과세제도
③ 납세의무의 성립과 동시에 법률상 당연히 확정되는 것 : 자동확정

2. 신고납세제도와 부과과세제도

(1) 신고납세제도

'신고납세제도'란 납세의무자의 신고에 따라 과세표준과 세액을 확정하는 제도를 말한다. 신고납세제도를 채택하는 국세의 경우에는 1차적으로 납세의무자의 과세표준과 세액의 신고에 의해 납세의무가 확정되나, 신고가 없거나 신고의 내용에 오류 또는 탈루가 있는 경우에는 2차적으로 과세관청이 결정 또는 경정함으로써 납세의무가 확정된다. 신고납세제도는 과세표준과 세액의 확정권한을 우선적으로 납세의무자에게 부여함으로써 납세의무자가 직접 과세표준 및 세액을 확정한다는 점에서 보다 민주적인 납세방식이라 할 수 있다.

(2) 부과과세제도

'부과과세제도'란 과세관청의 부과처분에 따라 과세표준과 세액을 확정하는 제도를 말한다. 구체적으로는 과세관청이 과세표준과 세액을 조사·결정하여 납부고지 함으로써 세액이 확정된다.[4] 부과과세제도를 채택하는 국세의 경우에도 납세의무자가 과

4) 과세처분(행정처분)이 그 효력을 발생하기 위해서는 해당 납세의무자에 대한 납부의 고지가 있어야

세표준과 세액을 신고하는 것이 일반적인데 이 때 납세의무자의 신고는 세액을 확정시키는 효력은 없고 과세관청이 부과처분을 하는데 필요한 과세자료를 제출하는 협력의무의 이행에 불과하다.

▶ 그림 3-2 신고납세제도와 부과과세제도의 납세의무확정절차

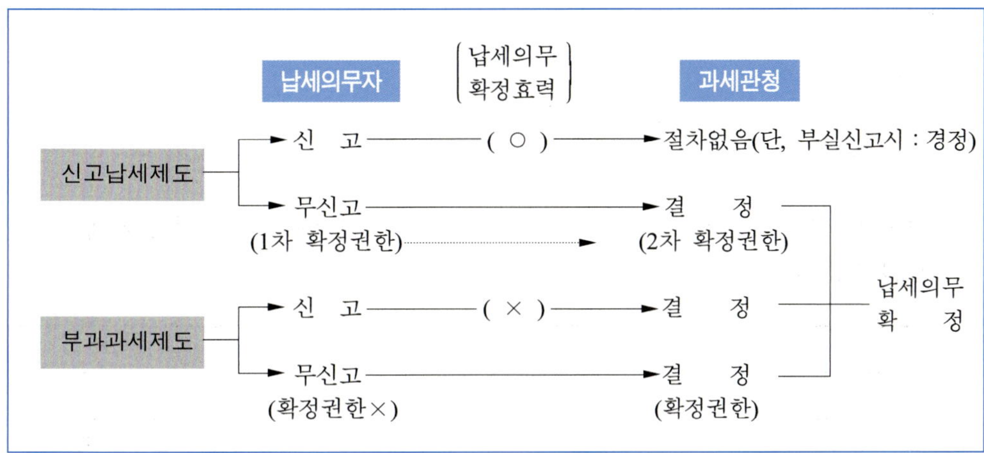

▶ 표 3-1 신고납세제도와 부과과세제도의 비교

구 분	신고납세제도	부과과세제도
확정주체	(1차)납세의무자 ⇨ (2차)과세관청[*1]	과세관청
확정절차	납세의무자의 과세표준신고서 제출	과세관청의 과세표준 및 세액의 조사 · 결정 및 납부고지
확정시기	과세표준과 세액을 과세관청에 신고하는 때 다만, 과세표준과 세액을 과세관청이 결정하는 경우에는 그 결정하는 때	과세표준과 세액을 과세관청이 결정하는 때
확정효력 발생시점	신고서를 과세관청에 제출한 때[*2]	납부고지서가 납세의무자에게 도달한 때[*2]
신고효력	납세의무의 확정효력	협력의무의 이행
적용세목	소득세 · 법인세 · 부가가치세 · 개별소비세 · 주세 · 증권거래세 · 교육세 · 교통에너지환경세 · 종합부동산세[*3]	상속세 · 증여세 · 종합부동산세[*3]
신고 및 납부의무	과세표준의 신고와 동시에 세액을 납부할 의무가 있음.	과세표준의 신고와 동시에 세액을 납부할 의무가 있음.[*4]

하며, 세무서장은 납세의무자를 명시하여 국세징수법에 의한 납부고지서를 발급하여야 한다(국기통 22－10의2…1).

*1 신고납세제도에 해당하는 국세의 1차적인 확정권한은 납세의무자에게 부여되지만 납세의무자가 확정권한을 행사하지 않은 경우(무신고한 경우)에는 과세관청이 2차적인 확정권한을 행사하게 된다.
*2 일반적으로 의사표시의 효력은 도달주의를 원칙으로 한다. 그러나, 우편에 의한 신고의 경우에는 발신주의를 채택하고 있으므로 주의하여야 한다.
*3 종합부동산세는 부과과세제도가 원칙이지만, 납세의무자가 신고하는 경우 신고시점에 납세의무가 확정된다.
*4 부과과세제도에 해당하는 국세도 법정기한까지 과세표준 및 세액의 신고와 동시에 세액을 납부하여야 한다. 다만, 이러한 신고가 세액을 확정하는 효력이 없다는 것이 신고납세제도와 다른 점이다.

3. 납세의무의 성립과 동시에 확정되는 국세

다음에 해당하는 국세는 위 규정에 불구하고 납세의무가 성립하는 때에 특별한 절차 없이 그 세액이 확정된다(국기법 22 ②).

구 분	납세의무의 성립 및 확정시기
① 인지세	과세문서를 작성한 때
② 원천징수하는 소득세 또는 법인세	소득금액 또는 수입금액을 지급하는 때
③ 납세조합이 징수하는 소득세	그 과세표준이 되는 금액이 발생한 달의 말일
④ 중간예납하는 법인세(세법에 따라 정부가 조사·결정하는 경우는 제외)	중간예납기간이 끝나는 때
⑤ 납부지연가산세 및 원천징수 등 납부지연가산세(납부고지서에 따른 납부기한 후의 가산세로 한정함)	법정납부기한 경과 후 1일마다 그 날이 경과하는 때

4. 수정신고의 효력

국세의 수정신고(과세표준신고서를 법정신고기한까지 제출한 자의 수정신고로 한정함) 당초의 신고에 따라 확정된 과세표준과 세액을 증액하여 확정하는 효력을 가진다. 한편 국세의 수정신고는 당초 신고에 따라 확정된 세액에 관한 국세기본법 또는 세법에서 규정하는 권리·의무관계에 영향을 미치지 아니한다(국기법 22의2).

5. 경정 등의 효력

(1) 증액경정의 효력

세법에 따라 당초 확정된 세액을 증가시키는 경정(更正)은 당초 확정된 세액에 관한 국세기본법 또는 세법에서 규정하는 권리·의무관계에 영향을 미치지 아니한다(국기법 22의3 ①).

(2) 감액경정의 효력

세법에 따라 당초 확정된 세액을 감소시키는 경정은 그 경정으로 감소되는 세액 외의 세액에 관한 국세기본법 또는 세법에서 규정하는 권리·의무관계에 영향을 미치지 아니한다(국기법 22의3 ②).

병존설의 채택

신고 또는 결정에 따라 확정된 세액에 대하여 증액경정 또는 감액경정이 있는 경우 병존설(당초 처분과 경정처분이 각각의 법적효력을 유지한다는 입장)을 채택함으로써 당초 처분과 경정처분을 별개의 처분으로 보아 불복청구 등 세법규정을 적용할 수 있도록 명문화하였다.

제 3 절 | 납세의무의 소멸

1. 납세의무의 소멸

'납세의무의 소멸'이란 과세요건의 충족에 따라 성립·확정된 납세의무가 소멸되는 것을 말한다. 납세의무의 소멸은 납세의무가 실현됨으로써 소멸되는 경우와 납세의무가 미실현된 상태에서 소멸되는 경우로 구분할 수 있다.

납세의무가 실현됨으로써 소멸되는 경우	납세의무가 미실현된 상태에서 소멸되는 경우
① 납　　부 ② 충　　당	③ 부과의 취소 ④ 국세의 부과제척기간이 끝난 때 ⑤ 국세징수권의 소멸시효가 완성된 때

2. 납부 또는 충당

(1) 납　부

'납부'란 세액을 국고에 납입하는 것을 말한다. 이 경우 납세의무자에 의한 납부는 물론 연대납세의무자·제2차 납세의무자·납세보증인·물적납세의무자·그밖의 이해관계가 있는 제3자 등에 의한 납부를 포함한다.

(2) 충 당

'충당'이란 국세환급금을 해당 납세의무자가 납부할 국세 및 강제징수비와 상계시키는 것을 말한다. 즉, 납세의무자가 국가로부터 환급받을 세액이 있는 경우에 이를 납부할 세액과 상계함으로써 납세의무가 소멸하는 것이다.

3. 부과의 취소

'부과의 취소'란 유효하게 성립한 부과처분에 대하여 과세관청이 그 성립에 흠결이 있음을 이유로 그 처분의 효력을 상실시키는 것을 말한다. 부과가 취소되면 부과한 날에 소급하여 취소의 효력이 발생하므로 납세의무는 소멸하게 된다.

4. 국세의 부과제척기간 만료

(1) 부과제척기간의 의의

'국세의 부과제척기간'이란 국세부과권의 법정존속기간을 말한다. 즉, 과세권자가 국세를 부과할 수 있는 기간을 의미하는 것이다. 원칙적인 국세의 부과제척기간은 국세를 부과할 수 있는 날부터 5년으로 한다.

'국세부과권'은 이미 성립된 조세채권에 대하여 구체적으로 과세표준과 세액을 확인하는 것을 내용으로 하는 일종의 형성권(形成權)[5]이다. 따라서 과세권자가 납세의무를 확정하는 과정에서 행사하는 확정권을 국세부과권이라고 이해할 수 있을 것이다. 국세부과권은 형성권이므로 소멸시효의 대상이 되지 않는다. 왜냐하면 형성권의 경우에는 권리자가 그 권리를 행사함에 있어서 의무자의 협력을 필요로 하지 않기 때문에 의무자의 협력이 없어서 목적을 달성하지 못한다는 주장을 할 수 없기 때문이다.

국세의 부과제척기간을 규정하고 있는 취지

만약 국세부과권을 기한의 제약 없이 언제나 행사할 수 있다면 조세법률관계가 불안정해지므로 조세채권·채무관계의 조속한 확정을 위하여 국세기본법에서는 국세부과권을 일정기간 동안 행사하지 않으면 납세의무가 소멸하도록 권리의 존속기간을 규정하고 있는 것이다. 한편, 국세의 부과제척기간은 국세에 대한 권리·의무관계를 조속하게 확정시킬 것을 목적으로 하는 것이므로 중단과 정지가 없다.

5) '형성권'이란 타인의 협력을 필요로 함이 없이 권리자의 일방적 의사표시 또는 권리자의 행위만으로 법률관계를 발생시키거나 변경시키는 권리를 말한다.

(2) 일반국세의 부과제척기간(원칙)

구 분	부과제척기간
① 역외거래*1에서 발생한 부정행위*2로 국세를 포탈하거나 환급·공제받은 경우	15년
② 납세자가 부정행위로 국세를 포탈(逋脫)하거나 환급·공제받은 경우 ③ 납세자가 부정행위로 법인세법 및 소득세법에 따른 계산서불성실가산세 또는 부가가치세법에 따른 세금계산서불성실 가산세의 부과대상이 되는 경우 해당 가산세	10년
④ 납세자가 법정신고기한까지 과세표준신고서를 제출하지 아니한 경우	7년*3 (역외거래 : 10년)
⑤ 그 밖의 경우*4	5년*3 (역외거래 : 7년)

*1 “역외거래”란 국제조세조정에 관한 법률 제2조 제1항 제1호에 따른 국제거래 및 거래 당사자 양쪽이 거주자(내국법인과 외국법인의 국내사업장을 포함)인 거래로서 국외에 있는 자산의 매매·임대차, 국외에서 제공하는 용역과 관련된 거래를 말한다.

*2 “부정행위”란 이중장부의 작성 등 장부의 거짓 기장, 거짓 증빙 또는 거짓 문서의 작성 및 수취, 장부와 기록의 파기, 재산의 은닉, 소득·수익·행위·거래의 조작 또는 은폐 등 법령에서 정하는 행위로서 조세의 부과와 징수를 불가능하게 하거나 현저히 곤란하게 하는 적극적 행위를 말한다(국기령 12의2 ①, 조세범처벌법 3 ⑥).

*3 7년 또는 5년의 부과제척기간이 끝난 날이 속하는 과세기간 이후의 과세기간에 소득세법 또는 법인세법에 따라 이월결손금을 공제하는 경우에는 그 결손금이 발생한 과세기간의 소득세 또는 법인세는 이월결손금을 공제한 과세기간의 법정신고기한으로부터 1년간을 부과제척기간으로 한다.

*4 부담부증여에 따라 증여세와 함께 과세되는 양도소득세는 증여세와 동일한 부과제척기간(10년 또는 15년)을 적용한다.

(3) 상속세와 증여세의 부과제척기간(원칙)

구 분	부과제척기간
① 납세자가 부정행위로 상속세·증여세를 포탈하거나 환급·공제받은 경우*1 ② 상속세 및 증여세법에 따른 과세표준신고서를 제출하지 아니한 경우 ③ 상속세 및 증여세법에 따라 과세표준신고서를 제출한 자가 거짓신고 또는 누락신고를 한 경우*2(그 거짓신고 또는 누락신고를 한 부분만 해당함)	15년
④ 그 밖의 경우	10년

*1 납세자가 부정행위로 상속세·증여세(⑦의 경우에는 해당 명의신탁과 관련한 국세를 포함)를 포탈하는 경우로서 다음의 어느 하나에 해당하는 경우 과세관청은 원칙적인 제척기간(15년)이 경과한 경우에도 해당 재산의 상속 또는 증여가 있음을 안 날부터 1년 이내에 상속세 및 증여세를 부과할 수 있다. 다만, 상속인이나 증여자 및 수증자(受贈者)가 사망한 경우와 포탈세액 산출의 기준이 되는 재산가액이 50억원 이하인 경우에는 그러하지 아니하다.

① 제3자의 명의로 되어 있는 피상속인 또는 증여자의 재산을 상속인이나 수증자가 취득한 경우
② 계약에 따라 피상속인이 취득할 재산이 계약이행기간에 상속이 개시됨으로써 등기·등록 또는 명의개서가 이루어지지 아니하고 상속인이 취득한 경우
③ 국외에 있는 상속재산이나 증여재산을 상속인이나 수증자가 취득한 경우
④ 등기·등록 또는 명의개서가 필요하지 아니한 유가증권, 서화(書畵), 골동품 등 상속재산 또는 증여재산을 상속인이나 수증자가 취득한 경우
⑤ 수증자의 명의로 되어 있는 증여자의 금융자산을 수증자가 보유하고 있거나 사용·수익한 경우(수증자 명의의 차명계좌를 통한 금융자산에 대한 증여세 포탈)
⑥ 비거주자인 피상속인의 국내재산을 상속인이 취득한 경우
⑦ 상속세 및 증여세법 제45조의2에 따른 명의신탁재산의 증여의제에 해당하는 경우
⑧ 상속재산 또는 증여재산인 가상자산을 가상자산사업자(관련 법령에 따라 신고가 수리된 자로 한정함)를 통하지 아니하고 상속인이나 수증자가 취득한 경우

*2 "거짓신고 또는 누락신고를 한 경우"란 다음의 어느 하나에 해당하는 경우를 말한다(국기령 12의2 ②).
① 상속재산가액 또는 증여재산가액에서 가공(架空)의 채무를 빼고 신고한 경우
② 권리의 이전이나 그 행사에 등기, 등록, 명의개서 등이 필요한 재산을 상속인 또는 수증자의 명의로 등기등을 하지 아니한 경우로서 그 재산을 상속재산 또는 증여재산의 신고에서 누락한 경우
③ 예금, 주식, 채권, 보험금, 그 밖의 금융자산을 상속재산 또는 증여재산의 신고에서 누락한 경우

⑷ 부과제척기간의 특례

1) 조세쟁송 등의 경우

위 부과제척기간의 원칙에도 불구하고 국세기본법에 따른 불복청구(이의신청, 심사청구 및 심판청구), 감사원법에 따른 심사청구 또는 행정소송법에 따른 소송에 대한 결정이나 판결이 확정된 경우에는 결정 또는 판결이 확정된 날부터 1년이 지나기 전까지 경정이나 그 밖에 필요한 처분을 할 수 있다(국기법 26의2 ⑥).

2) 명의대여 사실이 확인된 경우 등

위 부과제척기간의 원칙에도 불구하고 국세기본법에 따른 불복청구(이의신청, 심사청구, 심판청구), 감사원법에 따른 심사청구 또는 행정소송법에 따른 소송에 대한 결정 또는 판결에 의하여 명의대여 사실이 확인된 경우에는 당초의 부과처분을 취소하고 그 결정 또는 판결이 확정된 날부터 1년 이내에 실제로 사업을 경영한 자에게 경정이나 그 밖에 필요한 처분을 할 수 있다(국기법 26의2 ⑦).

⑸ 부과제척기간의 기산일

국세의 부과제척기간은 '해당 국세를 부과할 수 있는 날'부터 기산된다. 국세의 부과 제척기간 기산일은 다음과 같다(국기령 12의3).

1) 원칙적인 기산일

<table>
<tr><th colspan="2">구 분</th><th>부과제척기간의 기산일</th></tr>
<tr><td colspan="2">① 신고납세제도 해당 국세</td><td rowspan="2">과세표준과 세액을 신고하는 국세(신고하는 종합부동산세 제외) : 과세표준 신고기한*의 다음날</td></tr>
<tr><td rowspan="2">② 부과과세제도 해당 국세</td><td>㉠ 상속세 · 증여세</td></tr>
<tr><td>㉡ 종합부동산세</td><td rowspan="2">신고의무가 없는 국세 : 해당 국세의 납세의무가 성립한 날</td></tr>
<tr><td colspan="2">③ 인지세</td></tr>
</table>

* '과세표준 신고기한'에는 중간예납 · 예정신고 및 수정신고기한은 포함되지 아니한다. 즉, 중간예납 · 예정신고 및 수정신고기한의 다음날을 국세의 부과제척기간 기산일로 보지 아니하고, 해당 국세의 과세표준과 세액에 대한 정기분 확정신고기한의 다음날을 그 기산일로 본다(국기령 12의3 ①).

2) 예외적인 기산일

구 분	부과제척기간의 기산일
① 원천징수의무자 또는 납세조합에 대하여 부과하는 국세	해당 원천징수세액 또는 납세조합 징수세액의 법정납부기한의 다음날
② 과세표준신고기한 또는 법정납부기한이 연장되는 경우	그 연장된 기한의 다음날
③ 공제 · 면제 · 비과세 또는 낮은 세율의 적용 등에 따른 세액을 의무불이행 등의 사유로 징수하는 경우	해당 공제세액 등을 징수할 수 있는 사유가 발생한 날

(6) 부과제척기간 만료의 효력

부과제척기간이 끝나면 정부의 부과권은 소멸되어 과세표준이나 세액을 변경하는 어떠한 결정 · 경정결정(조세쟁송의 판결 · 결정 또는 조세조약의 규정에 의한 상호합의를 이행하기 위한 경정결정 그밖에 필요한 처분은 제외함)도 할 수 없다. 부과제척기간이 끝남으로써 부과권이 소멸하면 그 후속절차상의 권리인 징수권은 발생할 여지가 없게 되며, 납세의무가 확정되지 않은 상태(조세채권이 생성되지 않은 상태)에서 소멸하게 되므로 결손처분절차를 필요로 하지 않는다.

5. 국세징수권 소멸시효의 완성

(1) 국세징수권 소멸시효의 의의

'국세징수권의 소멸시효'란 국가가 징수권을 일정기간 동안 행사하지 아니하고, 그 기간이 지나게 되면 국세의 징수를 목적으로 하는 국가의 권리가 소멸된다는 것을 의미한다.

'국세징수권'이란 구체적으로 확정된 조세채권에 대하여 그 이행을 청구할 수 있는 권리로서 일종의 청구권(請求權)이다. 따라서 국세부과권을 행사하거나 납세의무자의 신고에 의해 조세채권이 구체적으로 확인(확정)되어야만 국가는 국세징수권을 행사할 수 있게 되는 것이다. 국세징수권은 청구권이므로 이를 만족하기 위해서는 상대방인 조세채무자의 구체적인 행위(납부 등)가 필요하다. 따라서 국세징수권은 소멸시효의 적용대상이 된다.

▶ **그림 3-3** 국세부과권과 국세징수권의 관계

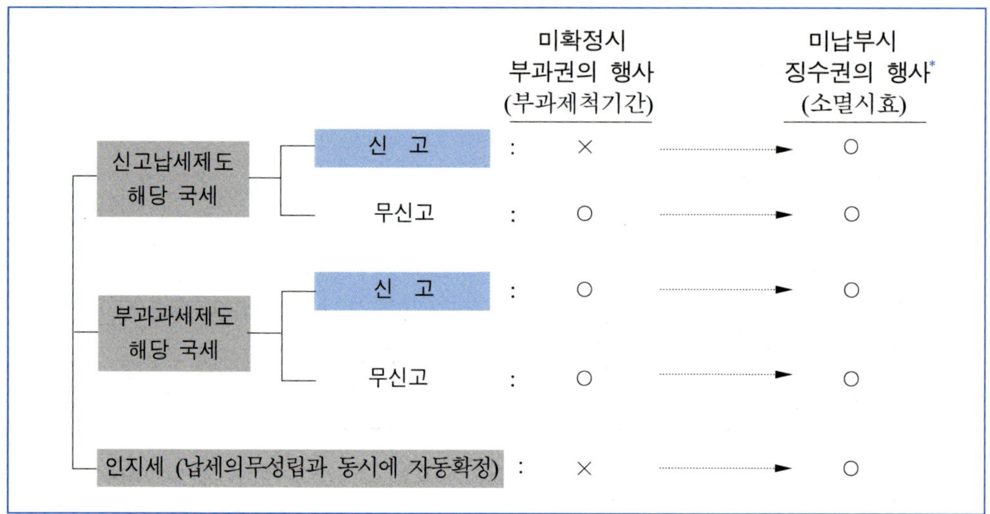

* 국세징수권을 행사하기 위해서는 납세의무자의 신고 또는 국세부과권의 행사 등에 따라 이미 납세의무가 확정되어 있어야 한다.

(2) 국세징수권의 소멸시효

국세징수권은 이를 행사할 수 있는 때로부터 5년간(5억원 이상의 국세는 10년간) 행사하지 아니하면 소멸시효가 완성된다(국기법 27 ①). 이 때 '소멸시효가 완성된다'함은 소멸시효기간이 완성되면 국세징수권이 당연히 소멸하는 것을 의미한다(국기통 27－0…1).

민법의 준용

소멸시효에 관하여는 국세기본법 또는 세법에 특별한 규정이 있는 것을 제외하고는 민법에 따른다(국기법 27 ②).

⑶ 소멸시효의 기산일

국세징수권의 소멸시효는 ‘국세징수권을 행사할 수 있는 때’부터 기산된다. 국세징수권 소멸시효의 기산일은 다음과 같다(국기법 27 ③, ④).

1) 원칙적인 기산일

<table>
<tr><th colspan="2">구 분</th><th>소멸시효의 기산일</th></tr>
<tr><td rowspan="2">① 신고납세제도 해당 국세</td><td>㉠ 신고한 세액</td><td>그 법정신고납부기한의 다음날</td></tr>
<tr><td>㉡ 과세관청이 결정·경정 또는 수시부과결정하는 경우 납부고지한 세액</td><td rowspan="2">그 고지에 따른 납부기한의 다음날</td></tr>
<tr><td colspan="2">② 부과과세제도 해당 국세</td></tr>
</table>

2) 예외적인 기산일

구 분	소멸시효의 기산일
① 원천징수의무자 또는 납세조합으로부터 징수하는 국세의 경우 납부고지한 원천징수세액 또는 납세조합징수세액	그 고지에 따른 납부기한의 다음날
② 인지세의 경우 납부고지한 인지세액	그 고지에 따른 납부기한의 다음날
③ 법정 신고납부기한이 연장되는 경우	그 연장된 기한의 다음날

⑷ 소멸시효의 중단과 정지

1) 시효의 중단

소멸시효제도는 권리자가 권리를 일정기간 동안 행사하지 않을 경우 그 권리를 소멸시키는 제도이므로 시효기간의 진행 중에 권리의 행사로 볼 수 있는 사유가 발생하면 이미 경과한 시효기간의 효력이 상실된다. 이를 ‘시효의 중단’이라고 한다. 시효가 중단된 때에는 중단사유가 발생한 때까지 경과한 시효기간은 그 효력을 상실하게 되고, 중단사유가 종료한 때부터 새로 시효가 진행된다.

국세기본법상 시효의 중단사유 및 소멸시효가 새로 진행되는 시점은 다음과 같다(국기법 28 ①, ②).

시효의 중단사유	소멸시효가 새로 진행되는 시점
① 납부고지	고지한 지정납부기간이 지난 때
② 독촉	독촉에 의한 지정납부기간이 지난 때
③ 교부청구	교부청구 중의 기간이 지난 때
④ 압류	압류해제까지의 기간이 지난 때

2) 시효의 정지

'시효의 정지'란 시효의 진행기간 중에 과세관청이 중단사유에 해당하는 행위를 하는 것이 불가능하거나 곤란한 사유가 발생한 경우 일정기간 동안 시효의 완성을 유예하는 것을 말한다. 이 경우에는 시효의 진행을 일시적으로 정지시키는 것이므로 그 정지사유가 종료한 후 잔여기간이 경과하면 시효가 완성된다. 따라서 이미 진행된 시효기간이 무효화되는 시효의 중단과는 다른 것이다.

국세기본법상 시효정지의 사유 및 내용은 다음과 같다(국기법 28 ③).

시효의 정지사유	내 용
① 분납기간	법인세법 · 소득세법 · 상속세 및 증여세법에 따라 세액을 분납하는 경우
② 납부고지 유예기간 등	세법에 따른 납부고지의 유예, 지정납부기한 · 독촉장에서 정하는 기한의 연장, 징수 유예기간
③ 압류 · 매각 유예기간	세법에 따른 압류 · 매각의 유예기간
④ 연부연납기간	상속세 및 증여세법에 따라 세액을 연부연납하는 경우
⑤ 사해행위취소소송 및 채권자대위소송 기간	세무공무원이 사해행위취소소송이나 채권자대위소송을 제기하여 소송이 진행 중인 기간*
⑥ 체납자가 국외에 6개월 이상 계속 체류하는 경우	해당 국외 체류 기간

* 사해행위취소소송 또는 채권자대위소송의 제기로 인한 시효정지의 효력은 소송이 각하 · 기각 또는 취하된 경우에는 효력이 없다. 채권자대위소송이란 채권자(과세당국)가 자신의 채권(조세채권)을 보전하기 위하여 채무자(납세자)의 제3채무자에 대한 권리를 대위행사하여 소송을 하는 것을 말하며, 사해행위취소소송은 납세자가 국세를 회피할 목적으로 고의로 타인에게 자신의 재산을 양도 · 증여하거나 채무를 부담하는 행위를 한 경우 해당 행위의 취소를 청구하는 소송을 말한다.

(5) 소멸시효 완성의 효력

소멸시효가 완성되면 납세의무는 소멸시효의 기산일에 소급하여 소멸한다. 따라서 국세와 함께 시효진행 기간 중에 발생한 강제징수비 및 이자상당세액에 대한 징수권도 함께 소멸하게 된다. 또한 주된 납세자의 국세가 소멸시효의 완성에 따라 소멸한 때에는 제2차 납세의무자 · 납세보증인과 물적납세의무자에도 그 효력이 미친다(국기통 27－0…2).

▶ **표 3-2** 국세부과권의 제척기간과 국세징수권의 소멸시효 비교

구 분	국세부과권의 제척기간	국세징수권의 소멸시효
① 의 의	국세부과권의 존속기간	국세징수권의 불행사기간
② 대 상	국세부과권(일종의 형성권)	국세징수권(일종의 청구권)
③ 기 간	㉠ 상속세 · 증여세 : 10년, 15년 ㉡ 기타 국세 : 5년, 7년, 10년, 15년	㉠ 5억원 이상의 국세 : 10년 ㉡ 5억원 미만의 국세 : 5년
④ 기산일	국세를 부과할 수 있는 날	국세징수권을 행사할 수 있는 날
⑤ 중단 · 정지	개념상 중단과 정지 없음	중단과 정지 있음
⑥ 효 과	장래에 향하여 부과권 소멸 (소급효력이 없음)	기산일에 소급하여 징수권 소멸 (소급효력이 있음)

객/관/식/문/제

▶ 제3장 납세의무의 성립 · 확정 · 소멸

1 국세기본법상 납세의무의 성립시기에 대한 설명으로 옳지 않은 것은? ⊙ 2015년 국가직 7급

① 종합부동산세를 납부할 의무는 과세기준일에 성립한다.

② 원천징수하는 소득세 · 법인세를 납부할 의무는 소득금액 또는 수입금액을 지급하는 때에 성립한다.

③ 수시부과하여 징수하는 국세를 납부할 의무는 수시부과할 사유가 발생한 때에 성립한다.

④ 수입재화의 경우 부가가치세를 납부할 의무는 과세기간이 끝나는 때에 성립한다.

해설

부가가치세는 과세기간이 끝나는 때에 납세의무가 성립한다. 다만, 수입재화의 경우에는 세관장에게 수입신고를 하는 때에 납세의무가 성립한다.

2 국세기본법상 납세의무의 확정에 대한 설명으로 옳지 않은 것은? ⊙ 2023년 국가직 7급

① 상속세는 정부가 과세표준과 세액을 결정하는 때에 확정된다.

② 납세조합이 징수하는 소득세는 납세의무가 성립하는 때에 특별한 절차 없이 그 세액이 확정된다.

③ 부가가치세 과세표준신고서를 법정신고기한까지 제출한 자의 수정신고는 당초의 신고에 따라 확정된 과세표준과 세액을 증액하여 확정하는 효력을 가진다.

④ 세법에 따라 당초 확정된 세액을 감소시키는 경정은 그 경정으로 감소되는 세액 외의 세액에 관한 세법에서 규정하는 권리 · 의무관계에도 영향을 미친다.

해설

세법에 따라 당초 확정된 세액을 감소시키는 경정은 그 경정으로 감소되는 세액 외의 세액에 관한 국세기본법 또는 세법에서 규정하는 권리 · 의무관계에 영향을 미치지 아니한다.

3 국세기본법상 납세의무의 성립과 확정에 대한 설명으로 옳지 않은 것은? ➲ 2022년 국가직 9급

① 청산소득에 대한 법인세의 납세의무 성립시기는 그 법인이 해산을 하는 때이다.

② 원천징수하는 소득세의 납세의무 성립시기는 과세기간이 끝나는 때이다.

③ 소득세와 법인세는 납세의무자가 과세표준과 세액의 신고를 하지 아니한 경우에는 정부가 과세표준과 세액을 결정하는 때에 그 결정에 따라 확정된다.

④ 납세조합이 징수하는 소득세는 납세의무가 성립하는 때에 특별한 절차 없이 그 세액이 확정된다.

해설

원천징수하는 소득세의 납세의무 성립시기는 소득금액 또는 수입금액을 지급한 때이다.

4 국세부과권 및 부과제척기간에 대한 설명 중 틀린 것은?

① 권리의 존속기간을 말한다.
② 청구권의 일종이다.
③ 중단제도가 없다.
④ 정지제도가 없다.

해설

국세부과권은 형성권의 일종이다. '형성권'이란 타인의 협력을 필요로 함이 없이 권리자의 일방적 의사표시 또는 권리자의 행위만으로 법률관계를 발생시키거나 변경시키는 권리를 말한다.

5 납세의무의 소멸사유에 대한 다음 설명 중 옳지 않은 것은?

① 국세의 부과제척기간 기산일은 신고납세세목의 경우에는 과세표준 신고기한의 다음 날이며, 정부부과세목의 경우에는 실제부과일의 다음 날이다.

② 납세의무의 소멸사유에는 납부 · 충당 · 부과의 취소 · 국세의 부과제척기간 만료 및 국세징수권의 소멸시효 완성이 포함된다.

③ 상속세 및 증여세의 경우 국세의 부과제척기간은 부과가능일로부터 10년이나, 무신고 또는 신고누락 등의 경우에는 부과가능일로부터 15년이다.

④ 소멸시효의 정지는 시효기간의 진행을 일시적으로 멈추게 한 후에 정지기간이 종료되면 나머지 시효기간을 진행시키는 반면, 소멸시효의 중단은 이미 경과한 시효기간의 효력을 소멸시키기 때문에 시효의 중단기간이 경과한 날부터 소멸시효가 새롭게 시작된다.

해설

국세의 부과제척기간은 신고납세제도와 부과과세제도에 관계없이 과세표준 신고의무가 있는 국세는 모두 과세표준 신고기한의 다음날로부터 기산된다.

6 국세기본법상 국세의 부과제척기간에 대한 설명으로 옳지 않은 것은? ⊙ 2023년 국가직 7급 수정

① 법정신고기한까지 소득세 과세표준신고서를 제출하지 아니한 경우에는 소득세를 부과할 수 있는 날부터 7년간을 부과제척기간으로 한다.

② 이중장부의 작성에 의하여 소득세를 포탈한 경우에는 소득세를 부과할 수 있는 날부터 10년간을 부과제척기간으로 한다.

③ 국세기본법에 따른 심판청구에 대한 결정에 의하여 명의대여사실이 확인된 경우에는 당초의 부과처분을 취소하고 그 결정이 확정된 날부터 5년 이내에 실제로 사업을 경영한 자에게 경정이나 그 밖에 필요한 처분을 할 수 있다.

④ 상속세 및 증여세의 납세의무자가 해당 세액에 대한 연부연납을 신청하더라도 그 부과제척기간은 정지되지 않는다.

해설

국세기본법에 따른 심판청구에 대한 결정에 의하여 명의대여사실이 확인된 경우에는 당초의 부과처분을 취소하고 그 결정이 확정된 날부터 1년 이내에 실제로 사업을 경영한 자에게 경정이나 그 밖에 필요한 처분을 할 수 있다.

7 국세의 부과제척기간과 국세징수권의 소멸시효에 관한 설명이다. 옳지 않은 것은?

① 주된 납세자의 국세가 소멸시효의 완성에 의하여 소멸한 때에는 제2차 납세의무자, 납세보증인과 물적납세의무자에게도 그 효력이 미친다.

② 원천징수의무자로부터 징수하는 국세의 경우 납부고지한 원천징수세액에 대해서는 그 고지에 따른 납부기한의 다음 날부터 국세징수권을 행사할 수 있다.

③ 국세징수권은 이를 행사할 수 있는 때로부터 5년간(5억원 이상의 국세는 10년간) 행사하지 아니하면 소멸시효가 완성된다.

④ 과세표준과 세액을 신고하는 국세에 있어서는 해당 국세의 납세의무가 성립한 날부터 이를 부과할 수 있다.

해설

신고납세제도에 해당하는 국세의 경우, 신고한 세액에 대해서는 법정 신고납부기한의 다음 날부터, 정부가 결정 · 경정 또는 수시부과결정하는 경우에는 그 고지에 따른 납부기한의 다음날부터 국세징수권을 행사할 수 있다.

8 국세기본법상 국세의 부과제척기간과 국세징수권 소멸시효에 대한 설명으로 옳지 않은 것은?

2011년 국가직 9급 수정

① 국세의 부과제척기간은 권리관계를 조속히 확정시키려는 것이므로 국세징수권 소멸시효와는 달리 진행기간의 중단이나 정지가 없다.

② 국세의 부과제척기간이 만료된 경우와 국세징수권이 소멸시효의 완성에 의하여 소멸하는 경우 형식상 결손처분을 거치게 된다.

③ 국세징수권 소멸시효의 중단사유는 납부고지 · 독촉 · 교부청구 · 압류가 있다.

④ 국세의 소멸시효가 완성한 때에는 그 국세의 강제징수비 및 이자상당세액에도 그 효력이 미친다.

해설

국세의 부과제척기간이 만료된 경우에는 결손처분이 필요하지 않다.

9 국세기본법상 납부의무의 소멸에 대한 설명으로 옳지 않은 것은?

2021년 국가직 9급

① 국세 및 강제징수비를 납부할 의무는 국세를 부과할 수 있는 기간에 국세가 부과되지 아니하고 그 기간이 끝난 때에 소멸한다.

② 교부청구가 있으면 국세징수권 소멸시효는 중단된다.

③ 납세자가 법정신고기한까지 부가가치세 과세표준신고서를 제출하지 않은 경우 부가가치세를 부과할 수 있는 날부터 5년을 부과제척기간으로 한다.

④ 체납자가 국외에 6개월 이상 계속 체류하는 경우 해당 국외 체류기간에는 국세징수권의 소멸시효가 진행되지 않는다.

해설

납세자가 법정신고기한까지 부가가치세 과세표준신고서를 제출하지 않은 경우 부가가치세를 부과할 수 있는 날부터 7년을 부과제척기간으로 한다.

정답	1	④	2	④	3	②	4	②	5	①	6	③	7	④	8	②	9	③

4 조세채권의 확보

조세는 국가 또는 지방자치단체의 존립과 그 활동을 위해 필수적인 재원이므로 조세채권이 성립·확정되었다 하더라도 이를 효과적으로 징수하지 못한다면 국가 또는 지방자치단체의 운영이 어렵게 된다. 따라서 국세기본법에서는 조세채권을 확보하기 위하여 여러 가지 규정들을 두고 있다.

▶ **표 4-1** 조세채권 확보를 위한 국세기본법의 규정

구 분	내 용
① 납세의무의 확장	㉠ 납세의무의 승계 ㉡ 연대납세의무
② 보충적 납세의무	㉠ 제2차 납세의무 ㉡ 물적납세의무 ㉢ 납세보증인
③ 국세우선권	납세자의 재산에 대하여 국세채권과 다른 채권이 경합되는 경우 국세채권을 우선하여 징수하는 제도

제 1 절 | 납세의무의 확장

1. 납세의무확장의 의의

'납세의무의 확장'이란 본래의 납세의무자 이외의 자에게 법률에 따라 강제적으로 납세의무를 부담시키는 제도이다. 납세의무는 본래의 납세의무자가 부담하는 것이 원칙이지만 국가의 입장에서는 본래의 납세의무자에 대해서만 납세의무를 부담시킬 경우 조세채권을 회수하지 못할 가능성이 높아지게 된다. 따라서 국세기본법에서는 조세채권의 확보를 위한 제도의 하나로서 납세의무의 승계, 연대납세의무와 같은 납세의무의 확장제도를 두고 있다.

2. 납세의무의 승계

'납세의무의 승계'란 법에서 정하는 일정한 사유에 해당될 경우에 본래의 납세자 이외의 자에게 납세의무가 이전되는 것을 의미한다. 납세의무의 승계는 당사자의 의사에 관계없이 법정요건이 충족되면 강제적으로 이루어지는 것이므로 납세의무를 승계할 자에 대하여 별도의 지정이나 처분이 불필요하며, 납세의무를 승계하여야 할 자가 이를 거부할 수도 없는 것이다. 그러나 본래 조세는 납세의무자의 담세력에 착안하여 과세되는 것이므로 국가의 조세채권 확보 측면만을 고려하여 무제한적으로 납세의무를 승계시키게 되면 조세평등주의에 위배되는 결과를 초래하게 된다. 따라서 국세기본법에서는 법인의 합병이나 상속과 같이 본래의 납세자의 권리·의무가 포괄적으로 승계되는 경우에 한하여 제한적으로 납세의무를 승계하도록 규정하고 있다. 납세의무의 승계에 대해서는 각 세법에 특례규정을 둘 수 있다.

(1) 법인의 합병으로 인한 납세의무의 승계

법인이 합병한 경우 합병 후 존속하는 법인 또는 합병으로 설립된 법인은 합병으로 소멸된 법인에게 부과되거나 그 법인이 납부할 국세 및 강제징수비를 납부할 의무를 진다(국기법 23). 이 경우 '부과되거나 납부할 국세 및 강제징수비'란 합병으로 소멸된 법인에게 귀속되는 국세 및 강제징수비와 세법에 정한 납세의무의 확정절차에 따라 장차 부과되거나 납부하여야 할 국세 및 강제징수비를 말한다(국기통 23－0…2). 따라서 세법에 따라 이미 확정된 국세뿐만 아니라 장차 부과될 국세까지도 모두 승계되는 것이다.

● 납세의무승계의 한도

법인의 합병으로 인한 납세의무의 승계에 있어서는 납세의무의 승계한도가 없다.

(2) 상속으로 인한 납세의무의 승계

상속이 개시된 때에 그 상속인[민법 제1000조, 제1001조, 제1003조 및 제1004조에 따른 상속인을 말하고, 상속세 및 증여세법에 따른 수유자(受遺者)를 포함] 또는 상속재산관리인[6]은 피상속인에게 부과되거나 그 피상속인이 납부할 국세 및 강제징수비를 상속으로 받은 재산의 한도에서 납부할 의무를 진다(국기법 24 ①). 이 경우에 피상속인에게 한 처분 또는 절차는 상속으로 인한 납세의무를 승계하는 상속인이나 상속

6) 상속인의 존부가 분명하지 아니한 때에는 법원은 피상속인의 친족 기타 이해관계인 또는 검사의 청구에 따라 상속재산관리인을 선임하고 지체 없이 이를 공고하여야 한다(민법 1053 ①).

재산관리인에 대해서도 효력이 있다(국기법 24 ⑥). 따라서 피상속인에게 한 처분 또는 절차를 상속인이나 상속재산관리인에게 다시 할 필요가 없는 것이다.

1) 납세의무 승계의 한도

상속으로 인한 납세의무의 승계는 상속으로 받은 재산을 한도로 한다. 이 때 상속으로 받은 재산이란 상속받은 자산총액에서 상속받은 부채총액과 상속으로 인하여 부과되거나 납부할 상속세를 공제한 가액을 말한다(국기령 11 ①).

상속으로 받은 재산 = 상속받은 자산총액 − (상속받은 부채총액 + 상속세)

위 산식에서 자산총액과 부채총액의 가액은 상속세 및 증여세법 제60조부터 제66조까지의 규정(재산의 평가)을 준용하여 평가한다(국기령 11 ②).

2) 상속인이 2명 이상일 때

상속인이 2명 이상일 때에는 각 상속인은 피상속인에게 부과되거나 그 피상속인이 납부할 국세 및 강제징수비를 민법의 규정에 따른 상속분에 따라 나누어 계산한 국세 및 강제징수비를 상속으로 받은 재산의 한도에서 연대하여 납부할 의무를 진다(국기법 24 ③).

3) 상속인이 있는지 분명하지 않은 때

상속인이 있는지 분명하지 아니할 때에는 상속인에게 하여야 할 납부의 고지·독촉이나 그밖에 필요한 사항은 상속재산관리인에게 하여야 한다(국기법 24 ④). 이 때 상속재산관리인도 없을 때에는 세무서장은 상속개시지를 관할하는 법원에 상속재산관리인의 선임을 청구할 수 있다(국기법 24 ⑤).

3. 연대납세의무

'연대납세의무'란 하나의 납세의무에 대하여 2명 이상의 납세의무자가 각각 독립적으로 납세의무 전부를 이행할 책임을 지는 것을 말한다. 이 때 연대납세의무자 중 한 사람이 납세의무의 전부를 이행하게 되면 다른 연대납세의무자의 납세의무도 같이 소멸하게 된다.

국가는 다수의 납세의무자에게 연대납세의무를 부담시킴으로써 납세의무의 이행을 보다 확실하게 확보할 수 있다는 이점이 있다. 이러한 관점에서 연대납세의무도 국가의 조세채권 확보를 위한 규정으로 이해할 수 있는 것이다.

▶ **그림 4-1** 연대납세의무의 개념(사례 : 공동상속의 경우)

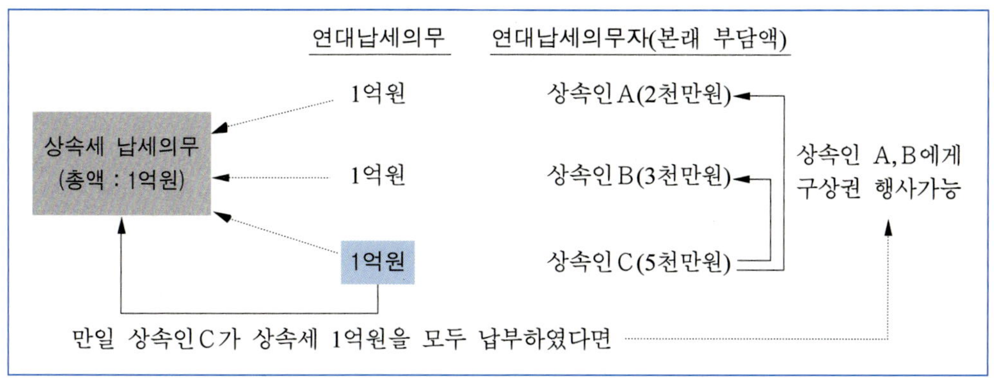

⑴ 국세기본법상 연대납세의무

공유물(共有物)·공동사업 또는 그 공동사업에 속하는 재산과 관계되는 국세 및 강제징수비는 공유자 또는 공동사업자가 연대하여 납부할 의무를 진다(국기법 25 ①). 연대납세의무에 관하여는 민법상의 연대채무에 대한 규정(민법 제413조부터 제416조까지, 제419조, 제421조, 제432조 및 제425조부터 제427조까지)을 준용한다(국기법 25 ②).

⑵ 구상관계

연대납세의무에 대하여 민법 제425조(출재채무자의 구상권)를 준용하게 되므로 연대납세의무자 중 한 사람이 납세의무 전부를 이행하여 납세의무가 소멸하게 되면 이 납세의무자는 다른 연대납세의무자에 대하여 구상권(求償權)을 행사할 수 있다. 이러한 구상관계는 납세의무자간의 민사관계이므로 국가는 이를 상관하지 않는다. 따라서 만약 다른 연대납세의무자가 구상권에 대한 변제를 거부할 경우에는 민사소송에 따라 구상권을 행사할 수밖에 없는 것이다.

⑶ 연대납세의무에 대한 개별세법상 특례규정

연대납세의무에 대해서는 개별세법에 특례규정을 둘 수 있는데, 소득세법에 다음과 같은 특례규정을 두고 있다.

공동사업에 관한 소득금액을 계산하는 경우에는 해당 공동사업자별로 납세의무를 지며, 공동으로 소유한 자산에 대한 양도소득금액을 계산하는 경우에는 해당 자산을 공동으로 소유하는 각 거주자가 납세의무를 진다(소법 2의2 ①, ⑦). 따라서 공동사업에 대한 종합소득세와 공동소유자산에 대한 양도소득세에 대해서는 연대납세의무를 부과하지 않는다.

제 2 절 | 보충적 납세의무

1. 보충적 납세의무의 의의

'보충적 납세의무'란 본래의 납세의무자의 재산으로 조세채권을 회수할 수 없을 때 제3자에게 그 부족액에 대한 보충적인 납부책임을 부여하는 것을 말한다. 보충적 납세의무제도는 보충적으로 납세의무를 지는 자의 의사와는 관계없이 법정요건이 갖추어지면 법률에 따라 강제적으로 납세의무를 부담시키는 제도이다. 따라서 보충적 납세의무는 본래의 납세의무자의 재산으로 조세채권을 확보할 수 없을 때 법 소정 요건이 충족된 경우에 한하여 사법질서의 교란을 최소화하는 수준에서 제3자에게까지 그 부족액에 대한 보충적 납세의무를 확장시키는 조세징수절차상의 예외적인 제도로 이해하여야 한다.

이러한 개념에서 보충적 납세의무도 광의의 납세의무확장제도에 해당한다고 볼 수 있다. 그러나 앞에서 설명한 납세의무의 승계와 연대납세의무의 성격이 보충적 납세의무와는 다른 것이므로 본서에서는 보충적 납세의무를 별도로 구분하여 설명하고자 한다.

▶ **표 4-2** 보충적 납세의무의 유형

구 분	내 용	성립요건
① 제2차 납세의무	㉠ 청산인 등, ㉡ 출자자, ㉢ 법인, ㉣ 사업양수인에 대한 제2차 납세의무	인적요소
② 물적납세의무	양도담보권자의 물적납세의무	물적요소
③ 납세보증인	납세담보 중 인적담보인 납세보증인	당사자의 의사

2. 보충적 납세의무의 법적 성격

보충적 납세의무는 부종성(附從性)과 보충성(補充性)이라는 법적 성격을 갖는다.

(1) 부종성

보충적 납세의무는 본래의 납세의무에 대하여 부종성을 가진다. 부종성이란 보충적 납세의무가 본래의 납세의무의 존재를 전제로 하여 성립하며, 본래의 납세의무가 변경되거나 소멸되는 경우에는 보충적 납세의무에 대해서도 그 효력이 동일하게 미치게 되는 것을 말한다. 따라서 본래의 납세의무가 소멸시효의 완성으로 인하여 소멸되는 경우에는 보충적 납세의무도 함께 소멸하게 된다.

(2) 보충성

보충적 납세의무는 본래의 납세의무에 대하여 보충성을 가지므로 보충적 납세의무자는 ① 본래의 납세의무자의 재산에 대하여 강제징수를 하여도 징수할 국세 등의 금액에 미치지 못하는 경우에 한하여 ② 그 부족분에 대해서 이행책임을 지게 된다. 따라서 본래의 납세의무자의 재산으로 국세를 징수할 수 있는 경우에는 보충적 납세의무는 성립하지 않는다.

이 경우 '징수할 국세 등의 금액에 미치지 못하는 경우'라 함은 본래의 납세의무자에게 귀속하는 재산을 강제징수하여 징수할 수 있는 가액이 징수할 국세 등에 미치지 못하는 경우를 말한다. 따라서 징수부족액이 있다고 명백하게 인정되는 경우에는 본래의 납세의무자에 대하여 실제로 강제징수를 실행하지 않더라도 보충적 납세의무자에게 납세의무를 부담시킬 수 있다.

3. 제2차 납세의무

'제2차 납세의무'란 본래의 납세자의 국세를 징수하기 위하여 그 납세자의 재산에 대하여 강제징수를 하여도 징수할 세액에 미치지 못하는 경우에 한하여 그 납세자와 특수한 관계에 있는 제3자에 대하여 2차적으로 납세의무를 부여하는 제도를 말한다.

▶ **표 4-3** 국세기본법상 제2차 납세의무의 개요

구 분	청산인 등	출자자	법 인	사업양수인
주된 납세의무자	해산한 법인	비상장법인	납부기간만료일 현재 ① 무한책임사원 ② 과점주주	사업양도인
제2차 납세의무자	① 청산인 ② 잔여재산을 분배·인도받은 자	납세의무성립일 현재 ① 무한책임사원 ② 과점주주	모든 법인	사업양수인
성립요건 (보충성)	법인의 재산으로 징수부족한 경우	법인의 재산으로 징수부족한 경우	출자자의 재산으로 징수부족한 경우	양도인의 재산으로 징수부족한 경우
한 도	청산인 : 분배·인도한 재산의 가액	무한책임사원 : 한도 없음	(자산-부채)×지분율	양수한 재산의 가액
	잔여재산을 분배·인도받은 자 : 각자가 받은 재산의 가액	과점주주 : 부족액×출자비율		

⑴ 청산인 등의 제2차 납세의무

법인이 해산하여 청산하는 경우에 그 법인에게 부과되거나 그 법인이 납부할 국세 및 강제징수비를 납부하지 아니하고 해산에 의한 잔여재산을 분배하거나 인도하였을 때에 그 법인에 대하여 강제징수를 하여도 징수할 금액에 미치지 못하는 경우에는 청산인[7] 또는 잔여재산을 분배받거나 인도받은 자는 그 부족한 금액에 대하여 제2차 납세의무를 진다(국기법 38 ①).

이 경우 제2차 납세의무는 다음의 금액을 한도로 한다(국기법 38 ②).

구　　분	한 도 액
① 청산인	분배하거나 인도한 재산의 가액*
② 잔여재산을 분배받거나 인도받은 자	각자가 받은 재산의 가액*

* 이 때 재산의 가액은 청산 후 남은 재산을 분배하거나 인도한 날 현재의 시가로 한다(국기령 19).

⑵ 출자자의 제2차 납세의무

법인(코스피 또는 코스닥 상장법인은 제외함)의 재산으로 그 법인에 부과되거나 그 법인이 납부할 국세 및 강제징수비에 충당하여도 부족한 경우에는 그 국세의 납세의무성립일 현재 그 법인의 무한책임사원 또는 과점주주는 그 부족한 금액에 대하여 제2차 납세의무를 진다(국기법 39 ①).

상장법인 출자자의 제2차 납세의무 제외

상장법인은 주식소유가 분산되어 외부감사, 공시의무 등 각종 감시・견제장치가 존재하여 법인재산을 대주주가 사적 목적으로 유출하는 것이 어려워 제2차 납세의무 제도의 실효성이 낮은 점 등을 반영하여 2021년부터 제2차 납세의무자의 범위에서 상장법인 출자자를 제외하였다.

1) 무한책임사원의 제2차 납세의무

'무한책임사원'이란 상법상 합명회사의 사원 또는 합자회사의 무한책임사원을 말한다. 무한책임사원이 회사의 조세채무에 대하여 제2차 납세의무를 부담하는 것은 상법상의 무한책임원칙에 비추어 볼 때 당연하다고 볼 수 있다.

---

7) '청산인'이란 정관의 규정, 주주총회의 결의 또는 법원에 따라 선임(법정청산인)되어, 해산법인의 청산사무(채권의 추심과 채무의 변제, 재산의 환가처분, 잔여재산의 분배 등)를 집행하는 자를 말한다(국기통 38－0…1).

2) 과점주주의 제2차 납세의무

"과점주주"란 주주 또는 사원(합자회사의 유한책임사원, 유한책임회사의 사원 또는 유한회사의 사원을 말함) 1명과 그의 특수관계인(친족관계, 경제적 연관관계, 경영지배관계 중 법령에서 정하는 관계가 있는 자)으로서 그들의 소유주식 합계 또는 출자액 합계가 해당 법인의 발행 주식 총수 또는 출자총액의 50%를 초과하면서 그 법인의 경영에 대하여 지배적인 영향력을 행사하는 자들을 말한다.

3) 과점조합원의 제2차 납세의무 개정

"과점조합원"이란 영농조합법인 또는 영어조합법인의 조합원 1명과 그의 특수관계인 중 대통령령으로 정하는 자로서 그들의 출자액의 합계가 해당 조합의 출자총액의 50%를 초과하는 자들을 말한다. 다만, 조합원 간에 손익분배비율을 정한 경우로서 그 손익분배비율이 출자액의 비율과 다른 경우에는 조합원 1명과 그의 특수관계인 중 대통령령으로 정하는 자로서 그들의 손익분배비율의 합계가 50%를 초과하는 자들을 과점조합원으로 한다.

4) 제2차 납세의무의 한도액

① 무한책임사원은 한도 없이 징수부족액 전액에 대하여 제2차 납세의무를 진다.

② 과점주주 또는 과점조합원(이하 "과점주주등"이라 함)은 부족한 금액 중 과점주주등의 출자비율에 해당하는 금액을 한도로 제2차 납세의무를 진다.

$$\text{과점주주등의 한도액} = \text{부족한 금액} \times \frac{\text{해당 과점주주등이 실질적으로 권리를 행사하는 주식수}^{*}\text{(또는 출자액)}}{\text{발행주식 총수}^{*}\text{(또는 출자총액)}}$$

* 의결권이 없는 주식은 제외한다.

예제 4-1 | 과점주주의 제2차 납세의무 한도

거주자 甲은 비상장법인인 ㈜서울의 발행주식총수 100,000주(20,000주는 의결권이 없음) 중 75,000주(15,000주는 의결권이 없음)를 보유하고 있으며, 과점주주로서 실질적인 권리를 행사하고 있다. ㈜서울이 10억원의 국세를 체납하였고, ㈜서울의 재산으로 충당하여도 부족한 금액이 8억원인 경우 甲이 제2차 납세의무자로서 부담하여야 할 한도를 계산하시오.

해답

(1) 과점주주는 부족한 금액 중 과점주주의 출자비율에 해당하는 금액을 한도로 제2차 납세의무를 진다.

$$⑵\ 과점주주의\ 한도액=부족한\ 금액\times\frac{과점주주\ 권리행사\ 주식수(의결권\ 없는\ 주식\ 제외)}{발행주식\ 총수(의결권\ 없는\ 주식\ 제외)}$$

$$=8억원\times\frac{75{,}000株-15{,}000株}{100{,}000株-20{,}000株}$$

$$=6억원$$

⑶ 법인의 제2차 납세의무

1) 의 의

국세(둘 이상의 국세의 경우에는 납부기한이 뒤에 오는 국세)의 납부기간 만료일 현재 법인의 무한책임사원 또는 과점주주(이하 "출자자"라 함)의 재산(그 법인의 발행주식 또는 출자지분은 제외한다)으로 그 출자자가 납부할 국세 및 강제징수비에 충당하여도 부족한 경우에는 그 법인은 다음 중 어느 하나에 해당하는 경우에만 그 부족한 금액에 대하여 제2차 납세의무를 진다(국기법 40 ①).

① 정부가 출자자의 소유주식 또는 출자지분을 재공매(再公賣)하거나 수의계약으로 매각하려 하여도 매수희망자가 없는 경우

② 그 법인이 외국법인인 경우로서 출자자의 소유주식 또는 출자지분이 외국에 있는 재산에 해당하여 국세징수법에 따른 압류 등 강제징수가 제한되는 경우

③ 법률 또는 그 법인의 정관에 의하여 출자자의 소유주식 또는 출자지분의 양도가 제한된 경우(국세징수법 제66조 제4항[8])에 따라 공매할 수 없는 경우는 제외함)

따라서 출자자의 소유주식 또는 출자지분이 매각 가능한 경우에는 과세당국은 당연히 소유주식을 압류·매각함으로써 국세를 징수하여야 하며, 매각이 불가능한 경우에만 제한적으로 법인에 대해 제2차 납세의무를 부담시킬 수 있는 것이다.

2) 제2차 납세의무의 한도액

법인의 제2차 납세의무는 그 법인의 자산총액에서 부채총액을 뺀 가액을 그 법인의 발행주식 총액 또는 출자총액으로 나눈 가액에 그 출자자의 소유주식 금액 또는 출자액을 곱하여 산출한 금액을 한도로 한다(국기법 40 ②).

---

8) 국세징수법 제66조 제4항 : 국세기본법에 따른 이의신청·심사청구 또는 심판청구 절차가 진행 중이거나 행정소송이 계속 중인 국세의 체납으로 압류한 재산은 그 신청 또는 청구에 대한 결정이나 소(訴)에 대한 판결이 확정되기 전에는 공매할 수 없다.

$$\text{한도액} = (\text{자산총액} - \text{부채총액}) \times \frac{\text{출자자의 소유주식 금액 (또는 출자액)}}{\text{발행주식 총액 (또는 출자총액)}}$$

자산총액과 부채총액의 평가는 해당 국세(해당 국세가 둘 이상이면 납부기한이 뒤에 도래한 국세)의 납부기간 종료일 현재의 시가로 한다(국기령 21). 이 경우 납부기간 종료일 현재 납세의무가 성립한 해당 법인의 국세는 이를 부채총액에 산입한다(국기통 40－21…1).

▶ **표 4-4** 출자자의 제2차 납세의무와 법인의 제2차 납세의무 비교

구 분	출자자의 제2차 납세의무	법인의 제2차 납세의무
① 기준일	납세의무성립일 현재	납부기간종료일 현재
② 법인의 범위	모든 법인(주식을 유가증권시장에 상장한 법인 포함)	모든 법인(주식을 유가증권시장에 상장한 법인 포함)
③ 한 도	㉠ 무한책임사원 : 한도 없음. ㉡ 과점주주 : 부족한 금액×출자비율	출자자의 주식가치를 한도로 함.

⑷ 사업양수인의 제2차 납세의무

사업이 양도 · 양수된 경우에 양도일 이전에 양도인의 납세의무가 확정된 그 사업에 관한 국세 및 강제징수비를 양도인의 재산으로 충당하여도 부족할 때에는 사업장별로 그 사업에 관한 모든 권리(미수금에 관한 것은 제외한다)와 모든 의무(미지급금에 관한 것은 제외한다)를 포괄적으로 승계한 자로서 ① 양도인과 특수관계인인 자 또는 ② 양도인의 조세회피를 목적으로 사업을 양수한 자는 그 부족한 금액에 대하여 양수한 재산의 가액을 한도로 제2차 납세의무를 진다(국기법 41 ①, 국기령 22).

1) 사업의 양도 · 양수

'사업의 양도 · 양수'란 계약의 명칭이나 형식에 관계없이 실질상 사업에 관한 권리와 의무 전부를 포괄적으로 양도 · 양수하는 것을 말한다(국기통 41－0…1 ①). 사업의 양도인에게 둘 이상의 사업장이 있는 경우에 하나의 사업장을 양수한 자의 제2차 납세의무는 양수한 사업장과 관계되는 국세 및 강제징수비(둘 이상의 사업장에 공통되는 국세 및 강제징수비가 있는 경우에는 양수한 사업장에 배분되는 금액을 포함한다)에 대해서만 진다(국기령 23 ①).

2) 양도일 이전에 양도인의 납세의무가 확정된 국세 등

사업양수인이 제2차 납세의무를 지는 국세 등은 사업양도일 현재 양도인의 납세의무가 확정된 국세 및 강제징수비를 말한다. 따라서 사업양도일 현재 확정되지 아니한 국세에 대해서는 사업양수인이 제2차 납세의무를 지지 않는다.

3) 해당 사업에 관한 국세 등

사업양수인이 제2차 납세의무를 지는 국세 등은 양수한 그 사업에 관한 국세 등을 말한다. '그 사업에 관한 국세 등'이란 양수한 그 사업의 경영과 관련된 국세 등(법인세 · 소득세 · 부가가치세 등)과 사업양수에 포함된 재산에 관련된 국세 등(상속세 · 증여세 등)을 의미하는 것이다.

양도소득세에 대한 제2차 납세의무

사업용 부동산(토지 · 건물 등)을 양도함으로써 납부하여야 할 양도소득세는 그 사업에 관한 국세가 아니므로 사업양수인은 사업용 부동산의 양도소득세에 대하여 제2차 납세의무를 지지 않는다(국기통 41－0…4).

4) 제2차 납세의무의 한도액

사업양수인은 양수한 재산의 가액을 한도로 제2차 납세의무를 진다.

4. 양도담보권자의 물적납세의무

납세자가 국세 및 강제징수비를 체납한 경우에 그 납세자에게 양도담보재산이 있을 때에는 그 납세자의 다른 재산에 대하여 강제징수를 하여도 징수할 금액에 미치지 못하는 경우에만 국세징수법에서 정하는 바에 따라 그 양도담보재산으로써 납세자의 국세 및 강제징수비를 징수할 수 있다. 다만, 그 국세의 법정기일 전에 담보의 목적이 된 양도담보재산에 대해서는 그러하지 아니하다(국기법 42 ①).

(1) 양도담보

'양도담보'란 금전의 대여 · 차입거래에 있어서 채무자가 담보로 제공한 자산을 계속 점유하여 사용 · 수익하면서 그 재산의 소유권만을 채권자에게 이전시키는 담보제도를 말한다. 즉 경제적 실질은 담보제공임에도 불구하고 소유권 이전의 형식을 취하게 된다. 물론 차입금 등의 채무를 갚으면 소유권을 다시 채무자(원 소유자)에게 환원하게 되며, 약정된 기간 내에 채무를 갚지 못하면 특별한 절차 없이 자동적으로 소유권이 채권자에게 실질적으로 이전된다.

(2) 양도담보재산

"양도담보재산"이란 당사자 간의 계약에 의하여 납세자가 그 재산을 양도하였을 때에 실질적으로 양도인에 대한 채권담보의 목적이 된 재산을 말한다(국기법 42 ③). 즉 납세자가 자기 또는 제3자의 채무를 담보하기 위하여 채권자 또는 제3자에게 양도한 재산을 말하며, 양도담보설정계약에 의하는 것이 일반적이다(국기통 42－0…1).

5. 납세보증인

'납세보증인'이란 납세자의 국세 및 강제징수비의 납부를 보증한 자를 말한다(국기법 2 ⑿). 납세보증인은 납세담보 중 인적담보에 해당하며, 납세자와 납세보증인간의 납세보증계약에 의해 성립되므로, 당사자들의 의사에 관계없이 보충적 납세의무를 부담하는 제2차 납세의무나 물적납세의무와는 그 개념이 다르다.

제 3 절 | 국세우선권

1. 국세우선권의 개념

'국세우선권'이란 납세자의 재산을 강제매각절차에 따라 매각하거나 추심하는 경우에 그 매각대금 또는 추심금액에 대하여 국세채권과 다른 공과금 및 그 밖의 채권이 경합되는 경우 국세를 우선하여 징수하는 것을 말한다. 따라서 국세우선권은 납세자의 전재산(全財産)이 경합되는 모든 채권을 변제하기에 부족한 경우에 강제매각대금(또는 추심금액)의 배분순위를 결정하는 기준으로 해석하여야 한다.

● 채권자 평등원칙의 예외

민사상 일반채권은 '채권자 평등의 원칙'에 의해 모든 채권자가 채권액에 비례하여 변제를 받을 수 있다(단, 담보된 채권은 일반채권에 대해 우선한다). 따라서, 국세우선권은 채권자 평등의 원칙에 대한 예외에 해당한다.

2. 조세채권 상호간의 관계

조세채권 상호간에서는 원칙적으로 평등주의가 적용된다. 즉, 국세와 국세 또는 국세와 지방세는 동등한 지위에서 배분을 받게 된다. 그러나 공과금은 국세 또는 지방세에 우선하지 못한다. 조세채권 상호간의 우선순위를 결정하는 경우에는 다음의 두 가지 기준을 고려하여야 한다.

(1) 압류에 의한 우선(압류우선주의)

국세 강제징수에 따라 납세자의 재산을 압류한 경우에 다른 국세 및 강제징수비 또는 지방세의 교부청구[9](참가압류를 한 경우를 포함)가 있으면 압류에 관계되는 국세 및 강제징수비는 교부청구된 다른 국세 및 강제징수비와 지방세보다 우선하여 징수한다(국기법 36 ①).

또한 지방세의 강제징수에 의하여 납세자의 재산을 압류한 경우에 국세 및 강제징수비의 교부청구가 있으면 교부청구된 국세 및 강제징수비는 압류에 관계되는 지방세의 다음 순위로 징수한다(국기법 36 ②).

(2) 담보 있는 국세의 우선(담보우선주의)

납세담보물을 매각하였을 때에는 '압류에 의한 우선'에 불구하고 담보된 국세 및 강제징수비는 매각대금 중에서 다른 국세 및 강제징수비와 지방세에 우선하여 징수한다(국기법 37).

▶ **그림 4-2** 국세(또는 지방세) 상호간의 우선순위

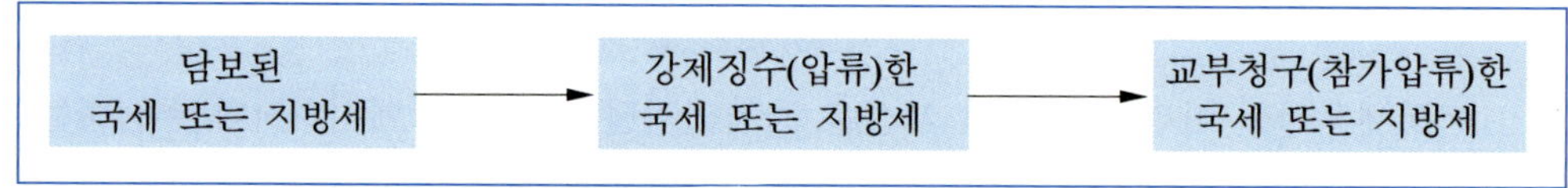

3. 국세우선권의 예외

국세우선권은 민사상의 채권자 평등의 원칙에 위배될 뿐 아니라 국민의 재산권을 침해할 우려가 있다. 따라서 국세기본법에서는 이러한 문제점을 완화하기 위하여 국세우선권에 대한 예외를 규정하고 있다.

---

9) '교부청구'란 납세자가 국세 · 지방세 또는 공과금의 체납으로 인하여 강제징수를 받을 때 해당 관서 · 공공단체 또는 집행공무원 등에 대하여 국세 및 강제징수비의 교부를 청구하는 것을 말한다. 즉, 다른 국세나 지방세를 징수하기 위하여 납세자의 압류재산을 매각할 때 동 매각금액을 교부청구한 국세 및 강제징수비에 대해서도 배분하도록 요구하는 것을 말한다.

(1) 실발생 직접경비의 우선

1) 선집행 지방세 · 공과금 강제징수비 및 체납처분비의 우선

지방세나 공과금[10)]의 체납처분 또는 강제징수를 할 때 그 체납처분 또는 강제징수 금액 중에서 국세 및 강제징수비를 징수하는 경우의 그 지방세나 공과금의 체납처분비 또는 강제징수비는 국세 및 강제징수비에 우선한다(국기법 35 ① (1)).

지방세 · 공과금과 국세와의 우선관계

지방세(본세)는 국세(본세)와 동등한 지위에서 배분을 받을 수 있으므로 지방세와 국세의 배분 순위는 압류우선주의 또는 담보우선주의에 따라 판정한다. 그러나 국세우선원칙에 따라 공과금은 국세(본세)에 우선하지 못한다. 다만, 지방세나 공과금의 체납처분 또는 강제징수를 할 때 그 체납처분 또는 강제징수 금액 중에서 국세 및 강제징수비를 징수하는 경우 그 지방세나 공과금의 체납처분비 또는 강제징수비는 국세 및 강제징수비에 우선 징수된다.

2) 공익비용의 우선

강제집행 · 경매 또는 파산절차에 따라 재산을 매각할 때 그 매각금액 중에서 국세 및 강제징수비를 징수하는 경우의 그 강제집행 · 경매 또는 파산절차에 든 비용은 국세 및 강제징수비에 우선한다(국기법 35 ① (2)).

(2) 소액 주택임차보증금 중 일정액 등의 우선[11)]

1) 소액 주택임차보증금 중 일정액의 우선

주택임대차보호법 제8조가 적용되는 임대차관계에 있는 주택을 매각할 때 그 매각금액 중에서 국세를 징수하는 경우 임대차에 관한 보증금 중 일정 금액으로서 주택임대차보호법 제8조에 따라 임차인이 우선하여 변제받을 수 있는 금액에 관한 채권은 국세에 우선한다(국기법 35 ① (4)). 이 경우 소액 주택임차보증금 중 일정액은 징수하고자 하는 국세의 강제징수비에 대해서는 우선하지 못한다.

2) 소액 상가임차보증금 중 일정액의 우선

상가건물 임대차보호법 제14조가 적용되는 임대차관계에 있는 건물을 매각할 때 그 매각금액 중에서 국세를 징수하는 경우 임대차에 관한 보증금 중 일정 금액으로서 상가건물 임대차보호법 제14조에 따라 임차인이 우선하여 변제받을 수 있는 금액에 관

---

10) '공과금'이란 국세징수법에서 규정하는 강제징수의 예에 따라 징수할 수 있는 채권 중 국세 · 관세 · 임시수입부가세 · 지방세와 이와 관계되는 강제징수비를 제외한 것을 말한다(국기법 2 (8)).

11) 소액 주택임차보증금 또는 소액 상가임차보증금이 국세보다 우선하기 위해서는 국세징수법 제67조의 공매공고일 이전에 주택임대차보호법 제3조 또는 상가건물임대차보호법 제3조에 의한 대항력을 갖추어야 한다.

한 채권은 국세에 우선한다(국기법 35 ① (4)). 이 경우 소액 상가임차보증금 중 일정액은 징수하고자 하는 국세의 강제징수비에 대해서는 우선하지 못한다.

⑶ 임금채권 우선

1) 최종 3개월분의 임금 등 우선변제 임금채권

사용자의 재산을 매각하거나 추심할 때 그 매각금액 또는 추심금액 중에서 국세를 징수하는 경우에 근로기준법 제38조 또는 근로자퇴직급여 보장법 제12조에 따라 국세에 우선하여 변제되는 임금·퇴직금·재해보상금·그밖에 근로관계로 인한 채권은 국세에 우선한다(국기법 35 ① (5)).

우선변제 임금채권

다음의 우선변제 임금채권은 질권·저당권 또는 동산·채권 등의 담보에 관한 법률에 따른 담보권에 따라 담보된 채권, 조세·공과금 및 다른 채권에 우선하여 변제되어야 한다(근로기준법 38 ②, 근로자퇴직급여보장법 12 ②). 즉, 최종 3개월분 임금 등의 우선변제 임금채권은 강제집행 비용 등의 공익비용을 제외한 모든 채권에 우선하며, 소액 주택임차보증금 및 소액 상가임차보증금 중 일정액과는 같은 배분순위를 가진다.

1. 최종 3개월분의 임금	2. 최종 3년간의 퇴직금	3. 재해보상금

2) 일반 임금채권

우선변제 임금채권을 제외한 임금·퇴직금·재해보상금·그밖에 근로관계로 인한 채권(일반 임금채권)도 조세·공과금 및 다른 채권에 우선하여 변제되어야 한다. 그러나 질권·저당권 또는 동산·채권 등의 담보에 관한 법률에 따른 담보권에 따라 담보된 채권과 담보채권에 우선하는 조세·공과금에 대해서는 일반 임금채권이 우선하지 못한다.

⑷ 질권 또는 저당권에 의해 담보된 채권

국세의 법정기일 전에 다음의 어느 하나에 해당하는 권리(이하 “전세권등”이라 함)가 설정된 재산이 국세의 강제징수 또는 경매 절차 등을 통해 매각(양도, 상속 또는 증여 후 매각은 제외함)되어 그 매각금액에서 국세를 징수하는 경우 그 권리에 의하여 담보된 채권 또는 임대차보증금반환채권은 국세에 우선한다(국기법 35 ① (3)). 이 경우 징수하고자 하는 국세의 강제징수비에 대해서는 우선하지 못한다.

① 전세권, 질권 또는 저당권

② 주택임대차보호법 제3조의2 제2항 또는 상가건물 임대차보호법 제5조 제2항에 따라 대항요건과 확정일자를 갖춘 임차권

③ 납세의무자를 등기의무자로 하고 채무불이행을 정지조건으로 하는 대물변제(代物辨濟)의 예약에 따라 채권 담보의 목적으로 가등기(가등록을 포함)를 마친 가등기 담보권

국세의 법정기일 이전에 담보권이 설정된 채권에 대하여 국세우선권을 제한하는 이유는 사법상의 담보제도에 대한 침해를 최소화하고 담보권자의 예측가능성을 보장하기 위함이다.

▶ **표 4-5** 국세의 법정기일

구 분	국세의 구분		국세의 법정기일
원 칙	① 신고납세제도 해당 국세	㉠ 신고한 해당 세액[*1]	그 신고일
		㉡ 무신고(과소신고)하여 정부가 결정·경정하는 경우에 고지한 해당 세액[*2 *3]	그 납부고지서의 발송일
	② 과세표준과 세액을 정부가 결정·경정(부과과세제도) 또는 수시부과결정하는 경우에 고지한 해당 세액[*3]		
예 외	① 원천징수의무자나 납세조합으로부터 징수하는 소득세·법인세 및 농어촌특별세		그 납세의무의 확정일
	② 인지세		
	③ 제2차 납세의무자(보증인 포함)의 재산에서 징수하는 국세와 양도담보재산에서 징수하는 국세		납부고지서의 발송일
	④ 국세징수법에 따라 납세자의 재산을 확정전 보전압류한 경우에 그 압류와 관련하여 확정된 국세		그 압류등기(등록)일
	⑤ 부가가치세법상 신탁 관련 수탁자의 물적납세의무 규정에 따라 신탁재산에서 징수하는 부가가치세 등		납부고지서의 발송일
	⑥ 종합부동산세법상 신탁 관련 수탁자의 물적납세의무에 따라 신탁재산에서 징수하는 종합부동산세 등		납부고지서 발송일

*1 중간예납하는 법인세·예정신고납부하는 부가가치세 및 예정신고하는 양도소득세 포함

*2 신고납세제도에 해당하는 국세의 경우에도 신고를 하지 않은 경우(또는 과소 신고한 경우)에는 정부가 결정·경정하여 고지하게 되므로 납부고지서의 발송일이 법정기일이 된다는 점에 유의하여야 한다.

*3 납부지연가산세 중 납부고지서에 따른 납부기한 후의 납부지연가산세와 원천징수 등 납부지연가산세 중 납부고지서에 따른 납부기한 후의 원천징수 등 납부지연가산세를 포함

1) 당해세 우선

위 국세우선권의 예외규정에도 불구하고 해당 재산에 대하여 부과된 상속세, 증여세 및 종합부동산세는 법정기일 전에 설정된 전세권, 질권 또는 저당권 등의 권리에 의하여 담보된 채권 또는 임대차보증금반환채권보다 우선한다(국기법 35 ③).

2) 임차인 보호를 위한 당해세 적용 예외

당해세 우선원칙에도 불구하고 임대차보증금반환채권등(주택임대차보호법 제3조의 2 제2항에 따라 대항요건과 확정일자를 갖춘 임차권에 의하여 담보된 임대차보증금반환채권 또는 주택임대차보호법 제2조에 따른 주거용 건물에 설정된 전세권에 의하여 담보된 채권을 말함)은 해당 임차권 또는 전세권이 설정된 재산이 국세의 강제징수 또는 경매 절차등을 통하여 매각되어 그 매각금액에서 국세를 징수하는 경우 그 확정일자 또는 설정일보다 법정기일이 늦은 해당 재산에 대하여 부과된 상속세, 증여세 및 종합부동산세의 우선 징수 순서에 대신하여 변제될 수 있다. 이 경우 대신 변제되는 금액은 우선 징수할 수 있었던 해당 재산에 대하여 부과된 상속세, 증여세 및 종합부동산세의 징수액에 한정하며, 임대차보증금반환채권등보다 우선 변제되는 저당권 등의 변제액과 해당 재산에 대하여 부과된 상속세, 증여세 및 종합부동산세를 우선 징수하는 경우에 배분받을 수 있었던 임대차보증금반환채권등의 변제액에는 영향을 미치지 아니한다(국기법 35 ⑦).

개정취지

주택이 경매·공매될 경우 세입자의 피해를 최소화할 수 있도록 하려는 것으로 '확정일자 이후, 체납된 당해세'의 경우 해당 당해세 체납에 우선 배분될 예정액만큼을 전세보증금등이 우선 변제받을 수 있도록 양보하겠다는 것이다.

3) 가등기에 의해 담보된 채권

법정기일 후에 납세의무자를 등기의무자로 하고 채무불이행을 정지조건으로 하는 대물변제(代物辨濟)의 예약에 따라 채권 담보의 목적으로 가등기(가등록을 포함)를 마친 사실이 증명되는 재산을 매각하여 그 매각금액에서 국세를 징수하는 경우 그 재산을 압류한 날 이후에 그 가등기에 따른 본등기가 이루어지더라도 그 국세는 그 가등기에 의해 담보된 채권보다 우선한다(국기법 35 ④). 다만, 법정기일 전에 가등기된 재산을 매각하는 경우에는 가등기에 의해 담보된 채권이 국세보다 우선한다.

따라서 국세와 가등기에 의해 담보된 채권간의 우선순위를 결정할 때에는 가등기일자와 국세의 법정기일의 선후(先後)를 판단하면 된다. 국세기본법에서 법정기일 전에 가등기된 채권에 대한 우선권을 인정하는 이유는 담보목적으로 가등기된 채권을 본등기에 의해 담보된 채권과 동일한 것으로 보아 형평을 맞춤으로써 담보제도의 침해를 최소화하기 위한 것이다.

▶ **그림 4-3** 국세우선권 예외의 요약

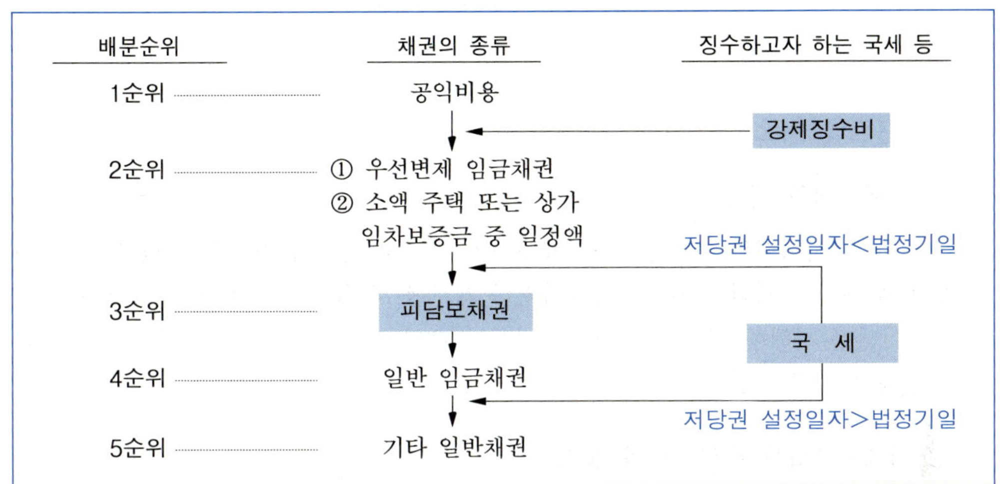

예제 4-2 | 국세우선권의 예외

백두은행은 채무자 갑에 대한 대출금을 회수하기 위하여 갑이 소유한 주택의 경매절차를 진행하였다. 다음 자료에 따라 주택의 경매가격 중 갑이 체납한 소득세로 징수될 금액을 계산하시오.

(1) 주택의 경매가격	₩80,000,000
(2) 경매비용	6,000,000
(3) 백두은행의 대출금(주택에 대하여 20×5년 6월 6일 저당권 설정)	10,000,000
(4) 한라은행의 대출금(주택에 대하여 20×5년 4월 4일 저당권 설정)	40,000,000
(5) 갑의 20×4년 귀속 소득세(신고일 20×5년 5월 30일)	30,000,000
(6) 주택에 대한 임대보증금	20,000,000

(이 중 주택임대차보호법에 의한 우선변제금액은 ₩16,000,000이고, 전세권 등기나 확정일자는 없음)

해답

(1) 저당권에 따라 담보된 채권과 소득세의 우선순위

한라은행 대출금		소득세		백두은행 대출금
저당권 설정일(4.4)	>	법정기일(5.30)	>	저당권 설정일(6.6)

(2) 주택경매가격의 배분순위

경매비용(공익비용)	₩6,000,000
소액 주택임대보증금(우선변제금액)	16,000,000
한라은행 대출금(저당권 설정일 : 4.4)	40,000,000
소득세(법정기일 : 5.30)	18,000,000
합 계	₩80,000,000

4. 사해행위의 취소

(1) 사해행위의 개념

민사상 '사해행위(詐害行爲)'란 채무자가 고의로 채권의 변제를 회피하기 위하여 타인에게 자신의 재산을 양도·증여하거나 채무를 부담하는 등의 재산 감소행위를 말한다. 이러한 사해행위를 취소하기 위해서는 해당 행위의 취소를 청구하는 민사소송을 법원에 제기하여야 한다.

(2) 국세기본법상 사해행위의 취소

세무서장은 납세자가 제3자와 짜고 거짓으로 재산에 다음의 어느 하나에 해당하는 계약을 하고 그 등기 또는 등록을 하거나 주택임대차보호법 제3조의2 제2항 또는 상가건물 임대차보호법 제5조 제2항에 따른 대항요건과 확정일자를 갖춘 임대차 계약을 체결함으로써 그 재산의 매각금액으로 국세를 징수하기가 곤란하다고 인정할 때에는 그 행위의 취소를 법원에 청구할 수 있다. 이 경우 납세자가 국세의 법정기일 전 1년 내에 특수관계인 중 친족 등 법령으로 정하는 자와 전세권·질권 또는 저당권 설정계약, 임대차 계약, 가등기 설정계약 또는 양도담보 설정계약을 한 경우에는 짜고 한 거짓 계약으로 추정[12)]한다(국기법 35 ⑥).

① 전세권·질권 또는 저당권의 설정계약
② 주택임대차보호법 제3조의2 제2항 또는 상가건물 임대차보호법 제5조 제2항에 따른 대항요건과 확정일자를 갖춘 임대차 계약
③ 대물변제의 예약에 따라 채권 담보의 목적으로 하는 가등기 설정계약
④ 양도담보 설정계약

---

12) 납세자가 제3자와 짜고 저당권 설정계약 등을 거짓으로 했다는 것을 입증할 책임은 원칙적으로 세무서장에게 있다. 그러나 이를 세무서장이 입증한다는 것은 매우 어려운 일이므로 "짜고 한 거짓 계약"일 가능성이 높은 계약을 "짜고 한 거짓 계약(통정한 허위계약)"으로 추정하는 규정을 두고 있다. 따라서 이 규정을 적용받는 경우에는 납세자가 저당권 설정계약 등이 짜고 한 거짓 계약이 아니라는 것을 반대로 입증하여야 하는데, 이를 '입증책임의 전환'이라고 한다.

객 / 관 / 식 / 문 / 제

▶ 제4장 조세채권의 확보

1 납세의무의 승계에 대한 설명으로 틀린 것은?

① 상속으로 인한 납세의무의 승계는 법정요건이 충족되더라도 납세의무의 승계의사를 표시한 경우에 한하여 승계된다.

② 법인이 합병한 경우 합병 후 존속하는 법인은 합병으로 소멸된 법인에 부과되거나 그 법인이 납부할 국세 및 강제징수비를 납부할 의무를 진다.

③ 상속으로 인한 납세의무의 승계의 경우 피상속인에게 한 처분 또는 절차는 납세의무를 승계하는 상속인이나 상속재산관리인에 대해서도 효력이 있다.

④ 법인의 합병으로 인한 납세의무의 승계의 경우에는 납세의무의 승계한도가 없으나, 상속으로 인한 납세의무의 승계의 경우에는 상속으로 받은 재산의 한도에서 납부할 의무를 진다.

해설

법인합병 또는 상속으로 인한 납세의무의 승계는 당사자의 의사에 관계없이 법정요건의 충족에 따라 강행적으로 이루어지며, 법정요건이 충족되면 어떠한 별도의 처분이나 행위도 필요 없이 당연히 납세의무가 승계된다.

2 세법상 연대납세의무에 대한 다음 설명 중 틀린 것은?

① 공유물 · 공동사업 또는 공동사업에 속하는 재산과 관계되는 국세 및 강제징수비는 공유자 또는 공동사업자가 연대하여 납부할 의무를 진다.

② 연대납세의무자 중 한 사람이 납세의무 전부를 이행하여 납세의무가 소멸하게 되면 이 납세의무자는 다른 연대납세의무자에 대하여 구상권(求償權)을 행사할 수 있다.

③ 상속인이 2명 이상일 때에는 각 상속인은 피상속인에게 부과되거나 그 피상속인이 납부할 국세 및 강제징수비를 전액 연대하여 납부할 의무를 진다.

④ 공동사업에 대한 소득세는 각 공동사업자별로 납세의무를 지며, 공동사업자에 대하여 연대납세의무를 부과하지는 아니 한다는 소득세법상 규정은 국세기본법상 연대납세의무에 대한 예외규정이다.

해설

상속인이 2명 이상일 때에는 각 상속인은 피상속인에게 부과되거나 그 피상속인이 납부할 국세 및 강제징수비를 민법의 규정에 따른 상속분에 따라 나누어 계산한 국세 및 강제징수비를 상속으로 받은 재산의 한도에서 연대하여 납부할 의무를 진다.

3 국세기본법상 제2차 납세의무에 대한 설명으로 옳지 않은 것은? ◐ 2024년 국가직 9급

① 법인이 해산하여 청산하는 경우에 청산인의 제2차 납세의무는 분배하거나 인도한 재산의 가액을 한도로 한다.

② 법인이 해산하여 청산하는 경우에 잔여재산을 분배받거나 인도받은 자의 제2차 납세의무는 각자가 받은 재산의 가액을 한도로 한다.

③ 사업을 양도한 경우에 사업양도인은 양도한 대가를 한도로 제2차 납세의무를 진다.

④ 국세의 납세의무 성립일 현재 합명회사의 사원은 법인의 재산으로 그 법인에 부과되거나 그 법인이 납부할 국세 및 강제징수비에 충당하여도 부족한 경우에는 그 부족한 금액에 대하여 제2차 납세의무를 진다.

해설

사업을 양수한 경우에 사업양수인은 양수한 재산의 가액을 한도로 제2차 납세의무를 진다.

4 국세기본법상 제2차 납세의무에 대한 설명으로 옳은 것은? ◐ 2013년 국가직 7급 수정

① 분할법인이 납부해야 할 국세에 대하여 분할로 신설된 법인은 제2차 납세의무를 질 수 있다.

② 유가증권시장에 상장한 법인의 과점주주는 그 법인이 납부하는 국세에 대하여 제2차 납세의무를 진다.

③ 법인의 출자자가 소유한 주식의 양도가 법률에 의해 제한된 경우에는, 그 출자자가 납부할 국세에 대하여 법인은 제2차 납세의무를 진다.

④ 사업양수인의 제2차 납세의무에 있어서 사업양수인이란 사업장별로 그 사업에 관한 미수금을 포함한 모든 권리와 모든 의무를 포괄적으로 승계한 자를 말한다.

해설

① 분할법인이 납부해야 할 국세에 대하여 분할로 신설된 법인은 연대납세의무를 진다.
② 유가증권시장에 상장한 법인의 과점주주는 제2차 납세의무를 지지 아니한다.
④ 그 사업에 관한 모든 권리(미수금에 관한 것은 제외한다)와 모든 의무(미지급금에 관한 것은 제외한다)를 포괄적으로 승계한 자로서 양도인과 특수관계인인 자 또는 양도인의 조세회피를 목적으로 사업을 양수한 자를 말한다.

5 국세기본법상 국세와 일반채권의 관계 및 국세 상호 간의 관계에 대한 설명으로 옳지 않은 것은?

◐ 2023년 국가직 7급 수정

① 납세자가 국세의 법정기일 전 1년 내에 특수관계인(친족)과 저당권 설정계약을 한 경우에는 짜고 한 거짓 계약으로 추정한다.

② 해당 재산에 대하여 부과된 상속세, 증여세 및 종합부동산세는 법정기일 전에 저당권이 설정된 경우에도 담보 있는 채권에 우선한다.

③ 과세표준과 세액의 신고에 따라 납세의무가 확정되는 국세(중간예납하는 법인세와 예정신고납부하는 부가가치세 및 예정신고납부하는 양도소득세를 포함한다)의 경우 신고한 해당 세액의 법정기일은 그 신고일이다.

④ 조세 상호 간의 우선순위를 다툴 때에는 압류한 국세, 담보 있는 국세, 교부청구한 국세의 순서로 징수한다.

해설

조세 상호 간의 우선순위를 다툴 때에는 담보 있는 국세, 압류한 국세, 교부청구한 국세의 순서로 징수한다.

6 다음은 국세기본법상 국세우선권에 대한 설명이다. 옳지 않은 것은?

① 지방세나 공과금의 강제징수를 할 때 그 강제징수금액 중에서 국세 및 강제징수비를 징수하는 경우 그 지방세나 공과금의 강제징수비는 국세(본세)에 우선하나, 징수하고자 하는 국세의 강제징수비에는 우선하지 못한다.

② 강제집행·경매 또는 파산 절차에 따라 재산을 매각할 때 그 매각금액 중에서 국세 및 강제징수비를 징수하는 경우 그 강제집행, 경매 또는 파산 절차에 든 비용은 국세 및 강제징수비에 우선한다.

③ 국세의 법정기일 전에 질권 또는 저당권이 설정된 재산을 매각하여 그 매각금액에서 국세를 징수하는 경우 그 권리에 의하여 담보된 채권은 국세에 우선하나, 징수하고자 하는 국세의 강제징수비에는 우선하지 못한다.

④ 법정기일 전에 가등기된 재산을 매각하는 경우에는 가등기에 의해 담보된 채권이 국세보다 우선한다.

해설

지방세나 공과금의 강제징수를 할 때 그 강제징수금액 중에서 국세 및 강제징수비를 징수하는 경우 그 지방세나 공과금의 강제징수비는 국세 및 강제징수비에 우선한다.

7 거주자 甲이 20×1년 귀속 소득세 6,000만 원을 신고납부하지 않아 관할 세무서장이 납세고지서를 20×3년 5월 30일 발송하였으나, 甲이 이를 체납하자, 관할 세무서장이 甲의 주택을 20×3년 10월 1일 압류하여 20×4년 4월 5일 매각하였다. 주택의 매각대금이 5,000만 원이고, 甲에 대한 채권명세가 다음과 같은 경우 매각대금 중 소득세에 배분할 수 있는 금액은?

2024년 국가직 9급

- 강제징수비 : 500만 원
- 해당 주택의 등기부에 설정된 저당권에 의해 담보되는 채권 : 1,000만 원(저당권 설정일 20×2년 5월 20일)
- 甲이 운영하는 개인기업 근로자의 임금채권 : 2,000만 원(국세에 우선하여 변제되는 금액이다)

① ₩15,000,000　　② ₩20,000,000
③ ₩25,000,000　　④ ₩45,000,000

해설

국세의 법정기일(납부고지서 발송일)보다 저당권 설정일자가 앞서므로 다음의 순서로 매각대금을 배분한다.
(1순위) 강제징수비 : ₩5,000,000
(2순위) 우선변제 임금채권 : ₩20,000,000
(3순위) 피담보채권 : ₩10,000,000
(4순위) 소득세 : ₩50,000,000 − (₩5,000,000 + ₩20,000,000 + ₩10,000,000) = ₩15,000,000

8 한국세무서는 거주자 갑의 20×3년도 귀속분 소득세 ₩100,000,000이 체납되어 거주자 갑 소유의 주택을 20×6년 6월 1일에 압류하여 20×6년 7월 20일에 매각하였다. 다음 자료에 따라 주택의 매각대금 ₩100,000,000 중 거주자 갑이 체납한 소득세로 징수될 수 있는 금액은 얼마인가?

2017년 국가직 9급

- 거주자 갑의 소득세 신고일 : 20×4년 5월 30일
- 강제징수비 : ₩3,000,000
- 주택에 설정된 저당권에 따른 피담보채권(저당권 설정일 : 20×4년 3월 28일) : ₩50,000,000
- 주택에 대한 임차보증금 : ₩25,000,000(이 중 주택임대차보호법에 따른 우선변제금액은 ₩12,000,000)
- 거주자 갑이 운영하는 기업체 종업원의 임금채권 : ₩30,000,000(이 중 근로기준법에 따른 우선변제금액은 ₩15,000,000)
- 주택에 부과된 국세는 없음

① ₩5,000,000 ② ₩17,000,000

③ ₩20,000,000 ④ ₩70,000,000

해설

저당권 설정일이 국세의 법정기일(소득세 신고일)보다 앞서므로 다음의 순서로 매각대금을 배분한다.

(1순위) 강제징수비 : ₩3,000,000

(2순위) 우선변제 임금채권 등 : ₩12,000,000 + ₩15,000,000 = ₩27,000,000

(3순위) 피담보채권 : ₩50,000,000

(4순위) 일반 임금채권 : ₩15,000,000

(5순위) 소득세 : ₩5,000,000

9 조세채권의 확보와 관련된 국세기본법의 규정을 설명한 것이다. 옳은 것은?

① 최종 3개월분의 임금은 사용자의 재산에 대하여 설정된 저당권에 따라 담보된 채권보다 우선하지만 그 저당권에 따라 담보된 채권에 우선하는 국세보다 우선하지 못한다.

② 납세자가 국세 및 강제징수비를 체납한 경우에 그 납세자에게 양도담보재산이 있을 때에는 그 납세자의 다른 재산에 대하여 강제징수를 하여도 징수할 금액에 미치지 못하는 경우에만 국세징수법에서 정하는 바에 따라 그 양도담보재산으로써 납세자의 국세 및 강제징수비를 징수할 수 있다.

③ 국세의 법정기일 전에 전세권 · 질권 또는 저당권이 설정된 재산을 매각하여 그 매각금액에서 국세(그 재산에 대하여 부과된 국세는 제외한다)를 징수하는 경우 그 전세권 · 질권 또는 저당권에 의해 담보된 채권은 국세 및 강제징수비에 우선한다.

④ 사해행위의 취소와 관련하여 납세자가 특수관계인 중 친족 등 법령으로 정하는 자와 전세권 · 질권 또는 저당권 설정계약을 한 경우에는 계약시기에 관계없이 짜고 한 거짓 계약으로 추정한다.

해설

① 사용자의 재산을 매각하거나 추심할 때 그 매각금액 또는 추심금액 중에서 국세를 징수하는 경우에 우선변제임금채권(최종 3개월분의 임금 등)은 국세에 우선한다.

③ 국세의 법정기일 전에 전세권 · 질권 또는 저당권이 설정된 재산을 매각하여 그 매각금액에서 국세(그 재산에 대하여 부과된 국세는 제외한다)를 징수하는 경우 그 전세권 · 질권 또는 저당권에 의해 담보된 채권은 국세에 우선하지만 강제징수비에는 우선하지 못한다.

④ 납세자가 국세의 법정기일 전 1년 내에 특수관계인 중 친족 등 법령으로 정하는 자와 전세권 · 질권 또는 저당권 설정계약을 한 경우에는 짜고 한 거짓 계약으로 추정한다.

10 국세기본법상 납세의무의 확장에 대한 설명으로 옳지 않은 것은? 2016년 국가직 9급

① 피상속인이 체결한 보험계약의 수익자로서 단독 상속인이 피상속인의 사망으로 보험금을 수령하고 상속을 포기한 경우 상속포기를 한 상속인은 피상속인이 납부할 국세를 그 보험금의 한도 내에서 납부할 의무를 진다.

② 공동사업에 관계되는 부가가치세 및 강제징수비는 공동사업자가 연대하여 납부할 의무를 진다.

③ 법령이 정하는 바에 따라 제2차 납세의무를 지는 법인에는 비상장법인뿐만 아니라 상장법인도 포함된다.

④ 사업양수인은 양도일 이후 성립된 사업양도인의 국세에 대해 납부의무가 있다.

해설

사업양수인이 제2차 납세의무를 지는 국세는 사업양도일 현재 양도인의 납세의무가 확정된 국세에 한한다.

정답	1	①	2	③	3	③	4	③	5	④	6	①	7	①	8	①	9	②	10	④

Chapter 5 과 세

제 1 절 | 관할관청

1. 과세표준신고의 관할

과세표준신고서는 신고 당시 해당 국세의 납세지를 관할하는 세무서장에게 제출하여야 한다. 다만, 전자신고를 하는 경우에는 지방국세청장이나 국세청장에게 제출할 수 있다. 이 경우 신고 당시 해당 국세의 납세지를 관할하는 세무서장 외의 세무서장에게 제출된 경우에도 그 신고의 효력에는 영향이 없다(국기법 43).

납세지의 의의

'납세지'란 납세자가 납세의무를 이행하거나 국가가 부과권 또는 징수권을 행사하는 기준이 되는 장소를 의미한다. 국세에 대한 세목을 규정하고 있는 각 세법에서는 해당 세목에 대한 납세지를 각각 별도로 규정하고 있다.

2. 결정 또는 경정결정의 관할

국세의 과세표준과 세액의 결정 또는 경정결정은 그 처분당시 그 국세의 납세지를 관할하는 세무서장이 한다(국기법 44). 따라서 그 처분당시 그 국세의 납세지를 관할하는 세무서장 외의 세무서장이 한 결정 또는 경정결정처분은 그 효력이 없다. 다만, 세법 또는 다른 법령 등에 따라 권한있는 세무서장이 결정 또는 경정결정하는 경우에는 그러하지 아니하다(국기통 44－0…3).

제 2 절 | 수정신고·경정 등의 청구 및 기한 후 신고

수정신고와 경정청구제도는 납세의무자가 신고한 과세표준과 세액에 오류나 탈루가 있는 경우에 납세의무자에게 스스로 이를 정정할 수 있는 기회를 부여하는 제도이다. 당초 신고한 과세표준과 세액을 증액시키고자 하는 경우에는 수정신고를 하여야 하며, 이를 감액시키고자 하는 경우에는 경정청구를 하여야 한다. 따라서 증액수정신고 또는 감액경정청구라고 부르기도 한다.

한편 이와는 별도로 법정신고기한 내에 과세표준신고서를 제출하지 아니한 자도 법정신고기한 경과 후 과세표준신고서를 제출할 수 있도록 하는 기한 후 신고제도가 1999년부터 도입되었다.

1. 수정신고

(1) 수정신고의 의의

'수정신고'란 당초 신고한 과세표준과 세액이 신고하여야 할 세액에 미달하는 경우(또는 결손금액 또는 환급세액을 초과하는 경우) 납세의무자가 스스로 이를 수정하여 과세관청에 신고하는 것을 말한다.

수정신고제도는 과세관청이 경정권을 유보하고 1차적으로 납세의무자가 수정신고의 방법을 통해 스스로 오류나 탈루를 정정할 수 있는 기회를 부여함으로써 납세의무자는 과소신고가산세 등을 감면받고, 과세관청은 경정에 소요되는 행정낭비를 줄일 수 있다는 점에서 그 의의를 찾을 수 있다.

(2) 수정신고의 요건

1) 수정신고를 할 수 있는 자

과세표준신고서를 법정신고기한[13]까지 제출한 자[14] 및 기한후과세표준신고서를 제출한 자는 과세표준수정신고서를 제출할 수 있다(국기법 45 ①).

기한 후 신고한 자에 대한 수정신고 허용

종전에는 과세표준신고서를 법정신고기한까지 제출한 자에 한하여 수정신고가 허용되었으나, 기한 후 신고자에 대해서도 자기시정 기회를 부여하기 위해 2020년부터 기한후과세표준신고서를 제출한 자에 대해서도 수정신고를 할 수 있도록 허용하였다.

---

13) "법정신고기한"이란 세법에 따라 과세표준신고서를 제출할 기한을 말한다(국기법 2 ⒃).

14) 원천징수되는 근로소득, 퇴직소득, 공적연금소득 및 모집수당·판매수당의 사업소득만 있어 소득세법에 따라 과세표준확정신고를 하지 아니한 거주자도 수정신고 할 수 있다.

2) 수정신고의 사유

① 과세표준신고서 또는 기한후과세표준신고서에 기재된 과세표준 및 세액이 세법에 따라 신고하여야 할 과세표준 및 세액에 미치지 못할 때

② 과세표준신고서 또는 기한후과세표준신고서에 기재된 결손금액 또는 환급세액이 세법에 따라 신고하여야 할 결손금액이나 환급세액을 초과할 때

③ 위 '①', '②' 외에 원천징수의무자의 정산 과정에서의 누락, 세무조정과정에서의 누락 등의 사유로 인하여 불완전한 신고를 하였을 때(경정 등의 청구를 할 수 있는 경우는 제외한다)

3) 수정신고기한

관할세무서장이 각 세법에 따라 해당 국세의 과세표준과 세액을 결정 또는 경정하여 통지하기 전으로서 국세의 부과제척기간이 끝나기 전까지 과세표준수정신고서를 제출할 수 있다(국기법 45 ①).

(3) 수정신고절차

수정신고는 '과세표준수정신고서 및 추가자진납부계산서'를 납세지 관할세무서장에게 제출함으로써 행한다.

(4) 수정신고의 효력

수정신고도 신고의 일종이므로 수정신고의 효력은 당초 신고의 효력과 동일하다.

구 분	수정신고의 효력
① 신고납세제도 해당 국세	수정신고는 세액을 확정하는 효력이 있다.
② 부과과세제도 해당 국세	수정신고는 세액을 확정하는 효력이 없으며, 과세관청의 결정 · 경정을 위한 참고자료의 제출에 불과하다.

(5) 추가자진납부

세법에 따라 과세표준신고액에 상당하는 세액을 자진납부하는 국세에 관하여 과세표준수정신고서를 제출하는 납세자는 이미 납부한 세액이 과세표준수정신고액에 상당하는 세액에 미치지 못할 때에는 그 부족한 금액과 국세기본법 또는 세법에서 정하는 가산세를 추가하여 납부하여야 한다(국기법 46 ①).

한편 과세표준신고서를 법정신고기한까지 제출하였으나 과세표준신고액에 상당하는 세액의 전부 또는 일부를 납부하지 아니한 자는 그 세액과 국세기본법 또는 세법에서 정하는 가산세를 세무서장이 고지하기 전에 납부할 수 있다(국기법 46 ③).

⑹ 수정신고시 가산세 감면

과세표준신고서를 법정신고기한까지 제출한 자가 법정신고기한이 지난 후 2년 이내에 수정신고한 경우에는 다음과 같이 과소신고・초과환급신고가산세를 감면한다. 다만, 과세표준과 세액을 경정할 것을 미리 알고 과세표준수정신고서를 제출한 경우는 제외한다(국기법 48 ② (1)).[15]

구 분	가산세 감면비율
법정신고기한이 지난 후 1개월 이내에 수정신고한 경우	90%
법정신고기한이 지난 후 1개월 초과 3개월 이내에 수정신고한 경우	75%
법정신고기한이 지난 후 3개월 초과 6개월 이내에 수정신고한 경우	50%
법정신고기한이 지난 후 6개월 초과 1년 이내에 수정신고한 경우	30%
법정신고기한이 지난 후 1년 초과 1년 6개월 이내에 수정신고한 경우	20%
법정신고기한이 지난 후 1년 6개월 초과 2년 이내에 수정신고한 경우	10%

2. 경정 등의 청구

⑴ 경정 등의 청구의 의의

'경정 등의 청구'란 당초 신고하거나 결정・경정한 과세표준과 세액이 과다한 경우(또는 당초 신고하거나 결정・경정한 결손금액 또는 환급세액이 과소한 경우) 과세관청으로 하여금 이를 정정하여 결정・경정하도록 요구하는 절차를 말한다.

⑵ 일반적인 경정 등의 청구

과세표준신고서를 법정신고기한까지 제출한 자 및 기한후과세표준신고서를 제출한 자는 다음의 어느 하나의 사유에 해당할 때에는 최초신고 및 수정신고한 국세의 과세표준 및 세액의 결정 또는 경정을 법정신고기한이 지난 후 5년 이내에 관할세무서장에게 청구할 수 있다. 다만, 결정 또는 경정으로 인하여 증가된 과세표준 및 세액에 대하여는 해당 처분이 있음을 안날(처분의 통지를 받은 때에는 그 받은 날)부터 3개월 이내(법정신고기한이 지난 후 5년 이내로 한정한다)에 경정을 청구할 수 있다(국기법 45조의2 ①).

① 과세표준신고서 또는 기한후과세표준신고서에 기재된 과세표준 및 세액(각 세법에 따라 결정 또는 경정이 있는 경우에는 해당 결정 또는 경정 후의 과세표준 및 세액을 말함)이 세법에 따라 신고하여야 할 과세표준 및 세액을 초과할 때

15) "경정할 것을 미리 알고 제출한 경우"란 해당 국세에 관하여 세무공무원이 조사에 착수한 것을 알고 과세표준수정신고서를 제출한 경우 또는 관할세무서장의 과세자료 해명 통지를 받은 경우를 말한다.

② 과세표준신고서 또는 기한후과세표준신고서에 기재된 결손금액, 세액공제액 또는 환급세액(각 세법에 따라 결정 또는 경정이 있는 경우에는 해당 결정 또는 경정 후의 결손금액, 세액공제액 또는 환급세액을 말함)이 세법에 따라 신고하여야 할 결손금액, 세액공제액 또는 환급세액에 미치지 못할 때

(3) 후발적 사유가 발생한 경우 경정 등의 청구

과세표준신고서를 법정신고기한까지 제출한 자 또는 국세의 과세표준 및 세액의 결정을 받은 자는 최초의 신고에서 과세표준 및 세액의 계산 근거가 된 거래 또는 행위 등이 심사청구 및 심판청구에 대한 결정이나 소송에 대한 판결에 의하여 다른 것으로 확정되는 등 후발적 사유가 발생하였을 때에는 일반적인 경정 등의 청구기간에도 불구하고 그 사유가 발생한 것을 안 날부터 3개월 이내에 결정 또는 경정을 청구할 수 있다(국기법 45의2 ②).

후발적 사유를 인정하는 취지

당초 과세표준과 세액을 신고할 당시 또는 과세관청이 국세의 과세표준과 세액을 결정할 당시에는 확정되지 아니하였으나, 그 이후 확정된 사유로 인하여 당초 신고 또는 결정받은 세액이 과다해진 경우에 일반적인 경정청구기한(법정신고기한 경과 후 5년 이내)이 경과하였다는 사실만으로 경정청구권을 박탈한다면 납세자의 재산권이 부당하게 침해당할 우려가 있으므로 후발적 사유로 인한 경정 등의 청구를 허용하고 있는 것이다.

(4) 원천징수의무자 등의 경정 등의 청구

연말정산 또는 원천징수하여 소득세[16] 또는 법인세를 납부하고 소득세법 또는 법인세법에 따라 지급명세서를 제출기한까지 제출한 원천징수의무자 또는 원천징수대상자(원천징수대상 근로소득자 등을 말하며, 비거주자와 외국법인은 제외함)가 다음의 어느 하나에 해당하는 때에는 최초신고 및 수정신고한 국세의 과세표준 및 세액의 결정 또는 경정을 연말정산세액 또는 원천징수세액의 납부기한이 지난 후 5년(후발적 사유가 발행하였을 때에는 그 사유가 발생한 것을 안 날부터 3개월) 이내에 관할세무서장에게 청구할 수 있다(국기법 45의2 ⑤).

① 원천징수영수증에 기재된 과세표준 및 세액이 세법에 따라 신고하여야 할 과세표준 및 세액을 초과할 때

---

16) 종전에는 연말정산대상 소득(근로소득, 연말정산대상 사업소득 및 공적연금소득)이 있는 자와 원천징수되는 퇴직소득이 있는 거주자에 한하여 연말정산세액 및 원천징수세액에 대한 경정청구를 할 수 있었으나, 납세자 권익을 강화하기 위하여 분리과세 소득(분리과세 이자소득, 배당소득, 연금소득 및 기타소득)에 대해서도 2020년부터 경정청구권을 인정하였다.

② 원천징수영수증에 기재된 환급세액이 세법에 따라 신고하여야 할 결손금액 또는 환급세액에 미치지 못할 때

경정 등의 청구권자

과세표준신고서를 법정신고기한까지 제출한 자 및 기한후과세표준신고서를 제출한 자는 경정 등의 청구를 할 수 있다. 한편 당초에 과세표준신고서를 법정신고기한까지 제출하지 아니한 자로서 국세의 과세표준과 세액의 결정을 받은 자도 후발적 사유가 발생하였을 때에는 경정 등의 청구를 할 수 있으며, 원천징수의무자 또는 원천징수대상자(원천징수대상 근로소득자 등)도 연말정산세액 또는 원천징수세액에 대하여 경정 등의 청구를 할 수 있다.

⑸ 종합부동산세를 부과·고지받은 자의 경정청구

종합부동산세의 납세의무자로서 과세기준일이 속한 연도에 종합부동산세를 부과·고지받은 자는 국세의 과세표준 및 세액의 결정 또는 경정을 종합부동산세의 납부기한이 지난 후 5년(후발적 사유가 발생하였을 때에는 그 사유가 발생한 것을 안 날부터 3개월) 이내에 관할세무서장에게 청구할 수 있다(국기법 45의2 ⑥).

⑹ 경정청구절차

경정 등의 청구를 하려는 자는 '과세표준 및 세액의 결정(경정)청구서'를 관할세무서장에게 제출해야 하며(국기령 25의3, 국기칙 12의2), 결정 또는 경정의 청구를 받은 세무서장은 그 청구를 받은 날부터 2개월 이내에 과세표준 및 세액을 결정 또는 경정하거나 결정 또는 경정하여야 할 이유가 없다는 뜻을 그 청구를 한 자에게 통지하여야 한다(국기법 45의2 ③).

⑺ 경정청구의 효력

수정신고와 달리 경정청구는 과세표준 및 세액을 감액하여 확정시키는 효력이 없으며, 과세관청으로 하여금 그 경정청구된 사유에 대하여 조사하여 결정·경정할 의무를 발생시키게 된다. 따라서 경정청구의 효력은 과세관청의 결정·경정을 위한 참고자료의 제출에 불과한 것이다.

만일 과세관청이 적법한 경정청구에 대하여 결정·경정을 거부하거나 또는 이유 없다는 뜻을 통지한 때에는 부작위(不作爲)에 해당하므로 불복청구의 대상이 된다.

구 분	경정청구의 효력
① 신고납세제도 해당 국세	과세관청의 결정·경정을 위한 참고자료의 제출에 불과하다.
② 부과과세제도 해당 국세	과세관청의 결정·경정을 위한 참고자료의 제출에 불과하다.

3. 기한 후 신고

(1) 의 의

법정신고기한까지 과세표준신고서를 제출하지 아니한 자(납부할 세액이 있는 자 뿐 아니라 환급받을 세액이 있는 자 포함)는 관할세무서장이 세법에 따라 해당 국세의 과세표준과 세액(가산세 포함)을 결정하여 통지하기 전까지 기한후과세표준신고서를 제출할 수 있다(국기법 45의3 ①).

(2) 세액의 자진납부

기한후과세표준신고서를 제출한 자로서 세법에 따라 납부하여야 할 세액이 있는 자는 그 세액을 납부하여야 한다(국기법 45의3 ②).

(3) 과세표준과 세액의 결정

① 기한후과세표준신고서를 제출하거나 ② 기한후과세표준신고서를 제출한 자가 과세표준수정신고서를 제출한 경우 관할 세무서장은 세법에 따라 신고일부터 3개월 이내에 해당 국세의 과세표준과 세액을 결정 또는 경정하여 신고인에게 통지하여야 한다. 다만, 그 과세표준과 세액을 조사할 때 조사 등에 장기간이 걸리는 등 부득이한 사유로 신고일부터 3개월 이내에 결정 또는 경정할 수 없는 경우에는 그 사유를 신고인에게 통지하여야 한다(국기법 45의3 ③).

(4) 기한 후 신고의 효력

신고납부하는 국세 및 부과과세하는 국세 모두에 대하여 기한 후 신고는 과세표준과 세액을 확정하는 효력이 없다.

(5) 기한 후 신고시 가산세 감면

과세표준신고서를 법정신고기한까지 제출하지 아니한 자가 법정신고기한이 지난 후 6개월 이내에 국세기본법에 따라 기한 후 신고를 한 경우에는 무신고가산세를 다음과 같이 감면한다. 다만, 과세표준과 세액을 결정할 것을 미리 알고 기한후과세표준신고서를 제출한 경우는 제외한다(국기법 48 ② (2)).[17]

---

17) "결정할 것을 미리 알고 제출한 경우"란 해당 국세에 관하여 세무공무원이 조사에 착수한 것을 알고 기한후과세표준신고서를 제출한 경우를 말한다.

구 분	가산세 감면비율
법정신고기한이 지난 후 1개월 이내에 기한 후 신고를 한 경우	50%
법정신고기한이 지난 후 1개월 초과 3개월 이내에 기한 후 신고를 한 경우	30%
법정신고기한이 지난 후 3개월 초과 6개월 이내에 기한 후 신고를 한 경우	20%

▶ **표 5-1** 수정신고, 경정 등의 청구 및 기한 후 신고의 비교

<table>
<tr><th rowspan="2">구 분</th><th rowspan="2">수정신고</th><th colspan="2">경정 등의 청구</th><th rowspan="2">기한 후
신고</th></tr>
<tr><th>일반적인 경우</th><th>후발적 사유가
발생한 경우</th></tr>
<tr><td>① 대상자</td><td>㉠ 신고서 제출자
㉡ 기한후신고서 제출자</td><td>㉠ 신고서 제출자
㉡ 기한후신고서 제출자</td><td>㉠ 신고서 제출자
㉡ 결정을 받은자</td><td>신고서
미제출자</td></tr>
<tr><td>② 사 유</td><td>㉠ 과소신고
㉡ 불완전신고</td><td>㉠ 과대신고
㉡ 과대경정</td><td>㉠ 과대신고
㉡ 과대결정</td><td>무신고</td></tr>
<tr><td>③ 기 한</td><td>결정·경정하여 통지하기 전으로서 부과제척기간이 끝나기 전까지</td><td>법정신고기한 경과 후 5년*1이내</td><td>후발적 사유가 발생한 것을 안 날부터 3개월 이내</td><td>결정하여
통지하기 전까지</td></tr>
<tr><td>④ 통지기한</td><td>–*2</td><td colspan="2">청구를 받은 날부터 2개월 이내</td><td>신고일부터
3개월 이내</td></tr>
<tr><td>⑤ 가 산 세
감 면</td><td>2년 이내에 하면
과소신고가산세
10%~90% 감면</td><td>–</td><td>–</td><td>6개월 이내에 하면
무신고가산세
20%, 30%, 50%
감면</td></tr>
<tr><td>⑥ 효 력</td><td colspan="4">신고납세제도 해당 국세의 수정신고에 한하여 세액의 확정효력 있으며, 기타의 경우에는 세액의 확정효력이 없다(참고자료의 제출에 불과함).</td></tr>
</table>

*1 결정·경정이 있었던 경우에는 이의신청·심사청구·심판청구 기간 이내

*2 기한후과세표준신고서를 제출한 자가 수정신고한 경우에는 신고일부터 3개월 이내에 통지하여야 함

기한 후 신고의 이득

법정신고기한 까지 과세표준신고서를 제출하지 아니한 자가 법정신고기한이 지난 후 6개월 이내에 기한 후 신고를 하면 무신고가산세를 감면받을 수 있으며, 관할세무서장이 국세의 과세표준과 세액을 결정하여 통지하기 전까지 기한 후 신고를 하고 그 세액과 가산세를 납부하면 납부지연가산세를 절감할 수 있다.

제 3 절 | 가산세

1. 가산세의 부과

정부는 세법에서 규정한 의무를 위반한 자에게 세법에서 정하는 바에 따라 가산세를 부과할 수 있다(국기법 47 ①). 이 경우 가산세는 해당 의무가 규정된 해당 국세의 세목(稅目)으로 한다. 다만, 해당 국세를 감면하는 경우에는 가산세는 그 감면대상에 포함시키지 아니하는 것으로 한다(국기법 47 ②). 한편 가산세는 납부할 세액에 가산하거나 환급받을 세액에서 공제한다(국기법 47③).

2. 무신고가산세

(1) 일반무신고의 경우

납세의무자가 법정신고기한까지 세법에 따른 국세의 과세표준 신고(예정신고 및 중간신고를 포함하며, 교육세법에 따른 신고 중 금융·보험업자가 아닌 자의 신고와 농어촌특별세법 및 종합부동산세법에 따른 신고는 제외함)를 하지 아니한 경우에는 무신고납부세액(그 신고로 납부하여야 할 세액을 말하며, 국세기본법 및 세법에 따른 가산세와 세법에 따라 가산하여 납부하여야 할 이자 상당 가산액이 있는 경우 그 금액은 제외함)의 20%에 상당하는 금액을 가산세로 한다(국기법 47의2 ①).

무신고납부세액×20%

다만, 다음의 경우에는 별도의 산식에 따른다.

① 종합소득 과세표준 확정신고 또는 법인세 과세표준 신고를 하지 아니한 자가 복식부기의무자 또는 법인인 경우에는 다음의 금액을 가산세로 한다.

Max[무신고납부세액×20%, 수입금액[*1]×7/10,000]

*1 복식부기의무자는 사업소득에 대한 해당 개인의 총수입금액을 말하며, 법인은 법인세 과세표준 및 세액 신고서에 적어야 할 해당 법인의 수입금액을 말한다.

② 부가가치세법에 따른 사업자가 예정신고 또는 확정신고를 하지 아니한 경우로서 영세율과세표준이 있는 경우에는 다음의 금액을 가산세로 한다.

무신고납부세액×20%+영세율과세표준×0.5%

⑵ 부정무신고의 경우

부정행위로 법정신고기한까지 세법에 따른 국세의 과세표준 신고를 하지 아니한 경우에는 무신고납부세액의 40%(역외거래에서 발생한 부정행위로 국세의 과세표준 신고를 하지 아니한 경우에는 60%)에 상당하는 금액을 가산세로 한다(국기법 47의2 ①).

무신고납부세액×40%(역외거래 : 60%)

다만, 다음의 경우에는 별도의 산식에 따른다.

① 부정행위로 종합소득 과세표준 확정신고 또는 법인세 과세표준 신고를 하지 아니한 자가 복식부기의무자 또는 법인인 경우에는 다음의 금액을 가산세로 한다.

Max[무신고납부세액×40%(역외거래 : 60%), 수입금액×14/10,000]

② 부정행위로 부가가치세법에 따른 사업자가 예정신고 또는 확정신고를 하지 아니한 경우로서 영세율과세표준이 있는 경우에는 다음의 금액을 가산세로 한다.

무신고납부세액×40%(역외거래 : 60%)+영세율과세표준×0.5%

⑶ 무신고가산세의 적용배제

다음에 해당하는 경우에는 무신고가산세를 부과하지 아니한다(국기법 47의2 ③, ④).

① 소규모 간이과세자로서 부가가치세법에 따라 납부의무가 면제되는 경우

② 부가가치세법에 따라 공급자가 대손세액공제를 받은 금액을 공급받는 자가 매입세액에서 빼지 아니하여 결정 또는 경정하는 경우 그 대손세액에 상당하는 부분

⑷ 무신고가산세의 중복적용배제

① 예정신고 및 중간신고와 관련하여 무신고가산세가 부과되는 부분에 대해서는 확정신고와 관련하여 무신고가산세를 적용하지 아니한다(국기법 47조의2 ⑤).

② 무신고가산세와 소득세법에 따른 장부의 기록·보관 불성실 가산세·기장불성

실가산세 또는 법인세법에 따른 장부의 기록 · 보관 불성실 가산세가 동시에 적용되는 경우에는 그 중 가산세액이 큰 가산세만 적용하고, 가산세액이 같은 경우에는 무신고가산세만 적용한다(국기법 47의2 ⑥).

예제 5-1 | 무신고가산세 

㈜양주는 과세표준 신고를 하지 아니하여 관할세무서장이 과세표준과 세액을 결정하였다. 다음 자료를 이용하여 무신고가산세를 각각 계산하시오.

(1) 회사는 법정신고기한까지 20×5년도의 법인세 과세표준 신고를 하지 아니하였으며(부정행위는 아님), 관할세무서장이 결정한 과세표준은 ₩100,000,000(산출세액 ₩10,000,000)이다. 회사의 20×5년도의 수입금액은 ₩200,000,000이다.

(2) 회사는 부정행위로 법정신고기한까지 20×5년 제2기 부가가치세 확정신고를 하지 아니하였으며, 관할세무서장이 결정한 과세표준은 ₩120,000,000원(영세율 과세표준 ₩20,000,000 포함), 납부세액은 ₩4,000,000이다.

해답

(1) 일반무신고가산세(법인세)

가산세액 = Max[₩10,000,000 × 20%, ₩200,000,000 × 7/10,000] = ₩2,000,000

(2) 부정무신고가산세(부가가치세)

가산세액 = ₩4,000,000 × 40% + 20,000,000 × 0.5% = ₩1,700,000

3. 과소신고 · 초과환급신고가산세

(1) 일반과소신고 또는 일반초과신고의 경우

납세의무자가 법정신고기한까지 세법에 따른 국세의 과세표준 신고(예정신고 및 중간신고를 포함하며, 교육세법에 따른 신고 중 금융 · 보험업자가 아닌 자의 신고와 농어촌특별세법에 따른 신고는 제외)를 한 경우로서 납부할 세액을 신고하여야 할 세액보다 적게 신고(과소신고)하거나 환급받을 세액을 신고하여야 할 금액보다 많이 신고(초과신고)한 경우에는 "과소신고납부세액등[과소신고한 납부세액과 초과신고한 환급세액을 합한 금액(국세기본법 및 세법에 따른 가산세와 세법에 따라 가산하여 납부하여야 할 이자 상당 가산액이 있는 경우 그 금액은 제외함)]"의 10%에 상당하는 금액을 가산세로 한다(국기법 47의3 ①).

과소신고납부세액등 × 10%

다만, 부가가치세법에 따른 사업자가 예정신고 또는 확정신고를 한 경우로서 영세율과세표준을 과소신고(신고하지 아니한 경우를 포함)한 경우에는 다음의 금액을 가산세로 한다.

과소신고납부세액등×10%+영세율과세표준×0.5%

⑵ 부정과소신고 또는 부정초과신고의 경우

부정행위로 과소신고하거나 초과신고한 경우에는 다음의 금액을 각각 가산세로 한다(국기법 47의3 ②).

① 일반적인 경우

가산세=A(부정과소신고)+B(일반과소신고)
A : 부정행위로 인한 과소신고납부세액등(㉮)×40%(역외거래 : 60%)
B : (과소신고납부세액등－㉮)×10%

② 부정행위로 과소신고한 자가 복식부기의무자 또는 법인인 경우

가산세=A(부정과소신고)+B(일반과소신고)
A : Max[㉠, ㉡]
㉠ 부정행위로 인한 과소신고납부세액등(㉮)×40%(역외거래 : 60%)
㉡ 부정행위로 인하여 과소신고된 과세표준 관련 수입금액×14/10,000
B : (과소신고납부세액등－㉮)×10%

③ 부가가치세법에 따른 사업자가 예정신고 또는 확정신고를 한 경우로서 부정행위로 영세율과세표준을 과소신고(신고하지 아니한 경우를 포함)한 경우

가산세=A(부정과소신고)+B(일반과소신고)+영세율과세표준×0.5%

한편 과소신고납부세액등 중에 부정과소신고납부세액과 일반과소신고납부세액이 있는 경우로서 부정과소신고납부세액과 일반과소신고납부세액을 구분하기 곤란한 경우 부정과소신고납부세액은 다음과 같이 계산한 금액으로 한다.

$$\text{부정과소신고납부세액} = \text{과소신고납부세액등} \times \frac{\text{부정행위로 인하여 과소신고한 과세표준}}{\text{과소신고한 과세표준}}$$

(3) 과소신고 · 초과환급신고가산세의 적용배제

신고 당시 소유권에 대한 소송으로 상속재산이 확정되지 아니하였던 사유로 상속세 과세표준을 과소신고한 경우 등 법령에서 정하는 경우에는 이와 관련하여 과소신고하거나 초과신고한 부분에 대해서는 과소신고 · 초과환급신고가산세를 적용하지 아니한다(국기법 47의3 ④).

(4) 과소신고 · 초과환급신고가산세의 중복적용배제

① 예정신고 및 중간신고와 관련하여 과소신고 · 초과환급신고가산세가 부과되는 부분에 대해서는 확정신고와 관련하여 과소신고 · 초과환급신고가산세를 적용하지 아니한다.

② 과소신고 · 초과환급신고가산세와 소득세법에 따른 장부의 기록 · 보관 불성실 가산세 · 기장불성실가산세 또는 법인세법에 따른 장부의 기록 · 보관 불성실 가산세가 동시에 적용되는 경우에는 그 중 가산세액이 큰 가산세만 적용하고, 가산세액이 같은 경우에는 과소신고 · 초과환급신고가산세만 적용한다(국기법 47의3 ⑥).

예제 5-2 | 과소신고 · 초과환급신고가산세 

다음 각 사례별로 과소신고 · 초과환급신고가산세를 각각 계산하시오.

(1) 상속인인 갑은 법정신고기한까지 상속세의 과세표준을 신고하였으나, 상속공제의 적용착오로 1억원을 과소신고하였다. 경정에 의한 과세표준은 5억원, 경정에 의한 산출세액은 8천만원(가정)이다.

(2) 부가가치세 면세사업자인 을은 착오로 부가가치세 환급세액(₩5,000,000)을 신고하여 환급을 받았으나, 관할세무서장은 해당 환급세액을 국세징수의 예에 의해 징수하였다.

(3) 개인사업자(복식부기의무자)인 병은 법정신고기한까지 종합소득 과세표준 확정신고를 하였으나, 부정행위로 과소신고하였다. 관련 자료는 다음과 같다.

구 분		금 액 (단위 : 원)
당초 신고한 과세표준		100,000,000
과소신고한 과세표준	부정과소신고	80,000,000
	일반과소신고	20,000,000
과세표준		200,000,000
과소신고납부세액		10,000,000

* 부정과소신고수입금액은 부정과소신고과세표준과 일치한다.

해답

(1) 상속공제의 적용에 착오가 있는 경우에는 과소신고 · 초과환급신고가산세를 적용하지 아니한다.

(2) 부가가치세 면세사업자(부가가치세법에 따른 사업자가 아님)가 환급신고를 한 경우에도 과소신고 · 초과환급신고가산세가 적용된다.

- 가산세액 = ₩5,000,000(초과신고분 환급세액) × 10% = ₩500,000

(3) 복식부기의무자의 과소신고 · 초과환급신고가산세

① 부정과소신고가산세 : Max[㉠, ㉡] = ₩3,200,000

㉠ $₩10,000,000 \times \frac{80,000,000}{100,000,000} \times 40\% = ₩3,200,000$

㉡ $₩80,000,000 \times \frac{14}{10,000} = ₩112,000$

② 일반과소신고가산세 : (₩10,000,000 − 8,000,000) × 10% = ₩200,000

4. 납부지연가산세

(1) 일반적인 국세의 경우

납세의무자(연대납세의무자, 납세자를 갈음하여 납부할 의무가 생긴 제2차 납세의무자 및 보증인을 포함)가 법정납부기한까지 국세의 납부(중간예납 · 예정신고납부 · 중간신고납부를 포함)를 하지 아니하거나 납부하여야 할 세액보다 적게 납부(과소납부)하거나 환급받아야 할 세액보다 많이 환급(초과환급)받은 경우에는 다음의 금액을 합한 금액을 가산세로 한다(국기법 47의4 ①). 이 규정은 부가가치세법에 따른 사업자가 아닌 자가 부가가치세액을 환급받은 경우에도 적용한다(국기법 47의4 ②).

구 분	가산세액
① 미납일수에 따른 가산세[*2]	납부하지 아니한 세액 또는 과소납부분 세액[*1]×법정납부기한의 다음 날부터 납부일까지의 기간(납부고지일부터 납부고지서에 따른 납부기한까지의 기간은 제외)[*3]×대통령령으로 정하는 이자율(0.022%)
	초과환급받은 세액[*1]×환급받은 날의 다음 날부터 납부일까지의 기간(납부고지일부터 납부고지서에 따른 납부기한까지의 기간은 제외)[*3]×대통령령으로 정하는 이자율(0.022%)
② 3% 적용분	법정납부기한까지 납부하여야 할 세액[*1] 중 납부고지서에 따른 납부기한까지 납부하지 아니한 세액 또는 과소납부분 세액×3%(국세를 납부고지서에 따른 납부기한까지 완납하지 아니한 경우에 한정)

*1 세법에 따라 가산하여 납부하여야 할 이자상당가산액이 있는 경우에는 그 금액을 더한다.
*2 체납된 국세의 납부고지서별 · 세목별 세액이 150만원 미만인 경우에는 적용하지 아니한다.
*3 납부고지서에 따른 납부기한의 다음 날부터 납부일까지의 기간(국세징수법 제13조에 따라 지정납부기한과 독촉장에서 정하는 기한을 연장한 경우에는 그 연장기간은 제외한다)이 5년을 초과하는 경우에는 그 기간은 5년으로 한다.

(2) 인지세의 경우

인지세(부동산 소유권 이전 증서에 대한 인지세는 제외)의 납부를 하지 아니하거나 과소납부한 경우에는 납부하지 아니한 세액 또는 과소납부분(납부하여야할 금액에 미달한 금액) 세액의 300%에 상당하는 금액을 가산세로 한다. 다만, 법정납부기한이 지난 후 6개월 이내에 납부하는 경우(과세표준과 세액을 경정할 것을 미리 알고 납부하는 경우는 제외함)에는 다음과 같이 가산세를 적용한다(국기법 47의4 ⑨).

① 인지세법에 따른 법정납부기한이 지난 후 3개월 이내에 납부한 경우 : 납부하지 아니한 세액 또는 과소납부분 세액의 100%

② 인지세법에 따른 법정납부기한이 지난 후 3개월 초과 6개월 이내에 납부한 경우 : 납부하지 아니한 세액 또는 과소납부분 세액의 200%

(3) 납부지연가산세의 적용배제

① 부가가치세법에 따른 사업자가 부가가치세법에 따른 납부기한까지 어느 사업장에 대한 부가가치세를 다른 사업장에 대한 부가가치세에 더하여 신고납부한 경우 등 법령이 정하는 경우에는 납부지연가산세 중 미납일수에 따른 가산세(법정납부기한의 다음 날부터 납부고지일까지의 기간에 한정함)를 적용하지 아니한다(국기법 47의4 ③).

② 원천징수 등 납부지연가산세가 부과되는 부분에 대해서는 국세의 납부와 관련하

여 납부지연가산세를 부과하지 아니한다(국기법 47의4 ④).

③ 중간예납, 예정신고납부 및 중간신고납부와 관련하여 납부지연가산세가 부과되는 부분에 대해서는 확정신고납부와 관련하여 납부지연가산세를 부과하지 아니한다(국기법 47의4 ⑤).

⑷ 손익귀속시기 위반시 납부지연가산세

국세(소득세 · 법인세 및 부가가치세만 해당)를 과세기간을 잘못 적용하여 신고납부한 경우에는 납부지연가산세를 적용할 때 실제 신고납부한 날에 실제 신고납부한 금액의 범위에서 당초 신고납부하였어야 할 과세기간에 대한 국세를 자진납부한 것으로 본다. 다만, 해당 국세의 신고가 부정무신고 또는 부정과소신고 · 초과신고에 해당하는 경우에는 그러하지 아니하다(국기법 47의4 ⑥).

구 분	당초 과세기간분에 대한 납부지연가산세	실제 납부한 과세기간분에 대한 환급 및 환급가산금
먼저 납부한 경우	부과하지 않음	환급하지 않음
늦게 납부한 경우	실제 납부일까지 부과	환급하지 않음

예제 5-3 | 납부지연가산세 

다음 각 사례별로 납부지연가산세를 각각 계산하시오.

⑴ 부가가치세법상 사업자(일반과세자)인 갑은 20×5년 제1기 확정신고시(20×5.7.20) 매입세액 ₩5,000,000을 과다공제하여 환급(20×5.7.30)받은 바 있다. 갑은 20×5년 11월 7일에 수정신고와 동시에 과다환급세액을 자진납부하였다.

⑵ 세무서장은 을법인에 대한 세무조사 결과 착오로 20×5년 귀속 매출액 1억원이 20×6년 매출액에 포함되어 신고된 것을 확인하고 이를 각각 경정(20×5년 납부세액은 ₩10,000,000 증가, 20×6년 납부세액은 ₩10,000,000 감소)하였다. 을법인은 20×5년과 20×6년의 법인세를 모두 다음 연도 3월 31일에 납부하였다.

⑶ 병법인은 2개 사업장을 운영하고 있으며, 사업장단위로 부가가치세를 신고 · 납부하고 있다. 병법인은 20×5년 제1기 부가가치세 확정신고 시 착오로 A사업장의 매출세액을 B사업장의 매출세액에 포함하여 신고 · 납부(20×5.7.25)하였으며, 20×5년 9월 13일에 이를 확인하고 각 사업장에 대한 수정신고 · 납부 및 경정청구를 이행하였다.

⑷ 개인사업자인 정은 20×5년 과세기간의 사업소득에 대한 종합소득세 ₩10,000,000을 20×6년 5월 31일에 신고하였으나, 자금사정으로 소득세를 납부하지 아니하였다. 관할세

무서장은 20×6년 7월 1일에 정에게 납부고지(납부고지서상 납부기한은 20×6년 7월 15일)하였으나, 정이 납부하지 않아 20×6년 7월 31일에 다시 독촉(납부고지서상 납부기한은 20×6년 8월 14일)하였으며, 정은 20×6년 8월 9일에 소득세를 납부하였다.

해답

(1) 납부지연가산세(부가가치세)
₩5,000,000×100일(7.31.~11.7.)×0.022%=₩110,000

(2) 납부지연가산세(법인세)
₩10,000,000×365일(20×6.4.1.~20×7.3.31.)×0.022%=₩803,000

(3) 납부지연가산세(부가가치세)
B사업장에서 납부한 부가가치세를 A사업장에서 납부한 것으로 간주하므로 납부지연가산세(미납일수분)를 적용하지 아니한다.

(4) 납부지연가산세(소득세)=①+②=₩421,000
① ₩10,000,000×55일*×0.022%=₩121,000

* 납부고지일(20×6.7.1.)부터 납부고지서에 따른 납부기간(20×6.7.15.)까지의 기간은 제외한다. 따라서 30일(20×6.6.1.~6.30.)+25일(20×6.7.16.~8.9.)=55일이 된다.

② ₩10,000,000×3%=₩300,000

5. 원천징수 등 납부지연가산세

(1) 가산세의 적용

국세를 징수하여 납부할 의무(소득세 또는 법인세의 원천징수 납부의무, 납세조합의 소득세 원천징수 납부의무, 부가가치세 대리납부의무)를 지는 자가 징수하여야 할 세액(납세조합은 징수한 세액)을 법정납부기한까지 납부하지 아니하거나 과소납부한 경우에는 다음의 금액을 가산세로 한다(국기법 47의5 ①, ②).

구 분	가산세액
① 미납일수에 따른 가산세*1	납부하지 아니한 세액 또는 과소납부분 세액×법정납부기한의 다음 날부터 납부일까지의 기간(납부고지일부터 납부고지서에 따른 납부기한까지의 기간은 제외)*2 ×대통령령으로 정하는 이자율(0.022%)
② 3% 적용분	납부하지 아니한 세액 또는 과소납부분 세액×3%
③ 한도액	납부하지 아니한 세액 또는 과소납부분 세액×50%*3

*1 체납된 국세의 납부고지서별·세목별 세액이 150만원 미만인 경우에는 적용하지 아니한다.
*2 납부고지서에 따른 납부기한의 다음 날부터 납부일까지의 기간(국세징수법 제13조에 따라 지정납부기한과 독촉장에서 정하는 기한을 연장한 경우에는 그 연장기간은 제외한다)이 5년을

초과하는 경우에는 그 기간은 5년으로 한다.

*3 3% 적용분과 미납일수에 따른 가산세 중 법정납부기한의 다음 날부터 납부고지일까지의 기간에 해당하는 금액을 합한 금액은 10%

(2) 원천징수 등 납부지연가산세의 적용배제

다음의 어느 하나에 해당하는 경우에는 원천징수 등 납부지연가산세를 적용하지 아니한다(국기법 47의5 ③).

① 소득세를 원천징수하여야 할 자가 우리나라에 주둔하는 미군인 경우

② 소득세를 원천징수하여야 할 자가 국민연금 등 공적연금소득을 지급하거나 공적연금관련법에 따른 일시금(퇴직소득)을 지급하는 경우

③ 소득세 또는 법인세를 원천징수하여야 할 자가 국가 · 지방자치단체 또는 지방자치단체조합인 경우. 단, 원천징수 납부지연가산세 특례(소법 128의2)[18]에 해당하는 경우는 제외한다.

6. 가산세의 감면

(1) 가산세의 100% 감면(납세자가 신청한 경우에만 감면)

정부는 국세기본법 또는 세법에 따라 가산세를 부과하는 경우 그 부과의 원인이 되는 사유가 다음의 어느 하나에 해당하는 경우에는 해당 가산세를 부과하지 아니한다(국기법 48 ①, 국기령 28 ①).

① 천재지변 등으로 인한 기한 연장 사유에 해당하는 경우

② 납세자가 의무를 이행하지 아니한 데에 정당한 사유가 있는 경우

③ 세법해석에 관한 질의 · 회신 등에 따라 신고 · 납부하였으나 이후 다른 과세처분을 하는 경우

④ 공익사업을 위한 토지 등의 취득 및 보상에 관한 법률에 따른 토지등의 수용 또는 사용, 국토의 계획 및 이용에 관한 법률에 따른 도시 · 군계획 또는 그 밖의 법령 등으로 인해 세법상 의무를 이행할 수 없게 된 경우

⑤ 실손의료보험금을 의료비에서 제외할 때에 실손의료보험금 지급의 원인이 되는 의료비를 지출한 과세기간과 해당 보험금을 지급받은 과세기간이 달라 해당 보

18) 국가 · 지방자치단체 또는 지방자치단체조합으로부터 근로소득을 받는 사람이 근로소득자 소득공제신고서를 사실과 다르게 기재하여 부당하게 소득공제를 받아 국가등이 원천징수하여야 할 세액을 정해진 기간에 납부하지 아니하거나 미달하게 납부한 경우에는 국가등은 징수하여야 할 세액에 원천징수 등 납부지연가산세액을 더한 금액을 그 근로소득자로부터 징수하여 납부하여야 한다.

험금을 지급받은 후 의료비를 지출한 과세기간에 대한 소득세를 수정신고하는 경우(해당 보험금을 지급받은 과세기간에 대한 종합소득 과세표준확정신고 기한까지 수정신고 하는 경우로 한정함)

(2) 가산세의 50% 감면(납세자의 신청이 없어도 감면)

① 과세전적부심사 결정 · 통지기간에 그 결과를 통지하지 아니한 경우에는 결정 · 통지가 지연됨으로써 해당 기간에 부과되는 납부지연가산세액의 50%를 감면한다(국기법 48 ② (3)).

② 세법에 따른 제출 · 신고 · 가입 · 등록 · 개설의 기한이 지난 후 1개월 이내에 해당 세법에 따른 제출등의 의무를 이행하는 경우에는 제출등의 의무위반에 대하여 세법에 따라 부과되는 가산세액의 50%를 감면한다.

③ 세법에 따른 예정신고기한 및 중간신고기한까지 예정신고 및 중간신고를 하였으나 과소신고하거나 초과신고한 경우로서 확정신고기한까지 과세표준을 수정하여 신고한 경우에는 과소신고 · 초과환급신고가산세의 50%를 감면한다.

④ 세법에 따른 예정신고기한 및 중간신고기한까지 예정신고 및 중간신고를 하지 아니하였으나 확정신고기한까지 과세표준신고를 한 경우에는 무신고가산세의 50%를 감면한다.

7. 가산세의 한도

소득세법 · 법인세법 · 부가가치세법 · 상속세 및 증여세법 · 조세특례제한법에 따른 단순 협력의무 위반 가산세[19]는 그 의무위반의 종류별로 각각 5천만원(중소기업이 아닌 기업은 1억원)을 한도로 한다. 다만, 해당 의무를 고의적으로 위반한 경우에는 그러하지 아니하다(국기법 49 ①).

19) "단순 협력의무 위반 가산세"란 소득세법의 증명서류 수취 불성실 가산세, 지급명세서 제출 불성실 가산세와 법인세법의 주주등의 명세서 등 제출 불성실 가산세, 계산서 등 제출 불성실 가산세 및 부가가치세법의 미등록가산세 등과 같이 단순 납세협력의무를 이행하지 않았을 때 부과하는 가산세를 말한다. 한편 법인세법상 계산서등 제출불성실 가산세는 계산서의 발급시기가 지난 후 해당 재화 또는 용역의 공급시기가 속하는 사업연도 말의 다음 달 25일까지 계산서를 발급한 경우에 부과되는 가산세만 한도계산 고려대상이 된다.

객 관 식 문 제

▶제5장 과 세

1 ㈜한양은 법인세를 신고납부하면서 중간예납세액을 차감하지 아니하여 법인세를 과오납하였음을 신고 직후에 알게 되었다. 이 경우 과오납한 세금을 환급받기 위한 조치와 관련된 다음 설명 중 타당한 것은?

① 당초의 신고가 법정신고기한 후에 이루어진 경우에는 경정청구를 할 수 없다.

② 법인세는 신고납부제도이므로 당초의 신고를 수정신고하여야 한다.

③ 당초의 신고가 불성실하게 이루어졌으므로 이로 인한 가산세(과소신고가산세)를 부담해야 한다.

④ 당초에 신고한 과세표준과 세액의 경정을 청구하면 환급받을 수 있다.

해설

신고납부제도에 해당하는 국세 등을 과대신고한 경우에는 경정 등의 청구를 하지 않으면 불복청구가 불가능하므로 경정청구가 유일한 권리의 구제수단이 된다.

2 국세기본법상 수정신고에 대한 설명으로 옳지 않은 것은? ⊙ 2018년 국가직 7급

① 소득세법 제73조 제1항 제1호(근로소득만 있는 자)에 따라 소득세 과세표준확정신고의무가 면제되는 자는 수정신고를 할 수 있는 자에 해당한다.

② 적법한 수정신고를 하였더라도 그 신고로 인하여 납세의무 확정효력이 발생하지 않는 경우도 있다.

③ 과세표준신고액에 상당하는 세액을 자진납부하는 국세에 관하여 수정신고를 한 자는 과소신고세액 등을 추가로 납부하여야 하는데 이를 납부하지 않은 경우에는 수정신고에 따른 과소신고가산세를 감면해주지 않는다.

④ 납세자의 과소신고에 대해 관할세무서장이 해당 세법에 따라 과세표준과 세액을 경정하여 통지한 경우 그 경정통지한 부분에 대해서는 수정신고를 할 수 없다.

해설

과소신고세액 등을 추가로 납부하지 않은 경우에도 수정신고에 따른 과소신고가산세를 감면받을 수 있다.

3 다음은 국세기본법상 결정 또는 경정의 청구에 관한 설명이다. 가장 옳은 것은?

① 경정청구는 법정신고기한이 지난 후 5년 이내에 해야 하지만, 후발적 사유가 발생한 경우에는 그 사유가 발생한 것을 안 날부터 1년 이내에 청구하면 된다.

② 원천징수의무자가 근로소득세를 과다하게 원천징수하여 납부하였다고 하더라도 근로소득자는 그 과다하게 납부한 근로소득세에 대하여 경정청구권이 없다.

③ 결정 또는 경정의 청구를 받은 세무서장은 그 청구를 받은 날부터 2개월 이내에 과세표준 및 세액을 결정 또는 경정하거나 결정 또는 경정하여야 할 이유가 없다는 뜻을 그 청구를 한 자에게 통지하여야 한다.

④ 부가가치세를 과다신고한 납세의무자가 그 과다신고한 세액에 대하여 경정청구를 하는 경우 세액을 확정하는 효력이 있다.

해설

① 법정신고기한 경과 후 5년 이내에 해야 하지만, 후발적 사유가 발생한 경우에는 그 사유가 발생한 것을 안날로부터 3개월 이내에 청구해야 한다.

② 원천징수의무자가 근로소득세를 과다하게 원천징수하여 납부한 경우에는 원천징수의무자 또는 원천징수대상자(근로소득자 등)는 관할세무서장에게 경정을 청구할 수 있다.

④ 경정청구는 세액을 확정하는 효력이 없다.

4 국세기본법상 수정신고와 경정 등의 청구에 대한 설명으로 옳은 것만을 모두 고르면?

2021년 국가직 7급

ㄱ. 상속세의 수정신고는 당초의 신고에 따라 확정된 과세표준과 세액을 증액하여 확정하는 효력을 가진다.

ㄴ. 과세표준신고서를 법정신고기한까지 제출한 자 또는 국세의 과세표준 및 세액의 결정을 받은 자는 후발적 사유가 발생한 경우 그 사유가 발생한 것을 안 날부터 4개월 이내에 결정 또는 경정을 청구할 수 있다.

ㄷ. 과세표준신고서를 법정신고기한까지 제출한 자 및 기한후과세표준신고서를 제출한 자는 관할 세무서장이 과세표준과 세액을 결정 또는 경정하여 통지하기 전으로서 국세의 부과제척기간이 끝나기 전까지 수정신고를 할 수 있다.

ㄹ. 과세표준신고서를 법정신고기한까지 제출한 자뿐만 아니라 기한후과세표준신고서를 제출한 자도 과세표준 및 세액의 결정 또는 경정을 청구할 수 있다.

① ㄱ, ㄴ	② ㄱ, ㄷ
③ ㄴ, ㄹ	④ ㄷ, ㄹ

해설

ㄱ. 상속세(부과과세제도 해당 국세) 수정신고는 과세표준과 세액을 확정하는 효력이 없다.
ㄴ. 과세표준신고서를 법정신고기한까지 제출한 자 또는 국세의 과세표준 및 세액의 결정을 받은 자는 후발적 사유가 발생한 경우 그 사유가 발생한 것을 안 날부터 3개월 이내에 결정 또는 경정을 청구할 수 있다.
ㄷ. ㄹ. 옳은 설명이다.

5 국세기본법상 기한 후 신고에 대한 설명으로 옳지 않은 것은?

2018년 국가직 9급

① 납세자가 적법하게 기한후과세표준신고서를 제출한 경우 관할세무서장은 세법에 따라 신고일부터 30일 이내에 해당 국세의 과세표준과 세액을 결정하여 신고인에게 통지하여야 한다.

② 적법하게 기한후과세표준신고서를 제출한 자로서 세법에 따라 납부하여야 할 세액이 있는 자는 그 세액을 납부하여야 한다.

③ 적법한 기한 후 신고가 있다고 하더라도 그 신고에는 해당 국세의 납세의무를 확정하는 효력은 없다.

④ 납세자가 적법하게 기한후과세표준신고서를 제출한 경우이지만, 세무서장이 과세표준과 세액을 결정할 것을 미리 알고 그러한 신고를 한 경우에는 기한 후 신고에 따른 무신고가산세 감면을 해주지 않는다.

해설

납세자가 적법하게 기한후과세표준신고서를 제출한 경우 관할세무서장은 세법에 따라 신고일부터 3개월 이내에 해당 국세의 과세표준과 세액을 결정하여 신고인에게 통지하여야 한다.

6 국세기본법령상 가산세에 대한 설명으로 옳은 것은?

2024년 국가직 7급

① 가산세는 해당 의무가 규정된 세법의 해당 국세의 세목으로 하고, 해당 국세를 감면하는 경우 가산세도 그 감면대상에 포함한다.

② 신고 당시 소유권에 대한 소송으로 상속재산으로 확정되지 아니하였던 사유로 상속세 과세표준을 과소신고한 경우 이와 관련하여 과소신고한 부분에 대해서는 과소신고·초과환급신고가산세를 적용하지 아니한다.

③ 소득세를 과세기간을 잘못 적용하여 신고납부한 경우에는 납부지연가산세를 적용할 때 실제 신고납부한 날에 실제 신고납부한 금액의 범위에서 당초 신고납부하였어야 할 과세기간에 대한 소득세를 자진납부한 것으로 보며, 이는 부정행위로 과소신고한 경우에도 적용된다.

④ 과세표준신고서를 법정신고기한까지 제출한 자가 해당 국세에 관하여 관할 세무서장으로부터 과세자료 해명 통지를 받고 법정신고기한이 지난 후 과세표준수정신고서를 제출한 경우에는 과소신고·초과환급신고가산세를 감면한다.

해설

① 가산세는 해당 의무가 규정된 세법의 해당 국세의 세목으로 하고, 해당 국세를 감면하는 경우 가산세는 그 감면대상에 포함시키지 아니하는 것으로 한다.
③ 소득세를 과세기간을 잘못 적용하여 신고납부한 경우에는 납부지연가산세를 적용할 때 실제 신고납부한 날에 실제 신고납부한 금액의 범위에서 당초 신고납부하였어야 할 과세기간에 대한 소득세를 자진납부한 것으로 본다. 다만, 해당 국세의 신고가 부정무신고 또는 부정과소신고에 해당하는 경우에는 그러하지 아니하다.
④ 과세표준신고서를 법정신고기한까지 제출한 자가 과세표준과 세액을 경정할 것을 미리 알고(해당 국세에 관하여 관할 세무서장으로부터 과세자료 해명 통지를 받고) 법정신고기한이 지난 후 과세표준수정신고서를 제출한 경우에는 과소신고·초과환급신고가산세를 감면하지 아니한다.

7 국세기본법상 가산세와 관련된 설명으로 옳지 않은 것은?

① 국세기본법의 무신고가산세와 소득세법의 장부의 기록·보관 불성실가산세가 동시에 적용되는 경우에는 그 중 가산세액이 큰 가산세만 적용하고 가산세액이 같은 경우에는 소득세법의 장부의 기록·보관 불성실가산세만 적용한다.
② 소득세 원천징수하여야 할 자가 국가 또는 지방자치단체인 경우에는 원천징수 등 납부지연가산세를 적용하지 아니한다.
③ 세법에 따른 제출·신고·가입·등록·개설의 기한이 지난 후 1개월 이내에 해당 세법에 따른 제출등의 의무를 이행하는 경우에는 납세자의 신청이 없어도 제출 등의 의무위반에 대하여 세법에 따라 부과되는 가산세액의 50%를 감면한다.
④ 소득세법의 지급명세서제출 불성실가산세는 5천만원(중소기업이 아닌 기업은 1억원)을 한도로 한다.

해설

국세기본법의 무신고가산세와 소득세법의 장부의 기록·보관 불성실가산세가 동시에 적용되는 경우에는 그 중 가산세액이 큰 가산세만 적용하고 가산세액이 같은 경우에는 국세기본법상 무신고가산세만 적용한다.

8 국세기본법상 가산세에 대한 설명으로 옳지 않은 것은? ◎ 2018년 국가직 7급, 9급 수정

① 가산세는 납부할 세액에 가산하거나 환급받을 세액에서 공제한다.

② 소득세법에 따라 소득세를 원천징수하여 납부할 의무를 지는 자에게 원천징수 등 납부지연가산세를 부과하는 경우에는 납부하지 아니한 세액의 20%를 가산세로 한다.

③ 과세전적부심사 결정·통지기간에 그 결과를 통지하지 아니한 경우 결정·통지가 지연됨으로써 해당 기간에 부과되는 납부지연가산세액의 50%를 감면한다.

④ 과세기간을 잘못 적용하여 신고납부한 경우, 그 신고가 국세기본법상 부정행위로 인한 무신고등에 해당하지 않는 한, 실제 신고납부한 날에 실제 신고납부한 금액의 범위에서 당초 신고납부하였어야 할 과세기간에 대한 국세를 자진납부한 것으로 보아 납부지연가산세를 계산한다.

해설

원천징수 등 납부지연가산세는 납부하지 아니한 세액의 3%에 납부하지 아니한 세액에 대해 미납일수 당 0.022%를 곱한 금액을 더한 금액으로 한다.

정답	1	④	2	③	3	③	4	④	5	①	6	②	7	①	8	②

Chapter 6 국세환급금

제 1 절 | 국세환급금

1. 국세환급금의 의의

세무서장은 납세의무자가 국세 및 강제징수비로서 납부한 금액 중 잘못 납부하거나 초과하여 납부한 금액이 있거나 세법에 따라 환급하여야 할 환급세액이 있을 때에는 이를 납세자에게 반환하여야 하며, 이 때 반환하여야 할 금액을 국세환급금이라고 한다(국기법 51 ①).

2. 국세환급금의 발생원인

(1) 과오납금

① 과납금 : 납부할 때에는 이에 대응하는 확정된 조세채무가 존재하였으나 납부 후에 불복에 대한 결정·판결이나 과세관청의 취소결정 등의 사유로 조세채무가 소멸된 경우(예 세액납부 후 감액경정결정 또는 부과처분의 취소결정)

② 오납금 : 납부할 때부터 이에 대응하는 조세채무가 존재하지 않았거나 납부세액이 조세채무를 초과하는 경우(예 초과납부·이중납부·납세의무 없는 금액의 착오납부)

(2) 환급세액

'환급세액'이란 납세자와 과세관청이 모두 세법에 따라 적법하게 납부·징수하였음에도 불구하고 세법의 규정에 의해 불가피하게 발생하는 국세환급금을 말한다. 환급세액의 사례로는 다음과 같은 것들이 있다.

① 적법하게 중간예납 또는 원천납부를 한 기납부세액이 해당 과세기간의 과세표준에 대한 확정세액을 초과하는 경우

② 부가가치세의 매입세액이 매출세액을 초과하는 경우

③ 세액의 납부 후 법령의 개정 또는 폐지 등으로 인하여 납세의무가 소멸되는 경우

3. 국세환급금의 환급절차

국세환급금의 환급절차를 요약하면 다음과 같다.

① 국세환급금 결정 ⇨ ② 충 당 ⇨ ③ 지 급 ⇨ ④ 국세환급금의 환수

(1) 국세환급금의 결정

세무서장은 잘못 납부하거나 초과하여 납부한 금액이 있거나 환급세액(세법에 따라 환급세액에서 공제하여야 할 세액이 있을 때에는 공제한 후에 남은 금액을 말함)이 있을 때에는 즉시 그 잘못 납부한 금액 · 초과하여 납부한 금액 또는 환급세액을 국세환급금으로 결정하여야 한다. 이 경우 착오납부 · 이중납부로 인한 환급청구를 하려는 자는 기획재정부령이 정하는 환급신청서를 관할세무서장에게 제출하여야 한다(국기법 51 ①, 국기령 33 ③).

(2) 국세환급금의 충당

1) 강제충당

세무서장은 국세환급금으로 결정한 금액을 체납된 국세 및 강제징수비(다른 세무서에 체납된 국세 및 강제징수비를 포함)에 충당(강제충당)하여야 한다. 이 경우 체납된 국세 및 강제징수비와 국세환급금은 체납된 국세의 법정납부기한과 국세환급금의 발생일 중 늦은 때로 소급하여 대등액에 관하여 소멸한 것으로 본다(국기법 51 ②, ③).

2) 임의충당

세무서장은 국세환급금으로 결정한 금액을 납세자가 그 충당에 동의하는 경우에만 납부고지에 의하여 납부하는 국세 및 세법에 따라 자진납부하는 국세에 충당할 수 있다(국기법 51 ②).

한편 납세자가 세법에 따라 환급받을 환급세액이 있는 경우에는 그 환급세액을 납세고지에 의하여 납부하는 국세 및 세법에 따라 자진납부하는 국세에 충당할 것을 청구할 수 있다. 이 경우 충당된 세액의 충당청구를 한 날에 해당 국세를 납부한 것으로 본다(국기법 51 ④).

3) 충당 순서

① 국세환급금을 충당할 경우에는 체납된 국세 및 강제징수비에 우선 충당해야 한다. 다만, 납세자가 납부고지에 의하여 납부하는 국세에 충당하는 것을 동의하거나 신청한 경우에는 납부고지에 따라 납부하는 국세에 우선 충당해야 한다.

② 충당할 국세환급금이 2건 이상인 경우에는 소멸시효가 먼저 도래하는 국세환급금부터 충당하여야 한다.

(3) 국세환급금의 지급

국세환급금 중 충당한 후 남은 금액은 국세환급금을 결정한 날부터 30일 내에 납세자에게 지급(환급)하여야 한다(국기법 51 ⑥). 세무서장은 국세환급금(국세환급가산금 포함)을 충당하고, 남은 금액이 있는 경우에는 이를 해당 연도의 소관 세입금 중에서 납세자에게 지급하도록 한국은행에 통지하여야 하며(국기령 33 ①), 한국은행에 통지한 후에는 납세자가 국세의 충당에 동의하거나 체납된 국세가 있더라도 그 환급금으로 충당할 수 없다(국기통 51－0…17).

장기 미수령 소액 국세환급금의 미체납 국세 충당 허용(2018년 1월 1일 시행)

국세환급금 중 충당(강제충당 및 임의충당)한 후 남은 금액이 20만원 개정 이하이고, 지급결정을 한 날부터 1년 이내에 환급이 이루어지지 아니하는 경우에는 납부고지에 의하여 납부하는 국세에 충당(국세환급금이 발생한 세목과 같은 세목이 있는 경우에는 같은 세목에 우선 충당)할 수 있으며, 이 경우 납세자의 동의가 있는 것으로 본다(국기법 51 ⑧, 국기령 31 ④). 이 경우 국세환급가산금은 지급결정을 한 날까지 가산한다(국기법 52 ②).

(4) 국세환급금의 환수

세무서장이 국세환급금의 결정이 취소됨에 따라 이미 충당되거나 지급된 금액의 반환을 청구하는 경우에는 국세징수법의 고지·독촉 및 강제징수의 규정을 준용한다(국기법 51 ⑨).

(5) 원천징수세액의 환급

원천징수의무자가 원천징수하여 납부한 세액에서 환급받을 환급세액이 있는 경우 그 환급액은 그 원천징수의무자가 원천징수하여 납부하여야 할 세액에 충당(다른 세목의 원천징수세액에의 충당은 소득세법에 따른 원천징수이행상황신고서에 그 충당·조정명세를 적어 신고한 경우에만 할 수 있음)하고 남은 금액을 환급한다. 다만, 그 원천징수의무자가 그 환급액을 즉시 환급해 줄 것을 요구하는 경우나 원천징수하여 납부하여야 할 세액이 없는 경우에는 즉시 환급한다(국기법 51 ⑤).

⑹ 실질귀속자에 대한 환급

과세의 대상이 되는 소득, 수익, 재산, 행위 또는 거래의 귀속이 명의일 뿐이고 사실상 귀속되는 자(실질귀속자)가 따로 있어 명의대여자에 대한 과세를 취소하고 실질귀속자를 납세의무자로 하여 과세하는 경우 명의대여자 대신 실질귀속자가 납부한 것으로 확인된 금액은 실질귀속자의 기납부세액으로 먼저 공제하고 남은 금액이 있는 경우에는 실질귀속자에게 환급한다(국기법 51 ⑪).

4. 물납재산의 환급

⑴ 물납재산의 환급

납세자가 상속세 및 증여세법에 따라 상속세를 물납(物納)한 후 그 부과의 전부 또는 일부를 취소하거나 감액하는 경정 결정에 따라 환급하는 경우에는 해당 물납재산으로 환급하여야 한다(국기법 51의2 ①).

물납대상 세목의 축소

물납제도의 실효성 확보를 위해 2016년부터 상속세 이외의 다른 국세에 대한 물납제도가 폐지되었다.

⑵ 물납재산의 환급순서

물납(物納)재산을 환급하는 경우 환급의 순서에 관하여 납세자의 신청이 있는 경우에는 그 신청에 따라 관할세무서장이 환급하고, 납세자의 신청이 없는 경우에는 상속세 및 증여세법 시행령에 따른 물납에 충당하는 재산에 대한 허가 순서의 역순(逆順)으로 환급한다(국기령 43의2 ①).

⑶ 물납재산의 환급배제 사유

다음의 어느 하나에 해당하는 경우에는 국세환급금에 관한 규정을 준용하여 금전으로 환급하여야 한다(국기법 51의2 ②, 국기령 43의2 ②).

① 그 물납재산이 매각되었거나 다른 용도로 사용되고 있는 경우
② 해당 물납재산의 성질상 분할하여 환급하는 것이 곤란한 경우
③ 해당 물납재산이 임대 중이거나 다른 행정용도로 사용되고 있는 경우
④ 사용계획이 수립되어 해당 물납재산으로 환급하는 것이 곤란하다고 인정되는 경우 등 국세청장이 정하는 경우

(4) 국세환급가산금의 배제

물납재산으로 환급하는 경우에는 국세환급가산금을 지급하지 아니한다(국기법 51의2 ①).

(5) 관리비용의 부담주체

물납재산으로 환급하는 경우에 국가가 물납재산을 유지 또는 관리하기 위하여 지출한 비용은 국가의 부담으로 한다. 다만, 국가가 물납재산에 대하여 자본적 지출을 한 경우에는 이를 납세자의 부담으로 한다(국기령 43의2 ③).

(6) 과실의 귀속

물납재산으로 환급하는 경우 물납재산이 수납된 이후에 발생한 법정과실 및 천연과실은 납세자에게 환급하지 아니하고 국가에 귀속된다(국기령 43의2 ④).

5. 국세환급금에 관한 권리의 양도

납세자는 국세환급금에 관한 권리를 타인에게 양도할 수 있다(국기법 53 ①). 국세환급금에 관한 권리를 타인에게 양도하려는 납세자는 세무서장이 국세환급금통지서를 발급하기 전에 문서로 관할세무서장에게 요구하여야 한다. 세무서장은 국세환급금에 관한 권리의 양도 요구가 있는 경우에 양도인 또는 양수인이 납부할 국세 및 강제징수비가 있으면 그 국세 및 강제징수비에 충당하고, 남은 금액에 대해서는 양도의 요구에 지체 없이 따라야 한다(국기법 53 ②).

6. 국세환급금의 소멸시효

납세자의 국세환급금과 국세환급가산금에 관한 권리는 행사할 수 있는 때부터 5년간 행사하지 아니하면 소멸시효가 완성된다(국기법 54 ①).

제 2 절 | 국세환급가산금

1. 국세환급가산금의 의의

국세환급가산금은 국세환급금에 대한 법정이자상당액을 말한다. 세무서장은 국세환급금을 충당하거나 지급할 때에는 국세환급가산금을 국세환급금에 가산하여야 한다(국기법 52).

2. 국세환급가산금의 계산

국세환급가산금은 다음의 산식에 의해 계산한다.

$$\text{국세환급가산금} = \text{국세환급금} \times \text{이자계산일수} \times \text{이자율} \times \frac{1}{365}$$

1) 국세환급가산금의 계산 대상금액

국세환급가산금의 계산에 있어서 그 대상이 되는 금액에는 본세, 강제징수비 및 연부연납이자세액이 포함된다(국기통 52-0…1).

2) 이자율

국세환급가산금의 이자율은 시중은행의 1년 만기 정기예금 평균수신금리를 고려하여 기획재정부령으로 정하는 이자율(연 3.5%)로 한다(국기칙 19의3).

3) 이자계산일수

국세환급가산금은 국세환급가산금 기산일부터 충당하는 날 또는 지급결정을 하는 날까지의 기간에 대하여 계산한다(국기법 52).

▶ **표 6-1** 국세환급가산금의 기산일

원 인	구 분	기 산 일
① 과오납금	㉠ 착오납부 · 이중납부로 인한 국세환급금 ㉡ 납부 후 그 납부의 기초가 된 신고 또는 부과를 경정하거나 취소함에 따라 발생한 국세환급금	국세 납부일[*1 *2]의 다음날
② 환급세액	소득세법 · 법인세법 · 부가가치세법 · 개별소비세법 · 주세법 · 교통에너지환경세법 또는 조세특례제한법에 따른 환급세액	
	㉠ 환급세액의 신고, 환급신청, 경정 또는 결정으로 인하여 환급하는 경우	⇨ 신고 또는 신청을 한 날[*3]부터 30일이 지난 날의 다음 날
	㉡ 환급세액을 법정신고기한까지 신고하지 않음에 따른 결정으로 인하여 발생한 환급세액	⇨ 해당 결정일부터 30일이 지난 날[*4]의 다음 날
	적법하게 납부된 국세의 감면으로 발생한 국세환급금	감면결정일의 다음 날
	적법하게 납부된 후 법률이 개정되어 발생한 국세환급금	개정된 법률의 시행일의 다음 날

*1 세법에 따른 중간예납액 또는 원천징수에 의한 납부액은 해당 세목의 법정신고기한 만료일에 납부된 것으로 본다.
*2 그 국세가 2회 이상 분할납부된 것인 경우에는 그 마지막 납부일로 하되, 국세환급금이 마지막에 납부된 금액을 초과하는 경우에는 그 금액이 될 때까지 납부일의 순서로 소급하여 계산한 국세의 각 납부일로 한다.
*3 신고한 날이 법정신고기일 전인 경우에는 해당 법정신고기일
*4 세법에서 환급기한을 정하고 있는 경우에는 그 환급기한의 다음 날

3. 국세환급가산금 미환급

다음의 어느 하나에 해당하는 사유 없이 고충민원[20]의 처리에 따라 국세환급금을 충당하거나 지급하는 경우에는 국세환급가산금을 가산하지 아니한다(국기법 52 ③).

① 국세기본법에 따른 경정 등의 청구

② 국세기본법에 따른 이의신청 · 심사청구 · 심판청구, 감사원법에 따른 심사청구 또는 행정소송법에 따른 소송에 대한 결정이나 판결

20) "고충민원"이란 국세와 관련하여 납세자가 경정 등의 청구, 이의신청 · 심사청구 · 심판청구, 감사원법에 따른 심사청구의 청구기한 또는 행정소송법에 따른 소송의 제소기한까지 그 청구 또는 소송을 제기하지 않은 사항에 대해 과세관청에 직권으로 처분의 취소, 변경이나 그 밖의 필요한 처분을 해 줄 것을 요청하는 민원을 말한다(국기령 43의3 ③).

객/관/식/문/제

▶ 제6장 국세환급금

1 다음은 국세환급금에 대한 설명이다. 옳지 않은 것은?

① 국세환급금 중 국세환급금의 충당규정에 따라 충당한 후 남은 금액은 국세환급금의 결정을 한 날부터 30일 이내에 납세자에게 지급하여야 한다.

② 납세자는 세무서장이 국세환급금통지서를 발송하기 전에만 국세환급금에 관한 권리를 타인에게 양도할 수 있다.

③ 세무서장은 국세환급금으로 결정한 금액을 납부고지에 의하여 납부하는 국세에 충당한 후에 남은 금액을 납세자에게 지급한다.

④ 납세자의 국세환급금에 관한 권리는 행사할 수 있는 때부터 5년간 행사하지 아니하면 소멸시효가 완성된다.

해설

납부고지에 의하여 납부하는 국세에의 충당은 납세자가 그 충당에 동의하는 경우에만 한다(임의충당).

2 국세기본법상 국세환급금의 충당과 환급에 대한 설명으로 옳지 않은 것은?

2015년 국가직 7급

① 세무서장이 국세환급금의 결정이 취소됨에 따라 이미 충당되거나 지급된 금액의 반환을 청구하는 경우에는 국세징수법의 고지 · 독촉 및 강제징수의 규정을 준용한다.

② 국세환급금으로 결정한 금액을 체납된 국세 및 강제징수비에 충당한 경우 체납된 국세 및 강제징수비와 국세환급금은 체납된 국세의 법정납부기한과 대통령령으로 정하는 국세환급금 발생일 중 늦은 때로 소급하여 대등액에 관하여 소멸한 것으로 본다.

③ 납세자가 세법에 따라 환급받을 환급세액이 있는 경우에는 그 환급세액을 납세고지에 의하여 납부하는 국세 및 세법에 따라 자진납부하는 국세에 충당할 것을 청구할 수 있다.

④ 원천징수의무자가 원천징수하여 납부한 세액에서 환급받을 환급세액이 있는 경우 원천징수의무자가 그 환급액을 즉시 환급해 줄 것을 요구하는 때에는 그 원천징수의무자가 원천징수하여 납부하여야 할 세액에 충당하고 남은 금액을 즉시 환급한다.

해설

원천징수의무자가 그 환급액을 즉시 환급해 줄 것을 요구하는 때에는 그 원천징수의무자가 원천징수하여 납부하여야 할 세액에 충당하지 않고 즉시 환급한다.

3 납세자가 상속세를 물납한 후 그 부과의 전부 또는 일부를 취소하거나 감액하는 경정결정에 따라 환급하는 경우에는 해당 물납재산으로 환급하여야 한다. 물납재산 환급에 대한 국세기본법의 규정을 설명한 것 중 옳지 않은 것은?

① 물납재산 수납 이후 발생한 물납재산의 경제적·법률적 과실은 납세자에게 환급하지 아니하고 국가에 귀속된다.

② 물납재산으로 환급하는 경우에는 국세환급가산금을 지급하지 아니한다.

③ 상속세를 물납한 후 이를 환급하는 경우에는 납세자가 신청하는 물납재산순으로 환급하되, 납세자의 신청이 없는 경우에는 물납충당재산의 허가순서의 역순으로 환급한다.

④ 국가가 물납재산을 유지 또는 관리하기 위하여 지출한 비용은 납세자가 부담한다.

해설

국가가 물납재산을 유지 또는 관리하기 위하여 지출한 비용은 국가의 부담으로 한다. 다만, 국가가 물납재산에 대하여 자본적 지출을 한 경우에는 이를 납세자의 부담으로 한다.

4 국세기본법상 국세환급가산금에 관한 설명으로 옳지 않은 것은? 2010년 국가직 9급

① 납세자의 국세환급가산금에 관한 권리는 행사할 수 있는 때로부터 5년간 행사하지 아니하면 소멸시효가 완성된다.

② 국세의 이중납부에 따라 발생한 국세환급금을 지급할 때에는 그 국세 납부일의 다음 날부터 지급결정을 하는 날까지의 기간과 금융회사 등의 예금이자율 등을 고려하여 법령으로 정하는 이자율에 따라 계산한 금액을 국세환급금에 가산하여야 한다.

③ 국세환급금으로 결정한 금액을 법으로 정하는 바에 따라 국세 및 강제징수비에 충당하게 되는 경우에는 국세환급가산금을 국세환급금에 가산하지 아니한다.

④ 납세자가 법인세를 물납한 후 그 부과의 일부를 감액하는 경정 결정에 따라 환급하는 경우에는 국세환급가산금을 국세환급금에 가산하지 아니한다.

해설

국세환급금으로 결정한 금액을 법으로 정하는 바에 따라 국세 및 강제징수비에 충당하게 되는 경우에도 국세환급가산금을 국세환급금에 가산하여야 한다.

5 국세환급가산금의 기산일에 관한 설명이다. 다음 중 옳지 않은 것은?

① 부가가치세의 환급세액을 신고하지 아니함에 따른 결정으로 인하여 발생한 환급세액을 환급하는 경우에는 해당 결정일의 다음날을 기산일로 한다.

② 착오납부 · 이중납부 또는 납부 후 그 납부의 기초가 된 신고 또는 부과를 경정하거나 취소함에 따라 발생한 국세환급금에 있어서는 그 국세 납부일의 다음날을 기산일로 한다.

③ 법인세법에 따른 환급세액을 신고함에 따른 경정으로 인하여 환급하는 경우에는 그 신고를 한 날(법정신고기일 전에 신고한 경우에는 그 법정신고기일)부터 30일이 지난 날의 다음날을 기산일로 한다.

④ 적법하게 납부된 국세의 감면으로 발생한 국세환급금은 감면결정일의 다음 날을 기산일로 한다.

해설

소득세법 · 법인세법 · 부가가치세법에 따른 환급세액의 신고, 환급신청, 경정 또는 결정으로 인하여 환급하는 경우에는 그 신고를 한 날(법정신고기일 전에 신고한 경우에는 그 법정신고기일)부터 30일이 지난 날의 다음날을 기산일로 한다. 다만, 환급세액을 법정신고기한까지 신고하지 아니함에 따른 결정으로 인하여 발생한 환급세액을 환급하는 경우에는 해당 결정일부터 30일이 지난 날의 다음날을 기산일로 한다.

정답	1	③	2	④	3	④	4	③	5	①

심사와 심판

제 1 절 | 불복제도의 개요

1. 불복제도의 의의

국세기본법 또는 세법에 따른 처분으로서 위법 또는 부당한 처분을 받거나 필요한 처분을 받지 못함으로 인하여 권리나 이익을 침해당한 자는 헌법이 정하는 바에 따라 사법적 구제를 청구할 수 있는데, 이에 앞서 국세청장에게 심사청구를 하거나 조세심판원에 심판청구를 하여 그 처분의 취소 또는 변경을 청구하거나 필요한 처분을 청구할 수 있다.

이와 같이 행정관청에 제기하는 조세불복절차(심사청구 · 심판청구)는 국세행정소송을 제기하기 위한 전제요건으로서 이를 거치지 않고는 행정소송을 직접 제기할 수 없는 것을 원칙으로 하는데 이를 '조세심판전치주의'라 한다.

행정소송법에서는 원칙적으로 행정심판을 제기할 수 있는 경우에도 행정심판을 거치지 아니하고 행정소송을 제기할 수 있도록 규정하고 있다. 그러나 다른 법률에 행정심판의 재결을 거치지 아니하면 행정소송을 제기할 수 없다는 규정이 있으면 그렇지 않다는 단서조항을 두고 있다(행정소송법 18). 이에 근거하여 국세기본법에서는 행정심판의 일종인 조세심판(심사청구 · 심판청구)을 거치지 않고는 행정소송을 제기할 수 없도록 규정하고 있다(국기법 56 ②).

2. 불복절차와 관련된 다른 법률과의 관계

국세에 대한 불복절차는 국세기본법 제7장에 규정하고 있다. 국세기본법 이외에 국세에 관한 불복절차와 관련을 가지고 있는 법률로는 「감사원법」, 「행정심판법」 그리고 「행정소송법」을 들 수 있다. 행정관청의 위법 · 부당한 처분 등에 대해서는 행정심판법의 규정에 따라 불복청구를 제기하는 것이 원칙이나, 국세행정심판에 대해서는 국세기본법 제7장의 규정을 적용하고 행정심판법의 적용을 배제하고 있다. 다만, 국세기본법에 따른 심사청구 또는 심판청구에 관하여는 행정심판법 제15조(선정대표자)·제16조(청구인의 지위승계)·제20조(심판참가)·제21조(심판참가의 요구)·제22조(참가인의 지위)·제29조(청구의 변경)·제36조(증거조사) 1항·39조(직권심리)·제40조(심리의 방식)·제42조(심판청구 등의 취하) 및 제51조(행정심판 재청구의 금지)[21]의 규정을 준용한다(국기법 56 ①).

제 2 절 | 불복제도의 일반사항

1. 불복의 대상

(1) 불복청구의 대상

국세기본법 또는 세법에 따른 처분으로서 ① 위법 또는 부당한 처분을 받거나 ② 필요한 처분을 받지 못함으로 인하여 권리나 이익을 침해당한 자는 국세기본법의 규정에 따라 그 처분의 취소 또는 변경을 청구하거나 필요한 처분을 청구할 수 있다(국기법 55 ①). 즉, 위법 또는 부당한 처분을 받은 경우 뿐 아니라 필요한 처분을 받지 못한 경우(이를 '不作爲'라 함)에도 불복청구를 제기할 수 있다. 따라서 불복대상에 대하여 국세기본법은 개괄주의(포괄주의)를 채택하고 있다.

이 때 '필요한 처분을 받지 못한 경우'란 처분청이 다음의 사항을 명시적·묵시적으로 거부하는 것을 말한다(국기통 55－0…3).

① 국세의 환급
② 공제·감면신청에 대한 결정
③ 사업자등록신청에 대한 등록증 교부
④ 허가·승인
⑤ 압류해제
⑥ 경정 등의 청구에 대한 결정 또는 경정

21) 납세자와의 불필요한 분쟁을 방지하고자 2011년부터 행정심판법에 따른 심판청구의 취하(제42조)와 재청구의 금지 규정(제51조)을 국세불복절차에 채용하였다.

⑵ 불복청구의 대상에서 제외되는 처분

1) 불복청구의 제한

① 심사청구 또는 심판청구에 대한 처분에 대해서는 이의신청, 심사청구 또는 심판청구를 제기할 수 없다. 다만, 재조사 결정에 따른 처분청의 처분에 대해서는 해당 재조사 결정을 한 재결청에 대하여 심사청구 또는 심판청구를 제기할 수 있다(국기법 55 ⑤).

② 이의신청에 대한 처분과 재조사 결정에 따른 처분청의 처분에 대해서는 이의신청을 할 수 없다(국기법 55 ⑥).

2) 조세범처벌절차법에 따른 통고처분

국세청장·지방국세청장 또는 세무서장은 범칙사건을 조사하여 범칙의 심증(心證)을 갖게 되었을 때에는 그 이유를 명시하여 벌금 또는 과료에 해당하는 금액 등을 지정한 장소에 납부할 것을 통고하여야 한다(조세범처벌절차법 9 ①). 이를 조세범처벌절차법에 따른 통고처분이라 한다. 이는 일종의 형사처벌이므로 행정불복의 대상에서 제외되며, 직접 행정소송을 제기해야 한다.

3) 국세청장 결정사항에 대한 이의신청의 배제

불복청구의 대상이 되는 처분이 국세청장이 조사·결정 또는 처리하거나 하였어야 할 것인 경우에는 이의신청을 할 수 없다(국기법 55 ③). 이는 이의신청의 재결청이 세무서장 또는 지방국세청장이므로 하급기관이 상급기관인 국세청의 처분에 대한 결정을 할 수 없기 때문이다.

4) 감사원법에 따른 심사청구를 한 처분 또는 그 심사청구에 대한 처분

① 감사원법에 따른 심사청구를 한 처분이란 이미 감사원 심사청구의 대상이 된 처분을 의미한다. 이를 불복청구의 대상에서 제외시킨 것은 국세기본법과 감사원법에 의한 불복청구를 중복적으로 제기하지 못하도록 하기 위함이다.

② 감사원법에 따른 심사청구에 대한 처분이란 감사원장이 청구인의 심사청구에 대하여 내린 결정을 말한다. 이 결정에 대하여 불복하고자 하는 경우에는 행정소송을 제기하여야 하므로 국세기본법에 의한 불복청구의 대상에서 제외시킨 것이다.

5) 국세기본법 및 세법에 따른 과태료 부과처분

과태료에 대해 이의를 제기하고자 하는 경우에는 법원에 과태료 이의신청을 하거나 정식 재판을 청구하여야 한다. 따라서 국세기본법 및 세법에 따른 과태료 부과처분에 대해서는 불복청구를 제기할 수 없다.

2. 불복청구를 할 수 있는 자

(1) 불복청구인

국세기본법 또는 세법에 따른 처분으로서 ① 위법 또는 부당한 처분을 받거나 ② 필요한 처분을 받지 못함으로 인하여 권리나 이익을 침해당한 자는 불복청구를 할 수 있다. 또한 국세기본법 또는 세법에 따른 처분에 의하여 권리나 이익을 침해당하게 될 이해관계인으로서 제2차 납세의무자로서 납부고지서를 받은 자 등 법령에서 정하는 자는 위법 또는 부당한 처분을 받은 자의 처분에 대하여 불복청구를 할 수 있다(국기법 55 ①, ②).

(2) 대리인의 선임

이의신청인 · 심사청구인 또는 심판청구인(이하 "불복청구인"이라 함)과 처분청은 변호사, 세무사 또는 세무사법에 따른 세무사등록부 또는 공인회계사 세무대리업무등록부에 등록한 공인회계사를 대리인으로 선임할 수 있으며, 신청 또는 청구의 대상이 되는 금액이 3,000만원 미만인 소액인 경우에는 그 배우자 · 4촌 이내의 혈족 또는 그 배우자의 4촌 이내의 혈족을 대리인으로 선임할 수 있다. 이 때 대리인의 권한은 서면으로 증명하여야 한다(국기법 59 ①, ②, ③).

대리인은 본인을 위하여 그 신청 또는 청구에 관한 모든 행위를 할 수 있다. 다만, 그 신청 또는 청구의 취하는 특별한 위임을 받은 경우에만 할 수 있다. 한편 대리인을 해임하였을 때에는 그 사실을 서면으로 해당 재결청에 신고하여야 한다(국기법 59 ④, ⑤).

(3) 국선대리인 제도

불복청구인은 재결청에 다음의 요건을 모두 갖추어 변호사, 세무사 또는 세무사법에 따른 세무사등록부 또는 공인회계사 세무대리업무등록부에 등록한 공인회계사를 국선대리인으로 선정하여 줄 것을 신청할 수 있다(국기법 59의2, 국기령 48의2).

① 이의신청인등이 개인인 경우 종합소득금액이 5천만원 이하이고, 소유 재산의 가액[토지, 건축물 및 주택, 승용자동차, 전세금(임차보증금 포함), 골프회원권 및 콘도미니엄회원권, 주식 또는 출자지분을 평가한 가액의 합계액을 말함]이 5억원 이하일 것

② 이의신청인등이 법인인 경우 기업회계기준에 따라 계산한 수입금액(매출액)과 자산가액이 각각 5천만원 이하일 것. 다만, 법인세법 과세표준 신고기한 이전에

국선대리인 선정을 신청하는 경우에는 그 신청일이 속하는 사업연도의 전전 사업연도를 기준으로, 과세표준 신고기한 후에 국선대리인 선정을 신청하는 경우에는 그 신청일이 속하는 사업연도의 직전 사업연도를 기준으로, 해당 법인의 수입금액 및 자산가액이 각각 3억원 및 5억원 이하일 것

③ 5천만원 이하인 신청 또는 청구일 것

④ 상속세, 증여세 및 종합부동산세가 아닌 세목에 대한 신청 또는 청구일 것

재결청은 국선대리인 신청이 법정 요건을 모두 충족하는 경우 지체 없이 국선대리인을 선정하고, 신청을 받은 날부터 5일 이내에 그 결과를 이의신청인등과 국선대리인에게 각각 통지하여야 한다.

국선대리인은 본인을 위하여 그 신청 또는 청구에 관한 모든 행위를 할 수 있다. 다만, 그 신청 또는 청구의 취하는 특별한 위임을 받은 경우에만 할 수 있다.

3. 집행부정지의 효력

(1) 집행부정지의 효력(원칙)

불복청구는 세법에 특별한 규정이 있는 것을 제외하고는 해당 처분의 집행에 효력을 미치지 아니한다(국기법 57). 이는 납세자들이 처분의 집행을 일시적으로 회피하는 방편으로 불복청구를 남용하는 것을 방지하기 위한 규정이다.

(2) 집행정지의 효력(예외)

1) 집행정지

해당 재결청(裁決廳)이 처분의 집행 또는 절차의 속행 때문에 불복청구인에게 중대한 손해가 생기는 것을 예방할 필요성이 긴급하다고 인정할 때에는 처분의 집행 또는 절차 속행의 전부 또는 일부의 정지(집행정지)를 결정할 수 있다(국기법 57 ① 단서). 재결청은 집행정지 또는 집행정지의 취소에 관하여 심리·결정하면 지체 없이 당사자에게 통지하여야 한다(국기법 57 ②).

2) 공매중지의 효력

국세기본법에 따른 불복청구 절차가 진행 중이거나 행정소송이 계속 중에 있는 국세의 체납으로 인하여 압류한 재산은 그 신청 또는 청구에 대한 결정이나 소에 대한 판결이 확정되기 전에는 공매할 수 없다. 다만, 그 재산이 부패·변질 또는 감량되기 쉬운 재산으로서 속히 매각하지 아니하면 그 재산가액이 감손될 우려가 있을 때에는 예외적으로 그 재산을 공매할 수 있다(국징법 61 ④, 62 ① (2)).

4. 관계서류의 열람 및 의견진술권

불복청구인 또는 처분청(처분청의 경우 심판청구에 한정함)은 그 신청 또는 청구에 관계되는 서류를 열람할 수 있으며, 불복청구에 관계되는 서류를 열람하거나 그 내용에 동조(同調)하려는 자는 이를 구술로 해당 재결청에 요구할 수 있다(국기법 58, 국기령 46 ①). 한편 불복청구인 또는 처분청(처분청의 경우 심판청구에 한정함)은 해당 재결청에 의견을 진술할 수 있으며, 의견을 진술하려는 자는 문서로 해당 재결청에 신청하여야 한다(국기법 58, 국기령 47 ①).

5. 불복방법의 통지

(1) 일반적인 경우

이의신청 · 심사청구 또는 심판청구의 재결청은 결정서에 그 결정서를 받은 날부터 90일 이내에 이의신청인은 심사청구 또는 심판청구를, 심사청구인 또는 심판청구인은 행정소송을 제기할 수 있다는 내용을 적어야 한다(국기법 60 ①).

(2) 결정기간 내에 결정을 하지 못한 경우

이의신청 · 심사청구 또는 심판청구의 재결청은 그 신청 또는 청구에 대한 결정기간이 지나도 결정을 하지 못하였을 때에는 이의신청인은 심사청구 또는 심판청구를, 심사청구인 또는 심판청구인은 행정소송 제기를 결정의 통지를 받기 전이라도 그 결정기간이 지난날부터 할 수 있다는 내용을 서면으로 지체 없이 그 신청인 또는 청구인에게 통지하여야 한다(국기법 60 ②).

(3) 정보통신망을 이용한 불복청구

불복청구인은 국세청장 또는 조세심판원장이 운영하는 정보통신망을 이용하여 이의신청서, 심사청구서 또는 심판청구서를 제출할 수 있다. 이 경우에는 국세청장 또는 조세심판원장에게 이의신청서, 심사청구서 또는 심판청구서가 전송된 때에 국세기본법에 따라 제출된 것으로 본다(국기법 60의2 ①, ②).

제 3 절 | 불복청구의 절차

1. 개 요

조세에 대한 행정처분에 불복하고자 하는 자는 다음의 3가지 절차 중 하나를 선택할 수 있다. 불복을 제기하는 경우 동일한 처분에 대해서는 심사청구와 심판청구를 중복하여 제기할 수 없다는 점에 유의하여야 한다.

① 이의신청을 거쳐 심사청구 또는 심판청구를 제기하는 방법

② 이의신청을 거치지 아니하고 심사청구 또는 심판청구 중 하나를 선택하여 제기하는 방법

③ 국세기본법에 따른 불복청구를 제기하지 아니하고 감사원에 감사원법에 따른 심사청구를 제기하는 방법 : 감사원법에 의한 심사청구에 따라 구제를 받지 못한 경우에는 다시 국세기본법에 의한 불복을 제기할 수 없고, 바로 행정소송을 제기하여야 한다.

조세불복제도를 요약하면 다음과 같다.

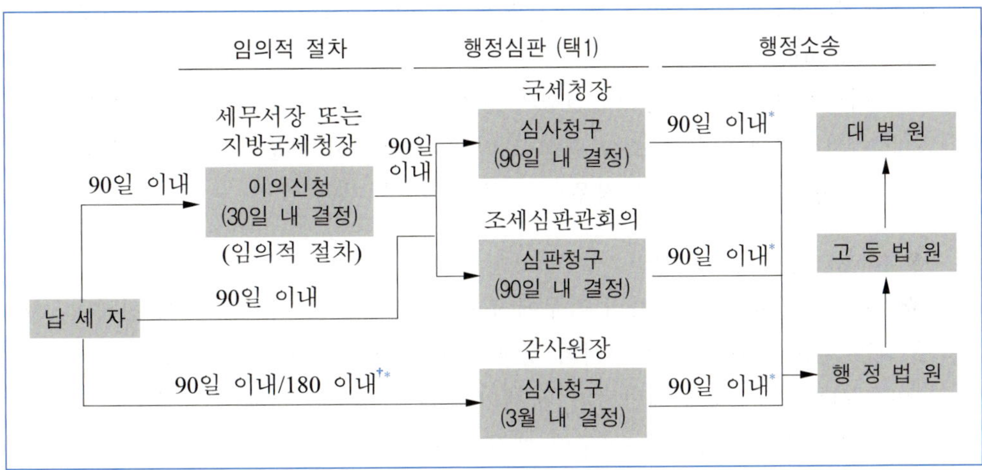

† 원인 행위가 있음을 안 날부터 90일 이내, 그 행위가 있은 날부터 180일 이내
* 불변기간

이의신청 · 심사청구와 감사원심사청구와의 관계(국기통 55-0…5)

① 동일한 처분에 대한 이의신청을 세무서장과 지방국세청장에게 중복 제기한 경우에는 지방국세청장에게 이의신청을 제기한 것으로 본다. 다만, 지방국세청장에게 제기한 이의신청이 청구기간을 경과하였을 때에는 청구기간 내에 세무서장에게 제기된 이의신청을 심리한다.

② 동일한 처분에 대하여 이의신청과 심사청구를 중복제기 하였을 경우에는 심사청구를 제기한 것으로 본다. 다만, 심사청구가 청구기간을 경과한 때에는 청구기간 내에 제기된 이의신청을 심리한다.

③ 동일한 처분에 대하여 이의신청 또는 심사청구와 감사원심사청구를 중복 제기한 경우에는 감사원심사청구를 제기한 것으로 본다. 다만, 감사원심사청구가 청구기간을 경과한 때에는 청구기간 내에 제기된 이의신청 또는 심사청구를 심리한다.

2. 청구기간

(1) 원 칙

1) 이의신청 및 이의신청을 거치지 않고 심사청구 또는 심판청구를 직접 제기하는 경우

이의신청·심사청구 또는 심판청구는 해당 처분이 있음을 안 날(처분의 통지를 받은 때에는 그 받은 날)부터 90일 이내에 제기하여야 한다(국기법 61 ①, 66 ⑥, 68 ①).

2) 이의신청을 거친 후의 심사청구 또는 심판청구

이의신청을 거친 후 심사청구 또는 심판청구를 하려면 이의신청에 대한 결정의 통지를 받은 날부터 90일 이내에 제기하여야 한다. 다만, 다음의 어느 하나에 해당하는 경우에는 각 사유에서 정하는 날부터 90일 이내에 심사청구 또는 심판청구를 할 수 있다(국기법 61 ②, 68 ②).

① 이의신청 결정기간 내에 결정의 통지를 받지 못한 경우 : 그 결정기간이 지난 날
② 이의신청에 대한 재조사 결정이 있은 후 재조사 처분기간(60일) 내에 처분 결과의 통지를 받지 못한 경우 : 그 처분기간이 지난 날

3) 감사원법에 의한 심사청구

감사원의 감사를 받는 자의 직무에 관한 처분이나 그 밖의 행위에 관하여 이해관계가 있는 자는 감사원에 그 심사의 청구를 할 수 있다(감사원법 43 ①). 국세청은 감사원의 감사를 받는 자에 해당하며, 국세의 부과와 징수는 국세청의 직무에 관한 처분이므로 감사원법에 의한 심사청구의 대상이 되는 것이다.

감사원법에 의한 심사청구는 심사청구의 원인이 되는 행위가 있음을 안 날부터 90일 이내에, 그 행위가 있은 날부터 180일 이내에 심사의 청구를 하여야 한다(감사원법 44).

(2) 청구기간의 특례

불복청구인이 천재지변 등으로 인한 기한연장사유로 인하여 불복청구 기간 내에 불복청구를 할 수 없을 때에는 그 사유가 소멸한 날부터 14일 이내에 불복청구를 할 수

있다. 이 경우에 불복청구인은 그 기간에 불복청구를 할 수 없었던 사유, 그 사유가 발생한 날과 소멸한 날, 그밖에 필요한 사항을 기재한 문서를 함께 제출하여야 한다(국기법 61 ④, 66 ⑥, 80의2).

⑶ 행정소송의 제기

국세기본법에 따른 심사청구 또는 심판청구와 그에 대한 결정을 거친 행정소송은 행정소송법 제20조(취소소송은 처분 등이 있음을 안 날부터 90일 이내에 제기하여야 한다)에도 불구하고 심사청구 또는 심판청구에 대한 결정의 통지를 받은 날부터 90일 이내에 제기하여야 한다. 다만, 심사청구와 심판청구의 결정기간에 결정의 통지를 받지 못한 경우에는 결정의 통지를 받기 전이라도 그 결정기간이 지난날부터 행정소송을 제기할 수 있다(국기법 56 ③). 한편 이러한 기간은 불변기간으로 한다(국기법 56 ⑤). 그리고 감사원법에 의한 심사청구를 거친 경우에는 국세기본법에 의한 심사청구 또는 심판청구를 거친 것으로 보고 행정소송을 제기할 수 있다(국기법 56 ④).

재조사 결정에 따른 처분청의 처분에 대한 행정소송

재조사 결정에 따른 처분청의 처분에 대한 행정소송은 행정소송법 제20조에도 불구하고 다음의 기간 내에 제기하여야 한다(국기법 56 ④).

① 심사청구 또는 심판청구를 거치지 아니하고 제기하는 경우 : 재조사 후 행한 처분청의 처분의 결과 통지를 받은 날부터 90일 이내. 다만, 처분기간(조사를 연기하거나 조사기간을 연장하거나 조사를 중지한 경우에는 해당 기간을 포함)에 처분청의 처분 결과 통지를 받지 못하는 경우에는 그 처분기간이 지난날부터 행정소송을 제기할 수 있다.

② 심사청구 또는 심판청구를 거쳐 제기하는 경우 : 재조사 후 행한 처분청의 처분에 대하여 제기한 심사청구 또는 심판청구에 대한 결정의 통지를 받은 날부터 90일 이내. 다만, 결정기간에 결정의 통지를 받지 못하는 경우에는 그 결정기간이 지난날부터 행정소송을 제기할 수 있다.

3. 청구절차

⑴ 이의신청서의 제출

이의신청은 불복의 사유를 갖추어 해당 처분을 하였거나 하였어야 할 세무서장에게 하거나 세무서장을 거쳐 관할 지방국세청장에게 하여야 한다. 지방국세청장에게 하는 이의신청을 받은 세무서장은 이의신청을 받은 날부터 7일 이내에 해당 신청서에 의견서를 첨부하여 지방국세청장에게 송부하여야 한다(국기법 66 ①, ③).

세무서장은 이의신청의 대상이 된 처분이 지방국세청장이 조사·결정 또는 처리하였거나 하였어야 할 것인 경우에는 이의신청을 받은 날부터 7일 이내에 해당 신청서에 의견서를 첨부하여 해당 지방국세청장에게 송부하고 그 사실을 이의신청인에게 통지하여야 한다(국기법 66 ②).

신청서를 받은 세무서장 또는 신청서·의견서를 받은 지방국세청장은 지체 없이 이의신청의 대상이 된 처분에 대한 의견서를 이의신청인에게 송부하여야 한다. 이 경우 의견서에는 처분의 근거 · 이유, 처분의 이유가 된 사실 등이 구체적으로 기재되어야 한다(국기법 66 ⑧).

⑵ 심사청구서의 제출

심사청구는 불복의 사유를 갖추어 해당 처분을 하였거나 하였어야 할 세무서장을 거쳐 국세청장에게 하여야 한다. 심사청구서를 받은 세무서장은 이를 받은 날부터 7일 이내에 그 청구서에 처분의 근거 · 이유, 처분의 이유가 된 사실 등이 구체적으로 기재된 의견서를 첨부하여 국세청장에게 송부하여야 한다. 다만, 다음의 어느 하나에 해당하는 경우에는 그 지방국세청장의 의견서를 첨부하여야 한다(국기법 62 ①, ③).

① 해당 심사청구의 대상이 된 처분이 지방국세청장이 조사 · 결정 또는 처리하였거나 하였어야 할 것인 경우

② 지방국세청장에게 이의신청을 한 자가 이의신청에 대한 결정에 이의가 있거나 그 결정을 받지 못한 경우

세무서장 또는 지방국세청장의 의견서가 제출되면 국세청장은 지체 없이 해당 의견서를 심사청구인에게 송부하여야 한다(국기법 62 ④).

⑶ 심판청구서의 제출

심판청구를 하려는 자는 불복의 사유 등이 기재된 심판청구서를 그 처분을 하였거나 하였어야 할 세무서장이나 조세심판원장에게 제출하여야 한다. 이 경우 심판청구서를 받은 세무서장은 이를 지체 없이 조세심판원장에게 송부하여야 한다(국기법 69 ①).

심판청구기간을 계산할 때에는 심판청구서가 그 처분을 하였거나 하였어야 할 세무서장 외의 세무서장, 지방국세청장 또는 국세청장에게 제출된 경우에도 심판청구를 한 것으로 본다. 이 경우 심판청구서를 받은 세무서장, 지방국세청장 또는 국세청장은 이를 지체 없이 조세심판원장에게 송부하여야 한다(국기법 69 ②, ③).

⑷ 기간내 신청 여부의 판정

불복청구기간을 계산할 때에는 세무서장에게 해당 불복청구서가 제출된 때에 불복

청구를 한 것으로 한다. 해당 청구서가 관할세무서장 외의 세무서장·지방국세청장 또는 국세청장 또는 조세심판원장에게 제출된 경우에도 또한 같다(국기법 62 ②, 66 ⑥, 69 ②). 한편, 불복청구기한까지 우편으로 제출(우편법에 따른 우편날짜도장이 찍힌 날)한 불복청구서가 청구기간을 지나서 도달한 경우에는 그 기간의 만료일에 적법한 청구를 한 것으로 본다(국기법 61 ③, 66 ⑥, 80의2).

4. 불복청구에 대한 심리방법

(1) 심리방법

1) 요건심리

불복청구를 받은 재결청은 먼저 불복청구의 형식적인 요건을 심리하게 되는데 이를 '요건심리'라 한다. 요건심리의 대상이 되는 형식적인 요건에는 다음과 같은 것들이 있다.

① 불복청구의 대상이 된 처분의 존재여부

② 불복청구자가 청구의 자격이 있는지 여부

③ 불복청구의 대상이 되는지 여부

④ 불복청구기간 내에 청구되었는지 여부

2) 본안심리

요건심리를 통해 청구의 요건이 모두 갖추어진 것으로 인정되는 경우에는 청구의 내용을 검토·심리하게 되는데, 이를 '본안심리'라고 한다. 본안심리는 서면심리를 원칙으로 하되 청구인의 신청에 의해 의견진술기회가 부여된다.

(2) 청구서의 보정

재결청은 불복청구의 내용이나 절차가 국세기본법 또는 세법에 적합하지 아니하나 보정(補正)할 수 있다고 인정되면 일정한 기간(이의신청 및 심사청구는 20일 이내의 기간, 심판청구는 상당한 기간)을 정하여 보정할 것을 요구할 수 있다. 다만, 보정할 사항이 경미한 경우에는 직권으로 보정할 수 있다(국기법 63 ①, 66 ⑥, 80의2). 이러한 보정기간은 불복청구기간 또는 결정기간에 산입하지 아니한다(국기법 63 ③, 65 ④, 66 ⑥, 80의2).

5. 불복청구에 대한 결정

(1) 결정의 종류

심리여부	유 형	내 용
본안심리 없음	각 하	청구요건이 불비하여 청구자체를 받아들이지 않는 결정*1
본안심리 후 결정	기 각	청구의 취지가 이유 없다고 인정되어 원처분을 유지하는 결정
	인 용	청구의 취지가 이유 있다고 인정되어 청구인의 주장을 인용하는 결정*2 ① 취소 또는 경정 : 처분의 전부 또는 일부를 취소하거나 처분을 변경하는 결정*3 ② 필요한 처분의 결정 : 부작위에 대해 필요한 처분을 하도록 하는 결정

*1 각하결정사유(국기법 65 ①, 66 ⑥, 80의2, 국기령 52의2)
① 불복청구가 적법하지 아니하거나 청구기간이 지난 후에 청구된 경우 : 심판청구를 제기한 후 심사청구를 제기(같은 날 제기한 경우도 포함)한 경우에는 심사청구를 각하한다.
② 불복청구 후 보정기간에 필요한 보정을 하지 아니하였을 때
③ 불복청구의 대상이 되는 처분이 존재하지 않는 경우(처분의 부존재)
④ 불복청구의 대상이 되는 처분으로 권리나 이익을 침해당하지 않은 자의 불복(당사자 부적격)
⑤ 불복청구의 대상이 되지 않는 처분에 대한 불복
⑥ 대리인이 아닌 자가 대리인으로서 불복을 청구하는 경우(대리권 없는 자의 불복)

*2 다만, 취소 · 경정 또는 필요한 처분을 하기 위하여 사실관계 확인 등 추가적으로 조사가 필요한 경우에는 처분청으로 하여금 이를 재조사하여 그 결과에 따라 취소 · 경정하거나 필요한 처분을 하도록 하는 재조사 결정을 할 수 있다. 재조사 결정이 있는 경우 처분청은 재조사 결정일로부터 60일 이내에 결정서 주문에 기재된 범위에 한정하여 조사하고, 그 결과에 따라 취소 · 경정하거나 필요한 처분을 하여야 한다. 이 경우 처분청은 조사를 연기하거나 조사기간을 연장하거나 조사를 중지할 수 있다(국기법 65 ① (3) 단서, ⑤).

*3 처분청은 재조사 결과 다음에 해당하는 경우에는 해당 불복청구의 대상이 된 당초의 처분을 취소 · 경정하지 아니할 수 있다(국기법 65 ⑥, 국기령 52의3 ②).
① 불복청구인의 주장과 재조사 과정에서 확인된 사실관계가 달라 당초의 처분을 유지할 필요가 있는 경우
② 불복청구인의 주장에 대한 사실관계를 확인할 수 없는 경우

각하와 기각의 차이

각하의 재결은 행정심판 제기요건 심리의 결과 심판청구의 제기요건에 흠결이 있는 부적법한 심판청구라 하여 본안에 대한 심리를 거절하는 재결이다. 그러므로 각하는 심판청구에 대한 요건심리만으로 하는 재결이다. 위와 같은 요건심리는 본안에 대한 재결이 있기 전까지는 언제라도 할 수 있으므로 본안심리에 들어간 후라도 행정심판 제기요건이 결여된 것이 인정되는 때에는 언제든지 각하재결을 할 수 있는 것이다. 이에 비해 기각이란 본안심리의 결과 그 심판청구가 이유 없다고 인정하여 청구를 배척하고 원처분을 지지하는 재결을 말한다.

⑵ 결정의 효력

구 분	내 용
불가쟁력 (형식적 확정력)	불복청구에 대한 결정에 대하여 청구기간 내에 다음 심급의 청구를 하지 않거나 제소기간 내에 행정소송을 제기하지 아니하면 그 결정은 확정되며, 다시 불복할 수 없게 된다.
불가변력 (내용적 확정력)	불복청구에 대한 결정은 일반적인 행정처분과 달리 당사자가 참여하는 쟁송절차를 거쳐서 행하는 판단행위이므로 재결청 자신도 그 결정에 구속되며 스스로 결정을 취소·변경 또는 철회하지 못하게 된다.
기 속 력	심판청구에 대한 결정은 관계 행정청을 기속한다. 따라서 심판청구에 대한 결정이 있으면 해당 행정청은 결정의 취지에 따라 즉시 필요한 처분을 하여야 한다.

⑶ 결정의 경정

불복청구에 대한 결정에 잘못된 기재·계산착오·그밖에 이와 비슷한 잘못이 있는 것이 명백할 때에는 재결권자는 직권 또는 불복청구인의 신청에 의하여 경정할 수 있다(국기법 65의2 ①, 66 ⑥, 80의2).

⑷ 불고불리·불이익변경 금지

국세청장은 이의신청 및 심사청구에 따른 결정을 할 때 이의신청 및 심사청구를 한 처분 외의 처분에 대해서는 그 처분의 전부 또는 일부를 취소 또는 변경하거나 새로운 처분의 결정을 하지 못한다. 국세청장은 이의신청 및 심사청구에 따른 결정을 할 때 이의신청 및 심사청구를 한 처분보다 청구인에게 불리한 결정을 하지 못한다(국기법 65의3, 66 ⑥).

⑸ 재결청 및 결정기간

구 분	재 결 청	결정기간
① 이의신청	국세심사위원회의 심의를 거쳐 세무서장 또는 지방국세청장이 결정	30일 내
② 심사청구	국세심사위원회의 의결에 따라 국세청장이 결정[*1]	90일 내
③ 심판청구	조세심판관회의가 심리를 거쳐 결정	90일 내

*1 다만, 국세청장은 국세심사위원회 의결이 법령에 명백히 위반된다고 판단하는 경우 구체적인 사유를 적어 서면으로 국세심사위원회로 하여금 한 차례에 한정하여 다시 심의할 것을 요청할 수 있다(국기법 64 ②).

● 심사청구의 경우 국세심사위원회에 의결권 부여

심사청구 결정의 공정성과 투명성을 높이기 위하여 심사청구에 대한 결정은 국세심사위원회의 의결에 따르도록 하고, 국세심사위원회 의결이 법령에 명백히 위반된다고 판단하는 경우에는 국세청장이 국세심사위원회로 하여금 다시 심의하도록 요청할 수 있도록 함(2020년부터 시행)

6. 조세심판원

(1) 조세심판원의 구성

심판청구에 대한 결정을 하기 위하여 국무총리 소속으로 조세심판원을 둔다.

(2) 조세심판관회의

조세심판원장은 심판청구를 받으면 이에 관한 조사와 심리(審理)를 담당할 주심조세심판관 1명과 배석조세심판관 2명 이상을 지정하여 조세심판관회의를 구성하게 한다(국기법 72 ①).

1) 조세심판관회의의 의결

심판청구는 조세심판관회의가 그 심리를 거쳐 결정하게 되는데, 조세심판관회의는 담당조세심판관 3분의 2 이상의 출석으로 개의하고, 출석조세심판관 과반수의 찬성으로 의결한다(국기법 72 ③).

2) 주심조세심판관이 심리하여 결정하는 경우

심판청구의 대상이 다음에 해당하는 경우에는 조세심판관회의의 심리를 거치지 아니하고 주심조세심판관이 심리하여 결정할 수 있다(국기법 78 ① 단서, 국기령 62).

① 소액심판 : 심판청구금액이 5,000만원 미만(지방세는 2,000만원 미만)인 것으로서 다음의 어느 하나에 해당하는 것
  ㉠ 청구사항이 법령의 해석에 관한 것이 아닌 것
  ㉡ 청구사항이 법령의 해석에 관한 것으로서 유사한 청구에 대하여 이미 조세심판관회의의 의결에 따라 결정된 사례가 있는 것
② 심판청구가 과세표준과 세액의 결정에 관한 것 외의 것으로서 유사한 청구에 대하여 이미 조세심판관회의의 의결에 따라 결정된 사례가 있는 것
③ 청구기간이 지난 후에 심판청구를 받은 경우등 각하 결정 사유에 해당하는 것

3) 조세심판관합동회의의 심리를 거쳐 결정하는 경우

조세심판원장과 상임조세심판관 모두로 구성된 회의(합동회의상정심의위원회)가 조세심판관회의의 의결이 다음의 어느 하나에 해당한다고 의결하는 경우에는 조세심판관합동회의에서 심리를 거쳐 결정한다(국기법 78 ②, 국기령 62의2 ①). 조세심판관합동회의는 조세심판원장과 조세심판원장이 회의마다 지정하는 12명 이상 20명 이내의 상임조세심판관 및 상임조세심판관과 같은 수 이상의 비상임조세심판관으로 구성되어야 한다.

① 해당 심판청구사건에 관하여 세법의 해석이 쟁점이 되는 경우로서 이에 관하여 종전의 조세심판원 결정이 없는 경우
② 종전에 조세심판원에서 한 세법의 해석·적용을 변경하는 경우
③ 조세심판관회의 간에 결정의 일관성을 유지하기 위한 경우
④ 해당 심판청구사건에 대한 결정이 다수의 납세자에게 동일하게 적용되는 등 국세행정에 중대한 영향을 미칠 것으로 예상되어 국세청장이 조세심판원장에게 조세심판관합동회의에서 심리하여 줄 것을 요청하는 경우
⑤ 그 밖에 해당 심판청구사건에 대한 결정이 국세행정이나 납세자의 권리·의무에 중대한 영향을 미칠 것으로 예상되는 경우

⑶ 조세심판관의 제척과 회피 및 기피

1) 조세심판관의 제척(除斥)과 회피(回避)

조세심판관은 심판청구인의 대리인인 경우 등 법령에서 정하는 사유에 해당하는 경우에는 심판관여로부터 제척되며, 조세심판관은 제척의 원인이 있을 때에는 주심조세심판관 또는 배석조세심판관의 지정에서 회피하여야 한다(국기법 73 ①, ②).

2) 담당조세심판관의 기피(忌避)

담당조세심판관에게 공정한 심판을 기대하기 어려운 사정이 있다고 인정될 때에는 심판청구인은 그 조세심판관의 기피를 조세심판원장에게 신청할 수 있다(국기법 74 ①, ②). 조세심판원장은 기피신청이 이유 있다고 인정할 때에는 이를 승인하여야 한다(국기법 74 ③).

3) 심판조사관의 제척(除斥)·회피(回避) 및 기피(忌避)

심판에 관여하는 심판조사관에 대해서도 조세심판관의 제척·회피 및 기피에 관한 규정을 준용한다(국기법 74의2).

⑷ 심판청구의 심리원칙

1) 사건의 병합과 분리

담당 조세심판관은 필요하다고 인정하면 여러 개의 심판사항을 병합하거나 병합된 심판사항을 여러 개의 심판사항으로 분리할 수 있다(국기법 75).

2) 자유심증주의에 의한 사실판단

조세심판관은 심판청구에 관한 조사 및 심리의 결과와 과세의 형평을 고려하여 자

유심증(自由心證)으로 사실을 판단한다(국기법 77). '자유심증주의'란 '법정증거주의'에 대비되는 개념으로서, 심판관이 증거자료에 의해 사실을 인정할 때 증거의 종류에 따른 증거능력을 법으로 정하지 아니하고 심판관의 자유로운 판단에 맡기는 것을 말한다.

3) 불고불리(不告不理)의 원칙

조세심판관회의 또는 조세심판관합동의회는 심판청구에 대한 결정을 할 때 심판청구를 한 처분 외의 처분에 대해서는 그 처분의 전부 또는 일부를 취소 또는 변경하거나 새로운 처분의 결정을 하지 못한다(국기법 79 ①). 이 원칙은 심판청구에 대한 심리의 범위를 규정하는 것으로서, 심판청구에 대한 결정은 불복의 대상이 된 처분에 국한되며 그 외의 처분에 대해서는 결정을 할 수 없음을 의미하는 것이다.

4) 불이익변경금지의 원칙

조세심판관회의 또는 조세심판관합동회의는 심판청구에 대한 결정을 할 때 심판청구를 한 처분보다 청구인에게 불리한 결정을 하지 못한다(국기법 79 ②). 이 원칙은 불복청구자가 안심하고 불복청구를 제기할 수 있도록 하기 위한 것으로서, 납세자의 불복청구권을 보장하기 위한 심리원칙으로 해석할 수 있다.

객 관 식 문 제

▶ 제7장 심사와 심판

1 국세불복절차에 관한 설명 중 틀린 것은?

① 기각결정에는 불가변력(不可變力)이 발생하지 아니한다.

② 불복대상에 대하여 국세기본법은 개괄주의(포괄주의)를 취하고 있다.

③ 불복청구를 하더라도 집행은 정지되지 아니함이 원칙이다.

④ 제3자적 지위에 있는 납세보증인도 해당 처분에 의하여 권리나 이익을 침해당하게 될 경우에는 불복청구를 할 수 있다.

해설

불복절차에 의한 결정은 행정행위의 일종으로서 쟁송절차에 따라 결정된 판단행위이므로 해당 재결청 자신도 이에 구속되며, 스스로 결정을 철회하거나 변경하는 것이 허용되지 않는다. 이를 '불가변력'이라 한다. 따라서 기각결정은 당연히 불가변력이 발생하게 되는 것이다.

2 국세불복절차에 대한 다음 설명 중 틀린 것은?

① 동일한 처분에 대하여 감사원 심사청구와 국세청장에 대한 심사청구를 중복 제기한 경우에는 감사원 심사청구를 제기한 것으로 본다.

② 국세청장은 심판청구의 내용이나 절차가 국세기본법 또는 세법에 적합하지 아니하나 보정할 수 있다고 인정되면 상당한 기간을 정하여 보정할 것을 요구할 수 있다.

③ 청구기간이 지난 후에 청구되는 등 청구요건이 불비(不備)하여 청구자체를 받아들이지 않는 결정을 "기각"이라 한다.

④ 국세기본법에 따른 불복청구 절차가 진행 중이거나 행정소송이 계속 중에 있는 국세의 체납으로 인하여 압류한 재산은 그 신청 또는 청구에 대한 결정이나 소에 대한 판결이 확정되기 전에는 원칙적으로 공매할 수 없다.

해설

신청기간이 지난 후에 청구되는 등 청구요건이 불비하여 청구자체를 받아들이지 않는 결정을 "각하"라 한다.

3 국세기본법령상 심사청구에 대한 설명으로 옳지 않은 것은? ⊙ 2023년 국가직 7급 수정

① 이의신청을 거친 후 심사청구를 하려면 이의신청에 대한 결정의 통지를 받은 날부터 90일 이내에 제기하여야 한다.

② 국세청장은 심사청구를 받으면 심사청구기간이 지난 후에 제기된 심사청구에 해당하는 경우에도 국세심사위원회의 의결에 따라 결정을 하여야 한다.

③ 심사청구에 대한 결정에 잘못된 기재, 계산착오, 그 밖에 이와 비슷한 잘못이 있는 것이 명백할 때에는 국세청장은 직권으로 또는 심사청구인의 신청에 의하여 경정할 수 있다.

④ 취소·경정 또는 필요한 처분을 하기 위하여 사실관계 확인 등 추가적으로 조사가 필요한 경우에는 처분청으로 하여금 이를 재조사하여 그 결과에 따라 취소·경정하거나 필요한 처분을 하도록 하는 재조사 결정을 할 수 있다.

해설

국세청장은 심사청구기간이 지난 후에 제기된 심사청구에 대해서는 그 청구를 각하하는 결정을 한다.

4 심판청구에 대한 다음 설명 중 틀린 것은?

① 조세심판관회의는 심판청구에 대한 결정을 할 때 심판청구를 한 처분보다 청구인에게 불리한 결정을 하지 못한다.

② 조세심판관은 심판청구에 관한 조사 및 심리의 결과와 과세의 형평을 고려하여 자유심증으로 사실을 판단한다.

③ 담당조세심판관은 자신에게 공정한 심판을 기대하기 어려운 사정이 있다고 판단될 때에는 스스로 조세심판원장에게 그 조세심판관의 기피(忌避)를 신청할 수 있다.

④ 조세심판관회의는 심판청구에 대한 결정을 할 때 심판청구를 한 처분 외의 처분에 대해서는 그 처분의 전부 또는 일부를 취소 또는 변경하거나 새로운 처분의 결정을 하지 못한다.

해설

③은 조세심판관 지정의 회피(回避)에 대한 설명이며, 기피(忌避)는 심판청구인이 특정 조세심판관을 조세심판에 참여하지 않도록 신청하는 것이다.

5 국세기본법상 심사청구에 대한 결정에 관한 설명으로 옳은 것만을 모두 고르면?

2023년 국가직 9급

ㄱ. 심판청구를 제기한 후 심사청구를 제기(같은 날 제기한 경우도 포함한다)한 경우에는 그 심사청구를 각하하는 결정을 한다.
ㄴ. 심사청구 후 보정기간에 필요한 보정을 하지 아니한 경우에는 그 청구를 기각하는 결정을 한다.
ㄷ. 심사청구가 이유 없다고 인정될 때에는 그 청구를 기각하는 결정을 한다.
ㄹ. 심사청구가 적법하지 아니한 경우에는 그 청구를 각하하는 결정을 한다.

① ㄱ, ㄴ ② ㄴ, ㄷ
③ ㄱ, ㄴ, ㄹ ④ ㄱ, ㄷ, ㄹ

해설

ㄴ. 심사청구 후 보정기간에 필요한 보정을 하지 아니한 경우에는 그 청구를 각하하는 결정을 한다.
ㄱ. ㄷ. ㄹ. 은 옳은 설명이다.

6 다음은 국세기본법상의 조세불복제도에 관하여 기술한 내용이다. 가장 잘못된 것은?

① 심사청구의 기한까지 우편으로 제출한 심사청구서가 청구기간을 지나서 도달한 경우에는 그 기간의 만료일에 적법한 청구를 한 것으로 본다.
② 심사청구에 대한 재조사 결정에 따른 처분청의 처분에 대하여 불복하고자 하는 경우에는 해당 재조사 결정을 한 재결청에 대하여 심사청구 다시 제기할 수 있다.
③ 불복청구는 해당 처분의 집행에 효력을 미치지 아니하므로 체납자의 재산에 대한 압류 및 공매에 제한이 없다.
④ 재결청은 불복청구의 내용이나 절차가 국세기본법 또는 세법에 적합하지 아니하나 보정할 수 있다고 인정하면 20일 내의 기간(심판청구의 경우는 상당한 기간)을 정하여 보정할 것을 요구할 수 있는데, 이러한 보정기간은 청구기간 및 결정기간에 산입되지 않는다.

해설

국세기본법에 따른 불복청구 절차가 진행 중이거나 행정소송이 계속 중에 있는 국세의 체납으로 인하여 압류한 재산은 그 신청 또는 청구에 대한 결정이나 소에 대한 판결이 확정되기 전에는 공매할 수 없다. 다만, 그 재산이 부패·변질 또는 감량되기 쉬운 재산으로서 속히 매각하지 아니하면 그 재산가액이 감손될 우려가 있을 때에는 예외적으로 그 재산을 공매할 수 있다.

7 국세기본법상 심판청구제도에 대한 설명으로 옳지 않은 것은? ◎ 2015년 국가직 9급 수정

① 심판청구에 대한 결정을 할 때에는 심판청구를 한 처분보다 청구인에게 불리한 결정을 하지 못한다.

② 청구금액이 5천만원 이상이고 청구기간 내에 심판청구가 이루어진 때에는 조세심판관회의가 심리를 거쳐 결정한다.

③ 조세심판관회의에서 종전에 조세심판원에서 한 세법의 해석·적용을 변경하는 의결을 한 경우로서 조세심판원장과 상임조세심판관 모두로 구성된 회의에서 의결하는 경우에는 조세심판관합동회의가 심리를 거쳐 결정한다.

④ 심판청구인은 자신의 심판청구와 관련하여 법령이 정하는 바에 따라 해당 재결청에 의견진술을 할 수 있지만, 처분청은 그러하지 않다.

해설

처분청은 심판청구에 한하여 그 신청 또는 청구에 관계되는 서류를 열람할 수 있으며, 해당 재결청에 의견을 진술할 수 있다.

8 국세기본법상 조세심판에 관한 설명으로 옳지 않은 것은? ◎ 2010년 국가직 9급

① 감사원법에 따라 심사청구를 한 처분이나 그 심사청구에 대한 처분은 심판청구의 대상이 되는 처분에 포함되지 아니한다.

② 심판청구는 세법에 특별한 규정이 있는 것을 제외하고는 그 결정이 있기 전까지 당해 과세처분의 집행을 중지시킨다.

③ 심판청구인은 변호사 이외에도 세무사 또는 세무사법에 따른 세무사등록부에 등록한 공인회계사를 대리인으로 선임할 수 있다.

④ 세법에 따른 처분에 의하여 권리를 침해당하게 될 제2차 납세의무자로서 납부고지서를 받은 자는 위법 또는 부당한 처분을 받은 자의 처분에 대하여 그 처분의 취소 또는 변경을 청구하거나 그 밖에 필요한 처분을 청구할 수 있다.

해설

심판청구는 세법에 특별한 규정이 있는 것을 제외하고는 해당 처분의 집행에 효력을 미치지 아니한다. 다만, 해당 재결청(裁決廳)이 처분의 집행 또는 절차의 속행 때문에 이의신청인, 심사청구인 또는 심판청구인에게 중대한 손해가 생기는 것을 예방할 필요성이 긴급하다고 인정할 때에는 처분의 집행 또는 절차 속행의 전부 또는 일부의 정지(집행정지)를 결정할 수 있다.

정답	1	①	2	③	3	②	4	③	5	④	6	③	7	④	8	②

8 납세자의 권리

1. 납세자권리헌장

(1) 납세자권리헌장의 의의

납세의무는 헌법에서 규정하고 있는 국민의 의무이다. 헌법 제38조에서는 「모든 국민은 법률이 정하는 바에 따라 납세의 의무를 진다」고 규정하고 있다. 납세의무는 법률이 정하는 바에 따라 부담하는 것이다. 따라서 조세관련 법률에는 납세자의 권리를 보장하기 위한 제반규정을 마련하고 있다.

(2) 납세자권리헌장의 제정

국세청장은 국세기본법에 규정된 납세자권리에 대한 사항과 그밖에 납세자의 권리보호에 관한 사항을 포함하는 납세자권리헌장을 제정하여 고시하여야 한다(국기법 81의2 ①).

(3) 납세자권리헌장의 교부

세무공무원은 다음의 어느 하나에 해당하는 경우에는 납세자권리헌장의 내용이 수록된 문서를 납세자에게 내주어야 한다(국기법 81의2 ②).

① 세무조사(조세범처벌절차법에 따른 조세범칙조사를 포함)를 하는 경우
② 사업자등록증을 발급하는 경우

(4) 납세자권리헌장의 낭독

세무공무원은 세무조사(조세범처벌절차법에 따른 조세범칙조사를 포함)를 시작할 때 조사원증을 납세자 또는 관련인에게 제시한 후 납세자권리헌장을 교부하고 그 요지를 직접 낭독해 주어야 하며, 조사사유, 조사기간, 납세자보호위원회에 대한 심의요청사항 · 절차 및 권리구제 절차 등을 설명하여야 한다(국기법 81의2 ③).

2. 납세자의 성실성추정

세무공무원은 납세자가 수시세무조사 대상(국기법 81의6 ③)에 해당하는 경우를 제외하고는 납세자가 성실하며 납세자가 제출한 신고서 등이 진실한 것으로 추정하여야 한다(국기법 81의3).

3. 세무조사권 남용금지

(1) 세무조사권 남용금지

세무공무원은 적정하고 공평한 과세를 실현하기 위하여 필요한 최소한의 범위에서 세무조사(조세범처벌절차법에 따른 조세범칙조사를 포함)를 하여야 하며, 다른 목적 등을 위하여 조사권을 남용해서는 아니 된다(국기법 81의4 ①).

(2) 중복조사의 금지

세무공무원은 조세탈루의 혐의를 인정할 만한 명백한 자료가 있는 경우 등 법령에서 정하는 사유에 해당하는 경우가 아니면 같은 세목 및 같은 과세기간에 대하여 재조사를 할 수 없다(국기법 81의4 ②, 국기령 63의3).

(3) 세무조사와 직접 관련 없는 자료 제출요구 금지

세무공무원은 세무조사(조세범처벌절차법에 따른 조세범칙조사를 포함)를 하기 위하여 필요한 최소한의 범위에서 장부 · 서류 또는 그 밖의 물건(장부등)의 제출을 요구하여야 하며, 조사대상 세목 및 과세기간의 과세표준과 세액의 계산과 관련 없는 장부등의 제출을 요구해서는 아니 된다(국기법 81의4 ③).

(4) 공정 세무조사 저해 행위의 금지

누구든지 세무공무원으로 하여금 법령을 위반하게 하거나 지위 또는 권한을 남용하게 하는 등 공정한 세무조사(조세범처벌절차법에 따른 조세범칙조사를 포함)를 저해하는 행위를 하여서는 아니 된다(국기법 81의4 ④).

4. 세무조사 시 조력을 받을 권리

납세자는 세무조사(조세범처벌절차법에 따른 조세범칙조사를 포함)를 받는 경우에 변호사 · 공인회계사 · 세무사로 하여금 조사에 참여하게 하거나 의견을 진술하게 할 수 있다(국기법 81의5).

5. 세무조사 관할 및 대상자 선정

(1) 세무조사의 관할

세무조사는 납세지 관할세무서장 또는 지방국세청장이 수행한다. 다만, 납세자의 주된 사업장 등이 납세지와 관할을 달리하거나 납세지 관할세무서장 또는 지방국세청장이 세무조사를 수행하는 것이 부적절한 경우 등 법령에서 정하는 사유에 해당하는 경우에는 국세청장(같은 지방국세청 소관 세무서 관할 조정의 경우에는 지방국세청장)이 그 관할을 조정할 수 있다(국기법 81의6 ①).

(2) 정기세무조사

세무공무원은 다음의 어느 하나에 해당하는 경우에 정기적으로 신고의 적정성을 검증하기 위하여 대상을 선정하여 세무조사를 할 수 있다. 이 경우 세무공무원은 객관적 기준에 따라 공정하게 그 대상을 선정하여야 한다(국기법 81의6 ②).

① 국세청장이 납세자의 신고 내용에 대하여 과세자료, 세무정보 및 주식회사의 외부감사에 관한 법률에 따른 감사의견, 외부감사 실시내용 등 회계성실도 자료 등을 고려하여 정기적으로 성실도를 분석한 결과 불성실 혐의가 있다고 인정하는 경우

② 최근 4과세기간 이상 같은 세목의 세무조사를 받지 아니한 납세자에 대하여 업종·규모·경제력 집중 등을 고려하여 신고내용이 적정한지를 검증할 필요가 있는 경우

③ 무작위추출방식으로 표본조사를 하려는 경우

(3) 수시세무조사

세무공무원은 위의 정기세무조사 외에 다음의 어느 하나에 해당하는 경우에는 수시세무조사를 할 수 있다(국기법 81의6 ③).

① 납세자가 세법에서 정하는 신고, 성실신고확인서의 제출, 세금계산서 또는 계산서의 작성·교부·제출, 지급명세서의 작성·제출 등의 납세협력의무를 이행하지 아니한 경우

② 무자료거래, 위장·가공거래 등 거래내용이 사실과 다른 혐의가 있는 경우

③ 납세자에 대한 구체적인 탈세제보가 있는 경우

④ 신고 내용에 탈루나 오류의 혐의를 인정할 만한 명백한 자료가 있는 경우
⑤ 납세자가 세무공무원에게 직무와 관련하여 금품을 제공하거나 금품제공을 알선한 경우

⑷ 부과과세 세목의 과세표준 결정을 위한 세무조사

세무공무원은 과세관청의 조사결정에 의하여 과세표준과 세액이 확정되는 부과과세 세목의 경우 과세표준과 세액을 결정하기 위하여 세무조사를 할 수 있다(국기법 81의6 ④).

⑸ 소규모 성실납세자에 대한 정기세무조사의 면제

세무공무원은 법정 요건을 모두 충족하는 소규모 성실납세자에 대해서는 정기세무조사를 하지 아니할 수 있다. 다만, 객관적인 증거자료에 의하여 과소 신고한 것이 명백한 경우에는 그러하지 아니하다(국기법 81의6 ⑤, 국기령 63의6).

6. 세무조사의 사전통지와 연기신청

⑴ 세무조사의 사전통지

세무공무원은 세무조사를 하는 경우에는 조사를 받을 납세자 또는 납세관리인에게 조사를 시작하기 20일(심사청구 또는 이의신청에 따라 재조사를 하려는 경우는 7일) 개정 전에 조사대상 세목, 조사기간 및 조사 사유 등을 사전통지하여야 한다. 그러나 사전통지를 하면 증거인멸 등으로 조사 목적을 달성할 수 없다고 인정되는 경우에는 사전통지를 하지 아니할 수 있다(국기법 81의7 ①).

⑵ 세무조사의 연기신청

세무조사의 사전통지를 받은 납세자가 천재지변 등 법령에서 정하는 사유로 조사를 받기 곤란한 경우에는 관할 세무관서의 장에게 조사를 연기해 줄 것을 신청할 수 있으며, 연기신청을 받은 관할 세무관서의 장은 연기신청 승인 여부를 결정하고 그 결과(연기결정시 연기한 기간을 포함)를 조사 개시 전까지 통지하여야 한다(국기법 81의7 ②, ③, 국기령 63의8 ①).

⑶ 연기한 기간 만료 전 조사개시

관할 세무관서의 장은 다음의 어느 하나에 해당하는 사유가 있는 경우에는 연기한

기간이 만료되기 전에 조사를 개시할 수 있다(국기법 81의7 ④).

① 연기 신청의 사유가 소멸한 경우

② 조세채권을 확보하기 위하여 조사를 긴급히 개시할 필요가 있다고 인정되는 경우

7. 세무조사 기간

(1) 세무조사 기간 및 세무조사 기간의 연장사유

세무공무원은 조사대상 세목 · 업종 · 규모, 조사 난이도 등을 고려하여 세무조사 기간이 최소한이 되도록 하여야 한다. 다만, 납세자가 장부 · 서류 등을 은닉하거나 제출을 지연하거나 거부하는 등 조사를 기피하는 행위가 명백한 경우 등 법령에서 정하는 사유에 해당하는 경우에는 세무조사 기간을 연장할 수 있다(국기법 81의8 ①). 세무공무원은 세무조사 기간을 연장하는 경우에는 그 사유와 기간을 납세자에게 문서로 통지하여야 한다(국기법 81의8 ⑥).

(2) 세무조사 기간의 제한

세무공무원은 세무조사 기간을 정할 경우 조사대상 과세기간 중 연간 수입금액 또는 양도가액이 가장 큰 과세기간의 연간 수입금액 또는 양도가액이 100억원 미만인 납세자에 대한 세무조사 기간은 20일 이내로 한다(국기법 81의8 ②). 이와 같이 기간을 정한 세무조사를 세무조사 연장사유에 의해 연장하는 경우로서 최초로 연장하는 경우에는 관할 세무관서의 장의 승인을 받아야 하고, 2회 이후 연장의 경우에는 관할 상급 세무관서의 장의 승인을 받아야 하며, 연장되는 세무조사 기간도 1회당 20일 이내로 제한된다. 단, 무자료거래, 위장 · 가공거래 등 거래 내용이 사실과 다른 혐의가 있어 실제 거래 내용에 대한 조사가 필요한 경우 등 법령에서 정하는 사유에 해당하는 경우에는 세무조사 기간의 제한 및 세무조사 연장기간의 제한을 받지 아니한다(국기법 81의8 ③).

(3) 세무조사의 중지

세무공무원은 납세자가 자료의 제출을 지연하는 등 법령에서 정하는 사유로 세무조사를 진행하기 어려운 경우에는 세무조사를 중지할 수 있다. 이 경우 그 중지기간은 세무조사 기간 및 세무조사 연장기간에 산입하지 아니한다(국기법 81의8 ④).

세무공무원은 세무조사의 중지기간 중에는 납세자에 대하여 국세의 과세표준과 세액을 결정 또는 경정하기 위한 질문을 하거나 장부등의 검사 · 조사 또는 그 제출을 요

구할 수 없다(국기법 81의8 ⑤).

⑷ 세무조사의 재개

세무공무원은 세무조사를 중지한 경우에는 그 중지사유가 소멸하게 되면 즉시 조사를 재개하여야 한다. 다만, 조세채권의 확보 등 긴급히 조사를 재개하여야 할 필요가 있는 경우에는, 중지사유가 소멸하지 아니한 경우에도 세무조사를 재개할 수 있다(국기법 81의8 ⑤).

⑸ 세무조사 기간의 단축노력 및 조기종결

세무공무원은 세무조사 기간을 단축하기 위하여 노력하여야 하며, 장부기록 및 회계처리의 투명성 등 납세성실도를 검토하여 더 이상 조사할 사항이 없다고 판단될 때에는 조사기간 종료 전이라도 조사를 조기에 종결할 수 있다(국기법 81의8 ⑦).

8. 세무조사범위 확대의 제한

세무공무원은 다음의 경우를 제외하고는 조사진행 중 세무조사의 범위를 확대할 수 없다(국기법 81의9 ①, 국기령 63의10).

① 다른 과세기간 · 세목 또는 항목에 대한 구체적인 세금탈루 증거자료가 확인되어 다른 과세기간 · 세목 또는 항목에 대한 조사가 필요한 경우

② 명백한 세금탈루 혐의 또는 세법 적용의 착오 등이 있는 조사대상 과세기간의 특정 항목이 다른 과세기간에도 있어 동일하거나 유사한 세금탈루 혐의 또는 세법 적용 착오 등이 있을 것으로 의심되어 다른 과세기간의 그 항목에 대한 조사가 필요한 경우

한편 세무공무원은 세무조사의 범위를 확대하는 경우에는 그 사유와 범위를 납세자에게 문서로 통지하여야 한다(국기법 81의9 ②).

9. 장부등의 보관 금지

⑴ 장부등의 임의보관 금지

세무공무원은 세무조사(조세범처벌절차법에 따른 조세범칙조사를 포함)의 목적으로 납세자의 장부등을 세무관서에 임의로 보관할 수 없다(국기법 81의10 ①).

⑵ 장부등의 일시보관

세무공무원은 수시세무조사 사유에 해당하는 경우에는 조사 목적에 필요한 최소한의 범위에서 납세자, 소지자 또는 보관자 등 정당한 권한이 있는 자가 임의로 제출한 장부등을 납세자의 동의를 받아 세무관서에 일시 보관할 수 있다(국기법 81의10 ②). 이 경우 세무공무원은 납세자의 장부등을 세무관서에 일시 보관하려는 경우 납세자로부터 일시 보관 동의서를 받아야 하며, 일시 보관증을 교부하여야 한다(국기법 81의10 ③).

⑶ 장부등의 반환

① 세무공무원은 일시 보관하고 있는 장부등에 대하여 납세자가 반환을 요청한 경우에는 그 반환을 요청한 날부터 14일 이내에 장부등을 반환하여야 한다. 다만, 조사 목적을 달성하기 위하여 필요한 경우에는 납세자보호위원회의 심의를 거쳐 한 차례만 14일 이내의 범위에서 보관 기간을 연장할 수 있다(국기법 81의10 ④).

② 세무공무원은 납세자가 일시 보관하고 있는 장부등의 반환을 요청한 경우로서 세무조사에 지장이 없다고 판단될 때에는 요청한 장부등을 즉시 반환하여야 한다(국기법 81의10 ⑤).

10. 통합조사의 원칙

⑴ 통합조사 원칙

세무조사는 납세자의 사업과 관련하여 세법에 따라 신고·납부의무가 있는 세목을 통합하여 실시하는 것을 원칙으로 한다(국기법 81의11 ①).

⑵ 세목별 조사

세목의 특성, 납세자의 신고유형, 사업규모 또는 세금탈루 혐의 등을 고려하여 특정 세목만을 조사할 필요가 있는 경우 등 법령에서 정하는 사유에 해당하는 경우에는 특정한 세목만을 조사할 수 있다(국기법 81의11 ②).

⑶ 부분조사

다음의 어느 하나에 해당하는 경우에는 각 사항에 대한 확인을 위하여 필요한 부분에 한정한 부분조사를 실시할 수 있다(국기법 81의11 ③). 다만, 아래 '③~⑥'에 해당하는 사유로 인한 부분조사는 같은 세목 및 같은 과세기간에 대하여 2회를 초과하여 실시할 수 없다(국기법 81의11 ④).

① 경정 등의 청구에 대한 처리 또는 국세환급금의 결정을 위하여 확인이 필요한 경우

② 불복청구에 대한 재조사결정 또는 과세전적부심사에 대한 재조사 결정에 따라 사실관계의 확인 등이 필요한 경우

③ 거래상대방에 대한 세무조사 중에 거래 일부의 확인이 필요한 경우

④ 납세자에 대한 구체적인 탈세 제보가 있는 경우로서 해당 탈세 혐의에 대한 확인이 필요한 경우

⑤ 명의위장, 차명계좌의 이용을 통하여 세금을 탈루한 혐의에 대한 확인이 필요한 경우

⑥ 그 밖에 세무조사의 효율성 및 납세자의 편의 등을 고려하여 특정 사업장, 특정 항목 또는 특정 거래에 대한 확인이 필요한 경우로서 대통령령으로 정하는 경우

11. 세무조사의 결과통지

(1) 결과통지

세무공무원은 세무조사를 마쳤을 때에는 그 조사를 마친 날부터 20일(공시송달 사유 중 어느 하나에 해당하는 경우에는 40일) 이내에 세무조사 내용, 결정 또는 경정할 과세표준·세액 및 산출근거 등이 포함된 조사결과를 납세자에게 설명하고, 이를 서면으로 통지하여야 한다. 다만, 다음에 해당하는 경우에는 그러하지 아니하다(국기법 81의12 ①, 국기령 63의13).

① 납세관리인을 정하지 아니하고 국내에 주소 또는 거소를 두지 아니한 경우

② 이의신청, 심사청구, 심판청구 및 과세전적부심사청구에 대한 재조사 결정에 의한 조사를 마친 경우

③ 세무조사결과통지서 수령을 거부하거나 회피하는 경우

(2) 부분통지

과세에 대한 불확실성을 조기에 해소하기 위하여 세무공무원은 다음의 어느 하나에 해당하는 사유로 위 결과통지 기간 이내에 조사결과를 통지할 수 없는 부분이 있는 경우에는 납세자가 동의하는 경우에 한정하여 조사결과를 통지할 수 없는 부분을 제외한 조사결과를 납세자에게 설명하고, 이를 서면으로 통지할 수 있다(국기법 81의12 ②).

① 국제조세조정에 관한 법률 및 조세조약에 따른 국외자료의 수집・제출 또는 상호합의절차 개시에 따라 외국 과세기관과의 협의가 진행 중인 경우
② 해당 세무조사와 관련하여 세법의 해석 또는 사실관계 확정을 위하여 기획재정부장관 또는 국세청장에 대한 질의 절차가 진행 중인 경우

12. 비밀유지 및 정보제공

(1) 비밀유지

세무공무원은 납세자가 세법에서 정한 납세의무를 이행하기 위하여 제출한 자료나 국세의 부과・징수를 위하여 업무상 취득한 자료 등(과세정보)을 타인에게 제공 또는 누설하거나 목적 외의 용도로 사용해서는 아니 된다. 다만, 국가행정기관, 지방자치단체 등이 법률에서 정하는 조세, 과징금의 부과・징수 등을 위하여 사용할 목적으로 과세정보를 요구하는 경우 등 법령에서 정하는 경우에는 그 사용목적에 맞는 범위에서 납세자의 과세정보를 제공할 수 있다(국기법 81의13 ①).

(2) 납세자의 권리 행사에 필요한 정보의 제공

납세자 본인의 권리 행사에 필요한 정보를 납세자(세무사 등 납세자로부터 세무업무를 위임받은 자를 포함한다)가 요구하는 경우 세무공무원은 신속하게 정보를 제공하여야 한다(국기법 81의14).

13. 과세전적부심사

(1) 의 의

다음의 어느 하나에 해당하는 통지를 받은 자는 통지를 받은 날부터 30일 이내에 통지를 한 세무서장이나 지방국세청장에게 통지 내용의 적법성에 관한 심사[과세전적부심사(課稅前適否審査)]를 청구할 수 있다. 다만, 법령으로 정하는 사항[22]에 대해서

22) 다음에 해당하는 것을 말한다.
① 법령과 관련하여 국세청장의 유권해석을 변경하여야 하거나 새로운 해석이 필요한 것
② 국세청장의 훈령・예규・고시 등과 관련하여 새로운 해석이 필요한 것
③ 세무서 또는 지방국세청에 대한 국세청장의 업무감사 결과(현지에서 시정조치하는 경우를 포함한다)에 따라 세무서장 또는 지방국세청장이 하는 과세예고 통지에 관한 것
④ '①'부터 '③'까지의 규정에 해당하지 아니하는 사항 중 과세전적부심사 청구금액이 5억원 이상인 것

는 국세청장에게 청구할 수 있다(국기법 81의15 ②, 국기령 63의14 ②).

① 세무조사 결과에 대한 서면통지

② 과세예고통지[23]

⑵ 조기결정 등의 신청

과세전적부심사대상인 세무조사 결과에 대한 서면통지 또는 과세예고통지를 받은 자는 과세전적부심사를 청구하지 아니하고 통지를 한 세무서장이나 지방국세청장에게 통지받은 내용의 전부 또는 일부에 대하여 과세표준 및 세액을 조기에 결정하거나 경정결정해 줄 것을 신청할 수 있다. 이 경우 해당 세무서장이나 지방국세청장은 신청받은 내용대로 즉시 결정이나 경정결정을 하여야 한다(국기법 81의15 ⑧).

⑶ 과세전적부심사의 배제

다음의 어느 하나에 해당하는 경우에는 과세전적부심사를 청구할 수 없다(국기법 81의15 ③, 국기령 63의15 ③).

① 국세징수법에 규정된 납부기한 전 징수의 사유가 있거나 세법에서 규정하는 수시부과의 사유가 있는 경우

② 조세범처벌법 위반으로 고발 또는 통고처분하는 경우. 다만, 고발 또는 통고처분과 관련 없는 세목 또는 세액은 제외함

③ 세무조사 결과 통지 및 과세예고 통지를 하는 날부터 국세의 부과제척기간 만료일까지의 기간이 3개월 이하인 경우

④ 조세조약을 체결한 상대국이 상호합의절차의 개시를 요청한 경우

⑤ 이의신청, 심사청구, 심판청구 및 과세전적부심사청구에 대한 재조사 결정에 의한 조사를 하는 경우

---

⑤ 감사원법 제33조에 따른 시정요구에 따라 세무서장 또는 지방국세청장이 과세처분하는 경우로서 시정 요구 전에 과세처분 대상자가 감사원의 지적사항에 대한 소명안내를 받지 못한 것

23) 세무서장 또는 지방국세청장은 다음의 어느 하나에 해당하는 경우에는 미리 납세자에게 그 내용을 서면으로 통지(과세예고통지)하여야 한다(국기법 81의15).

① 세무서 또는 지방국세청에 대한 지방국세청장 또는 국세청장의 업무감사 결과(현지에서 시정조치하는 경우를 포함)에 따라 세무서장 또는 지방국세청장이 과세하는 경우

② 세무조사에서 확인된 것으로 조사대상자 외의 자에 대한 과세자료 및 현지 확인조사에 따라 세무서장 또는 지방국세청장이 과세하는 경우

③ 납부고지하려는 세액이 100만원 이상인 경우. 다만, 감사원법 제33조에 따른 시정요구에 따라 세무서장 또는 지방국세청장이 과세처분하는 경우로서 시정요구 전에 과세처분 대상자가 감사원의 지적사항에 대한 소명안내를 받은 경우 등은 제외한다.

⑷ 국선대리인 신청

과세전적부심사 청구인은 세무조사 결과에 대한 서면통지 또는 과세예고통지를 한 세무서장이나 지방국세청장에 법정요건을 모두 갖추어 변호사, 세무사 또는 세무사법에 따라 등록한 공인회계사를 국선대리인으로 선정하여 줄 것을 신청할 수 있다(국기법 59의2 ①). 국선대리인의 선정 및 통지절차 등은 불복청구에 대한 국선대리인 관련 규정을 준용한다.

⑸ 결정 · 경정의 유보

과세전적부심사 청구를 받은 세무서장 · 지방국세청장 또는 국세청장은 그 청구부분에 대하여 과세전적부심사에 대한 결정이 있을 때까지 과세표준 및 세액의 결정이나 경정결정을 유보(留保)하여야 한다. 다만, 과세전적부심사의 배제사유에 해당하는 경우 또는 조기결정 등의 신청이 있는 경우에는 그러하지 아니하다(국기령 63의14 ④).

⑹ 과세전적부심사 청구에 대한 결정

과세전적부심사 청구에 대한 결정은 다음의 구분에 따른다(국기법 81의15 ⑤).

① 청구가 이유 없다고 인정되는 경우 : 채택하지 아니한다는 결정

② 청구가 이유 있다고 인정되는 경우 : 채택하거나 일부 채택하는 결정. 다만, 구체적인 채택의 범위를 정하기 위하여 사실관계 확인 등 추가적으로 조사가 필요한 경우에는 과세전적부심사 대상인 통지를 한 세무서장이나 지방국세청장으로 하여금 이를 재조사하여 그 결과에 따라 당초 통지 내용을 수정하여 통지하도록 하는 재조사 결정을 할 수 있다.

③ 다음의 어느 하나에 해당하는 경우 : 심사하지 아니한다는 결정

㉠ 과세적부심 청구기간이 지난 후에 청구된 경우

㉡ 과세전적부심사 청구 후 보정기간에 필요한 보정을 하지 아니한 경우

㉢ 그 밖에 청구가 적법하지 아니한 경우

⑺ 심사결과의 통지

과세전적부심사 청구를 받은 세무서장 · 지방국세청장 또는 국세청장은 각각 국세심사위원회의 심사를 거쳐 결정을 하고 그 결과를 청구를 받은 날부터 30일 이내에 청구인에게 통지하여야 한다(국기법 81의15 ④).

14. 납세자보호관 제도

국세청장은 직무를 수행할 때에 납세자의 권리가 보호되고 실현될 수 있도록 노력하여야 한다. 납세자의 권리보호를 위하여 국세청에 납세자 권리보호업무를 총괄하는 납세자보호관을 두고, 세무서 및 지방국세청에 납세자 권리보호업무를 수행하는 담당관을 각각 1인을 둔다. 국세청장은 납세자보호관을 개방형직위로 운영하고 납세자보호관 및 담당관이 업무를 수행할 때에 독립성이 보장될 수 있도록 하여야 한다(국기법 81조의16).

납세자보호관의 직무 및 권한은 다음과 같으며, 납세자보호관은 업무를 효율적으로 수행하기 위하여 납세자보호담당관에게 그 직무와 권한의 일부를 위임할 수 있다(국기령 63의15 ①, ②).

① 위법 · 부당한 세무조사 및 세무조사 중 세무공무원의 위법 · 부당한 행위에 대한 일시중지 및 중지
② 세무조사 과정에서 위법 · 부당한 행위를 한 세무공무원 교체 명령 및 징계 요구
③ 위법 · 부당한 처분(세법에 따른 납세의 고지는 제외한다)에 대한 시정요구
④ 위법 · 부당한 처분이 행하여 질 수 있다고 인정되는 경우 그 처분 절차의 일시중지 및 중지
⑤ 납세서비스 관련 제도 · 절차 개선에 관한 사항
⑥ 납세자의 권리보호업무에 관하여 세무서 및 지방국세청의 납세자보호담당관에 대한 지도 · 감독
⑦ 세금 관련 고충민원의 해소 등 납세자 권리보호에 관한 사항
⑧ 그 밖에 납세자의 권리보호와 관련하여 국세청장이 정하는 사항

15. 납세자의 협력의무

납세자는 세무공무원의 적법한 질문 · 조사, 제출명령에 대하여 성실하게 협력하여야 한다(국기법 81조의17).

16. 납세자보호위원회

납세자 권리보호에 관한 사항을 심의하기 위하여 세무서, 지방국세청 및 국세청에 납세자보호위원회를 둔다. 납세자보호위원회는 위원장 1명을 포함한 18명 이내의 위원으로 구성하며, 납세자보호위원회의 위원은 세무 분야에 전문적인 학식과 경험이 풍부한 사람과 관계 공무원 중에서 국세청장(세무서 납세자보호위원회의 위원은 지방국세청장)이 임명 또는 위촉한다(국기법 81의18).

객 관 식 문 제

▶ 제8장 납세자의 권리

1 다음은 국세기본법상 납세자의 권리와 관련된 설명이다. 틀린 것은?

① 세무공무원은 납세자가 수시세무조사 대상에 해당하는 경우를 제외하고는 납세자가 성실하며 납세자가 제출한 신고서 등이 진실한 것으로 추정하여야 하며, 무작위 추출방식에 의한 표본세무조사가 납세자의 성실성 추정원칙에 반하는 것은 아니다.

② 세무공무원은 세무조사의 중지기간 중에는 납세자에 대하여 국세의 과세표준과 세액을 결정 또는 경정하기 위한 질문을 할 수 없다.

③ 세무공무원은 세무조사(조세범처벌절차법에 따른 조세범칙조사를 포함)를 하는 경우에는 납세권리헌장의 내용이 수록된 문서를 납세자에게 내주어야 한다.

④ 납세자는 어떠한 경우에도 같은 세목 및 같은 과세기간에 대하여 중복조사를 받지 않을 권리가 있다.

해설

납세자는 조세탈루의 혐의를 인정할 만한 명백한 자료가 있는 경우 등 법령에서 정하는 사유에 해당하는 경우를 제외하고는 같은 세목 및 같은 과세기간에 대하여 중복조사를 받지 않을 권리가 있다.

2 납세자의 권리와 관련된 설명으로 가장 잘못된 것은?

① 세무공무원은 세무조사의 목적으로 납세자의 장부 또는 서류 등을 세무관서에 임의로 보관할 수 없다.

② 세무공무원은 납세자에 대한 구체적인 탈세제보가 있는 경우에는 납세자가 제출한 신고서 등이 진실한 것으로 추정하지 않는데, 이는 납세자의 성실성 추정원칙의 예외규정이다.

③ 세무공무원은 다른 과세기간에 대한 구체적인 세금탈루 증거자료가 확인되어 다른 과세기간에 대한 조사가 필요한 경우에는 조사진행 중 세무조사의 범위를 확대할 수 있다.

④ 세무조사는 지방국세청장 또는 국세청장이 수행한다.

해설

세무조사는 납세지 관할세무서장 또는 지방국세청장이 수행한다. 다만, 납세자의 주된 사업장 등이 납세지와 관할을 달리하거나 납세지 관할세무서장 또는 지방국세청장이 세무조사를 수행하는 것이 부적절한 경우 등 법령에서 정하는 사유에 해당하는 경우에는 국세청장(같은 지방국세청 소관 세무서 관할 조정의 경우에는 지방국세청장)이 그 관할을 조정할 수 있다.

3 다음은 세무조사와 관련된 납세자의 권리를 설명한 것이다. 옳지 않은 것은?

① 세무공무원은 최근 4과세기간 이상 같은 세목의 세무조사를 받지 아니한 납세자에 대하여 신고내용이 적정한지를 검증할 필요가 있는 경우에 정기적으로 신고의 적정성을 검증하기 위하여 세무조사를 할 수 있다.

② 세무공무원은 납세자가 세법에서 정하는 신고, 세금계산서 또는 계산서의 작성·교부·제출, 지급명세서의 작성·제출 등의 납세협력의무를 이행하지 아니한 경우 경우에는 수시세무조사를 할 수 있다.

③ 세무공무원은 법정 요건을 모두 충족하는 소규모 성실납세자에 대해서는 정기선정에 따른 세무조사를 하지 아니할 수 있다.

④ 세무공무원은 세무조사를 하는 경우에는 반드시 조사를 받을 납세자 또는 납세관리인에게 조사를 시작하기 20일전에 조사대상 세목, 조사기간 및 조사 사유 등을 사전통지하여야 한다.

해설

세무공무원은 세무조사를 하는 경우에는 조사를 받을 납세자 또는 납세관리인에게 조사를 시작하기 20일 전에 조사대상 세목, 조사기간 및 조사 사유 등을 사전통지하여야 한다. 그러나 사전통지를 하면 증거인멸 등으로 조사 목적을 달성할 수 없다고 인정되는 경우에는 사전통지를 하지 아니할 수 있다.

4 국세기본법상 세무조사에 대한 설명으로 옳지 않은 것은? ◐ 2018년 국가직 7급 수정

① 세무조사 중 납세자의 장부등을 납세자의 동의를 받아 적법하게 세무관서에 일시 보관하는 경우, 세무공무원은 납세자가 그 장부등의 반환을 요청한 경우에로 세무조사에 지장이 없다고 판단될 때에는 요청한 장부등을 즉시 반환하여야 한다.

② 세무공무원은 세무조사를 마쳤을 때에는 그 조사를 마친 날부터 30일 이내에 조사결과를 납세자에게 통지해야 하는데, 조세범처벌절차법에 따른 조세범칙조사를 한 경우에는 결과통지를 하지 않는다.

③ 세무조사는 통합조사가 원칙이지만 차명계좌를 이용하여 세금을 탈루한 혐의에 대한 확인이 필요한 경우 그 확인을 위해 필요한 부분에 한정하여 조사를 실시할 수도 있는데, 그러한 조사의 경우에도 같은 세목 및 같은 과세기간에 대하여 2회까지만 실시할 수 있다.

④ 세무조사의 사전통지를 받은 납세자가 천재지변 등 법령에서 정하는 사유로 조사를 받기 곤란한 경우에는 관할 세무관서의 장에게 조사를 연기해 줄 것을 신청할 수 있다.

해설

세무공무원은 세무조사를 마쳤을 때에는 그 조사를 마친 날부터 20일(공시송달 사유 중 어느 하나에 해당하는 경우에는 40일) 이내에 조사결과를 납세자에게 설명하고, 이를 서면으로 통지하여야 한다.

5 국세기본법상 납세자의 권리에 대한 설명으로 옳지 않은 것은?

2012년 국가직 9급

① 세무공무원은 납세자 갑(甲)에 대한 구체적인 탈세제보가 있는 경우 갑(甲)이 제출한 신고서를 진실한 것으로 추정할 수 없다.

② 납세자는 세무조사 시에 변호사, 공인회계사, 세무사 등으로 하여금 조사에 참여하게 하거나 의견을 진술하게 할 수 있다.

③ 세무공무원은 조사대상 세목 · 업종 · 규모, 조사 난이도 등을 고려하여 세무조사 기간이 최소한이 되도록 정하여야 하되, 납세자가 장부 · 서류 등을 은닉하거나 제출을 지연하거나 거부하는 등 조사를 기피하는 행위가 명백한 경우에는 세무조사 기간을 연장할 수 있다.

④ 세무공무원은 조세탈루의 혐의를 인정할 만한 명백한 자료가 있는 경우에도 같은 세목과 같은 과세기간에 대하여 재조사를 할 수 없다.

해설

세무공무원은 조세탈루의 혐의를 인정할 만한 명백한 자료가 있는 경우에는 같은 세목과 같은 과세기간에 대하여 재조사를 할 수 있다.

6 국세기본법상 납세자의 권리에 대한 설명으로 옳지 않은 것은?

2015년 국가직 7급 수정

① 세무공무원은 명백한 세금탈루 혐의 또는 세법 적용의 착오 등이 있는 조사대상 과세기간의 특정 항목이 다른 과세기간에도 있어 동일하거나 유사한 세금탈루 혐의 또는 세법 적용 착오 등이 있을 것으로 의심되어 다른 과세기간의 그 항목에 대한 조사가 필요한 경우에는 조사진행 중 세무조사의 범위를 확대할 수 있다.

② 세무공무원은 무자료거래 등 거래 내용이 사실과 다른 혐의가 있어 실제 거래 내용에 대한 조사가 필요한 경우 관할세무관서의 장의 승인을 받아 세무조사 기간을 연장할 수 있으나, 그 기한은 20일 이내여야 한다.

③ 조사대상 과세기간 중 연간 수입금액 또는 양도가액이 가장 큰 과세기간의 연간 수입금액 또는 양도가액이 100억원 미만인 납세자에 대한 세무조사기간은 20일 이내로 한다.

④ 세무공무원은 납세자가 자료의 제출을 지연하는 등 법령에서 정하는 사유로 세무조사를 진행하기 어려운 경우에는 세무조사를 중지할 수 있다.

해설

무자료거래 등 거래 내용이 사실과 다른 혐의가 있어 실제 거래 내용에 대한 조사가 필요한 경우에는 세무조사 기간의 제한 및 세무조사 연장기간의 제한을 받지 아니한다.

7 국세기본법상 세무조사에 대한 설명으로 옳은 것은?

2024년 국가직 7급 수정

① 납세자는 세무조사(조세범처벌절차법에 따른 조세범칙조사를 포함한다)를 받는 경우에 변호사로 하여금 조사에 참여하게 하거나 의견을 진술하게 할 수 없다.

② 세무공무원은 과세관청의 조사결정에 의하여 과세표준과 세액이 확정되는 세목의 경우 과세표준과 세액을 결정하기 위한 세무조사를 할 수 없다.

③ 납세자에 대한 구체적인 탈세 제보가 있는 경우로서 해당 탈세 혐의에 대한 확인이 필요한 사유로 인한 부분조사는 같은 세목 및 같은 과세기간에 대하여 횟수 제한 없이 실시할 수 있다.

④ 위장 · 가공거래 등 거래 내용이 사실과 다른 혐의가 있어 실제 거래 내용에 대한 조사가 필요한 경우에는 세무조사 기간의 제한 및 세무조사 연장기간의 제한을 받지 아니한다.

해설

① 납세자는 세무조사(조세범처벌절차법에 따른 조세범칙조사를 포함한다)를 받는 경우에 변호사로 하여금 조사에 참여하게 하거나 의견을 진술하게 할 수 있다.
② 세무공무원은 과세관청의 조사결정에 의하여 과세표준과 세액이 확정되는 세목의 경우 과세표준과 세액을 결정하기 위하여 세무조사를 할 수 있다.
③ 납세자에 대한 구체적인 탈세 제보가 있는 경우로서 해당 탈세 혐의에 대한 확인이 필요한 사유로 인한 부분조사는 같은 세목 및 같은 과세기간에 대하여 2회를 초과하여 실시할 수 없다.

8 국세기본법상 과세전적부심사에 대한 설명으로 옳지 않은 것은? ⊙ 2017년 국가직 7급

① 세무서장으로부터 세무조사 결과에 대한 서면통지를 받은 자는 과세전적부심사를 청구하지 아니한 채, 통지를 한 세무서장에게 통지받은 내용의 전부 또는 일부에 대하여 과세표준 및 세액을 조기에 결정하거나 경정결정해 줄 것을 신청할 수 없다.

② 세무서장으로부터 세무조사 결과에 대한 서면통지를 받은 자에게 국세징수법에 규정된 납부기한 전 징수의 사유가 있거나 세법에서 규정하는 수시부과사유가 있는 경우에는 과세전적부심사를 청구할 수 없다.

③ 과세전적부심사 청구를 받은 지방국세청장은 해당 국세심사위원회의 심사를 거쳐 결정을 하고 그 결과를 청구를 받은 날부터 30일 이내에 청구인에게 통지하여야 한다.

④ 과세전적부심사 청구기간이 지났거나 보정기간에 보정하지 아니한 경우에는 과세전적부심사를 청구받은 세무서장은 해당 국세심사위원회의 심사를 거쳐 심사하지 아니한다는 결정을 한다.

해설

세무서장으로부터 세무조사 결과에 대한 서면통지를 받은 자는 과세전적부심사를 청구하지 아니하고 통지를 한 세무서장이나 지방국세청장에게 통지받은 내용의 전부 또는 일부에 대하여 과세표준 및 세액을 조기에 결정하거나 경정결정해 줄 것을 신청할 수 있다.

정답	1	④	2	④	3	④	4	②	5	④	6	②	7	④	8	①

Chapter 9 보 칙

1. 납세관리인

(1) 납세관리인의 지정

납세자가 국내에 주소 또는 거소를 두지 아니하거나 국외로 주소 또는 거소를 이전할 때에는 국세에 관한 사항을 처리하기 위하여 납세관리인을 정하여야 한다. 또한 납세자는 국세에 관한 사항을 처리하게 하기 위하여 변호사, 세무사 또는 세무사법에 따른 세무사등록부 또는 공인회계사 세무대리업무등록부에 등록한 공인회계사를 납세관리인으로 둘 수 있다(국기법 82 ①, ②).

(2) 납세관리인 설정신고 및 변경신고

납세관리인을 정한 납세자는 문서로 관할세무서장에게 신고하여야 한다. 납세관리인을 변경하거나 해임할 때에도 또한 같다(국기법 82 ③, 국기령 64 ①). 관할세무서장은 납세자가 납세관리인 설정신고 및 변경신고를 하지 아니한 때에는 납세자의 재산이나 사업의 관리인을 납세관리인으로 정할 수 있다. 이 경우 관할세무서장은 해당 납세자와 납세관리인에게 지체 없이 그 사실을 통지하여야 한다(국기법 82 ④, 국기령 64 ③).

(3) 납세관리인의 변경조치

세무서장은 납세관리인이 부적당하다고 인정될 때에는 기한을 정하여 납세자에게 그 변경을 요구할 수 있다. 이러한 요구를 받은 납세자가 정해진 기한까지 납세관리인 변경의 신고를 하지 아니하면 납세관리인의 설정은 없는 것으로 본다(국기령 65).

2. 고지금액의 최저한도

(1) 국세기본법상 고지금액의 최저한도

고지할 국세[24](인지세는 제외한다) 및 강제징수비를 합친 금액이 1만원 미만일 때에

24) '고지할 국세'라 함은 본세와 함께 고지하는 교육세 · 농어촌특별세를 본세와 합한 것을 말한다(국기통 83－0…1).

는 그 금액은 없는 것으로 본다(국기법 83, 국기령 65의3).

(2) 개별 세법에 규정된 과세최저한도

고지금액의 최저한도에 대하여 세법에 별도의 규정이 있는 경우에는 그 규정을 우선 적용한다. 과세최저한도 관련 세법규정은 다음과 같다.

① 매 건별로 5만원 이하인 기타소득에 대한 소득세(소법 84)

② 과세표준 50만원 미만의 상속세 및 증여세(상증법 25, 55)

3. 국세행정에 대한 협조

세무공무원은 그 직무를 집행할 때 필요하면 국가기관·지방자치단체 또는 그 소속 공무원에게 협조를 요청할 수 있다. 이러한 요청을 받은 자는 정당한 사유가 없으면 협조하여야 한다(국기법 84 ①, ②).

정부는 납세지도(納稅指導)를 담당하는 단체에 그 납세지도 경비의 전부 또는 일부를 교부금으로 지급할 수 있다(국기법 84 ③).

4. 포상금의 지급

(1) 포상금의 지급대상 및 지급액

국세청장은 조세를 탈루한 자에 대한 탈루세액 또는 부당하게 환급·공제받은 세액을 산정하는 데 중요한 자료를 제공한 자 등 법령에서 정하는 제보자에게는 20억원(사유에 따라 40억원 또는 30억원)의 범위에서 포상금을 지급할 수 있다(국기법 84의2 ①).

(2) 포상금의 지급제한

다음의 사유에 해당하는 경우에는 포상금을 지급하지 아니한다(국기법 84의2 ①, 국기령 65의4 ⑤).

① 탈루세액, 부당하게 환급·공제받은 세액, 은닉재산의 신고를 통하여 징수된 금액이 5천만원 미만인 경우 또는 해외금융계좌 신고의무 불이행에 따른 과태료금액이 2천만원 미만인 경우

② 공무원이 그 직무와 관련하여 자료를 제공하거나 은닉재산을 신고한 경우

5. 과세자료의 제출과 그 수집에 대한 협조

세법에 따라 과세자료를 제출할 의무가 있는 자는 과세자료를 성실하게 작성하여 정해진 기한까지 소관 세무서장에게 제출하여야 한다. 다만, 국세정보통신망을 이용하여 제출하는 경우에는 지방국세청장이나 국세청장에게 제출할 수 있다(국기법 85 ①).

국가기관 · 지방자치단체 · 금융회사 또는 전자계산 · 정보처리시설을 보유한 자는 과세와 관계되는 자료 또는 통계를 수집하거나 작성하였을 때에는 국세청장에게 통보하여야 한다(국기법 85 ②).

6. 지급명세서 자료의 이용

금융실명거래 및 비밀보장에 관한 법률의 규정에도 불구하고 세무서장(지방국세청장 · 국세청장을 포함)은 소득세법 및 법인세법에 따라 제출받은 이자소득 또는 배당소득에 대한 지급명세서를 다음의 어느 하나에 해당하는 용도에 이용할 수 있다(국기법 85의2).

① 상속 · 증여재산의 확인

② 조세탈루의 혐의를 인정할 만한 명백한 자료의 확인

③ 조세특례제한법 제100조의 3에 따른 근로장려금 신청자격의 확인

7. 장부 등의 비치 및 보존

납세자는 각 세법이 규정하는 바에 따라 모든 거래에 관한 장부 및 증거서류를 성실하게 작성하여 갖춰 두어야 한다. 이러한 장부 및 증거서류는 그 거래사실이 속하는 과세기간에 대한 해당 국세의 법정신고기한이 지난날부터 5년(역외거래의 경우 7년)간 보존하여야 한다. 다만, 일반적인 국세의 부과제척기간(5년 또는 7년)이 끝난 날이 속하는 과세기간 이후의 과세기간에 소득세법 또는 법인세법에 따라 이월결손금을 공제하는 경우에는 이월결손금을 공제한 과세기간의 법정신고기한으로부터 1년이 되는 날까지 장부 및 증거서류를 보존하여야 한다(국기법 85의3 ①, ②).

8. 서류접수증 발급

납세자 또는 세법에 따라 과세자료를 제출할 의무가 있는 자로부터 다음의 서류를 받는 경우에는 세무공무원은 납세자 등에게 접수증을 발급하여야 한다(국기법 85의4 ①, 국기령 65의8 ①).

① 과세표준신고서 · 과세표준수정신고서, 경정청구서 또는 과세표준신고 · 과세표준수정신고 · 경정청구와 관련된 서류
② 이의신청서 · 심사청구서 및 심판청구서
③ 세법상 제출기한이 정해진 서류
④ 그밖에 국세청장이 납세자의 권익보호에 필요하다고 인정하여 지정한 서류

다만, 다음의 경우에는 접수증을 발급하지 아니할 수 있다(국기법 85의4 ①, 국기령 65의8 ②).

① 납세자가 과세표준신고서 등의 서류를 우편이나 팩스로 제출하는 경우
② 납세자가 과세표준신고서 등의 서류를 세무공무원을 거치지 아니하고 지정된 신고함에 직접 투입하는 경우

한편, 납세자 등으로부터 과세표준신고서 등을 국세정보통신망을 통해 받은 경우에는 그 접수사실을 전자적 형태로 통보할 수 있다(국기법 85의4 ②).

9. 불성실기부금수령단체 등의 명단 공개

국세청장은 납세자의 과세정보에 대한 비밀유지 규정과 국제조세조정에 관한 법률 제57조(해외금융계좌정보의 비밀유지)에도 불구하고 불성실기부금 수령단체 등 법령에서 정하는 자의 인적사항 등을 공개할 수 있다. 다만, 체납된 국세가 이의신청 · 심사청구 등 불복청구 중에 있거나 그 밖에 대통령령으로 정하는 사유가 있는 경우에는 그러하지 아니하다(국기법 85의5 ①).

10. 통계자료의 작성 및 공개

국세청장은 조세정책의 수립 및 평가 등에 활용하기 위하여 과세정보를 분석 · 가공한 통계자료를 작성 · 관리하여야 한다. 이 경우 통계자료는 납세자의 과세정보를 직접적 방법 또는 간접적인 방법으로 확인할 수 없도록 작성되어야 한다. 세원의 투명성, 국민의 알 권리 보장 및 신뢰 증진을 위하여 국세청장은 통계자료를 국세정보위원회의 심의를 거쳐 일반 국민에게 정기적으로 공개하여야 한다(국기법 85의6 ①, ②).

11. 가족관계등록 전산정보의 공동이용

국세청장, 지방국세청장, 세무서장 및 조세심판원장은 심사 · 심판 및 과세전적부심

사 업무를 처리할 때 행정심판법에 따른 청구인 지위 승계의 신고 또는 허가 업무를 처리하기 위하여 가족관계의 등록 등에 관한 법률에 따른 전산정보자료를 공동이용(개인정보의 수집, 생성, 기록, 저장, 보유, 가공, 편집, 검색, 출력, 정정(訂正), 복구, 이용, 제공, 공개, 파기(破棄), 그 밖에 이와 유사한 행위를 포함)할 수 있다(국기법 86).

12. 금품 수수 및 공여에 대한 징계 등

세무공무원이 그 직무와 관련하여 금품을 수수(收受)하였을 때에는 국가공무원법에 따른 징계절차에서 그 금품 수수액의 5배 이내의 징계부가금 부과 의결을 징계위원회에 요구하여야 한다(국기법 87 ①). 징계부가금 부과처분을 받은 세무공무원이 납부기간 내에 그 부가금을 납부하지 아니한 때에는 징계권자는 국세강제징수의 예에 따라 징수할 수 있다(국기법 87 ④).

13. 벌 칙

(1) 직무집행 거부 등에 대한 과태료

관할세무서장은 세법의 질문·조사권 규정에 따른 세무공무원의 질문에 대하여 거짓으로 진술하거나 그 직무집행을 거부 또는 기피한 자에게 5천만원 이하의 과태료를 부과·징수한다(국기법 88).

(2) 금품 수수 및 공여에 대한 과태료

관할세무서장 또는 세관장은 세무공무원에게 금품을 공여한 자에게 그 금품 상당액의 2배 이상 5배 이하의 과태료를 부과·징수한다. 다만, 형법 등 다른 법률에 따라 형사처벌을 받은 경우에는 과태료를 부과하지 아니하고, 과태료를 부과한 후 형사처벌을 받은 경우에는 과태료 부과를 취소한다(국기법 89).

(3) 비밀유지 의무 위반에 대한 과태료

국세청장은 과세정보를 타인에게 제공 또는 누설하거나 그 목적 외의 용도로 사용한 자에게 2천만원 이하의 과태료를 부과·징수한다. 다만, 형법 등 다른 법률에 따라 형사처벌을 받은 경우에는 과태료를 부과하지 아니하고, 과태료를 부과한 후 형사처벌을 받은 경우에는 과태료 부과를 취소한다(국기법 90).

객 관 식 문 제

▶ 제9장 보 칙

1 다음은 국세기본법 보칙에 대한 설명이다. 잘못된 것은?

① 세무공무원은 그 직무를 집행할 때 필요하면 국가기관·지방자치단체 또는 그 소속공무원에게 협조를 요청할 수 있다. 이러한 요청을 받은 자는 정당한 사유가 없으면 협조하여야 한다.

② 정부는 납세지도를 담당하는 단체에 그 납세지도 경비의 전부 또는 일부를 교부금으로 지급할 수 있다.

③ 세무공무원은 납세자가 과세표준신고서 등의 서류를 우편이나 팩스로 제출하는 경우에도 접수증을 발급하여야 한다.

④ 장부 및 증거서류는 그 거래사실이 속하는 과세기간에 대한 해당 국세의 법정신고기한이 지난날부터 5년(역외거래의 경우 7년)간 보존하여야 한다.

해설

납세자가 과세표준신고서 등의 서류를 우편이나 팩스로 제출하거나 세무공무원을 거치지 아니하고 지정된 신고함에 직접 투입하는 경우에는 접수증을 발급하지 아니할 수 있다.

2 국세기본법 보칙에 대한 다음 설명 중 옳지 않은 것은?

① 국세청장은 조세를 탈루한 자에 대한 탈루세액을 산정하는데 중요한 자료를 제공한 자에게 포상금을 지급할 수 있다.

② 세법에 따라 과세자료를 제출할 의무가 있는 자는 과세자료를 성실하게 작성하여 정해진 기한까지 소관 세무서장에게 제출하여야 한다. 다만, 국세정보통신망을 이용하여 제출하는 경우에는 지방국세청장이나 국세청장에게 제출할 수 있다.

③ 관할세무서장은 세법의 질문·조사권 규정에 따른 세무공무원의 질문에 대하여 거짓으로 진술하거나 그 직무집행을 거부 또는 기피한 자에게 2천만원 이하의 과태료를 부과·징수한다.

④ 세원의 투명성, 국민의 알권리 보장 및 국세행정의 신뢰증진을 위하여 국세청장은 통계자료를 국세정보위원회의 심의를 거쳐 일반 국민에게 정기적으로 공개하여야 한다.

해설

관할세무서장은 세법의 질문 · 조사권 규정에 따른 세무공무원의 질문에 대하여 거짓으로 진술하거나 그 직무집행을 거부 또는 기피한 자에게 5천만원 이하의 과태료를 부과 · 징수한다.

3 국세기본법령상 보칙에 대한 설명으로 옳지 않은 것은? ➲ 2020년 국가직 7급 수정

① 고지할 국세(인지세는 제외) 및 강제징수비를 합친 금액이 1만 원 미만일 때에는 그 금액은 없는 것으로 본다.

② 국세청장은 국세기본법상 비밀 유지 규정에도 불구하고 불성실기부금 수령단체의 인적사항, 국세추징명세 등을 공개할 수 있으나, 체납된 국세가 이의신청 · 심사청구 등 불복청구 중에 있는 경우에는 공개할 수 없다.

③ 국세청장은 해외금융계좌 신고의무 위반행위를 적발하는 데 중요한 자료를 제공한 자에게는 포상금을 지급할 수 있으나, 해외금융계좌 신고의무 불이행에 따른 과태료 금액이 2천만 원 미만인 경우에는 포상금을 지급하지 아니한다.

④ 납세자가 국외로 주소 또는 거소를 이전할 때에는 국세에 관한 사항을 처리하기 위하여 납세관리인을 정하여 줄 것을 관할세무서장에게 신청하여야 한다.

해설

납세자가 국외로 주소 또는 거소를 이전할 때에는 국세에 관한 사항을 처리하기 위하여 납세관리인을 정하여야 하며, 납세관리인을 정한 납세자는 문서로 관할세무서장에게 신고하여야 한다.

정답	1	③	2	③	3	④

제 3 편

법 인 세 법

1 법인세의 기본개념

제 1 절 | 법인세의 납세의무

1. 법인세의 의의 및 특징

(1) 법인세의 의의

법인세(corporate income tax)는 법인을 납세의무자로 하고 법인의 소득을 과세대상으로 하는 직접국세에 해당한다. 즉, 법인세는 법인의 소득을 과세대상으로 하는 조세로서 과세권이 중앙정부에 있는 국세이며, 법인이 법인세의 담세자인 동시에 납세자가 되는 직접세에 해당한다. 소득(income)을 과세대상으로 하는 국세에는 법인세와 소득세(individual income tax)가 있다. 법인세는 법인의 소득을 과세대상으로 하는 반면에, 소득세는 개인의 소득을 과세대상으로 한다는 점에 차이가 있다.

소득세(income tax) ─┬ 법인소득세(corporate income tax) ⇨ 법인세
　　　　　　　　　　 └ 개인소득세(individual income tax) ⇨ 소득세

(2) 법인세의 특징

우리나라 법인세의 일반적인 특징을 요약하면 다음과 같다.

▶ **표 1-1** 법인세의 특징

특 징	내 용	대비개념
국 세	과세권이 국가(중앙정부)에 있는 국세(national tax)이다.	지 방 세
직 접 세	납세자와 담세자가 동일한 직접세(direct tax)이다.	간 접 세
소 득 세	법인의 소득을 과세대상으로 하는 소득세(income tax)이다.	소 비 세
누 진 세	4단계 초과누진세율 구조로 되어 있는 누진세(progressive tax)이다.	비 례 세

2. 법인세의 과세대상소득

(1) 각 사업연도의 소득

내국법인의 각 사업연도의 소득은 그 사업연도에 속하는 익금의 총액에서 그 사업연도에 속하는 손금의 총액을 공제한 금액으로 한다(법법 14 ①). 각 사업연도의 소득은 기업회계상 당기순이익에 대응되는 세무상 당기순이익(과세소득)을 의미하며, 법인이 각 사업연도의 영업활동의 결과로 얻은 소득을 말한다. 법인세법에서는 법인이 획득한 소득을 사업연도 단위로 과세하기 때문에 사업연도마다 법인의 소득을 계산하게 되며, 이를 각 사업연도의 소득이라고 하는 것이다.

(2) 청산소득

청산소득은 내국법인이 해산으로 인하여 소멸하는 때에 일회성으로 발생하는 소득이다. 청산소득은 법인의 실질가치 증가분에 대하여 각 사업연도 소득에 대한 법인세를 완전하게 과세하지 못하였기 때문에 발생하며, 주로 자산을 세무상 원가법으로 평가함에 따른 미실현이익과 과세누락분으로 구성된다.

청산소득금액은 해산하는 법인의 잔여재산가액에서 해산등기일 현재의 세무상 자기자본총액을 공제한 금액을 말한다. 즉, 청산소득금액은 법인이 해산하는 시점의 실질가치(잔여재산가액)가 법인의 세무상 가치(세무상 자기자본)를 초과하는 금액을 의미한다.

법인이 해산으로 인하여 소멸하는 시점에 청산소득에 대한 법인세를 과세함으로써 법인소득에 대한 법인세 과세를 종결짓는 것이다.

(3) 토지등 양도소득

토지등 양도소득이란 주택, 별장, 비사업용 토지, 조합원입주권 및 분양권의 양도로 인하여 발생한 소득을 말한다. 토지등 양도소득에 대해서는 각 사업연도 소득에 대한 법인세가 과세되지만 법인의 부동산 투기를 억제하기 위하여 토지등 양도소득에 대한 법인세를 중복하여 과세한다. 예를 들면, 법인이 주택을 양도함에 따라 얻은 양도소득에 대해서는 각 사업연도 소득에 대한 법인세가 최고 24%의 세율로 과세되며, 이와는 별도로 토지등 양도소득에 대한 법인세가 20%의 세율로 다시 한번 과세된다. 결국 법인은 주택의 양도소득에 대하여 44%에 상당하는 법인세를 부담하게 되므로 법인의 부동산 투기의도를 차단할 수 있다는 것이다.

(4) 미환류소득

환류액(투자, 임금증가, 상생협력 지출액 등)이 기업소득의 일정비율(기준액)에 미달한 경우 그 미달액을 '미환류소득'이라 한다. 기업소득을 투자, 임금증가 및 상생협력 지출에 활용하도록 유도하기 위하여 상호출자제한기업집단에 속하는 법인에 대해서는 미환류소득에 20%를 곱하여 산출한 세액을 미환류소득에 대한 법인세로 과세한다(조특법 100의32).

3. 법인세의 납세의무자

법인세의 납세의무자는 법인[1]이며, 국세기본법에 따른 법인으로 보는 단체도 비영리내국법인으로 의제되어 법인세의 납세의무를 진다.

(1) 내국법인과 외국법인

법인은 그 본점 · 주사무소 또는 사업의 실질적 관리장소의 소재지에 따라 내국법인과 외국법인으로 구분된다. '내국법인'이란 본점 · 주사무소 또는 사업의 실질적 관리장소가 국내에 있는 법인을 말하며, '외국법인'이란 본점 · 주사무소가 외국에 있는 단체(사업의 실질적 관리장소가 국내에 있지 아니하는 경우만 해당)로서 다음의 어느 하나의 기준에 해당하는 법인을 말한다(법법 2 (1), (3)). 여기에서 본점이라 함은 영리법인의 영업상의 본거지를 말하며, 주사무소라 함은 비영리법인의 사업상의 본거지를 말한다.

① 설립된 국가의 법에 따라 법인격이 부여된 단체
② 구성원이 유한책임사원으로만 구성된 단체
③ 그 밖에 해당 외국단체와 동종 또는 유사한 국내의 단체가 상법 등 국내의 법률에 따른 법인인 경우의 그 외국단체(사법적 지위 비교방식)

내국법인은 소득의 원천지가 국내인 경우(국내원천소득)뿐 아니라 국외인 경우(국외원천소득)에 대해서도 각 사업연도의 소득에 대한 법인세의 납세의무를 지는 반면에, 외국법인은 법인세법에서 열거하고 있는 국내원천소득에 대해서만 각 사업연도의 소득에 대한 법인세의 납세의무를 진다.

---

1) 법인이란 법에 의하여 권리능력이 인정되는 사단(社團)과 재단(財團)을 말한다. 사단과 재단에는 민법상의 사단법인과 재단법인, 상법상의 주식회사 · 유한회사 · 합명회사 · 합자회사 등이 있다. 법인은 설립등기를 함으로써 법인격을 부여받게 되며, 법인격을 부여받음으로써 권리 · 의무의 주체가 될 수 있는 것이다.

⑵ 영리법인과 비영리법인

법인은 그 설립목적에 따라 영리법인과 비영리법인으로 구분된다. 이 경우 영리법인과 비영리법인을 설립준거법에 의하여 구분하는 것이 아니라는 점에 유의하여야 한다.

'영리법인'이란 영리를 목적[2]으로 설립된 법인을 말하며, 상법상의 주식회사 · 유한회사 · 합자회사 · 합명회사와 특별법상 영리목적으로 설립된 법인 등이 이에 해당한다. '비영리법인'이란 학술 · 종교 · 자선 · 기예 · 사교 기타 영리가 아닌 사업을 목적으로 하는 법인을 말하며, 민법 제32조[3]에 따라 설립된 법인, 사립학교법이나 그밖의 특별법에 따라 설립된 법인으로서 민법 제32조에 규정된 목적과 유사한 목적을 가진 법인 및 국세기본법에 따른 법인으로 보는 단체 등이 이에 해당한다.

영리법인은 소득원천에 불구하고 순자산을 증가시키는 모든 소득에 대하여 원칙적으로 각 사업연도의 소득에 법인세의 납세의무를 지지만, 비영리법인은 법인세법에서 열거하고 있는 수익사업소득에 한하여 각 사업연도의 소득에 대한 법인세 납세의무를 진다.

비영리법인에 대한 법인세 과세취지

비영리법인은 수익사업을 통해 획득한 이익을 구성원들에게 분배하지 아니하고 공익을 목적으로 사용할 것이므로 법인세를 과세하지 않는 것이 보다 합리적일 것이다. 그러나 비영리법인이 영리법인과 동일한 종류의 수익사업을 영위하는 경우 영리법인에 대해서만 법인세를 과세한다면 영리법인과 비영리법인 사이의 과세형평이 침해되며, 비영리법인에게 상대적으로 유리한 조건을 제공하게 된다는 문제점이 발생하게 된다. 이러한 문제점 때문에 비영리법인도 수익사업에서 발생하는 소득에 대해서는 법인세를 과세하도록 규정하고 있는 것이다.

⑶ 국가 및 지방자치단체

내국법인 중 국가와 지방자치단체(지방자치단체조합 포함)는 그 소득에 대한 법인세를 납부할 의무가 없다(법법 3 ②). 그러나 외국의 정부나 지방자치단체는 비영리외국법인에 해당하므로 법인세 납세의무를 진다.

---

2) 영리를 목적으로 하는지의 여부는 단순히 이윤을 추구하는지 여부에 따라 판정하는 것이 아니라 법인이 획득한 이윤을 구성원에게 분배할 것인지에 따라 판정하는 것이다.

3) 민법 제32조(비영리법인의 설립과 허가) : 학술 · 종교 · 자선 · 기예 · 사교 기타 영리 아닌 사업을 목적으로 하는 사단 또는 재단은 주무관청의 허가를 얻어 이를 법인으로 할 수 있다.

▶ **표 1-2** 법인종류별 과세소득의 범위

법인의 종류	과세소득의 범위			
	각 사업연도의 소득	청산소득	토지등 양도소득	미환류소득
영리내국법인	국내·외의 모든 소득	과 세*1	과 세	과 세*2
비영리내국법인	국내·외의 수익사업소득	비 과 세	과 세	비 과 세
영리외국법인	국내원천소득	비 과 세	과 세	비 과 세
비영리외국법인	국내원천소득 중 수익사업소득	비 과 세	과 세	비 과 세
국가·지방자치단체	비과세(단, 외국의 정부·지방자치단체는 비영리외국법인으로 의제)			

*1 청산소득에 대한 법인세는 영리내국법인에 한하여 납세의무를 진다. 비영리법인은 해산시 잔여재산을 구성원에게 분배하지 아니하고 일반적으로 다른 비영리법인이나 국가에 인도하여야 하므로 청산소득이 발생할 여지가 없으며, 외국법인은 해산 등이 본점소재지에서 이루어져 청산소득이 본점소재지 국가에 귀속되므로 우리나라에서 청산소득에 대한 법인세를 과세할 수 없기 때문이다.

*2 미환류소득에 대한 법인세는 영리내국법인 중 상호출자제한기업집단에 속하는 법인에 한하여 납세의무를 진다.

제 2 절 | 사업연도 및 납세지

1. 사업연도

(1) 사업연도의 의의

법인세는 흐름(Flow)의 개념인 소득에 대해서 과세하는 조세이므로 과세표준을 확정하기 위해서는 과세기간을 먼저 확정하여야 한다. 법인세의 과세기간을 사업연도라 하는데, 이는 법령이나 법인의 정관(定款) 등에서 정하는 1회계기간을 말한다(법법 6 ①). 법인이 정관 등에 사업연도를 길게 정함으로써 법인세 납부를 지연시키는 것을 방지하기 위하여 법인세법에서는 사업연도의 기간은 1년을 초과하지 못하도록 규정하고 있다(법법 6 ① 단서).

법인세를 회계기간 단위로 과세하는 이유

소득세법에서는 모든 납세의무자에 대하여 과세기간을 일률적으로 매년 1월 1일부터 12월 31일까지로 정하여 과세하고 있는데 반하여, 법인세법에서는 각 법인이 정관 등에서 정하는 회계기간 단위로 법인세를 과세하고 있다. 이는 결산서상 당기순이익(손익계산서상 당기순이익)

으로부터 세무조정을 통하여 각 사업연도의 소득을 계산하기 때문에 각 법인의 재무제표 작성 기간(회계기간) 단위로 법인세를 과세하는 것이 가장 효율적이기 때문이다.

⑵ 사업연도의 신고

법령이나 정관 등에 사업연도에 관한 규정이 없는 내국법인은 따로 사업연도를 정하여 법인 설립신고(설립등기일로부터 2월 이내) 또는 사업자등록(사업개시일로부터 20일 이내)과 함께 납세지 관할세무서장에게 사업연도를 신고하여야 한다(법법 6 ②). 사업연도 신고를 하여야 할 법인이 그 신고를 하지 아니하는 경우에는 매년 1월 1일부터 12월 31일까지를 그 법인의 사업연도로 한다(법법 6 ⑤).

⑶ 사업연도의 개시일

내국법인의 최초 사업연도의 개시일은 설립등기일로 한다(법령 4). 다만, 최초 사업연도의 개시일전에 생긴 손익을 사실상 그 법인에 귀속시킨 것이 있는 경우 조세포탈의 우려가 없을 때에는 최초사업연도의 기간이 1년을 초과하지 아니하는 범위 내에서 이를 해당 법인의 최초사업연도의 손익에 산입할 수 있다. 이 경우 최초사업연도의 개시일은 당해 법인에 귀속시킨 손익이 최초로 발생한 날로 한다(법령 4 ②).

⑷ 사업연도의 변경

사업연도를 변경하려는 법인[4]은 그 법인의 직전 사업연도 종료일부터 3개월 이내에 사업연도 변경신고서를 납세지 관할세무서장에게 제출하여야 하며(법법 7 ①, 법령 5), 법인이 사업연도 변경신고를 기한까지 하지 아니한 경우에는 그 법인의 사업연도는 변경되지 아니한 것으로 본다. 다만, 법령에 따라 사업연도가 정해지는 법인의 경우 관련 법령의 개정에 따라 사업연도가 변경된 경우에는 사업연도 변경신고를 하지 아니한 경우에도 그 법령의 개정내용과 같이 사업연도가 변경된 것으로 본다(법법 7 ②).

사업연도가 변경된 경우에는 종전의 사업연도 개시일부터 변경된 사업연도 개시일 전날까지의 기간을 1사업연도로 한다. 다만, 그 기간이 1개월 미만인 경우에는 그 변경된 사업연도에 그 기간을 포함한다(법법 7 ③). 이 경우 변경된 최초 사업연도는 1년을 초과하게 되는 경우도 발생할 수 있다.

---

4) 신설법인의 경우에는 최초 사업연도가 경과하기 전에는 사업연도를 변경할 수 없는 것으로 한다(법기통 7－4…1).

(5) 사업연도의 의제

사업연도의 의제란 법인이 해산·합병 등에 의하여 사업내용 또는 실체의 변경이 발생하는 경우에 본래의 사업연도에 불구하고 사업연도를 구분하여 각각 1사업연도로 나누는 것을 말한다.

1) 해산·청산의 경우

① 내국법인이 사업연도 중에 해산(합병·분할 또는 분할합병에 따른 해산과 조직변경은 제외함)한 경우에는 그 사업연도개시일부터 해산등기일(파산으로 인하여 해산한 경우에는 파산등기일을 말하며, 법인으로 보는 단체는 해산일을 말한다)까지의 기간과 해산등기일 다음 날부터 그 사업연도의 종료일까지의 기간을 각각 1사업연도로 본다(법법 8 ①).

② 청산중에 있는 내국법인의 잔여재산의 가액이 사업연도 중에 확정된 경우에는 그 사업연도개시일부터 잔여재산의 가액이 확정된 날까지의 기간을 1사업연도로 본다(법법 8 ④).

③ 청산중에 있는 내국법인이 상법의 규정에 따라 사업을 계속하는 경우에는 그 사업연도개시일부터 계속등기일(계속등기를 하지 아니하는 경우에는 사실상의 사업계속일)까지의 기간과 계속등기일 다음 날부터 그 사업연도종료일까지의 기간을 각각 1사업연도로 본다(법법 8 ④).

2) 합병·분할의 경우

내국법인이 사업연도 중에 합병이나 분할에 따라 해산한 경우에는 그 사업연도의 개시일부터 합병등기일 또는 분할등기일까지의 기간을 그 해산한 법인의 1사업연도로 본다(법법 8 ②).

3) 연결납세방식을 적용받는 경우

내국법인이 사업연도 중에 연결납세방식을 적용받는 경우에는 그 사업연도 개시일부터 연결사업연도개시일의 전날까지의 기간을 1사업연도로 본다(법법 8 ⑤).

4) 조직변경의 경우

내국법인이 사업연도 중에 조직변경을 한 경우에는 조직변경 전의 사업연도가 계속되는 것으로 본다(법법 8 ③).

2. 납세지

납세지란 납세의무자가 신고·납부 등 세법에 의한 의무를 이행하고 권리를 행사하는데 기준이 되는 동시에 과세관청이 과세표준과 세액의 결정 또는 경정결정 등의 과세처분을 행하는 기준이 되는 장소를 말한다. 법인의 납세지에 따라 관할세무서와 관할 지방국세청이 결정되므로 납세의무자는 납세지를 관할하는 세무서에 법인세의 신고·납부 등을 하면 되고, 납세지를 관할하는 세무서장 또는 지방국세청장이 해당 법인에 대한 법인세를 관할하게 된다.

(1) 법인세 납세지

내국법인의 법인세 납세지는 그 법인의 등기부에 따른 본점이나 주사무소의 소재지(국내에 본점 또는 주사무소가 있지 아니하는 경우에는 사업을 실질적으로 관리하는 장소의 소재지)로 한다(법법 9 ①).

(2) 원천징수한 법인세 납세지

내국법인에게 이자소득(비영업대금의 이익 포함)과 투자신탁이익을 지급하는 법인 또는 개인은 법인세를 원천징수하여 납부할 의무를 진다. 이 경우 원천징수한 법인세의 납세지는 해당 원천징수의무자의 소재지로 한다(법법 9 ④, 법령 7 ⑥).

▶ **표 1-3** 원천징수한 법인세의 납세지

원천징수의무자		원천징수한 법인세의 납세지
개 인	거 주 자	원천징수한 사업장의 소재지(사업장이 없는 경우 : 주소지 또는 거소지)
	비거주자	원천징수한 국내사업장의 소재지(국내사업장이 없는 경우 : 거류지 또는 체류지)
법 인	원 칙	본점·주사무소 또는 국내에 본점이나 주사무소가 소재하지 아니하는 경우의 사업의 실질적 관리장소의 소재지(법인으로 보는 단체에 있어서는 그 단체의 법인세의 납세지, 외국법인의 경우에는 해당 법인의 주된 국내사업장의 소재지)
	예 외	법인의 지점·영업소 기타 사업장이 독립채산제에 의하여 독자적으로 회계사무를 처리하는 경우에는 그 사업장의 소재지(그 사업장의 소재지가 국외에 있는 경우를 제외)*

* 본점일괄납부특례 : 법인이 지점·영업소 기타 사업장에서 지급하는 소득에 대한 원천징수세액을 본점 등에서 전자계산조직 등에 의하여 일괄계산하는 경우로서 본점등의 관할세무서장에게 신고한 경우와 부가가치세법에 따라 사업자단위과세사업자로 등록한 경우에는 해당 법인의 본점 등의 소재지를 해당 소득에 대한 법인세 원천징수세액의 납세지로 한다(법령 7 ⑥).

⑶ 납세지의 지정

관할지방국세청장이나 국세청장은 납세지가 그 법인의 납세지로 적당하지 아니하다고 인정되는 경우로서 내국법인의 본점등의 소재지가 등기된 주소와 동일하지 아니한 경우 등 법령으로 정하는 경우에는 그 납세지를 지정할 수 있다(법법 10 ①, 법령 8 ①).

객 / 관 / 식 / 문 / 제

▶ 제1장 법인세의 기본개념

1 법인세법상 납세의무자에 대한 설명으로 옳지 않은 것은? ◐ 2013년 국가직 9급

① 영리내국법인(상호출자제한기업집단에 속하지 않음)은 각 사업연도 소득(국내외 원천소득), 청산소득, 토지등 양도소득에 대한 법인세 납세의무가 있다.

② 비영리내국법인은 국내원천소득 중 일정한 수익사업에서 발생한 소득과 청산소득에 대한 법인세 납세의무가 있다.

③ 영리외국법인은 각 사업연도 소득(국내원천소득), 토지등 양도소득에 대한 법인세 납세의무가 있다.

④ 국가 및 지방자치단체에 대하여는 법인세를 부과하지 않는다.

해설

비영리법인은 청산소득에 대한 법인세 납세의무를 지지 아니한다.

2 법인세 납세의무에 대한 다음 설명 중 옳지 않은 것은?

① 법인세법상 외국법인이란 외국법에 근거하여 설립된 법인을 말한다.

② 비영리법인과 외국법인은 미환류소득에 대한 법인세의 납세의무를 지지 않는다.

③ 비영리외국법인이란 외국의 법인 중 외국의 정부·지방자치단체 및 영리를 목적으로 하지 아니하는 법인(법인으로 보는 단체를 포함)을 말한다.

④ 내국법인이란 본점·주사무소 또는 사업의 실질적 관리장소가 국내에 있는 법인을 말한다.

해설

법인세법상 외국법인이란 본점·주사무소가 외국에 있는 법인을 말한다. 본점소재지를 기준으로 내국법인과 외국법인을 구분하며, 설립준거법을 기준으로 하지 않는다는 점에 유의하여야 한다.

3 법인세법상 사업연도에 대한 설명으로 옳지 않은 것은? ⊙ 2013년 국가직 7급 수정

① 사업연도는 법령이나 법인의 정관 등에서 정하는 1회계기간으로 한다. 다만, 그 기간은 1년을 초과하지 못한다.

② 내국법인의 최초사업연도의 개시일은 당해 법인에 귀속시킨 손익이 최초로 발생한 날로 한다.

③ 사업연도를 변경하려는 법인은 그 법인의 직전 사업연도 종료일부터 3개월 이내에 법령으로 정하는 바에 따라 납세지 관할 세무서장에게 이를 신고하여야 한다.

④ 내국법인이 사업연도 중에 연결납세방식을 적용받는 경우에는 그 사업연도 개시일부터 연결사업연도 개시일의 전날까지의 기간을 1사업연도로 본다.

해설

내국법인의 최초사업연도의 개시일은 설립등기일로 한다.

4 법인세법 상 납세지에 대한 설명으로 옳은 것은? ⊙ 2014년 국가직 9급

① 내국법인의 본점 등의 소재지가 등기된 주소와 동일하지 아니한 경우 관할지방국세청장이나 국세청장은 그 법인의 납세지를 지정할 수 있다.

② 납세지가 변경된 법인이 부가가치세법의 규정에 의하여 그 변경된 사실을 신고한 경우에도 법인세법의 규정에 의한 변경신고를 하여야 한다.

③ 법인세에 대한 원천징수의무자가 거주자인 경우 원천징수한 법인세의 납세지는 사업장의 유무에 상관없이 당해 거주자의 주소지 또는 거소지로 한다.

④ 법인으로 보는 단체의 납세지는 관할지방국세청장이 지정하는 장소로 한다.

해설

② 부가가치세법의 규정에 의하여 그 변경된 사실을 신고한 경우에는 법인세법의 규정에 의한 변경신고를 한 것으로 본다.

③ 거주자인 경우 원천징수한 법인세의 납세지는 원천징수한 사업장의 소재지로 하되, 사업이 없는 경우에는 당해 거주자의 주소지 또는 거소지로 한다.

④ 법인으로 보는 단체의 납세지는 당해 단체의 사업장소재지로 하되, 주된 소득이 부동산임대소득인 단체의 경우에는 그 부동산의 소재지를 납세지로 한다.

정답	1	②	2	①	3	②	4	①

Chapter 2 세무조정과 소득처분

제 1 절 | 세무조정

1. 과세소득의 정의

법인세는 법인의 소득을 과세대상으로 하는데, 과세소득을 정의하는 방법으로 소득원천설과 순자산증가설의 2가지 학설이 있다. 법인세는 2가지 학설 중 순자산증가설을 채택하고 있다.

(1) 소득원천설

'소득원천설'이란 계속적 · 반복적으로 발생하는 소득만을 과세대상으로 정의하고, 일시적 · 비반복적으로 발생하는 소득은 과세소득의 범위에서 제외시켜야 한다는 학설이다. 소득원천설에 의하여 과세소득을 정의할 경우 과세대상소득의 종류와 범위를 발생원천별로 세법에 열거하는 열거주의 과세방식을 채택하게 된다.

(2) 순자산증가설

'순자산증가설'이란 소득의 발생원천 및 형태에 관계없이 순자산을 증가시키는 모든 거래에서 발생하는 소득을 과세대상에 포함하여야 한다는 학설을 말한다. 순자산증가설에 의하면 사업활동을 통해 반복적으로 발생하는 소득뿐 아니라 우발적 · 일시적으로 발생하는 소득도 모두 과세소득에 포함된다. 순자산증가설에 의할 경우 세법에 과세대상소득의 종류와 범위를 일일이 열거할 필요가 없기 때문에 과세소득의 개념만을 세법에 규정하는 포괄주의 과세방식을 채택하게 된다.

▶ **표 2-1** 소득원천설과 순자산증가설의 비교

구 분	소득원천설	순자산증가설
과세소득의 범위	계속적 · 반복적으로 발생하는 소득 (일시적 · 비반복적 발생소득 제외)	순자산을 증가시키는 모든 소득 (일시적 · 비반복적 발생소득 포함)
과세방식	열거주의 과세방식	포괄주의 과세방식
채택 세목	소득세*	법인세

* 소득세는 순자산증가설도 일부 채택하고 있으며, 일부소득에 대하여 유형별 포괄주의 과세방식을 채택하고 있다.

2. 각 사업연도 소득금액의 계산

(1) 직접법에 의한 계산

내국법인의 각 사업연도의 소득은 그 사업연도에 속하는 익금의 총액에서 그 사업연도에 속하는 손금의 총액을 공제한 금액으로 하며(법법 14 ①), 각 사업연도에 속하는 손금의 총액이 그 사업연도에 속하는 익금의 총액을 초과하는 경우에 그 초과하는 금액을 각 사업연도의 결손금이라 한다(법법 14 ②).

직접법에 의한 각 사업연도 소득금액의 계산은 다음과 같이 기업회계상 수익에서 비용을 차감하여 당기순이익을 구하는 방법과 동일한 방식으로 이해하면 된다.

① 기업회계 : 수 익 − 비 용 = 당기순이익(당기순손실)

⋮ ⋮ ⋮

② 세무회계 : 익금총액 − 손금총액 = 각 사업연도 소득금액(결손금)
(세무상 수익) (세무상 비용) (세무상 당기순이익, 당기순손실)

(2) 간접법에 의한 계산

직접법에 의하여 각 사업연도 소득금액을 계산하기 위해서는 세무보고 목적의 별도의 회계처리가 필요하며, 재무보고 목적의 회계처리와 별도로 세무보고 목적의 회계처리를 수행하기 위해서는 많은 시간과 비용이 투입되어야 하기 때문에 이론적으로만 적용되는 방식이다.

기업회계상 수익 · 비용과 세무회계상 익금 · 손금은 상당 부분이 일치하기 때문에 기업회계상 수익 · 비용과 세무회계상 익금 · 손금의 차이만을 조정함으로써 각 사업연도 소득금액을 계산하는 것이 보다 효율적이다. 이처럼 결산서상 당기순이익으로부터 수익·비용과 익금·손금의 차이를 조정하여 각 사업연도 소득금액을 구하는 과정을 세무조정(이를 '협의의 세무조정[5]'이라 함)이라 하며, 세무조정을 통하여 각 사업연도 소득금액을 계산하는 방식을 간접법에 의한 계산이라 한다.

▶ **그림 2-1** 세무조정의 과정

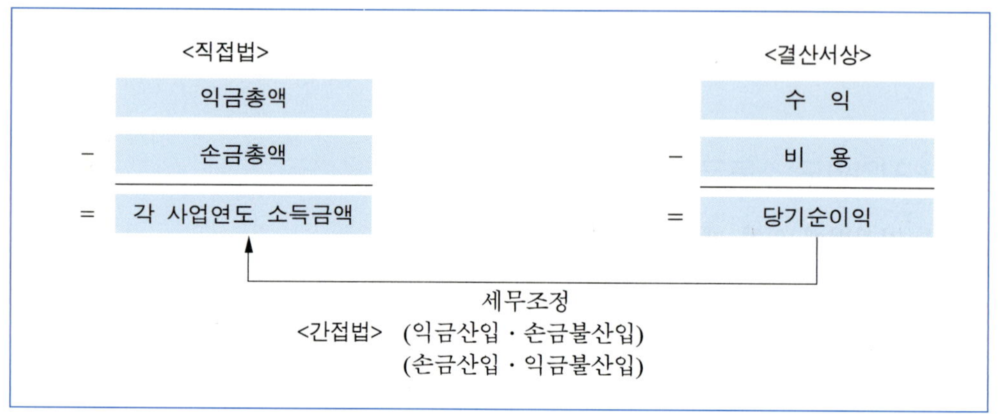

(3) 세무조정의 유형

간접법에 의하면 각 사업연도 소득금액은 결산서상 당기순이익에서 익금산입액과 손금불산입액을 가산하고(가산조정), 손금산입액과 익금불산입액을 차감하여(차감조정) 산출된다.

1) 가산조정

가산조정이란 결산서상 당기순이익보다 각 사업연도 소득금액을 증액시키는 조정을 의미하며, 익금산입과 손금불산입의 2가지 종류로 구분된다.[6]

① 익금산입 : 법인세법에서는 익금으로 규정하고 있는 항목을 손익계산서상 수익으로 회계처리하지 않은 경우에 행하는 세무조정

② 손금불산입 : 법인세법에서는 손금불산입으로 규정하고 있는 항목을 손익계산서상 비용으로 회계처리한 경우 행하는 세무조정

---

5) 광의의 세무조정은 과세소득과 과세표준의 산정에서부터 납부할 세액의 계산 및 세무조정계산서의 작성 등을 포함하는 일련의 절차들을 말한다.

6) 익금산입과 손금불산입은 세무상 동일한 효과를 나타내므로 구분의 실익이 없다. 따라서 익금산입과 손금불산입 조정을 구분하기 위해 노력할 필요는 없을 것이다. 이는 손금산입과 익금불산입의 경우에도 동일하다.

2) 차감조정

차감조정이란 결산서상 당기순이익보다 각 사업연도 소득금액을 감액시키는 조정을 의미하며, 손금산입과 익금불산입의 2가지 종류로 구분된다.

① 손금산입 : 법인세법에서는 손금으로 규정하고 있는 항목을 손익계산서상 비용으로 회계처리하지 않은 경우에 행하는 세무조정

② 익금불산입 : 법인세법에서는 익금불산입으로 규정하고 있는 항목을 손익계산서상 수익으로 회계처리한 경우 행하는 세무조정

(4) 세무조정사항의 관리

지금까지 설명한 세무조정은 항목별로 별도의 표로 집계되는데 이를 소득금액조정합계표라 한다. 소득금액조정합계표는 해당 사업연도에 발생하는 모든 세무조정사항(기부금 한도초과 및 기부금한도초과 이월손금 관련 세무조정은 제외)을 가산조정과 차감조정으로 구분하여 기록할 수 있게 되어 있다. 또한 각각의 세무조정 항목에 대하여 제2절에서 후술할 소득처분의 내용도 함께 기록하도록 하여 그 귀속을 알 수 있다.

■ 법인세법 시행규칙 [별지 제3호서식] <개정 2024. 3. 22.>

(앞쪽)

사업연도	. . . ~ . . .	**법인세 과세표준 및 세액조정계산서**	법인명	
			사업자등록번호	

구분		항목	코드	금액
① 각 사업연도 소득계산		(101) 결산서상 당기순손익	01	
	소득조정 금액	(102) 익금산입	02	
		(103) 손금산입	03	
		(104) 차가감소득금액 ((101)+(102)-(103))	04	
		(105) 기부금한도초과액	05	
		(106) 기부금한도초과이월액 손금산입	54	
		(107) 각 사업연도소득금액 ((104)+(105)-(106))	06	
② 과세표준 계산		(108) 각 사업연도소득금액 ((108)=(107))		
		(109) 이월결손금	07	
		(110) 비과세소득	08	
		(111) 소득공제	09	
		(112) 과세표준 ((108)-(109)-(110)-(111))	10	
		(159) 선박표준이익	55	
③ 산출세액 계산		(113) 과세표준((112)+(159))	56	
		(114) 세율	11	
		(115) 산출세액	12	
		(116) 지점유보소득 (「법인세법」 제96조)	13	
		(117) 세율	14	
		(118) 산출세액	15	
		(119) 합계((115)+(118))	16	
④ 납부할 세액 계산		(120) 산출세액((120)=(119))		
		(121) 최저한세 적용대상 공제감면세액	17	
		(122) 차감세액	18	
		(123) 최저한세 적용제외 공제감면세액	19	
		(124) 가산세액	20	
		(125) 가감계((122)-(123)+(124))	21	
	기납부세액 - 기한내납부세액	(126) 중간예납세액	22	
		(127) 수시부과세액	23	
		(128) 원천납부세액	24	
		(129) 간접투자회사등의 외국납부세액	25	
		(130) 소계 ((126)+(127)+(128)+(129))	26	
	기납부세액	(131) 신고납부전가산세액	27	
		(132) 합계((130)+(131))	28	
		(133) 감면분추가납부세액	29	
		(134) 차감납부할세액 ((125)-(132)+(133))	30	
⑤ 토지등양도소득에 대한 법인세 계산	양도차익	(135) 등기자산	31	
		(136) 미등기자산	32	
		(137) 비과세소득	33	
		(138) 과세표준 ((135)+(136)-(137))	34	
		(139) 세율	35	
		(140) 산출세액	36	
		(141) 감면세액	37	
		(142) 차감세액 ((140)-(141))	38	
		(143) 공제세액	39	
		(144) 동업기업 법인세 배분액 (가산세 제외)	58	
		(145) 가산세액 (동업기업 배분액 포함)	40	
		(146) 가감계((142)-(143)+(144)+(145))	41	
	기납부세액	(147) 수시부과세액	42	
		(148) ( ) 세액	43	
		(149) 계 ((147)+(148))	44	
		(150) 차감납부할세액((146)-(149))	45	
⑥ 미환류소득 법인세		(161) 과세대상 미환류소득	59	
		(162) 세율	60	
		(163) 산출세액	61	
		(164) 가산세액	62	
		(165) 이자상당액	63	
		(166) 납부할세액((163)+(164)+(165))	64	
⑦ 세액계		(151) 차감납부할 세액계 ((134)+(150)+(166))	46	
		(152) 사실과 다른 회계처리 경정 세액공제	57	
		(153) 분납세액계산범위액 ((151)-(124)-(133)-(145)-(152)+(131))	47	
		(154) 분납할세액	48	
		(155) 차감납부세액 ((151)-(152)-(154))	49	

210㎜×297㎜[백상지 80g/㎡ 또는 중질지 80g/㎡]

■ 법인세법 시행규칙 [별지 제15호서식] <개정 2022. 3. 18.> (앞쪽)

사 업 연 도	. . . ~ . . .	**소득금액조정합계표**	법 인 명	
			사업자등록번호	

익금산입 및 손금불산입				손금산입 및 익금불산입			
① 과 목	② 금 액	③ 소득처분		④ 과 목	⑤ 금 액	⑥ 소득처분	
		처분	코드			처분	코드
합 계				합 계			

210㎜×297㎜[백상지 80g/㎡ 또는 중질지 80g/㎡]

3. 결산조정과 신고조정

(1) 결산조정과 신고조정의 개념

'결산조정(또는 결산서반영 조정)'이란 결산서상 수익 또는 비용으로 계상함으로써 과세소득에 반영하는 방법을 말하며, '신고조정'이란 결산서상 수익 또는 비용으로 계상하지 아니한 익금 또는 손금을 세무조정을 통하여 과세소득에 반영하는 방법을 말한다.

결산조정은 결산서상 수익 또는 비용으로 계상하여 손익계산서상 당기순이익에 미리 반영하는 것이므로 실제로 결산서상 당기순이익과 각 사업연도 소득금액의 차이를 조정하는 세무조정은 모두 신고조정에 해당한다.7) 따라서 앞서 설명한 협의의 세무조정은 모두 신고조정만을 의미하는 것이다.

▶ **그림 2-2** 결산조정과 신고조정

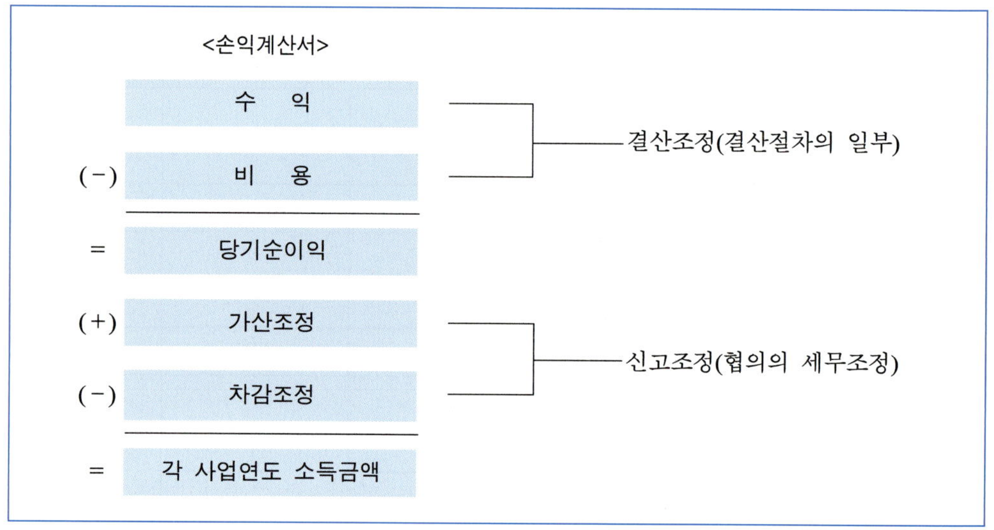

(2) 결산조정항목

세무조정 유형 중 익금산입·손금불산입·익금불산입 세무조정은 모두 강제조정 대상이나 손금산입 세무조정은 결산조정항목과 신고조정항목으로 구분된다. '결산조정항목'이란 결산서상 비용(또는 손실)으로 계상하지 않은 경우에는 신고조정에 의하여

7) 결산조정은 결산절차의 일종으로서 이미 결산서상 비용으로 회계처리된 것이므로 엄밀한 의미에서 세무조정이라고 볼 수 없다. 이러한 이유에서 이를 결산조정이라 하지 않고 '결산확정주의'라는 표현을 사용하는 경우도 있으나, 일반적으로 결산조정이라는 용어를 사용하고 있으므로 본서에서도 용어를 통일하여 사용하기로 한다.

손금에 산입할 수 없는 손금항목을 말한다. 즉, 결산조정에 의해서만 손금에 산입할 수 있는 항목을 말한다. 결산조정항목은 외부와의 거래관계가 없는 비용(즉, 현금지출이 수반되지 않는 비용)으로서 기업의 내부적인 의사결정에 의하여 손금산입 여부가 결정되는 항목들이다.

결산조정항목으로는 자산의 평가 및 상각과 관련된 비용(유형자산 및 무형자산 감가상각비 · 자산의 평가손실 등), 충당금(대손충당금 등), 법인세법상 준비금 등이 있다.

(3) 신고조정항목

'신고조정항목'이란 결산조정과 신고조정이 모두 허용되는 항목들로서 결산서상 비용으로 계상함으로써 과세소득에 반영하거나 결산서상 비용으로 계상하지 아니한 경우(결산조정하지 아니한 경우)에는 신고조정에 의하여 손금에 산입하는 항목들을 말한다. 따라서 신고조정항목은 대부분 강제조정대상이나 예외적으로 임의조정이 허용되는 항목들도 있다.

▶ **표 2-2** 세무조정 유형별 강제조정 여부

구 분		세무조정	강제조정 여부
익금 > 수익		익금산입	강제조정
익금 < 수익		익금불산입	강제조정
손금 < 비용		손금불산입	강제조정
손금 > 비용	신고조정항목	손금산입	강제조정 또는 임의조정
	결산조정항목	불 가	-

(4) 손금귀속시기

결산조정항목은 원칙적으로 법인이 결산서상 비용(또는 손실)으로 계상하는 사업연도를 해당 손금의 귀속시기로 보기 때문에 손금의 귀속시기를 법인이 임의대로 선택할 수 있다. 그러나 신고조정항목은 손금귀속시기가 세법에 의해 강제되어 있으므로 세법이 정하는 손금귀속시기에 반드시 손금산입하여야 하며, 만일 손금귀속시기에 손금산입하지 아니한 경우에는 그 이후 사업연도의 손금으로 산입할 수 없다.

예를 들어, 유형자산에 대한 감가상각비는 결산조정항목이므로 해당 사업연도에 비용으로 계상하지 않은 경우에는 이후 사업연도에 결산서상 비용으로 계상하면 비용으로 계상하는 해당 사업연도의 손금으로 인정된다. 그러나 소멸시효가 완성된 채권에 대한 대손상각비는 신고조정항목이므로 소멸시효가 완성되어 대손사유가 충족된 해당 사업연도에 결산조정 또는 신고조정에 의하여 손금산입하지 아니한 경우에는 이후 사업연도에 결산서상 대손처리 하더라도 이를 세무상 손금으로 인정하지 아니한다.

예제 2-1 | 각 사업연도 소득금액의 계산

다음은 ㈜종로의 제8기 사업연도 세무조정 관련 자료이다. 다음 자료를 이용하여 각 사업연도의 소득금액을 계산하시오.

⑴ 손익계산서상 당기순이익 : ₩100,000,000(법인세비용은 계상하지 아니한 것으로 함)

⑵ 외상매출이 이루어졌으나 손익계산서상 매출로 계상되지 아니한 금액 ₩5,000,000이 있다.

⑶ 비용계상된 기업업무추진비는 ₩30,000,000이며, 세무상 기업업무추진비의 손금한도액은 ₩20,000,000이다.

⑷ 기타수익으로 계상된 배당금수익 중 ₩6,000,000은 익금불산입항목에 해당한다.

⑸ 건물에 대한 감가상각비로 ₩30,000,000을 비용계상하였으며, 세무상 건물의 감가상각비 손금한도액(상각범위액)은 ₩50,000,000이다.

⑹ 소멸시효가 완성된 채권(신고조정 대손사유임) ₩4,000,000을 결산서상 대손처리하지 아니하였다.

해답

1. 세무조정(소득처분은 생략함)

⑴ 매출누락액

외상매출액 ₩5,000,000이 손익계산서상 수익(매출액)으로 계상되지 아니하였으므로 이를 익금산입하는 세무조정이 필요하다.

⑵ 기업업무추진비

결산서에 계상한 기업업무추진비가 세무상 손금한도액을 초과하므로 손금한도액을 초과하는 금액 ₩10,000,000(=₩30,000,000−20,000,000)을 손금불산입한다.

⑶ 배당금수익 중 익금불산입 금액

익금불산입항목(₩6,000,000)을 결산서상 기타수익으로 계상하였으므로 이를 익금불산입하는 세무조정이 필요하다.

⑷ 감가상각비(결산조정항목)

결산서에 계상한 감가상각비가 세무상 손금한도액에 미달하지만 감가상각비는 결산조정항목이므로 신고조정에 의하여 손금산입할 수 없다.

⑸ 소멸시효 완성채권(신고조정항목)

소멸시효가 완성된 채권에 대한 대손상각비는 신고조정항목이므로 결산서상 대손처리하지 않은 경우에는 이를 신고조정에 의하여 손금산입한다.

2. 각 사업연도 소득금액 계산

	결산서상 당기순이익	₩100,000,000
(+)	가 산 조 정 : 5,000,000 + 10,000,000 =	15,000,000
(−)	차 감 조 정 : 6,000,000 + 4,000,000 =	(10,000,000)
	각 사업연도 소득금액	₩105,000,000

제 2 절 | 소득처분

1. 소득처분의 의의 및 종류

(1) 소득처분의 의의

결산서상 당기순이익은 주주총회에서 이익잉여금처분계산서를 승인함으로써 배당 또는 상여 등으로 사외유출될 것인지 아니면 이익준비금 · 기타 법정적립금 및 이익잉여금 등으로 사내에 유보될 것인지를 결정하게 된다. 이러한 절차를 기업회계상의 '잉여금처분(또는 이익처분)'이라고 한다.[8)]

결산서상 당기순이익과 마찬가지로 각 사업연도의 소득에 대해서도 사내에 유보될 소득인지 아니면 사외로 유출될 소득인지를 확인하여 그 귀속을 명확하게 밝혀야 한다. 결산서상 당기순이익은 이미 기업회계상 잉여금처분절차에 의해 소득의 귀속이 확정된 상태이므로 세무조정항목에 대해서만 소득의 귀속을 결정하게 되면 간접적으로 각 사업연도의 소득에 대한 귀속을 확인할 수 있게 된다. 이와 같이 각 세무조정항목에 대하여 소득의 귀속을 확인하는 절차를 세무상 '소득처분'이라 하며, 모든 세무조정항목에 대하여 반드시 소득처분을 하여야 한다.[9)]

8) 주주총회에서 재무제표를 승인하는 것은 상법상의 절차이므로 이를 '상법상의 이익처분'이라고도 한다.

9) 이러한 소득처분의 내용은 소득금액조정합계표(별지 제15호 서식)에 세무조정의 내역과 함께 기재하도록 되어 있다. 따라서 소득금액조정합계표를 확인하면 소득처분의 내용을 확인할 수 있다.

▶ **그림 2-3** 소득처분의 개념

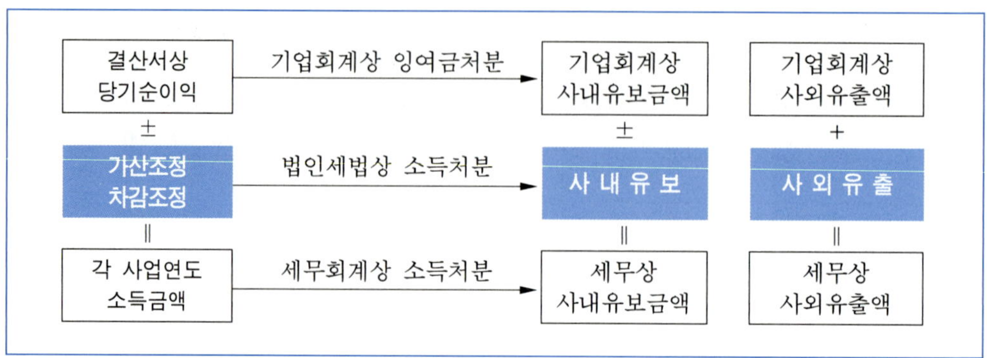

(2) 소득처분의 종류

법인세법상 소득처분은 크게 사외유출, 유보(또는 △유보) 및 기타로 구분된다. 세무조정금액이 사외에 유출된 것이 분명한 경우에는 사외유출로 처분하며, 사외에 유출되지 아니한 경우에는 유보(또는 △유보) 또는 기타로 처분한다(법령 106 ①).

▶ **그림 2-4** 소득처분의 종류

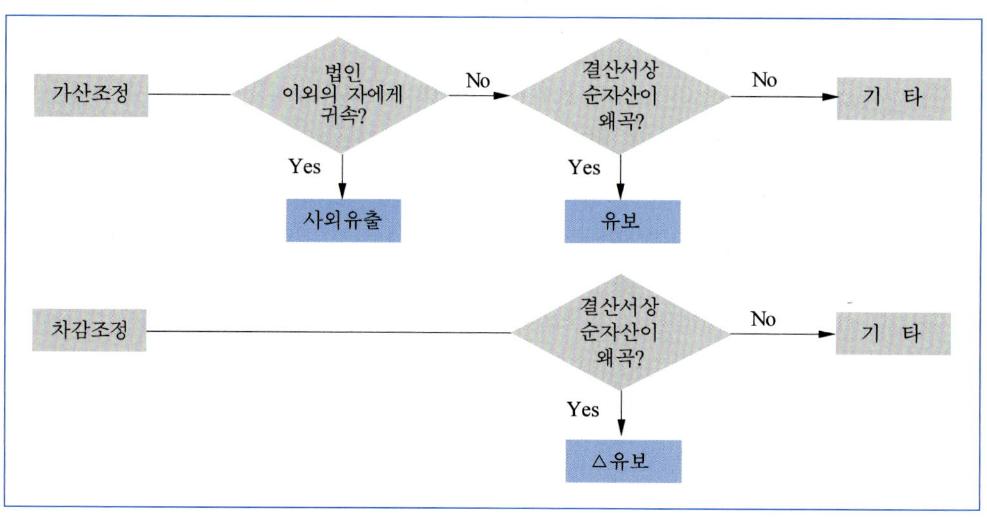

2. 사외유출

(1) 사외유출의 개념

'사외유출'이란 가산조정(익금산입 · 손금불산입)에 의한 세무조정금액이 법인 외부로 유출되어 법인 이외의 자(주주 · 종업원 · 기타의 제3자)에게 귀속되는 경우 행하는 소득처분이다. 사외유출의 경우에는 이미 세무조정금액이 사외로 유출되어 법인 이외의 자에게 귀속되었기 때문에 기업회계상 자산 · 부채와 세무회계상 자산 · 부채의 차이가 발생하지 아니하며, 소득의 귀속자에게 소득세(또는 법인세)의 납세의무가 부과된다. 한편 사외유출로 처분된 경우 기업회계와 세무회계의 영구적차이(permanent difference)를 구성하게 된다.

⑵ 사외유출의 유형

사외유출은 그 소득의 귀속자에 따라 ① 배당, ② 상여, ③ 기타사외유출 및 ④ 기타소득으로 구분된다.

▶ **표 2-3** 사외유출의 유형

소득처분	소득의 귀속자	소득의 귀속자에 대한 과세	원천징수의무
배 당	주주 등[*1]	배당소득으로 소득세 과세	○
상 여	임원 · 직원	근로소득으로 소득세 과세	○
기타사외유출	법인 또는 개인사업자[*2]	추가적인 조세부담 없음	×
기 타 소 득	위에 열거된 자 이외의 자	기타소득으로 소득세 과세	○

*1 '주주 등'이란 임원 또는 직원인 주주 등을 제외하며, 법인주주도 제외한다. 왜냐하면 임원 또는 직원인 주주 등에게 소득이 귀속되는 경우에는 상여로 소득처분하며, 법인주주에게 소득이 귀속되는 경우에는 기타사외유출로 소득처분하기 때문이다.

*2 분여된 이익이 ㉠ 내국법인 또는 외국법인의 국내사업장의 각 사업연도의 소득이나 ㉡ 거주자 또는 비거주자의 국내사업장의 사업소득을 구성하는 경우에 한하여 기타사외유출로 처분한다. 기타사외유출의 경우에는 법인으로부터 각 귀속자에게 분여된 이익이 이미 법인의 각 사업연도소득 또는 개인사업자의 사업소득을 구성하고 있으므로 소득의 귀속자에게 추가적인 조세부담을 발생시키지 않는다.

예제 2-2 | 사외유출 

㈜광장은 제3기 중 타인이 사용하고 있는 건물에 대한 재산세 ₩3,000,000을 납부하고, 관리비의 세금과공과로 회계처리하였다. 동 건물에 대한 재산세는 해당 법인의 업무와 직접 관련이 없는 경비이므로 손금불산입으로 세무조정을 하여야 한다. 이 때 건물의 사용자가 다음 각 경우와 같다고 가정하고 소득처분을 하시오.

⑴ 대표이사(출자임원)인 경우
⑵ 임원 또는 직원이 아닌 개인주주인 경우
⑶ 법인(영리내국법인) 주주인 경우
⑷ 대표이사의 부친인 경우

해답

구분	소득처분	소득의 귀속자와 소득처분의 이유
(1)	상 여	소득의 귀속자가 주주인 동시에 임원인 경우에는 상여로 소득처분한다.
(2)	배 당	소득의 귀속자가 임원 또는 직원이 아닌 개인주주일 경우에는 배당으로 소득처분한다.
(3)	기타사외유출	소득의 귀속자가 영리내국법인인 경우에는 그 법인의 각 사업연도 소득에 포함되어 법인세를 부담할 것이므로 기타사외유출로 소득처분하고, 추가적인 조세부담을 지우지 않는다.
(4)	기 타 소 득	소득의 귀속자가 기타의 제3자이므로 기타소득으로 소득처분한다.

3. 유보(또는 △유보)

(1) 유보(또는 △유보)의 개념

'유보(또는 △유보)'란 세무조정금액이 사외로 유출되지 않고 법인 내부에 남아 기업회계상 자산·부채와 세무회계상 자산·부채에 차이를 발생시키는 경우에 행하는 소득처분이다. 즉, 유보(또는 △유보)로 소득처분하는 경우에는 가산조정(또는 차감조정)에 의하여, 기업회계상 자본(또는 순자산)보다 세무회계상 자본(또는 순자산)이 증가(또는 감소)하게 된다.

'유보'란 세무조정으로 인해 세무상 순자산이 증가되는 것을 의미하는 소득처분이다. 따라서 가산조정(익금산입 또는 손금불산입)의 경우에 한하여 유보라는 소득처분을 하게 된다. 즉, 기업회계상 자본이 세무회계상 자본보다 과소계상되어 있으며, 세무조정의 결과 세무회계상 자본이 증가되는 경우에 유보로 소득처분을 하는 것이다. 기업회계상 자본이 세무회계상 자본보다 과소계상된 경우란 ① 기업회계상 자산이 세무회계상 자산보다 과소계상된 경우와 ② 기업회계상 부채가 세무회계상 부채보다 과대계상되어 있는 경우를 말한다.

'△유보'란 세무조정으로 인해 세무상 순자산이 감소되는 것을 의미하는 소득처분이다. 따라서 차감조정(익금불산입 또는 손금산입)의 경우에 한하여 △유보라는 소득처분을 하게 된다. 즉, 기업회계상 자본이 세무회계상 자본보다 과대계상되어 있으며, 세무조정의 결과 세무회계상 자본이 감소되는 경우에 △유보로 소득처분을 하는 것이다. 기업회계상 자본이 세무회계상 자본보다 과대계상된 경우란 ① 기업회계상 자산이 세무회계상 자산보다 과대계상된 경우와 ② 기업회계상 부채가 세무회계상 부채보다 과소계상되어 있는 경우를 말한다.

▶ **표 2-4** 유보(또는 △유보)처분의 개념

구 분	기업회계상 자산 · 부채	소득처분	세무조정의 효과	
			세무상 자산 · 부채	세무상 순자산
가산조정	자산의 과소계상 부채의 과대계상	유보	자산의 증가 부채의 감소	증 가
차감조정	자산의 과대계상 부채의 과소계상	△유보	자산의 감소 부채의 증가	감 소

예제 2-3 | 유보의 개념

법인이 토지를 1억원에 취득하면서 납부한 토지분 취득세 ₩2,000,000을 관리비의 세금과공과(비용)로 회계처리한 경우 이에 대한 세무조정과 소득처분에 대하여 설명하시오.

해답

토지분 취득세는 토지의 취득원가로 가산되어야 할 항목이나 결산서상 당기비용으로 회계처리되어 있는 경우에는 세무회계상 자산보다 기업회계상 자산이 취득세 금액만큼 과소계상되는 결과를 초래하게 된다. 따라서 당기에 비용처리된 토지분 취득세를 손금불산입하는 세무조정을 하면서 유보로 소득처분을 하여야 한다. 왜냐하면 세무조정금액이 사외로 유출되지 아니하고 법인의 내부에 남아 세무회계상 순자산을 증가시키는 효과를 나타내기 때문이다. 이러한 과정을 요약하면 다음과 같다.

(단위 : 천원)

구 분	세무조정 과정	세무조정의 효과
결산서상 회계처리	(차) 토 지 100,000 (대) 현 금 102,000 세금과공과 2,000	기업회계상 자산 : 100,000
세 무 상 회계처리	(차) 토 지 102,000 (대) 현 금 102,000	세무상 자산 : 102,000
조 정 회계처리	(차) 토 지 2,000 (대) 세금과공과 2,000 ↳ 자산의 증가(순자산의 증가) ↳ 손금불산입	자산의 증가 (순자산의 증가) : 2,000
세무조정	<손금불산입> 토 지(취득세) 2,000,000	소득처분 ⇨ 유보*

* 유보는 기업회계상 순자산보다 세무상 순자산이 증가됨을 표시하는 소득처분이다.

기업회계상 재무상태표			세무조정			세무상 재무상태표	
자산 100,000	부채 60,000 자본 40,000	+	자산증가 2,000	자본증가 2,000	=	자산 102,000	부채 60,000 자본 42,000

⑵ 유보(또는 △유보)의 사후관리

1) 유보의 사후관리

앞에서 살펴본 바와 같이 유보는 결산서상 자산이 과소계상되어 있거나 부채가 과대계상되어 있는 경우에 행하는 소득처분이다. 자산은 상각 또는 처분을 통하여 소멸되며, 부채는 상환 또는 환입됨으로써 소멸된다. 자산 또는 부채가 소멸되는 과정에서 수익 또는 비용이 발생하게 되는데 자산·부채가 과소·과대계상되어 있으므로 수익·비용이 과대·과소계상되는 결과가 나타난다. 따라서 과대계상된 수익을 익금불산입하거나, 과소계상된 비용을 추가로 손금산입하는 조정이 반드시 필요하게 되는바 이를 "반대의 세무조정(또는 역의 세무조정)"이라고 한다. 유보에 관한 반대의 세무조정 과정을 요약하면 다음과 같다.

세무조정이 발생하는 사업연도	자산·부채가 소멸되는 사업연도
자산의 과소계상·부채의 과대계상	수익의 과대계상·비용의 과소계상
익금산입 또는 손금불산입 ⇨ 유보	익금불산입 또는 손금산입 ⇨ △유보
세무상 순자산 > 기업회계상 순자산	세무상 순자산 = 기업회계상 순자산*

* 반대의 세무조정을 통하여 기업회계상 순자산과 세무상 순자산이 다시 일치하게 됨.

2) △유보의 사후관리

△유보는 유보와 반대의 결과를 보인다. 즉, 자산·부채가 과대·과소 계상되어 있으므로 자산 또는 부채가 소멸하는 과정에서 수익·비용이 과소·과대계상되는 결과가 나타난다. 따라서 과소계상된 수익을 추가로 익금산입하거나, 과대계상된 비용을 손금불산입하는 조정이 반드시 필요하게 된다. △유보에 관한 반대의 세무조정 과정을 요약하면 다음과 같다.

세무조정이 발생하는 사업연도	자산·부채가 소멸되는 사업연도
자산의 과대계상·부채의 과소계상	수익의 과소계상·비용의 과대계상
익금불산입 또는 손금산입 ⇨ △유보	익금산입 또는 손금불산입 ⇨ 유보
세무상 순자산 < 기업회계상 순자산	세무상 순자산 = 기업회계상 순자산*

* 반대의 세무조정을 통하여 기업회계상 순자산과 세무상 순자산이 다시 일치하게 됨.

3) 일시적차이

유보 또는 △유보는 자산·부채가 소멸되는 과정에서 반대의 세무조정을 통하여 그 차이가 언젠가는 해소되므로 기업회계상 순자산과 세무회계상 순자산이 다시 일치하게 된다. 따라서 유보 또는 △유보에 해당하는 세무조정항목을 기업회계와 세무회계의 일시적차이라고 한다. 이는 기업회계상 법인세기간배분회계에 있어 이연법인세자산·부채의 대상이 된다.

4) 유보처분액의 관리

유보 또는 △유보로 소득처분된 금액은 이후 사업연도에 반대의 세무조정을 초래할 뿐 아니라(이를 '직접적인 영향'이라 함), 이후 사업연도의 세무조정에 있어서 세무상 순자산을 기초로 하는 각종 손금한도액의 계산에 영향을 미치게 되므로(이를 '간접적인 영향'이라 함) 체계적으로 관리하여야 한다. 이를 위해 소득금액조정합계표에 기록된 세무조정 사항 중 소득처분이 유보(또는 △유보)인 사항만을 별도로 집계하여 관리하는데 이를 위하여 사용하는 서식이 자본금과 적립금조정명세서(을)표이다. 자본금과 적립금조정명세서는 유보(또는 △유보)사항의 ㉠ 기초잔액(=전기이월 기말잔액), ㉡ 당기 중 감소액, ㉢ 당기 중 증가액, ㉣ 차기이월 기말잔액(=㉠-㉡+㉢)의 형식으로 지속적으로 유보사항을 관리하게 된다. 자본금과 적립금조정명세서(을)표의 하단에 있는 합계란의 금액은 자본금과 적립금조정명세서(갑)표로 옮겨 적어 회계장부상 자본과 세무상 자본의 차이 금액을 일괄적으로 확인할 수 있도록 한다.

예제 2-4 | 유보의 사후관리

다음 자료를 이용하여 ㈜고려의 제8기와 제9기의 세무조정을 행하고 소득처분을 표시하시오.

(1) ㈜고려는 제8기 중에 업무용 토지를 ₩200,000,000에 취득하고 동 토지에 대한 취득세를 ₩10,000,000 납부하였으며, 다음과 같이 회계처리하였다.

(차)	토 지	200,000,000	(대) 현 금	210,000,000
	세 금 과 공 과	10,000,000		

(2) ㈜고려는 제8기 결산시 대손충당금의 설정을 위하여 다음과 같은 결산조정분개를 하였다. 세무조정을 위하여 대손충당금 손금한도액을 계산한 결과 ₩25,000,000으로 계산되었다.

(차)	대 손 상 각 비	30,000,000	(대) 대 손 충 당 금	30,000,000

(3) ㈜고려는 제9기 중에 제8기에 취득한 토지를 처분하고 다음과 같이 회계처리하였다.

(차)	현 금	150,000,000	(대) 토 지	200,000,000
	유형자산처분손실	50,000,000		

(4) ㈜고려는 제9기 결산시 재무상태표상 대손충당금 잔액을 전액 환입하고 다음과 같이 회계처리하였다.

(차) 대 손 충 당 금　　30,000,000　　(대) 대손충당금환입　　30,000,000

해답

1. 제8기 세무조정 및 소득처분

구 분	세 무 조 정	세무조정의 효과
자료 (1)	<손금불산입> 토지(취득세) 10,000,000(유보)*1	세무상 자산이 10,000,000 증가
자료 (2)	<손금불산입> 대손충당금 한도초과액 5,000,000(유보)*2	세무상 부채가 5,000,000 감소

*1 토지에 대한 취득세는 토지에 대한 자본적지출이며, 당기 손금으로 계상될 금액이 아니므로 세금과공과에 계상된 금액을 손금불산입하고 유보(세무상 자산의 증가를 나타냄)로 소득처분함.

*2 세무상 대손충당금의 손금한도액이 ₩25,000,000이므로 한도액을 초과하는 금액 ₩5,000,000을 손금불산입하고 유보(세무상 부채의 감소를 나타냄)로 소득처분함.

2. 제9기 세무조정 및 소득처분

구 분	세 무 조 정	세무조정의 효과
자료 (3)	<손금산입> 토 지 10,000,000(△유보)*1	세무상 비용(손금)을 10,000,000 추가계상함.
자료 (4)	<익금불산입> 전기 대손충당금한도초과액 5,000,000(△유보)*2	세무상 수익(익금)을 5,000,000 차감계상함.

*1 기업회계상 토지가액은 ₩200,000,000이므로 유형자산처분손실이 ₩50,000,000 계상되었으나, 세무상 토지의 가액은 ₩210,000,000이므로 세무상 유형자산처분손실은 ₩60,000,000이 된다. 이러한 차이는 기업회계상 토지가액과 세무회계상 토지가액의 차이에 의해 발생하는 것으로서 토지가 처분되는 사업연도에는 처분손익의 차이를 발생시키게 된다. 따라서 처분손익의 차이를 조정하기 위한 세무조정이 반드시 필요하다.

*2 기업회계상 대손충당금 잔액은 ₩30,000,000이므로 이를 전액 환입하고 수익으로 계상하였다. 그러나, 세무상 대손충당금 잔액은 ₩25,000,000이므로 세무상 환입액(익금)은 ₩25,000,000이 된다. 따라서 세무상 익금보다 기업회계상 수익계상액이 ₩5,000,000(부채의 과대계상액)만큼 더 크기 때문에 수익과대계상액을 조정하기 위한 세무조정이 이루어져야 한다.

[별지 제50호 서식(을)]

사업 연도	. . . ~ . . .	자본금과 적립금조정명세서(을)	법인명	

※ 관리번호 [|] - [|]　　　사업자등록번호 [| |] - [|] - [| | | |]

* 표란은 기입하지 마십시오.

세무조정유보소득 계산

① 과목 또는 사항	② 기초잔액	당 기 중 증 감		⑤ 기말잔액 (익기초현재)	비 고
		③ 감 소	④ 증 가		
합 계					

22226－84011일　　　　210㎜×297㎜

99. 4. 1. 개정승인　　　　(신문용지 54g/㎡(재활용품))

4. 기 타

'기타'란 세무조정항목이 사외유출에 해당하지 않는 경우로서 기업회계상 자산·부채가 세무회계상 자산·부채와 차이를 보이지 아니할 때 행하는 소득처분을 말한다. 기타로 처분되는 경우에는 기업회계상 자산·부채와 세무회계상 자산·부채의 차이를 발생시키지 않으므로 이후 사업연도에 반대의 세무조정이 필요하지 않으며, 사외로 유출된 것도 아니므로 소득의 귀속자에 대한 추가적인 조세부담도 발생하지 않는다. 따라서 기타처분도 사외유출과 마찬가지로 영구적 차이를 구성하게 된다. 기타처분은 소득처분 중 유보(△유보) 또는 사외유출로 처분할 수 없는 항목에 대한 예외적인 처분으로 이해하는 것이 타당할 것이다.

예제 2-5 | 기타처분

㈜한국은 자기주식을 처분하고 다음과 같이 회계처리하였다.

(차) 현 금	50,000,000	(대) 자 기 주 식	10,000,000
		자기주식처분이익 (자본잉여금)	40,000,000

법인세법에서는 자기주식처분이익을 익금항목으로 규정하고 있으므로 위와 같이 회계처리하였을 경우 세무조정이 필요하다. 필요한 세무조정을 행하고 소득처분을 표시하시오.

해답

구 분	세무조정 과정	세무조정의 효과
결산서상 회계처리	(차) 현 금 50,000,000 (대) 자 기 주 식 10,000,000 자 본 잉 여 금 40,000,000	기업회계상 잉여금 : 40,000,000
세 무 상 회계처리	(차) 현 금 50,000,000 (대) 자 기 주 식 10,000,000 수익(또는 익금) 40,000,000	세무상 잉여금 : 40,000,000
조 정 회계처리	(차) 자 본 잉 여 금 40,000,000 (대) 수익(또는 익금) 40,000,000 ↳잉여금의 감소 ↳익금산입(잉여금의 증가)	잉여금(순자산)의 증감 : 0
세무조정	<익금산입> 자기주식처분이익 40,000,000	소득처분 ⇨ 기타*

* 여기서 기타처분은 기업회계상 순자산과 세무상 순자산에 차이가 없으므로 세무조정의 결과가 세무상 순자산에 영향을 미치지 않음을 표시하는 것이다.

5. 소득처분의 특례

(1) 대표자 상여

익금에 산입한 금액이 사외로 유출된 것이 분명하지만 그 귀속이 불분명한 경우에는 대표자에게 귀속된 것으로 보아 대표자 상여로 처분한다. 이는 법인이 소득의 귀속을 밝히지 못하는 경우에는 법인의 대표자에게 소득세를 부과하도록 규정함으로써 법인의 소득이 누구에게 귀속되었는지를 명확하게 밝히도록 강제하는 목적을 가지는 것이다.

한편, 추계조사에 의하여 결정된 과세표준과 법인의 재무상태표상의 당기순이익과의 차액(법인세상당액을 공제하지 않은 금액을 말한다)은 대표자에 대한 이익처분에 의한 상여로 한다. 다만, 천재지변 기타 불가항력으로 장부 그밖의 증명서류가 멸실되어 추계조사결정하는 경우에는 기타사외유출로 처분한다.

(2) 무조건 기타사외유출로 처분하는 경우

소득귀속자를 확인할 수 없거나 또는 소득귀속자에게 추가적인 조세부담을 지울 필요가 없는 경우(예 국가 또는 지방자치단체에 귀속되는 경우)에 무조건 기타사외유출로 처분하도록 열거하고 있다.

① 임대보증금 등에 대한 간주임대료의 익금산입액(추계조사결정하는 경우 제외)
② 기부금 한도초과액의 손금불산입액
③ 기업업무추진비 한도초과액 및 건당 3만원 초과분 기업업무추진비 중 법정증명서류 미수취분
④ 업무용승용차별 임차료 중 감가상각비 상당액의 한도초과액
⑤ 업무용승용차 처분손실로서 업무용승용차별로 800만원을 초과하는 금액
⑥ 업무무관자산 등에 대한 지급이자 손금불산입액
⑦ 채권자불분명 사채이자와 지급받는 자가 불분명한 채권 · 증권의 이자 등의 원천징수세액 상당액
⑧ 불공정자본거래에 대한 부당행위계산 부인규정을 적용함에 따라 익금에 산입한 금액 중 귀속자에게 상속세 및 증여세법에 의하여 증여세가 과세되는 금액
⑨ 외국법인의 국내사업장의 각 사업연도의 소득에 대한 법인세의 과세표준을 신고하거나 결정 또는 경정함에 있어서 익금에 산입한 금액이 그 외국법인의 본점 등에 귀속되는 소득과 국제조세조정에 관한 법률에 따른 정상가격 및 정상원가분담액에 의한 과세조정으로 익금에 산입된 금액이 국외특수관계인으로부터 반환되지 아니한 소득

예제 2-6 | 소득처분 종합

다음은 ㈜한강의 세무조정사항이다. 각 조정사항에 적합한 소득처분을 명시하시오.

1. 익금산입 및 손금불산입
   (1) 임원에게 지급한 상여금 중 한도초과액 100만원을 손금불산입하였다.
   (2) 개인주주인 甲에게 회사 소유의 토지를 시가보다 100만원 낮은 가격으로 처분한 것이 확인되어 동 금액을 익금산입하였다.
   (3) 관계회사에 무이자로 대출한 대여금과 관련하여 세무상 적정이자(인정이자) 상당액인 100만원을 익금산입하였다.
   (4) 실제로 회사에 근무하지 않는 대표이사의 부친에게 인건비 100만원을 지급한 것이 확인되어 동 금액을 손금불산입하였다.
   (5) 현금매출액(대금은 이미 회수됨) 100만원이 장부상 누락되어 이를 익금산입하였다.
   (6) 기업업무추진비 중 100만원이 세법이 정하는 한도를 초과하여 동 금액을 손금불산입하였다.
   (7) 기계장치에 대한 감가상각비 중 100만원이 세법이 정하는 한도를 초과하여 동 금액을 손금불산입하였다.
   (8) 자기주식처분이익 100만원을 장부상 자본잉여금으로 계상하여 동 금액을 익금산입하였다.

2. 손금산입 및 익금불산입
   (1) 퇴직연금충당금 100만원을 결산서상 손비로 계상하지 아니하고 신고조정에 의해 손금산입하였다.
   (2) 전기말에 평가손실 100만원을 손금불산입하고 유보처분하였던 FVPL금융자산(상장주식)을 당기 초에 처분함에 따라 100만원(유보잔액)을 손금산입하였다.
   (3) 과다납부한 법인세 100만원을 환급받아 잡이익으로 계상함에 따라 이를 익금불산입하였다.

해답

1. 익금산입 및 손금불산입
   (1) 상여 : 세무조정금액이 사외로 유출되어 임원에게 귀속됨
   (2) 배당 : 세무조정금액이 사외로 유출되어 주주(개인주주)에게 귀속됨
   (3) 기타사외유출 : 세무조정금액이 사외로 유출되어 법인(관계회사)에게 귀속되었으나, 이미 동 법인의 각 사업연도 소득을 구성하고 있음.
   (4) 기타소득 : 세무조정금액이 사외로 유출되어 임원 · 직원, 주주 등 이외의 제3자에게 귀속됨.
   (5) 대표자상여 : 현금매출로 인하여 대금이 회수되었으나 그 귀속이 불명확함.
   (6) 기타사외유출 : 무조건 기타사외유출로 처분하는 항목임.
   (7) 유보 : 감가상각비를 부인한 것만큼 세무상 기계장치의 가액이 증가함.
   (8) 기타 : 세무조정금액이 사외로 유출되지 아니하였으나, 기업회계상 자산 · 부채(순자산)와 세무상 자산 · 부채(순자산)의 차이가 발생하지 아니함.

2. 손금산입 및 익금불산입
   (1) △유보 : 기업회계상 부채보다 세무상 부채(퇴직연금충당금)가 증가함.

(2) △유보 : 유보잔액(자산증가)이 남아 있는 자산을 처분함으로써 기업회계상 자산과 세무상 자산이 더 이상 차이를 보이지 않으므로 유보잔액을 감소시켜야 함.
(3) 기타 : 기업회계상 자산 · 부채(순자산)와 세무상 자산 · 부채(순자산)의 차이가 발생하지 아니함.

• 보 론 |

(1) 대표자상여 처분에 따른 소득세의 법인대납

귀속자가 불분명하여 대표자상여로 처분하거나 추계조사결정된 과세표준과 재무상태표상의 당기순이익과의 차액을 대표자상여로 처분함에 따른 소득세는 실무관행상 대표자가 부담하지 아니하고 법인이 이를 대납하게 된다. 법인은 소득세 대납분을 손비로 계상하거나 대표자에 대한 대여금 등으로 처리하게 된다. 소득세 대납분을 법인의 손비로 계상하거나 대표자와의 특수관계가 소멸할 때까지 이를 회수하지 아니함에 따라 대손금 등으로 비용계상하는 경우 이는 세무상 해당 법인이 부담할 성격의 비용이 아니므로 손금불산입하며, 기타사외유출로 소득처분한다. 소득처분의 개념을 원칙적으로 적용한다면 이는 당연히 대표자상여로 처분되어야 할 것이나, 법인세법에서는 이를 기타사외유출로 소득처분하도록 함으로써 순환과정이 발생하지 않도록 한 것이다.

그러나 대표자에게 귀속된 것이 분명하여 대표자에 대한 상여로 소득처분함에 따른 소득세를 법인이 대납한 경우에는 대납한 소득세액을 손금불산입하고 대표자상여로 처분한다.

(2) 사외유출된 금액을 회수하고 익금산입하는 경우

내국법인이 국세기본법의 수정신고기한 내에 매출누락 · 가공경비 등 부당하게 사외유출된 금액을 회수하고 세무조정으로 익금에 산입하여 신고하는 경우의 소득처분은 사내유보로 본다. 다만, 다음의 어느 하나에 해당되는 경우로서 경정이 있을 것을 미리 알고 사외유출된 금액을 익금산입하는 경우에는 그러하지 아니하다.

① 세무조사의 통지를 받은 경우 또는 세무조사가 착수된 것을 알게된 경우
② 세무공무원이 과세자료의 수집 또는 민원 등을 처리하기 위하여 현지출장이나 확인업무에 착수한 경우
③ 납세지 관할세무서장으로부터 과세자료 해명 통지를 받은 경우
④ 수사기관의 수사 또는 재판 과정에서 사외유출 사실이 확인된 경우

객 / 관 / 식 / 문 / 제

▶ 제2장 세무조정과 소득처분

1 결산조정항목과 신고조정항목에 대한 다음 설명 중 옳지 않은 것은?

① 결산조정항목은 결산조정에 의해서만 손금에 산입할 수 있는 항목을 말한다.

② 신고조정항목은 신고조정에 의해서만 손금에 산입할 수 있는 항목들을 말한다.

③ 결산조정항목은 임의계상항목이므로 원칙적으로 손금의 귀속시기를 법인이 선택할 수 있다.

④ 신고조정항목은 원칙적으로 손금의 귀속시기를 법인이 선택할 수 없다.

해설

신고조정항목은 결산조정과 신고조정이 모두 허용되는 항목들이다. 즉, 결산서상 비용으로 계상함으로써 과세소득에 반영하거나(결산조정하거나) 또는 결산서상 비용으로 계상하지 아니한 경우(결산조정하지 아니한 경우)에는 신고조정에 의하여 손금에 산입한다.

2 다음은 법인세법상 소득처분에 대한 설명이다. 옳은 것은?

① 주주인 외국법인에게 귀속된 소득은 기타사외유출로 처분한다.

② 익금산입액이 사업을 영위하는 개인의 사업소득을 구성하는 경우에는 기타소득으로 처분한다.

③ 익금산입으로 세무조정하는 경우 기업외부로 유출되지는 않았으나 세무상 순자산과 기업회계상 순자산의 차이를 발생시키지 않는 경우에는 기타사외유출로 처분한다.

④ 익금산입액이 내국법인인 주주에게 귀속되는 경우에는 기타사외유출로 처분한다.

해설

① 외국법인에게 귀속된 소득에 대해서는 그 외국법인이 해당 법인의 주주이면 배당으로 처분하고, 그 이외의 경우에는 기타소득으로 처분한다. 단, 외국법인에게 귀속된 소득이 외국법인의 국내사업장의 소득을 구성하는 경우에는 기타사외유출로 소득처분한다.

② 익금산입액이 법인의 각 사업연도소득 또는 개인의 사업소득을 구성하는 경우에는 기타사외유출로 소득처분한다.

③ 익금산입으로 세무조정하는 경우 기업외부로 유출되지는 않았으나 세무상 순자산과 기업회계상 순자산의 차이를 발생시키지 않는 경우에는 기타로 소득처분한다.

3 법인세법상 소득처분에 관한 설명으로 옳지 않은 것은? ◐ 2014년 국가직 7급

① 사외유출이란 손금산입 · 익금불산입한 금액에 대한 소득처분으로 그 금액이 법인 외부로 유출된 것이 명백한 경우 유출된 소득의 귀속자에 대하여 관련되는 소득세를 징수하기 위하여 행한다.

② 세무조정으로 증가된 소득의 귀속자가 국가 · 지방자치단체인 경우 기타사외유출로 소득처분하고 그 귀속자에 대하여 소득세를 과세하지 않는다.

③ 당기에 유보로 소득처분된 세무조정사항이 발생하게 되면 당기 이후 추인될 때까지 이를 자본금과적립금조정명세서(을)에 사후관리하여야 한다.

④ 손금산입 · 익금불산입으로 세무조정한 금액 중 유보가 아닌 것은 기타로 소득처분하며 별도로 사후관리하지 아니한다.

해설

사외유출이란 손금불산입 · 익금산입한 금액에 대한 소득처분이다.

4 법인세에 대한 소득처분의 내용과 관련하여 잘못된 것은?

① 사외유출된 소득의 귀속자가 주주인 임원의 경우 상여로 처분한다.

② 업무용승용차처분손실로서 업무용승용차별로 800만원을 초과하는 금액은 손금불산입하고 유보로 소득처분한다.

③ 채권자가 불분명한 사채이자(동 이자에 대한 원천징수세액에 해당하는 금액 제외)는 대표자상여로 처분하고 이자에 대한 원천징수세액은 기타사외유출로 처분한다.

④ 추계조사에 의하여 결정된 과세표준과 법인의 재무상태표상의 당기순이익과의 차액(법인세 상당액을 공제하지 아니한 금액을 말함)은 대표자상여로 처분한다. 다만, 천재지변 등으로 추계하게 되었다면 기타사외유출로 처분한다.

해설

업무용승용차별로 800만원을 초과하는 처분손실은 손금불산입하고 기타사외유출로 소득처분한다.

정답	1	②	2	④	3	①	4	②

Chapter 3

익금의 범위

제 1 절 | 익금항목

1. 익금의 정의

(1) 익금의 개념

익금(益金)이란 해당 법인의 순자산(純資産)을 증가시키는 거래로 인하여 발생하는 이익 또는 수입(수익[10])의 금액을 말한다(순자산증가설). 다만, 다음의 금액을 제외한다(법법 15 ①).

① 자본 또는 출자의 납입 : 자본 또는 출자의 납입에 대해서 법인세를 과세한다면 법인은 자본의 납입을 회피하게 될 것이고, 이에 따라 법인의 재무구조가 부실화될 가능성이 있으므로 과세대상 소득에서 제외하도록 규정하고 있는 것이다.

② 법인세법에서 익금불산입항목으로 규정하는 것 : 조세정책적인 목적 등에 의해 법인세법에서는 익금불산입항목을 열거하고 있다.

익금 = 기업회계상(장부상) 수익 + 익금산입 − 익금불산입

(2) 순자산 증가의 의미

익금의 정의에서 '순자산을 증가시키는 거래'에는 손익계산서에 계상되는 손익거래만을 의미하는 것이 아니라 순자산(즉, 자기자본)을 증가시키는 자본거래도 포함되는 것이다. 따라서 익금의 범위에는 자본의 증가(자본잉여금 및 이익잉여금의 증가)도 원칙적으로 포함되는 것이다. 다만, 자본거래를 통한 순자산 증가(주식발행초과금 등)는 대부분 익금불산입항목으로 열거되어 있어 결과적으로는 과세소득에 포함되지 아니한다.

---

10) '수익'이라 함은 타인에게 재화 또는 용역을 제공하고 획득한 수입금액과 기타 해당 법인에게 귀속되는 일체의 경제적 이익을 말한다(법기통 13－0…1).

2. 익금의 범위

법인세법 시행령 제11조에서는 '수익(익금)의 범위'를 구체적으로 다음과 같이 열거하고 있다. 그러나 이는 예시적인 열거사항에 불과하며, 순자산을 증가시키는 거래로 인하여 발생하는 수익의 금액은 모두 익금에 해당한다는 점에 유의하여야 한다.

(1) 각 사업에서 생기는 사업수입금액 개정

'각 사업에서 생기는 사업수입금액'이란 한국표준산업분류에 따른 각 사업(제조업 · 도매업 · 건설업 등)에서 생기는 사업수입금액(도급금액 · 판매금액과 보험료액을 포함)을 말한다. 이는 기업회계상 매출액에 해당하는 금액이며, 기업회계기준[11]에 의한 매출에누리금액 및 매출할인금액은 제외한다. 다만, 내국법인이 생산 · 공급하는 재화 또는 용역을 시가보다 낮은 가액으로 해당 내국법인의 임원 또는 직원에게 판매 또는 제공하는 경우 그 판매가액 또는 용역대가와 시가와의 차액은 사업수입금액에 포함한다.

(2) 자산의 양도금액

'자산의 양도금액'이란 재고자산을 제외한 자산의 양도금액을 의미한다. 재고자산의 양도금액은 위 '(1)'의 사업수입금액(매출액)에 포함되기 때문이다.

(3) 자기주식의 양도금액

자기주식(합병법인이 합병에 따라 피합병법인이 보유하던 합병법인의 주식을 취득하게 된 경우를 포함)의 양도금액은 익금에 산입하고, 자기주식의 장부가액은 손금에 산입한다. 다만, 자기주식교부형 주식매수선택권의 행사에 따라 자기주식을 양도하는 경우에는 주식매수선택권 행사 당시의 시가로 계산한 금액을 익금에 산입한다.

기업회계기준에서는 자기주식처분이익을 자본잉여금으로 회계처리하도록 규정하고 있으나, 법인세법에서는 자기주식처분이익(자기주식처분손실)을 순자산의 증가(감소)로 보아 익금항목(손금항목)으로 규정하고 있다. 따라서 자기주식처분이익을 기업회계기준에 따라 자본잉여금으로 회계처리한 경우 세무조정이 필요하며, 그 세무조정은 다음과 같다.

---

11) 법인세법상 "기업회계기준"은 한국채택국제회계기준, 주식회사 등의 외부감사에 관한 법률에 따라 한국회계기준원이 정한 회계처리기준, 증권선물위원회가 정한 업종별회계처리준칙, 공공기관의 운영에 관한 법률에 따라 제정된 공기업 · 준정부기관 회계규칙 및 중소기업회계기준 등을 포괄하는 용어이다.

<익금산입> 자기주식처분이익 ×××(기 타)*

* 소득처분 : 익금항목을 결산상 자본잉여금으로 계상하였으므로 익금산입으로 세무조정 하더라도 세무상 순자산에 영향을 미치지 아니한다. 따라서 '기타'로 소득처분을 하여야 한다.

한편 자기주식을 취득하여 소각함으로써 생긴 손익(즉, 자기주식소각손익)은 각 사업연도 소득금액 계산상 이를 익금 또는 손금에 산입하지 아니한다(법기통 15－11…7).

▶ **표 3-1** 자기주식관련 손익의 요약

구 분	법인세법	기업회계	세무조정(소득처분)
자기주식처분이익	익 금 항 목	자본잉여금	익금산입(기타)
자기주식처분손실	손 금 항 목	자기주식처분이익과 상계	손금산입(기타)
자기주식소각이익	익금불산입항목	감자차익(자본잉여금)	–
자기주식소각손실	손금불산입항목	감자차익의 차감	–

⑷ 자산의 임대료

'자산의 임대료'란 일시적인 자산의 임대로 인해 얻는 수입금액을 말한다. 왜냐하면 경상적 · 반복적인 자산의 임대로 인한 수입금액은 위 '⑴'의 사업수입금액(임대업의 매출액)에 포함되기 때문이다.

⑸ 자산수증이익과 채무면제이익

무상으로 받은 자산의 가액(자산수증이익)과 채무의 면제 또는 소멸로 인한 부채의 감소액 (채무면제이익)은 순자산을 증가시키게 되므로 익금에 해당한다. 이 경우 채무면제이익에는 채무의 출자전환으로 주식 등을 발행하는 경우 해당 주식 등의 시가를 초과하여 발행된 금액을 포함한다.

⑹ 손금에 산입한 금액 중 환입된 금액

손금산입된 금액이 환입되는 경우에는 익금항목에 해당하며, 손금불산입된 금액이 환입되는 경우에는 익금불산입항목에 해당한다. 순자산증가설에 의하면 환입되는 금액을 전액 익금으로 보아 과세하여야 하나, 지출 당시 손금불산입된 금액을 환입할 때 익금으로 보아 또 다시 과세하게 되면 이중과세의 문제가 발생하므로 이를 해소하기 위하여 익금불산입하도록 규정하고 있는 것이다.

구 분	익금 여부	사 례
손금산입된 금액이 환입되는 경우	익금항목	① 재산세 등의 환입 ② 대손상각된 채권의 회수
손금불산입된 금액이 환입되는 경우	익금불산입항목	① 법인세 등의 환입 ② 손금불산입된 대손충당금의 환입

⑺ 불공정 자본거래로 인하여 특수관계인으로부터 분여받은 이익

불공정 자본거래(불공정합병 · 증자 · 감자 등)를 통하여 특수관계인에게 이익을 분여한 것으로 인정되는 경우 이익을 분여한 해당 법인은 부당행위계산의 부인규정에 따라 이익분여액에 상당하는 금액을 익금에 산입하게 된다. 이 경우 이익을 분여받은 특수관계인이 개인인 경우에는 증여세 또는 소득세 납세의무를 지며, 이익을 분여받은 특수관계인이 법인인 경우에는 분여받은 이익을 익금에 산입함으로써 법인세를 부담하게 된다.

⑻ 가지급금 등의 미회수액

가지급금 및 그 이자(가지급금등)로서 다음의 어느 하나에 해당하는 금액은 이를 익금에 산입한다. 다만, 채권 · 채무에 대한 쟁송으로 회수가 불가능한 경우 등 기획재정부령으로 정하는 정당한 사유[12)]가 있는 경우는 제외한다.

① 특수관계가 소멸되는 날까지 회수하지 아니한 가지급금등(아래 '②'에 따라 익금에 산입한 이자는 제외)

② 특수관계가 소멸되지 아니한 경우로서 가지급금의 이자를 이자발생일이 속하는 사업연도 종료일부터 1년이 되는 날까지 회수하지 아니한 경우 그 이자

⑼ 책임준비금 감소액

보험회사가 보험업법에 따라 또는 주택도시보증공사가 주택도시기금법에 따라 적립한 책임준비금의 감소액으로서 보험감독회계기준에 따라 수익으로 계상된 금액은 익금에 산입한다. 다만, 할인율의 변동에 따른 책임준비금 평가액의 감소분은 제외한다.

---

12) 기획재정부령으로 정하는 정당한 사유란 다음의 어느 하나에 해당하는 경우를 말한다(법칙 6의2).
㉠ 채권 · 채무에 대한 쟁송으로 회수가 불가능한 경우
㉡ 특수관계인이 회수할 채권에 상당하는 재산을 담보로 제공하였거나 특수관계인의 소유재산에 대한 강제집행으로 채권을 확보하고 있는 경우
㉢ 해당 채권과 상계할 수 있는 채무를 보유하고 있는 경우
㉣ 그 밖에 위와 비슷한 사유로서 회수하지 아니하는 것이 정당하다고 인정되는 경우

(10) 기타의 수익으로서 그 법인에게 귀속되었거나 귀속될 금액

위에 규정된 익금항목들은 예시적 열거항목에 불과하므로 순자산을 증가시키는 거래로 인하여 발생하는 수익은 익금불산입항목으로 규정된 것을 제외하고는 모두 익금에 해당한다. 기타의 수익으로서 익금에 해당하는 항목들을 예시하면 다음과 같다.

① 이자수익 · 배당수익

② 외환차익

③ 공사부담금 · 보험차익 · 국고보조금

예제 3-1 | 익금의 범위 

다음 각 항목에 대하여 필요한 세무조정 및 소득처분을 행하시오.

(1) 자기주식처분이익 ₩5,000,000을 자본잉여금으로 회계처리하였다.

(2) 자기주식소각이익 ₩3,000,000을 감자차익(자본잉여금)으로 회계처리하였다.

(3) 자산수증이익 ₩2,000,000을 수익으로 회계처리하였다.

(4) 법인세환급액 ₩4,000,000을 수익으로 회계처리하였다.

(5) 재산세환급액 ₩2,000,000을 수익으로 회계처리하였다.

해답

(1) 자기주식처분이익(익금항목)을 자본잉여금으로 회계처리하였으므로 이를 익금산입하는 세무조정이 필요하다.
<익금산입> 자기주식처분이익 5,000,000(기타)

(2) 자기주식소각이익(익금불산입항목)을 자본잉여금으로 회계처리하였으므로 세무조정이 필요하지 않다.

(3) 자산수증이익(익금항목)을 수익으로 회계처리하였으므로 세무조정이 필요하지 않다.

(4) 법인세환급액(익금불산입항목)을 수익으로 회계처리하였으므로 이를 익금불산입하는 세무조정이 필요하다.
<익금불산입> 법인세환급액 4,000,000(기타)

(5) 재산세환급액(익금항목)을 수익으로 회계처리하였으므로 세무조정이 필요하지 않다.

제 2 절 | 익금불산입 항목

법인세법에서는 순자산을 증가시키는 거래로 인하여 발생하는 수익임에도 불구하고 특정 수익에 대해서는 조세정책적인 목적 등에 의하여 익금에 산입하지 않도록 규정하고 있다. 이를 익금불산입항목이라 한다. 법인세법에 익금불산입항목으로 열거된 것에 한하여 익금에서 제외하므로 각 항목들에 대해 구체적으로 정리하여야 한다.

1. 자본거래로 인한 순자산증가

(1) 주식발행액면초과액

주식발행액면초과액이란 액면금액 이상으로 주식을 발행한 경우 그 액면금액을 초과한 금액(무액면주식의 경우에는 발행가액 중 자본금으로 계상한 금액을 초과한 금액)을 말한다. 주식발행액면초과액은 법정자본금은 아니지만 자본납입 또는 출자납입의 일부이므로 익금에 산입하지 않는 것이다.

한편 채무의 출자전환으로 주식 등을 발행하는 경우에는 그 주식 등의 시가를 초과하여 발행된 금액은 제외한다. 즉, 해당 주식등의 시가를 초과하여 발행된 금액은 채무면제이익으로 익금에 산입한다.

▶ **그림 3-1** 채무의 출자전환으로 주식을 발행하는 경우

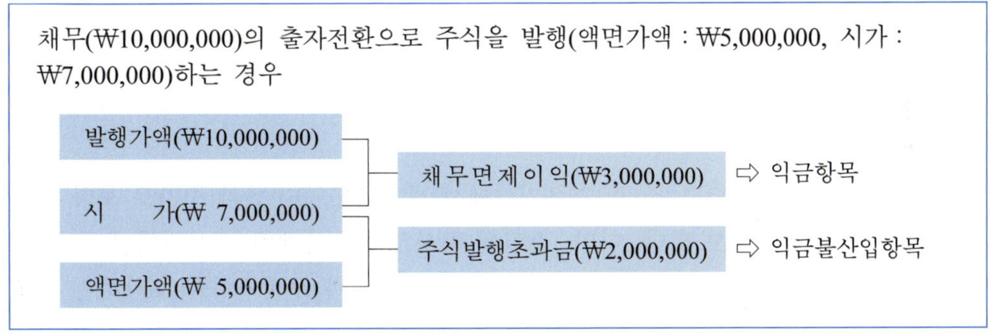

(2) 주식의 포괄적 교환차익과 포괄적 이전차익(移轉差益)

주식의 포괄적 교환이란 회사가 다른 회사의 발행주식 총수와 자기회사의 주식을 교환함으로써 완전자회사의 주식을 완전모회사가 되는 회사에 이전하고 그 완전자회사가 되는 회사의 주주는 그 완전모회사가 되는 회사의 주주가 되는 것을 말하며, 주

식의 포괄적 이전이란 회사가 스스로 완전자회사가 되는 회사가 되어 완전모회사를 설립하는 하나의 방법으로 완전자회사가 되는 회사의 주주가 소유하는 그 회사의 주식을 완전모회사에 이전하고 그 완전자회사가 되는 회사의 주주는 그 완전모회사가 주식이전을 위하여 발행하는 주식의 배정을 받음으로써 그 완전모회사의 주주가 되는 것을 말한다.

주식의 포괄적 교환과 주식의 포괄적 이전은 완전자회사의 법인격이 소멸되지 않고 존속한다는 점을 제외하고는 합병과 기능이 유사하므로 주식의 포괄적 교환과 주식의 포괄적 이전으로 발생한 차익을 익금불산입항목으로 규정한 것이다.[13)]

⑶ 감자차익(減資差益)

감자차익이란 자본감소의 경우로서 그 감소액이 주식의 소각, 주금(株金)의 반환에 든 금액과 결손의 보전(補塡)에 충당한 금액을 초과한 경우의 그 초과금액을 말한다. 기업회계기준에서는 감자차익을 자본잉여금으로 계상하도록 하고 있으며, 법인세법에서는 주식발행액면초과액과 동일한 이유에서 이를 익금불산입항목으로 규정하고 있다.

⑷ 합병차익

합병차익이란 합병의 경우로서 소멸된 회사(피합병법인)로부터 승계한 재산의 가액이 그 회사로부터 승계한 채무액, 그 회사의 주주에게 지급한 금액과 합병 후 존속하는 회사(합병법인)의 자본금증가액 또는 합병에 따라 설립된 회사(합병신설법인)의 자본금을 초과한 경우의 그 초과금액을 말한다.

합병차익 = (승계한 자산가액 − 승계한 채무액) − (자본증가액 + 합병교부금)

법인세법에서는 합병차익을 자본거래에서 발생하는 순자산의 증가로 보아 익금불산입항목으로 규정하고 있다. 다만, 소멸된 회사로부터 승계한 재산가액이 그 회사로부터 승계한 채무액, 그 회사의 주주에게 지급한 금액과 주식가액을 초과하는 경우로서 법인세법에서 익금으로 규정한 금액(합병매수차익)은 익금에 산입한다.

---

13) 2001년 7월 지주회사 설립 등을 통한 회사의 구조조정을 촉진하기 위하여 주식의 포괄적 교환과 주식의 포괄적 이전을 통한 회사설립을 제도화한바 있다. 이는 현물출자 · 물적분할 등 종전의 지주회사 설립방법이 절차상 또는 비용상 내포하고 있는 문제점을 극복하고 효율적으로 순수 지주회사를 설립하여 기업의 구조조정을 원활하게 수행할 수 있게 하기 위한 제도이다.

(5) 분할차익

분할차익이란 분할 또는 분할합병으로 인하여 설립된 회사 또는 존속하는 회사에 출자된 재산의 가액이 출자한 회사로부터 승계한 채무액, 출자한 회사의 주주에게 지급한 금액과 설립된 회사의 자본액 또는 존속하는 회사의 자본증가액을 초과하는 경우 그 초과금액을 말한다.

법인세법에서는 분할차익을 자본거래에서 발생하는 순자산의 증가로 보아 익금불산입항목으로 규정하고 있다. 다만, 분할 또는 분할합병으로 설립된 회사 또는 존속하는 회사에 출자된 재산의 가액이 출자한 회사로부터 승계한 채무액, 출자한 회사의 주주에게 지급한 금액과 주식가액을 초과하는 경우로서 법인세법에서 익금으로 규정한 금액(분할매수차익)은 익금에 산입한다.

> 분할차익 = (출자된 재산가액 − 승계한 채무액) − (자본증가액 + 분할교부금)

2. 평가이익 등의 익금불산입

(1) 자산의 평가이익

'자산의 평가이익'이란 자산의 시가가 장부가액보다 상승할 경우 자산의 가액을 시가로 평가하기 위하여 시가와 장부가액의 차액을 이익으로 인식하는 것을 말한다. 법인세법에서는 자산을 원가법에 의하여 평가함을 원칙으로 하므로 자산의 평가이익을 원칙적으로 익금에 산입하지 아니한다. 다만, 다음에 해당하는 평가이익은 예외적으로 익금에 산입한다.

① 보험업법이나 그밖의 법률에 따른 유형자산 및 무형자산 등의 평가이익
② 화폐성 외화자산·부채등에 대한 외화환산이익

(2) 각 사업연도의 소득으로 이미 과세된 소득

각 사업연도의 소득으로 이미 과세된 소득(법인세법과 다른 법률에 따라 비과세되거나 면제되는 소득을 포함)은 내국법인의 각 사업연도의 소득금액을 계산할 때 익금에 산입(算入)하지 아니한다(법법 18 ⒇). 이미 각 사업연도의 소득에 포함하여 과세된 소득을 기업회계상 다시 수익으로 계상하는 경우에는 법인세가 이중으로 과세될 수 있으므로 동일한 소득에 대하여 이중과세하는 것을 방지하기 위해 이를 익금불산입하도록 규정하고 있는 것이다.

⑶ 법인세 또는 법인지방소득세의 환급액

법인세 · 법인지방소득세 또는 농어촌특별세는 손금불산입되는 조세에 해당한다. 따라서 이를 환급받았거나 환급받을 금액을 다른 세액에 충당한 경우에는 익금에 산입하지 아니한다.

⑷ 자산수증이익과 채무면제이익 중 이월결손금을 보전하는데 충당한 금액

자산수증이익과 채무면제이익은 본래 익금항목이다. 자산수증이익(국고보조금등 제외)과 채무면제이익 중 세무상 이월결손금을 보전하는데 충당한 금액은 이를 익금으로 보지 아니한다. 이 경우 '세무상 이월결손금'이란 결손금(합병 · 분할시 승계받은 이월결손금을 제외함)으로서 그 후의 각 사업연도의 과세표준 계산에 있어서 공제되지 아니한 금액(발생시점의 제한이 없음) 등을 말한다.[14)]

▶ **그림 3-2** 세무상 결손금의 소멸사유

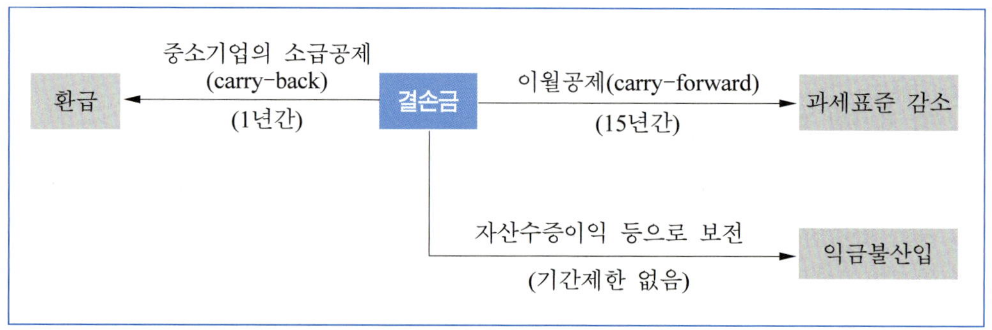

⑸ 부가가치세 매출세액

사업자가 재화나 용역을 공급할 때 거래징수한 부가가치세 매출세액은 부가가치세 신고와 함께 정부에 납부하여야 할 부분이므로 일종의 예수금(부채)에 해당한다. 모든 부채는 법인의 순자산을 증가시키지 아니하므로 당연히 익금에 산입될 수 없는 것이다. 부가가치세 매출세액은 매출액과 함께 회계처리되므로 매출액(익금항목)으로 잘못 계상될 가능성이 높기 때문에 법인세법에서는 이를 익금불산입항목으로 명시하고 있는 것이다.

14) 자산수증이익과 채무면제이익을 기업회계기준에 따라 당기이익으로 계상한 법인은 '자본금과적립금조정명세서(갑)표'에 자산수증이익 등을 이월결손금의 보전에 충당한다는 뜻을 표시하고 세무조정으로 익금불산입(기타)하면 된다(법기통 18－18…2).

⑹ 국세 또는 지방세의 과오납금의 환급금이자

국세 또는 지방세의 과오납금을 환급하는 경우에는 이에 대한 법정이자를 함께 환급하게 된다. 국세에 대한 환급금이자를 국세환급가산금이라 하며, 지방세에 대한 환급금이자를 지방세환급가산금이라 한다. 국세환급가산금 또는 지방세환급가산금은 국세·지방세의 과오납금에 대하여 국가가 이자상당액을 보상하는 성격을 가진다. 만약 동 금액을 익금에 산입한다면 법인세납부액만큼 보상의 효과가 줄어들 것이므로 순자산증가에 해당하는 항목이지만 예외적으로 익금불산입하도록 규정하고 있는 것이다.

이 경우 국세 또는 지방세의 환급금은 당초 손금산입 여부에 따라 익금산입 여부가 결정되므로 환급금이자와 별도로 익금에 해당하는지의 여부를 판단하여야 한다.

⑺ 연결자법인 또는 연결모법인으로부터 지급받았거나 지급받을 금액

연결납세제도를 적용하는 경우 각 연결자법인은 각 연결법인별 납부세액을 연결모법인에게 지급하고, 연결모법인은 이를 관할세무서에 납부한다. 따라서 연결모법인이 연결자법인으로부터 지급받았거나 지급받을 연결법인세액은 연결모법인의 익금으로 보지 아니한다. 또한 환급세액이 발생한 연결자법인이 연결모법인으로부터 지급받았거나 지급받을 금액도 연결자법인의 익금으로 보지 아니한다.

⑻ 자본준비금을 감액하여 받는 배당

상법 제461조의2에 따라 자본준비금을 감액하여 받는 배당금액(내국법인이 보유한 주식의 장부가액을 한도로 함)은 익금으로 보지 아니한다. 다만, 다음의 어느 하나에 해당하는 자본준비금을 감액하여 받는 배당금액은 익금으로 보아 과세한다.

㉠ 자본전입 시 무상주 의제배당으로 과세되는 자본준비금
㉡ 3% 재평가세율 적용분 재평가적립금
㉢ 적격합병·분할에 따른 합병·분할차익에 포함된 피합병법인 또는 분할법인의 3% 재평가세율 적용분 재평가적립금[15)]

만일 합병법인 또는 분할신설법인이 합병차익 또는 분할차익의 일부를 감액배당하는 경우 합병·분할차익에 포함된 3% 재평가적립금, 피합병법인 또는 분할법인의 이

15) 다음의 금액을 한도로 한다.
① 합병차익 − [피합병법인의 자본금 + 무상주 의제배당대상 자본잉여금 외의 자본잉여금(재평가적립금 중 3% 재평가세율 적용분은 제외) − 합병법인의 자본금 증가액]
② 분할차익 − [분할법인의 자본금 감소액 + 무상주 의제배당대상 자본잉여금 외의 자본잉여금(재평가적립금 중 3% 재평가세율 적용분은 제외) 감소액 − 분할신설법인의 자본금]

익잉여금 및 의제배당대상 자본잉여금 및 의제배당대상 외 자본잉여금의 순서에 따라 해당 금액을 배당한 것으로 본다.

자본준비금을 감액하여 받는 배당을 익금에 산입하지 않는 이유

자본준비금을 감액하여 받는 배당은 실질적으로 자본의 환급이기 때문에 익금으로 과세하지 않는다. 다만, 3% 재평가세율 적용분 재평가적립금은 자산재평가로 인한 평가차익으로 주주가 납입한 출자금이 아니므로 동 적립금을 감액하여 받은 배당은 익금으로 과세한다. 또한 주주가 출자한 금액을 초과하여 배당을 받은 경우 초과금액은 주주의 이익이 실현된 것이므로 익금으로 과세하기 위하여 내국법인이 보유한 주식의 장부가액을 익금불산입 한도로 설정하고 있다.

예제 3-2 | 익금불산입항목

다음 각 항목에 대하여 필요한 세무조정 및 소득처분을 행하시오.

(1) 채무 ₩2,000,000을 출자로 전환함에 따라 주식(액면가액 ₩1,000,000, 시가 ₩1,400,000)을 발행하고, 발행가액과 액면가액의 차액인 ₩1,000,000을 주식발행초과금으로 회계처리하였다.

(2) 보유중인 토지에 대하여 공신력 있는 감정기관의 평가를 받아 평가이익 ₩5,000,000을 수익으로 계상하였다. 단, 이는 보험업법 등 법률에 의한 평가에 해당하지 아니한다.

(3) 전기에 외상매출액 ₩3,000,000이 누락됨에 따라 전기 세무조정시 익금산입(유보)한 바 있으며, 동 외상매출금을 당기에 회수하고 외상매출누락액을 수익으로 계상하였다.

(4) 채무면제이익 ₩5,000,000을 수익으로 계상하였으며, 채무면제이익을 세무상 이월결손금(₩3,000,000) 보전에 충당하였다.

(5) 상품을 판매하고 매출액 ₩11,000,000(부가가치세 매출세액 ₩1,000,000 포함)을 계상하였다.

(6) 국세환급과 관련하여 국세환급가산금(법정이자) ₩500,000을 받고, 이를 수익으로 회계처리하였다.

해답

(1) 발행가액(₩2,000,000)과 시가(₩1,400,000)의 차액은 채무면제이익(익금항목)이며, 이를 주식발행초과금으로 회계처리하였으므로 익금산입하는 세무조정이 필요하다.
<익금산입> 채무면제이익 600,000(기타)

(2) 자산의 임의평가차익은 익금으로 인정되지 아니하므로 이를 익금불산입하는 세무조정이 필요하다. 이 경우 평가증된 토지가액이 감소하게 되므로 △유보로 소득처분한다.
<익금불산입> 임의평가차익 5,000,000(△유보)

(3) 전기에 이미 익금산입하여 과세소득에 포함시킨 외상매출누락액을 수익으로 계상하였으므로 동 금액을 익금불산입하는 세무조정이 필요하다.
<익금불산입> 전기 외상매출누락액 3,000,000(△유보)

⑷ 채무면제이익 중 세무상 이월결손금 보전에 충당된 금액은 익금불산입한다.
<익금불산입> 채무면제이익 중 이월결손금 충당액 3,000,000(기타)

⑸ 부가가치세 매출세액(익금불산입항목)을 매출액으로 계상하였으므로 이를 익금불산입하는 세무조정이 필요하다. 이 경우 부가가치세예수금이라는 부채가 증가하게 되므로 △유보로 소득처분한다.
<익금불산입> 부가가치세 매출세액 1,000,000(△유보)

⑹ 국세환급가산금(익금불산입항목)을 수익으로 회계처리하였으므로 이를 익금불산입하는 세무조정이 필요하다.
<익금불산입> 국세환급가산금(환급금이자) 500,000(기타)

3. 내국법인 수입배당금액의 익금불산입

(1) 의 의

배당에 대한 이중과세 조정을 위하여 내국법인(고유목적사업준비금을 손금에 산입하는 비영리내국법인 제외)이 해당 법인이 출자한 다른 내국법인(피출자법인)으로부터 받은 수입배당금액(이익의 배당액이나 잉여금의 분배액 및 의제배당액) 중 일정금액을 익금불산입한다(법법 18의2).

⑵ 익금불산입의 배제

다음에 해당하는 경우에는 일반법인의 수입배당금액에 대한 익금불산입 규정을 적용하지 않는다.

① 배당기준일전 3월 이내에 취득한 주식 등을 보유함으로써 발생하는 수입배당금액
② 유동화전문회사 등에 대한 소득공제 또는 프로젝트금융투자회사에 대한 소득공제에 따라 지급한 배당에 대하여 소득공제를 적용받는 법인으로부터 받은 수입배당금액
③ 수도권 밖으로 본사를 이전하는 법인에 대한 세액감면(조특법 63의2)을 적용받는 법인(감면율이 100%인 사업연도에 한함)으로부터 받은 수입배당금액
④ 동업기업과세특례를 적용받는 법인으로부터 받은 수입배당금액
⑤ 지급한 배당에 대하여 소득공제를 적용받는 법인과세 신탁재산으로부터 받은 수입배당금액
⑥ 자산재평가법을 위반하여 3% 재평가세율 적용분 재평가적립금을 감액하여 지급받은 수입배당금액
⑦ 적격합병 · 분할에 따른 합병 · 분할차익에 포함된 피합병법인 또는 분할법인의 3% 재평가세율 적용분 재평가적립금(일정한 금액을 한도로 함)을 감액하여 지

급받은 수입배당금액

⑧ 피출자법인의 소득에 법인세가 과세되지 아니한 수입배당금액으로서 다음의 금액

㉠ 자본의 감소로 주주등인 내국법인이 취득하는 금전과 재산가액의 합계액이 해당 주식등을 취득하기 위해 사용한 금액을 초과하는 금액

㉡ 피출자법인이 자기주식 또는 자기출자지분을 보유한 상태에서 무상주 의제배당대상 자본잉여금 외의 자본잉여금을 자본전입을 함에 따라 그 법인 외의 주주등인 내국법인의 지분비율이 증가한 경우 증가한 지분비율 상당 주식등의 가액

(3) 익금불산입액의 계산

1) 익금불산입액의 계산

익금불산입액 = 내국법인으로부터의 수입배당금액 × 익금불산입비율
− 차입금의 이자에 대한 익금불산입 배제액

2) 익금불산입비율

피출자법인에 대한 출자비율*	익금불산입률
50% 이상	100%
20% 이상 50% 미만	80%
20% 미만	30%

* 출자비율은 배당기준일 현재 3월 이상 계속하여 보유하고 있는 주식 등을 기준으로 계산한다.

3) 차입금의 이자가 있는 경우

차입금으로 타회사의 주식을 취득하는 것을 규제하기 위하여 내국법인이 각 사업연도에 지급한 차입금의 이자가 있는 경우에는 다음의 금액을 각 피출자법인별 익금불산입 대상금액에서 각각 차감한다.

$$\text{차입금의 이자}^{*1} \times \frac{\text{피출자법인 주식등의 장부가액}^{*2}\text{적수} \times \text{익금불산입비율}}{\text{재무상태표상 자산총액의 적수}^{*3}}$$

*1 차입금의 이자에는 지급이자 손금불산입 규정에 의하여 이미 손금불산입된 금액, 현재가치할인차금 상각액·연지급수입이자 등은 제외한다.

*2 해당 주식에 대한 수입배당금액이 익금불산입된 피출자법인 주식등의 세무상 장부가액을 말한다. 다만, 국가 및 지방자치단체로부터 현물출자받은 주식등은 적수계산시 제외한다.

*3 재무상태표상 자산총액에 사업연도 일수를 곱하여 적수를 산정한다.

예제 3-3 | 내국법인의 수입배당금액 익금불산입

다음 자료를 이용하여 제조업을 영위하는 ㈜호남의 제5기 사업연도(20×5.1.1.~20×5.12.31.) 수입배당금액 익금불산입액을 계산하시오.

(1) 20×5년에 받은 금전배당자료

배당지급법인	수입배당금	법인세법상 장부가액*	출자비율*	주식취득일
㈜A	₩30,000,000	10억원	60%	20×4년 9월 25일
㈜B	20,000,000	20억원	40%	20×4년 7월 15일
㈜C	60,000,000	40억원	30%	20×4년 10월 20일
㈜D	45,000,000	30억원	15%	20×4년 3월 10일

* 주식 취득 이후에 주식수, 장부가액 및 출자비율의 변동은 없음

(2) 배당지급법인은 모두 내국법인으로서 배당기준일은 20×4년 12월 31일, 배당결의일은 20×5년 3월 10일로 모두 동일하다.

(3) ㈜호남의 사업연도 종료일 현재 자산총액은 500억원, 차입금 이자는 4억원이다.

해답

(1) ㈜A : $₩30,000,000 \times 100\% - 400,000,000 \times \dfrac{10억원 \times 365 \times 100\%}{500억원 \times 365} = ₩22,000,000$

(2) ㈜B : $₩20,000,000 \times 80\% - 400,000,000 \times \dfrac{20억원 \times 365 \times 80\%}{500억원 \times 365} = ₩3,200,000$

(3) ㈜C : 배당기준일(20×4년 12월 31일)전 3월 이내에 취득한 주식을 보유함으로써 발생한 수입배당금액이므로 익금불산입 규정을 적용하지 않는다.

(4) ㈜D : $₩45,000,000 \times 30\% - 400,000,000 \times \dfrac{30억원 \times 365 \times 30\%}{500억원 \times 365} = ₩6,300,000$

국내자회사 수입배당금 익금불산입 제도 합리화(2023년 시행)

해외입법례 등에 비추어 볼 때 종전 수입배당금액 익금불산입제도는 지나치게 복잡한 측면이 있어 국제적 기준에 맞추어 보다 단순하고 조세형평에 부합하도록 제도를 수정하였다. 즉, 내국법인이 해당 법인이 출자한 다른 내국법인으로부터 받은 수입배당금액의 익금불산입률을 단순하게 조정(상장법인과 비상장법인 구분 폐지)하고, 지주회사에 적용하던 수입배당금 익금불산입 특례를 폐지하여, 일반 내국법인과 동일한 익금불산입률을 적용하도록 하였다.

4. 외국자회사 수입배당금액의 익금불산입

(1) 의의

내국법인(외국납부세액공제 및 환급 특례를 적용받는 간접투자회사등은 제외함)이 해당 법인이 출자한 외국자회사로부터 받은 수입배당금액(이익의 배당금 또는 잉여금의 분배금과 의제배당액)의 95%에 해당하는 금액은 각 사업연도의 소득금액을 계산할 때 익금에 산입하지 아니한다(법법 18의4).

(2) 외국자회사의 범위

내국법인이 직접 외국법인의 의결권 있는 발행주식총수 또는 출자총액의 10%(해외자원개발사업을 하는 외국법인의 경우에는 5%) 이상을 그 외국법인의 배당기준일 현재 6개월 이상 계속하여 보유하고 있는 외국법인을 말한다(법령 17의4 ①).

(3) 익금불산입의 배제 개정

① 국제조세조정에 관한 법률에 따라 특정외국법인의 유보소득에 대하여 내국법인이 배당받은 것으로 보는 금액 및 해당 유보소득이 실제 배당된 경우의 수입배당금액

② 유보소득에 대한 배당간주규정이 적용되는 특정외국법인 중 실제부담세액이 실제발생소득의 15% 이하인 특정외국법인의 해당 사업연도에 대한 이익잉여금 처분액 중 이익의 배당금(중간배당 및 의제배당 포함, 해외자원개발사업자가 해외자원개발투자에 대한 과세특례 적용대상 투자로부터 얻은 수입배당금 제외)

③ 혼성금융상품(자본 및 부채의 성격을 동시에 가지고 있는 금융상품으로서 대통령령으로 정하는 금융상품을 말함)의 거래에 따라 내국법인이 지급받는 수입배당금액

(4) 외국법인 자본준비금의 감액으로 받은 배당의 익금불산입

내국법인이 해당 법인이 출자한 외국법인(외국자회사는 제외함)으로부터 자본준비금을 감액하여 받는 배당으로서 익금에 산입되지 아니하는 배당에 준하는 성격의 수입배당금액을 받는 경우 그 금액의 95%에 해당하는 금액은 각 사업연도의 소득금액을 계산할 때 익금에 산입하지 아니한다.

1. 유가증권 저가매입액

일반적인 경우에는 자산을 시가보다 낮은 가액으로 매입함에 따른 이익은 매입시점에 이를 익금으로 보지 아니하며, 해당 자산의 감가상각 또는 처분시 과세된다. 그러나 특수관계인인 개인으로부터 유가증권을 시가(時價)보다 낮은 가액으로 매입한 경우 시가와 그 매입가액의 차액에 상당하는 금액은 매입시점에 이를 익금으로 본다(법법 15 ② (1)). 이 때 해당 유가증권의 세무상 취득가액은 시가가 된다는 점에 유의하여야 한다.

유가증권 저가매입액을 익금산입하는 취지

이 규정은 개인이 자녀가 대주주로 있는 법인에 유가증권을 저가로 양도함으로써 변칙적인 상속·증여의 수단으로 악용하는 사례가 있어 이를 규제하기 위하여 제정한 규정이다.

예제 3-4 | 자산의 저가매입

㈜강남은 제10기 사업연도 중 특수관계인으로부터 다음과 같은 자산을 매입하였다. 동 자료를 이용하여 세무조정을 행하면?

특수관계인	매입자산 및 매입가액	매입자산의 시가	비 고
개 인 주 주	유가증권을 ₩30,000,000에 매입함	₩100,000,000	저가매입
대 표 이 사	토 지를 ₩90,000,000에 매입함	100,000,000	저가매입
법 인 주 주	유가증권을 ₩50,000,000에 매입함	100,000,000	저가매입

해답

자산을 저가매입한 경우에는 해당 법인이 거래상대방으로부터 경제적인 이익을 제공받은 것으로 볼 수 있다. 법인세법에서는 저가매입으로 인해 얻은 이익을 매입시점에 익금으로 보아 과세하지 아니하고, 그 자산을 감가상각하거나 처분하는 시점에 과세하게 된다. 단, 특수관계인인 ① 개인으로부터 ② 유가증권을 ③ 시가에 미달하는 가액으로 매입한 경우에는 매입시점에 시가와 해당 매입가액의 차액에 상당하는 금액을 익금에 산입함으로써 법인세를 과세하게 된다.

구 분	거래유형	매입자산	세 무 조 정
개인주주(개인)	저가매입	유가증권	<익금산입> 유가증권 저가매입액 70,000,000(유보)
대표이사(개인)	저가매입	토 지	세무조정 없음.*1
법인주주(법인)	저가매입	유가증권	세무조정 없음.*2

*1 특수관계인인 개인으로부터 유가증권을 저가매입한 경우에만 익금산입한다. 따라서 토지 등을 저가로 매입한 경우에는 익금에 해당하지 않으므로 세무조정이 필요없다.

*2 특수관계인인 개인으로부터 유가증권을 저가매입한 경우에만 익금산입한다. 따라서 특수관계인인 법인으로부터 유가증권을 저가로 매입한 경우에는 익금에 해당하지 않으므로 세무조정이 필요없다. 이 경우에는 거래상대방인 법인주주에 대하여 부당행위계산의 부인규정이 적용된다.

2. 간접외국납부세액에 해당하는 금액

내국법인의 각 사업연도의 소득금액에 외국자회사로부터 받는 이익의 배당이나 잉여금의 분배액(수입배당금액)이 포함되어 있는 경우 그 외국자회사의 소득에 대하여 부과된 외국법인세액 중 해당 수입배당금액에 대응하는 금액을 '간접외국납부세액'이라 한다(법법 57 ④). 간접외국납부세액을 세액공제하는 경우에는 간접외국납부세액을 익금에 산입한다(법법 15 ② (2)).

간접외국납부세액에 대해서는 "제11장 과세표준 및 세액의 계산"에서 상세하게 설명하기로 한다.

외국자회사 수입배당금의 이중과세 조정방법

외국자회사 수입배당금에 대해 국제적 이중과세를 조정하는 방법에는 일반적으로 외국자회사가 외국에서 납부한 세액에 대해 세액공제를 해주는 외국납부세액공제 방식과 내국법인이 외국자회사로부터 받은 수입배당금에 대해 익금불산입하는 소득면제 방식이 있다. 우리나라의 경우 법인세법 제18조의 2 【내국법인 수입배당금액의 익금불산입】 적용대상인 외국자회사 수입배당금은 소득면제 방식으로, 동 조의 적용대상이 아닌 외국자회사 수입배당금은 외국납부세액공제방식으로 국제적 이중과세를 조정하고 있다. 간접외국납부세액을 익금에 산입하는 것은 외국납부세액공제방식으로 국제적 이중과세를 조정하는 경우에 한해 적용된다.

3. 동업기업으로부터 배분받은 소득금액

동업기업은 동업자군(거주자 · 비거주자 · 내국법인 · 외국법인)별로 동업기업의 소득금액 또는 결손금을 계산한 후 각 동업자군별 배분대상 소득금액 또는 결손금을 각 과세연도의 종료일에 해당 동업자군에 속하는 동업자들에게 동업자간의 약정손익배분비율에 따라 배분한다. 이 경우 하위 동업기업의 소득금액 · 결손금은 상위 동업기업의 동업자군별 소득금액 · 결손금 구분에 따라 상위 동업기업에 배분[16]한다. 동업자인

---

16) 배분금액의 계산은 다음과 같다.

$A \times B \times C$

A : 하위 동업기업의 동업자군별 소득금액 및 결손금
B : 하위 동업기업에 대한 상위 동업기업의 손익배분비율
C : 상위 동업기업의 동업자군별 손익배분비율

내국법인이 동업기업으로 배분받은 소득금액과 결손금은 이를 각각 익금 또는 손금으로 본다.

구 분	배분받은 금액에 대한 처리	
수동적 동업자*인 경우	배당소득	익금항목
기타의 동업자인 경우	배분받은 소득금액	익금항목
	배분받은 결손금액	손금항목

* 동업기업의 경영에 참여하지 아니하고 출자만 하는 자로서 법정 요건을 만족하는 동업자

4. 임대보증금 등에 대한 간주임대료

(1) 의 의

부동산을 임대하는 경우 통상적으로 월임대료 이외에 임대보증금 또는 전세금 등을 받게 된다. 이 때 월임대료는 익금에 해당하지만 임대보증금 등은 반환의무가 있는 부채에 해당하므로 익금에 해당하지 않는다. 그러나 만약 월임대료에 대해서만 과세하고 임대보증금 등에 대해서는 과세하지 않는다면 부동산임대차 계약을 체결할 때 임대인은 임대보증금의 비율을 높일수록 세무상 유리한 결과를 얻을 수 있으므로 과세형평상 문제가 발생하게 된다. 따라서 법인세법과 조세특례제한법에서는 임대보증금에 대한 간주임대료를 계산하여 이를 익금에 산입하도록 규정하고 있는데, 이를 임대보증금 등의 간주임대료라고 한다.

(2) 간주임대료의 계산

1) 추계결정하는 경우

법인세의 과세표준과 세액을 결정 또는 경정하는 경우로서 장부 또는 증명서류가 없거나 기장의 내용이 허위임이 명백한 경우에는 추계결정·경정을 하게 된다. 과세표준과 세액을 추계하는 경우에는 부동산임대(주택임대 포함)에 의한 전세금 또는 임대보증금에 대한 수입금액은 정기예금이자율을 적용하여 다음과 같이 계산한 금액으로 한다.

$$\text{간주임대료} = \text{전세금·임대보증금의 적수} \times \text{정기예금이자율} \times \frac{1}{365}\ \left(\text{윤년}: \frac{1}{366}\right)$$

2) 추계결정 이외의 경우

차입금과다법인(차입금이 자기자본의 2배를 초과하는 법인)으로서 부동산임대업을 주업으로 하는 법인(비영리법인과 외국법인은 제외함)이 부동산 또는 그 부동산에 관한 권리 등을 대여하고 보증금·전세금 등을 받은 경우에는 간주임대료를 익금에 가산한다. 단, 간주임대료가 '0'보다 적은 때에는 간주임대료가 없는 것으로 본다.

$$\text{간주임대료} = (\text{전세금·임대보증금}^{*1}\text{의 적수} - \text{임대용 부동산의 건설비상당액}^{*2}\text{의 적수}^{*3}) \times \text{정기예금이자율}^{*4} \times \frac{1}{365} - \text{임대사업부문에서 발생한 금융수익}^{*5}$$

*1 전세금·임대보증금 : 부동산 또는 부동산에 관한 권리 등을 대여하고 받은 보증금·전세금 또는 이와 유사한 성질의 금액을 말한다. 다만, 주택과 그 부수토지로서 일정 면적 이내의 토지는 제외한다.
*2 임대용 부동산의 건설비상당액 : 해당 임대용 건축물의 취득가액(자본적지출액을 포함)으로 한다. 따라서 임대용 자산의 토지 취득가액은 건설비에 포함되지 아니한다.
*3 적수의 계산 : 적수란 매일 잔액의 합계액을 말한다. 다만, 간주임대료의 계산에 있어서는 매월말 현재의 잔액에 경과일수를 곱하여 적수를 계산할 수 있다(조특령 132 ④).
*4 정기예금이자율 : 금융회사 등의 정기예금이자율을 참작하여 기획재정부령이 정하는 이자율을 말한다.
*5 임대사업부문에서 발생한 금융수익 : 수입이자와 할인료·배당금·신주인수권처분이익 및 유가증권처분이익의 합계액을 말한다. 이 때 유가증권처분이익은 유가증권의 매각익에서 매각손을 차감한 금액을 말하며, 유가증권의 매각익에서 매각손을 차감한 금액이 부수(-)인 경우에는 이를 '0'으로 본다.

예제 3-5 | 간주임대료

㈜동국은 부동산임대업을 주업으로 하는 영리내국법인으로서 차입금과다법인에 해당한다. 다음 자료를 이용하여 ㈜동국의 제8기 사업연도(20×8. 1. 1~12. 31)의 임대보증금에 대한 간주임대료를 2가지 상황에 따라 계산하고 세무조정을 행하시오. 단, 1년은 365일로 가정한다.
(상황 1) 장부 등이 미비되어 추계결정을 하는 경우
(상황 2) 장부 등에 의해 소득금액을 계산하는 경우

(1) ㈜동국은 20×7. 5. 30에 임대용 건물을 취득하였는데 임대용 건물의 취득가액은 다음과 같다.
① 사무실 : ₩100,000,000(토지 취득가액 ₩40,000,000 포함)
② 주　택 : ₩ 80,000,000(토지 취득가액 ₩30,000,000 포함)
(2) ㈜동국의 임대현황은 다음과 같다.
① 사무실(임대기간 : 20×8. 8. 8~20×9. 8. 7) : 임대보증금 ₩150,000,000
② 주　택(임대기간 : 20×7. 7. 1~20×9. 6. 30) : 전세보증금 ₩100,000,000

(3) ㈜동국의 임대사업부문에서 발생한 금융수익은 다음과 같다.

① 사무실 : 이자수익 ₩300,000, 신주인수권처분이익 : ₩100,000

② 주　택 : 배당금수익 ₩300,000, 유가증권처분손실 : ₩800,000

(4) 기획재정부령이 정하는 정기예금이자율은 1.6%로 가정한다.

해답

구 분	임대용 자산	간주임대료 및 세무조정
상황 1	사 무 실	₩150,000,000 × 146일[*1] × 1.6% × 1 / 365 = ₩960,000
	주　택[*2]	₩100,000,000 × 365일 × 1.6% × 1 / 365 = ₩1,600,000
	세무조정	<익금산입> 간주임대료 2,560,000(대표자상여)[*3]
상황 2	사 무 실	(₩150,000,000 × 146일 − ₩60,000,000 × 146일) × 1.6% × $\frac{1}{365}$ − (₩300,000 + ₩100,000) = ₩176,000
	주　택	간주임대료 없음
	세무조정	<익금산입> 간주임대료 176,000(기타사외유출)[*3]

*1 임대개시일(20×8. 8. 8)부터 사업연도 종료일(20×8. 12. 31)까지의 기간에 대하여 적수를 계산하여야 한다.
8월(24일) + 9월(30일) + 10월(31일) + 11월(30일) + 12월(31일) = 146일

*2 장부 등에 의해 소득금액을 계산하는 경우에는 주택에 대한 간주임대료를 계산하지 않으나, 추계결정하는 경우에는 주택에 대해서도 간주임대료를 계산한다는 점에 유의하여야 한다.

*3 간주임대료를 익금산입하는 경우에는 무조건 기타사외유출로 소득처분한다. 다만, 추계결정시 소득처분특례에 의하여 대표자상여(천재지변 기타 불가항력으로 장부 그밖의 증명서류가 멸실되어 추계조사결정하는 경우에는 기타사외유출)로 처분한다.

제 4 절 | 의제배당

'배당금 또는 분배금의 의제(의제배당)'란 상법상의 배당절차를 통하여 얻은 배당소득은 아니지만 주주등이 법인으로부터 경제적인 이익을 얻게 되었을 때 이를 배당으로 의제하는 것을 말한다. 이러한 이익을 얻은 주주가 법인인 경우에는 법인세가 과세되며, 개인인 경우에는 소득세가 과세된다. 따라서 법인세법상 의제배당의 내용과 소득세법상 의제배당의 내용은 동일하다.

1. 잉여금의 자본전입으로 인한 무상주 수취

(1) 의 의

법인이 자본잉여금·이익잉여금의 전부 또는 일부를 자본이나 출자에 전입(轉入)하는 것을 '무상증자'라 하며, 이 때 주주들에게 신주를 발행하여 교부하게 되는데 이를 '무상주'라고 한다. 법인세법에서는 법인이 이익잉여금의 자본전입에 따른 무상주를 수취하는 경우에 이를 배당으로 의제하여 익금에 산입하도록 규정하고 있다.

(2) 기업회계기준

기업회계기준에서는 무상주를 수취하거나 주식배당을 받는 경우에는 이를 수익으로 계상하지 아니하고 주식분할로 본다. 주식분할이란 별도의 회계처리 없이 단순히 보유주식수를 늘림으로써 1주당 취득가액을 희석화하는 처리를 말한다. 따라서 의제배당에 해당하는 무상주를 수취하거나 주식배당을 받은 경우에는 이를 익금에 산입하는 세무조정이 반드시 필요하다. 단, 의제배당에 해당하지 않는 무상주를 수취한 경우에는 세무상으로도 주식분할로 처리한다는 점에 유의하여야 한다.

▶ **표 3-2** 법인세법과 기업회계기준의 비교

구 분	기업회계기준	법인세법	세무조정[*2]
① 현금배당	배당수익(수익)	익금항목	×
② 주식배당	주식분할(회계처리 없음)[*1]	익금항목(발행가액으로 평가)	○
③ 무상증자	주식분할(회계처리 없음)[*1]	㉠ 의제배당(액면가액으로 평가)	○
		㉡ 의제배당에 해당하지 않는 경우	×

*1 보유주식수만 증가함.
*2 수입배당금액(현금배당·주식배당 및 의제배당)에 대한 익금불산입 관련 세무조정은 별도로 하여야 한다.

(3) 무상증자시 의제배당 과세취지

이익잉여금을 처분함으로써 지급받는 주식배당액과 이익잉여금을 자본에 전입함으로써 지급받는 무상주는 법적인 절차에 있어서는 차이가 있으나, 주주의 입장에서 보면 경제적인 실질에 있어 차이가 없다.

만일 법인이 주식배당액을 수령하는 경우에는 이를 익금항목으로 보아 법인세를 과세하고 이익잉여금을 자본에 전입함으로써 지급받는 무상주를 익금불산입항목으로 보아 법인세를 과세하지 않는다면 과세형평이 침해되는 결과를 초래하게 된다. 따라서 이익잉여금을 자본전입함에 따라 지급받는 무상주는 주식배당과의 과세형평을 유지하기 위하여 이를 배당으로 의제하여 익금에 산입하도록 하고 있다.

(4) 무상증자시 의제배당 해당여부의 판단기준

법인이 무상주를 수취하는 경우 의제배당 해당여부는 무상주를 교부하는 법인이 자본에 전입한 잉여금의 종류에 따라 결정된다. 즉, 자본에 전입한 잉여금이 이익잉여금인 경우에는 이를 재원으로 한 무상주는 의제배당에 해당하며, 자본에 전입한 잉여금이 자본잉여금인 경우에는 의제배당에 해당하지 않는 것이다. 이 때 이익잉여금과 자본잉여금의 구분은 세무상 기준에 의하여 판단한다는 점에 유의하여야 한다. 기업회계상 자본잉여금인 경우에도 세무상 익금항목에 해당하는 경우에는 이를 이익잉여금으로 보아 의제배당 해당여부를 판단하여야 한다.

▶ **표 3-3** 의제배당 여부의 판단기준

기업회계상	세 무 상	의제배당 과세여부
자본잉여금	자본잉여금(익금불산입항목)	×
	이익잉여금(익금항목)	○
이익잉여금	이익잉여금	○

(5) 예외적인 경우

자본에 전입한 잉여금이 세무상 자본잉여금에 해당하는 경우에도 다음에 해당하는 경우에는 수취한 무상주를 배당으로 의제하여 과세한다.

1) 자기주식소각이익의 자본전입

자기주식을 소각할 당시의 시가가 취득가액을 초과하는 경우에는 자본전입 시기에 관계없이 의제배당으로 보아 과세하며, 소각할 당시의 시가가 취득가액을 초과하지 아니하는 경우에는 소각일부터 2년 이내에 자본에 전입하는 경우에 한하여 의제배당으로 보아 법인세를 과세한다. 이를 요약하면 다음과 같다.

구 분	소각일부터 2년 이내 자본전입	소각일부터 2년이 지난후 자본전입
소각당시의 시가 > 취득가액	의제배당 ○	의제배당 ○
소각당시의 시가 ≤ 취득가액	의제배당 ○	의제배당 ×

자기주식소각이익의 의제배당 과세이유

① 소각당시의 시가가 취득가액을 초과하는 경우에는 소각당시에 자기주식을 처분하였다고 가정하면 자기주식처분이익이 발생하게 된다. 자기주식처분이익은 익금항목이며, 이를 자본에 전입함으로써 무상주를 교부하게 되면 자본전입시기에 관계없이 의제배당에 해당한다. 따라서 소각당시의 시가가 취득가액을 초과하는 경우에는 자기주식소각이익이 발생한 경우에도 자기주식처분이익이 발생한 경우와 과세형평을 유지하기 위하여 자본전입시기에 관계없이 의제배당에 포함하도록 규정한 것이다.

② 소각당시의 시가가 취득가액을 초과하지 아니하는 경우에는 단기간 내에 자기주식소각이익을 자본전입함으로써 주주에게 경제적 이익을 제공하지 못하도록 제한하기 위하여 소각일부터 2년 이내에 자본전입하는 경우에 의제배당으로 과세하도록 규정하고 있다.

2) 자기주식에 무상주를 미배정함에 따라 지분비율이 증가하는 경우

법인이 자기주식 또는 자기출자지분을 보유한 상태에서 잉여금(세무상 자본잉여금·이익잉여금 불문)을 자본전입을 함에 따라 그 법인 외의 주주 등의 지분비율이 증가한 경우에는 증가한 지분비율에 상당하는 주식 등의 가액은 이를 의제배당으로 보아 익금에 산입한다.

지분비율 증가에 대한 의제배당 과세

법인이 자기주식에 무상주를 배정하지 아니함으로써 다른 주주들의 지분비율이 증가하는 경우에는 그 만큼 경제적 이익을 획득하게 되는 것이므로 세무상 자본잉여금을 자본에 전입하는 경우에도 증가한 지분비율에 상당하는 주식 등의 가액은 이를 의제배당으로 보아 과세하는 것이다.

3) 상환주식 주식발행초과금의 자본전입

상법 제345조 제1항에 따른 상환주식을 법인의 이익잉여금으로 상환한 후 유보되어 있는 상환주식의 주식발행액면초과금을 자본으로 전입하는 경우 해당 금액은 이를 의제배당으로 보아 익금에 산입한다.

상환주식의 주식발행초과금 중 이익잉여금으로 상환된 금액의 자본전입 시 의제배당

상환주식의 발행으로 법인 내에 유보되어 있는 주식발행액면초과액 중에서 상환시 이익잉여금으로 상환된 금액은 형식적으로 자본잉여금에 해당하나 실질적으로 이익잉여금의 성격을 가지고 있는바, 이를 자본에 전입하는 경우에는 사실상 이익잉여금을 주식배당하는 것과 동일한 효과가 있으므로 해당 금액을 자본전입하는 경우 주주에게 의제배당으로 과세하는 것이다.

⑹ 재평가적립금의 자본전입

1984년 1월 1일 이후 취득한 토지를 종전에 재평가할 당시 재평가세가 1% 과세되었으며 재평가차액을 익금에 산입하였다. 동 토지를 제외한 기타의 자산을 재평가한 경우에는 재평가세가 3% 과세되었으며 재평가차액을 익금에 산입하지 아니하였다.

따라서 재평가세가 1% 과세된 토지의 재평가차액에 상당하는 재평가적립금을 자본에 전입함에 따라 무상주를 받는 경우에는 의제배당에 해당하나 재평가세가 3% 과세된 자산의 재평가차액에 상당하는 재평가적립금을 자본에 전입함에 따라 무상주를 받는 경우에는 의제배당에 해당하지 아니한다.

한편, 재평가적립금 중 일부만을 자본에 전입하는 경우에는 재평가세가 1% 과세된 재평가차액과 3% 과세된 재평가차액의 비율에 따라 각각 전입한 것으로 한다(균등전입의 개념).

⑺ 무상주의 평가

무상주를 수취하는 경우에는 액면가액으로 평가하여 의제배당액을 계산한다(무액면주식인 경우 : 자본금에 전입한 금액 ÷ 신규로 발행한 주식수). 단, 주식배당의 경우에는 발행가액으로 평가한다는 점에 유의하여야 한다.

▶ **표 3-4** 잉여금의 자본전입으로 인한 의제배당의 요약

자본에 전입한 잉여금의 종류		무상주를 교부하는 법인 잉여금 발생시 익금 여부	무상주를 수취하는 법인 무상주 수취시 의제배당 여부
① 주식발행액면초과액 등	㉠ 일반적인 주식발행액면초과액	×	×
	㉡ 채무의 출자전환시 시가를 초과하여 발행된 금액(채무면제이익)	○	○
	㉢ 주식의 포괄적 교환차익 · 포괄적 이전차익	×	×
	㉣ 상환주식의 상환 후 유보부분의 자본전입	×	○
② 감자차익	㉠ 일반적인 감자차익	×	×
	㉡ 자기주식소각이익 중 일정한 경우	×	○
③ 합병차익 또는 분할차익	㉠ 합병차익*	×	×
	㉡ 분할차익*	×	×
④ 재평가적립금	㉠ 재평가세 1% 과세된 토지분	○	○
	㉡ 재평가세 3% 과세된 자산분	×	×
⑤ 기타 자본잉여금	㉠ 자기주식처분이익	○	○
	㉡ 기타의 경우	×	×
⑥ 이익잉여금(법정적립금 · 임의적립금 등)		○	○

* 적격합병(또는 적격분할)을 한 경우로서 합병차익 중 합병감자차익을 제외한 부분(자산조정계정, 승계한 잉여금 중 세무상 이익잉여금)을 자본전입함으로써 취득하는 무상주는 의제배당으로 과세된다.

(8) 무상주를 교부받은 경우 주식 등의 세무상 취득가액

잉여금의 자본전입에 따라 무상주를 교부받는 경우에는 동 무상주의 세무상 취득가액은 다음과 같이 처리된다.

구 분	무상주의 세무상 취득가액
① 의제배당으로 익금에 산입된 경우	익금에 산입한 금액(액면가액으로 평가된 금액)을 세무상 취득가액으로 포함
② 의제배당에 해당하지 않는 경우	1주당 장부가액을 다음과 같이 수정함(주식분할). $1주당\ 장부가액 = \frac{구주식\ 1주당\ 장부가액}{1 + 구주식\ 1주당\ 신주식\ 등\ 배정수}$

예제 3-6 | 의제배당-무상주 수취 (1) 

㈜고려(사업연도 : 20×5. 1. 1~12. 31)는 1주당 액면가액이 ₩5,000인 ㈜안암(사업연도 : 20×5. 1. 1~20×5. 12. 31)의 의결권부 보통주식을 20% 소유하고 있던 중 20×5년 중에 ㈜안암으로부터 주식배당과 무상증자를 통하여 발행한 주식의 20%를 수령하였다. 다음 자료를 이용하여 ㈜고려의 주식배당액과 의제배당액을 계산하시오.

(1) ㈜안암은 이월이익잉여금 ₩4,000,000을 처분하여 주식배당(1주당 발행가격 : ₩8,000)을 하였다.

(2) ㈜안암의 무상증자의 재원은 다음과 같다.

① 이월이익잉여금	₩10,000,000
② 자기주식소각이익(소각일 : 20×4. 7. 10)	2,000,000
③ 상법상의 이익준비금	5,000,000
④ 토지에 대한 재평가적립금(재평가세 1% 과세분)	8,000,000
⑤ 건물에 대한 재평가적립금(재평가세 3% 과세분)	5,500,000
⑥ 주식발행초과금(채무의 출자전환시 시가를 초과하여 발행된 금액 50% 포함)	2,000,000

해답

(1) 주식배당액 : ₩4,000,000(잉여금처분액) × 20% = ₩800,000

(2) 의제배당액 : [₩10,000,000(이월이익잉여금) + 2,000,000(자기주식소각이익) + 5,000,000(이익준비금) + 8,000,000(토지 재평가적립금) + 2,000,000 × 50% (채무면제이익)] × 20%
= ₩5,200,000

① 자기주식소각이익을 소각일로부터 2년 이내에 자본전입함으로써 교부받는 무상주는 소각당시의 시가와 취득가액에 관계없이 의제배당에 해당한다.

② 재평가세가 1% 과세되는 토지의 재평가차액에 해당하는 재평가적립금을 자본에 전입함으로써 교부받은 무상주는 의제배당에 해당한다. 재평가세가 3% 과세되는 자산의 재평가차액에 해당하는 재평가적립금을 자본에 전입함으로써 교부받은 무상주는 의제배당에 해당하지 않는다.

③ 주식발행초과금 중 채무의 출자전환시 시가와 발행가액의 차액(채무면제이익 상당액)에 해당하는 부분을 자본전입함에 따라 교부받은 무상주는 의제배당으로 과세된다.

예제 3-7 | 의제배당-무상주 수취(2)

㈜경기(사업연도 : 20×5. 1. 1~12. 31)는 ㈜강서의 보통주 10,000주(지분비율 : 10%)를 보유하고 있던 중 ㈜강서가 무상증자를 실시함에 따라 무상주를 수령하고, 기업회계기준에 따라 회계처리하였다. ㈜강서의 보통주 1주당 액면가액은 ₩5,000이며, 무상증자 당시의 1주당 시가는 ₩8,000이다. 자본에 전입된 잉여금이 다음과 같을 경우 아래 요구사항에 답하시오.

(1) 주식발행초과금 ₩30,000,000
(2) 자기주식소각이익 12,000,000(소각일 : 20×4.10.5)
(3) 자기주식처분이익 8,000,000

• 요구사항 •

1. 무상주를 1,000주 수령한 경우 ㈜경기의 무상주 수취로 인한 의제배당액을 계산하고, 세무조정을 행하시오.
2. 무상주를 2,000주 수령한 경우 ㈜경기의 무상주 수취로 인한 의제배당액을 계산하고, 세무조정을 행하시오.

해답

1. 지분비율 증가분에 해당하는 주식이 없는 경우
   (1) 지분비율 증가분에 해당하는 주식에 대한 판정
      ① 총 무상증자 주식수의 계산 : (₩30,000,000 + 12,000,000 + 8,000,000) ÷ 5,000 = 10,000주
      ② 지분비율 증가분에 해당하는 주식수 : 1,000주 − 10,000주 × 10% = 0주
   (2) 의제배당액(1,000주)
      ① 주식수 기준 : $1{,}000주 \times \dfrac{(₩12{,}000{,}000 + 8{,}000{,}000)}{50{,}000{,}000} \times @5{,}000 = ₩2{,}000{,}000$
      또는
      ② 잉여금 기준 : (₩12,000,000 + 8,000,000) × 10%(지분비율) = ₩2,000,000
   (3) 세무조정 : <익금산입> 무상주 의제배당 2,000,000(유보)

2. 지분비율 증가분에 해당하는 주식이 있는 경우
   (1) 지분비율 증가분에 해당하는 주식에 대한 판정
      ① 총 무상증자 주식수의 계산 : (₩30,000,000 + 12,000,000 + 8,000,000) ÷ 5,000 = 10,000주
      ② 지분비율 증가분에 해당하는 주식수 : 2,000주 − 10,000주 × 10% = 1,000주
   (2) 1차 배정분(1,000주) : ₩2,000,000(위 '1'의 경우와 동일함)
   (3) 지분비율 증가분(1,000주) : 1,000주 × @5,000 = ₩5,000,000
   (4) 의제배당액 : ₩2,000,000 + 5,000,000 = ₩7,000,000
   (5) 세무조정 : <익금산입> 무상주 의제배당 7,000,000(유보)

2. 유상감자 · 해산 등으로 인한 의제배당

(1) 의 의

1) 유상감자

주식의 소각, 자본의 감소, 사원의 퇴사 · 탈퇴 또는 출자의 감소로 인하여 주주 등이 취득하는 금전 기타 재산가액의 합계액이 주주 등이 해당 주식 또는 출자지분(이하 "주식 등"이라 함)을 취득하기 위하여 사용한 금액을 초과하는 금액은 법인으로부터 이익을 배당받은 금액으로 본다.

2) 법인의 해산

해산한 법인의 주주 등(법인으로 보는 단체의 구성원을 포함)이 그 법인의 해산으로 인한 잔여재산의 분배로서 취득하는 금전과 그밖의 재산의 가액이 그 주식 등을 취득하기 위하여 사용한 금액을 초과하는 금액은 법인으로부터 이익을 배당받은 금액으로 본다.

(2) 의제배당액의 계산

다음에 해당하는 금액은 법인으로부터 이익을 배당받은 금액으로 본다(법법 16 ①).

> 의제배당액 = 유상감자 · 해산 등으로 주주 등이 취득하는 재산가액
> (−) 유상감자 · 해산 등으로 소멸하는 주식의 세무상 취득가액

주주 등이 취득한 재산 중 금전외의 재산의 가액은 그 재산의 취득당시의 시가에 의하여 평가하며, 소멸한 주식의 세무상 취득가액이란 해당 주식의 장부상 취득가액에 유보 또는 △유보잔액을 가감하여 계산한 금액을 말한다. 예를 들어 무상주 취득시 의제배당으로 과세된 경우에는 익금산입한 금액(액면가액으로 평가된 금액)을 세무상 취득가액에 포함하여야 한다.

합병 또는 분할시 의제배당

피합병법인의 주주(또는 분할법인의 주주)가 합병법인(또는 분할신설법인)부터 받은 합병대가(주식과 금전이나 그 밖의 재산가액)가 그 피합병법인(또는 분할법인)의 주식등을 취득하기 위하여 사용한 금액을 초과하는 금액은 의제배당으로 보아 과세한다. 이 부분은 제13장에서 상세하게 설명한다.

3. 의제배당의 귀속시기

의제배당의 귀속시기를 요약하면 다음과 같다.

구 분	의제배당의 귀속시기
① 잉여금의 자본전입으로 인한 무상주 수취	주주총회 등에서 잉여금의 자본전입을 결의한 날
② 감자로 인한 의제배당	주주총회 등에서 주식의 소각·자본의 감소를 결의한 날
③ 사원의 퇴사·탈퇴로 인한 의제배당	퇴사·탈퇴한 날
④ 해산으로 인한 의제배당	잔여재산가액의 확정일

예제 3-8 | 해산으로 인한 의제배당

㈜대성은 ㈜소성의 주식 1,500주(액면가액 ₩5,000)를 보유하던 중 20×4년에 ㈜소성의 해산으로 인해 잔여재산을 분배받았다. 다음 자료를 이용하여 ㈜대성의 의제배당액을 계산하시오.

(1) ㈜대성의 ㈜소성주식 취득내역

① 20×3. 3. 10 : 900주를 ₩10,000,000에 취득하였다.

② 20×3. 9. 20 : 이익잉여금의 자본전입함으로써 무상주 200주를 교부받았다.

③ 20×4. 3. 10 : 주식배당으로 400주를 교부받았다(1주당 발행가액 : ₩10,000).

(2) 해산으로 인해 분배받은 잔여재산의 가액

① 금전 : ₩4,000,000

② 주식 : 500주(액면가액 : ₩5,000, 시가 : ₩12,000)

③ 토지 : 장부가액 ₩10,000,000(시가 : ₩15,000,000)

해답

(1) 해산으로 취득하는 재산가액
₩4,000,000 + 500주 × 12,000(시가) + 15,000,000(시가) = ₩25,000,000

(2) 소멸하는 주식의 세무상 취득가액
₩10,000,000 + 200주 × 5,000(액면가액)[*1] + 400주 × 10,000(발행가액)[*2] = ₩15,000,000

*1 무상주를 수취하는 경우 의제배당으로 과세되면 액면가액을 세무상 취득가액으로 한다.

*2 주식배당은 발행금액으로 평가하여 세무상 취득가액에 포함한다.

(3) 의제배당액 = ₩25,000,000 − 15,000,000 = ₩10,000,000

객/관/식/문/제

▶ 제3장 익금의 범위

1 다음은 법인세법상의 익금항목에 대한 설명이다. 옳은 것은?

① 내국법인이 출자한 다른 내국법인(비상장법인으로서 출자비율 80%임)로부터 받은 수입배당금액의 90%를 익금불산입한다.

② 직전 사업연도에 손금산입된 금액이 환입된 경우에는 익금불산입항목에 해당한다.

③ 자기주식처분이익의 자본전입으로 인해 받은 무상주는 의제배당으로 과세된다.

④ 채무면제이익 중 이월결손금의 보전에 충당한 금액은 익금산입한다.

해설

① 수입배당금액의 100%를 익금불산입한다.
② 손금산입된 금액이 환급되면 익금항목에 해당한다.
④ 채무면제이익 중 이월결손금 보전에 충당한 금액은 익금불산입한다.

2 법인세법상 익금의 계산에 관한 설명으로 옳지 않은 것은? ◐ 2013년 국가직 9급

① 채무의 출자전환으로 주식을 발행한 경우 그 주식의 시가를 초과하여 발행된 금액은 익금에 산입한다.

② 법인이 자기주식을 보유한 상태에서 자본전입을 함에 따라 그 법인 외의 법인주주의 지분비율이 증가한 경우 증가한 지분비율에 상당하는 주식등의 가액은 법인주주의 익금에 산입하지 아니한다.

③ 부가가치세의 매출세액은 내국법인의 각 사업연도의 소득금액을 계산할 때 익금에 산입하지 아니한다.

④ 국세 또는 지방세의 과오납금의 환급금에 대한 이자는 각 사업연도의 소득금액을 계산할 때 익금에 산입하지 아니한다.

해설

법인이 자기주식 또는 자기출자지분을 보유한 상태에서 자본전입을 함에 따라 그 법인 외의 법인주주의 지분비율이 증가한 경우 증가한 지분비율에 상당하는 주식등의 가액은 법인주주의 의제배당으로 보아 익금에 산입한다.

3 익금과 관련된 다음의 내용 중 세법의 내용과 가장 거리가 먼 것은?

① 법인이 합병 · 증자 · 감자 등의 자본거래로 인하여 특수관계인으로부터 이익을 분여받은 경우 그 이익은 익금이다.

② 법인이 특수관계인인 개인으로부터 유가증권을 시가에 미달하는 가액으로 매입하는 경우 시가와 해당 매입가액의 차액은 익금으로 본다.

③ 법인이 임의로 자산을 평가증한 경우 그 평가증은 익금에 산입하지 아니하나 보험업법이나 그밖의 법률에 따른 유형자산의 평가증은 익금항목이다.

④ 법인이 부동산을 임대하고 임대보증금을 수령한 경우에는 간주임대료를 익금에 산입하여야 한다.

해설

법인이 추계에 의해 소득금액을 결정하는 경우 모든 법인이 임대보증금 등에 대한 간주임대료를 계산하나 추계에 의하지 않고 장부 등에 근거하여 소득금액을 결정하는 경우는 차입금과다법인으로서 부동산임대업을 주업으로 하는 영리내국법인의 경우만 간주임대료를 계산한다.

4 다음은 법인세법상 익금항목 또는 익금불산입항목에 대한 설명이다. 옳은 것은?

① 채무의 출자전환으로 인해 시가를 초과하여 주식을 발행하는 경우에는 발행가액과 액면가액의 차액을 주식발행초과금으로 보아 익금에서 제외한다.

② 내국법인이 해당 법인이 출자(출자비율 100%)한 외국자회사로부터 현금배당을 수령한 경우에는 수입배당금액의 100%를 익금불산입한다.

③ 지방자치단체로부터 받은 국고보조금 중 세무상 이월결손금을 보전하는데 충당한 금액은 이를 익금으로 보지 않는다.

④ 장부나 증명서류가 없어 과세표준과 세액을 추계결정하는 법인은 주택임대보증금에 대해서도 간주임대료를 계산하여 익금에 산입한다.

해설

① 시가를 초과하여 발행된 금액(발행가액과 시가의 차액)은 채무면제이익으로 보아 익금에 산입한다.
② 수입배당금액의 95%를 익금불산입한다.
③ 세무상 이월결손금을 보전하면 익금불산입하는 자산수증이익에서 국고보조금은 제외된다.

5 법인세법상 의제배당에 관한 설명으로 옳지 않은 것은? 2014년 국가직 7급

① 의제배당이란 법인의 잉여금 중 사내에 유보되어 있는 이익이 일정한 사유로 주주나 출자자에게 귀속되는 경우 이를 실질적으로 현금배당과 유사한 경제적 이익으로 보아 과세하는 제도이다.

② 주식의 소각으로 인하여 주주가 취득하는 금전과 그 밖의 재산가액의 합계액이 주주가 해당 주식을 취득하기 위하여 사용한 금액을 초과하는 경우 그 초과 금액을 의제배당 금액으로 한다.

③ 감자 절차에 따라 주식을 주주로부터 반납받아 소각함으로써 발생한 일반적 감자차익은 자본에 전입하더라도 의제배당에 해당하지 않는다.

④ 자기주식을 소각하여 생긴 이익은 소각 당시 시가가 취득가액을 초과하지 아니하는 경우라면 소각 후 2년 내에 자본에 전입하더라도 의제배당에 해당하지 않는다.

해설

자기주식소각이익을 소각 후 2년 내에 자본에 전입하는 경우에는 소각 당시 시가가 취득가액을 초과하는지 여부에 관계없이 수취한 무상주를 의제배당으로 과세한다.

6 20×5년 3월 10일 A법인이 잉여금을 자본전입함에 따라 이 회사의 주주인 B법인은 무상주를 교부받았다. 자본전입의 재원이 다음과 같을 때, 교부받은 무상주의 가액이 B법인의 익금에 해당하지 않는 것은? (단, 잉여금의 자본전입에 따른 B법인의 지분비율 변동은 없음)

2011년 국가직 7급

① 20×4년 9월 1일 자기주식을 처분하여 발생한 이익

② 20×3년 3월 15일 발생한 상법에 따른 이익준비금

③ 자산재평가법에 따른 건물 재평가적립금

④ 20×3년 5월 1일 발생한 자기주식소각이익(소각 당시 시가가 취득가액을 초과하지 아니함)

해설

자산재평가법에 따른 건물 재평가적립금(재평가세 3% 과세, 익금불산입)의 자본전입으로 인한 무상주는 의제배당으로 과세되지 않는다. 자기주식처분이익과 이익준비금은 발생 시기에 관계없이 의제배당으로 과세되며, 자기주식소각이익은 소각일부터 2년 내에 자본전입하였으므로 의제배당으로 과세된다.

7 영리내국법인이 ㈜한국은 특수관계인인 개인 갑으로부터 상장주식 1,000주(시가 1,000만원)을 500만원에 매입하였다. 이에 대한 법인세법상 처리로 옳지 않은 것은? ⊙ 2016년 국가직 9급

① ㈜한국이 매입한 상장주식 1,000주의 취득가액은 500만원이 아니다.

② ㈜한국은 매입가액과 시가의 차액인 500만원을 익금산입(유보)한다.

③ ㈜한국은 갑에게 500만원을 배당한 것으로 소득처분 한다.

④ 만약 상장주식이 아니라 건물을 500만원에 매입하였다면 ㈜한국은 세무조정 할 필요가 없다.

해설

특수관계인으로부터 이익을 받은 경우에 해당하므로 갑에게 배당·상여 등으로 소득처분 할 수 없다.

정답	1	③	2	②	3	④	4	④	5	④	6	③	7	③

손금의 범위

제 1 절 | 손금의 범위

1. 손금의 정의

(1) 손금의 정의

'손금(損金)'이란 해당 법인의 순자산을 감소[17]시키는 거래로 인하여 발생하는 손실 또는 비용[손비(損費)[18]]의 금액을 말한다. 단, ① 자본 또는 출자의 환급, ② 잉여금의 처분 및 ③ 법인세법에서 손금불산입항목으로 규정하는 것을 제외한다(법법 19 ①). 위 정의에서 '손비'는 법인세법 및 다른 법률에서 달리 정하고 있는 것을 제외하고는 그 법인의 사업과 관련하여 발생하거나 지출된 손실 또는 비용으로서 일반적으로 인정되는 통상적인 것이거나 수익과 직접 관련된 것으로 한다(법법 19 ②). 따라서 순자산을 감소시키는 거래로 인하여 발생하는 손비라 하더라도 사업과 관련 없이 발생하거나 또는 수익과 직접 관련이 없는 비용(예 업무무관비용 등)은 손금으로 인정되지 않는다.

손금 = 기업회계상(장부상) 비용 + 손금산입 − 손금불산입

(2) 손금의 거증책임

법인세의 납세의무가 있는 법인은 모든 거래에 대하여 거래증명과 지급규정, 사규 등의 객관적인 자료에 의하여 이를 해당 법인에게 귀속시키는 것이 정당함을 입증하여야 한다. 다만, 사회통념상 부득이하다고 인정되는 범위내의 비용과 해당 법인의 내부통제기능을 감안하여 인정할 수 있는 범위 내의 지출은 그러하지 아니한다(법기통 4

17) '순자산의 감소'란 익금의 범위에서 설명한 순자산의 증가와 마찬가지로 자기자본의 감소를 포괄하는 개념이다.

18) '손비'란 수익을 획득하기 위하여 소요된 모든 비용과 기타 해당 법인에게 귀속되는 일체의 경제적 손실을 말한다(법기통 13－0…1).

－0…2).

2. 비용배분 원칙

법인세법에서는 손금항목에 대한 개념만을 제시하고 있을 뿐 기업회계기준이 규정하는 것처럼 해당 손비가 관리비 · 제조원가에 포함될 것인지 또는 자산의 취득원가로 계상될 것인지에 대해서는 구체적인 언급이 없다. 그러나, 손금항목이 해당 사업연도의 관리비 · 제조원가를 구성하는지 아니면 자산의 취득가액을 구성하는지에 따라 각 사업연도의 소득금액에 차이를 발생시키게 되므로 이에 대한 명확한 구분이 필요하다.

(1) 비용배분 원칙

법인에게 귀속되는 모든 비용은 일반적으로 공정 · 타당하다고 인정되는 기업회계기준에 준거하여 관리비, 제조원가, 자산취득가액(자산매입부대비를 포함한다) 등으로 명확하게 구분하여 기록하여야 한다. 예를 들면, 원료의 매입에 부대하여 부담하는 공과금은 해당 원료의 매입 부대비로 계상하고, 종업원에 지급하는 인건비는 해당 종업원의 근무내용에 따라 관리비 및 제조원가로 안분계상하여야 하며, 감가상각비도 그 성격에 따라 관리비 또는 제조원가에 배부하여야 한다(법기통 4－0…3).

(2) 손금의 비용배분과 세무조정

법인세법상 손금항목은 비용배분의 측면에서 다음 2가지로 구분된다.

구 분	내 용
① 자산성이 없는 손금항목	해당 사업연도에 전액 손비로 인정되는 경우 예 재산세 · 관리부서 인건비 · 수선비(수익적지출) 등
② 자산성이 있는 손금항목	해당 사업연도에 손비로 인정되지 아니하고 자산을 구성한 후 감가상각 또는 처분을 통하여 손비로 인정되는 경우 예 취득세 · 제조부서 인건비 · 수선비(자본적지출) 등

자산성이 없는 손금항목을 결산상 자산으로 회계처리하거나 자산성이 있는 손금항목을 결산상 비용으로 회계처리한 경우에는 각 사업연도의 소득의 왜곡을 초래하므로 다음과 같이 세무조정을 하여야 한다.

구 분	결산상 회계처리	세무조정
① 자산성이 없는 손금항목	관리비 등 비용으로 회계처리한 경우	없 음
	자산으로 회계처리한 경우	손금산입(△유보)
② 자산성이 있는 손금항목	관리비 등 비용으로 회계처리한 경우	손금불산입(유보)*
	자산으로 회계처리한 경우	없 음

* 감가상각대상 자산인 경우에는 '즉시상각의 의제' 등으로 처리한다. 이에 대해서는 '제8장 감가상각비'에서 상세하게 설명하기로 한다.

예제 4-1 | 손금항목에 대한 세무조정 

다음은 ㈜영풍의 세무조정 관련 자료이다. 세무조정을 행하면?

(1) 영업부 사무실 임차료 ₩20,000,000을 임차료(관리비)로 계상하였다.

(2) 본사 사옥에 대한 재산세 ₩3,000,000을 건물에 대한 자본적지출로 계상하였다.

(3) 신규로 취득한 토지에 대한 취득세 ₩15,000,000을 세금과공과(관리비)로 계상하였다.

(4) 대표이사가 개인적인 용도로 임차한 오피스텔의 임차료 ₩12,000,000이 기타비용에 포함되어 있다.

해답

구분	세 무 조 정	세무조정 이유
(1)	세무조정 없음	자산성이 없는 손금항목을 결산상 비용으로 회계처리함.
(2)	<손 금 산 입> 건물분 재산세 3,000,000(△유보)	자산성이 없는 손금항목을 결산상 자산으로 회계처리함.
(3)	<손금불산입> 토지(취득세) 15,000,000(유 보)	자산성이 있는 손금항목을 결산상 비용으로 회계처리함.
(4)	<손금불산입> 업무무관경비 12,000,000(상 여)	사업과 관련없이 발생한 비용

3. 손비의 범위

법인세법 시행령 제19조에서는 '손비의 범위'를 구체적으로 다음과 같이 열거하고 있다. 그러나 이는 예시적인 열거사항에 불과하며, 순자산을 감소시키는 거래로 인하여 발생하는 손비의 금액은 원칙적으로 손금에 해당한다는 점에 유의하여야 한다.

① 판매한 상품 또는 제품에 대한 원료의 매입가액(기업회계기준에 의한 매입에누리금액 및 매입할인금액을 제외함)과 그 부대비용
② 판매부대비용
③ 양도한 자산의 양도당시의 장부가액
④ 인건비
⑤ 임원 또는 직원의 출산 또는 양육 지원을 위해 임직원에게 공통적으로 적용되는 지급기준에 따라 지급하는 금액
⑥ 유형자산의 수선비
⑦ 유형자산 및 무형자산에 대한 감가상각비
⑧ 자산의 임차료
⑨ 차입금이자
⑩ 회수할 수 없는 부가가치세 매출세액미수금(부가가치세법에 따라 대손세액공제를 받지 아니한 것에 한정함)
⑪ 자산의 평가손실
⑫ 세금과 공과금(외국자회사 수입배당금액 익금불산입과 외국납부세액공제를 모두 적용하지 않는 경우의 외국법인세액을 포함)
⑬ 영업자가 조직한 단체로서 법인이거나 주무관청에 등록된 조합 또는 협회에 지급한 회비
⑭ 광업의 탐광비(탐광을 위한 개발비를 포함)
⑮ 보건복지부장관이 정하는 무료진료권 또는 새마을진료권에 의하여 행한 무료진료의 가액
⑯ 잉여식품 및 생활용품의 무상기증가액
⑰ 업무와 관련있는 해외시찰 · 훈련비
⑱ 맞춤형 교육을 위한 운영비 · 수당 등
⑲ 근로복지기본법에 의한 우리사주조합에 출연하는 자사주의 장부가액 또는 금품
⑳ 장식 · 환경미화용 미술품의 취득가액
㉑ 광고선전목적으로 기증한 물품의 구입비용
㉒ 주식매수선택권 행사비용으로서 보전하는 금액 등
㉓ 주식매수선택권 등의 보상금액
㉔ 동업자로서 동업기업으로부터 배분받은 결손금
㉕ 중소기업 핵심인력성과보상기금 납입금
㉖ 유가족에게 지급하는 위로금
㉗ 사내근로복지기금등에 출연하는 금품
㉘ 책임준비금 증가금액
㉙ 그 밖의 손비로서 그 법인에 귀속되었거나 귀속될 금액

(1) 판매한 상품 또는 제품에 대한 원료의 매입가액과 그 부대비용

판매한 상품 또는 제품에 대한 원료의 매입가액이란 매출원가 중 재료비를 의미하

는 것이다. 즉, 판매하지 아니한 상품 또는 제품(기말재고자산)에 대한 원료의 매입가액은 당기의 손금으로 인정하지 않는다. 법인세법에서는 원가계산에 대한 구체적인 규정이 없으므로 기업회계기준에 의해 원가계산을 수행하고 매출원가로 계상된 금액을 손금항목으로 처리하면 되는 것이다. 따라서 판매한 상품 또는 제품에 대한 원료의 매입가액은 매출액에 대응되는 매출원가(재료비)의 개념으로 이해하면 된다.

● 매출원가 중 인건비 또는 기타경비에 대한 세무상 처리

법인세법에서는 매출원가 중 인건비 또는 기타경비항목을 별도로 구분하지 않고 판매비와관리비에 계상되는 인건비 및 기타 경비와 일괄하여 규정하고 있으므로 이하에서 별도로 살펴보기로 한다. 인건비 등의 경우에도 기업회계기준에 의해 원가계산을 수행하고 매출원가로 계상된 금액이 손금에 산입되는 것으로 이해하면 된다.

⑵ 판매부대비용

판매한 상품 또는 제품의 보관료 · 포장비 · 운반비 · 판매장려금 및 판매수당 등 판매와 관련된 부대비용(판매장려금 및 판매수당의 경우 사전약정 없이 지급하는 경우를 포함)은 손금에 산입한다(법령 19 ⑴의2).

⑶ 양도한 자산의 양도당시 장부가액

이는 익금항목 중 자산의 양도금액에 대응하는 원가의 개념이다. 이 때 양도당시 장부가액이란 세무상 장부가액을 뜻하므로 해당 자산에 대하여 유보 또는 △유보로 처분된 잔액이 남아있는 경우에는 세무상 처분손익과 기업회계상 처분손익에 차이를 발생시키게 된다. 따라서 이러한 차이를 조정하기 위하여 손금산입(△유보) 또는 익금산입(유보)하는 세무조정을 반드시 수행하여야 한다.

⑷ 자산의 임차료

법인이 자산을 임차하고 지급하는 임차료는 전액 손금에 산입된다. 사무실 등 건물의 임차료와 기계장치 등을 리스함으로써 발생하는 운용리스료 등이 이에 해당한다.

⑸ 협회비 · 조합비

영업자가 조직한 단체(협회 또는 조합 포함)에 지급한 회비는 다음과 같이 처리한다.

구 분		법인세법상 처리
① 법인이거나 주무관청에 등록한 조합 또는 협회	일반회비	손금항목
	특별회비*	손금불산입항목
② 임의로 조직된 조합 또는 협회	일반회비 · 특별회비*	

* '특별회비'라 함은 조합 또는 협회가 법령 또는 정관이 정하는 바에 따라 경상경비를 충당할 목적으로 조합원 또는 회원에게 정기적으로 부과하는 회비 외의 회비를 말한다. 다만, 정기적으로 부과하는 회비로 경상경비에 충당한 결과 부족액이 발생한 경우 그 부족액을 보전하기 위하여 정상적인 회비징수방식에 의하여 추가로 부과하는 회비는 이를 특별회비로 보지 아니한다(법칙 18 ③).

⑹ 잉여식품 및 생활용품의 무상기증가액

식품등 기부 활성화에 관한 법률에 따른 식품 및 생활용품의 제조업 · 도매업 또는 소매업을 영위하는 내국법인이 해당 사업에서 발생한 잉여식품 및 생활용품을 식품등 기부활성화에 관한 법률 제2조 제4호에 따른 제공자 또는 제공자가 지정하는 자에게 무상으로 기증하는 경우 그 기증한 잉여식품 및 생활용품(세제, 휴지, 기저귀, 치약 등)의 장부가액을 손금에 산입한다. 이 경우 그 금액은 기부금에 포함하지 아니한다(법령 19 ⒀의2).

⑺ 맞춤형 교육을 위한 운영비 · 수당 등

다음 중 어느 하나에 해당하는 운영비 또는 수당은 이를 손금에 산입한다.

① 초 · 중등교육법에 설치된 근로청소년을 위한 특별학급 또는 산업체부설 중 · 고등학교의 운영비

② 「산업교육진흥 및 산학협력 촉진에 관한 법률」의 규정에 따라 교육기관이 해당 법인과의 계약에 의하여 채용을 조건으로 설치 · 운영하는 직업교육훈련과정 · 학과 등의 운영비

③ 「직업교육훈련 촉진법」 또는 「고등교육법」의 규정에 따른 현장실습에 참여하는 학생들에게 지급하는 수당

⑻ 우리사주조합에 출연한 자사주의 장부가액 또는 금품

법인이 '우리사주조합에 출연하는 자사주'라 함은 법인이 보유하거나 취득하여 우리사주조합에 출연하는 자사주를 말하는 것으로 증자방식에 의하여 자사주를 배정하는 것은 포함하지 아니한다. 한편 법인이 우리사주조합에 자사주 이외의 부동산 등 금품을 출연하는 경우 해당 출연자산의 가액은 시가에 의하는 것이며 이 경우 그 시가와 장부가액과의 차액은 해당 사업연도의 소득금액 계산시 익금에 산입한다(법기통 19-19…45).

⑼ 장식 · 환경미화용 미술품의 취득가액을 손비로 계상한 금액

장식 · 환경미화 등을 위해 사무실 · 복도 등 여러 사람이 볼 수 있는 공간에 항상 전

시하는 미술품은 이를 업무관련자산으로 인정한다. 자산을 취득한 경우에는 이를 결산서상 자산으로 계상하고 감가상각비를 손금에 산입하는 것이 원칙이다. 그러나 그 취득가액이 거래단위별로 1천만원 이하인 미술품을 취득하고 그 취득한 날이 속하는 사업연도의 결산서상에 손비로 계상한 경우에는 이를 해당 사업연도의 손금에 산입한다.

⑽ 광고선전 목적으로 기증한 물품의 구입비용

광고선전 목적으로 기증한 물품(견본품 · 달력 · 수첩 · 부채 · 컵 등)의 구입비용은 이를 기업업무추진비로 보지 아니하고 전액 손금에 산입한다. 다만, 특정인에게 기증한 물품(개당 3만원 이하의 물품은 제외)의 경우에는 연간 5만원 이내의 금액에 한정한다(법령 19 ⒅).

⑾ 주식매수선택권 행사비용으로서 다른 법인에 보전하는 금액 등

임직원이 법정요건을 충족하는 주식매수선택권 또는 주식기준보상(주식이나 주식가치에 상당하는 금전으로 지급받는 상여금으로서 법정요건을 충족하는 것을 말함)을 행사하거나 지급받는 경우 해당 주식매수선택권 또는 주식기준보상을 부여하거나 지급한 법인에게 그 행사 또는 지급비용으로서 보전하는 금액은 손금에 산입한다(법령 19 ⒆).

⑿ 주식매수선택권 등의 보상비용 개정

상법, 벤처기업육성에 관한 특별조치법 또는 소재 · 부품 · 장비산업 경쟁력 강화를 위한 특별조치법에 따른 주식매수선택권(상법 제542조의3에 따른 주식매수선택권의 경우, 해당 법인의 임직원에게 주식매수선택권을 부여하는 경우로 한정), 근로복지기본법에 따른 우리사주매수선택권 또는 금전을 부여받거나 지급받은 자(해당 법인의 발행주식총수의 10% 범위에서 부여하거나 지급한 경우로 한정함)에 대한 다음의 금액을 손금에 산입한다.

① 주식매수선택권 또는 우리사주매수선택권을 부여받은 경우로서 약정된 주식매수시기에 약정된 주식의 매수가액과 시가의 차액을 금전 또는 해당 법인의 주식으로 지급하는 경우의 해당 금액

② 주식매수선택권 또는 우리사주매수선택권을 부여받은 경우로서 약정된 주식매수시기에 주식매수선택권 행사에 따라 주식을 시가보다 낮게 발행하는 경우 그 주식의 실제 매수가액과 시가의 차액

③ 주식기준보상으로 금전을 지급하는 경우 해당 금액

⒀ 중소기업 핵심인력성과보상기금 납입금

중소기업 핵심인력의 장기근속을 유도하기 위하여 중소기업 인력지원 특별법에 따라 중소기업 및 중견기업(연 매출액 3천억원 미만)이 부담하는 중소기업 핵심인력 성과보상기금의 기여금을 손금에 산입한다(법령 19 ⒇).

⒁ 유가족에게 지급하는 위로금

유가족에 대한 생활보호 지원을 위해 임원 또는 직원(지배주주등인 자는 제외함)의 사망 이후 유족에게 학자금 등으로 일시적으로 지급하는 금액으로서 임원 또는 직원의 사망 전에 정관이나, 주주총회 · 사원총회 또는 이사회의 결의에 의하여 결정되어 임원 또는 직원에게 공통적으로 적용되는 지급기준에 따라 지급되는 것은 손금에 산입한다.

⒂ 사내근로복지기금 등에 출연하는 금품

다음의 기금에 출연하는 금품은 손금에 산입한다.

① 해당 내국법인 또는 협력중소기업이 설립한 사내근로복지기금
② 해당 내국법인과 다른 내국법인 간에 공동으로 설립한 공동근로복지기금
③ 해당 내국법인의 협력중소기업 간에 공동으로 설립한 공동근로복지기금

⒃ 책임준비금 증가액

보험회사가 보험업법에 따라 적립한 책임준비금 및 주택도시보증공사가 주택도시기금법 시행령에 따라 적립한 책임준비금의 증가액으로서 보험감독회계기준에 따라 비용으로 계상된 금액은 손금에 산입한다. 다만, 할인율의 변동에 따른 책임준비금 평가액의 증가분은 제외한다.

제 2 절 | 손금불산입항목

1. 자본거래 등으로 인한 손비의 손금불산입

(1) 주식할인발행차금

'주식할인발행차금'이란 상법에 따라 액면미달의 가액으로 신주를 발행하는 경우 그 미달하는 금액과 신주발행비의 합계액을 말한다(법법 20 ⑵). 주식할인발행차금은 자본

거래에서 발생하는 순자산의 감소항목이므로 손금불산입한다.

⑵ 결산을 확정할 때 잉여금처분을 손비로 계상한 금액

'잉여금처분'이란 주주총회에서 잉여금을 처분하여 배당 또는 성과급 등으로 사외유출하고 남은 잉여금을 사내에 유보하여 적립하는 절차를 말한다. 잉여금처분은 확정된 소득을 처분하는 것이므로 각 사업연도 소득금액을 계산할 때 손금에 산입될 수 없는 것이다. 따라서 잉여금처분에 의한 배당금지급액 또는 성과급 등을 결산상 비용으로 계상한 경우에는 이를 손금불산입하는 세무조정이 필요하다.

2. 세금과 공과금의 손금불산입

⑴ 법인세비용

각 사업연도에 납부하였거나 납부할 법인세(익금불산입 적용대상이 되는 외국자회사 수입배당금액에 대하여 외국에서 납부한 법인세액과 외국납부세액공제를 적용하는 경우의 외국법인세액 포함) 또는 법인지방소득세 및 법인세 감면액에 대한 농어촌특별세는 손금에 산입하지 아니한다. 법인세비용을 손금불산입하는 이유는 다음과 같다.

① 법인세는 이익의 처분항목이므로 각 사업연도 소득금액 계산시 손금에 산입할 수 없다.

② 법인세를 손금에 산입하게 되면 계산의 순환논리에 빠지기 때문에 손금에 산입할 수 없다.

결국 법인세법상 과세소득은 법인세비용 차감전 순이익이므로 손익계산서에 계상된 법인세비용 전액을 손금불산입(기타사외유출)하여야 한다.

⑵ 부가가치세 매입세액

부가가치세 매입세액은 부가가치세 신고·납부시 부가가치세 매출세액에서 공제되거나 환급 받을 금액이므로 자산(선급금)의 성격을 가진다. 따라서 해당 법인의 순자산이 감소하지 않으므로 이를 손금에 산입하지 않는 것이다. 그러나, 부가가치세 매입세액이 불공제되는 경우에는 순자산이 감소하므로 매입세액이 불공제된 원인이 해당 법인에 귀책사유가 있는 경우에는 손금불산입하고, 귀책사유가 없는 경우에는 손금항목으로 처리한다.

(3) 개별소비세 · 주세 · 교통에너지환경세

판매하지 아니한 제품에 대한 반출필의 개별소비세 · 주세(酒稅) 또는 교통에너지환경세의 미납액은 손금에 산입하지 아니한다. 개별소비세 · 주세 · 교통에너지환경세는 간접세이므로 해당 법인이 부담해야 할 부분이 아니므로 손금에 산입되지 아니한다. 다만, 제품가격에 그 세액상당액을 가산한 경우에는 예외적으로 손금에 산입된다.

(4) 연결모법인 또는 연결자법인에 지급하였거나 지급할 금액

연결납세제도를 적용하는 경우 각 연결자법인은 각 연결법인별 납부세액을 연결모법인에게 지급하고, 연결모법인은 이를 관할세무서에 납부한다. 따라서 연결자법인이 연결모법인에 지급하였거나 지급할 연결법인세액은 연결자법인의 손금으로 보지 아니한다. 또한 환급세액이 발생한 연결모법인이 연결자법인에 지급하였거나 지급할 금액도 연결모법인의 손금으로 보지 아니한다.

(5) 공과금 개정

공과금이란 국가 또는 공공단체가 강제로 부과하는 것으로서 조세 이외의 것을 말한다. 예를 들어, 장애인고용부담금, 개발부담금, 수출부담금 등을 말한다. 공과금 중 다음에 해당하는 경우에는 손금에 산입되지 아니한다.

① 법령에 따라 의무적으로 납부하는 것이 아닌 것

② 법령에 따른 의무의 불이행 또는 금지 · 제한 등의 위반을 이유로 부과되는 것

▶ **표 4-1** 세금과 공과금의 손금인정여부

구분	손금으로 인정되는 세금과 공과금		손금으로 인정되지 않는 세금과 공과금
	자산성이 없는 경우	자산성이 있는 경우	
조 세	① 재산세 ② 자동차세 ③ 인지세 ④ 주민세 등	취득세 등	① 법인세비용 ② 외국법인세액(세액공제를 선택한 경우) ③ 부가가치세 매입세액(공제되는 경우) ④ 개별소비세 · 주세 · 교통에너지환경세 ⑤ 연결모법인에 지급하였거나 지급할 연결법인세액
공과금	① 교통유발부담금 ② 기본배출부담금 ③ 수출부담금 등	개발부담금 등	① 법령에 의해 의무적으로 납부하는 것이 아닌 것 ② 법령에 따른 의무의 불이행 또는 금지 · 제한 등의 위반을 이유로 부과되는 것(예 폐수배출부담금, 장애인고용부담금)

3. 벌과금 등의 손금불산입

(1) 세법상 의무불이행으로 인한 세액

각 세법에 규정된 의무불이행으로 인하여 납부하였거나 납부할 세액(가산세를 포함)은 손금불산입된다. 이 때 의무불이행에는 간접국세의 징수불이행 · 납부불이행과 기타의 의무불이행의 경우를 포함한다.

(2) 벌금 · 과료 · 과태료 및 강제징수비

벌금 · 과료(통고처분에 따른 벌금 또는 과료에 상당하는 금액을 포함한다) · 과태료(과료와 과태금을 포함한다) 및 강제징수비는 손금불산입한다. 이를 손금으로 인정하게 되면 징벌효과가 반감되기 때문이다. 이 때 벌금 등은 법령을 위반하여 국가 등이 부과하는 것을 의미한다. 따라서 사계약상(私契約上)의 의무불이행으로 인하여 과하는 지체상금(구상권 행사가 가능한 지체상금은 제외) 및 연체료 등은 손금산입된다는 점에 유의하여야 한다.

▶ **표 4-2** 벌금 등과 지체상금 등의 손금산입 여부

구 분	손금불산입항목	손 금 항 목
① 범 위	벌금 · 과료(통고처분에 의한 벌금 또는 과료에 상당하는 금액을 포함) · 과태료(과료와 과태금을 포함) 및 강제징수비 등	사계약상의 의무불이행으로 인한 지체상금(구상권 행사가 가능한 지체상금 제외) · 연체이자 · 연체금 등
② 취 지	징벌효과를 높이기 위하여 손금불산입함.	사계약상의 문제이므로 규제하지 아니함.
③ 사 례	㉠ 법인의 임원 또는 직원이 관세법을 위반하고 지급한 벌과금 ㉡ 업무와 관련하여 발생한 교통사고 벌과금 ㉢ 산업재해보상보험료의 가산금 ㉣ 국민건강보험법에 따라 징수하는 연체금 ㉤ 외국의 법률에 의하여 국외에서 납부한 벌금 ㉥ 장애인고용촉진 및 직업재활법에 따른 부담금 개정	㉠ 보세구역에 보관되어 있는 수출용 원자재가 관세법상의 보관기간 경과로 국고귀속이 확정된 자산의 가액 ㉡ 철도화차 사용료의 미납액에 대하여 가산되는 연체이자 ㉢ 산업재해보상보험료의 연체금 ㉣ 국유지 사용료의 납부지연으로 인한 연체료 ㉤ 전기요금의 납부지연으로 인한 연체가산금

(3) 징벌적 목적의 손해배상금 등에 대한 손금불산입

내국법인이 가맹사업거래의 공정화에 관한 법률 등 각종 법률(외국의 법령 포함) 또는 그 밖에 이와 유사한 방식으로 실제 발생한 손해액의 일정 배수를 한도로 손해배상

책임을 정하는 법률의 규정에 따라 지급한 손해배상금 중 실제 발생한 손해액을 초과하여 지급하는 금액은 내국법인의 각 사업연도의 소득금액을 계산할 때 손금에 산입하지 아니한다. 실제 발생한 손해액이 분명하지 아니한 경우 손금불산입 대상 손해배상금은 다음 계산식에 따라 계산한 금액으로 한다(법법 21의2, 법령 23).

$$\text{손금불산입 대상 손해배상금} = A \times \frac{B-1}{B}$$

A : 실제 지급한 손해배상금
B : 실제 발생한 손해액 대비 손해배상액의 상한이 되는 배수

4. 과다경비 등의 손금불산입

다음 손비 중 과다하거나 부당하다고 인정하는 금액은 법인의 각 사업연도의 소득금액을 계산할 때 손금에 산입하지 않는다(법법 26).

(1) 여비 및 교육 · 훈련비

법인이 임원 또는 직원이 아닌 지배주주 등(특수관계인 포함)에게 지급한 여비(旅費) 및 교육 · 훈련비는 해당 사업연도의 소득금액을 계산할 때 이를 손금에 산입하지 않는다.

(2) 부당공동경비 개정

법인이 해당 법인 외의 자와 동일한 조직 · 사업 또는 자산 등을 공동으로 운영하거나 영위함에 따라 발생되거나 지출된 손비 중 다음의 기준에 따른 분담금액을 초과하는 금액은 해당 법인의 소득금액을 계산할 때 이를 손금에 산입하지 않는다.

구 분	손금인정한도액
출자에 의하여 특정사업을 공동으로 영위하는 경우	$\text{공동경비} \times \frac{\text{해당 법인이 출자한 금액}}{\text{출자총액}}$
비출자공동사업자등이 지출하는 비용	㉠ 특수관계인간의 경우 : 직전 사업연도 또는 해당 사업연도의 매출액 총액과 총자산가액(한 공동사업자가 다른 공동사업자의 지분을 보유하고 있는 경우 그 주식의 장부가액은 제외) 총액 중 법인이 선택하는 금액[*1]에서 해당 법인의 매출액(총자산가액 총액을 선택한 경우에는 총자산가액)이 차지하는 비율[*2] ㉡ 비특수관계인간의 경우 : 비출자공동사업자 사이의 약정에 의한 분담비율. 다만, 해당 비율이 없는 경우에는 위 '㉠'의 비율에 따른다.

*1 선택하지 아니한 경우에는 직전 사업연도의 매출액 총액을 선택한 것으로 보며, 선택한 사업연도부터 연속하여 5개 사업연도 동안 적용하여야 한다. 비출자공동사업자등 중 어느 하나의 법인이 직전 사업연도 매출액이 없는 경우에는 해당 사업연도의 매출액 총액 또는 총자산가액 총액 중 선택하여야 하며, 선택하지 아니하면 해당 사업연도의 매출액 총액을 선택한 것으로 본다.

*2 다만, 공동행사비 · 공동구매비 및 자산의 공동경비 등 일정한 손비에 대하여는 참석인원수 · 구매금액 또는 해당 자산의 소유지분 · 사용횟수 등 별도로 정하는 기준에 의할 수 있다.

① 공동행사비 등 참석인원의 수에 비례하여 지출되는 손비 : 참석인원비율

② 공동구매비 등 구매금액에 비례하여 지출되는 손비 : 구매금액비율

③ 공동광고선전비

㉠ 국외 공동광고선전비 : 직전사업연도의 수출금액(대행수출금액은 제외하며, 특정 제품에 대한 광고선전의 경우에는 해당 제품의 수출금액을 말함) 비율

㉡ 국내 공동광고선전비 : 직전사업연도의 국내매출액(특정 제품에 대한 광고선전의 경우에는 해당 제품의 매출액을 말하며, 주로 최종 소비자용 재화나 용역을 공급하는 법인의 경우에는 그 매출액의 2배에 상당하는 금액 이하로 할 수 있음) 비율

④ 무형자산의 공동사용료 : 해당 사업연도 개시일의 기업회계기준에 따른 자본의 총합계액 비율

5. 업무와 관련없는 비용의 손금불산입

법인이 각 사업연도에 지출한 비용 중 다음의 금액은 해당 사업연도의 소득금액을 계산할 때 이를 손금에 산입하지 아니한다.

(1) 업무무관자산을 취득 · 관리함으로써 생기는 비용

업무무관자산을 취득 · 관리함으로써 생기는 비용, 유지비, 수선비 및 이와 관련되는 비용은 손금에 산입하지 아니한다. 이 경우 업무무관자산이란 다음의 자산을 말한다.

구 분	범 위
① 비업무용 부동산	㉠ 법인의 업무에 직접 사용하지 않는 부동산. 다만, 유예기간이 경과하지 않는 부동산은 제외한다. ㉡ 유예기간 중에 해당 법인의 업무에 직접 사용하지 아니하고 양도하는 부동산. 단, 부동산매매업을 주업으로 영위하는 법인의 경우를 제외
② 업무무관 동산	㉠ 서화 및 골동품. 다만, 장식 · 환경미화 등을 위해 사무실 · 복도 등 여러 사람이 볼 수 있는 공간에 상시 비치하는 것을 제외한다. ㉡ 업무에 직접 사용하지 아니하는 자동차 · 선박 및 항공기 ㉢ 기타 '㉠', '㉡'과 유사한 자산으로서 해당 법인의 업무에 직접 사용하지 아니하는 자산

업무무관자산의 취득가액

업무무관자산을 취득 · 관리함으로써 생기는 비용 등은 손금불산입되지만 업무무관자산의 취득가액은 세무상 자산가액으로 인정되며, 손금불산입되지 않는다는 점에 유의하여야 한다. 업무무관자산을 처분할 때에도 당연히 동 자산의 세무상 취득가액은 손금에 산입된다.

(2) 업무와 관련이 없는 지출

그 법인의 업무와 직접 관련이 없다고 인정되는 지출금액으로서 다음에 해당하는 금액은 이를 손금에 산입하지 아니한다.

① 해당 법인이 직접 사용하지 아니하고 다른 사람(주주등이 아닌 임원과 소액주주등[19]인 임원 및 직원은 제외)이 주로 사용하고 있는 장소 · 건축물 · 물건 등의 유지비 · 관리비 · 사용료와 이와 관련되는 지출금.

② 해당 법인의 주주등(소액주주등은 제외) 또는 출연자인 임원 또는 그 친족이 사용하고 있는 사택의 유지비 · 관리비 · 사용료와 이와 관련되는 지출금

③ 법인이 업무무관자산을 취득하기 위하여 지출한 자금의 차입과 관련되는 비용

④ 해당 법인이 공여한 형법 또는 「국제상거래에 있어서 외국공무원에 대한 뇌물방지법」에 따른 뇌물에 해당하는 금전 및 금전 외의 자산과 경제적 이익의 합계액

⑤ 노동조합 및 노동관계조정법을 위반하여 노조전임자에 지급하는 급여

노조전임자에게 지급하는 급여의 손금불산입

노조전임자에게 급여를 지급하는 것은 원칙적으로 위법이나, 예외적으로 사용자와의 교섭, 노조유지 · 관리활동 등을 할 경우 일정(Time－off) 한도 내에서 급여를 지급할 수 있다. Time－off제도의 한도를 초과하여 지급된 노조전임자 급여는 위법하게 지급한 경비이므로 손금불산입한다.

6. 업무용승용차 관련비용의 손금불산입

(1) 업무용승용차 관련비용

내국법인이 업무용승용차를 취득하거나 임차함에 따라 해당 사업연도에 손금에 산입하거나 지출한 업무용승용차[20]에 대한 감가상각비, 임차료, 유류비, 보험료, 수선비, 자동차세, 통행료 및 금융리스부채에 대한 이자비용 등 업무용승용차의 취득 · 유지를 위하여 지출한 비용 중 업무용 사용금액에 해당하지 아니하는 금액은 해당 사업연도의 소득금액을 계산할 때 손금에 산입하지 아니하며(법법 27의2 ②), 사외유출(상여 등)로 소득처분 한다(법령 106 ①).

---

19) "소액주주등"이란 발행주식총수 또는 출자총액의 1%에 미달하는 주식 또는 출자지분을 소유한 주주등(해당 법인의 국가 · 지방자치단체외의 지배주주등과 특수관계에 있는 자는 제외함)을 말한다.

20) 개별소비세 과세대상 승용자동차(사업에 직접 사용하는 승용자동차로서 운수업, 자동차 판매업, 자동차 임대업, 운전학원업, 기계경비업무를 하는 경비업 또는 여신전문금융업법에 따른 시설대여업에서 사업상 수익을 얻기 위하여 직접 사용하는 승용자동차와 연구개발을 목적으로 사용하는 자동차로서 국토교통부장관의 임시운행허가를 받은 자율주행자동차는 제외)를 말한다.

⑵ 업무용 사용금액(손금산입액)의 계산

구 분		업무용 사용금액
업무전용자동차보험[*1] 가입	운행기록 작성	업무용승용차 관련비용 × $\frac{\text{업무용사용거리}^{*2*4}}{\text{총주행거리}}$
	운행기록 미작성	Min [업무용승용차 관련비용, 1,500만원][*3 *4]
업무전용자동차보험 미가입		없음(전액 손금불인정)

*1 업무전용자동차보험이란 해당 사업연도 전체 기간(임차한 승용차의 경우 해당 사업연도 중에 임차한 기간) 동안 해당 법인의 임원 또는 직원, 계약에 따라 해당 법인의 업무를 위하여 운전하는 사람, 해당 법인의 운전자 채용을 위한 면접에 응시한 지원자가 운전하는 경우에만 보상하는 자동차보험을 말한다. 이 경우 임차계약기간이 30일 이내인 임차한 승용차(해당 사업연도에 임차계약기간의 합계일이 30일을 초과하는 승용차는 제외)에 대해 해당 법인의 임원 또는 직원, 계약에 따라 해당 법인의 업무를 위하여 운전하는 사람을 운전자로 한정하는 임대차 특약을 체결한 경우에는 업무전용자동차보험에 가입한 것으로 본다.

*2 업무용 사용거리란 제조·판매시설 등 해당 법인의 사업장 방문, 거래처·대리점 방문, 회의 참석, 판촉 활동, 출·퇴근 등 직무와 관련된 업무수행을 위하여 주행한 거리를 말한다(법칙 27의2 ④).

*3 해당 사업연도의 업무용승용차 관련비용이 1,500만원(해당 사업연도가 1년 미만인 경우에는 1,500만원에 해당 사업연도의 월수를 곱하고 이를 12로 나누어 산출한 금액을 말하고, 사업연도 중 일부 기간 동안 보유하거나 임차한 경우에는 1,500만원에 해당 보유기간 또는 임차기간 월수를 곱하고 이를 사업연도 월수로 나누어 산출한 금액)을 초과하는 경우에는 1,500만원(해당 사업연도가 1년 미만인 경우에는 1,500만원에 해당 사업연도의 월수를 곱하고 이를 12로 나누어 산출한 금액을 말하고, 사업연도 중 일부 기간 동안 보유하거나 임차한 경우에는 1,500만원에 해당 보유기간 또는 임차기간 월수를 곱하고 이를 사업연도 월수로 나누어 산출한 금액)까지만 손금 인정하고, 그 이하인 경우에는 운행기록 작성 여부에 관계없이 업무용승용차 관련비용 전액을 손금 인정한다.

*4 법인업무용 자동차번호판 부착대상 차량(2024.1.1. 이후 등록하거나 대여한 자동차에 한함)이 해당 번호판을 미부착한 경우에는 업무전용자동차보험 가입 여부 및 운행기록 작성 여부에 관계없이 업무용승용차 관련비용 전액을 손금불인정한다.

⑶ 업무용승용차 감가상각비

업무용승용차는 정액법을 상각방법으로 하고 내용연수를 5년으로 하여 계산한 금액을 감가상각비로 하여 손금에 산입하여야 한다(신고조정)(법법 27의2 ③).

업무용사용금액 중 업무용승용차별 감가상각비는 800만원(이하 "감가상각비 한도액[21)]"

21) 감가상각비 한도액은 800만원을 원칙으로 하되, 다음과 같이 안분계산한다.

① 해당 사업연도가 1년 미만인 경우 : 800만원 × $\frac{\text{사업연도 월수}}{12}$

② 사업연도 중 일부 기간 동안 보유·임차한 경우 : 800만원 × $\frac{\text{보유기간 또는 임차기간 월수}}{\text{사업연도 월수}}$

③ 해당 사업연도가 1년 미만이거나 사업연도 중 일부 기간 동안 보유하거나 임차한 경우의 월수

이라 함)을 한도로 손금에 산입하고, 한도초과액은 해당 사업연도의 다음 사업연도부터 해당 업무용승용차의 업무사용금액 중 감가상각비가 감가상각비 한도액에 미달하는 경우 그 미달하는 금액을 한도로 하여 손금으로 추인한다(법령 50의2 ⑩, ⑪).

⑷ 업무용승용차 임차료 중 감가상각비 상당액

업무용승용차 임차료 중 감가상각비 상당액[22]은 감가상각비 한도액을 한도로 손금에 산입하고, 한도초과액은 해당 사업연도의 다음 사업연도부터 해당 업무용승용차의 업무사용금액 중 감가상각비 상당액이 감가상각비 한도액에 미달하는 경우 그 미달하는 금액을 한도로 손금에 산입한다(법령 50의2 ⑩, ⑪).

⑸ 업무용승용차 처분손실

업무용승용차를 처분하여 발생하는 손실로서 업무용승용차별로 800만원(해당 사업연도가 1년 미만인 경우 800만원에 해당 사업연도의 월수를 곱하고 이를 12로 나누어 산출한 금액)을 초과하는 금액은 손금불산입(기타사외유출)한 후 해당 사업연도의 다음 사업연도부터 800만원을 균등하게 손금에 산입하되, 남은 금액이 800만원 미만인 사업연도에는 남은 금액을 모두 손금에 산입한다(법법 27의2 ④, 법령 50의2 ⑬).

⑹ 업무용승용차 관련비용 명세서 제출

업무용승용차 관련비용 또는 처분손실을 손금에 산입한 법인은 업무용승용차 관련비용 명세서를 납세지 관할 세무서장에게 제출하여야 한다.

사 례 업무용승용차 관련비용(사업연도 12개월, 보유기간 12개월, 법인업무용 자동차번호판 부착대상 아님)

⑴ 업무용승용차 관련비용이 2,500만원인 경우(업무전용자동차보험 가입)
- ① 운행기록 작성(업무용 사용비율 80%로 입증) : 2,000만원(=2,500만원×80%) 손금 인정
- ② 운행기록 미작성 : 1,500만원[=Min(2,500만원, 1,500만원)] 만 손금 인정

의 계산은 역에 따라 계산하되, 1개월 미만의 일수는 1개월로 한다.

22) ① 여신전문금융업법 제3조 제2항에 따라 등록한 시설대여업자로부터 임차한 승용차 : 임차료에서 해당 임차료에 포함되어 있는 보험료, 자동차세 및 수선유지비를 차감한 금액. 다만, 수선유지비를 별도로 구분하기 어려운 경우에는 임차료(보험료와 자동차세를 차감한 금액을 말함)의 7%를 수선유지비로 할 수 있다.
② 시설대여업자 외의 자동차대여사업자로부터 임차한 승용차 : 임차료의 70%에 해당하는 금액

(2) 업무용승용차 관련비용이 700만원인 경우(업무전용 자동차보험 가입) :
운행기록 작성 여부에 관계없이 700만원을 손금 인정

(3) 업무용승용차 관련비용이 2,500만원인 경우(업무전용자동차보험 미가입) :
전액 손금불산입

성실신고확인대상 소규모 법인에 대한 업무용승용차 관련비용 손금한도 축소

부동산임대업을 주된 사업으로 하는 등 성실신고확인대상 소규모 법인[23)]의 경우에는 업무용승용차 관련비용의 손금한도를 다음과 같이 축소 적용한다.

① 운행기록을 미작성한 경우 최대 업무사용 인정금액을 1,500만원의 3분의 1 수준인 500만원으로 축소 적용

② 감가상각비 한도액, 임차료 중 감가상각비 상당액의 한도액 및 처분손실의 한도액을 800만원(사업연도 12개월 기준)의 50% 수준인 400만원(사업연도 12개월 기준)으로 축소 적용

예제 4-2 | 손금의 범위

다음은 벤처기업인 ㈜아이티의 손금관련 처리내역 중 오류가 발생한 항목들이다. 세무상 적절한 처리방법을 설명하시오.

(1) 벤처협회(주무관청에 등록된 협회임)에 특별회비를 납부하고 손금에 산입하였다.
(2) 우리사주조합에 자사주를 출연하고 자사주의 시가를 손금에 산입하였다.
(3) 유상증자와 관련된 신주발행비를 지출하고 손금에 산입하였다.
(4) 출자임원(소액주주가 아님)이 사용하고 있는 사택의 임차료를 손금에 산입하였다.
(5) 소액주주인 임원이 사용하고 있는 사택의 유지비 · 관리비를 지출하고 손금불산입하였다.

해답

(1) 특별회비는 손금불산입항목에 해당한다.
(2) 우리사주조합에 출연하는 자사주의 장부가액을 손금에 산입한다.
(3) 신주발행비는 손금불산입항목에 해당한다.
(4) 출자임원(소액주주 제외)이 사용하고 있는 사택의 유지비등은 손금불산입한다.
(5) 소액주주인 임원이 사용하고 있는 사택의 유지비 · 관리비는 손금항목이다.

---

23) 다음의 요건을 모두 갖춘 내국법인을 말한다(법령 42 ②).
① 해당 사업연도 종료일 현재 내국법인의 지배주주등이 보유한 주식등의 합계가 해당 내국법인의 발행주식총수 또는 출자총액의 50%를 초과할 것
② 해당 사업연도에 부동산 임대업을 주된 사업으로 하거나, 부동산임대업 수입금액과 이자소득금액 및 배당소득금액의 합계가 기업회계기준에 따라 계산한 매출액의 50% 이상일 것
③ 해당 사업연도의 상시근로자 수가 5명 미만일 것

예제 4-3 | 세금과 공과금 등의 손금불산입

다음은 ㈜가평(성실신고확인대상 소규모 법인 아님)의 손익계산서상 세금과공과 계정의 내역이다. 필요한 세무조정을 행하시오. 단, 사업연도 월수는 12개월이다.

(1) 공장건물에 대한 재산세 :	₩3,000,000
(2) 비업무용토지에 대한 취득세 :	5,000,000
(3) 업무무관동산(자동차)에 대한 자동차세 :	2,000,000
(4) 증자등기와 관련된 등록면허세 :	1,000,000
(5) 외국납부법인세액(외국납부세액공제를 선택함) :	9,000,000
(6) 반출하였으나 판매하지 아니한 제품에 대한 개별소비세 :	4,000,000
(7) 귀책사유가 없는 부가가치세매입세액 불공제액(자산성 없음) :	9,000,000
(8) 사계약상의 의무불이행으로 인한 지체상금 :	7,000,000
(9) 외국의 법률에 의하여 국외에서 납부한 벌금 :	3,500,000
(10) 업무용승용차 1대의 처분손실 :	10,000,000

해답

1. 세무조정
   (2) 자산성이 있는 손금항목을 비용처리하였으므로 손금불산입하고 유보로 처분함
   <손금불산입> 비업무용토지에 대한 취득세 5,000,000(유보)
   (3) 업무무관자산에 대한 자동차세는 업무무관경비(유지 · 관리비)로 손금불산입함
   <손금불산입> 업무무관경비(자동차세) 2,000,000(기타사외유출)
   (4) 증자등기와 관련된 등록면허세는 신주발행비(주식할인발행차금)이므로 손금불산입함
   <손금불산입> 증자등기관련 등록면허세(신주발행비) 1,000,000(기타)
   (5) 외국납부세액공제를 선택한 경우 외국납부법인세액은 손금불산입함
   <손금불산입> 외국납부법인세액 9,000,000(기타사외유출)
   (6) 반출하였으나 판매하지 아니한 제품에 대한 개별소비세는 자산(일종의 선급금)이므로 손금불산입함
   <손금불산입> 제품에 대한 개별소비세 4,000,000(유보)
   (9) 외국의 법률에 의하여 국외에서 납부한 벌금은 손금불산입함
   <손금불산입> 국외납부 벌금 3,500,000(기타사외유출)
   (10) 업무용승용차 처분손실 중 업무용승용차별로 800만원(사업연도 12개월 기준) 초과액을 손금불산입함
   <손금불산입> 업무용승용차 처분손실 2,000,000(기타사외유출)

2. 기타항목에 대한 해설
   (1) 자산성이 없는 손금항목
   (7) 법인의 귀책사유가 없는 매입세액 불공제액(자산성이 없음)
   (8) 벌과금 등과 달리 손금으로 인정됨

제 3 절 | 인건비

1. 인건비의 의의 개정

'인건비'란 임원 또는 직원에게 지급하는 근로제공의 대가를 말한다. 인건비는 ① 정기적인 급여, ② 상여금 등 부정기적인 급여 및 ③ 퇴직급여의 3가지로 구분할 수 있다. 인건비는 법인의 순자산을 감소시키는 거래에서 발생하는 손비로서 사업과 관련하여 지출된 것이므로 손금에 산입되는 것이 원칙이다. 그러나, 이익처분에 의하여 지급하는 상여금(이익잉여금처분계산서상에서 잉여금을 처분함으로써 지급하는 성과급 등을 말함)은 손금에 산입하지 않는다. 한편 손비로 인정되는 인건비에는 다음이 포함된다.

① 임원 또는 직원의 출산 또는 양육 지원을 위해 해당 임원 또는 직원에게 공통적으로 적용되는 지급기준에 따라 지급하는 금액

② 내국법인이 100%를 직접 또는 간접 출자한 해외현지법인에 파견된 임원 또는 직원의 인건비로서 소득세법에 따라 근로소득세가 원천징수된 인건비(해당 내국법인이 지급한 인건비가 해당 내국법인 및 해외출자법인이 지급한 인건비 합계의 50% 미만인 경우로 한정)

③ 내국법인이 생산 · 공급하는 재화 또는 용역을 시가보다 낮은 가액으로 해당 내국법인의 임원 또는 직원에게 판매 또는 제공하는 경우 그 판매가액 또는 용역대가와 시가와의 차액

④ 내국법인의 계열회사(독점규제 및 공정거래에 관한 법률에 따른 계열회사를 말함)가 생산 · 공급하는 재화 또는 용역을 그 내국법인의 임원 또는 직원에게 시가보다 낮은 가액으로 판매 또는 제공하고, 해당 내국법인이 계열회사에 그 판매가액 또는 용역대가와 시가와의 차액을 지급하는 경우 그 차액에 상당하는 금액

▶ **그림 4-1** 인건비의 개요

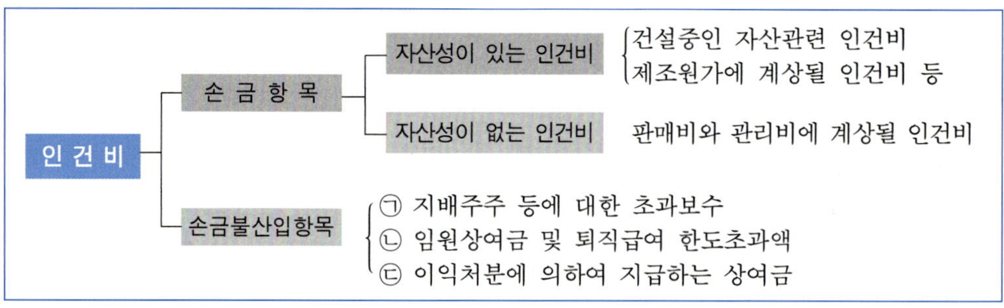

2. 정기적인 급여

봉급, 급료, 보수, 임금, 수당 등 명칭여하에 불구하고 임원 또는 직원에게 정기적으로 지급하는 급여는 원칙적으로 손금에 산입된다. 그러나, 다음의 경우에는 예외로 한다.

① 지배주주 등[24] (특수관계인을 포함)인 임원 또는 직원에게 정당한 사유없이 동일 직위에 있는 지배주주등 외의 임원 또는 직원에게 지급하는 금액을 초과하여 보수를 지급한 경우 그 초과금액

② 비상근임원에게 지급하는 보수는 원칙적으로 손금에 산입된다. 단, 비상근임원에게 지급하는 보수 중 부당행위계산의 부인에 해당하는 금액(직무에 비하여 과다하게 지급된 금액)은 손금불산입한다.

3. 상여금 등 부정기적인 급여

법인이 직원에게 지급하는 상여금은 그 금액의 과다에 관계없이 손금에 산입된다. 그러나 법인이 임원[25]에게 지급하는 상여금 중 정관·주주총회·사원총회 또는 이사회의 결의에 의하여 결정된 급여지급기준에 의하여 지급하는 금액을 초과하여 지급한 경우 그 초과금액은 이를 손금에 산입하지 아니한다.

합명회사·합자회사의 노무출자사원에게 지급하는 보수는 이익처분에 의한 상여로 보아 손금불산입한다.

4. 퇴직급여

(1) 퇴직급여와 현실적 퇴직의 의의

법인이 임원 또는 직원에게 지급하는 퇴직급여(퇴직급여제도에 의하여 근로자에게 지급되는 연금 또는 일시금)는 임원 또는 직원이 현실적으로 퇴직하는 경우에 한하여 이를 손금에 산입한다. 현실적인 퇴직에는 법인이 퇴직급여를 실제로 지급한 경우로

---

24) "지배주주등"이란 법인의 발행주식총수 또는 출자총액의 1% 이상의 주식 또는 출자지분을 소유한 주주등으로서 그와 특수관계인의 소유 주식 또는 출자지분의 합계가 해당 법인의 주주등 중 가장 많은 경우의 해당 주주 등을 말한다(법령 43 ⑦).

25) '임원'은 다음에 규정하는 직무에 종사하는 자로 한다(법령 42 ①).
① 법인의 회장·사장·부사장·이사장·대표이사·전무이사·상무이사 등 이사회의 구성원 전원과 청산인 및 감사
② 합명회사·합자회사 및 유한회사의 업무집행사원 또는 이사
③ 유한책임회사의 업무집행자
④ 그 밖에 위에 준하는 직무에 종사하는 자 ⇨ '이사대우'도 그 직위에 관계없이 이사로서의 직무에 종사하면 임원에 해당함(법인 22601-3294, 1987. 12. 10).

서 다음에 해당하는 경우를 포함하는 것으로 한다(법령 44 ①, ②).

① 법인의 직원이 해당 법인의 임원으로 취임한 때

② 법인의 임원 또는 직원이 그 법인의 조직변경 · 합병 · 분할 또는 사업양도에 의하여 퇴직한 때

③ 근로자퇴직급여 보장법에 따라 퇴직급여를 중간정산(종전에 퇴직급여를 중간정산하여 지급한 적이 있는 경우에는 직전 중간정산 대상기간이 종료한 다음 날부터 기산하여 퇴직급여를 중간정산한 것을 말함)하여 지급한 때

④ 정관 또는 정관에서 위임된 퇴직급여지급규정에 따라 장기 요양 등 기획재정부령으로 정하는 사유로 그 때까지의 퇴직급여를 중간정산하여 임원에게 지급한 때

현실적으로 퇴직하지 아니한 임원 또는 직원에게 지급한 퇴직급여는 해당 임원 또는 직원이 현실적으로 퇴직할 때까지 이를 특수관계인에 대한 업무무관 가지급금으로 본다(법칙 22 ②). 한편 법인의 해산에 의하여 퇴직하는 임원 또는 직원에게 지급하는 해산수당 또는 퇴직위로금 등은 최종사업연도의 손금으로 한다(법령 43 ⑤).

⑵ 임원퇴직급여한도초과액

법인이 직원에게 지급하는 퇴직급여는 금액의 과다여부에 관계없이 전액 손금에 산입된다. 그러나, 법인이 임원에게 지급한 퇴직급여 중 임원퇴직급여한도액을 초과하는 금액은 이를 손금에 산입하지 아니한다(법령 44 ③). 임원퇴직급여한도액은 다음에 의해 계산한다.

구 분	임원퇴직급여한도액
① 정관에 퇴직급여(퇴직위로금 등을 포함)로 지급할 금액이 정하여진 경우	정관에 정하여진 금액
② 정관에 임원퇴직급여를 계산할 수 있는 기준이 기재된 경우	그 정관에 정하여진 기준에 의한 금액
③ 정관에서 위임된 퇴직급여지급규정이 따로 있는 경우	퇴직급여지급규정에 의한 금액
④ 위 이외의 경우(정관 등에 임원퇴직급여에 대한 규정이 없는 경우)	퇴직전 1년간 총급여액*1 × 10% × 근속연수*2

*1 근로의 제공으로 인하여 받는 봉급 · 급료 · 보수 · 임금 · 상여 · 수당 기타 이와 유사한 급여 및 법인의 주주총회 등의 결의에 의하여 상여로 받는 소득(이익처분에 의한 상여)의 총액(비과세소득 제외)을 말하며, 임원상여금한도초과액 등 손금불산입되는 금액을 제외한다.

*2 '근속연수'는 역년에 의하여 계산한 근속연수를 말한다. 이 경우 1년 미만의 기간은 월수로 계산하되, 1월 미만의 기간은 이를 산입하지 아니한다(월단위까지 계산하며, 1월 미만은 절사함). 이 경우 해당 임원이 직원에서 임원으로 된 때에 퇴직금을 지급하지 아니한 경우에는 직원으로 근무한 기간을 근속연수에 합산할 수 있다.

5. 복리후생비의 범위

'복리후생비'란 임원 또는 직원의 복리후생을 위하여 법인이 부담하는 비용을 말한다. 법인이 그 임원 또는 직원을 위하여 지출한 복리후생비 중 다음에 규정하는 비용 외의 비용은 이를 손금에 산입하지 아니한다(법령 45 ①).

① 직장체육비 · 직장문화비 : 직원회식비 포함
② 우리사주조합의 운영비
③ 국민건강보험법 및 노인장기요양보험법에 따라 사용자로서 부담하는 보험료 및 부담금
④ 영유아보육법에 의하여 설치된 직장어린이집의 운영비
⑤ 고용보험법에 의하여 사용자로서 부담하는 보험료
⑥ 임원 또는 직원에게 사회통념상 타당하다고 인정되는 범위에서 지급하는 경조사비
⑦ 파견 받은 근로자에게 지급한 복리후생비
⑧ 위 '①' 내지 '⑦'의 비용과 유사한 비용

예제 4-4 | 인건비 및 복리후생비

㈜시사의 제8기 사업연도(20×8. 1. 1~12. 31)의 인건비 및 복리후생비에 대한 자료는 다음과 같다. 다음 자료를 이용하여 세무조정을 행하시오.

(1) 손익계산서상 인건비와 내역은 다음과 같다.

구 분	급여 및 제수당	상여금	퇴직급여
대표이사	₩40,000,000	₩30,000,000	–
전무이사	30,000,000	20,000,000	₩25,000,000
관리부장	25,000,000	15,000,000	₩70,000,000
직 원	150,000,000	75,000,000	–

(2) 인건비에 대한 추가자료

① 당사의 급여지급규정에 의하면 임원 및 직원에 대한 상여금은 급여 및 제수당의 50%를 지급하도록 규정되어 있다.

② 전무이사와 관리부장은 해당 사업연도 종료일에 현실적으로 퇴직하였으며, 근속연수는 전무이사가 4년 3개월 15일, 관리부장이 18년 6개월 10일이다(당사는 정관 등에 임원퇴직급여 지급규정을 두고 있지 않으며, 퇴직급여충당금을 계상하고 있지 않다).

③ 직원의 인건비 중에는 지배주주와 특수관계에 있는 자(영업부 대리)에 대한 급여 및 상여금이 ₩30,000,000 포함되어 있다(동일 직위에 있는 대리의 급여 · 상여금은 ₩20,000,000임).

(3) 제8기 이익잉여금처분계산서상 잉여금처분액은 다음과 같다.

① 잉여금처분에 의한 배당 : ₩200,000,000

② 잉여금처분에 의하여 직원에게 지급한 성과배분상여금 : ₩40,000,000

(4) 손익계산서상 복리후생비 계정에는 다음의 금액이 포함되어 있다.

① 사용자 부담분 건강보험료 · 고용보험료 · 국민연금 : ₩30,000,000

② 건설 중인 공장건물과 관련된 부서의 복리후생비 : ₩20,000,000

③ 영업부서의 연말회식비 : ₩1,200,000

해답

(1) 임원상여금 한도초과액에 대한 세무조정

구 분	임원상여금 한도액	임원상여금 한도초과액
대 표 이 사	₩40,000,000 × 50% = ₩20,000,000	₩30,000,000 − 20,000,000 = ₩10,000,000
전 무 이 사	₩30,000,000 × 50% = ₩15,000,000	₩20,000,000 − 15,000,000 = ₩5,000,000

<손금불산입> 임원상여금 한도초과액 15,000,000(상 여)

(2) 임원퇴직급여 한도초과액에 대한 세무조정

① 임원퇴직급여 한도액 : (₩30,000,000 + 20,000,000 − 5,000,000) × 10% × $4\frac{3}{12}$년 = ₩19,125,000

② 임원퇴직급여 한도초과액 : ₩25,000,000 − ₩19,125,000 = ₩5,875,000

<손금불산입> 임원퇴직급여 한도초과액 5,875,000(상 여)

(3) 지배주주 및 특수관계인에 대한 과다 인건비

₩30,000,000 − 20,000,000 = ₩10,000,000

<손금불산입> 지배주주 등에 대한 과다인건비 10,000,000(상 여)

(4) 잉여금처분에 의한 성과배분상여금

세무조정 없음

(5) 자산성이 있는 복리후생비

<손금불산입> 건설중인 자산 20,000,000(유 보)

객/관/식/문/제

▶ 제4장 손금의 범위

1 다음 중 법인세법상 손금불산입항목이 아닌 것으로만 묶인 것은?

A. 비업무용토지에 대한 재산세
B. 사계약상의 의무불이행으로 인한 지체상금
C. 자기주식처분손실
D. 출자임원(소액주주인 임원이 아님)이 사용하는 사택의 유지관리비
E. 면세사업관련 매입세액불공제액(귀책사유 없음)
F. 신주발행비
G. 영업자가 조직한 단체로서 법인인 협회에 지급하는 일반회비

① A－B－C－F ② A－C－D－E
③ B－C－E－G ④ B－D－E－G

해설

(1) 손금불산입항목 : A－D－F
(2) 손금항목 : B－C－E－G
- B : 사계약상의 의무불이행으로 인한 지체상금은 손금항목임.
- C : 자기주식처분이익은 익금항목이며, 자기주식처분손실은 손금항목임.
- E : 면세사업관련 매입세액불공제액은 귀책사유가 없으므로 손금인정되는 항목임.
- G : 법인인 협회에 지급하는 일반회비는 손금항목임

2 법인세법상 손금산입과 관련한 설명으로 옳지 않은 것은?

① 임원 또는 직원(지배주주등인 자는 제외한다)의 사망 이후 유족에게 학자금 등으로 일시적으로 지급하는 금액으로서 사망 전에 정관이나, 주주총회 · 사원총회 또는 이사회의 결의에 의하여 결정되어 임원 또는 직원에게 공통적으로 적용되는 지급기준에 따라 지급되는 것은 손금에 산입한다.

② 영업자가 조직한 단체로서 법인이거나 주무관청에 등록된 조합 또는 협회에 지급한 회비는 손금이 아니다.

③ 자기주식소각손실은 그 본질이 감자차손에 해당하며 따라서 손금에 산입하지 않는다.

④ 환경미화를 위해 사무실 · 복도 등 여러 사람이 볼 수 있는 공간에 항상 전시하는 미술품으로서 취득가액이 거래단위별로 1천만원 이하인 것을 그 취득일이 속하는 사업연도의 비용으로 계상한 경우에는 이를 손금에 산입한다.

해설

영업자가 조직한 단체로서 법인이거나 주무관청에 등록된 조합 또는 협회에 지급한 일반회비는 해당 법인의 손금항목으로 처리하며, 특별회비는 손금불산입항목으로 처리한다.

3 법인세법상 손금에 대한 설명으로 옳지 않은 것은? 2015년 국가직 7급 수정

① 법인이 사업과 관련하여 지출한 비용이 법인세법상 손금으로 인정되기 위해서는, 법인세법과 다른 법률에서 달리 정하고 있지 않는 한, 그 지출이 사업과 관련된 것만으로는 부족하고 그 외에 비용지출이 일반적으로 인정되는 통상적인 것이거나 수익과 직접 관련된 것이어야 한다.

② 위법소득을 얻기 위하여 지출한 비용이나 지출 자체에 위법성이 있는 비용도 그 지출의 손금산입이 사회질서에 심히 반하는 등 특별한 사정이 존재하지 않는 한 손금으로 산입 할 수 있다.

③ 손금의 요건으로서 '일반적으로 인정되는 통상적인 비용'이라 함은 납세의무자와 같은 종류의 사업을 영위하는 다른 법인도 동일한 상황 아래에서는 지출하였을 것으로 인정되는 비용을 의미한다.

④ 해당 법인의 임원(출자임원 포함) 또는 직원이 사용하고 있는 사택의 유지비·사용료와 이에 관련되는 지출금은 손금에 산입한다.

해설

해당 법인의 출자임원(소액주주인 임원을 제외함) 또는 그 친족이 사용하고 있는 사택의 유지비 · 사용료와 이에 관련되는 지출금은 업무와 관련 없는 지출로서 손금불산입된다.

4 다음 중 법인세법에 의하여 손금산입이 가능한 항목들만의 조합은?

가. 내국법인이 근로자와의 서면약정에 의한 성과배분상여금을 잉여금의 처분에 의하여 지급한 것
나. 합자회사가 노무출자사원에게 지급한 보수
다. 내국법인이 우리사주조합에 출연하는 자사주의 장부가액
라. 법인이 영유아보육법에 의하여 설치한 직장어린이집의 운영비
마. 법령에 따라 의무적으로 납부하는 것이 아닌 공과금

---

① 가, 나　　② 다, 라
③ 나, 다　　④ 라, 마

해설

(1) 손금항목 : 다, 라
(2) 손금불산입항목 : 가, 나, 마

5 법인세법상 인건비에 대한 다음 설명 중 잘못된 것은?

① 내국법인이 발행주식총수의 100%를 직접 출자한 해외현지법인에 파견된 주재원(임원 또는 직원)에게 지급한 인건비(소득세법에 따라 근로소득세가 원천징수되었으며, 해당 내국법인이 지급한 인건비가 해당 내국법인 및 해외현지법인이 지급한 인건비 합계의 50% 미만임)는 이를 손금에 산입한다.
② 지배주주인 임원에게 정당한 사유없이 동일 직위에 있는 임원보다 초과하여 보수를 지급하는 경우에는 이를 손금으로 인정하지 않는다.
③ 임원이 아닌 종업원에게 급여지급기준을 초과하여 상여금을 지급하는 경우에는 전액을 손금에 산입할 수 있다.
④ 잉여금을 처분하여 지급하는 성과배분상여금은 이를 손금에 산입할 수 있다.

해설

잉여금처분에 의하여 지급하는 성과배분상여금은 손금에 산입할 수 없다.

6 법인세법상 인건비의 손금산입에 대한 설명으로 옳지 않은 것은?
2012년 국가직 9급

① 합명회사 또는 합자회사의 노무출자사원에게 지급하는 보수는 손금에 산입하지 아니한다.

② 비상근임원에게 지급하는 보수는 건전한 사회통념 및 상거래 관행에 따라 지급하더라도 이를 손금에 산입하지 아니한다.

③ 임원에 대한 상여금의 지급이 정관 · 주주총회 또는 이사회에서 결정된 급여지급규정을 초과하여 지급하는 경우에는 그 초과금액은 손금에 산입하지 아니한다.

④ 법인의 해산에 의하여 퇴직하는 임원 또는 직원에게 지급하는 해산수당은 최종사업연도의 손금으로 한다.

해설

비상근임원에게 지급하는 보수는 법인세법 제52조(부당행위계산의 부인)에 해당하는 경우를 제외하고 이를 손금에 산입한다.

7 비상장법인인 ㈜한국은 20×5년 사업연도 중에 상무이사 甲에 대한 인건비로 급여 ₩30,000,000, 상여금 ₩30,000,000, 퇴직급여 ₩50,000,000(퇴직일 20×5. 12. 31, 근속연수는 3년)을 지출하였다. 이 경우 한도초과로 손금불산입되는 인건비의 총액은? (다만, 이 회사는 임원에 대한 상여금지급규정과 퇴직급여지급규정을 두고 있지 아니하다)

① ₩30,000,000
② ₩51,000,000
③ ₩21,000,000
④ ₩71,000,000

해설

(1) 임원퇴직급여 한도액(퇴직급여지급규정이 없는 경우)
퇴직전 1년간 총급여액(손금불산입되는 급여 제외) × 10% × 근속연수
= ₩30,000,000(급여)* × 10% × 3년 = ₩9,000,000
* 회사는 임원에 대한 상여금지급규정을 두고 있지 아니하므로 임원에 대한 상여금은 전액 손금불산입되며, 임원퇴직급여한도액 계산시 총급여액에 손금불산입되는 상여를 포함하지 아니한다.

(2) 임원퇴직급여 한도초과액 : ₩50,000,000 − 9,000,000 = ₩41,000,000

(3) 한도초과로 손금불산입되는 금액
₩30,000,000(상여금한도초과액) + 41,000,000(퇴직급여한도초과액) = ₩71,000,000

정답	1	③	2	②	3	④	4	②	5	④	6	②	7	④

5 기업업무추진비 · 기부금 및 지급이자 손금불산입

제 1 절 | 기업업무추진비

1. 기업업무추진비의 의의

(1) 기업업무추진비의 개념

"기업업무추진비"란 접대, 교제, 사례 또는 그 밖에 어떠한 명목이든 상관없이 이와 유사한 목적으로 지출한 비용으로서 법인이 직접 또는 간접적으로 업무와 관련이 있는 자와 업무를 원활하게 진행하기 위하여 지출한 금액을 말한다(법법 25 ①). 그러나 기업업무추진비는 이의 지출이 업무와 관련되었는지를 따지기 힘들고 개인적 지출을 법인에게 부담시켜 조세를 회피할 우려가 많기 때문에 그 손금산입 요건을 엄격하게 정하고 있다.

(2) 기업업무추진비 · 기부금 및 광고선전비의 구분

1) 기업업무추진비와 기부금의 구분

기업업무추진비와 기부금은 특정인을 대상으로 무상으로 지출되는 금품이라는 점에서 유사한 측면이 있어서 이를 명확하게 구분할 필요가 있다. 사업과 직접 관계 있는 자에게 금전 또는 물품을 기증한 경우에 그 금품의 가액은 기업업무추진비로 구분하며, 사업과 직접 관계가 없는 자에게 금전 또는 물품 등을 기증한 경우에 그 금품의 가액은 거래실태별로 다음의 기준에 따라 기업업무추진비 또는 기부금으로 구분한다.

① 업무와 관련하여 지출한 금품 : 기업업무추진비

② 위 '①'에 해당되지 아니하는 금품 : 기부금

2) 기업업무추진비와 광고선전비의 구분

기업업무추진비와 광고선전비는 업무와 관련하여 지출되는 금품이라는 점에서 공통점을 갖는다. 그러나, 기업업무추진비는 손금산입이 엄격하게 제한되고 있는 반면에 광고선전비는 원칙적으로 전액 손금으로 인정되므로 이를 명확하게 구분하여야 한다. 사업과 관련하여 특정인을 대상으로 지출하는 금액은 기업업무추진비로 구분하며, 사업과 관련하여 불특정다수인을 대상으로 지출되는 금액은 이를 광고선전비로 구분한다.

⑶ 기업업무추진비와 유사비용의 구분

기업업무추진비는 일정한 한도 내에서 손금으로 인정되므로 회사가 한도초과로 인한 손금불산입을 회피하기 위하여 그 실질은 기업업무추진비임에도 불구하고 회의비 · 복리후생비 · 광고선전비 등으로 회계처리하는 사례가 많다.

기업이 지출한 기업업무추진비 유사비용과 기업업무추진비 해당 여부의 판별은 거래명칭 · 거래형식 · 기장내용의 여하에 불구하고 거래의 실질내용을 기준으로 하여 구분하는데, 그 중요한 기준은 다음과 같다.

① 약정에 의하여 채권의 전부 또는 일부를 포기하는 경우에도 이를 대손금으로 보지 아니하며 기부금 또는 기업업무추진비로 본다. 다만, 채권의 일부를 조기 회수하기 위하여 해당 채권의 일부를 불가피하게 포기한 경우 그 포기한 채권은 대손금으로 손금에 산입한다.

② 사업상 증여(기업업무추진비에 해당하는 경우에 한함)에 따른 부가가치세 매출세액과 공제받지 못하는 기업업무추진비지출관련 매입세액은 기업업무추진비로 구분한다.

③ 정상적인 업무를 수행하기 위하여 지출하는 회의비로서 사내 또는 통상회의가 개최되는 장소에서 제공하는 다과 및 음식물 등의 가액 중 사회통념상 인정될 수 있는 범위 내의 금액("통상회의비"라 함)은 이를 각 사업연도의 소득금액계산상 손금에 산입한다. 그러나 통상 회의비를 초과하는 금액과 유흥을 위하여 지출하는 금액은 이를 기업업무추진비로 본다(법기통 25－0…4).

⑷ 기업업무추진비의 범위

법인세법 시행령 제42조에서는 기업업무추진비의 범위를 다음과 같이 규정하고 있다(법령 42).

① 주주 또는 출자자나 임원 또는 직원이 부담하여야 할 성질의 기업업무추진비를 법인이 지출한 것은 이를 기업업무추진비로 보지 아니한다.

② 법인이 그 직원이 조직한 조합 또는 단체에 복리시설비[26]를 지출한 경우에는 다음과 같이 처리한다.[27]

---

26) '복리시설비'라 함은 법인이 종업원을 위하여 지출한 복리후생의 시설비, 시설구입비 등을 말한다(법기통 25－40…1).

27) ① 법인의 직장민방위대를 위하여 지출하는 금품의 가액은 지급하는 경비의 성질(예 직장체육비,

㉠ 해당 조합이나 단체가 법인인 때 : 기업업무추진비로 의제

㉡ 해당 조합이나 단체가 법인이 아닌 때 : 법인경리의 일부(손금항목)로 본다.

③ 판매한 상품 또는 제품의 보관료 · 포장비 · 운반비 · 판매장려금 및 판매수당 등 판매와 관련된 부대비용(판매장려금 및 판매수당의 경우 사전약정 없이 지급하는 경우를 포함)은 이를 기업업무추진비로 보지 아니하고 판매부대비용으로 보아 전액 손금에 산입한다.

④ 광고선전 목적으로 기증한 물품(견본품 · 달력 · 수첩 · 부채 · 컵 등)의 구입비용은 이를 기업업무추진비로 보지 아니하고 광고선전비로 보아 전액 손금에 산입한다. 다만, 특정인에게 기증한 물품(개당 3만원 이하의 물품은 제외)의 경우에는 연간 5만원 이내의 금액에 한정한다.

2. 기업업무추진비의 증빙요건

(1) 증빙불비 기업업무추진비

기업이 손비로 계상한 기업업무추진비는 원칙적으로 그 지출의 상대방 · 지출목적 · 지출금액 · 지출내용 등에 관한 거래증빙과 기업의 내부통제근거 등 객관성 있는 자료에 의하여 해당 기업에 귀속하는 비용임을 입증하여야 한다. 법인이 기업업무추진비로 계상한 금액 중 지출증빙이 없거나 허위 또는 업무와 관련 없는 지출임이 확인되는 금액에 대하여는 해당 지출금액을 손금불산입하고 다음과 같이 소득처분한다.

① 해당 지출금액에 대한 소득의 귀속자가 분명한 때는 귀속자에 대한 상여 · 배당 또는 기타소득으로 처분한다.

② 해당 지출금액에 대한 소득의 귀속자가 불분명한 때는 대표자에 대한 상여로 처분한다.

(2) 법정증명서류 미수취 기업업무추진비

내국법인이 한 차례의 접대에 지출한 기업업무추진비 중 3만원(경조금의 경우에는 20만원)을 초과하는 기업업무추진비로서 법정증명서류를 수취하지 아니한 것은 각 사업연도의 소득금액을 계산할 때 이를 손금불산입하고 기타사외유출로 소득처분한다(법법 25 ②, 법령 45 ①, ②). 다만, 법인이 직접 생산한 제품 등으로 제공하는 것, 약정에 의해 포기한 채권 중 기업업무추진비에 해당하는 것과 지출사실이 객관적으로 명

교통비, 복리후생비 등)에 따라 해당 법인의 경리의 일부로 본다.

② 법인의 직원으로 구성된 노동조합 지부에 지출한 보조금 등은 해당 노동조합 지부가 법인인 때에는 이를 기업업무추진비로 보고, 법인이 아닌 때에는 그 법인의 경리의 일부로 본다.

백한 경우로서 법정증명서류를 구비하기 어려운 국외지역에서의 지출[28] 및 농어민에 대한 지출[29]에 대해서는 이 규정을 적용하지 아니한다.

"법정증명서류"란 거래가 노출되는 다음의 증명서류를 말한다.

구　분	범　위
신용카드 등 매출전표*1	① 해당 법인의 명의로 발급받은 신용카드에 한하며, 외국에서 발행된 신용카드를 포함 ② 직불카드, 기명식선불카드, 직불전자지급수단, 기명식선불전자지급수단 또는 기명식전자화폐 등을 포함
현금영수증	조세특례제한법에 따른 현금영수증
세금계산서 등	① 세금계산서 및 매입자발행세금계산서 ② 계산서 및 매입자발행계산서 ③ 원천징수영수증 : 사업자가 아닌 자로부터 용역을 제공받고 발급하는 원천징수영수증을 말한다.

*1 재화 또는 용역을 공급하는 신용카드등의 가맹점이 아닌 다른 가맹점의 명의로 작성(매출전표 등에 기재된 상호 및 사업장소재지가 재화 또는 용역을 공급하는 신용카드 등의 가맹점의 상호 및 사업장 소재지와 다른 경우를 말함)된 매출전표 등은 법정증명서류로 보지 아니한다.

3. 기업업무추진비 한도초과액

(1) 기업업무추진비 한도초과액의 손금불산입

내국법인이 각 사업연도에 지출한 기업업무추진비(증빙불비 기업업무추진비, 법정증명서류 미수취 기업업무추진비로서 손금불산입된 금액을 제외함)로서 기업업무추진비 한도액을 초과하는 금액은 해당 사업연도의 소득금액을 계산할 때 손금불산입하고 기타사외유출로 소득처분한다.

28) 기업업무추진비가 지출된 국외지역의 장소(해당 장소가 소재한 인근 지역 안의 유사한 장소를 포함)에서 현금 외에 다른 지출수단이 없어 법정증명서류를 구비하기 어려운 경우의 해당 국외지역에서의 지출

29) 농·어민(한국표준산업분류에 따른 농업 중 작물재배업·축산업·복합농업, 임업 또는 어업에 종사하는 자를 말하며, 법인은 제외함)으로부터 직접 재화를 공급받는 경우의 지출로서 그 대가를 금융회사등을 통하여 지급한 지출(해당 법인이 법인세 과세표준 신고를 할 때 과세표준 신고서에 송금사실을 적은 송금명세서를 첨부하여 납세지 관할세무서장에게 제출한 경우에 한정함)

▶ **표 5-1** 기업업무추진비 세무조정의 개요

순 서	내 용
1단계	기업업무추진비의 범위에 근거하여 기업업무추진비 총액(Ⓐ)을 계산한다.
2단계	증빙이 없는 기업업무추진비(Ⓑ)를 손금불산입하고 귀속자에게 사외유출(귀속자가 불분명한 경우에는 대표자에 대한 상여)로 소득처분한다.
3단계	접대건당 3만원(경조금은 20만원)을 초과하는 기업업무추진비로서 법정증명서류를 수취하지 못한 기업업무추진비(Ⓒ)를 손금불산입하고 기타사외유출로 소득처분한다.
4단계	기업업무추진비 해당액(Ⓐ－Ⓑ－Ⓒ)이 기업업무추진비 한도액을 초과하면 기업업무추진비 한도초과액을 손금불산입하고 기타사외유출로 소득처분한다.

(2) 기업업무추진비 한도액

기업업무추진비 한도액 = 기본금액 + 수입금액 기준 한도액

① 기본금액 : 1,200만원(중소기업 : 3,600만원) × $\frac{\text{사업연도 개월수}}{12}$

② 수입금액 기준 한도액 : (일반수입금액 × 적용률) + (특정수입금액 × 적용률 × 10%)

1) 기본금액

일반법인은 1년에 12,000,000원을 기본금액으로 기업업무추진비 한도액을 인정하며, 중소기업의 경우에는 1년에 36,000,000원[30]을 기본금액으로 기업업무추진비 한도액을 인정한다. 이 경우 해당 사업연도의 개월수는 역에 따라 계산하되, 1개월 미만의 일수는 1개월로 한다(법법 25 ④).

2) 수입금액 기준 한도액

① 수입금액의 개념 : 수입금액이란 기업회계기준에 따라 계산한 매출액(중단사업부문의 매출액 포함)을 말한다. 이 경우 기업회계기준에 의하여 계산한 매출액이란 기업회계기준에 의하여 적정하게 계산된 매출액을 의미하는 것이다.

② 일반수입금액 : 다음 '③'의 특정수입금액을 제외한 수입금액을 말한다.

③ 특정수입금액 : 특수관계인과의 거래에서 발생한 수입금액에 대해서는 그 수입금액에 적용률을 곱하여 산출한 금액의 10%에 상당하는 금액을 수입금액 기준 한도액으로 한다.

④ 적용률 : 수입금액에 곱하는 적용률은 다음과 같다.

30) 2020년 1월 1일 이후 개시하는 사업연도부터 중소기업의 기업업무추진비 한도액의 기본금액을 종전 24,000,000원에서 36,000,000원으로 상향하였으며, 적용률도 상향 조정하였다.

수 입 금 액	적 용 률
100억원 이하	0.3%
100억원 초과 500억원 이하	3천만원 + 100억원을 초과하는 금액의 0.2%
500억원 초과	1억 1천만원 + 500억원을 초과하는 금액의 0.03%

⑤ 적용률의 적용방법 : 일반수입금액에 대하여 먼저 적용률을 곱하여 한도액을 계산하고, 기타수입금액에 대해서는 일반수입금액에 적용된 율을 제외한 나머지 적용률을 곱하여 한도액을 계산한다. 따라서 위 '④'의 적용률은 일반수입금액 ⇨ 특정수입금액의 순으로 순차 적용되는 것으로 이해하여야 한다.

● 성실신고확인대상 소규모 법인에 대한 기업업무추진비 손금한도 축소

업무용승용차 관련비용에 대한 손금한도를 축소 적용하는 부동산임대업을 주된 사업으로 하는 등 성실신고확인대상 소규모 법인의 경우에는 일반 기업업무추진비한도액에 50%을 곱한 금액을 한도액으로 한다(법법 25 ⑤).

4. 기업업무추진비 관련 기타사항

(1) 현물로 제공

기업업무추진비를 금전 외의 자산(법인이 직접 생산한 제품 등으로 제공한 것)으로 제공한 경우 해당 자산의 가액은 이를 제공한 때의 시가(시가가 장부가액보다 낮은 경우에는 장부가액)에 의한다(법령 42 ⑥). 이 경우 법인이 직접 생산한 제품등으로 제공한 것을 시가로 평가하도록 규정한 것은 제품으로 접대를 하더라도 일반적으로 고객에게 판매된 제품과 마찬가지로 원가와 시가의 차액(즉, 제품의 판매이익 상당액)을 과세소득에 산입하여야 한다는 의미이다.

(2) 손금귀속시기

기업업무추진비는 지출행위가 일어난 시점을 기준으로 하여 귀속사업연도를 정한다(발생주의). 따라서 접대행위가 이루어졌으나 그 비용이 미지급상태에 있을 때에도 결산상 이를 비용계상하고, 미지급금으로 정리한 경우에는 세법도 이를 그 사업연도의 기업업무추진비로 인정한다. 한편 법인이 기업업무추진비 또는 이와 유사한 비용을 지출한 사업연도의 손비로 처리하지 아니하고 이연처리한 경우에는 이를 지출한 사업연도의 기업업무추진비로서 시부인계산하고, 그 후 사업연도에 있어서는 이를 기업업무추진비로 보지 아니한다(법기통 25-0…1).

⑶ 문화비로 지출한 기업업무추진비의 손금산입특례

내국인이 2025년 12월 31일 이전에 지출한 문화예술 공연이나 전시회의 입장권 구입 등 문화비로 지출한 기업업무추진비[31]에 대하여는 내국인의 기업업무추진비 한도액에 불구하고 해당 과세연도의 소득금액 계산의 경우 내국인의 기업업무추진비 한도액[32]의 20%에 상당하는 금액의 범위 안에서 이를 손금에 산입한다(조특법 136 ③).

⑷ 전통시장 기업업무추진비 특례

내국인이 2025년 12월 31일 이전에 전통시장 및 상점가 육성을 위한 특별법에 따른 전통시장에서 지출한 기업업무추진비로서 다음의 요건을 모두 갖춘 기업업무추진비는 내국인의 기업업무추진비 한도액에도 불구하고 해당 과세연도의 소득금액을 계산할 때 내국인의 기업업무추진비 한도액의 10%에 상당하는 금액의 범위에서 손금에 산입한다(조특법 136 ⑥).

㉠ 신용카드등사용금액에 해당할 것

㉡ 소비성서비스업 등 대통령령으로 정하는 업종을 경영하는 법인 또는 사업자에게 지출한 것이 아닐 것

예제 5-1 | 기업업무추진비의 증빙검토 

다음은 ㈜보령의 제8기 사업연도 기업업무추진비 관련 자료이다. 다음 자료를 이용하여 기업업무추진비와 관련된 세무조정을 행하시오.

(1) 판매비와 관리비에 계상된 기업업무추진비는 ₩30,000,000으로서 다음의 금액이 포함되어 있다.

① 증빙이 없는 기업업무추진비 ₩1,000,000이 있으며, 소득의 귀속자가 불분명하다.

---

31) "문화비로 지출한 기업업무추진비"란 국내 문화관련 지출로서 다음의 용도로 지출한 비용을 말한다(조특령 130).
① 문화예술 공연, 전시회 또는 박물관의 입장권 구입, 체육활동의 관람을 위한 입장권 구입, 문화관광축제 입장권 · 이용권의 구입, 관광공연장의 입장권 구입, 지정문화재 및 등록문화재의 관람을 위한 입장권 구입
② 비디오물 · 음반 및 음악영상물 · 간행물, 미술품(취득가액이 거래단위별로 1백만원 이하인 것으로 한정)의 구입
③ 문화예술 관련 강연의 입장권 구입 또는 초빙강사에 대한 강연료 등
④ 내국법인이 직접 개최하는 공연 등 문화예술행사비, 문화체육관광부의 후원을 받아 진행하는 문화예술 · 체육행사에 지출하는 경비

32) 부동산임대업을 주업으로 하는 소규모법인의 경우에는 일반 기업업무추진비 한도액의 50%를 곱한 금액을 말한다.

② 한 차례의 접대에 지출한 기업업무추진비 중 3만원을 초과하는 기업업무추진비로서 법인카드가 아닌 임원 또는 직원의 개인카드를 사용하여 지출한 기업업무추진비 ₩2,000,000이 있다.

③ 법인이 직접 생산한 제품으로 제공한 것 ₩2,000,000(시가)이 포함되어 있으며, 이에 대해서는 법정증명서류를 구비하지 못하였다.

⑵ 기업업무추진비 한도액은 ₩20,000,000으로 가정한다.

해답

⑴ 증빙검토

① 증빙불비 기업업무추진비 : 증빙이 없는 기업업무추진비는 전액 손금불산입한다.
<손금불산입> 증빙불비 기업업무추진비 1,000,000(대표자상여)

② 법정증명서류 미수취 : 법인카드를 사용하여 지출한 기업업무추진비에 한하여 법정증명서류를 구비한 것으로 본다. 따라서 한 차례의 접대에 지출한 기업업무추진비 중 3만원을 초과하는 기업업무추진비로서 임직원의 개인카드를 사용하여 지출한 기업업무추진비는 법정증명서류를 구비하지 못한 것으로 보아 손금불산입한다.
<손금불산입> 법정증명서류 미수취 2,000,000(기타사외유출)

③ 법인이 직접 생산한 제품으로 제공한 것 : 법정증명서류 구비대상이 아니므로 손금에 산입된다.

⑵ 기업업무추진비 한도초과액

① 기업업무추진비 해당금액 : ₩30,000,000 − 1,000,000(증빙불비) − 2,000,000(법정증명서류 미수취)
= ₩27,000,000

② 기업업무추진비 한도초과액 : ₩27,000,000 − 20,000,000(한도액) = ₩7,000,000

③ 세무조정 : <손금불산입> 기업업무추진비 한도초과액 7,000,000(기타사외유출)

예제 5-2 | 기업업무추진비 한도초과액

다음은 중소기업인 ㈜수지의 제10기(20×3.1.1～12.31) 기업업무추진비 관련 자료이다. 다음 자료를 이용하여 기업업무추진비 한도초과액을 계산하시오.

⑴ 판매비와 관리비의 기업업무추진비 : ₩67,050,000(12월에 법인카드를 이용하여 지출하였으나, 아직 결제되지 아니한 금액 ₩1,000,000이 포함되어 있음)

⑵ 회사는 합성수지제품 제조업을 영위하고 있으며, 손익계산서상 매출액은 150억원이다. 한편 매출액 중 70억원은 특수관계인인 ㈜용인화학에 대한 매출액이며, 부산물매각대금 5억원이 영업외수익으로 계상되었다.

⑶ 기업업무추진비 중 증빙이 없거나 법정증명서류를 수취하지 못한 기업업무추진비는 없다.

⑷ 문화비로 지출하거나 전통시장에서 지출한 기업업무추진비는 없다.

해답

(1) 기본금액 : ₩36,000,000(중소기업) × 12/12 = ₩36,000,000

(2) 수입금액기준 한도액

① 일반수입금액 : 150억원 − 70억원(특수관계인 매출액) + 5억원(부산물매출액) = 85억원

② 특정수입금액 : 70억원

③ 수입금액기준 한도액

85억원 × 0.3% + (15억원 × 0.3% + 55억원 × 0.2%) × 10% = ₩27,050,000

(3) 기업업무추진비 한도액 : ₩36,000,000 + 27,050,000 = ₩63,050,000

(4) 기업업무추진비 한도초과액 : ₩67,050,000[*1] − 63,050,000 = ₩4,000,000

*1 기업업무추진비는 지출행위가 일어난 시점을 기준으로 하여 귀속사업연도를 결정하므로 카드대금이 결제되지 않았어도 해당 사업연도의 기업업무추진비에 포함시켜야 한다.

예제 5-3 | 기업업무추진비 한도초과액(문화비로 지출한 경우 포함)

다음은 ㈜태백의 제6기 사업연도(20×6. 1. 1~20×6. 12. 31)의 기업업무추진비 관련 자료이다. ㈜태백은 영리내국법인이며 중소기업이 아니고 제조업을 영위하고 있다. 다음 자료를 이용하여 기업업무추진비 한도초과액을 계산하시오.

(1) ㈜태백의 당기 손익계산서상 매출액은 제품매출액 ₩15,500,000,000이다. 동 제품매출액은 매출환입액 ₩200,000,000이 차감된 금액이며, 법인세법상 특수관계인인 관계회사에 대한 매출액 ₩5,000,000,000이 포함된 금액이다.

(2) ㈜태백의 기업업무추진비 관련 당기 회계처리 내역은 다음과 같으며 모두 적격증빙을 수취하였다.

구 분	금 액	접대일	회계처리 내역
일반기업업무추진비1	₩4,000,000	20×5.12.24	당기비용으로 회계처리
일반기업업무추진비2	43,800,000	20×6. 6.16	선급비용으로 회계처리
문화비로 지출한 기업업무추진비	12,000,000	20×6. 8.17	당기비용으로 회계처리

해답

(1) 기업업무추진비 해당액 : ₩43,800,000(일반기업업무추진비) + ₩12,000,000(문화비로 지출한 기업업무추진비) = ₩55,800,000

(2) 기업업무추진비 한도액(문화비로 지출한 기업업무추진비가 있는 경우)

₩44,000,000 + Min[₩12,000,000(문화접대비), ₩44,000,000[*1] × 20%] = ₩52,800,000

*1 $₩12,000,000 \times \frac{12}{12} + (100억원 \times \frac{3}{1,000} + 5억원 \times \frac{2}{1,000}) + 50억원 \times \frac{2}{1,000} \times 10\% = ₩44,000,000$

(3) 기업업무추진비 한도초과액 : ₩55,800,000 − ₩52,800,000 = ₩3,000,000

제 2 절 | 기부금

1. 기부금의 개념

(1) 기부금의 개념

기부금이란 법인이 특수관계인 외의 자에게 사업과 직접 관계없이 무상으로 지출하는 금액을 말한다(법법 24 ①). 기부금은 무상으로 지출하는 가액이라는 점에서 기업업무추진비와 유사하다. 그러나 기부금은 업무와 관련이 없는 지출이고, 기업업무추진비는 업무와 관련된 지출이라는 점에 그 차이가 있다.

한편 기부를 받는 자는 해당 법인과 특수관계인이 아니어야 한다. 특수관계인에게 무상으로 재산 등을 증여하는 경우에는 부당행위계산의 부인규정이 적용되기 때문이다.

(2) 의제기부금

기부금에는 타인(특수관계인의 경우에는 부당행위계산의 부인규정이 적용되므로 타인의 범위에서 제외된다)에 대한 재산적 가치의 실질적인 증여와 정당한 고려(consideration) 없이 자산을 정상가격보다 저가로 양도하거나 고가로 매입하는 경우 그 차액에 해당되는 의제기부금이 있다. 법인이 특수관계인 외의 자에게 정당한 사유 없이 자산을 정상가액보다 낮은 가액으로 양도하거나 정상가액보다 높은 가액으로 매입함으로써 그 차액 중 실질적으로 증여한 것으로 인정되는 금액을 기부금으로 본다. 이 경우 정상가액은 시가에 시가의 30%를 가산하거나 30%를 차감한 범위 안의 가액으로 한다(법령 35).

고가매입이나 저가양도의 경우 정상가액(시가 ±시가의 30% 범위)과 실지거래가액의 차이에 해당하는 금액을 기부금으로 의제한다. 따라서 자산을 양도할 때나 매입할 때 시가의 70% 이상 또는 시가의 130% 이하의 가액으로 거래하는 경우에는 의제기부금이 발생하지 아니한다. 한편 시가의 60%로 자산을 양도한 경우는 시가의 10% (정상가액의 하한인 70%와 실지거래가액인 60%와의 차이)만이 기부금으로 의제되는 것이며, 시가의 140%로 자산을 매입한 경우에도 시가의 10% (정상가액의 상한인 130%와 실지거래가액인 140%와의 차이)만이 기부금으로 의제되며, 기부금의 종류는 거래상대방에 따라 결정된다.

한편 이러한 계산방식은 특수관계인과의 거래의 경우에는 적용되지 아니한다. 특수관계인과의 거래에 대하여 부당행위계산의 부인규정이 적용될 경우에는 시가와 거래가액의 차액을 익금산입하거나 또는 손금불산입한다.

▶ **그림 5-1** 의제기부금과 부당행위계산의 부인(자산의 양수도) 비교

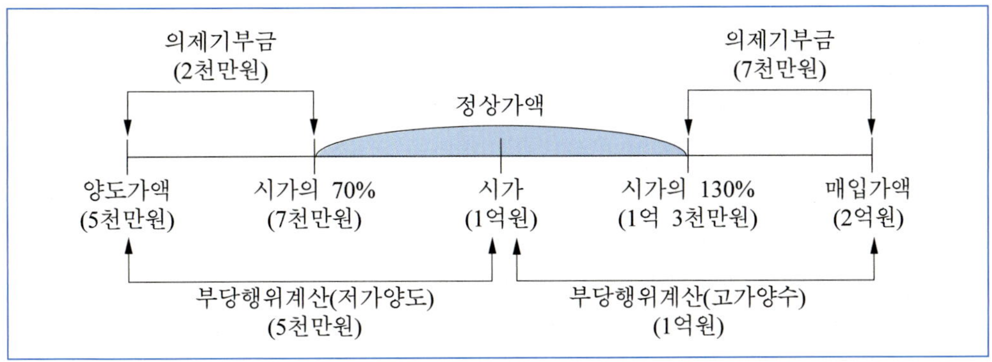

2. 기부금의 손금귀속시기

기부금의 손금귀속시기는 현금주의에 의한다. 따라서 기부금을 가지급금 등으로 이연계상한 경우에는 그 지출한 사업연도에 손금으로 산입하고, 기부금을 미지급금으로 계상한 경우에는 실제로 이를 지출할 때까지는 기부금으로 보지 않는다(법령 37 ②, ③).[33)]

① 어음지급기부금 : 기부금의 지출을 위하여 어음을 발행(어음의 배서를 포함)한 경우에는 그 어음이 실제로 결제된 날에 기부금을 지출한 것으로 본다(법칙 19).

② 수표지급기부금 : 기부금의 지출을 위하여 수표를 발행한 경우에는 해당 수표를 교부한 날에 지출한 것으로 본다(법칙 19). 다만, 선일자수표를 발행하여 기부한 경우에는 약속어음과 동일하게 실제로 결제된 날에 기부금을 지출한 것으로 본다.

3. 현물기부금의 평가

법인이 기부금을 금전 외의 자산으로 제공한 경우(현물로 기부한 경우를 말함)에 해당 자산의 가액은 기부금의 종류에 따라 다음과 같이 평가한다(법령 36 ①).

기부금의 종류		현물기부금의 평가
특례기부금		장부가액
일반기부금	특수관계인이 아닌 자에게 기부한 경우	장부가액
일반기부금	특수관계인에게 기부한 경우	Max[시가, 장부가액]
비공익성 기부금		Max[시가, 장부가액]

33) 정부로부터 인·허가를 받기 이전의 설립중인 공익법인 및 단체 등에 일반기부금을 지출하는 경우에는 그 법인 및 단체가 정부로부터 인가 또는 허가를 받은 날이 속하는 사업연도의 일반기부금으로 한다(법기통 24－36…4).

4. 기부금의 종류

(1) 특례기부금 개정

특례기부금은 다음의 기부금으로 한다(법법 24 ③).

① 국가나 지방자치단체에 무상으로 기증하는 금품의 가액. 다만, 기부금품의 모집및 사용에 관한 법률의 적용을 받는 기부금품은 같은 법 제5조 제2항에 따라 접수하는 것만 해당한다.

② 국방헌금과 국군장병 위문금품의 가액

③ 천재지변(재난 및 안전관리 기본법에 따라 특별재난지역으로 선포된 경우 그 선포의 사유가 된 재난을 포함)으로 생기는 이재민을 위한 구호금품의 가액

④ 사립학교, 비영리 교육재단(국립·공립·사립학교의 시설비, 교육비, 장학금 또는 연구비 지급을 목적으로 설립된 비영리 재단법인으로 한정함), 기능대학, 평생교육법에 따른 전공대학의 명칭을 사용할 수 있는 평생교육시설 및 원격대학 형태의 평생교육시설, 경제자유구역 및 제주국제자유도시의 외국교육기관 설립·운영에 관한 특별법에 따라 설립된 외국교육기관 및 제주특별자치도 설치 및 국제자유도시 조성을 위한 특별법에 따라 설립된 비영리법인이 운영하는 국제학교, 산학협력단, 한국과학기술원, 광주과학기술원, 대구경북과학기술원, 울산과학기술원 및 한국에너지공과대학교, 국립대학법인 서울대학교, 국립대학법인 인천대학교 및 이와 유사한 학교로서 대통령령으로 정하는 학교, 재외국민의 교육지원 등에 관한 법률에 따른 한국학교(대통령령으로 정하는 요건을 충족하는 학교만 해당함)로서 대통령령으로 정하는 바에 따라 기획재정부장관이 지정·고시하는 학교, 한국장학재단 등의 기관(병원을 제외함)에 시설비·교육비·장학금 또는 연구비로 지출하는 기부금

⑤ 국립대학병원·국립대학치과병원·서울대학교병원·서울대학교치과병원·사립학교가 운영하는 병원·국립암센터·지방의료원·국립중앙의료원·대한적십자사가 운영하는 병원·한국보훈복지의료공단이 운영하는 병원·한국원자력의학원·국민건강보험공단이 운영하는 병원·산업재해보상보험법에 따라 공단에 두는 의료기관, 이들 병원이 설립한 보건의료기술 진흥법에 따른 의료기술협력단에 시설비·교육비 또는 연구비로 지출하는 기부금

⑥ 사회복지사업, 그 밖의 사회복지활동의 지원에 필요한 재원을 모집·배분하는 것을 주된 목적으로 하는 비영리법인(기부금 모금액 및 그 활용실적을 공개할 수 있는 인터넷 홈페이지가 개설되어 있는 등 법령으로 정하는 요건을 충족하는 법인만 해당함)으로서 기획재정부장관이 지정·고시하는 법인에 지출하는 기부금

⑵ 우리사주조합기부금

법인이 우리사주조합에 지출하는 기부금을 말한다(조특법 88의4 ⑬).

⑶ 일반기부금

구 분	범 위
고유목적사업비로 지출하는 기부금 (법령 39 ① ⑴)	다음의 비영리법인(단체 및 비영리외국법인을 포함)에 대하여 해당 공익법인등의 고유목적사업비[*1]로 지출하는 기부금 ① 사회복지법인 ② 어린이집, 유치원, 초·중·고등학교 및 대학교, 기능대학, 전공대학 또는 원격대학 형태의 평생교육시설 ③ 의료법에 의한 의료법인 ④ 종교의 보급, 그밖에 교화를 목적으로 민법에 따라 허가를 받아 설립한 비영리법인(그 소속 단체를 포함) ⑤ 민법 제32조에 따라 주무관청의 허가를 받아 설립된 비영리법인, 비영리외국법인, 사회적협동조합, 공공기관(공기업은 제외) 또는 법률에 따라 직접 설립된 기관 중 법정요건을 모두 충족한 것으로서 국세청장(주사무소 및 본점소재지 관할 세무서장을 포함)의 추천을 받아 기획재정부장관이 지정하여 고시한 법인 : 지정일이 속하는 연도의 1월 1일부터 3년간(지정받은 기간이 끝난 후 2년 이내에 재지정되는 경우에는 재지정일이 속하는 사업연도의 1월 1일부터 6년간) 지출하는 기부금으로 한정함 * 기부금단체의 의무 : 위 공익법인등(종교단체 제외)은 지정기간 동안 기부금 모금액 및 활용실적을 해당 비영리법인 및 국세청의 인터넷 홈페이지에 각각 공개하는 등 법령에서 정하는 제반의무를 이행하여야 한다.
기타 공익목적 기부금 (법령 39 ① ⑵)	① 유아교육법에 따른 유치원의 장, 초·중등교육법 및 고등교육법에 의한 학교의 장, 근로자직업능력 개발법에 의한 기능대학의 장 또는 평생교육법에 의한 전공대학 또는 원격대학 형태의 평생교육시설의 장이 추천하는 개인에게 교육비·연구비 또는 장학금으로 지출하는 기부금 ② 법령에서 정한 요건을 갖춘 공익신탁으로 신탁하는 기부금 ③ 사회복지·문화·예술·교육·종교·자선·학술 등 공익목적으로 지출하는 기부금으로서 기획재정부장관이 지정하여 고시하는 기부금(불우이웃돕기 성금 포함)
사회복지시설 기부금 (법령 39 ① ⑷)	아동복지시설·노인복지시설·장애인복지시설·청소년복지시설 등 무료 또는 실비로 이용할 수 있는 시설 또는 기관에 지출하는 기부금
국제기구에 대한 기부금 (법령 39 ① ⑹)	일정한 요건을 갖춘 국제기구로서 기획재정부장관이 지정하여 고시하는 국제기구에 지출하는 기부금

*1 '고유목적사업비'란 해당 비영리법인 또는 단체에 관한 법령 또는 정관에 규정된 설립목적을 수행하는 사업으로서 비영리법인의 수익사업(보건업 및 사회복지서비스업 중 보건업은 제외) 외의 사업에 사용하기 위한 금액을 말한다(법령 36 ③).

(4) 비공익성 기부금

위에 열거한 특례기부금, 우리사주조합기부금 및 일반기부금에 해당하지 않는 기부금은 모두 비공익성 기부금[34)]에 해당한다. 비공익성 기부금은 전액 손금불산입하고 그 기부받은 자의 구분에 따라 배당, 상여 및 기타사외유출 등으로 소득처분한다.

5. 기부금의 손금산입한도액

(1) 기준소득금액

'기준소득금액'이란 기부금을 손금산입하기 전의 소득금액을 말한다. 즉, 기준소득금액은 '차가감 소득금액(기부금 한도초과액의 손금불산입과 기부금 이월공제액의 손금산입을 제외한 모든 세무조정이 완료된 후의 소득금액을 말함)'에 손금에 산입된 특례기부금, 우리사주조합기부금과 일반기부금을 가산한 금액을 말한다.

▶ **그림 5-2** 기준소득금액의 개념

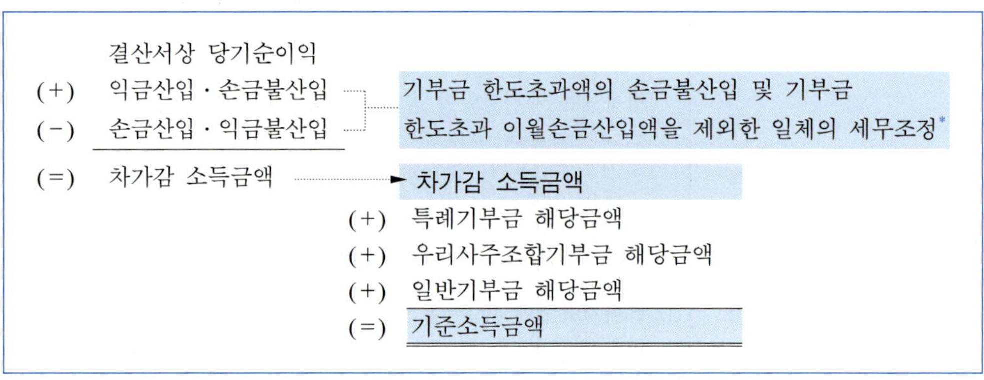

* 기부금의 손금귀속시기와 관련된 세무조정, 의제기부금 관련 세무조정 및 비공익성 기부금의 손금불산입 등을 모두 포함하는 것임.

(2) 특례기부금 한도초과액

특례기부금이 다음의 손금한도액을 초과하는 경우에는 그 초과하는 금액을 손금불산입하고 기타사외유출로 소득처분한다.

---

34) 동창회 · 종친회 · 향우회에 대한 기부금, 신용협동조합이나 새마을금고에 지출하는 기부금은 비공익성 기부금에 해당한다.

특례기부금 손금한도액 = (기준소득금액 - 이월결손금*) × 50%

* 과세표준 계산시 공제되는 이월결손금(각 사업연도의 개시일 전 15년 이내에 개시한 사업연도에서 발생한 결손금)을 말하며, 각 사업연도 소득의 80%를 한도로 이월결손금 공제를 적용받는 법인은 기준소득금액의 80%를 한도로 한다.

⑶ 우리사주조합기부금 한도초과액

법인이 우리사주조합에 지출하는 기부금이 다음의 손금한도액을 초과하는 경우에는 그 초과하는 금액을 손금불산입하고, 기타사외유출로 소득처분한다.

우리사주조합기부금 손금한도액 = (기준소득금액 - 이월결손금 - 특례기부금 손금산입액*) × 30%

* 한도초과 이월손금산입액 포함

⑷ 일반기부금 한도초과액

일반기부금이 다음의 손금한도액을 초과하는 경우에는 그 초과하는 금액을 손금불산입하고, 기타사외유출로 소득처분한다.

일반기부금 손금한도액 = (기준소득금액 - 이월결손금 - 특례기부금 손금산입액* - 우리사주조합기부금 손금산입액) × 10% (사회적기업은 20%)

* 한도초과 이월손금산입액 포함

⑸ 한도초과액의 이월손금산입

특례기부금 및 일반기부금의 손금산입한도액을 초과하여 손금에 산입하지 아니한 금액은 해당 사업연도의 다음 사업연도 개시일부터 10년 이내에 끝나는 각 사업연도로 이월하여 그 이월된 사업연도의 소득금액을 계산할 때 특례기부금 및 일반기부금 각각의 손금산입한도액의 범위에서 손금에 산입한다(법법 24 ⑤). 기부금을 손금에 산입하는 경우에는 한도초과 되어 이월된 금액을 해당 사업연도에 지출한 기부금보다 먼저 손금에 산입한다. 이 경우 이월된 금액은 먼저 발생한 이월금액부터 손금에 산입한다(법법 24 ⑥).

기부금 이월공제 계산방법 조정

종전에는 해당 사업연도에 지출된 기부금을 손금한도액의 범위 내에서 먼저 공제하고, 남은 기부금 공제한도 내에서 이월된 기부금을 공제하였으나, 기부활성화를 지원하기 위하여 2020년 1월 1일 이후 과세표준을 신고하는 분부터 이월된 기부금을 우선 공제하는 것으로 변경되었다.

기부금 한도초과액의 이월기간 연장

2019년부터 특례기부금과 일반기부금 손금산입 한도 초과액에 대한 이월기간을 5년에서 10년으로 확대하였다. 이러한 개정규정은 2013년 1월 1일 이후 개시한 사업연도에 지출한 기부금부터 적용한다.

▶ 그림 5-3 기부금 한도초과액 및 이월공제액 조정후 각 사업연도 소득금액의 계산

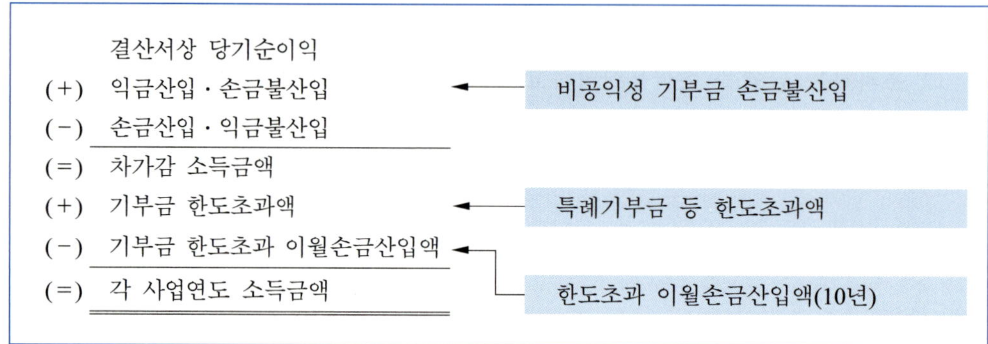

예제 5-4 | 기부금의 범위

다음은 ㈜이천의 제9기 사업연도(20×7.1.1～12.31) 기부금 관련 자료이다. 다음 자료를 이용하여 해당 사업연도의 특례기부금과 일반기부금 및 비공익성 기부금 해당금액을 각각 계산하시오.

(1) 손익계산서상 기부금의 내역은 다음과 같다.

① 사립고등학교에 장학금으로 지출한 기부금 : ₩10,000,000
(어음으로 기부하였으며 어음의 만기일은 20×8.3.20임)

② 이재민을 위한 구호금품 : 30,000,000(시가)
(현물기부금으로서 장부가액은 ₩25,000,000임)

③ 불우이웃돕기성금 : 15,000,000

④ 대표이사 향우회 기부금 : 5,000,000

(2) 이천군에 시가 ₩50,000,000인 토지를 정당한 사유 없이 ₩20,000,000에 양도하고, 토지에 대한 처분손실 ₩10,000,000을 영업외비용으로 계상하였다.

해답

(1) 특례기부금*1 : ₩25,000,000(현물기부금)*2 + 15,000,000(의제기부금)*3 = ₩40,000,000

*1 사립고등학교에 장학금으로 지출한 기부금은 어음의 만기일이 속하는 사업연도의 기부금으로 처리한다.
*2 특례기부금을 현물로 기부한 경우에는 장부가액을 기부금으로 한다.
*3 ₩50,000,000 × 70%(정상가액) − 20,000,000(양도가액) = ₩15,000,000

(2) 일반기부금 : ₩15,000,000(불우이웃돕기성금)
(3) 비공익성 기부금 : ₩5,000,000(대표이사 향우회 기부금)

예제 5-5 | 기부금 한도초과액 및 이월손금산입액

다음 자료를 이용하여 ㈜성지(중소기업이며, 사회적기업이 아님)의 제3기 사업연도(20×3. 1.1~12.31) 각 사업연도 소득금액을 계산하시오.

(1) 기부금의 종류 및 금액
  ① 특례기부금 : ₩30,000,000
  ② 일반기부금 : ₩10,000,000
(2) 차가감 소득금액은 ₩80,000,000이며, 세무상 이월결손금은 ₩20,000,000이 있다.
(3) 제2기의 기부금 한도초과액의 내역은 다음과 같다.
  ① 특례기부금 한도초과액 : ₩10,000,000
  ② 일반기부금 한도초과액 : ₩2,000,000

해답

(1) 기준소득금액
₩80,000,000(차가감 소득금액) + 30,000,000(특례기부금) + 10,000,000(일반기부금)
= ₩120,000,000
(2) 특례기부금
  ① 한도액 : [₩120,000,000 − 20,000,000(이월결손금)] × 50% = ₩50,000,000
  ② 한도초과 이월손금산입액 : Min[₩10,000,000, 50,000,000(한도액)] = ₩10,000,000
  ③ 한도미달액 : ₩30,000,000 − (50,000,000 − 10,000,000) = ₩△10,000,000
(3) 일반기부금 한도초과액
  ① 한도액 : [₩120,000,000 − 20,000,000(이월결손금) − 40,000,000(특례기부금 : 한도초과 이월손금산입액 포함)] × 10% = ₩6,000,000
  ② 한도초과 이월손금산입액 : Min[₩2,000,000, 6,000,000(한도액)] = ₩2,000,000
  ③ 한도초과액 : ₩10,000,000 − (6,000,000 − 2,000,000) = ₩6,000,000
(4) 각 사업연도 소득금액
₩80,000,000(차가감 소득금액) − 10,000,000(특례기부금 한도초과 이월손금산입액)
− 2,000,000(일반기부금 한도초과 이월손금산입액) + 6,000,000(일반기부금 한도초과액)
= ₩74,000,000

예제 5-6 | 기부금 한도초과액

다음은 ㈜철원(사회적기업이 아니며, 각 사업연도 소득의 80%를 한도로 이월결손금 공제를 적용받는 법인임)의 제10기(20×2.1.1~20×2.12.31) 기부금 관련 자료이다. 다음 자료를 이용하여 제10기의 각사업연도소득금액을 계산하시오.

(1) 제10기의 차가감소득금액은 ₩100,000,000이다.

(2) 제10기의 결산서에 비용으로 계상된 기부금 내역은 다음과 같다.

① 사립대학에 장학금으로 지출한 기부금 : ₩20,000,000

② 우리사주조합에 현금으로 지출한 기부금 : ₩10,000,000

③ 사회복지법인에 고유목적사업비로 지출한 기부금 : ₩10,000,000

④ 특수관계인인 의료법인에 무상으로 기증한 물품 : ₩5,000,000(장부가액)
(일반기부금에 해당하며, 시가는 ₩10,000,000임)

(3) 세무상 이월결손금은 ₩90,000,000(제8기 발생분)이 있다.

(4) 제9기에 특례기부금 한도초과액 ₩15,000,000을 손금불산입(기타사외유출)하였다.

해답

(1) 기부금의 구분

① 특례기부금 : ₩20,000,000(사립학교 장학금)

② 우리사주조합기부금 : ₩10,000,000

③ 일반기부금 : ₩10,000,000(사회복지법인 기부금)+10,000,000(의료법인 현물기부금, 시가)
= ₩20,000,000

(2) 기준소득금액

₩100,000,000(차가감 소득금액) + 20,000,000(특례기부금)
+ 10,000,000(우리사주조합 기부금) + 20,000,000(일반기부금) = ₩150,000,000

(3) 특례기부금

① 한도액 : [₩150,000,000(기준소득금액) − 90,000,000(이월결손금)*] × 50% = ₩30,000,000
* Min[₩90,000,000, 150,000,000 × 80%] = ₩90,000,000

② 한도초과 이월손금산입액 : Min[₩15,000,000, 30,000,000(한도액)] = ₩15,000,000(㉠)

③ 한도초과액 : ₩20,000,000 − (30,000,000 − 15,000,000) = ₩5,000,000(㉡)

(4) 우리사주조합기부금

① 한도액 : [₩150,000,000(기준소득금액) − 90,000,000(이월결손금)
− 30,000,000(특례기부금 손금산입액] × 30% = ₩9,000,000

② 한도초과액 : ₩10,000,000 − 9,000,000 = ₩1,000,000(㉢)

(5) 일반기부금

① 한도액 : [₩150,000,000(기준소득금액) − 90,000,000(이월결손금)
− 30,000,000(특례기부금 손금산입액)
− 9,000,000(우리사주조합기부금 손금산입액)] × 10% = ₩2,100,000

② 한도초과액 : ₩20,000,000 − 2,100,000 = ₩17,900,000(㉣)

(6) 각 사업연도 소득금액

₩100,000,000 − 15,000,000(㉠) + 5,000,000(㉡) + 1,000,000(㉢) + 17,900,000(㉣) = ₩108,900,000

제 3 절 | 지급이자 손금불산입

1. 지급이자 손금불산입의 개요

지급이자는 순자산감소에 해당하므로 손금산입하는 것이 원칙이나 세법에서는 여러 가지 이유에 의해 일부 지급이자를 손금불산입하도록 규정하고 있다. 여러 가지 지급이자 손금불산입 규정이 동시에 적용되는 경우에 지급이자 손금불산입은 다음의 적용순서에 의한다(법령 55).

▶ **표 5-2** 지급이자 손금불산입의 적용순서

부인순서	규제이유	소득처분의 내용
① 채권자가 불분명한 사채의 이자 ② 지급받은 자가 불분명한 채권 · 증권의 이자 · 할인액 또는 차익	• 변칙적인 자금거래의 규제 • 가공채무 계상방지 • 금융실명제 정착	• 원천징수세액 : 기타사외유출 • 잔액 : 대표자상여
③ 건설자금에 충당한 차입금의 이자*	취득부대비용(자본적지출)	• 건설중인자산 : 유보 • 완성자산 : 즉시상각의 의제
④ 업무무관자산 등에 대한 지급이자	부동산투기억제 및 비생산적 자산 취득의 규제	• 기타사외유출

* 건설자금에 충당한 차입금의 이자는 손금항목(자산성이 있음)이라는 점에 유의할 것

2. 채권자가 불분명한 사채이자

(1) 의 의

채권자가 불분명한 사채(私債)의 이자는 각 사업연도의 소득금액을 계산할 때 이를 손금에 산입하지 아니한다(법법 28 ① (1)). 이는 법인이 사채이자를 지급할 때 그 이자소득의 귀속자를 밝히도록 강제함으로써 변칙적인 자금거래를 통한 이자소득의 누락을 방지하기 위함이다.

채권자가 불분명한 사채이자란 다음에 해당하는 차입금의 이자(알선수수료 · 사례금 등 명목 여하에 불구하고 사채를 차입하고 지급하는 금품을 포함한다)를 말한다(법령 51 ①).

① 채권자의 주소 및 성명을 확인할 수 없는 차입금. 다만 거래일 현재 주민등록표에 의하여 거주사실이 확인된 채권자가 차입금을 변제 받은 후 소재불명이 된 경우의 차입금은 예외로 한다.

② 채권자의 능력 및 자산상태로 보아 금전을 대여한 것으로 인정할 수 없는 차입금

③ 채권자와의 금전거래사실 및 거래내용이 불분명한 차입금

(2) 세무조정

채권자가 불분명한 차입금의 이자(동 이자에 대한 원천징수세액에 상당하는 금액은 제외)는 이를 대표자에 대한 상여로 처분하며, 원천징수세액에 상당하는 금액은 기타사외유출로 처분한다(법기통 67－106…3).

기업이 사채이자를 지급하는 경우에는 해당 이자에 대한 소득세(또는 법인세)를 원천징수할 의무를 지게 되므로 실제지급액은 원천징수세액을 차감한 금액이 된다. 이 경우 실제지급액은 그 수령인이 불분명하므로 대표자에게 귀속된 것으로 간주하여 대표자 상여로 소득처분하지만, 원천징수세액은 정부에 납부하였거나 납부할 금액이 분명하기 때문에 기타사외유출로 소득처분하는 것이다.

3. 지급받은 자가 불분명한 채권 · 증권의 이자와 할인액

(1) 의 의

다음의 채권 · 증권의 이자 · 할인액 또는 차익 중 그 지급받은 자가 불분명한 것은 이를 각 사업연도의 소득금액을 계산할 때 손금에 산입하지 아니한다(법법 28 ① (2)). 여기서 그 지급받은 자가 불분명한 채권 또는 증권의 이자 · 할인액 또는 차익이란 해당 채권 또는 증권의 발행법인이 직접 지급하는 경우 그 지급사실이 객관적으로 인정되지 아니하는 이자 · 할인액 또는 차익을 말한다(법령 51 ②). 이는 금융회사등을 통하지 아니하고 채권 또는 증권의 발행법인이 이자 등을 직접 지급하는 경우 실명확인 의무가 없다는 점을 이용하여 금융실명제를 회피하는 수단으로 악용될 소지가 있어 이자 등을 지급하는 법인으로 하여금 그 지급받는 자를 실명으로 밝히도록 강제한 것이다.

① 국가 또는 지방자치단체가 발행한 채권 또는 증권의 이자와 할인액
② 내국법인이 발행한 채권 또는 증권의 이자와 할인액
③ 외국법인의 국내지점 또는 국내영업소에서 발행한 채권이나 증권의 이자와 할인액
④ 금융회사등이 환매기간에 따른 사전약정이율을 적용하여 환매수 또는 환매도하는 것을 조건으로 매매하는 채권 또는 증권의 매매차익

(2) 세무조정

위 ‘2. 채권자가 불분명한 사채이자’와 동일한 방법에 의해 세무조정과 소득처분을 행한다.

4. 건설자금이자

(1) 의 의

자산의 취득을 위한 차입금의 이자를 '건설자금이자'라 한다. 자산의 취득기간 동안에 발생하는 이자비용을 당기비용으로 처리하면 관련된 수익이 없음에도 불구하고 비용을 인식하는 문제가 발생하게 되므로 건설자금이자를 자본화(자산의 취득원가에 가산하는 것을 말함)하는 것이다. 건설자금이자를 손금불산입하는 이유는 건설자금이자가 자산의 취득부대비용으로서 자본적지출의 성격(자산성이 있는 손금항목)을 가지기 때문이다. 따라서 건설자금이자가 지급이자 손금불산입 중 하나로 규정되어 있다고 해서 이를 손금불산입항목이라고 오해하면 안된다.

법인세법에서는 건설자금이자를 그 명목여하에 불구하고 사업용 유형자산 및 무형자산의 제작·매입·건설에 소요되는 차입금에 대한 지급이자 또는 이와 유사한 성질의 지출금으로 정의하고 있다(법령 52 ①). 특정차입금(자산 취득에 소요된 것이 분명한 차입금)의 이자는 강제로 자본화하여야 하며, 일반차입금(자산 취득에 소요된 것이 불분명한 차입금)의 이자는 법인이 자본화 여부를 선택할 수 있다.

일반차입금 이자의 자본화

한국채택국제회계기준에서는 일반차입금 이자에 대한 자본화를 강제하고 있으므로 기업의 세무조정 부담을 덜어주기 위하여 2011년부터 법인세법에서도 일반차입금 이자에 대한 자본화를 선택할 수 있도록 허용하였다.

(2) 기업회계기준과 비교

한국채택국제회계기준(K-IFRS)과 법인세법상 건설자금이자는 다음과 같은 차이를 보인다.

▶ 표 5-3 기업회계의 금융비용자본화와 법인세법상 건설자금이자의 비교

구 분	K-IFRS	법인세법
① 자본화 대상자산 (적격자산)	의도된 용도로 사용하거나 판매가능한 상태에 이르게 하는 데 상당한 기간을 필요로 하는 자산(재고자산, 제조설비자산, 전력생산설비, 무형자산, 투자부동산)	사업용자산 (유형자산, 무형자산)
② 자본화대상 차입금	㉠ 특정차입금 : 자본화 강제 ㉡ 일반차입금 : 자본화 강제	㉠ 특정차입금 : 자본화 강제 ㉡ 일반차입금 : 자본화 선택

(3) 건설자금이자의 대상기간

건설자금이자는 건설 등이 준공된 날까지 이를 자본적지출로 하여 그 원본에 가산한다. 따라서 건설자금의 명목으로 차입한 것으로서 그 건설 등이 준공된 후에 남은 차입금에 대한 이자는 각 사업연도의 손금으로 한다. 이 경우 건설 등의 준공일은 해당 건설 등의 목적물이 전부 준공된 날로 한다(법령 52 ②, ⑤).

▶ 그림 5-4 건설자금이자의 대상기간

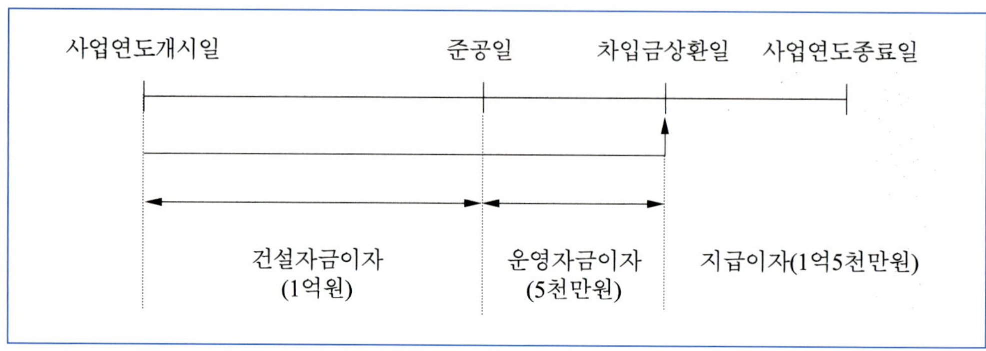

(4) 건설자금이자의 계산

1) 특정차입금의 자본화

건설 등에 사용된 것이 분명한 차입금에 대하여 건설기간 중 발생한 이자를 건설자금이자로 한다. 다만, 특정차입금의 일부를 운영자금으로 전용한 경우에는 그 전용기간 동안 발생한 이자를 운영자금이자로 보아 당기 비용으로 처리하며, 특정차입금을 일시 예금함으로써 발생하는 수입이자는 건설자금이자에서 차감한다(법령 52 ②, ③).

$$\text{건설자금이자} = (\text{건설기간 중 특정차입금 이자} - \text{운영자금 전용이자}) - \text{수입이자}$$

2) 일반차입금의 자본화

일반차입금의 자본화를 선택할 경우 자본화금액은 다음의 산식에 따라 계산한다. 단, 일반차입금의 자본화금액은 해당 사업연도 중 건설등에 소요된 기간에 실제로 발생한 일반차입금의 지급이자 합계액을 한도로 한다(법령 52 ⑦).

$$\text{건설자금이자} = \text{일반차입금이자} \times \frac{\text{건설비 적수} - \text{특정차입금적수}}{\text{일반차입금적수}}$$

예제 5-7 | 건설자금이자의 계산

다음 자료를 이용하여 ㈜용산의 제6기 사업연도(20×6.1.1~20×6.12.31) 본사 사옥에 대한 건설자금이자를 계산하시오. 다만, 회사는 일반차입금 이자도 자본화하는 방법을 선택한 것으로 가정하며, 계산의 편의상 건설기간 중 지급이자는 월할계산 한다.

(1) 본사 사옥의 건설기간 : 20×4. 5. 1(착공일) ~ 20×6. 6. 30(준공일)

(2) 본사 사옥건설을 위해 제6기 사업연도에 지출한 건설비 적수는 3,000억원이다.

(3) 회사의 제6기 사업연도 차입금 현황은 다음과 같다.

구 분	차입기간	차입금 적수(가정치)	차입금 이자
특정차입금	20×4. 3. 1 ~ 20×6. 9. 30	3,000억원	₩30,000,000
일반차입금	20×5. 5. 1 ~ 20×7. 4. 30	5,000억원	40,000,000

(4) 회사는 건설기간 중 특정차입금 중 일부를 운영자금으로 전용하였으며, 운영자금으로 전용한 부분에 대한 지급이자는 ₩5,000,000이다.

(5) 특정차입금의 일시예금으로 인해 발생한 수입이자는 ₩1,000,000이다.

해답

(1) 특정차입금에 대한 건설자금이자

(건설기간 중 특정차입금 이자－운영자금 전용이자)－수입이자

＝(₩30,000,000 × 6월/9월 － 5,000,000) － 1,000,000 ＝ ₩14,000,000

(2) 일반차입금에 대한 건설자금이자

$$\text{건설자금이자} = \text{일반차입금이자} \times \frac{\text{건설비 적수} - \text{특정차입금 적수}}{\text{일반차입금 적수}}$$

$$= ₩40,000,000 \times \frac{3,000\text{억원} - 3,000\text{억원} \times 6\text{월}/9\text{월}}{5,000\text{억원}} = ₩8,000,000$$

(5) 건설자금이자에 대한 세무조정

1) 건설자금이자를 과소계상한 경우

법인이 건설자금에 충당한 차입금의 이자를 이자비용으로 계상한 경우에는 각 사업연도 소득금액 계산상 세무조정을 다음과 같은 세 가지 경우로 나누어 설명할 수 있다.

① 토지 등 비상각자산과 관련된 경우 : 건설자금이자를 손금불산입(유보)한 다음 해당 자산을 처분하거나 전기오류수정손익을 계상한 사업연도에 익금불산입(△유보)하여 추인한다.

② 감가상각대상 자산으로서 건설중인 자산과 관련된 경우 : 건설자금이자를 손금불산입(유보)한 후 해당 유형자산의 건설이 완료되어 사용하는 때에 손금불산입된 건설자금이자를 상각부인액으로 의제하여 해당 사업연도의 시인부족액의 범

위 안에서 손금추인을 하게 된다. 이 경우에도 해당 자산을 완성하면서 전기오류수정손익을 계상한 경우에는 익금불산입(△유보)하여 추인한다.

③ 감가상각대상 자산으로서 건설이 완료되어 감가상각이 개시된 경우 : 건설자금이자를 즉시상각의 의제로 보아 상각부인액이 발생될 경우, 이를 손금불산입(유보)한다. 한 사업연도에 손금불산입된 건설자금이자는 그 사업연도 또는 이후 사업연도에 감가상각시부인계산을 통하여 손금으로 추인되는데, 이에 대해서는 "제8장 고정자산 감가상각비"에서 자세히 설명하기로 한다.

2) 건설자금이자를 과대계상한 경우

법인이 건설자금이자를 과다하게 계상한 경우에는 법인세법 규정에 의하여 계산한 금액을 초과하는 금액은 손금산입(△유보)한 다음 추후에 감가상각하거나 처분하는 시점에 손금불산입(유보)한다.

▶ **표 5-4** 건설자금이자에 대한 세무조정 요약

구 분		내 용
① 건설자금이자 과대계상		손금산입(△유보) ⇨ 감가상각 또는 처분시 손금불산입(유보)
② 건설자금이자 과소계상	비상각자산	손금불산입(유보) ⇨ 처분시 손금산입(△유보)
	상각자산	• 건설이 완료되어 감가상각이 개시된 경우 : 즉시상각의 의제 • 건설이 완료되지 않은 경우 : 손금불산입(유보) ⇨ 건설이 완료되어 상각이 개시되면 상각부인액으로 보아 세무조정

5. 업무무관자산 등에 대한 지급이자

(1) 의 의

다음에 해당하는 자산을 취득하거나 보유하고 있는 내국법인이 각 사업연도에 지급한 차입금의 이자 중 해당 자산가액에 상당하는 금액의 이자를 손금불산입한다(법법 28 ① (4)).

① 비업무용부동산 및 업무무관동산 : 구체적인 범위는 제4장 제2절 "5. 업무와 관련없는 비용의 손금불산입" 참조

② 특수관계인에 대한 업무무관가지급금 : 특수관계인에게 해당 업무와 관련 없이 지급한 가지급금 등으로서 명칭 여하에 불구하고 해당 법인의 업무와 관련이 없는 자금의 대여액을 말한다. 다만, 다음의 금액을 제외한다(법칙 44, 28 ①).

㉠ 미지급소득에 대한 소득세를 법인이 납부하고 이를 가지급금 등으로 계상한 금액

㉡ 정부의 허가를 받아 국외에 자본을 투자한 내국법인이 해당 국외투자법인에 종사하거나 종사할 자의 여비 · 급료 · 기타비용을 대신하여 부담하고 이를 가지급금 등으로 계상한 금액
㉢ 국민연금법에 의하여 근로자가 지급받은 것으로 보는 퇴직금전환금
㉣ 대표자상여 처분한 금액에 대한 소득세를 법인이 납부하고 이를 가지급금으로 계상한 금액
㉤ 법인이 우리사주조합 또는 그 조합원에게 해당 법인의 주식취득(조합원간의 주식매매 등을 포함)에 소요되는 자금을 대여한 금액
㉥ 한국자산관리공사가 출자총액의 전액을 출자하여 설립한 법인에 대한 대여금
㉦ 직원에 대한 월정급여액의 범위 안에서의 일시적인 급료의 가불금
㉧ 직원에 대한 경조사비 또는 학자금(자녀의 학자금 포함)의 대여액
㉨ 중소기업에 근무하는 직원(지배주주등인 직원은 제외함)에 대한 주택구입 · 전세자금 대여금

(2) 손금불산입액의 계산

$$\text{지급이자}^{*} \times \frac{\text{업무무관자산 적수} + \text{업무무관가지급금 적수(총차입금 적수 한도)}}{\text{총차입금 적수}^{*}}$$

* 전단계에서 손금불산입된 지급이자와 차입금 적수를 차감하여야 한다.

① 차입금 및 지급이자 : "차입금"이라 함은 지급이자 및 할인료를 부담하는 모든 부채를 말한다(법기통 28－53…1).

▶ **표 5-5** 지급이자의 범위

구 분	내 용
포함되는 경우	① 차입금 또는 회사채(전환사채 포함)의 이자 ② 사채할인발행차금의 상각액 ③ 금융어음(융통어음) 할인료 ④ 금융리스료 중 이자상당액
제외되는 경우	① 전단계에서 이미 손금불산입된 차입금의 지급이자 ② 상업어음의 할인료 ③ 현재가치할인차금의 상각액 및 연지급수입이자 ④ 내국법인이 한국은행총재가 정한 규정에 따라 기업구매자금대출에 의하여 차입한 차입금의 이자 ⑤ 금융회사 등이 차입한 일정한 차입금의 이자

② 업무무관자산의 평가 : 해당 자산의 세무상 취득가액(단, 특수관계인으로부터 고가매입한 자산의 시가초과액 포함)으로 계산한다.

③ 동일인에 대한 가지급금과 가수금이 동시에 있는 경우

㉠ 원칙 : 가지급금 적수에서 가수금 적수를 차감한 금액으로 한다.

㉡ 예외 : 가지급금과 가수금의 발생시에 각각 상환기간 및 이자율 등에 관한 약정이 있어 이를 상계할 수 없는 경우에는 가지급금과 가수금을 상계하지 아니한다.

업무무관가지급금에 대한 세무상의 규제내용 요약

① 업무무관가지급금 관련 지급이자 손금불산입

② 업무무관가지급금에 대한 가지급금 인정이자의 익금산입(부당행위계산의 부인)

③ 업무무관가지급금에 대한 대손충당금 설정 배제 및 대손금 손금불산입

예제 5-8 | 업무무관자산에 대한 지급이자 손금불산입

다음은 ㈜동해물산(중소기업이 아님)의 차입금 및 지급이자에 대한 자료이다. 다음 자료를 이용하여 지급이자 손금불산입과 관련된 세무조정을 모두 행하시오. 단, 1년은 365일로 가정한다.

(1) 사업연도 : 20×8. 1. 1 ~ 20×8. 12. 31

(2) 손익계산서상 이자비용의 내역은 다음과 같다.

구 분	이자율	지급이자	비 고
사채(私債)이자	20%	₩20,000,000	채권자불분명 사채이자임*
은행차입금(A) 이자	15%	15,000,000	토지취득관련 건설자금이자
은행차입금(B) 이자	10%	10,000,000	
기업구매자금대출이자	8%	16,000,000	
계		₩61,000,000	

* 사채이자와 관련하여 원천징수하여 납부한 세액은 ₩5,500,000임

(3) 회사는 20×7년 중 특수관계인으로부터 시가 ₩10,000,000인 토지를 ₩20,000,000에 취득한 바 있으며, 동 토지는 비업무용 부동산에 해당한다.

(4) 특수관계인에 대한 대여금(업무무관가지급금)의 내역은 다음과 같다.

① 직원에 대한 주택자금 대여액의 적수 : 41억원

② 대표이사에 대한 경조사비 대여액의 적수 : 32억원

③ 우리사주조합원(소액주주)에 대한 우리사주취득자금 대여액의 적수 : 37억원

해답

(1) 채권자불분명 사채이자 등 세무조정

<손금불산입>채권자불분명사채이자 14,500,000 (대표자상여)

원천징수세액 5,500,000 (기타사외유출)

<손금불산입>토지분 건설자금이자 15,000,000 (유보)

(2) 업무무관자산 등의 적수

① 업무무관자산의 적수 : ₩20,000,000(시가초과액 포함) × 365일 = 73억원

② 업무무관가지급금의 적수 : 41억원 + 32억원 = 73억원

(3) 총차입금 적수

₩10,000,000(은행차입금(B) 이자) ÷ 10% × 365일 = 365억원

(4) 업무무관자산에 대한 지급이자 손금불산입액

$$₩10,000,000 \times \frac{73억원 + 73억원}{365억원} = ₩4,000,000$$

(5) 세무조정

<손금불산입> 업무무관자산 등에 대한 지급이자 4,000,000(기타사외유출)

객/관/식/문/제

▶ 제5장 기업업무추진비 · 기부금 및 지급이자 손금불산입

1 다음은 제조업과 부동산임대업을 겸업하는 ㈜부천(중소기업은 아님)의 제1기 기업업무추진비 관련 자료이다. 기업업무추진비 한도초과액을 계산하면 얼마인가?

(1) 영업개시일 : 20×1. 3. 30
(2) 사업자등록 신청일 : 20×1. 3. 31
(3) 법인 설립등기일 : 20×1. 4. 1
(4) 정관에 의한 사업연도 : 매년 1. 1～12. 31
(5) 매출관련 자료
　㉠ 손익계산서상 제품 국내매출액 : 80억원
　　제품 국내매출액은 외상매출액 50억원과 현금매출액 30억원으로 구성되어 있으며 매출할인 2억원은 회사가 영업외비용으로 계상하였다.
　㉡ 손익계산서상 부동산임대수입금액 : 20억원
(6) 회사계상 기업업무추진비 : ₩55,600,000
　기업업무추진비 중 ₩200,000은 발생주의에 의하여 회사가 계상은 하였으나 아직 미지급된 금액임. 문화비로 지출하거나 전통시장에서 지출한 기업업무추진비는 없음.

① ₩21,400,000　　② ₩17,200,000
③ ₩20,400,000　　④ ₩15,900,000

해설

(1) 회사계상 기업업무추진비 : ₩55,600,0000(미지급 기업업무추진비 포함)
(2) 기업업무추진비 한도액 : ㉠ + ㉡ = ₩38,400,000
　㉠ 기본금액 : ₩12,000,000 × $\frac{9^{*}}{12}$ = ₩9,000,000
　　* 사업연도월수가 9개월(20×1. 4. 1～12. 31)이므로 기본금액에 대하여 9개월분만 한도에 가산한다.
　㉡ 수입금액기준 한도액 : (100억원 − 2억원) × 0.3% = ₩29,400,000
(3) 기업업무추진비 한도초과액 : ₩55,600,000 − 38,400,000 = ₩17,200,000

2 다음은 제조업을 영위하는 영리내국법인 ㈜소나무(중소기업임)의 제15기 사업연도(20×9.1.1.~20×9.12.31.) 기업업무추진비 세무조정을 위한 자료이다. 기업업무추진비 손금한도 초과액을 계산한 것으로 옳은 것은? (단, 주어진 자료 이외의 다른 사항은 고려하지 않음)

---

(1) ㈜소나무의 제15기 손익계산서상 매출액은 120억원이며, 이 가운데 20억원은 법인세법상 특수관계인과의 거래에서 발생하였다. 한편 특수관계인이 아닌 자와의 거래에서 발생한 수입금액 중에는 전기에 판매되었으나 당기 매출액에 포함된 금액이 10억원 있다.

(2) ㈜소나무의 손익계산서상 기업업무추진비는 ₩71,200,000으로서 그 내역은 다음과 같다.

가. 거래처에 현물로 증정한 당사 제품(원가 ₩4,000,000, 시가 ₩5,000,000)을 기업업무추진비로 계상한 금액 : ₩4,500,000(부가가치세가 포함된 금액으로서 손익계산서상 매출액에 포함되지 아니함)

나. 문화접대비 : ₩5,500,000

다. 그 밖의 기업업무추진비 : ₩61,200,000

(3) 기업업무추진비는 모두 적격증빙을 구비하였고, 전기의 세무조정은 적법하게 이루어졌다.

---

① ₩3,200,000　　② ₩4,470,000

③ ₩7,700,000　　④ ₩8,700,000

해설

(1) 회사계상 기업업무추진비

₩71,200,000 + 1,000,000(현물기업업무추진비 원가 시가 차액) = ₩72,200,000

(2) 기업업무추진비 한도액 : ① + ② = ₩69,000,000

① 일반 한도액 :

$$₩36,000,000 \times \frac{12}{12} + 90억원 \times \frac{3}{1,000} + (10억원 \times \frac{3}{1,000} + 10억원 \times \frac{2}{1,000}) \times 10\% = ₩63,500,000$$

② 문화비로 지출한 기업업무추진비 추가 한도액 :

Min[₩5,500,000, ₩63,500,000 × 20%] = ₩5,500,000

(3) 기업업무추진비 한도초과액

₩72,200,000 − 69,000,000 = ₩3,200,000

3 제조업체인 갑회사(사회적기업으로서 중소기업임)의 제10기(20×3. 1. 1~12. 31) 사업연도 중에 발생한 기부금 지출내역은 다음과 같다. 갑회사의 제10기 손익계산서상 당기순이익과 법인세비용은 각각 ₩250,000,000과 ₩65,000,000이며, 기부금 이외의 세무조정사항은 없다. 20×2년 말 현재 갑회사의 이월결손금은 총 ₩125,000,000으로서 모두 제8기에 발생하였다. 제10기 갑회사의 일반기부금 한도초과액은 얼마인가?

---

(1) 서울특별시에 시가 ₩100,000,000인 토지를 장부가액인 ₩50,000,000에 매각하였으며, 시가 ₩50,000,000, 장부가액 ₩30,000,000인 토지를 무상으로 기부하였다(단, 동 기부거래는 기부금품 모집규제법의 적용대상이 아니다).

(2) 불우이웃을 돕기 위하여 특수관계인이 아닌 단체에 시가 ₩50,000,000, 장부가액 ₩40,000,000인 제품을 무상으로 기부하였다.

(3) 정부의 인가를 받은 사회복지법인에 고유목적사업비로 ₩20,000,000의 기부금을 현금으로 지급하였다.

---

① 없음　　② ₩10,000,000

③ ₩20,000,000　　④ ₩35,000,000

해설

(1) 특례기부금 해당금액 : ① + ② = ₩50,000,000

① 서울시에 대한 의제기부금 : ₩100,000,000 × 70% − 50,000,000 = ₩20,000,000

② 서울시에 대한 현물기부금(장부가액으로 평가) : ₩30,000,000

(2) 일반기부금 해당금액 : ₩40,000,000(제품 장부가액) +20,000,000 = ₩60,000,000

(3) 기준소득금액

₩315,000,000(차가감 소득금액)* + 50,000,000(특례기부금)

+ 60,000,000원(일반기부금) = ₩425,000,000원

* ₩250,000,000(당기순이익) + 65,000,000(법인세비용) = ₩315,000,000

(4) 특례기부금

① 한도액 : [₩425,000,000(기준소득금액) − 125,000,000(이월결손금)]×50% = ₩150,000,000

② 한도미달액 : ₩50,000,000 − 150,000,000(한도액) = ₩△100,000,000

(5) 일반기부금

① 한도액 : [₩425,000,000(기준소득금액) − 125,000,000(이월결손금) − 50,000,000(특례기부금 손금산입액]×20%(사회적기업) = ₩50,000,000

② 한도초과액 : ₩60,000,000 − 50,000,000(한도액) = ₩10,000,000

4 다음은 영리내국법인 ㈜동해(사회적기업이 아니며, 각 사업연도 소득의 80%를 한도로 이월결손금 공제를 적용받는 법인임)의 제14기 사업연도(20×4.1.1.~20×4.12.31.) 기부금 세무조정을 위한 자료이다. 제14기의 각 사업연도 소득금액을 계산한 것으로 옳은 것은?

(1) 차가감 소득금액은 ₩60,000,000이다.
(2) 손익계산서에 계상된 기부금의 내역은 다음과 같다.
가. 천재지변으로 인한 이재민을 위한 구호금품 : ₩10,000,000
나. 사립학교에 연구비로 지출한 기부금 : ₩6,000,000
다. 사회복지법인에 고유목적사업비로 지출한 기부금 : ₩4,000,000
(3) 이월결손금은 ₩50,000,000으로서 모두 제12기에 발생하였다.
(4) 제13기 사업연도의 특례기부금 손금한도초과액이 ₩9,000,000 있다.

① ₩61,100,000
② ₩62,300,000
③ ₩63,500,000
④ ₩65,300,000

해설

(1) 특례기부금 해당금액 :
₩10,000,000(이재민 구호금품)+6,000,000(사립학교 연구비)=₩16,000,000
(2) 일반기부금 해당금액 : ₩4,000,000(사회복지법인 기부금)
(3) 기준소득금액
₩60,000,000(차가감 소득금액)+16,000,000(특례기부금)+4,000,000(일반기부금)
=₩80,000,000
(4) 특례기부금
① 한도액 : [₩80,000,000(기준소득금액)−50,000,000(이월결손금)*]×50%=₩15,000,000
* Min[₩50,000,000, 80,000,000×80%]=₩50,000,000
② 한도초과 이월손금산입액 : Min[₩9,000,000, 15,000,000(한도액)]=₩9,000,000(㉠)
③ 한도초과액 : ₩16,000,000−(15,000,000−9,000,000)=₩10,000,000(㉡)
(5) 일반기부금
① 한도액 : [₩80,000,000(기준소득금액)−50,000,000(이월결손금)−15,000,000(특례기부금 손금산입액]×10%=₩1,500,000
② 한도초과액 : ₩4,000,000−1,500,000(한도액)=₩2,500,000(㉢)
(6) 각 사업연도 소득금액
₩60,000,000−9,000,000(㉠)+10,000,000(㉡)+2,500,000(㉢)=₩63,500,000

5 기업업무추진비와 기부금에 관한 다음의 설명 중 옳지 않은 것은?

① 기업업무추진비는 발생주의, 기부금은 현금주의에 의하여 손금처리한다.
② 기업업무추진비 한도는 수입금액을 기준으로 하나 기부금 한도는 소득금액을 기준으로 한다.
③ 부동산을 기부하여 특례기부금으로 손금산입하는 경우에는 시가로 평가한다.

④ 기업업무추진비는 업무와 관계있는 지출이지만 기부금은 업무와 관련이 없는 지출이다.

해설

금전 이외의 자산을 기부한 경우 특례기부금은 장부가액으로 평가한다.

6 법인세법상 기업업무추진비에 대한 설명으로 옳지 않은 것은? ◐ 2009년 국가직 9급

① 임원이 부담하여야 할 성질의 기업업무추진비를 법인이 지출한 것은 이를 기업업무추진비로 보지 아니한다.

② 법인이 직원이 조직한 조합(법인)에 복리시설비를 지출한 것은 이를 기업업무추진비로 보지 아니한다.

③ 기업업무추진비를 금전 이외의 자산으로 지출한 경우 당해 기업업무추진비의 가액은 이를 제공한 때의 시가와 장부가액 중 큰 금액으로 평가한다.

④ 내국법인이 경조금으로 지출한 것으로 1회에 20만원을 초과하지 아니하는 금액은 법정증명서류를 구비하지 않아도 기업업무추진비로 본다.

해설

법인이 직원이 조직한 조합(법인)에 복리시설비를 지출한 것은 이를 기업업무추진비로 본다.

7 법인세법상 기업업무추진비와 기부금에 대한 설명으로 옳은 것은? ◐ 2017년 국가직 9급

① 영업자가 조직한 단체로서 법인이거나 주무관청에 등록된 조합 또는 협회에 지급한 특별회비는 기부금으로 보아 한도 내에서 손금인정한다.

② 기업업무추진비를 지출(그 지출사실은 객관적으로 명백함)한 국외에서 현금 외 다른 지출수단이 없어 적격증빙을 갖추지 못한 경우에는 해당 국외 지출을 기업업무추진비로 보지 아니한다.

③ 법인이 새마을금고(특수관계인이 아님)에 정당한 사유 없이 자산을 정상가액보다 낮은 가액으로 양도한 경우 그 차액이 실질적으로 증여한 것으로 인정되는 금액은 일반기부금으로 의제하여 한도 내에서 손금산입한다.

④ 법인이 특수관계인에게 일반기부금을 금전 외의 자산으로 제공한 경우 해당 자산의 가액은 이를 제공한 때의 장부가액과 시가 중 큰 금액으로 한다.

해설

① 특별회비는 전액 손금불산입한다.
② 해당 국외 지출을 기업업무추진비 해당액으로 보아 한도시부인 한다.
③ 새마을금고에 지출하는 기부금은 비공익성 기부금이므로 전액 손금불산입한다.

8 법인의 지급이자 손금불산입에 대한 설명 중 잘못된 것은?

① 채권자가 불분명한 사채이자(私債利子)는 손금불산입하고, 대표자상여로 처분하되 그에 대한 원천징수세액은 기타사외유출로 처분한다.

② 현재가치할인차금의 상각액과 연지급수입이자는 지급이자 손금불산입액 계산시 지급이자의 범위에 포함하지 아니한다.

③ 건설자금이자를 과대계상한 경우 손금불산입(유보)하고, 그 후 기간에 있어서 해당 자산에 대한 처분 혹은 감가상각시 손금산입(△유보)으로 처리한다.

④ 지급이자 손금불산입액 계산시 앞 단계에서 이미 손금불산입된 지급이자와 관련 차입금적수는 제외한다.

해설

건설자금이자를 과대계상한 경우에는 손금산입(△유보)하고, 그 후 기간에 있어서 해당자산에 대한 처분 혹은 감가상각시 손금불산입(유보)으로 처리한다.

9 법인세법상 지급이자 손금불산입에 대한 설명으로 옳지 않은 것은? ○ 2017년 국가직 9급 수정

① 투자부동산에 대한 건설자금이자를 취득원가로 계상한 경우 그 계상액을 손금산입(△유보)하고 그 투자부동산의 처분 또는 감가상각 시 익금산입(유보)한다.

② 동일인에 대한 가지급금과 가수금이 함께 있는 경우에는 이를 상계한 금액으로 업무무관가지급금을 평가할 수 있다.

③ 특수관계인으로부터 시가를 초과하는 가액으로 업무무관자산을 매입한 경우 부당행위계산의 부인규정에 의한 시가초과액을 포함하지 않은 가액으로 업무무관자산을 평가하여 지급이자를 계산한다.

④ 지급이자에 대한 손금불산입 규정이 동시에 적용되는 경우 채권자가 불분명한 사채이자, 지급받은 자가 불분명한 채권·증권의 이자, 건설자금에 충당한 차입금이자, 업무무관자산에 대한 지급이자 순으로 부인된다.

해설

특수관계인으로부터 시가를 초과하는 가액으로 업무무관자산을 매입한 경우 부당행위계산의 부인규정에 의한 시가초과액을 포함한 가액으로 업무무관자산을 평가하여 지급이자를 계산한다.

10 제조업을 영위하는 ㈜송도의 제15기 사업연도(20×5.1.1.~20×5.12.31.) 지급이자에 대한 자료는 다음과 같다. 다음 자료를 이용하여 제15기의 지급이자 손금불산입액의 합계액을 계산한 것으로 옳은 것은?

⑴ 손익계산서상 계상된 이자비용관련 자료
(차입금은 모두 당기 이전에 차입된 것으로 당기중 잔액의 변동은 없음)

이자율	이자비용	차입금	비 고
9%	₩2,700,000	₩30,000,000	
8%	1,600,000	20,000,000	건설중인 자산에 대한 특정차입금 이자비용임
6%	3,000,000	50,000,000	

⑵ 제15기 사업연도 중 특수관계인에게 대여한 가지급금 내역은 다음과 같다.

대여자	적 수	비 고
대표이사	₩5,000,000,000	상환기간과 이자율에 대한 약정이 있는 업무무관 가수금 적수 ₩1,000,000,000 있음
관리부장	2,000,000,000	직원에 대한 학자금 대여액임
대주주	3,760,000,000	약정에 의한 이자율(9%)로 이자를 받고 장부상 이자수익으로 처리함

① ₩1,710,000 ② ₩1,752,000
③ ₩3,310,000 ④ ₩3,700,410

해설

⑴ 업무무관가지급금 적수
① 대표이사 : 50억원
* 가수금은 상환기간과 이자율에 대한 약정이 있으므로 상계할 수 없다.
② 관리부장 : 직원에 대한 학자금 대여액은 업무무관가지급금에서 제외
③ 대주주 : 37.6억원
④ 합계 : 50억원+37.6억원=87.6억원

⑵ 가지급금 관련 지급이자 손금불산입

$$(₩2,700,000 + 3,000,000) \times \frac{₩8,760,000,000}{₩30,000,000 \times 365\text{일} + ₩50,000,000 \times 365\text{일}}$$
= ₩1,710,000

⑶ 세무조정
<손금불산입> 건설자금이자 1,600,000 (유보)
<손금불산입> 업무무관가지급금 관련 이자 1,710,000 (기타사외유출)

⑷ 지급이자 손금불산입액 : ₩1,600,000 + 1,710,000 = ₩3,310,000

정답	1	②	2	①	3	②	4	③	5	③	6	②	7	④	8	③	9	③	10	③

Chapter

6 손익의 귀속시기

제 1 절 | 손익의 귀속사업연도

1. 권리의무확정주의

법인의 각 사업연도의 익금과 손금의 귀속사업연도는 그 익금과 손금이 확정된 날이 속하는 사업연도로 한다(법법 40 ①). 이를 '권리의무확정주의'라고 한다. 즉, 권리가 확정되는 시점에 익금에 산입하고, 의무가 확정되는 시점에 손금으로 산입하는 것이다.

기업회계에서는 수익은 실현주의에 의해 인식하고, 비용은 발생주의(또는 수익 · 비용 대응의 원칙)에 의해 계상한다. 그러나, 법인세법에서는 수익이 실현되지 않았더라도 소득의 발생정도가 성숙되어 실현가능성이 높은 정도로 확정되었다면 이를 익금에 산입하게 되는 것이다. 따라서 법인세법상의 손익귀속시기와 기업회계의 수익 · 비용 인식기준은 근본적인 차이를 보이게 된다.

2. 기업회계기준과의 관계

법인의 각 사업연도의 소득금액을 계산할 때 그 법인이 익금과 손금의 귀속사업연도와 자산 · 부채의 취득 및 평가에 관하여 일반적으로 공정 · 타당하다고 인정되는 기업회계기준을 적용하거나 관행(慣行)[35]을 계속 적용하여 온 경우에는 법인세법 및 조세특례제한법에서 달리 규정하고 있는 경우를 제외하고는 그 기업회계기준 또는 관행

35) 기업회계의 기준 또는 관행은 다음의 어느 하나에 해당하는 회계기준(해당 회계기준에 배치되지 아니하는 것으로서 일반적으로 공정 · 타당하다고 인정되는 관행을 포함한다)으로 한다(법령 79).
① 한국채택국제회계기준 및 중소기업회계기준
② 주식회사 등의 외부감사에 관한 법률에 따라 한국회계기준원이 정한 회계처리기준
③ 증권선물위원회가 정한 업종별회계처리준칙
④ 공공기관의 운영에 관한 법률에 따라 제정된 공기업 · 준정부기관 회계규칙
⑤ 그 밖에 법령에 따라 제정된 회계처리기준으로서 기획재정부장관의 승인을 받은 것

에 따른다(법법 43).

1998년 이전에는 손익의 귀속시기와 자산·부채의 취득 및 평가에 관하여 기업회계기준 또는 관행을 적용한 경우에는 법인세법상 규정과 차이가 나는 경우에도 세무상 이를 원칙적으로 수용했었다. 법인세법에서 기업회계기준 등을 수용한 것은 손익의 귀속시기와 자산·부채의 취득 및 평가에 관한 기업회계와 법인세법의 차이는 일시적 차이로서 시간이 경과하면 자동적으로 그 차이가 조정될 것이므로 세무조정에 투입되는 노력과 비용을 줄여보자는 취지에서였다. 그러나, 기업회계기준이 자주 변경되면서 기업회계기준의 변경에 따라 법인세의 과세소득이 지나치게 많은 영향을 받게 되자 1999년부터는 기업회계기준 또는 관행을 우선하여 적용하지 아니하고, 법인세법 또는 조세특례제한법에 특별한 규정이 없는 경우에 한하여 보충적으로 적용하도록 세법을 개정하게 되었다.

제 2 절 | 거래형태별 손익귀속시기

1. 자산의 판매손익 등의 귀속사업연도

(1) 상품 등의 판매

상품(부동산을 제외함)·제품 또는 기타 생산품의 판매로 인한 익금과 손금의 귀속사업연도는 다음의 날이 속하는 사업연도로 한다(법령 68 ①).

구 분	내 용
① 원 칙	그 상품 등을 인도한 날(인도기준)
② 상품 등의 시용판매	상대방이 그 상품 등에 대한 구입의사를 표시한 날 – 일정기간 내에 반송하거나 거절의사를 표시하지 아니하는 한 특약 등에 의하여 그 판매가 확정되는 경우 : 그 기간의 만료일
③ 자산의 위탁매매	수탁자가 그 위탁자산을 매매한 날
④ 매출할인액	매출할인액은 상대방과의 약정에 의한 지급기일(그 지급기일이 정하여 있지 아니한 경우에는 지급한 날)이 속하는 사업연도의 매출액에서 차감한다.
⑤ 상품권을 발행하는 경우	상품권과 교환으로 상품 등을 인도한 날
⑥ 증권시장에서의 유가증권 매매	증권시장에서 증권시장업무규정에 따라 보통거래방식으로 한 유가증권의 매매는 매매계약을 체결한 날

(2) 상품 등 외의 자산의 양도

구 분	내 용
① 원 칙	그 대금을 청산한 날
② 예 외	㉠ 대금을 청산하기 전에 소유권 등의 이전등기(등록을 포함)를 하거나 해당 자산을 인도하거나 상대방이 해당 자산을 사용수익하는 경우에는 그 이전등기일(등록일 포함)과 인도일 또는 사용수익일 중 빠른 날 ㉡ 조세특례제한법 제104조의31에 따른 프로젝트금융투자회사가 택지개발촉진법에 따른 택지개발사업 등 기획재정부령으로 정하는 토지개발사업을 하는 경우로서 해당 사업을 완료하기 전에 그 사업의 대상이 되는 토지의 일부를 양도하는 경우 그 양도 대금을 해당 토지개발사업의 작업진행률에 따라 각 사업연도의 익금에 산입할 수 있다.

2. 장기할부조건으로 자산을 판매하거나 양도한 경우

(1) 원 칙

장기할부조건으로 자산을 판매하거나 양도한 경우에도 그 상품 등을 인도한 날 또는 그 대금을 청산한 날 등이 속하는 사업연도에 익금과 손금이 귀속되는 것을 원칙으로 한다(인도기준).

이 경우 '장기할부조건'이란 자산의 판매 또는 양도(국외거래에 있어서는 소유권이전 조건부 약정에 의한 자산의 임대를 포함함)로서 다음 2가지 요건을 충족하는 경우를 말한다(법령 68 ③).

① 판매금액 또는 수입금액을 월부·연부 기타의 지불방법에 따라 2회 이상으로 분할하여 수입하는 것일 것

② 해당 목적물의 인도일(상품 등 외의 자산은 그 소유권 이전등기일·인도일 또는 사용수익일 중 빠른 날)의 다음 날부터 최종할부금의 지급기일까지의 기간이 1년 이상인 것

(2) 회수기일도래기준의 수용

장기할부조건으로 자산을 판매하거나 양도한 경우로서 해당 자산의 인도일이 속하는 사업연도의 결산을 확정함에 있어서 회수기일도래기준[36]을 적용한 경우에는 법인

36) "회수기일도래기준"이란 장기할부조건에 따라 각 사업연도에 회수할 금액과 이에 대응되는 비용을 각각 수익과 비용으로 계상하는 것을 말한다.

세법상 이를 수용한다. 이 경우 인도일 이전에 회수하였거나 회수할 금액은 인도일에 회수한 것으로 본다.

한편 중소기업은 결산을 확정함에 있어서 회수기일도래기준으로 회계처리하지 아니한 경우에도 신고조정에 의하여 회수기일도래기준을 적용할 수 있다.

중소기업 장기할부거래에 대한 신고조정 허용

일반기업회계기준은 중소기업 장기할부거래에 대하여 인도기준과 회수기일도래기준을 모두 허용하고 있으나, 한국채택국제회계기준은 장기할부거래에 대하여 예외 없이 인도기준만을 허용하고 있다. 따라서 중소기업이 한국채택국제회계기준을 적용하더라도 종전과 같이 회수기일도래기준에 의해 수익을 인식할 수 있도록 신고조정을 허용하였다(2011년부터 시행).

(3) 현재가치할인차금에 대한 특례

법인이 장기할부조건 등에 의하여 자산을 판매하거나 양도함으로써 발생한 채권에 대하여 기업회계기준이 정하는 바에 따라 현재가치로 평가하여 현재가치할인차금을 계상한 경우에는 해당 현재가치할인차금 상당액은 해당 채권의 회수기간 동안 기업회계기준이 정하는 바에 따라 환입하였거나 환입할 금액을 각 사업연도의 익금에 산입한다(법령 68 ⑤).

따라서 기업회계기준에 의하여 현재가치에 의한 인도기준으로 회계처리한 경우(현재가치할인차금을 계상하고 환입하는 경우)에는 법인세법이 이를 수용하므로 세무조정을 할 필요가 없다.

▶ **표 6-1** 장기할부판매에 대한 세무상 처리

결산서상 회계처리	세무상 처리	
	일반기업	중소기업
인도기준	세무조정 없음	회수기일도래기준으로 신고조정 가능
회수기일도래기준	세무조정 없음	세무조정 없음
현재가치에 의한 인도기준	세무조정 없음	회수기일도래기준으로 신고조정 가능

예제 6-1 | 할부판매

㈜금강은 제9기 사업연도(20×9. 1. 1～12. 31) 중에 장기할부조건으로 제품(기계설비)을 판매하였다. (1) 회사가 중소기업인 경우와 (2) 회사가 중소기업이 아닌 경우로 구분하여 다음의 회계처리별로 할부매출액과 관련하여 필요한 세무조정을 설명하시오. 단, 할부매출원가에 대한 세무조정은 없는 것으로 가정한다.

(1) 판매조건 : 제품 1개를 10.5에 인도하고 그 대금을 인도 후 매 1개월마다 ₩1,000,000씩 총 20회에 걸쳐 회수하기로 약정하였다(총판매대금은 ₩20,000,000임).

(2) 회계처리

① 인도기준으로 다음과 같이 회계처리한 경우

10.5 : (차)	할부매출채권	20,000,000	(대) 할부매출액	20,000,000

② 회수기일도래기준으로 회계처리한 경우

11.5 : (차)	현　　　금	1,000,000	(대) 할부매출액	1,000,000
12.5 : (차)	현　　　금	1,000,000	(대) 할부매출액	1,000,000

③ 현재가치에 의한 인도기준으로 회계처리한 경우

10.5 : (차)	할부매출채권	20,000,000	(대) 할부매출액	16,000,000
			현재가치할인차금	4,000,000

해답

(1) 중소기업인 경우

① 인도기준으로 회계처리한 경우

중소기업이므로 다음과 같이 회수기일도래기준으로 신고조정 할 수 있다(선택사항임).

<익금불산입>　할부매출액　18,000,000(△유보)

② 회수기일도래기준으로 회계처리한 경우

법인세법상 회수기일도래기준을 수용하므로 세무조정이 필요하지 않다.

③ 현재가치에 의한 인도기준으로 회계처리한 경우

중소기업이므로 다음과 같이 회수기일도래기준으로 신고조정 할 수 있다(선택사항임).

<익금산입>　현재가치할인차금　4,000,000(유보)

<익금불산입>　할부매출액　18,000,000(△유보)

(2) 중소기업이 아닌 경우

법인세법상 3가지 회계처리를 모두 수용하므로 세무조정이 필요하지 않다.

3. 용역제공으로 인한 손익의 귀속사업연도

(1) 원칙(진행기준)

건설・제조 기타 용역(도급공사 및 예약매출을 포함)의 제공으로 인한 익금과 손금은 그 목적물의 건설등의 착수일이 속하는 사업연도부터 그 목적물의 인도일(용역제공의 경우에는 그 제공을 완료한 날을 말함)이 속하는 사업연도까지 그 목적물의 건설등을 완료한 정도(작업진행률)를 기준으로 하여 계산한 수익과 비용을 각각 해당 사업연도의 익금과 손금에 산입한다.[37] 이 경우 작업진행률은 원가기준법(실제공사비 발생액을 총공사예정비로 나눈 비율)에 의하여 계산함을 원칙으로 하되, 투입량기준 또는 산출량기준을 적용할 수 있다. 다만, 다음 중 어느 하나에 해당하는 경우에는 그 목적물의 인도일이 속하는 사업연도의 익금과 손금에 산입할 수 있다(법령 69 ①).

① 중소기업인 법인이 수행하는 계약기간이 1년 미만인 건설등의 경우

② 기업회계기준에 따라 그 목적물의 인도일이 속하는 사업연도의 수익과 비용으로 계상한 경우

인도기준 적용범위 확대

종전에는 중소기업이 수행하는 계약기간 1년 미만의 용역에 한하여 인도기준을 적용할 수 있었으나, 기업회계기준에 따라 인도기준으로 손익을 계상한 경우(예 예약매출)에도 세법상 인도기준을 적용하여 손익을 인식할 수 있도록 개선하였다(2012년부터 시행).

(2) 예외(인도기준)

작업진행률을 계산할 수 없다고 인정되는 경우[38]에는 그 목적물의 인도일(용역제공의 경우에는 그 제공을 완료한 날)이 속하는 사업연도의 익금과 손금에 각각 산입한다(법령 69 ②).

▶ **표 6-2** 건설 · 제조 기타 용역의 귀속시기 요약

구 분	손익귀속시기
원 칙	진행기준
결산서상 인도기준 회계처리 수용	결산서상 인도기준 회계처리를 세무상 수용하는 경우 ① 중소기업이 수행하는 계약기간 1년 미만의 단기건설용역 등 ② 기업회계기준에 따라 인도기준으로 회계처리한 경우(예 예약매출) ③ 작업진행률을 계산할 수 없다고 인정되는 경우
인도기준 신고조정 허용	중소기업이 수행하는 계약기간 1년 미만의 단기건설용역 등의 경우에는 결산서상 회계처리에 관계없이 인도기준으로 신고조정 할 수 있다.

37) 진행기준을 적용함에 있어서 작업진행률에 의한 익금 또는 손금이 공사계약의 해약으로 인하여 확정된 금액과 차액이 발생된 경우에는 그 차액을 해약일이 속하는 사업연도의 익금 또는 손금에 산입한다(법령 69 ③).

38) 법인이 비치 · 기장한 장부가 없거나 비치 · 기장한 장부의 내용이 충분하지 아니하여 해당 사업연도 종료일까지 실제로 소요된 총공사비누적액을 확인할 수 없는 경우를 말한다.

예제 6-2 | 도급공사

다음은 ㈜서산건설(중소기업임)의 제5기 사업연도(20×2년 1월 1일~12월 31일)의 도급공사와 관련된 자료이다. 다음 자료에 의하여 각 도급공사에 대하여 필요한 세무조정을 행하시오. 단, 당기 법인세 부담의 최소화를 가정한다.

구 분	갑공사	을공사	병공사
공사기간	20×2. 3. 1~20×5. 7. 31	20×2. 11. 1~20×3. 8. 31	20×2. 8. 1~20×3. 5. 31
도급금액	₩10,000,000	₩4,000,000	₩5,000,000
총공사예정원가	8,000,000	3,500,000	4,000,000
당기공사원가	2,000,000	350,000	1,200,000
결산서상 손익인식 방법	인도기준	인도기준	진행기준

해답

(1) 갑공사(장기도급공사)

장기도급공사에 대해서는 진행기준을 적용하여야 하므로 진행기준에 따른 공사수익과 공사원가를 각각 익금과 손금에 산입한다.

① 작업진행률 : ₩2,000,000 ÷ 8,000,000 = 25%

② 공사수익 : ₩10,000,000(도급금액)×25%=₩2,500,000

③ 세무조정 : <익금산입> 공사수익 2,500,000(유 보)

<손금산입> 공사원가 2,000,000(△유보)

(2) 을공사(단기도급공사)

중소기업 단기도급공사에 대하여 결산서상 인도기준으로 회계처리한 경우에는 세무상 이를 수용하므로 세무조정 없음

(3) 병공사(단기도급공사)

중소기업 단기도급공사에 대하여 결산서상 진행기준으로 회계처리한 경우에는 인도기준으로 신고조정할 수 있다.

① 작업진행률 : ₩1,200,000 ÷ 4,000,000 = 30%

② 결산서상 공사수익 : ₩5,000,000(도급금액)×30%=₩1,500,000

③ 세무조정 : <익금불산입> 공사수익 1,500,000(△유보)

<손금불산입> 공사원가 1,200,000(유 보)

4. 이자소득 등의 귀속사업연도

(1) 이자수익

이자수익의 귀속사업연도는 법인의 종류에 따라 다음과 같이 구분된다.

① 일반법인 : 금융회사등이 아닌 일반법인이 수입하는 이자 및 할인액은 소득세법에 따른 이자소득 수입시기에 해당하는 날이 속하는 사업연도에 귀속되는 것으로 한다. 다만, 결산을 확정할 때 이미 경과한 기간에 대응하는 이자 등(법인세가 원천징수되는 이자수익은 제외)을 해당 사업연도의 수익으로 계상한 경우(결산상 미수이자를 수익으로 인식한 경우)에는 그 계상한 사업연도의 익금으로 한다.

▶ 표 6-3 소득세법상 이자소득의 수입시기(주요항목)

구 분	내 용	이자소득 귀속시기(원칙)
권리의무 확정주의	기명식 채권 등의 이자와 할인액	약정에 의한 지급일
	비영업대금의 이익(= 대여금 이자)	약정에 의한 이자지급일
현금주의	보통예금 · 정기예금 등의 이자	실제로 이자를 지급받는 날
	저축성보험의 보험차익	보험금 · 환급금의 지급일

② 금융회사등 : 한국표준산업분류상 금융 및 보험업을 영위하는 법인이 수입하는 이자 및 할인액은 실제로 수입된 날(현금주의)로 하되, 선수입이자 및 할인액을 제외한다. 다만, 결산을 확정할 때 이미 경과한 기간에 대응하는 이자 등(법인세가 원천징수되는 이자수익은 제외)을 해당 사업연도의 수익으로 계상한 경우(결산상 미수이자를 수익으로 인식한 경우)에는 그 계상한 사업연도의 익금으로 한다.

원천징수 대상인 이자수익에 대한 미수이자를 익금불산입하는 취지

결산을 확정함에 있어서 이자소득에 대한 미수수익을 계상한 경우에는 법인세법상 이를 익금으로 인정한다. 그러나, 동 이자소득이 원천징수대상인 경우에는 미수이자를 인식하게 되면 이자소득을 지급하는 시점에 이미 과세된 이자를 일일이 구분하여 원천징수하여야 하므로 원천징수를 원활하게 이행할 수 없다. 따라서 원천징수대상 이자소득은 미수이자계상액을 익금으로 보지 않는 것이다.

(2) 이자비용

법인이 지급하는 이자비용은 소득세법상 이자소득 수입시기에 해당하는 날이 속하는 사업연도에 귀속되는 것으로 한다. 다만, 결산을 확정할 때 이미 경과한 기간에 대응하는 이자 등(차입일부터 이자지급일이 1년을 초과하는 특수관계인과의 거래에 따른 이자 등을 제외함)을 해당 사업연도의 손비로 계상한 경우(결산상 미지급이자를 비용으로 처리한 경우)에는 그 계상한 사업연도의 손금으로 한다.

사채할인발행차금의 손금산입

법인이 사채를 발행하는 경우에 상환할 사채금액의 합계액에서 사채발행가액(사채발행수수료와 사채발행을 위하여 직접 필수적으로 지출된 비용을 차감한 후의 가액을 말한다)의 합계액을 공제한 금액은 기업회계기준에 의한 사채할인발행차금의 상각방법에 따라 이를 손금에 산입한다(법령 71 ③).

⑶ 배당금수익

법인이 수입하는 배당소득의 귀속사업연도는 소득세법에 따른 배당소득 수입시기에 해당하는 날 이 속하는 사업연도로 한다. 예를들어 잉여금처분에 의하여 현금배당을 수령한 경우에는 배당지급법인의 잉여금처분결의일을 귀속시기로 한다.

⑷ 신탁재산에 귀속되는 이자소득 등

자본시장과 금융투자업에 관한 법률에 따른 신탁업자가 운용하는 신탁재산(투자신탁재산은 제외)에 귀속되는 법인세 원천징수대상 소득금액의 귀속사업연도는 원천징수일이 속하는 사업연도로 한다.

⑸ 금융회사등이 수입하는 보험료 등

한국표준산업분류상 금융 및 보험업을 영위하는 법인(보험업법에 따른 보험회사 제외)이 수입하는 보험료·부금·보증료 또는 수수료의 귀속사업연도는 그 보험료 등이 실제로 수입된 날이 속하는 사업연도(현금주의)로 하되, 선수입보험료 등을 제외한다.

다만, 결산을 확정함에 있어서 이미 경과한 기간에 대응하는 보험료 상당액 등을 해당 사업연도의 수익으로 계상한 경우(결산상 미수수익을 계상한 경우)에는 그 계상한 사업연도의 익금으로 한다.

⑹ 보험회사의 수익과 손비

보험회사 또는 주택도시보증공사가 보험계약 또는 신용보증계약과 관련하여 수입하거나 지급하는 이자, 할인액 및 보험료등으로서 보험업법에 따른 책임준비금(주택도시보증공사의 경우에는 보험감독회계기준에 따라 계상한 공사책임준비금) 산출에 반영되는 항목은 보험감독회계기준에 따라 수익 또는 손비로 계상한 사업연도의 익금 또는 손금으로 한다.[39]

---

39) 주택도시보증공사는 보험계약국제회계기준을 최초로 적용하는 사업연도 개시일 현재 공사책임준비금에서 최초적용사업연도 직전 사업연도에 손금에 산입한 미경과보험료적립금을 뺀 금액에 기

예제 6-3 | 이자수익 등의 귀속시기

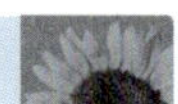

다음 각 항목에 대하여 손익귀속시기와 관련하여 필요한 세무조정을 행하시오. 단, 사업연도는 매년 1. 1~12. 31이며, 전년도의 세무조정은 적법하게 이루어진 것으로 가정한다.

(1) 갑법인은 제조업을 영위하는 비상장법인으로서 결산을 확정함에 있어서 계상한 미수이자의 내역은 다음과 같다.

① 정기예금(만기일 : 익년도 6. 30)에 대한 미수이자 : ₩3,000,000

② 관계회사 대여금에 대한 이자를 12. 30에 수령하기로 약정하였으나, 회수되지 아니하여 미수이자로 계상한 금액 : ₩2,000,000

(2) 을법인은 은행으로서 대출금이자 현금수령액 ₩100,000,000(선수입이자 ₩5,000,000 포함)을 영업수익으로 계상하였으며, 결산을 확정함에 있어서 이미 경과한 기간에 대응하는 대출금이자 ₩8,000,000을 미수이자로 계상하였다.

(3) 병법인은 1월 20일에 정법인으로부터 현금배당 ₩6,000,000을 수령하고 이를 해당 사업연도의 배당수익으로 계상하였다. 동 배당의 잉여금 처분결의는 전년도 12월 19일에 이루어진 바 있다.

해답

(1) 갑법인(이자수익 귀속시기)

① 정기예금 기간 경과분 미수이자는 세무상 익금의 귀속시기가 도래하지 아니하였고, 원천징수 대상 이자소득에 해당하므로 익금불산입(△유보)한다.

<익금불산입> 정기예금 미수이자 3,000,000(△유보)

② 관계회사 대여금(비영업대금의 이익)은 약정에 의한 이자지급일(12.30)을 귀속시기로 하므로 결산을 확정함에 있어 ₩2,000,000을 미수이자로 계상한 경우에는 세무조정이 필요하지 않다.

(2) 을법인(금융보험업 영위법인)

① 금융회사등은 실제로 수입된 날을 수입시기로 하되(현금주의), 선수입이자를 제외하므로 선수입이자 ₩5,000,000은 익금불산입하여야 한다.

<익금불산입> 선수입이자 5,000,000(△유보)

② 금융회사등의 영업수익인 이자수익(대출금이자 등)은 원천징수대상이 아니므로 결산을 확정함에 있어서 이미 경과한 기간에 대응하는 이자 등을 미수이자로 계상한 경우에는 그 계상한 사업연도의 익금으로 한다. 따라서 세무조정이 필요하지 않다.

(3) 병법인(배당소득의 귀속시기) : 잉여금 처분에 의한 현금배당의 귀속시기는 해당 법인의 잉여금처분결의일(전년도 12월 19일)이므로 당기 배당수익에 계상된 ₩6,000,000은 익금불산입하여야 한다.

<익금불산입> 배당금수익 6,000,000(△유보)

획재정부령에서 정하는 바에 따라 계산한 금액을 최초적용사업연도와 다음 4개 사업연도에 균등하게 나누어 손금에 산입한다. 주택도시보증공사가 최초적용사업연도의 직전 사업연도의 소득금액을 계산할 때 손금에 산입한 미경과보험료적립금은 최초적용사업연도의 익금에 산입하지 아니한다. 주택도시보증공사가 최초적용사업연도 개시일 현재 공사책임준비금은 최초적용사업연도의 손금에 산입하지 아니한다.

5. 임대료 등 기타 손익의 귀속사업연도

(1) 임대료 수익 · 비용

자산의 임대로 인한 익금과 손금의 귀속사업연도는 다음에 해당하는 날이 속하는 사업연도로 한다(법령 71 ①). 다만, 결산을 확정함에 있어서 법인이 이미 경과한 기간에 대응하는 임대료 상당액과 이에 대응하는 비용을 해당 사업연도의 수익과 손비로 계상한 경우에는 이를 각각 그 계상한 사업연도의 익금과 손금으로 한다.

① 계약 등에 의하여 임대료의 지급일이 정하여진 경우 : 그 정해진 지급일

② 계약 등에 의하여 임대료의 지급일이 정하여지지 아니한 경우 : 그 지급을 받은 날

● 임대료 지급기간이 1년을 초과하는 경우(발생주의)

임대료 지급기간[40]이 1년을 초과하는 경우에는 이미 경과한 기간에 대응하는 임대료상당액과 비용은 이를 각각 해당 사업연도의 익금과 손금으로 한다(법령 71 ① 단서). 따라서 임대료의 지급기간이 1년을 초과하는 경우에는 결산상 미수임대료를 계상하지 아니한 경우 미수임대료 상당액과 대응하는 비용을 익금과 손금에 산입하는 세무조정이 필요하다.

예제 6-4 | 임대료 등의 귀속시기

다음은 ㈜제주의 제7기 사업연도(20×7.1.1.~20×7.12.31.) 법인세 신고 관련 자료이다. 제7기 임대료수익에 관한 세무조정을 행하시오.

(1) ㈜제주는 임대수익을 목적으로 다음과 같이 상가와 사무실을 임대하고 있다.

구 분	임대기간
상 가	20×7. 7.1.~20×9. 6.30.
사무실A	20×7.12.1.~20×9.11.30.
사무실B	20×7.10.1.~20×8. 9.30.

(2) 상가에 대한 월 임대료 ₩1,000,000을 매월 말일에 수령하기로 약정하였으나, 11월과 12월분 임대료를 회수하지 못하였다. ㈜제주는 실제 회수한 임대료 ₩4,000,000만 제7기 손익계산서에 임대료수익으로 계상하였다.

(3) 사무실A에 대한 총임대료 ₩24,000,000을 임대기간 종료일에 일괄 수령하기로 약정하였다. 따라서 제7기에 임대료를 수령하지 못하였으며, 제7기 손익계산서에 임대료수익도 계상하지 아니하였다.

---

40) "임대료 지급기간"이란 임대계약 기간을 의미하는 것이 아니라 임대료를 지급하는 단위기간을 의미한다. 따라서 임대계약 기간이 2년이라 하더라도 임대료를 매월 지급하기로 계약하였다면 임대료 지급기간은 1월이 되며, 임대료를 임대계약 기간 개시일 또는 종료일에 한꺼번에 받기로 계약하였다면 임대료 지급기간은 2년이 된다.

⑷ 사무실B에 대한 월 임대료 ₩1,000,000을 익월 5일에 수령하기로 약정하였다. ㈜제주는 10월과 11월분 임대료를 수령하고, 이를 제7기 손익계산서에 임대료수익으로 계상하였다. 한편, ㈜제주는 결산을 확정함에 있어서 미수임대료(12월분) ₩1,000,000을 임대료수익으로 계상하였다.

해답

(1) 상가

① 세무상 임대료수익 : ₩1,000,000×6개월(7월~12월)* = ₩6,000,000

* 임대료 지급기간이 1년을 초과하지 아니하므로 계약상 정해진 지급일을 손익의 귀속시기로 한다.

② 결산상 임대료수익 : ₩4,000,000

③ 세무조정 : <익금산입> 임대료수익(상가) ₩2,000,000* (유보)

* ₩6,000,000 − ₩4,000,000 = ₩2,000,000

(2) 사무실A

① 세무상 임대료수익 : ₩24,000,000(총임대료) × $\frac{1개월}{24개월}$ = ₩1,000,000*

* 임대료 지급기간이 1년을 초과하므로 이미 경과한 기간에 대응하는 임대료상당액을 해당 사업연도의 익금으로 한다(발생주의).

② 결산상 임대료수익 : ₩0

③ 세무조정 : <익금산입> 임대료수익(사무실A) ₩1,000,000 (유보)

(3) 사무실B

① 세무상 임대료수익 : ₩2,000,000(10월, 11월) + ₩1,000,000(미수임대료)* = ₩3,000,000

* 결산을 확정함에 있어서 이미 지난 기간에 대응하는 임대료 상당액을 수익으로 계상한 경우에는 이를 계상한 사업연도의 익금으로 한다.

② 결산상 임대료수익 : ₩3,000,000

③ 세무조정 : 없음

⑵ 금전등록기 설치법인의 특례

소매업 등 영수증을 발급할 수 있는 업종을 영위하는 법인이 금전등록기를 설치·사용하는 경우 그 수입하는 물품대금과 용역대가의 귀속사업연도는 그 금액이 실제로 수입된 사업연도로 할 수 있다(법령 71 ②).

⑶ 매출채권 등의 양도

자산유동화에 관한 법률 제13조(유동화자산의 양도 방식)에 따른 방법에 의하여 보유자산을 양도하는 경우 및 매출채권 또는 받을어음을 배서양도하는 경우에는 기업회계기준에 의한 손익인식방법에 따라 손익의 귀속사업연도를 정한다(법령 71 ④).

자산유동화 및 받을어음 할인의 세무상 처리 개선

자산유동화 및 받을어음 할인의 경우 종전에는 세무상 매각거래 보았으나, 이로 인한 기업의 세무조정 부담이 증가됨에 따라 2012년부터는 기업회계기준에 따라 차입거래로 회계처리한 경우에는 차입거래로 인정하는 것으로 개정하였다.

(4) 개발완료전 취소된 개발비

법인이 개발비로 계상하였으나 해당 제품의 판매 또는 사용이 가능한 시점이 도래하기 전에 개발을 취소한 경우에는 다음의 요건을 모두 충족하는 날이 속하는 사업연도의 손금에 산입한다(법령 71 ⑤).

① 해당 개발로부터 상업적인 생산 또는 사용을 위한 해당 재료·장치·제품·공정·시스템 또는 용역을 개선한 결과를 식별할 수 없을 것

② 해당 개발비를 전액 손비로 계상하였을 것

(5) 파생상품거래

계약의 목적물을 인도하지 아니하고 목적물의 가액변동에 따른 차액을 금전으로 정산하는 파생상품의 거래로 인한 손익은 그 거래에서 정하는 대금결제일이 속하는 사업연도의 익금과 손금으로 한다(법령 71 ⑥).

객 / 관 / 식 / 문 / 제

▶ 제6장 손익의 귀속시기

1 법인세법상 손익의 귀속시기에 관한 설명으로 틀린 것은?

① 영수증을 발급할 수 있는 업종을 영위하는 법인이 금전등록기를 설치·사용하는 경우 현금주의에 의하여 그 수입하는 물품대금과 용역대가의 귀속사업연도를 정할 수 있다.

② 법인이 사채를 발행하는 경우의 사채할인발행차금은 기업회계기준에 의한 상각방법에 따라 이를 손금에 산입한다.

③ 시용판매의 경우에는 상대방이 그 상품에 대한 구입의사를 표시한 날을 익금과 손금의 귀속시기로 한다.

④ 법인이 수행하는 건설용역의 계약기간이 1년 미만인 경우에는 그 목적물의 인도일이 속하는 사업연도에 수익과 비용을 인식한다.

해설

건설·제조 기타 용역(도급공사 및 예약매출을 포함)의 제공으로 인한 익금과 손금은 그 목적물의 건설등의 착수일이 속하는 사업연도부터 그 목적물의 인도일이 속하는 사업연도까지 그 목적물의 건설등을 완료한 정도(작업진행률)를 기준으로 하여 계산한 수익과 비용을 각각 해당 사업연도의 익금과 손금에 산입함을 원칙으로 한다(진행기준).

2 손익의 귀속사업연도에 대한 설명으로 타당한 것은?

① 제조업을 영위하는 법인이 정기예금에 대한 이자를 실제로 그 이자를 지급받기 전에 해당 사업연도 중의 기간경과분을 이자수익으로 계상한 경우에는 그 계상한 사업연도의 익금으로 한다.

② 법인이 장기할부조건으로 자산을 판매 또는 양도한 경우에는 각 사업연도에 회수하였거나 회수할 금액과 이에 대응하는 비용을 각각 해당 사업연도의 익금과 손금에 산입한다.

③ 장기할부판매로 인한 채권에 대하여 기업회계기준에 따라 현재가치할인차금을 계상한 경우에는 현재가치할인차금에 해당하는 금액을 인도한 날이 속하는 사업연도의 익금으로 본다.

④ 중소기업인 법인이 수행하는 계약기간이 1년 미만인 건설·제조 기타 용역의 제공으로 인한 익금과 손금의 귀속사업연도는 그 목적물의 인도일이 속하는 사업연도로 할 수 있다.

해설

① 제조업을 영위하는 법인이 정기예금에 대한 이자(원천징수대상)를 실제로 그 이자를 지급받기 전에 해당 사업연도 중의 기간경과분을 이자수익(미수수익)으로 계상한 경우에는 이를 해당 사업연도의 익금으로 보지 않는다.
② 법인이 장기할부조건으로 자산을 판매 또는 양도한 경우에는 인도기준에 의해 익금과 손금을 계상하는 것이 원칙이다. 단, 결산서에 회수하였거나 회수할 금액과 이에 대응하는 비용을 각각 계상한 경우에는 이를 해당 사업연도의 익금과 손금에 산입한다.
③ 장기할부판매로 인한 채권에 대하여 기업회계기준에 따라 현재가치할인차금을 계상한 경우에는 현재가치할인차금에 해당하는 금액은 해당 채권의 회수기간 동안 기업회계기준이 정하는 바에 따라 환입하였거나 환입할 금액을 각 사업연도의 익금에 산입한다.

3 법인세법상 손익귀속시기에 대한 다음 설명 중 옳지 않은 것은?

① 법인이 지급하는 이자비용은 소득세법상 이자소득 수입시기에 해당하는 날이 속하는 사업연도에 귀속되는 것으로 한다.
② 법인이 부동산을 양도하는 경우에는 대금청산일·소유권이전등기일 및 인도일 또는 사용수익일 중 가장 빠른 날을 익금과 손금의 귀속시기로 한다.
③ 중소기업인 법인이 장기할부조건으로 자산을 판매하거나 양도한 경우에는 그 장기할부조건에 따라 각 사업연도에 회수하였거나 회수할 금액과 이에 대응하는 비용을 각각 해당 사업연도의 익금과 손금에 산입할 수 있다.
④ 법인이 부동산을 임대하고 임대계약기간(2년) 동안의 임대료 전액을 계약일에 수령하기로 약정한 경우에는 이를 계약일이 속하는 사업연도의 익금으로 본다.

해설

임대료의 지급기간이 1년을 초과하므로 해당 사업연도 중 이미 경과한 기간에 대응하는 임대료상당액만을 해당 사업연도의 익금으로 본다. 그 이외의 부분은 세무상 선수수익(부채)으로 처리한다.

4 다음 중 법인세 계산시 세무조정이 필요한 사항은 무엇인가?

① 부동산을 처분하고 그 손익귀속시기를 잔금청산일, 소유권이전등기일 또는 인도일 중 빠른 날이 속하는 사업연도로 하는 경우
② 제조업을 영위하는 법인이 정기예금이자 발생액을 발생주의에 따라 미수수익으로 계상한 금액
③ 은행차입금이자발생액으로서 미지급비용으로 계상한 금액
④ 장기할부조건에 의한 할부매출액을 기업회계기준에 따라 회수기일도래기준에 의해 수익으로 인식한 경우

해설

정기예금이자는 원천징수대상 이자수익이므로 결산상 미수수익을 계상한 경우 이를 익금불산입하는 세무조정이 반드시 필요하다.

5 법인세법상 손익의 귀속사업연도에 대한 설명이다. 옳지 않은 것은?

① 중소기업이 한국채택국제회계기준을 적용함에 따라 장기할부거래에 대하여 인도기준으로 회계처리한 경우에는 회수기일도래기준과의 차이를 세무조정할 수 있다.

② 금융보험업 이외의 법인이 원천징수되는 이자에 대한 미수이자를 해당 사업연도의 수익으로 계상한 경우 이를 익금으로 보지 않으나, 이미 경과한 기간에 대응하는 지급이자를 해당 사업연도의 손금으로 계상한 경우에는 그 계상한 사업연도의 손금으로 인정한다.

③ 건설 · 제조 기타 용역의 계약기간이 1년 미만인 경우로서 중소기업이 해당 사업연도의 결산을 확정함에 있어서 작업진행률을 기준으로 손익을 계상한 경우에는 완성기준(인도기준)으로 세무조정 할 수 있다.

④ 증권시장에서 증권시장업무규정에 따라 보통거래방식으로 한 유가증권의 매매는 매매대금의 결제일을 손익의 귀속시기로 한다.

해설

증권시장에서 증권시장업무규정에 따라 보통거래방식으로 한 유가증권의 매매는 매매계약을 체결한 날을 손익의 귀속시기로 한다.

6 다음은 ㈜세종(중소기업이 아님)의 제12기(20×2년 1월 1일~12월 31일)에 발생한 할부판매와 관련된 자료이다. 회사는 결산상 회수기일도래기준을 적용하여 수익을 인식하고 있다. 아래의 자료 이외에 고려해야 할 다른 사항이 없다고 가정할 때, ㈜세종이 제12기에 익금으로 인식할 금액은 얼마인가? (단, 회사는 제12기에 익금을 최대한 적게 인식하는 방향으로 결정하였다고 가정한다)

2012년 국가직 7급

구분	총판매대금	인도일	제12기 대금 회수액	계약서상의 대금회수조건
A제품	₩120,000,000	20×2년 3월 30일	₩30,000,000	인도 후 매 6개월마다 ₩30,000,000씩 회수
B제품	60,000,000	20×2년 6월 30일	40,000,000	인도 후 매 3개월마다 ₩20,000,000씩 회수

① ₩30,000,000　　② ₩70,000,000

③ ₩90,000,000　　④ ₩180,000,000

해설

(1) A제품(장기할부판매) : ₩30,000,000(회수기일도래기준 수용)
(2) B제품(단기할부판매) : ₩60,000,000(인도기준만 허용, 세무조정 필요)
(3) 익금으로 인식할 금액 : ₩30,000,000 + 60,000,000 = ₩90,000,000

7 법인세법상 손익의 귀속사업연도에 대한 설명으로 옳은 것은?

2015년 국가직 9급

① 자본시장과 금융투자업에 관한 법률에 따른 신탁업자가 운용하는 신탁재산(투자신탁재산은 제외한다)에 귀속되는 법인세 원천징수대상 소득금액의 귀속사업연도는 원천징수일이 속하는 사업연도로 한다.

② 잉여금 처분에 따른 배당소득의 귀속사업연도는 잉여금을 처분한 법인의 결산확정일이 속하는 사업연도로 한다.

③ 영수증을 작성·교부할 수 있는 업종을 영위하는 법인이 금전등록기를 설치·사용하는 경우에는 그 수입하는 물품대금과 용역대가의 귀속사업연도는 그 금액이 실제로 수입된 사업연도로 하여야 한다.

④ 개발비로 계상하였으나 해당 제품의 판매 또는 사용이 가능한 시점이 도래하기 전에 개발을 취소하고 해당 개발비를 전액 손금으로 계상하였다면 그 날이 속하는 사업연도의 손금에 산입한다.

해설

② 잉여금을 처분한 법인의 잉여금처분결의일이 속하는 사업연도로 한다.
③ 그 금액이 실제로 수입된 사업연도로 할 수 있다.
④ 해당 개발로부터 상업적인 생산 또는 사용을 위한 해당 재료·장치·제품·공정·시스템 또는 용역을 개선한 결과를 식별할 수 없을 것이라는 요건을 충족하여야 한다.

정답	1	④	2	④	3	④	4	②	5	④	6	③	7	①

자산 · 부채의 평가

제 1 절 | 자산의 취득가액 등

1. 자산의 취득가액

(1) 자산취득가액의 일반원칙

내국법인이 매입 · 제작 · 교환 및 증여 등에 의하여 취득한 자산의 취득가액은 다음의 구분에 따른 금액으로 한다(법법 41 ①, 법령 72 ①).

구 분	자산의 취득가액
① 타인으로부터 매입한 자산(단기금융자산 등 제외)	매입가액에 취득세(농어촌특별세와 지방교육세 포함), 등록면허세, 그 밖의 부대비용을 가산한 금액*1
② 자기가 제조 · 생산 또는 건설하거나 그 밖에 이에 준하는 방법으로 취득한 자산	제작원가(製作原價)에 부대비용을 더한 금액 : 원재료비 · 노무비 · 운임 · 하역비 · 보험료 · 수수료 · 공과금(취득세와 등록세를 포함한다) · 설치비 기타 부대비용의 합계액
③ 채무의 출자전환에 따라 취득한 주식 등	㉠ 원칙 : 취득 당시의 시가 ㉡ 법정요건을 갖춘 채무의 출자전환 : 출자전환 된 채권(대손불능채권은 제외)의 장부가액
④ 내국법인이 외국자회사를 인수하여 취득한 주식 등	매입가액 – 인수 직전 이익잉여금을 재원으로 한 익금불산입된 수입배당금액*2
⑤ 단기금융자산 등*3	매입가액
⑥ 기타의 방법(교환 · 증여 등)으로 취득한 자산	취득당시의 시가

*1 법인이 토지와 그 토지에 정착된 건물 및 그 밖의 구축물 등을 함께 취득하여 토지의 가액과 건물등의 가액의 구분이 불분명한 경우에는 시가에 비례하여 안분계산한다.

*2 내국법인이 외국자회사의 의결권 있는 발행주식총수 또는 출자총액의 10%(해외자원개발사업하는 외국법인 : 5%) 이상을 최초로 보유하게 된 날의 직전일 기준 이익잉여금을 재원으로 한 배당금으로서 외국자회사 수입배당금액의 익금불산입 규정에 따라 익금에 산입되지 아니한 수입배당금액을 말한다.

*3 기업회계기준에 따라 단기매매항목으로 분류된 금융자산 및 파생상품을 말한다.

공익법인 등이 기부받은 자산

특수관계인 외의 자로부터 기부받은 일반기부금에 해당하는 자산은 기부한 자의 기부 당시 장부가액(사업소득과 관련이 없는 자산은 취득 당시의 소득세법에 따른 취득가액)을 취득가액으로 한다. 다만, 상속세 및 증여세법에 따라 증여세 과세가액에 산입되지 않은 출연재산이 그 후에 과세요인이 발생하여 그 과세가액에 산입되지 않은 출연재산에 대하여 증여세의 전액이 부과되는 경우에는 기부 당시의 시가로 한다.

무상 할당받은 온실가스배출권의 취득가액

배출권거래제의 원활한 시행을 지원하기 위하여 온실가스 배출권의 할당 및 거래에 관한 법률 제12조 및 「대기관리권역의 대기환경개선에 관한 특별법」 제17조에 따라 정부로부터 무상으로 할당받은 배출권 및 배출허용총량의 취득가액은 영(0)원으로 한다.

예제 7-1 | 자산취득가액의 일반원칙

㈜광진은 제8기 중 다음과 같이 자산을 취득하였다. 이에 대한 세무조정을 행하시오.

(1) 회사는 8. 10에 토지를 ₩100,000,000에 취득하면서 법령에 의하여 지방채를 액면가액인 ₩10,000,000(현재가치 4,000,000)에 강제로 취득하고, 기업회계기준에 따라 다음과 같이 회계처리하였다.

(차) 토　　지	106,000,000	(대) 현　　금	110,000,000
금융자산(채권)	4,000,000		

(2) 회사는 11. 20에 특수관계인인 ㈜성동으로부터 비상장주식(시가 5억)을 무상으로 수증받고 다음과 같이 회계처리하였다.

(차) 금융자산(주식)	300,000,000	(대) 자산수증이익	300,000,000

(3) 회사는 12. 5에 기계장치A(취득가액 ₩50,000,000, 감가상각누계액 ₩30,000,000)를 ㈜용강의 기계장치B(취득가액 ₩40,000,000, 감가상각누계액 ₩25,000,000)와 교환하고 다음과 같이 회계처리하였다. 교환당시의 기계장치A와 B의 공정가액은 각각 ₩10,000,000과 ₩9,000,000이다.

(차) 기 계 장 치(B)	20,000,000	(대) 기 계 장 치(A)	50,000,000
감가상가누계액(A)	30,000,000		

해답

(1) 유형자산의 취득과 함께 국·공채를 매입하는 경우로서 그 국·공채의 매입가액과 현재가치의 차액을 해당 유형자산의 취득가액으로 계상한 금액은 이를 해당 유형자산의 세무상 취득가액에 포함하므로 세무조정이 필요하지 않다.

(2) 법인세법에서는 수증받은 자산을 취득당시의 시가에 의해 평가하도록 규정하고 있으므로 다음과 같은 세무조정이 필요하다.

<익금산입> 자산수증이익(금융자산)　　200,000,000 (유　보)

(3) 법인세법에서는 교환에 의하여 취득한 자산을 취득당시의 시가로 평가하도록 규정하고 있으므로 다음과 같은 세무조정이 필요하다.
<손금산입> 기 계 장 치(B) 11,000,000 (△유보)

▶ 표 7-1 자산취득가액의 포함 여부

구 분	대 상
① 포 함	㉠ 보험업법 등 법률에 의한 유형자산 및 무형자산 평가차익 ㉡ 특수관계 있는 개인으로부터 유가증권을 시가에 미달하는 가액으로 매입하여 익금에 산입한 경우 시가미달액 ㉢ 무상주 수취의 경우 의제배당으로 익금에 산입한 금액 ㉣ 건설자금에 충당한 차입금의 이자 ㉤ 유형자산의 취득과 함께 국·공채를 매입하는 경우 기업회계기준에 따라 그 국·공채의 매입가액과 현재가치의 차액을 해당 유형자산의 취득가액으로 계상한 금액
② 불포함	㉠ 자산을 장기할부조건 등으로 취득하는 경우 발생한 채무를 현재가치로 평가하여 현재가치할인차금을 계상한 경우 해당 현재가치할인차금 ㉡ 연지급수입에 있어서 취득가액과 구분하여 지급이자로 계상한 금액 ㉢ 특수관계인으로부터 고가매입한 자산에 대한 시가초과액 ㉣ 법인의 증자에 있어서 신주를 시가보다 높은 가액으로 인수함으로써 특수관계인인 다른 주주 등에게 이익을 분여한 경우 그 시가초과액 ㉤ 특수관계 없는 자로부터 고가매입한 자산에 대한 정상가액 초과액 ㉥ 자본준비금 감액 배당금액(주식의 장부가액을 한도로 한다)

(2) 기업회계기준의 수용

1) 장기할부조건으로 취득한 자산의 현재가치평가

기업회계기준에서는 장기할부조건으로 취득한 자산의 명목가액과 현재가치의 차이가 중요한 경우에는 현재가치(취득시점의 현금구입가격)에 의하여 자산의 취득가액을 계상함을 원칙으로 한다. 반면에 법인세법에서는 장기할부조건으로 취득한 자산에 대해서도 명목가액을 취득가액으로 한다. 다만, 결산을 확정함에 있어서 기업회계기준이 정하는 바에 따라 자산을 현재가치로 평가하여 현재가치할인차금을 계상한 경우에도 이를 인정함으로써 기업회계기준을 수용하고 있다. 결국 장기할부조건으로 자산을 취득하고 명목가액을 취득가액으로 계상한 경우에는 명목가액이 세무상 취득가액이 되며, 현재가치할인차금을 제외한 현재가치 상당액을 취득가액으로 계상한 경우에는 현재가치 상당액이 세무상 취득가액이 된다.

한편 기업회계기준에서는 현재가치할인차금을 해당 채무의 상환기간에 걸쳐 유효이자율법에 의하여 상각하고, 상각액은 이자비용으로 인식한다. 이 경우 법인세법에서도 동 이자비용을 전액 손금에 산입하며, 수입배당금액 익금불산입 규정과 지급이자 손금불산입 규정을 적용함에 있어서 현재가치할인차금 상각액은 지급이자로 보지 아니한다.

▶ 표 7-2 장기할부조건으로 취득한 자산의 세무상 처리

구 분	명목가액으로 계상한 경우	현재가치로 계상한 경우
세무조정	없음	없음
세무상 취득가액	명목가액	현재가치 상당액
현재가치할인차금	–	취득가액에 포함하지 아니함
현재가치할인차금 상각액	–	전액 손금산입하며, 세무상 지급이자로 보지 아니함

현재가치평가에 의한 채권·채무 평가차액의 처리

장기금전대차거래에서 발생하는 채권·채무를 현재가치로 평가하여 명목가액과 현재가치의 차액을 현재가치할인차금으로 계상하여 당기손익으로 처리한 경우 이를 각 사업연도 소득금액 계산상 익금 또는 손금에 산입하지 아니하며, 추후 현재가치할인차금을 상각 또는 환입하면서 이를 이자비용 또는 이자수익으로 계상한 경우에도 각 사업연도 소득금액 계산상 익금 또는 손금에 산입하지 아니한다(법기통 42-0…1).

예제 7-2 | 현재가치할인차금

㈜서강은 기계장치를 장기연불조건으로 취득하고, 다음의 2가지 회계처리방법을 고려하고 있다. 각 회계처리방법에 따른 기계장치의 세무상 취득가액을 계산하고, 필요한 세무조정을 행하시오.

(1) 명목가액

(차) 기 계 장 치	30,000,000	(대) 장기미지급금	30,000,000

(2) 현재가치평가

(차) 기 계 장 치	24,000,000	(대) 장기미지급금	30,000,000
현재가치할인차금	6,000,000		
(차) 이 자 비 용	1,250,000	(대) 현재가치할인차금	1,250,000

해답

(1) 명목가액

① 세무상 취득가액 : ₩30,000,000

② 세무조정 : 세무상 원칙에 따른 회계처리이므로 세무조정 없음

(2) 현재가치

① 세무상 취득가액 : ₩24,000,000(현재가치할인차금을 포함하지 아니함)

② 세무조정 : 현재가치에 의한 평가를 세무상 수용하므로 세무조정 없음

2) 연지급수입이자

기업회계기준에서는 Usance Bill(지급인이 지급약속을 표명한 후 일정기간 지급이 유예되는 기한부어음을 말함) 또는 D/A Bill(수출자가 발행한 화환어음을 지급하지 않고 인수만 함으로써 관계 선적서류가 수입상에게 인도되며, 약정기일 후에 수입대금을 연지급하도록 허용한 방식)과 같이 연불조건으로 원자재를 수입하는 경우에 발생하는 이자는 원자재의 취득부대비용으로 보지 아니하고 금융비용(이자비용)으로 처리한다. 법인세법에서는 연지급수입의 경우에 지급하는 이자(Usance이자 또는 D/A이자)는 해당 수입자재의 매입부대비용으로 처리함을 원칙으로 하나, 결산서상 연지급수입과 관련된 이자를 취득가액과 구분하여 이자비용으로 처리한 경우에는 이를 당기의 손금으로 산입한다. 이 경우 수입배당금액 익금불산입 규정과 지급이자 손금불산입 규정을 적용함에 있어서 금융비용으로 계상된 연지급수입이자는 지급이자로 보지 아니한다.

▶ **표 7-3** 연불조건의 원자재 수입시 발생이자의 처리방법 비교

구 분		기업회계기준	법인세법
Usance Bill	banker's usance	이자비용	매입부대비용(단, 결산서상 이자비용으로 처리한 경우에는 당기 손금)
	shipper's usance	이자비용	
D/A Bill		이자비용	

예제 7-3 | 연지급수입이자 

㈜한강은 원자재를 유산스(banker's usance)조건으로 수입하고, 다음의 2가지 회계처리방법을 고려하고 있다. 각 회계처리방법에 따른 원자재의 세무상 취득가액을 계산하고, 필요한 세무조정을 행하시오.

(1) 매입부대비용으로 처리하는 경우

(차) 원 재 료	55,000,000	(대) 단기차입금	55,000,000

(2) 금융비용으로 처리하는 경우

(차) 원 재 료	50,000,000	(대) 단기차입금	55,000,000
이 자 비 용	5,000,000		

해답

(1) 매입부대비용
  ① 세무상 취득가액 : ₩55,000,000
  ② 세무조정 : 세무상 원칙에 따른 회계처리이므로 세무조정 없음

(2) 금융비용
  ① 세무상 취득가액 : ₩50,000,000(연지급수입이자를 제외한 금액)
  ② 세무조정 : 금융비용으로 계상하는 것을 세무상 수용하므로 세무조정 없음

2. 자산 · 부채의 평가

(1) 원가법 평가원칙

내국법인이 보유하는 자산과 부채의 장부가액을 증액 또는 감액(감가상각은 제외)한 경우에는 그 평가일이 속하는 사업연도와 그 후의 각 사업연도의 소득금액을 계산할 때 그 자산과 부채의 장부가액은 그 평가 전의 가액으로 한다(법법 42 ① 본문).

(2) 자산 장부가액의 감액허용

다음에 해당하는 자산은 장부가액을 해당 감액사유가 발생한 사업연도(유형자산의 경우에는 파손 · 멸실이 확정된 사업연도를 포함)에 세법이 정하는 시가 등 평가액으로 감액하고, 그 감액한 금액을 해당 사업연도의 손비로 계상(결산조정)하면 이를 손금으로 인정한다.

항 목	대 상	감액사유
재고자산	모든 재고자산	파손 · 부패 등의 사유로 인하여 정상가격으로 판매할 수 없는 경우
유형자산	모든 유형자산	천재지변, 화재, 법령에 의한 수용, 채굴예정량의 채진으로 인한 폐광 등의 사유로 파손 또는 멸실된 경우
주 식[*1]	모든 상장주식	주식 발행법인이 ① 부도가 발생한 경우 ② 회생계획인가의 결정을 받았거나 부실징후기업이 된 경우
	특수관계[*2] 없는 비상장법인 주식	
	벤처투자회사 또는 신기술사업금융업자가 보유하는 창업자 또는 신기술사업자가 발행한 주식	
	모든 상장주식과 비상장주식	주식 발행법인이 파산한 경우

*1 주식의 발행법인별로 보유주식총액을 시가로 평가한 가액이 1천원 이하인 경우에는 1천원(비망금액)을 시가로 한다.

*2 특수관계의 유무를 판단할 때 주식등의 발행법인의 지분비율이 5% 이하이고 그 취득가액이 10억 원 이하인 주주등에 해당하는 법인은 소액주주등으로 보아 특수관계인에 해당하는 지를 판단한다.

유형자산 평가손실액의 손금귀속시기 개선

종전에는 유형자산 평가손실액을 파손·멸실이 발생한 사업연도에 손비로 계상하는 경우에만 손금에 산입하였으나, 파손·멸실이 확정된 사업연도에 손비로 계상하는 경우에도 손금산입이 가능하도록 손금귀속시기를 합리화하였다(2019년부터 시행).

예제 7-4 | 자산 장부가액의 감액 허용

제조업을 영위하는 ㈜동경의 제8기 사업연도(20×8.1.1.~20×8.12.31.) 자산 평가내역이다. 필요한 세무조정을 행하시오.

(1) 재고자산(평가방법을 원가법으로 신고함)

제7기 사업연도(20×7.1.1.~20×7.12.31.) 중 파손되어 정상가격으로 판매할 수 없는 상품에 대한 상품평가손실 ₩5,000,000을 손익계산서상 손실로 계상하였다.

(2) 유형자산

제8기 사업연도(20×8.1.1.~20×8.12.31.) 중 화재로 인해 파손된 기계장치에 대한 평가손실 ₩10,000,000을 손익계산서상 손실로 계상하였다.

(3) 상장주식

제8기 사업연도(20×8.1.1.~20×8.12.31.) 중 상장법인A가 파산함에 따라 보유중인 상장법인A의 주식 장부가액(₩20,000,000) 전액을 손익계산서상 평가손실로 계상하였다.

(4) 비상장주식

제8기 사업연도(20×8.1.1.~20×8.12.31.) 중 비상장법인B(지분비율 : 10%)가 부도가 발생함에 따라 보유중인 비상장법인B의 주식 장부가액(₩50,000,000) 전액을 손익계산서상 평가손실로 계상하였다.

해답

(1) 재고자산

해당 감액사유가 발생한 사업연도에 결산조정한 경우에만 손금에 산입할 수 있다.

<손금불산입> 상품평가손실 5,000,000(유보)

(2) 유형자산

감액사유를 충족하므로 평가손실을 손금에 산입한다. 따라서 세무조정은 없다.

(3) 상장주식A

감액사유를 충족하였으나, 비망금액(₩1,000)을 남기지 않았으므로 이에 대한 세무조정이 필요하다.

<손금불산입> 상장주식 평가손실 1,000(유보)

(4) 비상장주식B

감액사유를 충족하지 못하였으므로 평가손실 전액을 손금불산입한다.

<손금불산입> 비상장주식 평가손실 50,000,000(유보)

제 2 절 | 재고자산과 유가증권의 평가

1. 재고자산의 평가

재고자산이란 판매하기 위한 상품·제품·반제품과 생산활동에 있어서 원재료로 사용하기 위한 원재료·저장품, 그리고 생산 중에 있는 재공품 등을 말한다. 따라서 부동산매매업의 부동산이나 중공업기업이 판매를 위하여 제조한 기계 등은 이들 기업의 재고자산이 되는 것이다.

재고자산의 기말재고액을 어떻게 평가할 것인가 하는 문제는 기간손익을 확정하는데 중요한 영향을 미친다. 즉 재고자산의 기말재고액을 얼마로 평가하는가에 따라 매출원가가 결정되고, 이에 따라 기간손익과 법인세 과세표준에 영향을 미치게 되는 것이다.

(1) 재고자산의 종류

법인세법상 재고자산은 다음과 같이 4가지로 구분된다(법령 73 (1)).

① 제품 및 상품(부동산매매업자가 매매를 목적으로 소유하는 부동산을 포함하며, 유가증권을 제외한다) ② 반제품 및 재공품 ③ 원재료 ④ 저장품

(2) 재고자산의 취득원가

법인세법상 재고자산의 취득원가는 자산취득가액에 대한 일반원칙에 따라 매입원가 또는 제조원가에 기타부대비용을 가산한 금액으로 한다. 즉, 상품 등 타인으로부터 매입한 재고자산은 매입가액에 기타부대비용을 가산한 금액을 취득가액으로 하고, 자기가 제조한 재고자산은 원재료비·노무비·운임·하역비·보험료·수수료·공과금 기타 부대비용의 합계액을 취득가액으로 한다(법법 41 ①, 법령 72 ①).

한편, 의제매입세액이 공제되는 원재료의 기말재고에 대한 평가는 공급받은 가액에서 의제매입세액상당액을 차감하여 평가한다(법기통 42－74…4).

(3) 재고자산의 평가방법

재고자산은 기말재고수량에 단가를 곱하여 평가한다. 이 경우 그 수량을 확정하는 방법으로서 ① 계속기록법[41], ② 실사법[42](재고조사법)등이 있으며, 그 단가를 확정하는 방법으로서 ① 개별법, ② 선입선출법, ③ 후입선출법, ④ 이동평균법, ⑤ 총평균법, ⑥ 매가환원법, ⑦ 저가법 등이 있다.

법인세법에서는 수량의 확정방법에 대해서는 따로 정하고 있지 아니하며, 단가의 확정방법에 대해서는 원가법과 저가법에 의한 단가 결정방법을 허용하고 있다.

⑷ 재고자산의 평가단위

법인은 재고자산을 평가할 때 ① 영업종목별, ② 영업장별 또는 ③ 재고자산의 종류별로 각각 다른 방법에 의하여 평가할 수 있다. 이 경우 수익과 비용을 영업의 종목(한국산업표준분류에 의한 중분류 또는 소분류에 의한다)별 또는 영업장별로 각각 구분하여 기장하고, 종목별·영업장별로 제조원가보고서와 포괄손익계산서(포괄손익계산서가 없는 경우에는 손익계산서를 말한다)를 작성하여야 한다(법령 74 ②).

따라서 동일한 영업장 내에서도 재고자산의 종류(① 상품 및 제품, ② 반제품 및 재공품, ③ 원재료, ④ 저장품)별로 각각 다른 평가방법을 적용할 수 있다. 즉, 동일한 법인이 의약품 제조업과 화장품 제조업을 동시에 영위하는 경우에는 의약품 제조업에 속하는 제품은 총평균법으로 평가하고, 화장품 제조업에 속하는 제품은 선입선출법에 의하여 평가할 수 있는 것이다.

⑸ 재고자산평가방법의 신고 및 변경신고

재고자산의 평가방법을 신고하고자 하는 때에는 다음의 기한 내에 재고자산 등 평가방법신고(변경신고)서를 납세지 관할세무서장에게 제출하여야 한다(법령 74 ③).

구 분	신고 또는 변경신고기한
① 신 고	신설법인은 설립일(새로 수익사업을 개시한 비영리내국법인은 수익사업개시일)이 속하는 사업연도의 법인세 과세표준의 신고기한까지
② 변경신고	변경할 평가방법을 적용하고자 하는 사업연도의 종료일 이전 3월이 되는 날까지

이 경우 법인이 재고자산의 평가방법을 위에 규정하는 기한이 경과된 후에 신고(또는 변경신고)한 경우에는 그 신고일(또는 변경신고일)이 속하는 사업연도까지는 무신고

41) "계속기록법"은 재고자산의 입고량과 출고량에 대한 기록을 계속적으로 유지하여 기말재고량과 매출량을 확정하는 방법이다. 이 경우 기말재고액 또는 매출원가는 기말재고량 또는 매출량에 단가를 적용하여 계산한다.

42) "실사법"은 기말에 실지재고조사에 의하여 재고수량을 확정하고, 재고수량에 대하여 단가를 적용하여 기말재고액을 먼저 계산하고, 매출원가는 취득원가에서 기말재고액을 차감하여 산출한다.

또는 임의변경한 것으로 보며, 그 후의 사업연도에 있어서는 법인이 신고(또는 변경신고)한 평가방법에 의한다(법령 74 ⑤). 다만, 법인이 재고자산의 평가방법을 신고하지 아니하여 선입선출법(매매목적용 부동산은 개별법)을 적용받는 경우에 그 평가방법을 변경하려면 변경할 평가방법을 적용하려는 사업연도의 종료일 전 3개월이 되는 날까지 변경신고를 하여야 한다.

▶ **표 7-4** 기한 경과후 재고자산평가방법 변경신고의 효력(12월말 법인인 경우)

구 분	신고일 (또는 변경신고일)	재고자산 평가방법	
		20×1년	20×2년
변경신고 : 후입선출법 ⇨ 총평균법	20×1년 9월 20일	총평균법	총평균법
	20×1년 10월 20일	후입선출법	총평균법

(6) 재고자산의 세무상 평가금액[43)44)]

구 분	세무상 평가금액
① 평가방법 무신고시	㉠ 원칙 : 선입선출법에 의한 평가금액 ㉡ 매매를 목적으로 소유하는 부동산 : 개별법에 의한 평가금액
② 임의변경시*	Max [㉠, ㉡] ㉠ 당초 신고한 평가방법에 의한 평가금액 ㉡ 무신고시 평가방법에 의한 평가금액
③ 계산착오시	당초 신고한 평가방법에 의한 평가금액 : 착오금액만 조정
④ 매가환원법 적용시	판매예정차손이 발생되는 경우 판매예정가액으로 평가함.

* 임의변경이란 다음의 경우를 말한다.
㉠ 신고한 변경방법 이외의 평가방법으로 평가한 경우
㉡ 변경신고 기한 내에 평가방법 변경신고를 하지 아니하고 그 방법을 변경한 경우

(7) 재고자산에 대한 세무조정

재고자산 평가방법을 신고하지 아니하거나 재고자산 평가방법을 임의로 변경하여 선입선출법 등이 적용된 경우에는 세무상 재고자산 평가금액과 기업회계상 재고자산

43) 법인이 계속하여 후입선출법, 총평균법 또는 이동평균법 등을 월별, 분기별 또는 반기별로 적용하여 재고자산을 평가하는 경우에는 이를 법인세법 규정에 의한 후입선출법, 총평균법 또는 이동평균법 등에 의하여 평가한 것으로 본다(법기통 42－74…1).

44) 재고자산평가방법을 신고하고 신고한 방법에 의하여 평가하였으나, 기장 또는 계산상의 착오가 있는 경우에는 재고자산의 평가방법을 달리하여 평가한 것으로 보지 아니한다(법기통 42－74…10).

평가금액의 차이를 세무조정하여야 한다.

▶ **표 7-5** 재고자산 평가금액의 차이에 대한 세무조정

구 분	세 무 조 정
① 세무상 평가금액 > 장부상 평가금액	<익금산입> 재고자산평가감 ××× (유 보)
② 세무상 평가금액 < 장부상 평가금액	<손금산입> 재고자산평가증 ××× (△유보)

위에서 세무상 재고자산의 평가금액이 기업회계상 평가금액보다 더 큰 경우에는 재고자산의 기말재고액을 증가시켜서 매출원가를 감소시키고, 이에 따라 과세소득을 증가시키는 세무조정을 행하게 되는데, 이를 재고자산평가감이라 한다. 재고자산평가감은 그 명칭에 의해서 오해를 유발할 소지가 있는데, 이는 기업회계상 재고자산의 평가금액이 세무상 평가금액보다 과소계상 되었다는 뜻으로 이해하여야 할 것이다.

(8) 재고자산평가손실

K-IFRS는 재고자산의 시가(순실현가능가치)가 취득원가보다 낮아진 경우에는 저가법을 적용하여 재고자산의 장부금액을 순실현가능가치로 감액하면서, 재고자산평가손실을 인식하도록 하고 있다. 재고자산평가손실은 재고자산의 차감평가계정으로 표시하고 재고자산평가손실은 당기비용(매출원가 또는 기타의 비용)으로 처리한다.

만약 법인이 법인세법상 재고자산의 평가방법을 저가법으로 신고하였다면, 재고자산의 평가손실에 대하여 세무조정이 필요하지 않을 것이다. 그러나, 법인세법상 재고자산을 원가법에 의하여 신고한 법인의 경우에는 저가평가가 허용되지 않으므로 재고자산의 평가손실을 손금불산입(유보)하는 세무조정이 필요하게 된다. 다만, 원가법에 의하여 신고한 경우에도 파손·부패 등의 사유로 인하여 정상가격으로 판매할 수 없는 경우에는 결산조정에 의하여 재고자산의 장부가액을 해당 사업연도 종료일 현재 처분가능한 시가로 평가한 가액으로 감액하고, 그 감액한 금액을 해당 사업연도의 손금으로 계상할 수 있도록 허용하고 있다(법법 42 ③).

▶ **표 7-6** 재고자산평가손실의 손금인정 여부

순실현가능가액의 하락원인	세무상 신고된 재고자산평가방법	
	원가법	저가법
① 파손·부패 등의 사유	손금산입(결산조정)	손금산입(결산조정)
② 기타 시가의 하락	손금불산입	손금산입(결산조정)

(9) 한국채택국제회계기준 적용 내국법인에 대한 재고자산평가차익 익금불산입

내국법인이 한국채택국제회계기준을 최초로 적용하는 사업연도에 재고자산평가방법을 후입선출법에서 다른 재고자산평가방법(후입선출법을 제외한 재고자산평가방법)으로 납세지 관할세무서장에게 변경신고한 경우에는 해당 사업연도의 소득금액을 계산할 때 다음의 재고자산평가차익을 익금에 산입하지 아니할 수 있다(법법 42의2).

> 재고자산평가차익 = ① - ②
> ① 한국채택국제회계기준을 최초로 적용하는 사업연도의 기초 재고자산 평가액
> ② 한국채택국제회계기준을 최초로 적용하기 직전 사업연도의 기말 재고자산 평가액

이 경우 재고자산평가차익은 한국채택국제회계기준을 최초로 적용하는 사업연도의 다음 사업연도 개시일부터 5년간 균등하게 나누어 익금에 산입한다. 재고자산평가차익을 익금에 산입하는 경우에는 다음 계산식에 따라 계산한 금액을 해당 사업연도의 익금에 산입한다.

> 익금산입액 = 재고자산평가차익 × 해당 사업연도의 월수 ÷ 60월

이 경우 월수는 역(歷)에 따라 계산하되 1월 미만의 일수는 1월로 하고, 사업연도 개시일이 속한 월을 계산에 서 포함한 경우에는 사업연도 개시일부터 5년이 되는 날이 속한 월은 계산에서 제외한다.

예제 7-5 | 재고자산평가방법

제조업을 영위하는 ㈜청파의 제5기(20×2. 1. 1 ~ 20×2. 12. 31) 재고자산에 대한 다음 자료를 이용하여 재고자산의 평가와 관련된 세무조정을 행하시오.

(1) 재고자산의 평가금액

구 분	평가금액			
	결산서	총평균법	후입선출법	선입선출법
제 품	₩18,000,000	₩25,000,000	₩18,000,000	₩20,000,000
반제품	13,000,000	13,000,000	10,000,000	15,000,000
원재료	12,000,000	11,000,000	9,000,000	14,000,000
저장품	8,000,000	7,000,000	6,000,000	8,000,000

(2) 회사는 제4기까지 제품의 평가방법을 총평균법으로 신고하여 평가하여 왔으나, 제5기부터 후입선출법으로 변경할 목적으로 20×2. 10. 31에 재고자산평가방법의 변경신고를 이행한 바 있다.

(3) 회사는 제5기까지 반제품의 평가방법을 신고하지 아니하였다.

(4) 회사는 원재료를 신고한 평가방법인 총평균법으로 평가하였으나, 계산착오로 ₩1,000,000을 과대계상하였다.

(5) 회사는 저장품의 평가방법을 신고하지 아니하였다. 한편, 제4기 결산서상 저장품이 과대평가되어 ₩2,000,000을 손금산입한 바 있으며, 전기말 저장품은 당기 중 모두 수선비 등으로 대체되어 사용되었다.

해답

(1) 제품(임의변경)

① 세무상 평가금액 : Max[당초 신고한 평가방법에 의한 평가금액, 선입선출법에 의한 평가금액]
= Max[₩25,000,000, 20,000,000] = ₩25,000,000

② 결산서상 평가금액 : ₩18,000,000

③ 세무조정 : <익금산입> 제품평가감 7,000,000(유보)

(2) 반제품(무신고)

① 세무상 평가금액 : ₩15,000,000(선입선출법)

② 결산서상 평가금액 : ₩13,000,000

③ 세무조정 : <익금산입> 반제품평가감 2,000,000(유보)

(3) 원재료(계산착오)

① 세무상 평가금액 : ₩11,000,000(총평균법)

② 결산서상 평가금액 : ₩12,000,000

③ 세무조정 : <손금산입> 원재료평가증 1,000,000(△유보)

(4) 저장품 : <익금산입> 전기 저장품평가증 2,000,000(유보)

해설 (1) 제품(임의변경) : 재고자산평가방법의 변경신고기한(20×2. 9. 30)을 경과하여 변경신고를 하였으므로 해당 사업연도의 제품평가방법은 당초 신고한 평가방법인 총평균법이 된다. 그러나, 결산서상 변경신고한 평가방법인 후입선출법에 의하여 평가하였으므로 임의변경에 해당한다.

(2) 반제품(무신고) : 재고자산평가방법의 신고기한(최초 사업연도 법인세과세표준 신고기한)까지 평가방법을 신고하지 아니하였으므로 무신고가 된다.

(3) 원재료(계산착오) : 신고한 평가방법에 의하여 평가하였으나, 계산착오로 원재료의 평가액이 잘못된 경우이므로 이를 임의변경으로 보지 아니하며, 착오금액만을 세무조정한다.

(4) 저장품(무신고) : 저장품의 평가방법을 신고하지 아니하였으므로 선입선출법에 의한 평가금액이 세무상 평가금액이 되며, 결산서상 선입선출법에 의하여 평가하였으므로 당기 저장품 관련 세무조정사항은 없다. 그러나 전기말 저장품이 당기에 모두 비용으로 대체되었으므로 전기말 저장품에 대한 △유보잔액을 사후관리하는 세무조정이 필요하다.

예제 7-6 | 재고자산의 평가손실

㈜필승의 제7기 재고자산평가관련 자료이다. 다음 자료를 이용하여 아래 요구사항에 답하시오.

(1) 회사는 제품을 신고한 평가방법인 총평균법에 의하여 ₩50,000,000으로 평가하였으나, 공급과잉으로 인하여 제품의 순실현가능가액이 ₩40,000,000으로 하락함에 따라 다음과 같이 회계처리하였다.

(차) 재고자산평가손실	10,000,000	(대) 제품평가충당금	10,000,000

(2) 회사는 상품을 신고한 평가방법인 선입선출법에 의하여 ₩40,000,000으로 평가하였으나, 보관 중인 상품의 일부가 파손으로 인하여 순실현가능가액이 ₩35,000,000으로 하락함에 따라 다음과 같이 회계처리하였다.

(차) 재고자산평가손실	5,000,000	(대) 상품평가충당금	5,000,000

• 요구사항 •

1. 회사가 재고자산의 평가방법을 원가법으로 신고한 경우 재고자산에 대한 세무조정을 수행하시오.
2. 회사가 재고자산의 평가방법을 저가법으로 신고한 경우 재고자산에 대한 세무조정을 수행하시오.

해답

1. 원가법으로 신고한 경우
   (1) 제품의 평가손실 : <손금불산입> 제품평가손실(매출원가) 10,000,000(유보)
   (2) 상품의 평가손실 : 세무조정 없음

2. 저가법으로 신고한 경우
   (1) 제품의 평가손실 : 세무조정 없음
   (2) 상품의 평가손실 : 세무조정 없음

해설 (1) 원가법으로 신고한 경우에도 파손·부패 등의 사유로 정상가격으로 판매할 수 없는 경우에는 결산조정에 의하여 재고자산의 평가손실을 손금에 산입할 수 있다. 그러나, 기타의 사유로 재고자산의 시가가 하락한 경우에는 손금에 산입하지 아니한다.

(2) 저가법으로 신고한 경우에는 원가법에 의한 평가금액과 시가 중 낮은 가액을 기말 재고자산의 가액으로 하는 것이므로 결산서상 평가손실을 계상한 경우에는 시가의 하락원인에 관계없이 이를 손금에 산입할 수 있다.

2. 유가증권의 평가

(1) 유가증권의 취득가액

유가증권은 매입가액에 기타 부대비용을 가산한 금액을 취득가액으로 하며, 유가증권(신주인수권을 포함)을 저렴한 가격으로 매입한 경우에도 실제매입가격을 취득가액으로 한다. 다만, 특수관계가 있는 개인으로부터 유가증권을 시가보다 낮은 가액으로 매입하여 유가증권 저가매입액을 익금에 산입한 경우에는 익금에 산입한 금액을 취득가액에 가산한다(법기통 41－72…1).

(2) 유가증권의 평가방법

법인세법상 유가증권의 평가는 다음에 해당하는 방법 중 법인이 납세지 관할세무서장에게 신고한 방법에 의한다.

① 주식 : 원가법 중 총평균법 또는 이동평균법

② 채권 : 원가법 중 개별법・총평균법 또는 이동평균법

(3) 유가증권평가방법의 신고 및 변경신고

유가증권의 평가방법도 재고자산의 평가방법과 동일한 기한 내에 신고하여야 한다. 법인이 기한 내에 유가증권의 평가방법을 신고하지 아니한 경우에는 총평균법을 적용하여 평가한다. 한편 유가증권평가방법을 임의변경한 경우에는 재고자산평가의 경우를 준용하여 세무상 유가증권 평가금액을 계산한다.

(4) 유가증권의 평가손익

법인세법에서는 유가증권을 원가법에 의하여 평가하도록 규정하고 있으므로, 기업회계기준에 의해 유가증권을 공정가액법 등에 의하여 평가한 경우에는 동 평가손익을 익금불산입(또는 손금불산입)하는 세무조정을 수행하여야 한다. 다만, 주권상장법인이 발행한 주식으로서 그 발행법인이 부도가 발생한 경우, 주식 등을 발행한 법인이 파산한 경우 등 결산조정에 의하여 감액이 허용되는 경우에는 그러하지 아니하다.

가상자산 평가규정

특정 금융거래정보의 보고 및 이용 등에 관한 법률 제2조 제3호에 따른 가상자산은 선입선출법에 따라 평가해야 한다(법령 77).

▶ **표 7-7** 기업회계기준의 유가증권 평가방법과 법인세법의 비교

구 분	K-IFRS	법인세법
① 당기손익-공정가치(FVPL)측정금융자산	공정가치로 평가(당기손익)	원가법
② 기타포괄손익-공정가치(FVOCI)측정지분상품	공정가치로 평가(기타포괄손익)	
③ 기타포괄손익-공정가치(FVOCI)측정채무상품	공정가치로 평가(기타포괄손익)	
④ 상각후원가(AC)측정채무상품	상각후원가로 평가	

▶ **표 7-8** 유가증권의 평가관련 세무조정

구 분	회 계 처 리	세 무 조 정
평가이익	당기손익으로 회계처리한 경우	익금불산입(△유보)
	자본항목(기타포괄손익 등)으로 회계처리한 경우	익 금 산 입(기타) · 익금불산입(△유보)
평가손실	당기손익으로 회계처리한 경우	손금불산입(유보)
	자본항목(기타포괄손익 등)으로 회계처리한 경우	손 금 산 입(기타) · 손금불산입(유보)

예제 7-7 | 유가증권의 평가

제조업을 영위하는 ㈜강남의 다음 자료를 이용하여 유가증권에 대한 세무조정을 행하시오.

(1) 결산시 금융자산을 공정가치로 평가하여 다음과 같이 회계처리하였다.

(차) FVPL금융자산	2,000,000	(대) FVPL금융자산평가이익	2,000,000

(2) 금융자산을 기말현재 공정가치로 평가하여 다음과 같이 회계처리하였다.

(차) FVOCI금융자산평가손실	3,000,000	(대) FVOCI금융자산	3,000,000

해답

(1) 일반법인의 유가증권은 원가법에 의하여 평가하므로 금융자산평가이익을 익금불산입하는 세무조정이 필요하다.

<익금불산입> 금융자산평가이익 2,000,000 (△유보)

(2) 금융자산평가손실을 기타포괄손익으로 계상하였으므로 다음과 같은 이중조정이 필요하다.

<손 금 산 입> 기타포괄손익 3,000,000 (기 타)
<손금불산입> 금융자산평가손실 3,000,000 (유 보)

제 3 절 | 외화자산 및 부채의 평가

1. 외화자산 · 부채의 평가손익

(1) 은행업을 영위하는 금융회사 등의 평가

은행업을 영위하는 금융회사 등[45]이 보유하는 화폐성 외화자산 · 부채와 통화선도, 통화스왑 및 환변동보험(이하 "통화선도등"이라 함)은 다음의 방법에 따라 평가하여야 하며, 화폐성 외화자산 · 부채, 통화선도등을 평가함에 따라 발생하는 평가한 원화금액과 원화기장액의 차익 또는 차손은 해당 사업연도의 익금 또는 손금에 이를 산입한다. 이 경우 통화선도등의 계약 당시 원화기장액은 계약의 내용 중 외화자산 및 부채의 가액에 계약체결일의 매매기준율 등을 곱한 금액을 말한다(법령 76 ①).

① 화폐성 외화자산 · 부채 : 사업연도 종료일 현재의 외국환거래규정에 따른 매매기준율 또는 재정(裁定)된 매매기준율로 평가하는 방법

② 통화선도등 : 다음의 어느 하나에 해당하는 방법 중 관할세무서장에게 신고한 방법(신고한 평가방법은 그 후의 사업연도에도 계속하여 적용하여야 함)에 따라 평가하는 방법. 다만, 최초로 'ⓛ'의 방법을 신고하여 적용하기 이전 사업연도에는 '㉠'의 방법을 적용하여야 한다.

㉠ 계약의 내용 중 외화자산 및 부채를 계약체결일의 매매기준율등으로 평가하는 방법

ⓛ 계약의 내용 중 외화자산 및 부채를 사업연도 종료일 현재의 매매기준율등으로 평가하는 방법

● 통화선도와 통화스왑의 용어정의

① 통화선도 : 원화와 외국통화 또는 서로 다른 외국통화의 매매계약을 체결함에 있어 장래의 약정기일에 약정환율에 따라 인수 · 도 하기로 하는 거래

② 통화스왑 : 약정된 시기에 약정된 환율로 서로 다른 표시통화간의 채권채무를 상호 교환하기로 하는 거래

③ 환변동보험 : 무역보험법에 따라 한국무역보험공사가 운영하는 환변동위험을 회피하기 위한 선물환 방식의 보험계약(당사자 어느 한쪽의 의사표시에 의하여 기초자산이나 기초자산의 가격 · 이자율 · 지표 · 단위 또는 이를 기초로 하는 지수 등에 의하여 산출된 금전, 그 밖의 재산적 가치가 있는 것을 수수하는 거래를 성립시킬 수 있는 권리를 부여하는 것을 약정하는 계약과 결합된 보험계약은 제외함)

---

45) 은행법에 의한 인가를 받아 설립된 은행, 중소기업은행, 한국수출입은행, 한국정책금융공사, 농업협동조합중앙회 및 수산업협동조합중앙회를 말한다.

⑵ 일반법인의 평가

은행업을 영위하는 금융회사 등 외의 법인(일반법인)이 보유하는 화폐성 외화자산·부채(보험업법에 따른 보험회사의 책임준비금은 제외)와 화폐성 외화자산·부채의 환위험을 회피하기 위하여 보유하는 통화선도등(환위험회피용 통화선도등)은 다음의 어느 하나에 해당하는 방법 중 관할세무서장에게 신고한 방법(신고한 평가방법은 그 후의 사업연도에도 계속하여 적용하여야 하나, 5개 사업연도가 지난 후에는 다른 평가방법으로 신고할 수 있음)에 따라 평가하여야 하며, 평가에 따라 발생하는 평가한 원화금액과 원화기장액의 차익 또는 차손은 해당 사업연도의 익금 또는 손금에 이를 산입한다. 이 경우 환위험회피용통화선도등의 계약 당시 원화기장액은 계약의 내용 중 외화자산 및 부채의 가액에 계약체결일의 매매기준율 등을 곱한 금액을 말한다. 다만, 최초로 '②'의 방법을 신고하여 적용하기 이전 사업연도의 경우에는 '①'의 방법을 적용하여야 한다(법령 76 ②).

① 화폐성 외화자산·부채와 환위험회피용통화선도등의 계약 내용 중 외화자산 및 부채를 취득일 또는 발생일(통화선도등의 경우에는 계약체결일을 말한다) 현재의 매매기준율등으로 평가하는 방법

② 화폐성 외화자산·부채와 환위험회피용통화선도등의 계약 내용 중 외화자산 및 부채를 사업연도 종료일 현재의 매매기준율등으로 평가하는 방법

▶ **표 7-9** 외화자산·부채의 평가 요약

구 분	평가대상	평가성격[46)]
은 행	화폐성 외화자산·부채	강제평가
	통화선도·통화스왑 및 환변동보험	선택평가
일반법인	화폐성 외화자산·부채	선택평가
	환위험 회피목적으로 보유하는 통화선도·통화스왑 및 환변동보험	선택평가

46) 강제평가 및 선택평가의 의미 : 은행은 화폐성 외화자산·부채에 대한 외화환산손익을 반드시 익금 또는 손금에 산입하여야 하는 반면에 일반법인은 화폐성 외화자산·부채에 대한 외화환산손익을 익금 또는 손금에 산입할지 여부를 법인이 선택할 수 있다는 것이다. 단, 한번 선택하면 그 후의 사업연도에도 계속하여 적용하여야 한다.

예제 7-8 | 외화자산·부채의 평가

다음은 제조업을 영위하는 ㈜인천의 제15기 사업연도(20×4년 1월 1일~20×4년 12월 31일) 외화자산·부채의 평가와 관련된 자료이다. 이 자료를 이용하여 필요한 세무조정 및 소득처분을 하시오.

1. 외화자산 및 부채의 현황

구 분	외화금액	평가전 가액	평가이익(△손실)
외화매출채권	$25,000	₩24,500,000	₩500,000
외화선수금 (용역관련)	$5,000	4,750,000	△250,000
외화재고자산	$30,000	29,970,000	30,000
외화차입금	$7,000	6,570,000	△430,000

2. 추가설명
   ① 외화자산 및 부채는 모두 제15기에 발생하였으며, 평가전 가액은 발생일 현재의 매매기준율로 평가한 금액이다.
   ② ㈜인천은 외화자산 및 부채에 대하여 사업연도 종료일 현재의 매매기준율로 평가하는 방법을 적법하게 신고하였다. 제15기 사업연도말 매매기준율은 1,000원/$이다.
   ③ ㈜인천은 외화자산 및 부채의 평가손익을 손익계산서상 영업외손익으로 회계처리하였다.

해답

1. 화폐성 외화자산·부채(외화매출채권과 외화차입금)는 사업연도 종료일 현재의 매매기준율에 평가하였으므로 세무조정이 필요하지 않다.
2. 비화폐성 외화자산·부채(외화선수금과 외화재고자산)에 대한 평가손익은 세무상 익금 또는 손금으로 인정되지 아니하므로 다음과 같은 세무조정이 필요하다.
   <손금불산입> 외화평가손실 250,000(유보)
   <익금불산입> 외화평가이익 30,000(△유보)

2. 외화자산 및 부채의 상환손익

내국법인이 상환받거나 상환하는 외화채권·채무의 원화기장액과 상환받거나 상환하는 원화금액과의 상환차손익은 해당 사업연도의 손금 또는 익금에 산입한다(법령 76 ⑤).

객/관/식/문/제

▶ 제7장 자산 · 부채의 평가

1 법인세법상 자산취득가액에 대한 다음 설명 중 옳지 않은 것은?

① 법인이 소유한 토지(시가 5천만원)를 다른 법인이 소유한 건물(시가 6천만원)과 교환하였을 경우 교환으로 취득하는 건물의 취득가액은 6천만원으로 한다.

② 법인이 대주주로부터 시가 1억원인 토지를 무상으로 수증한 경우 수증한 토지의 취득가액은 1억원으로 한다.

③ 토지를 장기할부조건으로 취득하면서 취득가액을 할부대금의 명목가액 1억원 대신 기업회계기준에 따라 현재가치 7천만원으로 장부에 계상한 경우 동 토지의 세무상 취득가액은 7천만원으로 한다.

④ 특수관계인이 아닌 자로부터 시가 2억원인 건물을 2억 5천만원에 매입하고 장부에 건물의 취득가액을 2억 5천만원으로 계상하였다면 건물의 세무상 취득가액은 2억원이다.

해설

법인이 특수관계 없는 자로부터 정상가액(2억 6천만원 = 2억원 × 130%)을 초과하지 않는 가액에 매입한 경우에는 매입가액(2억 5천만원)을 세무상 취득가액으로 한다.

2 법인세법상 자산취득가액에 대한 설명으로 옳지 않은 것은? ◆ 2008년 국가직 9급

① 시가가 1억원인 토지를 정당한 사유 없이 특수관계가 없는 자로부터 1억 3천만원에 매입하고 당해 금액을 취득가액으로 계상한 경우 세법상 취득가액으로 인정된다.

② 재고자산 등의 매입을 위하여 조달한 차입금에 대한 이자비용은 취득가액에 포함되지 않는다.

③ 시가 5천만원인 주식을 발행하여 시가 4천만원의 건물을 현물출자 받은 경우 세법상 건물의 취득가액은 5천만원이다.

④ 자산을 법령의 규정에 의한 장기할부조건 등으로 취득하는 경우 발생한 채무를 기업회계기준에 따라 현재가치로 평가하여 계상하는 현재가치할인차금은 이를 취득가액에 포함하지 않는다.

해설

법인이 현물출자에 따라 취득한 자산(건물)은 해당 자산의 시가(4천만원)를 취득가액으로 한다.

3 다음 중 법인세법상 자산을 처분할 때 손금에 산입되는 양도자산의 세무상 장부가액에 포함되지 않는 것은?

① 해당 자산의 건설자금에 충당한 차입금의 이자

② 특수관계가 있는 개인으로부터 시가보다 낮은 가액으로 취득한 유가증권을 처분함에 있어서 해당 유가증권의 양수당시 매입가액과 시가의 차이

③ 토지의 취득과 함께 국·공채를 매입하는 경우 그 국·공채의 매입가액과 현재가치의 차액을 해당 토지의 취득가액으로 계상한 금액

④ 특수관계인으로부터 시가보다 높은 가액으로 매입한 자산을 처분함에 있어서 매입당시 부당행위계산으로 부인되었던 매입가액과 시가의 차이

해설

특수관계인으로부터 시가보다 높은 가액으로 매입한 자산의 세무상 취득가액은 시가이므로 매입당시 부당행위계산으로 부인되었던 매입가액과 시가의 차이는 세무상 자산의 취득가액에 포함되지 아니한다.

4 다음 자료에 의하여 재고자산평가액 합계를 계산하면 얼마인가?

재고자산	선입선출법	후입선출법	총평균법	실제평가방법	신고한 평가방법
제　　품	₩5,000,000	₩3,000,000	₩4,000,000	선입선출법	무　신　고
원 재 료	4,000,000	2,500,000	3,000,000	후입선출법	선입선출법
재 공 품	2,200,000	2,000,000	2,100,000	선입선출법	후입선출법

① ₩7,500,000　　② ₩9,000,000

③ ₩11,000,000　　④ ₩11,200,000

해설

(1) 제　품 : 무신고인 경우에는 선입선출법에 의하여 평가한다.

(2) 원재료·재공품 : 평가방법을 임의로 변경한 경우에는 선입선출법에 의하여 평가한 금액과 당초 신고한 방법에 의해 평가한 금액 중 큰 금액을 평가액으로 한다.
₩5,000,000 + 4,000,000 + 2,200,000 = ₩11,200,000

5 법인세법상 재고자산의 평가에 관한 설명으로 옳지 않은 것은? ⊙ 2013년 국가직 9급

① 법정기한 내에 재고자산 평가방법을 신고하지 아니한 경우 매매를 목적으로 소유하는 부동산은 납세지 관할세무서장이 선입선출법에 의하여 평가한다.

② 법정기한 내에 재고자산의 평가방법변경신고를 하지 아니하고 그 방법을 변경한 경우에는 신고한 평가방법에 의하여 평가한 가액과 선입선출법에 의하여 평가한 가액 중 큰 금액으로 평가한다.

③ 신설법인이 재고자산 평가방법을 신고하고자 하는 때에는 설립일이 속하는 사업연도의 법인세과세표준 신고기한 내에 신고하여야 한다.

④ 법인이 신고한 재고자산 평가방법을 변경하고자 하는 경우 변경할 평가방법을 적용하고자 하는 사업연도의 종료일 이전 3월이 되는 날까지 신고하여야 한다.

해설

신설법인이 법령의 규정에 의한 신고기한 내에 재고자산의 평가방법을 신고하지 아니한 경우에는 납세지 관할세무서장이 선입선출법(매매를 목적으로 소유하는 부동산의 경우에는 개별법)에 의하여 재고자산을 평가한다.

6 법인세법상 재고자산 및 유가증권의 평가방법에 대한 설명으로 옳지 않은 것은?

⊙ 2015년 국가직 9급

① 법인이 보유한 주식의 평가는 개별법, 총평균법, 이동평균법 중 법인이 납세지 관할세무서장에게 신고한 방법에 의한다.

② 법인의 재고자산평가는 원가법과 저가법 중 법인이 납세지 관할세무서장에게 신고한 방법에 의한다.

③ 법인의 재고자산평가는 자산과목별로 구분하여 종류별·영업장별로 각각 다른 방법으로 평가할 수 있다.

④ 법인이 재고자산평가와 관련하여 신고한 평가방법 이외의 방법으로 평가한 경우에는 무신고 시의 평가방법과 당초에 신고한 방법 중 평가가액이 큰 평가방법에 의한다.

해설

법인이 보유한 주식의 평가는 총평균법, 이동평균법 중 법인이 납세지 관할세무서장에게 신고한 방법에 의한다. 유가증권 중에는 채권에 대해서만 개별법 평가가 허용된다.

7 제조업을 영위하는 (주)한국이 유가증권(A주식)과 관련된 거래를 다음과 같이 적절하게 회계처리 한 경우 20×2년 및 20×3년에 유보(또는 △유보)로 소득처분 할 금액(순액)은? (단, ㈜한국의 사업연도는 1월 1일부터 12월 31일까지이다) ◐ 2013년 국가직 7급

---

(1) 20×2년 중 특수관계인(개인)으로부터 시가 ₩1,000,000인 A주식을 ₩900,000에 매입하여 장부에 매입가액으로 계상하였다.
(2) 20×2년 말 A주식의 시가는 ₩1,200,000이며, ₩300,000의 평가이익을 장부에 계상하였다.
(3) 20×3년 중 20×2년에 취득한 A주식을 ₩1,300,000에 매각하면서 처분이익 ₩100,000을 장부에 계상하였다.

	20×2년	20×3년		20×2년	20×3년
①	유보 200,000	△유보 200,000	②	△유보 200,000	유보 200,000
③	유보 300,000	△유보 300,000	④	△유보 300,000	유보 300,000

해설

(1) 20×2년 : ₩△200,000(순액)
<익금산입> 유가증권 저가매입액 100,000 (유보)
<익금불산입> A주식(평가이익) 300,000 (△유보)
(2) 20×3년
<익금산입> A주식(처분이익) 200,000 (유보)

8 다음은 제조업을 영위하는 ㈜설악(사업연도 : 매년 1.1 ~ 12.31)이 보유하고 있는 주식과 관련된 자료이다. 제7기 사업연도에 주식의 처분과 관련하여 행하여야 할 세무조정으로 옳은 것은?

---

(1) 제6기 9월에 주권상장법인인 ㈜속초의 주식 1,000주를 ₩5,000,000에 취득하고 당기손익－공정가치측정금융자산으로 회계처리하였다.
(2) 제6기 11월 초에 ㈜속초가 무상증자(이익준비금 자본전입)를 행함에 따라 무상주 100주(1주당 시가 : ₩7,000, 1주당 액면가액 : ₩5,000)를 수령하고 기업회계기준에 따라 회계처리하였다.
(3) 제6기말에 ㈜속초의 주식을 공정가치인 ₩8,000,000으로 평가하였으며, 기업회계기준에 따라 ₩3,000,000을 미실현이익(당기손익)으로 회계처리하였다. 이에 대한 제6기의 세무조정은 적절하게 이루어졌다.
(4) ㈜설악은 제7기 중 ㈜속초의 주식 중 550주를 처분하고 기업회계기준에 따라 회계처리하였다.

---

① <익 금 산 입> 금융자산 1,250,000 (유보)
② <익 금 산 입> 금융자산 1,500,000 (유보)
③ <익금불산입> 금융자산 250,000(△유보)
④ <익금불산입> 금융자산 500,000(△유보)

해설

(1) 제6기 중 세무조정
① 무상주수령 : <익금산입> 무상주 의제배당 500,000*1(유보)
*1 100주 × ₩5,000(1주당 액면가액) = ₩500,000
② 기말평가 : <익금불산입> 미실현이익(당기손익) 3,000,000*2(△유보)
*2 평가이익 : ₩8,000,000 − 5,000,000 = ₩3,000,000
(2) 제7기 중 주식처분과 관련된 세무조정
① 처분전 △유보잔액 : ₩500,000 − 3,000,000 = ₩△2,500,000
② 세무조정 : <익금산입> 금융자산 1,250,000*3 (유보)
*3 △2,500,000 × 550주/1,100주 = △1,250,000

9 다음은 법인세법상 외화자산 및 부채에 대한 평가규정을 설명한 것이다. 옳지 않은 것은?

① 제조업을 영위하는 법인은 화폐성 외화자산 및 부채에 대한 환산손익을 익금 또는 손금에 산입할 수 없다.
② 은행업을 영위하는 금융회사 등이 보유한 화폐성 외화자산 및 부채는 사업연도 종료일 현재의 외국환거래규정에 따른 매매기준율 또는 재정(裁定)된 매매기준율로 평가한다.
③ 은행업을 영위하는 금융회사 등의 화폐성 외화자산 및 부채에 대한 외화환산손익은 해당 사업연도의 익금 또는 손금으로 한다.
④ 은행업을 영위하는 금융회사 등이 통화선도에 대하여 평가방법을 신고하지 아니한 경우에는 외화자산 및 부채를 계약체결일의 매매기준율 또는 재정된 매매기준율로 평가한다.

해설

제조업을 영위하는 법인도 화폐성 외화자산 및 부채에 대한 환산손익을 익금 또는 손금에 산입할 수 있다(선택평가).

10 법인세법상 내국법인의 자산의 취득가액과 평가에 관한 설명으로 옳은 것은?

2018년 국가직 9급

① 재고자산의 평가방법을 신고한 법인이 그 평가방법을 변경하기 위하여 재고자산 등 평가방법변경신고서를 납세지 관할세무서장에게 제출하려고 하는 경우에는 변경할 평가방법을 적용하고자 하는 사업연도 종료일 이전 2월이 되는 날까지 제출하여야 한다.

② 유형자산의 취득과 함께 국·공채를 매입하는 경우 기업회계기준에 따라 그 국·공채의 매입가액과 현재가치의 차액을 당해 유형자산의 취득가액으로 계상했더라도 그 금액은 자산의 취득가액에 포함하지 않는다.

③ 재고자산이 부패로 인해 정상적인 가격으로 판매할 수 없게 된 경우 그 사유가 발생한 사업연도 종료일 현재의 처분가능한 시가로 자산의 장부가액을 감액할 수 있고 그 감액분을 신고조정을 통해 손금산입할 수 있다.

④ 매매를 목적으로 소유하는 재고자산인 부동산의 평가방법을 법령에 따른 기한 내에 신고하지 아니한 경우, 납세지 관할세무서장은 그 재고자산을 개별법에 의하여 평가한다.

해설

① 적용하고자 하는 사업연도 종료일 이전 3월이 되는 날까지 제출하여야 한다.
② 그 금액은 자산의 취득가액에 포함한다.
③ 신고조정을 통해 손금산입할 수 없고, 반드시 결산조정하여야 한다.

정답	1	④	2	③	3	④	4	④	5	①	6	①	7	②	8	①	9	①	10	④

감가상각비

제 1 절 | 감가상각비의 개요

1. 감가상각의 의의

(1) 기업회계상 감가상각

기업회계에서 '감가상각'이란 유형자산의 취득원가에서 잔존가액을 차감한 금액(순투자액, 감가상각대상금액)을 내용연수에 걸쳐 체계적인 방법으로 각 회계기간에 배분하는 과정을 말한다. 즉, 감가상각은 유형자산의 평가과정이 아니라, 유형자산의 내용연수동안 취득원가를 체계적이고 합리적인 방법으로 배분하는 원가의 배분과정인 것이다. 한편, 기업회계에서는 무형자산의 경우에도 상각대상금액을 추정내용연수 동안 체계적인 방법으로 배분하여 무형자산상각비로 비용처리하고 있다.

(2) 세무상 감가상각

세무상 감가상각비는 결산조정에 의해 이를 손비로 계상하는 경우에 한하여 일정한 상각범위액(감가상각비의 손금한도액)까지만 손금에 산입하고, 그 계상한 감가상각비 중 상각범위액을 초과하는 부분의 금액은 손금에 산입하지 아니한다. 세무회계에서는 기업회계의 유형자산 감가상각비와 무형자산상각비를 모두 통칭하여 감가상각비로 취급하고 있다.

▶ **표 8-1** 기업회계와 세무회계의 비교

구 분	기업회계	세무회계
① 유형자산의 감가상각	감가상각비	감가상각비
② 무형자산의 상각	무형자산상각비	
③ 감가상각비의 개념	원가의 배분과정	상각범위액의 한도 내에서 손금산입되는 손금항목
④ 적용의 계속성	일단 선택한 방법은 계속 적용함을 원칙으로 함.	감가상각비의 손금계상 여부는 법인의 선택사항임(결산조정항목)

(3) 세무상 감가상각비의 특징

1) 임의상각제도

손금한도액의 범위 내에서 감가상각비로 계상할 금액을 법인이 임의로 결정할 수 있다. 따라서 결산서에 손비로 계상된 감가상각비가 손금한도액에 미달하더라도 세무상으로는 문제가 되지 않는다. 단, '감가상각의 의제'규정이 적용되는 경우와 업무용승용차는 예외로 한다.

2) 결산조정

감가상각비는 법인이 각 사업연도의 결산을 확정함에 있어서 손비로 계상하는 것에 한하여 손금에 산입하며, 원칙적으로 신고조정에 의하여 감가상각비를 손금에 산입할 수 없다. 다만, '감가상각의 의제' 규정이 적용되는 경우와 업무용승용차 등 예외적으로 신고조정에 의하여 감가상각비를 손금에 산입하는 경우가 있다.

3) 잔존가액과 내용연수의 법정화

잔존가액은 일률적으로 영(0)으로 정하고 있으며, 내용연수는 자산의 종류별로 규정된 일정한 범위 내에서 법인이 선택하여 신고한 내용연수를 적용함을 원칙으로 한다.

4) 감가상각방법의 정형화

감가상각방법으로 정액법·정률법 및 생산량비례법만이 인정되며, 자산별로 법인이 선택한 감가상각방법을 계속하여 적용함을 원칙으로 한다.

▶ **표 8-2** 세무상 감가상각비의 특징

구 분	법인세법	기업회계
① 감가상각비의 계상	임의상각제도(결산조정)	감가상각비의 계상여부를 선택할 수 없음(계속 상각)
② 잔존가액	영(0)	잔존가액이 중요할 것으로 예상되는 경우에는 객관적·합리적으로 추정
③ 내용연수	세법이 정하는 일정한 범위 내에서 선택 적용	예상되는 사용기간을 합리적으로 추정하여 결정함
④ 내용연수의 개념	상각률의 결정요소(상각기간이 아님)	자산의 예상사용기간 등(상각기간)
⑤ 감가상각방법의 적용	자산별로 규정된 방법 중 법인이 선택하여 적용(일부 자산은 법정감가상각방법 적용)	미래 경제적 효익의 소멸행태에 따라 합리적인 방법을 법인이 선택하여 적용
⑥ 감가상각방법	정액법·정률법·생산량비례법	연수합계법 등 기타의 상각방법 적용 가능

2. 감가상각자산의 범위

(1) 감가상각자산 개정

세법상 감가상각자산이라 함은 다음의 유형자산 및 무형자산을 말한다(법법 23 ①, 법령 24 ①).

① 유형자산

㉠ 건축물 : 건물 (부속설비를 포함함) 및 구축물

㉡ 차량 및 운반구, 공구, 기구 및 비품, 기계 및 장치

㉢ 선박 및 항공기

㉣ 동물 및 식물

㉤ 기타 위의 자산과 유사한 유형자산

② 무형자산

㉠ 영업권 · 디자인권 · 실용신안권 · 상표권

㉡ 특허권, 어업권, 양식업권, 해저광물자원 개발법에 의한 채취권, 유료도로관리권, 수리권, 전기가스공급시설이용권, 공업용 수도시설이용권, 수도시설이용권, 열공급시설이용권, 철도시설관리권

㉢ 광업권, 전신전화전용시설이용권, 전용측선이용권, 하수종말처리장 시설관리권, 수도시설관리권

㉣ 댐사용권, 개발비 · 사용수익기부자산가액 · 주파수이용권 및 공항시설관리권

㉤ 항만시설관리권

㉥ 그 밖에 '㉠~㉤'까지의 자산과 유사한 기타의 무형자산

(2) 감가상각대상에서 제외되는 자산

시간이 경과하여도 감가되지 아니하거나 사업에 사용할 것을 목적으로 하지 아니하는 자산 등에 대해서는 감가상각이 인정되지 아니하며, 이에는 다음과 같은 자산들이 있다(법령 24 ②).

① 법인의 사업에 사용하지 아니하는 자산(유휴설비를 제외함) : 법인의 업무와 직접 관련이 없는 자산과 법인이 직접 사용하지 아니하고 타인이 주로 사용하는 자산은 감가상각비를 계상할 수 없다.

② 건설중인 자산 : 건설중인 자산의 일부가 완성되어 해당 부분이 사업에 사용되는 경우 그 부분은 이를 감가상각대상 자산에 해당하는 것으로 한다.

③ 설치중인 자산 또는 그 성능을 시험하기 위한 시운전기간에 있는 자산

④ 시간의 경과에 따라서 감가되지 않는 자산 : 토지 · 전화가입권 · 저작권 · 입목(立

木)·서화·골동품 등

⑶ 감가상각대상에 포함되는 자산

① 유휴설비 : 가동할 수 있는 상태에 있는 설비로서 조업중단 등으로 인해 일시적으로 가동이 중단되어 있는 상태의 설비를 말하며, 다음의 기계 및 장치 등이 포함되지 않는 것으로 한다(법칙 12 ②).

㉠ 사용중 철거하여 사업에 사용하지 아니하는 기계 및 장치 등

㉡ 취득 후 사용하지 아니하고 보관중인 기계 및 장치 등

② 장기할부조건 등으로 매입한 감가상각자산 : 법인이 해당 감가상각자산의 가액 전액을 자산으로 계상하고 사업에 사용하는 경우에는 그 대금의 청산 또는 소유권의 이전 여부에 관계없이 이를 감가상각자산에 포함한다(법령 24 ④).

③ 리스자산 : 금융리스의 자산은 리스이용자의 감가상각자산으로, 금융리스 외의 자산은 리스회사의 감가상각자산으로 한다(법령 24 ⑤).

⑷ 영업권의 범위

무형자산 중 영업권(합병 또는 분할로 인하여 합병법인등이 계상한 영업권은 제외한다)에는 다음의 금액이 포함된다(법칙 12 ①).

① 사업의 양도·양수과정에서 양도·양수자산과는 별도로 양도사업에 관한 허가·인가등 법률상의 지위, 사업상 편리한 지리적 여건, 영업상의 비법, 신용·명성·거래처 등 영업상의 이점 등을 감안하여 적절한 평가방법에 따라 유상으로 취득한 금액

② 설립인가, 특정사업의 면허, 사업의 개시등과 관련하여 부담한 기금·입회금등으로서 반환청구를 할 수 없는 금액과 기부금등

⑸ 개발비 등의 범위

구 분	내 용
① 개 발 비	상업적인 생산 또는 사용 전에 재료·장치·제품·공정·시스템 또는 용역을 창출하거나 현저히 개선하기 위한 계획 또는 설계를 위하여 연구결과 또는 관련 지식을 적용하는데 발생하는 비용으로서 기업회계기준에 따른 개발비 요건을 갖춘 것 ⇨ 법인이 해당 개발비로 계상하지 아니한 금액은 그 지급이 확정된 사업연도의 손금에 산입한다(법기통 23－26…9).
② 사용수익기부자산가액	금전 외의 자산을 특례기부금 및 일반기부금 대상법인 또는 단체에 기부한 후 그 자산을 사용하거나 그 자산으로부터 수익을 얻는 경우 해당 자산의 장부가액 ⇨ 비공익성 기부금 대상법인에 기부한 경우에는 손금불산입함.

제 2 절 | 상각범위액의 결정요소

▶ **그림 8-1** 상각범위액의 결정요소

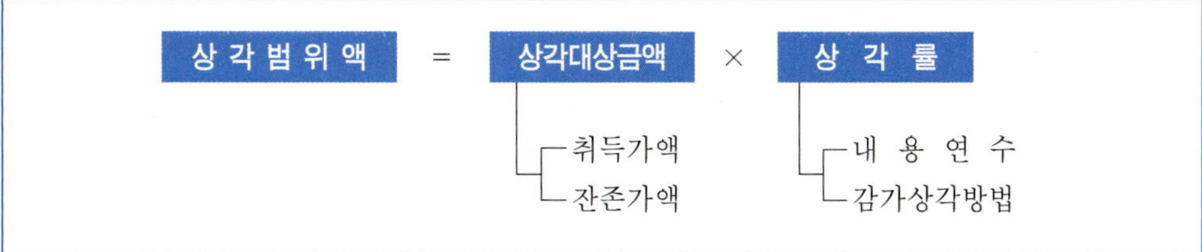

1. 취득가액

(1) 감가상각자산의 취득가액

감가상각자산의 취득가액은 자산 취득가액에 대한 일반규정을 적용한다.[47] 감가상각자산의 취득가액과 관련하여 유의할 사항은 다음과 같은 것들이 있다.

① 장기할부조건으로 유형자산을 매입하고 현재가치할인차금을 계상한 경우에는 현재가치할인차금을 제외한 금액을 감가상각자산의 취득가액으로 한다.

② 수증받거나 교환에 의하여 취득한 자산은 취득당시의 시가를 취득가액으로 한다.

③ 감가상각자산을 특수관계인으로부터 시가보다 높은 가액으로 매입하여 부당행위계산의 부인규정이 적용된 경우 해당 시가초과액은 취득가액에 포함되지 아니한다.

④ 보험업법 등 법률에 의한 평가증으로 인해 증가된 금액은 감가상각자산의 취득원가에 가산한다.

(2) 수선비의 처리

수선비는 그 성격에 따라 자본적지출 또는 수익적지출로 처리한다.

① 자본적지출 : 법인이 소유하는 감가상각자산의 내용연수를 연장시키거나 해당 자산의 가치를 현실적으로 증가시키기 위하여 지출한 수선비는 자본적지출로 하여 해당 자산의 취득가액에 포함시켜야 하며, 다음에 해당하는 지출을 포함한다(법령 31 ②).

㉠ 본래의 용도를 변경하기 위한 개조

㉡ 엘리베이터 또는 냉난방장치의 설치

47) "제7장 자산 · 부채의 평가" 참조

㉢ 빌딩 등에 있어서 피난시설 등의 설치
㉣ 재해 등으로 인하여 멸실 또는 훼손되어 본래의 용도에 이용할 가치가 없는 건축물·기계·설비 등의 복구
㉤ 그 밖에 개량·확장·증설 등 위의 지출과 유사한 성질의 것

② 수익적지출 : 감가상각자산의 원상을 회복하거나 현상유지를 위하여 지출한 수선비는 수익적 지출로 하여 손금에 산입하며, 다음의 지출은 수익적지출에 포함하는 것으로 한다(법칙 17).
㉠ 건물 또는 벽의 도장
㉡ 파손된 유리나 기와의 대체
㉢ 기계의 소모된 부속품 또는 벨트의 대체
㉣ 자동차의 타이어의 대체
㉤ 재해를 입은 자산에 대한 외장의 복구·도장 및 유리의 삽입
㉥ 기타 조업가능한 상태의 유지 등 위 '㉠' 내지 '㉤'과 유사한 것

2. 잔존가액

(1) 잔존가액의 개념

"잔존가액"이란 감가상각자산의 사용이 종료되는 시점의 예상처분가액에서 예상처분비용을 차감한 금액(순실현가능가치)을 말한다. 그러나, 잔존가액은 취득가액과는 달리 사용이 종료된 후에 가서야 확정되는 것으로, 이를 정확히 산정하는 것은 매우 어렵다. 따라서 법인세법에서는 모든 감가상각자산의 잔존가액을 일률적으로 0(零)으로 규정하고 있다. 다만, 정률법에 의하여 상각범위액을 계산하는 경우에는 취득가액의 5%에 상당하는 금액으로 하되, 그 금액은 해당 감가상각자산에 대한 미상각잔액이 최초로 취득가액의 5% 이하가 되는 사업연도의 상각범위액에 가산한다(법령 26 ⑥).

정률법의 경우 잔존가액

정률법 상각률을 구하기 위한 계산공식상 잔존가액이 0(零)이 되면 상각률을 계산할 수 없기 때문에 상각률의 계산을 위하여 취득가액의 5%를 잔존가액으로 가정하는 것이다. 따라서 정률법의 경우에는 잔존가액이 취득가액의 5%라고 오해해서는 안된다.

(2) 상각완료자산에 대한 비망기록

법인은 감가상각이 종료되는 감가상각자산에 대하여는 취득가액의 5%와 1,000원 중 적은 금액을 해당 감가상각자산의 장부가액으로 하고, 동 금액에 대하여는 이를 손

금에 산입하지 아니한다(법령 26 ⑦). 이는 비망기록을 목적으로 하는 것으로서 해당 감가상각자산을 처분할 때 양도자산의 장부가액으로서 손금산입하게 된다.

3. 내용연수

(1) 내용연수의 개념

법인세법에서는 감가상각자산의 기준내용연수(또는 법정내용연수) 및 내용연수의 범위를 자산별 · 업종별로 법인세법 시행규칙 별표에 규정하고 있다. 법인세법에서는 법령에 규정된 일정한 범위 내에서 법인이 선택하여 신고한 내용연수를 적용함을 원칙으로 하기 때문에 기업이 합리적으로 추정한 내용연수를 적용하는 기업회계와 차이를 보이고 있다.

법인세법에서는 내용연수를 기업이 임의대로 결정하도록 허용하게 되면 기업간 과세형평을 해칠 수 있을 뿐 아니라 과세소득을 조작하는 수단으로 사용될 우려가 있기 때문에 내용연수의 범위를 법정화한 것이다. 다만, 개별기업의 경제적 내용연수를 감안할 수 있도록 하기 위하여 일정한 내용연수의 범위 내에서 기업이 내용연수를 선택하여 적용할 수 있도록 허용하고 있다.

법인세법에서는 감가상각비에 대한 임의상각을 허용하고 있으므로 내용연수는 상각률을 결정하기 위한 하나의 요소일 뿐이며, 기업회계와 달리 내용연수가 상각기간과 일치하지 않는다는 점에 유의하여야 한다.

(2) 내용연수의 적용

1) 법정내용연수의 적용

시험연구용자산과 무형자산(개발비 · 사용수익기부자산 · 주파수이용권 · 공항시설관리권 · 항만시설관리권 및 기타의 무형자산 제외)은 법정내용연수를 적용하므로 원칙적으로 법인이 내용연수를 선택할 수 없다.[48)]

48) 법인이 시험연구용자산에 대하여 법정내용연수표를 적용하지 아니하고자 하는 경우에는 [별표5] 건축물등의 기준내용연수 및 내용연수범위표 또는 [별표6] 업종별 자산의 기준내용연수 및 내용연수범위표를 적용하여 감가상각비를 손금에 산입할 수 있다.

▶ **표 8-3** 시험연구용자산의 내용연수표(법칙 별표2)

자 산 범 위	자 산 명	내용연수
1. 새로운 지식이나 기술의 발견을 위한 실험연구시설 2. 신제품이나 신기술을 개발할 목적으로 관련된 지식과 경험을 응용하는 연구시설 3. 신제품이나 신기술과 관련된 시제품, 원형, 모형 또는 시험설비 등의 설계, 제작 및 시설을 위한 설비 4. 새로운 기술에 수반되는 공구, 기구, 금형 등의 실계 및 시험적 제작을 위한 시설 5. 직업훈련용 시설	(1) 건물부속 설비 (2) 구축물 (3) 기계장치	5년
	(4) 광학기기 (5) 시험기기 (6) 측정기기 (7) 공구 (8) 기타 시험연구용설비	3년

▶ **표 8-4** 무형자산의 내용연수표(법칙 별표3)

구 분	내용연수	무형자산
1	5년	영업권, 디자인권, 실용신안권, 상표권
2	7년	특허권
3	10년	어업권, 해저광물자원 개발법에 의한 채취권(생산량비례법 선택 적용), 유료도로관리권, 수리권, 전기가스공급시설이용권, 공업용수도시설이용권, 수도시설이용권, 열공급시설이용권
4	20년	광업권(생산량비례법 선택 적용), 전신전화전용시설이용권, 전용측선이용권, 하수종말처리장시설관리권, 수도시설관리권
5	50년	댐사용권

2) 신고내용연수의 적용

시험연구용자산과 무형자산 외의 감가상각자산(개발비 · 사용수익기부자산 · 주파수이용권 · 공항시설관리권 · 항만시설관리권 및 기타의 무형자산 제외)은 구조 또는 자산별 · 업종별로 기준내용연수에 그 기준내용연수의 25%를 가감하여 기획재정부령이 정하는 내용연수범위("일반내용연수범위") 안에서 법인이 선택하여 납세지관할세무서장에게 신고한 내용연수("신고내용연수")를 적용한다(법령 28 ①).

예를 들어 기준내용연수가 8년인 자산은 8년의 25%인 2년을 가감하여 신고내용연수를 6년에서 10년 사이에서 정하여 신고할 수 있다. 한편 일정한 요건을 충족하는 경우에는 기준내용연수에 기준내용연수의 50%를 가감한 내용연수의 범위 내에서 내용연수를 선택할 수도 있다.

▶ **그림 8-2** 일반내용연수의 범위

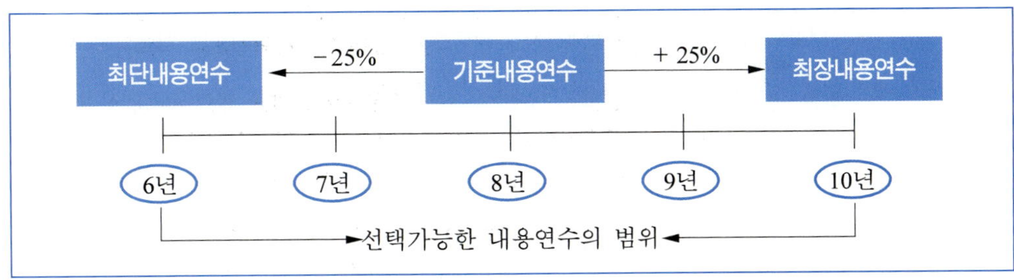

(3) 일반내용연수범위 내의 신고

법인이 일반내용연수범위 내에서 내용연수를 선택하고자 하는 경우에는 내용연수신고서를 다음에 규정하는 날이 속하는 사업연도의 법인세 과세표준의 신고기한까지 납세지 관할세무서장에게 제출하여야 한다(법령 28 ③). 이 경우 내용연수의 신고는 연단위로 하여야 한다(법령 28 ⑤). 다만, 내용연수 신고기한 내에 신고를 하지 아니한 경우에는 기준내용연수를 적용한다(법령 28 ① ⑵ 단서).

① 신설법인과 새로 수익사업을 개시한 비영리내국법인의 경우 : 그 영업을 개시한 날
② 위의 '①' 외의 법인이 자산별 · 업종별 구분에 의한 기준내용연수가 다른 유형자산을 새로 취득하거나 새로운 업종의 사업을 개시한 경우 : 그 취득한 날 또는 개시한 날

법인이 위 규정에 의하여 자산별 · 업종별로 적용한 신고내용연수 또는 기준내용연수는 그 후의 사업연도에 있어서도 계속하여 그 내용연수를 적용하여야 한다(법령 28 ④).

▶ **표 8-5** 건축물 등의 기준내용연수 및 내용연수범위표(법칙 별표5)

구 분	기준내용연수 및 내용연수범위 (하한~상한)	구조 또는 자산명
1	5년 (4년~6년)	차량 및 운반구[운수업, 임대업(부동산 제외)에 사용되는 차량 및 운반구 제외], 공구, 기구 및 비품
2	12년 (9년~15년)	선박 및 항공기[어업, 운수업, 임대업(부동산 제외)에 사용되는 선박 및 항공기 제외]
3	20년 (15년~25년)	연와조, 블럭조, 콘크리트조, 토조, 토벽조, 목조, 목골모르타르조, 기타 조의 모든 건물(부속설비 포함)과 구축물
4	40년 (30년~50년)	철골 · 철근콘크리트조, 철근콘크리트조, 석조, 연와석조, 철골조의 모든 건물(부속설비 포함)과 구축물

▶ **표 8-6** 업종별자산의 기준내용연수 및 내용연수범위표(법칙 별표6)의 일부

구분	기준내용연수 및 내용연수범위 (하한~상한)	적용대상자산(한국표준산업분류상 해당업종에 사용되는 자산)	
		대분류	중분류(제조업을 중심으로 예시함)
1	4년 (3년~5년)	제조업	15. 가죽 · 가방 및 신발제조업
2	5년 (4년~6년)	제조업	18. 인쇄 및 기록매체복제업 21. 의료용 물질 및 의약품 제조업
3	6년 (5년~7년)	제조업	26. 전자부품, 컴퓨터, 영상, 음향 및 통신장비 제조업
4	8년 (6년~10년)	제조업	14. 의복, 의복 액세서리 및 모피제품 제조업 20. 화학물질 및 화학제품 제조업(의약품은 제외)
5	10년 (8년~12년)	제조업	10. 식료품 제조업 11. 음료 제조업 13. 섬유제품 제조업(의복을 제외) 16. 목재 및 나무제품제조업(가구는 제외) 17. 펄프, 종이 및 종이제품 제조업 22. 고무제품 및 플라스틱제품 제조업 23. 비금속 광물제품 제조업 24. 1차 금속 제조업 25. 금속가공제품 제조업(기계 및 가구는 제외) 27. 의료, 정밀, 광학기기 및 시계 제조업 28. 전기장비 제조업 29. 기타 기계 및 장비 제조업 31. 기타 운송장비 제조업 32. 가구 제조업 33. 기타 제품 제조업
6	12년 (9년~15년)	제조업	12. 담배제조업 30. 자동차 및 트레일러 제조업
7	14년 (11년~17년)	제조업	19. 코크스, 연탄 및 석유정제품 제조업
8	16년 (12년~20년)	전기, 가스, 증기 및 공기조절 공급업	35. 전기, 가스, 증기 및 공기조절 공급업
9	20년 (15년~25년)	수도, 하수 및 폐기물 처리, 원료재생업	36. 수도사업

* 이 내용연수표는 [별표3]이나 [별표5]의 적용을 받는 자산을 제외한 모든 감가상각자산에 대하여 적용하며, 동일한 업종의 자산에 대해서는 모두 동일한 내용연수를 적용한다.

(4) 특례내용연수의 선택 및 내용연수의 변경

1) 특례내용연수의 적용 및 사유

법인은 다음의 어느 하나에 해당하는 경우에는 기준내용연수에 기준내용연수의 50%('⑤'와 '⑥'에 해당하는 경우에는 25%)를 가감한 범위("특례내용연수범위") 안에서 사업장별로 납세지 관할지방국세청장의 승인을 받아 일반내용연수 범위와 달리 내용연수를 적용하거나 적용하던 내용연수를 변경할 수 있다(법령 29 ①).[49)]

① 사업장의 특성으로 자산의 부식・마모 및 훼손의 정도가 현저한 경우

② 영업개시 후 3년이 경과한 법인으로서 해당 사업연도의 생산설비(건축물을 제외함)의 가동률이 직전 3개 사업연도의 평균가동률보다 현저히 증가한 경우

③ 새로운 생산기술 및 신제품의 개발・보급 등으로 기존 생산설비의 가속상각이 필요한 경우

④ 경제적 여건의 변동으로 조업을 중단하거나 생산설비의 가동률이 감소한 경우

⑤ 신고내용연수를 적용받는 감가상각자산에 대하여 한국채택국제회계기준을 최초로 적용하는 사업연도에 결산내용연수를 변경한 경우(결산내용연수가 연장된 경우 내용연수를 연장하고 결산내용연수가 단축된 경우 내용연수를 단축하는 경우만 해당하되 내용연수를 단축하는 경우에는 결산내용연수보다 짧은 내용연수로 변경할 수 없다)

⑥ 신고내용연수를 적용받는 감가상각자산에 대한 기준내용연수가 변경된 경우. 다만, 내용연수를 단축하는 경우로서 결산내용연수가 변경된 기준내용연수의 25%를 가감한 범위 내에 포함되는 경우에는 결산내용연수보다 짧은 내용연수로 변경할 수 없다.

2) 승인(변경승인)신청기한

법인이 특례내용연수의 승인 또는 변경승인을 얻고자 할 때에는 다음의 기한 내에 내용연수 승인(변경승인) 신청서를 납세지 관할세무서장을 거쳐 납세지 관할지방국세청장에게 제출하여야 한다. 이 경우 내용연수의 승인・변경승인의 신청은 연단위로 하여야 한다(법령 29 ②).[50)]

① 특례내용연수의 승인을 얻고자 할 때 : 영업개시일, 새로운 자산을 취득한 날 또

---

49) 한국채택국제회계기준 도입 시 일부기업의 내용연수가 연장되는 점을 감안하여 내용연수 변경사유를 추가하였다(2011년부터 시행).

50) 감가상각자산의 내용연수를 변경(재변경을 포함함)한 법인이 해당 자산의 내용연수를 다시 변경하고자 하는 경우에는 변경한 내용연수를 최초로 적용한 사업연도 종료일부터 3년이 경과하여야 한다(법령 29 ⑤).

는 새로운 사업을 개시한 날부터 3월이 되는 날까지

② 변경승인을 얻고자 할 때 : 변경할 내용연수를 적용하고자 하는 사업연도의 종료일까지

(5) 내용연수의 단축수정

1) 수정내용연수 적용대상 자산

내국법인이 기준내용연수(해당 내국법인에게 적용되는 기준내용연수를 말한다)의 50% 이상이 경과된 자산(중고자산)을 다른 법인 또는 소득세법에 따른 사업자로부터 취득(합병・분할에 의하여 자산을 승계한 경우를 포함)한 경우에는 그 자산의 기준내용연수에 기준내용연수의 50%를 차감한 연수의 범위 내에서 선택하여 납세지 관할세무서장에게 신고한 연수(이를 "수정내용연수"라 한다)를 내용연수로 할 수 있다. 이 경우 수정내용연수를 계산할 때 1년 미만은 없는 것으로 한다(법령 29의2 ①).

2) 수정내용연수의 신고

내용연수를 수정하고자 하는 법인은 그 취득일 또는 합병・분할등기일이 속하는 사업연도의 법인세 과세표준신고기한 내에 내용연수변경신고서를 제출하여야 한다(법령 29의2 ②).

4. 감가상각방법

(1) 감가상각방법의 선택 개정

자산의 종류별로 다음과 같은 감가상각방법 중 법인이 납세지 관할세무서장에게 신고한 방법에 의한다(법령 26 ①). 신고한 감가상각방법은 납세지 관할세무서장의 변경승인을 얻기 전에는 이를 임의로 변경하지 못한다. 한편, 상각방법을 신고하지 아니한 경우에는 세법이 정하는 무신고시 상각방법에 의한다(법령 26 ④).

1) 유형자산

구 분	감가상각방법의 선택범위	무신고시 상각방법
① 건축물	정 액 법	정 액 법
② 광업용 유형자산	정액법・정률법・생산량비례법	생산량비례법
③ 폐기물매립시설	생산량비례법・정액법	생산량비례법
④ 기타의 유형자산	정액법・정률법	정 률 법

2) 무형자산

구분	감가상각방법	무신고시 상각방법
① 개발비	관련 제품의 판매 또는 사용이 가능한 시점부터 20년의 범위에서 연단위로 신고한 내용연수에 따라 매 사업연도별 경과월수에 비례하여 상각하는 방법(월할상각)	관련 제품의 판매 또는 사용이 가능한 시점부터 5년동안 매년 균등액을 상각하는 방법(월할상각)
② 사용수익기부자산가액	해당 자산의 사용수익기간(그 기간에 관한 특약이 없는 경우 신고내용연수를 말한다)에 따라 균등하게 안분한 금액*1을 상각하는 방법	좌 동
③ 주파수이용권 · 공항시설관리권 · 항만시설관리권	주무관청에서 고시하거나 주무관청에 등록한 기간내에서 사용기간에 따라 균등액을 상각하는 방법	좌 동
④ 광업권	정액법 · 생산량비례법	생산량비례법
⑤ 영업권, 디자인권, 실용신안권, 상표권, 특허권, 어업권, 양식업권, 해저광물자원 개발법에 의한 채취권, 유료도로관리권, 수리권, 전기가스공급시설이용권, 공업용 수도시설이용권, 수도시설이용권, 열공급시설이용권, 전신전화전용시설이용권, 전용측선이용권, 하수종말처리장시설관리권, 수도시설관리권, 철도시설관리권, 댐사용권	정액법	정액법
⑥ 그 밖에 '①～⑤'까지의 자산과 유사한 기타의 무형자산	기업회계기준에 따른 연단위로 신고한 내용연수에 따라 매 사업연도별 경과월수에 비례하여 상각하는 방법	5년동안 매년 균등액을 상각하는 방법(월할상각)

*1 그 기간 중에 해당 기부자산이 멸실되거나 계약이 해지된 경우 그 잔액을 말한다.

(2) 감가상각방법의 신고 개정

법인이 상각방법을 신고하고자 하는 때에는 위 '(1)'의 구분에 의한 자산별로 하나의 방법을 선택하여 감가상각방법신고서를 다음의 날이 속하는 사업연도의 법인세 과세표준의 신고기한까지 납세지 관할세무서장에게 제출하여야 한다(법령 26 ③). 다만, 기타의 무형자산의 경우 개별 자산별로 상각방법을 선택할 수 있다.

① 신설법인과 새로 수익사업을 개시한 비영리법인 : 그 영업을 개시한 날
② 위 '①' 외의 법인이 구분을 달리하는 감가상각자산을 새로 취득한 경우 : 그 취득한 날

⑶ 감가상각방법의 변경

법인은 신고하여 적용하던 감가상각방법을 임의로 변경하지 못한다. 그러나 다음의 사유 중 어느 하나에 해당하는 경우에는 변경할 상각방법을 적용하고자 하는 최초 사업연도의 종료일까지 감가상각방법변경신청서를 제출하고, 납세지 관할세무서장의 승인을 얻어 그 상각방법을 변경할 수 있다(법령 27 ①, ②).

① 상각방법이 서로 다른 법인이 합병(분할합병을 포함함)한 경우
② 상각방법이 서로 다른 사업자의 사업을 인수 또는 승계한 경우
③ 외국인투자촉진법에 의하여 외국인투자자가 내국법인의 주식 · 지분을 20% 이상 인수 또는 보유하게 된 경우
④ 해외시장의 경기변동 또는 경제적 여건의 변동으로 인하여 종전의 상각방법을 변경할 필요가 있을 때
⑤ 기획재정부령으로 정하는 회계정책의 변경에 따라 결산상각방법이 변경된 경우[51] (변경한 결산상각방법과 같은 방법으로 변경하는 경우만 해당)

한편 위 규정에 의한 변경승인을 얻지 아니하고 임의로 감가상각방법을 변경한 경우에는 이를 부인하고 변경하기 전의 감가상각방법에 의한다(법령 27 ⑤).

⑷ 감가상각방법의 개념

1) 정액법

해당 감가상각자산의 취득가액에 해당 자산의 내용연수에 따른 상각률을 곱하여 계산한 각 사업연도의 상각범위액이 매년 균등하게 되는 상각방법을 말한다.

정액법 상각범위액 = 세무상 취득가액 × 내용연수에 따른 상각률

2) 정률법

해당 감가상각자산의 취득가액에서 이미 상각액으로 손금에 산입한 금액을 공제한 잔액(미상각잔액)에 해당 자산의 내용연수에 따른 상각률을 곱하여 계산한 각 사업연

51) 한국채택국제회계기준 도입 시 일부기업의 감가상각방법이 변경되는 점을 감안하여 감가상각방법의 변경사유를 추가하였다(2011년부터 시행).

도의 상각범위액이 매년 체감되는 상각방법을 말한다.

정률법 상각범위액 = 세무상 미상각잔액* × 내용연수에 따른 상각률

* 세무상 취득가액 – 이미 감가상각비로 손금에 산입한 금액

법인세법에서는 정률법 상각률을 구할 때 잔존가액을 취득원가의 5%로 가정하고 있기 때문에 정률법을 적용함에 있어서 해당 감가상각자산에 대한 미상각잔액이 최초로 취득가액의 5% 이하가 되는 사업연도에 그 금액을 상각범위액에 가산한다.

3) 생산량비례법

해당 감가상각자산의 취득가액을 그 자산이 속하는 광구의 총채굴예정량 또는 매립시설의 매립예정량으로 나누어 계산한 금액에 해당 사업연도의 기간중 그 광구에서 채굴하거나 그 매립시설에서 매립한 양을 곱하여 계산한 금액을 각 사업연도의 상각범위액으로 하는 상각방법을 말한다.

$$\text{생산량비례법 상각범위액} = \text{세무상 취득가액} \times \frac{\text{해당 사업연도 중 채굴량 또는 매립량}}{\text{총채굴예정량 또는 매립예정량}}$$

제 3 절 | 감가상각비의 시부인계산

1. 감가상각비 시부인계산의 구조

▶ **표 8-7** 감가상각비의 시부인계산 구조

구 분	초과액(미달액)	세무상 처리
① 회사계상 상각액 > 상각범위액	상각부인액	손금불산입(유보)
② 회사계상 상각액 = 상각범위액	–	세무조정 없음
③ 회사계상 상각액 < 상각범위액	△ 시인부족액	전기이전 상각부인액이 있는 경우 : Min[전기이전 상각부인액, 시인부족액]을 손금산입(△유보) 전기이전 상각부인액이 없는 경우 : 세무조정 없음

▶ **표 8-8** 감가상각 시부인 사례

구 분	건 물	기계장치	차량운반구	비 품
회사계상 상각액	20,000,000원	6,000,000원	3,000,000원	1,000,000원
상각범위액	15,000,000원	10,000,000원	5,000,000원	2,500,000원
상각부인액 (△시인부족액)	5,000,000원	△4,000,000원	△2,000,000원	△1,500,000원
전기말 상각부인액	없음	없음	3,000,000원	1,000,000원
세무조정	손금불산입 5,000,000원 (유보)	세무조정 없음	손금산입 2,000,000원 (△유보)	손금산입 1,000,000원 (△유보)

(1) 회사계상 상각액

회사계상 상각액 = 결산서상 감가상각비 계상액(비용계상액 + 자산배부액) + 즉시상각의제액

회사계상 상각액은 결산을 확정함에 있어서 감가상각비를 손비로 계상한 금액(감가상각비 중 자산에 배부된 금액을 포함)으로 하되, 감가상각자산의 취득가액에 가산하여야 할 항목(예 자본적지출에 해당하는 수선비 등)을 결산서상 비용(또는 손실)으로 계상한 경우에는 해당 비용계상액을 즉시 감가상각한 것으로 의제하여 회사계상 상각액에 가산하여야 하는데, 이를 "즉시상각의 의제"라 한다.

(2) 상각범위액의 계산

1) 정액법에 의한 상각범위액

$$상각범위액 = \left(\begin{array}{c} 기말\ 재무상태표상\ 취득가액 \\ +\ 즉시상각의제액(당기지출분 \cdot 전기이전분) \end{array} \right) \times 상각률$$

정액법의 경우에는 세무상 취득가액에 상각률을 곱하여 상각범위액을 계산하므로 전기 이전의 회사계상 감가상각비 및 상각부인누계액을 고려할 필요가 없다. 다만, 즉시상각의 의제에 해당하는 자본적지출액이 있는 경우에는 재무상태표상 취득가액에 포함되어 있지 않으므로 세무상 취득가액을 적정하게 산정하기 위하여 즉시상각의제액을 가산하는 것이며, 이 경우 전기 이전의 즉시상각의제액도 가산하여야 한다는 점에 유의하여야 한다.

2) 정률법에 의한 상각범위액

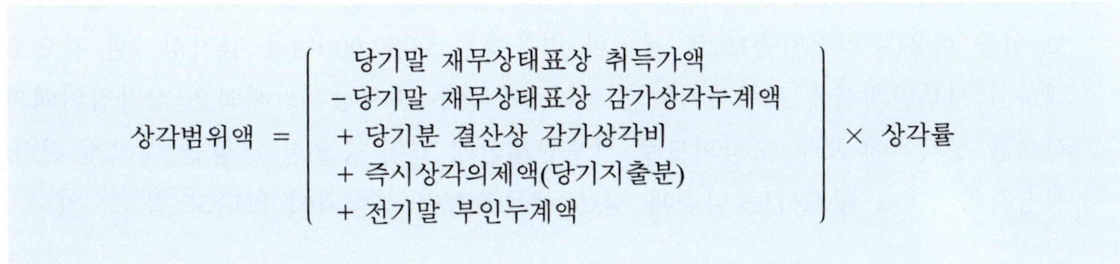
상각범위액 = (당기말 재무상태표상 취득가액
－당기말 재무상태표상 감가상각누계액
＋당기분 결산상 감가상각비
＋즉시상각의제액(당기지출분)
＋전기말 부인누계액) × 상각률

정률법에 의한 상각범위액은 세무상 미상각잔액에 상각률을 곱하여 계산한다. 이때 당기말 재무상태표상 미상각잔액(취득가액－감가상각누계액)은 해당 사업연도의 결산상 감가상각비를 반영한 금액이므로 이를 해당 사업연도의 감가상각비 계상전 금액으로 환원하기 위하여 당기분 결산상 감가상각비를 다시 가산하는 것이다. 당기 지출분 즉시상각의제액은 재무상태표상 취득가액에 포함되지 않았으므로 가산하는 것이며, 전기말 부인액누계액은 기업회계상의 미상각잔액을 세무상의 미상각잔액으로 전환하기 위하여 가산하는 것이다.

정률법과 정액법에 있어 즉시상각의제액 가산범위의 차이

정액법의 경우에는 전기 이전분 즉시상각의제액을 가산하는 반면에 정률법의 경우에는 당기분 즉시상각의제액만을 상각대상금액에 가산하도록 규정하고 있다. 이는 정률법의 경우 전기 이전분 즉시상각의제액이 이미 세무상 미상각잔액에 반영되어 있기 때문이다. 즉, 전기 즉시상각의제액은 전기 감가상각 시부인계산시 상각범위액 이내분은 손금용인되어 손비로 처리되었을 것이며, 상각범위액을 초과하는 부분은 전기말 상각부인누계액에 포함되었을 것이므로 당기 상각범위액 계산시 이를 다시 가산할 필요가 없는 것이다.

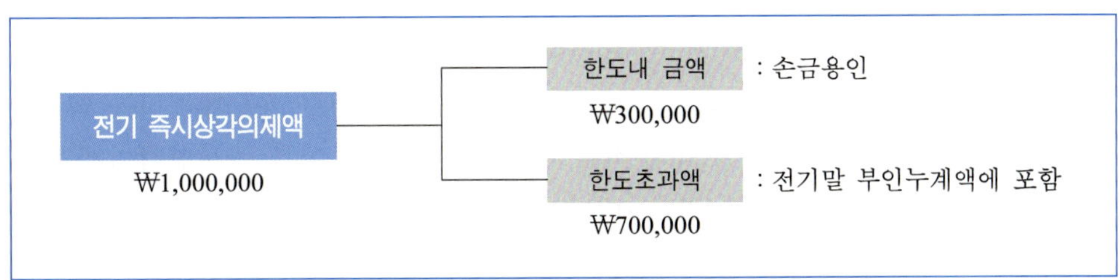

(3) 즉시상각의 의제

1) 의 의

법인이 감가상각자산을 취득하기 위하여 지출한 금액과 감가상각자산에 대한 자본적지출에 해당하는 금액을 손비로 계상한 경우에는 이를 감가상각비로 계상한 것으로 보아 상각범위액을 계산한다(법법 23 ④). 이를 "즉시상각의 의제"라 한다.

예를 들어 기계장치에 대하여 자본적지출에 해당하는 수선비 5,000,000원을 지출하고 이를 비용(수익적지출)으로 계상한 경우에는 5,000,000원을 감가상각한 것으로 의제하여 시부인계산에 포함시키는 것이다. 이 경우 즉시상각의제액은 상각범위액과 회사계상 상각액에 모두 포함되므로 시부인계산에 있어 중요한 영향을 미치게 된다. 즉시상각의제액에 대해서는 다음과 같은 세무조정이 생략되어 있다고 볼 수 있다.

<익금산입>	기 계 장 치	5,000,000(유 보)	⇨ 상각대상금액에 포함
<손금산입>	감가상각비	5,000,000(△유보)	⇨ 회사계상 상각액에 포함

2) 수선비의 특례

법인이 각 사업연도에 지출한 수선비가 다음의 어느 하나에 해당하는 경우로서 그 수선비를 해당 사업연도의 손비로 계상한 경우에는 이를 자본적지출에 포함하지 않는다(법령 31 ③). 즉, 다음 중 어느 한가지 조건을 충족하는 경우에는 비용계상액을 즉시상각의제액으로 보지 아니하고, 전액 당기의 손비로 인정한다.

① 개별자산별로 수선비로 지출한 금액이 600만원 미만인 경우

② 개별자산별로 수선비로 지출한 금액이 직전 사업연도종료일 현재 재무상태표상의 자산가액(취득가액에서 감가상각누계액상당액을 차감한 금액)의 5%에 미달하는 경우

③ 3년 미만의 기간마다 주기적인 수선을 위하여 지출하는 경우

3) 소액자산 취득시 즉시상각의 허용

그 취득가액이 거래단위(이를 취득한 법인이 그 취득한 자산을 독립적으로 사업에 직접 사용할 수 있는 것)별로 100만원 이하인 감가상각자산에 대해서는 그 사업에 사용한 날이 속하는 사업연도의 손비로 계상한 경우에는 이를 즉시상각의제액으로 보지 아니하고 전액 손금에 산입한다. 다만, 그 고유업무의 성질상 대량으로 보유하는 자산 또는 그 사업의 개시 또는 확장을 위하여 취득한 자산을 제외한다(법령 31 ④, ⑤).

4) 단기사용자산에 대한 즉시상각의 허용

위 '3)'의 규정에 불구하고 다음의 자산을 그 사업에 사용한 날이 속하는 사업연도의 손비로 계상한 경우에는 즉시상각의제액으로 보지 아니하고 전액 손금에 산입한다(법령 31 ⑥).

① 어업에 사용되는 어구(어선용구를 포함)

② 영화필름, 공구(금형을 제외), 가구, 전기기구, 가스기기, 가정용 기구·비품, 시계, 시험기기, 측정기기 및 간판

③ 대여사업용 비디오테이프 및 음악용 콤팩트디스크로서 개별자산의 취득가액이 30만원 미만인 것

④ 전화기(휴대용 전화기를 포함) 및 개인용 컴퓨터(그 주변기기를 포함)

5) 손상차손의 즉시상각의제

감가상각자산이 진부화, 물리적 손상 등에 따라 시장가치가 급격히 하락하여 법인이 기업회계기준에 따라 손상차손을 계상한 경우(천재지변 등 유형자산의 감액사유에 해당하는 경우는 제외한다)에는 해당 금액을 즉시상각한 것으로 의제하여 감가상각 시부인에 반영하여야 한다(법령 31 ⑧).

6) 건설자금이자 등

해당 사업연도에 건설이 완료된 감가상각자산에 대하여 건설자금이자를 과소계상하거나, 취득세 등 자산취득 부대비용을 비용계상한 경우에는 금액과 관계없이 이를 즉시상각한 것으로 보아 감가상각 시부인에 반영하여야 한다. 즉, 수선비와 소액자산·단기사용자산의 취득에 한하여 특례를 적용하는 것이다.

▶ **그림 8-3** 건설자금이자 과소계상액의 세무조정

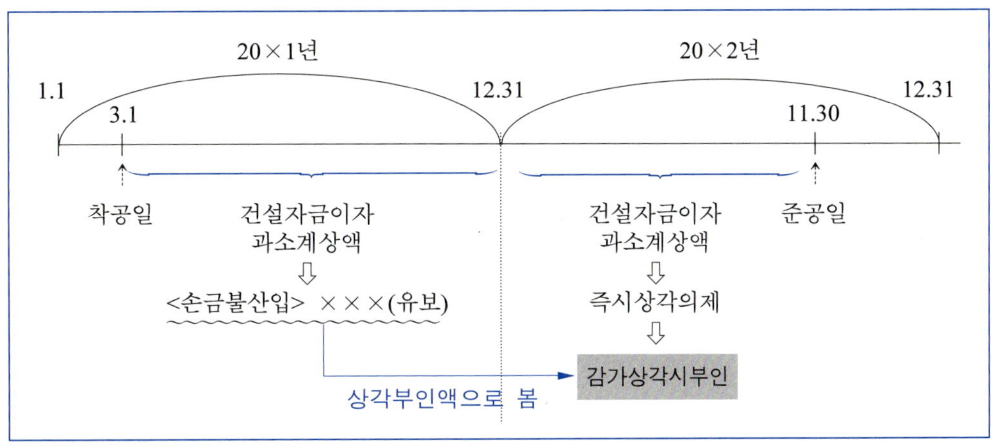

(4) 상각범위액 계산시 특수문제

1) 신규취득자산의 경우

해당 사업연도 중에 취득하여 사업에 사용한 감가상각자산에 대한 상각범위액은 사

업에 사용한 날(취득일이 아니므로 주의하여야 함)부터 해당 사업연도종료일까지의 개월수에 따라 다음과 같이 계산한다. 이 경우 개월수는 역에 따라 계산하되 1개월 미만의 일수는 1개월로 한다(법령 26 ⑨).

$$\text{감가상각범위액} = \text{연상각범위액} \times \frac{\text{사용후 개월수}}{12}$$

사 례 신규취득자산의 상각범위액 계산

제16기 사업연도(20×6.1.1~20×6.12.31) 중에

(1) 3.20에 기계장치(연간 상각범위액 ₩12,000,000)를 취득하여 사업에 사용하기 시작한 경우

$$\text{상각범위액} = ₩12,000,000 \times \frac{10}{12} = ₩10,000,000$$

(2) 11.30에 비품(연간 상각범위액 ₩3,000,000)을 취득하여 사업에 사용하기 시작한 경우

$$\text{상각범위액} = ₩3,000,000 \times \frac{2}{12} = ₩500,000$$

---

2) 사업연도가 1년 미만인 경우

① 법령 또는 법인의 정관 등에서 정하는 사업연도가 1년 미만인 경우 : 다음에 의하여 계산한 환산내용연수와 그에 따른 상각률에 의한다(법령 28 ②). 이 경우 개월수는 역에 따라 계산하며 1개월 미만의 일수는 1개월로 한다.

$$\text{환산내용연수} = \begin{pmatrix} \text{법정내용연수} \\ \text{신고내용연수} \\ \text{기준내용연수} \end{pmatrix} \times \frac{12}{\text{사업연도의 개월수}}$$

② 사업연도의 변경 또는 사업연도의 의제에 의하여 일시적으로 사업연도가 1년 미만이 된 경우 : 다음에 의하여 상각범위액을 계산하며, 이 경우 월수는 역에 따라 계산하며 1개월 미만의 일수는 1개월로 한다(법령 26 ⑧).

$$\text{상각범위액} = \text{사업연도 월수 12개월 기준 상각범위액} \times \frac{\text{사업연도의 개월수}}{12}$$

사 례 사업연도가 1년 미만인 경우 상각범위액

㈜파주는 제10기 사업연도(20×2.7.1~12.31) 10.20에 기계장치를 ₩5,000,000에 취득하였다. 기계장치에 대한 신고내용연수는 5년, 신고한 상각방법은 정률법(5년 상각률 0.451, 10년 상각률 0.259)이다.

(1) 정관상의 사업연도가 6월인 경우

$$상각범위액 = ₩5,000,000 \times 0.259(환산내용연수\ 상각률) \times \frac{3}{6}(신규취득자산)$$
$$= ₩647,500$$

(2) 정관상의 사업연도는 1년이나 일시적으로 사업연도가 1년 미만이 된 경우

$$상각범위액 = ₩5,000,000 \times 0.451(신고내용연수\ 상각률) \times \frac{3}{12}(신규취득자산)$$
$$= ₩563,750$$

(5) 시부인계산과 관련된 세무조정

1) 상각부인액

회사계상 상각액이 상각범위액을 초과하는 경우 그 초과액을 상각부인액(또는 상각초과액)이라 한다.

상각부인액이 발생하는 경우에는 이는 손금불산입(유보)하는 세무조정이 반드시 필요하다. 상각부인액은 사후관리하다가 다음에 해당하는 경우에 다시 손금으로 추인된다.

① 시인부족액이 발생하는 경우 : 그 후의 사업연도에 시인부족액이 발생하는 경우에는 시인부족액을 한도로 상각부인액을 손금에 산입한다.

② 해당 감가상각자산을 양도하는 경우 : 상각부인액이 있는 자산을 양도한 경우에는 상각부인액을 전액 손금으로 추인한다. 이는 회계상 처분손익과 세무상 처분손익의 차이를 조정하기 위한 것이다.

③ 결산서상 상각부인액에 대한 수정회계처리를 하는 경우 : 만일 상각부인액에 해당하는 금액을 결산서상 전기오류수정이익 등으로 회계처리하여 감액한 경우에는 기업회계와 세무회계간의 자산가액의 차이가 해소되므로 유보잔액을 감소시키는 조정(손금산입 · △유보)이 필요하게 된다.

2) 시인부족액

회사계상 상각액이 상각범위액에 미달될 경우에 그 미달되는 금액을 시인부족액(또는 상각부족액)이라 한다.

시인부족액이 발생될 경우에는 원칙적으로 세무조정이 필요없다. 즉, 원칙적으로 시인부족액을 신고조정하여 손금에 산입할 수 없는 것이다. 그러나, 전기 이전에 감가상각 시부인계산에 의해 부인된 상각부인액이 있는 경우에는 시인부족액의 범위 내에서 이를 손금으로 추인하는 세무조정이 필요하게 된다. 다시 말하면 시인부족액이 발생하는 경우 다음 사업연도의 상각부인액에는 충당할 수 없지만, 이전 사업연도의 상각부인액이 있는 경우 그 범위 내에서 이를 손금산입할 수 있는 것이다.

⑹ 한국채택국제회계기준을 적용하는 내국법인의 감가상각비 손금산입 특례

한국채택국제회계기준을 적용하는 내국법인이 보유한 감가상각자산 중 유형자산과 대통령령으로 정하는 무형자산[52)]의 감가상각비는 개별 자산별로 다음의 구분에 따른 금액이 결산조정에 따라 손금에 산입한 금액보다 큰 경우 그 차액의 범위에서 추가로 손금에 산입할 수 있다.

① 2013년 12월 31일 이전 취득분 : 한국채택국제회계기준을 적용하지 아니하고 종전의 방식에 따라 감가상각비를 손비로 계상한 경우 결산조정에 의하여 손금에 산입할 감가상각비 상당액(종전감가상각비)

② 2014년 1월 1일 이후 취득한 감가상각자산으로서 기존보유자산 및 동종자산 : 기준내용연수를 적용하여 계산한 감가상각비 상당액(기준감가상각비)

한국채택국제회계기준 적용 내국법인에 대한 감가상각비 손금산입 신고조정 허용

2011년부터 상장기업에 대하여 한국채택국제회계기준이 의무 적용될 경우 감가상각비가 감소하여 세부담이 증가할 것으로 예상됨에 따라 한국채택국제회계기준을 적용하는 기업이 보유한 유형자산 및 무형자산 중 2013년 이전 취득분에 대해서는 한국채택국제회계기준 도입 이전 감가상각비를 한도로, 2014년 이후 취득분에 대해서는 세법상 기준내용연수를 한도로 신고조정에 의한 감가상각비 추가 손금산입을 허용하였다.

⑺ 업무용승용차의 감가상각비 손금산입 특례

업무용승용차에 대한 감가상각비의 경우 해당 사업연도의 소득금액을 계산할 때 정액법을 상각방법으로 하고 내용연수를 5년으로 하여 계산한 금액을 감가상각비로 하여 손금에 산입하여야 한다(법령 50의2 ③). 단, 업무전용자동차보험에 가입하지 않았거나 법인업무용 자동차번호판 부착대상 차량(2024.1.1. 이후 등록하거나 대여한 자동차

---

52) "대통령령으로 정하는 무형자산"이란 무형자산 중에서 다음의 어느 하나에 해당하는 것을 말한다.
① 감가상각비를 손비로 계상할 때 적용하는 내용연수(결산내용연수)를 확정할 수 없는 것으로서 기획재정부령으로 정하는 요건을 모두 갖춘 무형자산
② 한국채택국제회계기준을 최초로 적용하는 사업연도 전에 취득한 영업권

에 한함)에 해당하나 해당 번호판을 미부착한 업무용승용차의 감가상각비는 원칙적으로 손금에 산입할 수 없다.

업무용승용차별 감가상각비와 업무용승용차별 임차료 중 감가상각비 상당액이 한도를 초과하는 경우 감가상각비 한도초과액은 해당 사업연도의 손금에 산입하지 아니하고 이월하여 손금에 산입[53)]한다(법법 27의2 ③, 법령 50의2 ⑧, ⑩).

구 분		감가상각비 한도초과액
업무전용자동차 보험 가입	운행기록 작성	업무용승용차별 감가상각비 등 × $\frac{\text{업무용사용거리}}{\text{총주행거리}}$ − 800만원[*1]
	운행기록 미작성	업무용승용차별 감가상각비 등 × 업무사용비율[*2] − 800만원[*1]

*1 감가상각비 한도액은 800만원을 원칙으로 하되, 다음과 같이 안분계산한다.

① 해당 사업연도가 1년 미만인 경우 : 800만원 × $\frac{\text{사업연도 월수}}{12}$

② 사업연도 중 일부 기간 동안 보유·임차한 경우 : 800만원 × $\frac{\text{보유기간 또는 임차기간 월수}}{\text{사업연도 월수}}$

③ 해당 사업연도가 1년 미만이거나 사업연도 중 일부 기간 동안 보유하거나 임차한 경우의 월수의 계산은 역에 따라 계산하되, 1개월 미만의 일수는 1개월로 한다.

*2 업무사용비율

① 해당 사업연도의 업무용승용차 관련비용이 1,500만원(해당 사업연도가 1년 미만인 경우에는 1,500만원에 해당 사업연도의 개월 수를 곱하고 이를 12로 나누어 산출한 금액) 이하인 경우 : 100%

② 해당 사업연도의 업무용승용차 관련비용이 1,500만원을 초과하는 경우 :

$\frac{\text{1,500만원}}{\text{업무용승용차관련비용}}$

성실신고확인대상 소규모 법인에 대한 업무용승용차 감가상각비 손금한도 축소

부동산임대업을 주된 사업으로 하는 등 성실신고확인대상 소규모 법인에는 업무용승용차의 감가상각비 및 임차료 중 감가상각비 상당액의 한도액을 800만원(사업연도 12개월 기준)의 50% 수준인 400만원(사업연도 12개월 기준)으로 축소

53) ① 업무용승용차별 감가상각비 이월액 : 해당 사업연도의 다음 사업연도부터 해당 업무용승용차의 업무사용금액 중 감가상각비가 800만원에 미달하는 경우 그 미달하는 금액을 한도로 하여 손금으로 추인한다.
② 업무용승용차별 임차료 중 감가상각비 상당액 이월액 : 해당 사업연도의 다음 사업연도부터 해당 업무용승용차의 업무사용금액 중 감가상각비 상당액이 800만원에 미달하는 경우 그 미달하는 금액을 한도로 손금에 산입한다.

사 례 업무용승용차 감가상각비(사업연도 12개월 가정)

1. 업무용승용차A는 대표이사가 사용하는 것으로 20×7년 1월 1일에 ₩150,000,000(부가가치세 ₩15,000,000 별도)에 취득하였다.
2. 손익계산서상 업무용승용차A 관련비용은 다음과 같다.
   (1) 감가상각비 : ₩30,000,000
   (2) 유지관련 비용 : ₩7,000,000(유지관련 비용에는 부가가치세 ₩600,000이 포함)
3. 업무용승용차A에 대하여 업무전용자동차보험에 가입하였으며, 차량운반구에 대하여 감가상각방법은 정액법, 내용연수는 5년으로 신고하였다(정액법, 내용연수 5년 상각률 : 0.200).

〈사례1〉 운행기록을 작성하지 않은 경우

(1) 업무용승용차 감가상각비

업무용승용차는 정액법을 상각방법으로 하고, 내용연수를 5년으로 하여 계산한 금액을 손금에 산입하여야 한다.

<손금산입> 감가상각비(업무용승용차A) 3,000,000(△유보)

* ₩30,000,000 − ₩165,000,000 × 0.200 × 12/12 = △₩3,000,000

(2) 업무용승용차 관련비용의 업무사용금액

① 업무사용금액(운행기록 미작성) :

$$(₩33,000,000 + ₩7,000,000) \times \frac{₩15,000,000}{₩40,000,000} = ₩15,000,000$$

② 업무외사용금액 : ₩40,000,000 − ₩15,000,000 = ₩25,000,000

③ 세무조정 : <손금불산입> 업무용승용차A 관련비용 25,000,000(상여)

(3) 업무사용금액 중 감가상각비 한도시부인

① 업무사용금액 중 감가상각비 :

$$₩33,000,000 \times \frac{₩15,000,000}{₩40,000,000} = ₩12,375,000$$

② 감가상각비 한도초과액 : ₩12,375,000 − ₩8,000,000 = ₩4,375,000

③ 세무조정 : <손금불산입> 감가상각비(업무용승용차A) 4,375,000(유보)

〈사례2〉 운행기록을 작성한 경우(운행기록에 따른 업무사용비율은 80%라고 가정)

(1) 업무용승용차 감가상각비 : 운행기록을 작성하지 않은 경우와 같음

<손금산입> 감가상각비(업무용승용차A) 3,000,000(△유보)

* ₩30,000,000 − ₩165,000,000 × 0.200 × 12/12 = △₩3,000,000

(2) 업무용승용차 관련비용의 업무사용금액

① 업무사용금액(운행기록 작성, 업무사용비율 80%)

(₩33,000,000 + ₩7,000,000) × 80% = ₩32,000,000

② 업무외사용금액 : ₩40,000,000 − ₩32,000,000 = ₩8,000,000

③ 세무조정 : <손금불산입> 업무용승용차A 관련비용 8,000,000(상여)

(3) 업무사용금액 중 감가상각비 한도시부인

① 업무사용금액 중 감가상각비 :

₩33,000,000 × 80% = ₩26,400,000

② 감가상각비 한도초과액 : ₩26,400,000 − ₩8,000,000 = ₩18,400,000

③ 세무조정 : <손금불산입> 감가상각비(업무용승용차A) 18,400,000(유보)

예제 8-1 | 감가상각범위액의 계산

다음 자료를 이용하여 정률법과 정액법에 의한 20×1년도 감가상각범위액을 각각 계산하시오.

(1) 20×1. 7. 7에 기계장치(기준내용연수 8년)를 1,000만원에 취득하고, 사업에 사용하였다.

(2) 해당 법인은 내용연수의 신고가 가능하며 내용연수를 최대한 단축하여 소정신고기한 내에 신고할 예정이다. 한편, 내용연수 변경사유에는 해당하지 않는다.

(3) 해당 법인의 사업연도는 20×1. 1. 1∼12. 31이며 기계설치비용 500만원이 지출되었으나 이를 당기 비용으로 처리하였다.

(4) 정률법과 정액법에 의한 상각률은 다음과 같다.

구 분	4년	5년	6년	7년	8년
정 률 법	0.528	0.451	0.394	0.349	0.313
정 액 법	0.250	0.200	0.166	0.142	0.125

해답

(1) 정액법에 의한 감가상각범위액

① 감가상각대상금액 : ₩15,000,000(= ₩10,000,000 + 5,000,000)

② 신고내용연수 : 8년 − 8년 × 25% = 6년

③ 감가상각범위액 : ₩15,000,000 × 0.166 × $\frac{6^*}{12}$ = ₩1,245,000

* 사용후 월수가 6월이므로 6월분만 상각한다.

⑵ 정률법에 의한 감가상각범위액

① 감가상각대상금액과 신고내용연수는 정액법과 동일하다.

② 감가상각범위액 : ₩15,000,000 × 0.394 × $\frac{6}{12}$ = ₩2,955,000

예제 8-2 | 감가상각 시부인 구조

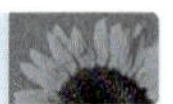

다음 자료에 의하여 일반기업회계기준을 적용하는 ㈜일원의 제3기 사업연도(20×5. 1. 1~12. 31)의 감가상각비에 대한 세무조정을 행하시오. (금액단위 : 천원)

종류 또는 업종명	건축물 등		무형자산	업종별자산	
구조 또는 자산명	철골조	연와조	특허권	의료기기 제조(a)	의료기기 제조(b)
전기 상각부인액 누계	△500	1,000	0	△3,000	10,000
당기 상각범위액	5,000	2,000	1,000	10,000	20,000
당기 감가상각비	3,000	2,500	1,200	20,000	15,000

※ 전기 상각부인액 누계란에서의 △500,000원 또는 △3,000,000원은 전기 시인부족액의 누계액을 표시한 것이다.

※ 감가상각자산은 모두 신고조정에 대한 특례가 적용되지 아니한다.

해답

⑴ 건축물(철골조)

① 상각부인액(또는 시인부족액) : 3,000 − 5,000 = △2,000

② 당기 시인부족액이 발생하였으며, 전기 이전 상각부인액도 없으므로 세무조정 없음

⑵ 건축물(연와조)

① 상각부인액(또는 시인부족액) : 2,500 − 2,000 = 500

② 당기 상각부인액을 손금불산입하고 유보처분함. <손금불산입> 상각부인액 500,000(유보)

⑶ 무형자산(특허권)

① 상각부인액(또는 시인부족액) : 1,200 − 1,000 = 200

② 당기 상각부인액을 손금불산입하고 유보처분함. <손금불산입> 상각부인액 200,000(유보)

⑷ 의료기기 제조(a)

① 상각부인액(또는 시인부족액) : 20,000 − 10,000 = 10,000

② 당기 상각부인액을 손금불산입하고 유보처분함. <손금불산입> 상각부인액 10,000,000(유보)

⑸ 의료기기 제조(b)

① 상각부인액(또는 시인부족액) : 15,000 − 20,000 = △5,000

② 전기 상각부인액을 당기 시인부족액의 범위 내에서 손금추인함.

<손금산입> 전기 상각부인액 손금추인 5,000,000*(△유보)

* Min [전기 상각부인액, 당기 시인부족액] = Min[₩10,000,000, 5,000,000] = ₩5,000,000

예제 8-3 | 감가상각 시부인계산

일반기업회계기준을 적용하는 ㈜경북은 당기 중 기계장치를 취득하였다. 다음 자료를 이용하여 아래 요구사항에 답하시오.

(1) 사업연도 : 20×5. 1. 1 ~ 20×5. 12. 31
(2) 기계장치의 취득가액 : ₩100,000,000
(3) 기계장치 관련 회사계상 감가상각비 : ₩10,000,000
(4) 회사의 기계장치에 대한 기준내용연수는 8년이며, 신고내용연수는 6년이다.
(5) 회사는 기계장치에 대하여 정액법으로 상각방법을 신고한 바 있다.
(상각률 ⇨ 4년 : 0.250, 5년 : 0.200, 6년 : 0.166, 7년 : 0.142, 8년 : 0.125)

• 요구사항 •

다음 각 상황별로 기계장치에 대한 감가상각비 시부인을 행하시오. 단, 필요한 법정 신고절차는 모두 이행하였으며, 법인세부담의 최소화를 가정한다.

1. 20×5년 7월 20일에 기계장치(신품)를 취득하고 사업에 사용하기 시작한 경우
2. 20×5년 7월 20일에 기계장치(중고자산)를 취득하고 사업에 사용하기 시작한 경우 (다른 법인이 5년간 사용하던 중고 기계장치를 취득한 것임)

해답

1. 일반자산
   (1) 내용연수의 결정 : 6년(신고내용연수)
   (2) 상각범위액의 계산 : ₩100,000,000 × 0.166(6년) × $\frac{6}{12}$ = ₩8,300,000
   (3) 상각부인액 : ₩10,000,000 − 8,300,000 = ₩1,700,000
   (4) 세무조정 : <손금불산입> 상각부인액 1,700,000(유보)

2. 중고자산
   (1) 내용연수의 결정 : 8년 − 8년 × 50% = 4년(수정내용연수)
   (2) 상각범위액의 계산 : ₩100,000,000 × 0.250(4년) × $\frac{6}{12}$ = ₩12,500,000
   (3) 시인부족액 : ₩10,000,000 − 12,500,000 = ₩△2,500,000
   (4) 세무조정 : 없 음

해설 (1) 일반자산은 신고내용연수(무신고시 : 기준내용연수)를 적용하여야 한다.
(2) 중고자산(기준내용연수의 50% 이상 경과자산)은 기준내용연수에 기준내용연수의 50%를 차감한 내용연수(1년 미만은 없는 것으로 봄)를 적용할 수 있으나, 감가상각특례자산이 아니므로 시인부족액을 신고조정에 의하여 손금산입할 수 없다.

예제 8-4 | 즉시상각의제

다음은 ㈜전남의 기계장치 감가상각관련 자료이다. 다음 자료에 의하여 제3기와 제4기의 기계장치에 대한 감가상각 시부인을 행하시오.

⑴ 회사는 기계장치를 ₩100,000,000에 제3기 7월 중에 취득하여 사업에 사용하기 시작하였다.

⑵ 회사는 제3기에 ₩8,000,000, 제4기에 ₩2,000,000의 수선비(자본적지출)를 당기 비용처리하였다.

⑶ 기계장치 감가상각비 계상액은 제3기에 ₩10,000,000, 제4기 ₩16,000,000이다.

⑷ 회사는 기계장치에 대하여 정률법으로 감가상각방법을 신고하였으며, 상각률은 0.200으로 가정한다.

⑸ 회사의 사업연도는 매년 1.1 ~ 12.31이다.

해답

⑴ 제3기

① 회사계상 상각액 : ₩10,000,000(손익계산서) + 8,000,000(즉시상각의제액) = ₩18,000,000

② 상각범위액 : [₩100,000,000(기말 취득가액) + 8,000,000(즉시상각의제액)] × 0.200 × $\frac{6}{12}$ (월할상각) = ₩10,800,000

③ 상각부인액 : ₩18,000,000 − 10,800,000 = ₩7,200,000

④ 세무조정 : <손금불산입> 기계장치 상각부인액 7,200,000(유보)

⑵ 제4기

① 회사계상 상각액 : ₩16,000,000*1

*1 제4기 수선비(자본적지출)를 당기 비용처리한 것은 600만원 미만이므로 즉시상각으로 의제하지 않는다.

② 상각범위액 : [₩100,000,000 − 10,000,000(전기말 누계액) + 7,200,000(상각부인누계액)] × 0.200 = ₩19,440,000

③ 상각부인액 : ₩16,000,000 − 19,440,000 = ₩△3,440,000(시인부족액)

④ 세무조정 : <손금산입> 기계장치 상각부인액 손금추인 3,440,000*2 (△유보)

*2 Min [전기 상각부인액, 당기 시인부족액] = Min[₩7,200,000, 3,440,000] = ₩3,440,000

예제 8-5 | 건설자금이자 과소계상액

다음 자료를 이용하여 ㈜대한의 제10기 건물에 대한 감가상각 시부인을 행하시오.

⑴ 회사는 본사사옥(건물)을 제9기 1월 초에 착공하여 제10기 10월초에 완성하였으며, 건물의 건설원가(건설자금이자를 포함하지 않은 금액임)는 5억원이다. 회사는 건물의 취득가액을 장부상 5억원으로 계상하였다.

⑵ 회사는 제10기에 건물감가상각비 ₩5,000,000을 손익계산서에 비용으로 계상하였다.

(3) 제9기와 제10기에 발생한 본사사옥에 대한 건설자금이자는 각각 ₩8,000,000과 ₩2,000,000이며, 회사는 이를 모두 손익계산서에 이자비용으로 처리하였다.
(4) 동 건물의 기준내용연수는 40년이며, 상각률은 정액법 0.025, 정률법 0.073이다.
(5) 회사의 사업연도는 매년 1.1～12.31이며, 건물에 대한 감가상각방법은 신고하지 아니하였다.

해답

(1) 제10기 상각부인액의 계산

① 회사계상 상각액 : ₩5,000,000(손익계산서) + 2,000,000[*1] (즉시상각의제액) = ₩7,000,000

*1 수선비는 600만원 미만인 경우 등 특례가 인정되지만 건설자금이자는 이러한 특례에 해당하지 아니하므로 금액에 관계없이 즉시상각의제로 처리한다.

② 상각범위액[*2] : [₩500,000,000 + 8,000,000(제9기 건설자금이자)

$$+ 2,000,000(\text{제10기 건설자금이자})] \times 0.025 \times \frac{3}{12}(\text{월할상각}) = ₩3,187,500$$

*2 건물은 감가상각방법을 신고하지 아니한 경우에도 정액법을 적용한다.

③ 상각부인액 : ₩7,000,000 − 3,187,500 = ₩3,812,500

(2) 세무조정

<손금불산입> 건물 상각부인액　　3,812,500(유보)

예제 8-6 | 업무용승용차 감가상각비

㈜성동(성실신고확인대상 소규모 법인 아님)은 20×9년 7월 1일에 개별소비세 과세대상인 업무용 승용차(배기량 3,000cc, 법인업무용 자동차번호판 부착) 1대를 ₩90,000,000에 구입하였다. ㈜성동이 제9기(20×9.1.1.～20×9.12.31.) 손익계산서에 계상한 감가상각비는 ₩5,000,000이며, 감가상각비 외에 업무용 승용차 관련비용은 없다. 해당 차량의 사용자는 영업부 김대리이며, 해당 승용차는 업무전용자동차보험에 가입되어 있으나, 운행기록은 작성하지 아니하였다.

해답

(1) 업무용승용차 감가상각비

업무용승용차는 정액법을 상각방법으로 하고, 내용연수를 5년으로 하여 계산한 금액을 손금에 산입하여야 한다.

<손금산입> 감가상각비(업무용승용차)　4,000,000(△유보)

* ₩5,000,000 − ₩90,000,000 × 0.200 × 6/12 = △₩4,000,000

(2) 업무용승용차 관련비용의 업무사용금액

① 업무사용금액(운행기록 미작성) : ₩9,000,000 × 100%(업무사용비율) = ₩9,000,000

② 업무외사용금액 : ₩9,000,000 − ₩9,000,000 = ₩0

③ 세무조정 : 없음

(3) 업무사용금액 중 감가상각비 한도시부인

<손금불산입> 감가상각비(업무용승용차)　　5,000,000(유보)

* ₩9,000,000(업무사용금액 중 감가상각비) − ₩8,000,000 × $\frac{6}{12}$(한도액) = ₩5,000,000

예제 8-7 | 개발비 감가상각 시부인

다음은 ㈜메디텍의 제5기 연구비 및 개발비와 관련된 자료이다.

(1) 회사는 신제품 개발을 위한 연구비 ₩20,000,000을 당기 비용으로 처리하였다.

(2) 회사는 연구결과를 적용하기 위하여 발생한 개발비 ₩120,000,000을 4.20에 무형자산으로 계상하였다.

(3) 관련 제품의 판매는 7월 중 개시되었으며, 회사는 무형자산(개발비) 상각비로 ₩9,000,000을 손익계산서에 비용계상하였다.

(4) 회사의 사업연도는 매년 1.1 ~ 12.31이다.

• 요구사항 •

다음 각 상황별로 필요한 세무조정을 행하시오.

1. 개발비의 상각방법을 10년간 매 사업연도별 경과월수에 비례하여 상각하는 방법으로 신고한 경우
2. 개발비의 상각방법을 신고하지 아니한 경우

해답

1. 상각방법을 신고한 경우

(1) 연구비 : 세무상 당기 손금으로 처리되므로 세무조정이 필요하지 않다.

(2) 개발비

① 상각범위액 : ₩120,000,000(무형자산 계상액) ÷ 10년 × $\frac{6}{12}$ (월할상각) = ₩6,000,000

② 상각부인액 : ₩9,000,000 − 6,000,000 = ₩3,000,000

③ 세무조정 : <손금불산입> 개발비 상각부인액　　3,000,000(유보)

2. 상각방법을 신고하지 아니한 경우

(1) 연구비 : 세무상 당기 손금으로 처리되므로 세무조정이 필요하지 않다.

(2) 개발비

① 상각범위액 : ₩120,000,000(무형자산 계상액) ÷ 5년* × $\frac{6}{12}$(월할상각) = ₩12,000,000

* 5년 동안 매년 균등액을 상각하는 방법(월할상각)을 적용한다.

② 상각부인액(시인부족액) : ₩9,000,000 − 12,000,000 = ₩△3,000,000

③ 세무조정 : 없 음

제 4 절 | 감가상각과 관련된 기타의 규정

1. 감가상각의 의제

(1) 의 의

세무상 감가상각은 임의상각제도이므로 법인세를 감면받는 법인이 감면기간 동안은 감가상각을 하지 않고 감면기간이 끝난 이후에 감가상각을 함으로써 조세부담을 회피할 수 있다.

임의상각제도를 악용하여 부당하게 조세회피를 하는 것을 방지하기 위하여 감면법인은 반드시 상각범위액까지 감가상각비를 손금으로 계상하여야 하며, 결산상 감가상각비를 과소계상한 경우에는 그 과소계상액을 신고조정에 의하여 손금에 산입하여야 한다(강제조정).

(2) 적용요건

각 사업연도의 소득에 대하여 법인세가 면제되거나 감면되는 사업을 경영하는 법인[54]으로서 법인세를 면제받거나 감면받은 경우에는 개별 자산에 대한 감가상각비가 상각범위액이 되도록 감가상각비를 손금에 산입하여야 한다(법령 30). 다만, 한국채택국제회계기준을 적용하는 법인은 개별자산에 대한 감가상각비를 손금산입 특례규정에 따라 추가로 손금에 산입할 수 있다.

추계 과세시 감가상각의제

추계결정 또는 경정을 하는 경우에는 감가상각자산에 대한 감가상각비를 손금에 산입한 것으로 본다(법령 30 ②).

예제 8-8 | 감가상각의제의 적용 

㈜하나는 중소기업에 대한 특별세액감면을 적용받고 있는 법인이다. 다음 자료에 의하여 기계장치에 대한 제16기 사업연도(20×6. 1. 1～12. 31)의 감가상각범위액을 계산하시오.

(1) 기계장치 취득가액 : ₩50,000,000

(2) 취득 및 사용개시일 : 20×5. 1. 15

---

54) "법인세가 면제되거나 감면되는 사업을 영위하는 법인"이라 함은 특정사업에서 생긴 소득에 대하여 법인세를 면제 또는 감면(소득공제를 포함)받는 법인을 말한다. 한편 법인세가 면제되거나 감면되는 사업을 영위하는 법인이 법인세를 면제 또는 감면을 받지 아니한 경우에는 감가상각의 의제규정을 적용하지 아니한다(법기통 23-30…1).

(3) 감가상각방법 및 상각률 : 정률법(상각률 : 0.451)
(4) ㈜하나는 기계장치에 대하여 직전 사업연도에 ₩10,000,000의 감가상각비를 계상하였다.

해답

(1) 직전 사업연도의 감가상각시부인
① 회사계상 상각액 : ₩10,000,000
② 상각범위액 : ₩50,000,000 × 0.451 × $\frac{12}{12}$ = ₩22,550,000
③ 시인부족액 : ₩10,000,000 − 22,550,000 = ₩△12,550,000
④ 세무조정 : <손금산입> 기계장치 감가상각비 12,550,000 (△유보)

(2) 해당 사업연도의 상각범위액
[₩50,000,000 (기말 재무상태표상 취득가액) − 10,000,000 (기초 감가상각누계액) − 12,550,000 (신고조정한 상각비)] × 0.451 = ₩12,379,950

2. 법률에 따른 평가증과 감가상각

(1) 상각부인액의 손금산입

법률에 따라 감가상각자산의 장부가액을 증액(평가증)한 경우 해당 감가상각자산의 상각부인액과 시인부족액은 다음과 같이 처리한다(법령 32 ③).

① 상각부인액 : 평가증의 한도까지 익금에 산입된 것으로 보아 이를 손금에 산입하고, 평가증의 한도를 초과하는 금액은 이를 그 후의 사업연도에 이월할 상각부인액으로 한다.

② 시인부족액 : 세무조정 없이 소멸하는 것으로 한다.

사 례 법률에 따른 평가증

법인이 법률에 따라 기계장치(장부가액 : ₩6,000,000)를 시가(₩10,000,000)로 평가증하고 평가차익 ₩4,000,000을 수익으로 계상한 경우

(1) 기계장치의 상각부인액이 ₩3,000,000 있는 경우
<손금산입> 기계장치 상각부인액 3,000,000 (△유보)

(2) 기계장치의 상각부인액이 ₩5,000,000 있는 경우
<손금산입> 기계장치 상각부인액 4,000,000 (△유보)
→ ₩1,000,000은 차기 이월

(3) 기계장치의 시인부족액이 ₩2,000,000 있는 경우
세무조정 없이 시인부족액 소멸

(2) 평가증과 감가상각의 순서

법인이 감가상각자산에 대하여 감가상각과 평가증을 병행한 경우에는 먼저 감가상각을 한 후 평가증을 한 것으로 보아 상각범위액을 계산한다(법령 32 ④).

3. 양도자산에 대한 감가상각비 등

(1) 양도자산에 대한 시부인계산

기업회계기준에서는 유형자산을 사업연도 중에 매각할 경우 매각한 날까지의 감가상각비를 월할계산하여 반영하는 것이 일반적인 회계처리이다. 그러나 양도자산에 대한 감가상각비를 계상하지 아니하더라도 유형자산처분손익에 반영되어 당기순이익에는 영향을 미치지 아니한다. 따라서 법인세법에서는 계산의 편의상 양도자산에 대한 감가상각비 시부인계산을 하지 않도록 규정하고 있다.

(2) 양도자산에 대한 상각부인액의 손금추인

감가상각자산을 양도한 경우 해당 자산의 상각부인액은 양도일이 속하는 사업연도의 손금에 이를 산입한다(법령 32 ⑤). 한편 감가상각자산의 일부를 양도한 경우 해당 양도자산에 대한 감가상각누계액 및 상각부인액 또는 시인부족액은 해당 감가상각자산 전체의 감가상각누계액 및 상각부인액 또는 시인부족액에 양도부분의 가액이 해당 감가상각자산의 전체가액에서 차지하는 비율을 곱하여 계산한 금액으로 한다. 이 경우 그 가액은 취득당시의 장부가액에 의한다(법령 32 ⑥).

$$\text{양도한 자산의 상각부인액} = \text{해당 자산 전체의 상각부인액} \times \frac{\text{양도한 부분의 취득가액}}{\text{해당 자산 전체의 취득가액}}$$

4. 유형자산의 평가손실 등

(1) 유형자산의 평가손실

유형자산으로서 천재지변 등 법령에서 정하는 감액사유로 인하여 파손 또는 멸실된 것은 감액사유가 발생한 사업연도 또는 파손 또는 멸실이 확정된 사업연도에 해당 자산의 장부가액을 사업연도 종료일 현재 시가에 의한 평가액으로 감액하고, 그 감액한 금액을 해당 사업연도의 손금으로 계상(결산조정을 의미함)할 수 있다(법법 42 ③, 법령 78 ①, ③).

(2) 생산설비의 폐기손실 등

다음의 어느 하나에 해당하는 경우에는 결산조정에 의해 장부가액에서 1,000원을 공제한 금액을 폐기일이 속하는 사업연도의 손금에 산입할 수 있다. 이 경우 1,000원은 해당 자산의 처분시 손금산입한다.

① 시설의 개체 또는 기술의 낙후로 인하여 생산설비의 일부를 폐기한 경우

② 사업의 폐지 또는 사업장의 이전으로 임대차계약에 따라 임차한 사업장의 원상회복을 위하여 시설물을 철거하는 경우

객 / 관 / 식 / 문 / 제

▶ 제8장 감가상각비

1 법인세법상 감가상각비에 대한 다음 설명 중 옳지 않은 것은?

① 금융리스의 자산은 리스이용자의 감가상각자산으로 하고, 금융리스 외의 자산은 리스회사의 감가상각자산으로 한다.

② 유휴설비는 감가상각대상에 포함되나, 건설중인 자산 또는 설치중인 자산은 감가상각대상에서 제외된다.

③ 내용연수가 5년인 자산은 반드시 5년 동안 상각을 완료하여야 한다.

④ 수선비 중 재해를 입은 자산에 대한 도장 및 유리의 삽입은 수익적지출에 해당한다.

해설

법인세법상 감가상각은 임의상각제도를 채택하고 있으므로 내용연수가 상각기간과 일치하지 않는다. 즉, 내용연수가 5년이라고 하더라도 8년 또는 10년 등 내용연수 이상의 기간동안 상각할 수 있다.

2 다음 자료에 의하여 ㈜유원(정관상의 사업연도 : 6월)의 제10기(20×9. 7. 1~12. 31) 기계장치 상각범위액을 계산하면?

(1) 취득가액	₩60,000,000	(2) 취득일자	20×9. 10. 1
(3) 신고내용연수	5년	(4) 감가상각방법	정액법

① ₩1,250,000　　② ₩2,250,000

③ ₩3,000,000　　④ ₩5,000,000

해설

(1) 감가상각범위액 = ₩60,000,000 × 0.100 × $\frac{3}{6}$ = ₩3,000,000

(2) 사업연도가 6월이므로 환산내용연수인 10년(= 5년 × 2)에 해당하는 상각률을 적용한다.

(3) 신규취득자산에 대해서는 월할상각하여 상각범위액을 계산한다.

3 다음의 자료는 특정자산에 대한 감가상각과 관련된 것이다. 자료를 이용하여 세무조정을 할 경우 옳은 것은? ◆ 2014년 국가직 9급

(1) 전기말까지 감가상각비 부인누계액	₩1,000,000
(2) 당기 중 감가상각비 범위액	1,500,000
(3) 당기 중 회사계상 감가상각비	1,200,000

① 감가상각비 부인누계액 중 ₩300,000은 손금산입하고, 나머지 ₩700,000은 다음 사업연도로 이월한다.

② 당기 감가상각비 시인부족액 ₩300,000은 소멸하고, 감가상각비 부인누계액 ₩1,000,000은 다음 사업연도로 이월한다.

③ 감가상각비 부인누계액 ₩1,000,000은 소멸하고, 당기 감가상각비 시인부족액 ₩300,000은 다음 사업연도로 이월한다.

④ 감가상각비 부인누계액 ₩1,000,000과 감가상각비 시인부족액 ₩300,000은 각각 다음 사업연도로 이월한다.

해설

전기말 감가상각비 부인누계액 중 당기 시인부족액에 해당하는 ₩300,000은 손금추인되고, 나머지 ₩700,000은 다음 사업연도로 이월한다.

4 ㈜청평의 제3기 사업연도의 다음 자료에 의하여 감가상각비 시부인 계산을 한 후의 감가상각비에 대한 유보잔액은? (단, △는 시인부족액이다)

(단위 : 원)

구 분	건 물	비 품	기계장치	특허권
전기상각시부인액	△300,000	△400,000	600,000	200,000
회사상각액	1,200,000	700,000	−	900,000
상각범위액	1,400,000	500,000	300,000	800,000
당기상각시부인액	△200,000	200,000	△300,000	100,000

① ₩500,000　　② ₩600,000

③ ₩800,000　　④ ₩1,100,000

해설

(1) 건물 : 유보잔액 없음
(2) 비품 : ₩200,000(당기 상각부인액)
(3) 기계장치 : ₩600,000 − 300,000 = ₩300,000
(4) 특허권 : ₩200,000 + 100,000 = ₩300,000
(5) 유보잔액 : ₩200,000 + 300,000 + 300,000 = ₩800,000

5 ㈜동해는 20×4년 3월에 공장용 건물의 신축에 착공하여 20×5년 7월에 이를 준공하였다. 다음 자료에 의하여 제4기(20×5. 1. 1 ~ 12. 31)의 공장용 건물에 대한 감가상각비와 관련하여 행할 세무조정 및 소득처분은 어느 것인가?

(1) 제3기의 세무조정사항 중 공장용 건물에 대한 건설자금이자로서 손금불산입(유보)된 금액은 2억원이다.
(2) 제4기의 이자비용(영업외비용)으로 계상한 금액 중 해당 공장용 건물에 대한 건설자금이자는 1억원이다.
(3) 제4기에는 해당 공장용 건물에 대한 감가상각비를 손비로 계상하지 않았다. 제4기의 해당 공장용 건물에 대한 법인세법상 감가상각비의 상각범위액(위의 '(1)' 및 '(2)'의 건설자금이자를 고려하여 계산한 금액이다)은 1억 5천만원이다.

① (손금불산입) 건설자금이자 1억원(유 보)
② (손 금 산 입) 전기 건설자금이자(상각부인액) 5천만원(△유보)
③ (손금불산입) 건물 상각부인액 5천만원(유 보)
④ (손 금 산 입) 전기 건설자금이자(상각부인액) 1억 5천만원(△유보)

해설

(1) 시인부족액 : ₩100,000,000(즉시상각의제액*) − 150,000,000(상각범위액) = ₩△50,000,000
  * 당기 건설자금이자 과소계상액
(2) 세무조정 : <손금산입> 전기 건설자금이자(상각부인액) 50,000,000*(△유보)
  * 건설이 완료되지 않은 상각자산에 대한 건설자금이자 과소계상액(제3기분)은 일단 손금불산입(유보)하였다가 건설이 완료되어 상각이 개시되면 상각부인액으로 보아 세무조정에 반영한다.
  Min[₩200,000,000(상각부인액 : 전기 건설자금이자), 50,000,000(시인부족액)] = ₩50,000,000

6 다음은 ㈜안면의 제3기(20×3. 1. 1~20×3. 12. 31) 자료이다. 이 자료에 의하여 제3기 감가상각비 상각부인액(또는 시인부족액)을 계산하면?

(1) 기계장치의 취득가액(제2기 6월 13일에 취득) : ₩200,000,000
(2) 자본적지출(수선비)의 비용계상액 : 제2기 ₩6,000,000, 제3기 ₩10,000,000
(3) 손익계산서상의 감가상각비 계상액 : 제2기 ₩120,000,000, 제3기 ₩60,000,000
(4) 제2기의 상각부인액(가정) : ₩30,000,000
(5) 회사는 정률법으로 감가상각을 하고 있으며, 상각률은 0.500으로 가정한다.

① 시인부족액 ₩10,000,000 ② 상각부인액 ₩10,000,000
③ 시인부족액 ₩20,000,000 ④ 상각부인액 ₩20,000,000

해설

⑴ 제3기 회사계상 상각액
₩60,000,000 + 10,000,000(당기 즉시상각의제액) = ₩70,000,000

⑵ 제3기 상각범위액
[₩200,000,000 − 120,000,000(기초 감가상각누계액) + 10,000,000(당기 즉시상각의제액)*
+ 30,000,000(상각부인액)] × 0.500 = ₩60,000,000

* 정률법 상각범위액 계산시에는 당기 즉시상각의제액만을 미상각잔액에 포함한다.

⑶ 상각부인액
₩70,000,000 − 60,000,000 = ₩10,000,000

7 제조업을 영위하는 내국법인인 ㈜경북의 제8기 사업연도(20×8.1.1.~20×8.12.31.)의 기계장치에 대한 감가상각범위액을 계산한 것으로 옳은 것은?

⑴ 기계장치 취득가액은 ₩50,000,000이다.
⑵ 제7기 사업연도에 회사장부상 계상된 기계장치 감가상각비는 ₩8,000,000이며, 제7기 사업연도말 회사장부상 기계장치 감가상각누계액은 ₩30,000,000이다.
⑶ 제6기 사업연도로부터 이월된 기계장치 상각부인액은 ₩16,000,000이다.
⑷ 기계장치에 대한 자본적 지출액을 회사장부상 수선비로 계상한 금액은 다음과 같다. 단, 주기적 수선에 해당하지 아니한다.
가. 제7기 : ₩6,000,000
나. 제8기 : 10,000,000
⑸ 기계장치에 감가상각방법은 정률법(신고내용연수에 따른 상각률 : 0.313)이다.

① ₩7,621,550 ② ₩10,751,550
③ ₩11,268,000 ④ ₩13,881,550

해설

⑴ 제7기 사업연도 세무조정
회사계상 상각비 : ₩8,000,000 + 6,000,000 = ₩14,000,000
상각범위액 : (₩50,000,000 − 30,000,000 + 8,000,000 + 6,000,000 + 16,000,000) × 0.313
=₩15,650,000
시인부족액 : ₩14,000,000 − 15,650,000 = △₩1,650,000

⑵ 제8기 사업연도 상각범위액
(₩50,000,000 − 30,000,000 + 10,000,000 + 14,350,000*) × 0.313 = ₩13,881,550
* ₩16,000,000 − 1,650,000 = ₩14,350,000

8 다음은 제조업을 영위하는 ㈜청운의 제20기 사업연도(20×2.1.1.~20×2.12.31.) 업무용승용차 관련 자료이다. ㈜청운이 제20기 사업연도의 법인세를 신고하는 경우 업무용승용차 관련 비용 중 손금불산입금액은?

2018년 국가직 7급

---

(1) 20×1년 12월 10일 대표이사 업무용승용차(배기량 3천cc, 5인승, 법인업무용 자동차 번호판 부착)를 ₩100,000,000에 구입하였으며, 취득 이후 업무전용자동차보험에 가입되어 있다.

(2) 해당 업무용승용차 관련비용으로 손금산입하거나 지출한 항목은 아래와 같다.

가. 업무전용자동차보험료 : ₩1,000,000

나. 유류비 : ₩20,000,000

다. 자동차세 : ₩1,500,000

라. 감가상각비 : ₩20,000,000

(3) 차량운행기록부 내역 중 업무사용비율은 90%로 확인된다.

---

① ₩4,250,000　　② ₩10,000,000

③ ₩14,250,000　　④ ₩28,250,000

해설

(1) 업무용승용차 관련비용의 업무사용금액

① 업무사용금액 : ₩42,500,000 × 90% = ₩38,250,000

② 업무외사용금액 : ₩42,500,000 − 38,250,000 = ₩4,250,000

(2) 업무사용금액 중 감가상각비 한도시부인

① 업무사용금액 중 감가상각비 : ₩20,000,000 × 90% = ₩18,000,000

② 감가상각비 한도초과액 : ₩18,000,000 − 8,000,000 = ₩10,000,000

(3) 업무용승용차 관련 비용 중 손금불산입금액

₩4,250,000 + 10,000,000 = ₩14,250,000

9 감가상각비와 관련된 법인세법상 규정을 설명한 것이다. 가장 옳지 않은 것은?

① 법인세법상 감가상각비는 결산조정항목이므로 결산서상 손비로 계상하지 아니한 경우에는 원칙적으로 신고조정에 의해 손금에 산입할 수 없다.

② 법인세법상 감가상각비는 임의상각제도를 채택하고 있으므로 손금한도액의 범위 내에서 결산서상 감가상각비를 얼마나 계상할 것인지를 법인이 선택할 수 있다.

③ 잔존가액은 일률적으로 영(0)으로 정하고 있으나, 내용연수는 예상되는 사용기간을 합리적으로 추정하여 결정할 수 있다.

④ 감가상각방법으로 정액법 · 정률법 및 생산량비례법만이 허용되며, 연수합계법 등 기타의 상각방법은 인정되지 아니한다.

해설

법인세법상 내용연수는 자산의 종류별로 규정된 일정한 범위 내에서 법인이 선택하여 신고한 내용연수를 적용함을 원칙으로 하며, 기업회계기준과 달리 예상되는 사용기간을 합리적으로 추정하여 내용연수를 선택할 수는 없다.

10 법인세법상 감가상각비에 대하여 설명한 것으로서 잘못된 것은?

① 감가상각자산을 양도한 경우 해당 자산의 상각부인액은 양도일이 속하는 사업연도의 손금에 이를 산입한다.

② 일정한 사유에 해당되면 승인을 얻어 신고한 내용연수 또는 신고한 상각방법을 변경할 수 있다.

③ 개별자산별로 수선비로 지출한 금액이 600만원 미만인 경우에는 자본적지출에 해당하는 수선비를 수익적지출로 처리하더라도 이를 지출한 사업연도의 손금에 산입한다.

④ 감가상각의 의제가 적용되는 경우라도 결산서에 계상한 감가상각비가 상각범위액에 미달하면 그 미달액을 신고조정에 의하여 손금산입할 수 없다.

해설

감가상각의 의제가 적용되는 경우에는 개별자산에 대한 감가상각비가 상각범위액이 되도록 감가상각비를 신고조정에 의하여 손금에 산입하여야 한다.

11 법인세법상 감가상각비에 설명으로 옳은 것은?

① 영업권 등 무형자산도 감가상각자산에 포함되나, 유휴설비는 감가상각대상에 포함되지 않는다.

② 장기할부조건으로 감가상각자산을 매입하고 현재가치할인차금을 계상한 경우에는 현재가치할인차금을 포함한 금액을 감가상각자산의 취득가액으로 한다.

③ 개인용 컴퓨터(취득가액 200만원)를 취득하고 결산서상 비용으로 계상한 경우에는 이를 즉시상각한 것으로 의제하지 않고 전액 손금에 산입한다.

④ 기준내용연수가 7년인 중고자산을 취득한 경우 최단 4년까지 내용연수를 단축하여 적용할 수 있다.

해설

① 유휴설비도 감가상각대상에 포함한다.
② 현재가치할인차금을 제외한 금액을 감가상각자산의 취득가액으로 한다.
④ 최단 3년까지 내용연수를 단축하여 적용할 수 있다.

12 법인세법상 감가상각에 관한 설명으로 옳지 않은 것은? ◎ 2007년 국가직 7급

① 감가상각자산에 대한 자본적 지출금액을 손금으로 계상한 경우에는 이를 즉시상각의제로 보아 시부인계산한다.

② 법인이 감가상각자산에 대하여 감가상각과 평가증을 병행하는 경우에는 먼저 평가증을 한 후 감가상각을 하는 것으로 보아 상각범위액을 계산한다.

③ 장기할부조건으로 매입한 감가상각자산의 경우 법인이 해당 감가상각자산의 가액 전액을 자산으로 계상하고 사업에 사용하는 경우에는 그 대금의 청산 또는 소유권의 이전 여부에 관계없이 이를 감가상각자산에 포함한다.

④ 시설의 개체 · 기술의 낙후 등으로 인하여 생산설비의 일부를 폐기한 경우에는 당해 자산의 장부가액에서 1,000원을 공제한 금액을 폐기일이 속하는 사업연도의 손금에 산입할 수 있다.

해설

법인이 감가상각자산에 대하여 감가상각과 평가증을 병행하는 경우에는 먼저 감가상각을 한 후 평가증을 하는 것으로 보아 상각범위액을 계산한다.

정답	1	③	2	③	3	①	4	③	5	②	6	②	7	④	8	③	9	③	10	④
	11	③	12	②																

9 충당금과 준비금

제 1 절 | 충당금

1. 충당금의 개요

(1) 법인세법상 충당금

기업회계는 과거사건의 결과로 현재의무가 존재하고, 그 의무를 이행하기 위하여 경제적 효익을 갖는 자원의 유출가능성이 높으며 그 의무의 이행에 소요되는 금액을 신뢰성 있게 추정할 수 있는 경우에 충당부채로 인식한다.

세법은 권리의무 확정주의를 채택하고 있으므로 아직 확정되지 않은 비용인 충당부채를 원칙적으로 인정하지 않는다. 다만, 익금과 손금을 대응시키고 기업회계와의 차이를 해소하기 위하여 예외적으로 다음의 충당금(세법에서는 '충당부채' 대신 '충당금'이란 용어를 사용하고 있음)에 한하여 손금으로 인정하고 있다.

▶ **표 9-1** 법인세법상 손금산입되는 충당금

구 분	충당금의 종류
결산조정항목	퇴직급여충당금*1 · 대손충당금 · 구상채권상각충당금
신고조정항목	퇴직연금충당금 · 일시상각충당금(또는 압축기장충당금)*2

*1 퇴직급여충당금은 2016년부터 추가 설정(손금산입)이 허용되지 않는다.
*2 일시상각충당금(또는 압축기장충당금)은 기업회계기준에서 인정하지 않는 충당금이므로 신고조정을 허용하고 있다.

(2) 법인세법상 인정되지 않는 충당부채

기업회계기준에서는 제품보증충당부채 · 경품충당부채 등을 설정하도록 규정하고 있으나, 법인세법에서는 이를 인정하지 않으므로 이러한 충당부채의 설정액은 다음과 같이 전액 손금불산입되며, 사후관리된다.

① 충당부채 설정시 : 충당부채 설정액 전액을 손금불산입하고 유보로 소득처분한다.

② 충당부채 상계시 : 충당부채 상계액을 손금산입하고 △유보로 소득처분한다.

▶ **표 9-2** 제품보증충당부채의 세무조정 사례

구 분	회계처리	세무조정
① 충당부채의 설정	(차) 제품보증비 100 (대) 제품보증충당부채 100	<손금불산입> 제품보증충당부채 100(유보)
② 충당부채의 상계 또는 환입	(차) 제품보증충당부채 60 (대) 현 금 60	<손금산입> 제품보증충당부채 60(△유보)
	(차) 제품보증충당부채 40 (대) 제품보증충당부채환입 40	<익금불산입> 제품보증충당부채환입 40(△유보)

2. 퇴직급여제도

(1) 개 요

사용자는 퇴직하는 근로자에게 급여를 지급하기 위하여 다음의 퇴직급여제도 중 하나 이상의 제도를 설정하여야 한다. 다만, 계속근로기간이 1년 미만인 근로자, 4주간을 평균하여 1주간의 소정근로시간이 15시간 미만인 근로자에 대하여는 그러하지 아니하다(근로자퇴직급여보장법 4 ①).

① 퇴직금제도(사내적립제도)
② 확정급여형(DB형 : Defined Benefit) 퇴직연금제도
③ 확정기여형(DC형 : Defined Contribution) 퇴직연금제도

(2) 퇴직금제도

퇴직금제도란 계속근로기간 1년에 대하여 30일분 이상의 평균임금을 퇴직일시금으로 퇴직 근로자에게 지급하는 제도를 말한다. 퇴직금제도를 설정하는 경우 대부분의 회사가 퇴직금 재원을 사외에 별도로 적립하지 않고 회사 자금으로 퇴직일시금을 지급하게 되므로 회사가 도산할 경우 퇴직금을 보장받을 수 없다는 단점이 있다. 또한 중간에 직장을 옮길 경우 퇴직금을 받아 다른 용도로 사용하는 경우가 많아 은퇴자금으로 활용하기 어렵다는 단점도 있다.

(3) 퇴직연금제도

퇴직금제도의 단점을 보완하여 회사가 도산하더라도 퇴직금을 안전하게 보장받을

수 있고, 은퇴자금이라는 본래의 목적에 맞게 연금형태로 지급받을 수 있는 퇴직연금제도를 시행하고 있다. 퇴직연금제도는 근로자들의 노후 소득보장과 생활 안정을 위해 근로자 재직기간 중 사용자가 퇴직급여 지급재원을 금융회사에 적립하고, 이 재원을 사용자(기업) 또는 근로자가 운용하여 근로자 퇴직 시 연금 또는 일시금으로 지급하는 제도이다.

퇴직연금제도에는 확정급여형 퇴직연금제도와 확정기여형 퇴직연금제도가 있다.

1) 확정급여형 퇴직연금제도

근로자가 받을 급여의 수준(퇴직금과 동일, 계속근로기간 1년에 대하여 30일분 이상의 평균임금)이 사전에 결정되어 있는 퇴직연금제도를 말한다. 사용자가 매년 부담금을 금융회사에 적립하여 책임지고 운용하며, 운용 결과와 관계없이 근로자는 사전에 정해진 수준의 퇴직급여를 수령하게 된다.

2) 확정기여형 퇴직연금제도

퇴직급여의 지급을 위하여 사용자가 부담하여야 할 부담금의 수준(매년 연간 임금총액의 1/12 이상)이 사전에 결정되어 있는 퇴직연금제도를 말한다. 사용자가 근로자 개별 계좌에 부담금을 정기적으로 납입하면, 근로자가 직접 적립금을 운용하며, 근로자 본인의 추가 부담금 납입도 가능하다. 근로자는 사용자가 납입한 부담금과 운용손익을 최종 퇴직급여로 지급받게 된다. 한편 상시근로자의 수가 10인 미만인 기업에서 근로자 개별 동의를 얻어 개인형 퇴직연금제도(IRP : Individual Retirement Pension)[55]를 설정한 경우, 퇴직연금제도를 설정한 것으로 간주하고 확정기여형(DC형)와 동일하게 운영한다.

▶ **표 9-3** 퇴직연금제도의 비교

구 분	확정급여형	확정기여형
개념	퇴직급여수준을 노사가 사전에 확정	기업 부담금 수준을 노사가 사전에 확정
적립금 운용방법	사용자(회사)가 결정	근로자가 결정
운용수익	회사에 귀속	근로자에 귀속

55) 개인형 퇴직연금제도(IRP)는 근로자가 직장을 옮기거나 퇴직하면서 지급받은 퇴직급여를 근로자 본인 명의의 계좌에 적립하여 노후재원으로 활용하도록 한 통산 장치(퇴직연금 적립 전용 개인제도)이다. 확정기여형(DC형)제도와 동일한 방식으로 운영되며, 퇴직연금 급여를 지급받는 55세 이전까지 운용기간의 수익에 대한 과세이연(課稅移延) 혜택이 부여된다.

구 분	확정급여형	확정기여형
기업부담	적립금 운용실적에 따라 변동	기업부담 확정
퇴직급여 수준	계속근로기간과 임금수준에 따라 결정	적립금 운용실적에 따라 변동
부담금 회계처리	사외적립자산	비 용
퇴직시 회계처리	사외적립자산 차감	없 음

⑷ 퇴직급여제도에 대한 세무상 처리

2015년까지는 퇴직금제도를 설정한 회사에 대해서도 퇴직급여충당금의 손금산입을 일부 허용하였으나, 2016년부터는 퇴직급여충당금의 추가 설정(손금산입)이 허용되지 않는다. 이는 기존의 퇴직금제도를 퇴직연금제도로 유도하기 위한 정책의 일환이다.[56)]

확정기여형 퇴직연금의 부담금은 전액 손금에 산입하며, 확정급여형 퇴직연금의 부담금에 대해서는 일정한 손금한도액의 범위 내에서 퇴직연금충당금을 설정함으로써 손금에 산입할 수 있다.

▶ **표 9-4** 퇴직급여제도에 대한 세무상 처리

<table>
<tr><th>구 분</th><th>K-IFRS</th><th>법인세법</th></tr>
<tr><td>퇴직금제도 가입자</td><td>확정급여채무 설정
(보험수리적 기준)</td><td>손금불산입</td></tr>
<tr><td>확정기여형 퇴직연금제도 가입자</td><td>부담금을 비용으로 처리</td><td>부담금을 전액 손금산입</td></tr>
<tr><td rowspan="2">확정급여형 퇴직연금제도 가입자</td><td>확정급여채무 설정
(보험수리적 기준)</td><td rowspan="2">손금한도액의 범위 내에서
퇴직연금충당금을 손금산입</td></tr>
<tr><td>부담금을 사외적립자산 계상</td></tr>
</table>

⑸ 퇴직급여충당금의 설정

퇴직급여충당금(K-IFRS의 확정급여채무)이란 임직원이 실제로 퇴직할 경우에 지급해야할 퇴직급여에 충당하기 위하여 설정하는 충당금(충당부채)을 말한다. 결산상 퇴직급여충당금을 설정하기 위하여 다음과 같이 회계처리한 경우에는 이를 전액 손금불산입(유보)하는 세무조정이 필요하다.

---

56) 퇴직연금제도의 의무가입(상시근로자 수 기준) : 2016년 300인 이상, 2017년 100인 이상, 2018년 30인 이상, 2019년 10인 이상 기업으로 확대, 2022년에는 모든 기업의 퇴직연금제도 가입이 의무화된다.

(차) 퇴직급여	×××	(대) 퇴직급여충당금 (확정급여채무)	×××

⑹ 확정기여형 퇴직연금 부담금

법인이 임원 또는 직원의 퇴직을 퇴직급여의 지급사유로 하고 임원 또는 직원을 수급자로 하는 퇴직연금등의 부담금으로서 지출하는 금액 중 확정기여형 퇴직연금(근로자퇴직급여 보장법 제19조에 따른 확정기여형 퇴직연금, 제23조의6에 따른 중소기업 퇴직연금기금제도, 제24조에 따른 개인형퇴직연금제도 및 과학기술인공제회법에 따른 퇴직연금 중 확정기여형 퇴직연금에 해당하는 것을 말한다)의 부담금은 전액 손금에 산입한다.

법인이 확정기여형 퇴직연금 부담금을 납부하면 다음과 같이 퇴직급여(비용)로 회계처리하며, 세무상으로도 손금산입되므로 별도의 세무조정이 필요하지 않다.

(차) 퇴직급여	×××	(대) 현 금	×××

임원에 대한 확정기여형 퇴직연금

임원에 대한 확정기여형 퇴직연금 부담금은 법인이 퇴직 시까지 부담한 부담금의 합계액을 퇴직급여로 보아 임원퇴직급여한도초과액에 대한 규정을 적용하되, 손금산입한도 초과금액이 있는 경우에는 퇴직일이 속하는 사업연도의 부담금 중 손금산입 한도 초과금액 상당액을 손금에 산입하지 아니하고, 손금산입 한도 초과금액이 퇴직일이 속하는 사업연도의 부담금을 초과하는 경우 그 초과금액은 퇴직일이 속하는 사업연도의 익금에 산입한다(법령 44의2 ③).

3. 퇴직연금충당금

⑴ 회계처리와 세무조정

1) 결산조정하는 경우

구 분	세무상 요구되는 회계처리
① 부담금 지출시	(차) 사외적립자산 1,000 (대) 현 금 1,000
② 퇴직연금충당금의 설정[*1]	(차) 비 용 1,000 (대) 퇴직연금충당금 1,000
③ 퇴직급여 지급시[*2]	(차) 퇴직급여충당금 300 (대) 현 금 300 퇴직연금충당금 200 사외적립자산 200

*1 퇴직연금 부담금의 지출과 퇴직연금충당금의 설정은 별개의 절차이므로 퇴직연금부담금을 손금에 산입하면서 퇴직연금충당금을 설정하는 회계처리가 요구된다.
*2 법인이 현금으로 직접 지급하는 퇴직급여는 퇴직급여충당금과 상계하고, 종업원이 퇴직연금으로부터 퇴직일시금을 수령하는 부분은 퇴직연금충당금과 상계하여야 한다.

2) 신고조정하는 경우

구 분		내 용
① 보험료 등 지출시	회 계 처 리	(차) 사외적립자산 1,000 (대) 현 금 1,000
	세 무 조 정	<손금산입> 퇴직연금충당금 1,000(△유보)
② 퇴직급여 지급시	회 계 처 리	(차) 퇴직급여충당금 500 (대) 현 금 300 사외적립자산 200
	세 무 조 정[*1]	<손 금 산 입> 퇴직급여충당금 200(△유보) <손금불산입> 퇴직연금충당금 200(유 보)

*1 세무상 퇴직급여충당금 상계액은 300이나 결산서상 500을 상계하였으므로 퇴직급여충당금 과대상계액(200)을 손금산입(△유보)한다. 한편 세무상 퇴직연금충당금 상계액은 200이나 결산서상 상계되지 아니하였으므로 과소상계액(200)을 손금불산입(유보)하여야 한다.

(2) 퇴직연금충당금의 손금한도액

손금한도액 : Min[추계액 기준 한도액, 사외적립자산 기준 한도액]

1) 추계액 기준 한도액

퇴직급여추계액 − 세무상 퇴직급여충당금 기말잔액 − 세무상 퇴직연금충당금 이월잔액

① 퇴직급여추계액 : Max[일시퇴직 기준 추계액, 보험수리적 기준 추계액]

구 분	추계액 계산
일시퇴직 기준	당기말 현재 재직하는 임직원 전원이 당기말에 일시에 퇴직할 경우 지급할 퇴직급여
	• 퇴직급여지급규정이 있는 경우 : 규정에 따라 계산 • 퇴직급여지급규정이 없는 경우 : 근로자퇴직급여보장법에 의한 금액 (단, 임원은 임원퇴직급여한도액을 상한으로 함)
보험수리적 기준	다음의 금액을 더한 금액 ㉠ 확정급여형 퇴직연금 가입자 : 전체 근로자의 예상퇴직시기, 임금상승률, 이자율 등을 고려하여 산정한 예상퇴직급여를 현재가치로 환산한 금액 ㉡ 퇴직연금 미가입자 : 일시퇴직기준 추계액

② 세무상 퇴직급여충당금 기말잔액

결산상 퇴직급여충당금 기말잔액 - 당기말 퇴직급여충당금 유보잔액

③ 세무상 퇴직연금충당금 이월잔액 : 당기에 퇴직연금충당금을 설정하기 전의 세무상 잔액을 말하며, 전기 이전에 이미 손금에 산입한 퇴직연금충당금을 의미한다.

결산상 퇴직연금 충당금 기초잔액 - 결산상 퇴직연금 충당금 감소액 ± 퇴직연금충당금 설정전 유보잔액 또는 △유보잔액

2) 사외적립자산 기준 한도액

사외적립자산 기말잔액 - 세무상 퇴직연금충당금 이월잔액

▶ **그림 9-1** 퇴직연금충당금 한도액의 개념

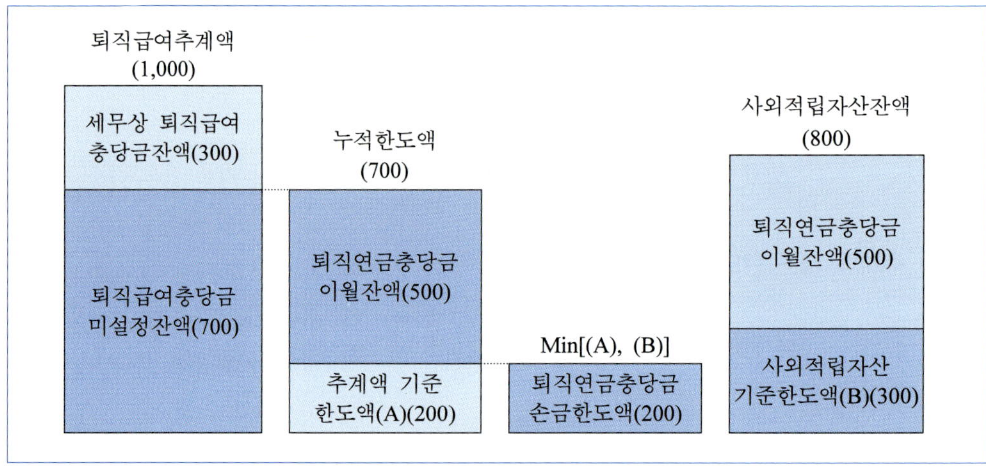

(3) 퇴직연금충당금 한도초과액(미달액)의 세무조정 (강제조정)

구 분	내 용
① 한도초과액 또는 한도미달액의 계산	당기 퇴직연금충당금 설정액(결산조정) - 손금한도액 = 한도초과액(△한도미달액)
② 세무조정	㉠ 한도초과액 <손금불산입> 퇴직연금충당금 한도초과액 ×××(유 보)
	㉡ 한도미달액 <손금산입> 퇴직연금충당금 ×××(△유보)

⑷ 퇴직급여 지급에 대한 세무상 처리

법인이 임원 또는 직원에게 지급하는 퇴직급여는 임원 또는 직원이 현실적으로 퇴직하는 경우에 지급하는 것에 한하여 이를 손금에 산입하며, 현실적으로 퇴직하지 않은 임원 또는 직원에게 퇴직급여를 지급한 경우에는 이를 현실적으로 퇴직할 때까지 업무무관가지급금으로 본다.

퇴직급여는 다음 순서에 따라 충당금과 상계하거나 또는 비용으로 처리한다.

퇴직연금충당금 상계(개인별) → 퇴직급여충당금과 상계(법인 전체) → 비용으로 처리

① 임원이나 직원이 현실적으로 퇴직함에 따라 확정급여형 퇴직연금에서 지급하는 금액은 개인별 퇴직연금충당금과 상계하고, 부족액은 법인 전체의 퇴직급여충당금과 상계한다. 퇴직급여충당금이 없는 경우에는 퇴직급여(비용)로 처리한다.

② 퇴직연금충당금과 상계하여야 할 것을 퇴직급여충당금과 상계한 때에는 퇴직연금충당금 과소상계액을 손금불산입(유보)하고, 퇴직급여충당금 과대상계액을 손금산입(△유보)한다.

③ 퇴직급여충당금 중 세무계산상 손금불산입액이 있는 법인이 퇴직급여를 지급한 때에는 세무계산상 손금산입된 퇴직급여충당금과 먼저 상계하고, 부족한 경우에는 세무계산상 손금불산입된 퇴직급여충당금과 상계한다. 이 경우 손금불산입된 퇴직급여충당금과 상계하는 경우에는 기왕 손금불산입된 금액을 손금으로 추인(△유보)한다.

사 례 퇴직급여의 지급

⑴ 종업원A : 퇴직연금에서 ₩10,000,000 지급, 개인별 퇴직연금충당금 ₩6,000,000 설정, 법인 전체 퇴직급여충당금 1억원

① 퇴직연금충당금과 ₩6,000,000 상계 → ② 퇴직급여충당금과 ₩4,000,000 상계

⑵ 종업원B : 퇴직금으로 회사가 ₩10,000,000 지급, 개인별 퇴직급여충당금 ₩6,000,000 설정, 법인 전체 퇴직급여충당금 5억원

① 퇴직급여충당금과 ₩10,000,000 상계(법인 전체 충당금과 상계)

⑶ 종업원C : 퇴직연금에서 ₩10,000,000 지급, 개인별 퇴직연금충당금 ₩8,000,000 설정, 퇴직급여충당금 미설정

① 퇴직연금충당금과 ₩8,000,000 상계 → ② 퇴직급여(비용)로 ₩2,000,000 처리

예제 9-1 | 퇴직급여 지급에 대한 세무상 처리

다음 각 회사의 퇴직급여 지급과 관련된 세무조정을 행하시오.

(1) 갑법인은 임원(재직기간 3년)이 퇴직함에 따라 회사의 퇴직급여지급규정에 따른 퇴직급여 ₩30,000,000을 지급하였다. 전기말 동 임원에 대한 퇴직급여충당금설정액은 ₩25,000,000이었으며, 퇴직급여 지급과 관련하여 다음과 같이 회계처리하였다. 회사의 퇴직급여충당금 총액은 5억원이며, 세무계산상 손금불산입액은 3억원이다.

(차) 퇴직급여충당금	25,000,000	(대) 현 금	30,000,000
퇴직급여	5,000,000		

(2) 을법인의 퇴직급여충당금 기초잔액은 2억원(이 중 세무계산상 손금불산입액은 ₩140,000,000임)으로서 당기 중 퇴직자에게 지급한 퇴직급여의 총액은 ₩100,000,000이다. 회사는 퇴직급여지급액 전액을 퇴직급여충당금과 상계하였다.

(3) 병법인은 종업원(재직기간 1년 2개월)이 퇴직함에 따라 퇴직급여 ₩3,000,000을 지급하고 퇴직급여로 비용처리하였다. 회사는 퇴직급여충당금을 1억원(세무계산상 손금불산입액은 없음)을 설정하고 있으며, 1년 미만 근속자에 대해서는 퇴직급여를 지급하지 아니한다.

(4) 정법인은 확정급여형 퇴직연금이 설정된 종업원이 퇴직함에 따라 퇴직금 10,000,000원을 지급하고 퇴직연금으로부터 지급받은 금액을 다음과 같이 사외적립자산에서 차감하고, 퇴직급여충당금(세무계산상 손금산입된 충당금임)과 상계하였다. 퇴직한 종업원에 대한 개인별 퇴직연금충당금 설정액은 ₩8,000,000이다.

(차) 퇴직급여충당금	10,000,000	(대) 사외적립자산	8,000,000
		현 금	2,000,000

해답

(1) 갑법인

임원 또는 직원에게 퇴직급여를 지급하는 때에는 개인별 퇴직급여충당금과는 관계없이 이를 법인 전체의 퇴직급여충당금에서 지급하여야 하므로 퇴직급여충당금을 ₩30,000,000 상계하여야 한다. 따라서 다음과 같은 세무조정이 필요하다.

<손금불산입> 퇴직급여 5,000,000(유보) ☞ 퇴직급여충당금의 감소

(2) 을법인

퇴직급여 지급액 ₩100,000,000은 우선 손금산입된 퇴직급여충당금(₩60,000,000)과 상계하고, 부족액(₩40,000,000)은 손금불산입된 퇴직급여충당금과 상계한다. 손금불산입된 퇴직급여충당금과 상계하는 경우에는 손금불산입된 퇴직급여충당금을 손금으로 추인하고 △유보로 소득처분한다.

<손금산입> 퇴직급여충당금 손금추인 40,000,000(△유보)

(3) 병법인

종업원은 전기말 현재 1년 미만 근속자이므로 퇴직급여 지급액을 퇴직급여충당금과 상계하지 아니하고 직접 해당 사업연도의 손비(퇴직급여 등)로 처리할 수 있다. 따라서 세무조정이 필요하지 않다.

(4) 정법인

개인별로 설정된 퇴직연금충당금과 상계하여야 할 금액이 ₩8,000,000이므로 퇴직연금충당금 과소상계액을 손금불산입(유보)하고, 퇴직급여충당금 과대상계액을 손금산입(유보)한다.

<손금불산입> 퇴직연금충당금 8,000,000 (유보)
<손금산입> 퇴직급여충당금 8,000,000 (△유보)

예제 9-2 | 퇴직연금충당금(결산조정)

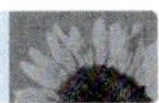

회사는 결산조정에 의하여 퇴직연금충당금을 설정하고 있으며, 퇴직연금충당금의 당기 중 증감내역은 다음과 같다. 전기말 퇴직연금충당금의 부인누계액(유보잔액)이 ₩20,000,000일 경우 퇴직연금충당금에 대한 세무조정을 행하시오.

퇴직연금충당금

당기감소	₩40,000,000	전기이월	₩120,000,000
차기이월	140,000,000	당기설정	60,000,000
계	₩180,000,000	계	₩180,000,000

(1) 해당 사업연도 종료일 현재 퇴직급여추계액
① 일시퇴직기준 : ₩200,000,000
② 보험수리적기준 : ₩250,000,000

(2) 해당 사업연도 종료일 현재 세무상 퇴직급여충당금 잔액 : ₩70,000,000

(3) 사외적립자산계정의 기초잔액은 ₩120,000,000, 당기감소액은 ₩40,000,000, 당기증가액은 ₩60,000,000이다.

해답

(1) 추계액기준 한도액 : ① − ② = ₩120,000,000(A)
① 누적한도액 : Max [₩200,000,000, 250,000,000] − 70,000,000 = ₩180,000,000
② 세무상 퇴직연금충당금 이월잔액 : ₩120,000,000 − 40,000,000 − 20,000,000 = ₩60,000,000

(2) 사외적립자산기준 한도액 : ① − ② = ₩80,000,000(B)
① 당기말 사외적립자산 잔액 : ₩120,000,000 − 40,000,000 + 60,000,000 = ₩140,000,000
② 세무상 퇴직연금충당금 이월잔액 : ₩60,000,000

(3) 퇴직연금충당금 한도액 : Min[(A), (B)] = ₩80,000,000

(4) 한도미달액 : ₩60,000,000(당기설정) − 80,000,000 = ₩△20,000,000

(5) 세무조정 : <손금산입> 퇴직연금충당금 20,000,000(△유보)

예제 9-3 | 퇴직연금충당금(신고조정)

㈜영광은 확정급여형 퇴직연금제도를 운용하고 있다. 다음 자료에 기초하여 퇴직연금충당금에 대한 세무조정을 행하시오.

(1) 당기말 현재 회사의 일시퇴직기준 추계액은 ₩100,000,000(보험수리적기준 추계액은 ₩80,000,000)이며, 세무상 퇴직급여충당금의 기말잔액은 ₩30,000,000이다.

(2) 회사는 결산서상 퇴직연금충당금을 설정하지 않았으며, 신고조정에 의하여 퇴직연금충당금을 손금산입하고 있다. 전기말 현재 신고조정에 의한 퇴직연금충당금의 손금산입액(△유보잔액)은 ₩50,000,000이다.

(3) 당기 중 종업원이 퇴직함에 따라 퇴직연금일시금 ₩10,000,000을 지급받았으며, 회사는 동 금액을 차변에 퇴직급여충당금, 대변에 사외적립자산으로 각각 회계처리하였다.

(4) 사외적립자산의 기말잔액은 ₩60,000,000이다.

해답

(1) 추계액기준 한도액 : ① − ② = ₩30,000,000(A)

① 누적한도액 : ₩100,000,000(추계액) − 30,000,000(세무상 퇴직급여충당금 잔액) = ₩70,000,000

② 세무상 퇴직연금충당금 이월잔액 : ₩50,000,000 − 10,000,000(퇴직연금일시금)* = ₩40,000,000

* 퇴직연금충당금을 신고조정에 의하여 손금산입한 법인은 퇴직자가 퇴직연금일시금을 수령하는 시점에 퇴직연금충당금을 손금불산입(유보)하는 세무조정이 필요하다. 전기말 현재 신고조정에 의한 퇴직연금충당금의 손금산입액(△유보잔액)은 ₩50,000,000이나 ₩10,000,000(유보처분액)을 차감하면 세무상 퇴직연금충당금의 이월잔액은 ₩40,000,000이 된다.

(2) 사외적립자산기준 한도액 : ₩60,000,000 − 40,000,000 = ₩20,000,000(B)

(3) 퇴직연금충당금 한도액 : Min[(A), (B)] = ₩20,000,000

(4) 세무조정 : <손금산입> 퇴직연금충당금 20,000,000(△유보)

4. 대손충당금

(1) 대손금의 개념

대손금이란 법인이 보유하고 있는 채권 중 채무자의 파산 등 법령으로 정하는 대손사유로 인해 회수할 수 없는 채권의 금액을 말한다. 대손금은 대손충당금과 먼저 상계하고 대손충당금이 부족한 경우에는 비용으로 처리한다. 다만, 다음의 채권은 대손사유를 충족하더라도 대손금으로 손금에 산입할 수 없다(법법 19의2 ③).

① 채무보증으로 인하여 발생한 구상채권. 다만 신용보증사업을 영위하는 법인이 행한 채무보증 등 법령에서 정하는 채무보증은 제외한다.

② 특수관계인에 대한 업무무관가지급금. 이 경우 특수관계인에 대한 판단은 대여시점을 기준으로 한다.

(2) 대손사유

법인세법은 세수의 확보라는 입장에서 대손사유를 법정화 함으로써 대손금의 범위를 엄격히 제한하고 있다. 법인세법에서는 법정 대손사유를 충족하는 경우에만 대손금을 손금에 산입할 수 있다. 법정 대손사유는 신고조정 대손사유와 결산조정 대손사유로 구분된다.

1) 신고조정 대손사유

신고조정 대손사유는 법적청구권이 완전히 소멸되는 경우로서 청구권이 소멸되는 시점에 반드시 대손처리하여야 한다. 따라서 신고조정 대손사유를 충족한 채권을 결산상 대손처리하지 않은 경우에는 반드시 이를 신고조정에 의하여 손금산입(△유보)하여야 한다. 만일 결산조정 또는 신고조정에 의하여 이를 대손처리하지 않은 경우에는 이후 사업연도에 대손금으로 손금인정 되지 않는다는 점에 유의하여야 한다.

신고조정 대손사유에는 다음과 같은 것들이 있다(법령 19의2 ①).

① 상법에 따른 소멸시효가 완성된 외상매출금 및 미수금
② 어음법 또는 수표법에 따른 소멸시효가 완성된 어음 또는 수표
③ 민법에 따른 소멸시효가 완성된 대여금 및 선급금
④ 채무자회생 및 파산에 관한 법률에 따른 회생계획인가의 결정 또는 법원의 면책결정에 따라 회수불능으로 확정된 채권
⑤ 서민의 금융생활 지원에 관한 법률에 따른 채무조정을 받아 신용회복지원협약에 따라 면책으로 확정된 채권
⑥ 민사집행법 제102조에 따라 채무자의 재산에 대한 경매가 취소된 압류채권

2) 결산조정 대손사유

결산조정 대손사유는 회수가능성이 현저히 하락한 것이 객관적으로 확인되는 경우를 말한다. 이 경우에는 청구권 자체가 완전히 소멸된 것은 아니므로 신고조정 대손사유와는 달리 해당 사유가 발생한 날에 대손처리를 강제하지 않고, 해당 사유가 발생한 후 법인이 결산상 대손처리한 시점에 이를 대손금으로 인정한다. 결산조정 대손사유에는 다음과 같은 것들이 있다(법령 19의2 ①).

① 채무자의 파산, 강제집행, 형의 집행, 사업의 폐지, 사망, 실종 또는 행방불명으로 인하여 회수할 수 없는 채권
② 부도발생일*부터 6개월 이상 지난 수표 또는 어음상의 채권 및 외상매출금(중소기업의 외상매출금으로서 부도발생일 이전의 것에 한정함). 다만, 해당 법인이 채무자의 재산에 대하여 저당권을 설정하고 있는 경우는 제외한다.
③ 중소기업의 외상매출금 및 미수금으로서 회수기일이 2년 이상 지난 외상매출금등. 다만, 특수관계인과의 거래로 인하여 발생한 외상매출금등은 제외한다.
④ 재판상 화해 등 확정판결과 같은 효력을 가지는 것으로서 민사소송법에 따른 화해, 화해권고결정, 민사조정법에 따른 결정 및 조정에 따라 회수불능으로 확정된 채권
⑤ 회수기일을 6개월 이상 지난 채권 중 30만원 이하(채무자별 채권가액의 합계액을 기준으로 한다)의 채권
⑥ 금융회사 등의 채권(여신전문금융회사인 신기술사업금융업자의 경우에는 신기술사업자에 대한 것에 한정함) 중 다음에 해당하는 채권
　㉠ 금융감독원장이 기획재정부장관과 협의하여 정한 대손처리기준에 따라 금융회사 등이 금융감독원장으로부터 대손금으로 승인받은 것
　㉡ 금융감독원장이 위 '㉠'의 기준에 해당한다고 인정하여 대손처리를 요구한 채권으로서 금융회사 등이 대손금으로 계상한 것
⑦ 벤처투자회사의 창업자에 대한 채권으로서 중소벤처기업부장관이 기획재정부장관과 협의하여 정한 기준에 해당한다고 인정한 것
⑧ 물품의 수출 또는 외국에서의 용역제공으로 발생한 채권으로서 기획재정부령으로 정하는 사유에 해당하여 무역에 관한 법령에 따라 한국무역보험공사로부터 회수불능으로 확인된 채권

* "부도발생일"은 소지하고 있는 부도수표나 부도어음의 지급기일(지급기일 전에 해당 수표나 어음을 제시하여 금융회사 등으로부터 부도확인을 받은 경우에는 그 부도확인일을 말함)로 한다. 이 경우 대손금으로 손비에 계상할 수 있는 금액은 사업연도 종료일 현재 회수되지 아니한 해당 채권의 금액에서 1,000원을 공제한 금액으로 한다(법령 19의2 ②).

⑶ 대손금에 대한 세무상 처리

결산서상 대손처리한 채권 중에서 세무상 대손사유(결산조정 대손사유 또는 신고조정 대손사유)를 충족하지 못한 채권이 있는 경우에는 이를 손금불산입하고 유보(채권의 증가)로 소득처분한다. 이렇게 유보처분된 채권은 대손사유가 충족하는 사업연도에 다시 손금산입(△유보)함으로써 추인된다.

한편 결산서상 대손처리하지 아니하였으나, 세무상 신고조정 대손사유를 충족한 채권이 있는 경우에는 이를 반드시 손금산입하고 △유보(채권의 감소)로 소득처분하여야 한다.

구 분	세무조정
결산서상 대손처리한 경우	(회계처리) (차) 대손충당금* ××× (대) 채 권 ××× (대손상각비) (세무조정) ① 대손사유 충족분 : 세무조정 없음 ② 대손사유 미충족분 : <손금불산입> 채 권 ×××(유보)
결산서상 대손처리하지 않은 경우	(회계처리) 없음 (세무조정) ① 결산조정 대손사유 충족분 : 세무조정 없음 ② 신고조정 대손사유 충족분 : <손금산입> 채 권 ×××(△유보)

* 대손충당금과 상계하게 되면 총액법에 의할 경우 환입액이 감소하므로 대손상각비로 비용처리한 경우와 손익에 미치는 영향이 동일하다. 따라서 대손충당금의 감소로 회계처리한 경우에도 대손상각비로 비용처리 하였다고 보고 세무조정을 수행하면 된다.

(4) 대손처리한 채권의 회수

기업회계는 대손처리한 채권을 회수하는 경우에는 동 회수액을 대손충당금의 증가로 회계처리한다. 법인세법에서는 대손처리한 채권을 회수하는 경우 대손금으로 손금산입된 채권을 회수하면 익금항목으로 처리하고, 당초 대손처리한 시점에 손금불산입된 채권을 회수하게 되면 익금불산입항목으로 처리한다.

구 분	세무조정
대손처리한 채권의 회수	(회계처리) (차) 현 금 ××× (대) 대손충당금* ××× (세무조정) ① 손금산입된 채권의 회수 : 세무조정 없음 ② 손금불산입된 채권의 회수 : <익금불산입> 채 권 ×××(△유보)

* 대손충당금을 증가시키게 되면 총액법에 의할 경우 환입액이 증가하므로 채권회수액을 수익계상한 경우와 손익에 미치는 영향이 동일하다. 따라서 대손충당금의 증가로 회계처리한 경우에도 영업외수익으로 수익계상하였다고 보고 세무조정을 수행하면 된다.

예제 9-4 | 대손금과 대손처리한 채권의 회수 

㈜낙동의 다음 자료를 이용하여 대손금 및 대손처리한 채권회수에 대하여 필요한 세무조정을 수행하시오.

(1) 당기 중 결산서상 대손처리 내역(대손충당금 상계 내역)은 다음과 같다.

① 외상매출금 : ₩1,000,000(채무자의 파산으로 회수할 수 없는 채권)

② 받 을 어 음 : 2,000,000(당기말 현재 부도 후 3개월이 경과된 어음상의 채권)

③ 대 여 금 : 3,000,000(소멸시효가 완성된 개인주주에 대한 업무무관가지급금)

⑵ 당기 중 결산서상 대손처리하지 아니하였으나, 회생계획인가의 결정에 따라 회수불능으로 확정된 외상매출금이 ₩5,000,000 있다.
⑶ 당기 중 대손처리한 채권의 회수내역(대손충당금의 증가로 회계처리함)은 다음과 같다.
① 외상매출금 : ₩4,000,000(당초 대손금으로 손금산입된 채권임)
② 미 수 금 : 6,000,000(당초 대손금으로 손금산입되지 않은 채권임)

해답

⑴ 대손금
① 외상매출금 : 결산조정 대손사유가 충족되었으므로 세무조정 없음
② 받을어음 : 부도 후 6월 이상 경과되지 아니한 어음상의 채권이므로 대손사유를 충족하지 아니한다.
<손금불산입> 대손부인액(받을어음) 2,000,000(유보)
③ 대여금 : 특수관계인에 대한 업무무관가지급금은 대손불능채권이므로 대손사유가 충족된 경우에도 대손금으로 손금산입할 수 없다.
<손금불산입> 대손불능채권(대여금) 3,000,000(배당)
⑵ 신고조정 대손사유 충족분
회생계획인가의 결정에 따라 회수불능으로 확정된 채권은 신고조정 대손사유를 충족하였으므로 손금산입하는 세무조정이 필요하다.
<손금산입> 외상매출금 5,000,000(△유보)
⑶ 대손처리한 채권의 회수
당초 대손금으로 손금산입된 채권의 회수액은 익금항목이므로 대손충당금의 증가로 회계처리한 경우 세무조정이 필요하지 않다. 그러나 당초 손금불산입된 채권의 회수액은 익금불산입항목이므로 대손충당금의 증가로 회계처리한 경우 이를 익금불산입하는 세무조정이 필요하다.
<익금불산입> 미수금 6,000,000(△유보)

⑸ 대손충당금의 의의

K-IFRS에서는 채권에 손상사건이 발생하였다는 객관적인 증거가 있고, 그 손상사건이 추정미래현금흐름에 영향을 미친 경우에만 대손충당금을 설정할 수 있다. 이와 같이 손상사건이 발생하였을 때 손상차손을 인식하는 것을 발생손실모형이라고 한다. 반면에 법인세법에서는 예상손실모형과 유사하게 손상사건이 발생하였다는 객관적인 증거가 없는 경우에도 대손충당금을 설정할 수 있다.

⑹ 총액법과 보충법의 개념

대손충당금을 설정하는 방법에는 총액법과 보충법이 있다. 총액법은 직전 사업연도에 설정된 대손충당금 중 대손금과 상계하고 남은 잔액을 전액 환입하고, 해당 사업연도에 대손충당금을 총액으로 다시 설정하는 방법을 말한다. 반면에 보충법은 해당 사

업연도의 대손충당금 설정액과 직전 사업연도의 대손충당금 잔액을 차감하여 부족액만을 추가로 설정하는 방법을 말한다. 법인세법에서는 총액법을 채택하고 있는 반면에 기업회계기준에서는 보충법을 채택하고 있다. 그러나 기업회계기준에 따라 부족액만을 추가로 설정하는 경우에도 손익에 미치는 효과가 동일하므로 단순히 회계처리를 생략한 것으로 보아 세무상 별도의 세무조정을 수행하지는 않는다.

예를 들어 전기말 대손충당금 잔액 ₩100,000 중에서 당기 중 대손금과 ₩20,000이 상계되었으며, 당기말 대손충당금 설정액은 ₩150,000이라고 가정하자. 총액법과 보충법에 의할 경우 다음과 같은 회계처리가 필요하다.

구 분	총액법(법인세법)	보충법(기업회계기준)
환 입	(차) 대손충당금 80,000 (대) 대손충당금 환입액 80,000	–
설 정	(차) 대손상각비 150,000 (대) 대손충당금 150,000	(차) 대손상각비 70,000 (대) 대손충당금 70,000
비용증가	80,000 − 150,000 = △70,000	△70,000

(7) 대손충당금 손금한도액

대손충당금은 다음의 금액을 한도로 손금에 산입한다.

한도액 = 설정대상채권의 장부가액[*1] × Max[1%, 대손실적률[*2]]

*1 세무상 채권잔액 = (재무상태표상 채권잔액 − 설정제외채권잔액) ± 채권에 대한 유보잔액(△유보잔액)

*2 대손실적률 = $\dfrac{\text{해당 사업연도의 대손금(세무상 대손인정된 금액)}}{\text{직전 사업연도 종료일 현재의 대손충당금 설정대상 채권잔액}}$

▶ **그림 9-2** 대손실적률의 개념

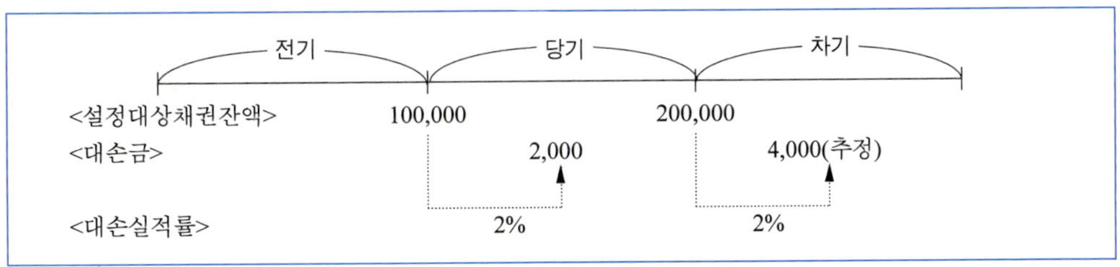

(8) 대손충당금 설정대상채권의 범위57)

구　분	내　　용
① 설정대상채권	㉠ 외상매출금 : 상품・제품의 판매가액의 미수액과 가공료・용역 등의 제공에 의한 사업수입금액의 미수액*1 ㉡ 대여금 : 금전소비대차계약 등에 의하여 타인에게 대여한 금액*2 ㉢ 그 밖에 이에 준하는 채권 : 어음상의 채권*3・미수금, 그 밖에 기업회계기준에 따라 대손충당금 설정대상이 되는 채권
② 설정제외채권	㉠ 매각거래로 보는 할인어음, 배서양도한 어음 등 ㉡ 채무보증으로 인하여 발생한 구상채권 ㉢ 특수관계인에 대한 업무무관가지급금

*1 실질적인 대손가능성이 없는 국가 등에 대한 매출채권이라도 설정대상채권에 포함된다.
　⇨ 세법에서는 개별채권의 대손가능성을 고려하지 않는다.
*2 매출채권이 아닌 대여금 또는 미수금 등도 설정대상채권에 포함된다.
*3 부도어음 등 결산조정 대손사유를 충족한 채권이라도 결산상 대손처리하지 않은 경우에는 설정대상채권에 포함된다.

(9) 대손충당금에 대한 세무조정

구　분	내　　용
① 전기 대손충당금 한도초과액	<익금불산입> 전기 대손충당금 한도초과액　×××(△유보)*1
② 당기 대손충당금 한도초과액	<손금불산입> 대손충당금 한도초과액　×××(유　보) 한도초과액 = 대손충당금 기말잔액*2 − 대손충당금 한도액

*1 환입액의 차이를 유발하므로 반대의 조정이 반드시 필요함(자동조정유형의 세무조정).
*2 대손충당금의 손금한도액은 총액법에 의한 한도액이므로 반드시 결산상 대손충당금의 기말잔액(즉, 총액법에 의한 설정액)과 한도액을 비교하여야 한다.

(10) 해외건설회사 대여금에 대한 대손충당금 손금산입특례(조특법 104의33)

해외건설 촉진법 제2조 제5호에 따른 해외건설사업자인 내국법인(국내건설모회사)이 출자지분의 90% 이상을 보유한 해외건설자회사에 대한 채권으로서 일정 요건58)을

57) 법인이 대손충당금을 설정하는 경우 동일인에 대한 매출채권과 매입채무가 있는 경우에도 이를 상계하지 아니하고 대손충당금을 계상할 수 있다. 다만, 당사자와의 약정에 의하여 상계하기로 한 때에는 그러하지 아니하다(법기통 34-61…2).

58) ① 해외건설자회사의 공사 또는 운영자금으로 사용되었을 것
② 「법인세법」 제28조 제1항 제4호 나목에 해당하는 금액이 아닐 것
③ 2022년 12월 31일 이전에 지급한 대여금으로서 최초 회수기일부터 5년이 경과한 후에도 회수하지 못하였을 것
④ 해외건설사업자인 내국법인이 대손충당금을 손금에 산입한 사업연도 종료일 직전 10년 동안에

모두 갖춘 대여금, 그 이자 및 해외건설자회사로 파견한 임직원의 임금을 지급하여 발생한 채권(대여금등)의 대손에 충당하기 위하여 대손충당금을 손비로 계상한 경우에는 대손충당금을 해당 사업연도의 소득금액을 계산할 때 손금에 산입할 수 있다. 대손충당금의 손금산입 한도는 해당 사업연도 종료일 현재 대여금등의 채권잔액에서 해외건설자회사의 순자산 장부가액(차입금 등을 제외한 순자산 장부가액을 말하며, 0보다 작은 경우에는 0으로 한다)을 뺀 금액에 손금산입률(2024년 1월 1일이 속하는 사업연도는 10%, 이후 사업연도는 100%를 한도로 매년 직전 사업연도의 손금산입률에서 10%만큼 가산한 율)을 곱한 금액으로 한다. 대손충당금을 손금에 산입한 내국법인은 해당 대여금등의 대손금이 발생한 경우 그 대손금을 손금에 산입한 대손충당금과 먼저 상계하고, 상계하고 남은 대손충당금의 금액은 다음 사업연도의 소득금액을 계산할 때 익금에 산입한다.

예제 9-5 | 대손충당금에 대한 세무조정

다음은 ㈜창원의 매출채권의 내역과 장부상 대손충당금에 대한 자료이다. 이를 이용하여 당기 세무조정을 행하라(단, 전기까지 장부상 또는 세무상 오류는 없는 것으로 가정할 것).

⑴ 당기말 현재 세무상 대손충당금 설정대상채권의 잔액은 ₩70,000,000이다.

⑵ 전기 대손충당금 한도초과액 ₩400,000이 있다.

⑶ 당기말 대손충당금 잔액은 ₩1,000,000이며 당기 중 대손금은 발생하지 아니하였다.

해답

⑴ 대손충당금 한도액

① 한도액

₩70,000,000 × 1%* = ₩700,000

* 대손실적률이 0%이므로 1%를 적용함.

② 한도초과액

₩1,000,000 − ₩700,000 = ₩300,000

⑵ 세무조정

<손 금 산 입>	전기분 대손충당금 한도초과액	400,000(△유보)
<손금불산입>	당기분 대손충당금 한도초과액	300,000(유　보)

해외건설자회사가 계속하여 자본잠식(사업연도말 자산총액에서 부채총액을 뺀 금액이 0이거나 0보다 작은 경우를 말한다)인 경우 또는 이에 준하는 경우로 해외채권추심기관으로부터 회수불가능 확인을 받은 경우에 해당할 것

예제 9-6 | 대손금과 대손충당금 (1)

다음은 제조업을 영위하는 ㈜설악(중소기업임)의 대손충당금 관련 자료이다. 다음 자료를 이용하여 당기(20×3. 1. 1 ~ 12. 31)에 필요한 세무조정을 행하시오.

(1) 전기 말 대손충당금 설정대상채권은 ₩70,000,000이다.

(2) 당기의 대손충당금계정은 다음과 같다.

(단위 : 원)

당기상계액	1,400,000	전기이월액	2,000,000
차기이월액	3,600,000	당기설정액	3,000,000
	5,000,000		5,000,000

당기의 대손충당금 상계액은 당기말 현재 부도발생일로부터 8개월이 경과한 받을어음에 대한 상계액이며, 해당 채권금액에서 ₩1,000을 공제한 금액이다. 대손충당금의 전기 이월액 중에는 한도초과로 부인된 금액(₩200,000)이 포함되어 있다.

(3) 당기말 현재 세무상 대손충당금 설정대상채권은 ₩40,000,000이며, 전기말의 세무조정은 적절하게 이루어졌다.

해답

(1) 대손충당금 한도초과액

① 한도액 : ₩40,000,000 × Max[1%, 2%*] = ₩800,000

* 대손실적률 : $\frac{1,400,000}{70,000,000} = 2\%$

② 한도초과액 : ₩3,600,000 − 800,000 = ₩2,800,000

(2) 세무조정

<손금불산입> 당기 대손충당금 한도초과액 2,800,000(유 보)

<손 금 산 입> 전기 대손충당금 한도초과액 200,000(△유보)

예제 9-7 | 대손금과 대손충당금 (2)

제조업을 영위하는 ㈜만세의 제15기 사업연도(20×5년 1월 1일~20×5년 12월 31일) 대손충당금과 관련된 자료이다. 이 자료를 이용하여 필요한 세무조정 및 소득처분을 하시오.

(1) 대손충당금 변동내역

기초잔액	당기 상계액 (감소)	당기 설정액 (증가)	기말잔액
₩6,000,000	₩2,000,000	₩1,000,000	₩5,000,000

⑵ 대손충당금 관련 자료

① 당기 상계액은 모두 법인세법상 대손사유를 충족하였으나, 그 중 ₩800,000은 특수관계인(영리내국법인)에 대한 업무무관가지급금(대여금)이다.

② 제14기말 현재 대손부인액(전액 매출채권임)은 ₩1,000,000으로서 그 중 ₩300,000은 당기 중 법인세법상 대손사유를 충족하였다.

③ 제15기말 현재 재무상태표상 매출채권 ₩150,000,000 중 ₩500,000이 상법상 소멸시효가 완성되었다.

④ 법인세법상 대손충당금 설정대상 채권잔액(세무상 장부가액임)의 내역은 다음과 같다.

• 제14기말 : ₩100,000,000 • 제15기말 : ₩200,000,000

해답

⑴ 대손금 관련 세무조정

① 대손처리내역의 검토

<손금불산입> 대여금 ₩800,000(기타사외유출)

특수관계인에 대한 대여금(업무무관가지급금)은 대손불능채권이므로 대손사유가 충족된 경우에도 이를 손금불산입(기타사외유출)하여야 한다.

② 채권잔액 중 신고조정 대손사유 충족분

<손금산입> 매출채권(소멸시효 완성) ₩500,000(△유보)

⑵ 전기말 유보잔액 중 사후관리

<손금산입> 매출채권(대손사유 충족) ₩300,000(△유보)

⑶ 대손충당금 한도초과액

① 설정한도액 : ₩200,000,000 × 2%* = ₩4,000,000

$$* \text{ 대손실적률} : \frac{₩1,200,000 + ₩300,000 + ₩500,000}{₩100,000,000} = 2\% > 1\%$$

② 한도초과액 : ₩5,000,000 − ₩4,000,000 = ₩1,000,000

③ 세무조정

<손금불산입> 당기 대손충당금 한도초과액 ₩1,000,000(유보)

5. 구상채권상각충당금

(1) 설정대상법인

법률에 따라 신용보증사업을 경영하는 내국법인 중 신용보증기금 등 법령에서 정하는 법인이 각 사업연도의 결산을 확정할 때 구상채권상각충당금(求償債權償却充當金)을 손비로 계상한 경우에는 손금한도액의 범위에서 계상한 구생채권상각충당금을 해당 사업연도의 소득금액을 계산할 때 손금에 산입한다(법법 35 ①, 법령 63 ①).[59)]

59) 한국채택국제회계기준을 적용하는 법인이 구상채권상각충당금을 세무조정계산서에 계상하고 그

⑵ 손금한도액

$$\text{손금한도액} = \frac{\text{사업연도 종료일 현재 신용보증사업과}}{\text{관련된 신용보증잔액}} \times \text{Min[1\%, 구상채권발생률]}$$

⑶ 상계와 환입

구상채권상각충당금을 손금으로 계상한 내국법인이 신용보증사업으로 인하여 발생한 구상채권 중 대손금이 발생한 경우에는 그 대손금은 구상채권상각충당금과 먼저 상계하고, 상계하고 남은 구상채권상각충당금은 다음 사업연도의 소득금액을 계산할 때 익금에 산입한다(법법 35 ②).

6. 일시상각충당금과 압축기장충당금

⑴ 의 의

세법이 정하는 특정 익금항목에 대해서는 일시상각충당금(또는 압축기장충당금)을 계상함으로써 해당 자산을 감가상각하거나 처분하는 시점까지 과세를 이연할 수 있다. 이는 일종의 법인세 과세이연제도에 해당한다.

⑵ 국고보조금 · 공사부담금 및 보험차익

1) 세무상 처리

국고보조금, 공사부담금 및 보험차익은 순자산증가에 해당하므로 세무상 익금항목에 해당한다. 그러나, 이들은 주로 사업용자산의 취득에 사용되어야 할 재원인데, 이를 익금으로 보아 과세하고 나면 세부담 후의 금액으로는 의도하였던 사업용자산을 구입하기가 어렵게 된다. 이러한 점을 감안하여 법인세법은 국고보조금, 보험차익 및 공사부담금 등으로 사업용자산을 취득한 때에는 그 취득한 자산의 가액을 손금에 산입할 수 있도록 규정하고 있다.

2) 손금산입요건

① 국고보조금 : 법인이 국고보조금 등을 지급받아 그 지급받은 날이 속하는 사업연도의 종료일까지 사업용자산(사업용유형자산 및 무형자산과 석유류)의 취득 · 개량하는데 사용한 경우 또는 사업용자산을 취득 · 개량하고 이에 대한 국고보조금

금액 상당액을 해당 사업연도의 이익처분을 할 때 구상채권상각충당금으로 적립한 경우에는 손금한도액의 범위에서 그 금액을 결산을 확정할 때 손비로 계상한 것으로 본다.

등을 사후에 지급받은 경우에는 해당 사업용자산의 가액 중 그 사업용자산의 취득 또는 개량에 사용된 국고보조금 등에 상당하는 금액은 그 사업연도의 소득금액을 계산할 때 손금에 산입할 수 있다(법법 36 ①). 이 경우 법인이 국고보조금 등을 금전 외의 자산으로 받아 사업에 사용한 경우에는 사업용자산의 취득 또는 개량에 사용된 것으로 본다(법법 36 ④).

② 공사부담금 : 일정한 사업[60)]을 하는 법인이 그 사업에 필요한 시설을 하기 위하여 해당 시설의 수요자 또는 편익을 받는 자로부터 그 시설을 구성하는 사업용자산(토지 등 유형자산 및 무형자산을 말함)을 제공받는 경우 또는 금전 등(이를 "공사부담금"이라 한다)을 제공받아 그 제공받은 날이 속하는 사업연도의 종료일까지 사업용자산의 취득에 사용하거나 사업용자산을 취득하고 이에 대한 공사부담금을 사후에 제공받은 경우에는 해당 사업용자산의 가액(공사부담금을 제공받은 경우에는 그 사업용자산의 취득에 사용된 공사부담금 상당액)을 그 사업연도의 소득금액을 계산할 때 손금에 산입할 수 있다(법법 37 ①).

③ 보험차익 : 내국법인이 보험대상자산(유형자산)의 멸실(滅失)이나 손괴(損壞)로 인하여 보험금을 지급받아 그 지급받은 날이 속하는 사업연도의 종료일까지 멸실한 보험대상자산과 같은 종류의 자산을 대체 취득하거나 손괴된 보험대상자산을 개량(그 취득한 자산의 개량을 포함)하는 경우에는 해당 자산의 가액 중 그 자산의 취득 또는 개량에 사용된 보험차익 상당액을 그 사업연도의 소득금액을 계산할 때 손금에 산입할 수 있다(법법 38 ①).

3) 자산취득시기의 유예

국고보조금 등을 지급받은 날이 속하는 사업연도의 종료일까지 사업용자산을 취득하거나 개량하지 아니한 법인이 그 사업연도의 다음 사업연도의 개시일부터 1년[61)](보험차익은 2년) 이내에 사업용자산을 취득하거나 개량하려는 경우에는 위 '2)'의 규정을 준용하여 일시상각충당금 등을 그 지급받은 날이 속하는 사업연도의 손금에 산입

---

60) 전기사업 · 도시가스사업 · 액화석유가스충전사업 · 액화석유가스집단공급사업 · 액화석유가스판매사업 · 집단에너지공급사업 · 초고속정보통신기반구축사업 및 수도사업 등을 말한다(법법 37 ①, 법령 65 ①).

61) 이 경우 다음의 어느 하나에 해당하는 부득이한 사유로 인하여 국고보조금 또는 공사부담금을 기한 내에 사용하지 못한 경우에는 해당 사유가 종료된 날이 속하는 사업연도의 종료일을 그 기한으로 본다.
① 공사의 허가 또는 인가 등이 지연되는 경우
② 공사를 시행할 장소의 미확정 등으로 공사기간이 연장되는 경우
③ 용지의 보상 등에 관한 소송이 진행되는 경우
④ 그 밖에 위 '①'내지 '③'에 준하는 사유가 발생한 경우

할 수 있다(법법 36 ②, 37 ②, 38 ②).

이 경우 손금에 산입한 금액을 기한 내에 사업용자산 등의 취득 또는 개량에 사용하지 아니하거나 사용하기 전에 폐업 또는 해산하는 경우 그 사용하지 아니한 금액은 해당 사유가 발생한 날이 속하는 사업연도의 소득금액을 계산할 때 익금에 산입한다. 다만, 합병하거나 분할하는 경우로서 합병법인 등이 그 금액을 승계한 경우는 제외하며, 이 경우 그 금액은 합병법인 등이 손금에 산입한 것으로 본다(법법 36 ③).

(3) 과세이연 방법

1) 손금산입

국고보조금 · 공사부담금 및 보험차익으로 취득한 사업용자산 가액을 손금산입하는 금액[62]은 사업용자산별로 다음의 구분에 따라 계상한다(법령 64 ③). 이 경우 일시상각충당금 등은 기업회계기준에서 인정하지 않으므로 신고조정에 의해 손금산입할 수 있다.

① 감가상각대상자산 : 일시상각충당금

② 감가상각대상자산 이외의 자산 : 압축기장충당금

2) 일시상각충당금

구 분	내 용
① 설정시	결산조정 : (차) 일시상각충당금전입액 ××× (대) 일시상각충당금 ×××
	신고조정 : <손금산입> 일시상각충당금 ×××(△유보)
② 대상자산의 감가상각시	결산조정 : (차) 일시상각충당금 ××× (대) 감가상각비 ×××
	상계대상 감가상각비 = 해당 자산의 감가상각비* × $\frac{\text{일시상각충당금 설정액}}{\text{해당 자산의 취득가액}}$
	신고조정 : <익금산입> 일시상각충당금 ×××(유보)
③ 대상자산의 처분시	결산조정 : (차) 일시상각충당금 ××× (대) 일시상각충당금환입 ×××
	신고조정 : <익금산입> 일시상각충당금 ×××(유보)

* 감가상각 시부인 후 손금에 산입되는 감가상각비를 말한다.

62) 사업용자산의 취득 또는 개량 후 국고보조금 또는 공사부담금을 지급받은 때에는 지급일이 속한 사업연도 이전 사업연도에 이미 손금에 산입한 감가상각비에 상당하는 금액은 손금에 산입하는 금액에서 제외한다(법령 64 ②, 65 ②).

3) 압축기장충당금

구 분	내 용
① 설정시	결산조정 : (차) 압축기장충당금전입액 ××× (대) 압축기장충당금 ×××
	신고조정 : <손금산입> 압축기장충당금 ×××(△유보)
② 대상자산의 처분시	결산조정 : (차) 압축기장충당금 ××× (대) 압축기장충당금환입 ×××
	신고조정 : <익금산입> 압축기장충당금 ×××(유보)

제 2 절 | 준비금

1. 준비금의 의의

기업회계(또는 상법)의 준비금은 잉여금(적립금으로서 이익준비금, 자본준비금 등이 있음)의 일종이다. 그러나, 세법상 준비금은 미래에 지출될 비용이나 자산의 취득과 관련된 일정액을 미리 과세소득 산정시 손금산입하고, 이에 대응시키기 위하여 설정하는 가상의 부채로서의 성격을 갖는다.

▶ **표 9-5** 법인세법상 준비금의 구분

구 분	고유목적사업준비금	책임준비금 등
설정근거	법인세법	보험업법 등의 타법률
규정의 성격	임의계상항목	강제계상항목
기업회계기준	불인정	인정
손금산입방법	결산조정*1	결산조정*2
설정대상법인	비영리법인	보험업 영위법인

*1 외부감사인의 회계감사를 받는 비영리내국법인은 고유목적사업준비금을 잉여금처분에 의한 신고조정에 의하여 손금에 산입할 수 있다.

*2 한국채택국제회계기준을 적용하는 법인의 비상위험준비금과 해약환급준비금은 잉여금처분에 의한 신고조정에 의하여 손금에 산입할 수 있다.

2. 고유목적사업준비금(임의계상준비금)

구 분	내 용
① 설 정	비영리내국법인이 각 사업연도의 결산을 확정할 때 그 법인의 고유목적사업이나 일반기부금(고유목적사업등)에 지출하기 위하여 고유목적사업준비금을 손비로 계상한 경우*에는 손금한도액의 범위에서 그 계상한 고유목적사업준비금을 해당 사업연도의 소득금액을 계산할 때 손금에 산입한다. * 외부감사인의 회계감사를 받는 비영리내국법인이 고유목적사업준비금을 세무조정계산서에 계상하고 그 금액 상당액을 해당 사업연도의 이익처분을 할 때 고유목적사업준비금으로 적립한 경우에는 그 금액을 결산을 확정할 때 손비로 계상한 것으로 본다.
② 중복적용 배 제	비영리내국법인의 수익사업에서 발생한 소득에 대하여 법인세법 또는 조세특례제한법에 따른 비과세·면제, 준비금의 손금산입, 소득공제 또는 세액감면(세액공제를 제외함)을 적용받는 경우에는 고유목적사업준비금을 손금에 산입할 수 없다. 다만, 고유목적사업준비금만을 적용받는 것으로 수정신고한 경우에는 그러하지 아니하다.
③ 손금한도	손금한도액 : ㉠+㉡+㉢+㉣ ㉠ 이자소득금액(비영업대금의 이익은 제외) ㉡ 배당소득금액(상속세 및 증여세법에 따라 상속세 과세가액 또는 증여세 과세가액에 산입되거나 증여세가 부과되는 주식등으로부터 발생한 배당소득금액은 제외) ㉢ 특별법에 따라 설립된 비영리내국법인이 해당 법률에 따른 복지사업으로서 그 회원이나 조합원에게 대출한 융자금에서 발생한 이자금액 ㉣ 수익사업에서 발생한 소득×50%(공익법인의 설립·운영에 관한 법률에 따라 설립된 법인으로서 고유목적사업등에 대한 지출액 중 50% 이상의 금액을 장학금으로 지출하는 법인의 경우에는 80%) ※ 수익사업에서 결손금이 발생한 경우에는 ㉠부터 ㉢까지의 소득금액을 합한 금액에서 그 결손금을 차감한 금액을 한도액으로 한다.
④ 수익사업 소 득	기타 수익사업에서 발생한 소득 = 수익사업에서 발생한 소득금액(고유목적사업준비금과 특례기부금 손금산입전 소득금액) − 이자소득과 배당소득(100% 설정대상) − 이월결손금 − 특례기부금 손금산입액
⑤ 사 용	㉠ 고유목적사업준비금을 손금으로 계상한 사업연도의 종료일 이후 5년이 되는 날까지 고유목적사업 또는 일반기부금에 지출하여야 하며, 미사용액은 5년이 되는 날이 속하는 사업연도의 익금에 산입한다. ㉡ 고유목적사업준비금을 고유목적사업 등에 지출하는 경우에는 그 금액을 먼저 계상한 사업연도의 고유목적사업준비금부터 차례로 상계하여야 한다. 이 경우 직전 사업연도종료일 현재의 고유목적사업준비금의 잔액을 초과하여 해당 사업연도의 고유목적사업 등에 지출한 금액이 있는 경우 그 금액은 이를 해당 사업연도에 계상할 고유목적사업준비금에서 지출한 것으로 본다. ㉢ 비영리내국법인이 유형자산 및 무형자산 취득 후 법령 또는 정관에 규정된 고유목적사업에 3년 이상 유형자산 및 무형자산 을 직접 사용하지 아니하고 처분하는 경우에는 유형자산 및 무형자산 취득비용(자본적지출 포함)을 고유목적사업에 지출 또는 사용한 금액으로 보지 아니한다.

구 분	내 용
⑥ 승 계	고유목적사업준비금을 손금에 산입한 법인이 사업에 관한 모든 권리와 의무를 다른 비영리내국법인에게 포괄적으로 양도하고 해산하는 경우에는 해산등기일 현재의 고유목적사업준비금 잔액은 그 다른 비영리내국법인이 승계할 수 있다.
⑦ 이 자 상 당 액	5년 이내 미사용액, 임의환입액 및 고유목적사업등이 아닌 용도로 사용한 금액에 대해서는 이자상당액을 법인세에 가산하여 납부하여야 한다. 이자상당액 = 법인세감소액 × 이자계산일수* × 0.022% * 손금산입한 사업연도 종료일의 다음날~익금산입한 사업연도 종료일
⑧ 일시환입	㉠ 해산한 경우(다른 비영리내국법인이 준비금을 승계한 경우는 제외) ㉡ 고유목적사업을 전부 폐지한 경우 ㉢ 법인으로 보는 단체가 승인이 취소되거나 거주자로 변경된 경우 ㉣ 고유목적사업준비금을 고유목적사업등이 아닌 용도로 사용한 경우 해당금액
⑨ 임의환입	고유목적사업준비금을 손금으로 계상한 사업연도의 종료일 이후 5년 이내에 고유목적사업준비금의 잔액 중 일부를 환입하여 익금으로 계상한 경우에는 임의환입을 인정한다. 이 경우 먼저 손금에 산입하는 사업연도의 잔액부터 차례로 감소시킨 것으로 본다.

비영리법인 과다 인건비 제한 개정

해당 사업연도에 수익사업에서 발생한 소득에 대하여 50%를 곱한 금액을 초과하여 고유목적사업준비금으로 손금산입하는 비영리내국법인 또는 해당 사업연도 및 직전 5개 사업연도동안 고유목적사업준비금으로 손금산입한 금액의 합계액이 해당 사업연도 및 직전 5개 사업연도동안 수익사업에서 발생한 소득의 합계액에서 차지하는 비율이 50%를 초과하는 비영리내국법인의 임원 및 종업원이 해당 사업연도에 지급받는 총급여액이 8천만원을 초과하는 경우 그 초과하는 금액은 고유목적사업에 사용한 금액으로 보지 아니한다(법령 56 ⑪). 비영리법인의 경영투명성을 제고하고 변칙적인 상속·증여를 방지하기 위하여 2012년부터 위 규정을 시행하였다.

고유목적사업준비금의 손금산입특례

사립학교법에 따른 학교법인 등 법령에서 정하는 비영리법인[63)]에 대해서는 2025년 12월 31일 이전에 끝나는 사업연도까지 해당 법인의 수익사업에서 발생한 소득 전액에 대하여 고유목적사업준비금을 손금에 산입할 수 있다(조특법 74).

63) 산학협력단, 사회복지사업법에 따른 사회복지법인, 국립대학병원 및 국립대학치과병원, 국립암센터, 지방의료원, 대학적십자사가 운영하는 병원, 국립중앙의료원, 고유목적사업준비금 손금산입 특례를 적용받는 법인이 설립한 의료기술협력단, 도서관·박물관 또는 미술관을 운영하는 법인, 정부로부터 허가 또는 인가를 받은 문화예술단체, 공익법인의 설립·운영에 관한 법률에 따라 설립된 법인으로서 해당 과세연도의 고유목적사업이나 지정기부금에 대한 지출액 중 80% 이상의 금액을 장학금으로 지출한 법인 등을 말한다.

3. 책임준비금 등(강제설정 준비금)

구 분	설정 대상	손금산입 방법
책임준비금*1	보험사업을 하는 내국법인 (보험업법에 따른 보험회사는 제외)	결산조정
비상위험준비금	보험사업을 하는 내국법인	잉여금처분에 의한 신고조정 가능*2
해약환급준비금	보험업법에 따른 보험회사	잉여금처분에 의한 신고조정 가능

*1 손금에 산입한 책임준비금은 다음 사업연도 또는 손금에 산입한 날이 속하는 사업연도의 종료일 이후 3년이 되는 날이 속하는 사업연도의 소득금액을 계산할 때 익금에 산입한다. 한편 책임준비금을 손금에 산입한 날이 속하는 사업연도의 종료일 이후 3년이 되는 날이 속하는 사업연도에 책임준비금을 익금에 산입하는 경우 이자상당액을 해당 사업연도의 법인세에 더하여 납부하여야 한다.

*2 한국채택국제회계기준을 적용하는 법인에 한하여 신고조정이 가능하다.

4. 손실보전준비금(조특법 104의12)

구 분	내 용
① 설 정	신용회복목적회사가 2026년 12월 31일 이전에 끝나는 각 사업연도에 손실보전준비금을 손금으로 계상하였을 때에는 해당 사업연도의 소득금액을 계산할 때 그 금액을 손금에 산입한다.
② 상 계	손실보전준비금을 손금에 산입한 법인은 손실이 발생하였을 때에는 그 손실을 이미 손금으로 산입한 손실보전준비금과 먼저 상계하여야 한다.
③ 환 입	손금에 산입한 손실보전준비금으로서 그 준비금을 손금에 산입한 사업연도의 종료일 이후 15년이 되는 날이 속하는 사업연도의 종료일까지 상계하고 남은 준비금의 잔액은 15년이 되는 날이 속하는 사업연도의 소득금액을 계산할 때 익금에 산입한다.
④ 일시환입	다음 사유가 발생한 날이 속하는 과세연도의 소득금액을 계산할 때 익금에 산입하지 아니한 손실보전준비금 전액을 익금에 산입한다. ㉠ 해당 사업을 폐업한 때 ㉡ 법인이 해산한 때

객 / 관 / 식 / 문 / 제

▶제9장 충당금과 준비금

1 다음은 ㈜A의 제4기 사업연도(20×1.1.1.~20×1.12.31.)의 확정급여형 퇴직연금에 대한 자료이다. 확정급여형 퇴직연금에 대한 세무조정으로 옳은 것은?

(1) 퇴직급여추계액 정보는 다음과 같다.
　가. 당기말 퇴직급여추계액
　　– 일시퇴직기준 : ₩49,000,000
　　– 보험수리기준 : 53,000,000
　나. 당기말 결산서상 퇴직급여충당금 잔액 : ₩35,000,000(부인액 ₩30,000,000 포함)

(2) 당기 사외적립자산의 변동내역은 다음과 같다.

사외적립자산 (단위 : 원)

전기이월액	28,000,000	당기지급액	11,000,000
당기증가액	15,000,000	차기이월액	32,000,000
	43,000,000		43,000,000

(3) 당기 퇴직연금충당금의 변동내역은 다음과 같다.

퇴직연금충당금 (단위 : 원)

당기지급액	11,000,000	전기이월액	32,000,000*
차기이월액	34,000,000	당기설정액	13,000,000
	45,000,000		45,000,000

* 한도초과액 ₩5,000,000이 포함되어 있음.

① 손금산입 1,000,000원(△유보)　② 손금불산입 2,000,000원(유보)
③ 손금산입 3,000,000원(△유보)　④ 손금불산입 8,000,000원(유보)

해설

(1) 추계액기준 한도액 : ① – ② = ₩32,000,000(A)
　① 누적한도액 : Max[₩49,000,000, 53,000,000] – (35,000,000 – 30,000,000) = ₩48,000,000
　② 세무상 퇴직연금충당금 이월잔액 : ₩32,000,000 – 11,000,000 – 5,000,000 = ₩16,000,000
(2) 사외적립자산기준 한도액 : ₩32,000,000 – 16,000,000 = ₩16,000,000(B)
(3) 퇴직연금충당금 한도액 : Min[(A), (B)] = ₩16,000,000
(4) 한도미달액 : ₩16,000,000 – 13,000,000 = ₩3,000,000(손금산입, △유보)

2 법인세법상 퇴직연금충당금 등에 관한 설명이다. 옳지 않은 것은?

① 확정급여형 퇴직연금 부담금의 손금산입은 신고조정사항이다.

② 확정기여형 퇴직연금의 부담금을 법인이 지출한 경우에는 일정한 손금한도액의 범위 내에서 손금에 산입 할 수 있다.

③ 종업원이 퇴직함에 따라 퇴직연금 일시금을 수령한 경우에는 개인별 퇴직연금충당금과 먼저 상계한다.

④ 퇴직급여충당금 중 세무계산상 손금불산입액이 있는 법인이 퇴직급여를 지급한 때에는 세무계산상 손금산입된 퇴직급여충당금과 먼저 상계하고, 부족한 경우에는 세무계산상 손금불산입된 퇴직급여충당금과 상계한다.

해설

확정기여형 퇴직연금의 부담금을 법인이 지출한 경우에는 이를 전액 손금산입한다.

3 법인세법상 대손금과 대손충당금에 대한 설명으로 옳지 않은 것은?

① 대손충당금을 손금으로 계상한 내국법인은 대손금이 발생한 경우 그 대손금을 대손충당금과 먼저 상계하여야 하고, 상계 후 남은 대손충당금의 금액은 다음 사업연도의 소득금액계산에 있어서 이를 익금에 산입한다.

② 법원의 면책결정에 따라 회수불능으로 확정된 채권은 대손사유가 충족된 사업연도에 반드시 대손금을 손금에 산입하여야 한다.

③ 금전소비대차계약에 의하여 특수관계인이 아닌 타인에게 대여한 금액에 대해서도 대손충당금을 설정할 수 있다.

④ 채무보증(법령으로 정하는 일정한 채무보증은 제외)으로 인하여 발생한 구상채권에 대하여는 주채무자에 대해 구상권을 행사한 결과 무재산 등으로 회수할 수 없는 경우에 대손처리할 수 있다.

해설

채무보증(법령으로 정하는 일정한 채무보증은 제외)으로 인하여 발생한 구상채권은 대손사유를 충족하더라도 대손금으로 손금에 산입할 수 없다.

4 다음은 제조업을 영위하는 영리내국법인 ㈜A의 제5기(20×5.1.1.~20×5.12.31.) 대손금 및 대손충당금 관련 자료이다. ㈜A의 대손금 및 대손충당금 관련 세무조정으로 인하여 제5기 각사업연도소득금액이 감소하는 금액을 계산한 것으로 옳은 것은?

(1) 제5기 대손충당금 계정

대손충당금 (단위 : 원)

당기상계액	5,000,000*	기 초 잔 액	10,000,000**
기 말 잔 액	35,000,000	당기설정액	30,000,000

* 당기상계액은 법령상 대손금 요건을 충족하였다.
** 기초잔액 중 전기 대손충당금 한도초과액 ₩5,000,000이 포함되어 있다.

(2) 제5기말 세무상 채권가액은 ₩800,000,000이고, 이 금액에는 특수관계인이 아닌 제3자에 대한 채무보증으로 인한 구상채권 ₩200,000,000이 포함되어 있다.
(3) 당기의 대손실적률은 2%이다.
(4) 제4기말 대손 부인된 매출채권 ₩50,000,000 중 ₩20,000,000이 채무자의 회생 및 파산에 관한 법률에 따른 법원의 면책결정에 따라 회수불능으로 확정되었다.

① ₩1,000,000 ② ₩2,000,000
③ ₩3,000,000 ④ ₩5,000,000

해설

(1) 대손충당금 한도초과액
① 설정대상채권 : ₩800,000,000 − 200,000,000(채무보증 구상채권) = ₩600,000,000
② 한도액 : ₩600,000,000 × 2% = ₩12,000,000
③ 한도초과액 : ₩35,000,000 − 12,000,000 = ₩23,000,000
(2) 세무조정
₩23,000,000 − 5,000,000(전기 대손충당금 한도초과액)
− 20,000,000(신고조정 대손사유 충족 채권) = ₩△2,000,000

5 다음은 제조업을 영위하는 甲법인의 대손충당금에 대한 세무조정사항이다. 당기(제5기 : 20×2. 1. 1~12. 31)의 대손충당금한도액은 얼마인가?

(1) 전기말 현재 대손충당금 설정대상채권은 ₩30,000,000이며 당기말 현재 재무상태표상 채권의 장부가액은 ₩50,000,000이다. 당기말 현재 채권 중에는 당기에 소멸시효가 완성된 거래처에 대한 채권 ₩1,200,000이 포함되어 있다.

(2) 당기의 대손충당금계정은 다음과 같다.

대손충당금

외상매출금	₩500,000	전 기 이 월	₩1,000,000
차 기 이 월	1,300,000	대손상각비	800,000
	₩1,800,000		₩1,800,000

(3) 대손충당금의 당기사용액 ₩500,000 중 ₩200,000은 세법상 대손사유를 충족하지 못한 외상매출금을 대손충당금과 상계한 것이다.

① ₩500,000　　② ₩490,000

③ ₩2,776,666　　④ ₩2,450,000

해설

(1) 대손금에 대한 세무조정

① 소멸시효 완성 채권 : <손금산입> 채권(소멸시효 완성) 1,200,000(△유보)

② 대손사유 미충족 : <손금불산입> 외상매출금 200,000(유 보)

(2) 대손충당금 한도액 : 설정대상채권의 장부가액 × 설정률

= (₩50,000,000 − 1,200,000 + 200,000) × Max[1%, 5%*] = ₩2,450,000

* 대손실적률 = $\frac{(₩500,000 - 200,000 + 1,200,000)}{₩30,000,000}$ = 5%

6 일시상각충당금에 대한 설명 중 잘못된 것은?

① 일시상각충당금은 결산조정하는 경우에 한하여 손금에 산입한다.

② 국고보조금을 기업의 운영자금으로 사용한 경우에는 이를 익금으로 본다.

③ 익금불산입되는 범위는 국고보조금의 경우 사업용자산의 취득에 소요된 가액이다.

④ 손금산입시기는 국고보조금 · 공사부담금 · 보험차익 모두 지급받은 날이 속하는 사업연도이다.

해설

일시상각충당금은 신고조정에 의해 손금산입할 수 있다.

7 법인세법상 충당금에 대한 설명으로 옳지 않은 것은? ⊙ 2016년 국가직 7급

① 내국법인이 동일인에 대하여 매출채권과 매입채무를 가지고 있는 경우에는 당해 매입채무를 상계하지 아니하고 대손충당금으로 계상할 수 있다(단, 당사자 간의 약정에 의하여 상계하기로 한 경우는 제외함).

② 일시상각충당금 또는 압축기장충당금은 신고조정에 의한 손금산입이 허용된다.

③ 대손충당금을 손금으로 계상한 내국법인은 대손금이 발생한 경우 그 대손금을 충당금과 먼저 상계하여야 하고, 대손금과 상계하고 남은 대손충당금은 다음 사업연도의 소득금액을 계산할 때 손금에 산입한다.

④ 국고보조금 등 상당액을 손금에 산입한 내국법인이 손금에 산입한 금액을 기한 내에 사업용 자산의 취득에 사용하기 전에 합병하고, 손금에 산입한 금액을 합병법인에게 승계하는 경우 그 금액은 합병법인이 손금에 산입한 것으로 본다.

해설

대손충당금을 손금에 산입한 내국법인은 대손금이 발생한 경우 그 대손금을 대손충당금과 먼저 상계하여야 하고, 상계하고 남은 대손충당금의 금액은 다음 사업연도의 소득금액을 계산할 때 익금에 산입한다.

8 법인세법상 결산서에 비용으로 계상하지 않고도 손금산입이 가능한 것은?(단, 세무조정에 따른 손금산입 요건은 충족된 것으로 가정함) ⊙ 2017년 국가직 7급

① 내국법인이 보유하는 유형자산이 천재지변으로 파손되어 그 자산의 장부가액을 사업연도 종료일 현재의 시가로 평가함으로써 발생하는 평가차손

② 한국채택국제회계기준을 적용하는 법인으로 보험사업을 경영하는 내국법인의 책임준비금

③ 주식회사 외부감사에 관한 법률에 따른 감사인의 회계감사를 받는 비영리내국법인의 고유목적사업준비금

④ 내국법인이 각 사업연도에 외상매출금·대여금 그 밖에 이에 준하는 채권의 대손에 충당하기 위하여 계상한 대손충당금

해설

주식회사 외부감사에 관한 법률에 따른 감사인(외부감사인)의 회계감사를 받는 비영리내국법인은 신고조정에 의해 고유목적사업준비금을 손금산입할 수 있다. 한편 한국채택국제회계기준을 적용하는 법인으로 보험사업을 경영하는 내국법인의 비상위험준비금은 신고조정이 가능하나, 책임준비금은 신고조정이 허용되지 않는다.

정답	1	③	2	②	3	④	4	②	5	④	6	①	7	③	8	③

Chapter 10

소득금액계산의 특례

제 1 절 | 부당행위계산의 부인

1. 의 의

법인의 행위 또는 소득금액의 계산이 특수관계인과의 거래로 인하여 그 법인의 소득에 대한 조세의 부담을 부당하게 감소시킨 것으로 인정되는 경우 그 법인의 행위 또는 소득금액의 계산을 "부당행위계산"이라 한다. 법인이 특수관계인과의 거래에 있어서 정상적인 경제인의 합리적 거래형식에 의하지 아니함으로써 통상의 합리적인 거래형식을 취할 때 생기는 해당 법인의 소득에 대한 조세의 부담을 부당히 감소시킨 것으로 인정되는 경우에는 과세관청은 법인의 행위 또는 소득금액의 계산에 불구하고 객관적으로 타당한 소득이 있었던 것으로 보아 그 소득금액을 다시 계산하여 과세하게 되는데 이를 "부당행위계산의 부인"이라 한다.

이러한 부당행위계산의 부인제도는 실제 존재하는 거래행위가 경제적 합리성을 무시한 비정상적인 거래로서 조세법적 측면에서 볼 때 부당하다고 인정될 때 과세관청이 객관적으로 타당하다고 보여지는 소득이 있었던 것으로 의제하여 과세함으로써 과세의 공평을 기하고 조세회피행위를 방지하고자 하는 제도로서 실질과세의 원칙에 그 근거를 두고 있다.

2. 적용요건

법인의 행위 또는 소득금액의 계산이 다음의 요건을 갖춘 경우 부당행위계산의 부인규정을 적용한다.

> ① 특수관계인과의 거래일 것
> ② 행위 또는 계산에 부당성이 있을 것
> ③ 법인의 소득에 대한 조세부담을 감소시켰을 것

⑴ 특수관계인과의 거래일 것

그 행위 당시를 기준으로 하여 해당 법인과 특수관계인간의 거래(특수관계인 외의 자를 통하여 이루어진 거래를 포함한다)에 한하여 이 규정을 적용한다(법령 88 ②). 다만, 불공정합병에 있어서 특수관계에 있는 법인의 판정은 합병등기일이 속하는 사업연도의 직전 사업연도의 개시일(그 개시일이 서로 다른 법인이 합병한 경우에는 먼저 개시한 날을 말함)부터 합병등기일까지의 기간에 의한다. 이와 같이 특수관계인과의 거래만을 부인대상으로 규정하고 있는 이유는 일반적으로 특수관계가 없는 자와의 거래에서는 경제적으로 비합리적인 거래를 행하기 어려운 데 반하여 특수관계인과의 거래에서는 일방 또는 쌍방의 이익을 위하여 경제적 합리성을 벗어나는 거래를 행할 수 있기 때문이다.

한편 일방을 기준으로 하면 특수관계에 해당하지 않더라도 상대방을 기준으로 하면 특수관계에 해당하는 경우에는 이들 상호간에는 특수관계가 있는 것으로 보는 쌍방관계설을 취하고 있다(법기통 52－87…1).

⑵ 행위 또는 계산의 부당성

법인이 특수관계인과 행한 거래라 하더라도 그 거래가 부당하지 아니하면 부당행위계산 부인규정을 적용할 수 없다. 현행 법인세법 제52조 제2항에서는 "건전한 사회통념 및 상거래관행과 특수관계인이 아닌 자간의 정상적인 거래에서 적용되거나 적용될 것으로 판단되는 가격"을 기준으로 부당성의 여부를 판단하도록 규정하고 있다. 이는 부당성의 판단에 있어서 경제적 합리성설 및 비특수관계인 비교설을 모두 수용하고 있음을 의미하는 것이다.[64)]

행위 또는 계산의 부당성을 판단함에 있어서 또 한가지 요소는 납세의무자인 법인의 조세부담 회피의도가 있어야 하는가의 문제이다. 이에 대해서는 다음의 두 가지 학설이 대립되고 있는데 통설은 부정설이다.[65)]

① 긍정설 : 조세의 부담을 감소 또는 회피하려는 의사가 외부에 명백히 표현되는

64) 부당성의 판단에 있어서 단순히 대가관계만을 기준으로 특수관계 없는 자와의 거래에서는 통상 이루어지는 것이 아니라 하여 바로 경제적 합리성이 없다고 볼 수는 없으며, 거래행위의 제반사정을 구체적으로 고려하여 그 행위가 건전한 사회통념이나 상관행에 비추어 경제적 합리성을 결여한 것인지 여부에 따라 판단하여야 한다(대법원 95누8751 판결, 1996. 7. 26 선고).

65) 대법원 판례에서도 반드시 조세부담을 회피하거나 경감시킬 의도가 주관적으로 있어야 되는 것은 아니며(대법원 95누7260판결, 1996. 7. 12), 이러한 객관적 요건이 충족되는 한 당사자의 주관적 거래 의도가 법인의 경영합리화 등에 있었다는 사정 등은 부당행위계산의 부인에 영향을 주지 아니한다(대법원 92누9913 판결, 1993. 2. 12)고 판시함으로써 부정설의 입장을 취하고 있다.

것에 까지는 이르지 않더라도 법인이 특수관계인과 부당한 거래를 하기에 이른 외적인 여러 가지 사정으로부터 조세를 회피하거나 감소시킬 의사가 있었다고 추측할 수 있을 정도면 족하다는 주장을 말한다.

② 부정설 : 부당행위계산의 규정을 둔 취지가 실질과세원칙에 따라 동일한 경제적인 사실에 대하여 동일한 조세를 부과하겠다는 것이지 납세의무자인 법인의 행위 자체를 비난하거나 법인을 처벌하기 위한 규정이 아니므로 납세의무자의 조세회피 의사에 관계없이 부당행위계산의 부인규정을 적용할 수 있다는 주장을 말한다.

(3) 법인소득에 대한 조세부담의 감소

법인의 부당한 행위 또는 계산으로 인하여 조세의 부담을 감소시킨 결과가 발생하여야 한다. 따라서 법인이 특수관계인과 행한 거래가 부당한 경우라 하더라도 이로 인하여 조세의 부담이 감소되지 아니한 경우에는 부당행위계산의 부인규정이 적용되지 아니한다.

3. 특수관계인의 범위

특수관계인은 법인세법 시행령 제2조 제5항에서 열거한 자로 한정하여 법령해석의 일반원칙에 따라 엄격히 해석되어야 하며, 유추해석이나 확대적용을 할 수 없다는 것이 우리나라 대법원이 취하고 있는 입장이다. 따라서 법인세법 시행령 제2조 제5항에서 열거하고 있는 특수관계인의 범위는 제한적으로 열거된 규정으로 해석하여야 한다.

법인세법이 부당행위계산부인에 있어서 규정하고 있는 특수관계인이라 함은 법인과 경제적 연관관계 또는 경영지배관계등 다음의 관계에 있는 자를 말한다(법령 2 ⑤). 이 경우 본인도 그 특수관계인의 특수관계인으로 본다(쌍방관계).

① 실질적인 임원 : 임원의 임면권의 행사, 사업방침의 결정 등 당해 법인의 경영에 대해 사실상 영향력을 행사하고 있다고 인정되는 자(상법 제401조의2 제1항에 따라 이사로 보는 자[66])를 포함)와 그 친족

② 비소액주주등과 그 친족 : 비소액주주란 소액주주등이 아닌 주주 또는 출자자를 말하며, 소액주주등이란 법인(상장 · 비상장불문)의 주주로서 발행주식총수 또는

---

66) "이사로 보는 자"란 다음의 어느 하나에 해당하는 자를 말한다.
① 회사에 대한 자신의 영향력을 이용하여 이사에게 업무집행을 지시한 자
② 이사의 이름으로 직접 업무를 집행한 자
③ 이사가 아니면서 명예회장 · 회장 · 사장 · 부사장 · 전무 · 상무 · 이사 기타 회사의 업무를 집행할 권한이 있는 것으로 인정될 만한 명칭을 사용하여 회사의 업무를 집행한 자

출자총액의 1%에 미달하는 주식 또는 출자지분을 소유한 주주 또는 출자자를 말한다. 다만, 지배주주와 특수관계에 있는 자는 소액주주로 보지 아니한다.

③ 다음의 어느 하나에 해당하는 자 및 이들과 생계를 함께하는 친족

㉠ 법인의 임원 · 직원 또는 비소액주주등의 직원(비소액주주등이 영리법인인 경우에는 그 임원을, 비영리법인인 경우에는 그 이사 및 설립자를 말한다)

㉡ 법인 또는 비소액주주등의 금전이나 그 밖의 자산에 의해 생계를 유지하는 자

④ 해당 법인이 직접 또는 그와 '①'부터 '③'까지의 관계에 있는 자를 통해 어느 법인의 경영에 대해 지배적인 영향력을 행사하고 있는 경우 그 법인

⑤ 해당 법인이 직접 또는 그와 '①'부터 '④'까지의 관계에 있는 자를 통해 어느 법인의 경영에 대해 지배적인 영향력을 행사하고 있는 경우 그 법인

⑥ 해당 법인에 30% 이상을 출자하고 있는 법인에 30% 이상을 출자하고 있는 법인이나 개인

⑦ 해당 법인이 독점규제 및 공정거래에 관한 법률에 따른 기업집단에 속하는 법인인 경우에는 그 기업집단에 소속된 다른 계열회사 및 그 계열회사의 임원

지배적인 영향력을 행사하고 있는지 여부

위 '④'와 '⑤'의 특수관계를 판정함에 있어서 해당 법인의 경영에 대하여 지배적인 영향력을 행사하고 있는지 여부는 다음 기준에 의해 판단한다.

1. 영리법인인 경우

㉠ 법인의 발행주식총수 또는 출자총액의 30% 이상을 출자한 경우

㉡ 임원의 임면권의 행사, 사업방침의 결정 등 법인의 경영에 대하여 사실상 영향력을 행사하고 있다고 인정되는 경우

2. 비영리법인인 경우

㉠ 법인의 이사의 과반수를 차지하는 경우

㉡ 법인의 출연재산(설립을 위한 출연재산만 해당)의 30% 이상을 출연하고 그 중 1인이 설립자인 경우

4. 부당행위계산의 유형

조세의 부담을 부당히 감소시킨 것으로 인정되는 경우라 함은 다음에 해당하는 경우를 말한다(법령 88 ①). 부당행위계산의 부인규정은 이와 같이 열거된 거래행위에 한하여 적용하는 것이므로 부당하게 확장해서 적용할 수는 없다. 한편 부당행위계산 부인규정은 그 행위당시를 기준으로 당해 법인과 특수관계인간의 거래(특수관계인외의 자를 통하여 이루어진 거래를 포함)에 한하여 적용한다.

구 분	내 용
① 자산의 양수도거래 (고가양수 · 저가양도)	㉠ 자산을 시가보다 높은 가액으로 매입 또는 현물출자받았거나 그 자산을 과대상각한 경우[*1] ㉡ 무수익 자산을 매입 또는 현물출자받았거나 그 자산에 대한 비용을 부담한 경우 ㉢ 불량자산을 차환하거나 불량채권을 양수한 경우 ㉣ 특수관계인인 법인 간 합병(분할합병 포함) · 분할에 있어서 불공정한 비율로 합병 · 분할하여 합병 · 분할에 따른 양도손익을 감소시킨 경우. 다만, 자본시장과 금융투자업에 관한 법률에 따라 합병(분할합병 포함) · 분할하는 경우는 제외한다. ㉤ 자산을 무상 또는 시가보다 낮은 가액으로 양도 또는 현물출자한 경우[*1] : 주식매수선택권의 행사 또는 주식기준보상의 지급에 따라 주식을 양도하는 경우는 제외한다.
② 금전의 대차거래[*1]	㉠ 금전을 시가보다 높은 이자율로 차입한 경우 ㉡ 금전을 시가보다 낮은 이자율로 대부한 경우 : 가지급금 인정이자
③ 자산의 임대차거래[*1]	㉠ 자산을 시가보다 높은 임차료로 제공받은 경우 ㉡ 자산을 무상 또는 시가보다 낮은 임차료로 제공한 경우
④ 건설 기타 용역의 제공거래[*1*3]	㉠ 용역을 시가보다 높은 요율로 제공받은 경우 ㉡ 용역을 무상 또는 시가보다 낮은 요율로 제공한 경우[*2]
⑤ 파생상품거래	파생상품에 근거한 권리를 행사하지 아니하거나 그 행사기간을 조정하는 등의 방법으로 이익을 분여하는 경우
⑥ 불공정 자본거래	㉠ 불공정합병 · 불균등증자 또는 불균등감자 등의 자본거래로 인하여 주주 등(소액주주등은 제외)인 법인이 특수관계인인 다른 주주 등(소액주주등은 제외)에게 이익을 분여한 경우 ㉡ 위 '㉠'외의 경우로서 증자 · 감자, 합병(분할합병을 포함) · 분할, 전환사채 등에 의한 주식의 전환 · 인수 · 교환 등 자본거래를 통해 법인의 이익을 분여하였다고 인정되는 경우 : 주식매수선택권의 행사에 따라 주식을 발행하는 경우는 제외한다.
⑦ 기타의 거래	㉠ 출연금을 대신 부담한 경우 ㉡ 기타 위에 준하는 행위 또는 계산 및 그 외에 법인의 이익을 분여하였다고 인정되는 경우

*1 시가와 거래가액의 차액이 3억원 이상이거나 시가의 5%에 상당하는 금액 이상인 경우에 한하여 적용한다. 다만, 주권상장법인이 발행한 주식을 거래한 경우에는 그러하지 아니하다.

*2 주식매수선택권의 행사 또는 주식기준보상의 지급에 따라 금전을 제공하는 경우와 비출자임원(소액주주 등인 임원 포함) 및 직원에게 사택을 제공하는 경우를 제외한다.

*3 연결납세방식을 적용받는 연결법인 간에 연결법인세액의 변동이 없는 등 기획재정부령으로 정하는 요건을 갖추어 용역을 제공하거나 제공받은 경우는 제외한다.

5. 시가의 범위

(1) 시가의 의의

부당행위계산의 부인규정을 적용할 때 해당 거래와 유사한 상황에서 해당 법인이 특수관계인 외의 불특정다수인과 계속적으로 거래한 가격 또는 특수관계인이 아닌 제3자간에 일반적으로 거래된 가격이 있는 경우에는 그 가격에 따른다(법령 89 ①). 다만, 주권상장법인이 발행한 주식을 다음의 어느 하나에 해당하는 방법으로 거래한 경우 해당 주식의 시가는 그 거래일의 거래소 최종시세가액(거래소 휴장 중에 거래한 경우에는 그 거래일의 직전 최종시세가액)으로 하며, 기획재정부령으로 정하는 바에 따라 사실상 경영권의 이전이 수반되는 경우(중소기업 등 상속세 및 증여세법상 할증평가 대상에서 제외되는 주식인 경우는 제외)에는 그 가액의 20%를 가산한다.

① 증권시장(증권의 매매를 위하여 거래소가 개설하는 시장) 외에서 거래하는 방법

② 대량매매 등 기획재정부령으로 정하는 방법(예 장중/시간외 경쟁대량매매, 바스켓매매)

(2) 시가가 불분명한 경우

부당행위계산의 부인규정을 적용할 때 시가가 불분명한 경우에는 다음의 규정을 순차로 적용하여 계산한 금액에 따른다(법령 89 ②).

① 감정평가법인 등이 감정한 가액이 있는 경우 : 그 가액(감정한 가액이 2 이상인 경우에는 그 감정한 가액의 평균액). 다만, 주식 등 및 가상자산을 제외한다.

② 상속세 및 증여세법을 준용하여 평가한 가액 : 상속세 및 증여세법 제38조(합병에 따른 이익의 증여) · 제39조(증자에 따른 이익의 증여) · 제39조의2(감자에 따른 이익의 증여) · 제39조의3(현물출자에 따른 이익의 증여) · 같은 법 제61조부터 제66조(저당권 등이 설정된 재산평가의 특례)까지의 규정을 준용하여 평가한 가액.

(3) 시가의 특례

자산(금전은 제외한다) 또는 용역을 제공할 때 위 '(1)', '(2)'를 적용할 수 없는 경우에는 다음의 금액을 시가로 한다(법령 89 ④).

구 분	내 용
① 유형 · 무형자산의 제공거래	[해당 자산의 시가(적수) × 50% − 전세금 · 보증금(적수)] × 정기예금이자율 × 1 / 365
② 건설 기타 용역의 제공거래	해당 용역의 원가(직접비 및 간접비) + 용역원가 × 수익률*

* 해당 사업연도 중 특수관계인 외의 자에게 제공한 유사한 용역제공거래 또는 특수관계인이 아닌 제3자간의 일반적인 용역제공거래를 할 때의 수익률 : 수익률 = $\frac{(\text{매출액} - \text{용역원가})}{\text{용역원가}}$

제 2 절 | 부당행위계산에 대한 세무조정

1. 자산의 고가양수

특수관계인으로부터 자산을 시가보다 높은 가액으로 매입하고 매입가액을 자산으로 계상한 경우로서 그 대금의 전부를 지급한 때에는 다음과 같이 세무조정한다.

① 자산의 취득가액에 대한 조정 : 시가초과액은 세무상 취득가액으로 인정되지 않으므로 동 금액을 손금산입하고 △유보로 소득처분한다. 이 경우 △유보금액은 그 자산에 대한 감가상각비를 계상할 때에는 시가초과액에 대한 감가상각비를 손금불산입(유보)함으로써 △유보처분된 금액을 추인한다. 또한 그 자산을 처분하는 경우에는 △유보잔액을 손금불산입(유보)함으로써 △유보처분된 금액을 추인한다.

② 부당행위계산의 부인 : 시가초과액에 상당하는 금액을 익금산입한 후 귀속자에게 배당 · 상여 · 기타사외유출 및 기타소득 등으로 소득처분한다.

예제 10-1 | 자산의 고가양수 

㈜성심은 제5기 사업연도 중 대표이사로부터 시가 5천만원인 토지를 1억원에 매입하고 매입대금을 모두 지급하였으며, 1억원을 토지의 취득가액으로 계상하였다. 토지의 매입과 관련된 세무조정을 행하시오.

해답

(1) 토지 취득가액에 대한 세무조정
특수관계인으로부터 시가초과매입한 자산의 세무상 취득가액은 시가이므로 시가초과액을 손금산입(△유보)하는 세무조정이 필요하다.

(2) 부당행위에 대한 세무조정
시가초과액을 익금산입한 후 소득의 귀속자(대표이사)에게 상여로 소득처분한다.

(3) 세무조정
<손금산입> 토지(시가초과매입액) 50,000,000 (△유보)
<익금산입> 부당행위(고가양수) 50,000,000 (상여)

2. 자산의 저가양도

특수관계인에게 자산을 저가로 양도하는 경우에는 시가와 양도가액의 차액을 익금에 산입하고 귀속자에게 배당 · 상여 · 기타사외유출 및 기타소득 등으로 소득처분한다. 자산의 고가양수의 경우와 달리 자산취득가액에 대한 세무조정 및 사후관리가 필요없다는 점을 비교하여야 한다.

예제 10-2 | 자산의 저가양도

㈜영광은 제4기 사업연도 중 대표이사로부터 시가 1억원인 A법인의 상장주식을 5천만원에 매입하여 매입가액으로 장부에 계상한 바 있다. 회사는 동 주식을 제5기 중 대주주인 김굴비씨에게 장외에서 8천만원에 양도하였다. 양도당시 A법인의 주식은 거래소에서 거래가 일시 중단된 상태이다. A법인 주식에 대하여 감정평가법인이 감정한 가액은 1억원이며, 상속세 및 증여세법상 보충적 평가방법에 의하여 평가한 가액은 9천만원이다. 제4기와 제5기에 A법인 주식과 관련하여 필요한 세무조정을 행하시오.

해답

(1) 제4기(유가증권 저가매입액)

<익금산입> 유가증권 저가매입액(A법인 주식) 50,000,000[*1] (유보)

*1 저가매입액 : 1억원(시가) − 5천만원(매입가액) = 5천만원

(2) 제5기

<익금산입> 부당행위계산부인(저가양도) 10,000,000[*2] (배당)

*2 저가양도액 : 9천만원(시가) − 8천만원(양도가액) = 1천만원

<손금산입> A법인 주식 50,000,000(△유보)

해설 (1) 특수관계인인 개인으로부터 유가증권을 시가보다 낮은 가액으로 매입한 경우에는 시가와 매입가액의 차액을 익금산입한다(유가증권 저가매입액).

(2) 개인주주(특수관계인)에게 주식을 시가보다 낮은 가액으로 양도한 경우에는 시가와 양도가액의 차액을 부당행위계산부인규정에 의하여 익금산입하고 소득의 귀속자에게 배당으로 소득처분한다.

(3) 양도한 자산에 대한 유보잔액은 손금산입(△유보)하여 사후관리한다.

3. 용역을 제공하거나 제공받는 경우

(1) 용역을 저가로 제공하는 경우

1) 자산을 저가로 임대한 경우(적정임대료)

특수관계인에게 자산을 무상 또는 시가보다 낮은 임대료로 제공한 경우에는 적정임대료와 실제임대료의 차액을 익금에 산입하고 임차인에 대한 상여 · 배당 등으로 소득

처분한다. 다만, 주주 등이나 출연자가 아닌 임원(소액주주등인 임원을 포함) 및 직원에게 사택을 제공하는 경우를 제외한다. 따라서 법인이 사택을 제공한 경우에는 출자임원(소액주주인 임원은 제외) 및 그 친족에게 제공한 경우에만 사택의 임대와 관련하여 부당행위계산 부인규정이 적용된다.

2) 용역을 저가로 제공한 경우

특수관계인에게 용역을 무상 또는 시가보다 낮은 가액으로 제공한 경우에는 용역의 시가와 용역대가의 차액을 익금에 산입하고 특수관계인에 대한 상여·배당 등으로 소득처분한다.

(2) 용역을 고가로 제공받는 경우

1) 자산을 고가로 임차한 경우

특수관계인으로부터 자산을 시가보다 높은 임차료로 제공받은 경우에는 실제임대료와 적정임대료의 차액을 익금에 산입하고 임대인에 대한 상여·배당 등으로 소득처분한다.

2) 용역을 고가로 제공받는 경우

특수관계인으로부터 용역을 시가보다 높은 가액으로 제공받은 경우에는 용역대가와 용역의 시가의 차액을 익금에 산입하고 특수관계인에 대한 상여·배당 등으로 소득처분한다.

예제 10-3 | 용역의 제공

다음은 비상장법인인 ㈜서해의 제4기 사업연도(1. 1~12. 31) 세무조정관련 자료이다. 다음 자료를 이용하여 필요한 세무조정을 행하시오.

(1) 사택의 제공

회사는 제2기부터 시가 2억원인 사택(공동주택) 2채를 임대보증금 없이 출자임원 갑(지분비율 5%)과 직원 을에게 각각 제공하고 있다. 사택 임대료에 대한 시가는 확인되지 아니하며, 정기예금이자율은 5%로 가정한다.

(2) 관계회사로부터 제공받은 용역

회사는 제4기부터 ERP시스템을 도입하기로 하고, 자회사인 ㈜남해로부터 ERP시스템구축용역(용역제공기간 : 1. 12~10. 20)을 6천만원에 제공받은 바 있다. 해당 용역제공에 소요된 ㈜남해의 용역원가는 4천만원이며, ㈜남해가 해당 사업연도 중 특수관계인이 아닌 제3자에게 제공한 유사용역의 매출액은 1억원, 용역원가는 8천만원이다.

해답

(1) 출자임원에 대한 사택 무상제공(용역의 저가제공)

① 적정임대료 : [2억원 × 50% − 0] × 5% = ₩5,000,000

② 저가제공액 : ₩5,000,000 − 0(무상제공) = ₩5,000,000

③ 세무조정 : <익금산입> 사택제공이익 5,000,000(상여)

* 직원에게 사택을 무상으로 제공하는 경우는 부당행위계산 부인규정이 적용되지 않는다.

(2) 용역을 고가로 제공받은 경우

① 용역의 시가 : 4천만원 + 4천만원 × 25%* = 5천만원

* 유사용역거래에서의 수익률 : $\frac{\text{1억원} - \text{8천만원}}{\text{8천만원}} = 25\%$

② 용역대가 과다지급액 : 6천만원 − 5천만원 = 1천만원

③ 세무조정 : <익금산입> 용역대가 과다지급액 10,000,000(기타사외유출)

4. 가지급금의 인정이자

(1) 의 의

법인이 특수관계인에게 업무와 직접 관련없이 가지급금을 무상 또는 시가보다 낮은 이자율로 대여한 경우에는 인정이자와 약정에 의한 이자와의 차액을 익금에 산입하고 귀속자에 대한 소득으로 처분한다. 여기서 업무와 직접 관련 없이 지급한 가지급금이라 함은 명칭 여하에 불구하고 해당 법인의 업무와 직접적인 관련이 없거나 주된 수익사업으로 볼 수 없는 자금의 대여액을 말한다.

(2) 가지급금 인정이자의 계산

특수관계인에게 업무무관 가지급금을 대여한 경우에는 다음의 산식에 의해 계산한 인정이자와 실제로 수령한 이자의 차이에 해당하는 금액을 익금에 산입한다.

$$\text{인정이자} = \text{업무무관 가지급금의 적수} \times \text{인정이자율} \times \frac{1}{365}\ (\text{윤년} : \frac{1}{366})$$

① 업무무관 가지급금의 적수 : ‘적수’란 매일 잔액의 합계액을 말하며, 지급이자 손금불산입 규정 적용시 업무무관 가지급금의 범위에서 제외되는 대여금 등은 인정이자 계산에 있어서도 업무무관 가지급금으로 보지 않는다(법칙 44).

② 인정이자율 : 법인의 자금대여시점 현재 가중평균차입이자율을 적용하되, 다음의 경우에는 당좌대출이자율을 적용한다.

구 분	사 유	적용기간
가중평균차입이자율의 적용이 불가능한 경우	㉠ 특수관계인이 아닌 자로부터 차입한 금액이 없는 경우 ㉡ 차입금 전액이 채권자가 불분명한 사채 또는 매입자가 불분명한 채권·증권의 발행으로 조달된 경우 ㉢ 자금을 대여한 법인의 대여시점 현재 가중평균차입이자율이나 대여금리가 자금을 차입한 법인의 가중평균차입이자율보다 높은 경우	해당 대여금 또는 차입금만 당좌대출이자율 적용
대여기간이 5년을 초과하는 대여금의 경우	대여한 날(계약을 갱신한 경우에는 그 갱신일)부터 해당 사업연도 종료일(해당 사업연도에 상환하는 경우는 상환일)까지의 기간이 5년을 초과하는 대여금이 있는 경우	해당 대여금만 당좌대출이자율 적용
당좌대출이자율을 선택하는 경우	해당 법인이 법인세 신고와 함께 당좌대출이자율을 시가로 선택하는 경우	선택한 사업연도와 이후 2개 사업연도는 당좌대출이자율을 적용

③ 가중평균차입이자율의 계산 : 자금을 대여한 법인의 대여시점 현재 각각의 차입금 잔액(특수관계인으로부터의 차입금, 채권자불분명 사채 및 매입자가 불분명한 채권·증권은 제외한다)에 차입 당시의 각각의 이자율을 곱한 금액의 합계액을 해당 차입금 잔액의 총액으로 나누어 다음의 산식과 같이 계산한다.

$$\text{가중평균차입이자율} = \frac{\Sigma(\text{각각의 차입금 잔액} \times \text{해당 차입금 이자율})}{\text{차입금 잔액의 총액}}$$

(3) 가지급금 인정이자에 대한 세무조정

구 분	내 용
① 상환기간 및 이자율 등에 대한 약정이 있는 경우	인정이자와 약정에 의한 이자와의 차액을 익금산입함.
② 상환기간 및 이자율 등에 대한 약정이 없는 경우	인정이자 상당액을 익금산입함*

* 이 경우 결산상 미수이자를 계상한 경우에도 동 미수이자는 가공자산에 해당하므로 이를 익금불산입(△유보)하고, 인정이자 상당액을 익금산입한다는 점에 유의하여야 한다.

예제 10-4 | 가지급금 인정이자의 계산

㈜대부의 제8기(20×6.1.1~20×6.12.31) 다음 자료를 이용하여 아래 요구사항에 답하시오. 단, 당기의 법인세 과세표준 및 세액의 신고와 함께 가중평균차입이자율과 당좌대출이자율 중 유리한 이자율을 신고하는 것으로 가정하며, 1년은 365일로 가정한다.

(1) 대표이사에게 업무와 관련 없이 1억원(적수 73억원)을 대여하였다.

(2) 기획재정부령으로 정하는 당좌대출이자율은 9%로 가정한다.

• 요구사항 •

1. 대표이사에게 자금을 대여한 시점 현재의 차입금 잔액 및 이자율이 다음과 같을 경우 가지급금 인정이자를 계산하시오.

이자율	차입금 잔액	비 고
12%	6억원	채권자불분명 사채이자임
10%	2억원	
8%	8억원	

2. 대표이사에게 자금을 대여한 시점 현재 특수관계인인 ㈜제부로부터 차입한 차입금 5억원(이자율 7%) 이외의 다른 차입금이 없다고 가정할 경우 가지급금 인정이자를 계산하시오.

해답

1. 가중평균차입이자율에 의한 가지급금 인정이자 계산
   (1) 가중평균차입이자율 : 채권자불분명 사채이자는 손금불산입항목이므로 가중평균차입이자율 계산시 제외하며, 가중평균차입이자율이 당좌대출이자율보다 낮으므로 가중평균차입이자율을 적용한다.
   (10% × 2억원 + 8% × 8억원) ÷ (2억원 + 8억원) = 8.4%
   (2) 가지급금 인정이자 : 73억원 × 8.4% × $\frac{1}{365}$ = ₩1,680,000
2. 당좌대출이자율에 의한 가지급금 인정이자 계산
   (1) 가중평균차입이자율 : 특수관계인으로부터 차입한 차입금만 있는 법인은 가중평균차입이자율을 적용할 수 없으므로 당좌대출이자율에 의하여 인정이자를 계산한다.
   (2) 가지급금 인정이자 : 73억원 × 9% × $\frac{1}{365}$ = ₩1,800,000

객 / 관 / 식 / 문 / 제

▶ 제10장 소득금액계산의 특례

1 법인세법상 '조세의 부담을 부당히 감소시킨 것으로 인정되는 경우'에 해당하지 않는 것은?

◐ 2012년 국가직 9급

① 자산을 시가보다 높은 가액으로 매입 또는 현물출자받았거나 그 자산을 과대상각한 경우
② 무수익 자산을 매입 또는 현물출자받았거나 그 자산에 대한 비용을 부담한 경우
③ 불량자산을 차환하거나 불량채권을 양수한 경우
④ 주식매수선택권의 행사에 따라 주식을 양도하는 경우로서 주식을 시가보다 낮은 가액으로 양도한 경우

해설

주식매수선택권의 행사 또는 주식기준보상의 지급에 따라 주식을 시가보다 낮은 가액으로 양도한 경우는 조세의 부담을 부당하게 감소시킨 것으로 보지 아니한다.

2 법인세법상 부당행위계산의 부인 규정을 적용하기 위한 시가에 대한 설명으로 옳은 것은?

◐ 2016년 국가직 7급

① 시가를 산정할 때 해당 거래와 유사한 상황에서 해당 법인이 특수관계인 외의 불특정다수인과 계속적으로 거래한 가격 또는 특수관계인이 아닌 제3자간에 일반적으로 거래된 가격에 따른다.
② 금전의 대여기간이 5년을 초과하는 대여금이 있는 경우에는 해당 대여금에 한정하여 가중평균차입이자율을 시가로 한다.
③ 시가가 확인되는 경우에도 감정평가법인이 감정한 가액에 따를 수 있다.
④ 주권상장법인이 발행한 주식을 증권시장 외에서 거래한 경우 해당 주식의 시가는 그 거래일 전후 3개월간 최종시세가액의 평균으로 한다.

해설

② 해당 대여금에 한정하여 당좌대출이자율을 시가로 한다.
③ 시가가 확인되는 경우에는 감정평가법인이 감정한 가액에 따를 수 없다.
④ 그 거래일의 거래소 최종시세가액으로 한다.

3 비상장법인인 ㈜공평은 관계회사(특수관계인)로부터 제9기 중 지방의 공장부지용으로 토지를 20억원을 주고 매입하였으며, 매입가액을 토지의 취득가액으로 회계처리하였다. 상속세 및 증여세법의 규정에 의한 보충적 평가액은 14억원이며, 감정평가법인의 감정가격은 15억원이다. 이에 대한 세무조정사항으로 올바른 것은?

① <익금산입> 부당행위계산부인　　5억원(기타사외유출)
② <손금산입> 토지의 고가매입　　5억원(△유보)
③ <익금산입> 부당행위계산부인　　5억원(기타사외유출),
<손금산입> 토지의 고가매입　　5억원(△유보)
④ <익금산입> 부당행위계산부인　　6억원(기타사외유출),
<손금산입> 토지의 고가매입　　6억원(△유보)

해설

(1) 시가의 판정 : 시가가 불분명한 경우에는 감정평가법인이 감정한 가격을 우선 적용하므로 토지의 시가는 15억원이 된다.
(2) 고가매입에 대한 세무조정 : 시가초과매입액을 손금산입한 후 다시 부당행위계산 부인규정에 의해 익금산입한다.
<손금산입> 토지　　5억원(△유보) ⇨ 처분시 익금산입(유보)
<익금산입> 부당행위계산부인(고가매입)　　5억원(기타사외유출)

4 ㈜백두는 보유 중이던 비상장법인인 ㈜한라의 주식을 개인대주주인 "갑"에게 양도했다. 다음 자료를 이용하여 ㈜백두의 부당행위계산부인을 할 경우 이에 대한 세무조정으로 맞는 것은?

---

(1) ㈜한라의 자본금은 ₩200,000,000이며 총발행주식수는 40,000주(액면가 ₩5,000)이다.
(2) 양도주식수는 10,000주이며, 양도가액은 주당 ₩6,000이다.
(3) 감정평가법인 "태백"이 최근에 평가한 양도일 현재 ㈜한라의 주당가치는 ₩8,000이다.
(4) 회계법인 "설악"이 최근에 ㈜한라의 주식을 상속세 및 증여세법에 따라 평가한 양도일 현재의 가액은 주당 ₩7,500이다.

---

① 손금산입　5,000,000　　② 익금산입　10,000,000
③ 익금산입　15,000,000　　④ 익금산입　20,000,000

해설

(1) 저가양도액 : [7,500원(시가) − 6,000원(양도가액)] × 10,000주 = 15,000,000원
(2) 세무조정 : <익금산입> 저가양도　　15,000,000(배당)
(3) 시가의 판단 : 비상장주식의 시가는 객관적인 교환가치가 적정하게 반영된 불특정다수인 간에 통상 성립된 매매실례가액에 의하며, 시가가 불분명한 경우에는 상속세 및 증여세법상 보충적 평가방법에 의한 평가액에 의한다.

5 ㈜A는 관계회사(특수관계인에 해당함) ㈜B로부터 20×1년 1월 1일 건물을 10억원에 매입하였다. ㈜A가 다음과 같이 회계처리한 경우 20×1년 세무조정(소득처분 포함)으로 옳은 것은? (단, ㈜A의 사업연도는1월 1일~12월 31일임)

2011년 국가직 7급

---

(1) 건물의 시가는 불분명하고, 상속세 및 증여세법상 평가액은 8억원이며, 부동산가격공시 및 감정평가에 관한 법률에 의한 감정평가법인의 감정가액은 7억원이다.
(차) 건물 10억 (대) 현금 및 현금성자산 10억

(2) 20×1년말 이 건물에 대해 감가상각비 1억원(정액법, 신고내용연수 10년)을 계상하였다.
(차) 건물 감가상각비 1억 (대) 건물 감가상각누계액 1억

	시가초과액 (손금산입)	고가매입 (익금산입)	초과상각액 (손금불산입)
①	2억원, △유보	2억원, 배당	2천만원, 유보
②	2억원, △유보	2억원, 기타사외유출	2천만원, 유보
③	3억원, △유보	3억원, 배당	3천만원, 유보
④	3억원, △유보	3억원, 기타사외유출	3천만원, 유보

해설

(1) 시가의 판정 : 시가가 불분명한 경우에는 감정평가법인이 감정한 가격(7억원)을 시가로 본다.

(2) 고가매입에 대한 세무조정
<손금산입> 건 물 3억원(△유보)
<익금산입> 부당행위계산부인(고가매입) 3억원(기타사외유출)

(3) 자산감액분 상각비
<손금불산입> 감가상각비 3천만원*(유보)

$* \ 1억원 \times \frac{3억원}{10억원} = 3천만원$

6 ㈜포항(중소기업 아님)은 제12기 사업연도(20×5.1.1.~20×5.12.31.) 중 무주택종업원에게 주택취득에 소요되는 자금을 대여하였다. 다음 자료를 이용하여 가지급금 인정이자에 대한 세무조정을 행하면? 단, 제11기에 가중평균차입이자율을 적용하여 신고한 바 있으며, 1년은 365일로 가정한다.

(1) 주택자금의 대여기간은 5년이며, 연이자율 3%로 약정하여 대여하였으며, 대여금의 적수는 365억원이다.

(2) 주택자금 대여시점 현재 차입금 잔액 및 이자율은 다음과 같으며, 당좌대출이자율은 12%로 가정한다.

이자율	차입금 잔액	비 고
12%	6억원	
10%	4억원	
8%	10억원	특수관계인으로부터 차입한 것임

(3) 회사는 종업원으로부터 약정에 의한 이자 ₩3,000,000을 수령하고 이자수익으로 계상하였다.

① 익금산입 6,000,000(상여) ② 익금산입 8,200,000(상여)
③ 익금산입 9,600,000(상여) ④ 익금산입 11,200,000(상여)

해설

(1) 가중평균차입이자율 : 특수관계인으로부터의 차입금은 제외하고, 나머지 차입금 잔액을 기준으로 계산한다.
(12% × 6억원 + 10% × 4억원) ÷ (6억원 + 4억원) = 11.2%

(2) 가지급금 인정이자 : 365억원 × 11.2%* × $\frac{1}{365}$ = ₩11,200,000

* 가중평균차입이자율이 당좌대출이자율(12%)보다 낮으므로 가중평균차입이자율을 적용한다.

(3) 익금산입액 : ₩11,200,000 − 3,000,000 = ₩8,200,000

(4) 세무조정 : <익금산입> 가지급금 인정이자 8,200,000(상여)

7 법인세법상 부당행위계산부인과 관련된 설명이다. 옳은 것은?

① 법인이 우리사주조합원에게 해당 법인의 주식취득에 소요되는 자금을 대여한 금액(상환할 때까지의 기간에 상당하는 금액에 한함)은 가지급금으로 보지 아니한다.

② 시가 10억인 토지를 특수관계인으로부터 12억원에 매입한 경우에는 시가와 거래가액의 차액이 3억원 미만이므로 부당행위계산부인규정이 적용되지 아니한다.

③ 특수관계인이 아닌 자로부터 차입한 금액이 없어 가중평균차입이자율의 적용이 불가능하여 당좌대출이자율을 시가로 한 경우에는 해당 사업연도와 이후 2개 사업연도는 당좌대출이자율을 시가로 하여 인정이자를 계산한다.

④ 임원에게 사택을 제공하는 경우에는 부당행위계산부인규정이 적용되나, 직원에게 사택을 제공하는 경우에는 부당행위계산부인규정이 적용되지 아니한다.

해설

② 시가와 거래가액의 차액이 시가의 5%에 상당하는 금액 이상이므로 부당행위계산부인규정이 적용된다.

③ 특수관계인이 아닌 자로부터 차입한 금액이 없어 가중평균차입이자율의 적용이 불가능하여 당좌대출이자율을 시가로 한 경우에는 해당 사업연도에 한정하여 당좌대출이자율을 시가로 한다. 한편 가중평균차입이자율을 적용할 수 있음에도 불구하고 당좌대출이자율을 시가로 선택하는 경우에는 해당 사업연도와 이후 2개 사업연도는 당좌대출이자율을 시가로 한다.

④ 비출자임원(소액주주인 임원 포함) 및 직원에게 사택을 제공하는 경우에는 부당행위계산부인규정이 적용되지 아니한다.

8 법인세법상 부당행위계산 부인에 관한 설명으로 옳지 않은 것은? ◐ 2010년 국가직 7급

① 부당성 여부는 경제적 합리성을 기준으로 판단한다는 것이 판례의 입장이다.

② 부당행위계산의 부인은 법인과 특수관계에 있는 자간의 거래를 전제로 하며, 특수관계인 외의 자를 통하여 이루어진 거래는 이에 포함하지 않는다.

③ 허위의 거래이든 실제의 거래이든 관계없이 부당성의 요건을 충족하면 부당행위계산 부인의 대상이 된다.

④ 부당행위계산의 부인에서 특수관계의 존재 여부는 해당 법인과 법령이 정하는 일정한 관계에 있는 자를 말하며, 이 경우 해당 법인도 그 특수관계인의 특수관계인으로 본다.

해설

부당행위계산 부인 규정은 실제 존재하는 거래행위에 대하여 적용한다.

정답	1	④	2	①	3	③	4	③	5	④	6	②	7	①	8	③

과세표준 및 세액의 계산

제 1 절 | 과세표준 및 산출세액의 계산

1. 과세표준의 계산구조

법인의 각 사업연도 소득금액에서 다음의 금액을 순차적으로 공제하여 법인세 과세표준을 계산한다.

① 이월결손금 : 각 사업연도 개시일 전 15년 이내에 개시한 사업연도에서 발생한 결손금으로서 그 후 사업연도 과세표준 계산을 할 때 공제되지 아니한 것

② 비과세소득

③ 소득공제액

> 과세표준 = 각 사업연도 소득금액 − 이월결손금 − 비과세소득 − 소득공제(순차공제)

2. 이월결손금

(1) 이월결손금의 공제

법인세법상 각 사업연도의 결손금이라 함은 그 사업연도에 속하거나 속하게 될 손금의 총액이 그 사업연도에 속하거나 속하게 될 익금의 총액을 초과하는 경우에 그 초과하는 금액을 말한다(법령 9 ④). 결손금은 다음 사업연도에 이월시켜 이월결손금으로 해당연도의 각 사업연도 소득금액에서 공제하는 것이 원칙이다. 이월결손금이란 각 사업연도의 개시일 전 발생한 각 사업연도의 결손금으로서 그 후의 각 사업연도의 과세표준을 계산할 때 공제되지 아니한 금액을 말한다. 이월결손금은 자산수증이익 및 채무면제이익과 상계할 수 있는데, 일단 상계된 후에는 이월결손금은 소멸하게 되므로 그 이후 각 사업연도 소득에서 공제되지 아니한다.

⑵ 공제대상 이월결손금

과세표준을 계산함에 있어서 각 사업연도 소득에서 공제할 수 있는 이월결손금은 각 사업연도개시일 전 15년[67] 이내에 개시한 사업연도에 발생한 결손금으로서 그 후의 각 사업연도의 소득금액 또는 과세표준을 계산할 때 공제되지 아니한 금액에 한한다. 이 경우 결손금은 신고하거나 결정·경정되거나 수정신고 한 과세표준에 포함된 결손금만 해당한다.

이 때 공제허용기간은 사업연도의 횟수가 아니라 달력상의 연도수를 의미한다. 따라서 사업연도가 몇 번 지나갔는지는 문제되지 않고 15년 이내에 개시한 사업연도에서 발생한 결손금이어야 하며, 그 이전에 개시한 사업연도에서 발생한 결손금은 과세표준계산에 있어서는 공제할 수 없는 이월결손금이 된다.

⑶ 공제순위

결손금이 매년 계속 발생하여 누적되어 오고 있는 경우, 이를 각 사업연도 소득에서 공제할 때에는 먼저 발생된 결손금(15년 이내 개시한 사업연도에 발생된 것 중)부터 차례대로 공제한다. 한편, 법인세법 제72조 제1항의 규정에 의하여 공제받는 결손금(결손금소급공제에 의한 환급을 말함)과 법인세법 제18조 제6호에 따라 무상으로 받은 자산의 가액 및 채무의 면제 또는 소멸로 인한 부채의 감소액으로 충당된 이월결손금은 각 사업연도의 과세표준을 계산할 때 있어서 공제된 것으로 본다.

⑷ 공제한도

구 분	이월결손금 공제한도
① 중소기업 ② 구조조정계획(회생계획, 기업개선계획 또는 경영정상화계획)을 이행 중인 법인 ③ 유동화거래를 할 목적으로 설립된 법인으로서 법정요건을 모두 갖춘 법인 ④ 유동화전문회사 및 프로젝트금융투자회사 등 소득공제 대상 법인 ⑤ 기업 활력 제고를 위한 특별법에 따른 사업재편계획 승인을 받은 법인 ⑥ 수익사업에서 발생한 소득을 고유목적사업준비금으로 손금에 산입할 수 있는 비영리내국법인[68] 개정	각 사업연도 소득의 100%
⑦ 그 밖의 법인	각 사업연도 소득의 80%

67) 2019년 12월 31일 이전에 개시한 사업연도의 결손금은 종전 규정에 따라 10년간 이월공제한다.
68) 단, 법에 따라 등록된 법인은 제외함

사 례

(1) 중소기업의 각사업연도소득금액이 1억원이고, 직전 사업연도에 발생한 이월결손금이 2억원 있는 경우
과세표준 = 1억원 - 1억원(이월결손금) = 0원

(2) 중소기업이 아닌 법인의 각사업연도소득금액이 1억원이고, 직전 사업연도에 발생한 이월결손금이 2억원 있는 경우
과세표준 = 1억원 - 8천만원(이월결손금) = 2천만원

(5) 이월결손금 공제의 배제

법인세 과세표준을 추계결정 또는 추계경정하는 경우에는 각 사업연도의 과세표준 계산에 있어서 이월결손금을 공제하지 아니한다. 다만, 천재지변 등으로 장부나 그밖의 증명서류가 멸실되어 추계결정(또는 경정)하는 경우에는 그러하지 아니하다.

결손금 및 이월결손금의 세무상 처리

구 분	내 용	기간제한
결손금 및 이월결손금이 소멸되는 경우	과세표준 계산 시 공제	15년내 발생분
	소급공제에 의한 환급	1년간 소급공제
	자산수증이익 등에 의한 보전	-
이월결손금이 소멸되지 않는 경우	기부금 한도계산 시 차감	15년내 발생분
	청산소득금액 계산시 자기자본에서 차감	-

(6) 결손금 소급공제에 따른 환급

1) 의 의

중소기업에 해당하는 내국법인은 각 사업연도에 결손금이 발생한 경우 그 결손금에 대하여 직전 사업연도의 법인세액을 한도로 하여 환급신청할 수 있다. 이 경우 그 결손금에 대해서는 공제대상 이월결손금 계산에 있어서 이를 공제받은 금액으로 본다.

2) 환급요건

① 중소기업에 해당하는 법인일 것
② 성실신고한 법인 : 과세표준 신고기한까지 결손금이 발생한 사업연도와 그 직전 사업연도의 소득에 대한 법인세의 과세표준과 세액을 각각 신고한 경우
③ 환급신청할 것 : 과세표준 신고기한까지 납세지 관할세무서장에게 신청할 것

3) 환급세액의 계산

결손금 소급공제에 의한 환급신청세액은 다음의 산식에 의하여 계산한 금액으로 한다(법법 72).

> 환급신청세액 : Min[①, ②]
> ① 환급세액 : 직전 사업연도 법인세 산출세액* − [(직전 사업연도 과세표준 − 소급공제결손금) × 직전 사업연도의 법인세율]
> ② 환급한도 : 직전 사업연도 법인세 산출세액* − 직전 사업연도 공제 · 감면세액

위의 산식에서 소급공제 결손금액이라 함은 해당 사업연도의 결손금으로서 소급공제를 받고자 하는 결손금액을 말하며 직전 사업연도의 과세표준금액을 한도로 한다.

예제 11−1 | 결손금 소급공제

다음 자료에 의하여 중소기업인 ㈜광진의 20×5사업연도의 환급세액을 계산하면?(동법인은 결손금 소급공제 요건을 충족하였다)

(1) 20×5사업연도의 결손금 : ₩200,000,000

(2) 20×4사업연도의 법인세 신고내용

① 과세표준 : ₩500,000,000

② 각종 감면세액 : 30,000,000

(3) 직전사업연도의 법인세율

① 과세표준 2억원 이하 : 과세표준의 9%

② 과세표준 2억원 초과 200억원 이하 : ₩18,000,000 + (과세표준 − 2억원) × 19%

해답

(1) 환급세액의 계산

환급세액 : 직전 사업연도 산출세액 − [(직전 사업연도의 과세표준 − 소급공제결손금) × 세율]
= (₩18,000,000 + 300,000,000 × 19%) − [(500,000,000 − 200,000,000) × 세율]
= ₩75,000,000 − (18,000,000 + 100,000,000 × 19%) = ₩38,000,000(A)

(2) 환급한도액의 계산 : ₩75,000,000 − 30,000,000(감면세액) = ₩45,000,000(B)

(3) 결손금소급공제에 의한 환급세액 : Min [(A), (B)] = ₩38,000,000

4) 환급세액의 추징

① 경정으로 인하여 결손금이 감소된 경우 : 납세지 관할세무서장은 결손금 소급공제 규정에 의하여 법인세를 환급한 후 결손금이 발생한 사업연도에 대한 법인세의 과세표준과 세액을 경정함으로써 결손금이 감소된 경우에는 감소된 결손금에 상당하는 환급세액(환급취소세액)에 이자상당액을 더한 금액을 해당 결손금이 발생한 사업연도의 법인세로서 징수한다.

$$\text{환급취소세액} = \text{당초 환급세액} \times \frac{\text{결손금 감소액}^{*}}{\text{소급공제 결손금}}$$

* 결손금 중 그 일부금액만을 소급공제받은 경우에는 소급공제받지 아니한 결손금이 먼저 감소된 것으로 본다.

$$\text{이자상당액} = \text{환급취소세액} \times \text{일수}^{*1} \times 0.022\%^{*2}$$

*1 당초환급세액의 통지일의 다음 날~환급취소세액의 고지일까지의 일수

*2 납세자가 법인세액을 과다하게 환급받은 데 정당한 사유가 있는 때에는 국세환급가산금의 이자율을 적용한다.

② 중소기업에 해당하지 아니하는 내국법인이 환급받은 경우 : 납세지 관할세무서장은 중소기업에 해당하지 아니하는 내국법인이 법인세를 환급받은 경우에는 환급세액에 이자상당액을 가산한 금액을 해당 결손금이 발생한 사업연도의 법인세로서 징수한다.

3. 비과세소득

비과세소득이란 조세정책상의 목적에 의하여 법인세 과세표준 계산시 제외시키는 소득을 말하며, 법인세법상 비과세소득으로는 공익신탁의 신탁재산에서 생기는 소득이 있다(법법 51).[69]

---

69) 조세특례제한법에서도 다음의 사례와 같이 다양한 비과세 규정을 두고 있다.

① 벤처투자회사 및 창업기획자가 직접 또는 벤처투자조합 등을 통하여 창업기업 · 벤처기업 또는 신기술창업전문회사에 2025년 12월 31일까지 출자함으로써 취득한 주식 또는 출자지분을 양도함으로써 발생하는 양도차익(조특법 13 ①)

② 벤처투자회사 · 창업기획자 · 벤처기업출자유한회사 또는 신기술사업금융업자가 위 ①의 출자로 인하여 창업기업 · 신기술사업자, 벤처기업, 신기술창업전문회사 또는 코넥스상장기업으로부터 2025년 12월 31일까지 지급받는 배당소득(조특법 13 ④)

4. 소득공제

(1) 소득공제의 개요

소득공제는 과세표준을 산정함에 있어서 각 사업연도 소득에서 차감하는 항목이다. 소득공제에는 법인세법상 유동화전문회사 등에 대한 소득공제와 조세특례제한법상 자기관리부동산투자회사에 대한 소득공제 등이 있다. 소득공제를 받고자 하는 자는 소정의 소득공제신청서를 과세표준신고서와 함께 제출하여야 한다.

소득공제는 공제대상이 되는 이월결손금과 비과세소득이 각 사업연도 소득금액을 초과하지 않을 경우에만 유효하게 법인세를 감소시키는 효과가 있으며, 그렇지 않을 경우에는 이월공제가 인정되지 않기 때문에 소멸된다.

(2) 법인세법상 소득공제

1) 의의

다음의 어느 하나에 해당하는 내국법인이 배당가능이익의 90% 이상을 배당한 경우 그 금액은 해당 배당을 결의한 잉여금 처분의 대상이 되는 사업연도의 소득금액에서 공제한다(법법 51의2).[70)]

① 자산유동화에 관한 법률에 의한 유동화전문회사
② 자본시장과 금융투자업에 관한 법률에 따른 투자회사, 투자목적회사, 투자유한회사, 투자합자회사(기관전용 사모집합투자기구는 제외함) 및 투자유한책임회사
③ 기업구조조정투자회사법에 의한 기업구조조정투자회사
④ 부동산투자회사법에 의한 기업구조조정부동산투자회사 및 위탁관리부동산투자회사
⑤ 선박투자회사법에 의한 선박투자회사
⑥ 임대주택법에 따른 특수목적법인 등으로서 임대사업을 목적으로 일정한 요건을 갖추어 설립된 법인
⑦ 문화산업진흥기본법에 따른 문화산업전문회사
⑧ 해외자원개발사업법에 따른 해외자원개발투자회사

---

70) 배당을 받은 주주 등에 대하여 법인세법 또는 조세특례제한법에 따라 그 배당에 대한 소득세 또는 법인세가 비과세되는 경우에는 이 규정을 적용하지 아니한다. 다만, 배당을 받은 주주 등이 동업기업과세특례를 적용받는 동업기업인 경우로서 그 동업자들에 대하여 배분받은 배당에 해당하는 소득에 대한 소득세 또는 법인세가 전부 과세되는 경우는 제외한다.

2) 배당가능이익

이 경우 "배당가능이익"이라 함은 기업회계기준에 따라 작성한 재무제표상의 법인세비용 차감 후 당기순이익에 이월이익잉여금을 가산하거나 이월결손금을 공제하고, 상법 제458조에 따라 적립한 이익준비금을 차감한 금액을 말한다.

배당소득에 대한 이중과세조정

유동화전문회사 등은 paper company로서 형식만 법인의 형태를 취하고 있을 뿐이므로 투자자(주주)들이 지급 받는 배당에 대해서 법인세 부담이 없도록 하기 위하여 소득공제 규정을 두고 있는 것이다(지급배당공제방식에 의한 배당소득의 이중과세 조정).

3) 이월공제배당금액 개정

배당금액이 해당 사업연도의 소득금액에서 이월결손금을 뺀 금액을 최초로 초과하는 경우에는 그 초과하는 금액을 해당 사업연도의 다음 사업연도 개시일부터 5년 이내에 끝나는 각 사업연도로 이월하여 그 이월된 사업연도의 소득금액에서 공제할 수 있다. 다만, 내국법인이 이월된 사업연도에 배당가능이익의 90% 이상을 배당하지 않는 경우에는 그 이월된 금액을 공제하지 않는다.

최초로 이월된 사업연도 이후 사업연도의 배당금액이 해당 사업연도의 소득금액에서 이월결손금과 해당 사업연도로 이월된 금액을 순서대로 뺀 금액(해당 금액이 0보다 작은 경우에는 0)을 초과하는 경우에는 그 초과하는 금액을 해당 사업연도의 다음 사업연도 개시일부터 5년 이내에 끝나는 각 사업연도로 이월하여 그 이월된 사업연도의 소득금액에서 공제할 수 있다. 다만, 이 경우에도 내국법인이 이월된 사업연도에 배당가능이익의 90% 이상을 배당하지 않는 경우에는 그 이월된 금액을 공제하지 않는다.

한편 이월공제배당금액을 해당 사업연도의 소득금액에서 공제하는 경우에는 다음의 방법에 따라 공제한다.

① 이월공제배당금액을 해당 사업연도의 배당금액보다 먼저 공제할 것
② 이월공제배당금액이 둘 이상인 경우에는 먼저 발생한 이월공제배당금액부터 공제할 것

(3) 프로젝트금융투자회사에 대한 소득공제(조특법 104의31)

법인세법상 소득공제 대상인 투자회사와 유사한 투자회사로서 법정요건을 모두 갖춘 법인이 2025년 12월 31일 이전에 끝나는 사업연도에 대하여 배당가능이익의 90% 이상을 배당한 경우 그 배당금액은 해당 배당을 결의한 잉여금 처분의 대상이 되는 사업연도의 소득금액에서 공제한다. 이 때 초과배당금액에 대한 이월공제 방법은 법인세법상 유동화전문회사 등에 대한 소득공제와 동일하다.

5. 과세표준 계산 특례

(1) 기능통화 도입기업의 과세표준 계산 특례

기업회계기준에 따라 원화 외의 통화를 기능통화로 채택하여 재무제표를 작성하는 내국법인의 과세표준 계산은 다음의 "과세표준계산방법" 중 납세지 관할세무서장에게 신고한 방법에 따른다. 다만, 최초로 '②' 또는 '③'의 과세표준계산방법을 신고하여 적용하기 이전 사업연도의 소득에 대한 과세표준을 계산할 때에는 '①'의 과세표준계산방법을 적용하여야 하며, 같은 연결집단에 속하는 연결법인은 같은 과세표준계산방법을 신고하여 적용하여야 한다.

① 원화 외의 기능통화를 채택하지 아니하였을 경우에 작성하여야 할 재무제표를 기준으로 과세표준을 계산하는 방법

② 기능통화로 표시된 재무제표를 기준으로 과세표준을 계산한 후 이를 원화로 환산하는 방법

③ 재무상태표 항목은 사업연도종료일 현재의 환율, 포괄손익계산서(포괄손익계산서가 없는 경우에는 손익계산서를 말한다) 항목은 해당 거래일 현재의 환율(감가상각비·퇴직급여충당금 등 법령으로 정하는 항목의 경우에는 해당 사업연도 평균환율로 한다)을 적용하여 원화로 환산한 재무제표를 기준으로 과세표준을 계산하는 방법

(2) 해외사업장의 과세표준 계산 특례

내국법인의 해외사업장의 과세표준 계산은 다음의 "과세표준계산방법" 중 납세지 관할세무서장에게 신고한 방법에 따른다. 다만, 최초로 '②' 또는 '③'의 과세표준계산방법을 신고하여 적용하기 이전 사업연도의 소득에 대한 과세표준을 계산할 때에는 '①'의 과세표준계산방법을 적용하여야 한다.

① 해외사업장 재무제표를 원화 외의 기능통화를 채택하지 아니하였을 경우에 작성하여야 할 재무제표로 재작성하여 본점의 재무제표와 합산한 후 합산한 재무제표를 기준으로 과세표준을 계산하는 방법

② 해외사업장의 기능통화로 표시된 해외사업장 재무제표를 기준으로 과세표준을 계산한 후 이를 원화로 환산하여 본점의 과세표준과 합산하는 방법

③ 해외사업장의 재무제표에 대하여 재무상태표 항목은 사업연도종료일 현재의 환율(매매기준율 등)을 적용, 포괄손익계산서 항목은 감가상각비·퇴직급여충당금 등 법령으로 정하는 항목의 경우는 평균환율을 적용하고, 그 외의 항목은 해당

항목의 거래일 현재의 매매기준율등 또는 평균환율 중 납세지 관할세무서장에게 신고한 환율을 각각 적용하여 원화로 환산하고 본점 재무제표와 합산한 후 합산한 재무제표를 기준으로 과세표준을 계산하는 방법

6. 산출세액의 계산

(1) 산출세액의 계산 개정

법인(성실신고확인대상 소규모 내국법인[71]은 제외)의 각 사업연도의 소득에 대한 법인세는 과세표준에 다음의 세율(4단계 초과누진세율)을 적용하여 계산한 금액(이를 "산출세액"이라 한다)을 그 세액으로 한다(법법 55 ①).

과세표준	산출세액
2억원 이하	과세표준 × 9%
2억원 초과 200억원 이하	1천 800만원 + (과세표준 − 2억원) × 19%
200억원 초과 3,000억원 이하	37억 8천만원 + (과세표준 − 200억원) × 21%
3,000억원 초과	625억 8천만원 + (과세표준 − 3,000억원) × 24%

● 성실신고확인대상 소규모 법인에 대한 법인세 세율

과세표준	산출세액
200억원 이하	과세표준 × 19%
200억원 초과 3,000억원 이하	38억원 + (과세표준 − 200억원) × 21%
3,000억원 초과	626억원 + (과세표준 − 3,000억원) × 24%

(2) 사업연도가 1년 미만인 경우

사업연도가 1년 미만인 경우에는 다음의 산식에 의해 산출세액을 계산한다(법법 55 ②, 법칙 45).

71) 성실신고확인대상 소규모 내국법인이란 다음의 요건을 모두 갖춘 내국법인(유동화전문회사 등에 대한 소득공제 및 프로젝트금융투자회사에 대한 소득공제 적용대상 내국법인은 제외)을 말한다.
① 해당 사업연도 종료일 현재 지배주주등 지분율이 50%를 초과할 것
② 해당 사업연도에 부동산 임대업을 주된 사업으로 하거나 부동산·부동산상의 권리의 대여로 인하여 발생하는 수입금액과 이자·배당소득금액의 합계가 기업회계기준에 따라 계산한 매출액의 50% 이상일 것
③ 해당 사업연도의 상시근로자 수가 5명 미만일 것

$$\text{산출세액} = \left[\text{과세표준} \times \frac{12}{\text{사업연도월수}} \times \text{세율}\right] \times \frac{\text{사업연도월수}}{12}$$

이 경우 월수는 태양력에 따라 계산하되 1개월 미만의 일수는 1개월로 한다(법령 92). 이러한 계산방법은 법인세의 세율구조가 초과누진세율 형태이기 때문에 1년 미만의 사업연도의 과세표준은 1년으로 환산하여 세율을 적용하고자 하는 데 그 목적이 있다.

예제 11-2 | 산출세액의 계산

㈜오보컴퓨터(성실신고확인대상 소규모 법인 아님)의 제6기 사업연도의 각 사업연도 소득금액은 ₩200,000,000이며, 공제가능한 이월결손금(제3기 발생분)은 ₩40,000,000이다. 다음 요구사항에 답하시오.

• 요구사항 •

1. 제6기 사업연도가 20×8. 1. 1～12. 31인 경우 법인세 산출세액을 계산하시오.
2. 제6기 사업연도가 20×8. 7. 1～12. 31인 경우 법인세 산출세액을 계산하시오.

해답

1. 사업연도 월수가 12월인 경우
   (1) 과세표준 : ₩200,000,000 − 40,000,000 = ₩160,000,000
   (2) 산출세액 : ₩160,000,000 × 9% = ₩14,400,000
2. 사업연도 월수가 6월인 경우
   (1) 과세표준 : ₩200,000,000 − 40,000,000 = ₩160,000,000
   (2) 산출세액 : [₩160,000,000 × 12/6 × 세율] × 6/12
   = [₩18,000,000 + 120,000,000 × 19%] × 6/12 = ₩20,400,000

(3) 조합법인 등에 대한 당기순이익 과세특례(조특법 72)

조합법인[72]에 대해서는 각 사업연도의 소득에 대하여 2025년 12월 31일 이전에 끝

72) 다음의 어느 하나에 해당하는 법인을 말한다.
① 신용협동조합법에 따라 설립된 신용협동조합 및 새마을금고법에 따라 설립된 새마을금고
② 농업협동조합법에 따라 설립된 조합 및 조합공동사업법인
③ 수산업협동조합법에 따라 설립된 조합(어촌계 및 조합공동사업법인을 포함한다)
④ 중소기업협동조합법에 따라 설립된 협동조합 · 사업협동조합 및 협동조합연합회
⑤ 산림조합법에 따라 설립된 산림조합(산림계를 포함한다) 및 조합공동사업법인
⑥ 엽연초생산협동조합법에 따라 설립된 엽연초생산협동조합
⑦ 소비자생활협동조합법에 따라 설립된 소비자생활협동조합

나는 사업연도까지 당기순이익과세를 한다. 다만, 해당 법인이 당기순이익과세를 포기한 경우에는 그 이후의 사업연도에 대하여 당기순이익과세를 하지 아니한다.

해당 법인의 결산재무제표상 법인세 등을 공제하지 아니한 당기순이익(當期純利益)에 기업업무추진비 · 기부금 · 지급이자 등 법령에서 정하는 손금불산입액(해당 법인의 수익사업과 관련된 것만 해당한다)을 합한 금액에 9%(해당금액이 20억원을 초과하는 경우 그 초과분에 대해서는 12%)의 세율을 적용하여 과세한다.

(결산재무제표상 당기순이익 + 법령에서 정하는 손금불산입액) × 9%(20억원 초과분 12%)

제 2 절 | 세액감면과 세액공제

1. 차감납부할 세액의 계산구조

	산 출 세 액	
(−)	공 제 감 면 세 액	… 세액공제 · 세액감면
(+)	가 산 세	… 의무불이행에 대한 제재로서 부과하는 가산세액
(+)	감 면 분 추 가 납 부 세 액	
	총 부 담 세 액	
(−)	기 납 부 세 액	… 중간예납세액 · 수시부과세액 · 원천납부세액
	차 감 납 부 할 세 액	

2. 세액감면

(1) 세액감면의 의의

세액의 감면은 세액의 면제와 감면으로 구분된다. 세액의 면제는 특정소득에 대한 법인세를 완전히 면제하는 것을 말하며, 세액의 감면은 특정소득에 대한 법인세를 일부 경감해 주는 것을 말한다. 이 경우 감면(면제)세액은 다음의 산식에 의하여 계산한다.

$$\text{면제(감면)세액} = \text{산출세액}^{*1} \times \frac{\text{면제(감면)소득}^{*2}}{\text{과세표준}} \times \text{감면비율}$$

*1 토지등 양도소득에 대한 법인세액과 미환류소득에 대한 법인세액을 제외한다.
*2 이월결손금 · 비과세소득 · 소득공제를 차감한 금액
㉠ 면제사업에서 발생한 것이 분명한 경우 : 면제소득에서 차감
㉡ 불분명한 경우 : 소득금액에 비례하여 안분계산한 금액을 공제

한편 세액감면을 적용받는 감면대상사업과 그밖의 사업을 겸영하는 경우에는 감면대상사업(감면비율이 2개 이상인 경우 각각의 사업을 말함)과 그밖의 사업을 구분하여 경리하여야 한다(조특법 143 ①).

⑵ 조세특례제한법상 세액감면

1) 창업중소기업 등에 대한 세액감면(조특법 6) 개정

구 분	기본감면		추가감면[*4]
	수도권과밀억제권역 내 창업	수도권과밀억제권역 외 창업	
창업중소기업[*3]	감면 없음	최초발생소득연도[*1] +4년간 50% 감면	법인세 ×상시근로자 증가율 ×100%
청년 · 생계형창업[*2 *3]	최초발생소득연도[*1] +4년간 50% 감면	최초발생소득연도[*1] +4년간 100% 감면	
창업보육센터, 창업벤처중소기업, 에너지신기술중소기업	최초발생소득연도[*1] +4년간 50% 감면		
감면한도	연간 5억원		

*1 사업 개시일, 벤처기업으로 확인받은 날, 에너지신기술중소기업에 해당하는 날부터 5년이 되는 날이 속하는 과세연도까지 해당 사업에서 소득이 발생하지 아니하는 경우에는 5년이 되는 날이 속하는 과세연도
*2 생계형 창업이란 감면기간에 속하는 과세연도의 수입금액(과세기간이 1년 미만인 과세연도의 수입금액은 1년으로 환산한 총수입금액을 말한다)이 8천만원 이하인 경우를 말한다.
*3 2026년 1월 1일 이후에 창업한 경우

구분	수도권과밀억제권역 내 창업	수도권과밀억제권역 외 창업		
		수도권 내		수도권 외
		인구감소지역 외	인구감소지역	
창업중소기업	감면 없음	최초발생소득연도 +4년간 25% 감면	최초발생소득연도 +4년간 50% 감면	최초발생소득연도 +4년간 50% 감면
청년 · 생계형창업	최초발생소득연도 +4년간 50% 감면	최초발생소득연도 +4년간 75% 감면	최초발생소득연도 +4년간 100% 감면	최초발생소득연도 +4년간 100% 감면

*4 업종별최소고용인원 이상을 고용하는 창업중소기업, 창업보육센터사업자, 창업벤처중소기업 및 에너지신기술중소기업의 감면기간 중 해당 과세연도의 상시근로자 수가 직전 과세연도의 상시근로자 수(직전 과세연도의 상시근로자 수가 업종별최소고용인원에 미달하는 경우에는 업종별최소고용인원)보다 큰 경우에는 해당 사업에서 발생한 소득에 대한 법인세에 상시근로자 증가율(50% 감면율이 적용되는 과세연도의 경우에는 50%, 75% 감면율이 적용되는 과세연도의 경우에는 25%를 한도로 함)을 곱하여 산출한 금액을 감면세액에 더하여 감면한다. 다만, 100% 감면율이 적용되는 과세연도에는 추가감면을 적용하지 아니한다.

2) 중소기업에 대한 특별세액감면(조특법 7)

구 분	수도권*1		수도권 외의 지역	
	소기업*2	중기업	소기업	중기업
일반업종*3	20% 감면	–*5	30% 감면	15% 감면
현금수입업종*4	10% 감면	–	10% 감면	5% 감면
감면한도	• 원칙 : 1억원 • 상시근로자 수가 직전 과세기간 대비 감소한 경우 : 1억원 – 500만원 × 감소한 상시근로자 수			

*1 내국법인의 본점 또는 주사무소가 수도권에 있는 경우에는 모든 사업장이 수도권에 있는 것으로 보고 감면 비율을 적용한다.

*2 소기업의 범위 : 중소기업 중 매출액이 업종별로 중소기업기본법 시행령 별표3(주된 업종별 평균매출액등의 소기업 규모 기준)을 준용하여 산정한 규모 기준 이내인 기업을 말한다.

*3 통관 대리 및 관련 서비스업의 경우 감면비율의 50%를 적용함.

*4 현금수입업종 : 도매 및 소매업, 의료업

*5 수도권에서 출판업을 영위하는 중기업은 10% 감면 개정

중소기업의 범위(조특령 2) 개정

"중소기업"이란 다음의 요건을 모두 갖춘 기업을 말한다. 다만, 자산총액이 5천억원 이상인 경우에는 중소기업으로 보지 아니한다. 이 규정을 적용함에 있어서 중소기업이 그 규모의 확대 등으로 자산총액이 5천억원 이상에 해당되거나 다음의 요건을 갖추지 못하게 되어 중소기업에 해당하지 아니하게 된 때에는 최초로 그 사유가 발생한 날이 속하는 과세연도와 그 다음 5개 과세연도(최초로 그 사유가 발생한 날이 속하는 과세연도의 종료일부터 5년이 되는 날이 속하는 과세연도의 종료일 현재 해당 기업이 유가증권시장 또는 코스닥시장에 상장되어 있는 경우에는 7개 과세연도)까지는 이를 중소기업으로 보고, 해당 기간(유예기간)이 경과한 후에는 과세연도별로 중소기업 해당여부를 판정한다.

① 매출액이 업종별로 중소기업기본법 시행령 별표 1에 따른 중소기업기준 이내일 것

② 독점규제 및 공정거래에 관한 법률 제31조 제1항에 따른 공시대상기업집단에 속하는 회사 또는 같은 법 제33조에 따라 공시대상기업집단의 국내 계열회사로 편입·통지된 것으로 보는 회사에 해당하지 않으며, 실질적인 독립성이 중소기업기본법 시행령 제3조 제1항 제2호에 적합할 것

③ 부동산임대업 또는 소비성서비스업(호텔업 및 여관업, 일반유흥주점업, 무도유흥주점업 및 단란주점업 등)을 주된 사업으로 영위하지 아니할 것

④ 성실신고확인대상 소규모 법인이 아닐 것

3) 기타 사업단위별 감면(기간감면) 개정

구 분	감면대상	감면소득	감면기간 및 감면율
연구개발특구에 입주하는 첨단기술 기업 등에 대한 세액감면 (조특법 12의2)	연구개발특구에 입주한 첨단기술기업 또는 연구소기업(2025.12.31.까지 지정받거나 등록한 기업)이 해당 구역의 감면대상사업장에서 생물산업·정보통신산업 등 감면대상사업을 하는 경우	감면대상사업에서 발생한 소득	최초소득발생연도*1 + 2년간 : 100% 다음 2년간 : 50%
수도권 밖으로 공장을 이전하는 기업에 대한 세액감면 (조특법 63)	법정요건을 모두 갖춘 공장이전기업이 공장을 이전하여 2025.12.31.까지 사업을 개시하는 경우	이전 후의 공장에서 발생하는 소득	소득발생연도부터 5/7/10년(이전지역에 따라 차등) : 100% +다음 2년간 50%
수도권 밖으로 본사를 이전하는 법인에 대한 세액감면 (조특법 63의2)	법정요건을 모두 갖추어 본사를 수도권 밖으로 이전하여 2025.12.31.까지 사업을 개시하는 경우(부동산업, 건설업, 소비성서비스업, 무점포판매업 및 해운중개업을 경영하는 법인인 경우는 제외)	이전한 본사에서 발생한 일정한 소득	최초소득발생연도*1 +6년간 : 100% 다음 3년간 : 50%
농공단지입주기업에 대한 세액감면 (조특법 64)	㉠ 2025. 12. 31.까지 법령이 정하는 농공단지에 입주하여 농어촌소득원개발사업을 영위하는 내국인 ㉡ 2025. 12. 31.까지 지방중소기업 특별지원지역에 입주하여 사업을 하는 중소기업	해당 사업에서 발생한 소득	최초소득발생연도*1 +4년간 : 50%
사회적기업 및 장애인표준사업장에 대한 법인세 등의 감면 (조특법 85의6)	㉠ 2025.12.31.까지 사회적기업으로 인증받은 내국인 ㉡ 2025.12.31.까지 장애인 표준사업장으로 인정받은 내국인	해당 사업에서 발생한 소득	최초소득발생연도*1 +2년간 : 100% 다음 2년간 : 50%
위기지역 창업기업에 대한 법인세 등의 감면 (조특법 99의9)	위기지역에 2025.12.31.까지 감면대상사업으로 창업하거나 사업장을 신설(기존 사업장을 이전하는 경우는 제외, 위기지역으로 지정 또는 선포된 기간에 창업하거나 사업장을 신설하는 경우로 한정)하는 기업	감면대상사업에서 발생한 소득	최초소득발생연도*1 +4년간 : 100% 다음 2년간 : 50%

구 분	감면대상	감면소득	감면기간 및 감면율
해외진출기업의 국내복귀에 대한 세액감면 (조특법 104의24)	대한민국 국민(재외동포 포함) 또는 내국법인(외국인투자기업 포함)이 다음에 해당하는 경우로서 2027. 12.31.까지 국내(수도권과밀억제권역은 제외)에서 창업하거나 사업장을 신설 또는 증설하는 경우 ㉠ 국외에서 2년 이상 계속하여 경영하던 사업장을 국내로 이전하는 경우 ㉡ 국외에서 2년 이상 계속하여 경영하던 사업장을 부분 축소 또는 유지하면서 국내로 복귀하는 경우	이전(복귀) 후의 사업장에서 발생하는 소득	최초소득발생연도 +6년간 : 100% 다음 3년간 : 50%
외국인투자에 대한 법인세 등의 감면 (조특법 121의2)	2018.12.31.까지 조세감면신청을 한 신성장동력산업기술을 수반하는 사업을 하거나 외국인투자지역에 입주한 외국인투자기업	감면대상세액*3	최초소득발생연도*1 +4년간 : 100% 다음 2년간 : 50%
	2018.12.31.까지 조세감면신청을 한 경제자유구역, 기업도시개발구역 등에 입주하는 외국인투자기업		최초소득발생연도*1 + 2년간 : 100% 다음 2년간 : 50%
기업도시개발구역 등의 창업기업 등에 대한 법인세 등의 감면 (조특법 121의17)	㉠ 기업도시개발구역에 2025.12.31 까지 창업하거나 사업장을 신설(기존 사업장을 이전하는 경우는 제외)하는 기업이 그 구역의 사업장에서 하는 사업 ㉡ 지역개발사업구역 또는 지역활성화지역에서 2025.12.31까지 창업하거나 사업장을 신설(기존 사업장을 이전하는 경우는 제외) 하는 기업이 그 구역 또는 지역 안 사업장에서 하는 사업	해당 사업에서 발생한 소득	최초소득발생연도*1 + 2년간 : 100% 다음 2년간 : 50%
	㉢ 기업도시개발사업 시행자가 하는 기업도시개발사업 ㉣ 지역개발 사업구역 또는 지역활성화 지역에서 지역개발사업 시행자가 하는 지역개발사업	해당 사업에서 발생한 소득	최초소득발생연도*1 + 2년간 : 50% 그 다음 2년간 : 25%

*1 지정일 · 등록일 · 사업전환일(또는 벤처기업으로 확인을 받은 날) · 이전일 · 복귀일 · 인증받은 날부터 5년이 되는 날이 속하는 과세연도까지 해당 사업에서 소득이 발생하지 아니하는 경우에는 5년이 되는 날이 속하는 과세연도

*2 업종별 최소고용인원 이상을 고용한 경우 창업 2년차부터 전년대비 고용증가율의 50%를 추가로 감면한다.

*3 $\text{감면대상세액} = \text{총산출세액} \times \frac{\text{감면대상사업에서 발생한 소득}}{\text{과세표준}} \times \text{외국인투자비율}$

4) 특정소득에 대한 감면 개정

구 분	감면대상	감면율
기술이전소득에 대한 과세특례 (조특법 12 ①, ③)	① 중소기업 및 중견기업이 자체연구·개발한 특허권, 실용신안권, 기술비법 또는 기술을 2026.12.31.까지 내국인에게 이전(특수관계인에게 이전한 경우는 제외)함으로써 발생하는 소득	50%
	② 중소기업 및 중견기업이 최초로 설정등록 받은 특허권과 기술비법을 2026.12.31.까지 대여(특수관계인에게 대여한 경우는 제외)함으로써 발생하는 소득	25%
공공차관도입에 따른 과세특례 (조특법 20)	① 공공차관의 도입과 직접 관련하여 대주가 부담하여야 할 조세 ② 공공차관의 도입과 관련하여 외국인에게 지급되는 기술 또는 용역의 대가	공공차관협약이 정하는 바에 따름
국제금융거래에 따른 이자소득 등에 대한 면제 (조특법 21)	㉠ 국가·지방자치단체 또는 내국법인이 국외에서 발행하는 외화표시채권의 이자 및 수수료 ㉡ 외국환거래법에 따른 외국환업무취급기관이 같은 법에 따른 외국환업무를 하기 위하여 외국금융기관으로부터 차입하여 외화로 상환하여야 할 외화채무에 대하여 지급하는 이자 및 수수료 ㉢ 금융회사등이 외국환거래법에서 정하는 바에 따라 국외에서 발행하거나 매각하는 외화표시어음과 외화예금증서의 이자 및 수수료	전액(100%)
소형주택 임대사업자에 대한 세액감면 (조특법 96)	임대사업자등록을 하였거나 공공주택사업자로 지정된 내국인이 임대주택을 1호 이상 임대하는 경우로서 2025년 12월 31일 이전에 끝나는 과세연도까지 해당 임대사업에서 발생한 소득	• 1호 임대 : 30%(장기일반민간임대주택등 : 75%) • 2호 이상 임대 : 20%(장기일반민간임대주택등 : 50%)

3. 법인세법상 세액공제

구 분	세액공제 종류	이월공제
법인세법	① 외국납부세액공제	10년간 이월공제
	② 재해손실세액공제	없음
	③ 사실과 다른 회계처리로 인한 경정에 따른 세액공제	이월공제
조세특례제한법	① 연구·인력개발비에 대한 세액공제	10년간 이월공제
	② 투자세액공제	10년간 이월공제
	③ 기타의 세액공제	10년간 이월공제

(1) 외국납부세액공제

1) 의 의

내국법인의 각 사업연도의 소득에 대한 과세표준에 국외원천소득이 포함되어 있는 경우로서 그 국외원천소득에 대하여 외국정부(지방자치단체를 포함함)에 외국법인세액[73]을 납부하였거나 납부할 것(가산세는 제외함)이 있는 경우에는 해당 외국법인세액을 해당 사업연도의 산출세액에 공제할 수 있다. 이 경우 내국법인의 각 사업연도의 소득에 대한 과세표준에 간접투자회사등으로부터 지급받은 소득이 있는 경우로서 그 소득에 대하여 해당 간접투자회사등이 납부한 외국법인세액이 있는 경우에는 이를 내국법인이 납부한 외국법인세액으로 보아 공제할 수 있다(법법 57 ①).

2) 공제액의 계산

외국납부세액공제액은 다음과 같이 계산한다.

외국납부세액공제액 = Min[①, ②]

① 외국법인세액 : 직접외국납부세액 + 간접외국납부세액 + 의제외국납부세액

② 공제한도금액 : 법인세 산출세액* × $\dfrac{\text{국외원천소득 중 과세표준 산입분}}{\text{해당 사업연도의 소득에 대한 과세표준}}$

* 토지 등 양도소득에 대한 법인세액 및 투자·상생협력 촉진을 위한 과세특례를 적용하여 계산한 법인세액을 제외한다.

3) 외국납부세액의 구분

① 직접외국납부세액 : 법인이 외국에서 직접 납부한 법인세액과 그 부가세액 (예 해외지점의 소득에 대해 납부한 외국법인세액)

② 간접외국납부세액 : 내국법인의 각 사업연도 소득금액에 외국자회사로부터 받은 수입배당금이 포함되어 있는 경우 그 외국자회사의 소득에 대하여 부과된 외국법인세액 중 해당 수입배당금에 대응하는 것[74]

---

73) "외국법인세액"이란 외국정부(지방자치단체를 포함)에 납부하였거나 납부할 법인의 소득을 과세표준으로 하여 과세된 세액등을 말한다. 다만, 「국제조세조정에 관한 법률」 제12조 제1항에 따라 내국법인의 소득이 감액조정된 금액 중 국외특수관계인에게 반환되지 않고 내국법인에게 유보되는 금액에 대하여 외국정부가 과세한 금액과 해당 세액이 조세조약에 따른 비과세·면제·제한세율에 관한 규정에 따라 계산한 세액을 초과하는 경우에는 그 초과하는 세액은 제외하되 러시아 정부가 비우호국과의 조세조약의 이행중단을 내용으로 하는 자국법령에 근거하여 조세조약에 따른 비과세·면제·제한세율에 관한 규정에 따라 계산한 세액을 초과하여 과세한 세액은 포함한다.

74) 외국자회사 수입배당금액에 대하여 익금불산입 규정이 적용되는 경우에는 간접외국납부세액공제를 적용하지 아니한다(중복적용 배제).

$$\text{간접외국납부세액} = \text{외국자회사의 해당 사업연도 법인세액} \times \frac{\text{수입배당금액}}{\text{외국자회사의 해당 사업연도 소득금액} - \text{외국자회사의 해당 사업연도 법인세액}}$$

이 경우 '외국자회사'란 내국법인이 직접 외국자회사의 의결권 있는 발행주식총수 또는 출자총액의 10%(해외자원 개발사업을 영위하는 외국법인의 경우에는 5%) 이상을 해당 외국자회사의 배당기준일 현재 6개월 이상 계속하여 보유하고 있는 외국법인을 말한다.

③ 의제외국납부세액 : 국외원천소득이 있는 내국법인이 조세조약의 상대국에서 해당 국외원천소득에 대하여 법인세를 감면받은 세액 상당액은 그 조세조약으로 정하는 범위에서 세액공제의 대상이 되는 외국법인세액으로 본다.

4) 국외원천소득 중 과세표준 산입분

국외원천소득 중 과세표준 산입분
= (국외원천소득*1 - 국외원천소득 대응비용*2) - 국외원천소득 관련 이월결손금 등*3

*1 국외원천소득은 국외에서 발생한 소득으로서 내국법인의 각 사업연도 소득의 과세표준 계산에 관한 규정을 준용해 산출한 금액으로 한다. 조세특례제한법이나 그 밖의 법률에 따라 세액감면 또는 면제를 적용받는 경우에는 세액감면 또는 면제 대상 국외원천소득에 세액감면 또는 면제비율을 곱한 금액은 제외한다.

*2 국외원천소득은 해당 사업연도의 과세표준을 계산할 때 손금에 산입된 금액(국외원천소득이 발생한 국가에서 과세할 때 손금에 산입된 금액은 제외)으로서 국외원천소득에 대응하는 다음의 비용(국외원천소득 대응비용)을 뺀 금액으로 한다. 공제한도금액을 초과하는 외국법인세액 중 국외원천소득 대응비용과 관련된 외국법인세액에 대해서는 이월공제 규정을 적용하지 않으며, 공제받지 못한 사업연도의 다음 사업연도의 소득금액을 계산할 때 손금에 산입할 수 있다.

① 직접비용 : 해당 국외원천소득에 직접적으로 관련되어 대응되는 비용(해당 국외원천소득과 그 밖의 소득에 공통적으로 관련된 비용은 제외)

② 배분비용 : 해당 국외원천소득과 그 밖의 소득에 공통적으로 관련된 비용 중 기획재정부령으로 정하는 방법에 따라 계산한 국외원천소득 관련 비용

*3 국외원천소득을 계산할 때 각 사업연도의 과세표준계산 시 공제한 이월결손금 · 비과세소득 또는 소득공제액이 있는 경우 이월결손금 등이 국외원천소득에서 발생한 경우에는 전액을 차감하며, 이월결손금 등이 국외원천소득에서 발생한 것인지가 불분명한 경우에는 소득금액에 비례하여 안분계산한 금액을 차감한다.

5) 이월공제

외국법인세액이 해당 사업연도의 공제한도금액을 초과하는 경우 그 초과금액은 해당 사업연도의 다음 사업연도 개시일부터 10년 이내에 끝나는 각 사업연도(이월공제

기간)에 이월하여 그 이월된 사업연도의 공제한도금액 내에서 공제받을 수 있다. 다만, 외국정부에 납부하였거나 납부할 외국법인세액을 이월공제기간 내에 공제받지 못한 경우 그 공제받지 못한 외국법인세액은 이월공제기간의 종료일 다음 날이 속하는 사업연도의 소득금액을 계산할 때 손금에 산입할 수 있다(법법 57 ②).

● 외국납부세액 이월공제기간 연장

외국납부세액공제 손금한도초과액의 이월공제기간을 5년에서 10년으로 연장함. 한편, 이월공제기간 종료 시까지 공제되지 아니한 이월액은 공제기한 다음 사업연도에 손금산입을 허용함(2021년부터 시행).

6) 공제한도의 계산방법(국별한도방식)

공제한도금액 계산할 때 국외사업장이 2 이상의 국가에 있는 경우에는 국가별로 구분하여 이를 계산한다(법령 94 ⑦). 이 경우 어느 국가의 소득금액이 결손인 경우의 기준국외원천소득금액계산은 각 국별 소득금액에서 그 결손금액을 총소득금액에 대한 국가별 소득금액 비율로 안분계산하여 차감한 금액으로 한다(법기통 57－94…1).

7) 공제신청

외국납부세액공제를 받고자 하는 법인은 법인세 과세표준신고와 함께 외국납부세액공제세액 계산서를 납세지 관할세무서장에게 제출하여야 한다(법령 94 ③).

8) 공제의 배제

법인세의 과세표준과 세액을 추계하는 경우에는 외국납부세액공제 또는 외국납부세액의 손금산입규정은 이를 적용하지 아니한다. 다만, 천재지변 등으로 장부 그밖의 증명서류가 멸실되어 추계하는 경우에는 그러하지 아니하다.

예제 11－3 | 외국납부세액공제(1) 

베트남에 지사를 두고 있는 내국법인 ㈜글로벌(성실신고확인대상 소규모 법인 아님)의 제10기 사업연도(20×9년 1월 1일~20×9년 12월 31일) 자료이다. 이 자료를 이용하여 외국납부세액공제액을 계산하시오.

(1) 국외원천 소득금액은 ₩105,000,000이며, 외국납부 법인세액은 ₩10,000,000이다.
(2) 국내원천 소득금액은 ₩295,000,000이며, 외국납부 법인세액이 손금불산입된 금액이다.
(3) 국외원천소득에 대응하는 직・간접비용 ₩5,000,000은 국내원천 소득금액을 계산할 때 손금에 산입되었다.
(4) 해당 사업연도에 공제가능한 이월결손금, 비과세소득 및 소득공제는 없다.

해답

(1) 과세표준 계산

₩105,000,000(국외) + 295,000,000(국내) = ₩400,000,000

(2) 산출세액 계산

₩18,000,000 + (400,000,000 − 200,000,000) × 19% = ₩56,000,000

(3) 외국납부세액 공제액 : Min[①, ②] = ₩10,000,000

① 외국법인세액 : ₩10,000,000

② 공제한도금액 : ₩56,000,000 × $\frac{105,000,000 - 5,000,000}{400,000,000}$ = ₩14,000,000

예제 11-4 | 외국납부세액공제(2)

내국법인 ㈜승리(성실신고확인대상 소규모 법인 아님)의 제15기 사업연도(20×1년 1월 1일~20×1년 12월 31일) 법인세 신고와 관련된 자료이다. 이 자료를 이용하여 외국납부세액 공제액을 계산하시오.

(1) 국내원천 소득금액은 ₩300,000,000이다.

(2) 국외원천 소득금액 및 외국납부 법인세 현황은 다음과 같다.

구 분	A국	B국	C국
소득금액	₩50,000,000	₩40,000,000	₩10,000,000
외국납부세액	6,500,000	3,000,000	2,000,000

① 외국납부세액은 소득금액을 계산할 때 손금불산입되었다.

② 제13기 사업연도에 한도초과로 공제되지 못한 B국의 외국납부세액은 ₩500,000이다.

③ 제11기 사업연도에 발생한 이월결손금 ₩50,000,000원이 있으며, 이월결손금이 발생한 국가는 불분명하다.

해답

(1) 과세표준 계산

(단위 : 원)

구 분	국 내	해 외			합 계
		A국	B국	C국	
국별 소득금액	300,000,000	50,000,000	40,000,000	10,000,000	400,000,000
배분비율*	75%	12.5%	10%	2.5%	100%
이월결손금 배분	(37,500,000)	(6,250,000)	(5,000,000)	(1,250,000)	(50,000,000)
배분후 과세표준	262,500,000	43,750,000	35,000,000	8,750,000	350,000,000

* 발생국이 불분명한 이월결손금은 국내를 포함하여 소득금액의 비율로 배분한다.

(2) 산출세액 계산

₩18,000,000 + (₩350,000,000 − ₩200,000,000) × 19% = ₩46,500,000

(3) 외국납부세액공제

(단위 : 원)

구 분	A국	B국	C국	합 계
외국납부세액	6,500,000	3,500,000*1	2,000,000	12,000,000
한도액	5,812,500*2	4,650,000*3	1,162,500*4	
공제액	5,812,500	3,500,000	1,162,500	10,475,000

*1 이월된 외국납부세액 한도초과액 ₩500,000 포함

*2 $₩46,500,000 \times \frac{₩43,750,000}{₩350,000,000} = ₩5,812,500$

*3 $₩46,500,000 \times \frac{₩35,000,000}{₩350,000,000} = ₩4,650,000$

*4 $₩46,500,000 \times \frac{₩8,750,000}{₩350,000,000} = ₩1,162,500$

예제 11-5 | 간접외국납부세액의 공제

다음 자료를 이용하여 ㈜정신의 제4기(20×4. 1. 1~12. 31) 간접외국납부세액을 계산하시오.

(1) 해당 법인의 외국법인 주식에 대한 투자내역

구 분	출자비율	수입배당금액	외국법인의 소득금액	외국법인의 법인세액
외국법인A	40%	₩16,000,000	₩240,000,000	₩80,000,000
외국법인B	8%	10,500,000	100,000,000	30,000,000
외국법인C	30%	40,000,000	320,000,000	120,000,000
외국법인D	7%	30,000,000	250,000,000	100,000,000

(2) 위 주식들은 모두 배당확정일 현재 6월 이상 계속 보유하고 있는 주식이다.

(3) 외국법인A · B는 해당 투자국과의 조세조약에 간접외국납부세액공제제도를 채택하고 있다.

(4) 외국법인C · D는 조세조약을 체결하지 아니한 국가에 소재하고 있으며, 외국법인D는 해외자원개발사업을 영위하는 법인이다.

(5) 위 수입배당금액은 외국자회사 수입배당금액의 익금불산입 적용대상에 해당하지 않는다.

해답

(1) 간접외국납부세액

① 외국법인A : $₩80,000,000 \times \frac{16,000,000}{240,000,000 - 80,000,000} = ₩8,000,000$

② 외국법인C : $₩120,000,000 \times \frac{40,000,000}{320,000,000 - 120,000,000} = ₩24,000,000$

③ 외국법인D : $₩100,000,000 \times \frac{30,000,000}{250,000,000 - 100,000,000} = ₩20,000,000$

④ 계 : ₩8,000,000 + 24,000,000 + 20,000,000 = ₩52,000,000

(2) 외국법인B는 출자비율이 10% 미만이므로 간접외국납부세액공제대상에서 제외된다.

(2) 재해손실세액공제

내국법인이 각 사업연도 중 천재지변, 그 밖의 재해로 인하여 자산총액의 20% 이상을 상실하여 납세가 곤란하다고 인정되는 경우에는 다음에 해당하는 법인세액에 자산상실비율을 곱하여 계산한 금액(상실된 자산의 가액을 한도로 함)을 그 세액에서 공제한다(법법 58 ①).

① 재해발생일 현재 부과되지 아니한 법인세와 부과된 법인세로서 미납된 법인세

② 재해발생일이 속하는 사업연도의 소득에 대한 법인세

1) 자산상실비율의 계산

$$\text{자산상실비율} = \frac{\text{재해로 인하여 상실된 자산의 가액}}{\text{상실 전의 자산총액}}$$

여기서 "자산총액"이라 함은 사업용자산(토지를 제외함)과 타인 소유의 자산으로서 그 상실로 인한 변상책임이 해당 법인에게 있는 것의 합계액을 말한다(법령 95 ①). 이 경우 자산상실비율은 재해발생일 현재 그 법인의 장부가액에 의하여 계산하되, 장부가 소실 또는 분실되어 장부가액을 알 수 없는 경우에는 납세지 관할세무서장이 조사하여 확인한 재해발생일 현재의 가액에 의하여 이를 계산한다(법령 95 ②).

2) 공제신청

재해손실세액공제를 받으려는 법인은 다음의 기한까지 재해손실세액공제신청서를 납세지 관할세무서장에게 제출해야 한다(법령 95 ⑤).

① 재해발생일 현재 과세표준신고기한이 지나지 않은 법인세의 경우에는 그 신고기한. 다만, 재해발생일부터 신고기한까지의 기간이 3개월 미만인 경우에는 재해발생일부터 3개월로 한다.

② 재해발생일 현재 미납된 법인세와 납부해야 할 법인세의 경우에는 재해발생일부터 3개월

(3) 사실과 다른 회계처리로 인한 경정에 따른 세액공제

구 분	내 용
① 의 의	내국법인이 다음 요건을 충족하는 사실과 다른 회계처리를 하여 과세표준 및 세액을 과다하게 계상함으로써 국세기본법에 따라 경정을 청구하여 경정을 받은 경우 ㉠ 사업보고서 및 감사보고서를 제출할 때 수익 또는 자산을 과다 계상하거나 손비 또는 부채를 과소 계상할 것 ㉡ 내국법인, 감사인 또는 그에 소속된 공인회계사가 경고·주의 등의 조치를 받을 것
② 공 제	과다 납부한 세액을 환급하지 아니하고 그 경정일이 속하는 사업연도부터 각 사업연도의 법인세액에서 과다 납부한 세액을 공제(과다 납부한 세액의 20%를 한도)하고, 공제 후 남아 있는 과다 납부한 세액은 이후 사업연도에 이월하여 공제
③ 수정신고분 우선공제	내국법인이 해당 사실과 다른 회계처리와 관련하여 그 경정일이 속하는 사업연도 이전의 사업연도에 수정신고를 하여 납부할 세액이 있는 경우에는 그 납부할 세액에서 사실과 다른 회계처리로 인해 과다납부한 세액을 과다 납부한 세액의 20%를 한도로 먼저 공제하여야 한다.
④ 공제세액 계산	동일한 사업연도에 사실과 다른 회계처리에 기인한 경정청구의 사유 외에 다른 경정청구의 사유가 있는 경우에는 다음 산식에 의하여 계산한 금액을 그 공제세액으로 한다. $\text{과다납부한 세액} \times \dfrac{\text{사실과 다른 회계처리로 인하여 과다계상한 과세표준}}{\text{과다계상한 과세표준의 합계액}}$
⑤ 해 산	㉠ 합병·분할에 따라 해산 : 합병법인·분할신설법인(분할합병의 상대방 법인 포함)이 남아 있는 과다 납부한 세액을 승계하여 세액공제 ㉡ 그 밖에 방법으로 해산 : 남아 있는 과다 납부한 세액에서 청산소득에 대한 법인세 납부세액을 빼고 남은 금액을 즉시 환급

4. 조세특례제한법상 세액공제

(1) 연구·인력개발비에 대한 세액공제(조특법 10 ①) 개정

구 분	내 용
적용대상	내국인의 연구·인력개발비가 있는 경우에는 연구·인력개발비 세액공제액을 해당 과세연도의 법인세에서 공제한다. 국가전략기술 연구개발비 및 신성장·원천기술 연구개발비를 동시에 적용받을 수 있는 경우에는 납세의무자의 선택에 따라 그 중 하나만을 적용한다.
국가전략기술 연구개발비 개정	국가전략기술을 얻기 위한 연구개발비 당기 발생액(2029.12.31.(반도체 분야는 2031.12.31)까지 발생분에 한함)×공제율

구 분	내 용
국가전략기술 연구개발비 개정	공제율은 다음과 같다. ① 중소기업 : 40% + $\text{Min}\left[\frac{\text{당기발생액}}{\text{당기 수입금액}}\times 3,\ 10\%\right]$ ② 그 밖의 경우 : 30%(최초로 중소기업에 해당하지 아니하게 된 과세연도의 개시일부터 3년 이내에 끝나는 과세연도까지 35%) $+\text{Min}\left[\frac{\text{당기발생액}}{\text{당기 수입금액}}\times 3,\ 10\%\right]$
신성장 · 원천기술 연구개발비 개정	신성장 · 원천기술을 얻기 위한 연구개발비 당기 발생액(2027.12.31.까지 발생분에 한함)×공제율
	① 중소기업 : 30% + $\text{Min}\left[\frac{\text{당기발생액}}{\text{당기 수입금액}}\times 3,\ 10\%\right]$ ② 그 밖의 경우 : 20%(최초로 중소기업에 해당하지 아니하게 된 과세연도의 개시일부터 3년 이내에 끝나는 과세연도까지 25%) $+\text{Min}\left[\frac{\text{당기발생액}}{\text{당기 수입금액}}\times 3,\ 10\%\right]$
일반 연구 · 인력개발비 개정	Max[증가분 방식, 당기분 방식]* ① 증가분 방식 : (당기 발생액 − 전기 발생액)×25%(중견기업 40%, 중소기업 50%) ② 당기분 방식 : 당기 발생액×공제율
	당기분 방식 공제율은 다음과 같다. ㉠ 중소기업 : 25% ㉡ 최초로 중소기업에 해당하지 않게 된 과세연도의 개시일부터 3년 이내에 끝나는 과세연도까지 20%, 그 다음 2년간 15% ㉢ '㉡'에 해당하지 않는 중견기업 : 8% ㉣ 그 밖의 경우 : $\text{Min}\left[\frac{\text{당기발생액}}{\text{당기 수입금액}}\times\frac{1}{2},\ 2\%\right]$

* 해당 과세연도의 개시일부터 소급하여 4년간 일반연구 · 인력개발비가 발생하지 아니하거나 직전 과세연도에 발생한 일반연구 · 인력개발비가 해당 과세연도의 개시일부터 소급하여 4년간 발생한 일반연구 · 인력개발비의 연평균 발생액보다 적은 경우에는 당기분 방식만을 적용한다. 여기에서 4년간의 일반연구 · 인력개발비의 연평균 발생액은 다음 계산식에 따라 계산한 금액으로 한다(조특령 9 ③).

$$\frac{\text{해당 과세연도 개시일부터 소급하여 4년간 발생한 일반연구·인력개발비의 합계액}}{\text{해당 과세연도 개시일부터 소급하여 4년간 일반연구·인력개발비가 발생한 과세연도의 수 (그 수가 4 이상인 경우 4로 한다)}}\times\frac{\text{해당 과세연도의 개월 수}}{12}$$

(2) 투자세액공제

1) 통합투자세액공제 개정

내국법인(소비성 서비스업, 부동산 임대 및 공급업 제외)이 사업용 자산에 투자(중고품 및 임대용 자산(임대사업자의 임대용 자산 포함), 금융리스 외의 리스에 의한 투자는 제외)하는 경우에는 해당 투자가 이루어지는 과세연도의 법인세에서 공제한다(조특법 24). ② 이 경우 투자가 2개 이상의 과세연도에 걸쳐서 이루어지는 경우에는 그 투자가 이루어지는 과세연도마다 해당 과세연도에 투자한 금액에 대하여 각각 세액공제를 적용한다.

① 공제대상 자산

㉠ 기계장치 등 사업용 유형자산. 다만, 토지, 건물 및 차량은 제외한다.

㉡ '㉠'에 해당하지 아니하는 유형자산과 무형자산으로서 연구·시험, 직업훈련, 에너지 절약, 환경보전 또는 근로자복지 증진 등의 목적으로 사용되는 사업용 자산으로서 기획재정부령으로 정하는 자산과 운수업을 경영하는 자가 사업에 직접 사용하는 차량 및 운반구 등 기획재정부령으로 정하는 자산

② 공제금액

㉠ 기본공제 : 해당 과세연도 투자금액에 아래 공제율을 곱하여 산출한 금액

구 분	공제율			
	중소기업	중견기업		대기업
		최초로 중소기업에 해당하지 아니하게 된 과세연도의 개시일부터 3년 이내에 끝나는 과세연도까지	그 이후	
국가전략기술사업화 및 연구개발시설에 투자한 경우*1	25%	20%	15%	15%
신성장사업화 및 연구개발시설에 투자한 경우	12%	9%	6%	3%
그 밖의 사업용 자산에 투자한 경우	10%	7.5%	5%	1%

*1 반도체는 중소기업 30%, 중견기업 및 대기업 20% 공제율 적용

㉡ 추가공제 금액

추가공제 금액＝Min[ⓐ, ⓑ]

ⓐ (해당 과세연도에 투자한 금액－해당 과세연도의 직전 3년간 연평균 투자 또는 취득금액)×10%

ⓑ 기본공제 금액×2

통합투자세액공제로 통합 · 일원화

기업투자 활성화를 지원하기 위하여 중소기업 등 투자세액공제와 특정시설 투자세액공제 등 기존 10개의 투자세액공제를 '통합투자세액공제'로 통합하여 일원화하고, 세액공제 대상이 되는 자산의 범위를 원칙적으로 모든 사업용 유형자산으로 확대함(2021년부터 시행).

중견기업의 요건 개정

구 분	내 용
㉠ 중소기업이 아닐 것	
㉡ 공공기관 또는 지방공기업이 아닐 것	
㉢ 소비성서비스업등을 주된 사업으로 영위하지 아니할 것	소비성서비스업, 금융업, 보험 및 연금업, 금융 및 보험관련 서비스업, 부동산임대업을 주된 사업으로 영위하지 아니할 것
㉣ 소유와 경영의 실질적인 독립성이 중견기업 성장촉진 및 경쟁력 강화에 관한 특별법 시행령 제2조 제1항 제1호에 적합할 것	독점규제 및 공정거래에 관한 법률에 따른 상호출자제한기업집단에 속하는 기업이 아니고, 자산총액이 5조원 이상인 기업 또는 법인(외국법인을 포함)이 해당 기업의 주식(의결권 없는 주식은 제외) 또는 출자지분의 30% 이상을 직접적 또는 간접적으로 소유하면서 최다출자자인 기업이 아니어야 함.
㉤ 직전 3개 과세연도의 매출액의 평균*금액이 일정 금액 미만인 기업일 것	• 연구 · 인력개발비에 대한 세액공제 등 : 5천억원 미만 • 통합투자세액공제 등 : 3천억원 미만
㉥ 성실신고확인대상 소규모 법인이 아닐 것	

2) 투자세액공제의 중복지원 배제

① 법인이 투자한 자산에 대하여 투자세액공제가 중복적용되는 경우에는 그 중 하나만을 선택하여 적용받을 수 있다(조특법 127 ②).

② 외국인투자에 대한 조세감면(조특법 121의2)을 적용받는 경우에는 투자세액공제액에 내국인투자자의 지분비율을 곱하여 계산한 금액을 공제한다(조특법 127 ③).

③ 조세특례제한법에 의하여 사업단위별 감면(중소기업에 대한 특별세액감면 포함)과 투자세액공제가 동시에 적용되는 경우에는 그 중 하나만을 선택하여 적용한다(조특법 127 ④).

사업장 구분경리시 중복적용 여부

위 '②'와 '③'을 적용할 때 세액감면을 적용받는 사업과 그밖의 사업을 구분경리하는 경우로서 그밖의 사업에 공제규정이 적용되는 경우에는 해당 세액감면과 공제는 중복지원에 해당하지 아니한다(조특법 127 ⑩).

3) 투자세액공제액의 추징사유

구 분	내 용
① 의 의	투자세액공제를 받은 자에게 다음의 추징사유가 발생한 경우에는 추징사유가 발생한 날이 속하는 과세연도의 과세표준신고를 할 때 해당 자산에 대한 세액공제액 상당액에 이자상당가산액을 가산하여 법인세 등으로 납부하여야 한다.
② 추징사유	㉠ 통합투자세액공제를 받은 법인이 투자완료일부터 다음 각각의 사후관리 기간내에 그 자산을 다른 목적으로 전용하는 경우에는 공제받은 세액공제액 상당액에 이자 상당 가산액을 가산하여 법인세로 납부하여야 한다. [구 분 / 사후관리 기간] ① 사업용자산으로서 기획재정부령으로 정하는 건축물 또는 구축물 — 5년 ② 신성장사업화시설 또는 국가전략기술사업화시설 중 해당 기술을 사용하여 생산하는 제품 외에 다른 제품의 생산에도 사용되는 시설 — 투자완료일이 속하는 과세연도의 다음 3개 과세연도의 종료일까지의 기간 ③ 위 ①, ② 외의 사업용자산 — 2년 ㉡ 사후관리 기간 동안 국가전략기술 및 신성장·원천기술을 사용한 제품 생산량이 전체 제품 생산량의 50% 이하인 경우 다른 목적으로 전용한 것으로 간주한다.
③ 이자상당 가산액	공제받은 세액 × 공제받은 과세연도의 과세표준신고일의 다음날부터 추징사유가 발생한 날이 속하는 과세연도의 과세표준신고일까지의 기간 × 0.022%

(② 추징사유 내 표)

구 분	사후관리 기간
① 사업용자산으로서 기획재정부령으로 정하는 건축물 또는 구축물	5년
② 신성장사업화시설 또는 국가전략기술사업화시설 중 해당 기술을 사용하여 생산하는 제품 외에 다른 제품의 생산에도 사용되는 시설	투자완료일이 속하는 과세연도의 다음 3개 과세연도의 종료일까지의 기간
③ 위 ①, ② 외의 사업용자산	2년

* 천재지변으로 인한 시설의 멸실, 해당 시설의 투자완료일부터 투자완료일이 속하는 과세연도의 다음 3개 과세연도의 종료일까지의 기간 중 화재 등으로 해당 시설이 파손되어 가동이 불가능한 경우에는 전용한 것으로 보지 않는다.

4) 임시투자세액공제 개정

구 분	내 용
① 한시적용	2024년과 2025년 투자분에 대해 기본공제 금액과 추가공제 금액을 합한 금액을 공제
② 기본공제 금액	(아래 표)
③ 추가공제 금액	Min[㉠, ㉡] ㉠ (당해연도 투자금액 − 직전 3년간 연평균 투자 또는 취득금액) × 10% ㉡ 기본공제 금액의 2배

구 분	공제율		
	중소기업	중견기업	대기업
국가전략기술사업화시설	25%	15%	15%
신성장사업화시설	14%	8%	3%
기타 사업용 자산	12%	7%	1%

(3) 근로소득을 증대시킨 기업에 대한 세액공제

1) 의의

근로소득 증대를 통해 가계의 가처분소득이 증가할 수 있도록 「가계소득 증대세제 3대 패키지」 중 하나로 임금증가 기업에 대해 인센티브를 부여하는 "근로소득 증대세제"를 2015년부터 도입하였다(조특법 29의4).

2) 총임금증가분

구 분	내 용
① 적용대상	다음의 요건을 충족하는 중소기업 또는 중견기업 : 2025년까지 적용 ㉠ 상시 근로자(총급여 7천만원 이상인 근로자 제외)의 해당 과세연도의 평균임금 증가율이 직전 3년 평균임금 증가율의 평균보다 클 것 ㉡ 해당 과세연도의 상시근로자 수가 직전 과세연도의 상시 근로자 수보다 크거나 같을 것
② 공제액	[당해연도 평균임금－직전연도 평균임금×(1＋직전 3년 평균임금 증가율의 평균)]×직전연도 근로자 수×20%(중견기업은 10%)

3) 전체 중소기업의 평균임금증가분을 초과하는 임금증가분

구 분	내 용
① 적용대상	다음의 요건을 모두 충족하는 중소기업(위 "2) 총임금증가분"과 중복적용 배제) : 2025년까지 적용 ㉠ 상시 근로자의 해당 과세연도의 평균임금 증가율이 전체 중소기업 임금증가율을 고려하여 법령으로 정한 비율보다 클 것 ㉡ 해당 과세연도의 상시근로자 수가 직전 과세연도의 상시 근로자 수보다 크거나 같을 것 ㉢ 직전 과세연도의 평균임금 증가율이 음수가 아닐 것
② 공제액	[당해연도 평균임금－직전연도 평균임금×(1＋전체 중소기업 임금증가율을 고려하여 법령으로 정한 비율(＝3.2%))]×직전연도 근로자 수×20%

4) 정규직 전환 근로자에 대한 임금증가분

구 분	내 용
① 적용대상	다음의 요건을 충족하는 중소기업 또는 중견기업 : 2025년까지 적용 ㉠ 해당 과세연도에 정규직 전환 근로자가 있을 것 ㉡ 해당 과세연도의 상시근로자 수가 직전 과세연도의 상시 근로자 수보다 크거나 같을 것
② 공제액	정규직 전환 근로자에 대한 임금증가분 합계액×20%(중견기업 : 10%)

(4) 통합고용세액공제 개정

<table>
<tr><th>구 분</th><th>내 용</th></tr>
<tr><td>① 적용대상</td><td>㉠ 내국인(소비성서비스업 제외)의 2025년 12월 31일이 속하는 과세연도까지의 기간 중 해당 과세연도의 상시근로자의 수가 직전 과세연도의 상시근로자의 수보다 증가한 경우
㉡ 기본공제 : 대기업은 2년 공제 → 중소기업 및 중견기업은 3년 공제
(공제 후 2년 이내 상시근로자 수 감소시 추징)
㉢ 추가공제 : 중소기업 및 중견기업만 1년 공제
(복귀일로부터 2년 이내 근로관계 종료시 추징)</td></tr>
<tr><td>② 기본공제</td><td>㉠ 청년등상시근로자*의 증가 인원 수×공제금액
<table>
<tr><th rowspan="2">구 분</th><th colspan="2">중소기업</th><th rowspan="2">중견기업</th><th rowspan="2">대기업</th></tr>
<tr><th>수도권</th><th>지방</th></tr>
<tr><td>공제금액</td><td>1,450만원</td><td>1,550만원</td><td>800만원</td><td>400만원</td></tr>
</table>
㉡ 청년등상시근로자 외 상시근로자 증가 인원 수×공제금액
<table>
<tr><th rowspan="2">구 분</th><th colspan="2">중소기업</th><th rowspan="2">중견기업</th><th rowspan="2">대기업</th></tr>
<tr><th>수도권</th><th>지방</th></tr>
<tr><td>공제금액</td><td>850만원</td><td>950만원</td><td>450만원</td><td>–</td></tr>
</table></td></tr>
<tr><td>③ 추가공제</td><td>육아휴직 복귀자 인원×공제금액
<table>
<tr><th>구 분</th><th>중소기업</th><th>중견기업</th><th>대기업</th></tr>
<tr><td>공제금액</td><td>1,300만원</td><td>900만원</td><td>–</td></tr>
</table></td></tr>
</table>

* 상시근로자 중 청년(15세 이상 34세 이하) 정규직, 60세 이상인 자, 경력단절 여성, 장애인과 상이자, 5·18민주화운동부상자와 고엽제후유의증환자로서 장애등급 판정을 받은 사람, 북한이탈주민을 말한다.

(5) 기타의 세액공제

1) 상생결제 지급금액에 대한 세액공제(조특법 7의4)

구 분	내 용
① 적용대상	중소기업 및 중견기업을 경영하는 내국인이 2025년 12월 31일까지 중소기업 및 중견기업에 지급한 구매대금 중 상생결제제도를 통하여 지급한 금액이 있는 경우로서 해당 과세연도에 지급한 구매대금 중 약속어음으로 결제한 금액이 차지하는 비율이 직전 과세연도보다 증가하지 아니하는 경우
② 공제액	Min[㉠+㉡+㉢, 해당 과세연도의 법인세 또는 소득세의 10%] ㉠ (상생결제제도를 통한 지급금액 중 지급기한이 세금계산서등의 작성일부터 15일 이내인 지급금액 – 직전 과세연도 대비 현금성결제금액 감소액)×0.5% ㉡ (상생결제제도를 통한 지급금액 중 지급기한이 세금계산서등의 작성일부터 15일 초과 30일 이내인 지급금액 – 직전 과세연도 대비 현금성결제금액 감소액)×0.3%

구 분	내 용
② 공제액	㉢ (상생결제제도를 통한 지급금액 중 지급기한이 세금계산서등의 작성일부터 30일 초과 60일 이내인 지급금액 - 직전 과세연도 대비 현금성결제금액 감소액) ×0.15%

2) 상생협력을 위한 기금 출연 등에 대한 세액공제(조특법 8의3)

구 분	내 용
상생협력 기금출연	내국법인이 상생협력을 위하여 2025.12.31.까지 상생협력을 위한 기금 출연을 하는 경우(해당 출연금이 특수관계인을 지원하기 위하여 사용된 경우 그 금액은 제외)
	공제액 : 해당 출연금 × 10%
유형자산 무상임대	내국법인이 협력중소기업(해당 내국법인의 특수관계인인 경우는 제외)을 지원하기 위하여 2025.12.31.까지 창업보육센터등과 연계하여 지원하는 창업기업에 연구개발을 위한 연구·시험용 자산을 무상으로 5년 이상 계속 임대하는 경우
	유형자산 장부가액의 3%에 해당하는 금액을 무상임대를 개시하는 날이 속하는 사업연도의 법인세에서 공제
수탁기업 시설투자	내국법인이 대·중소기업 상생협력 촉진에 관한 법률에 따른 수탁·위탁거래의 상대방인 수탁기업에 설치하는 시설(검사대 또는 연구시설)에 2025.12.31.까지 투자하는 경우
	공제액 : 투자금액 × 1%(중견기업 3%, 중소기업 7%)

3) 기술혁신형 주식취득에 대한 세액공제(조특법 12의4) 개정

구 분	내 용
① 적용대상	내국법인(인수법인)이 2027.12.31.까지 기술혁신형 중소기업(피인수법인)의 주식 또는 출자지분을 법정요건을 모두 갖추어 취득(특수관계인으로부터 취득한 경우 제외)하는 경우
② 공제액	매입가액 중 기술가치 금액의 5%에 상당하는 금액을 기준충족사업연도의 법인세에서 공제

4) 벤처기업 등에의 출자에 대한 세액공제(조특법 13의2)

구 분	내 용
① 적용대상	내국법인(벤처투자회사, 신기술사업금융업자 등 제외)이 직접 또는 벤처투자조합 등을 통하여 2025.12.31.까지 창업기업, 신기술사업자, 벤처기업 또는 신기술창업전문회사의 주식 또는 출자지분을 취득하는 경우(다만, 특수관계인의 주식등을 취득하는 경우는 제외)
② 공제액	주식 또는 출자지분 취득가액의 5%에 상당하는 금액을 해당 사업연도의 법인세에서 공제

5) 소재·부품·장비전문기업에의 출자·인수에 대한 과세특례(조특법 13의3)

구 분	내 용
① 적용대상	둘 이상의 내국법인이 2025년 12월 31일까지 법정요건을 모두 갖추어 소재·부품·장비 관련 중소기업·중견기업의 주식 또는 출자지분을 공동으로 취득하는 경우
② 공제액	주식 또는 출자지분 취득가액의 5%에 상당하는 금액을 각 내국법인의 해당 사업연도의 법인세에서 공제

6) 성과공유 중소기업의 경영성과급에 대한 세액공제 등(조특법 19) 개정

구 분	내 용
① 적용대상	성과공유 중소기업이 상시근로자에게 2027.12.31.까지 경영성과급을 지급하는 경우. 다만, 성과공유 중소기업의 해당 과세연도의 상시근로자 수가 직전 과세연도의 상시근로자 수보다 감소한 경우에는 공제하지 아니한다.
② 공제액	그 경영성과급의 10%

7) 영상콘텐츠 제작비용에 대한 세액공제(조특법 25의6)

구 분	내 용
① 적용대상	영상콘텐츠 제작자가 2025.12.31.까지 영상콘텐츠 제작을 위하여 국내외에서 발생한 영상콘텐츠 제작비용이 있는 경우
② 공제액	㉠ 기본공제 금액 : 해당 영상콘텐츠 제작비용의 10%(중견기업 10%, 중소기업 15%) ㉡ 추가공제 금액 : 국내에서 발생한 제작비용이 80% 이상인 영상콘텐츠의 경우 그 제작비용의 10%(중소기업 15%)

8) 고용유지중소기업 등에 대한 과세특례(조특법 30의3)

구 분	내 용
① 적용대상	㉠ 고용유지중소기업 ㉡ 위기지역 내 중견기업의 사업장(위기지역 지정기간이 속하는 과세연도에 한함)
② 공제액	다음의 금액을 2026.12.31.이 속하는 과세연도까지 각 과세연도의 법인세에서 공제 ㉠ (직전 과세연도 상시근로자 1인당 연간 임금총액 − 해당 과세연도 상시근로자 1인당 연간 임금총액)×해당 과세연도 상시근로자 수 × 10% ㉡ (해당 과세연도 상시근로자 1인당 시간당 임금 − 직전 과세연도 상시근로자 1인당 시간당 임금 × 105%) × 해당 과세연도 전체 상시근로자의 근로시간 합계 × 15%

9) 상가임대료를 인하한 임대사업자에 대한 세액공제(조특법 96의3) 개정

구 분	내 용
① 적용대상	상가임대사업을 하는 자가 상가건물에 대한 임대료를 임차인(소상공인에 한정함)으로부터 2020.1.1.~2025.12.31.까지 인하하여 지급받는 경우
② 공제액	임대료 인하액×70%(기준소득금액이 1억원을 초과하는 경우 : 50%)

10) 지급명세서등에 대한 세액공제(조특법 104의5)

구 분	내 용
① 적용대상	소규모 사업자 또는 소규모 사업자를 대리하는 세무대리인이 상용근로자에게 2026.1.1.~2027.12.31.까지 지급하는 근로소득에 대한 간이지급명세서를 제출기한까지 국세정보통신망을 이용하여 제출하는 경우
② 공제액	간이지급명세서상의 소득자 인원수×200원
③ 공제한도	연 300만원(세무법인 또는 회계법인은 연 600만원)

11) 전자신고에 대한 세액공제(조특법 104의8)

구 분	내 용
① 법인세 또는 소득세	납세자가 직접 전자신고방법에 의하여 법인세 과세표준신고 또는 종합소득과세표준 확정신고를 하는 경우에는 해당 납부세액에서 2만원을 공제한다. 이 경우 납부할 세액이 음의 수인 경우에는 이를 없는 것으로 한다.
② 부가가치세	일반과세자가 직접 전자신고방법에 의하여 부가가치세 확정신고를 하는 경우 또는 간이과세자가 과세표준신고를 하는 경우에는 해당 납부세액에서 1만원을 공제하거나 환급세액에 가산한다. (간이과세자는 환급하지 아니함)

12) 해외자원개발투자에 대한 세액공제(조특법 104의15)

구 분	내 용
① 적용대상	해외자원개발사업자가 2024.1.1.~2026.12.31.까지 다음의 어느 하나에 해당하는 해외자원개발투자를 하는 경우 ㉠ 광업권 · 조광권 취득 투자 ㉡ 출자비율 10% 이상 또는 임직원 파견을 동반하는 경우로서 광업권 또는 조광권을 소유하고, 광구개발 · 운영을 목적으로 설립된 외국법인에 출자 ㉢ 내국인이 100% 직접출자한 외국자회사에 대한 다음의 어느 하나에 해당하는 투자(㉠, ㉡의 방법으로 광업권 · 조광권을 취득하는 경우에 한함) ⓐ 외국자회사를 100% 보유한 내국인의 외국자회사의 증자에 참여하는 투자 ⓑ 외국자회사를 100% 보유한 내국인의 상환기간 5년 이상 금전대여 투자 ⓒ 다른 해외자원개발사업자가 ⓐ 및 ⓑ에 따른 내국인과 공동으로 상환기간 5년 이상으로 금전을 대여하는 투자
② 공제액	투자금액 또는 출자금액 × 3%
③ 사후관리	투자일 또는 출자일부터 5년이 지나기 전에 투자자산 또는 출자지분을 이전하거나 회수하는 경우 또는 투자일 또는 출자일부터 3년이 되는 날까지 광업권 또는 조광권을 취득하지 못하는 경우 이자상당액을 가산하여 납부

⑹ 공제 · 감면의 적용순위

법인세법 및 다른 법률을 적용할 때 법인세의 감면에 관한 규정이 동시에 적용되는 경우에는 별도의 규정이 있는 경우를 제외하고는 다음의 순서에 따른다. 이 경우 '①', '②'의 금액을 합한 금액이 법인이 납부할 법인세액(토지등 양도소득에 대한 법인세, 미환류소득에 대한 법인세 및 가산세는 제외한다)을 초과하는 경우에는 그 초과하는 금액은 이를 없는 것으로 본다(법법 59 ①).

① 각 사업연도의 소득에 대한 세액감면(면제를 포함한다)
② 세액공제 중 이월공제가 인정되지 아니하는 세액공제
③ 세액공제 중 이월공제가 인정되는 세액공제(이월된 미공제액을 먼저 공제함)
④ 사실과 다른 회계처리로 인한 경정에 따른 세액공제(이월된 미공제액을 먼저 공제함)

미공제 세액공제의 이월공제

해당 과세연도에 납부할 세액이 없거나 최저한세액에 미달하여 공제받지 못한 조세특례제한법상 세액공제는 해당 과세연도의 다음 과세연도 개시일부터 10년 이내에 끝나는 각 과세연도에 이월하여 공제한다(조특법 144 ①).

1. 최저한세

(1) 의 의

조세특례제한법에 의한 조세감면의 중복적용으로 인해 법인의 조세부담이 과도하게 줄어드는 것을 막기 위하여 감면 후 세액이 일정 수준(최저한세)에 미달하는 경우 감면 후 세액이 최저한세에 달할 때까지 조세감면의 일부를 배제하는 제도를 말한다.

최저한세는 조세감면이 불가피한 경우에도 일정수준 이상의 조세를 부담시키기 위한 제도로 현재 미국에서 시행되고 있는 Alternative Minimum Tax제도와 유사한 것으로서 1991년부터 시행된 (구)조세감면규제법에 새로이 도입되었다. 최저한세 제도는 기업이 특정분야의 산업활동을 하는데 있어 세제상 감면혜택을 중복적으로 받게 되는 경우 동 감면내역을 종합적으로 묶어 중복감면되는 범위를 줄이고 일정수준 이상의 세금감면을 제한하는 제도이다.

(2) 최저한세의 검토

1) 감면후 세액의 계산

	과세표준	
(×)	세율	
=	산출세액	
(−)	세액감면	⇨ 최저한세의 적용대상이 되는 세액감면*1
(−)	세액공제	⇨ 최저한세의 적용대상이 되는 세액공제*2
=	감면후세액	

*1 조세특례제한법상 세액감면에 한하며, 세액감면 중 수도권 밖으로 본사를 이전하는 법인에 대한 세액감면(조특법 63의2), 외국인투자에 대한 조세감면(조특법 121의2) 등 일부 항목에 대해서는 적용하지 아니한다.

*2 조세특례제한법상 세액공제에 한하며, 중소기업에 대해서는 연구 및 인력개발비세액공제액 전액에 대하여 최저한세의 적용을 배제한다

2) 최저한세의 계산

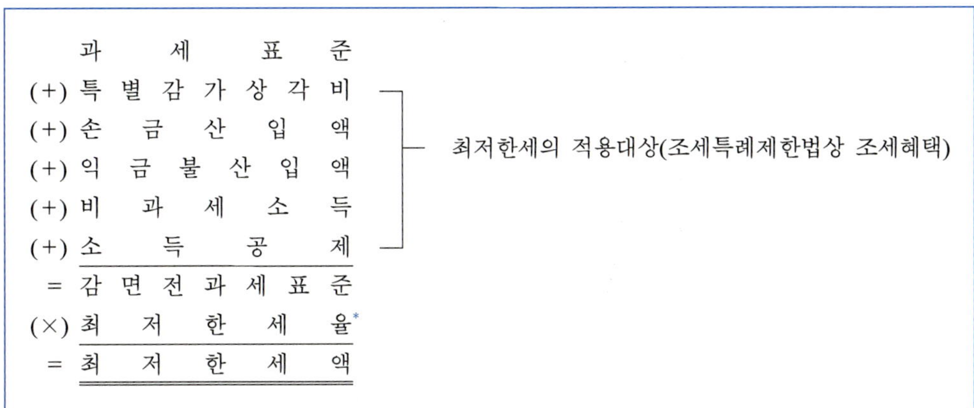

* 최저한세율의 적용

구 분		최저한세율
대기업	과세표준 100억원 이하 부분	10%
	과세표준 100억원 초과 1천억원 이하 부분	12%
	과세표준 1천억원 초과 부분	17%
중소기업		7%

중소기업이 최초로 중소기업에 해당하지 아니하게 된 경우에는 그 최초로 중소기업에 해당하지 아니하게 된 과세연도의 개시일부터 3년 이내에 끝나는 과세연도의 최저한세율은 8%, 그 다음 2년 이내에 끝나는 과세연도의 최저한세율은 9%로 한다.

(3) 조세감면의 적용배제

구 분	적용배제 여부	적 용 배 제 순 서
① 감면후 세액 > 최저한세	×	
② 감면후 세액 < 최저한세	○	감면후 세액이 최저한세에 달할 때까지 다음 순서에 의해 조세감면의 적용을 배제함. ㉠ 자진신고시 : 법인의 선택에 의해 배제함. ㉡ 경 정 시 : 법정순서*에 의해 배제함.

* 경정시 적용배제 순서(법인에게 유리한 순서로 규정함) : 동일한 단계에서는 조문순서에 의하며, 동일한 세액공제 중 이월된 공제세액이 있는 경우에는 나중에 발생한 것부터 적용을 배제한다.
㉠ 손금산입 및 익금불산입특례 ⇨ ㉡ 세액공제 ⇨ ㉢ 면제(감면)세액 ⇨ ㉣ 소득공제 및 비과세

⑷ 최저한세 검토후 총부담세액의 계산

	Max[감면후 세액, 최저한세]	
(−)	세 액 감 면	… 최저한세 적용대상에서 제외되는 세액감면
(−)	세 액 공 제	… 최저한세 적용대상에서 제외되는 세액공제
(+)	가 산 세	
(+)	감 면 분 추 가 납 부 세 액	
	총 부 담 세 액	

예제 11−6 | 최저한세(1)

㈜한국(성실신고확인대상 소규모 법인에 해당하지 않으며, 중소기업이 아님)의 다음 자료를 이용하여 제5기 사업연도(20×7. 1. 1∼12. 31)의 최저한세 적용으로 인한 조세감면의 적용배제액을 구하면?

⑴ 결산서상 당기순이익 :	₩550,000,000
⑵ 익금산입 및 손금불산입액 :	150,000,000
⑶ 손금산입 및 익금불산입액 :	400,000,000
⑷ 최저한세 적용 대상 손금산입액 :	50,000,000
⑸ 연구 및 인력개발비에 대한 세액공제 :	17,000,000

해답

⑴ 감면후 세액

과세표준 = ₩550,000,000 + 150,000,000 − 400,000,000 = ₩300,000,000

산출세액 = ₩18,000,000 + (300,000,000 − 200,000,000) × 19% = ₩37,000,000

감면후 세액 = ₩37,000,000 − 17,000,000 = ₩20,000,000(A)

⑵ 최저한세

(₩300,000,000 + 50,000,000) × 10% (과세표준 100억원 이하) = ₩35,000,000(B)

⑶ 최저한세 적용으로 인한 조세감면의 적용배제액 : (B) − (A) = ₩15,000,000

예제 11−7 | 최저한세(2)

다음 자료를 이용하여 중소기업인 ㈜진해의 제6기 사업연도(20×6. 1. 1∼12. 31) 최저한세를 검토하고 차가감 납부할 세액을 계산하면?

⑴ 과세표준 : ₩200,000,000(최저한세적용 대상 손금산입액 ₩50,000,000을 손금산입함)

⑵ 산출세액 : ₩18,000,000

(3) 세액공제 : 연구 · 인력개발비 세액공제액 ₩5,000,000, 외국납부세액공제액 ₩2,000,000
(4) 세액감면 : 중소기업 특별세액감면 ₩10,000,000
(5) 중간예납세액 : ₩3,000,000
(6) 가산세 및 감면분 추가납부세액은 없다.

해답

(1) 최저한세의 검토
① 감면후 세액 : ₩18,000,000 − 10,000,000(중소기업 특별세액감면) = ₩8,000,000
* 중소기업이므로 연구 · 인력개발비 세액공제액은 최저한세의 적용대상이 아니며, 외국납부세액공제도 법인세법상 세액공제이므로 최저한세의 적용대상이 아니다.
② 최저한세 : (₩200,000,000 + 50,000,000) × 7% = ₩17,500,000
(2) 차가감 납부할 세액
Max[₩8,000,000, 17,500,000] − 5,000,000(연구 · 인력개발비 세액공제)
− 2,000,000(외국납부세액공제) − 3,000,000(중간예납세액) = ₩7,500,000

2. 농어촌특별세

(1) 의 의

농어업의 경쟁력 강화와 농어촌산업기반시설의 확충 및 농어촌지역개발사업을 위하여 필요한 재원을 확보하기 위하여 2034년 6월 30일까지 과세하는 목적세이다. 개정

(2) 세액 및 비과세

구 분	내 용
① 농어촌특별세액 (법인세 관련)	조세특례제한법에 의하여 감면*을 받는 법인세 × 20%
	* 비과세 · 세액면제 · 세액감면 · 세액공제 또는 소득공제
② 비과세 (주요항목)	㉠ 연구 및 인력개발비에 대한 세액공제 ㉡ 전자신고세액공제
	㉠ 중소기업에 대한 특별세액감면* ㉡ 창업중소기업 등에 대한 세액감면 ㉢ 수도권 밖으로 공장을 이전하는 기업에 대한 세액감면 ㉣ 수도권 밖으로 본사를 이전하는 법인에 대한 세액감면 ㉤ 농공단지 입주기업에 대한 세액감면 ㉥ 외국인투자에 대한 조세감면

* 통합투자세액공제는 농어촌특별세 과세대상임.

3. 토지등 양도소득에 대한 과세특례

(1) 적용대상

다음의 어느 하나에 해당하는 토지 및 건물(건물에 부속된 시설물과 구축물을 포함) 등을 양도한 경우에는 토지등 양도소득에 대한 법인세를 각 사업연도 소득에 대한 법인세액에 추가하여 납부하여야 한다(법법 55조의2 ①).

① 주택(이에 부수되는 토지를 포함) 및 별장(주거용 건축물로서 상시 주거용으로 사용하지 아니하고 휴양 · 피서 · 위락 등의 용도로 사용하는 건축물. 다만, 법령에서 정하는 범위 및 기준에 해당하는 농어촌주택(그 부속토지를 포함)은 제외한다.

② 비사업용 토지

③ 주택을 취득하기 위한 권리로서 조합원입주권 및 분양권

(2) 과세제외 주택

구 분	내 용
사 택	비출자임원 및 직원에게 제공하는 사택 및 그밖에 무상으로 제공하는 법인 소유의 주택으로서 사택제공기간 또는 무상제공기간이 10년 이상인 주택
채권변제를 대신하여 취득한 주택	저당권의 실행으로 인하여 취득하거나 채권변제를 대신하여 취득한 주택으로서 취득일부터 3년이 경과하지 아니한 주택
기 타	법정요건을 충족하는 임대주택 및 미분양주택

(3) 토지등 양도소득에 대한 법인세의 계산

구 분	토지 등 양도소득에 대한 법인세
주택 및 별장	양도소득* × 20%(미등기 양도소득 : 40%)
비사업용 토지	양도소득* × 10%(미등기 양도소득 : 40%)
조합원입주권 및 분양권	양도소득* × 20%

* 양도소득 = 양도금액 − 양도당시 장부가액

(4) 비과세대상

다음에 해당하는 토지등 양도소득에 대하여는 토지등 양도소득에 대한 법인세를 과세하지 아니한다. 다만, 미등기 토지 등에 대한 토지등 양도소득에 대하여는 그러하지

아니하다(법법 55의2 ②, 법령 92의2 ④).

① 파산선고에 의한 토지 등의 처분으로 인하여 발생하는 소득

② 법인이 직접 경작하던 농지로서 소득세법상 양도소득세 비과세 요건을 구비한 농지의 교환 또는 분합으로 인하여 발생하는 소득

③ 도시개발법 그 밖의 법률에 의한 환지처분으로 지목 또는 지번이 변경되거나 체비지로 충당됨으로써 발생하는 소득

④ 토지의 경계를 변경하기 위하여 토지의 분할 등 법령으로 정하는 방법과 절차로 하는 토지 교환으로 발생하는 소득

⑤ 적격분할 · 적격합병 · 적격물적분할 · 적격현물출자 · 조직변경으로 인하여 발생하는 소득

⑥ 한국토지주택공사가 동법에 의한 토지개발사업으로 조성한 토지 중 주택건설용지로 양도함으로써 발생하는 소득

⑦ 주택을 신축하여 판매(임대주택법에 의한 건설임대주택을 동법에 의하여 분양하거나 다른 임대사업자에게 매각하는 경우를 포함)하는 법인이 그 주택 및 주택에 부수되는 토지로서 주택연면적과 건물이 정착된 면적에 5배(도시지역 외의 토지의 경우에는 10배를 말한다)를 곱하여 산정한 면적 중 넓은 면적 이내의 토지를 양도함으로써 발생하는 소득

⑧ 민간임대주택에 관한 특별법에 따른 기업형임대사업자에게 토지를 양도하여 발생하는 소득

⑨ 공공매입임대주택을 건설할 자(공공주택사업자와 공공매입임대주택을 건설하여 양도하기로 약정을 체결한 자로 한정함)에게 2027.12.31.까지 주택 건설을 위한 토지를 양도하여 발생하는 소득

⑩ 그 밖에 공공목적을 위한 양도 등 기획재정부령이 정하는 사유로 인하여 발생하는 소득

⑸ 토지등 양도소득의 귀속사업연도

1) 원칙적인 양도시기

토지등 양도소득의 귀속사업연도는 그 대금을 청산한 날로 한다. 다만, 대금을 청산하기 전에 소유권 등의 이전등기(등록을 포함)를 하거나 해당 자산을 인도 또는 상대방이 해당 자산을 사용수익하는 경우에는 그 이전등기일(등록일을 포함) · 인도일 또는 사용수익일 중 빠른 날로 한다. 또한 장기할부조건에 의한 토지 등의 양도의 경우에도 이와 같다.

2) 예약매출의 경우

예약매출에 의하여 토지 등을 양도하는 경우에는 그 계약일에 토지 등이 양도된 것으로 본다.

(6) 토지등 양도에 따른 손실이 있는 경우

법인이 각 사업연도에 토지등 양도소득에 대한 법인세 과세대상이 되는 2 이상의 토지 등을 양도하는 경우에 토지등 양도소득은 해당 사업연도에 양도한 자산별로 계산한 금액을 합산한 금액으로 한다.

이 경우 양도한 자산 중 양도당시의 장부가액이 양도금액을 초과하는 토지 등이 있는 경우에는 그 초과하는 금액(양도차손)을 다음의 자산의 양도소득에서 순차로 차감하여 토지등 양도소득을 계산한다(법령 92의2 ⑨).

① 양도차손이 발생한 자산과 같은 세율을 적용받는 자산의 양도소득

② 양도차손이 발생한 자산과 다른 세율을 적용받는 자산의 양도소득

예제 11-8 | 토지등 양도소득에 대한 법인세

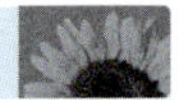

㈜서울은 20×6. 4. 15에 주택(등기분)을 특수관계 없는 자에게 양도하였다. 다음 자료에 의하여 토지등 양도소득에 대한 법인세를 계산하시오.

(1) 양도가액은 ₩100,000,000이었다.

(2) 동 주택은 20×1. 7. 12 취득하였으며, 주택 취득가액은 ₩60,000,000이다.

(3) 동 주택의 감가상각누계액은 ₩10,000,000(상각부인액 ₩3,000,000 포함)이다.

(4) 건물의 중개수수료로 ₩2,000,000이 지출되었으며, 회사는 이를 지급수수료(판매비와관리비)로 처리하였다.

(5) 토지등 양도소득에 대한 법인세율은 20%이다.

해답

토지등 양도소득에 대한 법인세
= (토지등의 양도금액 − 양도당시의 장부가액) × 20%
= [₩100,000,000 − (60,000,000 − 7,000,000)] × 20%
= ₩9,400,000

4. 투자 및 상생협력 촉진세제

(1) 납세의무자

각 사업연도 종료일 현재 독점규제 및 공정거래에 관한 법률에 따른 상호출자제한기업집단에 속하는 법인이 2025년 12월 31일까지 투자, 임금 또는 상생 등으로 환류하지 아니한 소득(미환류소득)이 있는 경우에는 미환류소득에 대한 법인세액을 각 사업연도 소득에 대한 법인세액에 추가하여 납부하여야 한다(조특법 100의32, 조특령 100의32).

(2) 과세방식

납세의무자인 내국법인은 ① 투자포함방식과 ② 투자제외방식 중 하나의 방법[75]을 선택하여 산정한 금액을 각 사업연도의 종료일이 속하는 달의 말일부터 3개월 이내에 법인세 과세표준 신고와 함께 납세지 관할 세무서장에게 신고[76]하여야 하며, 이 경우 투자포함방식을 선택한 경우에는 해당 사업연도의 개시일부터 3년, 투자제외방식을 선택한 경우에는 해당 사업연도의 개시일부터 1년이 되는 날이 속하는 사업연도까지는 그 선택한 방법을 계속 적용하여야 한다.

구 분	내 용
투자포함 방식	[기업소득×70%－환류액(투자금액＋임금증가액＋상생협력출연금액×3)]×20%
투자제외 방식	[기업소득×15%－환류액(임금증가액＋상생협력출연금액×3)]×20%

(3) 미환류소득의 계산

1) 기업소득

기업소득*＝각 사업연도 소득금액＋가산액－차감액

＊기업소득이 음수인 경우 0으로 보고, 3천억원을 초과하는 경우에는 3천억원으로 본다.

---

75) 기업별・업종별로 투자소요가 다양한 점 등을 감안하여 기업들이 특성에 맞춰 두 가지 방식 중 선택을 할 수 있도록 허용하였다. 원칙적으로는 기업이 투자계획 등을 감안하여 투자포함방식을 선택할 수 있으며, 서비스업 등 투자소요가 많지 않은 기업의 경우 투자금액을 제외한 임금증가액, 상생협력출연금액 등을 기준으로 한 과세방식을 선택할 수 있도록 하였다.

76) 미환류소득 계산방식을 선택하지 아니한 경우에는 해당 법인이 최초로 미환류소득에 대한 법인세의 납세의무자가 되는 사업연도에 미환류소득이 적게 산정되거나 초과환류액이 많게 산정되는 방법을 선택하여 신고한 것으로 본다.

가산액은 다음 금액의 합계액으로 한다.

① 국세·지방세 과오납금의 환급금이자 익금불산입액
② 기부금 한도초과 이월 손금산입액
③ 투자자산에 대한 감가상각비로서 해당 사업연도에 손금산입한 금액(투자포함방식만 해당)77)

차감액은 다음 금액의 합계액으로 한다.

① 해당 사업연도의 법인세액(손금불산입된 외국법인세액과 익금에 산입한 간접외국납부세액을 포함하되, 미환류소득에 대한 법인세는 제외), 법인세 감면액에 대한 농어촌특별세액 및 법인지방소득세액
② 상법에 따라 해당 사업연도에 의무적으로 적립하는 이익준비금
③ 법령에 따라 의무적으로 적립하는 적립금으로서 기획재정부령으로 정하는 금액
④ 해당 사업연도 과세표준 계산시 공제할 수 있는 결손금(이월결손금 공제제한 규정은 적용하지 않음)
⑤ 기부금 한도초과 손금불산입액
⑥ 합병·분할시 의제배당에 해당하는 금액(합병·분할대가 중 주식등으로 받은 부분만 해당)으로서 해당 사업연도에 익금에 산입한 금액(수입배당금액 익금불산입을 적용하기 전의 금액)
⑦ 합병 및 인적분할에 따른 자산양도손익으로서 해당 사업연도에 익금에 산입한 금액
⑧ 지급배당에 대한 소득공제 규정에 따라 배당한 금액
⑨ 공적자금의 상환과 관련하여 지출하는 금액으로서 기획재정부령으로 정하는 금액

2) 환류액

구 분	환 류 액
투자금액	투자금액＝사업용 유형·무형자산 투자액＋벤처기업에 대한 신규출자액 ① 사업에 사용하기 위하여 새로이 취득하는 사업용 유형자산*1 : 중고품 및 금융리스 외의 리스자산은 제외 ② 사업용 무형자산 : 영업권과 사용수익기부자산, 주파수이용권, 공항시설관리권, 항만시설관리권은 제외 ③ 벤처기업에 출자(설립 자본금 납입 또는 유상증자대금 납입)하여 취득한 주식등 ④ 투자가 2개 이상의 사업연도에 걸쳐서 이루어지는 경우 : 그 투자가 이루어지는 사업연도마다 해당 사업연도에 실제 지출한 금액을 기준으로 투자 합계액 계산

77) 당기 투자자산(환류소득 계산 시 투자금액으로 차감됨)의 당기 감가상각비는 당기 비용으로서 소득에서 이미 차감되어 있으므로 이중으로 차감되는 것을 막기 위하여 가산항목에 포함시킨다. 투자제외방식은 이중 차감의 문제가 발생하지 아니하므로 감가상각비를 가산하지 않는 것이다.

구 분	환 류 액
임금증가액	임금증가액＝A＋B＋C A. 상시근로자의 해당 사업연도 임금이 증가한 경우로서 가. 상시근로자 수가 증가하지 아니한 경우 : 상시근로자 임금증가금액 나. 상시근로자 수가 직전 사업연도의 상시근로자 수보다 증가한 경우 : 기존 상시근로자 임금증가금액×150%＋신규 상시근로자 임금증가금액 ×200% B. 해당 사업연도에 청년정규직근로자 수가 직전 사업연도의 청년정규직근로자 수보다 증가한 경우 : 해당 사업연도의 청년정규직근로자에 대한 임금증가금액 C. 해당 사업연도에 정규직 전환 근로자가 있는 경우 : 정규직 전환 근로자(청년 정규직근로자는 제외한다)에 대한 임금증가금액 ① 상시근로자 : 근로기준법에 따라 근로계약을 체결한 근로자로서 임원등 법령에서 정하는 자[*2] 제외 ② 임금증가금액 : 소득세법에 따른 근로소득(해당 법인이 손금으로 산입한 금액에 한정하며, 인정상여와 퇴직함으로써 받는 소득으로서 퇴직소득에 속하지 않는 소득은 제외함)의 합계액으로서 직전 사업연도 대비 증가한 금액 ③ 사업연도별 임금지급액 : 매월 말 기준 상시근로자에 지급한 임금의 합계액
상생협력 출연금액	① 협력중소기업에 대한 보증 또는 대출지원을 목적으로 신용보증기금 또는 기술신용보증기금에 출연하는 경우 그 출연금 ② 협력중소기업의 연구, 인력개발, 생산성 향상, 해외시장 진출, 온실가스 감축 및 에너지 절약을 지원하기 위한 것으로서 법령으로 정하는 목적으로 대·중소기업협력재단에 출연하는 경우 그 출연금 ③ 협력중소기업의 사내근로복지기금에 출연하는 경우 그 출연금 ④ 근로복지기본법에 따른 공동근로복지기금에 출연하는 경우 그 출연금 ⑤ 은행, 신탁업자가 중소기업에 대한 보증, 대출 지원을 위해 신용보증기금 등에 출연하는 출연금

*1 사업용 유형자산이란 다음의 자산을 말한다.

㉠ 기계 및 장치, 공구·기구 및 비품, 차량 및 운반구, 선박 및 항공기 : 자본적 지출(기존의 보유자산에 대한 자본적지출을 포함)에 해당하는 분은 포함하되, 소액자산 또는 단기사용자산으로서 즉시상각된 자산은 제외한다.

㉡ 업무용신증축건축물 : 공장, 영업장, 사무실 등 해당 법인이 업무에 직접 사용하기 위하여 신축 또는 증축하는 건축물

*2 임원등 법령에서 정하는 자 : 임원, 근로소득의 금액이 8,000만원 이상인 근로자, 해당 기업의 최대주주 또는 최대출자자(개인사업자의 경우에는 대표자) 및 그와 친족관계인 근로자, 근로소득원천징수부에 의하여 근로소득세를 원천징수한 사실이 확인되지 아니하는 근로자, 근로계약기간이 1년 미만인 근로자(다만, 근로계약의 연속된 갱신으로 인하여 그 근로계약의 총 기간이 1년 이상인 근로자는 제외), 근로기준법에 따른 단시간근로자

예제 11-9 | 미환류소득에 대한 법인세

㈜대형은 제15기 사업연도(20×5.1.1~20×5.12.31) 종료일 현재 독점규제 및 공정거래에 관한 법률에 따른 상호출자제한기업집단에 속하는 법인이다. 다음 자료를 이용하여 미환류소득에 대한 법인세를 계산하시오. 단, 법인세 부담액이 적은 방법을 선택할 수 있는 것으로 가정한다.

(1) 각 사업연도 소득금액에 가산액을 더하고 차감액을 뺀 기업소득은 100억원이다.

(2) 법령으로 정하는 환류액은 다음과 같다.

① 사업용 유형자산 투자액 : 40억원(토지 투자금액 10억원 포함)

② 상시근로자 임금증가액(상시근로자 수가 직전기보다 증가함)

㉠ 기존 상시근로자 임금증가액 : 3억원(청년정규직근로자 임금증가액 1억원 포함)

㉡ 신규 상시근로자 임금증가액 : 2억원

③ 협력중소기업의 사내근로복지기금 출연금 : 1억원

해답

미환류소득에 대한 법인세 : Min[①, ②] = ₩50,000,000

① 투자포함방식 : [100억원×70% − (30억원*1 + 3억원×150% + 2억원×200% + 1억원*2 + 1억원×300%)]×20% = ₩550,000,000

*1 토지 투자금액 제외
*2 청년정규직근로자 임금증가액

② 투자제외방식 : [100억원×15% − (3억원×150% + 2억원×200% + 1억원 + 1억원×300%)]×20% = ₩50,000,000

3) 초과환류액

미환류소득 계산방식에 따라 산정한 금액이 음수인 경우에는 음(−)의 부호를 뗀 금액을 "초과환류액"이라 한다. 해당 사업연도에 초과환류액(초과환류액으로 차기환류적립금을 공제한 경우에는 그 공제 후 남은 초과환류액을 말함)이 있는 경우에는 그 초과환류액을 그 다음 2개 사업연도까지 이월하여 그 다음 2개 사업연도 동안 미환류소득에서 공제할 수 있다.

4) 차기환류적립금

미환류소득 계산방식을 선택하여 신고한 내국법인은 해당 사업연도 미환류소득의 전부 또는 일부를 다음 2개 사업연도의 투자, 임금 등으로 환류하기 위한 금액(차기환류적립금)으로 적립하여 해당 사업연도의 미환류소득에서 차기환류적립금을 공제할 수 있다.

직전 2개 사업연도에 차기환류적립금을 적립한 경우 다음 계산식에 따라 계산한 금액(음수인 경우 영으로 본다)을 해당 사업연도의 법인세액에 추가하여 납부하여야 한다.

(차기환류적립금－해당 사업연도의 초과환류액)×20%

(4) 기　타

1) 투자자산 사후관리

미환류소득에 대한 법인세 납세의무를 지는 내국법인이 다음에 해당하는 경우에는 투자자산에 대한 투자금액의 공제로 인하여 납부하지 아니한 세액에 이자 상당액[78]을 가산하여 납부하여야 한다.

① 투자자산을 투자완료일, 매입일 또는 자산의 취득일부터 2년이 지나기 전에 양도하거나 대여하는 경우

② 업무용 건축물에 해당하지 아니하게 되는 등 기획재정부령으로 정하는 경우

2) 합병 · 분할의 경우

미환류소득 계산방식을 선택하여 선택한 방법을 계속 적용하여야 하는 법인이 합병을 하거나 사업을 양수 하는 등 기획재정부령으로 정하는 경우에는 그 선택한 방법을 변경할 수 있으며, 합병 또는 분할에 따라 피합병법인 또는 분할법인이 소멸하는 경우 합병법인 또는 분할신설법인은 기획재정부령으로 정하는 바에 따라 미환류소득 및 초과환류액을 승계할 수 있다.

---

78) 이자상당액＝투자금액의 공제로 인하여 납부하지 아니한 세액×투자금액을 공제받은 사업연도의 법인세 과세표준 신고일의 다음날부터 이자상당액납부일까지의 기간×1일 1만분의 3의 율

제 4 절 | 법인과세 신탁재산의 각 사업연도의 소득에 대한 법인세 과세특례

1. 신탁소득에 대한 법인세 과세

(1) 원 칙

신탁재산에 귀속되는 소득에 대해서는 그 신탁의 이익을 받을 수익자가 그 신탁재산을 가진 것으로 보고 법인세법을 적용한다(법법 5 ①). 한편 자본시장과 금융투자업에 관한 법률의 적용을 받는 법인의 신탁재산(보험회사의 특별계정은 제외함)에 귀속되는 수입과 지출은 그 법인에 귀속되는 수입과 지출로 보지 아니한다(법법 5 ④).

(2) 법인과세 신탁재산 개정

다음의 어느 하나에 해당하는 신탁으로서 대통령령으로 정하는 요건을 충족하는 신탁(자본시장과 금융투자업에 관한 법률에 따른 투자신탁은 및 소득세법 제17조 제1항 제5호의3에 따른 수익증권이 발행된 신탁은 제외함)의 경우에는 신탁재산에 귀속되는 소득에 대하여 그 신탁의 수탁자(내국법인 또는 거주자인 경우에 한정함)가 법인세를 납부할 수 있다. 이 경우 신탁재산별로 각각을 하나의 내국법인으로 본다(법법 5 ②).

① 신탁법 제3조 제1항 각 호 외의 부분 단서에 따른 목적신탁
② 신탁법 제78조 제2항에 따른 수익증권발행신탁
③ 신탁법 제114조 제1항에 따른 유한책임신탁
④ 그 밖에 '①'부터 '③'의 신탁과 유사한 신탁으로서 대통령령으로 정하는 신탁

(3) 위탁자의 법인세 납세의무

위 규정에도 불구하고 위탁자가 신탁재산을 실질적으로 통제하는 등 대통령령으로 정하는 요건을 충족하는 신탁의 경우에는 신탁재산에 귀속되는 소득에 대하여 그 신탁의 위탁자가 법인세를 납부할 의무가 있다(법법 5 ③).

(4) 구분경리

법인과세 수탁자는 법인과세 신탁재산별로 신탁재산에 귀속되는 소득을 각각 다른 회계로 구분하여 기록하여야 한다(법법 113 ⑥).

2. 법인과세 신탁재산의 각 사업연도 소득에 대한 법인세 과세특례

(1) 신탁재산에 대한 법인세 과세방식의 적용

법인과세 수탁자는 법인과세 신탁재산에 귀속되는 소득에 대하여 그 밖의 소득과 구분하여 법인세를 납부하여야 한다. 법인과세 신탁재산이 그 이익을 수익자에게 분배하는 경우에는 배당으로 본다.

(2) 신탁 수익자의 제2차 납세의무

재산의 처분 등에 따라 법인과세 수탁자가 법인과세 신탁재산의 재산으로 그 법인과세 신탁재산에 부과되거나 그 법인과세 신탁재산이 납부할 법인세 및 강제징수비를 충당하여도 부족한 경우에는 그 신탁의 수익자(신탁법 제101조에 따라 신탁이 종료되어 신탁재산이 귀속되는 자를 포함)는 분배받은 재산가액 및 이익을 한도로 그 부족한 금액에 대하여 제2차 납세의무를 진다.

(3) 법인과세 신탁재산의 설립 및 해산

법인과세 신탁재산은 신탁법 제3조에 따라 그 신탁이 설정된 날에 설립된 것으로 보며, 신탁법 제98조부터 제100조까지의 규정에 따라 그 신탁이 종료된 날(신탁이 종료된 날이 분명하지 아니한 경우에는 부가가치세법에 따른 폐업일을 말함)에 해산된 것으로 본다.

(4) 사업연도와 납세지

법인과세 수탁자는 법인과세 신탁재산에 대한 사업연도를 따로 정하여 법인 설립신고 또는 사업자등록과 함께 납세지 관할 세무서장에게 사업연도를 신고하여야 한다. 이 경우 사업연도의 기간은 1년을 초과하지 못한다. 한편 법인과세 신탁재산의 법인세 납세지는 그 법인과세 수탁자의 납세지로 한다.

(5) 공동수탁자가 있는 법인과세 신탁재산에 대한 적용

하나의 법인과세 신탁재산에 신탁법에 따라 둘 이상의 수탁자가 있는 경우에는 수탁자 중 신탁사무를 주로 처리하는 수탁자(대표수탁자)로 신고한 자가 법인과세 신탁재산에 귀속되는 소득에 대하여 법인세를 납부하여야 한다. 대표수탁자 외의 수탁자는 법인과세 신탁재산에 관계되는 법인세에 대하여 연대하여 납부할 의무가 있다.

⑹ 법인과세 신탁재산에 대한 소득공제

법인과세 신탁재산이 수익자에게 배당한 경우에는 그 금액을 해당 배당을 결의한 잉여금 처분의 대상이 되는 사업연도의 소득금액에서 공제한다. 다만, 배당을 받은 법인과세 신탁재산의 수익자에 대하여 법인세법 또는 조세특례제한법에 따라 그 배당에 대한 소득세 또는 법인세가 비과세되는 경우에는 소득공제를 적용하지 아니한다.

⑺ 법인과세 신탁재산의 소득금액 계산

수탁자의 변경에 따라 법인과세 신탁재산의 수탁자가 그 법인과세 신탁재산에 대한 자산과 부채를 변경되는 수탁자에게 이전하는 경우 그 자산과 부채의 이전가액을 수탁자 변경일 현재의 장부가액으로 보아 이전에 따른 손익은 없는 것으로 한다.

⑻ 법인과세 신탁재산의 신고 및 납부

① 법인과세 신탁재산에 대해서는 성실신고확인서의 제출 및 중간예납의무를 부여하지 아니한다.

② 법인과세 신탁재산이 대통령령으로 정하는 소득을 지급받고, 법인과세 신탁재산의 수탁자가 대통령령으로 정하는 금융회사 등에 해당하는 경우에는 원천징수하지 아니한다.

제 5 절 | 연결납세제도

1. 연결납세제도의 개요

(1) 연결납세방식의 적용

구 분	내 용
연결납세방식	둘 이상의 내국법인을 하나의 과세표준과 세액을 계산하는 단위로 하여 법인세를 신고·납부하는 방식
용어정의	① 연결법인 : 연결납세방식을 적용받는 내국법인 ② 연결집단 : 연결법인 전체 ③ 연결모법인 : 연결집단 중 다른 연결법인을 연결지배하는 연결법인 ④ 연결자법인 : 연결모법인의 연결지배를 받는 연결법인
연결납세방식의 적용	연결모법인과 연결자법인은 연결모법인의 납세지 관할지방국세청장의 승인을 받아 연결납세방식을 적용할 수 있다. 이 경우 연결자법인이 둘 이상일 때에는 해당 법인 모두가 연결납세방식을 적용하여야 한다.
연결지배의 개념	연결지배란 내국법인이 다른 내국법인의 발행주식총수의 90% 이상을 보유하고 있는 경우를 말한다. 이 경우 그 보유비율은 다음에 따라 계산한다. ① 의결권 없는 주식을 포함할 것 ② 상법 또는 자본시장과 금융투자업에 관한 법률에 따라 보유하는 자기주식은 제외할 것 ③ 다음의 주식으로서 발행주식총수의 5% 이내의 주식은 해당 법인이 보유한 것으로 볼 것 ㉠ 우리사주조합을 통하여 근로자가 취득한 주식 ㉡ 우리사주조합이 보유한 주식 ㉢ 상법 등에 따른 주식매수선택권의 행사에 따라 발행되거나 양도된 주식(주식매수선택권을 행사한 자가 제3자에게 양도한 주식을 포함한다) ④ 연결모법인이 연결자법인을 통해 또 다른 내국법인의 지분을 보유하는 경우, 연결모법인이 연결자법인을 통해 보유하고 있는 또 다른 내국법인에 대한 지분 보유비율은 다음 계산식에 따라 계산한다. 연결자법인이 둘 이상인 경우에는 각 연결자법인별로 다음 계산식에 따라 계산한 비율을 합산한다. 연결모법인의 연결자법인에 대한 지분 보유비율 × 연결자법인의 또 다른 내국법인에 대한 지분 보유비율

(2) 연결납세방식의 적용배제

다음 법인들은 연결납세방식의 적용대상에서 제외된다(법법 76의8, 법령 120의12).

구 분	연결모법인 제외	연결자법인 제외
비영리내국법인	○	-
다른 내국법인(비영리내국법인은 제외)으로부터 완전지배를 받는 법인	○	-
해산으로 청산 중인 법인	○	○
지급배당에 대한 소득공제를 적용받는 법인(유동화전문회사 등)	○	○
동업기업과세특례를 적용하는 동업기업	○	○
해운기업의 과세표준계산특례(톤세제도)를 적용하는 법인	○	○

(3) 연결납세방식 적용신청 등

구 분	내 용
적용신청	연결납세방식을 적용받으려는 내국법인과 완전자법인은 최초의 연결사업연도 개시일로부터 10일 이내에 연결납세방식 적용 신청서를 해당 내국법인의 납세지 관할세무서장을 경유하여 연결모법인의 납세지 관할지방국세청장에게 제출하여야 한다.
연결사업연도	"연결사업연도"란 연결집단의 소득을 계산하는 1회계기간을 말한다. 연결납세방식을 적용받는 각 연결법인의 사업연도는 연결사업연도와 일치하여야 한다. 이 경우 연결사업연도의 기간은 1년을 초과하지 못한다.
간주사업연도	본래사업연도가 법령 등에 의해 규정되어 연결사업연도와 일치시킬 수 없는 연결자법인의 경우에는 연결사업연도를 해당 내국법인의 사업연도로 보아 연결납세방식을 적용할 수 있다.
납세지	연결법인의 납세지는 연결모법인의 납세지로 한다.
연대납세의무	연결법인은 각 연결사업연도의 소득에 대한 법인세(각 연결법인의 토지등 양도소득에 대한 법인세 및 미환류소득에 대한 법인세 포함)를 연대하여 납부할 의무가 있다.

(4) 연결납세방식의 승인취소 및 포기

구 분	내 용
연결납세방식의 적용승인 취소	연결모법인의 납세지 관할지방국세청장은 연결법인의 사업연도가 연결사업연도와 일치하지 아니하는 경우 등 일정한 사유에 해당하는 경우에는 연결납세방식의 적용 승인을 취소할 수 있다.

구 분	내 용
연결납세방식의 포기	연결납세방식의 적용을 포기하려는 연결법인은 연결납세방식을 적용하지 않으려는 사업연도개시일 전 3개월이 되는 날까지 연결모법인의 납세지 관할지방국세청장에게 신고하여야 한다. 다만, 연결납세방식을 최초로 적용받은 연결사업연도와 그 다음 연결사업연도의 개시일부터 4년 이내에 끝나는 연결사업연도까지는 연결납세방식의 적용을 포기할 수 없다.

(5) 연결자법인의 변경

구 분	내 용
연결자법인의 추가	연결모법인이 새로 다른 내국법인을 연결지배하게 된 경우에는 연결지배가 성립한 날이 속하는 연결사업연도의 다음 연결사업연도부터 해당 내국법인은 연결납세방식을 적용하여야 한다. 다만, 법인의 설립등기일부터 연결모법인이 연결지배하는 내국법인은 설립등기일이 속하는 사업연도부터 연결납세방식을 적용하여야 한다.
연결자법인의 배제	연결모법인의 연결지배를 받지 아니하게 되거나 해산한 연결자법인은 해당 사유가 발생한 날이 속하는 연결사업연도의 개시일부터 연결납세방식을 적용하지 아니한다. 다만, 연결자법인이 다른 연결법인에 흡수합병되어 해산하는 경우에는 해산등기일이 속하는 연결사업연도에 연결납세방식을 적용할 수 있다. 이 경우 그 변경사유가 발생한 날부터 1개월 이내에 납세지 관할지방국세청장에게 신고하여야 한다.

2. 연결사업연도의 과세표준 및 세액계산

(1) 연결사업연도의 소득금액 계산

계산절차	내 용
연결법인별 소득금액(결손금) 계산	각 연결법인별로 세무조정을 통해 각 사업연도의 소득 또는 결손금을 계산
연결법인별 연결조정항목 제거	① 익금에 산입하지 아니한 각 연결법인의 수입배당금액 상당액을 익금에 산입 ② 손금산입한도를 초과하여 손금에 산입하지 아니한 기부금 및 기업업무추진비 상당액을 손금에 산입

계산절차	내 용
연결법인간 거래손익 조정	① 연결법인이 다른 연결법인으로부터 받은 수입배당금액 상당액을 익금에 불산입 ② 다른 연결법인에 지급한 기업업무추진비 상당액과 다른 연결법인에 대한 채권에 대하여 설정한 대손충당금 상당액을 손금에 불산입 ③ 자산양도손익의 조정 : 양도손익이연자산을 다른 연결법인에 양도함에 따라 발생하는 손익을 익금 또는 손금에 불산입 ※ 양도손익이연자산이란 다음의 자산으로서 양도시점에 국내에 소재하는 자산을 말한다. 다만, '㉠'부터 '㉢'까지의 자산으로서 거래 건별 장부가액이 1억원 이하인 자산은 양도손익이연자산에서 제외할 수 있다. ㉠ 유형자산(건축물은 제외) ㉡ 무형자산 ㉢ 매출채권, 대여금, 미수금 등의 채권 ㉣ 자본시장과 금융투자업에 관한 법률에 따른 금융투자상품 ㉤ 토지와 건축물 ㉥ 외국법인의 주식등(해당 외국법인의 주식등을 다른 연결법인에 전액 양도하는 경우에 한한다) 개정
연결조정항목의 연결법인별 배분	연결집단을 하나의 내국법인으로 보아 수입배당금액 익금불산입, 기부금 및 기업업무추진비 손금불산입 규정을 적용하여 익금불산입 또는 손금불산입액을 계산한 후 그 금액을 다음 기준에 따라 각 연결법인별로 익금 또는 손금불산입함. ① 수입배당금액 익금불산입 : 각 연결법인의 출자비율의 합계액 중 해당 연결법인의 출자비율이 차지하는 비율 ② 기부금 및 기업업무추진비 : 각 연결법인의 지출액 합계액 중 해당 연결법인의 지출액이 차지하는 비율
처분손실 특례	연결납세방식을 적용하기 전 취득한 자산의 처분손실 등 법정요건을 충족하는 자산의 처분손실은 법정금액을 한도로 해당 연결사업연도의 소득금액을 계산할 때 손금에 산입한다. 이 경우 한도를 초과하여 손금에 산입하지 아니한 처분손실은 이월공제대상 결손금으로 보고 법정금액을 한도로 이후 연결사업연도의 과세표준에서 공제한다.
연결사업연도의 소득금액 계산	각 연결법인별로 계산한 소득 또는 결손금을 합하여 각 연결사업연도의 소득을 계산한다.

(2) 각 연결사업연도의 과세표준 계산

구 분	내 용
연결과세표준	연결과세표준 = 연결소득금액 - 연결이월결손금 - 비과세소득 - 소득공제액
연결이월결손금	① 각 연결사업연도의 개시일 전 15년 이내에 개시한 연결사업연도의 결손금(연결법인의 연결납세방식 적용 전에 발생한 결손금을 포함)으로서 그 후의 각 연결사업연도(사업연도 포함)의 과세표준을 계산할 때 공제되지 아니한 금액을 말한다. ② 연결사업연도의 결손금이란 각 연결사업연도의 소득이 0보다 적은 경우 해당 금액으로서 신고 · 결정 · 경정되거나 수정신고 한 과세표준에 포함된 결손금을 말한다. ③ 연결법인의 연결납세방식의 적용 전에 발생한 결손금은 연결소득개별귀속액(각 연결사업연도의 소득 중 해당 연결법인에 귀속되는 소득금액)을 한도로 공제한다. ④ 연결이월결손금에 대한 공제는 연결소득 개별귀속액의 80%(중소기업과 회생계획을 이행 중인 기업 등 대통령령으로 정하는 연결법인의 경우는 100%)을 한도로 한다.
비과세소득	법인세법 및 조세특례제한법에 따른 각 연결법인의 비과세소득의 합계액
소득공제액	법인세법 및 조세특례제한법에 따른 각 연결법인의 소득공제액의 합계액

(3) 세액의 계산

구 분	내 용
연결산출세액 계산	① 연결과세표준에 법인세율을 적용하여 연결산출세액을 계산한다. ② 연결법인이 토지등을 양도한 경우(해당 토지등을 다른 연결법인이 양수하여 연결법인간 거래손익 조정이 이루어진 경우 포함) 또는 미환류소득(연결납세방식을 적용하지 아니하고 계산한 미환류소득을 말함)이 있는 경우에는 토지등 양도소득에 대한 법인세액과 미환류소득에 대한 법인세액을 합산한 금액을 연결산출세액으로 한다.
연결법인세액의 정산	연결산출세액이 없는 경우로서 다음의 어느 하나에 해당하는 경우에는 결손금 이전에 따른 손익을 정산한 금액(정산금)을 연결법인별로 배분하여야 한다. ① 연결자법인의 해당 연결사업연도 소득금액에 다른 연결법인의 결손금이 합하여진 경우 또는 연결자법인의 연결소득 개별귀속액에서 다른 연결법인의 결손금이 공제된 경우에 해당하는 연결자법인이 있는 경우, 해당 연결자법인이 정산금을 연결사업도의 종료일이 속하는 달의 말일부터 4개월 이내에 연결모법인에 지급 ② 연결자법인의 해당 연결사업연도 결손금이 다른 연결법인의 소득금액에 합하여진 경우 또는 연결자법인의 결손금이 다른 연결법인의 연결소득 개별귀속액에서 공제된 경우에 해당하는 연결자법인이 있는 경우, 연결모법인이 정산금을 연결사업도의 종료일이 속하는 달의 말일부터 4개월 이내에 해당 연결자법인에 지급

구 분	내 용
연결법인별 산출세액 계산 개정	① 연결산출세액 중 각 연결법인에 귀속되는 금액(연결법인별 산출세액)은 다음과 같이 계산한다. 이 경우 연결법인에 토지 등 양도소득에 대한 법인세 및 미환류소득에 대한 법인세액이 있는 경우에는 이를 가산한다. 연결법인별 산출세액 = ⓐ 과세표준 개별귀속액 × ⓑ 연결세율 ⓐ 과세표준 개별귀속액 : 해당 연결법인의 연결소득개별귀속액에서 각 연결사업연도의 과세표준 계산시 공제된 결손금(해당 연결법인의 연결소득개별귀속에서 공제된 금액을 말함)과 해당 연결법인의 비과세소득 및 소득공제액을 뺀 금액 ⓑ 연결세율 : 연결사업연도의 소득에 대한 과세표준에 대한 연결산출세액(토지 등 양도소득에 대한 법인세 및 미환류소득에 대한 법인세액은 제외함)의 비율 ② 연결법인 간 결손금 이전대가를 정산한 경우 그 연결법인에 대한 연결법인별 산출세액은 다음과 같이 계산한다. 이 경우 해당 연결법인에 토지 등 양도소득에 대한 법인세가 있는 경우에는 이를 가산한다. ㉠ 연결자법인의 해당 연결사업연도 소득금액에 다른 연결법인의 결손금이 합하여진 경우 또는 연결자법인의 연결소득 개별귀속액에서 다른 연결법인의 결손금이 공제된 경우 $\text{연결법인별 산출세액} = \text{ⓐ 각 연결법인별 조정 과세표준 상당액} \times \dfrac{\text{ⓑ 조정 연결산출세액}}{\text{ⓒ 조정 과세표준 상당액}}$ ⓐ 각 연결법인별 조정 과세표준 상당액 : 각 연결법인별 소득에서 각 연결사업연도의 과세표준 계산시 공제한 결손금(해당 법인에서 발생한 결손금으로서 해당 법인의 소득에서 공제한 금액으로 한정함), 비과세소득 및 소득공제액을 차감한 금액 ⓑ 조정 연결산출세액 : 각 연결법인별 조정 과세표준 상당액의 합계액에 법인세율을 적용하여 계산한 금액 ⓒ 조정 과세표준 상당액 : 각 연결법인별 조정 과세표준 상당액의 합계액 ㉡ 연결자법인의 해당 연결사업연도 결손금이 다른 연결법인의 소득금액에 합하여진 경우 또는 연결자법인의 결손금이 다른 연결법인의 연결소득 개별귀속액에서 공제된 경우 $\text{연결법인별 산출세액} = \text{ⓐ 결손금 조정세액} \times \dfrac{\text{ⓑ 각 연결법인별 결손금 공제액}}{\text{ⓒ 총결손금 공제액}}$ ⓐ 결손금 조정세액 : 연결산출세액에서 상기 ㉠의 계산식에서 ㉡조정연결산출세액에 해당하는 금액을 차감한 금액 ⓑ 각 연결법인별 결손금 공제액: 다른 연결법인의 소득금액에 합쳐진 결손금과 다른 연결법인의 연결소득개별귀속액에서 공제된 결손금의 합계액 ⓒ 총결손금 공제액: 각 연결법인별 결손금 공제액을 모두 더한 금액

구 분	내 용
연결법인별 산출세액 계산 개정	㉢ '㉠과 ㉡'에 모두 해당하는 연결법인 연결법인별 산출세액 = ㉠의 계산금액 + ㉡의 계산금액 ③ '②'에도 불구하고 다음의 어느 하나에 해당하는 경우에는 연결법인별 연결산출세액을 '①'에 따라 계산한 금액으로 할 수 있다. ㉠ 연결모법인이 모든 연결자법인을 완전지배하는 경우 ㉡ 각 연결사업연도 신고기한 내에 연결사업연도 종료일 현재 연결자법인의 발행주식총수(연결법인이 보유하지 않은 주식으로 한정)의 90% 이상의 수의 동의를 받은 경우
세액감면 등	① 연결산출세액에서 공제하는 연결법인의 감면세액과 세액공제액은 각 연결법인별로 계산한 감면세액과 세액공제액의 합계액으로 한다. ② 각 연결법인의 감면세액과 세액공제액은 연결법인별 산출세액을 산출세액으로 보아 법인세법 및 조세특례제한법에 따른 세액감면과 세액공제를 적용하여 계산한 금액으로 하며, 연결집단을 하나의 내국법인으로 보아 최저한세 규정을 적용한다.

3. 연결과세표준 신고 및 연결법인세액의 납부 등

(1) 신고 및 납부

구 분	내 용
연결과세표준의 신고	연결모법인은 각 연결사업연도의 종료일이 속하는 달의 말일부터 4개월 이내에 해당 연결사업연도의 소득에 대한 법인세의 과세표준과 세액을 납세지 관할세무서장에게 신고하여야 한다. 다만, 외부감사인의 감사를 받아야 하는 연결모법인 또는 연결자법인이 해당 사업연도의 감사가 종결되지 아니하여 결산이 확정되지 아니하였다는 사유로 신고기한의 연장을 신청한 경우에는 그 신고기한을 1개월의 범위에서 연장할 수 있다. 한편 연결사업연도의 소득금액이 없거나 결손금이 있는 경우에도 신고를 하여야 하며, 필수적 첨부서류를 제출하여야 한다.
연결중간예납 개정	연결사업연도가 6개월을 초과하는 연결모법인은 각 연결사업연도 개시일부터 6개월이 되는 날까지를 중간예납기간으로 하여 연결중간예납세액을 중간예납기간이 지난날부터 2개월 이내에 납세지 관할세무서등에 납부하여야 한다. 연결중간예납세액은 '직전 연결사업연도의 산출세액을 기준으로 하는 방법'과 '연결중간예납기간의 법인세액을 기준으로 하는 방법' 중 연결모법인이 선택한 방법에 따라 계산한 세액으로 한다. 다만, 연결모법인 또는 연결자법인이 직전 연결사업연도 종료일 현재 독점규제 및 공정거래에 관한 법률에 따른 공시대상기업집단에 속하는 내국법인(중소기업 규모 법인은 제외)에 해당하는 경우에는 '연결중간예납기간의 법인세액을 기준으로 하는 방법'에 따라 연결중간예납세액을 계산하여야 한다.

구 분	내 용
연결법인세액의 납부	연결모법인은 연결산출세액에서 다음의 법인세액(가산세는 제외)을 공제한 금액을 각 연결사업연도의 소득에 대한 법인세로서 신고기한까지 납세지 관할세무서등에 납부하여야 한다. ① 해당 연결사업연도의 감면세액 · 세액공제액 ② 해당 연결사업연도의 연결중간예납세액 ③ 해당 연결사업연도의 각 연결법인의 원천징수된 세액의 합계액
연결자법인의 세액지급	연결자법인은 신고기한까지 연결법인별 산출세액에서 다음의 금액을 뺀 금액에 가산세액을 가산하여 연결모법인에 지급하여야 한다. 만일 계산한 금액이 음수인 경우 연결모법인은 음의 부호를 뗀 금액을 연결사업연도의 종료일이 속하는 달의 말일부터 4개월 이내까지 연결자법인에 지급하여야 한다. ① 해당 연결사업연도의 해당 법인의 감면세액 ② 해당 연결사업연도의 연결법인별 중간예납세액 ③ 해당 연결사업연도의 해당 법인의 원천징수된 세액

(2) 연결법인에 대한 중소기업 관련 규정의 적용 개정

각 연결사업연도의 소득에 대한 법인세액을 계산할 때 연결집단을 하나의 내국법인으로 보아 그 연결집단이 법인세법 및 조세특례제한법에 따른 중소기업 또는 중견기업에 해당하는 경우에는 다음에 따라 중소기업 또는 중견기업에 관한 규정을 적용한다.

① 연결집단이 중소기업에 해당하는 경우 : 중소기업에 해당하는 연결법인은 중소기업에 관한 규정을 적용하고, 중견기업에 해당하는 연결법인은 중견기업에 관한 규정을 적용한다.

② 연결집단이 중견기업에 해당하는 경우 : 중소기업에 해당하는 연결법인과 중견기업에 해당하는 연결법인에 각각 중견기업에 관한 규정을 적용한다.

한편 연결납세방식을 적용하는 최초의 연결사업연도의 직전 사업연도 당시 중소기업에 해당하는 법인이 연결납세방식을 적용함에 따라 중소기업에 관한 규정을 적용받지 못하게 되는 경우에는 연결납세방식을 적용하는 최초의 연결사업연도와 그 다음 연결사업연도의 개시일부터 5년 이내에 끝나는 연결사업연도까지는 중소기업에 관한 규정을 적용한다.

객/관/식/문/제

▶ 제11장 과세표준 및 세액의 계산

1 법인세법상 내국법인의 각 사업연도 소득에서 공제하는 이월결손금에 대한 설명으로 옳지 않은 것은? ⊙ 2015년 국가직 7급 수정

① 한 사업연도에서 발생한 결손금을 다른 사업연도의 소득에서 공제하는 방법과 관련하여, 예외적으로 법령에 의하여 소급공제를 허용하는 경우를 제외하고는, 그 후 사업연도의 소득에서 이월공제한다.

② 이월결손금공제에 있어서는 먼저 발생한 사업연도의 결손금부터 순차로 공제한다.

③ 법인세 과세표준을 추계결정하는 경우에도 이월결손금을 공제할 수 있는 경우가 있다.

④ 이월결손금으로 공제될 수 있는 결손금은 법인세 과세표준 신고에 포함되었거나 과세행정청의 법인세 결정·경정에 포함된 결손금이어야 하며, 그 외 납세자가 국세기본법 제45조에 따라 수정신고하면서 과세표준에 포함된 경우에는 그 대상이 될 수 없다.

해설

납세자가 국세기본법 제45조에 따라 수정신고하면서 과세표준에 포함된 결손금도 이월공제될 수 있다.

2 신한국주식회사의 제1기 사업연도(20×1. 7. 21～12. 31)의 법인소득과 세액에 관련된 자료이다. 법인세 차감납부할 세액을 계산하면? 다만, 법인세의 세율은 과세표준 2억원 이하 9%, 2억원 초과 200억원 이하 19%이다.

⑴ 20×1. 7. 21 설립된 비상장법인으로 사업연도말 자기자본은 120억원이다.	
⑵ 각 사업연도소득금액	₩200,000,000
⑶ 외국납부세액공제액	2,000,000
⑷ 원천납부세액	3,000,000
⑸ 공익신탁재산소득(비과세소득)	10,000,000

① ₩12,100,000　　② ₩17,100,000
③ ₩21,100,000　　④ ₩26,100,000

해설

(1) 과세표준 : ₩200,000,000 − 10,000,000(비과세소득) = ₩190,000,000

⇨ 12월로 환산 : $₩190,000,000 \times \frac{12}{6} = ₩380,000,000$

(2) 산출세액 : $(₩18,000,000 + 180,000,000 \times 19\%) \times \frac{6}{12} = ₩26,100,000$

(3) 차감납부할세액 : ₩26,100,000 − 2,000,000 − 3,000,000 = ₩21,100,000

3 다음은 ㈜백두의 세무조정 자료이다. 이것에 대하여 바른 세무조정 방법은 어느 것인가?(당사는 세액공제 방법을 선택하고 있음)

(1) 20×1년 25%를 출자하여 태국에 설립한 A법인에서 20×8년에 배당금 ₩18,000,000(외국자회사 수입배당금 익금불산입 규정 적용대상 아님)을 수령하였다.
(2) A법인의 소득금액은 2억원이며, A법인의 해당 사업연도 법인세액은 ₩50,000,000으로 가정한다.
(3) 우리나라가 태국과 체결한 조세조약에 간접외국납부세액공제가 규정되어 있지 않다.

① ₩4,500,000을 간접외국납부세액으로 익금산입한다.
② ₩4,500,000을 간접외국납부세액으로 익금산입하고, 그 금액을 외국납부세액공제액(국외원천소득에 대한 법인세 산출세액을 한도로 함)으로 처리한다.
③ ₩6,000,000을 간접외국납부세액으로 익금산입하고, 그 금액을 외국납부세액공제액(국외원천소득에 대한 법인세 산출세액을 한도로 함)으로 처리한다.
④ A법인에 대한 ㈜백두의 지분율이 30% 미만이므로 간접외국납부세액을 익금산입할 필요가 없다.

해설

(1) 우리나라가 태국과 체결한 조세조약에 간접외국납부세액공제에 대한 내용이 포함되어 있지 않더라도 간접외국납부세액 전액을 익금에 산입(기타사외유출)하고, 그 금액을 외국납부세액공제액(국외원천소득에 대한 법인세 산출세액을 한도로 함)으로 처리한다.
(2) 간접외국납부세액의 계산

$$\text{간접외국납부세액} = \text{외국자회사의 법인세액} \times \frac{\text{수입배당금액}}{\text{외국자회사의 소득금액} - \text{외국자회사의 법인세액}}$$

$$= ₩50,000,000 \times \frac{18,000,000}{200,000,000 - 50,000,000}$$

$$= ₩6,000,000$$

4 법인세법상 제조업을 영위하는 내국법인이 자신의 국외사업장에서 발생한 소득(국외원천소득)에 대해 부담한 외국법인세액에 대한 국제적 이중과세조정을 위한 조치와 관련한 설명으로 옳지 않은 것은? 2018년 국가직 9급 수정

① 법인은 외국법인세액을 해당 사업연도의 법인세액에서 공제하는 방법(외국납부세액공제방식)을 적용할 수 있다.

② 외국납부세액공제방식의 적용 시 공제한도를 계산함에 있어서 국외사업장이 2 이상의 국가에 있는 경우에는 국가별로 구분하지 않고 일괄하여 이를 계산한다.

③ 외국납부세액이 공제한도를 초과하는 경우 그 초과하는 금액은 해당 사업연도의 다음 사업연도 개시일부터 10년 이내에 끝나는 사업연도에 이월하여 그 이월된 사업연도의 공제한도 범위에서 공제받을 수 있다.

④ 국외원천소득이 있는 내국법인이 조세조약의 상대국에서 해당 국외원천소득에 대하여 법인세를 감면받은 세액상당액은 그 조세조약으로 정하는 범위에서 외국납부세액공제방식에서의 세액공제 대상이 되는 외국법인세액으로 본다.

해설

외국납부세액공제방식의 적용 시 국외사업장이 2 이상의 국가에 있는 경우에는 국가별로 구분하여 공제한도를 계산한다(국별한도방식).

5 중소기업인 ㈜한국의 다음 자료로 제5기 사업연도(20×5. 1. 1~12. 31)의 총부담세액을 구하면?

(1) 당기순이익	₩550,000,000
(2) 익금산입 및 손금불산입액	150,000,000
(3) 손금산입 및 익금불산입액	400,000,000
(4) 최저한세 적용대상 손금산입액(위 '(3)'에 포함)	150,000,000
(5) 외국납부세액공제액	10,000,000

① ₩18,500,000 ② ₩27,000,000

③ ₩32,000,000 ④ ₩37,000,000

해설

(1) 감면후 세액 : 산출세액 − 최저한세 적용대상 공제감면세액
= ₩37,000,000* − 0 = ₩37,000,000(A)

* 과세표준 = ₩550,000,000 + 150,000,000 − 400,000,000 = ₩300,000,000
산출세액 = ₩18,000,000 + 100,000,000 × 19% = ₩37,000,000

(2) 최저한세 : (₩300,000,000 + 150,000,000) × 7% = ₩31,500,000(B)

(3) Max[(A), (B)] = ₩37,000,000

(4) 총부담세액 : ₩37,000,000 − 10,000,000 = ₩27,000,000

6 다음은 제조업을 영위하는 내국법인 ㈜A(중소기업이 아님)의 제10기 사업연도(20×9.1.1.~20×9. 12.31.)의 법인세 신고와 관련된 자료이다. 제10기 사업연도의 ㈜A의 각 사업연도소득에 대한 법인세 차감납부할세액을 계산한 것으로 옳은 것은?

(1) 당기순이익	₩330,000,000
(2) 익금산입 및 손금불산입액	90,000,000
(3) 손금산입 및 익금불산입액	70,000,000
(4) (3)의 손금산입액에는 최저한세 적용대상 손금산입액 ₩30,000,000이 포함되어 있다.	
(5) 이월결손금	50,000,000
(6) 과세표준	300,000,000
(7) 산출세액	37,000,000
(8) 외국납부세액공제	7,000,000
(9) 연구·인력개발비에 대한 세액공제	5,000,000
(10) 통합투자세액공제	22,000,000

① ₩3,000,000　　② ₩10,000,000
③ ₩26,000,000　　④ ₩33,000,000

해설

(1) 감면후 세액 : ₩37,000,000 − 5,000,000 − 22,000,000 = ₩10,000,000
(2) 최저한세 : (₩300,000,000 + 30,000,000) × 10% = ₩33,000,000
(3) 차감납부할 세액 : ₩33,000,000 − 7,000,000 = ₩26,000,000

7 다음은 법인세법상 결손금 소급공제제도에 관하여 설명한 것이다. 틀린 것은?

① 내국법인의 제조업에서 발생하는 결손금에 한하여 소급공제를 적용받을 수 있다.
② 직전 사업연도의 과세표준이 5억원이고 해당 사업연도의 결손금이 6억원인 내국법인은 해당 사업연도의 결손금 중 5억원만을 소급공제받을 결손금액으로 기재하여 환급신청을 할 수 있다.
③ 해당 사업연도에 결손금이 발생한 내국법인이라고 할지라도 직전 사업연도의 소득에 대한 법인세의 과세표준 및 세액을 그 신고기한 내에 신고하지 않은 때에는 결손금 소급공제의 대상이 되지 않는다.
④ 소급공제받은 결손금은 법인세의 과세표준을 계산함에 있어서 이미 공제받은 결손금으로 본다.

해설

중소기업에 해당하는 법인은 업종에 관계없이 결손금을 소급공제하여 환급신청할 수 있다.

8 다음은 조세특례제한법상 투자세액공제에 대한 설명이다. 옳지 않은 것은?

① 중고품에 투자하는 경우에는 통합투자세액공제를 적용받을 수 없다.

② 통합투자세액공제를 받은 사업용 기계장치(신성장사업화시설 또는 국가전략기술사업화시설에 해당하지 않음)를 투자완료일부터 2년이 지나기 전에 처분한 경우에는 세액공제액을 추징한다.

③ 중소기업에 대한 특별세액감면을 적용받는 경우에는 투자세액공제를 적용하지 아니한다.

④ 통합투자세액공제는 최저한세의 적용을 받지 않는다.

해설

통합투자세액공제는 최저한세의 적용대상이 된다.

9 다음은 토지등 양도소득에 대한 과세특례를 설명한 것이다. 가장 옳지 않은 것은?

① 법인이 주택을 양도한 경우에는 그 토지등 양도소득에 대한 법인세를 납부하여야 한다.

② 주택을 신축판매하는 법인이 주택 및 그 부수토지를 양도함으로써 발생하는 소득에 대해서는 토지등 양도소득에 대한 법인세를 과세하지 아니한다.

③ 장기할부조건에 의한 토지등 양도소득의 귀속사업연도는 그 대금을 청산한 날로 한다.

④ 법인이 주택을 미등기 양도하는 경우에는 주택양도소득의 40%를 토지등 양도소득에 대한 법인세로 납부하여야 한다.

해설

장기할부조건에 의한 토지등 양도소득의 귀속사업연도는 소유권이전등기일과 인도일 또는 사용수익일 중 빠른 날로 한다.

10 중소기업이 아닌 ㈜한국(성실신고확인대상 소규모 법인 아님)은 등기된 비사업용 토지(장부가액 5억원)를 10억원(취득시기 : 20×2년 3월 2일, 양도시기 : 20×7년 3월 3일)에 양도하였다. ㈜한국의 법인세 산출세액은? (단, ㈜한국의 사업연도는 20×7년 1월 1일부터 20×7년 12월 31일까지이며, 다른 소득은 없다고 가정한다) 2014년 국가직 9급

① ₩45,000,000 ② ₩75,000,000

③ ₩95,000,000 ④ ₩125,000,000

해설

(1) 각사업연도소득에 대한 법인세 산출세액
₩18,000,000 + (500,000,000 − 200,000,000) × 19% = ₩75,000,000(A)
(2) 토지등 양도소득에 대한 법인세 산출세액
(₩1,000,000,000 − 500,000,000) × 10% = ₩50,000,000(B)
(3) 법인세 산출세액 : (A) + (B) = ₩125,000,000

11 다음은 기업의 미환류소득에 대한 법인세 관련 설명이다. 옳지 않은 것은?

① 각 사업연도 종료일 현재 독점규제 및 공정거래에 관한 법률에 따른 상호출자제한 기업집단에 속하는 법인은 미환류소득에 대한 법인세의 납세의무를 진다.

② 납세의무자인 내국법인은 투자포함방식에 따라 산정한 금액과 투자제외방식에 따라 산정한 금액 중 큰 금액을 신고·납부하여야 한다.

③ 대·중소기업 상생협력 촉진에 관한 법률에 따른 상생협력을 위한 출연금을 환류액에 포함한다.

④ 해당 사업연도에 초과환류액이 있는 경우에는 그 초과환류액을 그 다음 2개 사업연도까지 이월하여 그 다음 2개 사업연도 동안 미환류소득에서 공제할 수 있다.

해설

납세의무자인 내국법인은 ① 투자포함방식과 ② 투자제외방식 중 하나의 방법을 선택하여 산정한 금액을 각 사업연도의 종료일이 속하는 달의 말일부터 3개월 이내에 법인세 과세표준 신고와 함께 납세지 관할 세무서장에게 신고하여야 하며, 투자포함방식을 선택한 경우에는 해당 사업연도의 개시일부터 3년이 되는 날이 속하는 사업연도까지는 그 선택한 방법을 계속 적용하여야 한다.

12 다음은 연결납세제도에 대한 설명이다. 옳지 않은 것은?

① 연결모법인과 연결자법인은 연결모법인의 납세지 관할지방국세청장의 승인을 받아 연결납세방식을 적용할 수 있다. 이 경우 연결자법인이 둘 이상일 때에는 해당 법인 모두가 연결납세방식을 적용하여야 한다.

② 연결지배란 내국법인이 다른 내국법인의 발행주식총수(의결권 없는 주식 포함)의 100%를 직·간접적으로 보유하는 경우를 말한다.

③ 비영리내국법인은 다른 내국법인을 연결지배하는 경우에도 연결납세방식을 적용할 수 없다.

④ 연결납세방식을 최초로 적용받은 연결사업연도와 그 다음 연결사업연도의 개시일부터 4년 이내에 끝나는 연결사업연도까지는 연결납세방식의 적용을 포기할 수 없다.

해설

연결지배란 내국법인이 다른 내국법인의 발행주식총수(의결권 없는 주식 포함)의 90% 이상을 보유하고 있는 경우를 말한다.

정답	1	④	2	③	3	③	4	②	5	②	6	③	7	①	8	④	9	③	10	④
	11	②	12	②																

Chapter 12 법인세 신고 · 납부절차

제 1 절 | 법인세의 신고 · 납부

1. 신고납세제도

법인세는 납세의무자가 스스로 세법이 정하는 바에 따라 과세표준과 세액을 계산하여 이를 정부에 신고함으로써 조세채권이 확정되는 신고납세제도 해당 세목이다. 그러나 법정 신고기한 내에 과세표준과 세액을 신고하지 아니한 때에는 정부가 법인세의 과세표준과 세액을 결정하며, 신고한 내용에 오류가 있을 때에는 이를 경정한다.

2. 법인세 과세표준 신고

(1) 신고기한

납세의무가 있는 내국법인은 각 사업연도의 종료일이 속하는 달의 말일부터 3개월(내국법인이 성실신고확인서를 제출하는 경우에는 4개월) 이내에 그 사업연도의 소득에 대한 법인세의 과세표준과 세액을 납세지 관할세무서장에게 신고하여야 한다(법법 60 ①). 각 사업연도의 소득금액이 없거나 결손금이 있는 법인의 경우에도 신고의무가 있다(법법 60 ③).[79)]

한편 외부감사대상법인이 전자신고를 통하여 법인세 과세표준과 세액을 신고하는 때에는 그 신고서에 대표자가 서명날인하여 서면으로 납세지 관할세무서장에게 제출하여야 한다.

(2) 외부감사대상법인에 대한 법인세 신고기한 연장

외부감사를 받아야 하는 내국법인이 해당 사업연도의 감사가 종결되지 아니하여 결

79) 법인세의 과세표준 및 세액을 신고함에 있어서 세무조정계산서의 부속계산서 · 명세서를 제출함이 없이 세무조정계산서만 제출한 경우에도 적법한 신고로 본다. 다만, 법인이 이를 허위로 작성 · 제출한 경우에는 그러하지 아니하다(법기통 60－97…2).

산이 확정되지 아니하였다는 사유로 신고기한의 연장을 신청한 경우에는 그 신고기한을 1개월의 범위에서 연장할 수 있다. 신고기한이 연장된 내국법인이 세액을 납부할 때에는 기한연장일수에 1일 0.022%의 이자율을 적용하여 계산한 금액을 가산하여 납부하여야 한다. 이 경우 기한연장일수는 법인세 과세표준 신고기한의 다음 날부터 신고 및 납부가 이루어진 날(연장기한까지 신고납부가 이루어진 경우만 해당) 또는 연장된 날까지의 일수로 한다.

이 규정을 적용받으려는 내국법인은 법인세 과세표준 신고기한의 종료일 3일 전까지 신고기한 연장신청서를 납세지 관할세무서장에게 제출하여야 한다.

⑶ 신고시 첨부서류

법인세의 과세표준과 세액의 신고를 할 때 그 신고서에 다음의 서류를 첨부하여야 한다(법법 60 ②). 이 경우 다음 '①' 및 '②'에 해당되는 서류를 첨부하지 아니하는 경우 적법한 신고로 보지 아니하므로 무신고가산세가 적용된다.

① 기업회계기준을 준용하여 작성한 개별 내국법인의 재무상태표 · 포괄손익계산서 및 이익잉여금처분계산서(또는 결손금처리계산서) ⇨ 필수적 첨부서류

② 세무조정 계산서 ⇨ 필수적 첨부서류

③ 임의적 첨부서류 : 세무조정계산서 부속서류 및 기업회계기준에 따라 작성한 현금흐름표(외감법 제2조에 의하여 외부감사의 대상이 되는 법인에 한정함). 다만, 국세청장이 정하는 법인의 경우에는 그 부속서류 중 국세청장이 정하는 서류를 제출하지 아니할 수 있는데, 이 경우에도 신고내용의 분석 등에 필요하여 납세지 관할지방국세청장 또는 납세지 관할세무서장이 그 제출을 서면으로 요구하는 경우에는 이를 제출하여야 한다.

⑷ 외부조정 대상법인

기업회계와 세무회계의 정확한 조정 또는 성실한 납세를 위하여 필요하다고 인정하여 다음의 내국법인(조세특례제한법 제72조에 따른 당기순이익과세를 적용받는 법인은 제외)의 경우 세무조정계산서는 세무사법에 따른 세무사등록부에 등록한 세무사, 세무사법에 따른 세무사등록부 또는 공인회계사 세무대리업무등록부에 등록한 공인회계사 및 세무사법에 따른 세무사등록부 또는 변호사 세무대리업무등록부에 등록한 변호사로서 조정반[80]에 소속된 자가 작성하여야 한다(법법 60 ⑨, 법령 97의2 ①).

---

80) "조정반"이란 대표자를 선임하여 지방국세청장의 지정을 받은 2명 이상의 세무사등, 세무법인, 회계법인, 법무법인, 법무법인(유한) 또는 법무조합을 말한다. 이 경우 세무사등은 하나의 조정반에만

① 직전 사업연도의 수입금액이 70억원 이상인 법인 및 주식회사 등의 외부감사에 관한 법률 제2조에 따라 외부의 감사인에게 회계감사를 받아야 하는 법인
② 직전 사업연도의 수입금액이 3억원 이상인 법인으로서 법 제29조(고유목적사업준비금의 손금산입)·제30조(책임준비금 등의 손금산입)·제31조(비상위험준비금의 손금산입)·제45조(합병 시 이월결손금 등 공제 제한) 또는 조세특례제한법에 따른 조세특례(전자신고에 대한 세액공제는 제외)를 적용받는 법인
③ 직전 사업연도의 수입금액이 3억원 이상인 법인으로서 해당 사업연도 종료일 현재 법인세법 및 조세특례제한법에 따른 준비금 잔액이 3억원 이상인 법인
④ 해당 사업연도 종료일부터 2년 이내에 설립된 법인으로서 해당 사업연도 수입금액이 3억원 이상인 법인
⑤ 직전 사업연도의 법인세 과세표준과 세액에 대하여 추계결정 또는 추계경정받은 법인
⑥ 해당 사업연도 종료일부터 소급하여 3년 이내에 합병 또는 분할한 합병법인, 분할법인, 분할신설법인 및 분할합병의 상대방 법인
⑦ 국외에 사업장을 가지고 있거나 외국자회사를 가지고 있는 법인
⑧ 정확한 세무조정을 위하여 세무사등이 작성한 세무조정계산서를 첨부하려는 법인

⑸ 성실신고확인서 제출

다음의 어느 하나에 해당하는 내국법인은 성실한 납세를 위하여 법인세의 과세표준과 세액을 신고할 때 비치·기록된 장부와 증명서류에 의하여 계산한 과세표준금액의 적정성을 세무사 등이 확인하고 작성한 성실신고확인서를 납세지 관할 세무서장에게 제출하여야 한다. 내국법인이 성실신고확인서를 제출하는 경우에는 법인세의 과세표준과 세액을 각 사업연도의 종료일이 속하는 달의 말일부터 4개월 이내에 납세지 관할 세무서장에게 신고하여야 한다. 다만, 주식회사의 외부감사에 관한 법률에 따라 감사인(監査人)에 의한 외부감사를 받은 내국법인은 이를 제출하지 아니할 수 있다(법법 60의2).

① 부동산임대업을 주업으로 하는 등 소규모법인에 해당하는 내국법인
② 소득세법에 따른 성실신고확인대상사업자가 사업용자산의 현물출자 및 사업의 양도·양수 등의 방법에 따라 내국법인으로 전환한 경우 그 내국법인(사업연도 종료일 현재 법인으로 전환한 후 3년 이내의 내국법인으로 한정함)

소속되어야 한다(법령 97의3 ①).

③ 위 ‘②’에 따라 전환한 내국법인이 그 전환에 따라 경영하던 사업을 인수한 다른 내국법인(전환일부터 3년 이내인 경우로서 그 다른 내국법인의 사업연도 종료일 현재 인수한 사업을 계속 경영하고 있는 경우로 한정한다)

성실신고 확인비용에 대한 세액공제

성실신고확인대상 내국법인이 성실신고확인서를 제출하는 경우에는 성실신고 확인에 직접 사용한 비용의 60%에 해당하는 금액을 150만원을 한도로 해당 과세연도의 법인세에서 공제한다(조특법 126의6).

3. 법인세의 자진납부

(1) 자진납부

법인은 각 사업연도의 소득에 대한 법인세 산출세액에서 다음의 법인세액(가산세는 제외함)을 공제한 금액을 각 사업연도의 소득에 대한 법인세로서 법인세 과세표준 신고기한까지 납세지 관할세무서에 납부하거나, 국세징수법에 의한 납부서에 의하여 한국은행(그 대리점을 포함) 또는 체신관서에 납부하여야 한다(법법 64 ①, 법령 101 ①).

① 해당 사업연도의 감면세액 · 세액공제액
② 해당 사업연도의 중간예납세액
③ 해당 사업연도의 수시부과세액
④ 해당 사업연도에 원천징수된 세액

(2) 법인세의 분할납부

내국법인이 납부할 법인세액이 1천만원을 초과하는 경우에는 이의 일부를 납부기한이 지난 날부터 1개월(중소기업의 경우에는 2개월) 이내에 분할하여 납부할 수 있다. 이때 분할하여 납부할 금액은 다음과 같다.

① 납부할 세액이 2천만원 이하인 때에는 1천만원을 초과하는 금액
② 납부할 세액이 2천만원을 초과하는 때에는 그 세액의 50% 이하의 금액

법인세 물납제도 폐지

물납제도의 실효성을 확보하기 위하여 2016년부터 법인세, 양도소득세, 증여세 및 종합부동산세 물납제도가 폐지되었고, 국세 중에는 상속세에 대한 물납제도만 남게 되었다.

제 2 절 | 사업연도 중의 납부세액

1. 중간예납세액

(1) 중간예납의무

내국법인(사립학교를 경영하는 학교법인, 산학협력단 및 국립대학법인 제외)으로서 각 사업연도가 6개월을 초과하는 법인은 중간예납의무가 있다. 다만, 다음에 해당하는 경우에는 중간예납의무가 없다.

① 합병이나 분할에 의하지 아니하고 새로 설립된 법인의 최초의 사업연도
② 직전 사업연도의 중소기업으로서 직전 사업연도 실적기준으로 계산한 금액이 50만원 미만인 내국법인
③ 청산법인 및 국내사업장이 없는 외국법인
④ 중간예납기간 중 휴업 등의 사유로 사업수입금액이 없는 법인으로서 사업수입금액이 없는 사실이 확인된 법인
⑤ 유동화전문회사 · 프로젝트금융투자회사 등 지급배당에 대한 소득공제를 적용받은 법인으로서 직전사업연도의 법인세액이 없는 경우

(2) 중간예납세액의 계산 개정

중간예납세액의 계산방법에는 직전 사업연도의 실적을 기준으로 하는 방법과 해당 중간예납 기간의 실적을 기준으로 하는 방법 등 두 가지가 있다. 법인은 이 중 한 가지 방법을 선택하여 중간예납세액을 계산할 수 있으나, 다음의 예외가 있다.

① 반드시 해당 중간예납 기간의 실적을 기준으로 해야 하는 경우
㉠ 직전 사업연도 종료일 현재 독점규제 및 공정거래에 관한 법률에 따른 공시대상기업집단에 속하는 내국법인(업종별 매출액 등을 고려하여 대통령령으로 정하는 법인은 제외)
㉡ 직전 사업연도의 법인세로서 확정된 산출세액(가산세는 제외)이 없는 경우(유동화전문회사 등에 대한 소득공제 또는 프로젝트금융투자회사에 대한 소득공제 적용법인은 제외)
㉢ 해당 중간예납기간 만료일까지 직전 사업연도의 법인세액이 확정되지 아니한 경우
㉣ 분할신설법인 또는 분할합병의 상대방 법인의 분할 후 최초의 사업연도인 경우

㉰ 합병법인 또는 피합병법인이 합병 당시 공시대상기업집단에 속하는 내국법인(중소기업 규모 법인 제외)에 해당하는 경우로서 해당 합병법인의 합병 후 최초의 사업연도인 경우

② 반드시 직전 사업연도의 실적으로 기준으로 해야 하는 경우 : 중간예납의 납부기한까지 중간예납세액을 납부하지 않은 경우('①'에 해당하는 경우는 제외)

1) 직전 사업연도의 실적기준

$$\text{중간예납세액} = \left[\begin{array}{l}\text{직전 사업연도의} \\ \text{법인세 산출세액}\end{array} - \begin{array}{l}\text{직전 사업연도의 공제감면세액} \\ \text{원천납부세액, 수시부과세액}\end{array}\right] \times \frac{6}{\text{직전사업연도월수}}$$

① 법인세 산출세액 : 가산세 포함, 토지등 양도소득에 대한 법인세와 미환류소득에 대한 법인세 제외

② 직전 사업연도의 감면세액 : 직전 사업연도와 해당 사업연도의 감면범위가 상이한 경우에도 직전 사업연도의 감면세액을 그대로 차감한다.

2) 해당 중간예납기간의 실적기준

중간예납세액 = 중간예납기간의 법인세 산출세액*
− 중간예납기간의 공제감면세액, 원천납부세액, 수시부과세액

* 중간예납기간의 법인세 산출세액 = $\left[\left(\text{중간예납기간의 과세표준} \times \frac{12}{6}\right) \times \text{법인세율}\right] \times \frac{6}{12}$

(3) 중간예납세액의 신고 · 납부

중간예납세액은 중간예납기간이 지난 날부터 2개월 이내에 납세지 관할세무서 · 한국은행(그 대리점을 포함) · 체신관서에 납부하여야 한다. 이 경우 납부할 세액이 1천만원을 초과하는 경우에는 분납할 수 있다.

한편 중간예납세액을 납부하지 아니한 때에는 납부지연가산세를 징수한다.

예제 12-1 | 중간예납

다음은 중소기업이 아닌 제조업체 ㈜한국의 제15기 사업연도 중간예납기간(20×7년 1월 1일~20×7년 6월 30일)의 중간예납세액을 계산하기 위한 자료이다. 이 자료를 이용하여 (1) 직전 사업연도 실적기준에 의한 중간예납세액과 (2) 중간예납기간의 실적기준(가결산)에 의한 중간예납세액을 각각 계산하시오.

1. ㈜한국의 제14기 사업연도(20×6년 1월 1일~20×6년 12월 31일)에 대한 법인세 신고 및 납부내역은 다음과 같다.
   (1) 과세표준 ₩500,000,000
   (2) 산출세액 95,000,000(가산세 ₩5,000,000과 토지등 양도소득에 대한 법인세 ₩5,000,000이 포함됨)
   (3) 원천징수세액 6,000,000
   (4) 수시부과세액 8,000,000
   (5) 중간예납세액 18,000,000
   (6) 감면세액 7,000,000

2. ㈜한국의 제15기 중간예납기간(20×7년 1월 1일~20×7년 6월 30일)에 대한 자료는 다음과 같다.
   (1) 손익계산서상 당기순이익 ₩400,000,000
   (2) 익금산입 및 손금불산입 90,000,000
   (3) 손금산입 및 익금불산입 70,000,000
   (4) 원천징수세액 7,000,000
   (5) 수시부과세액 3,000,000
   (6) 외국납부세액공제 2,000,000
   (7) 연구·인력개발비에 대한 세액공제 35,000,000
   (단, 위에 제시된 자료 외에는 비과세소득, 소득공제, 세액공제 및 세액감면 등은 없다고 가정한다)

해답

(1) 직전 사업연도 실적기준에 의한 중간예납세액

[(₩95,000,000 − ₩5,000,000)* − ₩7,000,000(감면세액) − ₩6,000,000(원천징수세액)

− ₩8,000,000(수시부과세액)] $\times \frac{6}{12}$ = ₩34,500,000

* 가산세는 포함하되, 토지등 양도소득에 대한 법인세는 제외한다.

(2) 중간예납기간의 실적기준(가결산)에 의한 중간예납세액

① 산출세액

(₩400,000,000 + ₩90,000,000 − ₩70,000,000) $\times \frac{12}{6} \times$ 세율 $\times \frac{6}{12}$ = ₩69,800,000

② 감면후세액 : ₩69,800,000 - ₩35,000,000(연구 · 인력개발비에 대한 세액공제) = ₩34,800,000
③ 최저한세 : ₩420,000,000 × 10% = ₩42,000,000
④ 중간예납세액 : ₩42,000,000 - ₩2,000,000(외국납부세액공제) - ₩7,000,000(원천징수세액) = ₩3,000,000(수시부과세액) = ₩30,000,000

2. 원천징수세액

(1) 원천징수세액

내국법인에 대하여 이자소득금액(금융보험업을 하는 법인의 수입금액 포함), 투자신탁이익을 지급하는 자(이를 원천징수의무자라 함)가 그 금액을 지급하는 경우에는 그 지급하는 금액에 원천징수세율을 적용하여 계산한 금액에 상당하는 법인세(1천원 이상인 경우만 해당)를 원천징수하여 그 징수일이 속하는 다음 달 10일까지 이를 납세지 관할세무서 등에 납부하여야 한다. 법인세법이 규정하는 원천징수세율은 다음과 같다.

① 이자소득금액 : 14%. 다만, 비영업대금의 이익에 대해서는 25%의 세율을 적용하되, 금융위원회에 등록한 온라인투자연계금융업자를 통하여 지급받는 이자소득에 대해서는 14%의 세율을 적용한다.
② 투자신탁이익 : 14%

(2) 원천징수제외소득

원천징수대상 이자소득금액 및 투자신탁이익에는 다음의 소득이 포함되지 아니한다(법령 111 ①).

① 법인세가 부과되지 아니하거나 면제되는 소득
② 신고한 과세표준에 이미 산입된 미지급소득
③ 법령 또는 정관에 의하여 비영리법인이 회원 또는 조합원에게 대부한 융자금과 비영리법인이 당해 비영리법인의 연합회 또는 중앙회에 예탁한 예탁금에 대한 이자수입

(3) 원천징수세액의 납부

원천징수의무자는 원천징수한 법인세를 그 징수일이 속하는 달의 다음 달 10일까지 납부함을 원칙으로 한다. 다만, 직전연도(신규로 사업을 개시한 사업자의 경우 신청일이 속하는 반기)의 상시고용인원이 20인 이하인 원천징수의무자(금융보험업을 영위하는 법인을 제외한다)로서 원천징수 관할세무서장으로부터 원천징수세액을 반기별로

납부할 수 있도록 승인을 얻거나 국세청장이 정하는 바에 따라 지정을 받은 원천징수 의무자는 원천징수한 법인세를 그 징수일이 속하는 반기의 마지막 달의 다음달 10일까지 납부할 수 있다.

한편, 원천징수세액이 1,000원 미만인 경우에는 해당 법인세를 징수하지 아니한다.

3. 수시부과세액

(1) 일반적인 경우

법인세의 납세의무는 사업연도가 종료하는 때에 성립하는 것이 원칙이다. 그러나 법인세를 포탈할 우려가 있는 것으로 인정되는 다음의 사유가 발생되는 경우에는 수시부과에 의하여 징수하게 된다. 이 경우에도 각 사업연도의 소득에 대하여 법인세 과세표준 신고를 하여야 한다.

① 신고를 하지 아니하고 본점 또는 주사무소를 이전한 때

② 사업부진 기타의 사유로 인하여 휴업 또는 폐업상태에 있을 때

③ 기타 조세를 포탈할 우려가 있다고 인정되는 상당한 이유가 있을 때

(2) 군납사업자에 대한 수시부과

납세지 관할세무서장은 법인이 주한 국제연합군 또는 외국기관으로부터 사업수입금액을 외국환은행을 통하여 외환증서 또는 원화로 영수할 때에는 그 영수할 금액에 대한 과세표준을 결정할 수 있다.

수시부과세액 = 사업수입금액 × (1 − 기준경비율) × 세율

제 3 절 | 결정 · 경정 및 징수 · 환급

1. 과세표준의 결정 및 경정

(1) 결 정

납세지 관할세무서장은 내국법인이 신고기한까지 법인세 과세표준 및 세액을 신고하지 아니한 경우에는 그 법인의 각 사업연도의 소득에 대한 법인세의 과세표준과 세

액을 결정한다. 다만, 국세청장이 특히 중요하다고 인정하는 것에 대하여는 납세지 관할지방국세청장이 이를 결정 또는 경정할 수 있다.

⑵ 경　정

납세지 관할세무서장은 법인이 법인세 과세표준 및 세액을 신고하더라도 신고내용에 오류 또는 누락이 있는 경우 등 법령에서 정한 사유에 해당하는 경우에는 그 법인의 각 사업연도의 소득에 대한 법인세의 과세표준과 세액을 경정한다.

⑶ 재경정

납세지 관할세무서장 또는 관할지방국세청장은 법인세의 과세표준과 세액을 결정 또는 경정한 후 그 결정 또는 경정에 오류나 누락이 있는 것을 발견한 때에는 즉시 이를 다시 경정한다.

⑷ 결정 또는 경정의 방법

1) 원칙 : 실지조사결정

법인세의 결정 또는 경정은 과세표준신고서 및 그 첨부서류에 의하거나 비치·기록된 장부 그밖의 증명서류에 의한 실지조사에 의함을 원칙으로 한다.

2) 예외 : 추계조사결정

다음에 정하는 사유로 장부 그밖의 증명서류에 의하여 소득금액을 계산할 수 없는 경우에는 추계결정 또는 경정을 할 수 있다.[81)]

① 소득금액을 계산할 때 필요한 장부 또는 증명서류가 없거나 그 중요한 부분이 미비 또는 허위인 때

② 기장의 내용이 시설규모·종업원수와 원자재·상품·제품 또는 각종 요금의 시가 등에 비추어 허위임이 명백한 때

③ 기장의 내용이 원자재사용량·전력사용량 기타 조업상황에 비추어 허위임이 명백한 때

3) 추계조사결정방법

① 원칙 : 기준경비율에 의한 방법

---

81) 이월결손금공제, 외국자회사수입배당금 익금불산입, 외국납부세액공제는 적용하지 아니한다. 다만, 천재지변 등으로 장부나 그 밖의 증명서류가 멸실되어 대통령령으로 정하는 바에 따라 추계하는 경우에는 그러하지 아니하다.

② 기준경비율이 결정되지 아니하였거나 천재지변 등으로 장부나 그밖의 증명서류가 멸실된 때 : 동업자권형에 의한 방법(기장이 가장 정확하다고 인정되는 동일업종의 다른 법인의 소득금액을 고려하여 그 과세표준을 결정 또는 경정하는 방법). 다만, 동일업종의 다른 법인이 없는 경우로서 과세표준신고 후에 장부나 그밖의 증명서류가 멸실된 때에는 과세표준신고서 및 그 첨부서류에 의하고, 과세표준신고 전에 장부나 그밖의 증명서류가 멸실된 때에는 직전사업연도의 소득률에 의하여 과세표준을 결정 또는 경정한다.

③ 소기업이 폐업한 때(조세탈루혐의가 있다고 인정되는 경우로서 법 소정의 사유가 있는 경우는 제외) : 다음 금액 중 적은 금액을 과세표준으로 하여 결정 또는 경정하는 방법

㉠ 단순경비율 적용금액 : 수입금액 − 수입금액 × 단순경비율

㉡ 직전 사업연도 소득률 적용금액 : 수입금액 × 직전 사업연도의 소득률

㉢ 기준경비율 적용금액 : 수입금액 − 주요경비 − 수입금액 × 기준경비율

2. 징수와 환급

(1) 징 수

납세지 관할세무서장은 내국법인이 각 사업연도의 소득에 대한 법인세로서 납부하여야 할 세액의 전부 또는 일부를 납부하지 아니하면 그 미납된 법인세액을 국세징수법에 따라 징수하여야 한다. 또한 납세지 관할세무서장은 원천징수의무자가 그 징수하여야 할 세액을 징수하지 아니하였거나 징수한 세액을 기한까지 납부하지 아니하면 지체 없이 원천징수의무자로부터 그 원천징수의무자가 원천징수하여 납부하여야 할 세액에 원천징수납부 등 불성실가산세액을 더한 금액을 법인세로서 징수하여야 한다. 다만, 원천징수의무자가 원천징수를 하지 아니한 경우로서 납세무의자가 그 법인세액을 이미 납부한 경우에는 원천징수의무자에게 그 가산세만 징수한다.

(2) 환 급

납세지 관할세무서장은 중간예납 · 수시부과 또는 원천징수한 법인세액이 각 사업연도의 소득에 대한 법인세액(가산세를 포함함)을 초과하는 경우 그 초과하는 금액은 국세기본법에 따라 환급하거나 다른 국세 및 강제징수비에 충당하여야 한다.

1. 장부의 기록 · 보관 불성실 가산세

구 분	내 용
① 사유	장부의 비치 · 기장(記帳)의무를 이행하지 아니한 경우(비영리내국법인은 제외) (산출세액이 없는 경우에도 가산세는 징수함)
② 가산세액	Max[정부결정산출세액* × 20%, 수입금액 × 0.07%] * 토지등 양도소득에 대한 법인세액과 미환류소득에 대한 법인세액을 제외함

2. 법정증명서류 수취불성실 가산세

구 분	내 용
① 사 유	법인이 사업과 관련하여 법인 또는 개인사업자로부터 건당 거래금액(부가가치세 포함) 3만원을 초과하는 재화 · 용역을 공급받고 법정증명서류를 받지 아니하거나 사실과 다른 증명서류를 받은 경우(산출세액이 없는 경우에도 가산세는 징수함)
② 적용배제	㉠ 국가 및 지방자치단체, 비영리법인(수익사업과 관련된 부분은 제외), 금융보험업을 영위하는 법인 및 국내사업장이 없는 외국법인 또는 비거주자로부터 재화 또는 용역을 공급받는 경우 ㉡ 농 · 어민(법인은 제외)으로부터 재화 또는 용역을 직접 공급받은 경우 ㉢ 소득세법상 원천징수대상 사업소득자로부터 용역을 공급받은 경우(원천징수한 것에 한함) ㉣ 항만공사가 공급하는 화물료 징수용역을 공급받은 경우 ㉤ 공매 · 경매 또는 수용에 의하여 재화를 공급받는 경우 ㉥ 지출건당 3만원 초과 기업업무추진비 중 법정증명서류 미수취로 손금불산입되는 것
③ 가산세액	증명서류를 받지 아니하거나 사실과 다르게 받은 금액으로 손금에 산입하는 것이 인정되는 금액×2%

3. 기부금영수증 발급 등 불성실가산세

구 분	내 용
① 사 유	기부금영수증을 발급하는 법인이 기부금영수증을 사실과 다르게 적어 발급(기부금액 또는 기부자의 인적사항 등 주요사항을 적지 아니하고 발급하는 경우를 포함)하거나 기부자별 발급명세를 작성 · 보관하지 아니한 경우 (산출세액이 없는 경우에도 가산세를 징수함)
② 적용배제	상속세 및 증여세법의 규정에 따라 보고서 제출의무를 이행하지 아니하거나 출연받은 재산에 대한 장부의 작성 · 비치 의무를 이행하지 아니하여 가산세가 부과되는 경우 기부자별 발급명세와 관련된 가산세는 적용하지 아니한다.

구 분	내 용
③ 가산세액	㉠ 기부금액을 사실과 다르게 적어 기부금영수증을 발급한 경우 : 사실과 다르게 발급된 금액의 5%에 해당하는 금액 ㉡ 기부자의 인적 사항 등을 사실과 다르게 적어 기부금영수증을 발급하는 등 '㉠' 외의 경우 : 영수증에 적힌 금액의 5%에 해당하는 금액 ㉢ 기부자별 발급명세를 작성·보관하지 아니한 경우 : 작성·보관하지 아니한 금액의 0.2%에 해당하는 금액

기부금영수증 발급명세의 작성·보관 의무 등(법법 제112조의2)

① 기부금영수증을 발급하는 법인은 기부자별 발급명세를 작성하여 발급한 날부터 5년간 보관하여야 하며, 국세청장·지방국세청장 또는 납세지 관할세무서장이 요청하는 경우 기부자별 발급명세를 제출하여야 한다. 다만, 전자기부금영수증을 발급한 경우에는 그러하지 아니하다.

② 기부금영수증을 발급하는 법인은 해당 사업연도의 기부금영수증 총 발급 건수 및 금액 등이 적힌 기획재정부령으로 정하는 기부금영수증 발급합계표를 해당 사업연도의 종료일이 속하는 달의 말일부터 6개월 이내에 관할세무서장에게 제출하여야 한다. 다만, 전자기부금영수증을 발급한 경우에는 그러하지 아니하다.

4. 성실신고확인서 제출 불성실가산세

구 분	내 용
① 사 유	성실신고 확인대상인 내국법인이 법정기한까지 성실신고확인서를 제출하지 아니한 경우
② 가산세액	Max[법인세 산출세액* × 5%, 수입금액 × 0.02%] * 토지등 양도소득에 대한 법인세액 및 투자·상생협력 촉진을 위한 과세특례를 적용하여 계산한 법인세액을 제외함

5. 업무용승용차 관련비용 명세서 제출 불성실 가산세

구 분	내 용
① 사 유	업무용승용차 관련비용 등을 손금에 산입한 내국법인이 업무용승용차 관련비용 등에 관한 명세서를 제출하지 아니하거나 사실과 다르게 제출한 경우
② 가산세액	㉠ 명세서를 제출하지 아니한 경우 : 업무용승용차 관련비용 등으로 손금에 산입한 금액의 1% ㉡ 명세서를 사실과 다르게 제출한 경우 : 업무용승용차 관련비용 등으로 손금에 산입한 금액 중 해당 명세서에 사실과 다르게 적은 금액의 1%

6. 기타의 가산세

다음의 가산세는 산출세액이 없는 경우에도 징수한다.

구 분	사 유	가 산 세 액
① 주주등의 명세서 제출불성실가산세	주주등의 명세서를 미제출, 주주등의 명세의 전부 또는 일부를 누락제출하거나 제출한 명세서가 불분명한 경우	미제출한 주식등의 액면금액(출자가액) ×0.5%
② 주식 등 변동상황 명세서 제출 불성실가산세	제출대상 법인이 변동상황명세서를 미제출·변동상황을 누락하여 제출한 경우 또는 변동상황명세서가 불분명한 경우	미제출한 주식 등의 액면금액(출자가액) ×1%
③ 지급명세서 등 제출 불성실가산세	지급명세서를 기한까지 제출하지 아니한 경우	미제출 지급금액×1% (제출기한이 지난 후 3개월 이내 제출 0.5%). 다만, 일용근로소득에 대한 지급명세서는 미제출 지급금액×0.25% (제출기한이 지난 후 1개월 이내에 제출 0.125%)
	간이지급명세서를 기한까지 제출하지 아니한 경우	미제출 지급금액×0.25% (제출기한이 지난 후 1개월 이내에 제출 0.125%)
	제출된 지급명세서가 불분명하거나 기재된 지급금액이 사실과 다른 경우	불분명하거나 사실과 다른 분의 지급금액×1%. 다만, 일용근로소득에 대한 지급명세서는 불분명하거나 사실과 다른 분의 지급금액×0.25%
	제출된 간이지급명세서가 불분명하거나 기재된 지급금액이 사실과 다른 경우	불분명하거나 사실과 다른 분의 지급금액 ×0.25%
④ 특정외국법인의 유보소득계산 명세서 제출 불성실가산세	특정외국법인의 유보소득계산명세서 제출하여야 하는 내국법인이 그 제출기한까지 제출하지 아니하거나 제출한 명세서의 전부 또는 일부를 적지 아니하는 등 제출한 명세서가 불분명한 경우에 해당할 때	해당 특정외국법인의 배당 가능한 유보소득금액×0.5%
⑤ 계산서등 불성실가산세[*1]	㉠ 매출·매입처별계산서합계표 미제출·부실기재 ㉡ 매입처별 세금계산서합계표 미제출·부실기재	그 공급가액×0.5%

구 분	사 유	가 산 세 액
⑤ 계산서등 불성실가산세*1	㉢ 발급한 계산서등에 필요적 기재사항이 부실기재된 경우 ㉣ 전자계산서를 발급하지 아니하였으나 전자계산서 외의 계산서를 발급한 경우 ㉤ 지연발급 : 계산서의 발급시기가 지난 후 해당 재화 또는 용역의 공급시기가 속하는 사업연도 말의 다음 달 25일까지 계산서를 발급한 경우	그 공급가액×1%
	㉥ 계산서등을 계산서 발급시기에 발급하지 아니한 경우 ㉦ 재화 또는 용역을 공급하지 아니하고 계산서등을 발급한 경우 ㉧ 재화 또는 용역을 공급받지 아니하고 계산서등을 발급받은 경우 ㉨ 재화 또는 용역을 공급하고 실제로 재화 또는 용역을 공급하는 법인이 아닌 법인의 명의로 계산서등을 발급한 경우 ㉩ 재화 또는 용역을 공급받고 실제로 재화 또는 용역을 공급하는 자가 아닌 자의 명의로 계산서등을 발급받은 경우	그 공급가액×2%
⑥ 전자계산서 발급명세 전송불성실가산세	전자계산서 발급명세 전송기한(발급일의 다음 날)이 지난 후 재화 또는 용역의 공급시기가 속하는 사업연도 말의 다음 달 25일까지 국세청장에게 전자계산서 발급명세를 전송하는 경우	공급가액 × 0.3%
	전자계산서 발급명세 전송기한(발급일의 다음 날)이 지난 후 재화 또는 용역의 공급시기가 속하는 사업연도 말의 다음 달 25일까지 국세청장에게 전자계산서 발급명세를 전송하지 아니한 경우	공급가액 × 0.5%
⑦ 신용카드매출전표 발급불성실가산세	신용카드에 의한 거래를 거부하거나 신용카드매출전표를 사실과 다르게 발급하여 납세지 관할세무서장으로부터 통보받은 경우	건별 발급거부금액 또는 건별로 사실과 다르게 발급한 금액 × 5%*2
⑧ 현금영수증발급등 불성실가산세	㉠ 현금영수증가맹점으로 가입하여야 할 법인이 가입하지 않거나 가입기한이 지나서 가입한 경우	가맹하지 아니한 사업 연도의 수입금액×1%×가맹하지 아니한 기간 비율
	㉡ 현금영수증가맹점이 건당 5천원 이상의 거래금액에 대하여 현금영수증 발급을 거부하거나 사실과 다르게 발급하여 납세지 관할세무서장으로부터 통보받은 경우	건별 발급거부금액 또는 건별로 사실과 다르게 발급한 금액 × 5%*2
	㉢ 현금영수증을 발급하지 아니한 경우	미발급금액 × 20%*3

*1 국가 및 지방자치단체, 비영리법인(수익사업과 관련된 부분은 제외)은 계산서등 불성실가산세가 적용되지 아니하며, 법인세법에 따라 법정증명서류 수취불성실가산세가 부과되거나 부가가치세법에 따라 세금계산서불성실가산세, 매출처별·매입처별세금계산서합계표제출 불성실가산세가 부과되는 부분에 대해서는 계산서 등 불성실가산세를 부과하지 아니한다.

*2 건별로 계산한 금액이 5천원에 미달하는 경우는 5천원
*3 착오나 누락으로 인하여 거래대금을 받은 날부터 10일 이내에 관할세무서에 자진 신고하거나 현금영수증을 자진 발급한 경우에는 10%

7. 과태료 개정

관할 세무서장은 다음의 어느 하나에 해당하는 명령사항을 위반한 사업자에게 2천만원 이하의 과태료를 부과 · 징수한다(법법 124).

① 신용카드에 의한 거래를 거부하거나 신용카드매출전표를 사실과 다르게 발급한 신용카드가맹점에 대한 명령

② 현금영수증 발급 요령, 현금영수증가맹점 표지 게시방법 등 현금영수증가맹점으로 가입한 사업자가 준수하여야 할 사항과 관련한 현금영수증가맹점에 대한 명령

③ 가상자산 거래내역 등 법인세 부과에 필요한 자료를 제출하지 아니한 가상자산 사업자에 대한 명령[82)]

82) 「가상자산 이용자 보호 등에 관한 법률」에 따른 가상자산사업자는 가상자산 거래내역 등 법인세 부과에 필요한 자료를 대통령령으로 정하는 바에 따라 거래가 발생한 날이 속하는 분기 또는 연도의 종료일의 다음다음 달 말일까지 납세지 관할 세무서장, 지방국세청장 또는 국세청장에게 제출하여야 한다(법법 120의4 ①).

객 관 식 문 제

▶ 제12장 법인세 신고 · 납부절차

1 다음 중 가장 올바르게 설명된 것은?

① 법인세 납세의무가 있는 내국법인은 해당 사업연도 소득금액이 없거나 결손금이 발생한 경우에는 법인세 신고의무가 없다.

② 신설법인은 최초 사업연도가 6개월을 초과하는 경우에도 중간예납 신고의무가 없다.

③ 내국법인에게 이자소득이나 배당소득을 지급하는 자는 원천징수의무가 있다.

④ 법인세를 수시부과하는 경우에도 가산세를 적용한다.

해설

① 해당 사업연도 소득금액이 없거나 결손금이 발생한 경우에도 법인세 신고의무가 있다.
③ 내국법인에게 배당소득(투자신탁수익의 이익 제외)을 지급하는 자는 원천징수의무가 없다.
④ 법인세를 수시부과하는 경우에는 가산세를 적용하지 아니한다.

2 다음은 법인세중간예납에 관한 설명이다. 틀린 것은?

① 중간예납세액은 중간예납기간이 경과한 날로부터 2월 이내에 납부하여야 한다.

② 중간예납세액을 직전 사업연도의 확정된 법인세에 의하여 계산하는 경우 직전연도의 산출세액에 가산세를 포함하지 아니한다.

③ 직전 사업연도의 법인세로서 확정된 산출세액이 없는 법인도 중간예납의무를 진다.

④ 국세기본법에 의한 수정신고규정은 중간예납에 대해서는 적용하지 아니한다.

해설

중간예납기준액에 가산세가 포함된다.

3 가산세에 대한 다음 설명 중 옳지 않은 것은?

① 비영리내국법인에 대해서는 장부의 기록·보관 불성실가산세가 적용되지 아니한다.

② 성실신고 확인대상인 내국법인이 법정기한까지 성실신고확인서를 제출하지 아니한 경우에는 법인세 산출세액의 5%에 상당하는 금액을 가산세로 부과한다.

③ 지급명세서를 제출하여야 할 법인이 제출기한이 지난후 3개월 이내에 지급명세서를 제출하는 경우에는 가산세의 50%를 경감한다.

④ 산출세액이 없는 경우에도 법정증명서류 수취불성실가산세가 적용된다.

해설

성실신고 확인대상인 내국법인이 법정기한까지 성실신고확인서를 제출하지 아니한 경우에는 법인세 산출세액의 5%와 수입금액의 0.02% 중 큰 금액을 가산세로 해당 사업연도의 법인세액에 더하여 납부하여야 한다.

4 법인세 납세절차에 관한 설명이다. 옳지 않은 것은?

① 내국법인이 사실과 다른 회계처리로 인한 경정(更正)에 의하여 환급세액이 발생하는 경우에는 그 경정일이 속하는 사업연도의 개시일부터 5년 이내에 종료하는 사업연도의 법인세액에서 순차로 공제하고, 남은 금액이 있으면 즉시 환급하여야 한다.

② 천재지변 등으로 장부 그 밖의 증명서류가 멸실되어 추계결정하는 경우에는 동업자권형방법에 의한다.

③ 중간예납의무가 있는 12월말 법인은 8월 31일까지 중간예납세액을 신고·납부하여야 한다.

④ 내국법인이 납부할 법인세액이 1천만원을 초과하는 경우에는 법인세를 분할하여 납부할 수 있다.

해설

사실과 다른 회계처리로 인한 경정에 따른 환급 규정은 2017년부터 폐지되었다.

5 법인세법상 법인세 신고와 납부에 관한 설명이다. 옳은 것은?

① 중간예납의무가 있는 모든 법인은 직전 사업연도의 실적을 기준으로 중간예납세액을 계산하여 납부하여야 한다.

② 법인세의 결정 또는 경정은 기준경비율에 의한 방법을 적용함을 원칙으로 한다.

③ 신고한 과세표준에 이미 산입된 미지급소득은 원천징수대상 소득에서 제외된다.

④ 납세의무가 있는 법인은 각사업연도 종료일이 속하는 달의 말일부터 3개월 이내에 해당 소득에 대한 과세표준과 세액을 납세지 관할세무서장에게 신고하여야 하나 각사업연도의 소득이 없는 법인은 예외이다.

해설

① 직전 사업연도의 실적기준과 해당 중간예납기간의 실적기준 중 선택할 수 있다.

② 법인세의 결정 또는 경정은 과세표준신고서 및 그 첨부서류에 의하거나 비치 · 기록된 장부 그 밖의 증명서류에 의한 실지조사에 의함을 원칙으로 한다.

④ 각사업연도의 소득이 없는 법인도 신고의무가 있다.

정답	1	②	2	②	3	②	4	①	5	③

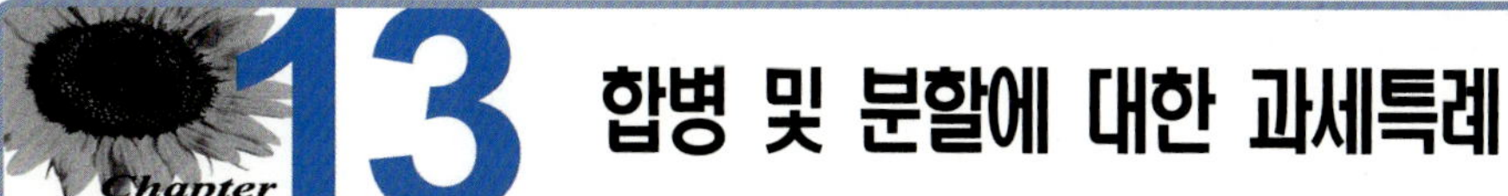

• GUIDE • 본 장의 내용은 합병 · 분할 등 기업의 구조조정과 관련되어 있어 어려운 부분이므로 법인세법을 처음 학습하는 분들은 본 장을 건너뛰고 추후에 학습하도록 한다.

제 1 절 | 합병관련 과세체계

1. 합병의 의의

합병이란 2개 이상의 회사가 법정절차에 의하여 한 회사로 합하는 것을 말한다. 합병으로 인하여 당사회사의 일부(전부)가 해산과 동시에 소멸하고, 존속회사(신설회사)가 소멸회사의 사원을 수용하고, 소멸회사의 권리 · 의무를 포괄적으로 승계한다.

2. 합병과 관련된 과세문제

합병과 관련된 각 주체별 과세문제를 요약하면 다음과 같다.

▶ **그림 13-1** 합병주체별 과세문제

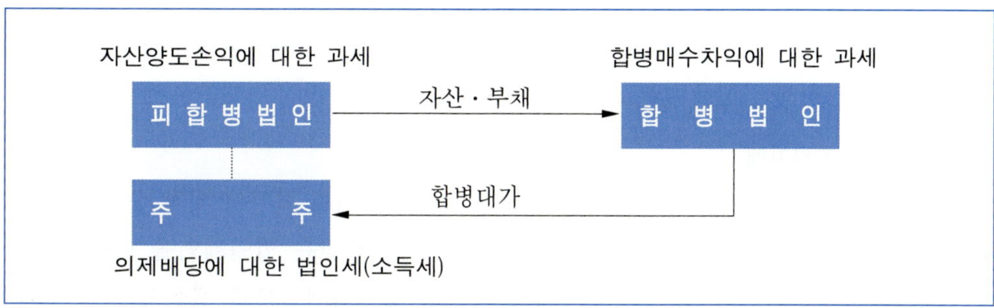

3. 합병시 피합병법인에 대한 자산양도손익 과세

(1) 의 의

피합병법인이 합병으로 해산하는 경우에는 그 법인의 자산을 합병법인에 양도한 것으로 본다. 이 경우 자산양도에 따라 발생하는 양도손익은 피합병법인이 합병등기일이 속하는 사업연도의 소득금액을 계산할 때 익금 또는 손금에 산입한다(법법 44 ①).

(2) 자산양도손익

피합병법인의 자산양도손익은 다음과 같이 계산한다.

> 자산양도손익 = 합병법인으로부터 받은 양도가액 − 피합병법인의 순자산 장부가액

1) 양도가액

양도가액은 다음의 금액을 모두 더한 금액으로 한다(법령 80 ①).

① 합병대가 : 합병으로 인하여 피합병법인의 주주등이 지급받는 합병법인 또는 합병법인의 모회사(합병등기일 현재 합병법인의 발행주식총수 또는 출자총액을 소유하고 있는 내국법인)의 주식등(합병교부주식)의 가액(시가) 및 금전이나 그밖의 재산가액(시가)의 합계액. 다만, 합병법인이 합병등기일 전 취득한 피합병법인의 주식 등(합병포합주식등)이 있는 경우에는 그 합병포합주식등에 대하여 합병교부주식등을 교부하지 아니하더라도 그 지분비율에 따라 합병교부주식등을 교부한 것으로 보아 합병교부주식등의 가액을 계산한다.

② 합병법인이 대신 부담한 법인세 : 합병법인이 납부하는 피합병법인의 법인세 및 그 법인세(감면세액을 포함)에 부과되는 국세와 법인지방소득세의 합계액

2) 순자산 장부가액

순자산장부가액이란 피합병법인의 합병등기일 현재의 자산의 장부가액 총액에서 부채의 장부가액 총액을 뺀 가액에 피합병법인이 환급받는 법인세액을 더한 금액을 말한다(법령 80 ②). 이 경우 장부가액은 세무상 장부가액이므로 결산상 장부가액에 유보 또는 △유보를 가감하여 계산한다.

(3) 적격합병의 요건 개정

다음의 요건을 모두 갖춘 합병(적격합병)의 경우에는 합병법인으로부터 받은 양도가액을 피합병법인의 합병등기일 현재의 순자산장부가액으로 보아 양도손익이 없는 것으

로 할 수 있다. 다만, 법령으로 정하는 부득이한 사유가 있는 경우에는 '②, ③' 또는 '④'의 요건을 갖추지 못한 경우에도 적격합병으로 본다(법법 44 ②).

① 사업목적 합병 : 합병등기일 현재 1년 이상 사업을 계속하던 내국법인 간의 합병일 것. 다만, 다른 법인과 합병하는 것을 유일한 목적으로 하는 기업인수목적회사로서 법정 요건을 모두 갖춘 법인의 경우는 이 요건을 갖춘 것으로 본다.

② 지분의 연속성 요건 : 합병대가의 총합계액 중 주식 등의 가액이 80% 이상*이거나 합병법인의 모회사(합병등기일 현재 합병법인의 발행주식총수 또는 출자총액을 소유하고 있는 내국법인을 말함)의 주식등의 가액이 80% 이상인 경우로서 피합병법인의 특정 지배주주에게 '피합병법인의 특정 지배주주가 지급받은 합병교부주식등의 가액의 총합계액×각 지배주주의 피합병법인에 대한 지분비율(피합병법인의 자기주식에 대해 합병교부주식등을 배정하지 않는 경우에는 피합병법인의 자기주식을 제외하고 산정한 지분비율을 말함)' 이상의 주식등을 각각 배정하고, 피합병법인의 특정 지배주주가 합병등기일이 속하는 사업연도의 종료일까지 그 주식등을 보유할 것

$$* \ \frac{\text{주식(시가)}}{\text{주식(시가)} + \text{합병교부금}} \geq 80\%$$

③ 사업의 계속성 요건 : 합병법인이 합병등기일이 속하는 사업연도의 종료일까지 피합병법인으로부터 승계받은 사업을 계속할 것. 다만, 피합병법인이 다른 법인과 합병하는 것을 유일한 목적으로 하는 기업인수회사로서 법정 요건을 모두 갖춘 법인인 경우에는 이 요건을 갖춘 것으로 본다.

④ 고용승계 요건 : 합병등기일 1개월 전 당시 피합병법인에 종사하는 근로자 중 합병법인이 승계한 근로자의 비율이 80% 이상이고, 합병등기일이 속하는 사업연도의 종료일까지 그 비율을 유지할 것

적격합병의 특례

다음의 어느 하나에 해당하는 경우에는 적격합병의 요건을 충족하지 못한 경우에도 적격합병으로 보아 양도손익이 없는 것으로 할 수 있다(법법 44 ③).

① 내국법인이 발행주식총수 또는 출자총액을 소유하고 있는 다른 법인을 합병하거나 그 다른 법인에 합병되는 경우(완전모법인과 자법인의 합병)

② 동일한 내국법인이 발행주식총수 또는 출자총액을 소유하고 있는 서로 다른 법인 간에 합병하는 경우(완전모법인의 자법인 간 합병)

4. 피합병법인 주주의 의제배당

(1) 의 의

피합병법인의 주주가 합병법인으로부터 취득하는 합병대가가 피합병법인의 주주가 보유하던 피합병법인 주식의 장부가액을 초과하는 경우 그 초과하는 금액은 이익을 배당받은 것으로 본다.

(2) 의제배당액의 계산

의제배당액 = 피합병법인의 주주가 받은 합병대가 − 종전 주식의 장부가액

피합병법인의 주주가 받은 합병대가는 합병법인의 주식등의 가액과 금전 또는 그 밖의 재산가액의 합계액을 말하며, 합병대가로 받은 주식은 다음과 같이 평가한다.

구 분		평가액
적격합병의 경우	주식만 받은 경우	종전 주식의 장부가액
	금전 기타 재산을 함께 받은 경우	Min[종전 주식의 장부가액, 받은 주식의 시가]
적격합병이 아닌 경우		받은 주식의 시가

(3) 합병으로 취득한 주식의 세무상 취득가액

합병대가로 피합병법인의 주주가 취득한 주식의 세무상 취득가액은 다음과 같다.

취득가액 = (종전 주식의 장부가액 + 의제배당액 + 불공정자본거래로 특수관계인으로부터 분여받은 이익) − 합병대가 중 금전 기타 재산가액의 합계액

5. 합병시 합병법인에 대한 과세

(1) 비적격합병의 경우

합병법인이 합병으로 피합병법인의 자산을 승계한 경우에는 그 자산을 피합병법인으로부터 합병등기일 현재의 시가로 양도받은 것으로 본다. 이 경우 퇴직급여충당금 또

는 대손충당금을 합병법인이 승계한 경우에는 그와 관련된 피합병법인의 유보를 승계하고, 그 밖의 피합병법인의 유보와 이월결손금은 합병법인이 승계할 수 없다.

1) 합병매수차익

합병법인은 피합병법인의 자산을 시가로 양도받은 것으로 보는 경우로서 피합병법인에 지급한 양도가액이 피합병법인의 합병등기일 현재의 자산총액에서 부채총액을 뺀 금액(순자산시가)보다 적은 경우에는 그 차액(합병매수차익)을 세무조정계산서에 계상하고 합병등기일부터 5년간 균등하게 나누어 익금에 산입한다. 이 경우 합병매수차익을 익금에 산입할 때에는 합병등기일이 속하는 사업연도부터 합병등기일부터 5년이 되는 날이 속하는 사업연도까지 다음 산식에 따라 계산한 금액을 산입한다.

$$\text{합병매수차익} \times \frac{\text{해당 사업연도의 월수}^{*}}{60\text{월}^{*}}$$

* 이 경우 월수는 역(曆)에 따라 계산하되 1월 미만의 일수는 1월로 하고 이에 따라 합병등기일이 속한 월을 1월로 계산한 경우에는 합병등기일부터 5년이 되는 날이 속한 월은 계산에서 제외한다.

2) 합병매수차손

합병법인은 피합병법인의 자산을 시가로 양도받은 것으로 보는 경우로서 피합병법인에 지급한 양도가액이 합병등기일 현재의 순자산시가를 초과하는 경우로서 합병법인이 피합병법인의 상호・거래관계, 그밖의 영업상의 비밀 등에 대하여 사업상 가치가 있다고 보아 대가를 지급한 경우에는 그 차액(합병매수차손)을 세무조정계산서에 계상하고 합병등기일부터 5년간 균등하게 나누어 손금에 산입한다. 이 경우 합병매수차손에 대한 손금산입액 계산 및 손금산입방법에 관하여는 합병매수차익의 익금산입을 준용한다.

(2) 적격합병의 경우

적격합병의 경우 합병법인은 피합병법인의 자산을 장부가액으로 양도받은 것으로 한다. 이 경우 합병법인은 피합병법인의 모든 유보와 이월결손금(과세표준 계산상 공제가능한 이월결손금을 말함)을 승계하며, 피합병법인이 합병 전에 적용받던 세액감면 또는 세액공제를 승계하여 감면 또는 세액공제의 적용을 받을 수 있다.

1) 자산조정계정

합병법인은 피합병법인의 자산을 장부가액으로 양도받은 경우 양도받은 자산 및 부채의 가액을 합병등기일 현재의 시가로 계상하되, 시가에서 피합병법인의 장부가액(세무상 장부가액에 △유보는 더하고, 유보는 뺀 가액으로 함)을 뺀 금액이 0보다 큰 경우에는 그 차액을 익금에 산입하고 이에 상당하는 금액을 자산조정계정으로 손금에 산입하며, 0보다 작은 경우에는 시가와 장부가액의 차액을 손금에 산입하고 이에 상당하는 금액을 자산조정계정으로 익금에 산입한다.

2) 과세이연의 중단사유

적격합병(특례에 의해 적격합병으로 보는 경우는 제외)을 한 합병법인은 합병등기일이 속하는 사업연도의 다음 사업연도 개시일부터 2년('③'의 경우에는 3년) 이내에 다음 중 어느 하나에 해당하는 사유가 발생하는 경우에는 과세이연을 중단하여야 한다. 다만, 적격합병 요건에 대한 부득이한 사유가 있는 경우에는 그러하지 아니하다(법법 44의3 ③).

① 합병법인이 피합병법인으로부터 승계받은 사업을 폐지하는 경우
② 피합병법인의 주주등이 합병대가로 받은 전체 주식의 50% 이상을 처분하는 경우
③ 각 사업연도 종료일 현재 합병법인에 종사하는 근로자 수가 합병등기일 1개월 전 당시 피합병법인과 합병법인에 각각 종사하는 근로자 수의 합의 80% 미만으로 하락하는 경우

3) 과세이연의 중단

과세이연의 중단 사유가 발생한 날이 속하는 사업연도의 소득금액 및 과세표준을 계산할 때 다음과 같이 처리한다.

① 자산조정계정의 익금산입 : 자산조정계정잔액의 총합계액(0보다 큰 경우에 한함)을 익금에 산입한다.
② 이월결손금 공제액의 익금산입 : 합병법인이 피합병법인으로부터 승계받은 결손금 중 공제한 금액 전액을 익금에 산입한다.
③ 승계한 유보의 손금산입 : 합병법인이 피합병법인으로부터 승계한 △유보잔액은 익금산입하고 유보잔액은 손금산입한다.
④ 세액공제 등의 취소 : 합병법인이 피합병법인으로부터 승계하여 공제한 감면 또는 세액공제액 상당액을 해당 사유가 발생한 사업연도의 법인세에 더하여 납부하고, 해당 사유가 발생한 사업연도부터 적용하지 아니한다.

6. 합병 시 이월결손금 등 공제 제한 등

(1) 합병법인의 이월결손금 공제 제한

합병법인의 합병등기일 현재 이월결손금 중 적격합병의 경우 합병법인이 승계한 이월결손금을 제외한 금액은 합병법인의 각 사업연도의 과세표준을 계산할 때 피합병법인으로부터 승계받은 사업에서 발생한 소득금액(회계를 구분하여 기록하지 아니한 경우에는 그 소득금액을 합병등기일 현재 합병법인과 피합병법인의 사업용자산가액 비율로 안분계산한 금액)의 범위에서는 공제하지 아니한다(법법 45 ①).

(2) 피합병법인으로부터 승계한 이월결손금 공제 제한

적격합병의 경우 합병법인이 승계한 피합병법인의 결손금은 피합병법인으로부터 승계받은 사업에서 발생한 소득금액(회계를 구분하여 기록하지 아니한 경우에는 그 소득금액을 합병등기일 현재 합병법인과 피합병법인의 사업용자산가액 비율로 안분계산한 금액)의 범위에서 합병법인의 각 사업연도의 과세표준을 계산할 때 공제한다(법법 45 ②).

결손금 공제한도

합병법인의 합병등기일 현재 결손금과 합병법인이 승계한 피합병법인의 결손금에 대한 공제는 다음의 구분에 따른 소득금액의 80%(중소기업과 회생계획을 이행 중인 기업 등 대통령령으로 정하는 법인의 경우는 100%)를 한도로 한다.

① 합병법인의 합병등기일 현재 결손금의 경우 : 합병법인의 소득금액에서 피합병법인으로부터 승계받은 사업에서 발생한 소득금액을 차감한 금액

② 합병법인이 승계한 피합병법인의 결손금의 경우 : 피합병법인으로부터 승계받은 사업에서 발생한 소득금액

(3) 피합병법인으로부터 양도받은 자산의 처분손실

적격합병을 한 합병법인은 합병법인과 피합병법인이 합병 전 보유하던 자산의 처분손실(합병등기일 현재 해당 자산의 시가가 장부가액보다 낮은 경우로서 그 차액을 한도로 하며, 합병등기일 이후 5년 이내에 끝나는 사업연도에 발생한 것만 해당)을 각각 합병 전 해당 법인의 사업에서 발생한 소득금액(해당 처분손실을 공제하기 전 소득금액)의 범위에서 해당 사업연도의 소득금액을 계산할 때 손금에 산입한다. 이 경우 손금에 산입하지 아니한 처분손실은 자산 처분 시 각각 합병 전 해당 법인의 사업에서 발생한 결손금으로 본다(법법 45 ③).

● 합병시 자산처분손실의 공제제한

① 합병법인이 합병 전에 보유하던 자산의 처분손실(합병 후 5년 이내 발생분)은 피합병법인으로부터 승계받은 사업에서 발생한 소득금액에서 공제할 수 없다.

② 피합병법인이 합병 전에 보유하던 자산의 처분손실(합병 후 5년 이내 발생분)은 합병법인의 기존 사업에서 발생한 소득금액에서 공제할 수 없다.

▶ **표 13-1** 합병에 대한 과세체계

구 분	비적격합병의 경우	적격합병의 경우
피합병법인	양도손익=합병대가* - 순자산 장부가액 * 재산(주식 포함)을 시가로 평가	양도손익=합병대가* - 순자산 장부가액 * 순자산 장부가액으로 평가 (양도손익이 '0'이 되어 과세이연)
합병법인	피합병법인의 자산 : 시가 승계 * 피합병법인의 순자산 시가와 피합병법인에 지급한 양도가액을 합병매수차익(차손)으로 계상 → 5년간 균등하게 익금(손금)에 산입	피합병법인의 자산 : 장부가액 승계 * 피합병법인의 자산을 시가로 계상 → 시가와 장부가액의 차액을 자산조정계정으로 계상 → 관련 자산의 상각 또는 처분시 익금(손금)산입
피합병법인의 주주	의제배당=합병대가* - 주식 장부가액 * 교부받은 주식을 시가로 평가	의제배당=합병대가* - 주식 장부가액 * 교부받은 주식을 종전 주식 장부가액으로 평가

제 2 절 | 분할관련 과세특례

1. 분할의 의의

분할이란 1개의 회사(피분할회사)의 영업재산이 분리되어 2 이상의 다른 회사에 포괄승계되는 동시에 피분할회사의 주주는 기존회사(신설회사)의 주식을 취득하여 그 회사의 주주가 되는 제도를 말한다. 즉, 복수의 회사가 합하여 하나의 회사로 되는 합병과는 반대로 하나의 회사를 복수의 회사로 나누는 것이다.

2. 분할의 종류

요 건	구 분	내 용
분할되는 부문의 독립성	단순분할	분할에 의해 분할되는 부문이 독립된 회사로 설립되는 경우
	분할합병	분할되는 부문(사업부 등)이 다른 회사에 흡수합병되거나 다른 회사와 합하여 신설합병되는 경우
분할법인의 존속여부	완전분할 (소멸분할)	분할법인이 분할에 의해 자산 · 부채를 이전하고 청산절차 없이 소멸하는 경우
	불완전분할 (존속분할)	분할법인이 분할 후에도 독립된 법인으로 존속하는 경우
분할대가의 교부(귀속)	인적분할	분할신설법인 등이 발행한 주식 등의 분할대가가 분할법인의 주주에게 귀속되는 경우
	물적분할	분할신설법인 등이 발행한 주식 등의 분할대가가 분할법인에 귀속되는 경우(현물출자의 성격과 유사)

3. 분할관련 세무상의 용어정의

구 분	내 용
분할법인	분할(분할합병을 포함)에 따라 분할되는 법인
분할신설법인	분할에 따라 설립되는 법인(단순분할 · 신설분할합병의 경우)
분할합병의 상대방법인	분할부문을 합병한 후 존속하는 법인(흡수분할합병의 경우)
소멸한 분할합병의 상대방법인	분할신설법인에 합병되어 소멸하는 법인(신설분할합병의 경우)

4. 분할 시 분할법인에 대한 자산양도손익 과세

(1) 의 의

내국법인이 분할로 해산하는 경우(물적분할은 제외) 그 법인의 자산을 분할신설법인 또는 분할합병의 상대방법인(분할신설법인 등)에 양도한 것으로 본다. 이 경우 그 양도에 따라 발생하는 양도손익은 분할법인 또는 소멸한 분할합병의 상대방법인(분할법인 등)이 분할등기일이 속하는 사업연도의 소득금액을 계산할 때 익금 또는 손금에 산입한다.

⑵ 자산양도손익

분할법인 등의 자산양도손익은 다음과 같이 계산한다.

> 자산양도손익 = 분할신설법인 등으로부터 받은 양도가액 − 분할법인등의 순자산 장부가액

1) 양도가액

양도가액은 다음의 금액을 모두 더한 금액으로 한다(법령 82 ①).

① 분할대가 : 분할신설법인등이 분할로 인하여 분할법인 주주에게 지급한 분할신설법인등의 주식의 가액(시가) 및 금전이나 그 밖의 재산가액(시가)의 합계액. 다만, 분할합병의 경우 분할합병의 상대방법인이 분할등기일 전 취득한 분할법인의 주식(분할합병포합주식)이 있는 경우에는 그 주식에 대하여 분할신설법인등의 주식을 교부하지 아니하더라도 그 지분비율에 따라 분할합병교부주식을 교부한 것으로 보아 분할합병의 상대방법인의 주식의 가액을 계산한다.

② 분할신설법인등이 대신 부담한 법인세 : 분할신설법인등이 납부하는 분할법인의 법인세 및 그 법인세(감면세액을 포함)에 부과되는 국세와 법인지방소득세의 합계액

2) 순자산 장부가액

순자산장부가액이란 분할법인등(분할법인이 존속하는 경우에는 분할한 사업부문)의 분할등기일 현재의 자산의 장부가액 총액에서 부채의 장부가액 총액을 뺀 가액에 분할법인등이 환급받는 법인세액을 더한 금액을 말한다(법령 82 ②). 이 경우 장부가액은 세무상 장부가액이므로 결산상 장부가액에 유보 또는 △유보를 가감하여 계산한다.

⑶ 적격분할의 요건 개정

다음의 요건을 갖춘 적격분할의 경우에는 분할신설법인 등으로부터 받은 양도가액을 분할법인 등의 분할등기일 현재의 순자산장부가액으로 보아 양도손익이 없는 것으로 할 수 있다. 다만, 법령으로 정하는 부득이한 사유가 있는 경우에는 '②, ③' 또는 '④'의 요건을 갖추지 못한 경우에도 적격분할로 본다(법법 46 ②).[83)]

① 사업목적 분할 : 분할등기일 현재 5년 이상 사업을 계속하던 내국법인이 다음과 같이 분할하는 경우일 것(분할합병의 경우에는 소멸한 분할합병의 상대방법인 및 분할합병의 상대방법인이 분할등기일 현재 1년 이상 사업을 계속하던 내국법

83) 이 규정에도 불구하고 부동산임대업을 주업으로 하는 사업부문 등 대통령령으로 정하는 사업부문을 분할하는 경우에는 적격분할로 보지 아니한다(법법 46 ③).

인일 것)

㉠ 분리하여 사업이 가능한 독립된 사업부문을 분할하는 것일 것

㉡ 분할하는 사업부문의 자산 및 부채가 포괄적으로 승계될 것. 다만, 공동으로 사용하던 자산, 채무자의 변경이 불가능한 부채 등 분할하기 어려운 자산과 부채 등으로서 법령으로 정하는 것은 제외한다.

㉢ 분할법인등만의 출자에 의하여 분할하는 것일 것

② 분할대가 전액(분할합병의 경우 80% 이상)을 분할신설법인등의 주식으로 교부한 경우로서 분할법인등의 주주(분할합병의 경우 분할법인등의 지배주주등)가 소유하던 주식의 비율(지분비율 산정 시 분할법인등이 보유한 자기주식은 제외)에 따라 주식등을 각각 배정하고, 분할법인등의 지배주주등이 분할등기일이 속하는 사업연도 종료일까지 그 주식을 보유할 것

③ 사업의 계속성 요건 : 분할신설법인 등이 분할등기일이 속하는 사업연도의 종료일까지 분할법인등으로부터 승계받은 사업을 계속할 것

④ 고용승계 요건 : 분할등기일 1개월 전 당시 분할하는 사업부문에 종사하는 근로자 중 분할신설법인등이 승계한 근로자의 비율이 80% 이상이고, 분할등기일이 속하는 사업연도의 종료일까지 그 비율을 유지할 것

5. 분할 시 분할신설법인 등에 대한 과세

(1) 비적격분할의 경우

분할신설법인 등이 분할로 분할법인등의 자산을 승계한 경우에는 그 자산을 분할법인 등으로부터 분할등기일 현재의 시가로 양도받은 것으로 본다. 이 경우 분할법인등의 유보와 이월결손금은 분할신설법인이 승계할 수 없다.

이 경우 분할매수차익과 분할매수차손의 처리는 비적격합병의 규정을 준용한다.

(2) 적격분할의 경우

적격분할의 경우 분할신설법인 등은 분할법인 등의 자산을 장부가액으로 양도받은 것으로 한다. 이 경우 분할신설법인 등은 분할법인 등의 모든 유보와 이월결손금(과세표준 계산상 공제가능한 이월결손금을 말함)을 승계하며, 분할법인등이 분할 전에 적용받던 세액감면 또는 세액공제를 승계하여 감면 또는 세액공제의 적용을 받을 수 있다.

1) 자산조정계정

분할신설법인은 분할법인의 자산을 장부가액으로 양도받은 경우 양도받은 자산 및

부채의 가액을 분할등기일 현재의 시가로 계상하되, 시가에서 분할법인 등의 장부가액(세무상 장부가액에 △유보는 더하고, 유보는 뺀 가액으로 함)을 뺀 금액이 0보다 큰 경우에는 그 차액을 익금에 산입하고 이에 상당하는 금액을 자산조정계정으로 손금에 산입하며, 0보다 작은 경우에는 시가와 장부가액의 차액을 손금에 산입하고 이에 상당하는 금액을 자산조정계정으로 익금에 산입한다.

2) 과세이연의 중단 사유

적격분할을 한 분할신설법인은 분할등기일이 속하는 사업연도의 다음 사업연도 개시일부터 2년('③'의 경우에는 3년) 이내에 다음 중 어느 하나에 해당하는 사유가 발생하는 경우에는 사후관리를 하여야 한다. 이 경우 자산조정계정의 익금산입 등 사후관리는 적격합병의 규정을 준용한다. 다만, 적격분할 요건에 대한 부득이한 사유가 있는 경우에는 그러하지 아니하다(법법 46의3 ③).

① 분할신설법인등이 분할법인등으로부터 승계받은 사업을 폐지하는 경우
② 분할법인등의 지배주주가 분할신설법인등으로부터 받은 주식을 처분하는 경우
③ 각 사업연도 종료일 현재 분할신설법인에 종사하는 근로자 수가 분할등기일 1개월 전 당시 분할하는 사업부문에 종사하는 근로자 수의 80% 미만으로 하락하는 경우

6. 분할 시 이월결손금 등 공제 제한

(1) 분할합병의 상대방법인의 이월결손금 공제 제한

분할합병의 상대방법인의 분할등기일 현재 이월결손금 중 적격분할의 경우 분할신설법인등이 승계한 이월결손금을 제외한 금액은 분할합병의 상대방법인의 각 사업연도의 과세표준을 계산할 때 분할법인으로부터 승계받은 사업에서 발생한 소득금액(회계를 구분하여 기록하지 아니한 경우에는 그 소득금액을 분할등기일 현재 분할법인과 분할합병의 상대방법인의 사업용자산가액 비율로 안분계산한 금액)의 범위에서는 공제하지 아니한다(법법 46의4 ①).

(2) 분할법인 등으로부터 승계한 이월결손금 공제 제한

적격분할의 경우 분할신설법인 등이 승계한 분할법인 등의 결손금은 분할법인 등으로부터 승계받은 사업에서 발생한 소득금액(회계를 구분하여 기록하지 아니한 경우에는 그 소득금액을 분할등기일 현재 분할법인과 분할합병의 상대방법인의 사업용자산가액 비율로 안분계산한 금액)의 범위에서 분할신설법인 등의 각 사업연도의 과세표

준을 계산할 때 공제한다(법법 46의4 ②).

● 결손금 공제한도

분할합병의 상대방법인의 분할등기일 현재 결손금과 분할신설법인등이 승계한 분할법인등의 결손금에 대한 공제는 다음의 구분에 따른 소득금액의 80%(중소기업과 회생계획을 이행 중인 기업 등 대통령령으로 정하는 법인의 경우는 100%)를 한도로 한다.

① 분할합병의 상대방법인의 분할등기일 현재 결손금의 경우 : 분할합병의 상대방법인의 소득금액에서 분할법인으로부터 승계받은 사업에서 발생한 소득금액을 차감한 금액

② 분할신설법인등이 승계한 분할법인등의 결손금의 경우 : 분할법인등으로부터 승계받은 사업에서 발생한 소득금액

(3) 분할법인 등으로부터 양도받은 자산의 처분손실

적격분할합병을 한 분할신설법인등은 분할법인과 분할합병의 상대방법인이 분할합병 전 보유하던 자산의 처분손실(분할등기일 현재 해당 자산의 시가가 장부가액보다 낮은 경우로서 그 차액을 한도로 하며, 분할등기일 이후 5년 이내에 끝나는 사업연도에 발생한 것만 해당)을 각각 분할합병 전 해당 법인의 사업에서 발생한 소득금액(해당 처분손실을 공제하기 전 소득금액)의 범위에서 해당 사업연도의 소득금액을 계산할 때 손금에 산입한다. 이 경우 손금에 산입하지 아니한 처분손실은 자산 처분 시 각각 분할합병 전 해당 법인의 사업에서 발생한 결손금으로 본다(법법 46의4 ③).

7. 분할 후 분할법인이 존속하는 경우 과세특례

내국법인이 분할(물적분할은 제외)한 후 존속하는 경우 분할한 사업부문의 자산을 분할신설법인 등에 양도함으로써 발생하는 양도손익은 분할법인이 분할등기일이 속하는 사업연도의 소득금액을 계산할 때 익금 또는 손금에 산입한다(법법 46의5 ①).

> 자산양도손익 = 분할신설법인 등으로부터 받은 양도가액
> 　　　　　　　－ 분할한 사업부문의 분할등기일 현재 순자산 장부가액

이 경우 분할신설법인 등에 대한 과세에 관해서는 위 '5'와 '6'의 규정을 준용한다. 다만, 분할법인의 결손금은 승계하지 아니한다.

▶ **표 13-2** 분할에 대한 과세체계

구 분	비적격분할의 경우	적격분할의 경우
분할법인등	양도손익 = 분할대가* - 순자산 장부가액 * 재산(주식 포함)을 시가로 평가	양도손익 = 분할대가* - 순자산 장부가액 * 순자산 장부가액으로 평가 (양도손익이 '0'이 되어 과세이연)
분할신설법인등	분할법인등의 자산 : 시가 승계 * 분할법인등의 순자산 시가와 분할법인등에 지급한 양도가액을 분할매수차익(차손)으로 계상 → 5년간 균등하게 익금(손금)에 산입	분할법인등의 자산 : 장부가액 승계 * 분할법인등의 자산을 시가로 계상 → 시가와 장부가액의 차액을 자산조정계정으로 계상 → 관련 자산의 상각 또는 처분시 익금(손금)산입
분할법인등의 주주	의제배당 = 분할대가* - 주식 장부가액 * 교부받은 주식을 시가로 평가	의제배당 = 분할대가* - 주식 장부가액 * 교부받은 주식을 종전 주식 장부가액으로 평가

제 3 절 | 기타의 특례

1. 물적분할 시 분할법인에 대한 과세특례

(1) 과세이연 요건

분할법인이 물적분할에 의하여 분할신설법인의 주식등을 취득한 경우로서 적격분할의 요건(단, 분할대가의 전액이 주식등이어야 함)을 갖춘 경우 해당 분할신설법인주식등의 가액 중 물적분할로 인하여 발생한 자산의 양도차익에 상당하는 금액은 분할등기일이 속하는 사업연도의 소득금액을 계산할 때 압축기장충당금으로 손금에 산입할 수 있다. 다만, 법령으로 정하는 부득이한 사유가 있는 경우에는 적격분할의 요건 중 '②, ③' 또는 '④'의 요건을 갖추지 못한 경우에도 압축기장충당금을 손금에 산입할 수 있다(법법 47 ①).

(2) 압축기장충당금의 익금산입

1) 주식 또는 승계받은 자산의 처분

분할법인이 손금에 산입한 양도차익에 상당하는 금액은 다음의 어느 하나에 해당하는 사유가 발생하는 사업연도에 해당 주식등과 자산의 처분비율에 상당하는 양도차익 상당액을 익금에 산입한다. 다만, 분할법인 또는 분할신설법인이 최초로 적격합병, 적격분할, 적격물적분할, 적격현물출자 등 적격구조조정으로 주식등 및 자산을 처분하는 경우 등 부득이한 사유가 있는 경우에는 그러하지 아니하다(법법 47 ②, 법령 84).

① 분할법인이 분할신설법인으로부터 받은 주식등을 처분하는 경우

② 분할신설법인이 분할법인으로부터 승계받은 감가상각자산, 토지 및 주식을 처분하는 경우. 이 경우 분할신설법인은 그 자산의 처분 사실을 처분일부터 1개월 이내에 분할법인에 알려야 한다.

2) 일시환입

압축기장충당금을 손금에 산입한 분할법인은 분할등기일이 속하는 사업연도의 다음 사업연도 개시일부터 2년('③'의 경우에는 3년) 이내에 다음의 어느 하나에 해당하는 사유가 발생하는 경우에는 압축기장충당금 잔액을 그 사유가 발생한 날이 속하는 사업연도의 소득금액을 계산할 때 전액 익금에 산입한다. 다만, 법령으로 정하는 부득이한 사유가 있는 경우에는 그러하지 아니하다(법법 47 ③).

① 분할신설법인이 분할법인으로부터 승계받은 사업을 폐지하는 경우

② 분할법인이 분할신설법인의 발행주식총수 또는 출자총액의 50% 미만으로 주식등을 보유하게 되는 경우

③ 각 사업연도 종료일 현재 분할신설법인에 종사하는 근로자 수가 분할등기일 1개월 전 당시 분할하는 사업부문에 종사하는 근로자 수의 80% 미만으로 하락하는 경우

(3) 물적분할에 따라 분할법인이 취득하는 주식의 취득가액

물적분할에 따라 분할법인이 취득하는 주식등은 물적분할한 순자산의 시가를 취득가액으로 한다(법령 72 ②).

2. 현물출자로 인한 자산양도차익상당액의 손금산입

(1) 의 의

출자법인이 과세이연 요건을 갖춘 현물출자를 하는 경우 그 현물출자로 취득한 현물출자를 받은 피출자법인의 주식가액 중 현물출자로 발생한 자산의 양도차익에 상당하는 금액은 현물출자일이 속하는 사업연도의 소득금액을 계산할 때 압축기장충당금으로 손금에 산입할 수 있다. 다만, 법령으로 정하는 부득이한 사유가 있는 경우에는 과세이연 요건 중 '②' 또는 '④'의 요건을 갖추지 못한 경우에도 자산의 양도차익에 상당하는 금액을 압축기장충당금으로 손금에 산입할 수 있다(법법 47의2 ①).

⑵ 과세이연 요건

과세이연 요건은 다음과 같다.

① 출자법인이 현물출자일 현재 5년 이상 사업을 계속한 법인일 것

② 피출자법인이 그 현물출자일이 속하는 사업연도의 종료일까지 출자법인이 현물출자한 자산으로 영위하던 사업을 계속할 것

③ 다른 내국인 또는 외국인과 공동으로 출자하는 경우 공동으로 출자한 자가 출자법인의 특수관계인이 아닐 것

④ 출자법인 및 '③'에 따라 출자법인과 공동으로 출자한 자가 현물출자일 다음 날 현재 피출자법인의 발행주식총수 또는 출자총액의 80% 이상의 주식등을 보유하고, 현물출자일이 속하는 사업연도의 종료일까지 그 주식등을 보유할 것

3. 교환으로 인한 자산양도차익상당액의 손금산입

⑴ 과세이연 대상

부동산업(부동산임대업, 부동산중개업 및 부동산매매업) 및 소비성서비스업 이외의 사업을 하는 법인이 2년 이상 그 사업에 직접 사용하던 사업용자산(토지, 건축물 등 일정한 자산)을 특수관계인 외의 다른 내국법인이 2년 이상 그 사업에 직접 사용하던 동일한 종류의 사업용자산(이를 "교환취득자산"이라 한다)과 교환(3 이상의 법인간에 하나의 교환계약에 의하여 각 법인이 자산을 교환하는 것을 포함한다)하는 경우 해당 교환취득자산의 가액 중 교환으로 인하여 발생한 사업용자산의 양도차익 상당액은 해당 사업연도의 소득금액을 계산할 때 손금에 산입할 수 있다(법법 50 ①). 이 규정은 법인이 교환취득자산을 교환일이 속하는 사업연도의 종료일까지 해당 내국법인의 사업에 사용하는 경우에만 적용한다(법법 50 ②).

⑵ 손금산입액

이 규정에 의하여 손금에 산입하는 일시상각충당금 또는 압축기장충당금액은 다음의 산식에 의해 계산한 금액(그 금액이 해당 사업용 자산의 시가에서 장부가액을 차감한 금액을 초과하는 경우 그 초과한 금액을 제외함)으로 한다(법령 86 ④).

손금산입액 = 교환취득자산의 가액 − (사업용자산의 장부가액 + 현금으로 지급한 대가)

4. 사업양수 시 이월결손금 공제 제한

내국법인이 다른 내국법인의 사업을 양수하는 경우로서 다음의 기준에 모두 해당하는 경우에는 사업양수일 현재 이월결손금은 사업을 양수한 내국법인의 각 사업연도의 과세표준을 계산할 때 양수한 사업부문에서 발생한 소득금액(다만, 중소기업 간 또는 동일사업을 하는 법인 간에 사업을 양수함에 따라 회계를 구분하여 기록하지 아니한 경우에는 그 소득금액을 사업양수일 현재 양수법인의 사업용 자산가액과 양수한 사업부문의 사업용 자산가액의 비율로 안분계산한 금액으로 한다)의 범위에서는 공제하지 아니한다(법법 50의2, 법령 86의2).

① 양수자산이 사업양수일 현재 양도법인의 자산총액의 70% 이상이고, 양도법인의 자산총액에서 부채총액을 뺀 금액의 90% 이상인 경우

② 사업의 양도 · 양수 계약일 현재 양도 · 양수인이 특수관계인인 법인인 경우

객 / 관 / 식 / 문 / 제

▶ 제13장 합병 및 분할에 대한 과세특례

1 법인세법상 내국법인 간 합병과 관련한 설명으로 옳지 않은 것은? ⊙ 2018년 국가직 9급

① 합병법인이 비적격합병으로 피합병법인의 자산을 승계한 경우에는 그 자산을 피합병법인으로부터 합병등기일 현재의 시가로 양도받은 것으로 본다.

② 적격합병 시 피합병법인이 합병법인으로부터 받은 양도가액을 피합병법인의 합병등기일 현재의 순자산 장부가액으로 보아 피합병법인에 양도손익이 없는 것으로 할 수 있다.

③ 내국법인이 발행주식총수를 소유하고 있는 다른 법인을 합병하는 경우에는 피합병법인에 양도손익이 없는 것으로 할 수 있다.

④ 합병법인은 피합병법인의 자산을 시가로 양도받은 것으로 보는 경우에 피합병법인에 지급한 양도가액이 피합병법인의 합병등기일 현재의 자산총액에서 부채총액을 뺀 금액보다 적은 경우에는 그 차액을 합병등기일부터 3년간 균등하게 나누어 손금에 산입한다.

해설

그 차액을 합병등기일부터 5년간 균등하게 나누어 익금에 산입한다.

2 다음은 분할에 대한 설명이다. 옳지 않은 것은?

① 적격분할의 경우 분할신설법인 등은 분할법인 등의 자산을 장부가액으로 양도받은 것으로 한다.

② 분할신설법인이 승계한 분할법인의 결손금은 분할법인으로부터 승계받은 사업에서 발생한 소득금액의 범위에서 분할신설법인 등의 각 사업연도의 과세표준을 계산할 때 공제한다.

③ 분할 후 분할법인이 존속하는 경우에는 분할법인의 이월결손금을 분할신설법인이 승계할 수 없다.

④ 분할법인이 물적분할에 의하여 분할신설법인의 주식을 취득한 경우에는 적격분할의 요건을 갖추지 못한 경우에도 물적분할로 인하여 발생한 자산의 양도차익에 상당하는 금액을 손금에 산입할 수 있다.

해설

분할법인이 물적분할에 의하여 분할신설법인의 주식을 취득한 경우로서 적격분할의 요건(분할대가의 전액이 주식이어야 함)을 갖춘 경우에만 해당 주식의 가액 중 물적분할로 인하여 발생한 자산의 양도차익에 상당하는 금액은 분할등기일이 속하는 사업연도의 소득금액을 계산할 때 이를 손금에 산입할 수 있다.

3 물적분할 등에 대한 과세특례를 설명한 것이다. 옳지 않은 것은?

① 분할법인이 적격물적분할의 요건을 갖춘 경우 압축기장충당금을 설정함으로써 물적분할로 인한 자산양도차익을 과세이연할 수 있다.

② 적격물적분할에 따라 분할법인이 취득하는 주식은 물적분할한 순자산의 장부가액을 취득가액으로 한다.

③ 부동산임대업을 영위하는 법인은 교환으로 인하여 발생한 사업용자산의 양도차익을 과세이연할 수 없다.

④ 교환으로 인한 자산양도차익의 과세이연은 법인이 교환취득자산을 교환일이 속하는 사업연도의 종료일까지 해당 내국법인의 사업에 사용하는 경우에만 적용한다.

해설

적격물적분할에 따라 분할법인이 취득하는 주식은 물적분할한 순자산의 시가를 취득가액으로 한다.

정답	1	④	2	④	3	②

Chapter 14 기타의 법인세 납세의무

제 1 절 | 비영리법인의 납세의무

1. 비영리법인의 법인세 납세의무

비영리법인은 학술·종교·자선·사교 등 영리가 아닌 사업을 목적으로 하며 이익이나 잔여재산을 구성원에게 분배하지 아니하고 목적사업에 사용하는 법인을 말한다.

법인세법상 비영리법인으로 구분되는 법인은 다음과 같다(법법 2 (2)).

① 민법 제32조에 따라 설립된 사단법인 또는 재단법인[84)]

② 사립학교법이나 그밖의 특별법에 따라 설립된 법인으로서 민법 제32조에 규정된 목적과 유사한 목적을 가진 법인 : 조합법인 등[85)]이 아닌 법인으로서 그 주주·사원 또는 출자자에게 이익을 배당할 수 있는 법인은 제외함

③ 국세기본법에 따른 법인으로 보는 단체

2. 비영리법인 납세의무의 범위

비영리법인은 법인세법에 열거된 수익사업 또는 수입에서 발생된 소득에 대해서는 법인세의 납세의무가 있다. 그러나 비영리법인의 청산소득에 대하여는 법인세가 부과되지 아니 하는데, 이는 비영리법인의 잔여재산은 법령이나 정관의 규정에 의하여 국가 또는 유사한 목적을 지닌 다른 비영리법인에 귀속되기 때문이다. 비영리법인이 그 법인의 정관 또는 규칙상의 사업목적에 정해져 있는 사업을 운영하는 경우라도, 세법에서 열거하고 있는 수익사업 또는 수입에서 발생된 소득에 대해서는 법인세가 부과되는 것이다.

---

84) 민법 제32조(비영리법인의 설립과 허가) : 학술, 종교, 자선, 기예, 사교 기타 영리 아닌 사업을 목적으로 하는 사단 또는 재단은 주무관청의 허가를 얻어 이를 법인으로 할 수 있다.

85) "조합법인 등"이란 농업협동조합 및 중앙회, 수산업협동조합 및 중앙회, 중소기업협동조합·연합회 및 중앙회, 신용협동조합·연합회 및 중앙회, 새마을금고 및 연합회, 소비자생활협동조합·연합회 및 전국연합회 등 대통령령으로 정하는 조합법인 등을 말한다(법령 2).

3. 수익사업소득의 범위

수익사업소득의 범위는 다음과 같다. 이 경우 자산수증이익은 수익사업의 범위에서 제외된다. ⇨ 증여세의 납세의무를 부담

구 분	내 용
① 사업소득	제조업 · 건설업 · 도매업 · 소매업 · 소비자용품수리업 · 부동산임대 및 사업서비스업 등 통계청장이 고시하는 한국표준산업분류에 의한 각 사업 중 수입이 발생하는 것*1
② 금융소득	소득세법상 이자소득 및 배당소득
③ 양도소득	㉠ 주식 · 신주인수권 또는 출자지분의 양도로 인하여 생기는 수입 ㉡ 유형자산 및 무형자산의 처분으로 인하여 생기는 수입*2 ㉢ 부동산에 관한 권리 및 기타자산(특정주식 · 특정법인의 주식, 사업용 유형자산과 함께 양도하는 영업권, 시설물이용권)의 양도로 인하여 생기는 수입 ㉣ 이자소득이 발생하는 채권 등(그 이자소득에 대하여 법인세가 비과세되는 것을 제외)을 매도함에 따른 매매익(채권 등의 매각익에서 채권 등의 매각손을 차감한 금액을 말한다)

*1 수익사업에서 제외하는 사업(주요항목)

㉠ 축산업(축산관련 서비스업 포함) 외의 농업

㉡ 연구개발업(계약 등에 의하여 그 대가를 받고 연구 및 개발용역을 제공하는 사업제외)

㉢ 교육서비스업 중 유아교육법에 따른 유치원, 초 · 중등교육법 및 고등교육법에 따른 학교, 평생교육법에 따른 전공대학 형태의 평생교육시설 및 원격대학 형태의 평생교육시설

㉣ 사회복지시설에서 제공하는 사회복지사업

㉤ 주무관청에 등록된 종교단체(그 소속단체를 포함한다)가 공급하는 용역 중 부가가치세법의 규정에 의하여 부가가치세가 면제되는 용역을 공급하는 사업

*2 다만, 고유목적사업에 직접 사용하는 자산의 처분으로 인한 대통령령으로 정하는 수입은 제외한다.

4. 수익사업과 비수익사업의 구분경리

비영리법인이 수익사업을 하는 경우에는 자산 · 부채 및 손익을 그 수익사업에 속하는 것과 수익사업이 아닌 그 밖의 사업에 속하는 것을 각각 다른 회계로 구분하여 기록하여야 한다. 이는 수익사업과 비수익사업에 대해서 자산 · 부채 및 수익 · 비용을 각각 독립된 계정과목에 의하여 구분하여 기록하는 것을 의미한다. 이 경우 비영리법인이 수익사업과 비수익사업을 구분하여 기록하지 아니한 때에는 수익사업에서 생긴 소득을 비수익사업에 지출하거나 전입하는 것이 인정되지 아니하며, 해당 비영리법인의 수익사업에서 발생된 소득 전액에 대해서 법인세 납세의무를 부담하게 된다.

비영리법인의 공통자산·부채 및 공통익금·손금의 안분계산 기준은 다음과 같다.

구 분	내 용
① 공통자산·부채	수익사업과 기타의 사업에 공통되는 자산·부채는 이를 수익사업에 속하는 것으로 한다.
② 공통익금*	수익사업과 기타사업의 수입금액·매출액에 비례하여 안분계산
③ 공통손금*	㉠ 업종이 동일한 경우 : 수입금액·매출액에 비례하여 안분계산 ㉡ 업종이 상이한 경우 : 개별손금액에 비례하여 안분계산

* 개별손금이 없거나 기타의 사유로 위 규정을 적용할 수 없거나 적용하는 것이 불합리한 경우에는 공통익금의 수입항목 또는 공통손금의 비용항목에 따라 국세청장이 정하는 작업시간·사용시간·사용면적 등의 기준에 의하여 안분계산한다.

5. 비영리법인의 자본금

구 분	내 용
① 자본금	수익사업의 자본금 = 수익사업의 자산합계액 – 부채합계액(충당금 포함)
② 자본의 원입	기타의 사업에 속하는 자산을 수익사업에 지출 또는 전입한 경우 그 자산가액은 자본의 원입(元入)으로 경리한다.
③ 자본원입액의 반환	수익사업에 속하는 자산을 기타의 사업에 지출한 경우 그 자산가액 중 수익사업의 소득금액(잉여금을 포함)을 초과하는 금액은 자본원입액의 반환으로 한다.

6. 비영리법인의 특례사항

구 분	내 용
① 과세방법	㉠ 원칙 : 수익사업소득에 대하여는 영리법인과 동일한 방법으로 신고·납부 ㉡ 특례 : 이자소득(비영업대금의 이익은 제외하고 투자신탁이익을 포함)만 있는 비영리법인은 원천징수로써 납세의무를 종결할 수 있다. ⇨ 분리과세의 선택이 가능함.
② 자산양도소득에 대한 과세특례 개정	비영리내국법인(사업소득에 해당하는 수익사업을 하는 경우 제외)은 자산양도소득(주식등, 토지, 건물, 부동산에 관한 권리 및 기타자산 등의 양도소득)이 있는 경우에 다음 방법 중 하나를 선택하여 납세의무를 이행할 수 있다. ㉠ 영리법인과 같은 방법으로 과세표준을 신고하는 방법 ㉡ 과세표준 신고를 하지 아니하고 양도소득세 계산규정을 준용하여 계산한 금액을 양도소득세 신고·납부절차를 준용하여 법인세로 납부하는 방법
③ 기 타	사업소득·채권 등의 매매익이 없는 법인은 기장의무를 지지 아니하며, 과세표준신고를 하는 경우에는 필수적인 첨부서류를 제출하지 않은 경우에도 신고한 것으로 본다.

제 2 절 | 청산소득에 대한 법인세

1. 청산소득과세의 의의

계속기업의 공준은 기업은 반증이 없는 한 기업 본래의 목적을 달성하기 위하여 영구적으로 존재한다고 가정하는 것으로 회계의 기본적 전제 중 하나이다. 그러나, 계속기업의 공준과는 달리 해산·합병 등의 사유로 인해 법인은 청산을 할 경우가 발생하는데, 청산과정에서 발생하는 순자산증가에 대하여 법인세를 과세하는 것이 청산소득과세의 목적이다.

법인의 청산이란 법인격의 소멸의 원인이 되는 해산을 위하여 상법 등의 규정에 의거 그 법인의 법률관계를 정리하고 재산을 처분하는 절차를 말한다. 법인은 고유목적사업행위 등 외부와의 거래를 통해 순자산의 증가금액에 해당하는 각 사업연도소득에 대해 납세의무를 부담한다. 그러나 청산소득은 순자산증가와 관련되는 법인의 계속된 사업행위가 아니라 기존의 관계를 종결하는 행위로 인해 발생하는 일시적 소득이다.

2. 청산소득에 대한 과세이유

청산소득에 대해 과세하는 이유는 크게 두 가지를 들 수 있다.

첫째, 과세의 형평을 유지하기 위한 것이다. 법인의 지속적인 사업활동에 의한 순자산증가를 사업연도로 구분하여 과세하는 데 비해서 청산행위로 인한 순자산증가액은 지속적인 사업행위가 아닌 것으로 보아 과세하지 않는다면 과세형평상 문제가 발생된다. 따라서 각 사업연도소득과 마찬가지로 청산소득도 같은 세율로 과세해야 한다.

둘째, 청산소득은 이연소득의 실현에 대한 과세로 볼 수 있다. 물가가 상승하는 경우 법인소유의 자산은 장부가액과는 다른 실질가치를 갖고 있다. 기업회계는 이러한 자산증가는 보수주의원칙에 입각하여 수익으로 인식하지 않으며, 세무회계에서도 미실현이익을 익금으로 보지 않으므로 실제가치와 장부가액의 차이에 대한 과세는 계속 이연되는 것이다. 그러나 청산절차를 통하여 기업자산에 실제가치가 부여되고 이연되어 왔던 자산소득이 실현되는 것이므로 청산소득에 대한 과세가 필요한 것이다. 그리고 각 사업연도소득 계산시 착오·오류 또는 탈루가 있었을 경우 그 영향이 청산소득에 포함될 수 있으므로 각 사업연도소득으로서 과세되지 못했던 소득에 대해 과세할 수 있는 것이다.

3. 납세의무자

해산으로 소멸하는 내국법인은 청산소득에 대한 법인세를 납부할 의무가 있다. 해산은 상법상 해산 및 청산절차 규정에 따라 존립기간 만료, 법원의 명령·판결·합병·파산·기타 정관으로 정한 해산사유의 발생, 사원이 1인으로 되는 경우, 주주 및 사원총회의 결의 및 사원의 퇴사 등 법인의 형태에 따라 규정되는 해산사유가 발생됨으로써 이루어진다. 이러한 상법상의 해산사유에 따라 청산되는 내국법인은 청산소득에 대한 납세의무가 있다.

한편 상법상의 해산사유에 해당하더라도 다음의 어느 하나에 해당하면 청산소득에 대한 법인세를 과세하지 아니한다.

① 비영리내국법인인 경우
② 상법의 규정에 따라 조직변경을 하는 경우
③ 특별법에 따라 설립된 법인이 그 특별법의 개정이나 폐지로 인하여 상법에 따른 회사로 조직변경하는 경우
④ 변호사법에 따라 법무법인이 법무법인(유한)으로 조직변경하는 경우
⑤ 관세사법에 따라 관세사법인이 관세법인으로 조직변경하는 경우
⑥ 변리사법에 따라 특허법인이 특허법인(유한)으로 조직변경하는 경우
⑦ 협동조합 기본법에 따라 법인등이 협동조합으로 조직변경하는 경우
⑧ 지방공기업법에 따라 지방공사가 지방공단으로 조직변경하거나 지방공단이 지방공사로 조직변경하는 경우

일반적으로 비영리법인은 해산되면 잔여재산이 국고에 귀속되기 때문에 비영리법인이 수익사업을 운영함으로써 법인세 납세의무가 있던 경우일지라도 청산소득에 대한 납세의무는 배제된다.

상법의 규정에 의하여 조직변경을 하는 법인은 실질적 의미에서 청산이 아니라고 보기 때문에 청산소득이 과세되지 않는다. 조직변경은 법인의 법적 형식 측면에서 기존의 법인이 소멸된 것으로 볼 수 있으나 정관에서 조직변경을 해산사유로 정하고 있지 않는 한 해당 법인의 기존 권리·의무의 실질관계가 변하지 않고 동일성이 유지되므로 청산으로 보지 않는다. 그러나 상법상의 조직변경은 모든 회사형태간에 가능한 것이 아니라 인적회사인 합명회사와 합자회사, 물적회사인 유한회사와 주식회사 사이에서만이 가능하도록 규정되어 있으므로 상법상 인정되지 않는 조직변경은 청산소득의 과세대상이 된다. 예를 들어 합명회사의 주식회사로의 변경은 상법상 인정되지 않는 임의변경이므로 청산소득이 과세된다.

한편 조직변경과 합병은 청산소득의 측면에서 구분되어야 한다. 조직변경은 청산소득에 대해 과세하지 않으나 합병에 대해서는 청산소득을 과세하는데, 이는 법인 실체의 계속성에서 차이가 있기 때문이다. 조직변경의 경우 법률상의 실질관계가 계속 유지되지만, 합병의 경우 피합병법인의 모든 권리·의무는 합병법인 또는 합병 후의 신설법인에게 승계되므로 계속성이 소멸된다. 또한 합병으로 인해서는 경제적 거래가 발생하며 이로 인해 청산소득이 발생할 수 있으므로 합병에 대해서는 청산소득에 대한 납세의무가 부과된다.

4. 청산소득금액의 계산

구 분	내 용
① 해산의 경우	잔여재산의 가액－해산등기일 현재 자기자본*2의 총액 ※ 잔여재산의 가액 = 자산총액*1－부채총액
② 청산중인 내국법인이 사업을 계속하는 경우	잔여재산분배액*3의 총합계액－해산등기일 현재 자기자본*2의 총액

*1 해산등기일 현재의 자산의 합계액으로 하되, 추심할 채권과 환가처분할 자산은 다음에 의한다.
㉠ 추심할 채권과 환가처분할 자산 : 추심 또는 환가처분한 날 현재의 금액
㉡ 추심 또는 환가처분 전에 분배한 경우 : 그 분배한 날 현재의 시가에 의하여 평가한 금액

*2 자기자본 : 자본금·출자금과 잉여금의 합계액
㉠ 세무상 이월결손금(자기자본총액에서 이미 상계되었거나 상계된 것으로 보는 이월결손금 제외함)이 있는 경우에는 잉여금의 범위 내에서 자기자본과 상계한다. 이 경우 해산등기일 전 2년 이내에 자본금 또는 출자금에 전입한 잉여금이 있는 경우에는 해당 금액을 자본금 또는 출자금에 전입하지 아니한 것으로 본다.
㉡ 청산기간 중에 환급되는 법인세액이 있는 경우에는 자기자본의 총액에 가산한다.
㉢ 법인이 해산등기일 현재의 자산을 청산기간 중에 처분한 금액(환가를 위한 재고자산의 처분액을 포함)은 이를 청산소득에 포함한다. 다만, 청산기간 중에 해산전의 사업을 계속하여 영위하는 경우 해당 사업에서 발생한 사업수입이나 임대수입, 공사채 및 예금의 이자수입 등은 청산소득에 포함하지 아니한다.

*3 해산으로 인하여 청산중인 내국법인이 그 해산에 의한 잔여재산의 일부를 주주 등에게 분배한 후 상법 등의 규정에 의하여 사업을 계속하는 경우 그 해산등기일부터 계속등기일까지의 사이에 분배한 잔여재산의 분배액을 말한다. 단, 해산등기일 현재의 잔여재산의 추심 또는 환가처분과 관련하여 발생한 각종 비용(계약서 작성비용, 공증비용, 인지대, 소개비 및 수수료, 청산인의 보수, 청산사무소의 비용 등)은 청산소득금액을 계산함에 있어서 이를 공제한다.

예제 14-1 | 청산소득금액 계산

영리내국법인인 ㈜한강은 제16기(당기)사업연도(20×6. 1. 1~20×6.12.31)말에 해산을 결의한 후 등기하였고 청산절차에 착수하였다. 다음 자료를 바탕으로 ㈜한강의 청산소득금액을 계산하시오.

◐ 2015년 세무사 2차

1. ㈜한강은 청산절차를 진행하면서 아래와 같이 자산을 환가하였으며, 모든 부채는 ₩500,000,000(재무상태표상 금액과 동일)에 상환하였다.

자산 환가 내역	
구 분	환 가 액
재 고 자 산	₩100,000,000
토 지	400,000,000
건 물	300,000,000
기 계 장 치	90,000,000
합 계	₩890,000,000

2. 자산환가내역에 제시한 자산 이외의 해산등기일 현재 재무상태표상 자산은 현금 ₩8,000,000만 있으며 이외의 자산은 없고 자산 총액은 ₩758,000,000이다.
3. ㈜한강은 제12기 사업연도 말에 자본잉여금 전액 ₩20,000,000을 자본금에 전입하여 무상주를 발행하였다. 동 자본잉여금은 전액 ㈜한강 설립 시에 주당 액면 ₩5,000인 주식 20,000주를 주당 ₩6,000에 발행함에 따라 발생한 것이다. 해산등기일 현재 재무상태표상 ㈜한강의 자본은 자본금과 이익잉여금으로 구성되어 있고, 설립 시 주식 발행과 제12기 무상주 발행을 제외하고는 주식을 추가로 발행하지 않았다.
4. 재고자산 평가방법의 임의변경에 대한 익금산입 ₩20,000,000(유보) 및 건물에 대한 감가상각비 한도초과에 따른 손금불산입(유보) ₩5,000,000으로 처리한 세무조정항목이 제16기말 자본금과 적립금 조정명세서(을)표에 있다.
5. ㈜한강의 제16기말 자본금과 적립금 조정명세서(갑)표에는 제10기 사업연도 발생분 ₩130,000,000과 제14기 사업연도 발생분 ₩60,000,000이 이월결손금 잔액으로 있다.

해답

⑴ 잔여재산가액

₩890,000,000(자산 환가액) + ₩8,000,000(현금) − ₩500,000,000(부채) = ₩398,000,000

⑵ 자기자본

① 자본금 : 20,000주 × ₩5,000 + ₩20,000,000 =	₩120,000,000
② 잉여금 : ₩750,000,000 − (₩500,000,000 + ₩120,000,000) + ₩25,000,000 =	163,000,000
③ 이월결손금 : MIn[₩190,000,000, ₩163,000,000] =	(163,000,000)
합 계	₩120,000,000

* 세무상 이월결손금은 발생시점을 불문하며, 세무상 이월결손금이 잉여금의 가액을 초과하는 경우 그 초과액은 없는 것으로 본다. 이 때 해산등기일 전 2년 이내에 자본금에 전입한 잉여금이 있는 경우 해당 금액을 자본금에 전입하지 않은 것으로 보고 자기자본을 계산하여야 하나, 자본잉여금 ₩20,000,000은 이에 해당하지 않으므로 자본금으로 본다.

⑶ 청산소득금액 : ₩398,000,000 − ₩120,000,000 = ₩278,000,000

5. 신고 · 납부절차

(1) 세 율

청산소득에 대한 과세는 그 목적이 과세의 형평과 이연소득에 대한 과세라고 할 수 있으므로 과세표준의 계산방법은 각 사업연도소득과 다를지라도 세부담은 같도록 하여야 한다. 따라서 각 사업연도소득에 대한 기본세율을 청산소득에 대해서도 적용한다.

(2) 청산소득에 대한 납세의무의 승계

청산소득이 있는 모든 내국법인은 청산소득에 대해 신고납부의무가 있으며, 청산소득의 과세표준신고의무는 청산소득이 산출되지 않거나 결손금으로 계산되는 경우에도 적용된다.

합병법인 또는 합병으로 인한 신설법인은 피합병법인의 청산소득에 대한 법인세를 납부해야할 의무가 있다. 한편 청산소득에 대한 법인세를 납부하지 아니하고 잔여재산을 분배할 때에는 청산인과 잔여재산의 분배를 받은 자는 연대하여 납부할 의무를 진다. 다만, 잔여재산의 분배를 받은 자는 그 받은 재산가액의 한도 내에서 책임을 진다.

(3) 신고납부절차

구 분	내 용
① 중간신고	해산의 경우에는 다음에 정한 날이 속하는 달의 말일부터 1개월 이내에 중간신고를 하여야 한다. 단, 지급배당에 대한 소득공제를 받는 법인(유동화전문회사 등)은 제외한다. ㉠ 해산에 의한 잔여재산가액이 확정되기 전에 그 일부를 분배한 경우 : 분배한 날 ㉡ 해산등기일부터 1년 내에 잔여재산가액이 확정되지 아니한 경우 : 1년이 되는 날
② 확정신고	다음 기한 내에 청산소득에 대한 법인세 과세표준과 세액을 신고하여야 한다. ㉠ 해산 : 잔여재산가액 확정일이 속하는 달의 말일부터 3개월 이내 ㉡ 사업계속 : 사업계속 등기일이 속하는 달의 말일부터 3개월 이내
③ 납부의무	신고기한까지 청산소득에 대한 법인세를 납부하여야 한다.

(4) 청산소득에 대한 법인세의 징수

납세자 관할 세무서장은 내국법인이 납부하여야 할 청산소득에 대한 법인세를 납부하지 아니한 경우 그 미납된 법인세액을 국세징수법에 따라 징수하여야 한다.

(5) 청산소득에 대한 납부지연가산세의 적용 제외

청산소득에 대한 법인세를 징수할 때에는 납부기연가산세(미납일수에 따른 가산세의 경우에는 납부고지서에 따른 납부기한의 다음 날부터 부과되는 분에 한정함)를 적용하지 아니한다.

제 3 절 | 외국법인의 납세의무

1. 국내원천소득의 범위

구 분	내 용
① 이자소득	다음의 어느 하나에 해당하는 소득으로서 소득세법에 따른 이자소득(국외에서 받는 예금이자 제외)과 그 밖의 대금의 이자 및 신탁의 이익. 다만, 거주자 또는 내국법인의 국외사업장을 위하여 그 국외사업장이 직접 차용한 차입금의 이자는 제외한다. ㉠ 국가, 지방자치단체, 거주자, 내국법인 또는 외국법인의 국내사업장이나 비거주자의 국내사업장으로부터 지급받는 소득 ㉡ 외국법인 또는 비거주자로부터 지급받는 소득으로서 그 소득을 지급하는 외국법인 또는 비거주자의 국내사업장과 실질적으로 관련하여 그 국내사업장의 소득금액을 계산할 때 필요경비 또는 손금에 산입되는 것
② 배당소득	내국법인 또는 법인으로 보는 단체나 그 밖에 국내에 소재하는 자로부터 지급받는 소득세법에 따른 배당소득(외국법인으로부터 받는 배당 제외) 또는 국제조세조정에 관한 법률 제13조 또는 제22조에 따라 배당으로 처분된 금액 등
③ 부동산소득	국내에 있는 부동산·부동산상의 권리, 국내에서 취득한 광업권 등의 권리의 양도·임대 또는 그밖의 운영으로 인하여 발생한 소득 ※ 다음 '⑦'의 부동산등 양도소득에 해당하는 것을 제외함.
④ 선박 등의 임대소득	거주자·내국법인·외국법인(비거주자)의 국내사업장에 선박·항공기·등록된 자동차나 건설기계 또는 산업상·상업상·과학상의 기계·설비·장치·운반구·공구·기구 및 비품을 임대함으로 인하여 발생하는 소득
⑤ 사업소득	외국법인이 경영하는 사업에서 발생하는 소득(조세조약에 따라 국내원천 사업소득으로 과세할 수 있는 소득 포함) ※ 다음 '⑥'의 인적용역소득에 해당하는 소득을 제외함.
⑥ 인적용역 소득	국내에서 인적용역을 제공함으로 인하여 발생하는 소득(국외에서 과학기술·경영관리 기타 분야에 관한 전문적 지식 또는 특별한 기능을 가진 자가 당해 지식 또는 기능을 활용하여 인적용역을 제공함으로써 발생하는 소득이 조세조약에 따라 국내에서 발생하는 것으로 간주되는 소득을 포함). 이 경우 그 인적용역을 제공받는 자 또는 제공하는 자가 인적용역의 제공과 관련하여 항공료 등 법령에서 정하는 비용을 부담하는 경우에는 그 비용을 제외한 금액

구 분	내 용
⑦ 부동산등 양도소득	자산 · 권리의 양도소득(그 소득을 발생하게 하는 자산 · 권리가 국내에 있는 경우로 한정함) ㉠ 부동산, 부동산에 관한 권리, 사업용자산과 함께 양도하는 영업권, 시설물이용권 ㉡ 비상장 부동산주식 : 내국법인의 주식 또는 출자지분(주식 · 출자지분을 기초로 하여 발행한 예탁증서 및 신주인수권을 포함) 중 양도일이 속하는 사업연도 개시일 현재의 그 법인의 자산총액 중 부동산 및 부동산에 관한 권리 등의 합계액이 50% 이상인 법인의 주식 또는 출자지분 증권시장에 상장되지 아니한 주식 또는 출자지분
⑧ 사용료소득	다음의 권리 · 자산 또는 정보를 국내에서 사용하거나 그 대가를 국내에서 지급하는 경우의 그 대가 및 그 권리 등을 양도함으로써 발생하는 소득 ㉠ 학술 또는 예술상의 저작물(영화필름 포함)의 저작권 · 특허권 · 상표권 · 디자인 · 모형 · 도면 · 비밀스러운 공식 또는 공정 · 라디오 · 텔레비전방송용 필름 및 테이프 기타 이와 유사한 자산이나 권리 ㉡ 산업상 · 상업상 또는 과학상의 지식 · 경험에 관한 정보 또는 노하우 ㉢ 사용지 기준 조세조약에서 사용료의 정의에 포함되는 그 밖에 이와 유사한 재산 또는 권리 ※ 위 '④'의 산업상 · 상업상 · 과학상의 기계 · 설비 · 장치 등을 임대함으로써 발생하는 소득을 조세조약에서 사용료소득으로 구분하는 경우 그 사용대가를 포함함.
⑨ 유가증권 양도소득	다음의 유가증권의 양도로 인하여 발생하는 소득으로서 법령이 정하는 소득 ㉠ 내국법인이 발행한 주식 등과 그밖의 유가증권 ㉡ 외국법인이 발행한 주식 등(증권시장에 상장된 것에 한정함) ㉢ 외국법인의 국내사업장이 발행한 그밖의 유가증권
⑩ 기타소득	국내에 있는 부동산 및 그밖의 자산이나 국내에서 경영하는 사업과 관련하여 받은 보험금 · 보상금 또는 손해배상금, 소득세법에 따른 가상자산소득(2027년부터 과세)등 법령에서 열거하는 소득

* 비거주자의 국내원천소득에는 근로소득과 퇴직소득이 포함된다.

2. 외국법인에 대한 원천징수

외국법인에 대하여 다음에 해당하는 국내원천소득으로서 국내사업장과 실질적으로 관련되지 아니하거나 그 국내사업장에 귀속되지 아니하는 소득의 금액(국내사업장이 없는 외국법인에 지급하는 금액을 포함)을 지급하는 자는 원천징수의무를 진다. 다만, 사업소득 중 조세조약에 따라 국내원천사업소득으로 과세할 수 있는 소득을 제외한다.

구 분[*1]	원천징수금액
(1) 선박 등의 임대소득(④) · 사업소득(⑤)	그 지급금액의 2%
(2) 인적용역소득(⑥)	그 지급금액의 20%(국외에서 인적용역을 제공함으로써 발생하는 소득이 조세조약에 따라 국내에서 발생하는 것으로 간주되는 소득 : 3%)
(3) 이자소득(①), 배당소득(②), 사용료소득(⑧), 가상자산소득 및 국내 미등록 특허권 등의 침해 대가를 제외한 기타의 소득(⑩)	그 지급금액의 20%(국가 · 지방자치단체 및 내국법인이 발행하는 채권에서 발생하는 이자소득 : 14%)
(4) 부동산등 양도소득(⑦)	그 지급금액의 10% 취득가액 및 양도비용이 확인되는 경우 : Min[㉮, ㉯] ㉮ 그 지급금액의 10% ㉯ 해당 부동산의 양도차익의 20%
(5) 유가증권 양도소득(⑨), 가상자산소득(⑩)	그 지급금액의 10% 취득가액 및 양도비용이 확인되는 경우 : Min[㉮, ㉯] ㉮ 그 지급금액의 10% ㉯ (양도가액 − 취득가액 − 양도비용) × 20%
(6) 사용지 기준 조세조약 상대국의 법인이 소유한 국내 미등록 특허권 등을 침해하여 발생하는 손해의 보상대가(⑩)	그 지급금액의 15%

*1 부동산소득(③)은 원천징수대상에서 제외된다.

● 외국법인에 대한 조세조약상 제한세율 적용을 위한 원천징수 절차 특례 개정

국내원천소득(국내원천 사업소득 및 국내원천 인적용역소득 제외)을 실질귀속자인 외국법인이 제한세율을 적용받으려는 경우에는 제한세율 적용신청서를 원천징수의무자에게 제출하여야 한다(법법 98의6).

3. 외국법인의 과세방법

구 분	내 용
① 국내사업장을 가진 외국법인	㉠ 원칙 : 국내원천소득을 종합과세 ⇨ 신고 · 납부 ㉡ 국내사업장과 실질적으로 관련되지 않거나 국내사업장에 귀속되지 않는 소득 : 완납적 원천징수 ⇨ 국내원천소득별로 분리과세
② 국내사업장이 없으나 국내원천 부동산소득이 있는 외국법인	국내원천소득을 종합과세 ⇨ 신고 · 납부 ※ 이월결손금(국내에서 발생한 이월결손금만 해당)에 대한 공제는 각 사업연도 소득의 80%로 한다.
③ 국내사업장이 없고 국내원천 부동산소득이 없는 외국법인	㉠ 양도소득이 있는 외국법인 : 예납적 원천징수 ⇨ 신고 · 납부(분리과세) ㉡ 기타의 외국법인 : 완납적 원천징수 ⇨ 국내원천소득별로 분리과세

4. 외국법인의 국내사업장에 대한 과세특례(지점세 제도)

구 분	내 용
① 의의	외국법인(비영리외국법인은 제외)의 국내사업장은 우리나라와 그 외국법인의 거주지국과 체결한 조세조약에 따라 지점세를 신고·납부하는 법인세에 추가하여 납부하여야 한다. 다만, 그 외국법인의 거주지국이 그 국가에 있는 우리나라의 법인의 국외사업장에 대하여 추가하여 과세하지 아니하는 경우에는 그러하지 아니하다. ⇨ 외국투자자가 국내에 법인을 설립하여 투자하는 경우와 과세형평을 유지하기 위함
② 지점세	과세대상소득금액×20% (조세조약이 따로 정하는 경우에는 조세조약에 따름)
③ 과세대상 소득금액	과세대상소득금액 = 해당 국내사업장의 각 사업연도의 소득금액 − 법인세(공제감면세액을 차감하고, 가산세와 추가납부세액을 가산한 금액) 및 지방소득세 − 해당 국내사업장이 사업을 위하여 재투자할 것으로 인정되는 금액 − 과소자본세제의 적용으로 배당간주된 지급이자의 손금불산입액 ※ 우리나라와 해당 외국법인의 거주지국과 체결한 조세조약에서 이윤의 송금액에 대하여 과세할 수 있도록 규정하고 있는 경우 : 과세대상소득금액 = 각 사업연도 중 실제로 송금된 이윤

5. 국내사업장의 범위

구 분	내 용
① 개념	외국법인이 국내에 사업의 전부·일부를 수행하는 고정된 장소를 가지고 있는 경우에는 국내사업장이 있는 것으로 본다.
② 범위	㉠ 지점·사무소 또는 영업소 및 상점 그 밖의 고정된 판매장소 ㉡ 작업장·공장 또는 창고 ㉢ 6개월을 초과하여 존속하는 건축장소, 건설·조립·설치공사의 현장 또는 이와 관련되는 감독활동을 수행하는 장소 ㉣ 고용인을 통하여 용역을 제공하는 경우로서 다음에 해당하는 장소 – 용역의 제공이 계속되는 12개월 중 총 6개월을 초과하는 기간동안 용역이 수행되는 장소 – 용역의 제공이 계속되는 12개월 중 총 6개월을 초과하지 아니하는 경우로서 유사한 종류의 용역이 2년 이상 계속적·반복적으로 수행되는 장소 ㉤ 광산·채석장 또는 해저천연자원이나 그밖의 천연자원의 탐사 및 채취장소
③ 의제	다음의 어느 하나에 해당하는 자 또는 이에 준하는 자로서 대통령령으로 정하는 자[86]를 두고 사업을 경영하는 경우에는 그 자의 사업장 소재지(사업장이 없는 경

86) ① 외국법인의 자산을 상시 보관하고 관례적으로 이를 배달 또는 인도하는 자

구 분	내 용
③ 의제	우에는 주소지로 하고, 주소지가 없는 경우에는 거소지로 한다)에 국내사업장을 둔 것으로 본다. ㉠ 국내에서 그 외국법인을 위하여 외국법인 명의 계약등을 체결할 권한을 가지고 그 권한을 반복적으로 행사하는 자 ㉡ 국내에서 그 외국법인을 위하여 외국법인 명의 계약등을 체결할 권한을 가지고 있지 아니하더라도 계약을 체결하는 과정에서 중요한 역할(외국법인이 계약의 중요사항을 변경하지 아니하고 계약을 체결하는 경우로 한정함)을 반복적으로 수행하는 자
④ 제외	다음의 장소(특정 활동 장소)가 외국법인의 사업 수행상 예비적 또는 보조적인 성격을 가진 활동을 하기 위하여 사용되는 경우에는 국내사업장에 포함되지 아니한다. ㉠ 자산의 단순한 구입만을 위하여 사용하는 일정한 장소 ㉡ 판매를 목적으로 하지 않는 자산의 저장이나 보관만을 위하여서만 사용하는 일정한 장소 ㉢ 광고·선전·정보의 수집 및 제공·시장조사·그 밖에 이와 유사한 활동만을 위하여 사용되는 일정한 장소 ㉣ 자기의 자산을 타인으로 하여금 가공하게 할 목적으로반 사용하는 일정한 장소

제4절 | 동업기업에 대한 과세특례(조특법 제10절의3)

1. 의 의

동업기업을 하나의 실체(개인 또는 법인)로 보아 소득을 계산하되, 동업기업을 도관(導管)으로 보아 동업기업에서 발생한 소득에 대하여 동업기업 단계에서는 과세하지 않고, 그 소득을 손익배분비율에 따라 구성원인 동업자에게 배분하여 동업자별로 소득세(개인동업자) 또는 법인세(법인동업자)를 과세하는 제도를 말한다

이 제도를 채택하게 되면 동업기업에 대한 법인세 부담이 경감되고, 동업기업에서 발생한 결손금을 동업자의 다른 소득에서 공제할 수 있으므로 납세자의 세부담 측면에서 유리하다. 또한 동업기업을 소득계산 및 신고의 실체로 인정하므로 납세편의를 제고할 수 있고, 과세행정의 효율성을 높일 수 있다는 장점이 있다.

---

② 중개인·일반위탁매매인 기타 독립적 지위의 대리인으로서 주로 특정 외국법인만을 위하여 계약체결 등 사업에 관한 중요한 부분의 행위를 하는 자(이들이 자기사업의 정상적인 과정에서 활동하는 경우를 포함한다)

③ 보험사업(재보험사업을 제외한다)을 영위하는 외국법인을 위하여 보험료를 징수하거나 국내소재 피보험물에 대한 보험을 인수하는 자

2. 적용범위

동업기업과세특례는 동업기업(인적회사의 성격이 있는 단체 : 2명 이상이 금전이나 그 밖의 재산 또는 노무 등을 출자하여 공동사업을 경영하면서 발생한 이익 또는 손실을 배분받기 위하여 설립한 단체)으로서 다음의 어느 하나에 해당하는 단체가 적용신청을 한 경우 해당 동업기업 및 그 동업자(동업기업의 출자자인 거주자 · 비거주자 · 내국법인 및 외국법인)에 대하여 적용하며, 동업기업과세특례를 적용받는 동업기업과 그 동업자에 대하여는 각 세법의 규정에 우선하여 이 규정을 적용한다. 다만, 동업기업과세특례를 적용받는 동업기업의 동업자는 동업기업의 자격으로 동업기업과세특례를 적용받을 수 없으며[87], 아래 '⑤'의 외국단체의 경우 국내사업장을 하나의 동업기업으로 보아 해당 국내사업장과 실질적으로 관련되거나 해당 국내사업장에 귀속하는 소득으로 한정하여 동업기업과세특례를 적용한다.

① 민법에 따른 조합

② 상법에 따른 합자조합 및 익명조합(합자조합 또는 익명조합 형태의 집합투자기구인 투자합자조합 또는 투자익명조합 제외)

③ 합명회사 및 합자회사(합자조합 형태의 집합투자기구인 투자합자회사 중 대통령령으로 정하는 투자자만을 사원으로 하는 투자합자회사인 사모집합투자기구인 기관전용 사모집합투자기구가 아닌 것은 제외)

④ 위 단체와 유사하거나 인적용역을 주로 제공하는 단체 : 법무법인 및 법무조합, 특허법인, 노무법인, 법무사합동법인, 법무법인(유한), 회계법인, 세무법인, 관세법인으로서 일정한 요건을 갖춘 것

⑤ 외국법인 또는 비거주자로 보는 법인 아닌 단체 중 위 '①'부터 '④'까지의 규정에 따른 단체와 유사한 단체로서 대통령령으로 정하는 기준에 해당하는 외국단체

87) 예외적으로 동업기업과세특례를 적용받는 동업기업에 출자한 동업자가 기관전용 사모집합투자기구로서 법정 요건을 갖춘 투자합자회사인 경우 그 투자합자회사는 자기에게 출자한 동업자와의 관계에서 동업기업의 자격으로 동업기업과세특례를 적용받을 수 있다. 이 경우 해당 투자합자회사의 동업자는 동업기업의 자격으로 동업기업과세특례를 적용받을 수 없다.

객관식문제

▶ 제14장 기타의 법인세 납세의무

1 다음은 비영리법인에 대한 설명이다. 옳은 것은?

① 특별법에 의하여 설립된 법인은 비영리법인으로 본다.

② 국세기본법에 의하여 법인으로 보는 단체는 정관상의 사업내용에 따라 비영리법인 또는 영리법인으로 분류한다.

③ 비영리법인이 수익사업을 영위하는 때에는 자산·부채·수익을 구분경리하여야 하며 구분경리를 하지 아니하면 모두 수익사업에 속하는 것으로 한다.

④ 외국법인도 영리를 목적으로 하지 아니하는 법인은 비영리법인으로 본다.

해설

① 특별법에 의하여 설립된 법인 중 영리를 목적으로 하지 않는 법인을 비영리법인으로 본다.
② 국세기본법에 의하여 법인으로 보는 단체는 비영리법인으로 본다.
③ 법인세법 등에서 정하는 바에 따라 구분한다.

2 비영리법인의 각 사업연도 소득에 대한 법인세와 관련된 다음 설명 중 틀린 것은?

① 고유목적사업준비금을 손금으로 계상한 사업연도의 종료일 이후 5년이 되는 날까지 고유목적사업 등에 사용하지 않은 때에는 그 잔액을 환입한다.

② 비영리내국법인은 원천징수된 이자소득에 대하여 과세표준신고를 하지 아니하고 원천징수납부로 과세를 종결할 수 있지만, 비영업대금의 이익에 대해서는 반드시 과세표준신고를 하여야 한다.

③ 사업소득과 채권매매익에 해당하는 수익사업을 영위하지 않는 비영리내국법인은 기장의무가 없다.

④ 사업소득에 해당하는 수익사업이 있는 비영리내국법인은 토지·건물 등의 양도소득에 대하여 소득세법상의 양도소득에 관한 규정을 준용하여 계산한 과세표준에 양도소득세율을 적용하여 계산한 금액을 법인세로 납부할 수 있다.

해설

비영리내국법인(사업소득에 해당하는 수익사업을 영위하는 비영리내국법인을 제외함)이 토지 · 건물 등의 "자산양도소득"이 있는 경우에는 과세표준의 신고를 하지 아니할 수 있다. 이 경우 과세표준의 신고를 하지 아니한 자산양도소득에 대하여는 소득세법상 양도소득세에 관한 규정을 준용하여 계산한 과세표준에 양도소득세율을 적용하여 계산한 금액을 법인세로 납부하여야 한다.

3 법인세법상 비영리내국법인에 대한 설명으로 옳지 않은 것은? ● 2015년, 2009년 국가직 7급

① 비영리내국법인의 고유목적사업에 직접 사용되는 유형자산 및 무형자산으로서 대통령령이 정하는 요건을 갖춘 경우 해당 자산의 처분으로 생기는 수입은 각 사업연도의 소득에 포함되어 과세되지 않는다.

② 모든 비영리내국법인은 복식부기의 방식으로 장부를 기장하고 이를 비치할 의무는 있지만, 이를 이행하지 않았을 경우에 장부의 기록 · 보관 불성실가산세의 부과대상은 아니다.

③ 주식 · 신주인수권 또는 출자지분의 양도로 인하여 생기는 수입은 비영리내국법인의 수익사업에 해당한다.

④ 내국법인중 민법 제32조의 규정에 의하여 설립된 법인의 청산소득에 대하여 법인세를 부과하지 아니한다.

해설

사업소득 또는 채권 등의 매매익이 없는 법인은 기장의무가 없다.

4 청산소득에 대한 설명 중 잘못된 것은?

① 청산소득에서 잔여재산의 가액이란 자산총액에서 부채총액을 차감한 금액이다.

② 청산소득은 잔여재산의 가액에서 기업회계상 자본금과 잉여금의 합계에서 이월결손금을 차감한 금액을 차감하고 법인세 환급금을 가산한 금액이다.

③ 청산소득은 비영리법인과 외국법인 등을 제외한 영리법인인 내국법인에 대해서만 이루어진다.

④ 청산소득에 대해서도 각 사업연도소득에 적용하는 세율을 그대로 적용하여 산출세액을 계산한다.

해설

청산소득 = 잔여재산가액 − 자기자본총액
자기자본총액 = 자본금 + 잉여금 − 이월결손금 + 법인세환급금
여기에서 잉여금, 이월결손금은 모두 세무상 잉여금과 결손금을 말한다.

5 법인세법상 내국법인의 청산소득에 대한 설명으로 옳지 않은 것은? 2013년 국가직 7급

① 비영리내국법인은 어떠한 경우라도 청산소득에 대한 법인세의 납세의무를 지지 않는다.

② 합병이나 분할에 의한 해산하는 내국법인을 제외한 내국법인이 해산한 경우 그 청산소득의 금액은 그 법인의 해산에 의한 잔여재산의 가액에서 해산등기일 현재의 자본금 또는 출자금과 잉여금의 합계액을 공제한 금액으로 한다.

③ 내국법인의 해산에 의한 청산소득의 금액을 계산할 때 그 청산기간에 국세기본법에 따라 환급되는 법인세액이 있는 경우 이에 상당하는 금액은 그 법인의 해산등기일 현재의 자기자본의 총액에는 포함되지 아니한다.

④ 특별법에 따라 설립한 법인이 그 특별법의 개정으로 인하여 상법에 따른 회사로 조직변경하는 경우에는 청산소득에 대한 법인세를 과세하지 아니한다.

해설

그 청산기간에 국세기본법에 따라 환급되는 법인세액이 있는 경우에는 자기자본의 총액에 가산한다.

6 법인세법상 외국법인의 과세에 대한 설명으로 옳지 않은 것은? 2012년 국가직 9급

① 외국법인의 국내사업장은 6개월을 초과하여 존속하는 건축장소 또는 이와 관련되는 감독활동을 수행하는 장소를 포함한다.

② 외국법인의 국내에 있는 토지등 양도소득 금액의 계산 시 취득가액 및 양도가액은 원칙적으로 실지거래가액으로 한다.

③ 외국법인이 판매를 목적으로 하지 아니하는 자산의 저장이나 보관만을 위하여 사용하는 일정한 장소는 국내사업장에 포함되지 아니한다.

④ 외국법인이 국내에서 사업의 일부를 수행하는 작업장·공장 또는 창고를 가지고 있는 경우에는 국내사업장이 없는 것으로 본다.

해설

외국법인이 국내에서 사업의 일부를 수행하는 작업장·공장 또는 창고를 가지고 있는 경우에는 국내사업장이 있는 것으로 본다.

정답	1	④	2	④	3	②	4	②	5	③	6	④

제 4 편

소득세법

총　칙

제 1 절 | 소득세의 의의 및 특징

1. 소득세의 의의

소득세(individual income tax)는 개인(자연인)을 납세의무자로 하고 개인의 소득을 과세대상으로 하여 부과하는 직접국세이다.

2. 과세소득의 개념 및 입법방법

소득세법은 계속적·반복적으로 발생하는 소득만을 과세소득에 포함하는 소득원천설을 근간으로 하고 있으나, 일부 소득에 대해서는 순자산증가설을 채택하고 있다. 소득세법에서는 과세소득의 입법방법으로 원칙적으로 열거주의를 채택하고 있으나, 이자소득과 배당소득에 대해서는 예외적으로 유형별 포괄주의를 채택하고 있다.

열거주의란 세법에 구체적으로 열거된 것만 과세하는 방법을 말하며, 유형별 포괄주의란 열거된 소득과 유사하면 세법에 구체적으로 열거되어 있지 않더라도 과세하는 방법을 말한다.

열거주의를 채택하면 세법에 구체적으로 열거된 것만 과세하므로 세금에 대한 예측가능성이 보장되고, 과세관청의 자의적 판단으로 인한 재산권의 부당한 침해를 방지할 수 있어 헌법상 조세법률주의에 합치하게 된다. 그러나 새로운 형태의 소득이 발생하는 경우 이를 일일이 세법에 열거하지 않으면 과세를 할 수 없다는 문제점을 안고 있다. 이러한 문제점을 해소하기 위하여 파생금융상품이자 등 신종소득에 대한 과세문제가 제기된 이자소득과 배당소득에 대해서는 2002년 1월 1일부터 유형별 포괄주의를 도입하였다.

3. 과세방법

소득세법은 담세력에 따른 과세를 위하여 납세의무자의 소득을 과세기간별로 모두 합산하여 과세하는 것을 원칙으로 하나, 정책적인 목적을 달성하기 위하여 일부 소득은 분리과세하거나 분류과세한다.

(1) 종합과세

종합과세란 소득의 종류에 관계없이 과세기간별로 모든 소득을 합산하여 과세하는 것을 말한다. 이자소득 · 배당소득 · 사업소득 · 근로소득 · 연금소득 및 기타소득은 종합과세한다. 즉 이자소득 등 6가지의 종합과세대상소득을 모두 합산하여 종합소득금액을 구하고, 이를 기초로 종합소득세를 계산한다.

(2) 분리과세

분리과세란 다른 소득과 합산하지 않고 소득을 지급할 때 소득을 지급하는 자가 소득세를 원천징수함으로써 과세를 종결하는 것을 말한다. 종합과세되는 소득 중 이자소득 · 배당소득 · 일용근로자의 근로소득 · 연금소득 및 기타소득 중 일부는 분리과세한다.

별도 세율 적용 분리과세

다음에 해당하는 소득은 원천징수 대상이 아니므로 소득을 지급하는 자가 소득세를 원천징수함으로써 과세를 종결(일반적인 분리과세)할 수 없다. 따라서 소득자는 확정신고시 해당 소득을 종합소득금액에 포함하여 신고하여야 하며, 세액계산 단계에서 종합소득과세표준에 포함하지 아니하고 별도의 세율을 적용하여 산출세액을 계산한다. 이러한 과세방법을 "별도 세율 적용 분리과세"라 한다.

① 소액 주택임대소득(사업소득)의 분리과세
② 계약금이 위약금 · 배상금으로 대체되어 원천징수하지 아니한 위약금 · 배상금(기타소득)
③ 가상자산소득금액(기타소득)

(3) 분류과세

퇴직소득과 양도소득은 종합과세하지 않고 소득별로 분류하여 과세한다. 퇴직소득과 양도소득은 장기간에 걸쳐 형성된 소득이 퇴직시점 또는 양도시점에 일시에 실현된다는 특징이 있다. 퇴직소득과 양도소득을 소득이 실현되는 시점에 다른 소득과 합산하여 과세하면 높은 세율이 적용되어 소득이 매년 실현되는 경우에 비해 조세부담이 증가하는 결집효과(bunching effect)가 발생한다. 이러한 결집효과를 완화하기 위하여 퇴직소득과 양도소득은 종합과세하지 않고 소득별로 분류하여 각각 소득금액을 계산하고, 이를 기초로 퇴직소득세와 양도소득세를 각각 계산한다.

⑷ 원천징수

원천징수(withholding)란 소득을 지급하는 자가 국가를 대신하여 세법에 따라 소득자로부터 일정한 세액을 징수하여 국가에 납부하는 제도를 말한다. 원천징수는 국가의 입장에서 보면 조세를 쉽게 징수할 수 있으며, 조세채권의 확보가 용이하다는 장점이 있기 때문에 소득세법에서는 이 제도를 폭넓게 활용하고 있다.

원천징수에는 소득을 지급할 때 소득세를 원천징수하되 소득을 지급받는 자가 추후에 해당 소득을 다른 소득과 합산하여 소득세를 신고·납부하여야 하는 "예납적 원천징수"와 원천징수만으로 납부의무가 종결되는 "완납적 원천징수"가 있다. 분리과세는 완납적 원천징수에 의하여 납세의무가 종결되는 과세방법을 의미한다.

▶ 예납적 원천징수와 완납적 원천징수의 개념

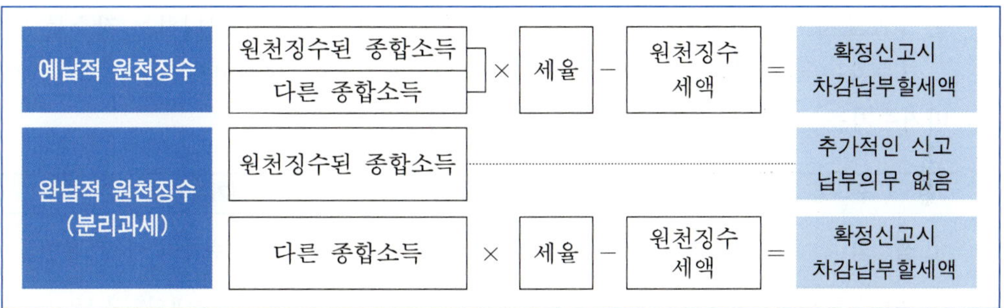

4. 소득세의 특징

소득세의 특징을 요약하면 다음과 같다.

구 분	내 용
① 개인단위과세	소득세는 원칙적으로 개인단위로 과세된다. 다만, 조세회피목적의 공동사업에 대해서는 세대단위로 합산과세 한다.
② 인적공제제도	인적사항이 달라지면 담세력에 차이게 생기게 되므로 개인의 부양가족현황 등 인적사항을 고려한 인적공제제도를 두고 있다.
③ 누진과세	원칙적으로 6%~45%의 초과누진세율에 의해 과세된다.*

* 양도소득에 대해서는 별도의 세율체계를 두고 있다.

제 2 절 | 납세의무자

1. 거주자와 비거주자

(1) 거주자와 비거주자 개정

소득세법상 납세의무자인 개인은 거주자와 비거주자로 구분된다. 거주자란 국내에 주소를 두거나 1과세기간 또는 계속하여 국내에 183일 이상의 거소(居所)를 둔 개인을 말하며, 거주자가 아닌 자를 비거주자라 한다. 거주자와 비거주자의 구분은 속지주의에 의해 주소 또는 183일 이상의 거소를 두고 있는지의 여부에 따라 판정하므로 국적에 불문한다.

주소는 국내에서 생계를 같이 하는 가족 및 국내에 소재하는 자산의 유무 등 생활관계의 객관적 사실에 따라 판정하며, 거소란 주소지 외의 장소 중 상당기간에 걸쳐 거주하는 장소로서 주소와 같이 밀접한 일반적 생활관계가 형성되지 아니하는 장소를 말한다.

거주자는 국내원천소득 뿐만 아니라 국외원천소득에 대해서도 납세의무를 지지만 비거주자는 국내원천소득에 대해서만 납세의무를 진다.

구 분	거주자로 보는 경우	비거주자로 보는 경우
① 정 의	국내에 주소를 두거나 183일 이상의 거소를 둔 개인*	거주자가 아닌 개인
② 과세소득의 범위	국내원천소득 + 국외원천소득	국내원천소득

* 재외동포가 입국한 경우 생계를 같이 하는 가족의 거주지나 자산소재지등에 비추어 그 입국목적이 관광, 질병의 치료 등 기획재정부령으로 정하는 사유에 해당하여 그 출국한 기간이 명백하게 일시적인 것으로 인정되는 때에는 해당 기간은 국내에 거소를 둔 기간으로 보지 아니한다(소령 4 ④).

(2) 거주자와 비거주자의 의제

거주자와 비거주자의 구분은 다음에 의한다.

구 분	거주자로 보는 경우	비거주자로 보는 경우
① 직업기준	계속하여 183일 이상 국내에 거주할 것을 통상 필요로 하는 직업을 가진 때	-
② 생활기준	국내에 생계를 같이하는 가족이 있고, 그 직업 및 자산상태에 비추어 계속하여 183일 이상 국내에 거주할 것으로 인정되는 때	외국국적을 가졌거나 외국법령에 의하여 그 외국의 영주권을 얻은 자로서 국내에 생계를 같이하는 가족이 없고, 그 직업 및 자산상태에 비추어 다시 입국하여 주로 국내에 거주하리라고 인정되지 아니하는 때

구 분	거주자로 보는 경우	비거주자로 보는 경우
③ 외국선박 또는 항공기 승무원	생계를 같이하는 가족이 거주하는 장소 또는 승무원이 근무기간 외의 기간 중 통상 체제하는 장소가 국내에 있는 경우	생계를 같이하는 가족이 거주하는 장소 또는 승무원이 근무기간 외의 기간 중 통상 체제하는 장소가 국외에 있는 경우
④ 국외근무 공무원 등	국외에서 근무하는 공무원 또는 거주자나 내국법인의 국외사업장 또는 해외현지법인(100%를 직접 또는 간접출자한 경우에 한정함)에 파견된 임직원	㉠ 주한 외교관과 그 외교관의 세대에 속하는 가족으로서 대한민국 국민이 아닌 자 ㉡ 한미행정협정에 규정한 합중국 군대의 구성원 · 군무원 및 그들의 가족(단, 합중국의 소득세를 회피할 목적으로 국내에 주소가 있다고 신고한 경우는 예외로 함)

2. 법인으로 보는 단체 외의 법인 아닌 단체

법인으로 보는 단체 외의 법인 아닌 단체는 국내에 주사무소 또는 사업의 실질적 관리장소를 둔 경우에는 1거주자로, 그 밖의 경우에는 1비거주자로 보아 소득세법을 적용한다. 다만, 다음의 어느 하나에 해당하는 경우에는 소득구분에 따라 해당 단체의 각 구성원별로 납세의무를 진다(소법 2 ③).[1)]

① 구성원 간 이익의 분배비율이 정하여져 있고 해당 구성원별로 이익의 분배비율이 확인되는 경우

② 구성원 간 이익의 분배비율이 정하여져 있지 아니하나 사실상 구성원별로 이익이 분배되는 것으로 확인되는 경우

3. 소득의 구분

(1) 거주자의 소득

거주자의 소득은 종합소득 · 퇴직소득 및 양도소득으로 구분한다(소법 4).

① 종합소득 : 종합소득은 이자소득 · 배당소득 · 사업소득 · 근로소득 · 연금소득 및

1) 이 규정에도 불구하고 해당 단체의 전체 구성원 중 일부 구성원의 분배비율만 확인되거나 일부 구성원에게만 이익이 분배되는 것으로 확인되는 경우에는 다음의 구분에 따라 소득세 또는 법인세를 납부할 의무를 진다.
① 확인되는 부분 : 해당 구성원별로 소득세 또는 법인세에 대한 납세의무 부담
② 확인되지 아니하는 부분 : 해당 단체를 1거주자 또는 1비거주자로 보아 소득세에 대한 납세의무 부담

기타소득을 합산한 것을 말한다.

② 퇴직소득 : 퇴직소득은 퇴직일시금과 공적연금 일시금을 말한다.

③ 양도소득 : 양도소득은 부동산 등 일정한 자산의 양도로 발생하는 소득을 말한다.

▶ 소득세법상 소득의 구분

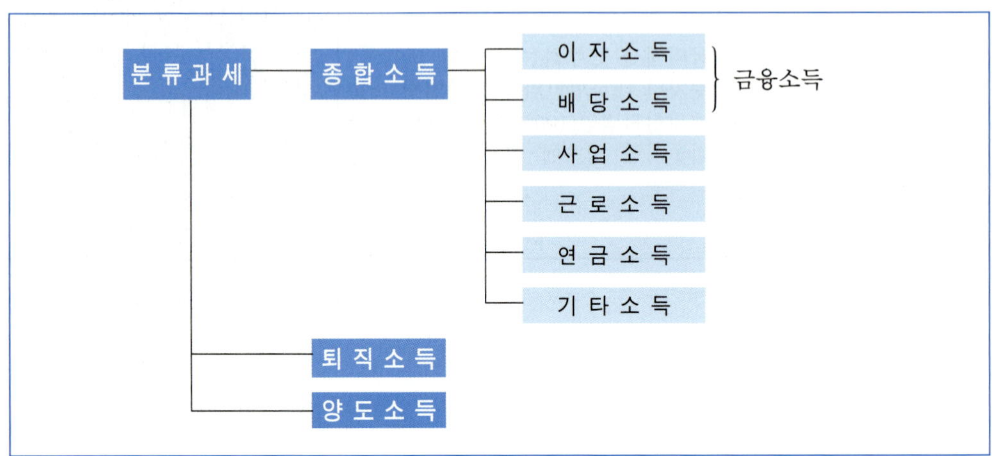

(2) 비거주자의 소득

비거주자의 퇴직소득과 양도소득은 거주자와 동일한 방법으로 분류과세한다. 그 외의 국내원천소득은 비거주자의 국내사업장이 있는 경우로서 국내사업장에 귀속되는 소득은 종합과세하고, 비거주자의 국내사업장이 없거나 국내사업장에 귀속되지 않는 소득은 소득별로 분리과세한다.

4. 소득세 납세의무의 특례

(1) 공동사업의 납세의무

국세기본법에서는 공유물 · 공동사업 또는 해당 공동사업에 속하는 재산에 관계되는 국세에 대하여 공유자 또는 공동사업자가 연대납세의무를 지도록 규정하고 있다. 그러나 소득세법에서는 공동사업에 관한 소득세에 대해서는 공동사업자가 연대납세의무를 지지 아니하고, 해당 공동사업자별로 납세의무를 진다고 규정하고 있다(소법 2의2 ①). 이는 국세기본법상 연대납세의무에 대한 예외규정에 해당한다.[2)]

다만, 조세회피목적의 공동사업에 대한 합산과세의 경우 합산과세되는 소득금액에

2) 세법에 예외규정을 두고 있는 경우에는 국세기본법 보다 세법을 우선 적용한다.

대하여는 주된 공동사업자의 특수관계인은 그의 손익분배비율에 해당하는 그의 소득금액을 한도로 주된 공동사업자와 연대하여 납세의무를 진다(소법 2의2 ①).

(2) 공유물 양도에 대한 납세의무

공동으로 소유한 자산에 대한 양도소득금액을 계산하는 경우에는 공동소유자가 연대납세의무를 지지 않고, 해당 자산을 공동으로 소유하는 각 거주자가 납세의무를 진다(소법 2의2 ⑤).

(3) 피상속인의 소득금액에 대한 납세의무의 승계

상속인은 상속으로 인하여 얻은 재산을 한도로 피상속인의 소득세에 대한 납세의무를 승계한다. 상속인이 피상속인의 소득세 납세의무를 승계하는 경우에도 피상속인의 소득금액에 대한 소득세를 상속인의 소득금액에 대한 소득세와 구분하여 계산하여야 한다(소법 44, 소법 2의2 ②).

소득세는 개인단위로 과세하므로 상속이 개시되면 상속인과 피상속인의 소득을 구분하여 각자의 소득세를 계산하고, 상속인이 피상속인의 소득세 납세의무를 승계하여 대신 납세의무를 이행하여야 한다.

(4) 분리과세소득에 대한 납세의무

원천징수되는 소득으로서 종합소득과세표준에 합산되지 아니하는 소득(분리과세대상소득)이 있는 자는 그 원천징수되는 소득세에 대하여 납세의무를 진다(소법 2의2 ④).

(5) 신탁재산 귀속 소득에 대한 납세의무의 범위

신탁재산에 귀속되는 소득은 그 신탁의 이익을 받을 수익자(수익자가 사망하는 경우에는 그 상속인)에게 귀속되는 것으로 본다. 다만, 위탁자가 신탁재산을 실질적으로 통제하는 등 다음 중 어느 하나의 요건을 충족하는 신탁의 경우에는 그 신탁재산에 귀속되는 소득은 위탁자에게 귀속되는 것으로 본다(소법 2의3, 소령 4의2 ④).

① 위탁자가 신탁을 해지할 수 있는 권리, 수익자를 지정하거나 변경할 수 있는 권리, 신탁 종료 후 잔여재산을 귀속 받을 권리를 보유하는 등 신탁재산을 실질적으로 지배·통제할 것

② 신탁재산 원본을 받을 권리에 대한 수익자는 위탁자로, 수익을 받을 권리에 대한 수익자는 그 배우자 또는 같은 주소 또는 거소에서 생계를 같이 하는 직계존비속(배우자의 직계존비속을 포함한다)으로 설정했을 것

제 3 절 | 과세기간과 납세지

1. 과세기간

과세기간이란 세법에 의하여 과세표준계산에 기초가 되는 기간을 말한다. 소득세는 역년주의[3]에 의하여 매년 1월 1일부터 12월 31일까지 1년을 과세기간으로 한다(소법 5 ①). 신규사업자 및 폐업자도 1월 1일부터 12월 31일까지 1년을 과세기간으로 하는데, 이는 사업개시일 이전 또는 폐업일 이후에도 다른 과세소득이 있을 수 있기 때문이다.

한편 거주자가 사망한 경우의 과세기간은 1월 1일부터 사망한 날까지로 하며, 거주자가 출국하여 비거주자가 되는 경우의 과세기간은 1월 1일부터 출국한 날까지로 한다(소법 5 ②, ③).

2. 납세지

납세지란 납세의무자가 신고·납부 등 세법에 의한 의무를 이행하고 권리를 행사하는데 기준이 되는 동시에 과세관청이 과세표준과 세액의 결정 또는 경정결정 등의 과세처분을 행하는 기준이 되는 장소를 말한다.

(1) 거주자와 비거주자(주소지 과세원칙)

구 분	납 세 지
거 주 자	주소지 ⇨ 주소지가 없는 경우에는 거소지(주소지 과세원칙)
비거주자	주된 국내사업장의 소재지 ⇨ 국내사업장이 없는 경우에는 국내원천소득이 발생하는 장소

(2) 상속 등의 경우

구 분	납 세 지
상 속 인	피상속인·상속인·납세관리인의 주소지나 거소지 중 신고하는 장소
비거주자의 납세관리인	국내사업장의 소재지·납세관리인의 주소지나 거소지 중 신고하는 장소
국외근무공무원 등	거주자로 의제하는 국외근무공무원 또는 해외파견임직원 : 그 가족의 생활근거지 또는 소속기관의 소재지

3) 역년주의란 달력에 따라 1월 1일~12월 31일까지를 과세기간으로 채택하는 것을 말하는데, 소득세법에서는 역년주의를 채택하고 있지만 법인세법에서는 그렇지 않다.

⑶ 원천징수한 소득세의 납세지

원천징수의무자	원천징수하는 소득세의 납세지
거 주 자	㉠ 원칙 : 주된 사업장의 소재지 ㉡ 주된 사업장 외의 사업장에서 원천징수하는 경우 : 그 사업장의 소재지 ㉢ 사업장이 없는 경우 : 주소지 또는 거소지
비거주자	㉠ 원칙 : 주된 국내사업장의 소재지 ㉡ 주된 국내사업장 외의 국내사업장에서 원천징수하는 경우 : 그 국내사업장의 소재지 ㉢ 국내사업장이 없는 경우 : 그 비거주자의 거류지 또는 체류지
법 인	㉠ 원칙 : 본점 또는 주사무소의 소재지 ㉡ 지점 등 기타사업장이 독립채산제에 따라 독자적으로 회계사무를 처리하는 경우 : 그 사업장의 소재지(그 사업장의 소재지가 국외에 있는 경우는 제외한다)*
납세조합	그 납세조합의 소재지

* 다만, 다음에 해당하는 경우에는 그 법인의 본점 또는 주사무소의 소재지를 소득세 원천징수세액의 납세지로 할 수 있다(소령 5 ③).

① 법인이 지점, 영업소 또는 그 밖의 사업장에서 지급하는 소득에 대한 원천징수세액을 본점 또는 주사무소에서 전자적 방법 등을 통해 일괄계산하는 경우로서 본점 또는 주사무소의 관할 세무서장에게 신고한 경우

② 부가가치세법에 따라 사업자단위로 등록한 경우

⑷ 납세지의 지정

국세청장 또는 관할지방국세청장은 사업소득이 있는 거주자가 사업장소재지를 납세지로 신청한 때에는 납세지를 따로 지정할 수 있다(소법 9 ①). 이 경우 납세지 지정신청을 하려는 자는 해당 과세기간의 10월 1일부터 12월 31일까지 납세지지정신청서를 사업장관할세무서장에게 제출하여야 한다.

⑸ 납세지의 변경신고

납세지가 변경된 때에는 그 변경된 날부터 15일 이내에 납세지변경신고서를 변경 후의 납세지 관할세무서장에게 신고하여야 한다(소법 10). 다만, 납세자의 주소지가 변경되어 부가가치세법에 따라 사업자등록정정을 한 경우에는 납세지의 변경신고를 한 것으로 본다(소령 7 ②).

객 / 관 / 식 / 문 / 제

▶ 제1장 총 칙

1 소득세에 대한 다음 설명 중 옳지 않은 것은?

① 과세소득의 입법방법으로 원칙적으로 열거주의를 채택하고 있으나, 이자소득과 배당소득에 대해서는 예외적으로 유형별 포괄주의를 채택하고 있다.

② 퇴직소득과 양도소득은 결집효과를 완화하기 위하여 종합과세하지 않고 소득별로 분류하여 과세한다.

③ 소득세는 역년주의에 의하여 매년 1월 1일부터 12월 31일까지 1년을 과세기간으로 하나, 신규사업자는 사업개시일부터 12월 31까지를 과세기간으로 한다.

④ 국세청장 또는 관할지방국세청장은 사업소득이 있는 거주자가 사업장소재지를 납세지로 신청한 때에는 납세지를 따로 지정할 수 있다.

해설

신규사업자도 1월 1일부터 12월 31일까지 1년을 과세기간으로 한다.

2 소득세법상 거주자 · 비거주자에 대한 설명으로 옳지 않은 것은? ◐ 2018년 국가직 9급 수정

① 국내에 주소가 없더라도 183일 이상 거소를 둔 개인은 거주자에 해당한다.

② 법인으로 보는 단체 외의 법인 아닌 단체는 국내에 주사무소 또는 사업의 실질적 관리장소를 두었는지 여부를 불문하고 거주자로 보아 소득세법을 적용한다.

③ 거주자가 사망한 경우의 소득세 과세기간은 1월 1일부터 사망한 날까지로 한다.

④ 국외에서 계속하여 근무하는 공무원은 국외 거주기간에 관계없이 무조건 거주자로 본다.

해설

법인으로 보는 단체 외의 법인 아닌 단체는 국내에 주사무소 또는 사업의 실질적 관리장소를 둔 경우에는 거주자로, 그밖의 경우에는 비거주자로 보아 소득세법을 적용한다.

3 소득세의 납세의무의 특례에 대한 설명이다. 잘못된 것은?

① 공동사업에 관한 소득세에 대해서는 공동사업자가 연대납세의무를 진다.

② 상속인이 피상속인의 소득세 납세의무를 승계하는 경우에도 피상속인의 소득금액에 대한 소득세를 상속인의 소득금액에 대한 소득세와 구분하여 계산하여야 한다.

③ 신탁재산에 귀속되는 소득은 그 신탁의 이익을 받을 수익자(수익자가 사망하는 경우에는 그 상속인)에게 귀속되는 것으로 본다. 다만, 위탁자가 신탁재산을 실질적으로 통제하는 등 대통령령으로 정하는 요건을 충족하는 신탁의 경우에는 그 신탁재산에 귀속되는 소득은 위탁자에게 귀속되는 것으로 본다.

④ 원천징수되는 소득으로서 종합소득 과세표준에 합산되지 아니하는 소득이 있는 자는 그 원천징수되는 소득세에 대하여 납세의무를 진다.

해설

공동사업에 관한 소득세에 대해서는 공동사업자가 연대납세의무를 지지 아니하고, 해당 공동사업자별로 납세의무를 진다.

4 소득세법에 대한 설명으로 옳은 것은?

① 법인으로 보는 단체 외의 법인 아닌 단체로서 구성원간 이익의 분배비율이 정하여져 있지 아니한 경우에는 공동사업으로 본다.

② 조세회피목적의 공동사업에 대한 합산과세의 경우 합산과세되는 소득금액에 대하여는 주된 공동사업자의 특수관계인은 주된 공동사업자와 연대하여 납세의무를 진다.

③ 사업자의 소득에 대한 소득세 납세지는 사업장소재지로 한다.

④ 법인의 지점 · 영업소 그밖의 사업장이 독립채산제에 따라 독자적으로 회계사무를 처리하는 경우에도 본점 또는 주사무소의 소재지를 원천징수한 소득세의 납세지로 한다.

해설

① 그 단체를 1 거주자 또는 1 비거주자로 본다.
③ 거주자의 소득에 대한 소득세 납세지는 주소지(주소지가 없는 경우에는 거소지)로 한다.
④ 지점 · 영업소 그밖의 사업장이 독립채산제에 따라 독자적으로 회계사무를 처리하는 경우에는 그 사업장의 소재지를 원천징수한 소득세의 납세지로 한다.

정답	1	③	2	②	3	①	4	②

이자소득과 배당소득

제 1 절 | 종합소득금액의 계산

이자소득부터 기타소득까지 종합과세되는 6가지의 소득 각각에 대하여 개별소득금액을 계산한 후 이를 합산하여 종합소득금액을 계산한다. 개별소득금액을 계산할 때 다음의 사항을 유의하여야 한다.

① 총수입금액의 계산 : 총수입금액은 비과세소득과 분리과세소득을 제외한 금액으로 계산한다. 법인세법에서는 비과세소득을 각 사업연도 소득금액에 포함한 후 과세표준을 계산할 때 공제하나, 소득세법에서는 비과세소득을 총수입금액에 포함하지 아니하므로 개별소득금액은 비과세소득이 제외된 금액으로 계산된다. 한편 이자소득 · 배당소득 · 근로소득 · 연금소득 및 기타소득 중 분리과세되는 소득은 총수입금액에 포함되지 아니한다.

② 필요경비의 공제 : 개별소득금액은 총수입금액에서 필요경비를 공제한 금액으로 계산함을 원칙으로 하나 일부소득에 대해서는 필요경비를 인정하지 아니한다. 근로소득과 연금소득에 대해서는 필요경비를 공제하는 대신에 근로소득공제 및 연금소득공제를 적용하며, 이자소득과 배당소득에 대해서는 필요경비를 인정하지 아니한다.

③ 배당소득금액 계산시 배당가산액(Gross-up금액)의 가산 : 배당을 지급하는 법인에게 법인세를 과세하고, 배당을 지급받은 개인주주에게 소득세를 과세하게 되면 배당소득에 대한 이중과세문제가 발생한다. 개인주주의 배당소득에 대한 이중과세를 조정하기 위하여 배당가산(Gross-up)과 배당세액공제제도를 두고 있다. 즉, 배당소득 총수입금액에 배당가산액(Gross-up금액 또는 귀속법인세액이라고도 함)을 가산하여 배당소득금액을 계산한 후, 종합소득산출세액에서 배당가산액을 세액공제 함으로써 이중과세를 조정하는 방식을 취하고 있다.

▶ 종합소득금액의 계산 구조

이자소득 :	총수입금액			=	이자소득금액
					(+)
배당소득 :	총수입금액	(+)	배당가산액 (Gross-up 금액)	=	배당소득금액
					(+)
사업소득 :	총수입금액	(−)	필요경비	=	사업소득금액
					(+)
근로소득 :	총급여액	(−)	근로소득공제	=	근로소득금액
					(+)
연금소득 :	총연금액	(−)	연금소득공제	=	연금소득금액
					(+)
기타소득 :	총수입금액	(−)	필요경비	=	기타소득금액
				=	종합소득금액

제 2 절 | 이자소득

1. 이자소득의 범위

이자소득은 해당 과세기간에 발생한 다음의 소득을 말한다(소법 16 ①). 이자소득에 대해서는 유형별 포괄주의를 채택하고 있으므로 법에 구체적으로 열거되어 있지 않은 경우에도 법에 열거된 소득과 유사한 소득으로서 금전의 사용대가의 성격이 있는 것은 이자소득에 포함된다.

구 분	이자소득의 범위
① 예금의 이자	국내·외에서 받는 예금(적금·부금·예탁금 및 우편대체를 포함)의 이자 및 상호저축은행법에 따른 신용계(信用契) 또는 신용부금으로 인한 이익
② 채권·증권의 이자와 할인액	㉠ 국가·지방자치단체·내국법인·외국법인의 국내지점 또는 국내영업소·외국법인이 발행한 채권 또는 증권의 이자와 할인액 ㉡ 채권 등 중도매매시 채권 등의 보유기간 이자상당액
③ 채권·증권의 환매조건부매매차익	금융회사등이 환매기간에 따른 사전약정이율을 적용하여 환매수 또는 환매도하는 조건으로 매매하는 채권 또는 증권의 매매차익
④ 저축성보험의 보험차익	과세제외되는 장기저축성보험 외의 저축성보험의 보험차익
⑤ 직장공제회 초과반환금	근로자가 퇴직이나 탈퇴로 인하여 그 규약에 따라 직장공제회로부터 받는 반환금에서 납입공제료를 차감한 금액
⑥ 비영업대금의 이익	사업성 없이 금전을 대여하고 지급받았거나 지급받기로 한 이자와 할인액 상당액
⑦ 유사 이자소득 (유형별 포괄주의)	위의 소득과 유사한 소득으로서 금전 사용에 따른 대가로서의 성격이 있는 것(예 상업어음 할인액 등)
⑧ 파생금융상품의 이익	이자소득이 발생하는 상품과 결합된 파생상품에서 발생하는 이익

(1) 채권 또는 증권의 이자와 할인액

국가·지방자치단체·내국법인 및 외국법인 등 채권의 발행주체에 관계없이 채권 또는 증권(국채·공채 및 회사채 등)의 이자와 할인액은 모두 이자소득에 포함된다.

한편 채권 또는 증권을 매도함에 따라 발생하는 매매차익은 소득세법에 열거되지 아니한 소득으로서 소득세가 과세되지 아니한다. 단, 채권 등의 보유기간 이자상당액은 이자소득으로 보아 소득금액을 계산한다. 이 경우 "보유기간 이자상당액"이란 해당 채권 등의 매수일부터 매도일까지의 보유기간에 대하여 채권 등의 이자율을 적용하여 계산한 금액을 말한다. 예를 들어 개인이 국채(액면가액 20,000,000원, 만기 5년, 이자율 연 5%, 만기에 원리금 일시상환조건)를 10,000,000원에 할인취득하고, 1년 후에 13,000,000원에 매도한 경우 보유기간 이자상당액(1,000,000원 = 20,000,000원 × 5%)은 이자소득으로 과세하고, 보유기간 이자상당액을 제외한 채권의 매매차익(2,000,000원 = 3,000,000원 − 1,000,000원)은 과세하지 아니한다.

⑵ 채권 또는 증권의 환매조건부매매차익

매매당사자 사이에 채권을 일정기간 경과 후에 일정이율에 의한 가격으로 다시 매수 또는 매도할 것을 조건으로 하는 매매거래를 환매조건부채권매매(RP : repurchase agreement)라 한다.

채권 또는 증권의 환매조건부매매차익이란 금융회사 등이 환매기간에 따른 사전약정이율을 적용하여 환매수 또는 환매도하는 조건으로 매매하는 채권 또는 증권의 매매차익을 말한다(소령 24). 환매조건부 채권 또는 증권을 환매할 때에는 해당 채권 또는 증권의 시장가격에 의하지 아니하고 사전에 정하여진 이율에 의하여 결정된 이자를 가산한 금액으로 환매가격을 결정하므로 환매조건부 채권 또는 증권의 매매차익을 이자소득으로 보아 과세하는 것이다.

⑶ 저축성보험의 보험차익

보험계약에 따라 만기 또는 보험의 계약기간 중에 받는 보험금 · 공제금 또는 계약기간 중도에 해당 보험계약이 해지됨에 따라 받는 환급금(피보험자의 사망 · 질병 · 부상 그 밖의 신체상의 상해로 인하여 받거나 자산의 멸실 또는 손괴로 인하여 받는 것이 아닌 것)에서 납입보험료 또는 납입공제료를 뺀 금액을 말한다.

저축성보험의 보험차익 = 만기 보험금 또는 중도해지 환급금 − 납입보험료

다만, 다음의 어느 하나에 해당하는 보험의 보험차익은 이자소득으로 과세하지 아니한다(소법 16 ① ⑼).

① 장기저축성보험 : 최초로 보험료를 납입한 날부터 만기일 또는 중도해지일까지의 기간이 10년 이상으로서 법정요건을 갖춘 일시납 보험(1인당 총보험료 1억원 이하)과 월 적립식 보험(1인당 월보험료 150만원 이하)

② 종신형 연금보험 : 법정요건(55세 이후부터 사망시까지 연금형태로 지급받는 계약일 것 등)을 갖춘 종신형 연금보험

⑷ 직장공제회 초과반환금

직장공제회란 공제회 · 공제조합(이와 유사한 단체를 포함)으로서 동일직장이나 직종에 종사하는 근로자들의 생활안정, 복리증진 또는 상호부조 등을 목적으로 구성된 단체를 말한다(소령 26 ①).

직장공제회 초과반환금은 근로자가 퇴직하거나 탈퇴하여 그 규약에 따라 직장공제회로부터 받는 반환금에서 납입공제료를 뺀 금액(납입금 초과이익)과 반환금을 분할하여 지급하는 경우 그 지급하는 기간 동안 추가로 발생하는 이익(반환금 추가이익)을 말하며, 직장공제회 초과반환금은 이자소득으로 본다(소령 20 ②). 단, 직장공제회 초과반환금은 1999년 1월 1일 이후 최초로 직장공제회에 가입하고 퇴직·탈퇴함에 따라 지급받는 반환금부터 이자소득으로 과세하며, 1998년 12월 31일 이전 가입자가 지급받는 것은 과세하지 아니한다.

직장공제회 초과반환금 = 납입금 초과이익(반환금 − 납입공제료) + 반환금 추가이익

직장공제회 초과반환금은 퇴직소득과 유사하게 장기간에 걸쳐서 형성된 소득이 공제회 탈퇴와 함께 일시에 실현된다는 특징이 있다. 직장공제회 초과반환금을 종합과세하게 되면 결집효과(bunching effect)가 나타나므로 퇴직소득과 유사하게 연분연승법에 의해 세액을 계산하여 분리과세한다.

⑸ 비영업대금(非營業貸金)의 이익

금전을 대여하고 얻는 소득은 사업성이 있는지의 여부에 따라 사업소득 또는 이자소득으로 과세된다. 대금업을 하는 거주자임을 대외적으로 표방하고 불특정 다수인을 상대로 금전을 대여하는 사업을 하는 경우에는 그 이익을 사업소득으로 본다. 그러나 금전의 대여를 사업목적으로 하지 아니하는 자가 일시적·우발적으로 금전을 대여함에 따라 지급받는 이자 또는 수수료 등(비영업대금의 이익)은 이자소득으로 본다.

⑹ 유사 이자소득 개정

유사 이자소득에는 다음과 같은 것들이 포함된다.

① 직장공제회 초과반환금을 분할하여 지급하는 기간 동안 원본 및 초과반환금 등에 추가로 발생하는 이익은 유사 이자소득으로 보아 과세한다(소령 26 ②). 즉, 14%로 원천징수하고 조건부 종합과세한다.

② 거주자가 일정기간 후에 같은 종류로서 같은 양의 채권을 반환받는 조건으로 채권을 대여하고 해당 채권의 차입자로부터 지급받는 해당 채권에서 발생하는 이자에 상당하는 금액은 유사 이자소득에 포함된다(소령 26 ④).

③ 거주자가 환매기간에 따른 사전약정이율을 적용하여 환매수하는 조건으로 채권 또는 증권을 매도하고 환매수하는 날까지 해당 채권 또는 증권의 매수인으로부

터 지급받는 해당 채권 또는 증권에서 발생하는 이자에 상당하는 금액은 유사 이자소득에 포함된다(소령 24 ⑥).

(7) 파생금융상품의 이익

개인이 이자소득이 발생하는 상품(이자부상품)과 파생상품을 함께 거래하는 경우로서 다음의 어느 하나에 해당하는 경우 해당 파생상품의 거래 또는 행위로부터의 이익은 이자소득으로 본다(소법 16 ①, 소령 26 ⑤).

① 법정 요건을 모두 갖추어 실질상 하나의 상품과 같이 운영되는 경우

② 법정 요건을 모두 갖추어 장래의 특정 시점에 금융회사 등이 지급하는 파생상품(장외파생상품의 매매 및 그 중개·주선 또는 대리의 상대방이 일반투자자인 경우에는 그 일반투자자가 위험회피 목적의 거래를 하는 경우에 한정함)으로부터의 이익이 확정되는 경우

파생상품에서 발생하는 이익	
	이자소득이 발생하는 상품과 결합 : 이자소득
	배당소득이 발생하는 상품과 결합 : 배당소득

2. 이자소득에서 제외되는 소득

(1) 사업활동과 관련하여 발생하는 소득

사업활동과 관련하여 발생하는 소득은 사업소득으로 본다. 물품을 판매하고 대금의 결제방법에 따라 추가로 지급받는 금액과 장기할부조건으로 판매함으로써 현금거래 또는 통상적인 대금의 결제방법에 의한 거래의 경우보다 추가로 지급받는 금액은 사업소득 총수입금액에 포함하며, 매입에누리·매입할인액 등은 매입가액에서 차감한다.

한편 계약 등에 의하여 확정된 대가의 지급기일을 연장해 주고 추가로 지급받는 금액(연체이자)은 소비대차로 전환되었는지의 여부에 따라 이자소득 또는 사업소득 및 기타소득으로 본다.

구 분	소득의 구분
① 소비대차로 전환된 경우	이자소득(비영업대금의 이익)으로 본다.
② 소비대차로 전환되지 않은 경우	㉠ 사업관련 채권(매출채권 등) : 사업소득 ㉡ 사업과 관련이 없는 채권(미수금 등) : 기타소득

(2) 손해배상금의 법정이자

계약의 위약 또는 해약을 원인으로 법원의 판결에 의하여 지급받는 손해배상금과 그에 대한 법정이자는 기타소득으로 보며, 그 외의 원인에 의하여 지급받는 손해배상금과 그에 대한 법정이자에 대해서는 소득세를 과세하지 아니한다. 따라서 법원의 판결 및 화해에 의하여 지급받는 손해배상금에 대한 법정이자는 이자소득으로 과세되는 경우가 없다.

구 분	소득의 구분
① 계약의 위약 또는 해약을 원인으로 하는 경우	손해배상금과 법정이자를 기타소득으로 본다.
② 그 외의 원인에 의한 경우	손해배상금과 법정이자에 대하여 과세하지 않는다.

3. 이자소득금액의 계산

이자소득에 대해서는 필요경비가 인정되지 아니하므로 이자소득 총수입금액이 이자소득금액이 된다. 이 경우 총수입금액에는 비과세소득 및 분리과세소득을 포함하지 아니한다.

이자소득금액 = 이자소득 총수입금액(비과세소득 · 분리과세소득 제외)

4. 이자소득의 수입시기

권리의무확정주의에 의하면 이자소득의 수입시기는 약정에 의한 이자지급일(상환일)이 되어야 한다. 그러나 소득세법에서는 금융회사등이 원천징수의무를 원활하게 이행할 수 있도록 하기 위하여 금융회사등으로부터 지급받는 이자에 대해서는 실제로 이자를 지급받는 날을 이자소득의 수입시기로 규정하고 있다.

(1) 원칙 : 약정에 의한 이자지급일(권리의무확정주의)

구 분	이자소득의 수입시기
① 채권 · 증권의 이자와 할인액	㉠ 기명채권 : 약정에 따른 이자지급일 ㉡ 무기명채권 : 그 지급 받은 날 ㉢ 채권 등의 보유기간 이자상당액 : 채권 등의 매도일 또는 이자지급일

구 분	이자소득의 수입시기
② 채권·증권의 환매조건부매매차익	약정에 의한 해당 채권 또는 증권의 환매수일 또는 환매도일 ⇨ 기일 전에 환매수 또는 환매도하는 경우 : 그 환매수일 또는 환매도일
③ 직장공제회의 초과반환금	약정에 따른 납입금 초과이익 및 반환금 추가이익의 지급일(반환금을 분할하여 지급하는 경우 원본에 전입하는 뜻의 특약이 있는 납입금 초과이익은 특약에 따라 원본에 전입된 날)
④ 비영업대금의 이익	㉠ 원칙 : 약정에 의한 이자지급일 ㉡ 이자지급일의 약정이 없거나, 약정에 따른 이자지급일 전에 이자를 받는 경우 또는 채무자의 파산 등의 사유로 회수할 수 없게 되어 총수입금액에서 제외하였던 이자를 받는 경우 : 그 이자지급일
⑤ 유사한 소득으로 금전의 사용에 따른 대가의 성격이 있는 것	약정에 의한 상환일 ⇨ 기일전에 상환하는 경우 : 그 상환일
⑥ 파생금융상품의 이익	

(2) 예외 : 실제로 이자를 지급받는 날(금융회사등으로부터 지급받는 이자)

구 분	이자소득의 수입시기
① 보통예금·정기예금·적금 또는 부금의 이자	㉠ 원칙 : 실제로 이자를 받는 날 ㉡ 원본에 전입하는 뜻의 특약이 있는 이자 : 원본전입일 ㉢ 해약으로 인하여 지급되는 이자 : 해약일 ㉣ 계약기간을 연장하는 경우 : 연장하는 날
② 정기예금연결정기적금의 경우 정기예금의 이자	정기예금 또는 정기적금을 해약하거나 정기적금의 저축기간이 끝나는 날
③ 통지예금의 이자	인출일
④ 저축성보험의 보험차익	보험금 또는 환급금의 지급일 ⇨ 기일 전에 해지하는 경우 : 그 해지일

이자소득이 발생하는 상속재산의 수입시기

이자소득이 발생하는 상속재산이 상속되거나 증여되는 경우 : 그 상속개시일 또는 증여일

제 3 절 | 배당소득

1. 배당소득의 범위

배당(配當)이란 회사가 영업활동에서 얻은 이익을 주주 또는 출자자에게 에게 분배하는 것을 말하며, 주주 또는 출자자가 이익을 분배받음으로써 얻는 소득을 배당소득이라 한다.

배당소득은 해당 과세기간에 발생한 다음의 소득을 말한다(소법 17 ①). 배당소득에 대해서는 유형별 포괄주의를 채택하고 있으므로 법에 구체적으로 열거되어 있지 않은 경우에도 법에 열거된 소득과 유사한 소득으로서 수익배분의 성격이 있는 것은 배당소득에 포함된다.

구 분	배당소득의 범위
① 실질배당	㉠ 내국법인 · 외국법인 · 법인으로 보는 단체로부터 받는 이익이나 잉여금의 배당 또는 분배금 ㉡ 법인과세 신탁재산으로부터 받는 배당금 또는 분배금
② 의제배당	㉠ 감자 · 퇴사 · 탈퇴 · 해산 · 합병 · 분할로 인한 의제배당 ㉡ 잉여금의 자본전입으로 인한 무상주 의제배당
③ 인정배당	법인세법에 따라 배당으로 처분된 금액
④ 집합투자기구로부터의 이익	국내 또는 국외에서 받는 집합투자기구(투자신탁, 투자유한회사, 투자합자회사, 투자조합, 투자익명조합)로부터의 이익
⑤ 파생결합증권 또는 파생결합사채로부터의 이익	국내 또는 국외에서 받는 파생결합증권 또는 파생결합사채로부터의 이익
⑥ 간주배당	국제조세조정에 관한 법률 제27조(특정외국법인의 유보소득 배당간주)에 따라 배당받은 것으로 간주된 금액
⑦ 출자공동사업자의 분배금	공동사업에서 발생한 소득금액 중 출자공동사업자의 손익분배비율에 해당하는 금액
⑧ 조각투자상품 이익 개정	㉠ 투자계약증권으로부터의 이익 ㉡ 비금전신탁 수익증권으로부터의 이익
⑨ 유사 배당소득 (유형별 포괄주의)	위의 소득과 유사한 소득으로써 수익배분의 성격이 있는 것 (예 문화펀드 등 신종펀드의 배당, 주가연계증권(ELS) 또는 파생결합증권(DLS)으로부터 발생한 수익의 분배금 등)
⑩ 파생금융상품의 이익	배당소득이 발생하는 상품과 결합된 파생상품에서 발생하는 이익

⑴ 실질배당과 의제배당

배당소득에는 내국법인뿐만 아니라 외국법인·법인 아닌 단체 중 법인으로 보는 단체로부터 받는 이익이나 잉여금의 배당 또는 분배금(현금배당·주식배당 및 현물배당을 포함함)과 법인과세 신탁재산으로부터 받는 배당금 또는 분배금을 포함한다. 의제배당의 범위와 계산은 원칙적으로 법인세법과 동일하다.

법인과세 신탁재산

① 법령에서 정하는 요건을 충족하는 신탁(투자신탁은 제외한다)의 경우에는 신탁재산에 귀속되는 소득에 대하여 신탁계약에 따라 그 신탁의 수탁자(내국법인 또는 거주자인 경우에 한정함)가 법인세를 납부할 수 있으며, 이를 '법인과세 신탁재산'이라 한다.

② 법인과세 신탁재산이 그 이익을 수익자에게 분배하는 경우에는 배당으로 본다.

③ 법인과세 신탁재산이 수익자에게 배당한 경우에는 그 금액을 해당 배당을 결의한 잉여금 처분의 대상이 되는 사업연도의 소득금액에서 공제한다.

⑵ 인정배당

법인의 세무조정시 사외로 유출된 소득금액이 개인주주에게 귀속되는 경우에는 배당으로 소득처분한다. 이와 같이 법인세법에 의하여 배당으로 소득처분된 금액을 인정배당이라 하며, 이를 소득의 귀속자인 개인주주의 배당소득으로 본다.

⑶ 집합투자기구[4])로부터의 이익

국내 또는 국외에서 받는 대통령령으로 정하는 집합투자기구[5])로부터의 이익은 배당소득으로 분류한다. 집합투자기구로부터의 이익에는 집합투자기구가 법에서 정한 방법[6])으로 취득한 다음의 증권 또는 장내파생상품의 거래나 평가로 발생한 손익을 포

---

4) 집합투자를 수행하기 위한 기구 흔히 "펀드"라고 한다.

5) "대통령령으로 정하는 집합투자기구"란 다음의 요건을 모두 갖춘 집합투자기구를 말한다(소령 26의 2 ①, ②).

① 자본시장과 금융투자업에 관한 법률에 따른 집합투자기구(보험회사의 특별계정은 제외하되, 금전의 신탁으로서 원본을 보전하는 것을 포함)일 것

② 해당 집합투자기구의 설정일부터 매년 1회 이상 결산·분배할 것. 다만, 집합투자재산의 평가이익 등 법령에서 정하는 이익금은 분배를 유보할 수 있으며, 이익금이 0보다 적은 경우에도 분배를 유보할 수 있다(집합투자규약에서 정하는 경우로 한정).

③ 금전으로 위탁받아 금전으로 환급할 것(금전 외의 자산으로 위탁받아 환급하는 경우로서 해당 위탁가액과 환급가액이 모두 금전으로 표시된 것을 포함)

이 때 국외에서 설정된 집합투자기구는 상기의 요건을 갖추지 않은 경우에도 대통령령으로 정하는 집합투자기구로 본다.

6) 다음의 방법을 말한다.

함하지 않는다.

① 증권시장에 상장된 증권[채권등과 외국 법령에 따라 설립된 외국 집합투자기구의 주식 또는 수익증권, 국외 주가지수(변동성지수 포함)를 기초자산으로 하는 상장지수집합투자기구의 주식 또는 수익증권, 국외 주가지수(변동성 지수 포함)를 기초자산으로 하는 상장지수증권은 제외한다] 개정

② 벤처기업의 주식 또는 출자지분

③ '①'의 증권을 대상으로 하는 장내파생상품

한편 집합투자기구로부터의 이익은 자본시장과 금융투자업에 관한 법률에 따른 각종 보수·수수료 등을 뺀 금액으로 한다.

(4) 파생결합증권 또는 파생결합사채로부터의 이익

파생결합증권 또는 파생결합사채로부터의 이익은 다음 중 어느 하나에 해당하는 이익을 말한다(소령 26의3 ①).

① 자본시장과 금융투자업에 관한 법률에 따른 파생결합증권(금 또는 은의 가격에 따라 수익이 결정되는 골드·실버뱅킹 포함)으로부터 발생한 이익

② 상장지수증권[7]을 계좌 간 이체, 계좌의 명의변경, 상장지수증권의 실물양도의 방법으로 거래하여 발생한 이익

③ 파생결합사채[8]로부터 발생한 이익

(5) 간주배당

법인의 실제부담세액이 실제발생소득의 15% 이하인 국가 또는 지역(조세피난처)에 본점 또는 주사무소를 둔 외국법인에 대하여 내국인이 출자한 경우에는 그 외국

---

① 집합투자기구가 직접 취득

② 집합투자기구가 집합투자증권에 투자(상장지수증권에 투자한 경우에는 그 상장지수증권의 지수를 구성하는 기초자산에 해당하는 증권에 투자하는 것을 말함)하여 취득

③ 집합투자기구가 벤처투자조합 또는 신기술사업투자조합의 출자지분에 투자하여 취득(벤처기업의 주식 또는 출자지분을 취득하는 경우로 한정)

7) '상장지수증권'이란 파생결합증권 중 자본시장과 금융투자업에 관한 법률에 따른 기초자산의 가격·이자율·지표·단위 또는 이를 기초로 하는 지수 등의 변동과 연계하여 미리 정해진 방법에 따라 이익을 얻거나 손실을 회피하기 위한 계약상의 권리를 나타내는 것으로서 증권시장에 상장되어 거래되는 증권 또는 증서를 말한다.

8) 유가증권이나 통화 또는 자본시장과 금융투자업에 관한 법률에 따른 기초자산의 가격·이자율·지표·단위 또는 이를 기초로 하는 지수 등의 변동과 연계하여 미리 정하여진 방법에 따라 상환 또는 지급금액이 결정되는 사채를 말한다.

법인 중 내국인과 특수관계가 있는 법인(특정외국법인)의 각 사업연도 말 현재 배당가능한 유보소득(留保所得) 중 내국인에게 귀속될 금액은 내국인이 배당받은 것으로 본다(국조법 27). 동 규정에 의하여 배당받은 것으로 보는 금액은 내국인의 배당소득에 포함한다.

⑹ 출자공동사업자의 분배금

공동사업에서 발생하는 소득금액은 일반적으로 공동사업자의 사업소득으로 보나, 출자공동사업자에 대한 손익분배비율에 상당하는 금액은 출자공동사업자의 배당소득으로 본다(소법 17 ①). 출자공동사업자란 다음의 어느 하나에 해당하지 아니하는 자로서 공동사업의 경영에 참여하지 아니하고 출자만 하는 자를 말한다(소령 100 ①).

① 공동사업에 성명 또는 상호를 사용하게 한 자
② 공동사업에서 발생한 채무에 대하여 무한책임을 부담하기로 약정한 자

⑺ 조각투자상품 이익 개정

조각투자상품이란 미술품 · 저작권 · 부동산 등 재산적 가치가 있는 자산에 대한 권리를 투자계약증권 또는 비금전신탁 수익증권의 형태로 분할발행하여 다수 투자자가 투자 · 거래할 수 있는 신종 투자상품을 말한다. 조각투자상품[9)]으로부터의 이익은 배당소득으로 분류한다. 조각투자상품으로부터의 이익에는 조각투자상품을 계좌간 이체, 계좌의 명의변경, 조각투자상품의 실물양도의 방법으로 거래하여 발생한 이익을 포함하며, 각종 보수 · 수수료 등은 차감한다(소령 26의3 ⑩, ⑪).

⑻ 유사 배당소득

유사 배당소득에는 다음과 같은 것들이 포함된다.

① 거주자가 일정기간 후에 같은 종류로서 같은 양의 주식을 반환받는 조건으로 주식을 대여하고 해당 주식의 차입자로부터 지급받는 해당 주식에서 발생하는 배당에 상당하는 금액은 유사 배당소득에 포함된다(소령 26의3 ④).
② 거주자가 환매기간에 따른 사전약정이율을 적용하여 환매수하는 조건으로 증권

---

9) 수익증권인 조각투자상품은 혁신금융사업자가 혁신금융서비스를 제공하기 위해 자본시장과 금융투자업에 관한 법률 제110조 제1항에 대한 특례를 적용받아 발행한 것으로 신탁의 이익(0보다 큰 경우에 한정)이 증권 소유자에게 매년 1회 이상 분배되어야 한다(소령 26의3 ⑧). 투자계약증권인 조각투자상품은 자본시장과 금융투자업에 관한 법률 제119조제1항에 따라 모집된 것으로 공동사업의 결과에 따른 이익(0보다 큰 경우에 한정)이 증권 소유자에게 매년 1회 이상 분배되어야 한다(소령 26의3 ⑨).

을 매도하고 환매수하는 날까지 해당 증권의 매수인으로부터 지급받는 해당 증권에서 발생하는 배당에 상당하는 금액은 유사 배당소득에 포함된다. 개정

(9) 파생금융상품의 이익

개인이 배당소득이 발생하는 상품(배당부상품)과 파생상품을 함께 거래하는 경우로서 다음의 어느 하나에 해당하는 경우 해당 파생상품의 거래 또는 행위로부터의 이익은 배당소득으로 본다(소법 17 ①, 소령 26의3 ⑤).

① 법정 요건을 모두 갖추어 실질상 하나의 상품과 같이 운영되는 경우

② 법정 요건을 모두 갖추어 장래의 특정 시점에 금융회사 등이 지급하는 파생상품(장외파생상품의 매매 및 그 중개·주선 또는 대리의 상대방이 일반투자자인 경우에는 그 일반투자자가 위험회피 목적의 거래를 하는 경우에 한정함)으로부터의 이익이 확정되는 경우

2. 배당소득금액의 계산

배당소득에 대해서는 필요경비가 인정되지 아니하므로 배당소득 총수입금액이 배당소득금액이 된다. 이 경우 총수입금액에는 비과세소득 및 분리과세소득을 포함하지 아니한다. 다만, 개인주주의 배당소득에 대한 이중과세를 조정하기 위하여 배당소득 총수입금액에 배당가산액(Gross-up금액)을 가산한다.

배당소득금액 = 배당소득 총수입금액(비과세·분리과세소득 제외) + 배당가산액

3. 배당소득의 수입시기

구 분	배당소득의 수입시기
① 잉여금의 처분에 따른 배당	해당 법인의 잉여금처분 결의일(=주주총회일)*
② 출자공동사업자의 분배금	과세기간 종료일
③ 의제배당	㉠ 무상주 의제배당 : 자본전입 결의일 ㉡ 감자(퇴사·탈퇴)시 의제배당 : 감자(퇴사·탈퇴) 결의일 ㉢ 해산시 의제배당 : 잔여재산가액 확정일 ㉣ 합병·분할시 의제배당 : 합병·분할등기일
④ 법인세법에 따라 처분된 배당(인정배당)	해당 법인의 해당 사업연도의 결산확정일

구 분	배당소득의 수입시기
⑤ 집합투자기구로부터의 이익	㉠ 원칙 : 이익을 지급받은 날 ㉡ 원본에 전입하는 뜻의 특약이 있는 경우 : 원본전입일
⑥ 파생결합증권 또는 파생결합사채로부터의 이익	
⑦ 간주배당	특정외국법인의 해당 사업연도 종료일의 다음날부터 60일이 되는 날
⑧ 기타 수익분배의 성격이 있는 배당 또는 분배금	그 지급을 받은 날
⑨ 파생금융상품의 이익	
⑩ 조각투자상품으로부터의 이익 개정	이익을 지급받은 날

* 무기명 주식의 이익이나 배당 : 그 지급을 받은 날

제 4 절 | 금융소득의 과세방법

1. 금융소득 과세방법의 개요

과세기간 중 거주자가 이자소득과 배당소득을 지급받는 시점에 이를 지급하는 자(원천징수의무자)가 일정한 세율(원칙 : 14%)에 의해 소득세를 원천징수한다. 과세기간이 종료된 후 다음 해 5월말까지 종합소득 과세표준과 세액을 확정신고하는 시점에 해당 거주자의 연간 금융소득을 합산한 후 금융소득 종합과세 규정을 적용하여 이자소득과 배당소득에 대한 종합과세 또는 분리과세 여부를 결정하게 된다. 종합과세되는 금융소득은 다른 종합소득과 합산하여 확정신고에 포함하여야 하며, 분리과세되는 금융소득은 원천징수에 의해서 별도의 절차 없이 납세의무가 종결된다.

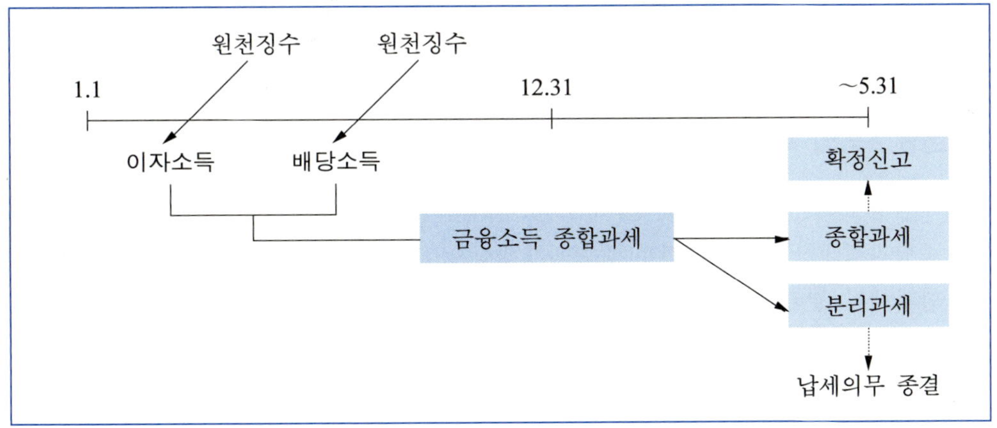

2. 금융소득에 대한 원천징수

국내에서 거주자에게 이자소득 또는 배당소득을 지급하는 자는 다음의 원천징수세율을 적용하여 그 거주자에 대한 소득세를 원천징수하여야 한다(소법 127 ①, 129 ①)

구 분	소득의 종류	원천징수세율
이자소득	① 비영업대금의 이익	25%*1
	② 직장공제회 초과반환금	기본세율
	③ 그 밖의 이자소득	14%
배당소득	① 출자공동사업자의 분배금	25%
	② 그 밖의 배당소득	14%

*1 공유경제 활성화를 위한 적격 P2P 금융에 대한 특례(2020년부터 시행) : 다만, 금융위원회에 등록한 온라인투자연계금융업자를 통하여 지급받는 이자소득에 대해서는 14%로 한다.

3. 금융소득 종합과세제도

금융소득 종합과세제도가 시행되기 전에는 금융소득을 소득의 크기에 관계없이 낮은 세율(단일세율)로 분리과세하였다. 금융소득의 크기에 관계없이 낮은 세율(단일세율)로 분리과세함으로써 금융자산을 많이 보유한 고액자산가들의 세부담이 상대적으로 낮아 소득계층간 수직적 공평성을 침해하였으며, 다른 소득은 종합과세하면서 금융소득만 분리과세함으로써 소득간의 수평적 공평성을 침해하는 문제점이 있었다. 이러한 문제점을 해결하고, 과세의 형평성을 제고하고자 1996년부터 금융소득 종합과세제도를 시행하게 되었다.

금융소득 종합과세란 금융소득의 합계액이 기준금액을 초과하는 경우에는 다른 종합소득과 합산하여 종합과세하고, 금융소득의 합계액이 기준금액 이하인 경우에는 분리과세하는 방법을 말한다. 단, 무조건 종합과세대상과 당연 종합과세대상은 금융소득의 합계액이 기준금액 이하인 경우에도 종합과세하도록 하고 있다.

4. 금융소득의 과세방법 구분

금융소득은 ① 비과세, ② 무조건 분리과세대상, ③ 무조건 종합과세대상, ④ 당연 종합과세대상 및 ⑤ 조건부 종합과세대상으로 구분된다. 각 구분에 따라 금융소득 종합과세의 결과가 달라지므로 금융소득의 과세방법을 정확하게 구분할 필요가 있다.

⑴ 비과세 금융소득

학술·종교·제사·자선·기예 기타 공익을 목적으로 하는 공익신탁의 이익은 비과세한다(소법 12). 그 밖에 조세특례제한법에는 청년우대형 주택청약종합저축(조특법 87), 농어가목돈마련저축(조특법 87의2), 비과세종합저축(조특법 88의2), 조합 등 출자금(조특법 88의5), 장병내일준비적금(조특법 91의19), 청년도약계좌(조특법 91의22) 등 특정금융상품의 이자소득 및 배당소득에 대한 비과세 규정을 두고 있다.

⑵ 무조건 분리과세대상 금융소득

다음의 무조건 분리과세대상 금융소득은 원천징수에 의하여 납세의무가 종결되며, 금융소득 종합과세 판정시 포함되지 아니한다(소법 14 ③, 129).

① 비실명 금융소득 : 실지명의(주민등록표상의 명의, 사업자등록증상의 명의 등을 말함)가 확인되지 아니하는 금융소득은 45% (금융실명거래 및 비밀보장에 관한 법률 제5조의 규정이 적용되는 경우에는 90%)의 세율로 분리과세한다.[10)]

② 법원에 납부한 보증금 및 경락대금의 이자 : 민사집행법의 규정에 의하여 법원에 납부한 보증금 및 경락대금에서 발생하는 이자소득은 14%의 세율로 분리과세한다. 부동산 경매를 통해 부동산을 경락받고자 하는 자(경락인)가 법원에 납부하는 경매보증금 또는 경락대금(법원보관금)의 이자는 부동산 소유자에게 귀속되나, 부동산 소유자의 실명을 확인할 수 없는 경우가 많으므로 실명 확인 여부에 관계없이 보증금 및 경락대금에서 발생하는 이자는 14%의 세율로 분리과세하도록 하고 있다.

③ 직장공제회의 초과반환금 : 직장공제회 초과반환금은 퇴직소득과 유사하게 장기간에 걸쳐서 형성된 소득이 일시에 실현되므로 이를 종합과세하면 결집효과(bunching effect)가 나타난다. 따라서 직장공제회의 초과반환금은 퇴직소득과 유사하게 연분연승법에 의해 계산한 세액을 원천징수함으로써 분리과세한다.

④ 1거주자 또는 1비거주자로 보는 단체의 금융소득 : 법인으로 보는 단체 외의 법인 아닌 단체 중 수익을 구성원에게 배분하지 아니하는 단체(1거주자 또는 1비거주자로 보는 단체)로서 단체명을 표기하여 금융거래를 하는 단체가 금융회사 등으로부터 받는 이자소득 및 배당소득은 14%의 세율로 분리과세한다.[11)]

---

10) 원천징수의무자(금융회사)가 비실명 금융소득에 대하여 고의 또는 중대한 과실 없이 14%의 세율로 원천징수한 경우에는 해당 계좌의 실질 소유자(원천징수의무자로 간주)가 소득세 원천징수 부족액(원천징수납부 등 불성실가산세 포함)을 납부하여야 한다(소법 155의7).

11) 법인 아닌 단체로서 수익을 구성원에게 분배하지 않는 단체는 신청에 의하여 비영리내국법인으로

⑤ 조세특례제한법상 특정 금융소득 : 조세특례제한법에서는 특정사회기반시설 집합투자기구 배당소득(조특법 26의2) 등 일정한 금융소득에 대하여 무조건 분리과세 규정을 두고 있다.

(3) 무조건 종합과세대상 등

1) 무조건 종합과세대상 금융소득(A)

국외에서 지급받는 이자소득 및 배당소득 등 이자소득·배당소득으로서 국내에서 원천징수되지 아니한 것은 분리과세할 수 없으므로 그 금액의 크기에 관계없이 무조건 종합과세한다.

2) 당연 종합과세대상 금융소득(B)

출자공동사업자의 분배금은 공동사업으로부터 분배받은 소득이므로 다른 공동사업자와 과세형평을 유지하기 위하여 종합과세한다(원천징수세율 : 25%). 출자공동사업자의 분배금은 금융소득 종합과세를 판정할 때 포함하지 아니하며, 금융소득 종합과세의 결과에 관계없이 다른 종합소득과 합산하여 과세한다.

3) 조건부 종합과세대상 금융소득(C)

금융소득(비과세 제외) 중 무조건 종합과세대상(A), 당연 종합과세대상을 제외한 금융소득을 조건부 종합과세대상 금융소득(C : 원천징수된 것에 한함)이라 한다. 조건부 종합과세대상 금융소득은 무조건 종합과세대상 금융소득(A)과 조건부 종합과세대상 금융소득(C)의 합계액(당연 종합과세대상 금융소득은 포함하지 아니한 금액임)이 기준금액(연 2,000만원)[12)]을 초과할 경우에만 종합과세한다.

승인을 얻을 수 있으며, 승인을 얻은 단체는 금융소득에 대하여 분리과세(14%의 세율로 법인세가 원천징수 됨)가 가능하다. 그러나 이 규정을 알지 못하여 승인을 얻지 못한 단체는 소득세법상 1거주자 또는 1비거주자로 의제되어 금융소득이 종합과세 됨에 따라 세 부담이 높아져 민원이 자주 발생하였다. 따라서 아파트관리사무소 등 단체의 소득을 구성원에게 분배하지 않는 단체는 비영리 내국법인으로 승인을 얻지 못한 경우에도 금융소득에 대하여 14%의 세율로 무조건 분리과세할 수 있도록 함으로써 승인을 얻은 단체와 과세형평성을 유지할 수 있도록 하였다.

12) 금융소득 종합과세의 실효성과 과세형평을 제고하고자 금융소득 종합과세의 기준금액을 이자소득·배당소득 등 금융소득의 합계액 4천만원에서 2천만원으로 인하하였다(2013년부터 시행).

▶ 금융소득의 과세방법 구분

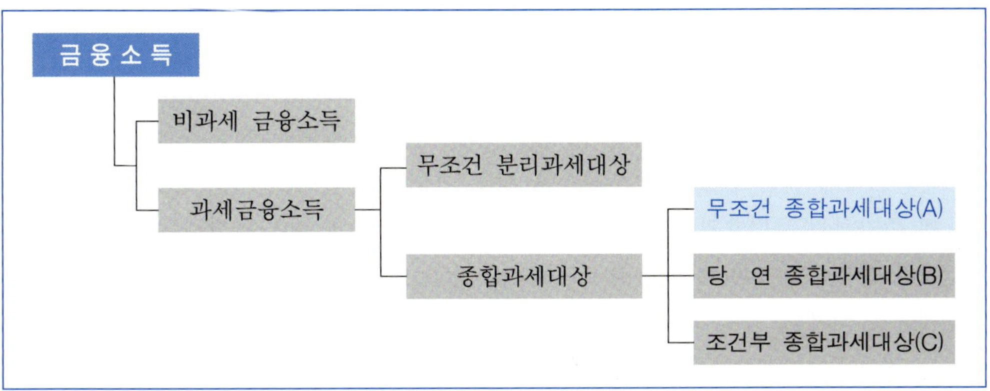

5. 금융소득 종합과세의 판정 및 세율적용

(1) 금융소득 종합과세의 판정

무조건 종합과세대상 금융소득(A)과 당연 종합과세대상 금융소득(B)은 금융소득 종합과세의 판정결과와 관계없이 종합과세하며, 조건부 종합과세대상 금융소득(C)은 금융소득 종합과세의 판정결과에 따라 종합과세 여부가 결정된다.

1) 무조건 종합과세대상 금융소득 + 조건부 종합과세대상 금융소득 > 2,000만원

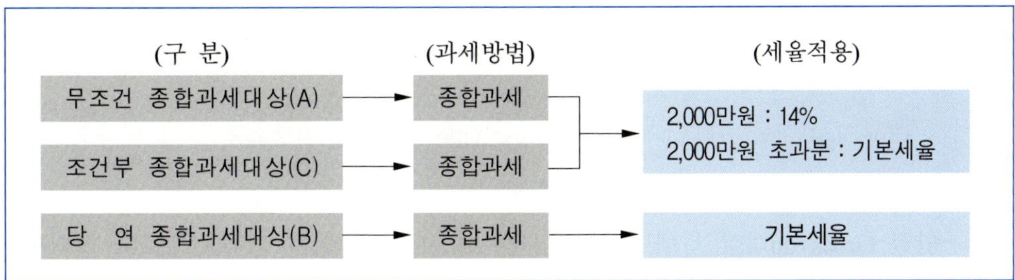

2) 무조건 종합과세대상 금융소득 + 조건부 종합과세대상 금융소득 ≤ 2,000만원

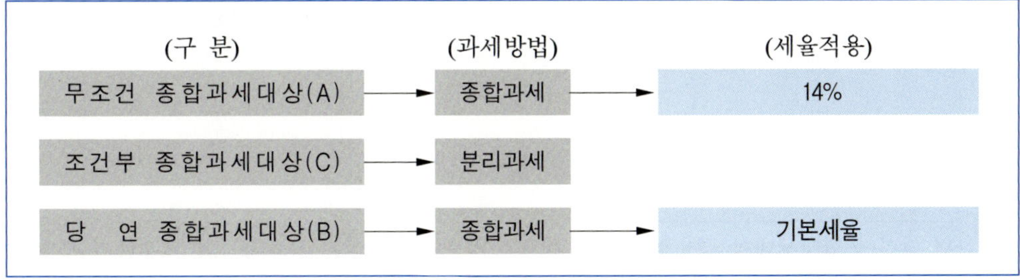

⑵ 세율의 적용

무조건 종합과세대상 금융소득(A)과 조건부 종합과세대상 금융소득(C)의 합계액이 기준금액을 초과하여 모두 종합과세하는 경우에도 2,000만원까지는 14%의 세율을 적용하고, 2,000만원을 초과하는 금액에 대해서만 기본세율을 적용한다.13) 종합과세되는 금융소득에 대하여 모두 기본세율을 적용하면 2,000만원을 기준으로 세부담이 급격하게 증가하는 문턱효과(jumping effect)가 발생하므로 2,000만원까지는 분리과세되는 경우와 동일하게 14%의 세율을 적용하고, 2,000만원을 초과하는 금액에 대해서만 기본세율로 과세하는 것이다. 이 경우 종합과세되는 금융소득 중 원천징수세율이 적용되는 금융소득(2,000만원 한도)의 구성순서는 다음과 같다.

① 이자소득 ⇨ ② Gross-up대상이 아닌 배당소득 ⇨ ③ Gross-up대상인 배당소득

원천징수세율이 적용되는 경우에는 본래 Gross-up대상인 배당소득의 경우에도 분리과세할 때와 과세형평을 유지하기 위해 Gross-up적용을 배제한다. 위 구성순서는 가급적 본래 Gross-up대상인 배당소득에 대하여 기본세율이 적용되도록 함으로써 Gross-up적용대상금액이 커지도록 순서를 정하고 있는 것이다.

실제로 배당가산액을 계산하기 위해서는 위 구성순서를 역순으로 이해하는 것이 더 효과적이다. 즉, 종합과세되는 금융소득 중 기본세율이 적용되는 금융소득(종합과세되는 금융소득 중 2,000만원 초과분)의 구성순서는 다음과 같다.

① Gross-up대상인 배당소득 ⇨ ② Gross-up대상이 아닌 배당소득 ⇨ ③ 이자소득

만일 Gross-up대상인 배당소득이 기본세율이 적용되는 금융소득보다 크다면 기본세율이 적용되는 금융소득에 한하여 배당가산액을 가산하여야 할 것이며, 반대로 Gross-up대상인 배당소득이 기본세율이 적용되는 금융소득보다 작다면 Gross-up대상인 배당소득에 대하여 배당가산액을 가산하여야 한다. 위 개념을 정리하기 위하여 다음 2가지 사례를 비교해 보자.

---

13) 한편 당연 종합과세대상 금융소득(B)에 대해서는 종합과세되는 금융소득의 합계액에 관계없이 항상 기본세율을 적용하며, 배당가산액을 가산하지 아니한다.

구 분	사례1	사례2
① Gross-up대상인 배당소득	₩15,000,000㉠	₩ 5,000,000㉠
② Gross-up대상이 아닌 배당소득	10,000,000	10,000,000
③ 이자소득	5,000,000	15,000,000
종합과세되는 금융소득 계	30,000,000	30,000,000
기본세율 적용 금융소득 (2,000만원 초과분)	10,000,000㉡	10,000,000㉡
배당가산액 (Gross-up금액)	Min[㉠, ㉡] × 10% = ₩1,000,000	Min[㉠, ㉡] × 10% = ₩500,000

6. Gross-up제도

(1) Gross-up제도의 의의

배당을 지급하는 법인에게 법인세를 과세하고, 배당을 지급받은 개인주주에게 소득세를 과세하게 되면 배당소득에 대한 이중과세문제가 발생한다. 법인기업은 법인단계와 개인단계에서 이중으로 세금을 부담하므로 개인기업에 비해 상대적으로 세부담이 많아지게 된다. 소득세법에서는 배당소득에 대한 이중과세를 조정하기 위하여 배당가산(Gross-up)과 배당세액공제제도(Imputation system)를 두고 있다. 이는 배당소득 총수입금액에 배당가산액(Gross-up금액)을 가산하여 배당소득금액을 계산한 후, 종합소득 산출세액에서 배당가산액을 세액공제 함으로써 이중과세를 조정하는 방식을 말한다.

(2) 이중과세의 조정논리

Gross-up의 논리는 배당지급법인이 법인세를 부담하지 않았다고 가정할 경우 개인주주가 배당으로 받을 수 있는 금액(배당소득 총수입금액에 배당가산액을 가산한 금액)으로 배당소득금액을 계산하고, 이를 기초로 종합소득산출세액을 계산한 뒤 배당지급법인이 부담한 법인세(배당가산액)를 개인주주의 기납부세액으로 보아 세액공제함으로써 이중과세를 조정하는 것이다. 배당가산(Gross-up)과 배당세액공제를 적용하게 되면 결과적으로 주주단계에서 소득세를 한 번만 부담하게 된다.

▶ Gross-up과 배당세액공제제도의 개념

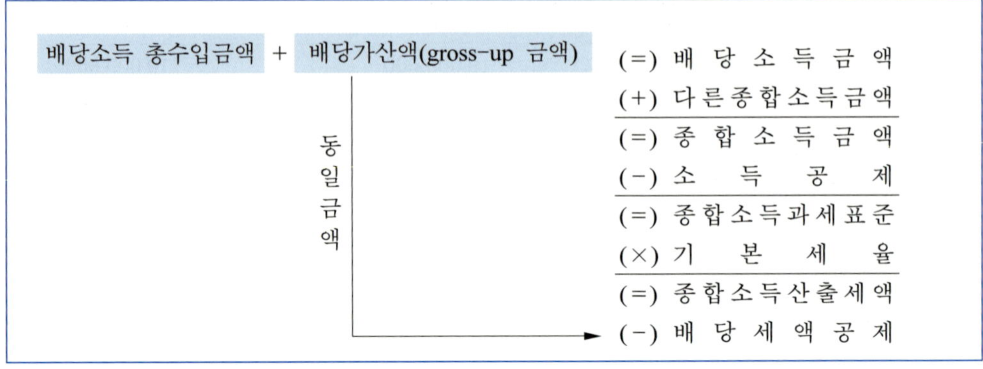

배당소득금액을 계산할 때 가산되는 배당가산액(gross-up금액)은 배당지급법인이 부담한 법인세액이며, 이를 귀속법인세액이라고도 한다. 배당가산액(gross-up금액)은 배당소득 총수입금액에 배당가산율(10%)을 곱한 금액으로 한다(소법 17 ③). 배당가산율 10%는 법인세부담률을 법인세 최저세율인 9%로 가정하여 다음과 같이 산출한 것이다.

$$\text{가산율} = \frac{\text{법인세부담률}}{1 - \text{법인세부담률}} = \frac{9\%}{1 - 9\%} \fallingdotseq 10\%$$

(3) Gross-up의 요건

Gross-up은 배당소득에 대한 이중과세의 조정을 목적으로 하는 것이므로 다음 3가지 요건을 모두 충족하는 경우에만 총수입금액에 배당가산액을 더한다.

① 내국법인으로부터의 배당소득일 것 (요건 Ⅰ)
② 법인세가 과세된 잉여금을 재원으로 하는 배당소득일 것 (요건 Ⅱ)
③ 종합과세되는 배당소득 중 기본세율이 적용되는 배당소득일 것 (요건 Ⅲ)

다음에 해당하는 배당에 대해서는 Gross-up의 요건을 충족하지 못하므로 배당가산액을 더하지 아니한다.

구　분	Gross-up제외 배당소득(제외 이유)
(요건Ⅰ) 위배	① 집합투자기구(소득공제를 적용받지 않는 기관전용 사모집합투자지구 제외)로부터 의 이익(법인세가 과세되지 아니함) ② 파생결합증권 또는 파생결합사채로부터의 이익(법인세가 과세되지 아니함) ③ 조각투자상품 이익(법인세가 과세되지 아니함) ④ 외국법인으로부터 받는 배당소득(국내에서 법인세가 과세되지 아니함) ⑤ 간주배당 ⑥ 출자공동사업자의 분배금(법인세가 과세되지 아니함) ⑦ 유사 배당소득(법인세가 과세되지 아니함) ⑧ 파생금융상품의 이익(법인세가 과세되지 아니함)
(요건Ⅱ) 위배	① 의제배당 중 법인세가 과세되지 않은 잉여금을 재원으로 하는 것 ㉠ 유상감자 시 주식 취득가액 초과금액 및 그 밖의 재산가액 개정 ㉡ 자기주식소각이익의 자본전입으로 인한 의제배당(세무상 자본잉여금의 자본전입) ㉢ 1% 재평가세율 적용분 재평가적립금의 자본전입으로 인한 의제배당(압축기장충당금에 의하여 장기간 과세이연되기 때문에 법인세 부담은 없다고 봄) ㉣ 법인이 자기주식을 보유한 상태에서 무상주 자본전입을 함에 따라 그 법인 외의 주주 등의 지분비율이 증가한 경우 증가한 지분비율에 상당하는 주식 등의 가액(세무상 자본잉여금의 자본전입) ② 실질배당 중 법인세가 과세되지 않은 잉여금을 재원으로 하는 것 ㉠ 법인과세 신탁재산으로부터 받는 배당소득(법인단계에서 이중과세가 조정됨) ㉡ 지급배당에 대한 소득공제를 적용받는 유동화전문회사, 동업기업, 프로젝트금융회사 등으로부터 받은 배당(법인단계에서 이중과세가 조정됨) ㉢ 법인의 공장 및 본사를 수도권 밖으로 이전하는 경우 법인세 등 감면, 외국인투자에 대한 법인세 등의 감면, 제주첨단과학기술단지 · 제주투자진흥기구 · 제주자유무역지역 입주기업에 대한 법인세 등 감면을 적용받는 법인으로부터 받은 배당 중 직전 2개 사업연도의 평균감면비율 상당액(최저한세의 적용이 배제되는 사업단위별 법인세 감면을 적용받음으로써 법인세부담률이 현저하게 낮음) ㉣ 3% 재평가세율 적용분 재평가적립금(합병 · 분할차익 중 승계된 금액 포함)을 감액하여 받은 배당(세무상 자본잉여금을 재원으로 한 배당) 개정
(요건Ⅲ) 위배	① 분리과세 배당소득(낮은 원천징수세율로 분리과세 되므로 상대적으로 세부담이 낮아 이중과세의 조정이 불필요함) ② 종합과세 배당소득 중 원천징수세율이 적용되는 부분(분리과세 배당소득과 과세형평 유지)

7. 종합과세되는 금융소득금액의 계산

종합과세되는 이자소득 총수입금액을 합산하여 이자소득금액을 계산하고, 종합과세되는 배당소득 총수입금액에 배당가산액(Gross－up금액)을 더하여 배당소득금액을 계산한다.

① 이자소득금액 = 종합과세되는 이자소득 총수입금액
② 배당소득금액 = 종합과세되는 배당소득 총수입금액
+ 배당가산액(= Gross-up대상 배당소득 총수입금액* × 10%)

* Min[기본세율적용 금융소득, Gross-up대상인 배당소득]

예제 2-1 | 금융소득 종합과세(1)

다음은 거주자인 갑의 20×6년도 귀속금융소득의 내역이다. 종합소득금액에 합산될 이자소득금액과 배당소득금액을 각각 계산하시오.

(1) 은행예금이자	₩5,000,000
(2) 비영업대금의 이익	20,000,000
(3) 주권상장법인 현금배당	10,000,000
(4) 주권비상장법인 주식배당	15,000,000
(5) 집합투자기구로부터의 이익	16,000,000
(6) 외국법인 현금배당(국내에서 원천징수되지 아니함)	4,000,000

해답

(1) 금융소득의 구분 (단위 : 원)

구 분	과세방법 구분		Gross-up대상
	무조건 종합과세	조건부 종합과세	
은행예금이자		₩ 5,000,000	
비영업대금의 이익		20,000,000	
주권상장법인 현금배당		10,000,000	₩10,000,000
주권비상장법인 주식배당		15,000,000	15,000,000
집합투자기구로부터의 이익		16,000,000	
외국법인 현금배당	₩4,000,000		
계	₩4,000,000	₩66,000,000	₩25,000,000

(2) 금융소득 종합과세 판단
무조건 종합과세대상 금융소득과 조건부 종합과세대상 금융소득의 합계액(₩70,000,000)이 기준금액을 초과하므로 모두 종합과세한다.

(3) 배당가산액의 계산
Gross-up대상인 배당소득이 기본세율이 적용되는 금융소득보다 작으므로 Gross-up대상인 배당소득에 대하여 배당가산액을 계산한다.
Min[(₩70,000,000 − 20,000,000), 25,000,000] × 10%(배당가산율) = ₩2,500,000

(4) 종합과세되는 금융소득
① 이자소득금액 : ₩5,000,000 + 20,000,000 = ₩25,000,000
② 배당소득금액 : ₩45,000,000 + 2,500,000 = ₩47,500,000

예제 2-2 | 금융소득 종합과세(2)

다음은 거주자인 을의 20×6년도 귀속금융소득의 내역이다. 종합소득금액에 합산될 배당소득금액을 계산하시오.

(1) 직장공제회 초과반환금(2000년에 최초로 직장공제회에 가입함) ₩3,000,000
(2) 보험계약기간이 5년인 저축성보험의 보험차익 9,000,000
(3) 채권의 매매차익(채권보유기간 이자상당액 ₩1,000,000 포함) 2,000,000
(4) 주권상장법인 현금배당 15,000,000
(5) 주권비상장법인 인정배당(법인세법에 의해 배당으로 소득처분된 금액) 5,000,000
(6) 출자공동사업자의 분배금 10,000,000

해답

(1) 금융소득의 구분

구 분	과세방법 구분		Gross-up대상	비 고
	무조건 종합과세	조건부 종합과세		
직장공제회 초과반환금				무조건 분리과세
저축성보험의 보험차익		₩ 9,000,000		
채권보유기간 이자상당액		1,000,000		나머지는 과세제외
현금배당		15,000,000	₩15,000,000	
인정배당		5,000,000	5,000,000	
출자공동사업자 분배금				당연 종합과세대상
계		₩30,000,000	₩20,000,000	

(2) 금융소득 종합과세 판단
무조건 종합과세대상 금융소득과 조건부 종합과세대상 금융소득의 합계액(₩30,000,000)이 기준금액을 초과하므로 모두 종합과세한다.

(3) 배당가산액의 계산
Gross-up대상인 배당소득이 기본세율이 적용되는 금융소득보다 크기 때문에 기본세율이 적용되는 금융소득에 한하여 배당가산액을 계산한다.
Min[(₩30,000,000 − 20,000,000), 20,000,000] × 10%(배당가산율) =₩1,000,000

(4) 종합과세되는 배당소득금액
배당소득금액 : ₩20,000,000 + 1,000,000 + 10,000,000(출자공동사업자의 분배금) = ₩31,000,000

예제 2-3 | 금융소득 종합과세(3)

다음은 거주자 갑의 20×6년 귀속 이자 및 배당소득 관련 자료이다. 거주자 갑의 20×6년도 종합과세되는 배당소득금액을 계산하시오. 단, 모든 금액은 원천징수세액을 차감하기 전 금액이다.

(1) 국내은행 정기예금이자	₩2,000,000
(2) 계약의 위약으로 인한 손해배상금에 대한 법정이자 (손해배상금은 ₩20,000,000으로서 20×6년에 귀속되는 소득임)	1,000,000
(3) 상장 내국법인으로부터 받은 현금배당 (이중과세조정 대상임)	10,000,000
(4) 비상장 내국법인으로부터 받은 현금배당 (이중과세조정 대상임)	3,000,000
(5) 외국법인으로부터 받은 현금배당 (국내에서 원천징수되지 아니함)	5,000,000
(6) 국내에서 받은 집합투자기구로부터의 이익 (거래소 상장주식 매매차익 ₩2,000,000과 배당소득 ₩8,000,000으로 구성되며 수수료는 차감된 후의 금액임)	10,000,000

해답

(1) 금융소득의 구분

금융소득내역	무조건 종합과세	조건부 종합과세	세 율	
			기본세율	14%
정기예금이자		₩2,000,000		₩2,000,000
상장법인 현금배당		10,000,000*	₩5,000,000	5,000,000
비상장법인 현금배당		3,000,000*	3,000,000	
외국법인 현금배당	₩5,000,000			5,000,000
집합투자기구 이익		8,000,000		8,000,000
합 계	₩5,000,000	₩23,000,000	₩8,000,000	₩20,000,000

* Gross-up대상 배당소득

(2) 종합과세되는 배당소득금액

₩26,000,000 + Min[13,000,000, 8,000,000] × 10% = ₩26,800,000

객 관 식 문 제

▶ 제2장 이자소득과 배당소득

1 소득세법상 이자소득에 해당하지 않는 것은? ◆ 2014년 국가직 9급

① 내국법인이 발행한 채권 또는 증권의 이자와 할인액
② 대금업을 영위하는 자가 영리를 목적으로 금전을 대여하고 받은 이자
③ 국가나 지방자치단체가 발행한 채권 또는 증권의 이자와 할인액
④ 비영업대금의 이익

해설

대금업을 영위하는 자가 영리를 목적으로 금전을 대여하고 받은 이자는 사업소득에 해당한다.

2 소득세법상 배당소득의 수입시기에 대한 설명으로 옳지 않은 것은? ◆ 2014년 국가직 9급

① 집합투자기구로부터의 이익 : 이익을 지급받기로 약정된 날
② 법인이 해산으로 인하여 소멸한 경우 의제배당 : 잔여재산의 가액이 확정된 날
③ 출자공동사업자의 배당 : 과세기간 종료일
④ 법인세법에 의하여 처분된 배당 : 해당 법인의 해당 사업연도의 결산확정일

해설

집합투자기구로부터의 이익은 집합투자기구로부터 이익을 지급받은 날을 수입시기로 한다.

3 다음은 금융소득에 대한 과세방법을 설명한 것이다. 가장 옳지 않은 것은?

① 실지명의가 확인되지 아니하는 금융소득은 40%의 세율로 분리과세한다.
② 민사집행법의 규정에 의하여 법원에 납부한 보증금 및 경락대금에서 발생하는 이자소득은 14%의 세율로 분리과세한다.
③ 출자공동사업자의 분배금은 금융소득의 크기에 관계없이 종합과세하며, Gross-up의 요건을 충족하지 못하므로 Gross-up대상에서 제외된다.
④ 조건부 종합과세대상 금융소득은 무조건 종합과세대상 금융소득과 합한 금액이 일정금액을 초과하는 경우에만 종합과세한다.

해설

실지명의가 확인되지 아니하는 금융소득은 45%의 세율로 분리과세한다.

4 거주자인 갑의 20×7년 귀속 금융소득의 내역은 다음과 같다. 종합소득금액에 합산될 금융소득금액은 얼마인가?

(1) 환매조건부채권의 매매차익 : ₩12,000,000
(2) 비실명이자 : ₩2,000,000
(3) 주권상장법인 현금배당 : ₩15,000,000
(4) 집합투자기구로부터의 이익 : ₩20,000,000
(5) 외국법인으로부터 받은 현금배당금(국내에서 원천징수되지 않음) : ₩5,000,000

① ₩54,850,000
② ₩53,440,000
③ ₩53,500,000
④ ₩49,850,000

해설

(1) 과세방법의 분류
① 무조건 분리과세 대상 : ₩2,000,000(비실명이자)
② 무조건 종합과세 대상 : ₩5,000,000(외국법인 배당)(A)
③ 조건부 종합과세 대상 : ₩12,000,000(환매조건부채권의 매매차익) + 15,000,000(주권상장법인 현금배당) + 20,000,000(집합투자기구로부터의 이익) = ₩47,000,000(C)
(2) 금융소득 종합과세 판단 : (A)와 (C)의 합계액(₩52,000,000)이 기준금액을 초과하므로 (A)와 (C)를 모두 종합과세한다.
(3) 배당가산액의 계산
Gross-up대상인 배당소득이 기본세율이 적용되는 금융소득보다 작기 때문에 Gross-up 대상인 금융소득에 한하여 배당가산액을 계산한다.
Min[(₩52,000,000 − 20,000,000), 15,000,000] × 10% (배당가산율) = ₩1,500,000
(4) 금융소득금액의 계산
① 이자소득금액 : ₩12,000,000
② 배당소득금액 : ₩40,000,000 + 1,500,000(배당가산액) = ₩41,500,000
③ 계 : ₩12,000,000 + 41,500,000 = ₩53,500,000

5 거주자 甲의 20×5년 과세기간의 금융소득 내역은 다음과 같다. 甲의 당해 과세기간의 종합소득금액에 합산될 금융소득금액(이자소득금액과 배당소득금액의 합계액)을 계산한 것으로 옳은 것은?

(1) 채권의 환매조건부 매매차익	₩5,000,000
(2) 이자소득으로 과세되는 정기예금이자	8,000,000
(3) 비영업대금의 이익	3,000,000
(4) 비상장 내국법인으로부터 받은 현금배당	7,000,000
(5) 배당소득으로 과세되는 집합투자기구로부터의 이익	1,000,000
(6) 출자공동사업자 배당	2,000,000

① ₩24,000,000　　② ₩24,440,000

③ ₩26,400,000　　④ ₩26,440,000

해설

(1) 금융소득의 구분

금융소득내역	조건부 종합과세	세율	
		기본세율	14%
환매조건부 채권매매차익	₩5,000,000		₩5,000,000
정기예금이자	8,000,000		8,000,000
비영업대금의 이익	3,000,000		3,000,000
비상장법인 현금배당	7,000,000*	₩4,000,000	3,000,000
집합투자기구 이익	1,000,000		1,000,000
합　계	₩24,000,000	₩4,000,000	₩20,000,000

* Gross-up대상 배당소득

(2) 종합과세되는 금융소득금액

① 이자소득금액 : ₩16,000,000

② 배당소득금액 : ₩8,000,000 + Min[4,000,000, 7,000,000] × 10%
　　+ 2,000,000(출자공동사업자 배당) = ₩10,400,000

③ 금융소득금액 : ₩16,000,000 + 10,400,000 = ₩26,400,000

정답	1	②	2	①	3	①	4	③	5	③

Chapter 3 사업소득

1. 사업소득의 범위

사업소득이란 영리를 목적으로 자기의 계산과 책임 하에 계속적·반복적으로 행하는 활동을 통하여 얻는 소득을 말한다. 소득세법에서는 한국표준산업분류에 의한 모든 업종을 사업소득의 범위로 열거하고 있으므로 농업·임업 및 어업·광업·제조업·건설업·도매 및 소매업·운수 및 창고업·숙박 및 음식점업·부동산업 등 사업에서 발생하는 소득은 원칙적으로 사업소득에 포함된다(소법 19 ①). 다만, 다음에 해당하는 경우에는 사업소득으로 보지 아니한다.

① 작물재배업 중 곡물 및 기타 식량작물 재배업

② 공익사업 관련 지역권 등의 설정·대여소득 : 공익사업과 관련하여 지역권·지상권(지하 또는 공중에 설정된 권리를 포함)을 설정하거나 대여함으로써 발생하는 소득은 기타소득으로 과세한다.

③ 통신판매중개업자를 통하여 물품 또는 장소를 대여하고 연간 수입금액 500만원 이하의 사용료로서 받은 금품을 기타소득으로 원천징수하거나 과세표준확정신고를 한 경우에는 기타소득으로 과세한다.

④ 연구개발업 : 계약 등에 따라 그 대가를 받고 연구 또는 개발용역을 제공하는 사업은 사업소득으로 과세한다.

⑤ 교육서비스업 중 교육기관 : 유치원, 학교, 사업주가 설치·운영하는 직업능력개발 훈련시설, 기타 교육기관 중 노인학교

⑥ 사회복지사업 : 아동수용복지시설, 성인수용복지시설, 장애인수용복지시설 등

⑦ 노인장기요양보험법에 따른 장기요양사업

● 전속계약금 및 인적용역소득자의 사업소득 과세 명확화

① 연예인 및 직업운동선수 등이 사업활동과 관련하여 받는 전속계약금은 사업소득으로 한다(소령 37 ①).

② 저술·강연 등 독립된 자격으로 용역을 공급하고 대가를 받는 인적용역을 사업소득 과세업종에 추가하였으며, 2013년 1월 1일 이후 발생하는 소득분부터 적용한다(소령 37).

● 부동산임대업에서 발생한 소득

다음의 사업(부동산임대업)에서 발생한 소득은 사업소득으로 과세한다.

① 부동산 또는 부동산상의 권리를 대여하는 사업

② 공장재단 또는 광업재단을 대여하는 사업

③ 광업권자 · 조광권자 또는 덕대가 채굴 시설과 함께 광산을 대여하는 사업

2. 비과세 사업소득

(1) 논밭을 작물생산에 이용하게 함으로써 발생하는 소득

논밭을 작물생산에 이용하게 함으로 인하여 발생하는 소득은 소득세를 과세하지 아니한다(소법 12 (2)). 논밭을 작물생산에 이용한 경우에만 비과세하므로 논밭을 주차장 · 야적장 등 다른 용도로 이용하는 경우에는 비과세하지 아니한다.

(2) 1주택 소유자의 주택임대소득

1개의 주택을 소유하는 자의 주택임대소득(과세기간 종료일 또는 해당 주택의 양도일 현재 기준시가가 12억원을 초과하는 주택 및 국외에 소재하는 주택의 임대소득은 제외한다)은 소득세를 과세하지 아니한다(소법 12 (2) 나).

(3) 농어가부업소득

농 · 어민이 경영하는 축산 · 고공품제조 · 민박 · 음식물판매 · 특산물제조 · 전통차제조 및 그 밖에 이와 유사한 활동에서 발생한 소득(농어가부업소득) 중 법 소정 금액은 비과세한다(소령 9 ①).

비과세 농어가부업소득	비과세 규모
① 농어가부업규모의 축산에서 발생하는 소득	전 액
② 축산 이외의 기타 농어가부업소득	농어가부업규모를 초과하는 축산에서 발생하는 소득과 합산하여 소득금액의 합계액을 기준으로 연 3,000만원 이하의 금액을 비과세한다.

① 농어가부업규모 축산의 범위(소칙 별표1)

가축별	규 모	비 고
젖소 소	50마리 50마리	1. 성축을 기준으로 한다. 다만, 육성우의 경우에는 2마리를 1마리로 본다. 2. 사육두수는 매월 말 현황에 의한 평균 두수로 한다.
돼지	700마리	
산양 면양	300마리 300마리	

가축별	규 모	비 고
토끼 닭 오리	5,000마리 15,000마리 15,000마리	
양봉	100군	

② 기타 농어가부업의 범위

구 분	내 용
민박	농어촌정비법에 따른 농어촌민박사업 : 농어촌지역과 준농어촌지역의 주민이 거주하고 있는 단독주택과 다가구주택을 이용하여 농어촌 소득을 늘릴 목적으로 숙박·취사시설 등을 제공하는 사업
특산물	㉠ 식품산업진흥법에 따른 전통식품 : 국산 농수산물을 주원료 또는 주재료로 하여 예로부터 전승되어 오는 원리에 따라 제조·가공·조리되어 우리 고유의 맛·향 및 색을 내는 식품 ㉡ 농수산물품질관리법에 따른 수산특산물 : 수산가공품 중 특정 지역에서 생산하거나 특징적으로 생산한 수산물을 원료로 하여 특징적으로 제조·가공한 제품
전통차	식품산업진흥법 제22조(전통식품 품질인증)에 따라 농림수산식품부장관이 인증한 차

⑷ 전통주 제조소득

전통주를 수도권정비계획법에 의한 수도권지역 외의 읍·면지역에서 제조함으로써 발생하는 소득으로서 소득금액의 합계액이 연 1,200만원 이하인 것은 비과세한다(소령 9의2).

⑸ 조림기간 5년 이상인 임목의 양도소득

사업소득(임업) 중 조림기간 5년 이상인 임지의 임목의 벌채 또는 양도로 발생하는 소득으로서 연 600만원 이하의 금액을 비과세한다(소법 12).

⑹ 작물재배업에서 발생하는 소득

작물재배업(곡물 및 기타 식량작물재배업 제외)에서 발생하는 소득으로서 해당 과세기간의 수입금액의 합계액이 10억원 이하인 것은 비과세한다(소법 12, 소령 9의4 ①).

⑺ 어로어업 또는 양식어업에서 발생하는 소득

한국표준산업분류에 따른 연근해어업과 내수면어업 또는 양식어업에서 발생하는 소득으로서 해당 과세기간의 소득금액의 합계액이 5천만원 이하인 것은 비과세한다(소령 9의5).

3. 사업소득금액의 계산구조

사업소득금액은 직접법 또는 간접법에 의해 계산할 수 있다.

<직접법>　　총수입금액 － 필요경비 ＝ 사업소득금액

<간접법>
결산서상 당기순이익
(+) 총수입금액 산입, 필요경비불산입
(−) 총수입금액 불산입, 필요경비산입
= 사업소득금액

4. 총수입금액

(1) 총수입금액의 범위

사업소득 총수입금액은 해당 사업과 관련하여 해당 과세기간에 수입하였거나 수입할 금액의 합계액을 말한다. 사업소득 총수입금액은 법령에 열거된 것에 한하므로 열거되지 아니한 것은 총수입금액에 산입하지 아니한다.

소득세법상 사업소득 총수입금액은 다음과 같다(소령 51 ③, ④).

① 사업수입금액 : 사업수입금액이란 해당 사업에서 발생한 매출액을 말하며, 매출환입액과 매출에누리 · 매출할인액은 매출액에서 이를 차감한다. 다만, 거래수량 또는 거래금액에 따라 상대편에게 지급하는 장려금과 그밖에 이와 유사한 성질의 금액과 대손금, 자사제품 등을 임원등에게 시가보다 낮은 가격으로 판매 · 제공하는 경우 판매가액 또는 용역대가와 시가와의 차액은 총수입금액에서 빼지 아니한다. 개정 또한 독립된 자격으로 보험가입자의 모집 및 이에 부수되는 용역을 제공하고 그 실적에 따라 받은 모집수당 등을 반환하는 경우 그 반환 금액은 반환일이 속하는 과세기간의 총수입금액 계산에 있어서 이를 차감한다.

② 거래상대방으로부터 받는 장려금 : 거래상대방으로부터 받는 장려금 기타 이와 유사한 성질의 금액은 총수입금액에 이를 산입한다.

③ 필요경비로 지출된 세액의 환입액 : 관세환급금 등 필요경비로 지출된 세액이 환입되었거나 환입될 경우에 그 금액은 총수입금액에 이를 산입한다.

④ 사업과 관련된 자산수증이익 · 채무면제이익 : 사업과 관련된 자산수증이익 또는 채무면제이익은 총수입금액에 산입한다. 다만, 세무상 이월결손금의 보전에 충당된 금액은 총수입금액에 산입하지 아니한다. 자산수증이익과 채무면제이익은

사업과 관련된 것만 사업소득 총수입금액에 산입하고, 사업과 관련이 없는 경우에는 소득세를 과세하지 않고 증여세를 과세한다.

⑤ 보험차익 등 : 다음의 어느 하나에 해당되는 이익・분배금 또는 보험차익은 그 소득의 성격(이자소득 또는 배당소득 등)에도 불구하고 사업소득 총수입금액에 산입한다.[14]

㉠ 확정급여형퇴직연금제도의 보험차익과 신탁계약의 이익 또는 분배금

㉡ 사업과 관련하여 해당 사업용 자산의 손실로 취득하는 보험차익

⑥ 가사용 재고자산 : 재고자산 또는 임목을 가사용으로 소비하거나 종업원 또는 타인에게 지급한 경우에는 그 소비・지급하였을 때의 시가에 해당하는 금액을 총수입금액에 산입하고, 원가에 해당하는 금액을 필요경비에 산입한다. 따라서 사업자가 재고자산을 판매목적 이외의 용도로 사용・소비하는 경우에도 재고자산의 판매이익(시가와 원가의 차이)에 해당하는 금액이 사업소득에 포함되어 과세된다는 점에 유의하여야 한다.

⑦ 간주임대료 : 거주자가 부동산 또는 그 부동산상의 권리 등을 대여하고 보증금・전세금 또는 이와 유사한 성질의 금액(보증금 등)을 받은 경우에는 일정한 산식에 따라 계산한 금액을 사업소득금액을 계산할 때에 총수입금액에 산입한다.

⑧ 선세금 : 부동산을 임대하거나 지역권・지상권을 설정 또는 대여하고 받은 선세금(先貰金)에 대한 총수입금액은 그 선세금을 계약기간의 월수로 나눈 금액의 각 과세기간의 합계액으로 한다.

⑨ 사업용 유형자산 양도가액 : 복식부기의무자가 차량 및 운반구, 공구・기구 및 비품, 선박 및 항공기, 기계장치 등 사업용 유형자산(감가상각자산)[15]을 양도하는 경우 그 양도가액을 총수입금액에 산입한다. 다만, 토지 또는 건물로서 양도소득세가 과세되는 경우는 제외한다(소법 19 ① ⒇).

⑩ 그밖의 사업과 관련된 수입금액으로서 해당 사업자에게 귀속되었거나 귀속될 금액은 총수입금액에 산입한다.

⑵ 총수입금액 불산입

소득세법에서는 이중과세의 조정, 조세정책적인 목적의 달성 등을 위하여 다음의

14) 퇴직보험 등에 관한 경과조치 : 개정된 소득세법 시행령 시행(2013년 2월) 전에 계약한 단체퇴직보험・퇴직보험 및 퇴직일시금신탁에서 발생하는 운용수익이 있는 경우에는 종전 규정에 따라 사업소득 총수입금액에 산입한다.

15) 다만, 「건설기계관리법 시행령」 별표1에 따른 건설기계(불도저, 굴삭기, 지게차, 덤프트럭 등)는 2018년 1월 1일 이후 취득한 경우로 한정한다.

항목을 총수입금액에 산입하지 아니한다(소법 26).

① 소득세 환급액 : 거주자가 소득세 또는 개인지방소득세를 환급받았거나 환급받을 금액 중 다른 세액에 충당한 금액은 총수입금액에 산입하지 아니한다. 소득세 또는 개인지방소득세를 납부할 때 필요경비에 산입되지 아니하므로 이중과세를 조정하기 위하여 환급액을 총수입금액에 산입하지 않는 것이다.

② 자산수증이익 등 중 이월결손금 보전에 충당된 금액 : 자산수증이익(복식부기의무자가 국고보조금 등 국가, 지방자치단체 또는 공공기관으로부터 무상으로 지급받은 금액은 제외함)과 채무면제이익 중 세무상 이월결손금(기간제한이 없음)의 보전에 충당된 금액은 총수입금액에 산입하지 아니한다.

③ 이월된 소득금액 : 전년도로부터 이월된 소득금액이란 전년도의 소득으로 이미 과세된 소득을 다시 해당 과세기간의 소득에 산입한 금액을 말한다. 이미 과세된 소득을 다시 해당 과세기간의 소득에 산입하게 되면 이중과세되므로 이월된 소득금액을 총수입금액에 산입하지 아니한다.

④ 자기 사업을 위하여 사용하는 재고자산 : 재고자산을 자기가 생산하는 다른 제품의 원재료 또는 제조용 연료로 사용한 경우, 자기가 생산한 물품을 자기가 도급받은 건설공사의 자재로 사용한 경우, 자기가 생산한 전력 · 가스 또는 수돗물을 자기가 경영하는 다른 사업의 동력 · 연료 또는 용수로 사용한 경우 그 사용된 부분에 상당하는 금액은 총수입금액에 산입하지 아니한다. 가사용 재고자산과 달리 재고자산을 자기 사업을 위하여 사용하는 경우에는 총수입금액에 산입하지 않는 것이다.

⑤ 개별소비세 및 주세 : 납세의무자가 자기의 총수입금액에 따라 납부하였거나 납부할 개별소비세 및 주세는 간접세이므로 총수입금액에 산입하지 아니한다. 다만, 원재료 · 연료 그 밖의 물품을 매입 · 수입 또는 사용함에 따라 부담하는 세액은 그러하지 아니하다.

⑥ 부가가치세 매출세액 : 부가가치세의 매출세액은 부채(일종의 예수금)이므로 해당 과세기간의 소득금액을 계산할 때 총수입금액에 산입하지 아니한다.

⑦ 국세환급가산금 · 지방세환급가산금 및 그 밖의 과오납금의 환급금에 대한 이자는 해당 과세기간의 소득금액을 계산할 때 총수입금액에 산입하지 아니한다.

⑧ 석유판매업자가 부가가치세 등이 과세된 석유류를 공급받아 농어민 등에게 공급함으로써 조세특례제한법에 따라 환급받은 세액은 해당 과세기간의 소득금액을 계산할 때 총수입금액에 산입하지 아니한다.

건설기계의 양도차익에 대한 과세특례 개정

건설기계사업자 등이 건설기계를 양도하고 그 양도일이 속하는 과세기간에 다른 건설기계를 취득하는 경우에는 그 보유하던 건설기계(1대로 한정)를 양도함으로써 발생하는 양도차익상당액을 해당 과세기간의 사업소득금액을 계산할 때 총수입금액에 산입하지 아니할 수 있다. 이 경우 총수입금액에 산입하지 아니한 양도차익상당액은 해당 건설기계의 양도일이 속하는 과세기간의 다음 과세기간부터 3개 과세기간 동안 균등하게 나누어 총수입금액에 산입한다(조특법 104의34).

(3) 법인세법상 익금과 사업소득 총수입금액의 차이

법인의 각 사업연도 소득과 개인사업자의 사업소득은 사업활동을 통해 얻는 소득이라는 점에서 유사성이 있다. 그러나 법인세와 소득세는 과세소득의 개념이 다르며, 과세방법상에도 차이가 있기 때문에 각 사업연도 소득금액과 사업소득금액의 계산과정에는 다양한 차이점이 존재한다. 법인세법상 익금과 사업소득 총수입금액의 차이 중 중요한 항목을 살펴보면 다음과 같다.

① 이자수익과 배당수익 : 법인세법은 소득을 원천별로 구분하지 않고 각 사업연도소득이라는 하나의 소득으로 종합과세하므로 이자수익과 배당수익이 각사업연도소득금액에 포함된다. 그러나 소득세법에서는 이자소득과 배당소득을 사업소득과 별도로 구분하여 과세하기 때문에 사업과 관련된 은행예금이자 또는 현금배당금 등도 사업소득에 포함되지 않고 이자소득 또는 배당소득으로 과세된다.

② 유가증권처분손익, 유형 · 무형자산처분손익 : 유가증권처분손익과 유형 · 무형자산처분손익은 순자산의 증가 또는 감소에 해당하므로 법인세법상 익금 또는 손금에 산입된다. 그러나 소득세법에서는 사업과 관련된 거래에서 발생한 수입금액만을 사업소득 총수입금액에 산입하므로 유가증권처분손익 또는 유형 · 무형자산처분손익(복식부기의무자의 사업용 유형자산 처분손익은 제외)을 사업소득 총수입금액 또는 필요경비에 산입하지 아니한다. 유가증권처분이익 또는 유형 · 무형자산처분이익은 사업소득에 포함되지는 않지만 다른 소득으로 과세될 수 있다. 예를 들어 비상장주식 또는 사업용 부동산(토지 · 건물)의 양도차익에 대해서는 양도소득세가 과세된다.

③ 자산수증이익 · 채무면제이익 : 자산수증이익과 채무면제이익은 순자산의 증가에 해당하므로 법인세법상 익금에 산입한다. 그러나 소득세법에서는 사업과 관련된 자산수증이익과 채무면제이익에 한하여 사업소득 총수입금액에 산입한다.

④ 재고자산의 가사용소비 : 소득세법에서는 가사용 재고자산의 시가를 사업소득 총수입금액에 산입하지만 법인세법은 이러한 규정이 없다. 다만, 법인의 재고자산

을 종업원 등 특수관계인에게 무상 또는 저가로 제공하는 경우에는 부당행위계산부인규정이 적용될 수 있다.

⑤ 가지급금에 대한 인정이자 등 : 법인세법에서는 출자자 등에 대한 업무무관가지급금에 대해서는 인정이자를 익금산입하고, 관련된 지급이자를 손금불산입한다. 그러나 소득세법에서는 개인사업자가 사업체의 자금을 인출하는 것을 가지급금으로 보지 아니하며, 다만 초과인출금이 발생하는 경우에는 관련 지급이자를 필요경비 불산입한다.

예제 3-1 | 사업소득 총수입금액의 계산

다음에 주어진 자료에 의하여 도매업을 영위하는 개인사업자(복식부기의무자로서 성실신고확인대상 사업자임)인 갑의 사업소득 총수입금액을 계산하시오.

(1) 총매출액은 ₩20,000,000으로서 매출에누리 ₩1,000,000, 매출할인 ₩2,000,000이 차감되지 아니한 금액이다.
(2) 거래상대방으로 지급받은 장려금 ₩3,000,000이 있다.
(3) 사업과 관련된 채무면제이익 ₩5,000,000 중 ₩1,500,000은 세무상 이월결손금 보전에 충당하였다.
(4) 사용인에게 상품(원가 : ₩1,000,000, 시가 : ₩1,200,000)을 무상으로 지급하였다.
(5) 관세 ₩500,000과 소득세(개인지방소득세 포함) ₩200,000을 환급받았으며, 국세환급가산금 ₩100,000도 함께 환급받았다.
(6) 사업용 자산의 손실로 인한 보험차익 ₩1,000,000이 발생하였다.
(7) 사업용 계좌에서 예금이자 수입 ₩800,000이 발생하였다.
(8) 업무용승합차를 ₩3,800,000에 매각하였다.

해답

(1) 매출액 : ₩20,000,000 − 1,000,000(매출에누리) − 2,000,000(매출할인액) =	₩17,000,000
(2) 판매장려금 수령액 :	3,000,000
(3) 사업과 관련된 채무면제이익 : ₩5,000,000 − 1,500,000(이월결손금 보전에 충당)	3,500,000
(4) 가사용 재고자산(시가) :	1,200,000
(5) 관세환급금 : 소득세환급금 및 국세환급가산금은 총수입금액에 산입하지 아니함	500,000
(6) 사업용 자산의 손실로 인한 보험차익 :	1,000,000
(7) 예금이자 수입은 총수입금액에 산입하지 아니함	−
(8) 업무용승합차 매각가액 :	3,800,000
(9) 총수입금액 계 :	₩30,000,000

⑷ 총수입금액 계산 특례(간주임대료)

부동산 또는 부동산상의 권리 등을 임대하고 임대료와 보증금등을 함께 받는 경우 임대료는 총수입금액에 산입되지만, 보증금등은 부채이므로 총수입금액에 산입되지 않는다. 임대료와 보증금등에 대한 과세형평성을 제고하고자 보증금등에 대해서도 일정한 산식에 의하여 계산한 간주임대료를 총수입금액에 산입한다(소법 25 ①). 다만, 간주임대료가 영(0)보다 적은 때에는 이를 없는 것으로 보며, 적수의 계산은 매월말 현재의 보증금등의 잔액에 경과일수를 곱하여 계산할 수 있다.

1) 주택 및 그 부수토지를 임대하는 경우

주택을 대여하고 보증금등을 받은 경우에는 간주임대료를 계산하지 아니한다. 다만, 다음에 해당할 때는 간주임대료를 계산한다.

가. 3주택 이상을 소유하고 해당 주택의 보증금 등의 합계액이 3억원을 초과하는 경우
나. 2주택(해당 과세기간의 기준시가가 12억원 이하인 주택은 주택 수에 포함하지 아니한다)을 소유하고 해당 주택의 보증금 등의 합계액이 12억원을 초과하는 경우('나'는 2026년부터 적용함)

① 추계신고 또는 추계결정하는 경우 간주임대료

$$(\text{보증금등} - 3\text{억원}^{*})\text{의 적수} \times 60\% \times \frac{1}{365}\left(\text{윤년} : \frac{1}{366}\right) \times \text{정기예금이자율}$$

② 추계신고 또는 추계결정 이외의 경우 간주임대료

$$(\text{보증금등} - 3\text{억원}^{*})\text{의 적수} \times 60\% \times \frac{1}{365}\left(\text{윤년} : \frac{1}{366}\right) \times \text{정기예금이자율}$$

(−) 임대사업부분에서 발생한 금융수익

* 보증금등을 받은 주택이 2주택 이상인 경우에는 보증금등의 적수가 가장 큰 주택의 보증금등부터 순서대로 뺀다.

소형주택에 대한 전세보증금 간주임대료 과세 한시 배제

서민의 주거안정을 지원하기 위하여 소형주택(전용면적 40㎡ 이하로서 기준시가 2억원 이하인 주택)은 2026년 12월 31일까지 3주택 소유 여부를 판정할 때 주택수에 포함하지 아니한다.

2) 위 '1)' 이외의 경우

주택(그 부수토지 포함)을 제외한 부동산 또는 부동산상의 권리에 대한 보증금등의 간주임대료는 다음과 같이 계산한다.

① 추계신고 또는 추계결정하는 경우 간주임대료

$$\text{보증금등의 적수} \times \frac{1}{365}(\text{윤년} : \frac{1}{366}) \times \text{정기예금이자율}$$

② 추계신고 또는 추계결정 이외의 경우 간주임대료

$$(\text{보증금 등의 적수} - \text{건설비상당액의 적수}) \times \frac{1}{365}(\text{윤년} : \frac{1}{366}) \times \text{정기예금이자율}$$
$$(-) \text{ 임대사업부분에서 발생한 금융수익}$$

간주임대료의 계산은 기본적으로 법인의 간주임대료 계산과 동일하나 다음과 같은 차이가 있다.

구 분	법 인 세 법	소 득 세 법
① 추계결정 이외의 경우 적용대상	차입금과다법인으로서 부동산임대업을 주업으로 하는 영리내국법인	모든 부동산 임대사업자
② 추계결정시 적용대상	모든 법인	모든 부동산 임대사업자
③ 간주임대료 적용	주택 제외 (단, 추계결정 · 경정의 경우 주택도 포함)	주택 제외 (단, 3주택 이상을 소유하고 보증금등의 합계액이 3억원을 초과하는 경우에는 주택 포함)
④ 금융수익의 범위	수입이자와 할인료, 수입배당금, 신주인수권처분이익, 유가증권처분이익	수입이자와 할인료, 수입배당금

예제 3-2 | 간주임대료의 계산

다음 자료를 이용하여 아래 요구사항에 답하시오.

1. 부동산임대사업자인 갑은 상가와 주택(간주임대료 계산 대상임)을 다음과 같이 임대하고 있다.

구 분	상 가	주 택
임대기간	20×2.9.1.~20×4.8.31.	20×1.5.1.~20×3.4.30.
임대보증금	₩100,000,000	₩400,000,000
건설비상당액	₩60,000,000	₩200,000,000
임대보증금 운용수익	① 정기예금이자 : ₩300,000 ② 유가증권처분이익 : ₩200,000	① 수입배당금 : ₩1,000,000 ② 신주인수권처분이익 : ₩500,000

2. 과세기간은 20×2.1.1.~20×2.12.31.이며, 정기예금이자율은 연 3.65%로 가정한다.

• **요구사항** •

1. 갑이 적법하게 장부를 비치 · 기장하고 있으며, 장부에 의하여 신고하는 경우 상가와 주택에 대한 간주임대료를 각각 계산하시오.
2. 갑이 장부를 비치 · 기장하고 있지 않아 추계신고하는 경우 상가와 주택에 대한 간주임대료를 각각 계산하시오.

해답

1. 장부에 의하여 신고하는 경우
   (1) 상가 간주임대료

$$(₩100,000,000 \times 122일^{*1} - 60,000,000 \times 122일^{*1}) \times \frac{1}{365} \times 3.65\% - 300,000^{*2} = ₩188,000$$

*1 9월(30일) + 10월(31일) + 11월(30일) + 12월(31일) = 122일

*2 금융수익 중 정기예금이자만 차감하며, 유가증권처분이익은 차감하지 않는다.

   (2) 주택 간주임대료

$$(₩400,000,000 - 300,000,000) \times 365일 \times 60\% \times \frac{1}{365} \times 3.65\% - 1,000,000^{*3} = ₩1,190,000$$

*3 금융수익 중 수입배당금만 차감하며, 신주인수권처분이익은 차감하지 않는다.

2. 추계신고하는 경우
   (1) 상가 간주임대료

$$₩100,000,000 \times 122일 \times \frac{1}{365} \times 3.65\% = ₩1,220,000$$

   (2) 주택 간주임대료

$$(₩400,000,000 - 300,000,000) \times 365일 \times 60\% \times \frac{1}{365} \times 3.65\% = ₩2,190,000$$

예제 3－3 | 사업소득(부동산임대업) 총수입금액의 계산

다음 자료를 이용하여 부동산임대사업자인 갑의 20×5년도 사업소득 총수입금액을 계산하시오. 단, 갑은 아래 자료 이외의 다른 사업소득은 없다.

1. 갑은 상가를 임대하고 있으며, 임대기간은 20×4.10.1.~20×6.9.30.이다.
2. 상가를 임대하고 20×4.10.1.에 임대보증금 ₩200,000,000과 임대계약기간 동안의 임대료 ₩24,000,000(월 ₩1,000,000)을 수령하였다.
3. 상가의 건설비상당액은 ₩150,000,000이다.
4. 관리비로 ₩300,000을 매월 말일에 받기로 약정하고, 약정일 모두 수령하였다.
5. 임대보증금 운용수익은 정기예금이자 ₩1,000,000과 상장주식처분이익 ₩400,000이 있다.
6. 갑은 상가 임대와 관련하여 적법하게 장부를 비치 · 기장하고 있으며, 장부에 의하여 사업소득금액을 신고하였다.
7. 정기예금이자율은 연 3%로 가정한다.

해답

1. 선세금 : $₩24,000,000 \times \frac{12}{24} = ₩12,000,000$
2. 간주임대료 : $(₩200,000,000 \times 365 - 150,000,000 \times 365) \times \frac{1}{365} \times 3\% - 1,000,000$
   $= ₩500,000$
3. 관리비 : ₩300,000 × 12개월 = ₩3,600,000
4. 사업소득 총수입금액 : ₩12,000,000 + 500,000 + 3,600,000 = ₩16,100,000

5. 필요경비

(1) 필요경비의 범위

사업소득금액을 계산할 때 필요경비에 산입할 금액은 해당 과세기간의 총수입금액에 대응하는 비용으로서 일반적으로 용인되는 통상적인 것의 합계액으로 하며(소법 27 ①), 그 범위는 다음과 같다.

① 매출원가 : 판매한 상품 또는 제품에 대한 원료의 매입가격(매입에누리 · 매입할인금액을 제외)과 그 부대비용은 필요경비에 산입한다.

② 종업원의 급여 : 사업에 종사하고 있는 종업원의 급여는 필요경비에 산입하나, 사업자 본인의 급여는 출자금의 인출에 해당하므로 필요경비에 산입하지 아니한다. 한편 사업자의 배우자 또는 부양가족에 대한 급여는 사업에 직접 종사하고 있는 경우에 한하여 필요경비에 산입한다.

③ 출산 · 양육비용 : 종업원의 출산 또는 양육 지원을 위해 종업원에게 공통적으로 적용되는 지급기준에 따라 지급하는 금액은 필요경비에 산입한다.

④ 임원등이 지급받은 할인금액 : 사업자나 법인이 생산 · 공급하는 재화 또는 용역을 그 사업자나 법인(독점규제 및 공정거래에 관한 법률에 따른 계열회사 포함)의 사업장에 종사하는 임원등에게 시가보다 낮은 가격으로 제공하거나 구입할 수 있도록 지원함으로써 해당 임원등이 얻는 이익에 상당하는 금액은 필요경비에 산입한다. 이 때 사업자나 법인의 계열회사가 법인의 임원등에게 그 계열회사제품등을 시가보다 낮은 가격으로 판매 또는 제공하고, 사업자나 법인이 계열회사에 해당 임원등이 할인받은 금액을 지급하는 경우 사업자가 계열회사에 지급하는 금액은 인건비에 포함된 것으로 본다. 개정

⑤ 사업과 관련된 각종 보험료 : 사업용자산의 손해보험료, 단체순수보장성보험 및 단체환급부보장성 보험의 보험료, 건설근로자의 고용개선 등에 관한 법률에 의

하여 공제계약사업주가 건설근로자퇴직공제회에 납부한 공제부금, 근로자퇴직급여보장법에 따라 사용자가 부담하는 퇴직연금부담금, 국민건강보험법, 고용보험법 및 노인장기요양보험법에 의하여 사용자로서 부담하는 보험료 또는 부담금 등은 필요경비에 산입한다. 한편 사업자 본인의 보험료는 원칙적으로 필요경비에 산입되지 아니하나, 직장가입자로서 부담하는 사용자 본인의 건강보험료 및 노인장기요양보험료, 사업장이 없는 사업자가 지역자가입자로서 부담하는 사용자 본인의 건강보험료 및 노인장기요양보험료, 예술인 · 노무제공자 및 자영업자가 부담하는 사용자 본인의 고용보험료, 노무제공자 및 중소기업 사업주가 부담하는 사용자 본인의 산재보험료는 필요경비에 산입한다.

⑥ 판매장려금 지급액 : 거래수량 또는 거래금액에 따라 상대편에게 지급하는 장려금 기타 이와 유사한 성질의 금액은 필요경비에 산입한다. 또한 특수관계 있는 자 외의 자에 지급되는 판매장려금 · 판매수당 또는 할인액 등으로서 건전한 사회통념과 상관행에 비추어 정상적인 거래라고 인정될 수 있는 범위의 금액은 기업업무추진비로 보지 아니하고 이를 필요경비에 산입한다.

⑦ 재해손실 : 매입한 상품 · 제품 · 부동산 및 산림 중 재해로 인하여 멸실된 것의 원가를 그 재해가 발생한 연도의 소득금액계산에 있어서 필요경비에 산입한 경우에는 이를 필요경비에 산입한다.

⑧ 기타 필요경비 : 사업용 자산에 대한 수선 · 유지비 및 임차료 등, 제세공과금(외국납부세액공제를 적용하지 않는 경우의 외국소득세액 포함), 지급이자, 감가상각비, 자산의 평가손실 중 일정한 것, 대손금, 종업원을 위하여 지출한 직장체육비 · 직장문화비 · 가족계획지원사업비 · 직원회식비, 업무와 관련있는 해외시찰 · 훈련비, 산업체부설 중 · 고등학교의 운영비, 직장어린이집의 운영비, 광물의 탐광을 위한 비용, 광고선전비, 협회비 및 조합비, 잉여식품 및 생활용품을 기부식품 등 제공사업을 계속적으로 영위하는 사업자에게 무상으로 기증하는 경우 그 장부가액, 중소기업이 부담하는 핵심인력성과보상기금 기여금, 해당 사업자가 설립한 사내근로복지기금에 출연하는 금품 등은 필요경비에 산입한다. 기타 필요경비는 원칙적으로 법인세법상 손금의 범위와 동일하다.

⑨ 종업원의 사망 이후 유족에게 학자금 등 일시적으로 지급하는 금액으로서 종업원 사망전에 결정되어 종업원에게 공통적으로 적용되는 지급기준에 따라 지급되는 것

⑩ 사업용 유형자산의 양도당시 장부가액 : 복식부기의무자가 사업용 유형자산의 양도가액을 총수입금액에 산입한 경우 해당 사업용 유형자산의 양도 당시 장부가

액(업무용승용차의 감가상각비 중 업무사용금액에 해당하지 아니하는 금액이 있는 경우에는 그 금액을 차감한 금액)을 필요경비에 산입한다(소령 55 ① 7의2).

⑪ 사업의 폐지 또는 사업장의 이전으로 임대차계약에 따라 임차한 사업장의 원상회복을 위하여 시설물을 철거하는 경우 그 자산의 장부가액과 처분가액의 차액을 해당 과세기간의 필요경비에 산입할 수 있다.

⑫ 기타 위의 경비 이외에 이와 유사한 성질의 것으로서 해당 총수입금액에 대응하는 경비

(2) 필요경비 불산입

거주자가 해당 과세기간에 지급하였거나 지급할 금액 중 다음에 규정하는 것은 필요경비에 산입하지 아니한다(소법 33 ①).

① 법인세법상 손금불산입항목과 동일한 것 : 벌금 · 과료 · 과태료, 강제징수비, 징수의무의 불이행으로 인하여 납부하였거나 납부할 세액(가산세액 포함), 법령에 의하여 의무적으로 납부하는 것이 아닌 공과금이나 법령에 따른 의무의 불이행 또는 금지 · 제한 등의 위반을 이유로 부과되는 공과금, 감가상각비 한도초과액, 기업업무추진비 중 필요경비불산입액, 기부금 한도초과액, 반출하였으나 판매하지 아니한 제품에 대한 개별소비세 · 주세 또는 교통에너지환경세의 미납액, 채권자가 불분명한 차입금의 이자 및 건설자금이자, 선급비용, 업무와 관련하여 고의 또는 중대한 과실로 타인의 권리를 침해함으로써 지급되는 손해배상금 등은 원칙적으로 법인세법상 손금불산입항목과 동일하다.

② 소득세(외국납부세액공제를 적용하는 경우의 외국소득세액을 포함)와 개인지방소득세 : 법인세와 법인지방소득세가 손금불산입되는 것과 마찬가지로 소득세와 개인지방소득세는 필요경비에 산입되지 아니한다.

③ 부가가치세의 매입세액 : 원칙적으로 법인세법상의 처리와 동일하며, 소득세법에서는 간이과세자에 대한 별도의 규정(법인은 간이과세자가 될 수 없으므로 법인세법에서는 간이과세자의 매입세액에 대한 규정이 없음)을 두고 있다. 간이과세자가 재화 또는 용역의 공급으로 부가가치세법에 의하여 납부한 부가가치세는 필요경비에 산입한다.

④ 자산의 평가손실 : 자산의 평가손실은 원칙적으로 필요경비에 산입되지 아니하나, 파손 · 부패 등의 사유로 정상가액으로 판매할 수 없는 재고자산의 평가손실과 천재지변, 화재, 법령에 의한 수용 또는 채굴불능으로 인한 폐광 등의 사유로 파손 · 멸실된 유형자산의 평가손실은 예외적으로 필요경비에 산입된다.

⑤ 가사관련경비 : 사업자가 가사와 관련하여 지출하였음이 확인되는 경비 및 초과인출금에 대한 지급이자[16)]는 필요경비에 산입하지 아니한다.

⑥ 업무무관경비 : 각 연도에 지출한 경비 중 직접 그 업무에 관련이 없다고 인정되는 경비는 필요경비에 산입하지 아니한다. 업무무관경비에는 사업자가 그 업무와 관련없는 자산을 취득하기 위하여 차입한 금액에 대한 지급이자 및 노동조합 및 노동관계조정법을 위반하여 노조전임자에게 지급하는 급여를 포함한다.

(3) 업무용승용차 관련 비용 등의 필요경비 불산입 특례

복식부기의무자가 해당 과세기간에 업무용승용자동차[17)]를 취득하거나 임차하여 해당 과세기간에 필요경비로 계상하거나 지출한 업무용승용차 관련 비용[18)] 중 업무사용금액에 해당하지 아니하는 금액은 해당 과세기간의 사업소득금액을 계산할 때 필요경비에 산입하지 아니한다(소법 33의2 ①). 업무사용금액은 다음과 같이 계산한다(소령 78의3 ①, ⑦).

① 업무전용자동차보험에 가입한 경우 : 업무용승용차 관련 비용×업무사용비율[*1]
② 업무전용자동차보험에 가입하지 않은 경우 : 사업자별 업무용승용차 수에 따른 다음의 금액
  ㉠ 1대 : 업무용승용차 관련 비용×업무사용비율[*1]
  ㉡ 1대 초과분 : 업무용승용차 관련 비용×업무사용비율[*1]×0%[*2]

*1 운행기록등을 작성·비치한 경우에는 운행기록등에 따라 확인되는 총 주행거리 중 업무용 사용거리가 차지하는 비율을 말하며, 운행기록등을 작성·비치하지 않은 경우에는 다음의 구분에 따른 비율로 한다.
  ⓐ 해당 과세기간의 업무용승용차 관련비용이 1,500만원(해당 과세기간이 1년 미만이거나 과세기간 중 일부 기간 동안 보유 또는 임차한 경우에는 1,500만원에 해당 보유기간 또는 임차기간에 해당하는 월수를 곱하고 이를 12로 나누어 산출한 금액) 이하인 경우 : 100%
  ⓑ 해당 과세기간의 업무용승용차 관련비용이 1,500만원을 초과하는 경우 : 1,500만원을 업무용승용차 관련비용으로 나눈 비율
*2 다만, 성실신고확인대상사업자 또는 전문직 사업자가 아닌 사업자의 2024년 1월 1일부터 2025년 12월 31일까지 발생한 업무용승용차 관련비용은 50%

---

16) 사업용자산의 합계액이 부채의 합계액에 미달하는 경우에 그 미달하는 금액을 초과인출금이라 한다. 초과인출금이 있는 경우에는 법 소정의 방법에 의하여 계산한 이자를 초과인출금 관련 지급이자로 필요경비 불산입한다.

17) 개별소비세법 제1조 제2항 제3호에 해당하는 승용자동차로서 운수업, 자동차판매업 등에서 사업에 직접 사용하는 승용자동차는 제외한다.

18) 업무용승용차에 대한 감가상각비, 임차료, 유류비, 보험료, 수선비, 자동차세, 통행료 및 금융리스부채에 대한 이자비용 등 업무용승용차의 취득·유지를 위하여 지출한 비용을 말한다.

업무사용금액 중 업무용승용차별 연간 감가상각비[19](또는 업무용승용차별 연간 임차료 중 감가상각비 상당액)가 해당 과세기간에 각각 800만원[20]을 초과하는 경우 그 초과하는 금액(감가상각비 한도초과액)은 해당 과세기간의 필요경비에 산입하지 아니하고 이월하여 필요경비에 산입한다(소법 33의2 ②). 또한 복식부기의무자가 업무용승용차를 처분하여 발생하는 손실로서 업무용승용차별로 8백만원을 초과하는 금액 역시 이월하여 필요경비에 산입한다(소법 33의2 ③).

개인사업자(복식부기의무자)와 법인의 업무용승용차 관련 비용

법인과 달리 개인사업자(복식부기의무자)의 경우 1대의 승용차는 업무전용자동차보험 가입 여부와 관계없이 업무용승용차 관련 비용에 업무사용비율을 곱한 금액을 필요경비로 인정하며, 법인 업무용 자동차번호판은 법인만 부착대상으로 하기 때문에 개인사업자는 적용대상이 아니다.

예제 3-4 | 사업소득금액의 계산

다음 자료를 이용하여 제조업을 영위하는 개인사업자 갑(복식부기의무자임)의 20×2년 사업소득금액을 계산하시오. 단, 갑의 사업소득금액 최소화를 가정한다.

1. 손익계산서상 당기순이익 : ₩100,000,000
2. 손익계산서상 인건비에는 대표자인 갑의 급여 ₩40,000,000과 관리부장으로 근무하고 있는 갑의 장남의 급여 ₩30,000,000이 포함되어 있다.
3. 손익계산서상 영업외수익에는 다음의 금액이 포함되어 있다.
   (1) 사업용계좌에서 발생한 이자수익 : ₩2,000,000
   (2) 사업용자산(기계장치) 처분이익 : ₩5,000,000
   (3) 사업과 관련된 자산수증이익(국고보조금임) : ₩10,000,000
   (4) 사업용자산(트럭)의 손실로 인한 보험차익 : ₩3,000,000
4. 손익계산서상 영업외비용에는 다음의 금액이 포함되어 있다.
   (1) 이자비용 : ₩9,000,000(초과인출금에 대한 지급이자 ₩4,000,000 포함)
   (2) 사업자인 갑이 개인적으로 사용한 제품*의 원가 : ₩4,000,000
      * 동 제품의 시가는 ₩6,000,000이며, 손익계산서에는 원가만 비용으로 계상함
   (3) 업무용승용차 처분손실 : ₩10,000,000
   (4) 생산설비의 폐기손실(처분하지 않고 보관 중임) : ₩10,000,000
5. 20×1년에 발생된 이월결손금 : ₩8,000,000

---

19) 복식부기의무자가 업무용승용차에 대하여 감가상각비를 계산할 때는 정액법을 상각방법으로 하고, 내용연수를 5년으로 하여 계산한 금액을 감가상각비로 하여 필요경비에 산입하여야 한다(소령 78의3 ③).

20) 해당 과세기간이 1년 미만이거나 과세기간 중 일부 기간 동안 보유하거나 임차한 경우에는 800만원에 해당 보유기간 또는 임차기간 월수를 곱하고 이를 12로 나누어 산출한 금액

해답

1. 당기순이익		₩100,000,000
(1) 대표자 급여	(+)	40,000,000
(2) 이자수익	(−)	2,000,000
(3) 초과인출금 지급이자	(+)	4,000,000
(4) 가사용 재고자산(시가)	(+)	6,000,000
(5) 업무용승용차 처분손실	(+)	2,000,000
(6) 생산설비 폐기손실	(+)	10,000,000
2. 사업소득금액		₩160,000,000

해설 ① 대표자 갑의 급여는 필요경비 불산입하나, 사업에 직접 종사하고 있는 장남의 급여는 필요경비에 산입함
② 이자수익은 사업소득 총수입금액에 포함하지 아니하므로 총수입금액 불산입함
③ 복식부기의무자는 기계장치 처분이익을 총수입금액에 산입하므로 세무조정 없음
④ 자산수증이익 중 국고보조금은 이월결손금 보전에 충당할 수 없으므로 세무조정 없음
⑤ 사업용자산(트럭)의 손실로 인한 보험차익은 총수입금액에 산입하므로 세무조정 없음
⑥ 초과인출금에 대한 지급이자는 필요경비 불산입함
⑦ 가사용 재고자산의 시가를 총수입금액 산입함
⑧ 업무용승용차 처분손실 중 8백만원 초과분을 필요경비 불산입함
⑨ 생산설비 폐기손실을 필요경비 불산입함

(4) 법인세법상 손금과 사업소득 필요경비의 차이

법인세법상 손금과 사업소득 필요경비의 차이 중 중요한 항목을 살펴보면 다음과 같다.

① 대표자급여 : 법인은 법률에 따라 법적 권리와 의무를 부여받은 독립된 객체이고, 법인의 대표자는 법인에 근로를 제공함으로써 급여 등의 인건비를 받는다. 법인이 대표자에게 지급하는 인건비는 원칙적으로 손금에 산입된다. 다만, 대표자의 급여가 임원상여금 한도액을 초과하는 경우에는 손금에 산입하지 아니한다. 개인사업체는 법인과는 달리 독립된 객체가 아니므로 개인사업체의 대표자가 받는 급여는 출자금의 인출에 해당하며, 필요경비에 산입할 수 없다. 단, 직장가입자로서 부담하는 사용자 본인의 건강보험료 및 노인장기요양보험료, 사업장이 없는 사업자가 지역자가입자로서 부담하는 사용자 본인의 건강보험료 및 노인장기요양보험료, 예술인 · 노무제공자 및 자영업자가 부담하는 사용자 본인의 고용보험료, 노무제공자 및 중소기업 사업주가 부담하는 사용자 본인의 산재보험료는 필요경비에 산입한다.

② 지급이자 필요경비 불산입 : 법인의 지급이자 손금불산입 규정과 개인의 지급이자 필요경비 불산입규정은 다음과 같은 차이가 있다(아래 순서는 부인순서임).

법인세법	소득세법
㉠ 채권자불분명사채이자 ㉡ 비실명채권·증권의 이자 ㉢ 건설자금이자 ㉣ 업무무관자산 등에 대한 지급이자	㉠ 채권자불분명사채이자 ㉡ 건설자금이자 ㉢ 초과인출금에 대한 지급이자 ㉣ 업무무관자산 취득관련 지급이자

③ 자산의 평가손실 : 법인세법에서는 유가증권에 대해서도 법정요건을 충족하면 평가손실을 손금에 산입할 수 있도록 하고 있으나, 소득세법에서는 유가증권의 평가손실을 필요경비에 산입할 수 없다.

④ 양도자산의 상각부인액 처리 : 법인은 유형자산 및 무형자산처분손익을 익금 또는 손금에 산입하므로 세무상 처분손익을 과세소득에 적절하게 반영하기 위하여 양도자산의 상각부인액을 반드시 손금에 산입(△유보)하여야 한다. 그러나 개인은 다음과 같이 처리한다.

㉠ 복식부기의무자 : 사업용 유형자산(양도소득세가 과세되는 건물 제외)의 처분손익을 사업소득금액에 포함하므로 사업용 유형자산(양도소득세가 과세되는 건물 제외)에 한하여 상각부인액을 필요경비에 산입

㉡ 간편장부대상자 : 유형자산 및 무형자산처분손익을 사업소득금액에 포함하지 아니하므로 양도자산의 상각부인액을 필요경비에 산입하지 않고 소멸

⑤ 양도자산에 대한 감가상각 시부인 : 법인은 양도한 자산에 대해서는 감가상각 시부인을 하지 않는다. 왜냐하면 양도한 자산에 대한 감가상각비가 과대계상 되더라도 그만큼 장부가액이 줄어들어 처분이익이 증가하므로 과세소득에 영향을 미치지 않기 때문이다. 그러나 개인은 다음과 같이 처리한다.

㉠ 복식부기의무자 : 사업용 유형자산(양도소득세가 과세되는 건물 제외)의 처분손익을 사업소득금액에 포함하므로 사업용 유형자산(양도소득세가 과세되는 건물 제외)에 한하여 감가상각 시부인 생략

㉡ 간편장부대상자 : 유형자산 및 무형자산처분손익을 사업소득금액에 포함하지 아니하므로 양도한 자산에 대하여 양도한 달까지의 상각범위액을 월할계산하여 반드시 감가상각 시부인 수행

⑥ 생산설비의 폐기손실 : 법인세법에서는 시설개체·기술낙후로 인하여 생산설비를 폐기할 경우 폐기시점에 장부가액에서 비망금액(1,000원)을 공제한 금액을 폐기손실로 손금산입하고, 폐기한 생산설비를 처분할 때 비망금액(1,000원)을 손금에 산입한다. 그러나 소득세법에서는 폐기시점에 폐기손실을 필요경비에 산입할 수 없으며, 폐기한 생산설비를 처분할 때 장부가액에서 처분가액을 공제한 금액을 폐기처분손실로 필요경비에 산입할 수 있다.

⑦ 기업업무추진비 : 법인세법에서는 법인 전체를 기준으로 손금한도액을 계산하지만 소득세법에서는 사업장 단위로 기업업무추진비 손금한도액을 계산한다.

⑧ 특례기부금 중 현물기부금 평가 : 법인세법에서는 장부가액으로 평가하나, 소득세법에서는 시가와 장부가액보다 큰 금액으로 평가[Max(시가, 장부가액)]한다.

예제 3-5 | 손금과 필요경비의 차이

제조업을 영위하는 기업이 개인(간편장부대상자)일 경우와 법인일 경우에 각각 다음 자료에 의하여 소득세법상 사업소득금액과 법인세법상 각 사업연도 소득금액을 각각 계산하시오.

⑴ 결산서상 당기순이익 : ₩20,000,000

⑵ 손익계산서에 포함된 비용의 일부

① 대표자 급여 : ₩10,000,000

② 단기매매증권 평가손실(법정감액요건을 충족함) : ₩5,000,000

③ 기술낙후로 인한 생산설비의 폐기손실 : ₩2,000,000
(위 생산설비는 과세기간 종료일 현재 미처분상태이며, 장부가액을 전액 폐기손실로 계상한 것임.)

④ 유형자산처분손실(상각부인액이 ₩1,000,000 있음) : ₩4,000,000

해답

구 분	각 사업연도 소득금액	사업소득금액
당 기 순 이 익	₩20,000,000	₩20,000,000
대 표 자 급 여	–	(+) 10,000,000
유가증권평가손실	–	(+) 5,000,000
폐 기 손 실	(+) 1,000	(+) 2,000,000
처 분 손 실	(−) 1,000,000	(+) 4,000,000
계	₩19,001,000	₩41,000,000

해설 ① 대표자급여 : 법인은 손금에 산입하나, 개인은 필요경비불산입함

② 단기매매증권평가손실 : 법인은 법정감액사유를 충족하므로 손금에 산입하나, 개인은 필요경비 불산입함

③ 생산설비 폐기손실 : 법인은 폐기손실을 손금에 산입하나, 비망금액 1,000원을 남겨야 하므로 1,000원을 손금불산입하고, 개인은 폐기손실을 필요경비에 산입하지 아니하므로 전액을 필요경비 불산입함

④ 유형자산처분손실 : 법인은 처분손실을 손금에 산입하므로 상각부인액을 손금산입하여야 한다. 개인(간편장부대상자)은 처분손실을 필요경비에 산입하지 않으므로 처분손실을 전액 필요경비 불산입하며, 상각부인액을 필요경비에 산입하지 아니한다.

6. 사업소득의 수입시기

사업소득 총수입금액과 필요경비는 권리의무확정주의에 따라 귀속시기를 결정한다. 거래형태별 수입시기는 다음에 해당하는 경우를 제외하고는 기본적으로 법인세법과 동일하다.

구 분	내 용
① 인적용역의 제공	용역대가를 지급하기로 한 날 또는 용역의 제공을 완료한 날 중 빠른 날
② 전속계약금*	연예인 및 직업운동선수 등이 계약기간 1년을 초과하는 일신전속계약에 대한 대가를 일시에 받는 경우에는 계약기간에 따라 해당 대가를 균등하게 안분한 금액을 각 과세기간 종료일에 수입한 것으로 하며, 월수의 계산은 해당 계약기간의 개시일이 속하는 달이 1개월 미만인 경우에는 1개월로 하고 해당 계약기간의 종료일이 속하는 달이 1개월 미만인 경우에는 이를 산입하지 아니한다.
③ 무인판매기에 의한 판매	해당 사업자가 무인판매기에서 현금을 인출하는 때
④ 어음의 할인	그 어음의 만기일. 다만, 만기 전에 그 어음을 양도하는 때에는 그 양도일로 한다.
⑤ 금융보험업에서 발생하는 이자 및 할인액	실제로 수입된 날
⑥ 자산(부동산 임대 포함)을 임대하거나 지역권·지상권을 설정하여 발생하는 소득	㉠ 계약 또는 관습에 따라 지급일이 정하여진 것 : 그 정하여진 날 ㉡ 계약 도는 관습에 따라 지급일이 정하여지지 아니한 것 : 그 지급을 받은 날

* 연예인 및 직업운동선수 등이 사업활동과 관련하여 받는 전속계약금을 말한다.

7. 사업소득의 과세방법

사업소득은 원천징수대상이 아니므로 사업소득금액 전액을 종합소득에 합산하여 확정신고하는 것이 원칙이다. 다만, 다음에 해당하는 사업소득은 원천징수의 대상이 된다. 이 경우 사업소득에 대한 원천징수는 예납적 원천징수에 해당하므로 반드시 확정신고 또는 연말정산을 통하여 정산하여야 한다.

(1) 소액 주택임대소득의 분리과세 특례

주거용 건물 임대업에서 발생한 총수입금액의 합계액이 2천만원 이하인 자의 주택임대소득(분리과세 주택임대소득)은 종합소득과세표준을 계산할 때 합산하지 아니한다(소법 14 ③). 일반적인 경우의 분리과세는 확정신고 없이 완납적 원천징수에 의하여 납세의무가 종결되는 것을 의미하나, 이 경우는 원천징수되지 아니하는 소득이므로 확정신고를 하되 다른 종합소득과 합산하지 아니하고 별도의 세율을 적용하여 종합소득 산출세액을 계산하는 것을 의미한다.

(2) 부가가치세가 면세되는 의료보건용역과 인적용역에 대한 원천징수 개정

개인사업자, 법인세의 납세의무자, 국가 · 지방자치단체 또는 지방자치단체조합, 민법 그 밖의 법률에 의하여 설립된 법인 또는 국세기본법에 의하여 법인으로 보는 단체가 부가가치세가 면세되는 조제용역 · 의료보건용역과 인적용역에 대한 수입금액을 개인사업자에게 지급하는 경우에는 수입금액의 3%를 원천징수하여야 한다.

거주자인 외국인 직업운동가에 대한 과세관리 강화 개정
외국인 직업운동가(프로야구 · 프로축구 선수 등)가 한국표준산업분류에 따른 스포츠 클럽 운영업 중 프로스포츠구단과의 계약에 따라 용역을 제공하고 받는 소득에 대해서는 지급액의 20%를 원천징수한다.

(3) 연말정산대상 사업소득에 대한 원천징수

간편장부대상자인 보험모집인 · 방문판매원 및 음료품배달원[21](방문판매원과 음료품배달원은 원천징수의무자가 관할세무서장에게 연말정산신청을 하는 경우에 한함)의 사업소득에 대해서는 원천징수의무자가 매월 수당을 지급할 때 수입금액의 3%를 원천징수하고, 연말정산한다.

▶ 표 3-1 사업소득에 대한 과세 방법 요약

구 분	과 세 방 법	비 고
① 원칙적인 경우	원천징수 없음 ⇨ 확정신고(종합과세)	
② 소액 주택임대소득	원천징수 없음 ⇨ 확정신고(분리과세)	별도 세율 적용
③ 의료보건용역 및 인적용역	원천징수 ⇨ 확정신고(종합과세)	수입금액의 3%를 원천징수
④ 봉사료*	원천징수 ⇨ 확정신고(종합과세)	봉사료의 5%를 원천징수
⑤ 보험모집인 · 방문판매원 · 음료품배달원	매월 원천징수 ⇨ 연말정산(종합과세)	수입금액의 3%를 원천징수
⑥ 납세조합 징수(농 · 축 · 수산물 판매업자 등)	매월 원천징수 ⇨ 확정신고(종합과세)	기본세율로 원천징수

* 봉사료가 공급가액(간이과세자의 경우에는 공급대가)의 20%를 초과하는 경우에 한함.

21) 음료품배달원이란 독립된 자격으로 일반 소비자를 대상으로 사업장을 개설하지 않고 음료품을 배달하는 계약배달 판매용역을 제공하고 판매실적에 따라 판매수당 등을 받는 자를 말한다.

객 관 식 문 제

▶ 제3장 사업소득

1 사업소득에 관한 설명으로서 틀린 것은?

① 부동산 또는 부동산상의 권리를 대여하는 사업에서 발생하는 소득은 사업소득이며, 여기의 부동산상의 권리에는 지역권·지상권을 포함한다.

② 논·밭을 작물생산에 이용하게 함으로써 발생하는 소득에 대해서는 소득세를 과세하지 않는다.

③ 한국표준산업분류상의 연구개발업(계약 등에 의하여 그 대가를 받고 연구 또는 개발용역을 제공하는 사업을 말함)에서 발생하는 소득에 대해서는 소득세가 과세되지 아니한다.

④ 전통주를 수도권정비계획법에 의한 수도권지역 외의 읍·면지역에서 제조함으로써 발생하는 소득으로서 소득금액의 합계액이 연 1,200만원 이하인 것에 대해서는 소득세를 과세하지 않는다.

해설

한국표준산업분류상의 연구개발업(계약 등에 의하여 그 대가를 받고 연구 또는 개발용역을 제공하는 사업을 제외한다)에서 발생하는 소득에 대해서는 소득세가 과세되지 아니한다.

2 개인사업자인 갑은 서울 명동에 위치한 빌딩 중 일부를 임대하고 있다. 다음 자료를 이용하여 20×5년 귀속 총수입금액을 계산하면?

(1) 임대보증금 : 1억원(임대보증금의 운용수익은 은행예금이자 ₩500,000이 있음)
(2) 월임대료 : ₩2,000,000
(3) 임대기간 : 20×4. 4. 1～20×6. 3. 31
(4) 임대부동산의 건설비상당액 : 8천만원(토지구입가액 3천만원 포함)
(5) 기획재정부령으로 정하는 정기예금이자율(가정) : 연 5%
(6) 갑은 복식부기에 의하여 장부를 기록하고 있으며, 장부에 의해 신고하였다.

① ₩24,000,000 ② ₩24,500,000
③ ₩26,000,000 ④ ₩26,500,000

해설

(1) 임대료 : ₩2,000,000 × 12월 = ₩24,000,000

(2) 간주임대료 : (₩100,000,000 × 365일 − 50,000,000 × 365일) × $\frac{1}{365}$ × 5% − 500,000
= ₩2,000,000

(3) 총수입금액 : ₩24,000,000 + 2,000,000 = ₩26,000,000

3 소득세법상 총수입금액의 계산에 대한 내용으로 옳지 않은 것은? ○ 2017년 국가직 7급

① 거주자가 재고자산을 가사용으로 소비하거나 종업원 또는 타인에게 지급한 경우에도 이를 소비하거나 지급하였을 때의 가액에 해당하는 금액은 그 소비하거나 지급한 날이 속하는 과세기간의 사업소득금액을 계산할 때 총수입금액에 산입한다.

② 복식부기의무자가 사업용 유형자산(기계장치)를 양도하는 경우 그 양도가액을 양도일이 속하는 과세기간의 사업소득금액을 계산할 때 총수입금액에 산입한다.

③ 건설업을 경영하는 거주자가 자기가 생산한 물품을 자기가 도급받은 건설공사의 자재로 사용한 경우 그 사용된 부분에 상당하는 금액은 해당 과세기간의 사업소득금액을 계산할 때 총수입금액에 산입한다.

④ 해당 과세기간에 2개의 주택을 임대하여 받은 임대료의 합계액이 2,500만원(전액 해당 과세기간의 귀속임대료임)인 거주자의 주택임대소득은 주거용 건물임대업의 소득금액 계산시 총수입금액에 산입한다.

해설

건설업을 경영하는 거주자가 자기가 생산한 물품을 자기가 도급받은 건설공사의 자재로 사용한 경우에는 그 사용된 부분에 상당하는 금액은 사업소득금액을 계산할 때 총수입금액에 산입하지 아니한다.

4 소득세법상 사업소득에 대한 설명으로 옳지 않은 것은?

① 사업자 본인의 급여는 출자금의 인출에 해당하므로 사업소득 필요경비에 산입하지 아니한다.

② 부가가치세가 면세되는 인적용역은 원천징수의무자가 수입금액의 3%를 원천징수함으로써 분리과세 된다.

③ 사업자금을 은행에 예금함으로써 발생되는 이자는 사업소득금액 계산시 총수입금액에 산입하지 아니한다.

④ 직업운동선수가 사업활동과 관련하여 받는 전속계약금은 사업소득으로 한다.

해설

부가가치세가 면세되는 의료보건용역과 인적용역은 수입금액의 3%가 원천징수 되며, 확정신고에 의하여 종합과세 된다.

5 다음 자료에 의하여 법인세법상 각 사업연도 소득금액과 소득세법상 사업소득금액(복식부기의무자일 경우)을 계산하면?

(1) 손익계산서상 당기순이익	₩100,000,000
(2) 손익계산서에 반영되어 있는 금액	
① 대표자 급여	20,000,000
② 토지 처분이익	5,000,000
③ 이월결손금 보전에 충당된 사업관련 자산수증이익	4,000,000
④ 사업용 자산의 소실로 인한 보험차익	15,000,000

	각 사업연도 소득금액	사업소득금액
①	₩81,000,000	₩111,000,000
②	81,000,000	116,000,000
③	96,000,000	111,000,000
④	96,000,000	120,000,000

해설

	각 사업연도 소득금액	사업소득금액
당기순이익	₩100,000,000	₩100,000,000
① 대표자급여	–	(+) 20,000,000
② 토지처분이익	–	(−) 5,000,000*
③ 자산수증이익	(−) 4,000,000	(−) 4,000,000
④ 보험차익	–	–
계	₩96,000,000	₩111,000,000

* 토지처분이익에 대해서는 양도소득세가 과세되므로 토지처분이익을 총수입금액에 산입하지 아니한다.

6 다음은 제조업을 영위하는 개인사업자 甲(복식부기의무자)의 20×3년도 사업소득과 관련된 자료이다. 甲의 20×3년도 사업소득금액을 계산한 것으로 옳은 것은?

(1) 손익계산서상 당기순이익	₩60,000,000
(2) 손익계산서상 주요 수익항목은 다음과 같다.	
가. 사업과 관련이 없는 자산수증이익	₩3,000,000
나. 사업용계좌의 예금이자 수익	2,000,000
다. 사업과 관련하여 사업용자산의 손실로 인한 보험차익	9,000,000
라. 사업에 사용하는 토지의 처분이익	1,500,000
(3) 손익계산서상 주요 비용항목은 다음과 같다.	
가. 소득세와 개인지방소득세	₩6,000,000
나. 甲의 장남(총무부에 근무)에 대한 급여	3,000,000
(4) 재고자산(취득원가 ₩3,800,000, 시가 ₩5,000,000)을 가사용으로 소비하고 이에 대하여 아무런 회계처리를 하지 아니하였다.	

① ₩60,000,000
② ₩60,700,000
③ ₩62,100,000
④ ₩62,800,000

해설

(1) 손익계산서상 당기순이익		₩60,000,000
(2) 주요 수익 관련 조정		
가. 사업무관 자산수증이익	(3,000,000)	
나. 사업용계좌의 예금이자 수익	(2,000,000)	
라. 토지 처분이익	(1,500,000)	(6,500,000)
(3) 주요 비용 관련 조정		
가. 소득세와 개인지방소득세	6,000,000	
(4) 가사용 재고자산 : ₩5,000,000 − 3,800,000 =	1,200,000	7,200,000
(5) 사업소득금액		₩60,700,000

*1 가사용 재고자산은 시가를 총수입금액에 산입하고, 그 원가상당액을 필요경비에 산입하므로 시가와 원가의 차액만 가산하였다.

정답	1	③	2	③	3	③	4	②	5	③	6	②

근로소득 · 연금소득 및 기타소득

제 1 절 | 근로소득

1. 근로소득의 의의

근로소득이란 고용계약 또는 이와 유사한 계약에 의하여 일정한 고용주에게 고용되어 근로를 제공하고 받는 모든 대가를 말한다. 근로소득은 종속성(subordination)을 그 특징으로 하고 있기 때문에 개인사업자가 독립적으로 사업을 수행함으로써 얻는 소득은 근로소득이 될 수 없다. 예를 들어 공인회계사가 회계법인에 소속되어 근로를 제공하고 받는 대가는 근로소득에 해당하지만, 공인회계사가 독립적으로 회계사무소를 운영하는 등 사업활동을 수행함으로써 얻는 대가는 사업소득에 해당한다.

2. 근로소득의 범위

(1) 범 위

근로소득은 해당 과세기간에 발생한 다음의 소득으로 한다(소법 20 ①).

① 근로를 제공함으로써 받는 봉급 · 급료 · 보수 · 세비 · 임금 · 상여 · 수당과 이와 유사한 성질의 급여

② 법인의 주주총회 · 사원총회 또는 이에 준하는 의결기관의 결의에 따라 상여로 받는 소득

③ 법인세법에 따라 상여로 처분된 금액

④ 퇴직함으로써 받는 소득으로서 퇴직소득에 속하지 아니하는 소득

⑤ 종업원등 또는 대학의 교직원이 지급받는 직무발명보상금[22](기타소득으로 과세되는 직무발명보상금은 제외)

---

22) ① 발명진흥법 제2조 제2호에 따른 종업원등이 사용자등으로부터 받는 보상금
② 대학의 교직원 또는 대학과 고용관계가 있는 학생이 소속 대학에 설치된 산학협력단으로부터 산업교육진흥 및 산학연협력촉진에 관한 법률에 따라 받는 보상금

⑥ 임원등이 지급받은 할인금액 : 사업자나 법인이 생산·공급하는 재화 또는 용역을 그 사업자나 법인(독점규제 및 공정거래에 관한 법률에 따른 계열회사를 포함)의 사업장에 종사하는 임원등에게 다음 중 어느 하나에 해당하는 방식으로 시가[23)]보다 낮은 가격으로 제공하거나 구입할 수 있도록 지원함으로써 해당 임원등이 얻는 이익 개정

㉠ 자사제품등을 임원등에게 시가보다 낮은 가격으로 판매 또는 제공하는 경우

㉡ 사업자나 법인이 임원등에게 자사제품등의 구입 또는 제공받는 데 사용하도록 지원금을 지급하는 경우

㉢ 계열회사제품등을 구입하거나 제공받는 데 사용하도록 지원금을 지급하는 경우

㉣ 사업자나 법인의 계열회사가 사업자나 법인의 임원등에게 그 계열회사제품등을 시가보다 낮은 가격으로 판매 또는 제공하고, 사업자나 법인이 계열회사에 해당 임원등이 할인받은 금액을 지급하는 경우

(2) 근로소득에 포함되는 소득

① 기밀비(판공비 포함)·교제비 기타 이와 유사한 명목으로 받는 것으로서 업무를 위하여 사용된 것이 분명하지 않은 급여

② 종업원이 받는 공로금·위로금·개업축하금·학자금·장학금(종업원의 수학중인 자녀가 사업자로부터 받는 학자금·장학금을 포함) 기타 이와 유사한 성질의 급여

③ 여비의 명목으로 받는 연액 또는 월액의 급여

④ 법인세법상 임원퇴직금 한도초과액

⑤ 휴가비 기타 이와 유사한 성질의 급여

⑥ 주택을 제공받음으로써 얻는 이익

⑦ 종업원이 주택(주택에 부수된 토지를 포함)의 구입·임차에 소요되는 자금을 저리 또는 무상으로 대여받음으로써 얻는 이익

⑧ 종업원이 계약자이거나 종업원 또는 그 배우자 및 그 밖의 가족을 수익자로 하는 보험·신탁 또는 공제와 관련하여 사용자가 부담하는 보험료·신탁부금 또는 공제부금

---

23) 시가의 산정에 관해서는 법인세법 제52조 제2항의 기준에 따른다. 다만, 다음 재화의 파손 또는 변질로 인해 임원등이 아닌 자에게 판매할 수 없는 경우 또는 탑승권 및 숙박권 등 사용시기가 제한되는 재화 또는 용역의 사용 기한이 임박하여 임원등이 아닌 자에게 판매 또는 제공하는 것이 현저히 곤란한 경우에는 임원등이 해당 재화나 용역을 구입하거나 제공받을 때 지급한 가격을 시가로 본다.

⑨ 계약기간 만료 전 또는 만기에 종업원에게 귀속되는 단체환급부보장성보험의 환급금

⑩ 주식매수선택권의 행사이익[24] : 법인의 임원 또는 종업원이 해당 법인 또는 해당 법인과 특수관계에 있는 법인으로부터 부여받은 주식매수선택권을 해당 법인 등에서 근무하는 기간 중 행사함으로써 얻은 이익. 다만, 퇴직 전에 부여받은 주식매수선택권을 퇴직 후에 행사하거나 고용관계 없이 주식매수선택권을 부여받아 이를 행사함으로써 얻는 이익은 기타소득으로 본다.

⑪ 공무원 직급보조비 : 공무원 수당 등에 관한 규정 등에 따라 공무원에게 지급되는 직급보조비(2015년부터 과세로 전환)

⑫ 공무원이 국가 또는 지방자치단체로부터 공무수행과 관련하여 받는 상금과 부상

(3) 근로소득에서 제외되는 소득

① 사업자가 종업원에게 지급한 경조금 중 사회통념상 타당하다고 인정되는 범위 안의 금액

② 퇴직급여로 지급되기 위하여 적립(근로자가 적립금액 등을 선택할 수 없는 것으로서 기획재정부령으로 정하는 방법에 따라 적립되는 경우에 한정함)되는 급여

3. 상용근로소득과 일용근로소득

근로소득을 구분할 때 상용근로소득과 일용근로소득으로 구분하기도 한다. 일용근로자란 근로를 제공한 날 또는 시간에 따라 근로대가를 계산하거나 근로를 제공한 날 또는 시간의 근로성과에 따라 급여를 계산하여 받는 사람으로서 근로계약에 따라 동일한 고용주에게 3개월 이상 계속하여 고용되어 있지 아니한 사람을 말한다(소령 20). 일용근로자 이외의 자를 상용근로자라 한다. 근로계약상 근로제공에 대한 시간 또는 일수나 그 성과에 의하지 아니하고 월정액에 의하여 급여를 지급받는 경우에는 그 고용기간에 불구하고 상용근로자의 근로소득으로 본다.

24) 벤처기업 또는 벤처기업이 인수한 기업의 임원 또는 종업원이 해당 벤처기업으로부터 2027년 12월 31일 이전에 벤처기업육성에 관한 특별법에 따라 부여받은 주식매수선택권 및 상법에 따라 부여받은 주식매수선택권(코넥스상장기업으로부터 부여받은 경우로 한정)을 행사(벤처기업 임원 등으로서 부여받은 주식매수선택권을 퇴직 후 행사하는 경우를 포함)함으로써 얻은 이익 중 연간 2억원 이내의 금액(벤처기업별 누적한도 5억원)에 대해서는 소득세를 과세하지 아니한다(조특법 16의2).

4. 비과세 근로소득

(1) 실비변상적 성질의 급여

① 일직료·숙직료 또는 여비로서 실비변상정도의 금액 : 종업원이 소유하거나 본인 명의로 임차한 차량을 종업원이 직접 운전하여 사용자의 업무수행에 이용하고 시내출장 등에 소요된 실제여비를 받는 대신에 그 소요경비를 해당 사업체의 규칙 등으로 정하여진 지급기준에 따라 받는 금액(자가운전보조금) 중 월 20만원 이내의 금액을 포함한다.

② 유아교육법, 초·중등교육법 및 고등교육법에 따른 학교의 교원 및 중소기업 또는 벤처기업의 기업부설연구소 및 연구개발전담부서, 정부·지방자치단체출연연구기관의 연구전담요원등이 받는 연구보조비 또는 연구활동비 중 월 20만원 이내의 금액

③ 방송기자 및 신문기사 등이 취재활동과 관련하여 받는 취재수당 중 월 20만원 이내의 금액. 이 경우 취재수당을 급여에 포함하여 받는 경우에는 월 20만원에 상당하는 금액을 취재수당으로 본다.

④ 선원(국외근로자 비과세 또는 생산직근로자 비과세규정을 적용받는 자를 제외함)이 받는 월 20만원 이내의 승선수당

⑤ 근로자가 벽지에 근무함으로 인하여 받는 월 20만원 이내의 벽지수당

⑥ 수도권 외의 지역으로 이전하는 국가균형발전 특별법에 따른 공공기관의 소속 공무원이나 직원에게 한시적으로 지급하는 월 20만원 이내의 이전지원금

⑦ 근로자가 천재지변 그밖의 재해로 인하여 받는 급여

⑧ 국가 또는 지방자치단체가 지급하는 다음의 인건비

㉠ 어린이집 운영보조비용 중 보육교사의 처우개선을 위하여 지급하는 근무환경개선비

㉡ 사립유치원 수석교사·교사의 인건비

㉢ 전문과목별 전문의의 수급균형을 유도하기 위하여 전공의(專攻醫)에게 지급하는 수련보조수당

⑨ 특수분야에 종사하는 군인이 받는 낙하산강하위험수당 등 각종 위험수당, 특수분야에 종사하는 경찰공무원이 받는 경찰특수전술업무수당과 경호공무원이 받는 경호수당, 경찰공무원이 받는 함정근무수당·항공수당 및 소방공무원이 받는 함정근무수당·항공수당·화재진화수당

⑩ 광산근로자가 받는 입갱수당 및 발파수당

⑪ 종교관련종사자가 소속 종교단체의 규약 또는 소속 종교단체의 의결기구의 의결·승인 등을 통하여 결정된 지급 기준에 따라 종교 활동을 위하여 통상적으로 사용할 목적으로 지급받은 금액

(2) 복리후생적 성질의 급여

① 비출자임원(소액주주인 임원 포함), 임원이 아닌 종업원(비영리법인 또는 개인의 종업원 포함), 국가 또는 지방자치단체로부터 근로소득을 지급받는 사람이 사택을 제공받음으로써 얻는 이익

② 중소기업의 종업원이 주택(주택에 부수된 토지를 포함)의 구입·임차에 소요되는 자금을 저리 또는 무상으로 대여 받음으로써 얻는 이익. 다만, 다음의 어느 하나에 해당하는 종업원이 얻은 이익은 제외한다.

㉠ 해당 중소기업이 개인사업자인 경우 : 해당 사업자와 국세기본법 시행령에 따른 친족관계에 해당하는 자

㉡ 해당 중소기업이 법인사업자인 경우 : 해당 법인의 주주로서 법인세법 시행령에 따른 지배주주등에 해당하는 자

③ 종업원이 계약자이거나 종업원 또는 그 배우자 및 그 밖의 가족을 수익자로 하는 보험·신탁 또는 공제와 관련하여 사용자가 부담하는 보험료·신탁부금 또는 공제부금 중 다음에 해당하는 것

㉠ 단체순수보장성보험(종업원의 사망·상해 또는 질병을 보험금의 지급사유로 하고 종업원을 피보험자와 수익자로 하는 보험으로서 만기에 납입보험료를 환급하지 않는 보험)과 단체환급부보장성보험(만기에 납입보험료를 초과하지 않는 범위에서 환급하는 보험)의 보험료 중 연 70만원 이하의 금액

㉡ 임직원의 고의(중과실을 포함한다) 외의 업무상 행위로 인한 손해의 배상청구를 보험금의 지급사유로 하고 임직원을 피보험자로 하는 보험의 보험료

④ 공무원이 국가 또는 지방자치단체로부터 공무 수행과 관련하여 받는 상금과 부상 중 연 240만원 이내의 금액

⑤ 「영유아보육법」에 따라 직장어린이집을 설치하거나 지역의 어린이집과 위탁계약을 맺은 사업주가 어린이집 운영과 보육에 필요한 비용을 부담(50% 이상)하는 경우 해당 비용

⑥ 다음의 요건을 모두 충족하는 임원등이 지급받은 할인금액으로서 시가의 20%와 연 240만원 중 큰 금액 이하의 금액 개정

㉠ 임원등 본인이 소비하는 것을 목적으로 제공받거나 지원을 받아 구입한 재화

또는 용역으로서 내용연수 5년 초과 품목은 2년, 그 외 품목은 1년 동안 재판매가 허용되지 아니할 것

㉡ 해당 재화 또는 용역의 제공과 관련하여 모든 임원등에게 공통으로 적용되는 기준이 있을 것

⑶ 학자금 등

① 학자금 : 근로자 본인이 지급받는 학교(외국에 있는 이와 유사한 교육기관을 포함)와 직업능력개발훈련시설의 입학금 · 수업료 · 수강료 기타 공납금 중 일정한 요건[25]을 갖춘 학자금은 해당 과세기간에 납입할 금액을 한도로 비과세한다.

② 국민건강보험료 등 사용자 부담 보험료 : 국민건강보험법 · 고용보험법 또는 노인장기요양보험법에 따라 국가 · 지방자치단체 또는 사용자가 부담하는 보험료

③ 월정액급여가 210만원 이하로서 직전 과세기간의 총급여액이 3,000만원 이하인 생산직 근로자가 연장근로 · 야간근로 또는 휴일근로를 하여 받는 급여로서 연 240만원 이내의 금액(광산근로자와 일용근로자는 전액)

④ 근로자가 사내급식 또는 이와 유사한 방법으로 제공받는 식사 기타 음식물과 식사 기타 음식물을 제공받지 아니하는 근로자가 받는 월 20만원 이하의 식사대

⑤ 출산 · 보육수당 : 근로자 또는 그 배우자의 출산이나 자녀의 보육과 관련하여 사용자로부터 지급받는 다음의 급여

㉠ 근로자(사용자와 특수관계에 있는 자[26]는 제외) 또는 그 배우자의 출산과 관련하여 자녀의 출생일 이후 2년 이내에 사용자로부터 최대 두 차례에 걸쳐 지급받는 급여(사용자로부터 세 차례 이상 해당 급여를 지급받는 경우 출생일 이후 최초로 지급받는 급여와 그 다음 지급받는 급여를 말하며, 급여의 지급횟수는 사용자별로 계산함)[27] 전액 개정

---

25) 일정한 요건이란 다음의 요건을 모두 충족하는 것을 말한다.
① 해당 근로자가 종사하는 사업체의 업무와 관련 있는 교육 · 훈련을 위하여 받는 것일 것
② 해당 근로자가 종사하는 사업체의 규칙 등에 의하여 정하여진 지급기준에 따라 받는 것일 것
③ 교육 · 훈련기간이 6개월 이상인 경우 교육 · 훈련 후 해당 교육기간을 초과하여 근무하지 아니하는 때에는 지급받은 금액을 반납할 것을 조건으로 하여 받는 것일 것

26) 사용자와 특수관계에 있는 자란 다음에 따른 관계에 있는 자를 말한다.
① 사용자가 개인인 경우 : 국세기본법 시행령에 따른 친족관계
② 사용자가 법인인 경우 : 법인세법 시행령에 따른 지배주주등(해당 지배주주등과 경영지배관계에 있는 자를 포함)인 관계

27) 2021년 1월 1일 이후 출생한 자녀에 대하여 2024년 1월 1일부터 2024년 12월 31일 사이에 지급받은 급여를 포함한다.

㉡ 근로자 또는 그 배우자의 6세 이하(과세기간 개시일 기준)인 자녀의 보육과 관련하여 사용자로부터 지급받는 급여로서 월 20만원 이내의 금액

(4) 국외근로소득

국외근로소득 비과세제도는 외화획득차원에서 국외 인력송출(예를 들면 중동지역 건설근로자 등)을 지원하기 위하여 1974년에 도입된 제도로서 국외근무가 국내근무보다 근무환경이 상대적으로 열악한 점을 감안한 것이다. 그러나 최근 해외취업의 형태가 고소득 전문직중심으로 전환됨에 따라 국외근로소득에 대한 비과세제도는 오히려 고소득자를 지원하게 되는 문제점이 발생하였다. 이에 따라 2006년부터 근무환경이 특별히 열악한 경우를 제외하고는 해외근무를 선호하는 현실과 국내 근로자와의 과세형평을 제고하는 차원에서 비과세한도를 월 100만원으로 축소하였다. 다만, 열악한 근무환경을 감안하고, 해운산업의 국제경쟁력 제고차원에서 선원 및 해외건설 근로자의 국외근로소득 비과세금액은 2024년부터 월 500만원으로 확대하였다. 국외근로소득에 대한 비과세금액은 다음과 같다.

구 분	비과세 금액
① 국외 또는 북한지역에서 근로를 제공(국외 등을 항행하는 항공기에서 근로를 제공하는 것을 포함)하고 받는 보수	월 100만원 이내의 금액
② 원양어업 선박, 국외 등을 항행하는 선박 또는 국외 등의 건설현장에서 근로(설계 및 감리업무를 포함한다)를 제공하고 받는 보수	월 500만원 이내의 금액
③ 공무원·대한무역투자진흥공사·한국관광공사·한국국제협력단·한국국제보건의료재단·한국산업인력공단 및 중소벤처기업진흥공단의 종사자가 국외 등에서 근무하고 받는 수당 개정	해당 근로자가 국내에서 근무할 경우에 지급받을 금액 상당액을 초과하여 받는 금액 중 일정액*

* 실비변상적 성격의 급여로서 외교부장관이 기획재정부장관과 협의하여 고시하는 금액

(5) 기타 비과세 근로소득

① 복무 중인 병이 받는 급여

② 법률에 따라 동원된 사람이 그 동원 직장에서 받는 급여

③ 산업재해보상보험법에 따라 수급권자가 받는 요양급여·휴업급여·장해급여·간병급여·유족급여·유족특별급여·장해특별급여·장의비 또는 근로의 제공으로 인한 부상·질병·사망과 관련하여 근로자나 그 유족이 받는 배상·보상 또는 위자의 성질이 있는 급여

④ 근로기준법 또는 선원법에 따라 근로자 · 선원 및 그 유족이 받는 요양보상금 · 휴업보상금 · 상병보상금 · 일시보상금 · 장해보상금 · 유족보상금 · 행방불명보상금 · 소지품유실보상금 · 장의비 및 장제비

⑤ 고용보험법에 따라 받는 실업급여 · 육아휴직급여 · 육아기근로시간단축급여, 출산전후휴가급여 등, 제대군인 지원에 관한 법률에 따라 받는 전직지원금, 국가공무원법 · 지방공무원법에 따른 공무원 또는 사립학교교직원연금법 · 별정우체국법을 적용받는 사람이 관련 법령에 따라 받는 육아휴직수당(사립학교법에 따라 임명된 사무직원이 학교의 정관 또는 규칙에 따라 지급받는 육아휴직수당으로서 월 150만원 이하의 것을 포함함)

⑥ 국민연금법에 따라 받는 반환일시금(사망으로 인하여 받는 것에 한함) 및 사망일시금

⑦ 공무원연금법, 공무원 재해보상법, 군인연금법, 군인재해보상법, 사립학교교직원연금법 또는 별정우체국법에 따라 받는 공무상요양비 · 요양급여 · 장해일시금 · 장애보상금 · 사망조위금 · 사망보상금 · 유족일시금 · 퇴직유족일시금 · 유족연금일시금 · 유족연금부가금 · 순직유족보상금 · 재해부조금 · 재난부조금 등 또는 신체 · 정신상의 장해 · 질병으로 인한 휴직기간에 받는 급여

⑧ 외국정부(외국의 지방자치단체와 연방국가인 외국의 지방정부를 포함) 또는 국제연합과 그 소속기구에 근무하는 사람으로서 대한민국 국민이 아닌 사람이 공무수행의 대가로 받는 급여. 다만, 그 외국정부가 그 나라에서 근무하는 우리나라 공무원의 급여에 대하여 소득세를 과세하지 아니하는 경우만 해당한다.

⑨ 교육기본법 제28조 제1항(국가와 지방자치단체는 경제적 이유로 교육받기 곤란한 자를 위한 장학제도와 학비보조 제도 등을 수립 · 실시하여야 한다)에 따라 받는 장학금 중 대학생이 근로를 제공한 대가로 지급받는 장학금(대학 · 산업대학 · 교육대학 및 전문대학에 재학하는 대학생에 한한다)

⑩ 종업원등이 사용자등으로부터 받는 보상금 또는 대학의 교직원 또는 대학과 고용관계가 있는 학생이 산학협력단으로부터 지급받는 직무발명보상금으로서 연 700만원 이하의 금액(보상금 또는 직무발명보상금을 지급한 사용자 본인 또는 지배주주등 및 그와 국세기본법 시행령상 친족관계 및 경영지배관계에 있는 특수관계인이 받는 보상금은 제외함)

5. 근로소득금액의 계산구조

(1) 개 요

근로소득에 대한 필요경비의 공제방법은 사업소득과 같이 증빙에 의하여 입증되는 실발생 필요경비를 공제하는 실액공제방법과 실발생 필요경비에 관계없이 급여액의 일정액을 필요경비로 공제하는 개산공제(또는 표준공제)방법이 있다. 근로소득에 대한 필요경비를 실액공제하는 경우에는 근로자에게 과중한 필요경비의 입증책임이 부과될 뿐 아니라 이를 확인하기 위하여 막대한 행정력이 소모된다. 이에 따라 소득세법에서는 근로소득에 대하여 실액공제를 허용하지 않고 개산공제인 근로소득공제만을 허용하고 있으며, 근로소득공제를 필요경비적 성격의 공제라고도 한다.

근로소득금액은 총급여액(비과세소득을 제외한 금액)에서 근로소득공제를 차감하여 계산한다.

근로소득금액 = 총급여액(비과세소득 제외) - 근로소득공제

(2) 근로소득공제

근로소득이 있는 거주자에 대해서는 해당 과세기간에 받는 급여액에서 근로소득공제로 다음의 금액을 공제한다(소법 47 ①, ②). 근로소득이 있는 거주자의 해당 과세기간의 총급여액의 합계액이 근로소득공제액에 미달하는 경우에는 그 총급여액을 공제액으로 하며, 근속기간이 1년 미만인 경우에도 월할공제 하지 아니한다(소법 47 ③). 한편 2인 이상으로부터 근로소득을 받는 사람(일용근로자는 제외)에 대해서는 그 근로소득의 합계액을 총급여액으로 하여 계산한 근로소득공제액을 총급여액에서 공제한다(소법 47 ⑤).

구 분	총급여액	공 제 액
상용근로자*	500만원 이하	총급여액의 70%
	500만원 초과 1,500만원 이하	350만원 + 500만원 초과액의 40%
	1,500만원 초과 4,500만원 이하	750만원 + 1,500만원 초과액의 15%
	4,500만원 초과 1억원 이하	1,200만원 + 4,500만원 초과액의 5%
	1억원 초과	1,475만원 + 1억원 초과액의 2%
일용근로자		일 15만원

* 상용근로자의 근로소득공제는 20,000,000원을 한도로 한다. 따라서 총급여액이 362,500,000원 이상인 경우에는 근로소득공제로 20,000,000원을 공제한다.

6. 근로소득에 대한 과세방법

(1) 원천징수와 연말정산

근로소득을 지급하는 사람이 거주자(또는 내국법인)인 경우 '근로소득 간이세액표'에 따라 소득세를 원천징수(일용근로자는 별도의 계산에 의하여 근로소득금액의 6%를 원천징수함)한다. '근로소득 간이세액표'에 따른 원천징수세액은 약식에 따른 것이므로 해당 과세기간의 급여가 모두 지급된 후인 다음연도 초에 원천징수세액을 결정세액과 비교하여 정산(추가적으로 징수 또는 환급)하는 절차를 거쳐야 하는데 이를 연말정산이라 한다.

반면에 근로소득을 지급하는 사람이 비거주자(또는 외국법인)인 경우 우리나라 세법을 비거주자(또는 외국법인)에게 강제할 수 없기 때문에 지급하는 사람은 원천징수의무가 없다.[28] 그러나 세법에서는 조세채권의 확보차원에서 납세조합에 가입하여 자발적으로 원천징수할 수 있는 기회를 제공하고 가입을 권유하기 위하여 세액의 3%에 해당하는 납세조합공제를 제공하고 있다. 개정 원천징수 대상이 아닌 근로소득을 지급받는 자가 납세조합에 가입하면 납세조합은 간이세액을 원천징수하기 때문에 다음연도 초에 연말정산이라는 절차가 필요하다. 그러나 납세조합에 가입하지 않으면 원천징수되지 않기 때문에 연말정산절차는 필요하지 않고 '종합소득 과세표준 확정신고'를 통하여 소득세를 납부한다.

구 분		원천징수	연말정산	확정신고
원천징수 대상 근로소득	상용근로자	○ (간이세액표)	○	×
	일용근로자	○ (분리과세)	–	–
원천징수 제외 근로소득	납세조합 미가입	×	×	○
	납세조합 가입	○ (간이세액표)	○	×

28) 다음에 해당하는 근로소득은 원천징수하지 아니한다.
① 외국기관 또는 우리나라에 주둔하는 국제연합군(미군은 제외)으로부터 받는 근로소득
② 국외에 있는 비거주자 또는 외국법인(국내지점 또는 국내영업소는 제외)으로부터 받는 근로소득. 다만, 다음의 어느 하나에 해당하는 근로소득은 원천징수한다.
㉠ 비거주자의 국내사업장과 외국법인의 국내사업장의 국내원천소득금액을 계산할 때 필요경비 또는 손금으로 계상되는 소득
㉡ 국외에 있는 외국법인(국내지점 또는 국내영업소는 제외한다)으로부터 받는 근로소득 중 외국법인 소속 파견근로자의 소득에 대한 원천징수 특례(소득세법 제156조의7)에 따라 소득세가 원천징수되는 파견근로자의 소득

(2) 근로소득 간이세액표의 적용

원천징수의무자가 근로소득에 대한 소득세를 원천징수할 때에는 근로소득에 대하여 근로소득 간이세액표 해당란의 세액을 기준으로 원천징수한다. 다만, 근로자가 근로소득 간이세액표 해당란 세액의 120% 또는 80%의 비율에 해당하는 금액의 원천징수를 신청하는 경우에는 그에 따라 원천징수할 수 있다(소령 194 ①).

(3) 확정신고

근로소득은 종합과세되는 소득이므로 다른 종합소득과 합산하여 확정신고하여야 한다. 다만, 원천징수되는 근로소득만이 있는 사람은 분리과세(일용근로자) 또는 연말정산(상용근로자)에 의하여 납세의무가 종결되므로 확정신고를 하지 않아도 된다.

한편 원천징수되지 않는 근로소득이 있는 사람은 원칙적으로 확정신고를 하여야 한다. 다만, 납세조합에 가입한 경우에는 원천징수 및 연말정산에 의하여 납세의무가 종결되므로 확정신고를 하지 않아도 된다.

예제 4-1 | 근로소득금액의 계산 (1)

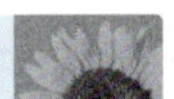

다음은 ㈜대한(중소기업이 아님)에 근무하는 근로소득자(상용근로자이며, 임원이 아님)인 갑의 20×9년 근로소득 관련 자료이다. 다음 자료를 이용하여 갑의 근로소득금액을 계산하시오.

1. 근로소득의 내역
   (1) 급여 등의 연간합계액 : ₩24,000,000
   (2) 연간 상여금의 합계액 : ₩4,600,000
   (3) 사규에 의해 지급받은 자녀학자금 : ₩2,000,000
   (4) 자가운전보조금 : 월 ₩300,000(비과세요건을 충족함)
   (5) 중식대 : 월 ₩100,000(매월 시가 ₩200,000 상당의 현물식사를 회사에서 제공받음)
   (6) 주택을 제공받음으로써 얻은 이익 : 월 ₩500,000
   (7) 경조금 규정에 의한 결혼축의금 : ₩1,000,000
2. 근로소득공제(일부)
   총급여액 1,500만원 초과 4,500만원 이하 : 750만원 + (총급여액 − 1,500만원) × 15%

해답

1. 총급여액 :
   ₩24,000,000(급여 합계액) + 4,600,000(상여금 합계액) + 2,000,000(자녀학자금) + [(300,000 − 200,000) × 12월](자가운전보조금) + 100,000 × 12월(중식대) = ₩33,000,000
   ① 자가운전보조금은 월 200,000원까지 비과세된다.

② 현물식사를 제공받는 경우에는 식사대를 전액 과세한다.

③ 임원이 아닌 사용인이 주택을 제공받음으로써 얻은 이익과 사회통념상 타당하다고 인정되는 범위 내의 경조사비는 근로소득에 포함하지 아니한다.

2. 근로소득공제 : ₩7,500,000 + (33,000,000 − 15,000,000) × 15% = ₩10,200,000
3. 근로소득금액 : ₩33,000,000 − 10,200,000 = ₩22,800,000

7. 근로소득의 수입시기

근로소득의 수입시기는 다음에 규정하는 날로 한다(소령 49).

근로소득의 종류	수 입 시 기
① 급여	근로를 제공한 날
② 잉여금처분에 의한 상여	해당 법인의 잉여금처분결의일
③ 인정상여	해당 법인의 사업연도 중 근로를 제공한 날*
④ 임원에 대한 퇴직소득 한도초과액	지급받거나 지급받기로 한 날

* 이 경우에 월평균금액을 계산한 것이 2개 사업연도에 걸친 때에는 각각 해당 사업연도 중 근로를 제공한 날로 한다.

예제 4-2 | 근로소득금액의 계산 (2)

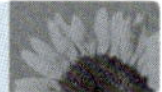

다음은 거주자 갑이 ㈜한국(중소기업이며, 벤처기업은 아님)에 마케팅 총괄부장으로 근무하면서 20×8년에 지급받은 급여내역 등의 내역이다. 다음 자료를 이용하여 갑의 20×8년 근로소득금액을 계산하시오.

1. 근로소득의 내역
   (1) 급여의 연간 합계액 : ₩40,000,000
   (2) 잉여금처분(결의일 : 20×7.12.20.)에 의한 성과배분상여금 : ₩10,000,000
   (3) 야근수당 : 연간 ₩2,000,000
   (4) 중식대 : 월 ₩250,000(현물식사는 제공받지 않음)
   (5) 숙직비 : ₩300,000(1일당 실비상당액 ₩30,000 × 10일)
   (6) 발명진흥법의 규정에 따라 사용자로부터 지급받은 직무발명보상금 : ₩9,400,000
2. 회사로부터 주택구입자금을 무상으로 대여 받음으로써 연간 ₩6,000,000의 이익을 얻었다.
3. ㈜한국이 20×8.3.20. 제10기 사업연도(20×7.1.1~20×7.12.31.) 법인세 신고를 하면서 거주자 갑에게 상여로 소득처분한 금액 ₩5,000,000이 있다.
4. ㈜한국으로부터 부여받은 주식매수선택권을 20×8.10.5. 행사함으로써 ₩8,000,000의 이익을 얻었다.

5. 근로소득공제(일부)

총급여액 4,500만원 초과 1억원 이하 : 1,200만원 + (총급여액 － 4,500만원) × 5%

해답

1. 총급여액

₩40,000,000(급여합계액) + 2,000,000(야근수당) + 600,000(중식대) + 2,400,000(직무발명보상금) + 8,000,000(주식매수선택권 행사이익) = ₩53,000,000

① 잉여금처분에 의한 상여금은 잉여금처분결의일이 속하는 20×7년 귀속 근로소득임

② 생산직근로자가 아니므로 야근수당은 전액 근로소득으로 과세됨

③ 중식대는 월 20만원 한도로 비과세되므로 초과되는 ₩600,000(= 50,000 × 12개월)은 총급여액에 포함

④ 숙직비로서 실비변상정도의 금액은 비과세됨

⑤ 직무발명보상금은 700만원까지 비과세하므로 초과금액 ₩2,400,000을 총급여액에 포함

⑥ 중소기업의 종업원이 주택의 구입 · 임차에 소요되는 자금을 저리 또는 무상으로 대여 받음으로써 얻는 이익은 근로소득에서 제외함

⑦ 인정상여는 해당 법인의 사업연도 중 근로를 제공한 날(20×7년)에 귀속됨

⑧ 주식매수선택권을 근무기간 중에 행사함으로써 얻는 이익은 근로소득임

2. 근로소득공제 : ₩12,000,000 + (53,000,000 － 45,000,000) × 5% = ₩12,400,000
3. 근로소득금액 : ₩53,000,000 － 12,400,000 = ₩40,600,000

제 2 절 | 연금소득

1. 연금소득의 의의

연금이란 소득의 일부를 기여금으로 불입한 후 질병 · 노령 · 장애 · 사망 등의 사유가 발생하여 노동력을 상실할 경우 그 당사자 및 유족의 생활보장을 위하여 매년 일정액으로 지급되는 금액을 말한다.

종전에는 연금기여금을 불입할 때 소득공제를 허용하지 않고 연금을 수령할 때에도 과세하지 않았다. 그러나 연금수령 인구가 증가하고 연금소득의 비중이 점차 확대됨에 따라 소득종류 간 과세형평을 위하여 2002년부터는 연금기여금을 불입하는 경우 그 불입액을 소득공제 또는 세액공제하는 대신에 연금을 수령할 때에 연금소득으로 과세하는 제도로 전환하였다. 연금기여금을 소득공제 또는 세액공제함으로써 근로소득자 등 중산층의 세부담이 경감되었으며, 종전에 비과세되어 왔던 연금소득을 점진적으로 과세소득으로 전환함으로써 과세기반을 확충할 수 있게 되었다.

2. 연금소득의 범위

연금소득은 해당 과세기간에 발생한 다음의 소득으로 한다(소법 20의3 ①).

구 분	내 용
공적연금	국민연금, 공무원연금, 군인연금, 사립학교교직원연금, 연계노령연금, 연계퇴직연금 등 공적연금 관련법[29]에 따라 받는 각종 연금으로서 2002년 1월 1일 이후에 납입된 연금기여금 및 사용자 부담금을 기초로 하거나 2002년 1월 1일 이후 근로의 제공을 기초로 하여 받는 연금
사적연금	다음에 해당하는 금액을 그 소득의 성격에도 불구하고 연금계좌(연금저축계좌 또는 퇴직연금계좌)에서 연금형태로 인출(연금수령)하는 경우의 그 연금(2013년 1월 1일 이후 가입하는 연금계좌*부터 적용) ① 퇴직소득 과세이연분 ② 연금계좌세액공제를 받은 연금계좌납입액(자기불입금) ③ 연금계좌의 운용실적에 따라 증가된 금액(운용수익) ④ 그 밖에 연금계좌에 이체 또는 입금되어 해당 금액에 대한 소득세가 이연(移延)된 소득으로서 대통령령으로 정하는 소득
	연금계좌에서 연금수령하는 연금과 유사하고 연금 형태로 받는 것으로서 대통령령으로 정하는 소득

* 2013년 1월 1일 이전에 가입 또는 계약한 퇴직보험·연금저축 또는 연금 등의 계좌는 연금계좌로 본다.

공적연금을 일시금으로 수령하는 경우에는 퇴직소득으로 과세하고, 사적연금(연금계좌)을 연금외수령하는 경우에는 다음과 같이 과세한다.

① 퇴직소득 과세이연분 : 퇴직소득으로 과세

② 자기불입금 또는 운용수익 : 기타소득으로 과세(15% 세율로 무조건 분리과세)

▶ 그림 4-1 사적연금(퇴직연금과 연금저축) 과세체계

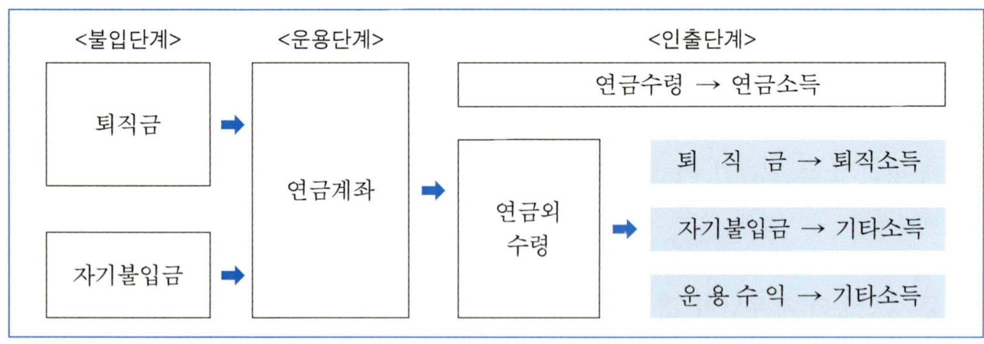

29) "공적연금 관련법"이란 국민연금법·공무원연금법·군인연금법·사립학교교직원연금법·별정우체국법 또는 국민연금과 직역연금의 연계에 관한 법률을 말한다.

3. 공적연금소득

(1) 과세기준금액의 계산

해당 과세기간에 수령한 공적연금에 대하여 공적연금의 지급자 별로 2002년 1월 1일(과세기준일)을 기준으로 다음의 계산식에 따라 계산한 금액을 과세기준금액으로 한다.

구 분	과세기준금액
국민연금과 연계노령연금	연금수령액 × $\frac{\text{과세기준일 이후 납입기간의 환산소득* 누계액}}{\text{총 납입기간의 환산소득* 누계액}}$
그 밖의 공적연금소득	연금수령액 × $\frac{\text{과세기준일 이후 기여금납입월수}}{\text{총 기여금납입월수}}$

* "환산소득"이란 국민연금법에 따라 가입자의 가입기간 중 매년의 기준소득월액을 보건복지부장관이 고시하는 연도별 재평가율에 따라 연금수급 개시 전년도의 현재가치로 환산한 금액을 말한다.

(2) 공적연금소득의 계산

공적연금소득(총연금액) = 과세기준금액 - 과세제외기여금등

① 과세제외기여금등 : 과세기준일 이후에 연금보험료공제를 받지 않고 납입한 기여금 또는 개인부담금을 말하며, 퇴직일시금(퇴직소득세가 과세되었거나 비과세소득인 경우만 해당)을 반납하고 연금으로 수령하는 경우 반납한 일시금은 과세제외기여금등으로 본다.

② 과세제외기여금등이 해당 과세기간의 과세기준금액을 초과하는 경우 그 초과하는 금액은 그 다음 과세기간부터 과세기준금액에서 뺀다.

③ 공적연금소득을 지급하는 자가 연금소득의 일부 또는 전부를 지연하여 지급하면서 지연지급에 따른 이자를 함께 지급하는 경우 해당 이자는 공적연금소득으로 본다.

예제 4-3 | 공적연금소득의 계산 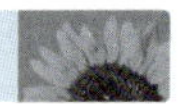

다음 자료를 이용하여 거주자인 갑(65세, 남성)의 2023년도 총연금액을 계산하시오.

1. 갑의 국민연금 수령액은 ₩20,000,000이다.
2. 총 납입기간의 환산소득 누계액은 ₩100,000,000이며, 과세기준일(2002.1.1) 이후 납입기간의 환산소득 누계액은 ₩40,000,000이다.
3. 과세기준일 이후에 연금보험료공제를 받지 아니한 과세제외기여금은 ₩3,000,000이다.
4. 국민연금 지연지급에 따른 이자 ₩1,000,000을 지급받았다.

해답

1. 과세기준금액

$$₩20,000,000 \times \frac{40,000,000}{100,000,000} = ₩8,000,000$$

2. 총연금액 :
₩8,000,000 − 3,000,000(과세제외기여금) + 1,000,000(지연이자) = ₩6,000,000

4. 사적연금소득

(1) 연금계좌의 종류

연금계좌란 다음의 어느 하나에 해당하는 계좌를 말한다(소령 40의2 ①).

① 연금저축계좌 : 법령에서 정하는 금융회사 등과 체결한 계약에 따라 "연금저축"의 명칭으로 설정하는 계좌

② 퇴직연금계좌 : 퇴직연금을 지급받기 위하여 설정하는 다음의 어느 하나에 해당하는 계좌

㉠ 근로자퇴직급여 보장법에 따른 확정기여형퇴직연금제도 또는 개인형퇴직연금제도에 따라 설정하는 계좌

㉡ 과학기술인공제회법에 따른 퇴직연금급여를 지급받기 위하여 설정하는 계좌

㉢ 근로자퇴직급여 보장법에 따른 중소기업퇴직연금기금제도에 따라 설정하는 계좌

(2) 연금보험료의 납입

연금계좌의 가입자는 다음의 요건을 갖추어 연금계좌 납입액(연금보험료)을 납입할 수 있다(소령 40의2 ②).

① 다음의 금액을 합한 금액 이내(연금계좌가 2개 이상인 경우에는 그 합계액을 말함)의 금액을 납입할 것(단, 'ⓒ과 ⓓ'에 따라 연금계좌로 납입하는 총 누적 금액의 합계액은 1억원을 한도로 함). 이 경우 해당 과세기간 이전의 연금보험료는 납입할 수 없으나, 보험계약의 경우에는 최종납입일이 속하는 달의 말일부터 3년 2개월이 경과하기 전에는 그 동안의 연금보험료를 납입할 수 있다. 개정

㉠ 연간 1천800만원

㉡ 개인종합자산관리계좌의 계약기간 만료일 기준 잔액을 한도로 개인종합자산관리계좌에서 연금계좌로 납입한 금액(전환금액)[30)]

㉢ 연금주택을 양도하고 이를 대체하여 다른 주택(축소주택)을 취득하거나 취득하지 않은 거주자로서 일정 요건[31)]을 모두 충족하는 거주자가 연금주택 양도가액에서 축소주택 취득가액(취득하지 않은 경우에는 0)을 뺀 금액(주택차액, 해당 금액이 0보다 작은 경우에는 0으로 함) 중 연금계좌로 납입하는 금액

㉣ 연금부동산을 양도한 거주자로서 일정 요건[32)]을 모두 충족하는 거주자가 연금부동산의 양도가액에서 연금부동산의 취득가액을 뺀 금액(연금부동산 양도차익, 해당 금액이 0보다 작은 경우에는 0으로 함) 중 연금계좌로 납입하는 금액 개정

② 연금수령 개시를 신청한 날(연금수령 개시일을 사전에 약정한 경우에는 약정에 따른 개시일을 말한다) 이후에는 연금보험료를 납입하지 않을 것

---

30) 다만, 직전 과세기간과 해당 과세기간에 걸쳐 납입한 경우에는 개인종합자산관리계좌의 계약기간 만료일 기준 잔액에서 직전 과세기간에 납입한 금액을 차감한 금액을 한도로 개인종합자산관리계좌에서 연금계좌로 납입한 금액을 말한다.

31) ① 연금주택 양도일 현재 거주자 또는 그 배우자가 60세 이상일 것
② 연금주택 양도일 현재 거주자 및 그 배우자가 국내에 소유한 주택을 합산했을 때 연금주택 1주택만 소유하고 있을 것. 다만, 연금주택을 양도하기 전에 축소주택을 취득한 경우로서 축소주택을 취득한 날부터 6개월 이내에 연금주택을 양도한 경우에는 연금주택 양도일 현재 연금주택 1주택만 소유하고 있는 것으로 본다.
③ 연금주택 양도일 현재 연금주택의 기준시가가 12억원 이하일 것
④ 축소주택의 취득가액이 연금주택의 양도가액 미만일 것(축소주택을 취득한 경우에만 해당한다)
⑤ 연금주택 양도일부터 6개월 이내에 주택차액을 연금주택 소유자의 연금계좌로 납입할 것

32) ① 연금부동산 양도일 현재 거주자가 기초연금 수급권자로서 기초연금을 지급받고 있을 것
② 연금부동산 양도일 현재 거주자 및 그 배우자가 국내에 소유한 주택을 합산했을 때 1주택 이하로 소유하고 있을 것
③ 연금부동산 양도일 현재 연금부동산을 보유한 기간이 10년 이상일 것
④ 연금부동산 양도일부터 6개월 이내에 연금부동산 양도차익을 연금부동산 소유자의 연금계좌로 납입할 것

⑶ 연금수령의 요건

"연금수령"이란 연금계좌에서 다음의 요건을 모두 갖추어 인출하거나 연금계좌 자기불입금 또는 운용수익을 의료목적, 천재지변 등 부득이한 사유[33]로 연금계좌에서 인출하는 것을 말하며, 연금수령외의 인출은 "연금외수령"이라 한다(소령 40의2 ③).

① 가입자가 55세 이후 연금계좌취급자에게 연금수령 개시를 신청한 후 인출할 것

② 연금계좌의 가입일부터 5년이 경과된 후에 인출할 것. 다만, 과세이연 퇴직소득*이 연금계좌에 있는 경우에는 그러하지 아니한다.

* 과세이연 퇴직소득이란 퇴직소득 과세이연규정에 따라 원천징수되지 아니한 퇴직소득(퇴직소득이 연금계좌에서 직접 인출되는 경우를 포함)을 말한다.

③ 연금수령한도 이내에서 인출할 것. 이 경우 의료목적, 천재지변 등 부득이한 사유로 인출한 금액은 인출한 금액에 포함하지 않는다.

⑷ 연금수령한도

연금을 장기간 안정적으로 균등하게 수령할 수 있도록 유도하기 위하여 연금수령한도를 규정하고 있다. 연금수령한도를 초과하여 인출할 경우 한도내금액은 연금소득으로 과세하고, 한도초과금액은 연금외수령하는 것으로 보아 발생원천별로 퇴직소득 또는 기타소득으로 과세한다.

연금수령한도란 과세기간 개시일(연금수령 개시신청일이 속하는 과세기간에는 연금수령 개시신청일) 현재 다음의 계산식에 따라 계산된 금액을 말한다(소령 40의2 ③).

$$\text{연금수령한도} = \frac{\text{연금계좌의 평가액}}{(11 - \text{연금수령연차})} \times 120\%$$

위 산식에서 "연금수령연차"란 최초로 연금수령할 수 있는 날이 속하는 과세기간을

33) "부득이한 사유"란 다음의 어느 하나에 해당하는 사유를 말한다(소령 20의2 ①).

① 의료목적 : 의료비공제대상 의료비(본인을 위한 의료비에 한정)를 연금계좌에서 인출

② 천재지변, 연금계좌 가입자의 사망 또는 해외이주

③ 연금계좌 가입자 또는 그 부양가족[기본공제대상자(소득의 제한은 받지 아니함)로 한정]이 질병·부상에 따라 3개월 이상의 요양이 필요한 경우

④ 연금계좌 가입자가 사회재난 중 특별재난지역으로 선포된 지역의 재난으로 15일 이상의 입원치료가 필요한 피해를 입은 경우

⑤ 연금계좌 가입자가 채무자 회생 및 파산에 관한 법률에 따른 파산의 선고 또는 개인회생절차개시의 결정을 받은 경우

⑥ 연금계좌취급자의 영업정지, 영업 인·허가의 취소, 해산결의 또는 파산선고

기산연차로 하여 그 다음 과세기간을 누적 합산한 연차를 말하며, 연금수령연차가 11년 이상인 경우에는 연금수령한도를 적용하지 아니한다. 다만, 다음의 경우에는 예외적인 기산연차를 적용한다.

① 2013년 3월 1일 전에 가입한 연금계좌(2013년 3월 1일 전에 확정급여형퇴직연금제도에 가입한 사람이 퇴직하여 퇴직소득 전액이 새로 설정된 연금계좌로 이체되는 경우를 포함)의 경우 : 6년차

② 연금계좌 배우자 상속시 과세특례 규정에 따라 배우자가 연금계좌를 승계한 경우 : 사망일 당시 피상속인의 연금수령연차

(5) 연금계좌의 인출순서

연금계좌에서 일부 금액이 인출(연금수령 및 연금외수령 모두 해당)되는 경우에는 다음의 순서에 따라 인출되는 것으로 본다. 이 경우 인출된 금액이 연금수령한도를 초과하는 경우에는 연금수령분이 먼저 인출되고 그 다음으로 연금외수령분이 인출되는 것으로 본다(소령 40의3).

① 과세제외금액[34)] : 연금계좌 자기불입금 중 소득(세액)공제를 받지 못한 금액

② 과세이연 퇴직소득

③ 그 밖에 연금계좌에 있는 금액 : 소득(세액)공제액*과 운용수익

* 연금계좌 세액공제 한도액 이내의 연금보험료는 납입일이 속하는 과세기간의 다음 과세기간 개시일(납입일이 속하는 과세기간에 연금수령개시신청일이 속하는 경우에는 연금수령개시신청일)부터 세액공제를 받은 연금계좌 납입액으로 본다.

연금계좌에 있는 금액이 원금에 미달하는 경우

연금계좌의 운용에 따라 연금계좌에 있는 금액이 원금에 미달하는 경우 연금계좌에 있는 금액은 원금이 연금계좌 인출순서와 반대의 순서로 차감된 후의 금액으로 본다(소령 40의3 ⑤).

---

34) 과세제외금액은 다음의 순서에 따라 인출되는 것으로 본다.

① 인출된 날이 속하는 과세기간에 해당 연금계좌에 납입한 연금보험료('②'에 해당하는 금액 제외)

② 인출된 날이 속하는 과세기간에 해당 연금계좌에 납입한 개인종합자산관리계좌 전환금액

③ 해당 연금계좌만 있다고 가정할 때 해당 연금계좌에 납입된 연금보험료로서 소득공제 한도액을 초과하는 금액이 있는 경우 그 초과하는 금액

④ '①'부터 '③'에서 정한 금액 외에 해당 연금계좌에 납입한 연금보험료 중 소득공제를 받지 아니한 금액

예제 4-4 | 사적연금소득의 계산

다음은 거주자인 갑의 2023년도 연금소득 관련 자료이다. 이 자료를 이용하여 (1) 연금수령한도와 (2) 총연금액을 계산하시오. 단, 선택적 분리과세 연금소득은 모두 종합과세하는 것으로 한다. 단, 제시된 금액은 원천징수하기 전의 금액이며, 원천징수는 적법하게 이루어졌다.

(1) 갑은 2013년 3월 1일 이전에 연금에 가입하였으며, 최초로 연금을 수령할 수 있는 날이 속하는 2023년부터 연금을 수령하기 시작하였다.

(2) 갑의 연금수령 개시 신청일 현재 연금계좌 평가액은 ₩100,000,000으로서 그 내역은 다음과 같다.

① 연금계좌 본인불입액 : ₩70,000,000
(소득공제 또는 세액공제를 적용받지 못한 금액 ₩6,000,000 포함)

② 이연퇴직소득(퇴직소득을 연금계좌에 입금시켜서 과세이연된 퇴직소득)
: ₩12,000,000

③ 연금계좌 운용수익 : ₩18,000,000

(3) 갑이 2023년에 연금계좌에서 인출한 금액은 ₩34,000,000이다. 단, 법령에서 정하는 부득이한 사유(연금계좌 가입자의 사망 또는 해외이주 등)로 받은 것은 아니다.

해답

(1) 연금수령한도

$$\frac{₩100{,}000{,}000}{11-6} \times 120\% = ₩24{,}000{,}000$$

(2) 총연금액 : ₩6,000,000

연금계좌의 구분	평가액	인출액		연금소득		기타소득
		연금수령	연금외수령	분리과세	조건부 종합과세	
과세제외금액	₩6,000,000	₩6,000,000				
이연퇴직소득	12,000,000	12,000,000		₩12,000,000		
공제액 및 운용수익	82,000,000	6,000,000	₩10,000,000		₩6,000,000	₩10,000,000
합 계	₩100,000,000	₩24,000,000	₩10,000,000	₩12,000,000	₩6,000,000	₩10,000,000

(6) 연금계좌의 이체

연금계좌에 있는 금액이 연금수령이 개시되기 전의 다른 연금계좌로 이체되는 경우에는 이를 인출로 보지 아니한다. 다만, 다음의 어느 하나에 해당하는 경우에는 그러하지 아니하다(소령 40의4).

① 연금저축계좌와 퇴직연금계좌 상호 간에 이체되는 경우[35)]

35) 다음의 어느 하나에 해당하는 경우에는 인출로 보지 아니한다(소령 40의4 ②).

② 2013년 3월 1일 이후에 가입한 연금계좌에 있는 금액이 2013년 3월 1일 전에 가입한 연금계좌로 이체되는 경우
③ 퇴직연금계좌에 있는 일부 금액이 이체되는 경우

5. 비과세 연금소득

다음의 연금소득은 소득세를 과세하지 아니한다(소법 12).

① 공적연금 관련법에 따라 받는 유족연금・퇴직유족연금・퇴역유족연금・장해유족연금・상이유족연금・순직유족연금・직무상유족연금・위험직무순직유족연금, 장애연금, 장해연금・비공무상 장해연금・비직무상 장해연금, 상이연금(傷痍年金), 연계노령유족연금 또는 연계퇴직유족연금
② 산업재해보상보험법에 따라 받는 각종 연금
③ 국군포로의 송환 및 대우 등에 관한 법률에 따른 국군포로가 받는 연금

6. 연금계좌의 배우자 상속시 과세특례

연금계좌의 가입자가 사망하였으나 그 배우자가 연금외수령 없이 해당 연금계좌를 상속으로 승계하는 경우에는 해당 연금계좌에 있는 피상속인의 소득금액은 상속인의 소득금액으로 보아 소득세를 계산한다(소법 44 ②).

구 분	과세방법
연금계좌 상속시 일반과세	① 소득세 정산 : 연금계좌 잔액 일시 인출에 따른 소득세 과세 ② 상속세 과세 : 소득세 정산 후 재산가액에 대하여 상속세 과세
연금계좌 배우자 상속시 과세특례	① 소득세 정산 없이 연금수령시 연금소득으로 과세 : 배우자(상속인)는 55세 이후부터 연금수령 가능 ② 상속세 과세 : 소득세 정산을 가정하여 연금계좌 평가액에서 소득세 정산액을 차감한 가액을 다른 상속재산과 합산하여 상속세 과세

7. 연금소득금액의 계산구조

연금소득금액은 해당 과세기간의 총연금액에서 필요경비적 성격의 공제로 연금소득

---

① 연금수령의 요건을 갖춘 연금저축계좌의 가입자가 퇴직연금계좌로 전액을 이체(연금수령이 개시된 경우를 포함한다)하는 경우
② 연금수령의 요건을 갖춘 퇴직연금계좌(개인형퇴직연금제도에 따라 설정하는 계좌에 한정한다)의 가입자가 연금저축계좌로 전액을 이체(연금수령이 개시된 경우를 포함한다)하는 경우

공제를 차감한 금액으로 한다(소법 20의3 ③).

연금소득금액 = 총연금액(비과세소득 및 분리과세소득 제외) - 연금소득공제

연금소득공제는 다음의 금액으로 하되, 공제액이 900만원을 초과하는 경우에는 900만원을 한도로 공제한다(소법 47의2 ①).

총연금액	연금소득공제액
350만원 이하	총연금액
350만원 초과 700만원 이하	350만원 + (총연금액 - 350만원) × 40%
700만원 초과 1,400만원 이하	490만원 + (총연금액 - 700만원) × 20%
1,400만원 초과 4,100만원 미만	630만원 + (총연금액 - 1,400만원) × 10%
4,100만원 이상	900만원(한도액)

8. 연금소득의 수입시기

연금소득의 수입시기는 다음의 구분에 따른 날로 한다(소령 50 ⑤).

구 분	수입시기
공적연금소득	공적연금 관련법에 따라 연금을 지급받기로 한 날
사적연금소득	연금수령한 날
그 밖의 연금소득	해당 연금을 지급받은 날

9. 연금소득에 대한 과세방법

(1) 공적연금소득

공적연금을 지급하는 자(원천징수의무자)가 공적연금소득을 지급할 때에는 연금소득 간이세액표에 따라 소득세를 원천징수하며, 다음 연도 1월분 연금소득을 지급하는 때(연금소득을 받는 사람이 해당 과세기간 중에 사망한 경우에는 그 사망일이 속하는 달의 다음다음 달 말일까지)에 연말정산한다.

(2) 사적연금소득에 대한 원천징수

1) 이연퇴직소득을 연금수령하는 사적연금소득

이연퇴직소득을 연금수령하는 연금소득에 다음의 원천징수세율을 적용한다.

원천징수세율 = 연금외수령 원천징수세율[*1] × 70%(60%)[*2]

*1 이연퇴직소득을 연금수령하는 연금소득을 연금외수령하였다고 가정하여 계산한 원천징수세액(이연퇴직소득세)을 연금외수령한 금액으로 나눈 비율을 말한다(소령 187의3).
*2 연금 실제 수령연차가 10년을 초과하는 경우에는 60%

2) 연금계좌 납입액이나 운용실적에 따라 증가된 금액을 연금수령한 사적연금소득

연금계좌 납입액이나 운용실적에 따라 증가된 금액을 연금수령한 연금소득을 지급하는 자는 그 지급하는 금액에 다음의 구분에 따른 원천징수세율(이 경우 각 요건을 동시에 충족하는 때에는 낮은 세율)을 적용하여 계산한 소득세를 원천징수한다(소법 129 ①).

① 연금소득자의 나이에 따른 다음의 세율

나이(연금수령일 현재)	원천징수세율
55세 이상 70세 미만	5%
70세 이상 80세 미만	4%
80세 이상	3%

② 사망할 때까지 연금수령하면서 중도 해지할 수 없는 종신계약에 따라 받는 연금소득 : 4%

(3) 사적연금소득에 대한 과세

사적연금소득은 다음과 같이 과세한다.

구 분	과세방법
① 이연퇴직소득을 연금수령하는 연금소득	무조건 분리과세
② 연금계좌 자기불입금 또는 운용수익을 의료목적, 천재지변 등 부득이한 사유[*1]로 연금계좌에서 인출하는 연금소득	무조건 분리과세
③ 위 '①' 및 '②' 외의 연금소득의 합계액이 • 연 1,500만원 이하인 경우 그 연금소득 • 연 1,500만원 초과하는 경우 그 연금소득	 선택적 분리과세[*2] 무조건 종합과세

*1 천재지변, 연금계좌 가입자의 사망 또는 해외이주, 연금계좌 가입자 또는 그 부양가족이 질병·부상에 따라 3개월 이상의 요양이 필요한 경우, 연금계좌 가입자가 파산의 선고 또는 개인회생절차개시의 결정을 받은 경우, 연금계좌취급자의 영업정지, 영업 인·허가의 취소, 해산결의 또는 파산선고 등 법에서 정하는 사유를 말한다.
*2 연금소득의 합계액이 연 1,500만원 이하인 경우에는 분리과세를 선택할 수 있음.

연금계좌에서 부득이한 사유 등으로 인출하는 경우 연금소득으로 분리과세

연금계좌에서 의료목적, 천재지변이나 그밖의 부득이한 사유 등으로 인출하는 경우에 종전에는 기타소득으로 구분하였으나, 연금가입을 유도하기 위하여 2015년부터는 연금소득으로 구분하고 금액 한도 없이 무조건 분리과세하도록 하였다.

제 3 절 | 기타소득

1. 기타소득의 의의

기타소득이란 다른 소득에 속하지 않는 것으로서 소득세법에서 열거한 것을 말하므로 소득세법에 열거되지 아니한 것은 기타소득에 포함되지 아니한다. 기타소득은 일시적·우발적으로 발생한 소득이라는 특징을 가지고 있다.

2. 기타소득의 범위

기타소득은 이자소득·배당소득·사업소득·근로소득·연금소득·퇴직소득 및 양도소득에 해당되지 않는 소득으로서 다음의 소득을 말한다(소법 21).

1) 상금 및 당첨금품

① 상금·현상금·포상금·보로금 또는 이에 준하는 금품

② 복권·경품권 그 밖의 추첨권에 당첨되어 받는 금품

③ 사행행위 등 규제 및 처벌특례법에서 규정하는 행위[36](적법 또는 불법 여부는 고려하지 아니함)에 참가하여 얻은 재산상의 이익

④ 승마투표권(경마)·승자투표권(경륜 및 경정)·소싸움경기투표권 및 체육진흥투표권의 구매자가 받는 환급금(발생원인이 되는 행위의 적법 또는 불법 여부는 고려하지 아니함)

⑤ 슬롯머신(비디오게임 포함) 및 투전기(投錢機), 그 밖에 이와 유사한 기구를 이용하는 행위에 참가하여 받는 당첨금품·배당금품 또는 이에 준하는 금품

---

36) "사행행위"란 여러 사람으로부터 재물이나 재산상의 이익을 모아 우연적(偶然的) 방법으로 득실(得失)을 결정하여 재산상의 이익이나 손실을 주는 행위를 말하며, "사행행위영업"이란 다음 중 어느 하나에 해당하는 영업을 말한다.

① 복권발행업(福券發行業) : 특정한 표찰(컴퓨터프로그램 등 정보처리능력을 가진 장치에 의한 전자적 형태를 포함)을 이용하여 여러 사람으로부터 재물등을 모아 추첨 등의 방법으로 당첨자에게 재산상의 이익을 주고 다른 참가자에게 손실을 주는 행위를 하는 영업

② 현상업(懸賞業) : 특정한 설문 또는 예측에 대하여 그 답을 제시하거나 예측이 적중하면 이익을 준다는 조건으로 응모자로부터 재물등을 모아 그 정답자나 적중자의 전부 또는 일부에게 재산상의 이익을 주고 다른 참가자에게 손실을 주는 행위를 하는 영업

③ 그 밖의 사행행위업 : 영리를 목적으로 회전판돌리기, 추첨, 경품(景品) 등 사행심을 유발할 우려가 있는 기구 또는 방법 등을 이용하는 영업

불법사행산업에 참가하여 얻은 이익에 대한 과세

불법사행행위 및 불법경마 등 불법사행산업에 참여하여 얻은 이익에 대해서도 기타소득으로 과세됨을 명시적으로 규정하였다(2012년부터 시행).

2) 자산(권리)의 양도 및 대여로 인한 소득

① 저작자 또는 실연자(實演者)·음반제작자·방송사업자 외의 자(저작권 또는 저작인접권을 상속·증여·양도받은 자)가 저작권 또는 저작인접권의 양도 또는 사용의 대가로 받는 금품 : 저작자 또는 실연자(實演者)·음반제작자·방송사업자가 저작권 또는 저작인접권의 양도 또는 사용대가로 받는 금품은 사업소득이다.

구 분	내 용
저작권	시, 소설, 음악, 미술, 영화, 연극, 컴퓨터프로그램 등과 같은 저작물에 대해 저작자(창작자)가 가지는 권리로서 저작인격권(저작물과 관련하여 저작자의 명예와 인격적 이익을 보호하기 위한 권리)과 저작재산권(저작자의 경제적 이익을 보전해주기 위한 권리)으로 구성된다.
저작인접권	저작인접권은 저작물의 복제·전파기술의 발달로 저작물의 실연(實演)·녹음 및 방송을 통해 저작물의 배포·전파에 기여한 실연자(實演者)·음반제작자 및 방송사업자의 권리를 보호해주기 위해 인정된 권리이다.

② 영화필름, 라디오·텔레비전방송용 테이프 또는 필름의 양도·대여 또는 사용의 대가로 받는 금품

③ 광업권 등 일정한 권리의 양도·대여소득 : 광업권·어업권·양식업권·산업재산권·산업정보, 산업상 비밀, 상표권·영업권(행정관청으로부터 인가·허가·면허 등을 받음으로써 얻는 경제적 이익 및 점포임차권[37] 포함), 토사석(土砂石)의 채취허가에 따른 권리, 지하수의 개발·이용권, 그 밖에 이와 유사한 자산이나 권리를 양도하거나 대여하고 그 대가로 받는 금품

사업용자산*과 함께 양도하는 영업권 .... 양도소득
위 이외의 영업권 양도 .... 기타소득

* 사업용자산이란 토지, 건물 및 부동산에 관한 권리를 말한다.

④ 물품(유가증권을 포함) 또는 장소를 일시적으로 대여하고 사용료로서 받는 금품

⑤ 통신판매중개업자를 통하여 물품 또는 장소를 대여하고 연간 수입금액 500만원 이하의 사용료로서 받은 금품으로서 기타소득으로 원천징수하거나 과세표준 확

37) 거주자가 사업소득(사회복지사업 등 법령으로 정하는 일부 사업소득을 제외)이 발생하는 점포를 임차하여 점포 임차인으로서의 지위를 양도함으로써 얻는 경제적 이익(점포임차권과 함께 양도하는 다른 영업권을 포함한다)을 말한다(소령 41 ④).

정신고를 한 경우

⑥ 공익사업과 관련하여 지역권[38] · 지상권[39](지하 또는 공중에 설정된 권리를 포함)을 설정하거나 대여함으로써 발생하는 소득

지역권 · 지상권의 설정 · 대여소득	공익사업과 관련이 없는 경우 ·················· 사업소득
	공익사업과 관련이 있는 경우 ·················· 기타소득

⑦ 서화(書畵) · 골동품의 양도로 발생하는 소득 : 다음의 어느 하나에 해당하는 것으로서 개당 · 점당 또는 조(2개 이상이 함께 사용되는 물품으로서 통상 짝을 이루어 거래되는 것을 말함)당 양도가액이 6천만원 이상인 것. 다만, 양도일 현재 생존해 있는 국내 원작자의 작품은 제외한다.

㉠ 서화 · 골동품 중 회화, 데생, 파스텔(손으로 그린 것에 한정하며, 도안과 장식한 가공품은 제외) 및 콜라주와 이와 유사한 장식판, 오리지널 판화 · 인쇄화 및 석판화, 골동품(제작 후 100년을 넘은 것에 한함)

㉡ 위 '㉠'의 서화 · 골동품 외에 역사상 · 예술상 가치가 있는 서화 · 골동품으로서 기획재정부장관이 문화체육관광부장관과 협의하여 기획재정부령으로 정하는 것

서화 · 골동품의 소득구분

서화 · 골동품의 양도로 발생하는 소득은 계속적 · 반복적 거래의 경우에도 기타소득으로 과세한다. 다만, 다음에 해당하는 경우에는 사업소득으로 과세한다.

① 서화 · 골동품의 거래를 위하여 사업장 등 물적시설(인터넷 등 정보통신망을 이용하여 서화 · 골동품을 거래할 수 있도록 설정된 가상의 사업장을 포함한다)을 갖춘 경우

② 서화 · 골동품을 거래하기 위한 목적으로 사업자등록을 한 경우

⑧ 가상자산소득(2025년부터 과세) : 특정 금융거래정보의 보고 및 이용 등에 관한 법

---

38) 지역권은 자기 토지의 편익을 위하여 남의 토지를 통행한다든가, 남의 토지로부터 물을 끌어오거나 남의 토지에 관망을 방해하는 공작물 등을 건조하지 못하게 하는 것과 같이, 일정한 목적을 위하여 남의 토지를 자기의 토지의 편익에 이용하는 것을 내용으로 하는 부동산용익물권(不動産用益物權)이다. 이와 같이 지역권은 타인의 토지를 자기 토지의 편익에 이용하여 사용가치를 증대시키는 권리인 점에서 반드시 두 개의 토지의 존재를 전제로 하며, 그중 편익을 얻는 토지를 '요역지(要役地)'라고 하고, 편익을 제공하는 토지를 '승역지(承役地)'라고 한다.

39) 지상권이라 함은 타인의 토지에서 건물 기타의 공작물(工作物)이나 수목(樹木)을 소유하기 위하여 그 토지를 사용할 수 있는 물권(物權)을 말한다(민법 279). 타인의 부동산을 빌려서 이용하는 법률관계에는 지상권 이외에 임대차(賃貸借)에 의하는 경우도 있다. 양자는 모두 타인의 물건을 점유하여 이를 사용하는 권리라는 점, 또한 타인의 부동산을 이용하는 경제적 약자를 보호하려는 취지에서는 모두 같으나, 지상권은 물권(物權)이며 배타성을 가짐에 대하여 임차권은 임대인에 대하여 토지를 사용 · 수익하게 할 것을 청구할 수 있는 채권(債權)에 지나지 않는다는 점에 근본적 차이가 있다.

률 제2조 제3호에 따른 가상자산[40]을 양도하거나 대여함으로써 발생하는 소득

3) 노력에 대한 대가

① 일시적인 문예창작소득 : 문예 · 학술 · 미술 · 음악 또는 사진에 속하는 창작품(정기간행물에 게재하는 삽화 및 만화와 우리나라의 창작품 또는 고전을 외국어로 번역하거나 국역하는 것을 포함)에 대한 원작자로서 받는 소득으로서 원고료, 저작권사용료인 인세(印稅), 미술 · 음악 또는 사진에 속하는 창작품에 대하여 받는 대가

사업성이 있는 문예창작소득	사업소득
일시적인 문예창작소득(사업성이 없는 경우)	기타소득

② 일시적인 인적용역 제공에 대한 대가 : 다음의 인적용역(일시적인 문예창작소득, 재산권에 대한 알선수수료, 사례금 제외)을 일시적으로 제공하고 받는 대가

㉠ 고용관계 없이 다수인에게 강연을 하고 강연료 등 대가를 받는 용역

㉡ 라디오 · 텔레비전방송 등을 통하여 해설 · 계몽 또는 연기의 심사 등을 하고 보수 또는 이와 유사한 성질의 대가를 받는 용역

㉢ 변호사, 공인회계사, 세무사, 건축사, 측량사, 변리사, 그 밖에 전문적 지식 또는 특별한 기능을 가진 자가 그 지식 또는 기능을 활용하여 보수 또는 그 밖의 대가를 받고 제공하는 용역 : 대학이 자체 연구관리비 규정에 따라 대학에서 연구비를 관리하는 경우에 교수가 제공하는 연구용역 포함

㉣ 그 밖에 고용관계 없이 수당 또는 이와 유사한 성질의 대가를 받고 제공하는 용역

③ 재산권에 관한 알선수수료 : 재산의 매매 · 양도 · 교환 · 임대차계약 기타 이와 유사한 계약을 알선하고 받는 수수료

④ 사례금 : 사례금에는 다른 소득에 속하지 아니하는 것으로서 다음의 것을 포함한다(소기통 21－0…5).

㉠ 의무 없는 자가 타인을 위하여 사무를 관리하고 그 대가로 지급받는 금품. 다만, 그 의무 없는 자가 타인을 위하여 실지로 지급한 비용의 청구액은 제외한다.

㉡ 근로자가 자기의 직무와 관련하여 사용자의 거래선 등으로부터 지급받는 금품(증여세가 과세되는 것은 제외)

㉢ 재산권에 관한 알선수수료 외의 계약 또는 혼인을 알선하고 지급받는 금품

---

40) "가상자산"이란 경제적 가치를 지닌 것으로서 전자적으로 거래 또는 이전될 수 있는 전자적 증표(그에 관한 일체의 권리를 포함)를 말한다.

4) 연금계좌일시금 등

① 연금계좌로부터 연금외수령한 소득 : 소득원천이 자기부담금 또는 운용수익 등인 부분을 연금계좌에서 연금수령 이외의 방법으로 인출한 소득

② 소기업 · 소상공인 공제부금의 해지일시금 : 소기업 · 소상공인 공제에서 발생하는 소득은 이자소득 또는 퇴직소득으로 보나, 폐업 · 사망 등 법정사유[41]가 발생하기 전에 공제계약이 해지된 경우에는 다음의 계산식에 따라 계산한 금액을 기타소득으로 본다.

> 기타소득 = 해지로 인하여 받은 환급금
> − 실제 소득공제받은 금액을 초과하여 납입한 금액의 누계액

5) 그밖의 일시적 소득

① 계약의 위약 또는 해약으로 인하여 받는 소득으로서 다음의 어느 하나에 해당하는 것

㉠ 위약금과 배상금 : 재산권에 관한 계약의 위약 또는 해약으로 받는 손해배상(보험금을 지급할 사유가 발생하였음에도 불구하고 보험금 지급이 지체됨에 따라 받는 손해배상을 포함)으로서 그 명목여하에 불구하고 본래의 계약의 내용이 되는 지급 자체에 대한 손해를 넘는 손해에 대하여 배상하는 금전 또는 그 밖의 물품의 가액을 말한다. 이 경우 계약의 위약 또는 해약으로 반환받은 금전 등의 가액이 계약에 따라 당초 지급한 총금액을 넘지 아니하는 경우에는 지급 자체에 대한 손해를 넘는 금전 등의 가액으로 보지 아니한다(소령 41 ⑦).

㉡ 부당이득 반환 시 지급받는 이자 : 계약의 위약 또는 해약에 따라 부당이득을 반환받고 그에 따른 이자를 같이 받는 경우 그 이자는 기타소득에 해당한다.

② 유실물의 습득 또는 매장물의 발견으로 인하여 보상금을 받거나 새로 소유권을 취득하는 경우 그 보상금 또는 자산

③ 소유자가 없는 물건의 점유로 소유권을 취득하는 자산

④ 특수관계인이 그 특수관계로 인하여 그 거주자 · 비거주자 또는 법인으로부터 받는 다음의 경제적 이익으로서 급여 · 배당 또는 증여로 보지 아니하는 금품

㉠ 법인세법에 따라 법인의 소득금액을 법인이 신고하거나 세무서장이 결정 · 경정할 때 처분되는 배당 · 상여 외에 사업용자산을 무상 또는 저가로 이용함

41) ① 폐업 · 해산, ② 가입자 사망, ③ 법인 대표자 지위 상실, ④ 60세 이상이면서 10년 이상 납입, ⑤ 자연재난으로 영업 불가, ⑥ 사회재난으로 영업 불가, ⑦ 6월 이상의 입원치료, ⑧ 회생결정 또는 파산선고

으로 인하여 개인이 받는 이익으로서 그 자산의 이용으로 인하여 통상 지급하여야 할 사용료 또는 그 밖에 이용의 대가(통상 지급하여야 할 금액보다 저가로 그 대가를 지급한 금액이 있는 경우에는 이를 공제한 금액)

㉡ 노동조합 및 노동관계 조정법을 위반하여 노조전임자가 지급받는 급여[42]

⑤ 법인세법에 따라 기타소득으로 소득처분된 소득

⑥ 주식매수선택권 행사이익 : 퇴직 전에 부여받은 주식매수선택권을 퇴직 후에 행사하거나 고용관계 없이 주식매수선택권을 부여받아 행사함으로써 얻는 이익

근로자가 주식매수선택권을 행사함으로써 얻는 이익	근로소득
퇴직 후에 주식매수선택권을 행사함으로써 얻는 이익	기타소득
고용관계 없이 주식매수선택권을 부여받아 행사함으로써 얻는 이익	기타소득

⑦ 종업원등 또는 대학의 교직원이 퇴직한 후에 지급받거나 대학의 학생이 받는 직무발명보상금

⑧ 뇌물, 알선수재[43] 및 배임수재[44]에 의하여 받는 금품

3. 비과세 기타소득

다음의 기타소득은 소득세를 과세하지 아니한다(소법 12 (5)).

① 국가유공자 또는 보훈보상대상자가 받는 보훈급여금 · 학습보조비

② 북한이탈주민이 받는 정착금 · 보로금(報勞金)과 그 밖의 금품

③ 국가보안법에 따라 받는 상금과 보로금

④ 상훈법에 따른 훈장과 관련하여 받는 부상(副賞)이나 그 밖에 법령으로 정하는 상금과 부상(예 국가 또는 지방자치단체로부터 받는 상금과 부상)

⑤ 종업원등 또는 대학의 교직원이 퇴직한 후에 지급받거나 대학의 학생이 소속대학에 설치된 산학협력단으로부터 받는 직무발명보상금으로서 연 700만원 이하의 금액(해당 과세기간에 근로소득에 해당하는 직무발명보상금으로서 비과세되는 금액이 있는 경우에는 700만원에서 해당 금액을 차감한 금액으로 한다. 다만 직무발명보상금을

---

42) 2010.7.1.부터 노조전임자에게 급여를 지급하는 것은 원칙적으로 위법이나, 예외적으로 사용자와의 교섭, 노조유지 · 관리활동 등을 할 경우 일정(Time－off) 한도 내에서 급여를 지급할 수 있도록 허용하였다. Time－off제도의 한도를 초과하여 노조전임자가 지급받은 급여는 근로소득에 포함하지 아니하고 기타소득으로 과세한다(2010.12.30 개정).

43) "알선수재"란 직무와 관련한 일을 잘 처리해 주도록 알선해 주고 그 대가로 금품을 받는 행위를 말한다.

44) "배임수재"란 타인의 사무를 처리하는 자가 그 임무에 관해 부정한 청탁을 받고 재물 또는 재산상 이득을 취한 행위를 말한다.

지급한 사용자 본인 또는 지배주주등 국세기본법 시행령상 친족관계 또는 산학협력단과 경영지배관계에 있는 특수관계인이 받는 보상금은 제외함)

⑥ 국군포로가 받는 정착금과 그 밖의 금품

⑦ 국가지정문화재로 지정된 서화 · 골동품의 양도로 발생하는 소득

⑧ 서화 · 골동품을 박물관 또는 미술관에 양도함으로써 발생하는 소득

⑨ 법령 · 조례에 따른 위원회 등의 보수를 받지 아니하는 위원(학술원 및 예술원의 회원을 포함) 등이 받는 수당

4. 기타소득금액의 계산구조

(1) 개 요

기타소득금액은 총수입금액에서 필요경비를 공제하여 계산한다.

기타소득금액 = 총수입금액 − 필요경비

기타소득의 필요경비는 기타소득 총수입금액을 얻기 위해 지출된 비용을 말한다. 필요경비는 실제 발생한 경비로 하되, 실제 발생한 경비를 입증하기 어려운 경우에는 총수입금액에 필요경비율을 곱하여 계산한 금액을 필요경비로 인정하는 추정필요경비 제도를 두고 있다.

1) 추정필요경비가 인정되는 기타소득

추정필요경비 = Max[실제 소요된 필요경비, 총수입금액×필요경비율]

구 분		필요경비율
① 공익법인이 주무관청의 승인을 얻어 시상하는 상금 · 부상 ② 다수가 순위경쟁하는 대회에서 입상자가 받는 상금 · 부상 ③ 위약금과 배상금 중 주택입주 지체상금		80%
④ 서화 · 골동품의 양도로 발생하는 소득	양도가액 1억원 이하분	90%
	양도가액 1억원 초과분	80%*
⑤ 일시적인 문예창작소득과 일시적인 인적용역 제공에 대한 대가 ⑥ 공익사업 관련 지역권 등의 설정 · 대여소득 ⑦ 광업권 등 일정한 권리의 양도 · 대여소득 ⑧ 통신판매중개업자를 통한 소액 대여소득		60%

* 서화 · 골동품의 보유기간이 10년 이상인 경우에는 90%

2) 실발생 필요경비를 공제하는 기타소득

추정필요경비가 인정되는 기타소득 외의 기타소득은 실발생 필요경비만을 공제한다. 이 경우 해당 과세기간의 총수입금액에 대응하는 비용으로서 일반적으로 용인되는 통상적인 것의 합계액을 필요경비로 공제한다(소법 37).

가상자산의 필요경비(2027년 시행) 개정

가상자산소득에 대해서는 그 양도되는 가상자산의 실제 취득가액과 부대비용을 필요경비로 한다. 이 때 가상자산을 양도함으로써 발생하는 소득에 대한 기타소득금액을 산출하는 경우에는 거주자별로 총평균법을 적용하여 계산한다. 가상자산의 필요경비를 계산할 때 2027년 1월 1일 전에 이미 보유하고 있던 가상자산의 취득가액은 2026년 12월 31일 당시의 시가와 그 가상자산의 취득가액 중에서 큰 금액(의제취득가액)으로 한다. 한편 가상자산사업자를 통하여 통하지 아니하고 가상자산을 취득한 경우로서 장부나 그 밖의 증명서류에 의하여 2027년 1월 1일 이후 취득하는 가상자산의 실제 취득가액을 확인하기 곤란한 경우에는 해당 가상자산과 같은 종류의 가상자산 전체의 양도에 따른 필요경비를 그 가상자산 전체의 총양도가액의 50%로 할 수 있으며, 이 경우 부대비용은 필요경비에 산입하지 아니한다.

5. 기타소득의 수입시기

구 분	수 입 시 기
① 일반적인 경우	그 지급을 받은 날
② 법인세법에 의해 처분된 기타소득	그 법인의 해당 사업연도 결산확정일
③ 계약금이 위약금·배상금으로 대체되는 경우	계약의 위약 또는 해약이 확정된 날
④ 광업권 등 일정한 권리의 양도로 인한 소득	그 대금을 청산한 날, 자산을 인도한 날 또는 사용·수익일 중 빠른 날. 다만, 대금을 청산하기 전에 자산을 인도 또는 사용·수익하였으나 대금이 확정되지 아니한 경우에는 그 대금지급일로 한다.
⑤ 연금계좌로부터 연금외수령한 기타소득	연금외수령한 날

6. 기타소득에 대한 과세방법

(1) 원천징수

국내에서 거주자 또는 비거주자에게 기타소득금액을 지급하는 자는 기타소득금액에 원천징수세율을 곱하여 계산한 세액을 원천징수하여 그 징수일이 속하는 달의 다음 달 10일까지 납부하여야 한다(소법 128).

원천징수세액 = 기타소득금액(총수입금액 − 필요경비) × 원천징수세율(원칙 : 20%)

기타소득에 대한 원천징수세율은 다음과 같다(소법 129 ① (6)).

구 분	원천징수세율
① 복권당첨금, 승마투표권·승자투표권·소싸움경기 투표권, 체육진흥투표권의 환급금, 슬롯머신 등의 당첨금품 및 배당금품	• 3억원 이하 : 20% • 3억원 초과분 : 30%
② 연금계좌로부터 연금외수령한 소득 ③ 소기업·소상공인 공제부금의 해지일시금	15%
④ 위에 해당하지 않는 그 밖의 원천징수대상 기타소득	20%

다만, 다음의 기타소득은 원천징수하지 아니한다(소법 127 ① (5)).

① 계약의 위약 또는 해약으로 인하여 받는 위약금·배상금으로서 계약금이 위약금·배상금으로 대체되는 경우

② 뇌물·알선수재 및 배임수재에 의하여 받는 금품

③ 가상자산소득금액(2027년 시행)

(2) 종합과세와 분리과세

기타소득은 종합과세하는 것을 원칙으로 한다. 다만, 무조건 분리과세대상과 선택적 분리과세대상에 해당하는 기타소득은 원천징수에 의해 납세의무를 종결할 수 있다.

구 분	대 상	과세방법
무조건 분리과세	① 복권당첨금 ② 승마투표권, 승자투표권, 소싸움경기 투표권, 체육진흥투표권의 환급금 ③ 슬롯머신 등의 당첨금품·배당금품 ④ 서화·골동품의 양도소득 ⑤ 연금계좌로부터 연금외수령한 기타소득	무조건 분리과세
별도 세율 적용 분리과세	가상자산소득(2027년 시행)	별도 세율 적용 분리과세*1
무조건 종합과세	뇌물, 알선수재 및 배임수재에 의하여 받는 금품	무조건 종합과세
선택적 분리과세	위 이외의 소득(A)	(A)>300만원 : 종합과세 (A)≤300만원 : 종합과세와 분리과세 중 선택할 수 있음*2

*1 가상자산소득금액은 원천징수하지 아니하므로 종합소득 과세표준 확정신고의무를 부여하고 있으며, 가상자산소득금액에서 250만원을 뺀 금액에 20%를 곱하여 계산한 금액을 결정세액으로 한다(별도 세율 적용 분리과세).

*2 계약금이 위약금·배상금으로 대체되어 받는 위약금·배상금은 원천징수하지 아니하므로 분

리과세를 선택한 경우라도 종합소득 과세표준 확정신고의무를 부여하고 있으며, 해당 기타소득금액에 20% 세율을 적용하여 계산한 금액을 결정세액으로 한다(별도 세율 적용 분리과세).

(3) 기타소득의 과세최저한

다음에 해당되는 기타소득에 대하여는 소득세를 과세하지 아니한다(소법 84).

구 분	과 세 최 저 한
① 일반적인 경우	기타소득금액(연금계좌로부터 연금외수령한 소득 제외)이 매 건별로 5만원 이하인 경우
② 승마투표권 · 승자투표권 · 소싸움경기투표권 · 체육진흥투표권의 환급금	건별로 권면에 표시된 금액의 합계액이 10만원 이하이고, ㉠ 적중한 개별투표당 환급금이 10만원 이하이거나 ㉡ 단위투표금액당 환급금이 단위투표금액의 100배 이하이면서 적중한 개별투표당 환급금이 200만원 이하인 경우
③ 복권당첨금 및 슬롯머신 등의 당첨금품 · 배당금품	매 건별로 200만원 미만인 경우
④ 가상자산소득금액	해당 과세기간의 가상자산소득금액이 250만원 이하인 경우(2027년 시행)

예제 4-5 | 기타소득금액의 계산

다음은 거주자인 갑의 20×4년 귀속 기타소득과 관련된 자료이다. 다음 자료를 이용하여 종합과세되는 갑의 기타소득금액을 계산하시오. 단, 광업권의 대여에 관련된 필요경비 ₩4,500,000을 제외하고는 필요경비는 확인되지 않는다.

1. 고용관계가 없이 다수인에게 강연을 하고 받은 강연료 : ₩2,000,000
2. 공익사업과 관련하여 지상권을 설정하고 받은 금품 : ₩10,000,000
3. 신문에 칼럼을 기고하고 받은 원고료 : ₩100,000
4. 복권당첨소득 : ₩4,000,000
5. 계약의 위약으로 인한 손해배상금(계약금이 위약금으로 대체된 것임) : ₩3,000,000
6. 광업권의 대여로 인해 받은 금품 : ₩5,000,000
7. 주식매수선택권을 퇴직 후에 행사함으로써 얻은 이익 : ₩6,000,000
8. 종업원으로서 퇴직 후에 지급받은 직무발명보상금 : ₩8,000,000

해답

1. 종합과세대상 기타소득금액의 계산

구 분	총수입금액	필요경비	소득금액
강연료	₩2,000,000	₩1,200,000	₩800,000
지상권 설정대가	10,000,000	6,000,000	4,000,000
원고료	100,000	60,000	(과세최저한)
손해배상금	3,000,000	–	3,000,000
광업권 대여소득	5,000,000	4,500,000	500,000
주식매수선택권 행사이익	6,000,000	–	6,000,000
직무발명보상금	1,000,000	–	1,000,000
계	₩27,100,000	₩11,760,000	₩15,300,000

① 원고료는 필요경비를 공제한 후 소득금액이 ₩40,000으로 과세최저한(매건마다 기타소득금액이 5만원 이하인 경우)에 해당하므로 과세되지 아니한다.
② 복권당첨소득은 무조건 분리과세대상에 해당한다.
③ 광업권의 대여소득은 실발생 필요경비(₩4,500,000)와 총수입금액의 60% (=₩3,000,000) 중 더 큰 금액을 필요경비로 공제한다.
④ 종업원등이 퇴직한 후에 지급받는 직무발명보상금으로서 연 700만원 이하의 금액은 비과세한다.

2. 종합과세 여부의 판단
선택적 분리과세 대상 기타소득금액이 300만원을 초과하므로 종합과세한다.
3. 종합과세되는 기타소득금액은 ₩15,300,000이다.

• 보 론 | 종교인소득에 대한 과세(2018년부터 시행)

(1) 종교인소득의 의의

종교인소득이란 종교관련종사자가 종교의식을 집행하는 등 종교관련종사자로서의 활동과 관련하여 종교단체로부터 받은 소득을 말한다(소법 21 ①, 소령 41 ⑭). 종교인소득에는 종교관련종사자가 그 활동과 관련하여 현실적인 퇴직 이후에 종교단체로부터 정기적 또는 부정기적으로 지급받는 소득으로서 퇴직소득에 해당하지 아니하는 소득을 포함한다.

(2) 종교인소득의 분류

종교인소득은 기타소득으로 과세하되, 종교인소득에 대하여 근로소득으로 원천징수하거나 과세표준확정신고를 한 경우에는 해당 소득을 근로소득으로 본다(소법 21 ③).

⑶ 비과세 종교인소득

종교인소득 중 다음에 해당하는 소득은 비과세한다(소법 12 ⑸, 소령 19 ①).

① 종교관련종사자가 받는 학자금 : 소속된 종교단체의 종교관련종사자로서의 활동과 관련 있는 본인의 입학금 · 수업료 · 수강료 또는 그 밖의 공납금

② 종교관련종사자가 받는 현물식사 또는 월 20만원 이하의 식사대

③ 종교관련종사자가 받는 실비변상적 성질의 지급액 : 일직료 · 숙직료, 여비로서 실비변상 정도의 금액(종교관련종사자가 소유하거나 본인 명의로 임차한 차량을 종교관련종사자가 직접 운전하여 소속 종교단체의 종교관련종사자로서의 활동에 이용하고 소요된 실제 여비 대신에 해당 종교단체의 규칙 등에 정하여진 지급기준에 따라 받는 금액 중 월 20만원 이내의 금액을 포함), 종교관련종사자가 소속 종교단체의 규약 또는 소속 종교단체의 의결기구의 의결 · 승인 등을 통하여 결정된 지급 기준에 따라 종교 활동을 위하여 통상적으로 사용할 목적으로 지급받은 금액 및 물품, 천재 · 지변이나 그 밖의 재해로 인하여 받는 지급액 개정

④ 종교관련종사자 또는 그 배우자의 출산이나 6세 이하(해당 과세기간 개시일을 기준으로 판단한다) 자녀의 보육과 관련하여 종교단체로부터 받는 금액으로서 월 20만원 이내의 금액

⑤ 종교관련종사자가 사택을 제공받아 얻는 이익

⑷ 종교인소득에 대한 필요경비

종교인소득에 대해서는 종교관련종사자가 해당 과세기간에 받은 금액(비과세소득을 제외한다) 중 다음 표에 따른 금액을 필요경비로 한다. 다만, 실제 소요된 필요경비가 다음 표에 따른 금액을 초과하면 그 초과하는 금액도 필요경비에 산입한다(소령 87 ⑶).

종교관련종사자가 받은 금액 (비과세소득 제외)	필요경비
2천만원 이하	종교관련종사자가 받은 금액의 100분의 80
2천만원 초과 4천만원 이하	1,600만원+(2천만원을 초과하는 금액의 100분의 50)
4천만원 초과 6천만원 이하	2,600만원+(4천만원을 초과하는 금액의 100분의 30)
6천만원 초과	3,200만원+(6천만원을 초과하는 금액의 100분의 20)

⑸ 종교단체의 구분기장

종교단체는 소속 종교관련종사자에게 지급한 금액 및 물품(비과세되는 금액 및 물품을 포함)과 그 밖에 종교 활동과 관련하여 지출한 비용을 구분하여 기록 · 관리한다

(소령 41 ⑮).

⑹ 종교인소득에 대한 원천징수

소속 종교관련종사자의 종교인소득에 대한 소득세 원천징수는 종교인소득 간이세액표 해당란의 세액을 기준으로 원천징수한다.

⑺ 종교인소득에 대한 원천징수 예외

종교인소득(근로소득으로 보는 경우를 포함한다)을 지급하는 자는 소득세를 원천징수하지 아니할 수 있다. 이 경우 종교인소득을 지급받은 자는 종합소득과세표준 확정신고를 하여야 한다(소법 155의6).

⑻ 종교인소득에 대한 연말정산

종교인소득을 지급하고 그 소득세를 원천징수하는 자는 해당 과세기간의 다음 연도 2월분의 종교인소득을 지급할 때(2월분의 종교인소득을 2월 말일까지 지급하지 아니하거나 2월분의 종교인소득이 없는 경우에는 2월 말일로 한다) 또는 해당 종교관련종사자와의 소속관계가 종료되는 달의 종교인소득을 지급할 때 해당 과세기간의 종교인소득에 대하여 연말정산을 하여야 한다(소법 145의3 ①).

객 관 식 문 제

▶ 제4장 근로소득 · 연금소득 및 기타소득

1 다음 중 근로소득에 포함되지 않는 것은?

① 종업원이 받는 본인 및 자녀의 학자금 · 장학금
② 법인세법에 의하여 상여로 처분된 금액
③ 임원이 주택의 구입에 소요되는 자금을 저리로 대여받음으로써 얻는 이익
④ 퇴직급여로 지급되기 위해 적립되는 급여

해설

퇴직급여로 지급되기 위해 적립되는 급여는 근로소득에 포함되지 않는다.

2 소득세법상 근로소득에 대한 설명으로 옳지 않은 것은? ◐ 2015년 국가직 9급

① 판공비 명목으로 받는 것으로서 업무를 위하여 사용된 것이 분명하지 아니한 급여는 근로소득으로 과세한다.
② 주주인 임원이 법령으로 정하는 사택을 제공받음으로서 얻는 이익이지만 근로소득으로 과세하지 않는 경우도 있다.
③ 근로자가 사내급식의 방법으로 제공받는 식사는 월 20만원 한도로 근로소득에서 비과세한다.
④ 법령으로 정하는 일용근로자의 근로소득은 원천징수는 하지만 종합소득과세표준을 계산할 때 합산하지는 않는다.

해설

근로자가 사내급식의 방법으로 제공받는 식사는 금액에 관계없이 비과세한다.

3 제약회사의 영업사원인 거주자 갑의 20×1년 급여내역은 다음과 같다. 이를 기초로 갑의 근로소득금액을 계산하면?

1. 급여내역

본 봉	₩7,200,000
상 여 금	3,000,000
연장시간근로수당	500,000
자가운전보조금	2,880,000
식 사 대	2,520,000
	₩16,100,000

2. 추가사항
   (1) 본봉은 매월 ₩600,000씩 지급되었다.
   (2) 자가운전보조금은 매월 ₩240,000에 해당하는 금액으로서, 갑이 직접 차량을 소유하여 업무수행에 이용하고 이에 해당하는 여비를 받지 않고 있다.
   (3) 식사대는 매월 ₩210,000씩 지급받고, 대신 식사는 제공받지 않고 있다.
3. 근로소득공제(일부)
   총급여액 500만원 초과 1,500만원 이하 : 350만원 + (총급여액－500만원) × 40%

① ₩4,150,000　　② ₩3,450,000
③ ₩5,280,000　　④ ₩6,020,000

해설

(1) 총급여액 : ₩7,200,000 + 3,000,000 + 500,000 + (2,880,000 − 200,000×12) + (2,520,000 − 200,000 × 12) = ₩11,300,000
(2) 근로소득공제액 : ₩3,500,000 + (11,300,000 − 5,000,000) × 40% = ₩6,020,000
(3) 근로소득금액 : ₩11,300,000 − 6,020,000 = ₩5,280,000

4 다음은 소득세법상 연금소득에 대한 설명이다. 틀린 것은?

① 국민연금법에 의하여 지급받는 각종 연금은 2002년 1월 1일 이후에 불입된 연금기여금 및 사용자부담금 또는 2002년 1월 1일 이후 근로의 제공을 기초로 하여 지급받는 연금을 과세대상으로 한다.
② 연금계좌에서 연금형태로 인출하는 사적연금소득은 금액에 관계없이 분리과세한다.
③ 국민연금법에 의하여 지급받는 유족연금·장애연금은 비과세한다.
④ 연금소득금액은 해당 과세기간의 총연금액에서 연금소득공제(연 900만원 한도)를 차감한 금액으로 한다.

해설

연금계좌에서 연금형태로 인출하는 사적연금소득은 무조건 분리과세 대상과 연 1,200만원 이하인 경우에는 선택적 분리과세가 가능한 것으로 구분된다.

5 다음은 거주자인 갑의 사적연금 관련 자료이다. 갑의 연금계좌 인출액에 대한 소득세 과세를 설명한 것으로 옳은 것은?

1. 갑은 2010년에 연금계좌를 개설하였으며, 연금수령 요건을 충족하는 2023년부터 연금수령을 개시하였다.
2. 연금수령 개시신청일 현재 연금계좌 평가액은 다음과 같다.
   (1) 퇴직소득 과세이연분 : ₩11,000,000
   (2) 연금계좌 자기불입분 : ₩30,000,000
   (이 중 ₩2,000,000은 소득공제 · 세액공제를 받지 못함)
   (3) 연금계좌 운용수익 : ₩9,000,000
3. 갑은 2023년 연금계좌에서 연금형태로 ₩15,000,000을 인출(의료목적 또는 부득이한 인출요건에 따라 인출한 것은 아님)하였다.

① 갑의 연금수령한도는 ₩10,000,000이다.

② 갑의 무조건 분리과세 대상 연금소득은 ₩10,000,000이다.

③ 갑의 퇴직소득은 ₩3,000,000이다.

④ 갑의 무조건 분리과세 대상 기타소득은 없다.

해설

(1) 연금수령한도 : $\dfrac{₩50,000,000}{(11-6)} \times 120\% = ₩12,000,000$

(2) 인출순서
① ₩2,000,000(과세제외 금액) → 과세하지 않음
② ₩10,000,000(과세이연 퇴직소득 : 연금수령) → 연금소득(무조건 분리과세)
③ ₩1,000,000(과세이연 퇴직소득 : 연금외수령) → 퇴직소득
④ ₩2,000,000(자기불입금 또는 운용수익 : 연금외수령) → 기타소득(무조건 분리과세)

6 소득세법상 기타소득에 포함되지 않는 것은? ◐ 2018년 국가직 9급 수정

① 지상권을 설정함으로써 발생하는 소득(공익사업을 위한 토지 등의 취득 및 보상에 관한 법률 제4조에 따른 공익사업과 관련하여 지상원을 설정하는 경우는 제외)

② 비거주자의 대통령령으로 정하는 특수관계인이 그 특수관계로 인하여 그 비거주자로부터 받는 경제적 이익으로서 급여·배당 또는 증여로 보지 아니하는 금품

③ 통신판매중개업자를 통하여 물품 또는 장소를 대여하고 연간 수입금액 500만원 이하의 사용료로서 받은 금품

④ 종교관련종사자가 종료의식을 집행하는 등 종교관련종사자의 활동과 관련하여 대통령령으로 정하는 종교단체로부터 받은 소득(근로소득으로 원천징수하거나 과세표준확정신고를 한 경우는 제외)

해설

지상권을 설정함으로써 발생하는 소득(공익사업을 위한 토지 등의 취득 및 보상에 관한 법률 제4조에 따른 공익사업과 관련하여 지상원을 설정하는 경우는 제외)은 사업소득으로 과세한다.

7 소득세법상 기타소득에 대한 설명으로 옳지 않은 것은? ◐ 2015년 국가직 9급 수정

① 상금·현상금 및 포상금은 총수입금액의 80%와 실발생 필요경비 중 큰 금액을 필요경비로 인정한다.

② 저작자 외의 자가 저작권 사용의 대가로 받는 금품은 기타소득으로 과세한다.

③ 사행행위 등 규제 및 처벌특례법 에서 규정하는 사행행위에 참가하여 얻은 재산상 이익은 사행행위가 불법적인 경우에도 기타소득으로 과세한다.

④ 공무원이 직무와 관련하여 받는 뇌물은 기타소득으로 과세한다.

해설

상금 중 공익법인이 주무관청의 승인을 얻어 시상하는 상금과 부상 및 다수가 순위 경쟁하는 대회에서 입상자가 받는 상금과 부상에 한하여 총수입금액의 80%와 실발생 필요경비 중 큰 금액을 필요경비로 인정한다.

8 다음은 거주자 갑의 20×0년 기타소득내역이다. 종합소득으로 과세되는 기타소득금액을 계산한 것으로 옳은 것은? 단, 필요경비는 확인되지 아니한다.

1. 고용관계 없이 강연을 하고 받은 강연료 : ₩100,000
2. 다수가 순위경쟁하는 대회에서 받은 상금 : ₩2,000,000
3. 퇴직 후에 지급받은 직무발명보상금 : ₩8,000,000
4. 일시적인 문예창작소득(사업성 없음) : ₩1,000,000
5. 상표권을 대여하고 받은 금품 : ₩5,000,000
6. 퇴직 후 주식매수선택권의 행사이익 : ₩4,200,000
7. 보유기간이 5년인 서화(원작자가 사망함)를 양도하고 받은 대가 : ₩200,000,000
8. 통신판매중개업자를 통하여 장소를 대여하고 받은 금품 : ₩4,000,000

① ₩7,400,000
② ₩10,000,000
③ ₩9,600,000
④ ₩12,000,000

해설

1. 종합과세대상 기타소득금액의 계산

구 분	총수입금액	필요경비	소득금액
강연료	₩100,000	₩60,000	(과세최저한)
순위경쟁대회 상금	2,000,000	1,600,000	₩400,000
직무발명보상금	1,000,000	–	1,000,000
문예창작소득	1,000,000	600,000	400,000
상표권 대여소득	5,000,000	3,000,000	2,000,000
주식매수선택권 행사이익	4,200,000	–	4,200,000
서화 양도 대가	–	–	(무조건 분리과세)
통신판매중개업자를 통한 장소 대여 소득	4,000,000	2,400,000	1,600,000
계			₩9,600,000

① 강연료는 필요경비(₩60,000 = 100,000 × 60%)를 공제한 후 소득금액이 ₩40,000으로 과세최저한(매 건마다 5만원 이하)에 해당하므로 과세되지 아니함
② 다수가 순위경쟁하는 대회에서 받은 상금은 80%의 추정필요경비가 인정됨
③ 직무발명보상금으로서 연 700만원 이하의 금액은 비과세하므로 초과금액만 과세함
④ 일시적인 문예창작소득과 상표권 대여소득은 60%의 추정필요경비가 인정됨
⑤ 서화 양도 대가에 대해서는 ₩6,000,000*을 원천징수함으로써 무조건 분리과세함
  * [₩200,000,000 − (100,000,000 × 90% + 100,000,000원 × 80%)] × 20%
⑥ 통신판매중개업자를 통한 장소 대여 소득은 60%의 추정필요경비가 인정됨

9 소득세법상 종교인소득에 대한 설명이다. 옳지 않은 것은?

① 종교인소득에 대하여 근로소득으로 원천징수한 경우에는 해당 소득을 근로소득으로 본다.

② 종교관련종사자가 사택을 제공받아 얻는 이익은 종교인소득으로 과세한다.

③ 종교인소득을 지급하는 자는 소득세를 원천징수하지 아니할 수 있다.

④ 종교관련종사자가 소속 종교단체의 규약 또는 소속 종교단체의 의결기구의 의결·승인 등을 통하여 결정된 지급 기준에 따라 종교 활동을 위하여 통상적으로 사용할 목적으로 지급받은 금액은 비과세한다.

해설

종교관련종사자가 사택을 제공받아 얻는 이익은 비과세한다.

10 소득세법상 소득구분에 대한 설명이다. 옳지 않은 것은?

① 퇴직 전에 부여받은 주식매수선택권을 퇴직 후에 행사함으로써 얻는 이익은 기타소득에 해당한다.

② 연금계좌에서 연금외수령하는 금액 중 이연퇴직소득에 해당하는 금액은 퇴직소득으로 과세한다.

③ 연금계좌에서 의료목적, 천재지변 등 부득이한 사유로 인출하는 경우에는 기타소득으로 과세한다.

④ 종업원 등 또는 대학의 교직원이 퇴직 전에 지급받는 직무발명보상금은 근로소득으로 과세한다.

해설

연금계좌에서 의료목적, 천재지변 등 부득이한 사유로 인출하는 경우에는 연금소득으로 과세한다.

정답	1	④	2	③	3	③	4	②	5	②	6	①	7	①	8	③	9	②	10	③

Chapter 5 소득금액계산의 특례

제 1 절 | 부당행위계산의 부인

1. 의 의

납세지 관할세무서장 또는 지방국세청장은 특정소득이 있는 거주자의 행위 또는 계산이 그 거주자와 특수관계인과의 거래로 인하여 해당 소득에 대한 조세의 부담을 부당하게 감소시킨 것으로 인정되는 때에는 그 거주자의 행위 또는 계산과 관계없이 해당 과세기간의 소득금액을 계산할 수 있다(소법 41 ①).

부당행위계산 부인의 요건	내 용
① 특정소득이 있는 거주자일 것	출자공동사업자의 분배금 · 사업소득 · 기타소득 또는 양도소득(필요경비가 인정되는 소득)이 있는 거주자에 한함
② 특수관계인과의 거래일 것	
③ 조세 부담을 부당하게 감소시킨 것으로 인정될 것	시가와 거래가액의 차액이 3억원 이상이거나 시가의 5%에 상당하는 금액 이상인 경우에 한함

2. 특수관계인의 범위

특수관계인이란 국세기본법에 따른 다음의 특수관계인을 말한다(소령 98 ①).

구 분	특수관계인의 범위
① 친족관계	㉠ 4촌 이내의 혈족 및 3촌 이내의 인척 ㉡ 배우자(사실상의 혼인관계에 있는 자를 포함) ㉢ 친생자로서 다른 사람에게 친양자 입양된 자 및 그 배우자 · 직계비속 ㉣ 본인이 민법에 따라 인지한 혼인 외 출생자의 생부나 생모
② 경제적 연관관계	㉠ 임원과 그 밖의 사용인 ㉡ 본인의 금전이나 그 밖의 재산으로 생계를 유지하는 자 ㉢ '㉠' 및 '㉡'의 자와 생계를 함께하는 친족

구 분	특수관계인의 범위
③ 경영지배관계	㉠ 본인이 직접 또는 그와 친족관계 또는 경제적 연관관계에 있는 자를 통하여 법인의 경영에 대하여 지배적인 영향력을 행사하고 있는 경우 그 법인 ㉡ 본인이 직접 또는 그와 친족관계, 경제적 연관관계 또는 '㉠'의 관계에 있는 자를 통하여 법인의 경영에 대하여 지배적인 영향력을 행사하고 있는 경우 그 법인

3. 조세 부담을 부당하게 감소시킨 것으로 인정되는 경우

조세 부담을 부당히 감소시킨 것으로 인정되는 경우라 함은 다음중 어느 하나에 해당하는 경우를 말한다(소령 89 ②).

① 특수관계인으로부터 시가보다 높은 가격으로 자산을 매입하거나 특수관계인에게 시가보다 낮은 가격으로 자산을 양도한 때

② 특수관계인에게 금전이나 그 밖의 자산 또는 용역을 무상 또는 낮은 이율 등으로 대부하거나 제공한 때. 다만, 직계존비속에게 주택을 무상으로 사용하게 하고 직계존비속이 그 주택에 실제 거주하는 경우는 제외한다.

③ 특수관계인으로부터 금전이나 그 밖의 자산 또는 용역을 높은 이율 등으로 차용하거나 제공받는 때

④ 특수관계인으로부터 무수익자산을 매입하여 그 자산에 대한 비용을 부담하는 때

⑤ 그 밖에 특수관계인과의 거래에 따라 해당 과세기간의 총수입금액 또는 필요경비를 계산할 때 조세의 부담을 부당하게 감소시킨 것으로 인정되는 경우

제 2 절 | 결손금과 이월결손금의 공제

1. 의 의

결손금이란 해당 과세기간에 속하거나 속하게 될 필요경비가 총수입금액을 초과하는 경우의 그 초과금액을 말한다. 소득세법은 개인의 생애소득을 편의상 과세기간단위로 구분하여 과세하고 있으므로 특정과세기간에 발생한 결손금을 다른 과세기간의 소득금액에서 공제할 필요가 있다. 만일 결손금을 다른 과세기간의 소득에서 공제하지 않는다면 소득이 매년 평균적으로 발생하는 자에 비하여 소득의 변동이 큰 자(즉 결손금과 소득이 교차하여 발생하는 자)의 세부담이 많아지는 조세불공평성이 발생하

기 때문이다.

결손금의 공제방법은 이월공제(carry－forward)와 소급공제(carry－back)가 있다. 소득세법에서는 사업소득의 결손금을 15년간 이월공제 할 수 있도록 허용하고 있으며, 중소기업(부동산임대사업자는 중소기업이 될 수 없음)의 결손금은 1년간 소급공제가 허용된다. 한편 종합소득 중 필요경비가 인정되는 소득은 사업소득 및 기타소득이 있으나, 기타소득에 대해서는 결손금을 인정하지 아니하므로 사업소득에서만 결손금이 발생한다.

2. 사업소득의 결손금

사업자가 비치·기록한 장부에 의하여 해당 과세기간의 사업소득금액을 계산함에 있어서 발생하는 결손금은 다음과 같이 공제한다.

(1) 부동산임대업 이외의 사업에서 발생한 결손금

부동산임대업 이외의 사업(주거용 건물임대업 포함)에서 발생한 결손금은 그 과세기간의 종합소득 과세표준을 계산할 때 부동산임대업의 소득금액에서 먼저 공제하고, 미공제분은 ① 근로소득금액, ② 연금소득금액, ③ 기타소득금액, ④ 이자소득금액, ⑤ 배당소득금액에서 순서대로 공제한다(소법 45 ①).[45)]

(2) 부동산임대업에서 발생한 결손금

부동산임대업(주거용 건물임대업 제외)에서 발생한 결손금은 해당 과세기간의 종합소득 과세표준을 계산할 때 다른 종합소득금액에서 공제하지 아니한다(소법 45 ②).

3. 사업소득의 이월결손금

부동산임대업 이외의 사업에서 발생한 결손금 중 미공제분과 부동산임대업(주거용 건물임대업 제외)에서 발생한 결손금(이월결손금)은 해당 이월결손금이 발생한 과세기간의 종료일부터 15년(2019.12.31 이전 발생분은 10년) 이내에 끝나는 과세기간의 소득금액을 계산할 때 먼저 발생한 과세기간의 이월결손금(자산수증익 또는 채무면제익

---

45) 사업소득 결손금 및 이월결손금을 공제할 때 종합과세되는 배당소득 또는 이자소득이 있으면 그 배당소득 또는 이자소득 중 원천징수세율을 적용받는 부분은 결손금 또는 이월결손금의 공제대상에서 제외하며, 그 배당소득 또는 이자소득 중 기본세율을 적용받는 부분에 대해서는 납세자가 그 소득금액의 범위에서 공제 여부 및 공제금액을 결정할 수 있다(소법 44 ⑤).

으로 충당된 이월결손금을 제외함)부터 순서대로 다음과 같이 공제한다. 다만, 국세기본법에 따른 국세의 부과제척기간이 지난 후에 그 부과제척기간 이전 과세기간의 이월결손금이 확인된 경우 그 이월결손금은 공제하지 아니한다.

① 부동산임대업 이외의 사업(주거용 건물임대업 포함)에서 발생한 이월결손금은 사업소득금액, 근로소득금액, 연금소득금액, 기타소득금액, 이자소득금액 및 배당소득금액에서 순서대로 공제한다.

② 부동산임대업(주거용 건물임대업 제외)에서 발생한 이월결손금은 부동산임대업(주거용 건물임대업 제외)의 소득금액에서 공제한다.

또한 결손금 및 이월결손금을 공제할 때 해당 과세기간에 결손금이 발생하고 이월결손금이 있는 경우에는 그 과세기간의 결손금을 먼저 소득금액에서 공제한다(소법 45 ⑥).

4. 사업소득 결손금의 소급공제

중소기업을 경영하는 거주자가 그 중소기업의 사업소득금액을 계산할 때 결손금을 다른 소득에서 공제하고 남는 금액(부동산임대업에서 발생한 이월결손금은 제외)이 발생한 경우에는 이를 1년간 소급공제하여 직전 과세기간의 그 중소기업의 사업소득에 대한 종합소득세액을 환급받을 수 있다. 이 경우 소급공제한 이월결손금에 대하여는 결손금을 이월공제함에 있어서 공제받은 금액으로 본다.

5. 추계결정시 이월결손금 공제의 배제

해당 과세기간의 소득금액에 대해서 추계신고(비치·기록한 장부와 증명서류에 의하지 아니한 신고를 말함)를 하거나 추계조사결정하는 경우 이월결손금을 공제하지 아니한다. 다만, 천재지변이나 그 밖의 불가항력으로 장부나 그 밖의 증명서류가 멸실되어 추계신고를 하거나 추계조사결정을 하는 경우에는 그러하지 아니하다.

예제 5-1 | 결손금 및 이월결손금 공제

다음은 거주자인 갑의 20×8년 종합소득 내역이다. 다음 자료를 이용하여 갑의 종합소득금액을 계산하시오.

1. 갑의 소득금액(또는 결손금)은 다음과 같다(단위 : 원).

구 분	소득금액(결손금)	비 고
이자소득금액	10,000,000	전액 원천징수세율이 적용됨
배당소득금액	5,000,000	전액 원천징수세율이 적용됨
부동산임대업 이외의 사업소득금액	△30,000,000	
근로소득금액	40,000,000	
기타소득금액	10,000,000	

2. 갑의 사업소득(부동산임대업 제외) 이월결손금은 20×6년 발생분 ₩15,000,000이 있으며, 부동산임대업으로부터 발생한 이월결손금은 20×5년 발생분 ₩8,000,000이 있다.

해답

구 분	소득금액 (결손금)	사업소득(부동산임대업 제외) 결손금공제	사업소득(부동산임대업 제외) 이월결손금공제	사업소득(부동산임대업) 이월결손금공제	종합소득금액
이자소득금액	10,000,000				10,000,000
배당소득금액	5,000,000				5,000,000
일반사업소득금액	△30,000,000	30,000,000			
근로소득금액	40,000,000	△30,000,000	△10,000,000		–
기타소득금액	10,000,000		△5,000,000		5,000,000
계					20,000,000

※ 부동산임대업에서 발생한 사업소득의 이월결손금(₩8,000,000)은 부동산임대업의 사업소득금액에서만 공제할 수 있는데 부동산임대업의 사업소득금액이 없으므로 다음 과세기간으로 이월된다.

제 3 절 | 공동사업에 대한 소득금액의 계산

1. 공동사업장에 대한 소득금액계산

공동사업을 영위하는 공동사업자는 손익분배비율에 의하여 분배되었거나 분배될 소득금액에 대하여 각 공동사업자별로 납세의무를 진다.

(1) 공동사업장의 소득금액 계산

사업소득이 발생하는 사업을 공동으로 경영하고 그 손익을 분배하는 공동사업(경영에 참여하지 아니하고 출자만 하는 출자공동사업자가 있는 공동사업을 포함)의 경우에는 공동사업장을 1거주자로 보아 공동사업장별로 총수입금액에서 필요경비를 차감하여 소득금액을 계산한다.

(2) 공동사업장의 소득금액 분배

공동사업에서 발생한 소득금액은 공동사업자(출자공동사업자를 포함)간에 약정된 손익분배비율(약정된 손익분배비율이 없는 경우에는 지분비율을 말함)에 의하여 분배되었거나 분배될 소득금액에 따라 각 공동사업자 별로 분배한다.[46] 각 공동사업자는 분배된 소득금액을 각자의 다른 종합소득과 합산하여 종합소득금액, 과세표준과 세액을 계산하고 각자 신고·납부한다.

2. 조세회피목적의 공동사업에 대한 합산과세

(1) 의 의

소득세는 누진세율이 적용되므로 소득을 여러 사람에게 분산시킬수록 조세부담이 감소한다. 즉, 실질적으로는 단독사업임에도 불구하고 공동사업의 형식을 취하게 되면 소득세를 회피할 수 있다. 소득분산을 통한 조세회피를 방지하기 위하여 조세회피목적의 공동사업에 대해서는 공동사업자 중 특수관계인의 소득을 어느 한사람의 소득으로 합산하여 과세하는 규정을 두고 있다.

거주자 1인과 특수관계인이 공동사업자에 포함되어 있는 경우로서 손익분배비율을 거짓으로 정하는 등 일정한 사유[47]에 해당하는 경우 그 특수관계인의 소득금액은 그 손

46) 공동사업에서 결손금이 발생한 경우에는 손익분배비율에 의한 금액을 각 공동사업자의 결손금으로 보아 결손금 및 이월결손금공제 규정에 따라 처리한다.

익분배비율이 큰 공동사업자(주된 공동사업자)의 소득금액으로 본다(소법 43 ③). 만약 공동사업자의 손익분배비율이 동일한 경우에는 다음에 정하는 자가 주된 공동사업자가 된다.

① 공동사업소득 외의 종합소득금액이 많은 자
② 공동사업소득 외의 종합소득금액이 동일한 경우에는 직전 과세기간의 종합소득금액이 많은 자
③ 직전연도의 종합소득금액이 같은 경우에는 해당 사업에 대한 종합소득과세표준을 신고한 자. 다만, 공동사업자 모두가 해당 사업에 대한 종합소득과세표준을 신고하였거나 종합소득과세표준을 신고하지 아니한 경우에는 납세지 관할세무서장이 정하는 자

(2) 특수관계인의 범위

특수관계인이라 함은 과세기간 종료일 현재 국세기본법에 따른 특수관계인으로서 생계를 같이하는 자를 말한다.

(3) 특수관계인의 연대납세의무

주된 공동사업자에게 합산과세되는 소득금액에 대하여 주된 공동사업자 외의 특수관계인은 그의 손익분배비율에 해당하는 소득금액을 한도로 주된 공동사업자와 연대납세의무를 진다(소법 2 ①).

3. 공동사업에 대한 기타 과세규정

(1) 공동사업장의 가산세

사업장현황신고 불성실가산세 등 공동사업장과 관련된 가산세는 각 공동사업자의 손익분배비율에 따라 배분하여 공동사업자가 함께 부담한다. 그러나 무신고가산세 및 납부지연가산세는 신고 또는 납부하지 아니한 해당 공동사업자가 전액 부담한다(소법 87).

---

47) 일정한 사유란 다음 중 어느 하나에 해당하는 경우를 말한다(소령 100 ④).
① 공동사업자가 법 제70조 제4항에 따라 제출한 신고서와 첨부서류상에 기재한 사업의 종류, 소득금액내역, 지분비율, 약정된 손익분배비율 및 공동사업자간의 관계 등이 사실과 현저하게 다른 경우
② 공동사업자의 경영참가, 거래관계, 손익분배비율 및 자산·부채 등의 재무상태 등을 보아 조세를 회피하기 위해 공동으로 사업을 경영하는 것으로 확인되는 경우

⑵ 공동사업장의 장부기장 및 사업자등록

공동사업장에 대하여는 그 공동사업장을 1사업자로 보아 장부의 비치 · 기록 규정과 사업자등록에 관한 규정을 적용한다(소법 87 ③).

⑶ 공동사업장에 대한 소득금액의 결정 · 경정

공동사업에서 발생하는 소득금액의 결정 또는 경정은 대표공동사업자의 주소지 관할세무서장이 한다. 다만, 국세청장이 특히 중요하다고 인정하는 것에 대하여는 사업장 관할세무서장 또는 주소지 관할지방국세청장이 한다(소령 150 ①).

⑷ 공동사업장에 대한 부당행위계산 부인 규정 적용

공동사업장의 소득금액을 계산할 때 부당행위계산 부인 규정을 적용하는 경우에는 공동사업자를 거주자로 본다(소령 150 ⑦).

예제 5-2 | 공동사업에 대한 과세

다음은 공동사업과 관련된 자료이다. 다음 자료를 이용하여 아래 요구사항에 답하시오.

⑴ 공동사업장(음식점업)의 소득금액 : ₩50,000,000

⑵ 공동사업자의 손익분배비율은 다음과 같다.

구 분	손익분배비율	공동사업자의 관계	다른 종합소득금액
김남편	40%	본인	사업소득금액 ₩30,000,000
이아내	30%	처	기타소득금액 ₩20,000,000
김아들	20%	장남	근로소득금액 ₩10,000,000
김부친	10%	부친	없음

⑶ 김남편과 이아내, 김아들은 과세기간 종료일 현재 생계를 같이하고 있으나, 김부친은 그러하지 아니하다.

• 요구사항 •

1. 조세회피목적의 공동사업이 아닌 경우 각 공동사업자의 종합소득금액을 계산하시오.
2. 조세회피목적의 공동사업인 경우 각 공동사업자의 종합소득금액을 계산하시오.
3. 조세회피목적의 공동사업이 아닌 경우로서 공동사업장의 결손금이 ₩50,000,000 발생한 경우 각 공동사업자의 종합소득금액을 계산하시오.

해답

1. 조세회피목적의 공동사업이 아닌 경우

구 분	손익분배비율	공동사업소득 분배액	다른 소득금액	종합소득금액
김남편	40%	₩20,000,000	₩30,000,000	₩50,000,000
이아내	30%	15,000,000	20,000,000	35,000,000
김아들	20%	10,000,000	10,000,000	20,000,000
김부친	10%	5,000,000	–	5,000,000

2. 조세회피목적의 공동사업인 경우

특수관계인(김남편, 이아내, 김아들)에게 분배될 소득금액을 주된 공동사업자(손익분배비율이 큰 공동사업자)인 김남편의 소득으로 합산하여 과세한다.

구 분	손익분배비율	공동사업소득 분배액	다른 소득금액	종합소득금액
김남편	90%	₩45,000,000	₩30,000,000	₩75,000,000
이아내	–	–	20,000,000	20,000,000
김아들	–	–	10,000,000	10,000,000
김부친	10%	5,000,000	–	5,000,000

3. 조세회피목적의 공동사업이 아닌 경우로서 공동사업장의 결손금이 ₩50,000,000 발생한 경우

공동사업의 결손금을 손익분배비율에 따라 각 공동사업자에게 분배하고 분배된 결손금을 각 공동사업자의 다른 종합소득에서 공제한다. 김부친은 다른 종합소득이 없으므로 분배된 결손금(₩5,000,000)을 이월공제한다.

구 분	손익분배비율	공동사업 결손금 분배액	다른 소득금액	종합소득금액
김남편	40%	₩△20,000,000	₩30,000,000	₩10,000,000
이아내	30%	△15,000,000	20,000,000	5,000,000
김아들	20%	△10,000,000	10,000,000	–
김부친	10%	△5,000,000	–	–

제 4 절 | 채권 등에 대한 소득금액의 계산특례 및 원천징수특례

1. 채권 등에 대한 소득금액의 계산특례

거주자가 채권 등의 발행법인으로부터 해당 채권 등에서 발생하는 이자 또는 할인액을 지급[48]받거나 해당 채권 등을 매도(증여 · 변제 및 출자 등으로 채권 등의 소유

48) 전환사채의 주식전환, 교환사채의 주식교환 및 신주인수권부사채의 신주인수권행사(신주 발행대금

권 또는 이자소득의 수급권의 변동이 있는 경우와 매도를 위탁하거나 중개 또는 알선시키는 경우를 포함하되, 환매조건부채권매매거래 등 법령으로 정하는 경우는 제외한다)하는 경우에는 거주자에게 그 보유기간별로 귀속되는 이자등 상당액을 해당 거주자의 이자소득으로 보아 소득금액을 계산한다(소법 46 ①).

$$\text{보유기간별 이자등 상당액} = \text{채권 등의 액면가액} \times \text{이자율}^{*1} \times \frac{\text{보유기간 일수}^{*2}}{365}$$

*1 이자율 : 해당 채권 등의 표면이자율에 발행시의 할인율을 가산하고 할증율을 차감한 율. 다만, 공개시장에서 발행하는 국채 등은 할인 · 할증 여부에 관계없이 표면이자율에 의한다.

*2 보유기간 일수 : 매수일(발행일 또는 직전 원천징수일)의 다음날부터 매도일(이자등의 지급일)까지의 보유기간을 일수로 계산한 기간을 말하며, 매수일과 매도일 중 한쪽을 산입하는 방법으로 계산한다.

2. 채권보유기간 이자등 상당액에 대한 원천징수특례

발행법인 등으로부터 채권 등의 이자 등을 지급받거나 채권 등의 이자 등을 받기 전에 매도하는 경우 채권보유기간 이자상당액에 대한 원천징수는 다음에 의한다.

구 분		채권중도 매매시 원천징수의무자	원천징수의 내용*
매도자	매수자		
개 인	개 인	–	매수개인은 원천징수의무가 없으며, 채권 등 발행법인이 이자 지급시 원천징수함
개 인	법 인	매수법인	매수법인이 개인의 채권보유기간 이자상당액에 대하여 원천징수함
법 인	개 인	매도법인	매도법인이 법인의 채권보유기간 이자상당액에 대하여 원천징수함(원천징수의무의 대리)
법 인	법 인	매도법인	

* 채권을 매도하거나 이자를 지급받는 개인이 다른 개인으로부터 채권을 매수한 사실을

① 입증하는 경우 : 각 개인의 보유기간 이자상당액을 각 보유자의 이자소득으로 보아 각각 원천징수함.

② 입증하지 못하는 경우 : 원천징수기간의 이자상당액이 채권을 매도하거나 이자를 지급받은 개인에게 귀속되는 것으로 보아 원천징수함.

을 해당 신주인수권부사채로 납입하는 경우만 해당)의 경우를 포함한다.

객 / 관 / 식 / 문 / 제

▶ 제5장 소득금액계산의 특례

1 소득세법상 결손금 및 이월결손금 공제에 대한 다음 설명 중 잘못된 것은?

① 중소기업을 영위하는 거주자는 사업소득에서 결손금이 발생되는 경우 이를 다른 종합소득에서 공제하는 대신 직전 과세기간으로 소급공제하여, 직전 과세기간의 사업소득에 부과된 소득세액을 한도로 환급신청할 수 있다.

② 부동산임대업에서 발생한 결손금은 다른 소득금액에서 공제하지 않고 다음 연도로 이월시켜 향후 발생하는 부동산임대업의 소득금액에서 공제한다.

③ 사업소득의 결손금은 해당 과세기간의 종합소득과세표준의 계산에 있어서 근로소득금액, 연금소득금액, 기타소득금액, 이자소득금액, 배당소득금액에서 순차로 공제하며, 공제 후 남은 결손금은 다음 연도로 이월시킨다.

④ 해당 과세기간의 소득금액을 추계결정하는 경우(천재지변 기타 불가항력으로 장부, 그밖의 증명서류가 멸실되어 추계결정하는 경우는 제외)에는 이월결손금 공제 규정을 적용하지 않는다.

해설

중소기업을 영위하는 거주자는 사업소득에서 결손금이 발생되는 경우 이를 다른 종합소득에서 먼저 공제한 후 잔액이 있을 경우에 한하여 직전 과세기간으로 소급공제하여, 직전 과세기간의 사업소득에 부과된 소득세액을 한도로 환급신청할 수 있다.

2 공동사업의 소득금액계산과 관련된 다음 설명 중 옳지 않은 것은?

① 사업자가 공동으로 사업을 경영하는 경우에는 손익분배비율에 의하여 분배되었거나 분배될 소득금액에 따라 각 거주자별로 소득금액을 계산한다.

② 조세회피목적의 공동사업에 대한 합산과세시 주된 공동사업자는 공동사업소득 외의 종합소득금액이 많은 자로 한다.

③ 조세회피목적의 공동사업에 대한 합산과세시 특수관계인이라 함은 과세기간 종료일 현재 국세기본법에 따른 특수관계인으로서 생계를 같이하는 자를 말한다.

④ 지급명세서 제출불성실가산세 등 공동사업장과 관련된 가산세는 각 공동사업자의 손익분배비율에 따라 배분하여 공동사업자가 함께 부담한다.

해설

조세회피목적의 공동사업에 대한 합산과세시 주된 공동사업자는 손익분배비율이 큰 공동사업자로 한다.

3 소득세법상 공동사업에 대한 설명으로 옳지 않은 것은? ◐ 2011년 국가직 9급

① 공동사업의 경우에는 해당 사업을 경영하는 장소를 1거주자로 보아 공동사업자별로 각각 그 소득금액을 계산한다.

② 공동사업의 출자공동사업자에게 분배된 소득금액은 배당소득으로 보고 무조건 종합과세한다.

③ 공동사업장에 대해서는 당해 공동사업장을 1사업자로 보아 장부기장 및 사업자등록에 관한 규정을 적용한다.

④ 공동사업장에서 발생한 소득금액에 대하여 원천징수된 세액은 각 공동사업자의 손익분배비율에 따라 배분한다.

해설

사업을 경영하는 장소를 1거주자로 보아 공동사업장별로 소득금액을 계산한다.

4 소득세법상 공동사업에 대한 거주자의 소득세 납세의무에 대한 설명으로 옳지 않은 것은?

◐ 2018년 국가직 9급

① 공동사업자가 과세표준확정신고를 하는 때에는 과세표준확정신고서와 함께 당해 공동사업장에서 발생한 소득과 그 외의 소득을 구분한 계산서를 제출하여야 한다.

② 특수관계자 아닌 자와 공동사업을 경영하는 경우 그 사업에서 발생한 소득금액은 공동사업을 경영하는 각 거주자 간에 약정된 손익분배비율의 존재여부와 관계없이 지분비율에 의하여 분배되었거나 분배될 소득금액에 따라 각 공동사업자별로 분배한다.

③ 공동사업에 관한 소득금액이 주된 공동사업자에게 합산과세되는 경우 그 합산과세되는 소득금액에 대해서는 주된 공동사업자의 특수관계인은 손익분배비율에 해당하는 그의 소득금액을 한도로 주된 공동사업자와 연대하여 납세의무를 진다.

④ 공동사업에서 발생한 소득금액 중 법령에서 정하는 바에 따라 출자공동사업자에게 분배된 금액은 배당소득으로 과세한다.

해설

특수관계자 아닌 자와 공동사업을 경영하는 경우 그 사업에서 발생한 소득금액은 공동사업자 간에 약정된 손익분배비율(약정된 손익분배비율이 없는 경우에는 지분비율)에 의하여 분배되었거나 분배될 소득금액에 따라 각 공동사업자별로 분배한다.

5 다음은 소득세법상 소득금액계산의 특례와 관련된 설명이다. 틀린 것은?

① 직계존비속에게 주택을 무상으로 사용하게 하고 직계존비속이 해당 주택에 실제 거주하는 경우에는 부당행위계산부인규정을 적용하지 아니한다.

② 출자공동사업자의 분배금 · 사업소득 · 기타소득 또는 양도소득이 있는 거주자에 한하여 부당행위계산부인규정이 적용된다.

③ 채권에서 발생하는 이자는 해당 채권의 상환기간 중에 보유한 거주자 또는 비거주자에게 그 보유기간별 이자등 상당액이 각각 귀속되는 것으로 보아 소득금액을 계산한다.

④ 공동사업장에 대하여는 각 공동사업자별로 구분하여 장부를 비치 · 기록하여야 한다.

해설

공동사업장에 대하여는 해당 공동사업장을 1사업자로 보아 장부의 비치 · 기록 규정과 사업자등록에 관한 규정을 적용한다.

6 소득세법상 소득금액계산의 특례에 대한 설명으로 옳지 않은 것은? ⊙ 2017년 국가직 7급 수정

① 거주자가 채권등을 내국법인에게 매도하는 경우에는 대통령령으로 정하는 기간계산방법에 따른 원천징수기간의 이자등 상당액을 거주자의 이자소득으로 보고 채권등을 매수하는 법인이 소득세를 원천징수한다.

② 연금계좌의 가입자가 사망하였으나 그 배우자가 연금외수령 없이 해당 연금계좌를 상속으로 승계하는 경우에는 해당 연금계좌에 있는 피상속인의 소득금액은 상속인의 소득금액으로 보아 소득세를 계산한다.

③ 사업소득이 발생하는 사업을 공동으로 경영하고 그 손익을 분배하는 공동사업의 경우에는 공동사업장을 1거주자로 보아 공동사업장별로 그 소득금액을 계산한다.

④ 주거용 건물 임대업에서 발생하는 이월결손금은 해당 과세기간의 부동산임대업의 소득금액을 계산할 때 먼저 공제하고, 남은 금액은 이월한다.

해설

주거용 건물 임대업에서 발생하는 이월결손금은 해당 과세기간의 사업소득금액을 계산할 때 먼저 공제하고, 남은 금액은 근로소득금액, 연금소득금액, 기타소득금액, 이자소득금액, 배당소득금액에서 순서대로 공제한다.

정답	1	①	2	②	3	①	4	②	5	④	6	④

Chapter 6

종합소득과세표준

종합소득과세표준은 종합소득금액에서 종합소득공제와 조세특례제한법상 소득공제를 차감하여 계산한다.

종합소득과세표준 = 종합소득금액 − 종합소득공제 − 조세특례제한법상 소득공제

제 1 절 | 종합소득공제

종합소득공제에는 인적공제, 연금보험료공제, 주택담보노후연금이자비용공제 및 특별소득공제가 있으며, 공제 대상임을 증명하는 서류를 제출하여야 한다. 공제대상임을 증명하는 서류를 제출하지 아니하는 경우에는 기본공제 중 거주자 본인에 대한 분(分)과 표준세액공제만 적용한다(소법 54 ②).

구 분		내 용
인적공제	기본공제	기본공제대상자 1인당 150만원 공제
	추가공제	① 경로우대자공제 : 1인당 100만원 공제 ② 장애인공제 : 1인당 200만원 공제 ③ 부녀자공제 : 50만원 공제 ④ 한부모공제 : 100만원 공제
연금보험료공제		공적연금보험료 전액을 공제
주택담보노후연금 이자비용공제		연금소득이 있는 거주자가 주택담보노후연금을 지급받는 경우 그 연금에 대하여 해당 과세기간에 발생한 이자상당액을 공제(200만원 한도)
특별소득공제		보험료 소득공제 및 주택자금 소득공제

1. 인적공제

인적공제는 납세의무자의 최저생계비에 해당하는 금액을 종합소득금액에서 공제함

으로써 최저생활을 보장하는 효과가 있다. 또한 부양가족에 비례하여 인적공제액을 증가시킴으로써 세부담능력을 고려하였다고 할 수 있다. 인적공제에는 기본공제와 추가공제가 있다. 다만, 인적공제의 합계액이 종합소득금액을 초과하는 경우 그 초과하는 공제액은 없는 것으로 한다(소법 51 ③, ④).

종합소득이 있는 거주자(자연인에 한함)에 대하여는 다음의 기본공제대상자 1인당 150만원을 공제한다(소법 50).

구 분	공제대상자	나이요건(장애인은 제외)	소득요건
① 기초공제	거주자 본인	나이제한 없음	소득제한 없음
② 배우자공제	거주자의 배우자	나이제한 없음	연간소득금액의 합계액이 100만원 이하[*1]
③ 부양가족 공 제	㉠ 직계존속	60세 이상	연간소득금액의 합계액이 100만원 이하[*1]
	㉡ 직계비속과 동거입양자	20세 이하[*3]	
	㉢ 위탁아동	18세 미만[*2]	
	㉣ 형제자매	60세 이상 또는 20세 이하[*3]	
	㉤ 국민기초생활보장법에 의한 수급자	나이제한 없음	

*1 총급여액 500만원 이하의 근로소득만 있는 배우자 또는 부양가족을 포함한다.

*2 아동복지법에 따른 가정위탁을 받아 양육하는 아동으로서 해당 과세기간에 6개월 이상 직접 양육한 위탁아동(아동복지법에 따라 보호기간이 연장된 경우로서 20세 이하인 위탁아동 포함)을 말한다.

*3 20세 이하란 20세가 되는 날과 그 이전 기간을 말한다. 개정

(1) 기본공제

1) 공제대상자의 범위

① 해당 거주자 본인뿐 아니라 배우자의 직계존속(장인 · 장모, 시부모) 및 형제자매(처남 · 처제, 시동생)도 공제대상에 포함된다.

② 직계존속이 재혼한 경우에는 그 배우자(계부 또는 계모를 말함)로서 해당 거주자의 직계존속과 혼인(사실혼을 제외함) 중임이 증명되는 사람과 거주자의 직계존속이 사망한 경우에는 해당 직계존속의 사망일 전날을 기준으로 혼인(사실혼을 제외함)중에 있었음이 증명되는 사람도 공제대상에 포함된다.

③ 거주자의 배우자가 재혼한 경우로서 그 배우자가 종전의 배우자와 혼인(사실혼을 제외함)중에 출산한 자(의붓자녀)도 공제대상에 포함된다.

④ 직계비속 또는 동거입양자와 그 배우자가 모두 장애인에 해당하는 경우에는 그 배우자도 공제대상에 포함된다.

2) 나이요건

① 부양가족 중 만 20세 초과 만 60세 미만에 해당하는 자는 독자적인 생계유지능력이 있는 것으로 보아 기본공제대상에서 제외한다. 다만, 장애인은 나이에 관계없이 독자적인 생계유지능력이 없는 것으로 보아 나이요건을 적용하지 아니한다.

② 인적공제 및 자녀세액공제에서 적용대상 나이가 정해진 경우에는 해당 과세기간의 과세기간 중에 해당 나이에 해당되는 날이 있는 경우에 공제대상자로 본다(소법 53 ⑤).

3) 소득요건

① 기본공제는 최저생계비를 보장하기 위한 것이므로 본인을 제외한 배우자 및 기타부양가족 중 연간소득금액이 100만원 이하인 사람에 한하여 기본공제를 적용한다.

② 연간소득금액이란 소득세가 과세되는 종합소득금액 · 퇴직소득금액 및 양도소득금액을 말하므로 비과세소득 · 분리과세소득 및 미열거소득은 포함하지 아니한다.

⑵ 추가공제(기본공제에 대한 추가공제)

기본공제대상자가 추가공제사유에 해당하는 경우에는 기본공제 외에 추가공제대상자에 해당하는 인원수에 일정한 금액을 곱하여 계산한 금액을 추가로 공제한다(소법 51 ①). 추가공제는 기본공제대상자가 추가공제사유에 해당하는 경우에 한하여 적용되므로 나이요건 또는 소득요건을 충족하지 못하여 기본공제를 적용받지 못한 자에 대해서는 추가공제를 적용하지 아니한다.

구 분	추가공제대상자	추가공제 사유	공제액
① 경로우대자공제	기본공제대상자	70세 이상인 경우	100만원
② 장애인공제	기본공제대상자	장애인인 경우[*3]	200만원
③ 부녀자공제[*1]	해당 거주자[*2]	㉠ 배우자가 없는 여성으로서 기본공제대상인 부양가족이 있는 세대주인 경우 ㉡ 배우자가 있는 여성인 경우	50만원
④ 한부모공제[*1]	해당 거주자	배우자가 없는 사람으로서 기본공제대상자인 직계비속 또는 입양자가 있는 경우	100만원

*1 한부모공제와 부녀자공제가 모두 해당되는 경우에는 한부모공제를 적용한다.
*2 부녀자공제는 해당 과세기간에 종합소득과세표준을 계산할 때 합산하는 종합소득금액이 3천만원 이하인 거주자에 한하여 적용한다.
*3 장애인은 ① 장애인복지법에 따른 장애인 및 장애아동 복지지원법에 따른 장애아동 중 기획재정부령으로 정하는 사람, ② 국가유공자 등 예우 및 지원에 관한 법률에 의한 상이자 및 이와 유사한 사람으로서 근로능력이 없는 사람, ③ 중증질환, 희귀난치성질환 또는 이와 유사한 질병・부상으로 인해 중단 없이 주기적인 치료를 요하는 자로서 의료기관의 장이 취업・취학 등 일상적인 생활에 지장이 있다고 인정하는 자로 한다. 개정

(3) 생계를 같이 하는 부양가족의 판정기준

생계를 같이 하는 부양가족은 해당 과세기간의 과세기간 종료일 현재 주민등록표의 동거가족으로서 해당 거주자의 주소 또는 거소에서 현실적으로 생계를 같이 하는 자로 한다(소법 53 ①).

① 배우자와 직계비속・입양자는 해당 거주자와 별거하고 있더라도 생계를 같이하는 것으로 본다.

② 거주자 또는 동거가족(직계비속・입양자를 제외함)이 취학・질병의 요양・근무상 또는 사업상의 형편 등으로 본래의 주소 또는 거소에서 일시퇴거한 경우에도 일정한 사유에 해당하는 때에는 이를 생계를 같이 하는 사람으로 본다(소법 53 ②).

③ 거주자의 부양가족 중에서 거주자(그 배우자를 포함)의 직계존속이 주거 형편에 따라 별거하고 있는 경우에는 생계를 같이 하는 사람으로 본다(소법 53 ③).

④ 인적공제 및 자녀세액공제의 공제대상 배우자, 공제대상 부양가족, 공제대상 장애인 또는 공제대상 경로우대자에 해당하는지 여부의 판정은 해당 과세기간의 과세기간 종료일 현재의 상황에 따른다. 다만, 과세기간 종료일 전에 사망한 사람 또는 장애가 치유된 사람에 대해서는 사망일 전날 또는 치유일 전날의 상황에 따른다(소법 53 ⑤).

(4) 동일인이 2인 이상의 거주자의 공제대상가족에 해당하는 경우

거주자의 공제대상가족이 동시에 다른 거주자의 공제대상가족에 해당되는 경우에는 해당 과세기간의 소득・세액공제신고서에 기재된 바에 따라 그중 1인의 공제대상가족으로 한다. 이 경우 공제대상가족에 대한 기본공제를 적용한 거주자가 그 사람에 대한 추가공제도 적용한다(소령 106 ①).

예제 6-1 | 인적공제

근로소득자인 갑(여성임)의 다음 자료를 이용하여 20×7년도 연말정산시 인적공제액의 합계액을 계산하시오.

1. 생계를 같이하는 동거가족의 현황은 다음과 같다.

관계	나이	소득금액	
본인	36세	근로소득금액	₩40,000,000
남편	38세	사업소득금액	₩10,000,000
장남	12세	분리과세 이자소득	₩2,000,000
장녀	6세	없음	
차남	2세	없음	
시동생	28세	없음	

2. 시동생은 해당 과세기간 종료일 현재 장애인이다.
3. 해당 과세기간 6. 17에 갑의 모친(사망일 전일 현재 74세)이 사망하였다. 모친은 사망 직전까지 소득이 전혀 없으며, 주거형편상 별거 중이었다.

해답

1. 인적공제의 판정
   (1) 본 인 : 기본공제대상자이며, 배우자가 있는 여성이지만 종합소득금액이 3,000만원을 초과하므로 부녀자공제는 적용하지 않는다.
   (2) 남 편 : 연간소득금액의 합계액이 100만원을 초과하므로 기본공제대상이 아니다.
   (3) 장 남 : 만 20세 이하이며, 분리과세 이자소득은 연간소득금액에 포함되지 아니하므로 기본공제대상이다.
   (4) 장 녀 : 만 20세 이하이며, 소득이 없으므로 기본공제대상이다.
   (5) 차 남 : 만 20세 이하이며, 소득이 없으므로 기본공제대상이다.
   (6) 시동생 : 장애인이므로 나이요건을 적용하지 아니하며, 소득이 없으므로 기본공제대상이다. 장애인에 대한 추가공제(200만원)도 적용한다.
   (7) 모 친 : 사망일 전일 현재 만 74세이므로 나이요건을 충족하며, 소득이 없으므로 기본공제대상이다. 한편 경로우대자에 대한 추가공제(100만원)도 적용한다.
2. 인적공제액
   (1) 기본공제 : 6명 × 150만원 = 900만원
   (2) 추가공제 : 200만원(장애인공제) + 100만원(경로우대자공제) = 300만원
   (3) 인적공제액의 합계액 : 900만원 + 300만원 = 1,200만원

2. 연금보험료 공제

종합소득이 있는 거주자가 공적연금 관련법에 따른 기여금 또는 개인부담금(공적연

금보험료)을 납입한 경우에는 해당 과세기간의 종합소득금액에서 그 과세기간에 납입한 연금보험료 전액을 공제한다. 다만, 인적공제, 연금보험료공제, 주택담보노후연금이자비용공제, 특별소득공제 및 조세특례제한법에 따른 소득공제를 모두 합한 금액이 종합소득금액을 초과하는 경우 그 초과하는 금액을 한도로 연금보험료공제를 받지 아니한 것으로 본다(소법 51의3).

3. 주택담보노후연금이자비용공제

연금소득이 있는 거주자가 ㉠ 주택담보노후연금 가입 당시 담보권의 설정대상이 되는 주택(연금소득이 있는 거주자의 배우자 명의의 주택 포함)의 기준시가가 12억원 이하이면서 ㉡ 주택담보노후연금보증을 받아 지급받거나 금융기관의 주택담보노후연금을 받은 경우에는 그 받은 연금에 대하여 해당 과세기간에 발생한 이자비용상당액을 해당 과세기간 연금소득금액에서 공제한다. 이 경우 공제할 이자상당액이 200만원을 초과하는 경우에는 200만원을 공제하고, 연금소득금액을 초과하는 경우 그 초과금액은 없는 것으로 한다. 주택담보노후연금이자비용공제는 해당 거주자가 신청한 경우에 적용한다(소법 51조의4).

4. 특별소득공제

(1) 의 의

특별소득공제는 납세의무자가 지출한 보장성보험료와 주택자금을 종합소득금액에서 소득공제하는 제도이다. 특별소득공제는 보험료 소득공제와 주택자금 소득공제의 합계액으로 한다. 특별소득공제는 해당 거주자가 신청한 경우에 적용하며, 공제액이 그 거주자의 해당 과세기간의 합산과세되는 종합소득금액을 초과하는 경우 그 초과하는 금액은 없는 것으로 한다(소법 52).

특별소득공제 = 보험료 소득공제 + 주택자금 소득공제

(2) 보험료 소득공제

근로소득이 있는 거주자(일용근로자는 제외)가 해당 과세기간에 국민건강보험법, 고용보험법 또는 노인장기요양보험법에 따라 근로자가 부담하는 보험료를 지급한 경우 그 금액을 해당 과세기간의 근로소득금액에서 공제한다(소법 52 ①).

예제 6-2 | 보험료 소득공제

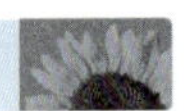

다음 자료를 이용하여 근로소득자인 갑의 20×9년도 보험료 소득공제액을 계산하시오.

1. 국민연금보험료 본인 부담분 : ₩1,000,000
2. 국민건강보험료 및 고용보험료 본인 부담분 : ₩2,000,000
3. 차남(16세로서 소득 없음)을 피보험자로 하는 상해보험료(보장성보험임) : ₩800,000
4. 해당 거주자 본인을 피보험자로 하는 생명보험료(보장성보험임) : ₩500,000

해답

1. 보험료공제의 판단
   (1) 국민연금보험료 : 연금보험료공제대상이므로 보험료 소득공제대상에서 제외된다.
   (2) 국민건강보험료 및 고용보험료 본인 부담분 : 전액을 보험료 소득공제로 공제한다.
   (3) 차남과 본인의 보장성보험료 : 보험료 세액공제 대상이므로 보험료 소득공제대상에서 제외된다.

2. 보험료공제액
   국민건강보험료 및 고용보험료 본인 부담분(전액) : ₩2,000,000

---

(3) 주택자금 소득공제

근로소득이 있는 거주자(일용근로자를 제외함)는 다음의 주택자금 소득공제액을 근로소득금액에서 공제할 수 있다.

주택자금 소득공제액 = Min [① + ②, 연 800만원*]
① 주택마련저축 납입액 × 40% + 국민주택임차를 위한 차입금의 원리금 상환액 × 40%
　→ 단, ①의 공제액은 연 400만원을 한도로 함.
② 장기주택저당차입금의 이자상환액 × 100%

* 장기주택저당차입금이 다음의 어느 하나에 해당하는 경우에는 연 800만원 대신 별도의 공제한도를 적용한다.
　㉠ 차입금의 상환기간이 15년 이상인 장기주택저당차입금의 이자를 고정금리로 지급하고, 그 차입금을 비거치식 분할상환으로 상환하는 경우 : 연 2,000만원을 공제한도로 함
　㉡ 차입금의 상환기간이 15년 이상인 장기주택저당차입금의 이자를 고정금리로 지급하거나 그 차입금을 비거치식 분할상환으로 상환하는 경우 : 연 1,800만원을 공제한도로 함
　㉢ 차입금의 상환기간이 10년 이상인 장기주택저당차입금의 이자를 고정금리로 지급하거나 그 차입금을 비거치식 분할상환으로 상환하는 경우 : 연 600만원을 공제한도로 함

구분	공제대상
주택마련저축 납입액 (조특법 87 ②)	근로소득이 있는 거주자(일용근로사 제외)로서 해당 과세기간의 총급여액이 7천만원 이하이며 해당 과세기간 중 무주택 세대주 또는 세대주의 배우자가 2025년 12월 31일까지 해당 과세기간에 주택청약종합저축에 납입한 금액(연 300만원을 납입한도로 하며, 소득공제 적용 과세기간 이후에 납입한 금액만 해당한다)
국민주택임차를 위한 차입금의 원리금 상환액 (소법 52 ④)	과세기간 종료일 현재 무주택 세대주(세대주가 주택자금 소득공제를 받지 아니하는 경우에는 세대의 구성원을 말함)로서 근로소득이 있는 거주자가 국민주택 규모 이하의 주택(주거용 오피스텔 포함)을 임차하기 위하여 차입한 대통령령으로 정하는 주택임차자금의 원리금 상환액
장기주택저당차입금의 이자상환액 (소법 52 ⑤)	근로소득이 있는 거주자로서 무주택 세대주 또는 1주택을 보유한 세대의 세대주(세대주가 주택자금 소득공제를 받지 아니하는 경우에는 세대의 구성원 중 근로소득이 있는 자를 말함)가 취득 당시 기준시가가 6억원 이하인 주택을 취득하기 위하여 그 주택에 저당권을 설정하고 금융회사등 또는 주택도시기금으로부터 차입한 장기주택저당차입금의 이자상환액

예제 6-3 | 주택자금 소득공제

다음 자료를 이용하여 근로소득자(일용근로자가 아님)로서 세대주인 갑의 20×8년도 주택자금소득공제액을 계산하시오.

1. 갑의 20×8년 총급여액은 ₩40,000,000이며, 근로소득금액은 ₩28,750,000이다.
2. 갑은 20×8년말 현재 무주택 세대주로서 국민주택규모의 주택을 임차하기 위하여 차입한 차입금의 원리금 상환액 ₩5,000,000을 지급하였다.
3. 갑은 주택청약종합저축에 가입하고 해당 과세기간 동안 ₩4,000,000을 납입하였다.
4. 갑은 해당 과세기간 중 근로소득금액 이외의 다른 종합소득은 없다.

해답

공제액 : Min [①, ②] = ₩3,200,000

① 주택마련저축 납입액(연 300만원 한도) × 40% + 원리금상환액 × 40%
= ₩3,000,000 × 40% + 5,000,000 × 40% = ₩3,200,000

② 공제한도 : ₩4,000,000

⑷ 공동사업에 대한 소득공제 등 특례

연금보험료공제 또는 조세특례제한법에 따른 소득공제를 적용하거나 연금계좌세액공제를 적용하는 경우 조세회피목적의 공동사업합산과세규정에 따라 소득금액이 주된 공동사업자의 소득금액에 합산과세되는 특수관계인이 지출·납입·투자·출자 등을 한 금액이 있으면 주된 공동사업자의 소득에 합산과세되는 소득금액의 한도에서 주된 공동사업자가 지출·납입·투자·출자 등을 한 금액으로 보아 주된 공동사업자의 합산과세되는 종합소득금액 또는 종합소득산출세액을 계산할 때에 소득공제 또는 세액공제를 받을 수 있다(소법 54의2).

제 2 절 | 조세특례제한법상 소득공제

1. 신용카드등 사용금액에 대한 소득공제

⑴ 공제대상

근로소득이 있는 거주자(일용근로자 제외)가 법인(외국법인의 국내사업장 포함) 또는 사업자(비거주자의 국내사업장 포함)로부터 2025년 12월 31일까지 재화나 용역을 제공받고 신용카드등사용금액의 연간합계액(국외에서 사용한 금액은 제외)이 최저사용금액(해당 과세연도의 총급여액의 25%)을 초과하는 경우 신용카드등소득공제금액을 해당 과세연도의 근로소득금액에서 공제한다(조특법 126의2 ①).

⑵ 신용카드 사용자의 범위

근로소득이 있는 거주자의 배우자 또는 직계존비속(배우자의 직계존속을 포함)으로서 다음에 해당하는 사람의 신용카드 등 사용금액은 해당 거주자의 신용카드등 소득공제금액에 이를 포함시킬 수 있다.

① 배우자로서 연간소득금액의 합계액이 100만원 이하인 자(총급여액 500만원 이하의 근로소득만 있는 배우자 포함)

② 생계를 같이하는 직계존비속(배우자의 직계존속과 동거입양자를 포함하되, 다른 거주자의 기본공제를 적용받은 사람을 제외함)으로서 연간소득금액의 합계액이 100만원 이하인 자(총급여액 500만원 이하의 근로소득만 있는 직계존비속을 포함)

(3) 신용카드등 사용금액에서 제외되는 것

신용카드등 사용금액에 대한 소득공제는 사업자의 과세표준 양성화를 목적으로 한 것이므로 취지에 맞지 않는 다음의 신용카드 등 사용액은 신용카드등사용금액에 포함하지 아니한다(조특법 126의2 ③, 조특령 121의2 ②, ④).

구 분	내 용
사업경비 및 비정상적인 사용행위	① 사업소득과 관련된 비용 또는 법인의 비용에 해당하는 경우 ② 물품의 판매 또는 용역의 제공을 가장하는 등 신용카드 등의 비정상적인 사용행위에 해당하는 경우
중복공제의 배제	③ 국민건강보험료 · 노인장기요양보험료 · 고용보험료 · 국민연금보험료 · 보험계약(생명보험계약 또는 손해보험계약 등)의 보험료 또는 공제료 ④ 영유아어린이집 · 유치원 · 초 · 중 · 고등학교 · 대학교 및 대학원에 납부하는 수업료 · 입학금 · 보육비용 기타 공납금 → 취학전 아동의 학원 또는 체육시설 등 수강료는 신용카드사용액에 포함됨 ⑤ 정치자금법에 따라 정당(후원회 및 각 급 선거관리위원회를 포함)에 신용카드 또는 직불카드로 결제하여 기부하는 정치자금(세액공제 및 소득공제를 적용받은 경우에 한함) ⑥ 세액공제를 받은 월세액 및 고향사랑기부금
과세표준 양성화에 기여하지 못하는 것	⑦ 정부 · 지방자치단체에 납부하는 국세 · 지방세, 전기료 · 수도료 · 가스료 · 전화료(정보사용료 · 인터넷이용료 등 포함) · 아파트관리비 · 텔레비전시청료(종합유선방송의 이용료를 포함) · 도로통행료 ⑧ 상품권 등 유가증권 구입비 · 리스료(자동차대여료 포함) ⑨ 자동차를 신용카드 등으로 구입하는 경우(중고자동차를 구입하는 경우 그 중고자동차 구입금액의 10%를 신용카드등사용금액에 포함) ⑩ 지방세법에 따라 취득세가 부과되는 재산(부동산 · 선박 · 항공기 · 자동차 · 기계장비 및 시설물이용권 등)의 구입비용(중고자동차는 제외) ⑪ 다음에 해당하는 업종 외의 업무를 수행하는 국가 · 지방자치단체 또는 지방자치단체조합(의료법에 따른 의료기관, 지역보건법에 따른 보건소 및 공연과 관련하여 문화체육관광부장관이 지정하는 법인 또는 사업자는 제외)에 지급하는 사용료 · 수수료 등의 대가 - 우정사업조직이 우편법에 규정된 부가우편역무 중 소포우편물을 방문접수하여 배달하는 용역 - 부동산임대업, 도 · 소매업, 음식 · 숙박업, 골프장 · 스키장운영업, 기타 운동시설 운영업 ⑫ 차입금 이자상환액, 증권거래수수료 등 금융 · 보험용역과 관련한 지급액, 수수료, 보증료 및 이와 비슷한 대가 ⑬ 국외에서의 신용카드 사용액 ⑭ 관세법에 따른 보세판매장, 지정면세점, 선박 및 항공기에서 판매하는 면세물품의 구입비용 ⑮ 가상자산사업자에게 지급하는 가상자산의 매도 · 매수 · 교환 등에 따른 수수료

1) 신용카드등 사용금액

신용카드등 사용금액이란 다음의 금액을 합한 금액을 말한다.

구 분	내 용
직불카드등 사용금액	다음의 지급수단을 사용하여 그 대가로 지급하는 금액과 현금영수증에 기재된 금액 ① 직불카드 ② 기명식선불카드 : 선불카드로서 실지명의가 확인되는 것 ③ 기명식선불전자지급수단 : 직불전자지급수단, 선불전자지급 수단으로서 실지명의가 확인되는 것 ④ 기명식전자화폐 : 전자화폐로서 실지명의가 확인되는 것
신용카드 사용금액	신용카드를 사용하여 그 대가로 지급하는 금액

2) 신용카드등 소득공제금액

① 각 사용분의 구분

구 분	내 용
전통시장사용분(A)	전통시장과 전통시장 구역 안의 법인 또는 사업자(준대규모점포 등은 제외)로부터 재화 또는 용역을 제공받은 대가에 해당하는 금액으로서 직불카드등 사용금액과 신용카드 사용금액의 합계액
대중교통이용분(B)	대중교통수단을 이용한 대가에 해당하는 금액으로서 직불카드등 사용금액과 신용카드 사용금액의 합계액
문화체육사용분(C)	총급여액이 7천만원 이하인 경우에 한하여 다음의 금액을 도서등사용분(C)에 포함 ① 도서・신문・공연사용분 : 출판문화산업 진흥법에 따른 간행물(유해간행물 제외)을 구입하거나 신문을 구독하거나 공연을 관람하기 위하여 문화체육관광부장관이 지정하는 법인 또는 사업자에게 지급한 금액 ② 박물관 및 미술관이나 영화상영관에 입장하기 위하여 사용한 금액 ③ 체육시설이용분 : 「체육시설의 설치・이용에 관한 법률 시행령」 별표1의 수영장 및 체력단련장을 이용하기 위하여 문화체육관광부장관이 지정하는 법인 또는 사업자에게 지급한 체육시설 이용료(체육활동을 위한 개인강습비 및 회원권 비용 등 시설의 이용과 직접 관련이 없는 비용은 포함되지 않음). 개정
직불카드등사용분(D)	① 총급여액 7천만원 이하 : 직불카드등 사용금액 − (A) − (B) − (C) ② 총급여액 7천만원 초과 : 직불카드등 사용금액 − (A) − (B)
신용카드사용분(E)	① 총급여액 7천만원 이하 : 신용카드 사용금액 − (A) − (B) − (C) ② 총급여액 7천만원 초과 : 신용카드 사용금액 − (A) − (B)

② 공제대상액[신용카드사용분(E) ≥ 총급여액의 25%] : ㉠+㉡+㉢

㉠ [전통시장사용분+대중교통이용분]×40%
㉡ [문화체육사용분+직불카드등사용분]×30%
㉢ [신용카드사용분−총급여액×25%]×15%

③ 공제대상액[신용카드사용분(E) < 총급여액의 25%, (C)+(D)+(E) ≥ 총급여액의 25%] : ㉠+㉡

㉠ [전통시장사용분+대중교통이용분]×40%
㉡ [문화체육사용분+직불카드등사용분+신용카드사용분−총급여액×25%]×30%

④ 공제대상액[(C)+(D)+(E) < 총급여액의 25%]

[전통시장사용분+대중교통이용분+문화체육사용분+직불카드등사용분
+신용카드사용분−총급여액×25%]×40%

⑤ 공제한도 : ㉠+㉡

• 총급여액이 7,000만원을 초과하는 경우
㉠ 일반한도 : 250만원
㉡ 추가한도 : Min[ⓐ, ⓑ]
ⓐ 일반한도 초과액 : 공제대상액−일반한도
ⓑ Min[전통시장사용분×40%+대중교통이용분×40%, 200만원]

• 총급여액이 7,000만원 이하인 경우
㉠ 일반한도 : 300만원
㉡ 추가한도 : Min[ⓐ, ⓑ]
ⓐ 일반한도 초과액 : 공제대상액−일반한도
ⓑ Min[전통시장사용분×40%+대중교통이용분×40%+문화체육사용분×30%, 300만원]

예제 6-4 | 신용카드 등 사용금액에 대한 소득공제

다음 자료를 이용하여 근로소득자인 갑의 20×5년도 신용카드등 사용금액에 대한 소득공제액을 계산하시오.

1. 갑의 해당과세기간 총급여액은 ₩40,000,000이다.
2. 본인 및 생계를 같이하는 부양가족(모두 소득 없음)의 신용카드등 사용금액은 다음과 같다.

구 분	사용금액	비 고
본 인	신용카드 사용금액 : ₩13,000,000	전통시장 사용금액 ₩4,000,000 포함
배우자	직불카드 사용금액 : ₩10,000,000	아파트관리비 ₩2,000,000 포함
장 남	신용카드 사용금액 : ₩2,000,000	공연관람비용 ₩1,000,000 포함
동 생	현금영수증 기재금액 : ₩500,000	

해답

1. 각 사용분의 구분
   ① 전통시장사용분 : ₩4,000,000
   ② 문화체육사용분 : ₩1,000,000
   ③ 직불카드등사용분 : ₩10,000,000 − 2,000,000(아파트관리비) = ₩8,000,000
   ④ 신용카드사용분 : ₩13,000,000 − 4,000,000 + 2,000,000 − 1,000,000 = ₩10,000,000
2. 공제대상액[신용카드사용분(E) ≥ 총급여액의 25%] : (1)+(2)+(3) = ₩4,300,000
   (1) [전통시장사용분 + 대중교통이용분] × 40% = ₩4,000,000 × 40% = ₩1,600,000
   (2) [문화체육사용분 + 직불카드등사용분] × 30% = [₩1,000,000 + 8,000,000] × 30% = ₩2,700,000
   (3) [신용카드사용분 − 총급여액 × 25%] × 15% = [₩10,000,000 − 40,000,000 × 25%] × 15% = ₩0
3. 공제한도 : (1)+(2) = ₩4,300,000
   (1) 일반한도 : ₩3,000,000
   (2) 추가한도 : Min[ⓐ, ⓑ] = ₩1,300,000
      ⓐ 일반한도 초과액 : ₩4,300,000 − 3,000,000 = ₩1,300,000
      ⓑ Min[₩4,000,000 × 40% + ₩1,000,000 × 30%, ₩3,000,000] = ₩1,900,000
4. 신용카드 등 사용금액에 대한 공제액 : ₩4,300,000

2. 벤처투자조합 출자 등에 대한 소득공제(조특법 16)

거주자가 2025년 12월 31일까지 벤처투자조합 등에 출자 또는 투자를 하는 경우에는 다음의 금액을 해당 과세연도의 종합소득금액의 50%를 한도로 그 출자일 또는 투자일이 속하는 과세연도의 종합소득금액에서 공제(거주자가 출자일 또는 투자일이 속하는 과세연도부터 출자 또는 투자 후 2년이 되는 날이 속하는 과세연도까지 1과세연도를 선택하여 공제시기 변경을 신청하는 경우에는 신청한 과세연도의 종합소득금액에서 공제)한다. 다만, 타인의 출자지분이나 투자지분 또는 수익증권을 양수하는 방법으로 출자하거나 투자하는 경우에는 그러하지 아니하다(조특법 16 ①).

구 분	공제액
① 벤처투자조합, 민간재간접벤처투자조합, 신기술사업투자조합 또는 전문투자조합에 출자하는 경우 ② 벤처기업투자신탁의 수익증권에 투자하는 경우 ③ 창업·벤처전문사모집합투자기구에 투자하는 경우	출자금액*의 10%
④ 거주자가 개인투자조합에 출자한 금액을 당해 출자일이 속하는 과세연도의 다음 과세연도종료일까지 벤처기업등에 투자하는 경우 ⑤ 벤처기업등에 투자하는 경우 ⑥ 온라인소액투자중개의 방법으로 모집하는 창업 후 7년 이내의 중소기업의 지분증권에 투자하는 경우	출자금액 중 • 3,000만원 이하분 : 100% • 3,000만원 초과분부터 5,000만원 이하분까지 : 70% • 5,000만원 초과분 : 30%

* 다만, 특수목적에 대한 60% 이상 투자의무만 있고, 창업·벤처기업 투자의무는 없는 특수목적 벤처투자조합에 출자한 경우에는 (출자금액 × 해당 조합의 벤처기업등 투자 비율)에 따른 금액

3. 소기업·소상공인 공제부금에 대한 소득공제(조특법 86의3)

구 분	내 용
공제대상	소기업·소상공인 공제에 가입하여 공제부금을 납입한 ① 사업자 ② 법인의 대표자로서 해당 과세기간의 총급여액이 8천만원 이하인 거주자 개정
공제액	공제부금납부액*1 × $\left(1 - \dfrac{\text{부동산임대업 소득금액}}{\text{사업소득금액}^{*2}}\right)$
한 도	사업소득금액*2 − 부동산임대업의 소득금액

*1 공제부금납부액은 다음의 금액을 한도로 한다. 개정

㉠ 해당 과세연도 사업소득금액(근로소득금액) 4천만원 이하 : 600만원
㉡ 해당 과세연도 사업소득금액(근로소득금액) 4천만원 초과 6천만원 이하 : 500만원
㉢ 해당 과세연도 사업소득금액(근로소득금액) 6천만원 초과 1억원 이하 : 400만원
㉣ 해당 과세연도 사업소득금액(근로소득금액) 1억원 초과 : 200만원

*2 법인의 대표자로서 해당 과세기간의 총급여액이 8천만원 이하인 거주자의 경우에는 근로소득금액을 사업소득금액으로 보아 계산한다.

4. 우리사주조합 출연금에 대한 소득공제(조특법 88의4 ①)

구 분	내 용
① 의 의	우리사주조합원이 자사주를 취득하기 위하여 우리사주조합에 출연하는 경우에는 일정액을 해당 과세기간의 근로소득금액에서 공제한다.
② 공제액	Min [㉠ 해당 과세기간의 출연금액, 400만원*]

* 벤처기업등의 우리사주조합원의 경우에는 1,500만원

5. 청년형 장기집합투자증권저축에 대한 소득공제(조특법 91의20)

구 분	내 용
① 의 의	청년으로서 소득기준을 충족하는 거주자가 청년형장기집합투자증권저축에 2025년 12월 31일까지 가입하는 경우 개정
② 공제액	계약기간 동안 각 과세기간에 납입한 금액(연 600만원 한도)의 40%에 해당하는 금액을 해당 과세기간의 종합소득금액에서 공제

6. 소득세 소득공제 등의 종합한도

거주자의 종합소득에 대한 소득세를 계산할 때 다음에 해당하는 공제금액 및 필요경비의 합계액이 2천500만원을 초과하는 경우에는 그 초과하는 금액은 없는 것으로 한다(조특법 132의2).

근 거	구 분	종합한도 적용제외대상
소득세법	종합소득공제 중 특별소득공제(소법 52)	보험료 소득공제
조세특례제한법	벤처투자조합 출자 등에 대한 소득공제(조특법 16 ①)	벤처기업등에 출자 또는 투자하는 경우
	소기업·소상공인 공제부금에 대한 소득공제(조특법 86의3)	
	주택마련저축 납입액에 대한 주택자금공제(조특법 87 ②)	
	우리사주조합 출연금에 대한 소득공제(조특법 88의4 ①)	
	장기집합투자증권저축 소득공제(조특법 91의16)	
	신용카드 등 사용금액에 대한 소득공제(조특법 126의2)	

객/관/식/문/제

▶ 제6장 종합소득과세표준

1 소득세법상 종합소득공제에 대한 다음 설명 중 잘못된 것은?

① 해당 거주자 본인의 직계존속 및 형제자매는 기본공제대상자에 포함되나 배우자의 직계존속 및 형제자매는 기본공제대상자에 포함되지 않는다.

② 배우자 및 기타부양가족 중 연간소득금액이 100만원 이하인 사람(총급여액 500만원 이하의 근로소득만 있는 사람 포함)에 한하여 기본공제를 적용한다.

③ 부녀자공제는 해당 과세기간에 종합소득과세표준을 계산할 때 합산하는 종합소득금액이 3천만원 이하인 거주자에 한하여 적용한다.

④ 종합소득이 있는 거주자가 국민연금 기여금(공적연금보험료)을 납입한 경우에는 해당 과세기간의 종합소득금액에서 그 과세기간에 납입한 연금보험료 전액을 공제한다.

해설

해당 거주자 본인뿐 아니라 배우자의 직계존속(장인 · 장모, 시부모) 및 형제자매(처남 · 처제, 시동생)도 기본공제대상자에 포함된다.

2 소득세법상 종합소득공제 중 인적공제에 대한 설명으로 옳은 것은? ◆ 2011년 국가직 9급

① 직계비속이 해당 과세기간 중 20세가 된 경우에는 기본공제대상이 될 수 없다.

② 기본공제대상자가 아닌 자도 추가공제 대상자가 될 수 있다.

③ 근로소득금액이 120만원(총급여액 400만원)만 있는 배우자도 기본공제대상이 될 수 있다.

④ 해당 과세기간 중 장애가 치유되어 해당 과세기간 종료일에는 장애인이 아닌 경우 추가공제(장애인공제)를 적용받을 수 없다.

해설

① 직계비속이 해당 과세기간 중 20세가 된 경우 해당 과세기간까지는 나이요건을 충족한 것으로 본다.
② 기본공제대상자가 아닌 자는 추가공제 대상자가 될 수 없다.
④ 해당 과세기간 중 장애가 치유된 경우에는 장애인공제를 적용받을 수 있다.

3 다음 자료를 이용하여 20×2년 귀속 종합소득공제 중 인적공제액의 합계액을 계산하면?

가 족	연 령	소득현황	비 고
본 인	52세	총 급 여 액 ₩50,000,000	남성근로자임
배 우 자	49세	–	장애인
딸	24세	–	–
아 들	18세	배당소득금액 ₩3,000,000	장애인
모 친	75세	–	20×2. 12. 26 사망

위의 가족은 모두 과세연도 종료일 현재(모친은 사망일 현재) 주거형편상 별거를 하고 있다. 나이는 과세연도 종료일 현재(모친은 사망일 현재)의 상황에 의한다.

① ₩3,000,000　② ₩4,500,000

③ ₩5,000,000　④ ₩7,500,000

해설

(1) 기본공제 : 본인, 배우자, 모친(3인) × ₩1,500,000 = ₩4,500,000

* 딸은 나이요건 미비로, 아들은 소득금액요건 미비로 기본공제대상에서 제외된다.

(2) 추가공제 : ₩2,000,000(장애인공제) + 1,000,000(경로우대자공제) = ₩3,000,000

(3) 계 : ₩4,500,000 + 3,000,000 = ₩7,500,000

4 다음은 종합소득공제 및 조세특례제한법상 소득공제에 대한 설명이다. 옳지 않은 것은?

① 거주자의 직계존속이 주거 형편상 별거하고 있는 경우에도 생계를 같이 하는 사람으로 본다.

② 과세기간 종료일 현재 무주택 세대주로서 근로소득이 있는 거주자(일용근로자 제외)가 국민주택규모의 주택을 임차하기 위하여 차입한 차입금의 이자상환액 전액을 근로소득금액에서 공제한다.

③ 거주자의 배우자 또는 거주자와 생계를 같이하는 직계존비속으로서 연간 소득금액이 100만원 이하인 자의 신용카드 등 사용금액은 거주자의 신용카드 등 사용금액에 대한 소득공제에 포함시킬 수 있다.

④ 근로소득이 있는 거주자가 해당 과세기간에 국민건강보험법에 따라 근로자가 부담하는 보험료를 지급한 경우 그 금액을 해당 과세기간의 근로소득금액에서 공제한다.

해설

과세기간 종료일 현재 무주택 세대주로서 근로소득이 있는 거주자(일용근로자 제외)가 국민주택규모의 주택을 임차하기 위하여 차입한 차입금의 원리금 상환액의 40%를 근로소득금액에서 공제한다.

5 다음 자료를 이용하여 근로소득자인 갑(남성, 42세)의 20×6년 과세기간의 종합소득공제액을 계산하면? (단, 갑의 소득세 부담의 최소화를 가정한다.)

---

(1) 갑의 총급여액은 ₩40,000,000이며, 본인 부담분 국민건강보험료 ₩2,000,000과 국민연금보험료 ₩3,000,000을 납입하였다.

(2) 갑은 무주택 세대주로서 취득당시 기준시가가 3억원인 국민주택규모의 주택을 취득하기 위하여 그 주택에 대한 저당권을 설정하고 금융회사로부터 장기주택저당차입금을 차입하였으며, 해당 과세기간 중 원금 ₩10,000,000과 이자 ₩4,000,000을 상환하였다.

(3) 갑은 배우자가 없으며, 생계를 같이하는 부양가족의 현황 및 경비의 지출내역은 다음과 같다.

① 모친(66세) : 소득은 없으며, 갑은 모친의 생명보험료 ₩400,000을 부담하였다.

② 장남(17세) : 장애인으로서 다른 소득은 없다.

③ 차남(15세) : 소득은 없으며, 갑은 차남의 병원치료비 ₩600,000을 부담하였다.

---

① ₩13,000,000　　② ₩16,000,000

③ ₩17,000,000　　④ ₩18,000,000

해설

(1) 인적공제액

① 기본공제 : 4인(본인, 모친, 장남, 차남) × ₩1,500,000 = ₩6,000,000

② 추가공제 : ₩2,000,000(장애인공제) + 1,000,000(한부모공제) = ₩3,000,000

③ 계 : ₩6,000,000 + 3,000,000 = ₩9,000,000

(2) 연금보험료 공제 : ₩3,000,000(국민연금보험료 전액)

(3) 특별소득공제액

① 보험료 소득공제 : ₩2,000,000(국민건강보험료 전액)

② 주택자금 소득공제 : Min[이자상환액 × 100%, 800만원(한도액)] = ₩4,000,000

③ 계 : ₩2,000,000 + 4,000,000 = ₩6,000,000

(4) 종합소득공제액 : ₩9,000,000 + 3,000,000 + 6,000,000 = ₩18,000,000

정답	1	①	2	③	3	④	4	②	5	④

종합소득세액의 계산

제 1 절 | 종합소득산출세액

1. 종합소득세 계산구조

종합소득세의 계산구조는 다음과 같다.

	종합소득금액	
(−)	소득공제	종합소득공제 + 조세특례제한법상 소득공제
(=)	종합소득과세표준	
(×)	기본세율	6%～45% (8단계 초과누진세율)
(=)	산출세액	
(−)	세액감면	
(−)	세액공제	
(=)	결정세액	
(+)	가산세	
(=)	총결정세액	
(−)	기납부세액	중간예납세액 · 원천납부세액 · 수시부과세액
(=)	차감자진납부할세액(환급세액)	

2. 기본세율

산출세액은 종합소득 및 퇴직소득의 과세표준에 다음의 세율(이를 '기본세율'이라 함)을 적용한 금액으로 한다.

과세표준		산출세액	
	1,400만원 이하	과세표준의 6%	
1,400만원 초과	5,000만원 이하	84만원 +	1,400만원을 초과하는 금액의 15%
5,000만원 초과	8,800만원 이하	624만원 +	5,000만원을 초과하는 금액의 24%
8,800만원 초과	1억 5,000만원 이하	1,536만원 +	8,800만원을 초과하는 금액의 35%
1억 5천만원 초과	3억원 이하	3,706만원 +	1억 5천만원을 초과하는 금액의 38%
3억원 초과	5억원 이하	9,406만원 +	3억원을 초과하는 금액의 40%
5억원 초과	10억원 이하	1억 7,406만원 +	5억원을 초과하는 금액의 42%
10억원 초과		3억 8,406만원 +	10억원을 초과하는 금액의 45%

3. 금융소득 종합과세시 종합소득산출세액의 계산

거주자의 종합소득과세표준에 포함된 금융소득은 다른 종합소득금액과 합산해서 종합과세되기는 하지만, 해당 금융소득 전체에 기본세율이 적용되는 것은 아니다. 금융소득 종합과세시 일반산출세액과는 별도로 비교산출세액을 계산해 보아야 하는데, 어느 경우이건 종합소득산출세액이 비교산출세액보다 적어서는 안된다. 즉, 종합과세되는 금융소득의 세부담(6%~45%)이 분리과세되는 금융소득의 세부담(원천징수세율 : 14%)보다 낮아서는 안된다.

비교산출세액은 분리과세되는 금융소득자와의 과세형평을 도모하기 위하여 마련된 것이라고 할 수 있다. 예를 들어, 종합소득공제가 많은 자 또는 종합과세되는 금융소득 외에 다른 종합소득금액이 없는 자는 금융소득이 기준금액을 초과하여 종합소득에 합산되더라도 최저세율인 6%를 적용받을 수도 있다. 이는 금융소득이 분리과세될 때 부담하게 되는 14%보다 낮은 세부담이므로 분리과세되는 금융소득자와의 과세형평상 어긋난다고 할 수 있다.

(1) 산출세액의 계산

1) 종합소득과세표준에 포함된 금융소득 > 종합과세기준금액(2,000만원)

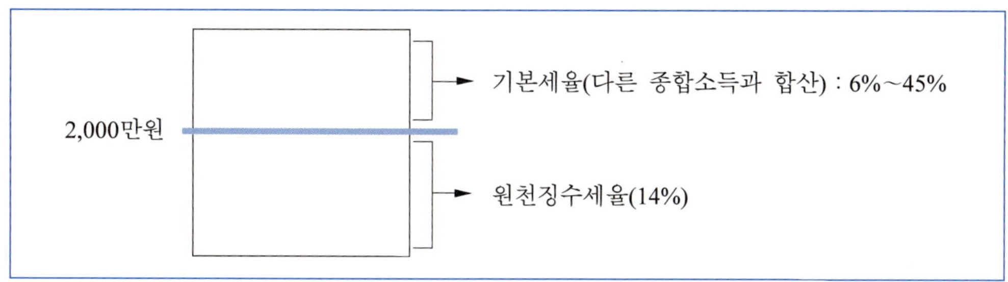

거주자의 종합소득과세표준에 포함된 이자소득과 배당소득이 종합과세기준금액(2,000만원)을 초과하는 경우 종합소득산출세액은 다음과 같이 계산한다(소법 62 ① (1)).

종합소득산출세액 = Max[① 일반산출세액, ② 비교산출세액]

2) 종합소득과세표준에 포함된 금융소득 ≤ 종합과세기준금액(2,000만원)

거주자의 종합소득과세표준에 포함된 이자소득과 배당소득이 종합과세기준금액(2,000만원)을 초과하지 않는 경우 종합소득산출세액은 비교산출세액을 적용한다(소법 62 ① (2)). 즉, 종합소득과세표준에 포함된 금융소득금액 전체에 대해서 원천징수세율을 적용한다.

종합소득산출세액 = 비교산출세액

(2) 일반산출세액

[과세표준 − 2,000만원] × 기본세율 + 2,000만원* × 14%

* 이 경우 2,000만원(분리과세 원천징수세율이 적용되는 금융소득)의 구성순서는 다음과 같다.
  ① 이자소득
  ② Gross-up대상이 아닌 배당소득
  ③ Gross-up대상인 배당소득

(3) 비교산출세액

1) 일반적인 경우(출자공동사업자의 분배금이 포함되지 않은 경우)

(과세표준 − 금융소득금액 합계액*1) × 기본세율 + 금융소득 총수입금액*2 × 원천징수세율*3

*1 이 경우 출자공동사업자의 분배금은 금융소득으로 보지 아니한다.
*2 사업소득 결손금을 금융소득에서 공제한 경우에도 결손금 공제전 금액으로 하며, Gross-up금액은 제외한다.
*3 비교산출세액 계산시, 비영업대금의 이익은 25%, 그 밖의 금융소득은 14%를 적용한다.

2) 과세표준에 출자공동사업자의 분배금이 포함되어 있는 경우

Max[①, ②] + 금융소득 총수입금액 × 원천징수세율*
① (과세표준 − 금융소득금액 합계액) × 기본세율
② (과세표준 − 금융소득금액 합계액 − 출자공동사업자 분배금) × 기본세율
+ 출자공동사업자 분배금 × 14%

* 비교산출세액 계산시 비영업대금의 이익은 25%, 그 밖의 금융소득은 14%를 적용한다.

예제 7-1 | 금융소득종합과세시 세액계산 특례(1)

다음 자료에 의하여 거주자인 갑의 종합소득산출세액을 계산하시오.

(1) 소득금액
① 은행예금의 이자 : ₩10,000,000
② 주권비상장법인(제조업을 영위하는 내국법인)의 주주로서 법인세법에 의하여 배당으로 처분된 금액 : ₩5,000,000
③ 주권상장법인의 대주주로서 받은 금전배당 : ₩10,000,000
④ 주권상장법인의 소액주주로서 받은 주식배당 : ₩5,000,000
⑤ 근로소득금액 : ₩20,000,000

(2) 종합소득공제 : ₩6,000,000으로 가정한다.

(3) 기본세율의 일부
과세표준 1,400만원 이하 : 과세표준의 6%
과세표준 1,400만원 초과 5,000만원 이하 : 84만원 + 1,400만원 초과금액의 15%
과세표준 5,000만원 초과 8,800만원 이하 : 624만원 + 5,000만원 초과금액의 24%

해답

(1) 금융소득종합과세
조건부 종합과세 : ₩10,000,000(은행예금이자) + 5,000,000(주권비상장법인 주주 인정배당)
+ 10,000,000(주권상장법인 대주주 금전배당) + 5,000,000(주권상장법인 소액주주 주식배당)
= ₩30,000,000 ⇨ 종합과세

(2) 종합소득금액
① 이자소득금액 : ₩10,000,000
② 배당소득금액 : ₩20,000,000 + Min [10,000,000, 20,000,000] × 10% = ₩21,000,000
③ 근로소득금액 : ₩20,000,000
④ 계 : ₩51,000,000

(3) 종합소득과세표준 : ₩51,000,000 − 6,000,000 = ₩45,000,000

(4) 종합소득산출세액 : Max[①, ②] = ₩5,290,000

① 일반산출세액 : [₩45,000,000 − 20,000,000] × 기본세율 + 20,000,000 × 14%
= ₩840,000 + (25,000,000 − 14,000,000) × 15% + 2,800,000
= ₩5,290,000

② 비교산출세액 : [₩45,000,000 − 31,000,000] × 기본세율 + 30,000,000 × 14%
= ₩14,000,000 × 6% + 4,200,000
= ₩5,040,000

예제 7-2 | 금융소득종합과세시 세액계산 특례(2)

다음 자료를 이용하여 거주자 을의 종합소득 산출세액을 계산하시오.

(1) 종합소득금액의 내역은 다음과 같다.

① 국내은행 정기예금이자	₩6,000,000
② 비상장법인 현금배당	12,000,000(Gross-up대상임)
③ 국외상장법인 현금배당	8,000,000(Gross-up대상이 아님)
④ 근로소득금액	33,000,000(총급여액은 ₩45,000,000임)

(2) 종합소득공제는 ₩9,600,000으로 가정한다.

해답

(1) 금융소득종합과세
조건부 종합과세 대상 금융소득의 합계액이 기준금액(2,000만원)을 초과하므로 모두 종합과세한다.

(2) 종합소득금액
① 이자소득금액 : ₩6,000,000
② 배당소득금액 : ₩20,000,000 + Min[6,000,000, 12,000,000] × 10% = ₩20,600,000
③ 근로소득금액 : ₩33,000,000
④ 종합소득금액 : ₩59,600,000

(3) 종합소득과세표준
₩59,600,000 − 9,600,000 = ₩50,000,000

(4) 종합소득 산출세액 : Max[①, ②] = ₩6,040,000

① 일반산출세액
(₩50,000,000 − 20,000,000) × 기본세율 + 20,000,000 × 14%
= ₩840,000 + (₩30,000,000 − ₩14,000,000) × 15% + ₩2,800,000
= ₩6,040,000

② 비교산출세액
(₩50,000,000 − 26,600,000) × 기본세율 + 26,000,000 × 14%
= ₩840,000 + (₩23,400,000 − ₩14,000,000) × 15% + ₩3,640,000
= ₩5,890,000

4. 부동산매매업자에 대한 세액계산의 특례

(1) 의 의

부동산 양도소득은 사업성이 있으면 사업소득, 사업성이 없으면 양도소득에 해당한다. 일반적으로 양도소득의 세율이 종합소득의 세율보다 높기 때문에 양도소득을 사업소득에 포함한다면 조세회피 현상이 나타날 수 있다. 따라서 법령에서 정한 부동산의 양도소득은 종합소득세율(기본세율)에 의한 세액과 양도소득세율에 의한 세액 중 많은 금액을 종합소득산출세액으로 한다.

(2) 비교과세

부동산매매업을 경영하는 거주자로서 종합소득금액에 다음에 해당하는 자산의 매매차익이 있는 자의 종합소득산출세액은 다음과 같이 계산한다.

① 분양권 : 주택에 대한 공급계약을 통하여 주택을 공급받는 자로 선정된 지위(해당 지위를 매매 또는 증여 등의 방법으로 취득한 것을 포함)

② 비사업용토지 또는 미등기 양도자산

③ 다주택자의 조정대상지역 내 주택(보유기간이 2년 이상인 주택을 2026.5.9.까지 양도하는 경우 그 해당 주택 및 그 밖에 대통령령으로 정하는 주택은 제외) 개정

종합소득산출세액 = Max[①, ②]
① 과세표준 × 기본세율
② (과세표준 − 부동산 매매차익[*1]) × 기본세율
+ (부동산 매매차익[*1] − 장기보유특별공제[*2] − 양도소득기본공제[*3]) × 양도소득세율

*1 부동산 매매차익 = 매매가액 − 취득가액 − 기타필요경비(자본적지출 · 양도비용)
*2 분양권, 미등기양도자산, 다주택자의 조정대상지역 내 주택은 적용하지 않음
*3 미등기양도자산은 적용하지 않음

5. 분리과세 주택임대소득에 대한 세액계산의 특례

(1) 분리과세 주택임대소득

해당 과세기간에 주거용 건물임대업에서 발생한 주택임대수입금액의 합계액[*1]이 2천만원 이하인 자의 주택임대소득은 분리과세한다.

*1 이 경우 사업자가 공동사업자인 경우에는 공동사업장에서 발생한 주택임대수입금액의 합계액을 손익분배비율에 의해 공동사업자에게 분배한 금액을 각 사업자의 주택임대수입금액에 합산한다.

⑵ 결정세액의 계산

분리과세 주택임대소득이 있는 거주자의 종합소득 결정세액은 종합과세 방식과 분리과세 방식 중 하나를 선택하여 적용한다(소법 64의2).

구 분	결정세액
종합과세 방식	분리과세 주택임대소득을 종합소득과세표준에 합산하여 계산한 종합소득 결정세액
분리과세 방식	①+② ① 분리과세 주택임대소득에 대한 사업소득금액×14% 　- 소형주택임대사업자에 대한 세액감면(조특법 96 ①) ② 분리과세 주택임대소득 외의 종합소득 결정세액

⑶ 분리과세 주택임대소득에 대한 사업소득금액

구 분	분리과세 주택임대소득에 대한 사업소득금액
등록임대주택*1	총수입금액 - 총수입금액×60% - 400만원*2
미등록임대주택	총수입금액 - 총수입금액×50% - 200만원*2

*1 "등록임대주택"이란 다음의 요건을 모두 충족하는 주택을 말한다.

① 민간임대주택에 관한 특별법에 따른 임대사업자등록을 한 자가 임대 중인 공공지원민간임대주택, 장기일반민간임대주택 또는 단기민간임대주택일 것

② 사업자등록을 한 사업자의 임대주택일 것

③ 임대보증금 또는 임대료의 증가율이 5%를 초과하지 않을 것. 이 경우 임대료 등의 증액 청구는 임대차계약의 체결 또는 약정한 임대료의 증액이 있은 후 1년 이내에는 하지 못한다.

*2 분리과세 주택임대소득을 제외한 해당 과세기간의 종합소득금액이 2천만원 이하인 경우에 한하여 추가로 400만원 또는 200만원을 차감한다.

예제 7-3 | 분리과세 주택임대소득에 대한 세액계산 특례

다음 자료를 이용하여 아래 요구사항에 답하시오.

⑴ 갑의 해당 과세기간의 주택임대수입금액(과세요건을 충족함)은 다음과 같다.

① 임대료 : ₩12,000,000

② 간주임대료 : ₩2,000,000

⑵ 갑은 주택임대소득 외에 종합소득금액(기타소득금액)이 ₩15,000,000 있다.

⑶ 갑의 종합소득공제액은 ₩3,000,000이며, 세액공제를 위해 지출한 세액은 없는 것으로 가정한다.

⑷ 갑의 주택임대소득을 종합소득과세표준에 합산하여 계산한 종합소득 결정세액은 ₩1,000,000으로 가정한다.

• **요구사항** •

1. 임대한 주택이 등록임대주택일 경우 갑의 종합소득 산출세액을 계산하시오. 단, 갑은 조세특례제한법상 소형주택임대사업자에 대한 세액감면(30%) 적용 대상자이다.
2. 임대한 주택이 등록임대주택이 아닐 경우 갑의 종합소득 산출세액을 계산하시오.

해답

1. 임대한 주택이 등록임대주택일 경우
   (1) 분리과세방식
   ① 사업소득금액 : ₩14,000,000 − 14,000,000 × 60% − 4,000,000[*1] = ₩1,600,000
   *1 주택임대소득을 제외한 종합소득금액이 2천만원 이하이므로 400만원을 차감
   ② 결정세액 : ㉠ + ㉡ = ₩806,800
   ㉠ 분리과세 주택임대소득 관련 : ₩1,600,000 × 14% × (1 − 30%[*2]) = ₩156,800
   ㉡ 기타소득금액 관련
   a. 종합소득과세표준 : ₩15,000,000 − 3,000,000 = ₩12,000,000
   b. 종합소득산출세액 : ₩12,000,000 × 기본세율(6%) = ₩720,000
   c. 종합소득결정세액 : ₩720,000 − 70,000(표준세액공제)[*3] = ₩650,000
   *2 조세특례제한법상 소형주택임대사업자에 대한 세액감면(30%) 적용
   *3 근로소득자 또는 성실사업자가 아니므로 표준세액공제 7만원을 적용
   (2) 종합소득 결정세액 : Min[①, ②] = ₩806,800
   ① 분리과세방식 : ₩806,800
   ② 종합과세방식 : ₩1,000,000

2. 임대한 주택이 등록임대주택이 아닐 경우
   (1) 분리과세 방식
   ① 사업소득금액 : ₩14,000,000 − 14,000,000 × 50% − 2,000,000[*1] = ₩5,000,000
   *1 주택임대소득을 제외한 종합소득금액이 2천만원 이하이므로 200만원을 차감
   ② 결정세액 : ㉠ + ㉡ = ₩1,350,000
   ㉠ 분리과세 주택임대소득 관련 : ₩5,000,000 × 14% = ₩700,000
   ㉡ 기타소득금액 관련(요구사항 1과 동일함) : ₩650,000
   (2) 종합소득 결정세액 : Min[①, ②] = ₩1,000,000
   ① 분리과세방식 : ₩1,350,000
   ② 종합과세방식 : ₩1,000,000

6. 분리과세 기타소득에 대한 세액계산의 특례

(1) 계약금이 위약금 · 배당금으로 대체된 경우

계약금이 위약금 · 배상금으로 대체되어 원천징수하지 아니한 위약금 · 배상금을 종합소득과세표준에 합산하지 아니하는 경우 그 합산하지 아니하는 기타소득에 대한 결정세액은 해당 기타소득금액에 20%의 세율을 적용하여 계산한 금액으로 한다.

(2) 가상자산에 대한 결정세액 계산

가상자산을 양도하거나 대여함으로써 발생하는 소득(가상자산소득)에 대한 결정세액은 해당 기타소득금액(가상자산소득금액)에서 250만원을 뺀 금액에 20%를 곱하여 계산한 금액으로 한다(2027년 시행).

7. 사적연금소득에 대한 세액 계산의 특례

사적연금소득 중 분리과세연금소득 외의 연금소득(종합과세 사적연금소득)이 있는 거주자의 종합소득 결정세액은 다음의 세액 중 하나를 선택하여 적용한다.

① 종합과세 방식 : 종합소득 결정세액

② 분리과세 방식 : ㉠+㉡

㉠ 종합과세 사적연금소득 × 15%

㉡ 종합과세 사적연금소득 외의 종합소득 결정세액

제 2 절 | 세액공제

1. 세액공제의 의의

세액공제(tax credit)란 과세관청의 처분으로 일정세액을 산출세액에서 공제하는 것을 말한다. 종합소득세에 대한 세액공제는 소득세법과 조세특례제한법에서 각각 규정하고 있다.

2. 소득세법상 일반세액공제

▶ **표 7-1** 소득세법상 일반세액공제의 개요

구 분	세액공제액	공제한도
① 배당세액공제	배당소득금액에 합산된 gross-up 금액	종합소득산출세액에서 비교산출세액을 차감한 금액
② 기장세액공제 (간편장부대상자)	$\left(\text{종합소득 산출세액} \times \dfrac{\text{기장된 소득금액}}{\text{종합소득금액}}\right) \times 20\%$	연간 100만원
③ 외국납부세액공제 (10년간 이월공제)	외국납부소득세액 ※ 사업소득에 대한 외국납부세액은 필요경비 산입과 외국납부세액공제 중 하나를 선택하여 적용받을 수 있다(다른 종합소득은 외국납부세액공제만 가능).	$\text{종합소득 산출세액} \times \dfrac{\text{국외원천소득금액}}{\text{종합소득금액}}$ ※ 국별한도방식만 적용가능
④ 재해손실세액공제	공제대상세액 × 자산상실비율 ※ 자산상실비율이 20% 이상인 경우에 한함	상실된 재산가액
⑤ 근로소득세액공제	(가) 130만원 이하 : 산출세액의 55% (나) 130만원 초과 : 715,000원 + 50만원을 초과하는 금액의 30% ※ 일용근로자 : 산출세액의 55%	총급여액에 따라 차등 적용
⑥ 전자계산서 발급 전송에 대한 세액공제	발급건수 × 200원	100만원
⑦ 자녀세액공제	(가) 기본공제 : 자녀수에 대한 공제 (나) 출산 · 입양자녀공제	–
⑧ 연금계좌세액공제	연금계좌 납입액 × 12%(15%)	최대 144(180)만원

(1) 배당세액공제

1) 개 요

거주자의 종합소득금액에 배당가산액이 합산되어 있는 경우에는 배당가산액(gross-up금액)을 종합소득산출세액에서 공제하는데, 이를 배당세액공제라 한다. 이는 개인주주의 배당소득에 대한 이중과세를 조정하기 위한 제도이다.

2) 배당세액공제액

배당세액공제액은 배당가산액(gross-up금액)을 한도액과 비교하여 계산한다.

$$\text{배당세액공제액} = \text{Min} \begin{cases} \text{배당가산액(gross-up금액)} \\ \text{한도액}^{*} = \text{종합소득산출세액} - \text{비교산출세액} \end{cases}$$

* 배당세액공제가 있는 때에는 종합소득산출세액에서 배당세액공제액을 차감한 금액과 비교산출세액을 비교하여 큰 금액에서 기타의 세액공제액과 세액감면액을 차감하여 결정세액을 계산한다.

예제 7-4 | 배당세액공제

다음 자료를 이용하여 갑의 배당세액공제액을 구하시오.

(1) 비상장법인 현금배당	₩25,000,000
(2) 주권상장법인 현금배당	18,000,000
(3) 비영업대금의 이익	2,000,000
(4) 국외에서 받은 이자소득(국내에서 원천징수가 됨)	5,000,000
(5) 사업소득금액	10,000,000

(6) 종합소득산출세액은 ₩15,000,000, 비교산출세액은 ₩13,000,000으로 가정한다.

해답

(1) 금융소득종합과세
  ① 조건부 종합과세대상 : ₩25,000,000 + 18,000,000 + 2,000,000 + 5,000,000 = ₩50,000,000
  ② 기준금액을 초과하므로 전액을 종합과세함

(2) 종합소득금액
  ① 이자소득금액 : ₩2,000,000 + 5,000,000 = ₩7,000,000
  ② 배당소득금액 : ₩43,000,000 + Min[30,000,000, 43,000,000] × 10% = ₩46,000,000
  ③ 종합소득금액 : ₩7,000,000 + 46,000,000 + 10,000,000 = ₩63,000,000

(3) 배당세액공제액 : Min[①, ②] = ₩2,000,000
  ① 공제액 : ₩3,000,000(gross-up금액)
  ② 공제한도 : ₩15,000,000(산출세액) − 13,000,000(비교산출세액) = ₩2,000,000

(2) 기장세액공제

1) 기장세액공제액

소득세법에서는 사업자를 복식부기대상자와 간편장부대상자로 구분하고, 비치·기록한 장부에 의하여 소득세를 신고하도록 유도하고 있다. 특히 간편장부대상자의 경우 장부를 비치·기장할 여력이 부족하기 때문에 소득세법(제160조 ③)에 의한 간편장부대상자가 과세표준확정신고를 할 때 복식부기에 따라 기장하여 소득금액을 계산하고 소정의 서류[49]를 제출하는 경우에는 종합소득산출세액에서 해당 장부에 의하여

49) 소정의 서류란 기업회계기준을 준용하여 작성한 재무상태표·손익계산서와 그 부속서류·합계잔

계산한 사업소득금액을 합산한 금액이 종합소득금액에서 차지하는 비율을 곱하여 계산한 금액의 20%에 해당하는 금액을 공제한다. 다만 공제세액이 100만원을 초과하는 경우에는 100만원을 공제한다(소법 56의2 ①).

$$\text{기장세액공제액} = \text{Min}\left[\begin{array}{l}\text{종합소득산출세액} \times \dfrac{\text{기장된 종합소득금액}}{\text{종합소득금액}} \times 20\% \\ \text{한도액} = \text{연 100만원}\end{array}\right.$$

간편장부대상자

다음의 어느 하나에 해당하는 "간편장부대상자"가 간편장부를 갖춰 놓고 그 사업에 관한 거래 사실을 성실히 기재한 경우에는 장부를 비치·기록한 것으로 본다(소법 160 ②). 다만, 의료업, 수의사업, 약사업 및 부가가치세 간이과세 배제 대상 전문직 업종(변호사업, 회계사업, 변리사업, 세무사업 등)을 영위하는 사업자는 간편장부대상자에서 제외한다.

① 해당 과세기간에 신규로 사업을 개시한 사업자

② 직전 과세기간의 수입금액(결정 또는 경정으로 증가된 수입금액을 포함하며, 사업용자산을 양도함으로써 발생한 소득은 제외함)의 합계액이 업종별로 일정금액에 미달하는 사업자[50)]

예제 7-5 | 기장세액공제

다음 자료를 이용하여 간편장부대상자인 갑의 20×1년도 기장세액공제액을 계산하시오.

1. 종합소득금액내역

사업소득금액	₩40,000,000
기타소득금액	10,000,000

2. 종합소득공제액 ₩6,000,000
3. 甲은 모든 소득에 대하여 복식부기에 의한 장부를 비치·기록하고 있다.
4. 기본세율

   과세표준 1,400만원 초과 5,000만원 이하 : 84만원+1,400만원을 초과하는 금액의 15%

액시산표 및 조정계산서를 말한다.

50) ① 농업·임업 및 어업, 광업, 도매 및 소매업(상품중개업을 제외), 부동산매매업, 그 밖에 아래 '②' 및 '③'에 해당되지 아니하는 사업 : 3억원

② 제조업, 숙박 및 음식점업, 전기·가스·증기 및 공기조절 공급업, 수도·하수·폐기물처리·원료재생업, 건설업(비주거용 건물 건설업은 제외함), 부동산 개발 및 공급업(주거용 건물 개발 및 공급업에 한함), 운수업 및 창고업, 정보통신업, 금융 및 보험업, 상품중개업 : 1억5천만원

③ 부동산임대업, 부동산업(부동산매매업은 제외), 전문·과학 및 기술서비스업, 사업시설관리·사업지원 및 임대서비스업, 교육서비스업, 보건업 및 사회복지서비스업, 예술·스포츠 및 여가 관련 서비스업, 협회 및 단체, 수리 및 기타 개인서비스업, 가구내 고용활동 : 7천500만원

해답

1. 종합소득과세표준의 계산
   (1) 종합소득금액 : ₩40,000,000 + 10,000,000 = ₩50,000,000
   (2) 종합소득공제 (−)6,000,000
   (3) 종합소득과세표준 ₩44,000,000

2. 종합소득산출세액 : ₩840,000 + (44,000,000 − 14,000,000) × 15% = ₩5,340,000
3. 기장세액공제액 = ₩854,400

$$\text{Min}\begin{bmatrix} ₩5,340,000 \times \dfrac{40,000,000}{50,000,000} \times 20\% = ₩854,400 \\ ₩1,000,000(\text{한도액}) \end{bmatrix}$$

2) 기장세액공제의 배제

다음 중 어느 하나에 해당하는 경우에는 기장세액공제를 적용하지 아니한다(소법 56의2 ②).

① 비치·기록한 장부에 의하여 신고하여야 할 소득금액의 20% 이상을 누락하여 신고한 경우

② 기장세액공제와 관련된 장부 및 증명서류를 해당 과세표준확정신고기간 종료일부터 5년간 보관하지 아니한 경우. 다만, 천재지변, 전쟁·화재 기타의 재해를 입거나 도난을 당한 경우 및 이에 준하는 사유가 발생한 경우에는 그러하지 아니한다.

(3) 외국납부세액공제

1) 개 요

거주자의 종합소득금액에 국외원천소득이 합산되어 있는 경우로서 그 국외원천소득에 대하여 외국에서 외국소득세액을 납부하였거나 납부할 것이 있을 때에는 공제한도금액 내에서 외국소득세액을 해당 과세기간의 종합소득산출세액에서 공제할 수 있다(소법 57 ①).

2) 세액공제되는 외국납부세액

외국납부세액이란 외국정부에 납부하였거나 납부할 다음의 세액을 말한다. 다만, 해당 세액이 조세조약에 따른 비과세·면제·제한세율에 관한 규정에 따라 계산한 세액을 초과하는 경우에는 그 초과하는 세액은 제외한다.

구 분	외국납부세액의 범위
직접외국납부세액	거주자가 국외원천소득에 대하여 외국정부에 납부한 소득세 및 그 부가세액(가산세는 제외) : 개인의 소득금액을 과세표준으로 하여 과세된 세액과 수입금액 또는 기타 이에 준하는 것을 과세표준으로 하여 과세된 세액을 포함

구 분	외국납부세액의 범위
의제외국납부세액	국외원천소득이 있는 거주자가 조세조약의 상대국에서 그 국외원천소득에 대하여 소득세를 감면받은 세액의 상당액은 그 조세조약에서 정하는 범위에서 세액공제의 대상이 되는 외국소득세액으로 본다.

3) 외국납부세액공제액

국외원천소득에 대하여 납부하였거나 납부할 외국소득세액은 해당 과세기간의 종합소득산출세액에 국외원천소득이 해당 과세기간의 종합소득금액에서 차지하는 비율을 곱하여 산출한 금액을 한도로 해당 과세기간의 종합소득산출세액에서 공제할 수 있다(소법 57 ①).

다만, 조세특례제한법이나 기타 법률에 따라 면제 또는 세액감면을 적용받는 경우에는 종합소득산출세액에 국외원천소득 중 면제 또는 세액감면의 대상이 되는 국외원천소득을 차감한 금액이 종합소득금액에서 차지하는 비율을 곱하여 산출한 금액을 한도로 한다(소칙 60 ③).

① 외국납부세액공제액 = 외국정부에 납부하였거나 납부할 외국소득세액

② 공제한도금액 = 종합소득산출세액 × $\frac{\text{국외원천소득}^{*1} - \text{국외원천소득 대응비용}^{*2}}{\text{종합소득금액}}$

*1 "국외원천소득"은 국외에서 발생한 소득으로서 거주자의 종합소득금액 또는 퇴직소득금액의 계산에 관한 규정을 준용해 산출한 금액으로 한다.

*2 해당 과세기간의 종합소득금액을 계산할 때 필요경비에 산입된 금액(국외원천소득이 발생한 국가에서 과세할 때 필요경비에 산입된 금액은 제외)으로서 국외원천소득에 대응하는 직접비용과 배분비용을 말하며, 공제한도금액을 초과하는 외국소득세액 중 직·간접비용과 관련된 외국소득세액에 대해서는 이월공제 규정을 적용하지 않으며, 공제받지 못한 과세기간의 다음 과세기간의 소득금액을 계산할 때 필요경비에 산입할 수 있다.

한편, 외국정부에 납부하였거나 납부할 외국소득세액이 해당 과세기간의 공제한도금액을 초과하는 경우 그 초과하는 금액은 해당 과세기간의 다음 과세기간부터 10년 이내에 끝나는 과세기간으로 이월하여 그 이월된 과세기간의 공제한도금액 내에서 공제받을 수 있다. 다만, 외국정부에 납부하였거나 납부할 외국소득세액을 이월공제기간 내에 공제받지 못한 경우 그 공제받지 못한 외국소득세액은 이월공제기간의 종료일 다음 날이 속하는 과세기간의 소득금액을 계산할 때 필요경비에 산입할 수 있다(소법 57 ②).

또한 외국납부세액 공제한도를 계산할 때 국외사업장이 2 이상의 국가에 있는 경우에는 사업자가 국가별로 구분하여 공제한도를 계산한다(소령 117 ⑦). 이를 "국별한도방식"이라 한다.

4) 외국납부세액의 필요경비산입

국외원천소득에 대하여 납부하였거나 납부할 외국소득세액은 외국납부세액공제를 적용하지 않은 경우에 한하여 소득금액 계산상 필요경비에 산입할 수 있다. 다만, 외국납부세액을 필요경비에 산입할 수 있는 소득은 사업소득에 한정한다.

⑷ 재해손실세액공제

사업자가 해당 과세기간에 천재지변이나 그밖의 재해로 사업용 자산(토지를 제외함)의 20% 이상에 해당하는 자산을 상실하여 납세가 곤란하다고 인정되는 경우에는 다음의 소득세액(사업소득에 대한 소득세액을 말함)에 대하여 재해손실세액공제를 적용한다(소법 58 ①).

① 재해 발생일 현재 부과되지 아니한 소득세와 부과된 소득세로서 미납된 소득세액

② 재해 발생일이 속하는 과세기간의 소득에 대한 소득세액

- 공제액 : (종합소득 산출세액 − 세액공제액*) × $\frac{\text{사업소득금액}}{\text{종합소득금액}}$ × 자산상실비율
- 한도액 : 상실된 자산의 가액

* 배당세액공제, 기장세액공제 및 외국납부세액공제가 적용되는 경우에는 이를 공제한 금액을 산출세액으로 한다.

⑸ 근로소득세액공제

1) 상용근로자의 경우

근로소득이 있는 거주자에 대하여는 그 근로소득에 대한 종합소득 산출세액에서 다음의 금액을 공제한다(소법 59 ①).

근로소득에 대한 종합소득산출세액*	근로소득세액공제액
130만원 이하	산출세액 × 55%
130만원 초과	715,000원 + (산출세액 − 1,300,000원) × 30%

* 근로소득에 대한 종합소득 산출세액 = 종합소득 산출세액 × $\frac{\text{근로소득금액}}{\text{종합소득금액}}$

다만, 근로소득세액공제액이 다음의 구분에 따른 금액을 초과하는 경우에 그 초과하는 금액은 없는 것으로 한다.

총급여액	공제한도
3,300만원 이하	74만원
3,300만원 초과 7,000만원 이하	Max[①, ②] ① 74만원 − [(총급여액 − 3,300만원) × $\frac{8}{1,000}$] ② 66만원
7,000만원 초과 1억 2,000만원 이하	Max[①, ②] ① 66만원 − [(총급여액 − 7,000만원) × $\frac{1}{2}$] ② 50만원
1억 2,000만원 초과	Max[①, ②] ① 50만원 − [(총급여액 − 1억 2,000만원) × $\frac{1}{2}$] ② 20만원

예제 7-6 | 근로소득세액공제

다음은 내국법인으로부터 급여를 받는 상용근로자 A, B, C의 근로소득 관련 자료이다. 다음 자료를 이용하여 각각의 근로소득세액공제액을 계산하시오.

1. 상용근로자A
   (1) 총급여액은 ₩30,000,000이며, 근로소득금액은 ₩20,250,000이다.
   (2) 근로소득 이외의 다른 종합소득은 없으며, 종합소득 산출세액은 ₩1,620,000이다.
2. 상용근로자B
   (1) 총급여액은 ₩60,000,000이며, 근로소득금액은 ₩47,250,000이다.
   (2) 근로소득 이외의 다른 종합소득은 없으며, 종합소득 산출세액은 ₩4,920,000이다.
3. 상용근로자C
   (1) 총급여액은 ₩100,000,000이며, 근로소득금액은 ₩85,250,000이다.
   (2) 종합소득금액은 ₩106,562,500, 종합소득 산출세액은 ₩15,900,000이다.

해답

1. 상용근로자A : Min[①, ②] = ₩740,000
   ① ₩715,000 + (1,620,000 − 1,300,000) × 30% = ₩811,000
   ② 한도액 : ₩740,000
2. 상용근로자B : Min[①, ②] = ₩660,000
   ① ₩715,000 + (4,920,000 − 1,300,000) × 30% = ₩1,801,000
   ② 한도액 : Max[㉠, ㉡] = ₩660,000

   ㉠ ₩740,000 − [(60,000,000 − 33,000,000) × $\frac{8}{1,000}$] = ₩524,000

   ㉡ ₩660,000

3. 상용근로자C

① 근로소득에 대한 산출세액의 계산

$$₩15,900,000 \times \frac{85,250,000}{106,562,500} = ₩12,720,000$$

② 근로소득세액공제액 : Min[㉠, ㉡] = ₩500,000

㉠ ₩715,000 + (12,720,000 − 1,300,000) × 30% = ₩4,141,000

㉡ 한도액 : ₩500,000

2) 일용근로자의 경우

일용근로자의 근로소득에 대하여 소득세를 원천징수하는 경우에는 해당 근로소득에 대한 산출세액의 55%에 상당하는 금액을 그 산출세액에서 공제한다.

일용근로자의 근로소득세액공제액 = 근로소득산출세액 × 55%

(6) 전자계산서 발급 전송에 대한 세액공제 개정

직전 과세기간의 사업장별 총수입금액이 3억원 미만인 사업자 또는 해당 연도에 신규로 사업을 시작한 사업자가 전자계산서를 2027년 12월 31일까지 발급(전자계산서 발급명세를 전송기한까지 국세청장에게 전송하는 경우로 한정)하는 경우에는 다음의 금액을 해당 과세기간의 사업소득에 대한 종합소득산출세액에서 공제할 수 있다(소법 56의3).

전자계산서 발급 전송에 대한 세액공제 = Min[발급건수 × 200원, 100만원]

(7) 자녀세액공제

종합소득이 있는 거주자의 기본공제대상자에 해당하는 자녀 및 손자녀(입양자 및 위탁아동을 포함)로서 8세 이상의 사람[51]에 대해서는 다음의 구분에 따른 금액을 종합소득산출세액에서 공제한다(소법 59의2).

구 분	세액공제액
기본공제 개정	① 자녀가 1명인 경우 : 연 25만원 ② 자녀가 2명인 경우 : 연 55만원 ③ 자녀가 3명 이상인 경우 : 연 55만원 + (공제대상 자녀수 − 2명) × 연 40만원

51) 보편적 아동수당(8세 미만의 아동 자녀가 있는 경우 월 10만원 지원) 도입에 따른 중복지원을 배제하기 위하여 8세 이상인 자녀수를 기준으로 기본공제를 적용한다.

구 분	세액공제액
출산·입양 자녀공제	해당 과세기간에 출산하거나 입양 신고한 공제대상자녀가 ① 첫째인 경우 : 연 30만원 ② 둘째인 경우 : 연 50만원 ③ 셋째 이상인 경우 : 연 70만원

사 례 자녀세액공제(아래 자녀는 모두 공제대상이며, 나이는 만 나이임)

(1) 자녀 2명(12세, 9세) : 55만원

(2) 자녀 3명(12세, 10세, 9세) : 55만원+(3명－2명)×40만원=95만원

(3) 자녀 2명(5세, 0세－해당 과세기간 출생) : 50만원(출산자녀가 둘째)

(4) 자녀 3명(9세, 5세, 0세－해당 과세기간에 출생) :
25만원+70만원(출산자녀가 셋째)=95만원

(8) 연금계좌세액공제

종합소득이 있는 거주자가 연금계좌에 납입한 금액이 있는 경우에는 다음의 금액을 해당 과세기간의 종합소득산출세액에서 공제한다(소법 59의3). 이 경우 연금계좌세액공제의 합계액이 종합소득산출세액을 초과하는 경우 그 초과하는 공제액은 없는 것으로 한다.

1) 세액공제액

연금계좌세액공제액 = 공제대상 연금계좌 납입액× 12% (또는 15%*)

* 해당 과세기간에 종합소득과세표준을 계산할 때 합산하는 종합소득금액이 4,500만원 이하(근로소득만 있는 경우에는 총급여액 5,500만원 이하)인 거주자에 대해서는 15% 적용

2) 공제대상 연금계좌 납입액

Min[①, ②]
① 연금계좌 납입액*1=연금저축계좌 납입액 + 퇴직연금계좌 납입액
② 한도액=㉠ + ㉡ + ㉢
㉠ 일반한도 : 600만원
㉡ 퇴직연금계좌 추가한도 : Min[퇴직연금계좌 납입액, 300만원]
㉢ 개인종합자산관리계좌 전환금액*2 추가한도 : Min[전환금액 × 10%, 300만원]

*1 연금계좌에 납입한 금액 중 다음의 금액을 제외한 금액을 말한다.
① 관련 규정에 따라 소득세가 원천징수되지 아니한 퇴직소득 등 과세가 이연된 소득
② 연금계좌에서 다른 연금계좌로 계약을 이전함으로써 납입되는 금액

*2 개인종합자산관리계좌의 계약기간이 만료되고 해당 계좌 잔액의 전부 또는 일부를 연금계좌로 납입한 경우 그 납입한 금액(전환금액)을 납입한 날이 속하는 과세기간의 연금계좌 납입액에 포함한다.

예제 7-7 | 연금계좌세액공제 

다음 자료를 이용하여 거주자 갑의 연금계좌세액공제액을 계산하시오.

1. 갑의 종합소득금액(사업소득금액)은 ₩50,000,000이다.
2. 갑의 연금저축계좌 납입액은 ₩8,000,000이며, 퇴직연금계좌 납입액은 ₩2,000,000이다.
3. 갑의 연금저축계좌 납입액 중 관련 규정에 따라 소득세가 원천징수되지 아니한 퇴직소득(과세가 이연된 소득)이 ₩1,000,000 포함되어 있다.

해답

1. 공제대상 연금계좌 납입액 : Min[①, ②] = ₩8,000,000
   ① 연금계좌 납입액 : (₩8,000,000 − 1,000,000) + 2,000,000 = ₩9,000,000
   ② 한도액 : ₩6,000,000 + Min[₩2,000,000, 3,000,000] = ₩8,000,000
2. 연금계좌세액공제액
   ₩8,000,000 × 12%(종합소득금액 4,500만원 초과) = ₩960,000

3. 소득세법상 특별세액공제

(1) 의 의

"특별세액공제"란 납세의무자가 지출한 일정한 비용을 종합소득산출세액에서 공제하는 제도로서 보험료 세액공제, 의료비 세액공제, 교육비 세액공제 및 기부금 세액공제 등이 있다.

특별세액공제 = 보험료 세액공제 + 의료비 세액공제 + 교육비 세액공제 + 기부금 세액공제

(2) 항목별 세액공제와 표준세액공제

특별세액공제는 근로소득이 있는 자와 근로소득이 없는 자로 구분하여 다음과 같이 적용한다.

1) 근로소득이 있는 거주자

근로소득이 있는 거주자는 다음 중 하나의 방법을 선택하여 적용한다.

① 특별소득공제, 특별세액공제 및 월세액에 대한 세액공제를 적용하는 방법
② 표준세액공제(연 13만원)

정치자금·고향사랑·우리사주조합기부금 세액공제와 중복적용

다른 기부금과 달리 정치자금기부금 세액공제와 고향사랑기부금 세액공제, 우리사주조합기부금 세액공제를 신청한 경우에도 표준세액공제(연 13만원)와 중복적용이 가능하다.

2) 종합소득이 있는 거주자(근로소득이 있는 자는 제외)로서 조세특례제한법 제122조의3에 따른 의료비 등 세액공제 신청을 하지 아니한 경우
   ① 사업용계좌의 신고 등 법정요건에 해당하는 성실사업자의 경우 : 기부금세액공제와 표준세액공제(연 12만원) 적용
   ② 그 밖의 경우 : 기부금세액공제와 표준세액공제(연 7만원) 적용

(3) 보험료 세액공제

근로소득이 있는 거주자(일용근로자 제외)가 해당 과세기간에 보장성보험(만기에 환급되는 금액이 납입보험료를 초과하지 아니하는 보험)의 보험계약에 따라 지급하는 다음의 보험료를 지급한 경우 그 금액의 12%(또는 15%)에 해당하는 금액을 해당 과세기간의 종합소득산출세액에서 공제한다(소법 59의4 ①).

① 장애인전용보장성보험료 : 기본공제대상자 중 장애인을 피보험자 또는 수익자로 하는 장애인전용보장성보험의 보험료

② 일반보장성보험료 : 기본공제대상자를 피보험자로 하는 보장성보험의 보험료

공제액 = 장애인전용보장성보험료 × 15% + 일반보장성보험료 × 12%
(연 100만원 한도) (연 100만원 한도)

보험료 세액공제 대상 기본공제대상자

보험료 세액공제를 적용함에 있어서 기본공제대상자란 나이요건과 소득요건을 모두 충족하여 실제로 기본공제를 적용받는 자(본인 포함)를 말한다. 따라서 나이요건 또는 소득요건을 충족하지 못하여 기본공제를 적용받지 못한 자를 위하여 지출하는 보장성보험의 보험료는 세액공제대상에서 제외된다.

예제 7-8 | 보험료 세액공제

다음 자료를 이용하여 근로소득자인 갑의 보험료 세액공제액을 계산하시오.

1. 해당 거주자 본인을 피보험자로 하는 생명보험료(보장성보험임) : ₩500,000
2. 배우자(사업소득금액이 ₩5,000,000 있음)를 피보험자로 하는 자동차종합보험료(보장성보험임) : ₩1,500,000
3. 장남(장애인으로서 소득 없음)을 수익자로 하는 장애인전용보장성보험료 : ₩1,200,000

4. 차남(23세로서 소득 없음)을 피보험자로 하는 상해보험료(보장성보험임) : ₩800,000
5. 장녀(16세로서 소득 없음)를 피보험자로 하는 교육보험료(저축성보험임) : ₩200,000

해답

1. 보험료 세액공제의 판단
   (1) 본인 생명보험료 : 일반보장성보험료로서 공제대상에 포함된다.
   (2) 배우자 자동차종합보험료 : 연간소득금액이 100만원을 초과하여 기본공제대상이 아니므로 공제대상에서 제외된다.
   (3) 장남 장애인전용보장성보험료 : 연 100만원을 한도로 공제대상에 포함된다.
   (4) 차남 상해보험료 : 나이요건을 충족하지 못하여 기본공제대상이 아니므로 공제대상에서 제외된다.
   (5) 장녀 교육보험료 : 보장성보험이 아니므로 공제대상에서 제외된다.
2. 보험료 세액공제액
   (1) 장애인전용보장성보험 : ₩1,000,000(한도액) × 15% = ₩150,000
   (2) 일반보장성보험료 : ₩500,000(본인) × 12% = ₩60,000
   (3) 공제액 : ₩150,000 + 60,000 = ₩210,000

(4) 의료비 세액공제

1) 세액공제액의 계산

근로소득이 있는 거주자(일용근로자 제외)가 기본공제대상자(나이 및 소득의 제한을 받지 아니한다)를 위하여 해당 과세기간에 세법에서 정하는 공제대상 의료비(보험회사 등으로부터 지급받은 실손의료보험금은 제외)를 지급한 경우 다음의 금액을 해당 과세기간의 종합소득산출세액에서 공제한다(소법 59의4 ②).

의료비 세액공제액 = ① + ② + ③
① 공제대상 난임시술비 × 30%
② 공제대상 미숙아 · 선천성이상아 의료비 × 20%
③ (공제대상 본인 등 의료비 + 공제대상 기타의료비) × 15%

2) 공제대상 의료비의 구분

구 분	내 용
공제대상 난임시술비	모자보건법에 따른 보조생식술(체내 · 체외인공수정 포함)에 소요된 비용(난임시술과 관련하여 처방을 받은 의약품 구입비용을 포함)
공제대상 미숙아 · 선천성이상아 의료비	① 미숙아의 경우 : 보건소장 또는 의료기관의 장이 미숙아 출생을 원인으로 미숙아가 아닌 영유아와는 다른 특별한 의료적 관리와 보호가 필요하다고 인정하는 치료를 위하여 지급한 의료비 ② 선천성이상아의 경우 : 해당 선천성이상 질환을 치료하기 위하여 지급한 의료비

구 분	내 용
공제대상 본인 등 의료비	다음의 어느 하나에 해당하는 사람을 위하여 지급한 의료비 전액 ① 해당 거주자 본인 ② 과세기간 종료일 현재 65세 이상인 사람 ③ 장애인 ④ 6세 이하 부양가족 ⑤ 중증질환자, 희귀난치성질환자 또는 결핵환자
공제대상 기타의료비	기본공제대상자를 위하여 지급한 의료비 중 공제대상 난임시술비와 미숙아 · 선천성이상아의료비, 본인 등 의료비를 제외한 의료비 중 총급여액의 3%를 초과하는 금액(연 700만원 한도)을 공제대상 기타의료비로 한다. 공제대상 기타의료비 = Min[(기타의료비 − 총급여액 × 3%)*, 700만원]

* 기타의료비가 총급여액의 3%에 미달하는 경우에는 그 미달하는 금액을 공제대상 본인 등 의료비, 공제대상 미숙아 · 선천성이상아 의료비와 공제대상 난임시술비에서 순차적으로 차감한다.

공제대상 의료비의 범위

의료비에 포함되는 것	의료비에서 제외되는 것
① 진찰 · 치료 · 질병예방을 위하여 의료기관(한의원 · 조산원 포함)에 지급한 비용 ② 치료 · 요양을 위하여 의약품(한약 포함)을 구입하고 지급하는 비용 ③ 장애인 보장구 및 의사 · 치과의사 · 한의사 등의 처방에 따라 의료기기를 직접 구입 또는 임차하기 위하여 지출한 비용 ④ 시력보정용 안경 또는 콘택트렌즈 구입을 위하여 지출한 비용 : 기본공제대상자(나이 및 소득금액의 제한을 받지 아니함) 1인당 연 50만원 이내의 금액 ⑤ 보청기 구입을 위하여 지출한 비용 ⑥ 노인장기요양보험법에 따른 장기요양급여에 대한 비용으로서 실제 지출한 본인 일부부담금 ⑦ 산후조리원에 산후조리 및 요양의 대가로 지급하는 비용 : 출산 1회당 200만원 이내의 금액 ⑧ 장애인활동 지원에 관한 법률에 따른 활동지원급여에 대한 비용으로서 실제 지출한 본인부담금	① 미용 · 성형수술을 위한 비용 ② 건강증진을 위한 의약품 구입비용 ③ 국외에서 지출한 의료비

예제 7－9 | 의료비 세액공제

다음 자료에 의하여 거주자인 갑의 의료비 공제액을 계산하시오.

(1) 갑의 해당 과세기간 총급여액 : ₩60,000,000

(2) 갑과 기본공제대상자를 위하여 지급한 의료비 내역

의료비내역	지출대상	나 이	금 액
시력보정용 안경구입	본 인	38세	₩1,000,000
난임시술비	배우자	35세	5,000,000
장애인 재활치료비	동 생	30세	2,000,000
보청기 구입비	부 친	68세	3,000,000
치료 목적 한약구입비	모 친	62세	1,500,000

해답

(1) 공제대상 의료비

① 공제대상 난임시술비 : ₩5,000,000

② 공제대상 본인 등 의료비 : ₩500,000(본인 안경구입비 한도액) + 2,000,000(장애인 의료비) + 3,000,000(경로우대자 의료비) = ₩5,500,000

③ 공제대상 기타의료비 : ₩1,500,000

(2) 의료비 세액공제액 = ① + ② = ₩2,280,000

① ₩5,000,000 × 30% = ₩1,500,000

② (₩5,500,000 − 300,000*) × 15% = ₩780,000

* 공제대상 기타의료비(₩1,500,000)가 총급여액의 3%(₩1,800,000 = ₩60,000,000 × 3%)에 미달하는 경우에는 그 미달하는 금액(₩300,000)을 공제대상 본인 등 의료비에서 차감한다.

(5) 교육비 세액공제

1) 일반교육비 세액공제

근로소득이 있는 거주자(일용근로자 제외)가 그 거주자 본인과 기본공제대상자(나이의 제한을 받지 아니함)인 배우자 · 직계비속 · 형제자매 · 입양자 및 위탁아동을 위하여 해당 과세기간에 교육비를 지급한 경우에는 일반교육비 세액공제액을 해당 과세기간의 종합소득 산출세액에서 공제한다(소법 59의4 ③).

① 공제대상 교육비 : 다음의 교육기관에 지급한 교육비등을 공제한다.

구 분*1	본인	부양가족
대학원	○	×
대학교, 전공대학, 원격대학, 학위취득과정*2	○	○
초등학교, 중학교, 고등학교, 평생교육시설*3	○	○
어린이집, 유치원, 학원 또는 체육시설*4	×	○
대학(전공대학, 원격대학 및 학위취득과정 포함) 또는 대학원의 1학기 이상에 해당하는 교육과정과 시간제과정	○	×
직업능력개발훈련시설*5	○	×
학자금 대출의 원리금 상환액*6	○	×

*1 국외에 소재하는 교육기관으로서 우리나라의 유아교육법에 따른 유치원, 초 · 중등교육법 또는 고등교육법에 따른 학교에 해당하는 교육기관에 지급한 교육비도 공제대상에 포함한다. 이 경우 국외교육기관의 학생을 위하여 교육비를 지급하는 거주자가 국내에서 근무하는 경우에는 해당 과세기간 종료일 현재 대한민국 국적을 가진 거주자가 교육비를 지급한 학생(초등학교 취학 전 아동과 초등학생 · 중학생의 경우에는 다음의 어느 하나에 해당하는 사람으로 한정함)에 대한 교육비만 공제한다.
① 국외유학에 관한 규정에 따른 자비유학의 자격이 있는 자
② 국외유학에 관한 규정에 따라 유학을 하는 자로서 부양의무자와 국외에서 동거한 기간이 1년 이상인 자

*2 "학위취득과정"이란 학점인정 등에 관한 법률에 따라 교육부장관이 학점인정학습과정으로 평가인정한 교육과정 및 독학에 의한 학위취득 교육과정을 말한다.

*3 "평생교육시설"이란 평생교육법 제31조 제2항에 따라 고등학교졸업 이하의 학력이 인정되는 학교형태의 평생교육시설을 말한다.

*4 초등학교 취학전아동이 학원 또는 체육시설에서 월단위로 실시하는 교습과정(1주 1회 이상 실시하는 과정만 해당)의 교습을 받고 지출한 수강료에 한하여 공제된다. 따라서 초 · 중 · 고등학생의 학원비 또는 체육시설 수강료는 공제되지 않는다.

*5 직업능력개발훈련시설에서 실시하는 직업능력개발훈련을 위하여 지급한 수강료를 공제하되, 고용보험법에 따라 근로자수강지원금을 받은 경우에는 이를 뺀 금액을 공제한다.

*6 "학자금 대출"이란 취업 후 상환 학자금대출 · 일반 상환 학자금대출(등록금에 대한 대출에 한정함) 등 법령에서 정하는 학자금대출로서 다음의 금액을 제외한 금액을 말한다.
① 학자금 대출의 원리금 상환의 연체로 인하여 추가로 지급하는 금액
② 학자금 대출의 원리금 중 감면받거나 면제받은 금액
③ 학자금 대출의 원리금 중 지방자치단체 또는 공공기관 등으로부터 학자금을 지원받아 상환한 금액

② 교육비의 범위

구 분	비 고
수업료 등	수업료 · 입학금 · 보육비용 · 수강료 및 그 밖의 공납금
급식비	급식을 실시하는 학교, 유치원, 어린이집, 학원 및 체육시설(초등학교 취학 전 아동의 경우만 해당)에 지급한 급식비
교과서대금	초 · 중 · 고등학교에서 구입한 교과서대금
교복구입비용	중 · 고등학교의 학생만 해당(학생 1명당 연 50만원 한도)
방과후학교 수업료 등	초 · 중 · 고등학교, 유치원, 어린이집, 학원 및 체육시설(초등학교 취학 전 아동의 경우만 해당)에서 실시하는 방과후 학교나 방과후 과정 등의 수업료 및 특별활동비 : 학교 등에서 구입한 교재의 구입비와 학교 외에서 구입한 초 · 중 · 고등학교의 방과후 학교 수업용 도서의 구입비를 포함
현장체험학습비	초 · 중 · 고등학교에서 교육과정으로 실시하는 현장체험학습에 지출한 비용(학생 1명당 연 30만원 한도)
수능응시료 등	대학수학능력시험 응시수수료 및 대학입학전형에 응시하는 사람이 대학에 납부하는 입학전형료

③ 공제대상에서 제외되는 교육비

㉠ 소득세 또는 증여세가 비과세되는 장학금 또는 학자금을 받은 경우에는 그 금액을 차감한 금액을 공제대상 교육비로 한다.

㉡ 기본공제대상자 중 직계존속을 위한 교육비는 공제되지 아니한다.

㉢ 부양가족(배우자 · 직계비속 · 형제자매 · 입양자 및 위탁아동)이 학자금 대출을 받아 지급하는 교육비는 공제되지 아니한다.

④ 일반교육비 세액공제액

일반교육비 세액공제액 = 공제대상 교육비* × 15%

* 본인을 위하여 지급한 교육비는 전액(대학원 포함)을 공제하나, 기본공제대상자를 위하여 지급한 교육비는 대학생인 경우 1명당 연 900만원을 한도로 하고, 초등학교 취학 전 아동과 초 · 중 · 고등학생인 경우에는 1명당 연 300만원을 한도로 한다.

2) 장애인특수교육비 세액공제

근로소득이 있는 거주자(일용근로자 제외)가 기본공제대상자인 장애인(소득의 제한을 받지 아니함)의 재활교육을 위하여 다음의 교육기관에 지급하는 특수교육비(국가 또는 지방자치단체로부터 지원받은 금액은 제외)의 15%를 세액공제 한다(소법 59의4 ③).

① 사회복지사업법에 따른 사회복지시설 및 민법에 따라 설립된 비영리법인으로서 보건복지부장관이 장애인재활교육을 실시하는 기관으로 인정한 법인(이와 유사한 것으로서 외국에 있는 시설 또는 법인을 포함)

② 장애인(과세기간 종료일 현재 18세 미만인 사람만 해당)의 기능향상과 행동발달을 위한 발달재활서비스를 제공하는 기관으로서 지방자치단체가 지정한 발달재활서비스 제공기관

예제 7-10 | 교육비 세액공제 

다음 자료를 이용하여 근로소득자인 갑의 교육비 세액공제액을 계산하시오.

⑴ 본인의 경영대학원(MBA) 등록금	₩10,000,000
⑵ 근로소득금액이 ₩25,000,000 있는 배우자의 대학교 등록금	6,000,000
⑶ 21세인 장녀(소득 없음)의 대학교 등록금(학자금대출 ₩2,000,000을 받음)	8,000,000
⑷ 장녀의 영어회화학원 수강료	3,000,000
⑸ 12세인 장남(초등학생으로서 소득 없음)의 학교급식비 · 방과후학교 수강료	1,200,000
⑹ 7세인 차녀(소득 없음)의 유치원 교육비	1,500,000
⑺ 차녀의 체육도장 수업료(월단위로 실시하는 교습과정이며, 1주 2회 실시함)	1,000,000
⑻ 56세인 모친(소득 없음)의 야간대학교 등록금	3,500,000

해답

1. 교육비공제 여부의 판단
   (1) 본인의 교육비는 대학원 교육비를 공제대상에 포함하며 전액 공제한다.
   (2) 배우자는 소득요건을 충족하지 못하므로 공제대상에서 제외된다.
   (3) 장녀는 소득요건을 충족하므로(나이제한 없음) 대학교 등록금(학자금대출을 차감함)을 공제하되, 영어회화학원 수강료는 공제대상에서 제외한다.
   (4) 장남(초등학생)의 학교급식비 · 방과후학교 수강료도 공제대상에 포함된다.
   (5) 차녀의 유치원 교육비와 체육도장 수업료는 교육비공제대상에 포함된다.
   (6) 모친(직계존속)의 교육비는 공제대상에 포함되지 아니한다.

2. 공제대상 교육비
   ₩10,000,000(본인 대학원) + (8,000,000 − 2,000,000)(장녀 대학교 등록금) + 1,200,000(장남 급식비 등) + 2,500,000(차녀 유치원교육비 및 체육도장 수업료) = ₩19,700,000

3. 교육비 세액공제액
   ₩19,700,000 × 15% = ₩2,955,000

(6) 기부금 세액공제

거주자(사업소득만 있는 자는 제외[52])하되, 연말정산대상 사업소득자는 포함)가 해당 과세기간에 지급한 기부금이 있는 경우에는 다음의 기부금 세액공제액을 해당 과세기간의 합산과세되는 종합소득산출세액(필요경비에 산입한 기부금이 있는 경우에는 사업소득에 대한 산출세액은 제외[53]))에서 공제한다(소법 59의4 ④). 이 경우 특례기부금과 일반기부금은 거주자 본인의 명의로 지급한 기부금뿐만 아니라 기본공제대상자(나이의 제한을 받지 아니하며, 다른 거주자의 기본공제를 적용받은 사람은 제외)가 지급한 기부금도 공제받을 수 있다(정치자금기부금, 고향사랑기부금과 우리사주조합기부금은 본인의 명의로 지급한 기부금만 공제 가능).

기부금 세액공제액 = ① + ②
① 공제대상 기부금 중 1천만원 이하 금액 × 15%
② 공제대상 기부금 중 1천만원 초과 금액 × 30%

---

52) 사업소득만 있는 자는 기부금 세액공제를 적용받을 수 없으며, 기부금을 필요경비에만 산입할 수 있다.

53) 기부금을 필요경비에 산입한 경우 공제한도 : 종합소득산출세액 $\times \frac{\text{종합소득금액} - \text{사업소득금액}}{\text{종합소득금액}}$

1) 공제대상 기부금

공제대상 기부금 :
(특례기부금 한도내 금액 + 우리사주조합기부금 한도내 금액 + 일반기부금 한도내 금액)
– 사업소득금액을 계산할 때 필요경비에 산입한 기부금

① 특례기부금의 한도액

한도액 = 기준소득금액* × 100%

* 기준소득금액 = 종합소득금액 + 필요경비에 산입한 기부금 – 원천징수세율 적용 금융소득

② 우리사주조합기부금의 한도액

한도액 = [기준소득금액 – 정치자금기부금, 고향사랑기부금 및 특례기부금 공제액(Ⓐ)] × 30%

③ 일반기부금의 한도액

가. 종교단체 기부금이 없는 경우

한도액 = [기준소득금액 – Ⓐ – 우리사주조합기부금 공제액(Ⓑ)] × 30%

나. 종교단체 기부금이 있는 경우

한도액 = [기준소득금액 – Ⓐ – Ⓑ] × 10% + Min[㉠, ㉡]
㉠ [기준소득금액 – Ⓐ – Ⓑ] × 20%
㉡ 종교단체 외에 기부한 일반기부금

2) 기부금의 범위

구 분	기부금의 범위
① 특례기부금 (소법 34 ②)	㉠ 법인세법상 특례기부금 ㉡ 특별재난지역을 복구하기 위하여 자원봉사를 한 경우 그 용역의 가액*
② 우리사주조합기부금 (조특법 88의4 ⑬)	거주자가 우리사주조합에 지출하는 기부금(우리사주조합원이 지출하는 기부금은 제외)
③ 일반기부금 (소령 80 ①)	㉠ 법인세법상 일반기부금 ㉡ 단위노동조합등 조합비, 교원단체 회비, 공무원직장협의회 회비 등 ㉢ 위탁자의 신탁재산이 위탁자의 사망 또는 약정한 신탁계약 기간의 종료로 인하여 공익법인 등에 기부될 것을 조건으로 거주자가 설정한 신탁으로서 법정 요건을 모두 갖춘 신탁에 신탁한 금액

구 분	기부금의 범위
③ 일반기부금 (소령 80 ①)	㉣ 공익단체에 지출하는 기부금. 다만, 공익단체에 지출하는 기부금은 지정일이 속하는 과세기간의 1월 1일부터 3년간(지정받은 기간이 끝난 후 2년 이내에 재지정되는 경우에는 재지정일이 속하는 과세기간의 1월 1일부터 6년간) 지출하는 기부금만 해당한다.

* 자원봉사용역의 가액은 다음 '㉮'와 '㉯'의 합계액으로 한다.

㉮ 봉사일수(=총봉사시간÷8시간)에 8만원을 곱한 금액(소수점 이하의 부분은 1일로 보아 계산함). 이 경우 개인사업자의 경우에는 본인의 봉사분에 한한다.

㉯ 당해 자원봉사용역에 부수되어 발생하는 유류비(자원봉사용역 제공장소로의 이동을 위한 유류비는 제외)·재료비 등 직접비용 : 제공할 당시의 시가 또는 장부가액

예제 7-11 | 기부금 세액공제

다음 자료를 이용하여 근로소득자인 갑(우리사주조합원이 아님)의 기부금 세액공제액을 계산하시오. 단, 공제한도는 고려하지 말 것

1. 갑의 근로소득금액 : ₩50,000,000(다른 종합소득금액은 없음)
2. 갑의 기부금 지출내역
   (1) 특례기부금(이재민구호금품) : ₩4,000,000
   (2) 우리사주조합기부금 : ₩5,000,000
   (3) 일반기부금(불우이웃돕기 성금) : ₩2,000,000
3. 갑의 배우자(소득 없음)가 지출한 종교단체 일반기부금 : ₩5,000,000
4. 갑의 장남(23세, 소득 없음)이 특별재난지역 복구를 위하여 자원봉사한 용역의 가액 : ₩1,600,000(= 8만원 × 20일)

해답

1. 공제대상 기부금
   (1) 특례기부금 한도내 금액 : Min[①, ②] = ₩5,600,000(Ⓐ)
      ① 특례기부금 : ₩4,000,000 + 1,600,000(자원봉사 용역가액) = ₩5,600,000
      ② 한도액 : ₩50,000,000(기준소득금액) × 100% = ₩50,000,000
   (2) 우리사주조합기부금 한도내 금액 : Min[①, ②] = ₩5,000,000(Ⓑ)
      ① 우리사주조합기부금 : ₩5,000,000
      ② 한도액 : (₩50,000,000 − 5,600,000) × 30% = ₩13,320,000
   (3) 일반기부금 한도내 금액 : Min[①, ②] = ₩5,940,000
      ① 일반기부금 : ₩2,000,000 + 5,000,000(종교단체 일반기부금) = ₩7,000,000
      ② 한도액 : (₩50,000,000 − Ⓐ − Ⓑ) × 10% + Min[㉠, ㉡]
      = ₩5,940,000
      ㉠ (₩50,000,000 − Ⓐ − Ⓑ) × 20% = ₩7,880,000
      ㉡ ₩2,000,000
   (4) 합계 : ₩5,600,000 + 5,000,000 + 5,940,000 = ₩16,540,000

2. 기부금세액공제액
₩10,000,000 × 15% + 6,540,000 × 30% = ₩3,462,000

(7) 종전의 배우자 등을 위한 지급액에 대한 세액공제

보험료 세액공제, 의료비 세액공제 및 교육비 세액공제 규정을 적용할 때 과세기간 종료일 이전에 혼인·이혼·별거·취업 등의 사유로 기본공제대상자에 해당되지 아니하게 되는 종전의 배우자·부양가족·장애인 또는 과세기간 종료일 현재 65세 이상인 사람을 위하여 이미 지급한 금액이 있는 경우에는 그 사유가 발생한 날까지 지급한 금액에 대하여 세액공제를 적용한다(소법 59의4 ⑤).

(8) 특별세액공제 등의 한도 및 이월공제

1) 특별세액공제 등의 한도

공제액	한도액
보험료 세액공제액, 의료비 세액공제액, 교육비 세액공제액 및 월세액에 대한 세액공제액의 합계액	해당 과세기간의 근로소득에 대한 종합소득 산출세액
자녀세액공제액, 연금계좌세액공제액, 특별세액공제액 및 정치자금·우리사주조합·고향사랑기부금 세액공제액의 합계액 개정	공제기준산출세액*1
소득세법 또는 조세특례제한법에 따른 감면액 및 세액공제액의 합계액	해당 과세기간의 합산과세되는 종합소득산출세액*2
재해손실세액공제액	종합소득산출세액에서 다른 세액감면액 및 세액공제액을 뺀 후 가산세를 더한 금액

*1 '공제기준산출세액'이란 그 거주자의 해당 과세기간의 합산과세되는 종합소득산출세액(원천징수세율을 적용받는 이자소득 및 배당소득에 대한 산출세액은 제외)을 말한다.

$$\text{원천징수세율을 적용받는 이자소득 및 배당소득에 대한 산출세액} = \text{종합소득산출세액} \times \frac{\text{원천징수세율을 적용받는 금융소득금액의 합계액}}{\text{종합소득금액}}$$

*2 공제액이 한도액을 초과하는 경우 그 초과하는 금액은 없는 것으로 보고, 그 초과하는 금액을 한도로 연금계좌세액공제를 받지 아니한 것으로 본다.

2) 기부금 세액공제액의 이월공제

한도를 초과한 금액에 기부금 세액공제액이 포함되어 있는 경우 해당 기부금과 한도액을 초과하여 공제받지 못한 기부금은 해당 과세기간의 다음 과세기간의 개시일부터 10년 이내에 끝나는 각 과세기간에 이월하여 기부금 세액공제액을 공제기준산출세액에서 공제한다(소법 61 ②).

4. 조세특례제한법상 세액공제

(1) 혼인에 대한 세액공제 개정

거주자가 2026년 12월 31일 이전에 혼인신고를 한 경우에는 1회(혼인신고 후 그 혼인이 무효가 되어 수정신고 또는 기한 후 신고를 한 경우[54]는 제외)에 한정하여 혼인신고를 한 날이 속하는 과세기간의 종합소득산출세액에서 50만원을 공제한다(조특법 92 ①).

(2) 월세액에 대한 세액공제 개정

과세기간 종료일 현재 주택을 소유하지 아니한 세대의 세대주(세대주가 월세액에 대한 세액공제 및 주택자금소득공제를 받지 아니하는 경우에는 세대의 구성원을 말하며, 외국인을 포함)로서 해당 과세기간의 총급여액이 8천만원 이하인 근로소득이 있는 근로자(해당 과세기간에 종합소득과세표준을 계산할 때 합산하는 종합소득금액이 7천만원을 초과하는 사람은 제외)가 법정요건을 충족하는 월세액을 지급하는 경우 그 금액의 15%에 해당하는 금액을 해당 과세기간의 종합소득산출세액에서 공제한다(조특법 95의2). 다만, 해당 월세액이 1,000만원을 초과하는 경우 그 초과하는 금액은 없는 것으로 한다.

월세액*1에 대한 세액공제액 = 월세액(1,000만원 한도) × 15%(또는 17%*2)

*1 주택임차기간 중 지급하여야 하는 월세액의 합계액 × $\frac{\text{해당과세기간의 임차일수}}{\text{주택임대차계약기간에 해당하는 일수}}$

*2 해당 과세기간의 총급여액이 5,500만원 이하인 근로소득이 있는 근로자(해당 과세기간에 종합소득과세표준을 계산할 때 합산하는 종합소득금액이 4,500만원을 초과하는 사람은 제외)

(3) 성실사업자에 대한 의료비 등 세액공제

1) 의료비 등 세액공제

조세특례제한법상 성실사업자(사업소득이 있는 자만 해당) 또는 성실신고확인대상

54) 혼인에 대한 세액공제를 받은 거주자가 혼인이 무효가 된 경우로서 혼인무효의 소에 대한 판결이 확정된 날이 속하는 달의 다음 달부터 3개월이 되는 날까지 수정신고 또는 기한 후 신고를 한 경우에는 무신고가산세, 과소신고·초과환급신고가산세, 납부지연가산세를 부과하지 아니하되, 이자상당액을 소득세에 가산하여 부과한다.

사업자로서 성실신고확인서를 제출한 자가 의료비 및 교육비를 2026년 12월 31일이 속하는 과세연도까지 지출한 경우 그 지출한 금액의 15%(미숙아·선천성이상아 의료비는 20%, 난임시술비는 30%)에 해당하는 금액을 해당 과세연도의 소득세(사업소득에 대한 소득세만 해당)에서 공제한다(조특법 122의3 ①, ②).[55)]

2) 월세액에 대한 세액공제

해당 과세연도의 종합소득과세표준에 합산되는 종합소득금액이 7천만원 이하인 조세특례제한법상 성실사업자(사업소득이 있는 자만 해당) 또는 성실신고확인대상사업자로서 성실신고확인서를 제출한 자가 월세액을 2026년 12월 31일이 속하는 과세연도까지 지급하는 경우 그 지급한 금액의 15%(해당 과세연도의 종합소득과세표준에 합산되는 종합소득금액이 4천5백만원 이하인 자는 17%)에 해당하는 금액을 해당 과세연도의 소득세에서 공제한다. 다만, 해당 월세액이 1,000만원을 초과하는 경우 그 초과하는 금액은 없는 것으로 한다(조특법 122의3 ③).

3) 공제한도

의료비등 세액공제금액과 월세세액공제금액의 합계액이 해당 사업자의 해당 과세연도의 소득세를 초과하는 경우 그 초과금액은 없는 것으로 한다(조특법 122의3 ④).

⑷ 정치자금기부금 세액공제

거주자가 정치자금법에 따라 정당(후원회 및 선거관리위원회 포함)에 정치자금을 기부한 경우에는 다음의 금액을 종합소득산출세액에서 공제한다. 다만, 사업자인 거주자가 정치자금을 기부한 경우 10만원을 초과한 금액에 대해서는 이월결손금을 뺀 후의 소득금액의 범위에서 손금에 산입한다(조특법 76).

정치자금기부금	세액공제액
10만원 이하인 경우	그 기부금액의 100/110
10만원을 초과하는 경우	10만원 초과금액×15%*

* 10만원 초과금액이 3천만원을 초과하는 경우 3천만원 초과분은 25%를 적용한다.

---

55) 의료비 공제금액은 근로소득자의 의료비 세액공제 규정을 준용하여 계산한 금액으로 한다. 이 경우 기타 기본공제대상자를 위하여 지급한 의료비는 사업소득금액의 3%를 초과하는 금액으로 한다. 한편 교육비 공제금액도 근로소득자의 교육비 세액공제 규정을 준용하여 계산한 금액으로 하되, 직업능력개발훈련시설에서 실시하는 직업능력개발훈련을 위하여 지급한 수강료는 공제대상에서 제외한다.

⑸ 고향사랑 기부금에 대한 세액공제 개정

거주자가 고향사랑기부금법에 따라 고향사랑 기부금[56)]을 지방자치단체에 기부한 경우 다음의 금액을 이를 지출한 해당 과세연도의 종합소득산출세액에서 공제한다. 다만, 사업자인 거주자가 고향사랑 기부금을 기부한 경우 10만원을 초과하는 금액에 대해서는 이월결손금을 뺀 후의 소득금액의 범위에서 손금에 산입한다(조특법 58).

고향사랑 기부금	세액공제액
10만원 이하를 기부한 경우	고향사랑 기부금 $\times \frac{100}{110}$
10만원 초과 2천만원 이하의 금액을 기부한 경우 개정	10만원 $\times \frac{100}{110}$ + (고향사랑 기부금 − 10만원) × 15%*

* 특별재난지역의 경우 30%

⑹ 상가임대료를 인하한 임대사업자에 대한 세액공제 개정

부동산임대사업을 하는 자가 상가건물에 대한 임대료를 임차인(소상공인에 한정함)으로부터 2020년 1월 1일부터 2025년 12월 31일까지(공제기간) 인하하여 지급받는 경우 임대료 인하액의 70%(해당 과세연도의 기준소득금액이 1억원을 초과하는 경우에는 50%)에 해당하는 금액을 소득세 또는 법인세에서 공제한다(조특법 96의3).

⑺ 성실신고확인비용에 대한 세액공제

성실신고확인대상사업자가 성실신고확인서를 제출하는 경우에는 성실신고 확인에 직접 사용한 비용의 60%에 해당하는 금액을 해당 과세연도의 소득세(부동산임대업을 포함한 사업소득에 대한 소득세만 해당)에서 연 120만원을 한도로 공제한다(조특법 126의6).

⑻ 전자신고에 대한 세액공제

납세자가 직접 전자신고의 방법으로 종합소득과세표준 확정신고를 하는 경우에는 해당 납부세액에서 2만원(과세표준확정신고의 예외에 해당하는 자가 과세표준확정신고를 한 경우에는 추가로 납부하거나 환급받은 결정세액과 1만원 중 적은 금액)을 공제한다. 이 경우 납부할 세액이 음수인 경우에는 이를 없는 것으로 한다(조특법 104의8).

---

56) "고향사랑 기부금"이란 지방자치단체가 주민복리 증진 등의 용도로 사용하기 위한 재원을 마련하기 위하여 해당 지방자치단체의 주민이 아닌 사람으로부터 자발적으로 제공받거나 모금을 통하여 취득하는 금전을 말하며, 개인별 고향사랑 기부금의 연간 상한액은 500만원으로 한다.

(9) 전자고지 신청 납세자에 대한 세액공제

납세자가 전자송달의 방법으로 납부고지서의 송달을 신청한 경우 신청한 달의 다음 다음 달 이후 송달하는 분부터 다음의 어느 하나에 해당하는 국세의 납부세액에서 납부고지서 1건당 1,000원을 공제한다. 이 경우 세액공제 금액은 각 세법에 따라 부과하는 국세의 납부세액에서 고지금액의 최저한도 금액(1만원)을 차감한 금액을 한도로 한다(조특법 104의8 ⑤, ⑥).

① 고지 · 징수에 의하여 중간예납하는 소득세

② 예정고지 · 예정부과하는 부가가치세

③ 과세표준과 세액이 정부가 결정하는 때 확정되는 국세(수시부과하여 징수하는 경우는 제외함)

제 3 절 | 세액감면

1. 의 의

세액감면(Tax Exemption)이란 과세관청이 정부 정책을 달성할 목적으로 일정소득에 대하여 소득세를 완전히 면제시켜주거나 또는 일정비율을 면제시켜주는 것을 말한다. 소득세에 대한 감면은 소득세법과 조세특례제한법에서 규정하고 있다. 소득세법상 세액감면은 다음과 같다.

2. 소득세법상 세액감면

(1) 개 요

종합소득에 대한 세액감면은 법률에 특별한 규정이 있는 경우 외에는 다음의 산식에 따라 계산한다(소법 59의5 ①).

$$감면세액 = 종합소득산출세액 \times \frac{감면대상\ 근로소득금액(또는\ 사업소득금액)}{종합소득금액}$$

⑵ 소득세법상 세액감면

구 분	세액감면대상소득	감면율
근로소득	정부간의 협약에 따라 우리나라에 파견된 외국인이 그 양쪽 또는 한쪽 당사국의 정부로부터 받는 급여	100%
사업소득	거주자 중 대한민국의 국적을 가지지 아니한 자가 선박과 항공기의 외국항행사업으로부터 얻는 소득(상호면세주의에 의함)	100%

3. 조세특례제한법상 세액감면

⑴ 중소기업 청년근로자 및 핵심인력 성과보상기금 수령액에 대한 소득세 감면 개정

중소기업 청년근로자 및 핵심인력 성과보상기금의 공제사업에 2027년 12월 31일까지 가입한 중소기업 또는 중견기업의 근로자(핵심인력, 해당 기업의 최대주주 등 대통령령으로 정하는 사람은 제외)가 공제납입금을 3년 이상 납입하고 그 성과보상기금으로부터 공제금을 수령하는 경우에 해당 공제금 중 기업이 부담한 기여금 부분에 대해서는 근로소득으로 보아 소득세를 부과하되, 소득세에 다음의 금액에 상당하는 세액을 감면한다(조특법 29의6).

구 분	세액감면액	
	중소기업	중견기업
청년근로자	소득세 × 90%	소득세 × 50%
기타근로자	소득세 × 50%	소득세 × 30%

⑵ 중소기업 취업자에 대한 소득세 감면

청년, 60세 이상인 사람, 장애인 및 경력단절 여성이 중소기업체에 2026년 12월 31일까지 취업하는 경우 그 중소기업체로부터 받는 근로소득으로서 취업일부터 3년(청년의 경우에는 5년)이 되는 날(청년으로서 병역을 이행한 후 1년 이내에 병역 이행 전에 근로를 제공한 중소기업체에 복직하는 경우에는 복직한 날부터 2년이 되는 날을 말하며, 그 복직한 날이 최초 취업일부터 5년이 지나지 아니한 경우에는 최초 취업일부터 7년이 되는 날을 말한다)이 속하는 달까지 발생한 소득에 대해서는 소득세의 70%(청년의 경우에는 90%)에 상당하는 세액을 감면(과세기간별로 200만원을 한도로 함)한다(조특법 30 ①).

⑶ 외국인기술자에 대한 소득세 감면

외국인기술자[57)]가 국내에서 내국인에게 근로를 제공하고 받는 근로소득으로서 그 외국인기술자가 국내에서 최초로 근로를 제공한 날(2026년 12월 31일 이전인 경우만 해당)부터 10년이 되는 날이 속하는 달까지 발생한 근로소득에 대해서는 소득세의 50%에 상당하는 세액을 감면한다(조특법 18 ①).

⑷ 외국인근로자에 대한 과세특례

외국인인 임원 또는 직원(일용근로자는 제외)이 2026년 12월 31일 이전에 국내에서 최초로 근로를 제공하기 시작하는 경우 국내에서 근무(근로기간 중 특수관계기업에 근로를 제공하는 경우는 제외)함으로써 받는 근로소득으로서 국내에서 최초로 근로를 제공한 날부터 20년 이내에 끝나는 과세기간까지 받는 근로소득에 대한 소득세는 해당 근로소득에 19%를 곱한 금액을 그 세액으로 할 수 있다(조특법 18의2 ②).

⑸ 내국인 우수 인력의 국내복귀에 대한 소득세 감면

학위 취득 후 국외에서 5년 이상 거주하면서 연구개발 및 기술개발 경험을 가진 사람으로서 대통령령으로 정하는 내국인 우수 인력이 국내에 거주하면서 대통령령으로 정하는 연구기관 등(기업부설연구소, 정부출연연구기관 등)에 취업하여 받는 근로소득으로서 취업일(2025년 12월 31일 이전인 경우만 해당)부터 10년이 되는 날이 속하는 달까지 발생한 근로소득에 대해서는 소득세의 50%에 상당하는 세액을 감면한다. 이 경우 소득세 감면기간은 소득세를 감면받은 사람이 다른 연구기관등에 취업하는 경우에 관계없이 소득세를 감면받은 최초 취업일부터 계산한다(조특법 18의3).

---

57) 외국인기술자란 대한민국의 국적을 가지지 않은 사람으로서 다음의 어느 하나에 해당하는 사람을 말한다.
① 엔지니어링기술도입계약에 의하여 국내에서 기술을 제공하는 사람
② 다음의 요건을 모두 갖춘 사람
㉠ 자연계 · 이공계 · 의학계 분야의 학사 학위 이상 소지
㉡ 국외의 대학 및 연구기관 등에서 5년 이상 연구개발 및 기술개발 경험
㉢ 근로를 제공하는 기업과 친족관계 또는 경영지배관계에 있지 않을 것
㉣ 연구기관, 학교 등에서 연구원으로 근무하거나 유망 클러스터(연구개발특구, 첨단의료복합단지) 내 학교에 교수로 임용되는 경우
③ 첨단산업 인재혁신 특별법에 따른 우수 해외인재로서 산업통상자원부 장관이 기획재정부 장관 및 법무부 장관과 협의하여 고시하는 기준에 해당하는 사람 개정

⑹ 성과공유 중소기업 근로자의 경영성과급에 대한 세액감면 개정

성과공유 중소기업의 근로자 중 다음에 해당하는 사람을 제외한 근로자가 해당 중소기업으로부터 2027년 12월 31일까지 경영성과급을 지급받는 경우 그 경영성과급에 대한 소득세의 50%에 상당하는 세액을 감면한다(조특법 19 ②).

① 해당 과세기간의 총급여액이 7천만원을 초과하는 사람

② 해당 기업의 최대주주, 최대주주의 직계존비속과 배우자, 최대주주와 친족관계에 있는 사람

⑺ 소형주택 임대사업자에 대한 세액감면

내국인이 임대주택을 1호 이상 임대하는 경우에는 2025년 12월 31일 이전에 끝나는 과세연도까지 해당 임대사업에서 발생한 소득에 대해서는 다음의 세액을 감면한다(조특법 96).

구분	임대주택을 1호 임대하는 경우	임대주택을 2호 이상 임대하는 경우
공공지원민간임대주택, 장기일반민간임대주택	소득세×75%	소득세×50%
그 외 임대주택	소득세×30%	소득세×20%

제 4 절 | 기부장려금 등

1. 기부장려금

⑴ 의 의

진정한 기부문화의 정착과 기부금단체의 재정을 확충하기 위하여 기부금 세액공제 상당액을 기부자가 아닌 기부금단체에 직접 환급하는 기부장려금 제도를 도입하여 2016년부터 시행하였다.

⑵ 기부장려금의 신청

기부금 세액공제를 신청할 수 있는 거주자는 본인이 기부금 세액공제를 받는 대신 그 기부금에 대한 세액공제 상당액(기부장려금)을 당초 기부금을 받은 자가 지급받을 수 있도록 기부장려금을 신청할 수 있다. 기부자가 기부금 세액공제와 기부장려금을 중복하여 신청한 경우에는 기부금 세액공제를 신청한 것으로 본다. 다만, 기부장려금을 신청한 기부자가 기부장려금 신청명세 제출기한이 지난 후에 기부금 세액공제를 중복하여 신청한 경우에는 기부장려금을 신청한 것으로 본다(조특법 75 ①, ⑩).

⑶ 기부장려금단체의 지정

기획재정부장관은 소득세법 또는 법인세법에 따른 기부금영수증을 발급하는 자로서 기부금영수증 발급명세서의 작성・보관 의무 등 납세협력의무의 이행과 회계 투명성 등 법령으로 정하는 요건을 갖춘 것으로 인정되어 국세청장이 추천하는 자를 기부장려금단체로 지정할 수 있다(조특법 75 ②).

⑷ 기부장려금의 결정

기부장려금단체로부터 기부장려금 신청명세를 제출받은 납세지 관할세무서장은 다음의 금액을 기부장려금으로 결정한다. 이 경우 납세지 관할세무서장은 기부장려금 신청명세 제출기한이 지난 후 4개월 이내에 기부장려금을 결정하여야 한다(조특법 75 ④).

> 기부장려금 = ① − ②
>
> ① 기부장려금을 신청한 기부자의 해당 과세기간의 종합소득 결정세액
> ② 기부자가 기부장려금을 신청한 기부금에 대하여 기부금 세액공제를 신청한 것으로 보아 계산한 종합소득 결정세액(기부금 한도 미적용)

2. 근로장려세제

⑴ 의 의(조특법 제10절의2)

저소득자의 근로를 장려하고 소득을 지원하기 위하여 근로장려세제를 적용하여 근로장려금을 결정・환급한다.

⑵ 근로장려금의 신청자격 개정

소득세 과세기간 중에 사업소득, 근로소득 또는 종교인소득이 있는 거주자(간이과세 적용배제 전문직 사업자와 그 배우자 제외)는 다음의 요건을 모두 갖춘 경우 해당 소득세 과세기간의 근로장려금을 신청할 수 있다(조특법 100의3 ①).

① 거주자와 그 배우자의 연간 총소득의 합계액이 총소득기준금액[58] 미만일 것

② 가구원이 소유하고 있는 재산[59]의 합계액이 2억 4,000만원 미만일 것

⑶ 근로장려금의 신청제한

소득세 과세기간 중 다음의 어느 하나에 해당하는 거주자는 근로장려금을 신청할 수 없다.

① 해당 소득세 과세기간 종료일 현재 대한민국 국적을 보유하지 아니한 자. 다만, 대한민국 국적을 가진 사람과 혼인한 사람과 대한민국 국적의 부양자녀가 있는 사람은 제외한다.

② 해당 소득세 과세기간 중 다른 거주자의 부양자녀인 자

⑷ 근로장려금의 산정

근로장려금은 총급여액 등[60]을 기준으로 다음과 같이 계산한 금액으로 한다(조특법 100의5 ①).

---

58)

가구원 구성	총소득기준금액
단독가구	2,200만원
홑벌이 가구	3,200만원
맞벌이 가구*	4,400만원 개정

* 맞벌이 가구란 거주자 및 그 배우자의 소득세 과세기간 중에 총급여액 등이 각각 300만원 이상인 가구를 말한다.

59) 재산이란 토지·건축물 및 주택, 승용자동차(영업용 승용자동차 제외), 전세금(임차보증금 포함), 현금, 예금·적금 등 금융재산, 지방세법 제6조에 따른 회원권, 주식 및 채권 등 유가증권, 조합원 입주권 등 부동산을 취득할 수 있는 권리를 말한다.

60) '총급여액 등'이란 근로소득(총급여액), 사업소득(총수입금액×업종별 조정률), 이자·배당·연금소득(총수입금액), 기타소득(=총수입금액－필요경비), 종교인소득(총수입금액)을 모두 합산하여 계산하되, 비과세소득은 제외한다.

가구원 구성	총급여액 등	근로장려금[*1]
단독가구	400만원 미만	총급여액 등×165/400[*2]
	400만원 이상 900만원 미만	165만원
	900만원 이상 2,200만원 미만	165만원－(총급여액 등－900만원)×165/1,300
홑벌이 가구	700만원 미만	총급여액 등×285/700[*2]
	700만원 이상 1,400만원 미만	285만원
	1,400만원 이상 3,200만원 미만	285만원－(총급여액 등－1,400만원)×285/1,800
맞벌이 가구 개정	800만원 미만	총급여액 등×330/800
	800만원 이상 1,700만원 미만	330만원
	1,700만원 이상 4,400만원 미만	330만원－(총급여액 등－1,700만원)×330/2,700

*1 가구원이 소유하고 있는 재산(토지 및 건축물 등)의 합계액이 1억 7천만원 이상인 경우에는 일반적으로 산정된 근로장려금의 50%에 해당하는 금액을 근로장려금으로 한다.

*2 최소금액은 10만원으로 한다.

▶ **그림 7-1** 가구원 구성에 따른 근로장려금

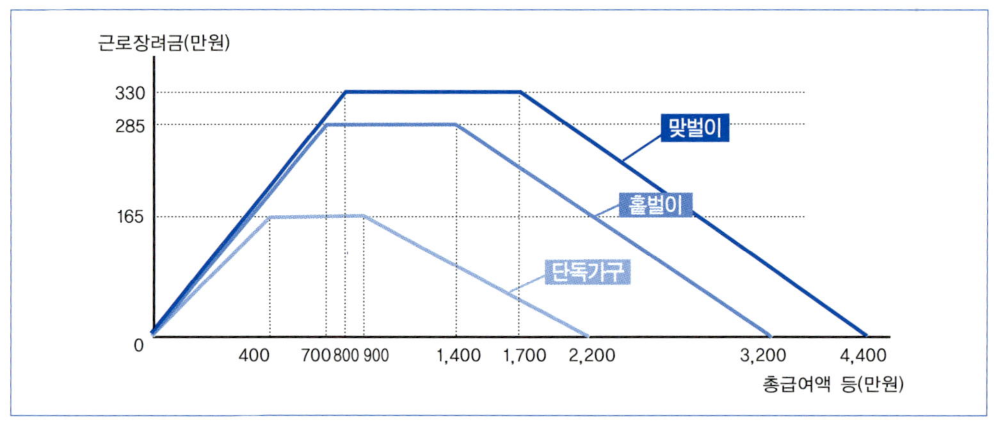

⑸ 근로장려금의 신청

근로장려금을 받으려는 거주자는 종합소득과세표준 확정신고 기간(신청기간)에 근로장려금신청서에 근로장려금 신청자격을 확인하기 위하여 필요한 증거자료를 첨부하여 납세지 관할 세무서장에게 근로장려금을 신청하여야 한다. 다만, 반기(半期)동안 근로소득만 있는 거주자는 상반기 소득분에 대하여 9월 1일부터 9월 15일까지, 하반기 소득분에 대하여 다음 연도 3월 1일부터 3월 15일까지 근로장려금을 신청할 수 있다(조특법 100의6 ①, ⑦).

3. 자녀장려세제

(1) 의 의

저소득자의 자녀양육비를 지원하기 위하여 자녀장려세제를 적용하여 자녀장려금을 결정 · 환급한다(2015년부터 시행).

(2) 자녀장려금의 신청자격

소득세 과세기간 중에 사업소득, 근로소득 또는 종교인소득이 있는 거주자로서 간이과세 적용배제 전문직 사업자 및 그 배우자를 제외한 자는 다음의 요건을 모두 갖춘 경우 해당 소득세 과세기간의 자녀장려금을 신청할 수 있다(조특법 100의28 ①).

① 부양자녀가 있을 것

② 거주자(그 배우자를 포함)의 연간 총소득의 합계액이 7천만원 미만일 것

③ 가구원 재산의 합계액이 2억 4천만원 미만일 것

(3) 자녀장려금의 신청제한

다음의 어느 하나에 해당하는 거주자는 자녀장려금을 신청할 수 없다.

① 해당 소득세 과세기간 중 대한민국 국적을 보유하지 아니한 자. 다만, 대한민국 국적을 가진 사람과 혼인한 사람과 대한민국 국적의 부양자녀가 있는 사람은 제외한다.

② 해당 소득세 과세기간 중 다른 거주자의 부양자녀인 자

(4) 자녀장려금의 산정

자녀장려금은 총급여액 등을 기준으로 다음과 같이 계산한 금액으로 한다.

구 분	총급여액 등	자녀장려금
홑벌이 가구	2,100만원 미만	부양자녀의 수 × 100만원
	2,100만원 이상 7,000만원 미만	부양자녀의 수 × [100만원 − (총급여액 등 −2,100만원) × 50/4,900]
맞벌이 가구	2,500만원 미만	부양자녀의 수 × 100만원
	2,500만원 이상 7,000만원 미만	부양자녀의 수 × [80만원 − (총급여액 등 − 2,500만원) × 50/4,500]

* 가구원이 소유하고 있는 재산(토지 및 건축물 등)의 합계액이 1억4천만원 이상인 경우에는 일반적으로 산정된 자녀장려금의 50%에 해당하는 금액을 자녀장려금으로 한다.

▶ **그림 7-2** 자녀수에 따른 자녀장려금

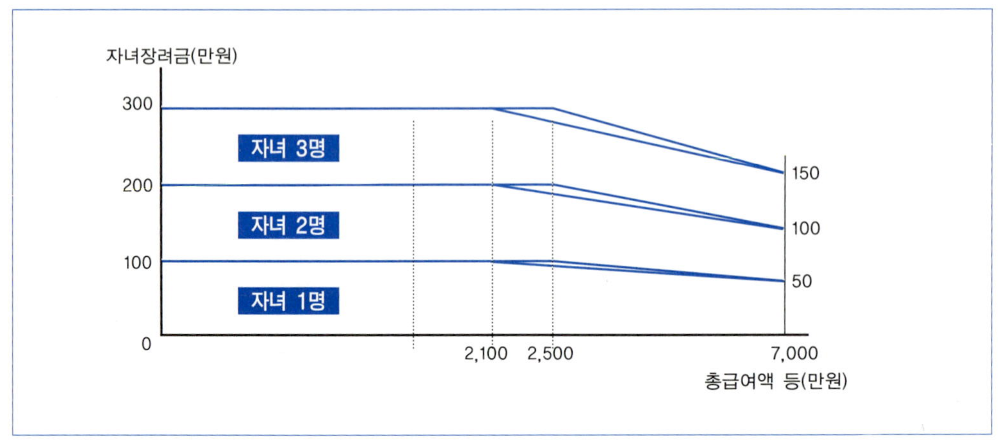

(5) 자녀장려금의 신청

자녀장려금을 받으려는 거주자는 종합소득과세표준 확정신고 기간에 자녀장려금신청서에 자녀장려금 신청자격을 확인하기 위하여 필요한 증거자료를 첨부하여 납세지 관할 세무서장에게 자녀장려금을 신청하여야 한다(조특법 100의30 ①). 다만, 반기 신청을 한 경우에는 그 신청자의 의사에 의하여 해당 소득세 과세기간의 자녀장려금을 신청한 것으로 본다(조특법 100의30 ③).

4. 중복적용의 배제

근로장려금은 인적공제 중 부녀자공제와 중복하여 적용할 수 있으나, 자녀장려금은 자녀세액공제와 중복하여 적용할 수 없다(조특법 100의30 ②).

객 / 관 / 식 / 문 / 제

▶ 제7장 종합소득세액의 계산

1 소득세법상 세액공제에 대한 설명으로 옳은 것은? ⊙ 2017년 국가직 9급

① 기장세액공제와 관련된 장부 및 증명서류를 해당 납세의무성립일로부터 5년간 보관하지 아니한 경우에는 기장세액공제를 적용받을 수 없다.

② 20×9년도 귀속분 종합소득이 있는 거주자의 기본공제대상에 해당하는 자녀가 3명(10세인 장녀, 8세인 장남, 20×9년 2월 1일 출생인 차녀)인 경우 자녀세액공제로 125만원을 종합소득산출세액에서 공제한다.

③ 근로소득이 있는 거주자(일용근로자 제외)가 해당 과세기간에 국민건강보험법 또는 고용보험법에 따라 근로자가 부담하는 보험료를 지급한 경우에는 그 금액의 12%를 보험료세액공제로 해당 과세기간의 종합소득산출세액에서 공제한다.

④ 외국납부세액공제액이 공제한도금액을 초과하는 경우 그 초과하는 금액은 해당 과세기간의 다음 과세기간부터 5년 이내에 끝나는 과세기간으로 이월하여 그 이월된 과세기간의 공제한도금액 범위 내에서 공제받을 수 있다.

해설

① 해당 과세표준확정신고기간 종료일부터 5년간 보관하지 아니한 경우에는 기장세액공제를 적용받을 수 없다.

② 55만원(8세 이상 2명) + 70만원(셋째) = 125만원

③ 국민건강보험법 또는 고용보험법에 따라 근로자가 부담하는 보험료를 지급한 경우에는 보험료소득공제액을 근로소득금액에서 공제한다.

④ 그 초과하는 금액은 해당 과세기간의 다음 과세기간부터 10년 이내에 끝나는 과세기간으로 이월하여 그 이월된 과세기간의 공제한도금액 범위 내에서 공제받을 수 있다.

2 소득세법상 세액공제에 대한 설명으로 옳지 않은 것은?

① 근로소득이 있는 거주자는 교육비세액공제와 표준세액공제(연 13만원)를 동시에 적용할 수 있다.

② 근로소득만이 있는 거주자는 재해손실세액공제를 적용할 수 없다.

③ 근로소득세액공제는 상용근로자와 일용근로자 모두에게 적용한다.

④ 사업소득만 있는 자(연말정산대상 사업소득자 제외)는 기부금세액공제를 적용할 수 없으며, 기부금을 사업소득 필요경비에만 산입할 수 있다.

해설

근로소득이 있는 거주자가 항목별공제(보험료, 의료비, 교육비, 기부금세액공제)를 적용하는 경우에는 표준세액공제(연 13만원)를 동시에 적용할 수 없다.

3 다음 자료를 이용하여 거주자 갑의 배당세액공제액을 계산하면 얼마인가?

1. 갑의 종합소득금액은 ₩70,000,000으로 그 내역은 다음과 같다.
   (1) 이자소득금액 : ₩10,000,000(국내은행 예금이자)
   (2) 배당소득금액 : ₩32,000,000(비상장법인 현금배당)
   (3) 사업소득금액 : ₩28,000,000
2. 배당소득금액에는 gross-up금액 ₩2,000,000이 포함되어 있다.
3. 종합소득공제액은 ₩10,000,000이다.

① ₩0 ② ₩500,000 ③ ₩1,190,000 ④ ₩2,000,000

해설

1. 종합소득 과세표준 : ₩70,000,000 − 10,000,000 = ₩60,000,000
2. 종합소득 산출세액 : Max[(1), (2)] = ₩7,540,000
   (1) 일반산출세액 : [₩60,000,000 − 20,000,000] × 기본세율 + 20,000,000 × 14%
   = ₩840,000 + (40,000,000 − 14,000,000) × 15% + 2,800,000
   = ₩7,540,000
   (2) 비교산출세액 : [₩60,000,000 − 42,000,000] × 기본세율 + 40,000,000 × 14%
   = ₩840,000 + (18,000,000 − 14,000,000) × 15% + 5,600,000
   = ₩7,040,000
3. 배당세액공제액 : Min[(1), (2)] = ₩500,000
   (1) 공제액 : ₩2,000,000(gross-up금액)
   (2) 공제한도 : ₩7,540,000(산출세액) − 7,040,000(비교산출세액) = ₩500,000

4 근로소득만이 있는 거주자 갑(38세)의 자녀세액공제액과 연금계좌세액공제액의 합계액을 계산하면 얼마인가?

1. 갑의 총급여액은 ₩50,000,000이다.
2. 갑의 기본공제대상자에 해당하는 자녀는 3명(0세, 6세, 8세)으로 해당 과세기간에 셋째가 태어났다.
3. 갑의 연금저축계좌 납입액은 ₩4,000,000, 퇴직연금계좌 납입액은 ₩2,000,000이다.

① ₩1,570,000 ② ₩1,720,000 ③ ₩1,850,000 ④ ₩1,900,000

해설

1. 자녀세액공제
   ₩250,000(기본공제, 8세 이상 자녀 1명) + 700,000(셋째 출산) = ₩950,000

2. 연금계좌세액공제

(1) 공제대상 연금계좌 납입액 : Min[①, ②] = ₩6,000,000

① 연금계좌 납입액 : ₩4,000,000 + 2,000,000 = ₩6,000,000

② 한도액 : ₩6,000,000 + Min[₩2,000,000, 3,000,000] = ₩8,000,000

(2) 연금계좌세액공제액

₩6,000,000 × 15%(총급여액 5,500만원 이하) = ₩900,000

3. 합계액 : ₩950,000 + 900,000 = ₩1,850,000

5 다음 자료를 이용하여 근로소득이 있는 거주자 갑의 특별세액공제액을 계산하면 얼마인가?

1. 생계를 같이하는 부양가족의 현황은 다음과 같다.

구 분	나이	비 고
본 인	48세	총급여액 ₩50,000,000
배우자	43세	소득 없음
부 친	71세	연금소득금액 ₩5,000,000
장 남	22세	소득 없음

2. 의료비 지출내역

(1) 본인의 수술비용 : ₩6,000,000(실손의료보험금 ₩2,000,000 수령)

(2) 배우자의 치료를 위한 한약구입비 : ₩1,000,000

(3) 부친의 보청기 구입비용 : ₩2,000,000

(4) 장남의 시력보정용 안경구입비 : ₩300,000

3. 교육비 지출내역

(1) 본인의 경영대학원 수업료 : ₩4,000,000

(2) 배우자의 원격대학 수업료 : ₩2,000,000

(3) 장남의 대학교 수업료 : ₩10,000,000

① ₩3,000,000 ② ₩3,120,000 ③ ₩3,270,000 ④ ₩3,420,000

해설

1. 의료비 세액공제액

(1) 공제대상 의료비

① 공제대상 본인 등 의료비 : ₩4,000,000(본인 수술비, 실손보험금 수령액 제외) + 2,000,000(부친 보청기 구입비) = ₩6,000,000

② 공제대상 기타의료비 : ₩1,000,000(배우자 한약구입비) + 300,000(장남 안경구입비)

(2) 의료비 세액공제액 :

(₩6,000,000 − 200,000*) × 15% = ₩870,000

* 공제대상 기타의료비(₩1,300,000)가 총급여액의 3%(₩1,500,000=₩50,000,000×3%)에 미달하므로 그 미달하는 금액(₩200,000)을 공제대상 본인 등 의료비에서 차감한다.

2. 교육비 세액공제액

⑴ 공제대상 교육비 : ₩4,000,000(본인 대학원) + 2,000,000(배우자 원격대학) + 9,000,000 (장남 대학교, 한도액) = ₩15,000,000

⑵ 교육비 세액공제액 : ₩15,000,000 × 15% = ₩2,250,000

3. 특별세액공제액

₩870,000 + 2,250,000 = ₩3,120,000

6 다음은 근로장려세제에 대한 설명이다. 가장 옳지 않은 것은?

① 소득세 과세기간 중에 사업소득이 있는 거주자도 근로장려금을 신청할 수 있다.

② 가구원이 주택을 소유하고 있는 경우에는 근로장려금을 신청할 수 없다.

③ 단독가구일 경우 거주자의 연간 총소득의 합계액이 2,200만원 미만이어야 근로장려금을 신청할 수 있다.

④ 해당 소득세 과세기간 중 다른 거주자의 부양자녀인 자는 근로장려금을 신청할 수 없다.

해설

가구원이 주택을 소유하고 있는 경우라도 가구원이 소유하고 있는 재산의 합계액이 2억원 미만이면 근로장려금을 신청할 수 있다.

7 다음은 자녀장려세제에 대한 설명이다. 잘못된 것은?

① 소득세 과세기간 중에 사업소득, 근로소득 또는 종교인소득이 있는 거주자만이 자녀장려금을 신청할 수 있다.

② 거주자(그 배우자를 포함)의 연간 총소득의 합계액이 7천만원 이상인 경우에는 자녀장려금을 신청할 수 없다.

③ 근로장려금은 인적공제 중 부녀자공제와 중복하여 적용할 수 없으나, 자녀장려금은 자녀세액공제와 중복하여 적용할 수 있다.

④ 가구원이 소유하고 있는 재산의 합계액이 1억 4천만원 이상인 경우에는 일반적으로 산정된 자녀장려금의 50%에 해당하는 금액을 자녀장려금으로 한다.

해설

근로장려금은 인적공제 중 부녀자공제와 중복하여 적용할 수 있으나, 자녀장려금은 자녀세액공제와 중복하여 적용할 수 없다.

정답	1	②	2	①	3	②	4	③	5	②	6	②	7	③

8 퇴직소득세

제 1 절 | 퇴직소득세

1. 퇴직소득의 의의

퇴직소득이란 명칭에 관계없이 근로대가로서 현실적인 퇴직을 원인으로 지급받는 소득을 말한다. 근로소득은 계속적·반복적으로 발생하는 반면, 퇴직소득은 근속연수동안 형성된 소득이 퇴직하는 시점에 일시적·우발적으로 발생한다. 따라서 퇴직소득을 종합소득에 포함시켜 과세한다면 누진세율구조로 인하여 퇴직시점에 지나치게 높은 세율을 적용받는 불합리함이 발생하기 때문에 세법에서는 퇴직소득을 종합소득 및 양도소득과 분류하여 별도로 과세한다.

2. 퇴직소득의 범위

(1) 퇴직소득의 구분

퇴직소득은 해당 과세기간에 발생한 다음의 소득으로 한다(소법 22 ①).

구 분	퇴직소득의 범위
퇴직일시금	사용자 부담금을 기초로 하여 현실적인 퇴직을 원인으로 지급받는 소득 ⇨ 명칭 여하에 관계없이 근로대가로서 퇴직을 원인으로 지급받는 소득을 모두 포함 : 퇴직위로금·퇴직공로금 등도 퇴직소득에 포함됨.
공적연금 일시금	공적연금 관련법에 따라 받는 일시금* : 2002년 1월 1일 이후에 납입된 연금 기여금 및 사용자 부담금을 기초로 하거나 2002년 1월 1일 이후 근로의 제공을 기초로 하여 받은 일시금에 한정한다.
연금외수령	연금계좌 인출액 중 과세이연 퇴직소득의 연금외수령분
기 타	① 과학기술인공제회법에 따라 지급받는 과학기술발전장려금 ② 건설근로자의 고용개선 등에 관한 법률에 따라 지급받는 퇴직공제금 ③ 폐업 등 법정사유가 발생하여 소기업·소상공인 공제에서 지급받은 공제금에서 실제 소득공제받은 금액을 초과하여 납입한 금액의 누계액을 차감한 금액 ④ 종교관련종사자가 현실적인 퇴직을 원인으로 종교단체로부터 지급받는 소득

* 공적연금 일시금(퇴직소득)을 지급하는 자가 퇴직소득의 일부 또는 전부를 지연하여 지급하면서 지연지급에 대한 이자를 함께 지급하는 경우에는 해당 이자를 퇴직소득에 포함한다.

⑵ 공적연금 일시금의 계산

퇴직소득금액 = 과세기준금액 - 과세제외기여금등*

* 과세기준일 이후에 연금보험료공제를 받지 않고 납입한 기여금 또는 개인부담금

1) 국민연금의 과세기준금액

국민연금의 과세기준금액은 다음의 금액 중 적은 금액으로 한다(소령 42의2).

① 과세기준일 이후 납입한 기여금 또는 개인부담금(사용자부담분 포함)의 누계액과 이에 대한 이자 및 가산이자

② 실제 지급받은 일시금에서 과세기준일 이전에 납입한 기여금 또는 개인부담금을 뺀 금액

과세기준금액 = Min[①, ②]
① 과세기준일 이후 납입한 기여금등의 누계액 + 이자 및 가산이자
② 실제 지급받은 일시금 - 과세기준일 이전에 납입한 기여금등

2) 국민연금 외의 공적연금 과세기준금액

$$\text{과세기준금액} = \text{과세기간 일시금 수령액} \times \frac{\text{과세기준일 이후 기여금 납입월수}}{\text{총 기여금 납입월수}}$$

⑶ 임원에 대한 퇴직소득 한도액

임원의 퇴직소득금액(공적연금관련법에 따라 받는 일시금을 제외하며, 2011년 12월 31일에 퇴직하였다고 가정할 때 지급받을 퇴직소득금액[61])이 있는 경우에는 그 금액을 뺀 금액을 말함)이 임원 퇴직소득 한도액을 초과하는 경우에는 그 초과하는 금액은 근로소득으로 본다(소법 22 ③).

61) 퇴직소득금액에 2011년 12월 31일 이전 근무기간(개월 수로 계산하며, 1개월 미만의 기간이 있는 경우에는 1개월로 본다)을 전체 근무기간으로 나눈 비율을 곱한 금액을 말한다. 다만, 2011년 12월 31일에 정관의 위임에 따른 임원 퇴직급여지급규정이 있는 법인의 임원의 경우에는 2011년 12월 31일에 퇴직한다고 가정할 때 해당 규정에 따라 지급받을 퇴직소득금액으로 할 수 있다.

임원퇴직소득 한도액 = ① + ②

① 2019.12.31.이전 3년간 평균급여액[*1] $\times \frac{1}{10} \times \frac{\text{2019.12.31.이전 근무기간}^{*2}}{12} \times 3$

② 퇴직전 3년간 평균급여액[*3] $\times \frac{1}{10} \times \frac{\text{2020.1.1.이후 근무기간}^{*4}}{12} \times 2$

*1 2019년 12월 31일부터 소급하여 3년(2012년 1월 1일부터 2019년 12월 31일까지의 근무기간이 3년 미만인 경우에는 해당 근무기간으로 함) 동안 지급받은 총급여[62)]의 연평균환산액

*2 2012년 1월 1일부터 2019년 12월 31일까지의 근무기간(개월 수로 계산하며, 1개월 미만의 기간이 있는 경우에는 이를 1개월로 봄)

*3 퇴직한 날부터 소급하여 3년(2020년 1월 1일부터 퇴직한 날까지의 근무기간이 3년 미만인 경우에는 해당 근무기간으로 함) 동안 지급받은 총급여의 연평균환산액

*4 2020년 1월 1일 이후의 근무기간(개월 수로 계산하며, 1개월 미만의 기간이 있는 경우에는 이를 1개월로 봄)

예제 8-1 | 임원 퇴직소득 한도액

㈜한국의 임원인 갑은 2023년 6월 30일자로 현실적으로 퇴직하고 ㈜한국으로부터 퇴직일시금 ₩140,000,000을 수령하였다. 갑의 퇴직소득 한도초과액을 계산하시오.

(1) 갑은 2014년 7월 1일부터 ㈜한국의 임원으로 재직하기 시작하였다.

(2) 갑의 2019년 12월 31일부터 소급하여 3년 동안 지급받은 총급여의 연평균환산액은 ₩50,000,000이며, 퇴직전 3년간 평균급여액은 ₩60,000,000이다.

해답

(1) 임원퇴직소득 한도액 : ① + ② = ₩124,500,000

① $₩50,000,000 \times \frac{1}{10} \times \frac{66^{*1}}{12} \times 3 = ₩82,500,000$

*1 6개월(2014년) + 60개월(2015년~2019년) = 66개월

② $₩60,000,000 \times \frac{1}{10} \times \frac{42^{*2}}{12} \times 2 = ₩42,000,000$

*2 12개월(2020년) + 12개월(2021년) + 12개월(2022년) + 6개월(2023년) = 42개월

62) "총급여"란 근로를 제공함으로써 받는 봉급·급료·보수·세비·임금·상여·수당과 이와 유사한 성질의 급여와 법인의 주주총회·사원총회 또는 이에 준하는 의결기관의 결의에 따라 상여로 받는 소득(잉여금처분에 의한 상여)로 받는 소득(비과세소득은 제외)을 말한다. "총급여"에는 근무기간 중 해외현지법인에 파견되어 국외에서 지급받는 급여를 포함한다. 다만, 정관 또는 정관의 위임에 따른 임원 급여지급규정이 있는 법인의 주거보조비, 교육비수당, 특수지수당, 의료보험료, 해외체재비, 자동차임차료 및 실의료비 및 이와 유사한 급여로서 임원이 국내에서 근무할 경우 국내에서 지급받는 금액을 초과하여 받는 금액은 제외한다.

(2) 임원 퇴직소득 한도초과액

₩140,000,000 − 124,500,000 = ₩15,500,000

(4) 퇴직판정의 특례

1) 현실적인 퇴직의 판정

사용자 부담금을 기초로 하여 현실적인 퇴직을 원인으로 지급받는 소득의 범위를 판정할 때 다음의 어느 하나에 해당하는 사유가 발생하였으나 퇴직급여를 실제로 받지 아니한 경우는 퇴직으로 보지 아니할 수 있다(소령 43).

① 종업원이 임원이 된 경우

② 합병 · 분할 등 조직변경, 사업양도, 직 · 간접으로 출자관계에 있는 법인으로의 전출 또는 동일한 사업자가 경영하는 다른 사업장으로의 전출이 이루어진 경우

③ 법인의 상근임원이 비상근임원이 된 경우

④ 비정규직 근로자(기간제근로자 또는 단시간근로자를 말함)가 정규직 근로자(근로기준법에 따라 근로계약을 체결한 근로자로 비정규직 근로자가 아닌 근로자를 말함)로 전환된 경우

2) 퇴직소득 중간지급

계속근로기간 중에 다음의 어느 하나에 해당하는 사유로 퇴직급여를 미리 지급받은 경우(임원인 근로소득자를 포함하며, 퇴직소득 중간지급이라 함)에는 그 지급받은 날에 퇴직한 것으로 본다.

① 근로자퇴직급여 보장법에 따른 퇴직금 중간정산사유에 해당하는 경우

② 근로자퇴직급여 보장법에 따라 퇴직연금제도가 폐지되는 경우

(5) 퇴직소득 과세이연

1) 과세이연 요건

거주자의 퇴직소득이 다음 중 어느 하나에 해당하는 경우에는 해당 퇴직소득에 대한 소득세를 연금외수령하기 전까지 원천징수하지 아니한다. 이 경우 퇴직소득에 대한 소득세가 이미 원천징수된 경우 해당 거주자는 원천징수세액에 대한 환급을 신청할 수 있다(소법 146 ②).

① 퇴직일 현재 연금계좌에 있거나 연금계좌로 지급되는 경우

② 퇴직하여 지급받은 날부터 60일 이내에 연금계좌에 입금되는 경우

2) 과세이연 퇴직소득세액

퇴직소득 과세이연 규정에 따라 원천징수하지 아니하거나 환급하는 퇴직소득세(과세이연 퇴직소득세)는 다음의 계산식에 따라 계산한 금액으로 하며, 환급하는 경우의 퇴직소득금액은 이미 원천징수한 세액을 뺀 금액으로 한다(소령 202의2 ①).

$$\text{과세이연 퇴직소득세액} = \text{퇴직소득산출세액} \times \frac{\text{연금계좌로 지급 또는 입금된 금액}}{\text{퇴직소득금액}}$$

3) 과세이연 퇴직소득을 연금외수령하는 경우의 원천징수세액

과세이연 퇴직소득을 연금외수령하는 경우 원천징수의무자는 다음의 계산식에 따라 계산한 이연퇴직소득세를 원천징수하여야 한다.

$$\text{원천징수세액} = \frac{\text{연금외수령당시}}{\text{과세이연퇴직소득세}^{*}} \times \frac{\text{연금외수령한 과세이연퇴직소득}}{\text{연금외수령당시 과세이연퇴직소득}}$$

$$* \frac{\text{연금외수령당시}}{\text{과세이연퇴직소득세}} = \frac{\text{이연퇴직소득세}}{\text{누계액}} - \frac{\text{이연퇴직소득세}}{\text{누계액}} \times \frac{\text{인출퇴직소득누계액}}{\text{이연퇴직소득누계액}}$$

위 계산식을 적용할 때 해당 연금외수령 전까지 퇴직소득세액을 정산한 경우에는 정산 후 이연퇴직소득세액을 이연퇴직소득세 누계액으로 하고, 이연퇴직소득 누계액 및 인출퇴직소득 누계액 계산시 정산 전까지 인출한 이연퇴직소득은 제외한다. 개정

3. 비과세 퇴직소득

비과세 근로소득으로 열거된 소득 중 퇴직시 또는 퇴직 후에 받는 소득은 비과세 퇴직소득에 해당한다(소법 12 (3)). 예를 들면 국민연금법에 따라 받는 반환일시금(사망으로 받는 것만 해당) 및 사망일시금, 공적연금관련법에 따라 받은 유족일시금 · 퇴직유족일시금, 근로자 및 그 유족이 받는 일시보상금 · 유족보상금, 근로의 제공으로 인한 부상 · 질병 · 사망과 관련하여 근로자나 그 유족이 받는 배상 · 보상 또는 위자(慰藉)의 성질이 있는 급여 등이 있다.

4. 환산급여에 의한 퇴직소득세 산출세액 계산

환산급여에 의한 퇴직소득 산출세액의 계산구조는 다음과 같다. 즉, 퇴직소득금액에

서 근속연수공제를 차감한 금액을 기준으로 환산급여를 구하고, 환산급여에서 환산급여에 따른 공제를 차감하여 퇴직소득과세표준을 산정한다. 퇴직소득과세표준에 기본세율을 적용하여 계산한 세액을 12로 나눈 금액에 근속연수를 곱하여 퇴직소득산출세액을 계산한다.

	퇴직소득금액	퇴직급여액 – 비과세소득
(–)	근속연수공제	근속연수공제 후 환산급여 계산
(–)	환산급여에따른공제	환산급여에 따른 차등공제
(=)	퇴직소득과세표준	환산급여 – 환산급여에 따른 공제
(×)	기본세율	6%~45% 누진세율
(=)	퇴직소득산출세액	(퇴직소득과세표준×기본세율)× $\frac{근속연수}{12}$

(1) **퇴직소득공제**

퇴직소득이 있는 거주자에 대해서는 해당 과세기간의 퇴직소득금액에서 근속연수공제와 환산급여에 따른 공제를 순서대로 공제한다. 이 경우 해당 과세기간의 퇴직소득금액이 근속연수공제 금액에 미달하는 경우에는 그 퇴직소득금액을 공제액으로 한다(소법 48).

① 근속연수공제

근속연수	근속연수 공제액
5년 이하	100만원 × 근속연수
5년 초과 10년 이하	500만원 + 200만원 × (근속연수 – 5년)
10년 초과 20년 이하	1,500만원 + 250만원 × (근속연수 – 10년)
20년 초과	4,000만원 + 300만원 × (근속연수 – 20년)

② 환산급여 : 해당 과세기간의 퇴직소득금액에서 근속연수공제를 하고, 그 금액을 근속연수(1년 미만의 기간이 있는 경우에는 이를 1년으로 본다)로 나누고 12를 곱한 후의 금액을 "환산급여"라 한다.

$$환산급여 = (퇴직소득금액 - 근속연수공제액) \times \frac{12}{근속연수}$$

③ 환산급여에 따른 공제

환산급여에서 다음의 구분에 따른 금액을 공제한다.

환산급여	공제액
800만원 이하	환산급여 × 100%
800만원 초과 7,000만원 이하	800만원 + (환산급여 − 800만원) × 60%
7,000만원 초과 1억원 이하	4,520만원 + (환산급여 − 7,000만원) × 55%
1억원 초과 3억원 이하	6,170만원 + (환산급여 − 1억원) × 45%
3억원 초과	1억 5,170만원 + (환산급여 − 3억원) × 35%

퇴직소득공제의 방식을 정률공제에서 차등공제로 전환

종전에는 퇴직소득금액에서 퇴직소득금액의 40%에 해당하는 금액을 일률적으로 공제하였으나, 환산급여액이 증가할수록 공제율이 감소하는 형태의 차등공제 방식을 도입함으로써 저소득자의 퇴직소득에 대한 세부담을 완화하고 과세의 형평성을 제고하였다.

(2) 퇴직소득과세표준

이 경우 퇴직소득과세표준은 환산급여를 기준으로 다음과 같이 계산된다.

$$퇴직소득과세표준 = 환산급여 - 환산급여에\ 따른\ 공제액$$

(3) 퇴직소득세 산출세액의 계산

해당 과세기간의 퇴직소득과세표준에 기본세율을 적용하여 계산한 금액을 12로 나눈 금액에 근속연수를 곱한 금액을 퇴직소득산출세액으로 한다.

$$퇴직소득산출세액 = (퇴직소득과세표준 \times 기본세율) \times \frac{근속연수}{12}$$

예제 8-2 | 퇴직소득 산출세액의 계산

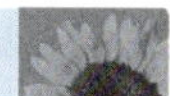

다음 자료를 이용하여 거주자인 갑(임원이 아님)의 퇴직소득 산출세액을 계산하시오.

1. 갑은 현실적인 퇴직으로 인해 퇴직일시금으로 ₩61,000,000을 수령하였다.
2. 갑의 근속연수는 8년이다.
3. 근속연수공제(5년 초과 10년 이하) : 500만원 + 200만원 × (근속연수 − 5년)

해답

1. 환산급여 : (₩61,000,000 − 11,000,000*) × $\frac{12}{8}$ = ₩75,000,000

* 근속연수공제 : ₩5,000,000 + 2,000,000 × (8년 − 5년) = ₩11,000,000

2. 환산급여에 따른 공제
₩45,200,000 + (75,000,000 − 70,000,000) × 55% = ₩47,950,000
3. 퇴직소득 과세표준 : ₩75,000,000 − 47,950,000 = ₩27,050,000
4. 퇴직소득 산출세액
⑴ 기본세율 적용세액 : ₩840,000 + (27,050,000 − 14,000,000) × 15% = ₩2,797,500
⑵ 퇴직소득 산출세액 : ₩2,797,500 × $\frac{8}{12}$ = ₩1,865,000

5. 퇴직소득 결정세액

퇴직소득 산출세액에서 외국납부세액공제액을 차감하여 퇴직소득 결정세액을 계산한다.

퇴직소득 결정세액 = 퇴직소득 산출세액 − 외국납부세액공제액

거주자의 퇴직소득금액에 국외원천소득이 합산되어 있는 경우로서 그 국외원천소득에 대하여 외국에서 외국소득세액을 납부하였거나 납부할 것이 있는 때에는 공제한도금액 내에서 외국납부세액공제를 적용받을 수 있다. 이 경우 외국납부세액공제는 정부간의 조세협약체결 여부와는 관계없이 그 세액공제를 받을 수 있다.

① 공제액 : 외국소득세액
② 공제한도 : 퇴직소득산출세액 × $\frac{\text{국외원천소득}}{\text{퇴직소득금액}}$

6. 퇴직소득의 수입시기

퇴직소득의 수입시기는 퇴직한 날로 한다. 다만, 국민연금법에 따른 일시금과 건설근로자 고용개선 등에 관한 법률에 따른 퇴직공제금의 경우에는 소득을 지급받는 날(분할하여 지급받는 경우에는 최초로 지급받는 날)로 한다.

7. 퇴직소득에 대한 과세방법

(1) 원천징수

퇴직소득을 지급하는 자가 퇴직소득을 지급할 때에는 퇴직소득 결정세액을 원천징수하여 한다. 다만, 원천징수대상이 아닌 근로소득이 있는 사람이 퇴직함으로써 받는 소득은 원천징수대상이 아니다.

(2) 퇴직소득에 대한 세액정산

퇴직자가 퇴직소득을 지급받을 때 이미 지급받은 다음의 퇴직소득에 대한 원천징수영수증을 원천징수의무자에게 제출하는 경우 원천징수의무자는 퇴직자에게 이미 지급된 퇴직소득과 자기가 지급할 퇴직소득을 합계한 금액에 대하여 정산한 소득세를 원천징수하여야 한다(소법 148 ①).

① 해당 과세기간에 이미 지급받은 퇴직소득
② 근로제공을 위하여 사용자와 체결하는 계약으로서 사용자가 같은 하나의 근로계약(현실적인 퇴직의 판정에 따라 퇴직으로 보지 아니할 수 있는 경우를 포함)에서 이미 지급받은 퇴직소득

정산하는 퇴직소득세는 이미 지급된 퇴직소득과 자기가 지급할 퇴직소득을 합계한 금액(퇴직소득누계액)에 대하여 퇴직소득세액을 계산한 후 이미 지급된 퇴직소득에 대한 세액을 뺀 금액으로 한다(소령 203 ①). 이 경우 근속연수는 이미 지급된 퇴직소득에 대한 근속연수와 지급할 퇴직소득의 근속연수를 합산한 월수에서 중복되는 기간의 월수를 뺀 월수에 따라 계산한다(소령 203 ③.)

정산하는 퇴직소득세 = 퇴직소득누계액(이미 지급된 퇴직소득 + 자기가 지급할 퇴직소득)에 대한 퇴직소득세액 − 이미 지급된 퇴직소득에 대한 퇴직소득세액

한편 이미 지급된 퇴직소득 중 이연퇴직소득이 있는 퇴직자가 퇴직소득을 지급받을 때에는 퇴직자가 퇴직소득에 대한 원천징수영수증과 연금계좌취급자로부터 발급받은 연금계좌 현황자료를 원천징수의무자에게 제출하여야 하며, 이 경우 정산하는 퇴직소득세는 다음과 같이 계산된다(소령 203 ①, ②). 개정

정산하는 퇴직소득세 = 퇴직소득누계액(이미 지급된 퇴직소득 + 자기가 지급할 퇴직소득)에 대한 퇴직소득세액 − (A + B + C)

A : 정산 전 이연퇴직소득세액*(정산 전까지 지급된 퇴직소득에 대한 이연퇴직소득세 누계액)
B : 정산 전까지 지급된 퇴직소득에 대해 원천징수된 세액(정산 전까지 인출한 이연퇴직소득에 대한 원천징수세액은 제외)
C : 정산 전까지 인출한 이연퇴직소득을 전액 연금외수령하였다고 가정할 때 원천징수세액

$$* \ \text{정산 전 이연퇴직소득세액} = \text{퇴직소득누계액에 대한 퇴직소득세액} \times \frac{\text{이연퇴직소득(정산 시점에 지급할 퇴직소득 중 이연퇴직소득 및 정산 전까지 인출한 이연퇴직소득은 제외)}}{\text{퇴직소득누계액}}$$

(3) 퇴직소득과세표준확정신고

해당 과세기간의 퇴직소득금액이 있는 거주자는 그 퇴직소득 과세표준을 그 과세기간의 다음연도 5월 1일부터 5월 31일까지 확정신고하여야 한다. 다만, 퇴직소득만이 있거나 퇴직소득과 종합소득금액에 합산하지 않는 종합소득이 있는 경우에는 과세표준 확정신고를 하지 아니할 수 있다(소법 73 ①).

객 관 식 문 제

▶ 제8장 퇴직소득세

1 다음은 소득세법상 퇴직소득에 대한 과세규정을 설명한 것이다. 옳지 않은 것은?

① 현실적인 퇴직을 원인으로 지급받는 퇴직위로금은 퇴직소득에 해당한다.

② 국민연금법에 따라 받는 일시금은 2002년 1월 1일 이후에 납입된 연금 기여금을 기초로 하여 받은 일시금에 한하여 퇴직소득으로 과세한다.

③ 거주자의 퇴직소득이 연금계좌로 지급되는 경우에는 해당 퇴직소득에 대한 소득세를 원천징수하여야 한다.

④ 근속연수공제를 적용함에 있어서 근속연수는 1년 미만의 기간이 있는 때에는 이를 1년으로 한다.

해설

거주자의 퇴직소득이 연금계좌로 지급되는 경우에는 해당 퇴직소득에 대한 소득세를 연금외수령하기 전까지 원천징수하지 아니한다.

2 거주자인 갑(임원)은 ㈜한강에 재직하던 중 2023년 12월 31일에 현실적으로 퇴직하였다. 다음 자료를 이용하여 거주자인 갑의 임원 퇴직소득 한도초과액을 계산한 것으로 옳은 것은?

1. 갑은 정관상 퇴직급여지급규정에 따라 퇴직일시금으로 ₩200,000,000을 수령하였다.
2. 갑은 2013년 1월 1일부터 임원으로 재직하기 시작하였다.
3. 갑의 총급여와 관련된 자료는 다음과 같다.
   (1) 2019년말부터 소급하여 3년 동안 지급받은 총급여의 연평균 환산액 : ₩60,000,000
   (2) 퇴직전 3년간 평균급여액은 ₩80,000,000이다.

① 한도초과액 없음　　② ₩6,000,000

③ ₩10,000,000　　④ ₩14,000,000

해설

1. 임원퇴직소득 한도액 : ① + ② = ₩190,000,000

   ① ₩60,000,000 × $\frac{1}{10}$ × $\frac{84^{*1}}{12}$ × 3 = ₩126,000,000

   *1 84개월(2013년~2019년)

   ② ₩80,000,000 × $\frac{1}{10}$ × $\frac{48}{12}$ × 2 = ₩64,000,000

2. 임원 퇴직소득 한도초과액

   ₩200,000,000 − 190,000,000 = ₩10,000,000

3 다음은 거주자인 갑(임원이 아님)의 퇴직소득 관련 자료이다. 다음 자료를 이용하여 갑의 퇴직소득산출세액을 계산한 것으로 옳은 것은?

1. 갑은 정관상 퇴직급여지급규정에 따라 퇴직일시금으로 ₩55,000,000을 수령하였다.
2. 갑은 2019년 1월 1일에 입사하여 2023년 12월 31일에 현실적으로 퇴직하였다.
3. 근속연수공제(근속연수 5년 이하) : 100만원 × 근속연수

① ₩2,465,000　　② ₩2,556,250

③ ₩4,930,000　　④ ₩6,135,000

1. 환산급여 : (₩55,000,000 − 5,000,000*) × $\frac{12}{5}$ = ₩120,000,000

   * 근속연수공제 : ₩1,000,000 × 5년 = ₩5,000,000

2. 환산급여에 따른 공제

   ₩61,700,000 + (120,000,000 − 100,000,000) × 45% = ₩70,700,000

3. 퇴직소득 과세표준 : ₩120,000,000 − 70,700,000 = ₩49,300,000

4. 퇴직소득 산출세액

   (1) 기본세율 적용세액 : ₩840,000 + (49,300,000 − 14,000,000) × 15% = ₩6,135,000

   (2) 퇴직소득 산출세액 : ₩6,135,000 × $\frac{5}{12}$ = ₩2,556,250

4 퇴직소득세에 관한 다음 설명 중 옳지 않은 것은?

① 직·간접으로 출자관계에 있는 법인으로의 전출이 이루어진 경우로서 퇴직급여를 실제로 받지 아니한 경우에는 퇴직으로 보지 아니할 수 있다.

② 계속근로기간 중에 근로자퇴직급여 보장법에 따라 퇴직연금제도가 폐지되어 퇴직급여를 미리 지급받은 경우에는 그 지급받은 날에 퇴직한 것으로 본다.

③ 건설근로자 고용개선 등에 관한 법률에 따른 퇴직공제금의 경우에는 소득을 지급받는 날(분할하여 지급받는 경우에는 최초로 지급받는 날)을 수입시기로 한다.

④ 퇴직소득만이 있는 거주자도 반드시 그 퇴직소득 과세표준을 그 과세기간의 다음연도 5월 1일부터 5월 31일까지 확정신고하여야 한다.

해설

퇴직소득이 있는 거주자는 그 퇴직소득 과세표준을 그 과세기간의 다음연도 5월 1일부터 5월 31일까지 확정신고하여야 한다. 다만, 퇴직소득만이 있는 거주자는 과세표준 확정신고를 하지 아니할 수 있다.

정답	1	③	2	③	3	②	4	④

Chapter 9 양도소득세

제 1 절 | 양도소득의 개념과 범위

1. 양도소득의 개념

양도소득이란 개인이 부동산이나 부동산에 관한 권리 및 주식 등 법 소정 자산을 양도함으로써 발생하는 소득을 말한다. 개인이 부동산을 양도함으로써 발생한 소득이 계속적·반복적으로 발생하여 사업성이 있다면 사업소득 중 부동산매매업(주택을 신축하여 판매하는 경우 건설업중 주택신축판매업)에 해당되어 사업소득으로 종합과세되며, 일시적·우발적으로 발생한다면 양도소득으로 종합소득과는 별도로 분류과세된다.

2. 양도소득세 과세대상

양도소득은 토지, 건물 기타 권리등 다음과 같은 자산을 양도함으로써 발생하는 소득을 말한다(소법 94).

구 분		내 용
<그룹 I> 부동산 및 부동산에 준하는 자산	부동산	토지 및 건물(부속된 시설물과 구축물 포함)
	부동산에 관한 권리	① 지상권과 전세권 : 등기 불문 ② 등기된 부동산임차권 : 등기된 경우에 한함 ③ 부동산을 취득할 수 있는 권리
	기타자산	① 특정주식·특정법인의 주식 ② 사업용자산과 함께 양도하는 영업권 ③ 시설물이용권(주주회원권 포함) ④ 부동산과 함께 양도하는 이축권
<그룹 II> 주 식*	국내주식	① 상장주식 ② 비상장주식
	외국주식	① 외국법인이 발행한 주식 ② 해외증권시장에 상장된 내국법인 발행주식

구 분		내 용
<그룹Ⅲ> 파생상품	파생결합증권 및 파생상품	① 국내・외 주가지수를 기초자산으로 하는 장내파생상품 ② 차액결제거래(CFD : contract for difference) ③ 주식워런트증권(ELW) ④ 해외 파생상품시장에서 거래되는 파생상품 ⑤ '①'과 유사한 장외파생상품
<그룹Ⅳ> 신탁 수익권	신탁의 이익을 받을 권리	신탁의 이익을 받을 권리

* 기타자산에 해당하는 주식 제외

(1) 부동산에 관한 권리

부동산에 관한 권리란 지상권・전세권・등기된 부동산임차권과 부동산을 취득할 수 있는 권리를 말한다(소법 94 ① (2)).

1) 등기된 부동산임차권

부동산임차권은 채권이므로 양도소득세 과세대상이 아니다. 그러나 부동산임차권을 등기하면 전세권과 동일한 효력이 발생하므로 등기된 부동산임차권은 양도소득세 과세대상이 된다.

부동산임차권의 양도
- 등기된 부동산임차권 ······ 양도소득세 과세
- 미등기된 부동산임차권
  - 점포임차권 ······ 기타소득으로 과세
  - 기타의 임차권 ······ 과세제외

2) 부동산을 취득할 수 있는 권리

부동산을 취득할 수 있는 권리란 취득시기가 도래하기 전에 해당 부동산을 취득할 수 있는 권리를 말한다. 부동산을 취득할 수 있는 권리에는 다음과 같은 것들이 있다.

① 건물이 완성되는 때에 그 건물과 부수되는 토지를 취득할 수 있는 권리(예 아파트당첨권)

② 토지상환채권 및 주택상환채권

③ 부동산매매계약을 체결한 자가 계약금만 지급한 상태에서 양도하는 권리

(2) 기타자산

1) 특정주식

법인의 자산총액 중 부동산등의 가액이 차지하는 비율이 50% 이상인 법인의 과점

주주가 그 법인의 주식등(주식 또는 출자지분을 말하며, 신주인수권과 증권예탁증권을 포함)의 50% 이상을 해당 과점주주 외의 자에게 양도하는 경우에 해당 주식등을 말한다(소법 94 ① (4) 다).

양도소득이 과세되는 특정주식의 요건 = 부동산비율(50% 이상) 요건
+ 지분비율(50% 초과) 요건(과점주주 요건)
+ 주식양도비율(소급하여 3년간 50% 이상 양도) 요건

① 부동산비율(50% 이상) 요건 : 해당 법인의 자산총액 중 토지 · 건물 및 부동산에 관한 권리의 자산가액과 당해법인이 보유한 특정주식 또는 특정법인의 주식가액(부동산보유비율 상당액)의 합계액이 차지하는 비율이 50% 이상인 법인

② 과점주주 요건 : "과점주주"란 법인의 주주 1인 및 그와 특수관계(주식등의 양도일이 속하는 사업연도의 직전 사업연도 종료일 현재)에 있는 기타주주가 소유하고 있는 주식등의 합계액이 해당 법인의 주식등의 합계액의 50%를 초과하는 경우 그 주주 1인 및 기타주주를 말한다.

③ 주식양도비율(소급하여 3년간 50% 이상 양도) 요건 : 과점주주가 주식등을 과점주주외의 자에게 여러 번에 걸쳐 양도하는 경우로서 과점주주 중 1인이 주식등을 양도하는 날부터 소급해 3년 내에 과점주주가 양도한 주식등을 합산해 해당 법인의 주식등의 50% 이상을 양도하는 경우를 말한다. 이 경우 부동산비율 요건과 과점주주 요건에 해당하는 여부의 판정은 과점주주 중 1인이 주식등을 양도하는 날부터 소급하여 그 합산하는 기간 중 최초로 양도하는 날 현재의 해당 법인의 주식등의 합계액 또는 자산총액을 기준으로 한다(소령 158 ②).

2) 특정법인의 주식

다음의 두 가지 요건에 모두 해당하는 법인(골프장업 등 법인)의 주식을 양도한 경우에는 동 주식양도(소유주식수에 관계없음)에 대하여 양도소득세가 과세된다(소령 158 ① (5)).

양도소득세가 과세되는 특정법인주식의 요건 = 부동산비율(80% 이상) 요건
+ 업종기준(골프장 등) 요건

① 부동산비율(80% 이상) 요건 : 해당 법인의 자산총액 중 토지 · 건물 · 부동산에 관한 권리의 자산가액과 당해 법인이 보유한 특정주식 또는 특정법인의 주식가액(부동산보유비율 상당액)의 합계액이 차지하는 비율이 80% 이상인 법인

② 업종기준(골프장 등) 요건 : 골프장, 스키장, 휴양콘도미니엄 및 전문휴양시설을 건설 또는 취득하여 직접 경영하거나 분양 또는 임대하는 사업을 하는 법인

특정법인의 주식의 양도소득세 과세여부 판단

특정법인의 주식은 특정주식과는 달리 단 1주라도 양도하면 양도소득세 과세대상에 해당된다.

3) 사업용자산과 함께 양도하는 영업권

사업용자산(토지 · 건물 또는 부동산에 관한 권리)과 함께 양도하는 영업권은 기타자산의 양도로 보아 양도소득세 과세대상이 된다(소법 94 ① (4)).

사업용자산과 별도로 양도하는 영업권의 과세구분

사업용자산과 별도로 양도하는 영업권(점포임차권을 포함한다)은 기타소득으로 과세한다.

4) 시설물이용권

양도소득세가 과세되는 시설물이용권이라 함은 다음의 것을 말한다(소령 158 ① (4)).

① 이용권 · 회원권 기타 명칭과 관계없이 시설물을 배타적으로 이용하거나 일반이용자보다 유리한 조건으로 이용할 수 있도록 약정한 단체의 구성원이 된 자에게 부여되는 시설물이용권

② 법인의 주식 등을 소유하는 것만으로 시설물을 배타적으로 이용하거나 일반이용자보다 유리한 조건으로 시설물이용권[63]을 부여받게 되는 경우 그 주식(이하 '주주회원권'이라 함) 등을 포함

기타자산 중 특정주식 및 특정법인의 주식의 양도소득세 비교

요 건	특정주식	특정법인의 주식
업 종	모든 업종	골프장 · 스키장 · 휴양콘도미니엄 · 전문휴양시설
부동산비율	50% 이상	80% 이상
지분비율	주주 1인과 특수관계인인 기타주주가 50% 이상 지분 소유	제한 없음
주식양도비율	소급하여 3년간 총발행주식의 50% 이상 양도	제한 없음

5) 부동산과 함께 양도하는 이축권

토지 또는 건물과 함께 양도하는 이축권[64]에 대하여 양도소득세가 과세된다. 다만,

---

63) 예를 들면, 골프 회원권, 헬스클럽 회원권, 콘도미니엄 회원권, 사우나 회원권 등이 있다.

64) "이축권"이란 개발제한구역 내의 건축물이 공익사업의 시행에 따라 철거되는 경우 건축물 소유자에게 주는 "다른 개발제한구역 내에서 건축허가를 받아 건물을 신축할 권리"를 말한다.

해당 이축권에 대하여 감정평가업자가 감정한 가액이 있는 경우 그 가액(감정한 가액이 2이상인 경우에는 그 감정한 가액의 평균액)을 구분하여 신고하는 경우에는 기타소득으로 과세한다(소령 158의2).

⑶ 주식 등

1) 상장주식

특정대주주가 양도하는 상장주식과 증권시장에서의 거래에 의하지 아니하고 양도(장외거래)하는 상장주식은 양도소득세 과세대상에 해당한다.

"특정대주주"란 주주 1인(법인은 제외) 개정 및 그와 특수관계(주식등의 양도일이 속하는 사업연도의 직전 사업연도 종료일 또는 주식등의 양도일이 속하는 사업연도에 새로 설립된 법인의 경우에는 해당 법인의 설립등기일 현재)에 있는 기타주주가 소유한 주식을 합산하여 주식등의 양도일이 속하는 사업연도의 직전사업연도 종료일 현재 다음의 지분비율 기준과 시가총액 기준 중 어느 한가지를 충족하는 주주 1인 및 그와 특수관계에 있는 기타주주를 말한다.[65] 이 경우 직전사업연도 종료일 현재 지분비율 기준에 미달하였으나 그 후 주식등을 취득함으로써 지분비율 기준을 충족하게 되는 때에는 그 취득일 이후의 주주 1인 및 그와 특수관계에 있는 기타주주를 포함한다(소령 157).

구 분		지분비율 기준	시가총액 기준
상장법인	유가증권시장상장법인	1% 이상	50억원 이상
	코스닥시장상장법인	2% 이상	
	코넥스시장상장법인	4% 이상	
비상장법인		4% 이상	

2) 비상장주식

비상장주식을 양도하는 경우에는 원칙적으로 양도소득세가 과세된다. 다만, 비상장법인의 특정대주주가 아닌 주주가 한국금융투자협회가 운영하는 비상장주식 거래시장(K-OTC : Korea Over The Counter)에서 중소기업 및 중견기업의 주식등을 양도한 경우에는 양도소득세가 과세되지 아니한다. 벤처기업 주식 등 조세특례제한법 제14조의 과세특례를 적용받는 주식은 양도소득세가 비과세된다.

---

65) 최대주주가 아닌 경우에는 주주 1인의 소유주식을 기준으로 지분비율 기준과 시가총액 기준 중 어느 하나를 충족하는 주주 1인을 특정대주주로 한다.

주식의 양도소득세 과세 요약

구 분		양도주체		과세 여부
상장주식	장내거래	특정대주주가 양도		○
		기타주주가 양도		×
	장외거래	모든 주주가 양도		○
비상장주식	K－OTC 거래	특정대주주가 양도		○
		기타주주가	중소·중견기업 주식 양도	×
			대기업 주식 양도	○
	기타거래	모든 주주가 양도		○

3) 외국법인이 발행한 주식 등[66)]

외국법인이 발행하였거나 외국에 있는 시장에 상장된 주식등으로서 다음의 어느 하나에 해당하는 주식등에 대해서는 양도소득세가 과세된다(소법 94 ① 3, 소령 157 ⑫).

① 외국법인이 발행한 주식등(증권시장에 상장된 주식등과 특정주식 및 특정법인의 주식등은 제외)

② 내국법인이 발행한 주식등(국외 예탁기관이 발행한 증권예탁증권을 포함)으로서 해외 증권시장에 상장된 것

⑷ 파생상품

파생결합증권, 장내파생상품 또는 장외파생상품 중 다음의 어느 하나에 해당하는 파생상품등의 거래 또는 행위로 발생하는 소득에 대해서는 양도소득세가 과세된다. 다만, 이자소득 또는 배당소득으로 과세되는 경우는 제외한다(소법 94 ①, 소령 159의 2 ①).

① 국내·외 주가지수를 기초자산으로 하는 장내파생상품 : 장내파생상품으로서 증권시장 또는 이와 유사한 시장으로서 외국에 있는 시장을 대표하는 종목을 기준으로 산출된 지수(해당 지수의 변동성을 기준으로 산출된 지수를 포함한다)를 기초자산으로 하는 상품

② 차액결제거래(CFD : contract for difference) : 다음의 요건을 모두 갖춘 파생상품(경제적 실질이 동일한 상품을 포함한다)

㉠ 계약 체결 당시 약정가격과 계약에 따른 약정을 소멸시키는 반대거래 약정가격 간의 차액을 현금으로 결제하고 계약 종료시점을 미리 정하지 않고 거래

66) 2020년 7월 1일 이후 양도하는 분부터 적용한다.

일방의 의사표시로 계약이 종료되는 상품일 것

㉡ 주식등(외국법인이 발행한 주식을 포함), 주가지수(변동성지수 포함) 등의 기초자산의 가격과 연계하는 상품일 것

③ 주식워런트증권(ELW) : 당사자 일방의 의사표시에 따라 '①'에 따른 지수의 수치의 변동과 연계하여 미리 정하여진 방법에 따라 주권의 매매나 금전을 수수하는 거래를 성립시킬 수 있는 권리를 표시하는 증권 또는 증서

④ 해외 파생상품시장에서 거래되는 파생상품

⑤ 장외파생상품으로서 경제적 실질이 '①'에 따른 장내파생상품과 동일한 상품

⑸ 신탁수익권

신탁 수익권[67]의 양도로 발생하는 소득에 대해서는 양도소득세가 과세된다. 다만, 신탁 수익권의 양도를 통하여 신탁재산에 대한 지배・통제권이 사실상 이전되는 경우는 신탁재산 자체의 양도로 본다(소법 94).

3. 양도의 개념

⑴ 개 념

"양도"란 자산에 대한 등기 또는 등록과 관계없이 매도, 교환, 법인에 대한 현물출자 등을 통하여 그 자산을 유상(有償)으로 사실상 이전하는 것을 말한다. 반대급부 없이 무상으로 소유권이 이전되는 상속과 증여는 양도소득세 과세대상인 양도로 보지 않는다.

⑵ 양도로 보는 경우

다음의 경우도 양도로 보아 양도소득세를 과세한다.

---

67) 다음의 수익권 또는 수익증권은 신탁수익권에서 제외한다(소령 159의3).

① 자본시장과 금융투자업에 관한 법률 제110조에 따른 수익권 또는 수익증권

② 자본시장과 금융투자업에 관한 법률 제189조에 따른 투자신탁의 수익권 또는 수익증권으로서 해당 수익권 또는 수익증권의 양도로 발생하는 소득이 배당소득으로 과세되는 수익권 또는 수익증권

③ 신탁의 이익을 받을 권리에 대한 양도로 발생하는 소득이 배당소득으로 과세되는 수익권 또는 수익증권

④ 위탁자의 채권자가 채권담보를 위하여 채권 원리금의 범위 내에서 선순위 수익자로서 참여하고 있는 경우 해당 수익권. 이 경우 신탁 수익자명부 변동상황명세서를 제출해야 한다.

1) 부담부증여

부담부증여란 수증자가 증여자의 채무를 인수하는 것을 조건으로 증여하는 것을 말한다. 부담부증여(배우자간 또는 직계존비속간 부담부증여는 제외)에 있어서 증여자의 채무를 수증자가 인수하는 경우에는 증여가액 중 수증자가 부담하는 채무액에 해당하는 부분은 그 자산이 유상으로 사실상 이전되는 것으로 본다(소법 88).

배우자간 또는 직계존비속간 부담부증여를 인정하지 않는 이유

배우자간 또는 직계존비속간 부담부증여를 인정하지 않는 이유는 이들간에 부(富)를 이전하는 과정에서 증여세가 양도소득세보다 높게 산출될 경우 실질은 증여이지만 양도의 형태로 가장하여 조세를 부당하게 회피하려는 것을 막기 위한 것이다.

2) 부동산으로 위자료를 대물변제

손해배상에 있어서 당사자간의 합의에 의하거나 법원의 확정판결에 의하여 일정액의 위자료를 지급하기로 하고 동 위자료 지급에 갈음하여 당사자 일방이 소유하고 있던 부동산으로 대물변제한 때에는 그 자산을 양도한 것으로 본다(소기통 88-3). 왜냐하면, 이것은 현금으로 위자료를 주고, 다시 해당 위자료를 받아 부동산을 양도하는 이중거래로 볼 수 있기 때문이다.

이혼시 재산분할청구권 행사의 양도해당 여부

이혼시 재산분할청구권을 행사하는 경우에는 공동소유재산의 분할이므로 양도로 보지 않는다.

3) 양도담보권의 실행

채무의 변제를 담보하기 위하여 자산을 양도하는 계약을 체결한 후 일정한 요건을 위배하거나 채무불이행으로 인하여 그 자산을 변제에 충당한 때에는 이를 양도한 것으로 본다(소령 151 ②). 그러나 양도담보를 설정하는 것은 양도로 보지 아니한다.

(3) 양도로 보지 않는 경우

다음의 경우 양도로 보지 아니한다.

① 도시개발법이나 그 밖의 법률에 따른 환지처분[68]으로 지목 또는 지번이 변경되거나 보류지[69]로 충당되는 경우(소법 88 ②)

---

68) "환지처분"이란 도시개발법에 따른 도시개발사업, 농어촌정비법에 따른 농업생산기반 정비사업 그 밖의 법률에 따라 사업시행자가 사업완료 후에 사업구역 내의 토지소유자 또는 관계인에게 종전의 토지 또는 건축물 대신에 그 구역 내의 다른 토지 또는 사업시행자에게 처분할 권한이 있는 건축물의 일부와 그 건축물이 있는 토지의 공유지분으로 바꾸어주는 것(사업시행에 따라 분할 · 합병 또는 교환하는 것 포함)을 말한다(소령 152 ①).

69) "보류지(保留地)"란 도시개발사업, 농어촌정비법에 의한 농업생산기반 정비사업 그 밖의 법률에 따른 사업시행자가 해당 법률에 따라 일정한 토지를 환지로 정하지 아니하고 다음의 토지로

② 토지의 경계를 변경하기 위하여 토지의 분할 등 법령으로 정하는 방법과 절차로 하는 토지 교환[70]의 경우

③ 위탁자와 수탁자 간 신임관계에 기하여 위탁자의 자산에 신탁이 설정되고 그 신탁재산의 소유권이 수탁자에게 이전된 경우로서 위탁자가 신탁 설정을 해지하거나 신탁의 수익자를 변경할 수 있는 등 신탁재산을 실질적으로 지배하고 소유하는 것으로 볼 수 있는 경우

④ 양도담보로서 계약서 사본을 과세표준확정신고서에 첨부한 때(소령 151 ①)

⑤ 법원의 확정판결에 의해 신탁해지를 원인으로 소유권 이전등기를 하는 경우(소기통 88-2 ①)

⑥ 매매사실이 원인무효로 판시되어 환원될 경우(소기통 88-2 ②)

⑦ 공동소유의 토지를 소유지분별로 단순히 분할만 하는 경우(소기통 88-2 ③). 단, 공유지분이 변경되는 경우에는 변경되는 부분은 양도로 본다.

제 2 절 | 비과세 양도소득

1. 비과세 양도소득의 개요

(1) 비과세 양도소득의 내용

다음의 양도소득에 대하여는 소득세를 과세하지 아니한다(소법 89).

① 파산선고에 의한 처분으로 발생하는 소득

② 농지[71]의 교환 또는 분합으로 발생하는 소득

사용하기 위하여 보류한 토지를 말한다(소령 152 ②).

① 해당 법률에 따른 공공용지

② 해당 법률에 따라 사업구역 내의 토지소유자 또는 관계인에게 그 구역 내의 토지로 사업비용을 부담하게 하는 경우의 해당 토지인 체비지

70) "법령으로 정하는 방법과 절차로 하는 토지 교환의 경우"란 다음의 요건을 모두 충족하는 토지 교환을 말한다(소령 152 ③).

① 측량 · 수로조사 및 지적에 관한 법률 및 그 밖에 법률에 따라 토지 이용상 불합리한 지상 경계를 시정하기 위한 토지의 분할 등을 통한 토지의 교환일 것

② '①'에 따라 분할된 토지의 전체 면적이 분할 전 토지의 전체 면적의 20%를 초과하지 아니할 것

71) "농지"란 논밭이나 과수원으로서 지적공부(地籍公簿)의 지목과 관계없이 실제로 경작에 사용되는 토지를 말한다. 이 경우 농지의 경영에 직접 필요한 농막, 퇴비사, 양수장, 지소(池沼), 농도(農道) 및 수로(水路) 등에 사용되는 토지를 포함한다.

③ 1세대 1주택의 양도로 발생하는 소득
④ 1세대 1조합원입주권의 양도로 발생하는 소득
⑤ 지적재조사에 관한 특별법 제18조에 따른 경계의 확정으로 지적공부상의 면적이 감소되어 같은 법 제20조에 따라 지급받는 조정금

(2) 비과세 · 감면의 배제

미등기양도자산에 대하여는 소득세법 또는 다른 세법상 비과세 및 감면규정을 적용하지 않는다(소법 91). 미등기양도란 토지 · 건물 및 부동산에 관한 권리를 그 자산에 관한 등기를 하지 아니하고 양도하는 것을 말한다. 다만, 다음의 미등기양도의 경우는 이에서 제외된다(소법 104 ③, 소령 168).

① 장기할부조건으로 취득한 자산으로서 양도당시 그 자산의 취득에 관한 등기가 불가능한 자산
② 법률의 규정 또는 법원의 결정에 따라 양도당시 그 자산의 취득에 관한 등기가 불가능한 자산
③ 양도소득세가 비과세되는 농지의 교환 · 분합 및 대토로 취득한 토지 및 8년 이상의 자경농지
④ 양도소득세가 비과세되는 1세대 1주택으로서 건축허가를 받지 아니하여 등기가 불가능한 자산

2. 1세대 1주택의 양도로 발생하는 소득

"1세대 1주택"이란 가족과 함께 구성하는 1세대가 양도일(주택 매매계약일 이후 해당 계약에 따라 주택을 주택 외의 용도로 용도변경하여 양도하는 경우에는 매매계약일) 개정 현재 국내에 1주택을 보유하고 있는 경우로서 해당 주택의 보유기간이 2년[72] 이상인 것을 말한다.[73] 다만, 취득 당시에 조정대상지역에 있는 주택의 경우에는 해당 주택의 보유기간이 2년 이상이고 그 보유기간 중 거주기간이 2년 이상인 것을 말한다.[74]

72) 비거주자가 해당 주택을 3년 이상 계속 보유하고 그 주택에서 거주한 상태로 거주자로 전환된 거주자의 주택인 경우는 3년

73) 1세대가 주택과 조합원입주권 또는 분양권을 보유하다가 그 주택을 양도하는 경우에는 비과세를 적용하지 아니한다. 다만, 도시 및 주거환경정비법에 따른 재건축사업 또는 재개발사업 등의 시행기간 중 거주를 위하여 주택을 취득하는 경우나 그 밖의 부득이한 사유로서 대통령령으로 정하는 경우에는 그러하지 아니하다(소법 89 ②).

74) 취득 당시에 조정대상지역에 있는 주택으로서 공동상속주택인 경우 거주기간은 해당 주택에 거주

(1) 주택의 판단

1세대 1주택에 대한 양도소득세가 비과세되기 위해서는 주택요건을 충족하여야 한다. "주택"이란 허가 여부나 공부(公簿)상의 용도구분과 관계없이 세대의 구성원이 독립된 주거생활을 할 수 있는 구조로서 세대별로 구분된 각각의 공간마다 별도의 출입문, 화장실, 취사시설이 설치되어 있는 구조를 갖추어 사실상 주거용으로 사용하는 건물을 말한다. 이 경우 그 용도가 분명하지 아니하면 공부상의 용도에 따른다. 주택의 범위에는 주택과 그 부수토지(주택의 연면적과 건물이 정착된 면적의 10배, 도시지역 내의 토지는 5배 중 넓은 면적 이내의 토지)를 포함한다(소령 154 ⑦). 그러나 고가주택의 경우에는 1세대 1주택에 해당될지라도 양도소득세를 과세한다.

(2) 1세대 요건

"1세대"란 거주자 및 그 배우자(법률상 이혼하였으나 생계를 같이 하는 등 사실상 이혼한 것으로 보기 어려운 관계에 있는 사람을 포함)가 그들과 같은 주소 또는 거소에서 생계를 같이 하는 자와 함께 구성하는 가족단위를 말한다. 생계를 같이하는 자란 거주자 및 그 배우자의 직계존비속(그 배우자를 포함) 및 형제자매를 말하며, 취학, 질병의 요양, 근무상 또는 사업상의 형편으로 본래의 주소 또는 거소에서 일시 퇴거한 사람을 포함한다. 다만, ① 해당 거주자의 나이가 30세 이상인 경우, ② 배우자가 사망하거나 이혼한 경우, ③ 해당 거주자의 나이가 30세 미만이면서 기획재정부령으로 정하는 소득이 국민기초생활 보장법에 따른 기준 중위소득을 12개월로 환산한 금액의 100분의 40 이상이고 소유하고 있는 주택 또는 토지를 관리 · 유지하면서 독립된 생계를 유지할 수 있는 경우(다만, 미성년자의 경우를 제외하되, 미성년자의 결혼, 가족의 사망 그 밖에 기획재정부령이 정하는 사유로 1세대의 구성이 불가피한 경우에는 그러하지 아니하다)에는 배우자가 없어도 1세대로 본다(소법 88 (6), 소령 152의3).

(3) 국내 1주택 소유의 요건

양도소득세가 비과세되는 1주택이라 함은 양도일 현재 국내에 1주택만을 보유하여야 함을 의미한다. 다가구주택은 한 가구가 독립하여 거주할 수 있도록 구획된 부분을 각각 하나의 주택으로 본다. 다만, 해당 다가구주택을 구획된 부분별로 분양하지 아니하고 하나의 매매단위로 하여 양도하는 경우에는 그 전체를 하나의 주택으로 본다(소령 155 ⑮).

공동상속주택(상속으로 여러 사람이 공동으로 소유하는 1주택) 외의 다른 주택을

한 공동상속인 중 그 거주기간이 가장 긴 사람이 거주한 기간으로 판단한다(소령 154 ⑫).

양도하는 때에는 해당 공동상속주택은 해당 거주자의 주택으로 보지 아니한다. 다만, 상속지분이 가장 큰 상속인의 경우에는 그러하지 아니하며, 상속지분이 가장 큰 상속인이 2명 이상인 경우에는 그 2명 이상의 사람 중 당해 주택에 거주하는 자, 최연장자에 해당하는 사람의 순으로 그 공동상속주택을 소유한 것으로 본다(소령 155 ③).

⑷ 1세대 2주택의 특례

1) 주거이전을 위하여 일시적으로 2주택이 된 경우

국내에 1주택을 소유한 1세대가 그 주택(종전의 주택)을 양도하기 전에 다른 주택을 취득(자기가 건설하여 취득한 경우 포함)함으로써 일시적으로 2주택이 된 경우로서 종전의 주택을 취득한 날부터 1년 이상이 지난 후 다른 주택을 취득하고 그 다른 주택을 취득한 날부터 3년 이내에 종전의 주택을 양도하는 경우에는 이를 1세대1주택으로 보아 비과세규정을 적용한다.

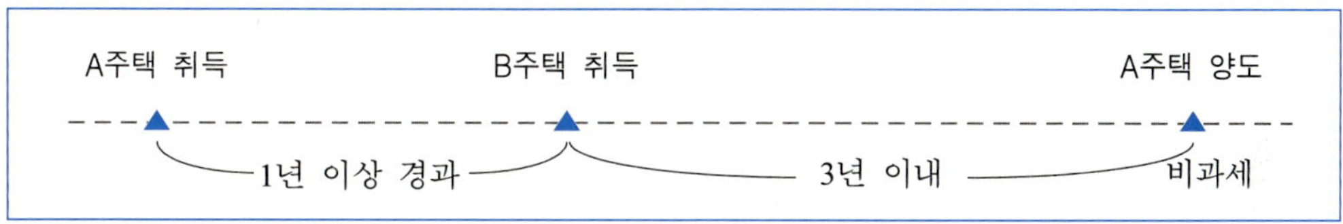

2) 주택상속으로 인하여 2주택이 된 경우

상속받은 주택(조합원입주권 또는 분양권을 상속받아 사업시행 완료 후 취득한 신축주택을 포함)과 일반주택(상속개시 당시 보유한 주택 또는 상속개시 당시 보유한 조합원입주권이나 분양권에 의하여 사업시행 완료 후 취득한 신축주택만 해당함)을 국내에 각각 1개씩 소유하고 있는 1세대가 일반주택을 양도하는 경우에는 이를 1세대1주택으로 보아 비과세규정을 적용한다.

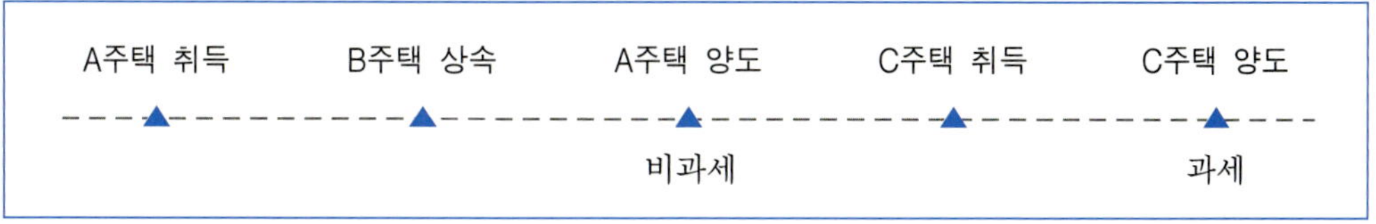

3) 동거봉양을 위하여 세대를 합침으로써 2주택이 된 경우

1주택을 보유하고 1세대를 구성하는 자가 1주택을 보유하고 있는 60세 이상의 직계존속(배우자의 직계존속을 포함)[75]을 동거봉양하기 위하여 세대를 합침으로써 1세대가 2주택을 보유하게 되는 경우 합친 날부터 10년 이내에 먼저 양도하는 주택은 이를

1세대1주택으로 보아 비과세 규정을 적용한다.

4) 혼인함으로써 2주택이 된 경우

1주택을 보유하는 자가 1주택을 보유하는 자와 혼인함으로써 1세대가 2주택을 보유하게 되는 경우 또는 1주택을 보유하고 있는 60세 이상의 직계존속을 동거봉양하는 무주택자가 1주택을 보유하는 자와 혼인함으로써 1세대가 2주택을 보유하게 되는 경우 각각 혼인한 날부터 10년 개정 이내에 먼저 양도하는 주택은 이를 1세대1주택으로 보아 비과세 규정을 적용한다.

5) 부득이한 사유로 2주택이 된 경우

취학, 근무상의 형편, 질병의 요양, 그밖에 부득이한 사유[76]로 취득한 수도권 밖에 소재하는 주택과 일반주택을 국내에 각각 1개씩 소유하고 있는 1세대가 부득이한 사유가 해소된 날부터 3년 이내에 일반주택을 양도하는 경우에는 국내에 1개의 주택을 소유하고 있는 것으로 보아 비과세 규정을 적용한다.

6) 기타의 특례

다음의 경우에는 양도 당시 국내에 2주택을 소유하는 경우에도 1주택을 소유한 것으로 본다.

① 지정문화유산 및 등록문화유산, 천연물 등에 해당하는 주택과 일반주택을 국내에 각각 1개씩 소유하고 있는 1세대가 일반주택을 양도하는 경우

② 농어촌주택[77]과 일반주택을 국내에 각각 1개씩 소유하고 있는 1세대가 일반주택

---

75) 다음의 사람을 포함한다.
① 직계존속(배우자의 직계존속을 포함) 중 어느 한 사람이 60세 미만인 경우
② 요양급여를 받는 중증질환자 · 희귀난치성질환자 또는 결핵환자인 60세 미만의 직계존속(배우자의 직계존속 포함)

76) "취학, 근무상의 형편, 질병의 요양 기타 부득이한 사유"라 함은 세대전원이 취학, 직장의 변경이나 전근 등 근무상의 형편, 1년 이상의 치료나 요양을 필요로 하는 질병의 치료 또는 요양 등의 사유로 다른 시(특별시와 광역시 포함) · 군으로 주거를 이전하는 경우(광역시지역 안에서 구지역과 읍 · 면지역간에 주거를 이전하는 경우 및 도농복합형태의 시지역 안에서 동 지역과 읍 · 면지역간에 주거를 이전하는 경우를 포함)를 말한다.

77) 농어촌주택이란 다음의 어느 하나에 해당하는 주택으로서 수도권 밖의 지역중 읍지역(도시지역안의 지역을 제외함) 또는 면지역에 소재하는 주택을 말한다.
① 상속받은 주택(피상속인이 취득 후 5년 이상 거주한 사실이 있는 경우에 한한다)
② 이농인(어업에서 떠난 자를 포함)이 취득일 후 5년 이상 거주한 사실이 있는 이농주택
③ 영농 또는 영어의 목적으로 취득한 귀농주택(그 주택을 취득한 날부터 5년 이내에 일반주택을 양도하는 경우에 한정하여 적용)

을 양도하는 경우

③ 장기임대주택 또는 장기어린이집과 그밖의 1주택을 국내에 소유하고 있는 1세대가 법정 요건을 충족하고 해당 1주택(거주주택)을 양도하는 경우

● 인구감소지역 주택 및 준공 후 미분양주택 과세특례 **개정**

① 주택, 조합원입주권 또는 분양권 중 1채 또는 1개를 보유한 1세대가 2024년 1월 4일부터 2026년 12월 31일까지의 기간 중에 인구감소지역주택(공시가격 4억원 이하) 1채를 취득한 후 인구감소지역주택을 취득하기 전에 보유한 주택, 조합원입주권 또는 분양권을 양도하는 경우에는 그 인구감소지역주택을 해당 1세대의 소유주택이 아닌 것으로 보아 1세대 1주택 비과세를 적용한다.

② 1주택을 보유한 1세대가 2024년 1월 10일부터 2025년 12월 31일까지의 기간 중에 수도권 밖의 지역에 소재하는 준공후미분양주택(전용면적 85㎡ 이하, 취득가액 6억원 이하)을 취득한 후 준공후미분양주택을 취득하기 전에 보유한 주택을 양도하는 경우에는 그 준공후미분양주택을 해당 1세대의 소유주택이 아닌 것으로 보아 1세대 1주택 비과세를 적용한다.

(5) 보유기간 및 거주기간 요건

1) 보유기간과 거주기간의 계산

보유기간의 계산은 그 자산의 취득일부터 양도일까지로 하며, 거주기간은 주민등록표 등본에 따른 전입일부터 전출일까지의 기간으로 한다(소령 154 ⑤, ⑥).

2) 보유기간과 거주기간의 제한이 없는 경우

다음 중 어느 하나에 해당하는 경우에는 보유기간 및 거주기간[78)]제한을 받지 아니한다(소령 154 ①).

구 분	비 고
① 민간건설임대주택·공공건설임대주택 또는 공공매입임대주택을 취득하여 양도하는 경우	세대전원이 거주한 기간이 5년 이상인 경우
② 주택 및 그 부수토지의 전부 또는 일부가 공익사업을 위한 토지 등의 취득 및 보상에 관한 법률에 따른 협의매수·수용 및 그 밖의 법률에 따라 수용되는 경우[*1]	사업인정 고시일 전에 취득한 주택에 한함

78) 거주기간 또는 보유기간을 계산할 때 다음의 기간을 통산한다(소령 154 ⑧).
① 거주하거나 보유하는 중에 소실·무너짐·노후 등으로 인하여 멸실되어 재건축한 주택인 경우에는 그 멸실된 주택과 재건축한 주택에 대한 거주기간 및 보유기간
② 비거주자가 해당 주택을 3년 이상 계속 보유하고 그 주택에서 거주한 상태로 거주자로 전환된 경우에는 해당 주택에 대한 거주기간 및 보유기간
③ 상속받은 주택으로서 상속인과 피상속인이 상속개시 당시 동일세대인 경우에는 상속개시 전에 상속인과 피상속인이 동일세대로서 거주하고 보유한 기간

구 분	비 고
③ 해외이주법에 따른 해외이주로 세대전원이 출국하는 경우 ④ 1년 이상 계속하여 국외거주를 필요로 하는 취학 또는 근무상의 형편으로 세대전원이 출국하는 경우	출국일 현재 1주택을 보유하고 있는 경우로서 출국일부터 2년 이내에 양도하는 경우에 한함
⑤ 고등학교 및 대학교 취학·직장의 변경이나 전근등 근무상의 형편·1년 이상의 치료나 요양을 필요로 하는 질병의 치료 또는 요양·학교폭력으로 인한 전학(학교폭력대책자치위원회가 피해학생에게 전학이 필요하다고 인정하는 경우에 한함)으로 세대 전원이 다른 시(특별시·광역시·특별자치시 포함)·군으로 주거를 이전하는 경우	1년 이상 거주한 주택에 한함

*1 그 양도일 또는 수용일부터 5년 이내에 양도하는 그 잔존주택 및 그 부수토지를 포함하는 것으로 한다.

3) 거주기간의 제한이 없는 경우

거주자가 조정대상지역의 공고가 있은 날 이전에 매매계약을 체결하고 계약금을 지급한 사실이 증빙서류에 의하여 확인되는 경우로서 해당 거주자가 속한 1세대가 계약금 지급일 현재 주택을 보유하지 아니하는 경우에는 거주기간의 제한을 받지 아니한다(소령 154 ①).

3. 1세대 1조합원입주권의 양도로 발생하는 소득

(1) 조합원입주권의 정의

"조합원입주권"이란 도시 및 주거환경정비법에 따른 관리처분계획의 인가 및 빈집 및 소규모주택 정비에 관한 특례법에 따른 사업시행계획인가로 인하여 취득한 입주자로 선정된 지위를 말한다. 이 경우 도시 및 주거환경정비법에 따른 재건축사업 또는 재개발사업, 빈집 및 소규모주택 정비에 관한 특례법에 따른 소규모재건축사업을 시행하는 정비사업조합의 조합원으로서 취득한 것(그 조합원으로부터 취득한 것을 포함)으로 한정하며, 이에 딸린 토지를 포함한다(소법 88 (9)).

(2) 1세대 1조합원입주권 양도

조합원입주권을 1개 보유한 1세대[79]가 다음의 어느 하나의 요건을 충족하여 양도하

79) 도시 및 주거환경정비법에 따른 관리처분계획의 인가일 및 빈집 및 소규모주택 정비에 관한 특례법에 따른 사업시행계획 인가일(인가일 전에 기존주택이 철거되는 때에는 기존주택의 철거일) 현재 1세대 1주택 비과세요건을 충족하는 기존주택을 소유하는 세대에 한한다.

는 경우 해당 조합원입주권을 양도하여 발생하는 소득은 비과세한다. 다만, 해당 조합원입주권의 양도당시의 실지거래가액이 12억원을 초과하는 경우에는 양도소득세를 과세한다(소법 89 ① (4)).

① 양도일 현재 다른 주택과 분양권을 보유하지 아니할 것

② 양도일 현재 1조합원입주권 외에 1주택을 보유한 경우(분양권을 보유하지 아니하는 경우로 한정)로서 해당 1주택을 취득한 날부터 3년 이내에 해당 조합원입주권을 양도할 것(3년 이내에 양도하지 못하는 경우로서 국세징수법에 따른 공매절차가 진행 중인 경우 등 법령으로 정하는 사유에 해당하는 경우를 포함)

제 3 절 | 양도시기와 취득시기

1. 양도시기와 취득시기의 개요

특정한 자산에 대해서 양도자의 양도시기는 취득자의 취득시기가 된다. 따라서 이 두 시기는 같은 시점이 된다. 양도소득금액의 계산에 있어서는 양도소득금액이 확정되는 양도시기도 중요하지만, 1세대 1주택의 판정에서 살펴본 바와 같이 취득시기에 대한 확정도 중요한 의미를 지닌다. 양도자산의 취득시기 및 양도시기는 다음과 같다(소령 162 ①).

▶ **표 9-1** 취득시기와 양도시기

구 분	취득시기 및 양도시기
① 원칙	해당 자산의 대금을 청산한 날
② 대금청산일이 분명하지 아니한 경우	등기 · 등록접수일 또는 명의개서일
③ 대금청산일 이전에 소유권이전등기 등을 한 경우	소유권 이전등기(등록 및 명의개서 포함)접수일
④ 장기할부조건의 경우	소유권이전등기(등록 및 명의개서 포함)접수일 · 인도일 또는 사용수익일 중 빠른 날
⑤ 자기가 건설한 건축물	㉠ 원칙 : 사용승인서 교부일 ㉡ 사용승인서 교부일 전에 사실상 사용하거나 임시사용승인을 받은 경우 : 그 사실상의 사용일 또는 임시사용승인을 받은 날 중 빠른 날 ㉢ 건축허가를 받지 아니하고 건축하는 건축물 : 그 사실상의 사용일
⑥ 상속 또는 증여에 의해 취득한 자산	상속개시일 또는 증여를 받은 날

구　분	취득시기 및 양도시기
⑦ 공익사업 시행에 따른 수용	잔금청산일, 소유권 이전 등기접수일, 수용개시일 중 빠른 날
⑧ 완성 또는 확정되지 아니한 자산	그 목적물이 완성 또는 확정된 날 : 이 경우 건설 중인 건물의 완성된 날에 관하여는 "자기가 건설한 건축물"을 준용한다.
⑨ 민법에 의하여 부동산의 소유권을 취득하는 경우	해당 부동산의 점유를 개시한 날
⑩ 환지처분으로 취득한 토지	환지 전의 토지 취득일. 다만, 교부받은 토지의 면적이 환지처분에 의한 권리면적보다 증가 또는 감소된 경우에는 그 증가 또는 감소된 면적의 토지에 대한 취득시기 또는 양도시기는 환지처분의 공고가 있은 날의 다음날로 한다.
⑪ 기타자산 중 특정주식	50% 이상이 양도되는 날(소급하여 3년)

2. 취득시기의 의제

양도소득세의 과세에 따르는 경과조치로 일정한 시점 이전에 취득한 자산은 의제취득일에 취득한 것으로 보아 취득가액을 산정하며, 의제취득일은 다음과 같다(소령 162 ⑥, ⑦).

① 1984년 12월 31일 이전에 취득한 토지 · 건물 · 부동산에 관한 권리 · 기타자산 및 상장주식 ⇨ 1985년 1월 1일

② 1985년 12월 31일 이전에 취득한 비상장주식 ⇨ 1986년 1월 1일

제 4 절 | 양도소득과세표준의 계산

양도소득과세표준은 해당 자산의 양도가액에서 필요경비를 공제하여 양도차익을 산출한 다음, 장기보유특별공제액(등기된 토지 · 건물로서 3년 이상 보유한 것에 한함)과 양도소득기본공제(연 250만원)를 차감하여 계산한 금액으로 한다.

	양도가액	
(−)	필요경비	취득가액＋기타필요경비
	양도차익	
(−)	장기보유특별공제	토지 · 건물 및 조합원입주권(3년 이상 보유한 경우)
	양도소득금액	
(−)	양도소득기본공제	그룹별로 연 250만원(미등기자산 제외)
	양도소득과세표준	동일세율이 적용되는 자산별로 구분하여 계산

1. 양도차익의 계산

(1) 개 요

자산의 양도가액은 그 자산의 양도당시의 양도자와 양수자간에 실제로 거래한 가액(실지거래가액)[80]에 따르는 것을 원칙으로 한다.[81] 양도차익을 계산할 때 양도가액을 실지거래가액(매매사례가액 · 감정가액 포함)에 따를 때에는 취득가액도 실지거래가액(매매사례가액 · 감정가액 · 환산취득가액 등을 포함)에 따르고, 양도가액을 기준시가에 따른 때에는 취득가액도 기준시가에 따른다.

(2) 실지거래가액에 의한 양도차익 계산

1) 양도가액

자산을 양도하고 실제로 수령한 가액을 양도가액으로 하되, 특수관계인에게 자산을 시가[82]에 미달하는 가액(시가와 거래가액의 차액이 3억원 이상 또는 시가의 5% 이상

---

80) 거래가액의 등기 : 등기관이 부동산 거래신고 등에 관한 법률 제3조 제1항에서 정하는 계약을 등기원인으로 한 소유권이전등기를 하는 경우에는 대법원규칙으로 정하는 바에 따라 거래가액(등기부기재가액)을 등기부에 기록한다(부동산등기법 68).

81) 부동산 및 부동산에 관한 권리를 매매하는 거래당사자가 매매계약서의 거래가액을 실지거래가액과 다르게 적은 경우에는 해당 자산에 대하여 소득세법 또는 다른 법률에 따른 양도소득세의 비과세 또는 감면에 관한 규정을 적용할 때 비과세 또는 감면받았거나 받을 세액에서 다음의 금액을 뺀다.
① 양도소득세의 비과세에 관한 규정을 적용받을 경우 : 비과세에 관한 규정을 적용하지 아니하였을 경우의 양도소득 산출세액과 매매계약서의 거래가액과 실지거래가액과의 차액 중 적은 금액
② 양도소득세의 감면에 관한 규정을 적용받았거나 받을 경우 : 감면에 관한 규정을 적용받았거나 받을 경우의 해당 감면세액과 매매계약서의 거래가액과 실지거래가액과의 차액 중 적은 금액

82) 시가는 상속세 및 증여세법을 준용하여 평가한 가액에 의한다. 다만, 주권상장법인이 발행한 주식의 시가는 법인세법에 따른 시가로 하며, 시가와 거래가액의 차액이 3억원 미만 또는 시가의 5% 미만인 경우에도 부당행위계산부인규정을 적용한다.

인 경우)으로 양도한 경우에는 시가를 양도가액으로 한다.

2) 양도자산의 필요경비

양도차익을 계산할 때 양도가액에서 공제할 필요경비에는 그 자산의 취득가액·자본적 지출액 및 양도비용이 포함된다.

필요경비 = 취득가액 + 자본적 지출액 + 양도비용

① 취득가액

구 분	내 용
원 칙	자산 취득에 든 실지거래가액(취득에 관한 쟁송이 있는 자산에 대하여 그 소유권 등을 확보하기 위하여 직접 소요된 소송비용·화해비용 등의 금액으로서 그 지출한 연도의 각 소득금액의 계산에 있어서 필요경비에 산입된 것을 제외한 금액을 포함)
부당행위계산의 부인	특수관계인으로부터 자산을 시가보다 높은 가액(시가와 거래가액의 차액이 3억원 이상 또는 시가의 5% 이상인 경우)으로 취득한 경우에는 취득가액을 시가에 따라 계산한다.
감가상각비와 현재가치할인차금	감가상각누계액은 취득가액에서 차감하지 아니하며, 현재가치할인차금은 취득가액에 포함한다. 다만, 해당 자산의 감가상각비 및 현재가치할인차금상각액을 사업소득금액을 계산할 때 필요경비에 산입한 경우에는 그 금액을 취득가액(매매사례가액·감정가액·환산취득가액을 취득가액으로 보는 경우를 포함)에서 공제한다.
폐업시 잔존재화에 대하여 납부한 부가가치세	사업자가 매입시 공제받은 후 폐업으로 인해 다시 납부하였거나 납부할 잔존재화에 대한 부가가치세는 취득가액에 포함한다.
대금지급 방법에 따른 이자상당가산액	대금지급방법에 따라 취득가액에 이자상당액을 가산하여 거래가액을 확정하는 경우 해당 이자상당액은 취득가액에 포함한다.
지적재조사 결과 납부한 조정금	지적재조사에 관한 특별법에 따른 경계의 확정으로 지적공부상의 면적이 증가한 해당 토지를 양도할 때 지적재조사 결과 보유한 토지면적이 증가하여 납부한 조정금을 취득가액에서 제외한다.

취득당시의 실지거래가액을 확인할 수 없는 경우

다음과 같이 추계조사 결정방식을 준용(순차적용)하여 계산한 가액을 취득가액으로 한다.

① 매매사례가액 → ② 감정가액 → ③ 환산취득가액*

* 양도가액(실지거래가액, 매매사례가액 또는 감정가액)을 환산한 취득가액을 말한다.

② 기타필요경비

구 분	내 용
자본적지출액*	㉠ 내용연수를 연장시키거나 가치를 증가시키는 수선비 ㉡ 양도자산을 취득한 후 쟁송이 있는 경우에 그 소유권을 확보하기 위하여 직접 소요된 소송비용·화해비용 등의 금액으로서 그 지출한 연도의 각 소득금액의 계산에 있어서 필요경비에 산입된 것을 제외한 금액 ㉢ 법률에 따라 토지 등이 협의 매수 또는 수용되는 경우로서 그 보상금의 증액과 관련하여 직접 소요된 소송비용·화해비용 등의 금액(증액보상금을 한도로 함)으로서 그 지출한 연도의 각 소득금액의 계산에 있어서 필요경비에 산입된 것을 제외한 금액 ㉣ 양도자산의 용도변경·개량 또는 이용편의를 위하여 지출한 비용(재해·노후화 등 부득이한 사유로 인하여 건물을 재건축한 경우 그 철거비용을 포함) ㉤ 개발부담금(개발부담금의 납부의무자와 양도자가 서로 다른 경우에는 양도자에게 사실상 배분될 개발부담금상당액) ㉥ 재건축부담금(재건축부담금의 납부의무자와 양도자가 서로 다른 경우에는 양도자에게 사실상 배분될 재건축부담금상당액)
양도비용*	㉠ 자산을 양도하기 위하여 직접 지출한 비용 : 자산을 양도하기 위한 계약서작성비용, 공증비용, 인지대, 소개비 등을 포함 ㉡ 주식을 양도하는 경우 납부하는 증권거래세, 위탁매매수수료, 일임수수료 중 법정요건을 모두 갖춘 위탁매매수수료 성격의 비용, 농어촌특별세 ㉢ 자산을 취득함에 있어서 법령 등의 규정에 따라 매입한 국민주택채권 및 토지개발채권을 만기 전에 양도함으로써 발생하는 매각차손(다만, 금융회사등 외의 자에게 양도한 경우에는 동일한 날에 금융회사등에 양도하였을 경우 발생하는 매각차손을 한도로 함) ㉣ 양도소득세 과세표준신고서 작성비용(예 세무대리비용) ㉤ 매매계약에 따른 인도의무를 이행하기 위해 양도자가 지출하는 명도비용

* 자본적지출액과 양도비용은 그 지출에 관한 법정증명서류(세금계산서, 계산서, 신용카드매출전표, 직불카드영수증, 기명식선불카드영수증, 현금영수증 등)를 수취·보관하거나 실제 지출사실이 금융거래 증명서류에 의하여 확인되는 경우에만 필요경비로 인정된다.

취득가액을 환산취득가액으로 하는 경우 필요경비의 계산

취득당시의 실지거래가액을 확인할 수 없어 환산취득가액(실지거래가액·매매사례가액 또는 감정가액을 환산한 취득가액)을 취득가액으로 하는 경우 필요경비는 납세자의 선택에 따라 다음 중 큰 금액으로 할 수 있다.

① 환산취득가액과 필요경비 개산공제액의 합계액

② 자본적 지출액과 양도비용의 합계액

3) 상속 또는 증여받은 자산의 특례

상속 또는 증여받은 자산의 취득가액을 실지거래가액에 의하여 계산할 경우 상속개시일 또는 증여일 현재 상속세 및 증여세법 제60조부터 제66조까지의 규정에 따라 평가한 가액(시가 → 시가의 산정이 어려운 경우는 보충적평가방법으로 평가)을 취득당시의 실지거래가액으로 본다. 다만, 상속세 및 증여세법에 따라 관할세무서장 등이 결정·경정한 가액이 있는 경우에는 그 결정·경정한 가액을 취득당시의 실지거래가액으로 본다(소령 163 ⑨).

4) 등기부 기재가액의 실지거래가액 추정

실지거래가액으로 양도소득 과세표준 예정신고 또는 확정신고를 하여야 할 자(신고의무자)가 그 신고를 하지 아니한 경우로서 양도소득 과세표준과 세액 또는 신고의무자의 실지거래가액 소명(疏明) 여부 등을 고려하여 법령으로 정하는 경우에 해당할 때에는 납세지 관할세무서장 또는 지방국세청장은 등기부 기재가액을 실지거래가액으로 추정하여 양도소득 과세표준과 세액을 결정할 수 있다. 다만, 납세지 관할세무서장 또는 지방국세청장이 등기부 기재가액이 실지거래가액과 차이가 있음을 확인한 경우에는 그러하지 아니하다(소법 114 ⑤).

5) 토지와 건물 등을 일괄취득 또는 양도한 경우

양도가액 또는 취득가액을 실지거래가액에 따라 산정하는 경우로서 토지와 건물 등을 함께 취득하거나 양도한 경우에는 이를 각각 구분하여 기장하되, 토지와 건물 등의 가액 구분이 불분명할 때에는 다음에 따라 안분계산(按分計算)한다(소법 100 ②, 소령 166 ⑥). 이 경우 공통되는 취득가액과 양도비용은 해당 자산의 가액에 비례하여 안분계산한다.

① 토지와 건물등에 대한 기준시가가 모두 있는 경우 : 공급계약일 현재의 기준시가에 따라 계산한 가액에 비례하여 안분 계산한 금액. 다만, 감정평가가액이 있는 경우에는 그 가액에 비례하여 안분 계산한 금액으로 한다.

② 토지와 건물등 중 어느 하나 또는 모두의 기준시가가 없는 경우로서 감정평가가액이 있는 경우 : 그 가액에 비례하여 안분 계산한 금액. 다만, 감정평가가액이 없는 경우에는 장부가액(장부가액이 없는 경우에는 취득가액[83])에 비례하여 안분 계산한 후 기준시가가 있는 자산에 대해서는 그 합계액을 다시 기준시가에 의하여 안분 계산한 금액으로 한다.

③ '①과 ②'를 적용할 수 없거나 적용하기 곤란한 경우 : 국세청장이 정하는 바에 따라 안분하여 계산한 금액

---

83) 장부가액이 없는 경우 선박, 항공기, 차량, 기계장비 및 입목은 상속세 및 증여세법 제62조 제1항에 따라 평가한 가액을 기준으로 한다.

한편 토지와 건물 등을 함께 취득하거나 양도한 경우로서 그 토지와 건물 등을 구분 기장한 가액이 안분계산한 가액과 30% 이상 차이가 있는 경우에는 토지와 건물 등의 가액 구분이 불분명한 때로 보지만, 다음에 해당하는 경우는 제외한다(소법 100 ③). 개정

① 다른 법령에서 정하는 바에 따라 토지와 건물 등의 가액을 구분한 경우

② 토지와 건물 등을 함께 취득한 후 건물 등을 철거하고 토지만 사용하는 경우

(3) 기준시가에 의한 양도차익 계산

양도당시의 기준시가와 취득당시의 기준시가를 각각 양도가액과 취득가액으로 본다. 취득가액을 기준시가에 의하는 경우(취득당시의 실지취득가액을 확인할 수 없어 추계결정방식을 준용한 경우를 포함)에는 기타필요경비로 필요경비 개산공제액(모두 취득당시를 기준으로 한다)을 다음과 같이 공제한다.

구 분	개 산 공 제 액
① 토지 · 건물	취득당시 기준시가 × 3% (미등기양도자산 : 0.3%)
② 지상권 · 전세권 · 등기된 부동산임차권	취득당시 기준시가 × 7% (미등기양도자산 : 1%)
③ 기타의 자산	취득당시 기준시가 × 1%

2. 기준시가

기준시가란 양도소득을 계산함에 있어 양도가액 또는 취득가액을 산정하는 기준이 되는 가액을 말한다. 자산별 기준시가는 다음과 같다.

(1) 토지 · 건물

구 분	기 준 시 가
① 토 지	㉠ 일반지역 : 개별공시지가 ㉡ 지정지역 : 개별공시지가 × 배율
② 건 물	건물의 신축가격 · 구조 · 용도 · 위치 · 신축연도 등을 고려하여 매년 1회 이상 국세청장이 산정 · 고시하는 가액
③ 지정지역 내의 공동주택 · 오피스텔 및 상업용건물	건물의 종류 · 규모 · 거래상황 · 위치 등을 고려하여 매년 1회 이상 국세청장이 토지와 건물에 대하여 일괄하여 산정 · 고시하는 가액
④ 주 택	부동산 가격공시에 관한 법률에 따른 개별주택가격 및 공동주택가격. 다만, 공동주택가격의 경우에는 국세청장이 결정 · 고시한 공동주택가격이 있는 때에는 그 가격에 따른다.

(2) 부동산에 관한 권리

구 분	기 준 시 가
① 지상권 · 전세권 · 등기된 부동산임차권	상속세 및 증여세법 시행령(지상권평가방법)을 준용하여 평가한 가액
② 부동산을 취득할 수 있는 권리	취득 또는 양도당시까지 납입한 금액 + 취득일 또는 양도일 현재의 프리미엄에 상당하는 금액

3. 양도소득과세표준의 계산

(1) 양도소득과세표준 계산의 개요

양도소득과세표준은 양도소득금액에서 양도소득기본공제(양도소득금액을 구분계산하는 그룹별로 각각 연 250만원)를 차감하여 계산한다. 양도소득금액은 해당 자산의 양도가액에서 필요경비를 공제하여 양도차익을 산출한 다음 장기보유특별공제를 공제한 금액으로 한다(소법 95 ①).

1) 장기보유특별공제

보유기간이 3년 이상인 토지 · 건물 및 조합원입주권(조합원으로부터 취득한 것은 제외하며, 도시 및 주거환경정비법에 따른 관리처분계획 인가 및 빈집 및 소규모주택 정비에 관한 특례법에 따른 사업시행계획인가 전 토지분 또는 건물분의 양도차익으로 한정함)에 대하여 그 자산의 양도차익에 보유기간별 공제율을 곱하여 계산한 금액을 장기보유특별공제로 공제한다. 다만, 미등기양도자산과 다주택자의 조정대상지역 내 주택(다주택자가 조정대상지역 내 2년 이상 보유한 주택 양도 시 2026.5.9. 개정 까지 한시적 중과배제 및 장기보유특별공제 적용)에 대해서는 장기보유특별공제를 적용하지 아니한다.

① 일반적인 경우 장기보유특별공제액 = 자산의 양도차익 × <표 1>에 따른 보유기간별 공제율

〈표 1〉

보유기간	공제율
3년 이상 4년 미만	6%
4년 이상 5년 미만	8%
5년 이상 6년 미만	10%
6년 이상 7년 미만	12%
7년 이상 8년 미만	14%

보유기간	공 제 율
8년 이상 9년 미만	16%
9년 이상 10년 미만	18%
10년 이상 11년 미만	20%
11년 이상 12년 미만	22%
12년 이상 13년 미만	24%
13년 이상 14년 미만	26%
14년 이상 15년 미만	28%
15년 이상	30%

② 보유기간 중 거주기간이 2년 이상인 1세대 1주택[*1]의 장기보유특별공제액=자산의 양도차익×(<표 2>에 따른 보유기간별 공제율+<표 2>에 따른 거주기간별 공제율)

〈표 2〉

보유기간	공 제 율	거주기간	공 제 율
3년 이상 4년 미만	12%	2년 이상 3년 미만 (보유기간 3년 이상에 한정함)	8%
		3년 이상 4년 미만	12%
4년 이상 5년 미만	16%	4년 이상 5년 미만	16%
5년 이상 6년 미만	20%	5년 이상 6년 미만	20%
6년 이상 7년 미만	24%	6년 이상 7년 미만	24%
7년 이상 8년 미만	28%	7년 이상 8년 미만	28%
8년 이상 9년 미만	32%	8년 이상 9년 미만	32%
9년 이상 10년 미만	36%	9년 이상 10년 미만	36%
10년 이상	40%	10년 이상	40%

*1 1세대 1주택에 해당하지만 양도소득세가 과세되는 고가주택 등을 말한다. 이 경우 1세대 2주택이지만 특례규정에 따라 1세대 1주택으로 보는 주택(주거이전으로 일시적으로 2주택이 된 경우 등)을 포함한다.

*2 주택이 아닌 건물을 사실상 주거용으로 사용하거나 공부상의 용도를 주택으로 변경하는 경우로서 그 자산이 보유기간 중 거주기간이 2년 이상인 1세대 1주택에 해당하는 경우 장기보유특별공제액 = 자산의 양도차익 × (㉠에 따른 보유기간별 공제율 + ㉡에 따른 거주기간별 공제율)

㉠ 보유기간별 공제율(최대 40%) = 주택이 아닌 건물로 보유한 기간에 해당하는 <표 1>에 따른 보유기간별 공제율 + 주택으로 보유한 기간에 해당하는 <표 2>에 따른 보유기간별 공제율
㉡ 거주기간별 공제율 = 주택으로 보유한 기간 중 거주한 기간에 해당하는 <표 2>에 따른 거주기간별 공제율

2) 양도소득기본공제

양도소득기본공제는 양도소득이 있는 거주자에 대해서 해당 과세기간의 양도소득금액에서 양도소득금액을 구분계산하는 그룹별로 각각 연 250만원을 공제한다. 다만, 미등기양도자산에 대해서는 양도소득 기본공제를 적용하지 아니한다(소법 103 ①). 그룹별 양도소득기본공제는 다음과 같다.

<그룹 Ⅰ> 토지 · 건물, 부동산에 관한 권리, 기타자산	⇨ 연 250만원
<그룹 Ⅱ> 주식 등	⇨ 연 250만원
<그룹 Ⅲ> 파생상품	⇨ 연 250만원
<그룹 Ⅳ> 신탁수익권	⇨ 연 250만원

* 양도소득금액에 감면소득이 있을 때 양도소득기본공제의 공제순서(소법 103 ②)
  ① 비감면소득금액(먼저 양도한 자산의 양도소득금액부터 공제)
  ② 감면소득금액

예제 9-1 | 양도소득과세표준의 계산 

거주자인 갑은 20×9년 6월 20일에 토지(등기된 토지로서 비사업용 토지가 아님)를 양도하였다. 다음 자료를 이용하여 갑의 양도소득 과세표준을 계산하시오. 단, 갑은 과세기간 중 양도소득세가 과세되는 다른 자산을 양도하지 않았다.

(1) 토지의 실지양도가액 : ₩100,000,000
(2) 토지의 실지취득가액 : 40,000,000
(3) 기타필요경비(양도비용) : 2,000,000
(4) 토지의 보유기간 : 5년(장기보유특별공제율 : 10%)

해답

양도가액	₩100,000,000
취득가액	(40,000,000)
기타필요경비	(2,000,000)
양도차익	58,000,000
장기보유특별공제 : ₩58,000,000 × 10% =	(5,800,000)
양도소득금액	52,200,000
양도소득 기본공제	(2,500,000)
양도소득 과세표준	₩49,700,000

(2) 1세대 1주택에 해당하는 고가주택의 양도소득금액 계산

1세대 1주택 비과세요건을 충족한 고가주택 및 고가조합원 입주권(실지거래가액의 합계액이 12억원을 초과)은 양도가액 중 12억원까지는 비과세하고, 12억원을 초과하는 금액에 대해서만 과세한다. 따라서 1세대 1주택에 해당하는 고가주택등의 양도소득금액 계산은 다음과 같은 방식에 따른다(소령 160 ①).

$$\text{고가주택등 양도차익} = \text{일반양도차익} \times \frac{\text{양도가액} - \text{12억원}}{\text{양도가액}}$$

$$\text{고가주택등 양도소득금액} = \text{고가주택등 양도차익} - \text{고가주택등 장기보유특별공제액}$$

고가 겸용주택 중 주택 외 부분에 대한 과세 강화(2022년부터 시행)

실지거래가액이 12억원을 초과하는 고가 겸용주택(하나의 건물이 주택과 주택외의 부분으로 복합되어 있는 경우와 주택에 딸린 토지에 주택외의 건물이 있는 경우)의 경우에는 주택과 주택 외의 부분을 분리하여 주택부분만 12억원까지 비과세하고, 주택 외의 부분은 주택으로 보지 않고 전액 과세한다.

예제 9-2 | 고가주택의 양도소득금액계산

국내에 1주택(등기된 주택으로서 고가주택임)만을 소유하고 있던 갑은 동 주택을 양도하였다. 다음 자료를 이용하여 고가주택에 대한 양도소득 과세표준을 계산하시오. 단, 해당 과세기간중 고가주택 외의 다른 양도자산은 없다.

(1) 고가주택의 양도가액은 15억원이며, 취득가액은 10억원이다.
(2) 고가주택의 보유기간은 5년(장기보유특별공제율은 20%)이며, 거주기간은 3년(장기보유특별공제율은 12%)이다.
(3) 고가주택의 자본적지출액과 양도비용은 ₩20,000,000이다.

해답

(1) 일반양도차익
15억원(양도가액) - 10억원(취득가액) - 2천만원(기타필요경비) = 4억 8천만원
(2) 고가주택 양도차익

$$₩480,000,000 \times \frac{\text{15억원} - \text{12억원}}{\text{15억원}} = ₩96,000,000$$

(3) 고가주택 양도소득금액
₩96,000,000 - 96,000,000 × (20% + 12%) = ₩65,280,000
(4) 1세대 1주택에 해당하는 고가주택의 양도소득과세표준
₩65,280,000 - 2,500,000(양도소득 기본공제) = ₩62,780,000

(3) 부담부증여의 양도차익 계산

부담부증여(배우자간 또는 직계존비속간 부담부증여는 제외84))에 있어서 증여자의 채무를 수증자가 인수하는 경우에는 증여가액 중 그 채무액에 상당하는 부분은 그 자산이 양도된 것으로 본다(소법 88 ①).

이때 증여가액은 증여자산의 시가에 의하며, 시가가 불분명한 경우에는 보충적 평가방법에 의해 평가한 가액으로 한다.

① 양도가액 = 양도당시의 자산가액*1 $\times \frac{\text{채무액}}{\text{증여가액}}$

② 취득가액 = 취득당시의 자산가액*2 $\times \frac{\text{채무액}}{\text{증여가액}}$

*1 양도당시의 자산가액 : 상속세 및 증여세법에 의하여 평가한 가액(시가 또는 보충적 평가방법에 의한 평가액)

*2 취득당시의 자산가액 : 실지취득가액(양도가액을 기준시가에 의해 산정한 경우에는 취득가액도 기준시가에 의해 산정함)

▶ **그림 9-1** 부담부증여

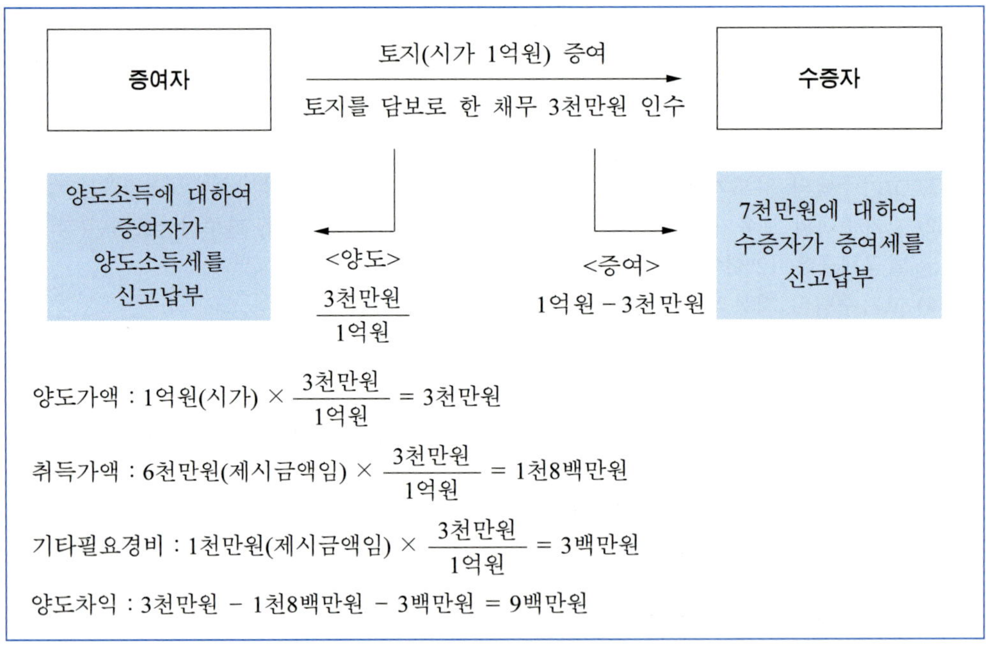

84) 다만, 해당 채무가 채무부담계약서 · 채권자확인서 · 담보설정 및 이자지급에 관한 증빙 등에 의하여 객관적으로 입증되는 경우에는 부담부증여로 인정한다.

배우자간 또는 직계존비속간 부담부증여

배우자간 또는 직계존비속간 부담부증여를 인정하지 않는 이유는 이들간에 부(富)를 이전하는 과정에서 증여세가 양도소득세보다 높게 산출될 경우 실질은 증여이지만 양도의 형태로 가장하여 조세를 부당하게 회피하려는 것을 막기 위한 것이다.

(4) 배우자 또는 직계존비속으로부터 증여받은 자산의 이월과세

1) 의 의

상속세 및 증여세법에 의하면 배우자에 대한 증여에 있어 6억원의 증여재산공제(해당 증여 전 10년 이내의 공제금액을 합산)를 인정하고 있다(상증법 53 ① (1)).

따라서 조세전략적인 측면에서 본다면 먼저 배우자에게 자산을 증여하고, 배우자가 단기간 내에 해당 증여받은 자산을 양도한다면 증여재산공제로 인하여 증여세를, 단기간 내 양도로 인하여(양도차익의 과소계상) 양도소득세를 회피할 수도 있다. 또한 배우자에 준하는 직계존비속간에 부동산을 양도하고 단기간 내에 다시 양수하는 방법 등을 통하여 양도소득세를 분산하거나 소득을 이전할 수 있다.

소득세법에서는 이러한 행위를 방지하기 위하여 배우자 또는 직계존비속으로부터 증여받은 자산에 대하여 이월과세제도를 마련하고 있다.

2) 이월과세의 내용 개정

거주자가 양도일부터 소급하여 10년(주식등의 경우에는 1년, 등기부에 기재된 소유기간에 따름) 이내에 그 배우자(양도 당시 혼인관계가 소멸된 경우를 포함하되, 사망으로 혼인관계가 소멸된 경우는 제외) 또는 직계존비속으로부터 증여받은 토지 또는 건물, 부동산을 취득할 수 있는 권리 및 시설물의 이용권·회원권, 주식등의 양도차익을 계산할 때 취득가액은 각각 거주자의 배우자 또는 직계존비속의 취득 당시의 취득가액으로 한다. 이 경우 거주자의 배우자 또는 직계존비속이 해당 자산에 대하여 지출한 금액과 거주자가 증여받은 자산에 대하여 납부하였거나 납부할 증여세 상당액이 있는 경우에는 이를 필요경비에 산입한다(소법 97의2 ①). 다만, 다음의 어느 하나에 해당하는 경우에는 이월과세 규정을 적용하지 아니한다.

① 사업인정고시일부터 소급하여 2년 이전에 증여받은 경우로서 공익사업을 위한 토지 등의 취득 및 보상에 관한 법률이나 그 밖의 법률에 따라 협의매수 또는 수용된 경우

② 이월과세 규정을 적용할 경우 수증자가 1세대 1주택 비과세(고가주택 포함)를 적용받는 경우 : 이 경우에는 이월과세 규정 대신 부당행위계산부인 규정(소법 101)이 적용된다.

③ 이월과세를 적용하여 계산한 양도소득 결정세액이 이를 적용하지 아니하고 계산한 양도소득 결정세액보다 적은 경우

▶ **그림 9-2** 이월과세

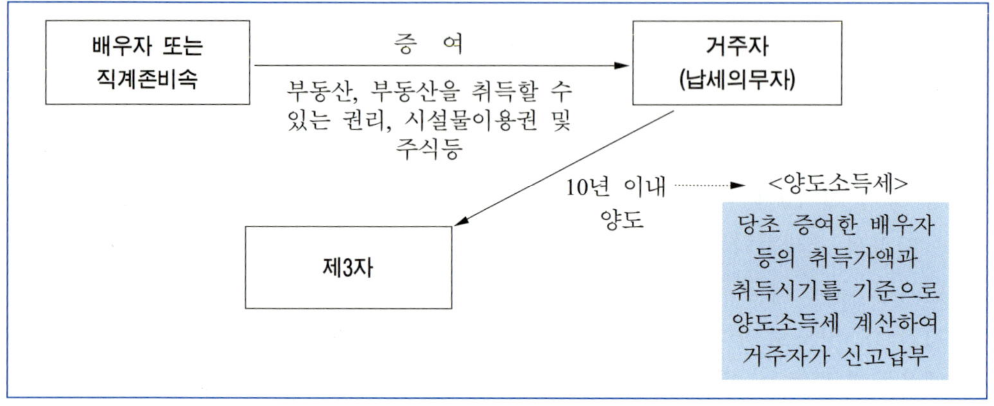

(5) 부당행위계산의 부인

납세지 관할세무서장 또는 지방국세청장은 양도소득이 있는 거주자의 행위 또는 계산이 그 거주자의 특수관계인과의 거래로 인하여 그 소득에 대한 조세 부담을 부당하게 감소시킨 것으로 인정되는 경우에는 그 거주자의 행위 또는 계산과 관계없이 해당 과세기간의 소득금액을 계산할 수 있다(소법 101 ①).

양도소득의 경우에도 특수관계인의 범위와 조세부담을 부당하게 감소시킨 것으로 인정되는 요건은 종합소득의 부당행위계산과 같이 적용되며, 그 구체적인 내용은 다음과 같다.

1) 고가취득 · 저가양도

특수관계인과의 거래에 있어서 토지 등을 시가를 초과하여 취득하거나 시가에 미달하게 양도함으로써 조세 부담을 부당하게 감소시킨 것으로 인정되는 경우에는 그 취득가액 또는 양도가액을 시가에 의하여 계산한다(소법 101 ①).

구체적으로 조세의 부담을 부당하게 감소시킨 것으로 인정되는 때란 다음 중 어느 하나에 해당하는 때를 말한다. 다만, 시가와 거래가액의 차액이 3억원 이상이거나 시가의 5%에 상당하는 금액 이상인 경우에 한정한다(소령 167 ③).

① 특수관계인으로부터 시가보다 높은 가격으로 자산을 매입하거나 특수관계인에게 시가보다 낮은 가격으로 자산을 양도한 때

② 그 밖에 특수관계인과의 거래로 해당 과세기간의 양도가액 또는 필요경비의 계

산시 조세의 부담을 부당하게 감소시킨 것으로 인정되는 때

2) 특수관계인에게 증여 후 양도거래

양도소득에 대한 소득세를 부당하게 감소시키기 위하여 특수관계인에게 자산을 증여(증여자산의 이월과세를 적용받는 배우자의 경우를 제외한다)한 후 그 자산을 증여받은 자가 그 증여일로부터 10년(등기부상 소유기간에 의함) 이내에 다시 타인에게 양도한 경우로서 '①'에 따른 세액이 '②'에 따른 세액보다 적은 경우에는 증여자가 그 자산을 직접 양도한 것으로 본다. 다만, 양도소득이 해당 수증자에게 실질적으로 귀속된 경우에는 그러하지 아니하다.

① 증여받은 자의 증여세와 양도소득세를 합한 세액

② 증여자가 직접 양도하는 경우로 보아 계산한 양도소득세

이 경우 당초 증여받은 자산에 대하여는 상속세 및 증여세법의 규정에 불구하고 증여세를 부과하지 아니하며(소법 101 ②, ③), 그 양도소득에 대해서는 증여자와 증여받은 자가 연대하여 납세의무를 진다(소법 2 ③). 이는 조세전략적인 측면에서 증여자가 직접 양도함으로써 누진세율에 따라 부담하게 되는 양도소득세가 가중하여, 특수관계인에게 증여하고 이를 다시 특수관계인이 양도하는 형태를 취함으로써 세부담을 의도적으로 회피하는 것을 막기 위한 것이다.

▶ **그림 9-3** 증여 후 양도거래

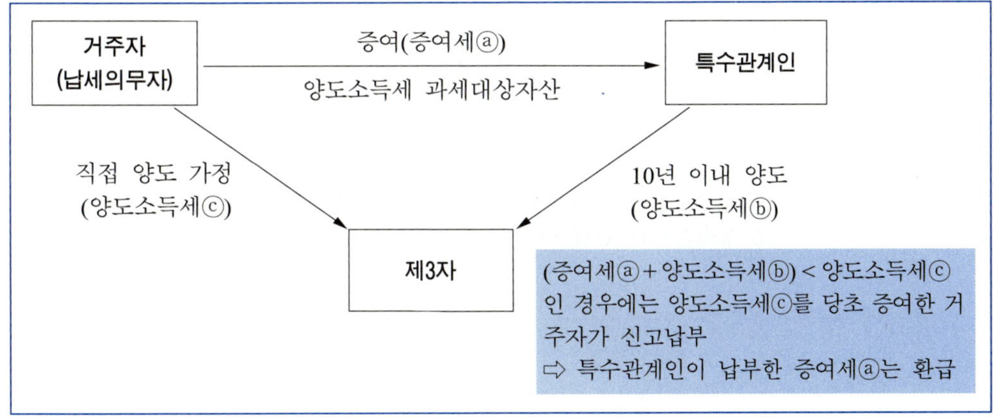

이월과세와 특수관계인에게 증여 후 양도거래의 비교

구 분	이월과세	증여 후 양도거래
① 증여자와의 관계	배우자 또는 직계존비속	특수관계인
② 대상자산	부동산, 부동산을 취득할 수 있는 권리, 시설물이용권 또는 주식등	양도소득세 과세대상 자산
③ 양도일까지의 기간	10년	10년
④ 납세의무자	수증자	증여자
⑤ 조세부담 감소 여부	조세부담이 감소한 경우에만 적용	조세부담이 감소한 경우에만 적용
⑥ 증여세의 처리	필요경비로 공제	증여세를 부과하지 아니함
⑦ 연대납세의무	×	○

3) 법인과의 자산 양수도 거래시 특례

개인과 법인간에 재산을 양수 또는 양도하는 경우로서 그 대가가 법인세의 규정에 의한 시가에 해당되어 해당 법인의 거래에 대해서 법인세법상 부당행위계산부인의 규정이 적용되지 아니하는 경우에는 양도소득세에 대한 부당행위계산 부인규정을 적용하지 아니한다. 다만, 거짓이나 그 밖의 부정한 방법으로 양도소득세를 감소시킨 것으로 인정되는 경우에는 그러하지 아니하다(소령 167 ⑥).

⑹ 가업상속공제재산에 대한 이월과세

가업상속공제가 적용된 자산의 양도차익을 계산할 때 가업상속공제가 적용된 부분에 대해서는 피상속인의 취득가액과 취득시기를 적용하여 계산한다(소법 97의2 ④).

취득가액 = ① + ②
① 피상속인의 취득가액 × 가업상속공제적용률*
② 상속개시일 현재 해당 자산가액 × (1 − 가업상속공제적용률*)

$$* \ \text{가업상속공제적용률} = \frac{\text{가업상속공제금액}}{\text{가업상속재산가액 합계액}}$$

제 5 절 | 양도소득세액의 계산

1. 양도소득세액의 계산구조

	양도소득과세표준	
(×)	세율	
	양도소득산출세액	
(−)	세액감면	조세특례제한법상 세액감면
(−)	세액공제	외국납부세액공제
	양도소득결정세액	
(+)	가산세	기장불성실가산세 등
	양도소득총결정세액	
(−)	기납부세액	예정신고산출세액·수시부과세액
	차감납부할세액	

2. 양도소득금액의 구분계산

양도소득금액은 다음 각 그룹의 소득별로 구분하여 계산한다. 이 경우 소득금액을 계산할 때 발생하는 결손금(양도차손)은 다른 그룹의 소득금액과 합산하지 아니하며, 같은 그룹 내에서는 양도차손이 발생한 자산과 같은 세율을 적용받는 자산의 양도소득금액에서 먼저 공제하고, 잔액은 다른 세율을 적용받는 자산의 양도소득금액에서 양도소득금액의 비율로 안분하여 공제한다(소법 102).

① 토지·건물, 부동산에 관한 권리, 기타자산 (그룹 Ⅰ)
② 주식 등 (그룹 Ⅱ)
③ 파생상품 (그룹 Ⅲ)
④ 신탁수익권 (그룹 Ⅳ)

3. 양도소득세율

거주자의 양도소득에 대한 소득세는 해당 과세기간의 양도소득과세표준에서 다음의 세율을 적용하여 양도소득산출세액을 계산한다(소법 104 ①).

⑴ 부동산 및 부동산에 관한 권리

구　　분	양도소득세율
① 미등기 양도자산	70%
② 분양권	60%
③ 보유기간 1년 미만인 자산	• 원칙 : 50% • 주택, 조합원입주권 및 분양권 : 70%
④ 보유기간 1년 이상 2년 미만인 자산	• 원칙 : 40% • 주택, 조합원입주권 및 분양권 : 60%
⑤ 비사업용 토지	• 기본세율 + 10%[*1]
⑥ 위에 해당하지 않는 자산	기본세율

*1 이 경우 해당 부동산 보유기간이 2년 미만인 경우에는 기본세율에 10%를 더한 세율을 적용하여 계산한 양도소득 산출세액과 위 '③' 또는 '④'의 세율을 적용하여 계산한 양도소득 산출세액 중 큰 세액을 양도소득 산출세액으로 한다.

⑵ 기타자산

구　　분	양도소득세율
① 비사업용토지 과다보유법인의 주식 : 특정주식 · 특정법인의 주식으로서 해당 법인의 자산총액 중 비사업용 토지의 가액이 차지하는 비율이 50% 이상인 법인의 주식	기본세율+10%
② 위에 해당하지 않는 자산	기본세율

⑶ 주 식

1) 국내 주식

구　　분			양도소득세율
① 특정대주주가 양도하는 주식	비중소기업 주식으로서 1년 미만 보유		30%
	기타	과세표준 중 3억원 이하분	20%
		과세표준 중 3억원 초과분	6천만원 + (3억원 초과액 × 25%)
② 특정대주주가 아닌 주주가 양도하는 주식	중소기업 주식		10%
	비중소기업 주식		20%

2) 외국 주식

구　분	양도소득세율
① 중소기업의 주식	10%
② 비중소기업 주식	20%

(4) 파생상품

구 분	양도소득세율
원 칙	20%
탄력세율	자본시장 육성 등을 위하여 필요한 경우 그 세율의 75%의 범위에서 대통령령으로 인하할 수 있으며, 파생상품등에 대한 양도소득세의 세율은 10%로 한다(소령 167의9).

(5) 신탁수익권

양도소득과세표준	세 율
3억원 이하	20%
3억원 초과	6천만원 + (3억원 초과액 × 25%)

(6) 투기지정지역 및 조정대상지역 특례세율

구 분		양도소득세율
① 투기지정지역[*1]에 있는 부동산으로서 비사업용 토지		(기본세율+10%)+10%
② 다주택자의 조정대상지역[*2] 내 주택	㉠ 1세대 2주택에 해당하는 주택 ㉡ 1세대가 주택과 조합원입주권 또는 분양권을 각각 1개씩 보유한 경우의 해당 주택(장기임대주택 제외)	기본세율+20%[*3, *4]
	㉢ 1세대 3주택 이상에 해당하는 주택 ㉣ 1세대가 주택과 조합원입주권 또는 분양권을 보유한 경우로서 그 수의 합이 3 이상인 경우 해당 주택(장기임대주택 제외)	기본세율+30%[*3, *4]

*1 해당 지역의 부동산 가격 상승률이 전국 소비자물가 상승률보다 높은 지역으로서 그 지역의 부동산 가격이 급등하였거나 급등할 우려가 있는 경우 기획재정부장관이 지정

*2 주택가격, 청약경쟁률, 분양권 전매량 및 주택보급률 등을 고려하였을 때 주택 분양 등이 과열되어 있거나 과열될 우려가 있는 지역(국토교통부장관 지정)

*3 다주택자가 조정대상지역 내 2년 이상 보유한 주택 양도 시 2026.5.9. 개정 까지 한시적 중과배제 및 장기보유특별공제 적용

*4 해당 주택 보유기간이 2년 미만인 경우에는 기본세율에 20% 또는 30%를 더한 세율을 적용하여 계산한 양도소득 산출세액과 보유기간 2년 미만인 것에 적용되는 세율을 적용하여 계산한 양도소득 산출세액 중 큰 세액을 양도소득 산출세액으로 한다.

4. 양도소득 산출세액 계산의 특례

해당 과세기간에 <그룹 Ⅰ>에 속하는 자산(부동산, 부동산에 관한 권리 및 기타자산)을 둘 이상 양도하는 경우 양도소득 산출세액은 다음의 금액 중 큰 것으로 한다(소법 104 ⑤).

① (해당 과세기간의 양도소득과세표준 합계액 × 기본세율) − 감면세액
② Σ자산별 양도소득 산출세액* − 감면세액

* 둘 이상의 자산에 대하여 동일한 세율이 적용되고, 그 적용세율이 둘 이상인 경우 해당 자산에 대해서는 각 자산의 양도소득과세표준을 합산한 것에 대하여 각 해당 세율을 적용하여 산출한 세액 중에서 큰 산출세액의 합계액으로 한다.

예제 9-3 | 양도소득 산출세액의 계산

거주자인 갑은 20×7년 중 다음과 같이 부동산을 양도하였다. 다음 자료를 이용하여 양도소득 산출세액을 계산하시오.

1. 양도한 자산에 대한 자료

구 분	토지	비사업용토지	건물	주택
양도소득 과세표준	₩30,000,000	₩20,000,000	₩10,000,000	₩25,000,000
적용세율	기본세율	기본세율+10%	기본세율	40%

2. 기본세율

과세표준 1,400만원 초과 5,000만원 이하 : 84만원 + 1,400만원 초과금액의 15%
과세표준 5,000만원 초과 8,800만원 이하 : 624만원 + 5,000만원 초과금액의 24%

해답

양도소득 산출세액 : Max[(1), (2)] = ₩18,480,000

(1) 양도소득과세표준 합계액에 대하여 기본세율 적용
₩6,240,000 + (85,000,000 − 50,000,000) × 24% = ₩14,640,000

(2) 자산별 양도소득세율 적용 : ① + ② + ③ = ₩18,480,000
① 기본세율 적용 : ₩840,000 + (40,000,000 − 14,000,000) × 15% = ₩4,740,000
② 기본세율 + 10% 적용 : ₩14,000,000 × 16% + 6,000,000 × 25% = ₩3,740,000
③ 40% 적용 : ₩25,000,000 × 40% = ₩10,000,000

5. 양도소득세액의 감면

양도소득금액에 감면대상 양도소득금액이 있을 때에는 다음의 산식에 따라 감면세액을 계산한다(소법 90 ①). 다만, 조세특례제한법에서 양도소득세의 감면을 양도소득금액에서 감면대상 양도소득금액을 차감하는 방식으로 규정하는 경우에는 양도소득금액에서 감면대상 양도소득금액을 차감한 후 양도소득과세표준을 계산하는 방식으로 양도소득세를 감면한다(소법 90 ②).

$$\text{감면세액} = \text{양도소득 산출세액} \times \frac{\text{감면대상 양도소득금액} - \text{양도소득 기본공제}}{\text{양도소득과세표준}} \times \text{감면율}$$

6. 전자신고세액공제

납세자가 직접 전자신고의 방법으로 양도소득세 과세표준 예정신고를 하는 경우에는 해당 납부세액에서 건당 2만원을 공제한다(조특법 104의8).

7. 연금계좌 납입에 대한 양도소득세의 과세특례 개정

부동산 양도 당시 1주택 또는 무주택 세대의 구성원인 기초연금 수급자가 10년 이상 보유한 부동산을 2027년 12월 31일까지 양도하고, 그 양도일부터 6개월 이내에 양도가액의 전부 또는 일부를 연금계좌에 납입하는 경우에는 연금계좌 납입액의 10%에 상당하는 금액을 해당 부동산의 양도소득 산출세액에서 공제한다(조특법 99의14).

객/관/식/문/제

▶ 제9장 양도소득세

1 다음 중에서 양도소득세가 과세되는 것은?

① 특허권 양도로 발생한 소득

② 부동산과 함께 이축권을 양도함으로써 발생한 소득

③ 소액주주가 유가증권시장에서 주권상장법인 주식을 양도함으로써 발생한 소득

④ 사업용 기계장치 양도로 발생한 소득

해설

부동산과 함께 이축권을 양도함으로써 발생한 소득에 대해서는 양도소득세가 과세된다.

2 소득세법상 양도소득에 대한 설명으로 옳지 않은 것은? ◐ 2012년 국가직 7급

① 사업용자산(토지, 건물 및 부동산에 관한 권리)과 함께 양도하는 영업권은 양도소득세의 과세대상에 포함된다.

② 양도란 자산에 대한 등기 또는 등록과 관계없이 매도·교환·법인에 대한 현물출자 등을 통하여 그 자산을 유상 또는 무상으로 사실상 이전하는 것을 말한다.

③ 손해배상에 있어서 당사자 간의 합의에 의하거나 법원의 확정판결에 의하여 일정액의 위자료를 지급하기로 하고, 동 위자료의 지급에 갈음하여 당사자 일방이 소유하고 있던 부동산으로 대물변제한 때에는 그 자산을 양도한 것으로 본다.

④ 상속받은 주택과 일반주택을 국내에 각각 1개씩 소유하고 있는 1세대가 일반주택을 양도하는 경우 국내에 1개의 주택을 소유하고 있는 것으로 보아 1세대 1주택 비과세 여부를 판정한다.

해설

자산을 무상으로 이전하는 것은 양도로 보지 아니한다.

3 거주자인 갑은 토지와 건물을 양도하였다. 양도한 토지 및 건물에 대한 관련 자료가 다음과 같을 때 토지 및 건물 각각에 대한 양도소득과세표준을 구하면 얼마인가? 단, 토지와 건물 모두 등기가 되어 있다.

구 분	토 지	건 물
취 득 일	2004.10.18.	2021. 5. 1.
양 도 일	2023.10. 1.	2023. 8. 7.
실 지 취 득 가 액	₩300,000,000	₩100,000,000
실 지 양 도 가 액	500,000,000	250,000,000
자 본 적 지 출 액	20,000,000	10,000,000
양 도 경 비	5,000,000	3,000,000

	토 지	건 물
①	₩120,000,000	₩149,000,000
②	122,500,000	134,500,000
③	120,000,000	161,000,000
④	122,500,000	161,000,000

해설

구 분	토 지	건 물
양 도 가 액	₩500,000,000	₩250,000,000
− 취 득 가 액	300,000,000	100,000,000
− 기 타 필 요 경 비	25,000,000	13,000,000
양 도 차 익	175,000,000	137,000,000
− 장기보유특별공제	52,500,000[*1]	−[*2]
양 도 소 득 금 액	122,500,000	137,000,000
− 양도소득기본공제	−	2,500,000[*3]
양도소득과세표준	₩122,500,000	₩134,500,000

*1 ₩175,000,000 × 30% (15년 이상) = ₩52,500,000
*2 보유기간이 3년 미만이므로 장기보유특별공제가 적용되지 아니한다.
*3 먼저 양도한 자산의 양도소득금액에서 공제한다.

4 거주자인 갑의 주택과 토지에 대한 양도소득금액을 계산한 것으로 옳은 것은?

⑴ 1세대 주택(보유기간 내내 거주, 조정대상지역에 있지 않음)에 해당하는 등기된 주택을 다음과 같이 양도하였다.
① 양도가액(양도일 20×9년 4월 20일) : 15억원(실지거래가액)
② 취득가액(취득일 20×3년 6월 10일) : 9억원(실지거래가액)
③ 기타필요경비 : 1억원

⑵ 토지를 담보로 한 차입금 2억원을 인수하는 조건으로 토지를 거주자인 을(특수관계인이 아님)에게 다음과 같이 증여하였다.
① 증여가액(증여일 20×9년 8월 20일) : 10억원(증여당시 시가)
② 취득가액(취득일 20×3년 6월 20일) : 6억원(실지거래가액)
③ 기타필요경비 : 4천만원

	주 택	토 지
①	₩80,000,000	₩72,000,000
②	60,000,000	63,360,000
③	100,000,000	72,000,000
④	100,000,000	63,360,000

해설

⑴ 주택
① 일반양도차익 : 15억원 − 9억원 − 1억원 = 5억원
② 고가주택 양도차익

$$₩500,000,000 \times \frac{(15억원 - 12억원)}{15억원} = ₩100,000,000$$

③ 고가주택 양도소득금액
₩100,000,000 − 100,000,000 × 40%(장기보유특별공제) = ₩60,000,000

⑵ 토지(부담부증여)

① 양도가액 : $10억원(시가) \times \frac{2억원}{10억원} = 2억원$

② 취득가액 : $6억원 \times \frac{2억원}{10억원} = 1억2천만원$

③ 기타필요경비 : $4천만원 \times \frac{2억원}{10억원} = 8백만원$

④ 양도차익 : 2억원 − 1억2천만원 − 8백만원 = ₩72,000,000
⑤ 양도소득금액 : ₩72,000,000 − 72,000,000 × 12%(장기보유특별공제) = ₩63,360,000

5 소득세법상 양도소득세의 과세에 대한 설명이다. 옳지 않은 것은?

① 도시개발법에 따른 환지처분으로 지목 또는 지번이 변경되거나 보류지로 충당되는 경우 양도소득세의 과세대상이 되는 양도로 보지 않는다.

② 상속 또는 증여받은 자산의 취득가액을 실지거래가액에 의하여 계산할 경우 상속개시일 또는 증여일 현재 기준시가를 취득당시의 실지거래가액으로 본다.

③ 양도소득금액을 계산할 때 양도차손이 발생한 자산이 있는 경우에는 각 그룹별로 해당자산 외의 다른 자산에서 발생한 양도소득금액에서 그 양도차손을 공제하되, 이때 양도차손이 발생한 자산과 같은 세율을 적용받는 자산의 양도소득금액에서 먼저 공제한다.

④ 해당 과세기간 중에 비상장주식과 토지를 양도한 경우에는 비상장주식의 양도소득금액과 토지의 양도소득금액 각각에 대하여 연 250만원의 양도소득기본공제를 적용받을 수 있다.

해설

상속 또는 증여받은 자산의 취득가액을 실지거래가액에 의하여 계산할 경우 상속개시일 또는 증여일 현재 상속세 및 증여세법 제60조부터 제66조의 규정에 의하여 평가한 가액(시가 → 기준시가)을 취득당시의 실지거래가액으로 본다.

6 양도소득세와 관련된 다음 설명 중 잘못된 것은?

① 고가주택의 경우에는 1세대 1주택이라 하더라도 양도소득세가 과세된다.

② 미등기자산의 양도에 대해서는 장기보유특별공제 및 양도소득기본공제를 배제한다.

③ 거주자가 양도일로부터 소급하여 10년(등기부상 소유기간에 의함) 이내에 그 배우자로부터 증여받은 건물의 양도차익을 계산함에 있어서 취득가액은 해당 자산을 증여한 배우자의 취득당시를 기준으로 계산한다.

④ 상속받은 주택과 일반주택을 국내에 각각 1개씩 소유하고 있는 1세대가 상속받은 주택을 양도하는 경우에는 1주택을 소유한 것으로 본다.

해설

상속받은 주택을 양도하는 경우에는 2주택으로 보며, 일반주택을 양도하는 경우에는 1주택을 소유한 것으로 본다.

7 소득세법상 거주자 갑이 등기된 국내 소재 상가건물을 아버지 을에게서 증여받고 그 건물을 특수관계가 없는 거주자 병(부동산임대업 영위)에게 양도한 경우에 대해 양도소득세 이월과세(소득세법 제97조의2 제1항)를 적용한다고 할 때, 이에 대한 설명으로 옳은 것만을 모두 고른 것은?

2018년 국가직 7급

가. 갑이 양도일부터 소급하여 10년 이내에 을에게서 증여를 받아야 한다.
나. 그 건물의 취득가액은 갑이 증여받은 당시 취득가액에 해당하는 금액으로 한다.
다. 갑이 그 건물에 대하여 납부한 증여세 상당액이 있는 경우 그 금액은 양도차익을 한도로 필요경비에 산입한다.
라. 장기보유특별공제에 관한 보유기간의 산정은 갑이 그 건물을 취득한 날부터 기산한다.

① 가, 나 ② 가, 다
③ 나, 다 ④ 다, 라

해설

가, 다는 옳은 설명이다.
나. 그 건물의 취득가액은 을(당초 증여자)의 취득당시의 취득가액으로 한다.
라. 장기보유특별공제에 관한 보유기간은 을(당초 증여자)이 그 건물을 취득한 날부터 기간한다.

정답	1	②	2	②	3	②	4	②	5	②	6	④	7	②						

소득세 납세절차

제 1 절 | 과세기간 중 납세절차

소득세는 다음연도 5월 1일부터 5월 31일까지 확정신고와 동시에 세액을 납부함을 원칙으로 한다. 그러나 확정신고와는 별도로 과세기간 중에 이루어지는 납세절차가 있는데, 중간예납 · 예정신고 · 원천징수 및 수시부과 등이 이에 해당된다.

1. 중간예납

(1) 의 의

납세지관할세무서장은 사업소득이 있는 거주자에 대하여 1월 1일부터 6월 30일까지의 기간을 중간예납기간으로 하여 중간예납기간에 대한 소득세를 결정하여 11월 30일까지 징수하여야 한다(소법 657, 소령 123). 다만, 해당 과세기간 중 사업을 개시한 자 등 법령에서 정하는 자는 중간예납의무가 없다.

(2) 중간예납의 절차

중간예납의 절차는 중간예납기준액에 의한 고지 · 징수를 원칙으로 하되, 예외적으로 납세의무자가 중간예납기간의 종합소득에 대한 소득세추계액(중간예납추계액)을 신고 · 납부하는 방법이 있다.

1) 중간예납기준액에 의한 고지 · 징수

중간예납기준액(직전 과세기간의 종합소득에 대한 소득세로서 납부하였거나 납부하여야 할 세액)의 1/2을 중간예납세액(1천원 미만의 단수가 있을 때에는 그 단수금액은 절사한다)으로 하여 납세지관할세무서장이 11월 1일부터 11월 15일까지의 기간에 고지서를 발부하며, 11월 30일까지 그 세액을 징수하여야 한다(소법 65 ①).

2) 중간예납추계액에 의한 신고 · 납부

다음에 해당하는 경우에는 중간예납기간(1. 1～6. 30)의 추계액에 의하여 계산한 세액을 중간예납세액으로 하여 11월 1일부터 11월 30일까지 신고·납부한다(소법 65 ③, ⑤).

① 중간예납기준액이 없는 거주자 중 복식부기의무자가 해당 과세기간의 중간예납기간 중 사업소득이 있는 경우(강제규정)

② 중간예납하여야 할 거주자의 중간예납추계액이 중간예납기준액의 30%에 미달하는 경우로서 사업자가 중간예납추계액을 신고한 경우(임의규정)

(3) 개인과 법인의 중간예납제도의 비교

개인과 법인의 중간예납제도를 비교하면 다음과 같다.

구　분	소득세법	법인세법
중간예납기간	1월 1일부터 6월 30일까지	사업연도 개시일로부터 6개월
중간예납기간의 실적에 의한 중간예납(임의규정)	중간예납추계액이 중간예납기준액의 30%에 미달하는 경우에만 선택가능	모든 법인은 실적에 의한 중간예납을 선택할 수 있음
중간예납세액 징수 또는 납부기한	매년 11월 30일까지 징수 또는 납부	중간예납종료일로부터 2개월 이내 납부
소액부징수등	중간예납세액이 50만원 미만인 경우	중소기업으로서 직전 사업연도 실적기준 중간예납세액이 50만원 미만인 경우
고지여부	중간예납기준액에 의할 경우 고지	고지하지 않음

2. 양도소득 과세표준 예정신고

(1) 양도소득 과세표준 예정신고의 기한

양도소득세 과세대상자산(외국주식 및 파생상품 등은 제외)을 양도한 거주자는 양도소득 과세표준을 다음의 기간 내에 예정신고를 하여야 한다. 한편, 양도소득 과세표준 예정신고는 양도차익이 없거나 양도차손이 발생한 경우에도 적용한다(소법 105 ①, ③).

① 토지·건물, 부동산에 관한 권리 및 기타자산(그룹Ⅰ)과 신탁수익권(그룹Ⅳ)을 양도한 경우에는 그 양도일이 속하는 달의 말일부터 2개월

② 주식 등(그룹Ⅱ)을 양도한 경우에는 그 양도일이 속하는 반기의 말일부터 2개월(반기별 예정신고)

③ 부담부증여의 채무액에 해당하는 부분으로서 양도로 보는 경우에는 그 양도일이 속하는 달의 말일부터 3개월(증여세 신고기한)

⑵ 예정신고산출세액의 계산

> 예정신고산출세액 = (양도차익 − 장기보유특별공제 − 양도소득기본공제) × 양도소득세율

누진세율 적용대상 자산에 대한 예정신고를 2회 이상 하는 경우

해당 과세기간에 누진세율 적용대상 자산에 대한 예정신고를 2회 이상 하는 경우로서 거주자가 이미 신고한 양도소득금액과 합산하여 신고하려는 경우

> 예정신고산출세액 = [(A + B − C) × D] − E
>
> A : 이미 신고한 자산의 양도소득금액
> B : 2회 이후 신고하는 자산의 양도소득금액
> C : 양도소득 기본공제
> D : 양도소득세율(누진세율)
> E : 이미 신고한 예정신고산출세액

⑶ 예정신고자진납부세액

예정신고와 함께 자진납부하여야 할 세액은 예정신고산출세액에서 감면세액 및 수시부과세액을 공제한 것으로 한다(소법 106 ①).

> 예정신고자진납부세액 = 예정신고산출세액 − 조특법 및 그 밖의 법률에 따른 감면세액 −수시부과세액

재외국민과 외국인의 부동산등양도신고확인서의 제출

재외국민과 외국인이 부동산(토지 및 건물)을 양도하고 그 소유권을 이전하기 위하여 등기관서의 장에게 등기를 신청할 때에는 부동산등양도신고확인서를 제출하여야 한다(소법 108).

3. 부동산매매업자의 토지 등 매매차익예정신고

⑴ 개 요

부동산매매업자는 토지 또는 건물의 매매차익과 그 세액을 매매일이 속하는 달의 말일부터 2개월이 되는 날까지 납세지관할세무서장에게 신고·납부하여야 한다(소법 69 ①). 이 경우 토지 등의 매매차익이 없거나 매매차손이 발생하였을 때에도 예정신고를 하여야 한다.

(2) 매매차익에 대한 산출세액의 계산

1) 토지 등의 매매차익계산

토지 또는 건물의 매매차익은 그 매매가액에서 필요경비 · 건설자금이자 · 매도로 인하여 지급하는 법률에 따른 공과금 · 장기보유특별공제액을 공제한 것으로 한다(소령 128 ①).

매매차익 = 매매가액 − 취득가액(자본적지출 및 양도비용 포함)* − 장기보유특별공제액

* 해당 토지 등의 건설자금이자 및 토지 등의 매도로 인하여 법률에 따라 지급하는 공과금 포함

매매차익을 계산함에 있어 필요경비는 개산공제가 인정되지 아니하며, 토지 또는 건물을 평가증하여 장부가액을 수정한 때에는 그 평가증을 하지 아니한 장부가액으로 매매차익을 계산한다.

2) 토지 등의 매매차익에 대한 산출세액

토지 등의 매매차익에 대한 산출세액은 토지 · 건물의 매매차익에 양도소득세율을 곱하여 계산한다(소법 69 ③).

예정신고산출세액 = 토지 · 건물의 매매차익 × 양도소득세율*

* 토지 등의 보유기간이 2년 미만인 경우에도 40% 또는 50%의 중과세율을 적용하지 않고 기본세율을 적용한다.

4. 원천징수

(1) 개 요

원천징수(tax withholding)란 세법이 규정하는 특정한 소득에 대해서 그 소득을 얻은 자가 소득세를 납부하는 것이 아니라, 소득을 지급하는 자가 그 소득을 지급할 때 일정한 세율을 적용한 세액을 징수하여 정부에 납부하는 제도를 말한다. 원천징수제도는 소득을 지급하는 자에게 징수 · 납부의무를 부과함으로써 조세징수비용을 최소화할 뿐만 아니라 국고수입의 평준화에도 기여한다.

(2) 원천징수시기

원천징수는 해당 소득금액 또는 수입금액을 지급하는 때에 하는 것이 원칙이다. 다

만, 각 소득별로 다음과 같이 원천징수시기에 대한 특례규정을 두고 있다.

구 분	원천징수시기에 대한 특례
① 이자소득	㉠ 금융회사 등이 매출 또는 중개하는 어음과 은행 및 상호저축은행이 매출하는 표지어음으로서 보관통장으로 거래되는 것의 이자 및 할인액 : 할인매출하는 날 ㉡ 동업기업 과세특례에 따라 배분받은 이자소득으로서 해당 동업기업의 과세기간 종료 후 3개월이 되는 날까지 지급하지 아니한 소득 : 해당 동업기업의 과세기간 종료 후 3개월이 되는 날 ㉢ 직장공제회 반환금을 분할하여 지급하는 경우 납입금 초과이익 : 납입금 초과이익을 원본에 전입하는 뜻의 특약에 따라 원본에 전입된 날 ㉣ 그 밖의 이자소득 : 이자소득의 수입시기
② 배당소득	㉠ 잉여금처분에 따른 배당 또는 분배금 : 그 처분을 결정한 날부터 3개월이 되는 날까지 지급하지 아니한 경우에는 그 3개월이 되는 날(그 처분이 11월 1일부터 12월 31일 사이에 결정된 경우에는 다음연도 2월 말일) ㉡ 의제배당 : 의제배당의 수입시기 ㉢ 출자공동사업자의 분배금 : 과세기간 종료후 3개월이 되는 날까지 지급하지 아니한 때에는 과세기간 종료 후 3개월이 되는 날 ㉣ 조세특례제한법 동업기업 과세특례에 따라 배분받은 배당소득 : 해당 동업기업의 과세기간 종료 후 3개월이 되는 날까지 지급하지 아니한 때에는 해당 동업기업의 과세기간 종료 후 3개월이 되는 날로 한다. ㉤ 그 밖의 배당소득 : 배당소득의 수입시기
③ 연말정산대상 사업소득	㉠ 1월부터 11월분 : 12월 31일까지 지급하지 아니한 경우에는 12월 31일 ㉡ 12월분 : 다음연도 2월 말일까지 지급하지 아니한 경우에는 다음연도 2월 말일
④ 근로소득	㉠ 1월부터 11월분 : 12월 31일까지 지급하지 아니한 경우에는 12월 31일 ㉡ 12월분 : 다음연도 2월 말일까지 지급하지 아니한 경우에는 다음연도 2월 말일 ㉢ 잉여금처분에 따른 상여 : 처분을 결정한 날부터 3개월이 되는 날(다만, 그 처분이 11월 1일부터 12월 31일 사이에 결정된 경우에는 다음연도 2월 말일)
⑤ 기타소득	조세특례제한법 동업기업 과세특례에 따라 배분받은 기타소득은 지급받은 날에 원천징수한다. 다만, 해당 동업기업의 과세기간 종료 후 3개월이 되는 날까지 지급하지 아니한 때에는 그 3개월이 되는 날에 원천징수한다.
⑥ 퇴직소득	㉠ 1월부터 11월 사이에 퇴직한 자의 퇴직급여액 : 12월 31일까지 지급하지 아니한 경우에는 12월 31일 ㉡ 12월에 퇴직한 자의 퇴직급여 : 다음연도 2월 말일까지 지급하지 아니한 경우에는 다음연도 2월 말일
⑦ 법인세법에 따라 처분된 인정배당 등	㉠ 결정 또는 경정에 따라 처분된 소득 : 소득금액변동통지서를 받은 날 ㉡ 신고함에 따라 처분된 소득 : 법인세 과세표준의 신고일 또는 수정신고일

1) 개 요

원천징수의무자는 해당 소득을 지급하는 시점에 원천징수하며, 그 원천징수세액은 그 징수일이 속하는 달의 다음달 10일까지 납부하여야 한다(소법 128 ①). 다만, 원천징수세액이 1천원 미만인 때(이자소득 제외)에는 해당 소득세를 징수하지 아니한다.

2) 원천징수세액납부의 특례

직전 과세기간(신규로 사업을 개시한 사업자의 경우 신청일이 속하는 반기)의 상시 고용인원이 20명 이하인 원천징수의무자(금융 및 보험업을 경영하는 자는 제외) 또는 종교단체로서 원천징수 관할세무서장으로부터 원천징수세액을 매 반기(半期)별로 납부할 수 있도록 승인을 받거나 국세청장이 정하는 바에 따라 지정을 받은 원천징수의무자는 다음의 원천징수세액 외의 원천징수세액을 그 징수일이 속하는 반기(半期)의 마지막 달의 다음 달 10일까지 납부할 수 있다(소법 128 ②, 소령 186 ①).

① 법인세법 따라 소득처분된 인정상여・인정배당 및 기타소득에 대한 원천징수세액
② 국제조세조정에 관한 법률에 따라 소득처분된 배당소득에 대한 원천징수세액
③ 비거주 연예인 등의 용역제공과 관련된 원천징수 절차 특례에 따른 원천징수세액

(3) 납세조합의 원천징수

납세조합을 조직할 수 있는 거주자의 공통점은 정상적으로는 소득세 징수가 용이하지 않다는 점이다. 따라서 이들 거주자가 납세조합을 조직하여 납세의무를 충실하게 이행하면, 납세조합에 가입한 자에게는 납세조합공제(세액의 3% 개정, 연간 100만원 한도)를 적용하며, 해당 납세조합에게는 교부금을 지급하는 등 혜택을 부여하고 있다.

다음의 어느 하나에 해당하는 거주자는 납세조합을 조직할 수 있다(소법 149).

① 원천징수대상이 아닌 근로소득이 있는 자
② 농・축・수산물 판매업자(복식부기의무자는 제외)와 노점상인
③ 기타 국세청장이 필요하다고 인정하는 사업자

원천징수납부 등 불성실가산세 특례

원천징수의무자 또는 비거주자의 국내원천소득에 대하여 원천징수하여야 할 자가 국가・지방자치단체 또는 지방자치단체조합인 경우로서 국가등으로부터 근로소득을 받는 사람이 근로소득자 소득・세액공제신고서를 사실과 다르게 기재하여 부당하게 소득공제 또는 세액공제를 받아 국가등이 원천징수하여야 할 세액을 정해진 기간에 납부하지 아니하거나 미달하게 납부한 경우에는 국가등은 징수하여야 할 세액에 원천징수납부 등 불성실가산세액을 더한 금액을 그 근로소득자로부터 징수하여 납부하여야 한다(소법 128의2).

5. 수시부과

(1) 개 요

소득세는 원칙적으로 해당 과세기간의 1년분의 소득에 대한 과세표준을 다음연도 5월 1일부터 5월 31일까지 확정신고에 의하여 결정한다. 그러나 일정한 사유가 발생하여 시간을 지체할 경우 조세채권의 확보가 어렵다고 인정되는 경우에는 그 사유가 발생한 때에 수시로 그 과세표준과 세액을 결정할 수 있는데, 이를 수시부과라고 한다.

(2) 수시부과의 사유 및 세액

다음 중 어느 하나에 해당하면 관할세무서장 또는 지방국세청장은 수시로 그 거주자에 대한 소득세를 부과(수시부과)한다(소법 82).

구 분	내 용
(1) 조세포탈의 우려가 있는 경우	① 사업부진 그 밖의 사유로 장기간 휴업 또는 폐업상태에 있는 때로서 소득세 포탈의 우려가 있다고 인정되는 경우 ② 그 밖에 조세를 포탈할 우려가 있다고 인정되는 상당한 이유가 있는 경우
	수시부과세액 = (종합소득금액 − 거주자본인에 대한 기본공제) × 기본세율
(2) 무신고・과소신고 가산세의 적용배제	수시부과한 경우 해당 세액 및 수입금액에 대하여는 국세기본법에 따른 무신고가산세와 과소신고가산세를 적용하지 아니한다.
(3) 군납사업자의 수시부과	세무서장은 사업자가 주한국제연합군 또는 외국기관으로부터 수입금액을 외국환은행을 통하여 외환증서 또는 원화로 영수할 때에는 수시부과 규정에 따라 그 영수할 금액에 대한 과세표준을 결정할 수 있다.
	수시부과세액 = [총수입금액 × (1 − 단순경비율)] × 기본세율

제 2 절 | 사업장현황신고 및 연말정산

1. 사업장현황신고

(1) 의 의

사업자(해당 과세기간 중 사업을 폐업 또는 휴업한 사업자를 포함)는 해당 사업장의 현황을 해당 과세기간의 다음 연도 2월 10일까지 사업장 소재지 관할세무서장에게 신고하여야 하는데 이를 「사업장현황신고」라 한다. 다만, 다음 중 어느 하나에 해당하는 경우에는 사업장 현황신고를 한 것으로 본다(소법 78 ①).

① 사업자가 사망하거나 출국함에 따라 제74조(과세표준확정신고기한의 특례)가 적용되는 경우

② 부가가치세법에 따른 사업자가 부가가치세 예정신고 또는 확정신고를 한 경우. 다만, 사업자가 부가가치세법상 과세사업과 면세사업등을 겸영(兼營)하여 면세사업 수입금액 등을 신고하는 경우에는 그 면세사업등에 대하여 사업장 현황신고를 한 것으로 본다.

사업장현황신고의 효익

「사업장현황신고」란 사업자의 세원(예 수입금액, 필요경비 등)을 파악하기 위한 것이라 할 수 있다. 그러나 부가가치세법에 따라 예정신고 또는 확정신고를 한 자에 대하여는 수입금액 및 매입금액에 대한 정보를 보유하고 있기 때문에 사업장현황신고를 면제하고 있다.

(2) 예외

다음의 어느 하나에 해당하는 사업자는 사업장 현황신고를 하지 아니할 수 있다(소법 78 ③, 소령 141 ④).

① 납세조합에 가입해 수입금액을 신고한 자

② 독립된 자격으로 보험가입자의 모집 및 이에 부수되는 용역을 제공하고 그 실적에 따라 모집수당 등을 받는 자

③ 독립된 자격으로 일반 소비자를 대상으로 사업장을 개설하지 않고 음료품을 배달하는 계약배달 판매 용역을 제공하고 판매실적에 따라 판매수당 등을 받는 자

④ 그 밖에 '①~③'에 해당하는 자와 유사한 자로서 기획재정부령으로 정하는 자

2. 연말정산

(1) 연말정산의 의의

근로소득, 특정 사업소득 또는 공적연금소득이 있는 자는 매월 그 소득을 지급받을 때 일정세액이 원천징수된다. 그러나 원천징수제도는 어디까지나 조세징수비용의 최소화와 국고수입의 평준화 때문에 도입한 것이기 때문에 그 원천징수액의 연간합계액은 연간소득에 대한 결정세액과 차이가 있다. 따라서 연간소득에 대한 결정세액과 그 원천징수세액의 연간합계액을 조정하는 절차가 필요한데 이를 연말정산이라 한다. 연말정산의 대상소득과 시기는 다음과 같다.

구 분	내 용
대 상 소 득	① 근로소득 ② 간편장부대상자인 보험모집인 · 방문판매원 및 음료품배달원의 사업소득 : 방문판매원과 음료품배달원의 경우에는 원천징수의무자가 사업장 관할세무서장에게 연말정산신청을 하는 경우에 한한다. ③ 공적연금소득 ④ 종교인 소득
연말정산시기	다음 연도 2월분 근로소득 · 사업소득 또는 종교인소득을 지급하거나 다음 연도 1월분 연금소득을 지급하는 때 ① 퇴직자의 경우 : 퇴직하는 달의 근로소득을 지급하는 때 ② 거래계약을 해지하는 경우 : 해지하는 달의 사업소득을 지급하는 때 ③ 공적연금소득자가 사망한 경우 : 그 사망일이 속하는 달의 다음다음 달 말일 ④ 종교관련종사자와의 소속관계가 종료되는 경우 : 종료되는 달의 종교인소득을 지급하는 때

(2) 근로소득세액의 연말정산

1) 개 요

근로소득자에게 매월분의 근로소득(급여나 상여금)을 지급할 때는 근로소득간이세액표에 따라 매월 소득세를 원천징수하게 된다. 그러나 월별로 급여액이 균등하지 않거나 인적공제사항이 변동되는 등의 사유로 인하여 월별로 원천징수한 금액의 합계액이 근로소득에 대한 결정세액과 차이를 보이게 된다.

이러한 차이를 조정하기 위하여 근로소득에 대한 결정세액과 원천징수액의 연간합계액을 일치시키는 절차를 연말정산이라 한다.

2) 연말정산과 종합소득과세표준확정신고

근로소득의 연말정산을 한 사람의 경우 다른 종합소득이 없으면 해당 과세기간의 「종합소득과세표준확정신고」를 할 필요가 없다. 그러나 근로소득에 대하여 연말정산을 한 사람이라 하더라도 다른 종합소득이 있으면, 해당 과세기간의 다음연도 5월 1일부터 5월 31일까지 「종합소득과세표준확정신고」를 하여야 한다. 원천징수의무자가 연말정산을 하지 아니한 때에는 원천징수 관할세무서장은 즉시 연말정산을 하고 그 소득세를 원천징수의무자로부터 징수한다.

① 종합소득과세표준 = 해당 과세기간(또는 퇴직하는 달까지)의 근로소득금액
- 종합소득공제
② 종합소득산출세액 = 종합소득과세표준 × 기본세율
③ 연말정산시 징수세액(환급세액) = 종합소득산출세액 - 원천징수세액(1월~12월분)
- 외국납부세액공제액 및 근로소득세액공제액
- 자녀세액공제액, 연금계좌세액공제액 및 특별세액공제액

3) 재취직자에 대한 근로소득세액의 연말정산

해당 과세기간 중도에 퇴직하고 새로운 근무지에 취직한 근로소득자가 종전 근무지에서 해당 과세기간의 1월부터 퇴직한 날이 속하는 달까지 받은 근로소득을 포함하여 근로소득자 소득·세액공제신고서를 제출하는 경우 원천징수의무자는 그 근로소득자가 종전 근무지에서 받은 근로소득과 새로운 근무지에서 받은 근로소득을 더한 금액에 대하여 연말정산을 하고 소득세를 원천징수한다(소법 138 ①).

4) 2인 이상으로부터 근로소득을 받는 사람에 대한 근로소득세액의 연말정산

2인 이상으로부터 근로소득을 받는 사람(일용근로자는 제외)이 주된 근무지와 종된 근무지를 정하고 종된 근무지의 원천징수의무자로부터 근로소득 원천징수영수증을 발급받아 해당 과세기간의 다음 연도 2월분의 근로소득을 받기 전에 주된 근무지의 원천징수의무자에게 제출하는 경우 주된 근무지의 원천징수의무자는 주된 근무지의 근로소득과 종된 근무지의 근로소득을 더한 금액에 대하여 소득세를 원천징수한다.

근로소득 원천징수영수증을 발급하는 종된 근무지의 원천징수의무자는 해당 근무지에서 지급하는 해당 과세기간의 근로소득금액에 기본세율을 적용하여 계산한 종합소득산출세액에서 원천징수한 세액을 공제한 금액을 원천징수한다.

(3) 근로소득에 대한 원천징수영수증의 발급

근로소득을 지급하는 원천징수의무자는 해당 과세기간의 다음 연도 2월 말일까지 그 근로소득의 금액과 그밖에 필요한 사항을 적은 원천징수영수증을 근로소득자에게 발급하여야 한다. 다만, 해당 과세기간 중도에 퇴직한 사람에게는 퇴직한 날이 속하는 달의 근로소득의 지급일이 속하는 달의 다음 달 말일까지 발급하여야 하며, 일용근로자에 대해서는 근로소득의 지급일이 속하는 달의 다음 달 말일까지 발급하여야 한다.

예제 10-1 | 근로소득의 연말정산

다음은 거주자인 갑의 20×3년 소득자료이다. 다음 자료를 이용하여 갑의 연말정산에 의한 소득세 징수세액(또는 환급세액)을 계산하시오.

⑴ 갑의 총급여액은 ₩50,000,000, 근로소득금액은 ₩37,750,000이다.

⑵ 갑의 종합소득공제액은 ₩6,000,000이다.

⑶ 갑의 종합소득 세액공제액(근로소득세액공제 및 특별세액공제 등)은 ₩1,000,000이다.

⑷ 갑이 매월 급여 등을 지급받을 때 간이세액표에 의하여 원천징수된 세액은 ₩3,000,000이다.

⑸ 기본세율

과세표준 1,400만원 초과 5,000만원 이하 : 84만원 + 1,400만원 초과금액의 15%

해답

⑴ 종합소득과세표준 : ₩37,750,000(근로소득금액) − 6,000,000(종합소득공제액) = ₩31,750,000

⑵ 종합소득산출세액 : ₩840,000 + (31,750,000 − 14,000,000) × 15% = ₩3,502,500

⑶ 소득세 환급세액

₩3,502,500(산출세액) − 1,000,000(세액공제액) − 3,000,000(원천징수세액) = ₩△497,500

제 3 절 | 과세표준확정신고 및 자진납부

1. 과세표준확정신고의무

⑴ 신고의무자의 범위

해당 과세기간의 종합소득금액 · 퇴직소득금액 또는 양도소득금액이 있는 거주자는 그 과세표준을 그 과세기간의 다음연도 5월 1일부터 5월 31일까지 납세지관할세무서장에게 신고하여야 하는데 이를 「과세표준확정신고」라 한다.

해당 과세기간의 종합소득과세표준이 없거나 결손금이 있는 거주자도 과세표준 확정신고를 하여야 하며, 해당 과세기간에 분리과세 주택임대소득, 분리과세되는 가상자산소득 및 위약금 · 배상금이 있는 거주자도 과세표준 확정신고를 하여야 한다(소법 70).

⑵ 확정신고의무의 예외

다음에 해당하는 거주자는 해당 소득에 대하여 과세표준확정신고를 하지 아니할 수 있다(소법 73 ①).

구 분	내 용
(1) 연말정산대상 소득만 있는 자	① 연말정산대상 근로소득만 있는 자 ② 공적연금소득만 있는 자 ③ 연말정산대상 사업소득만 있는 자
(2) 퇴직소득만 있는 자	④ 퇴직소득만 있는 자
(3) 종교인소득만 있는 자	⑤ 원천징수되는 기타소득으로서 종교인소득만 있는 자
(4) 연말정산대상 소득 또는 종교인소득과 퇴직소득만 있는 자	⑥ 연말정산대상 근로소득과 퇴직소득만 있는 자 ⑦ 공적연금소득과 퇴직소득만 있는 자 ⑧ 연말정산대상 사업소득과 퇴직소득만 있는 자 ⑨ 종교인소득과 퇴직소득만 있는 자
(5) 분리과세소득만 있는 자	⑩ 분리과세이자소득 · 분리과세배당소득 · 분리과세연금소득 · 분리과세기타소득*만 있는 자
(6) 분리과세와 복합되는 경우	⑪ 위 '①'에서 '⑨'에 해당하는 자로서 분리과세이자소득 · 분리과세배당소득 · 분리과세연금소득 · 분리과세기타소득*이 있는 자
(7) 기 타	⑫ 수시부과 후 추가로 발생한 소득이 없는 자 ⑬ 양도소득이 있는 거주자로서 양도소득과세표준 예정신고를 한 자

* 별도세율적용 분리과세대상인 위약금 · 배상금과 가상자산소득은 제외

예외적으로 확정신고를 하여야 하는 경우

1. 2인 이상으로부터 근로소득 · 공적연금소득 · 퇴직소득 · 종교인소득 또는 연말정산대상 사업소득이 있는 자(일용근로자는 제외)는 확정신고의무가 있다. 다만, 2인 이상으로부터 받은 소득을 합산하여 연말정산에 의하여 소득세를 납부함으로써 확정신고 납부를 할 세액이 없는 자에 대해서는 그러하지 아니하다.
2. 근로소득(일용근로소득을 제외한다) · 연금소득 · 퇴직소득 · 종교인소득 또는 연말정산대상 사업소득이 있는 자에 대하여 원천징수의무를 부담하는 자가 소득세를 원천징수하지 아니한 때에는 확정신고의무가 있다.
3. 양도소득과세표준 예정신고를 한 자는 해당 소득에 대한 확정신고를 하지 아니할 수 있다. 다만, 다음에 해당하는 경우에는 확정신고를 하여야 한다(소령 173 ⑤).
   ① 당해연도에 누진세율의 적용대상 자산에 대한 예정신고를 2회 이상 한 자가 이미 신고한 양도소득금액과 합산하여 신고하지 아니한 경우
   ② 토지, 건물, 부동산에 관한 권리, 기타자산 및 신탁수익권을 2회 이상 양도한 경우로서 양도소득기본공제순서를 적용할 경우 당초 신고한 양도소득산출세액이 달라지는 경우
   ③ 토지, 건물, 부동산에 관한 권리 및 기타자산을 둘 이상 양도한 경우로서 양도소득 산출세액 계산의 특례(소법 104 ⑤)를 적용할 경우 당초 신고한 양도소득산출세액이 달라지는 경우
4. 연말정산대상 사업소득 · 근로소득 및 연금소득 중 2가지 이상의 소득이 있는 경우에는 확정신고의무가 있다.

2. 과세표준확정신고기한

(1) 원 칙

과세표준확정신고를 하여야 할 자는 해당 과세기간의 다음연도 5월 1일부터 5월 31일까지 납세지 관할세무서장에게 신고하여야 한다(소법 70).

(2) 과세표준 확정신고기한의 특례

1) 거주자가 사망한 경우

거주자가 사망한 경우 그 상속인은 상속개시일이 속하는 달의 말일부터 6개월이 되는 날(이 기간중 상속인이 출국하는 경우에는 출국일 전날)까지 사망일이 속하는 과세기간에 대한 그 거주자의 과세표준을 신고하여야 한다. 다만, 연금계좌의 배우자 상속시 과세특례 규정에 의하여 상속인이 승계한 연금계좌의 소득금액에 대해서는 그러하지 아니하다(소법 74 ①).

2) 거주자가 출국하는 경우

과세표준확정신고를 하여야 할 거주자가 출국하는 경우에는 출국일이 속하는 과세기간의 과세표준을 출국일 전날까지 신고하여야 한다. 다만, 연금계좌의 배우자 상속시 과세특례 규정에 의하여 상속인이 승계한 연금계좌의 소득금액에 대해서는 그러하지 아니하다(소법 74 ⑤).

3. 확정신고시 제출서류

(1) 첨부서류

종합소득 과세표준확정신고를 할 때에는 그 신고서에 다음의 서류를 첨부하여 납세지 관할세무서장에게 제출하여야 한다(소법 70 ④). 이 경우 복식부기의무자가 필수적 첨부서류를 제출하지 아니한 경우에는 종합소득 과세표준확정신고를 하지 아니한 것으로 보아 무신고가산세를 부과한다.

구 분	내 용
필수적 첨부서류	① 복식부기에 의해 기장 : 재무상태표 · 손익계산서와 그 부속서류, 합계잔액시산표(合計殘額試算表) 및 조정계산서. ② 간편장부에 의해 기장 : 간편장부소득금액 계산서

구 분	내 용
임의적 첨부서류	① 인적공제, 연금보험료공제, 주택담보노후연금 이자비용공제, 특별소득공제, 자녀세액공제, 연금계좌세액공제 및 특별세액공제 대상임을 증명하는 서류 ② 종합소득금액 계산의 기초가 된 총수입금액과 필요경비의 계산에 필요한 서류 ③ 필요경비 명세서 ④ 영수증 수취명세서 ⑤ 사업소득금액 추계로 계산한 경우 : 추계소득금액 계산서

(2) 외부세무조정 대상 사업자

외부세무조정 대상사업자[85]의 경우 조정계산서는 세무사법에 따른 세무사등록부에 등록한 세무사, 세무사법에 따른 세무사등록부 또는 공인회계사 세무대리업무등록부에 등록한 공인회계사, 세무사법에 따른 세무사등록부 또는 변호사 세무대리업무등록부에 등록한 변호사로서 조정반에 소속된 자가 작성하여야 한다(소법 70 ⑥).

(3) 성실신고확인서 제출

수입금액(사업용 유형자산을 양도함으로써 발생한 수입금액은 제외)이 업종별 기준수입금액 이상인 성실신고확인대상사업자는 종합소득과세표준 확정신고를 할 때에 위 '(1)'의 첨부서류에 더하여 비치·기록된 장부와 증명서류에 의하여 계산한 사업소득금액의 적정성을 세무사(세무사법에 따라 등록한 공인회계사 포함), 세무법인 또는 회계법인이 확인하고 작성한 성실신고확인서를 납세지 관할세무서장에게 제출하여야 한다(소법 70의2 ①). 성실신고확인대상사업자가 성실신고확인서를 제출하는 경우에는 종합소득과세표준 확정신고를 그 과세기간의 다음 연도 5월 1일부터 6월 30일까지 하여야 한다.

---

85) 외부세무조정 대상사업자는 다음과 같다.
① 직전 과세기간의 수입금액(결정 또는 경정으로 증가된 수입금액을 포함하며, 사업용 유형자산을 양도함으로써 발생한 수입금액은 제외)이 업종별 기준수입금액 이상인 사업자
② 복식부기의무자로서 다음의 어느 하나에 해당하는 사업자
㉠ 직전 과세기간의 소득에 대한 소득세 과세표준과 세액을 추계결정 또는 추계경정을 받은 자
㉡ 직전 과세기간 중에 사업을 시작한 사업자
㉢ 조세특례제한법에 따라 소득세 과세표준과 세액에 대한 세액공제, 세액감면 또는 소득공제를 적용받은 사업자
③ 종합소득 과세표준확정신고를 할 때 세무사등이 정확한 세무조정을 위하여 작성한 세무조정계산서를 첨부하고자 하는 사업자

4. 확정신고납부

거주자는 해당 과세기간의 과세표준에 대한 종합소득산출세액·퇴직소득산출세액·양도소득산출세액에서 감면세액과 세액공제액 그리고 기납부세액을 공제한 금액을 과세표준확정신고기한(다음연도 5월 1일부터 5월 31일까지)까지 납부하여야 한다. 여기서 기납부세액이란 다음의 세액을 말한다.

① 중간예납세액
② 예정신고산출세액 또는 그 결정·경정세액
③ 수시부과세액
④ 원천징수세액
⑤ 납세조합의 징수세액과 그 공제액

5. 분할납부

중간예납·예정신고·확정신고시 납부할 세액이 1천만원을 초과하는 자는 다음의 세액을 납부기한이 지난 후 2개월 이내에 분납할 수 있다.

① 납부할 세액이 2천만원 이하인 경우 : 1천만원을 초과하는 금액
② 납부할 세액이 2천만원을 초과하는 경우 : 세액의 50% 이하의 금액

● 법인세법과 비교

분납의 조건과 방법은 법인세법과 동일하고, 분납기한만 차이가 있다. 법인세는 납부기한이 지난 후 1개월(중소기업은 2개월) 이내에 분납하도록 되어 있다.

6. 추가신고

(1) 종합소득

① 종합소득 과세표준확정신고기한이 지난 후에 법인이 법인세 과세표준을 신고하거나 세무서장이 법인세 과세표준을 결정 또는 경정하여 익금에 산입한 금액이 배당·상여 또는 기타소득으로 처분됨으로써 소득금액에 변동이 발생함에 따라 종합소득 과세표준확정신고 의무가 없었던 자, 세법에 따라 과세표준확정신고를 하지 아니하여도 되는 자 및 과세표준확정신고를 한 자가 소득세를 추가 납부하여야 하는 경우 해당 법인이 소득금액변동통지서를 받은 날(법인이 신고함으로써 소득금액이 변동된 경우에는 그 법인의 법인세 신고기일)이 속하는 달의 다음다음 달 말일까지 추가신고한 때에는 과세표준확정신고기한까지 신고한 것으로 본다.

② 종합소득 과세표준확정신고를 한 자가 그 신고기한 내에 신고한 사항 중 정부의 허가·인가·승인등에 의하여 물품가격이 인상됨으로써 신고기한이 지난 뒤에 당해 소득의 총수입금액이 변동되어 추가로 신고한 경우에는 적법하게 신고한 것으로 본다.

③ 국세청장이 제공한 기타소득지급명세서에 따라 종합소득 과세표준확정신고를 한 자가 그 제공받은 내용에 오류 등이 있어 소득세를 추가신고한 때에는 과세표준확정신고기한까지 신고한 것으로 본다.

④ 종합소득 과세표준 확정신고를 한 자가 그 신고기한이 지난 후에 법원의 판결·화해 등에 의하여 부당해고기간의 급여를 일시에 지급받음으로써 소득금액에 변동이 발생함에 따라 소득세를 추가로 납부하여야 하는 경우로서 법원의 판결 등에 따른 근로소득원천징수영수증을 교부받은 날이 속하는 달의 다음다음 달 말일까지 추가신고한 때에는 과세표준확정신고기한까지 신고한 것으로 본다.

⑤ 위 규정에 따라 추가신고를 한 자로서 납부해야 할 세액이 있는 자는 추가신고기한까지 그 세액을 납부해야 하며, 추가신고기한까지 세액을 납부한 경우에는 과세표준확정신고기한까지 납부한 것으로 본다.

(2) 양도소득

양도소득과세표준 확정신고를 한 자가 공익사업을 위한 토지 등의 취득 및 보상에 관한 법률이나 그 밖의 법률에 따른 토지등의 수용으로 인한 수용보상가액과 관련하여 제기한 행정소송으로 인하여 보상금이 변동됨에 따라 당초 신고한 양도소득금액이 변동된 경우로서 소송 판결 확정일이 속하는 달의 다음 다음달 말일까지 추가신고·납부한 때에는 확정신고·납부기한까지 신고납부한 것으로 본다(소령 173 ④).

제 4 절 | 결정·경정 및 징수와 환급

1. 결정 및 경정

(1) 개 요

현행 소득세법은 종합소득·퇴직소득 및 양도소득에 대하여 「신고납세제도」를 유지하고 있다. 따라서 납세의무자의 과세표준신고에 의해서 납세의무가 확정되는데, 이러한 납세의무자의 과세표준신고가 없거나 오류·탈루가 있는 경우에 과세관청(조세채권자)이 납세의무를 확정하는 절차가 결정 및 경정이다.

⑵ 과세표준 및 세액의 결정 또는 경정 방법

납세지 관할세무서장 또는 지방국세청장은 해당 과세기간의 과세표준과 세액을 결정 또는 경정하는 경우에는 장부나 그 밖의 증명서류를 근거(실지조사결정)로 하여야 한다. 다만, 특정사유로 장부나 그 밖의 증명서류에 의하여 소득금액을 계산할 수 없는 경우에는 소득금액을 추계조사결정할 수 있다(소법 80 ③).

⑶ 추계결정방법

1) 단순경비율법

직전연도 수입금액이 업종별 기준금액 미만인 사업자와 신규사업자는 단순경비율법에 의해 소득금액을 추계결정한다. 다만, 해당 과세기간의 수입금액이 복식부기의무자 기준금액 이상인 경우에는 단순경비율 적용대상에서 제외된다.

단순경비율 적용대상자는 단순경비율과 기준경비율 중 유리한 방법을 선택하여 적용할 수 있다.

추계소득금액 : Min[①, ②]
① 단순경비율 적용 : 수입금액 − (수입금액*1 × 단순경비율)
② 기준경비율 적용 : 수입금액 − 주요경비*2 − (수입금액 × 기준경비율)

*1 단순경비율에 의한 소득금액 계산시 단순경비율을 곱하는 수입금액에 고용정책 기본법에 따라 고용노동부 장관이 기업의 고용유지에 필요한 비용의 일부를 지원하기 위해 지급하는 일자리안정자금은 제외한다.

*2 주요경비란 매입비용, 사업용 유형자산 및 무형자산에 대한 임차료 및 인건비를 말하며, 증명서류에 의해 입증되는 것만 공제한다. 주요경비 중 매입비용은 재화(상품 · 제품 · 재료 · 소모품 등 유체물과 동력 · 열 등 관리할 수 있는 자연력)의 매입과 외주가공비 및 운송업의 운반비를 말하며, 사업용자산의 매입비용과 음식대금, 보험료, 수리비 등 용역(서비스)을 제공받은 금액은 매입비용에서 제외된다.

2) 기준경비율법

단순경비율법 적용대상자가 아닌 사업자는 기준경비율법에 의해 소득금액을 추계결정한다.

추계소득금액 : Min[①, ②]
① 기준경비율 적용 : 수입금액 − 주요경비 − (수입금액 × 기준경비율*1)
② 단순경비율 및 배율 적용 : [수입금액 − (수입금액 × 단순경비율)] × 배율(3.4배)*2

*1 복식부기의무자는 기준경비율의 2분의 1을 곱하여 계산한다.
*2 간편장부대상자는 2.8배를 적용하며, 2027.12.31이 속하는 과세기간의 소득금액을 결정 · 경정 할 때 까지만 적용한다.

예제 10-2 | 기준경비율법에 의한 소득금액 추계 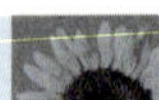

다음 자료를 이용하여 사업자인 갑의 추계조사결정에 의한 20×3년도 사업소득금액을 계산하시오(단, 조세부담의 최소화를 가정함).

(1) 제조업(가구제조업) 매출액은 ₩100,000,000이다.
(2) 해당 사업과 관련된 필요경비로서 증명서류에 의하여 지출한 것이 확인되는 것
  가. 재화 매입비용 ₩10,000,000(사업용자산 매입비용 ₩5,000,000 포함)
  나. 사업용 유형자산(기계설비)에 대한 임차료 ₩3,000,000
  다. 종업원의 급여 ₩10,000,000과 퇴직급여 ₩2,000,000
(3) 기획재정부령으로 정하는 배율은 2배로 가정하며, 배율을 적용하여 소득금액을 계산하는 것으로 한다.
(4) 복식부기의무자인 갑은 단순경비율 적용대상자가 아니며, 기준경비율과 단순경비율은 각각 20%와 60%로 가정한다.
(5) 천재지변 기타 불가항력으로 장부 기타 증명서류가 멸실되어 추계조사결정하는 것은 아니며, 부가가치세법상 신용카드 등의 사용에 따른 세액공제규정에 따라 공제받은 부가가치세액은 없다.

해답

(1) 기준경비율 적용
₩100,000,000 − 20,000,000*1(주요경비) − 100,000,000 × 20% × 1/2*2 = ₩70,000,000(A)
*1 주요경비 : ₩10,000,000 − 5,000,000(사업용자산 매입비용) + 3,000,000(임차료) + 10,000,000(종업원 급여) + 2,000,000(종업원 퇴직급여) = ₩20,000,000
*2 복식부기의무자는 기준경비율의 2분의 1을 곱하여 계산한다.
(2) 단순경비율 적용
(₩100,000,000 − 100,000,000 × 60%) × 2배 = ₩80,000,000(B)
(3) 추계소득금액 : Min[(A), (B)] = ₩70,000,000

3) 동업자권형방법

기준경비율 또는 단순경비율이 결정되지 않았거나 천재지변 기타 불가항력으로 장부 기타 증명서류가 멸실된 경우에는 동업자권형방법에 의하여 소득금액을 추계결정한다.

(4) 추계조사결정시 과세표준의 계산

과세표준을 추계결정 또는 경정하는 경우에는 추계조사결정에 의한 소득금액에서 인적공제와 특별소득공제를 적용하여 과세표준을 계산한다(소령 143 ②).

추계조사시 과세표준 = 소득금액 - 인적공제 - 특별소득공제

● 추계결정과 이월결손금 공제

추계결정하는 경우에는 과세표준을 계산함에 있어 이월결손금을 공제하지 아니한다. 다만, 천재지변이나 그 밖의 불가항력으로 장부나 그 밖의 증명서류가 멸실되어 추계결정하는 경우에는 공제할 수 있다(소법 45 ④).

2. 세액의 징수와 환급

(1) 세액의 징수

납세지 관할세무서장은 거주자가 다음 중 어느 하나에 해당하면 그 미납된 부분의 소득세액을 국세징수법에 따라 징수한다. 또한 납세지 관할세무서장은 징수하거나 납부된 거주자의 해당 과세기간의 소득세액이 납세지 관할세무서장 또는 지방국세청장이 결정 또는 경정한 소득세액에 미달할 때에는 그 미달하는 세액을 징수한다. 이는 중간예납세액의 경우에도 적용된다(소법 85 ①, ②).

① 중간예납추계액기준에 의하여 중간예납세액을 신고·납부하여야 할 자가 해당 세액의 전부 또는 일부를 납부하지 아니한 경우

② 확정신고자진납부에 의하여 해당 과세기간의 소득세로 납부하여야 할 세액의 전부 또는 일부를 납부하지 아니한 경우

납세지 관할세무서장은 원천징수의무자 또는 소득세법에 의하여 원천징수하여야 할 자가 징수하였거나 징수하여야 할 세액을 그 기한까지(징수일이 속하는 달의 다음달 10일까지) 납부하지 아니하였거나 미달하게 납부한 경우에는 그 원천징수의무자로부터 그 징수하여야 할 세액에 원천징수납부 등 불성실가산세액을 더한 금액을 그 세액으로 하여 원천징수의무자로부터 징수하여야 한다. 다만, 원천징수의무자가 원천징수를 하지 아니한 경우로서 다음의 어느 하나에 해당하는 경우에는 원천징수납부 등 불성실가산세액만을 징수한다(소법 85 ③).

① 납세의무자가 신고·납부한 과세표준금액에 원천징수하지 아니한 원천징수대상 소득금액이 이미 산입된 경우

② 원천징수하지 아니한 원천징수대상 소득금액에 대해서 납세의무자의 관할세무서장이 그 납세의무자에게 직접 소득세를 부과·징수하는 경우

⑵ 납세조합에 대한 징수

납세조합 관할세무서장은 납세조합이 그 조합원에 대한 해당 소득세를 매월 징수하여 기한까지 납부하지 아니하였거나 미달하게 납부하였을 때에는 그 징수하여야 할 세액에 원천징수납부 등 불성실가산세액을 더한 금액을 세액으로 하여 해당 납세조합으로부터 징수하여야 한다(소법 85 ⑤).

⑶ 소액부징수

소득세의 세액이 다음 중 하나에 해당되는 경우에는 해당 소득세를 징수하지 아니한다(소법 86).

① 원천징수세액이 1천원 미만인 경우(이자소득금액 및 계속·반복적으로 행하는 활동을 통해 얻는 인적용역사업소득은 제외)
② 납세조합의 징수세액이 1천원 미만인 경우
③ 중간예납세액이 50만원 미만인 경우

⑷ 세액의 환급

납세지 관할세무서장은 중간예납·토지 등 매매차익예정신고납부·수시부과 및 원천징수한 세액이 종합소득총결정세액과 퇴직소득결정세액의 합계액을 각각 초과하는 경우에는 그 초과하는 세액을 환급하거나 다른 국세 및 강제징수비에 충당하여야 한다(소법 85 ④).

제 5 절 | 가산세

1. 개 요

가산세란 세법에서 규정하는 각종의 의무를 성실하게 수행하지 못하였을 경우, 부과하는 일종의 행정벌과금으로서 각 세법에 의하여 산출한 세액에 가산하여 세액으로 징수하는 금액을 말한다.

2. 가산세의 종류

(1) 계산서 등 제출 불성실 가산세

사업자(소규모사업자[86]는 제외)가 다음의 어느 하나에 해당하는 경우에는 가산세를 해당 과세기간의 종합소득 결정세액에 더하여 납부하여야 한다(소법 81의10 ①).

사 유	가산세액
① 발급한 계산서에 필요적 기재 사항의 전부 또는 일부가 기재되지 아니하거나 사실과 다르게 기재된 경우	공급가액 × 1%
② 매출·매입처별 계산서합계표 또는 매입처별 세금계산서 합계표를 제출하지 아니한 경우	공급가액 × 0.5% (제출기한이 지난 후 1개월 이내에 제출 : 0.3%)
③ 제출한 매출·매입처별 계산서합계표 또는 매입처별 세금계산서합계표에 필요적 기재사항의 전부 또는 일부가 기재되지 아니하거나 사실과 다르게 기재된 경우	공급가액 × 0.5%
⑤ 계산서를 발급시기에 발급하지 아니한 경우 ⑥ 재화 또는 용역을 공급하지 아니하고 계산서, 신용카드 매출전표 또는 현금영수증(계산서 등)을 발급한 경우 ⑦ 재화 또는 용역을 공급받지 아니하고 계산서등을 발급 받은 경우 ⑧ 재화 또는 용역을 공급하고 실제로 재화 또는 용역을 공급하는 자가 아닌 자의 명의로 계산서등을 발급한 경우 ⑨ 재화 또는 용역을 공급받고 실제로 재화 또는 용역을 공급하는 자가 아닌 자의 명의로 계산서등을 발급받은 경우	공급가액 × 2%*
⑩ 전송기한이 지난 후 재화 또는 용역의 공급시기가 속하는 과세기간 말의 다음 달 25일까지 국세청장에게 전자계산서 발급명세를 전송하는 경우	공급가액 × 0.3%
⑪ 전송기한이 지난 후 재화 또는 용역의 공급시기가 속하는 과세기간 말의 다음 달 25일까지 국세청장에게 전자계산서 발급명세를 전송하지 아니한 경우	공급가액 × 0.5%

* '⑤'를 적용할 때 전자계산서를 발급하여야 하는 자가 전자계산서 외의 계산서를 발급한 경우와 계산서의 발급시기가 지난 후 해당 재화 또는 용역의 공급시기가 속하는 과세기간의 다음 연도 1월 25일까지 계산서를 발급한 경우에는 1%로 한다.

86) "소규모사업자"란 다음의 사업자를 말한다(소령 147의6 ①).
① 간편장부대상자로서 직전 과세기간의 사업소득의 수입금액이 4,800만원에 미달하는 사업자
② 해당 과세기간에 신규로 사업을 개시한 사업자
③ 연말정산대상 사업소득만 있는 사업자

한편 사업자가 아닌 자가 재화 또는 용역을 공급하지 아니하고 계산서를 발급하거나 재화 또는 용역을 공급받지 아니하고 계산서를 발급받은 경우 그 계산서를 발급하거나 발급받은 자를 사업자로 보고 그 계산서에 적힌 공급가액의 2%를 그 계산서를 발급하거나 발급받은 자에게 사업자등록증을 발급한 세무서장이 가산세로 징수한다(소법 81의10 ②).

⑵ 지급명세서 제출 불성실 가산세

지급명세서 또는 간이지급명세서를 제출하여야 할 자가 지급명세서 또는 간이지급명세서를 기한까지 제출하지 아니한 경우 및 제출된 지급명세서등이 불분명하거나 제출된 지급명세서등에 기재된 지급금액이 사실과 다른 경우에는 법 소정의 가산세를 해당 과세기간의 종합소득 결정세액에 더하여 납부하여야 한다. 다만, 세금우대자료 미제출가산세(조특법 90의2)가 부과되는 분에 대해서는 그러하지 아니하다(소법 81의11 ①).

구 분	가산세 내용
㉠ 지급명세서	• 제출하지 아니한 분의 지급금액×100분의 1(제출기한이 지난 후 3개월 이내에 제출하는 경우 지급금액의 1천분의 5) 다만, 일용근로소득에 대한 지급명세서의 경우에는 제출하지 아니한 분의 지급 금액의 1만분의 25(제출기한이 지난 후 1개월 이내에 제출하는 경우 지급금액의 10만분의 125) • 불분명하거나 사실과 다른 분의 지급금액×100분의 1(일용근로소득에 대한 지급명세서의 경우 불분명하거나 사실과 다른 분의 지급금액의 1만분의 25
㉡ 간이지급명세서	• 제출하지 아니한 분의 지급금액×1만분의 25(제출기한이 지난 후 1개월 이내에 제출하는 경우 지급금액의 10만분의 125)* • 불분명하거나 사실과 다른 분의 지급금액×1만분의 25

* 2026년 1월 1일부터 2026년 12월 31일(원천징수세액을 반기별로 납부하는 원천징수의무자는 2027년 12월 31일)까지 일용근로자가 아닌 근로자에게 근로소득을 지급하고 해당 소득에 대한 간이지급명세서를 그 소득 지급일(근로소득 원천징수특례에 해당하는 소득은 해당 소득에 대한 과세연도 종료일)이 속하는 반기의 마지막 달의 다음 달 말일(휴업, 폐업 또는 해산한 경우에는 휴업일, 폐업일 또는 해산일이 속하는 반기의 마지막 달의 다음 달 말일)까지 제출하는 경우에는 간이지급명세서 미제출 가산세를 부과하지 아니한다.

⑶ 증명서류 수취 불성실 가산세

사업자(소규모사업자 및 소득금액이 추계되는 자를 제외함)가 사업과 관련하여 다른 사업자(법인을 포함)로부터 재화 또는 용역을 공급받고 세금계산서 등 법정증명서류를 받지 아니하거나 사실과 다른 증명서류를 받은 경우에는 다음의 금액을 가산세로 부과한다. 다만, 공급받은 재화 또는 용역의 거래건당 금액(부가가치세 포함)이 3만원 이하인 경우 등 일정한 경우에는 이를 적용하지 아니한다(소법 81의6).

가산세액 = 그 받지 아니하거나 사실과 다르게 받은 금액 × 2%

⑷ 영수증수취명세서제출 · 작성 불성실 가산세

다음에 해당하는 사업자(소규모사업자[87] 및 소득금액이 추계되는 자는 제외함)는 다음의 금액을 가산세로 해당 과세기간의 종합소득 결정세액에 더하여 납부하여야 한다(소법 81).

① 영수증수취명세서를 과세표준 확정신고기한까지 제출하지 아니한 경우

② 제출한 영수증수취명세서가 불분명하다고 인정되는 경우 : 제출된 영수증수취명세서에 거래상대방의 상호, 성명, 사업자등록번호(주민등록번호로 갈음하는 경우에는 주민등록번호), 거래일 및 지급금액을 기재하지 아니하였거나 사실과 다르게 기재하여 거래사실을 확인할 수 없는 경우

가산세액 = 그 제출하지 아니한 분의 지급금액 또는 불분명한 분의 지급금액 × 1%

⑸ 사업장현황신고불성실가산세 및 공동사업장등록 · 신고불성실가산세

사업자가 사업자현황신고를 불성실(미신고 포함)하게 하거나 공동사업자등록을 불성실(미신고 포함)하게 하는 경우 다음의 금액을 결정세액에 가산한다(소법 81의3, 81의4).

---

87) 소규모사업자란 다음의 어느 하나에 해당하는 사업자를 말한다(소령 132 ④).
① 해당 과세기간에 신규로 사업을 개시한 사업자
② 직전 과세기간의 사업소득의 수입금액이 4천800만원에 미달하는 사업자
③ 연말정산 대상 사업소득만 있는 사업자

구 분	내 용
사업장현황신고 불성실가산세	사업자(의료업, 수의업 및 약사에 관한 업을 행하는 사업자를 말함)가 사업장현황신고를 하지 아니하거나 신고하여야 할 수입금액(겸영사업자가 면세사업 수입금액 등을 신고하여 그 면세사업등에 대하여 사업장 현황신고를 한 것으로 보는 경우 면세사업등 수입금액)에 미달하게 신고한 경우
	가산세액 : 그 신고하지 아니한 수입금액 또는 미달하게 신고한 수입금액의 × 0.5%
공동사업장등록·신고불성실 가산세	① 공동사업자가 사업자등록을 하지 아니하거나 공동사업자가 아닌 자가 공동사업자로 거짓으로 등록한 때
	가산세액 : 등록하지 아니하거나 거짓등록에 해당하는 각 과세기간의 총수입금액 × 0.5%
	② 공동사업자가 사업자등록시 신고하여야 할 내용을 신고하지 아니하거나 거짓으로 신고한 경우로서 다음의 경우 ㉠ 공동사업자가 아닌 자를 공동사업자로 신고하는 때 ㉡ 출자공동사업자에 해당하는 자를 신고하지 아니하거나 출자공동사업자가 아닌 자를 출자공동사업자로 신고하는 때 ㉢ 손익분배비율을 공동사업자 간에 약정된 내용과 다르게 신고하는 때 ㉣ 공동사업자·출자공동사업자 또는 약정한 손익분배비율이 변동된 경우 변동신고를 하지 아니한 때
	가산세액 : 신고하지 아니하거나 거짓신고에 해당하는 각 과세기간의 총수입금액 × 0.1%

⑹ 장부의 기록·보관 불성실 가산세 및 사업용계좌 신고·사용 불성실 가산세

사업자가 세법에 따른 장부를 비치하지 아니하거나 사업용계좌를 사용하지 않은 경우 다음의 금액을 결정세액에 가산한다(소법 81의5, 81의8).

구 분	내 용
장부의 기록·보관 불성실 가산세	사업자(소규모사업자를 제외함)가 장부를 비치·기록하지 아니하였거나 비치·기장한 장부에 의한 소득금액이 기장하여야 할 금액에 미달한 때
	가산세액 $= \text{종합소득 산출세액} \times \dfrac{\text{무기장 또는 미달기장한 소득금액}}{\text{종합소득금액}} \times 20\%$
사업용계좌 신고·사용 불성실 가산세	① 사업용계좌의 사용의무가 있는 복식부기의무자가 사업용계좌를 사용하지 아니한 때
	가산세액 : 사업용계좌를 사용하지 아니한 금액 × 0.2%
	② 복식부기의무자가 사업용계좌를 신고하지 아니한 경우
	가산세액 : Max[㉠, ㉡] ㉠ 사업용계좌 미신고기간의 수입금액×0.2% ㉡ 사업용계좌 사용대상인 거래금액 합계액×0.2%

● 사업자의 장부 비치 · 기장의무 및 혜택

구 분	내 용	기장세액공제	가산세
간편장부 대상자	㉠ 신규로 사업을 개시한 사업자 ㉡ 직전연도의 수입금액(결정 또는 경정에 의하여 증가된 수입금액을 포함)의 합계액이 업종별 일정규모 미만의 사업자	복식부기에 의한 장부 : 20%	20% (소규모사업자 제외)
복식부기 의무자	간편장부대상자 이외의 사업자를 말하며, 소득금액을 계산할 수 있도록 증명서류 등을 비치하고 그 사업에 관한 모든 거래사실이 객관적으로 파악될 수 있도록 복식부기에 의하여 장부에 기록 · 관리하여야 한다.	해당 없음	20%*

* 국세기본법상 무신고가산세와 장부의 기록 · 보관 불성실 가산세가 동시에 적용되는 경우에는 그 중 큰 금액에 해당하는 가산세만을 적용하고, 가산세액이 같은 경우에는 국세기본법상 무신고가산세를 적용한다.

● 사업용계좌의 신고 및 사용의무

복식부기의무자는 사업과 관련하여 재화 또는 용역을 공급받거나 공급하는 거래의 경우로서 다음의 어느 하나에 해당하는 때에는 사업용계좌를 사용하여야 하며, 복식부기의무자에 해당하는 과세기간의 개시일(사업 개시와 동시에 복식부기의무자에 해당되는 경우에는 다음 과세기간 개시일)부터 6개월 이내에 사업용계좌를 해당 사업자의 사업장 관할세무서장에게 신고하여야 한다.

① 거래의 대금을 금융회사등을 통하여 결제하거나 결제받는 경우
② 인건비 및 임차료를 지급하거나 지급받는 경우. 다만, 인건비를 지급하거나 지급받는 거래 중에서 거래 상대방의 사정으로 사업용계좌를 사용하기 어려운 것으로서 법령으로 정하는 거래는 제외한다.

● 경정 등의 경우 가산세 적용특례

사업자가 납세지 관할세무서장등의 결정 · 경정 또는 국세기본법에 따른 수정신고로 인하여 수입금액이 증가함으로써 간편장부대상자에 해당되지 아니하게 되는 경우에는 확정신고시 필수적 첨부서류의 제출 및 사업용 계좌의 신고 및 사용의무에 관한 규정을 적용할 때 그 결정 · 경정 또는 수정신고하는 날이 속하는 과세기간까지는 간편장부대상자로 본다. 다만, 결정 · 경정 또는 수정신고하는 날이 속하는 과세기간이전에 복식부기의무자로 전환된 경우에는 복식부기의무자로 전환된 과세기간의 직전과세기간까지는 간편장부대상자로 본다.

(7) 신용카드 발급 불성실 가산세

신용카드가맹점이 신용카드에 의한 거래를 거부하거나 신용카드매출전표를 사실과 다르게 발급하여 납세지 관할 세무서장으로부터 통보받은 경우에는 통보받은 건별 거부금액 또는 신용카드매출전표를 사실과 다르게 발급한 금액(건별로 발급하여야 할 금액과

의 차액을 말한다)의 5%(건별로 계산한 금액이 5천원 미만이면 5천원으로 한다)를 가산세로 해당 과세기간의 종합소득 결정세액에 더하여 납부하여야 한다(소법 81의9 ①).

⑻ 현금영수증 발급 불성실 가산세

사 유	가산세액
① 현금영수증가맹점으로 가입하지 아니하거나 그 가입기한이 지나서 가입한 경우	가맹점으로 가입하지 아니한 각 과세기간의 수입금액 × 1%
② 현금영수증 발급을 거부하거나 사실과 다르게 발급하여 납세지 관할 세무서장으로부터 신고금액을 통보받은 경우(현금영수증의 발급대상 금액이 건당 5천원 이상인 경우만 해당)	통보받은 건별 발급 거부 금액 또는 사실과 다르게 발급한 금액(건별로 발급하여야 할 금액과의 차액을 말한다) × 5%
③ 건당 거래금액(부가가치세액 포함)이 10만원 이상인 재화 또는 용역을 공급하고 그 대금을 현금으로 받은 경우 상대방이 현금영수증 발급을 요청하지 아니하더라도 현금영수증을 발급할 의무가 있는 사업자가 현금영수증을 발급하지 아니한 경우	미발급금액 × 20%(착오나 누락으로 인하여 거래대금을 받은 날부터 10일 이내에 관할세무서에 자진 신고하거나 현금영수증을 자진 발급한 경우 : 10%)

⑼ 기부금영수증 발급 · 작성 · 보관 불성실 가산세

기부금을 필요경비 또는 손금에 산입하거나, 기부금세액공제를 받기 위하여 필요한 기부금영수증(전자기부금영수증 포함)을 발급하는 거주자 또는 비거주자가 다음의 어느 하나에 해당하는 경우에는 가산세를 해당 과세기간의 종합소득 결정세액에 더하여 납부하여야 한다(소법 81의7).

사 유	가산세액
① 기부금영수증의 기부금액을 사실과 다르게 적어 발급한 경우	사실과 다르게 발급한 금액 × 5%
② 기부자의 인적사항 등을 사실과 다르게 적어 발급하는 경우	기부금영수증에 적힌 금액 × 5%
③ 기부자별 발급명세를 작성 · 보관하지 아니한 경우	그 작성 · 보관하지 아니한 금액 × 0.2%

⑽ 성실신고확인서 제출 불성실 가산세

성실신고확인대상사업자가 그 과세기간의 다음 연도 6월 30일까지 성실신고확인서를 납세지 관할세무서장에게 제출하지 아니한 경우에는 다음의 금액을 가산세로 부과한다(소법 81의2).

$$\text{가산세액} = \text{Max}[①, ②]$$

$$① \text{ 종합소득 산출세액} \times \frac{\text{사업소득금액}}{\text{종합소득금액}} \times 5\%$$

$$② \text{ 사업소득 총수입금액} \times 0.02\%$$

⑾ 특정외국법인의 유보소득 계산명세서 제출불성실가산세

국제조세조정에 관한 법률에 따른 특정외국법인의 유보소득 계산 명세서를 제출하여야 하는 거주자가 그 제출기한까지 제출하지 아니하거나 제출한 명세서의 전부 또는 일부를 적지 아니하는 등 제출한 명세서가 불분명한 경우에 해당할 때에는 해당 특정외국법인의 배당 가능한 유보소득금액의 0.5%에 해당하는 금액을 가산세로 해당 과세기간의 결정세액에 더하여 납부하여야 한다(소법 81의12).

⑿ 주택임대사업자 미등록 가산세

주택임대소득이 있는 사업자(분리과세 주택임대소득만 있는 사업자 포함)가 사업개시일부터 20일 이내에 사업자등록을 신청하지 아니한 경우에는 사업개시일부터 등록을 신청한 날의 직전일까지의 주택임대수입금액의 0.2%에 해당하는 금액을 해당 과세기간의 종합소득 결정세액에 더하여 납부하여야 한다(소법 81의13).

⒀ 업무용승용차 관련 비용 명세서 제출 불성실 가산세

업무용승용차 관련 비용 등을 필요경비에 산입한 복식부기의무자가 업무용승용차 관련 비용 등에 관한 명세서를 제출하지 아니하거나 사실과 다르게 제출한 경우에는 다음의 금액을 가산세로 해당 과세기간의 종합소득 결정세액에 더하여 납부하여야 한다(소법 제81조의14).

① 미제출 : 업무용승용차 관련 비용 등으로 필요경비에 산입한 금액 × 1%

② 사실과 다르게 제출 : 업무용승용차 관련 비용 등으로 필요경비에 산입한 금액 중 해당 명세서에 사실과 다르게 적은 금액 × 1%

⒁ 감정가액 또는 환산취득가액 적용에 따른 가산세(양도소득세에 한함)

거주자가 건물을 신축 또는 증축(증축의 경우 바닥면적 합계가 85㎡를 초과하는 경우에 한정함)하고 그 건물의 취득일 또는 증축일부터 5년 이내에 해당 건물을 양도하는 경우로서 감정가액 또는 환산취득가액을 그 취득가액으로 하는 경우에는 해당 건물의 감정가액(증축의 경우 증축한 부분에 한정함) 또는 환산취득가액(증축의 경우 증축한 부분에 한정함)의 5%에 해당하는 금액을 양도소득 결정세액에 더한다. 이 가산세는 양도소득 산출세액이 없는 경우에도 적용한다(소법 114의2 ①, ②).

⒂ 기장불성실가산세(양도소득세에 한함)

법인(중소기업을 포함)의 대주주가 양도하는 주식 또는 출자지분에 대하여 거래명세 등을 기장(記帳)하지 아니하였거나 누락하였을 때에는 다음의 금액을 산출세액에 더한다(소법 115).

① 산출세액이 있는 경우

$$\text{가산세액} = \text{양도소득 산출세액} \times \frac{\text{무기장 또는 누락한 소득금액}}{\text{양도소득금액}} \times 10\%$$

② 산출세액이 없는 경우

가산세액 = 그 거래금액 × 1만분의 7 (0.07%)

3. 명령사항 위반에 대한 과태료

관할 세무서장은 다음의 어느 하나에 해당하는 명령사항을 위반한 사업자에게 2천만원 이하의 과태료를 부과 · 징수한다(소법 177).

① 신용카드에 의한 거래를 거부하거나 신용카드매출전표를 사실과 다르게 발급한 신용카드가맹점에 대한 명령

② 현금영수증 발급 요령, 현금영수증가맹점 표지 게시방법 등 현금영수증가맹점으로 가입한 사업자가 준수하여야 할 사항과 관련한 현금영수증가맹점에 대한 명령

③ 용역제공자에 관한 과세자료를 제출하여야 할 자가 과세자료를 제출하지 아니하거나 사실과 다르게 제출한 경우 과세자료를 제출하여야 할 자(법인을 포함)에 대한 국세청장의 명령

④ 가상자산 과세자료를 제출해야 할 자에 대한 명령 개정

객 관 식 문 제

▶ 제10장 소득세 납세절차

1 소득세 납세절차와 관련된 다음 설명 중 옳지 않은 것은?

① 11월분 급여를 12월 31일까지 지급하지 아니한 경우에는 원천징수의무자는 12월 31일을 지급시기로 의제하여 근로소득에 대한 소득세를 원천징수하여야 한다.

② 부가가치세법상 사업자가 부가가치세 예정신고 또는 확정신고를 한 경우에는 사업장현황신고를 하지 않아도 된다.

③ 성실신고확인대상사업자가 성실신고확인서를 제출하는 경우에는 종합소득 과세표준 확정신고를 그 과세기간의 다음 연도 6월 30일까지 하여야 한다.

④ 신규사업자의 소득금액을 추계결정하는 경우에는 단순경비율방법에 의한다.

해설

신규사업자 중 해당 과세기간의 수입금액이 간편장부대상자 기준에 해당하는 사업자에 한하여 단순경비율법에 의해 소득금액을 추계결정한다.

2 소득세 신고납부절차에 대한 다음 설명 중 잘못된 것은?

① 소득세 중간예납은 사업소득이 있는 거주자에게만 적용되며, 고지납부를 원칙으로 한다.

② 원천징수 대상 근로소득과 분리과세대상인 2,000만원 이하의 이자소득만 있는 거주자는 연말정산과 원천징수에 의해 납세의무가 종결되므로 종합소득세 확정신고를 할 필요가 없다.

③ 양도소득세 과세대상이 되는 부동산을 양도한 거주자가 양도일이 속하는 달의 말일부터 2월 이내에 양도소득과세표준 예정신고를 하지 않더라도 가산세는 부과되지 않는다.

④ 근로소득(일용근로소득은 제외)만 있는 자라 하더라도 그 원천징수의무자가 연말정산에 의하여 소득세를 납부하지 않은 경우에는 확정신고의무가 면제되지 않는다.

해설

양도소득세 과세대상이 되는 부동산을 양도한 거주자가 양도일이 속하는 달의 말일부터 2월 이내에 양도소득과세표준 예정신고를 하지 않으면 무신고가산세가 부과된다.

3 종합소득 과세표준 확정신고에 대한 다음 설명 중 잘못된 것은?

① 해당 과세기간의 종합소득금액이 있는 거주자는 그 종합소득 과세표준을 해당 과세기간의 다음 연도 5월 1일부터 5월 31일까지 납세지 관할세무서장에게 신고하여야 한다.

② 사업소득금액을 비치·기록된 장부와 증명서류에 의해 계산한 경우에는 기업회계기준을 준용하여 작성한 재무상태표·손익계산서와 그 부속서류 및 합계잔액시산표와 조정계산서를 첨부하여야 한다.

③ 조정계산서는 사업자가 비치·기장한 장부 또는 증명서류에 의해 세무사(세무사인 공인회계사 포함)가 작성하여야 한다.

④ 종합소득과세표준확정신고는 해당 과세기간의 과세표준이 없거나 결손금이 있는 때에도 하여야 한다.

해설

조정계산서는 사업자가 비치·기록한 장부 또는 증명서류에 의해 스스로 작성(자기조정)하는 것이 원칙이다.

4 소득세법상 거주자 중 반드시 과세표준확정신고를 하여야 하는 자는? 2018년 국가직 7급

① 수시부과 후 추가로 발생한 소득이 없는 자

② 공적연금소득만 있는 자

③ 분리과세이자소득만 있는 자

④ 원천징수대상이 아닌 사업소득만 있는 자

해설

원천징수대상이 아닌 사업소득만 있는 자는 반드시 과세표준확정신고를 하여야 한다.

정답	1	④	2	③	3	③	4	④

제 5 편

부가가치세법

1 부가가치세의 개요

제 1 절 | 부가가치세의 개요

1. 부가가치세의 의의

부가가치세(Value Added Tax : VAT)란 재화나 용역이 생산되거나 유통되는 모든 거래단계에서 생성되는 부가가치를 과세대상으로 하는 간접세를 말한다. 즉, 부가가치세는 재화나 용역의 최종 소비자가 부담하게 되며, 생산자나 유통업자는 단순히 세금을 중간에서 징수하여 납부하는 역할만을 담당하게 된다.

2. 부가가치세의 산정방식

부가가치세의 과세대상이 되는 부가가치의 계산방법에는 ① 가산법(Addition method), ② 전단계거래액공제법(Subtraction method) 및 ③ 전단계세액공제법(Invoice method)의 세 가지가 있다.

(1) 가산법

가산법에 의한 부가가치는 임금 · 지대 · 이자 및 이윤의 합계액이다. 부가가치에 적용세율을 곱하여 부가가치세를 계산한다.

부가가치세 납부세액 = 부가가치(임금 + 지대 + 이자 + 이윤) × 적용세율

(2) 전단계거래액공제법

전단계거래액공제법은 매출액에서 매입액을 공제한 부가가치에 적용세율을 곱하여 납부할 부가가치세를 계산한다.

부가가치세 납부세액 = (매출액 − 매입액) × 적용세율

⑶ 전단계세액공제법

전단계세액공제법은 매출액(공급가액)에 적용세율을 곱하여 계산한 매출세액에서 매입액에 적용세율을 곱하여 계산한 매입세액을 공제하여 납부할 부가가치세를 산출한다. 전단계세액공제법에서 매입세액(매입액×적용세율)을 공제받기 위해서는 거래징수된 사실을 증명하는 적법한 세금계산서(Invoice)가 필요하기 때문에 이를 송장방법(Invoice Method)이라고도 한다. 현재 우리나라에서 사용하고 있는 부가가치세 산정방식은 전단계세액공제법이다.

> 부가가치세 납부세액 = (매출액 × 적용세율) − (매입액 × 적용세율) = 매출세액 − 매입세액

전단계세액공제법을 채택하면 다음과 같은 장점이 있기 때문에 우리나라를 포함한 대부분의 국가에서는 이 방법을 채택하고 있다.

① 매출액에 적용하는 세율을 매입액에 적용하는 세율과 달리 적용할 수 있어 특정 품목에 대하여 매출세액을 경감시켜주는 등 조세정책적인 관점에서 유리하다.

② 세금계산서를 발급받지 않으면 매입세액을 공제받지 못하기 때문에 세금계산서의 발급 및 수수를 유도할 수 있고, 따라서 부가가치세·소득세 및 법인세 등의 세원포착에 유리하다.

③ 거래시 발급하고, 발급받는 세금계산서에 공급가액과 부가가치세가 구분표시되어 있기 때문에 부가가치세의 전가가 명확하게 인식될 수 있다.

예제 1-1 | 부가가치세 계산방법의 비교(세율 10%의 경우) 

가산법·전단계거래액공제법 및 전단계세액공제법을 생산자·도매업자·소매업자가 개입되어 있는 상황을 가정하여 예시하면 다음과 같다.

구 분	생산자	도매업자	소매업자	합계
Ⅰ. 가 산 법				
① 임 금	300	600	400	1,300
② 지 대	100	200	40	340
③ 이 자	50	150	40	240
④ 이 윤	50	50	20	120
⑤ 부가가치(① + ② + ③ + ④)	500	1,000	500	2,000
⑥ 부가가치세(⑤×10%)	50	100	50	200

구　분	생산자	도매업자	소매업자	합계
Ⅱ. 전단계거래액공제법				
① 매 출 액	500	1,500	2,000	4,000
② 매 입 액	0	500	1,500	2,000
③ 부가가치(① - ②)	500	1,000	500	2,000
④ 부가가치세(③×10%)	50	100	50	200
Ⅲ. 전단계세액공제법				
① 매 출 액	500	1,500	2,000	4,000
② 매출세액(①×10%)	50	150	200	400
③ 매 입 액	0	500	1,500	2,000
④ 매입세액(③×10%)	0	50	150	200
⑤ 부가가치세(② - ④)	50	100	50	200
거래시 수수하는 금액	500 + 50	1,500 + 150	2,000 + 200	

상기 사례에서 우리나라가 채택하고 있는 전단계세액공제법에 의한 생산자 · 도매업자 · 소매업자 및 최종소비자의 납부할 세액과 부담하는 세액은 다음과 같다.

	생산자	도매업자	소매업자	최종소비자
납부할 세액	50	100	50	–
부담하는 세액	–	–	–	200

1) 생산자

생산자는 도매업자에게 매출할 때 매출액 ₩500의 10%에 해당하는 ₩50의 매출세액을 도매업자로부터 거래징수하여 납부한다. 그러나 납부할 세액 ₩50은 생산자가 부담하는 것이 아니라 도매업자에게 거래징수한 금액 중 일부라는 점에서 자기단계에서 창출한 부가가치 ₩500에 대한 부가가치세를 도매업자에게 전가한 것이라 할 수 있다.

2) 도매업자

도매업자는 소매업자에게 매출할 때 매출액 ₩1,500의 10%에 해당하는 ₩150의 매출세액을 소매업자로부터 거래징수하여, 자기가 거래징수당한 매입액 ₩500의 10%에 해당하는 ₩50의 매입세액을 공제한 ₩100을 납부한다. 그러나 납부할 세액 ₩100은 도매업자가 부담하는 것이 아니라 소매업자에게 거래징수한 금액 중 일부라는 점에서 자기단계에서 창출한 부가가치 ₩1,000(₩1,500 – ₩500)에 대한 부가가치세를 소매업자에게 전가한 것이라 할 수 있다.

3) 소매업자

소매업자는 최종소비자에게 매출할 때 매출액 ₩2,000의 10%에 해당하는 ₩200의 매출세액을 최종소비자로부터 거래징수하여, 자기가 거래징수당한 매입액 ₩1,500의 10%에 해당하는 ₩150의 매입세액을 공제한 ₩50을 납부한다. 그러나 납부할 세액 ₩50은 소매업자가 부담하는 것이 아니라 최종소비자에게 거래징수한 금액 중 일부라는 점에서 자기단계에서 창출한 부가가치 ₩500(₩2,000 – ₩1,500)에 대한 부가가치세를 최종소비자에게 전가한 것이라 할 수 있다.

4) 최종소비자

최종소비자는 ₩2,000을 매입하면서 ₩200의 부가가치세를 거래징수 당하였지만 자기단계에서 부가가치를 창출하지 않기 때문에 부가가치세를 납부할 의무가 없다. 즉, 최종소비자는 ₩200에 해당하는 부가가치세를 부담하였는데 이는 생산자 · 도매업자 및 소매업자가 각각 자기단계에서 창출한 부가가치 ₩500, ₩1,000, ₩500의 10%에 해당하는 부가가치세 ₩50, ₩100, ₩50의 합계액이다.

3. 부가가치세의 경제적 효과

국가는 재정수입을 확보하기 위하여 불가피하게 조세를 징수한다. 이 때 각종 조세의 장단점을 고려하여 합리적인 배합을 선택하는 것이 조세정책의 중요한 과제이다. 조세정책적 관점에서 부가가치세는 다음과 같은 긍정적인 면과 부정적인 면을 가지고 있다.

(1) 긍정적인 효과

1) 세수의 안정적 확보

부가가치세는 국내의 부가가치 총액에 대하여 일정률을 부과하기 때문에 국내경제가 성장하여 국민총생산이 늘어남에 따라 그 세수도 증가하게 된다. 또한 경제여건에 따라 변동이 심한 기간이익에 부과하지 않고 매출액에 부과하므로 세수의 안정화를 기할 수 있다.

2) 저축의 촉진

부가가치세는 소비행위에 대해서 과세하므로 소비를 억제시켜 저축을 증대시키는 역할을 수행할 수 있다.

3) 조세의 중립성 확보

부가가치세는 매출액을 기준으로 산정되기 때문에 기업의 자본집약도 또는 자본조달방법에 따른 영향을 받지 아니한다. 즉, 부가가치세는 기업의 자본집약도 또는 자본조달방법에 영향을 미치지 않는 조세의 중립성을 확보하고 있다고 할 수 있다. 그러나 소득세 또는 법인세의 경우 자본집약도 또는 자본조달방법에 따른 영향을 받기 때문에, 소득세 또는 법인세는 기업의 자본집약도 또는 자본조달방법에 영향을 미친다고 할 수 있다.

4) 자원의 효율적 배분 촉진

소득세나 법인세의 경우 과세소득의 계산에 있어서 필요경비나 손금을 인정하게 된다. 따라서 필요경비나 손금으로 인정받기 위하여 불필요한 지출을 함으로써 자원의 낭비를 가져올 여지가 있다. 이에 비해 부가가치세는 기업에서 사용한 필요경비나 손금의 크기와 관계없이 매출액에 대해서 부과하므로 불필요한 지출을 조장하지 않는다. 이러한 관점에서 부가가치세는 자원의 효율적 배분을 촉진하는 것으로 주장되고 있다.

5) 수출의 촉진

부가가치세는 수출하는 재화 등에 대해서 차별적인 세율을 적용함으로써 수출을 촉진하는 장점을 지닌다. 특히 현재와 같이 수출하는 재화에 대해서 영세율을 적용할 경우 원재료에 대한 매입세액을 전액 환급하여 주기 때문에 수출에 대한 국제경쟁력을 제고하는 데 크게 이바지하게 된다.

6) 탈세의 방지

부가가치세는 매출세액에서 전단계까지 납부한 매입세액을 공제하여 납부세액을 확정하는데, 전단계에서 납부한 세액을 공제받기 위해서는 거래자로부터 적법한 세금계산서를 발급받아야 한다. 이러한 방식으로 서로 세금계산서를 주고받게 되면, 소득세와 법인세의 세원포착이 가능하기 때문에 탈세행위를 방지하는 효과가 있다.

(2) 부정적인 효과

1) 인플레이션의 촉진

부가가치세는 매출액에 대해서 부과하기 때문에 매출가격이 상승하게 되면, 이에 상당하는 세금부담의 증가를 가져와 전반적인 소비자의 부담이 가중되고 물가상승이 촉진된다. 한편 이러한 현상 때문에 불필요하게 많은 세금이 징수될 수도 있다.

2) 경기조절기능의 부재

소득세나 법인세의 주요한 장점은 내재적 안정장치로 인하여 경기조절기능이 있다는 것이다. 경기조절기능이란 소득세나 법인세의 경우 경기가 활황일 때에는 증가된 소득에 대하여 누진적으로 높은 소득세 또는 법인세를 부과하여 투자의욕을 감퇴시키고, 불황일 때에는 낮은 세율을 적용시켜 투자의욕을 제고할 수 있다는 점을 말한다. 그러나 부가가치세의 경우 단일세율체계를 유지하고 있기 때문에 이러한 경기조절기능이 없다.

3) 이윤이 낮은 산업에 대한 피해

부가가치세는 매출이익률에 상관없이 매출액에 일정률을 부과하기 때문에 이윤율이 낮은 기업에 대해서 상대적으로 무거운 부담을 준다. 따라서 새로운 제품을 가지고 시장진출을 하는 중소기업의 등장에 방해요인이 될 수 있다.

4) 조세부담의 역진성

조세부담의 누진성 또는 역진성의 판단기준은 소득에서 세금이 차지하는 비율이 어떠한 형태인가 하는 것이다. 부가가치세를 비롯한 간접세는 소득에 비해서 역진적인 것으로 평가되고 있다. 이는 소득이 낮을수록 필수적인 소비금액이 소득에서 차지하는 비중이 높아지기 때문에, 소비에 따른 부가가치세부담을 소득으로 나눈 조세부담률은 저소득층일수록 더 높게 나타난다. 이러한 역진성을 완화하기 위해서는 기초 생활필수품에 대해서는 부가가치세를 면제하고, 고소득자들이 주로 사용하는 사치품에 대해서는 개별소비세를 별도로 과세하는 등의 보완조치가 필요하다.

4. 국경세의 조정

무역거래에서 수출하는 재화에 대하여 이를 생산하여 수출하는 원산지국에서 부가가치세를 과세하고 또한 이를 수입하여 소비하는 국가에서도 부가가치세를 부과한다면 부가가치세가 거래의 장애요소가 될 수 있다. 따라서 세계각국에서는 무역거래에 대하여 국경세를 조정하고 있다. 국경세를 조정하는 방법으로는 소비지국 과세원칙과 원산지국 과세원칙이 있다. 이는 국가간의 수출입 재화에 대하여 이를 생산하는 수출국에서 부가가치세를 부과할 것인가 아니면 이를 수입하여 소비하는 수입국에서 부과할 것인가에 대한 기준이 된다.

(1) 소비지국 과세원칙

소비지국 과세원칙(destination principle)이란 재화의 소비지국에서 부가가치세를 부과하며, 재화의 생산지국에서는 이를 부과하지 않는 방법을 말한다. 소비지국 과세원칙에 따르면 수출하는 재화는 수출국에서 과세하지 않으며, 이를 소비하는 수입국에서 과세한다. 따라서 수출하는 재화는 과세하지 않으며 수입하는 재화는 과세한다. 우리나라는 소비지국 과세원칙을 채택하고 있다.

소비지국 과세원칙을 채택하면 국가간에 부가가치세율이 다를 경우에도 수입하는 재화와 국내생산 재화에 대하여 동일한 세율을 적용할 수 있다는 장점이 있다.

(2) 원산지국 과세원칙

원산지국 과세원칙(origin principle)이란 재화의 생산지에서 부가가치세를 부과하며, 재화의 소비지에서는 이를 부과하지 않는 방법을 말한다. 원산지국 과세원칙에 따르면 수출하는 재화는 생산지에서 과세하며, 이를 소비하는 수입국에서 과세하지 않는 것이다. 따라서 수출하는 재화는 과세하며 수입하는 재화는 과세하지 아니한다.

5. 우리나라 부가가치세의 특징

우리나라 부가가치세는 다음과 같은 특징을 가지고 있다.

(1) 간접세

우리나라의 부가가치세는 납세의무자와 담세자가 서로 다른 간접세이다. 즉, 부가가치세를 부담하는 담세자는 최종소비자이지만 납세의무자는 부가가치세가 과세되는 재화 또는 용역을 공급하는 사업자이다.

(2) 물세(物稅)

우리나라의 부가가치세는 과세대상의 주체에 의한 분류에 따르면 인세(人稅)와 물세 중 물세라고 할 수 있다. 인세(Personal Tax)란 수입이나 재산이 귀속되는 사람을 중심으로 담세력을 고려하여 부과하는 조세를 말하며, 물세(In rem Tax)란 각 사람의 담세력을 고려하지 않고 수입이나 재산 그 자체에 대하여 부과하는 조세를 말한다. 부가가치세는 소득에 대하여 부과하는 것이 아니라 매출액을 기준으로 부과하기 때문에 담세력을 고려하지 않은 물세라고 할 수 있다.

(3) 일반소비세

부가가치세는 부가가치세법상 면제되는 재화 또는 용역의 공급을 제외하고는 원칙적으로 모든 재화 또는 용역의 공급이 과세대상이다. 따라서 호화사치품 등 특정 소비에 대하여만 과세하는 개별소비세 등과는 다르다.

(4) 전단계세액공제법

우리나라의 부가가치세법은 전단계세액공제법을 채택하고 있다. 즉, 납부할 부가가치세는 매출세액(공급가액×적용세율)에서 적법하게 발급받은 매입세금계산서에 의해 증명되는 매입세액을 공제하여 계산한다. 따라서 매입할 때 부가가치세가 거래징수되었다고 하여도 적법한 세금계산서를 발급받지 않으면 매입세액을 공제받을 수 없다.

전단계세액공제법에 의하면 매출세액을 거래징수하고 부담한 매입세액을 공제받기 때문에 사업자는 부가가치세를 부담하지 않으며, 자기단계에서 창출한 부가가치에 대하여 납세의무를 질 뿐이다.

(5) 소비지국 과세원칙

우리나라의 부가가치세법은 국경세의 조정에 있어 소비지국 과세원칙(destination principle)을 채택하고 있다. 즉, 수출하는 재화는 부가가치세를 과세하지 않으며(영세율), 수입하는 재화는 부가가치세를 과세한다.

제 2 절 | 납세의무자

1. 개 요

부가가치세는 거래단계에서 사업자가 징수하여 납부하는 간접세이다. 따라서 부가가치세의 납세의무자는 거래징수하는 사업자가 되며, 부가가치세를 실질적으로 부담하는 사람은 최종소비자가 된다. 부가가치세를 납부하여야 할 의무가 있는 자를 과세사업자라 하며, 면세사업자와 비사업자는 부가가치세를 납부할 의무가 없다. 과세사업자는 매출규모에 따라 다시 일반과세자와 간이과세자로 구분된다.

▶ **표 1-1** 납세의무자의 구분

과세대상	공급주체	과세 · 면세 여부	납세의무자의 구분	과세여부
재화 · 용역의 공급	사 업 자	과 세	과세사업자*1 (일반과세자 · 간이과세자)	○
		면 세	면세사업자*2	×
	비사업자	과세 또는 면세	–	×
재화의 수입	–	과 세	수입하는 자(사업자 · 비사업자)*3	○
		면 세	–	×

*1 과세사업자는 일반과세자와 간이과세자(직전 1년간 공급대가가 1억 400만원에 미달하는 소규모 사업자)로 구분한다. 일반과세자는 매출세액에서 매입세액을 차감하여 납부세액을 계산하지만 간이과세자는 납세편의를 위해 간편한 납부세액 계산방식을 적용한다.

*2 면세대상 재화 또는 용역을 공급하는 사업자는 부가가치세법상 사업자가 아니며, 부가가치세의 납세의무를 지지 아니한다.

*3 재화의 수입에 대한 부가가치세는 세관장이 관세징수의 예에 의하여 수입자로부터 징수한다.

2. 납세의무자의 요건

사업자 또는 재화를 수입하는 자로서 개인, 법인(국가 · 지방자치단체와 지방자치단체조합을 포함), 법인격이 없는 사단 · 재단 또는 그 밖의 단체는 부가가치세를 납부할 의무가 있다(부가법 3). 부가가치세 납세의무자의 요건을 구체적으로 설명하면 다음과 같다.

(1) 영리목적 여부와는 무관하다

부가가치세의 납세의무자는 사업목적이 영리이든 비영리이든 관계없이 사업상 독립적으로 재화 또는 용역을 공급하는 사업자를 말한다. 따라서 개인, 법인(국가 · 지방자치단체 및 지방자치단체조합 포함) 또는 법인격 없는 사단 · 재단 · 기타단체 등도 다른 요건을 충족하면 부가가치세의 납세의무자가 될 수 있다(부가법 3). 이러한 규정은 부가가치세의 경우 최종소비자가 실질적으로 세금을 부담하기 때문에 사업자의 영리성 유무에 따라 소비자의 세금부담에 차이가 생기는 혼란을 방지하고, 사업자간의 중립성을 유지하기 위한 방안이라고 볼 수 있다.

(2) 사업성을 갖추어야 한다

사업자란 부가가치를 창출해낼 수 있는 정도의 사업형태를 갖추고 계속적이고 반복적인 의사로 재화 또는 용역을 공급하는 자를 말한다(대판 89누6952, 1990. 4. 24). 따라서 사업자가 되기 위해서는 사업성이 인정되어야 하는데, 사업성이 인정되지 아니하고 가사로써 재화 또는 용역을 한 두 차례 공급한다면 사업자가 될 수 없는 것이다.

농가부업의 사업성 판단

소득세법 시행령에 따라 소득세가 과세되지 아니하는 농가부업은 독립된 사업으로 보지 아니하므로 부가가치세의 납세의무가 없다. 다만, 소득세법 시행령에 따른 민박, 음식물 판매, 특산물 제조, 전통차 제조 및 그 밖에 이와 유사한 활동은 독립된 사업으로 보아 부가가치세가 과세된다(부가칙 2 ③).

(3) 독립성을 갖추어야 한다

부가가치세 납세의무자는 재화 또는 용역을 공급하는 사업 자체가 독립적이어야 한다. 독립적이 아니고 다른 사업자에게 고용되어 있다면 별도의 납세의무가 성립하지 아니한다.

(4) 과세대상인 재화 또는 용역을 공급하는 자이어야 한다

부가가치세의 납세의무자는 부가가치세 과세대상인 재화 또는 용역의 공급자이며, 면제대상인 재화 또는 용역을 공급하는 면세사업자는 부가가치세법상 납세의무자가 아니다. 이러한 납세의무자의 요건을 충족하는 경우에는 해당 사업자의 사업자등록 여부 및 공급 시 부가가치세 거래징수 여부에 불구하고 부가가치세를 신고·납부할 의무가 부여된다.

(5) 재화를 수입하는 자

재화를 수입하는 자는 사업자 여부에 관계없이 재화의 수입에 대하여 부가가치세의 납세의무를 진다.

• 보 론 | 신탁업 활성화를 위한 신탁세제

(1) 신탁 관련 부가가치세 납세의무자

1) 원칙 : 수탁자

신탁재산과 관련된 재화 또는 용역을 공급하는 때에는 신탁법 제2조에 따른 수탁자가 신탁재산별로 각각 별도의 납세의무자로서 부가가치세를 납부할 의무가 있다(부가법 3 ②).

2) 예외 : 위탁자

다음의 어느 하나에 해당하는 경우에는 신탁법 제2조에 따른 위탁자가 부가가치세를 납부할 의무가 있다(부가법 3 ③).

① 신탁재산과 관련된 재화 또는 용역을 위탁자 명의로 공급하는 경우

② 위탁자가 신탁재산을 실질적으로 지배 · 통제하는 경우로서 대통령령으로 정하는 경우

③ 그 밖에 신탁의 유형, 신탁설정의 내용, 수탁자의 임무 및 신탁사무 범위 등을 고려하여 대통령령으로 정하는 경우(현재는 대통령령에 정해진 사항 없음)

⑵ 수익자 등에 대한 제2차 납세의무

수탁자가 납세의무자가 되는 신탁재산에 공동수탁자가 있는 경우 공동수탁자는 부가가치세를 연대하여 납부할 의무가 있다. 이 경우 공동수탁자 중 신탁사무를 주로 처리하는 대표수탁자가 부가가치세를 신고 · 납부하여야 한다(부가법 3 ④).

⑶ 신탁 관련 제2차 납세의무

원칙적인 납세의무자인 수탁자가 납부하여야 하는 다음의 어느 하나에 해당하는 부가가치세 또는 강제징수비를 신탁재산으로 충당하여도 부족한 경우에는 그 신탁의 수익자(신탁법 제101조에 따라 신탁이 종료되어 신탁재산이 귀속되는 자를 포함)는 지급받은 수익과 귀속된 재산의 가액을 합한 금액을 한도로 하여 그 부족한 금액에 대하여 제2차 납세의무를 진다(부가법 3의2 ①).

① 신탁 설정일 이후에 국세기본법에 따른 법정기일이 도래하는 부가가치세로서 해당 신탁재산과 관련하여 발생한 것

② 위 '①'의 금액에 대한 강제징수 과정에서 발생한 강제징수비

⑷ 신탁 관련 물적납세의무

예외적인 납세의무자인 위탁자가 부가가치세등을 체납한 경우로서 그 위탁자의 다른 재산에 대하여 강제징수를 하여도 징수할 금액에 미치지 못할 때에는 해당 신탁재산의 수탁자는 그 신탁재산으로써 부가가치세법에 따라 위탁자의 부가가치세등을 납부할 물적납세의무가 있다(부가법 3의2 ②).

제 3 절 | 과세기간

1. 과세기간

(1) 개 요

일반과세자의 부가가치세 과세기간은 1년을 반분하여 제1기(1. 1∼6. 30)와 제2기(7. 1∼12. 31)로 구분하며, 각 과세기간의 전반부 3개월간을 예정신고기간으로 정하고 있다.

과 세 기 간		신고・납부기한*1
1기 : 1.1∼6.30	예정신고기간 : 1. 1∼ 3.31	4.25
	확정신고기간*2 : 1. 1∼ 6.30	7.25
2기 : 7.1∼12.31	예정신고기간 : 7. 1∼ 9.30	10.25
	확정신고기간*2 : 7. 1∼12.31	익년 1.25

*1 부가가치세의 신고・납부기한은 예정・확정신고기간 종료 후 25일이다.
*2 예정신고 때 신고된 거래를 제외하고 신고함.

(2) 간이과세자의 경우

간이과세자의 부가가치세 과세기간은 1년을 하나의 과세기간(매년 1월 1일부터 12월 31일까지)으로 하여 과세한다.

(3) 신규사업자의 경우

신규사업자의 최초과세기간은 사업개시일로부터 그 날이 속하는 과세기간의 종료일까지가 된다. 예를 들어 3월 5일에 사업을 개시하는 사업자는 3월 5일부터 6월 30일까지가 최초과세기간이 된다. 이 경우 사업개시 전에 사업자등록을 한 자의 최초과세기간은 그 신청일부터 그 신청일이 속하는 과세기간의 종료일까지로 한다.

(4) 간이과세자가 일반과세자로 전환하는 경우

간이과세자가 간이과세를 포기함으로써 일반과세자로 되는 경우 다음의 기간을 각각 하나의 과세기간으로 한다(부가법 5 ⑤).

① 간이과세자의 과세기간 : 간이과세의 적용 포기의 신고일이 속하는 과세기간의 개시일부터 그 신고일이 속하는 달의 마지막 날까지의 기간

② 일반과세자의 과세기간 : 간이과세의 적용 포기의 신고일이 속하는 달의 다음 달 1일부터 그 날이 속하는 과세기간의 종료일까지의 기간

(5) 폐업하는 경우

사업자가 폐업하는 경우의 과세기간은 폐업일이 속하는 과세기간의 개시일부터 폐업일까지로 한다. 이 경우 폐업일은 사업장별로 그 사업을 실질적으로 폐업하는 날로 하되, 폐업한 날이 분명하지 아니한 경우에는 폐업신고서의 접수일을 폐업일로 한다(부가법 5 ③, 부가령 7 ①).

제 4 절 | 납세지

1. 개　요

소득세와 법인세는 주소지 또는 본점에서 일괄하여 신고·납부하지만 부가가치세는 사업장별로 신고·납부함을 원칙으로 한다. 따라서 사업자등록·세금계산서발급·세액의 경정 등도 사업장별로 한다. 다만, 둘 이상의 사업장이 있는 경우에 주사업장 총괄납부를 신청한 경우에는 납부를 주된 사업장에서 총괄해서 하며, 사업자단위과세사업자로 등록한 경우에는 사업자등록, 세금계산서의 발급, 부가가치세의 신고·납부 등을 본점 또는 주사무소에서만 한다.

▶표 1-2 부가가치세의 신고·납세지

구　분	사업장의 종류	사업자등록·세금계산서 발급	신　고	납　부
원　칙 (부가법 6)	주사업장	○	○	○
	기타 사업장	○	○	○
주사업장 총괄납부 (부가법 51)	주사업장	○	○	○
	기타 사업장	○	○	×
사업자단위과세 (부가법 6④, 8③)	본점 또는 주사무소	○	○	○
	기타 사업장	×	×	×

2. 사업장의 범위

사업장이란 사업자가 사업을 하기 위하여 거래의 전부 또는 일부를 하는 고정된 장소를 말한다.

(1) 업종별 사업장

업종별 사업장의 범위는 다음과 같다. 그러나 무인자동판매기사업을 제외하고는 사업자의 신청에 의해 다음의 사업장 이외의 장소도 추가로 사업장으로 등록할 수 있으며, 사업장을 두지 아니한 경우에는 사업자의 주소 또는 거소를 사업장으로 한다(부가법 6 ②, ③, 부가령 8 ①, ④).

▶표 1-3 업종별 사업장의 범위

업 종	사 업 장
① 광 업	광업사무소의 소재지. 광업사무소가 광구 밖에 있는 때에는 그 광업사무소에서 가장 가까운 광구 소재지
② 제조업	최종제품을 완성하는 장소. 다만, 따로 제품의 포장만을 하거나 용기에 충전만을 하는 장소 및 석유제품의 단순보관을 위한 저유소는 제외
③ 건설업 · 운수업 · 부동산매매업	㉠ 사업자가 법인인 경우 : 법인의 등기부상 소재지(등기부상 지점소재지 포함) ㉡ 사업자가 개인인 경우 : 업무총괄장소
④ 부동산임대업	그 부동산의 등기부상 소재지. 다만, 부동산상의 권리만을 대여하는 경우와 한국자산관리공사 등이 부동산을 임대하는 경우에는 그 사업에 관한 업무를 총괄하는 장소
⑤ 다단계판매원의 사업	다단계판매원이 등록한 다단계판매업자의 주된 사업장의 소재지. 다만, 다단계판매원이 상시 주재하여 거래의 전부 또는 일부를 하는 별도의 장소가 있는 경우에는 그 장소
⑥ 무인자동판매기를 통하여 재화 또는 용역을 공급하는 사업	업무총괄장소 ⇨ 무인자동판매기 설치장소는 사업장으로 등록할 수 없음.
⑦ 비거주자 또는 외국법인	국내사업장

신탁재산의 수탁자가 납세의무자가 되는 경우에는 해당 신탁재산을 사업장으로 본다.

제조업에 있어서는 최종제품을 완성하는 장소가 사업장이 된다. 따라서 원재료구입 및 생산장소, 반제품 또는 재공품의 제조장소 등은 독립된 사업장이 되지 못한다. 반면, 최종제품 완성장소라 하더라도 단순히 따로 제품의 포장만을 하거나 용기에 충전만을 하는 장소와 석유제품의 단순보관을 위한 저유소는 별도의 사업장으로 보지 아니한다.

(2) 직매장과 하치장

부가가치세법은 직매장과 하치장을 구분하여 직매장은 사업장으로 보고 하치장은 사업장으로 보지 아니한다. 여기서 직매장이란 사업자가 자기의 사업과 관련하여 생산하거나 취득한 재화를 직접 판매하기 위하여 특별히 판매시설을 갖춘 장소를 말한다(부가령 8 ③). 그리고 하치장이란 사업자가 재화를 보관하고 관리할 수 있는 시설만 갖춘 장소로서 하치장을 둔 날부터 10일 이내에 하치장 관할세무서장에게 「하치장 설치신고서」를 제출한 장소를 말한다(부가법 6 ⑤, 부가령 9).

구 분	정 의	사업장 여부
① 직 매 장	직접 판매하기 위해 특별히 판매시설을 갖춘 장소	사업장에 해당함
② 하 치 장	재화의 단순한 보관·관리시설만을 갖춘 장소로서 판매행위가 이루어지지 않는 장소(설치일로부터 10일 이내에 하치장 관할 세무서장에게 하치장 설치신고서를 제출하여야 함)	사업장이 아님

(3) 임시사업장

기존사업장 외에 각종 경기대회나 박람회 등이 개최되는 장소에서 임시사업장을 개설하는 경우에는 그 사업장을 기존사업장에 포함하는 것으로 한다. 임시사업장은 별도의 사업자등록이 필요 없으며, 임시사업장의 사업개시일부터 10일 이내에 「임시사업장 개설신고서」를 임시사업장의 관할세무서장에게 제출하면 된다. 다만, 임시사업장 설치기일이 10일 이내인 경우에는 개설신고를 생략할 수 있다(부가령 10).

3. 주사업장총괄납부

사업장이 둘 이상인 사업자(사업장이 하나이나 추가로 사업장을 개설하려는 사업자를 포함)가 주된 사업장의 관할 세무서장에게 주사업장 총괄 납부를 신청한 경우[1)]에는 납부할 세액을 주된 사업장에서 총괄하여 납부하거나 환급받을 수 있다(부가법 51 ①). 이 경우 주된 사업장은 법인의 본점(주사무소를 포함) 또는 개인의 주사무소로 하되, 법인의 경우에는 지점(분사무소를 포함)을 주된 사업장으로 할 수 있다(부가령 92 ①).

주사업장 총괄납부 사업자는 부가가치세의 납부 또는 환급만 주된 사업장에서 총괄하여 하는 것이며, 부가가치세 신고 및 세금계산서 발급 등은 각 사업장별로 하여야 한다.

1) 주사업장 총괄납부 사업자가 되려는 자는 그 납부하려는 과세기간 개시 20일 전에 주사업장 총괄납부신청서를 주된 사업장의 관할 세무서장에게 제출(국세정보통신망에 의한 제출을 포함)하여야 한다.

4. 사업자단위과세

(1) 개 요

사업장이 둘 이상인 사업자(사업장이 하나이나 추가로 사업장을 개설하려는 사업자를 포함)는 사업자단위로 해당 사업자의 본점 또는 주사무소 관할세무서장에게 등록을 신청할 수 있다(관할세무서장의 승인을 요하지 아니함). 이 경우 등록한 사업자를 사업자단위과세사업자라 한다.

사업자단위과세사업자는 그 사업자의 본점 또는 주사무소에서 총괄하여 신고·납부할 수 있다. 이 경우 그 사업자의 본점 또는 주사무소는 신고·납부와 관련하여 부가가치세법을 적용할 때 각 사업장으로 본다.

(2) 사업자단위 과세의 신청

사업장단위로 등록한 사업자가 사업자단위과세사업자로 변경하려면 사업자단위 과세 사업자로 적용받으려는 과세기간 개시 20일 전까지 사업자의 본점 또는 주사무소 관할 세무서장에게 변경등록을 신청하여야 한다. 사업자단위과세사업자가 사업장 단위로 등록을 하려는 경우에도 또한 같다(부가법 8 ④).

한편, 사업장이 하나인 사업자가 추가로 사업장을 개설하면서 추가 사업장의 사업개시일이 속하는 과세기간부터 사업자단위과세사업자로 적용받으려는 경우에는 추가 사업장의 사업개시일부터 20일 이내(추가 사업장의 사업개시일이 속하는 과세기간 이내로 한정함)에 사업자의 본점 또는 주사무소 관할 세무서장에게 변경등록을 신청하여야 한다(부가법 8 ⑤).

(3) 사업자단위과세의 포기

사업자단위과세사업자가 각 사업장별로 신고·납부하거나 주사업장총괄납부를 하려는 경우에는 그 납부하려는 과세기간이 시작하기 20일 전에 사업자단위과세포기신고서를 사업자단위과세적용사업장 관할세무서장에게 제출하여야 한다. 사업자단위과세적용사업장 관할세무서장은 사업자단위과세포기신고서의 처리결과를 지체 없이 해당 사업자와 종된 사업장의 관할세무서장에게 통지하여야 한다(부가령 17).

5. 재화를 수입하는 자의 납세지

재화를 수입하는 자의 부가가치세 납세지는 관세법에 따라 수입을 신고하는 세관의 소재지로 한다(부가법 6 ⑥).

제 5 절 | 사업자등록

1. 개 요

사업자등록이란 납세의무에 해당하는 사업자를 세무관서의 대장에 수록하는 절차를 말한다. 이는 부가가치세 업무를 효율적으로 처리하고 납세의무자를 정확히 파악하여 조세회피를 방지하는 데 그 목적이 있다.

2. 등록신청

(1) 등록신청자

사업자등록신청자는 부가가치세법상의 사업자이어야 한다. 이 경우 사업자란 부가가치세법상 과세사업자만을 의미하므로 면세재화 또는 용역을 공급하는 면세사업자는 부가가치세법상의 사업자등록의무가 없으며, 그 대신 법인세법 또는 소득세법상의 등록의무가 있다. 그러나 과세사업과 면세사업을 겸영하는 사업자는 부가가치세법상의 사업자등록을 하여야 한다.

부가가치세법상 과세사업자는 부가가치세법상의 사업자등록과는 별도로 법인세법 또는 소득세법상의 사업자등록을 필요로 하는데, 부가가치세법상의 사업자등록을 하면 법인세법 또는 소득세법상의 등록을 마친 것으로 본다.

한편, 소득세법 및 법인세법에 의하여 등록한 자로서 면세사업을 영위하는 자가 추가로 과세사업을 영위하고자 하는 경우 사업자등록정정신고서를 제출한 때에 부가가치세법상 사업자등록신청을 한 것으로 본다(부가령 11 ⑩).

(2) 등록신청

① 사업장 단위 등록 : 사업자는 사업장마다 사업 개시일부터 20일 이내에 사업장 관할세무서장에게 사업자등록을 신청하여야 한다. 다만, 신규로 사업을 시작하려는 자는 사업 개시일 이전이라도 사업자등록을 신청할 수 있다(부가법 8 ①). 사업자는 사업자등록의 신청을 사업장 관할세무서장이 아닌 다른 세무서장에게도 할 수 있다. 이 경우 사업장 관할세무서장에게 사업자등록을 신청한 것으로 본다(부가법 8 ②).

② 사업자 단위 등록 : 사업장이 둘 이상인 사업자는 사업자 단위로 해당 사업자의 본점 또는 주사무소 관할세무서장에게 사업개시일부터 20일 이내에 등록을 신청할 수 있다(부가법 8 ③).

▶ **그림 1-1** 사업자등록증 양식

사 업 자 등 록 증

(   )

등록번호 :

① 상　　호 :　　　　　　　　　　　② 성　　명 :

③ 개업 연월일 :　　년　　월　　일　　④ 생년월일 :

⑤ 사업장 소재지 :

⑥ 사업의 종류 :　　업태　　　　종목

⑦ 발급 사유 :

⑧ 공동사업자 :

⑨ 주류판매신고번호 :

⑩ 사업자 단위 과세 적용사업자 여부 : 여(　　) 부(　　)

⑪ 전자세금계산서 전용 전자우편주소 :

년　　월　　일

○○세무서장 직인

⑶ 사업자등록증의 발급

사업자등록 신청을 받은 사업장 관할세무서장은 사업자의 인적사항과 그 밖에 필요한 사항을 적은 사업자등록증을 신청일부터 2일 이내(토요일 및 일요일, 공휴일 및 대체공휴일 또는 근로자의 날은 산정에서 제외)에 신청자에게 발급하여야 한다. 다만, 사업장시설이나 사업현황을 확인하기 위하여 국세청장이 필요하다고 인정하는 경우에는 발급기한을 5일 이내에서 연장하고 조사한 사실에 따라 사업자등록증을 발급할 수 있다(부가령 11 ⑤).

⑷ 직권등록

사업자 또는 국외사업자가 사업자등록 또는 간편사업자등록을 하지 아니하는 경우에는 납세지 관할세무서장이 조사하여 직권으로 등록시킬 수 있다(부가령 11 ⑥).

⑸ 등록거부

사업개시전 사업자등록 신청을 받은 세무서장은 신청자가 사업을 사실상 시작하지 아니할 것이라고 인정될 때에는 등록을 거부할 수 있다(부가령 11 ⑦).

⑹ 사업자등록 사항의 변경

다음 중 어느 하나에 해당하는 변경사유가 발생한 경우에는 지체없이 사업자등록 정정신고서를 관할 세무서장이나 그 밖에 신고인의 편의에 따라 선택한 세무서장에게 제출해야 한다(국세정보통신망에 의한 제출을 포함한다). 신고를 받은 세무서장은 다음의 기한 내의 변경내용을 확인하고 사업자등록증의 기재사항을 정정하여 재발급해야 한다(부가령 14).

▶ **표 1-4** 사업자등록 정정사유

정 정 사 유	정정재발급일
① 상호를 변경하는 경우 ② 통신판매업자가 사이버몰의 명칭 또는 인터넷 도메인이름을 변경하는 경우	신고일 당일
③ 법인(또는 국세기본법에 의하여 법인으로 보는 단체 외의 단체로서 1거주자로 보는 단체)의 대표자를 변경하는 경우 ④ 사업의 종류에 변동이 있는 경우 ⑤ 사업장(사업자단위과세사업자의 경우에는 사업자단위과세적용사업장을 말함)을 이전하는 경우	신고일로부터 2일 이내

정 정 사 유	정정재발급일
⑥ 상속으로 인하여 사업자의 명의가 변경되는 경우 ⑦ 공동사업자의 구성원 또는 출자지분의 변경이 있는 경우 ⑧ 임대인, 임대차 목적물·그 면적, 보증금, 차임 또는 임대차 기간의 변경이 있거나 새로이 상가건물을 임차한 경우 ⑨ 사업자단위과세사업자가 사업자단위과세적용사업장을 변경하는 경우 ⑩ 사업자단위과세사업자가 종된 사업장을 신설 또는 이전하는 경우 ⑪ 사업자단위과세사업자가 종된 사업장의 사업을 휴업하거나 폐업하는 경우	신고일로부터 2일 이내

(7) 휴업 및 폐업신고

사업자등록을 한 사업자가 휴업 또는 폐업을 하거나 사업개시일 전에 사업자등록을 한 자가 사실상 사업을 시작하지 않게 되는 경우에는 지체없이 휴업(폐업)신고서에 사업자등록증을 첨부하여 관할 세무서장이나 그 밖에 신고인의 편의에 따라 선택한 세무서장에게 제출해야 한다(국세정보통신망에 의한 제출을 포함한다). 다만, 폐업을 하는 사업자가 부가가치세 확정신고서에 폐업연월일과 그 사유를 적고 사업자등록증을 첨부하여 제출하는 경우에는 폐업신고서를 제출한 것으로 본다(부가법 8 ⑧, 부가령 13).

한편 법령에 따라 허가를 받거나 등록 또는 신고 등을 하여야 하는 사업의 경우에는 허가·등록·신고 등이 필요한 사업의 주무관청에 휴업(폐업)신고서를 제출할 수 있으며, 휴업(폐업)신고서를 받은 주무관청은 지체 없이 관할세무서장에게 그 서류를 송부(정보통신망을 이용한 송부를 포함)하여야 하고, 허가·등록·신고 등이 필요한 사업의 주무관청에 제출하여야 하는 해당 법령에 따른 신고서를 관할세무서장에게 제출한 경우에는 관할세무서장은 지체 없이 그 서류를 관할 주무관청에 송부하여야 한다(부가령 13 ⑤).

(8) 합병신고

법인이 합병할 때에는 합병 후 존속하는 법인(신설합병의 경우에는 합병으로 설립된 법인) 또는 합병 후 소멸하는 법인(이하 "소멸법인"이라 함)이 법인합병신고서에 사업자등록증을 첨부하여 소멸법인의 폐업 사실을 소멸법인의 관할세무서장에게 신고하여야 한다(부가령 13 ④).

(9) 등록말소

사업장 관할세무서장은 사업자가 폐업한 경우 또는 등록신청을 하고 사실상 사업을 시작하지 아니하게 되는 경우에 해당하면 지체 없이 사업자등록을 말소하여야 한다

(부가법 8 ⑨). 이 경우 관할 세무서장은 지체 없이 등록증을 회수해야 하며, 등록증을 회수할 수 없는 경우에는 등록말소 사실을 공시해야 한다(부가령 15 ①).

⑽ 개별소비세법 등에 따른 신고 등의 효력

개별소비세 또는 교통에너지환경세의 납세의무가 있는 사업자가 개별소비세법 또는 교통에너지환경세법에 따라 개업 신고, 휴업 · 폐업 · 변경 신고, 사업자단위과세사업자 신고, 양수 · 상속 · 합병 신고 등을 한 경우에는 부가가치세법에 따른 사업자 등록의 신청, 휴업 · 폐업 신고 또는 등록사항 변경 신고, 사업자 단위 과세 사업자 등록 신청 또는 사업자 단위 과세 사업자 변경등록 신청을 한 것으로 본다(부가법 8 ⑪).

3. 미등록사업자의 납세의무와 불이익

⑴ 미등록사업자의 납세의무

사업자가 부가가치세가 과세되는 재화를 공급하거나 용역을 제공하는 경우에는 해당 사업자의 사업자등록 여부 및 공급 시 부가가치세의 거래징수 여부에 불구하고 해당 재화의 공급 또는 용역의 제공에 대하여 부가가치세를 신고 · 납부할 의무가 있다(부기통 3－0－1 ②).

⑵ 미등록사업자의 불이익

사업자가 사업자등록을 기한 내에 이행하지 않은 경우에는 다음과 같은 불이익이 있다.

① 미등록가산세의 부과 : 사업개시일부터 20일 이내에 등록을 신청하지 아니한 경우에는 사업개시일부터 등록을 신청한 날의 직전일까지의 공급가액의 1%에 상당하는 가산세를 부과한다(부가법 60 ①)[2].

② 사업자등록 신청 전 매입세액의 불공제 : 사업자등록을 신청하기 전에 발생한 매입세액은 매출세액에서 공제할 수 없다. 단, 공급시기가 속하는 과세기간이 끝난 후 20일 이내에 등록신청한 경우에는 등록신청일부터 공급시기가 속하는 과세기간 기산일(1월 1일 또는 7월 1일)까지 역산한 기간 내의 매입세액은 공제할 수 있다(부가법 39 ① ⑻).

---

2) 정보통신망 또는 제3자를 이용하여 국내에 전자적 용역을 제공하는 국외사업자가 사업개시일부터 20일 이내에 등록을 신청하지 아니한 경우에는 사업개시일부터 등록한 날의 직전일까지의 공급가액 합계액의 1%에 상당하는 가산세를 부과한다(부가법 60 ① (1의2)).

▶ **그림 1-2** 사업자등록 신청과 매입세액공제 사례

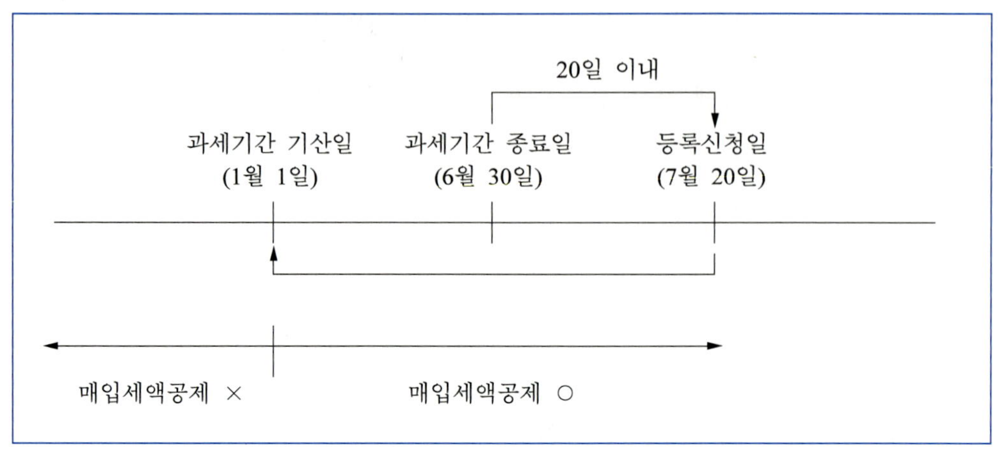

객 / 관 / 식 / 문 / 제

▶제1장 부가가치세의 개요

1 부가가치세법상 납세의무자에 관한 설명으로 옳지 않은 것은? ● 2018년 국가직 9급

① 부가가치세 납세의무자인 사업자란 사업상 독립적으로 재화 또는 용역을 공급하는 자로서 그 사업목적은 영리인 경우에 한한다.

② 위탁자의 채무이행을 담보할 목적으로 대통령령으로 정하는 신탁계약을 체결한 경우로서 수탁자가 그 채무이행을 위하여 신탁재산을 처분하는 경우에는 수탁자가 재화를 공급하는 것으로 본다.

③ 재화를 수입하는 자는 사업자가 아니어도 부가가치세의 납세의무자가 될 수 있다.

④ 위탁자를 알 수 있는 위탁매매의 경우에는 위탁자가 직접 재화를 공급하거나 공급받은 것으로 본다.

해설

부가가치세 납세의무자는 사업목적이 영리이든 비영리이든 관계없다.

2 부가가치세법령상 납세의무자에 대한 설명으로 옳은 것은? (단, 신탁재산은 부가가치세법령상 정의를 충족한다) ● 2024년 국가직 9급

① 신탁재산과 관련된 재화 또는 용역을 위탁자 명의로 공급하는 경우 「신탁법」 제2조에 따른 수탁자가 부가가치세를 납부할 의무가 있다.

② 「신탁법」에 따른 신탁재산과 관련된 재화 또는 용역을 공급하는 때에는 「신탁법」 제2조에 따른 위탁자가 신탁재산별로 각각 별도의 납세의무자로서 부가가치세를 납부할 의무가 있다.

③ 「신탁법」 제10조에 따른 위탁자의 지위 이전을 신탁재산의 공급으로 보는 경우에는 새로운 위탁자가 해당 공급에 대한 부가가치세의 납세의무자가 된다.

④ 위탁자가 신탁재산을 실질적으로 지배·통제하는 경우로서 「자본시장과 금융투자업에 관한 법률」 제9조 제18항 제1호에 따른 투자신탁의 경우에는 「신탁법」 제2조에 따른 위탁자가 부가가치세를 납부할 의무가 있다.

해설

①, ② 신탁재산과 관련된 재화 또는 용역을 공급하는 때에는 원칙적으로 「신탁법」 제2조에 따른 수탁자가 신탁재산별로 각각 별도의 납세의무자로 부가가치세를 납부할 의무가 있으나, 신탁재산과 관련된 재화 또는 용역을 위탁자 명의로 공급하는 경우에는 위탁자가 부가가치세를 납부할 의무가 있다.

③ 신탁재산의 공급으로 보는 경우에도 부가가치세 납세의무자는 부가법 3 및 부가령 5의2에서 정하는 바에 따른다.

3 부가가치세법상 사업장에 대한 설명으로 옳지 않은 것은? ◐ 2016년 국가직 9급

① 무인자동판매기를 통하여 재화·용역을 공급하는 사업은 무인자동판매기가 설치된 장소를 사업장으로 한다.

② 사업장을 설치하지 아니하고 사업자등록도 하지 아니하는 경우에는 과세표준 및 세액을 결정하거나 경정할 당시의 사업자의 주소 또는 거소를 사업장으로 한다.

③ 사업자가 자기의 사업과 관련하여 생산한 재화를 직접 판매하기 위하여 특별히 판매시설을 갖춘 장소는 사업장으로 본다.

④ 재화를 보관하고 관리할 수 있는 시설만 갖춘 장소로서 법령이 정하는 바에 따라 하치장으로 신고된 장소는 사업장으로 보지 아니한다.

해설

무인자동판매기를 통하여 재화 또는 용역을 공급하는 사업은 업무총괄장소를 사업장으로 하며, 무인자동판매기 설치장소는 사업장으로 등록할 수 없다.

4 부가가치세법령상 납세지 및 사업자등록에 대한 설명으로 옳은 것만을 모두 고르면? ◐ 2021년 국가직 7급

ㄱ. 국가, 지방자치단체 또는 지방자치단체조합이 공급하는 부동산 임대용역에 있어서 사업장은 그 부동산의 등기부상 소재지이다.

ㄴ. 신규로 사업을 시작하는 자가 주된 사업장에서 총괄하여 납부하려는 경우에는 주된 사업장의 사업자등록증을 받은 날부터 20일까지 주사업장 총괄 납부 신청서를 주된 사업장의 관할 세무서장에게 제출하여야 한다.

ㄷ. 무인자동판매기를 통하여 재화 또는 용역을 공급하는 사업에 있어서 사업장은 그 사업에 관한 업무를 총괄하는 장소이다. 다만, 그 이외의 장소도 사업자의 신청에 의하여 추가로 사업장으로 등록할 수 있다.

ㄹ. 법인이 주사업장 총괄 납부의 신청을 하는 경우 주된 사업장은 본점 또는 주사무소를 말하며, 지점 또는 분사무소는 주된 사업장으로 할 수 없다.

① ㄴ　　② ㄱ, ㄴ
③ ㄱ, ㄷ　　④ ㄷ, ㄹ

해설

ㄱ. 사업에 관한 업무를 총괄하는 장소가 사업장이 된다.
ㄷ. 무인자동판매기를 통하여 재화 또는 용역을 공급하는 사업의 경우에는 추가로 사업장을 등록할 수 없다(부가령 8 ④).
ㄹ. 법인의 경우에는 지점 또는 분사무소를 주된 사업장으로 할 수 있다.

5 부가가치세에 대한 다음 설명 중 옳지 않은 것은?

① 사업자가 사업자등록을 하지 아니하는 경우에는 사업장 관할세무서장이 직권으로 등록시킬 수 있다.
② 사업자가 폐업하는 경우의 과세기간은 폐업일이 속하는 과세기간의 개시일부터 폐업일까지로 한다. 이 경우 폐업일은 사업장별로 그 사업을 실질적으로 폐업하는 날로 하되, 폐업한 날이 분명하지 아니한 경우에는 폐업신고서의 접수일을 폐업일로 한다.
③ 신규로 사업을 개시한 자의 최초의 과세기간은 사업자등록일부터 그 날이 속하는 과세기간의 종료일까지로 한다.
④ 사업자가 사업자등록을 신청하기 전에 발생한 매입세액은 공제할 수 없다. 다만, 공급시기가 속하는 과세기간이 끝난 후 20일 이내에 등록신청한 경우에는 등록신청일부터 공급시기가 속하는 과세기간 기간일까지 역산한 기간 내의 매입세액은 공제할 수 있다.

해설

신규로 사업을 개시한 자의 최초의 과세기간은 사업개시일부터 그 날이 속하는 과세기간의 종료일까지로 한다.

6 부가가치세에 대한 다음의 설명 중 틀린 것은?

① 사업자는 사업장마다 사업개시일부터 20일 이내에 사업장 관할세무서장에게 사업자등록을 신청하여야 한다. 다만, 신규로 사업을 시작하려는 자는 사업개시일 이전이라도 사업자등록을 신청할 수 있다.

② 세무서장은 사업자등록증을 신청일부터 2일 내에 신청자에게 발급하여야 한다. 다만, 국세청장이 필요하다고 인정하는 경우에는 5일에 한하여 연장하고 조사한 사실에 따라 발급할 수 있다.

③ 사업상 독립적으로 재화 또는 용역을 공급하는 사업자라 하더라도 사업자등록을 하지 아니하면 부가가치세 납세의무가 없다.

④ 둘 이상의 사업장이 있는 사업자는 사업자단위로 해당 사업자의 본점 또는 주사무소 관할세무서장에게 등록할 수 있다.

해설

납세의무자의 요건을 충족하는 경우에는 사업자등록 여부에 관계없이 부가가치세 납세의무를 진다.

7 부가가치세법령상 사업자등록에 대한 설명으로 옳지 않은 것은?

2023년 국가직 9급

① 신규로 사업을 시작하려는 자는 사업 개시일 이전이라도 사업자등록을 신청할 수 있다.

② 사업장 관할 세무서장은 등록된 사업자가 폐업한 경우에는 지체 없이 사업자등록을 말소하여야 한다.

③ 사업장을 이전하는 경우는 사업자등록의 정정신고 사유이다.

④ 사업자는 사업자등록의 신청을 사업장 관할 세무서장에게만 할 수 있으며, 관할 세무서장이 아닌 다른 세무서장에게 한 사업자등록의 신청은 효력이 없다.

해설

부가법 제8조 제2항에 따라 사업자는 사업자등록의 신청을 사업장 관할 세무서장이 아닌 다른 세무서장에게도 할 수 있으며, 이 경우 사업장 관할 세무서장에게 사업자등록을 신청한 것으로 본다.

8 부가가치세법령상 사업자등록에 대한 설명으로 옳지 않은 것은? ◆ 2023년 국가직 7급

① 2023년 1월 1일 사업을 시작한 사업자가 2023년 2월 15일 사업자등록을 신청한 경우 등록신청일부터 공급시기가 속하는 과세기간 기산일까지 역산한 기간 내의 매입세액을 공제받을 수 없으며, 미등록가산세도 납부하여야 한다.

② 신규로 사업을 시작하려는 자는 사업개시일 전이라도 사업자등록신청을 할 수 있다.

③ 사업자 단위로 등록신청을 한 사업자에게는 사업자 단위 과세 적용 사업장에 한 개의 등록번호를 부여한다.

④ 사업장 단위로 등록한 사업자가 사업자 단위 과세 사업자로 변경하려면 사업자 단위 과세 사업자로 적용받으려는 과세기간 개시 20일 전까지 사업자의 본점 또는 주사무소 관할 세무서장에게 변경등록을 신청해야 한다.

해설

부가법 제39조 제1항 제8호 단서에 따라 공급시기가 속하는 과세기간이 끝난 후 20일 이내에 등록을 신청한 경우 등록신청일부터 공급시기가 속하는 과세기간 기산일까지 역산한 기간 내의 것은 매입세액 공제를 받을 수 있다. 보기에서 2023년 2월 15일, 즉, 2023년 1기가 끝나기 전에 사업자등록을 신청했으므로 해당 과세기간에 대한 매입세액 공제는 가능하다.

정답	1	①	2	④	3	①	4	①	5	③	6	③	7	④	8	①				

2 부가가치세 과세거래

제 1 절 | 부가가치세 과세거래

부가가치세의 과세대상은 사업자가 행하는 재화 또는 용역의 공급과 재화의 수입이다(부가법 4). 부가가치세의 과세대상이 되는 재화 또는 용역을 공급하는 사업자는 거래상대방으로부터 부가가치세를 징수하여 관할 세무서에 납부할 의무가 발생하게 되고, 재화의 수입시에는 세관장이 부가가치세를 징수하게 된다.

1. 재화의 공급

재화의 공급[3)]은 계약상 또는 법률상의 모든 원인에 따라 재화를 인도 또는 양도하는 것을 말한다(부가법 9 ①). 재화의 소유권을 이전하는 경우에는 재화공급의 원인이 거래당사자의 의사에 의한 계약상의 것이든지, 정부의 수용 등에 의한 비자발적인 것이든지 관계없이 모두 재화의 공급에 해당된다.

(1) 재화의 범위

재화란 재산 가치가 있는 물건 및 권리를 말한다(부가법 2 (1)). 물건은 상품・제품・원료・기계・건물 등 모든 유체물(有體物)과 전기・가스・열 등 관리할 수 있는 자연력을 말하며, 권리는 광업권, 특허권, 저작권 등 물건 외에 재산적 가치가 있는 모든 것을 말한다(부가령 2). 한편 수표・어음 등의 화폐대용증권과 주식・채권 등의 유가증권은 부가가치세 과세대상인 유체물에 포함되지 아니한다.

(2) 재화의 실질공급

재화의 실질공급은 대가를 받고 재화를 인도 또는 양도하는 것을 말한다.

3) "공급"은 판매보다 넓은 의미이지만, 판매라고 생각하면 이해가 쉽다. 상품의 매출, 유형자산의 양도, 직매장 반출, 사업상 증여 등이 모두 공급에 포함된다.

구 분	거 래 내 용
매매계약	현금판매 · 외상판매 · 할부판매 · 장기할부판매 · 조건부 및 기한부판매 · 위탁판매 기타 매매계약에 따라 재화를 인도하거나 양도하는 것
가공계약	자기가 주요자재의 전부 또는 일부를 부담하고 상대방으로부터 인도받은 재화를 가공하여 새로운 재화를 만드는 가공계약에 따라 재화를 인도하는 것 ※ 주요자재를 전혀 부담하지 않고 단순히 가공만 하는 경우는 용역의 공급에 해당한다.
교환계약	재화의 인도대가로서 다른 재화를 인도받거나 용역을 제공받는 교환계약에 따라 재화를 인도하거나 양도하는 것
기타원인	경매 · 수용 · 대물변제 · 현물출자 그 밖의 계약상 또는 법률상의 원인에 따라 재화를 인도하거나 양도하는 것

경매 및 수용에 대한 과세거래 해당 여부

구 분		재화의 공급
경매	국세징수법과 지방세법에 따른 공매(수의계약 포함), 민사집행법에 따른 경매(강제경매, 담보권 실행을 위한 경매, 민법 · 상법 등 그 밖의 법률에 따른 경매 포함)	×
	법률에 따른 공매 · 경매 외의 사인간 경매	○
수용	도시 및 주거환경정비법 · 공익사업을 위한 토지 등의 취득 및 보상에 관한 법률 등에 따른 수용절차에 있어서 수용대상인 재화의 소유자가 수용된 재화에 대한 대가를 받는 경우	×
	그 밖의 경우	○

보세구역으로부터 국내 반입

국내로부터 보세구역에 있는 조달청 창고 또는 런던금속거래소의 지정창고에 임치된 임치물을 국내로 다시 반입하는 것은 재화의 공급으로 본다.

재화의 공급으로 보는 사례

① 원료 등을 차용하여 사용 · 소비하고 반환하는 재화 : 사업자간에 상품 · 제품 · 원재료 등의 재화를 차용하여 사용 소비하고 동종 또는 이종의 재화를 반환하는 소비대차의 경우에 해당 재화를 차용하거나 반환하는 것은 각각 재화의 공급에 해당한다(부기통 9-18-1).

② 출자지분의 과세 : 출자자가 자기의 출자지분을 타인에게 양도, 상속, 증여하거나 법인 또는 공동사업자가 출자지분을 현금으로 반환하는 것은 재화의 공급에 해당하지 아니하는 것이나, 법인 또는 공동사업자가 출자지분을 현물로 반환하는 것은 재화의 공급에 해당한다. 또한, 공동사업자 구성원이 각각 독립적으로 사업을 영위하기 위하여 공동사업의 사업용 고정자산인 건축물을 분할등기하는 경우 해당 건축물의 이전은 재화의 공급에 해당한다(부기통 9-18-2).

⑶ 재화의 간주공급(공급의 의제)

부가가치세 과세대상인 재화의 공급은 대가를 받고 유상으로 재화를 인도하거나 양도하는 것을 원칙으로 한다. 그러나 사업자가 대가를 받지 아니하고 재화를 사용·소비하는 경우에 부가가치세를 과세하지 않는다면 부가가치세 부담없이 재화를 소비하게 되어 과세형평을 침해하는 결과를 초래하게 된다. 따라서 실질적인 재화의 공급이 아닌 경우에도 일정한 요건을 충족하면 재화를 공급한 것으로 보아 부가가치세를 과세하는데 이를 간주공급이라 한다. 이러한 간주공급에는 자가공급, 개인적공급, 사업상증여 및 폐업시 잔존재화의 4가지가 있다.

⑷ 자가공급

사업자가 자기의 과세사업과 관련하여 생산하거나 취득한 재화를 자기의 과세사업을 위하여 직접 사용하거나 소비하는 것은 원칙적으로 재화의 공급으로 보지 아니한다. 예를 들면 다음과 같은 것들이 있다(부기통 10－0－1).

① 자기의 다른 사업장에서 원료·자재 등으로 사용하거나 소비하기 위하여 반출하는 경우
② 자기사업상의 기술개발을 위하여 시험용으로 사용하거나 소비하는 경우
③ 수선비 등에 대체하여 사용하거나 소비하는 경우
④ 사후무료 서비스제공을 위하여 사용하거나 소비하는 경우
⑤ 불량품교환 또는 광고선전을 위한 상품진열 등의 목적으로 자기의 다른 사업장으로 반출하는 경우

다만, 자가공급 중 다음의 3가지 거래에 대해서는 이를 간주공급으로 보아 부가가치세를 과세한다.

1) 면세전용

사업자가 자기생산·취득재화[4]를 자기의 면세사업 및 부가가치세가 과세되지 아니하는 재화 또는 용역을 공급하는 사업(면세사업등)을 위하여 직접 사용하거나 소비하는 것은 재화의 공급으로 본다(부가법 10 ①).

---

4) "자기생산·취득재화"란 자기의 과세사업과 관련하여 생산하거나 취득한 재화로서 다음의 어느 하나에 해당하는 재화를 말한다.
① 매입세액이 공제된 재화
② 사업의 포괄적인 양수도로 인해 취득한 재화로서 사업양도자가 매입세액을 공제받은 재화
③ 내국신용장 또는 구매확인서에 의한 수출에 해당하여 영세율을 적용받는 재화

과세사업과 관련하여 생산하거나 취득한 재화는 매입세액을 공제받을 수 있다. 그러나 면세사업은 과세되는 부가가치를 창출하지 못하기 때문에 면세사업과 관련하여 생산하거나 취득한 재화는 매입세액을 공제받을 수 없다. 이미 매입세액공제를 받은 자기생산·취득재화를 용도를 바꾸어 면세사업을 위하여 사용·소비한다면 부당하게 매입세액을 공제받은 것이므로 이미 공제받은 매입세액을 환수하는 조치가 필요하다. 이를 위해 면세전용을 재화의 공급으로 간주하여 사업자로 하여금 부가가치세를 납부하도록 하고 있는 것이다.

예를 들어, 택시운송(과세사업)과 시내버스운송(면세사업)을 함께 경영하는 겸영사업자가 택시 정비를 위하여 정비기계를 취득(취득시점에 매입세액을 공제받음)하여 사용하다가 그 정비기계를 시내버스 정비에 사용하는 것으로 용도를 변경한다면 이를 자가공급으로 보아 부가가치세 과세거래에 포함시키게 된다.

2) 비영업용 소형승용차로 사용하거나 그 유지를 위해 사용하는 재화

다음의 어느 하나에 해당하는 자기생산·취득재화의 사용 또는 소비는 재화의 공급으로 본다(부가법 10 ②).

① 사업자가 자기생산·취득재화를 비영업용 소형승용차로 사용 또는 소비하거나 그 자동차의 유지를 위하여 사용 또는 소비하는 것

② 소형승용차를 영업용으로 사용하는 업종(운수업, 자동차 판매업, 자동차임대업, 운전학원업 등을 말함)의 사업을 경영하는 사업자가 자기생산·취득재화 중 영업용 소형승용차와 그 자동차의 유지를 위한 재화를 해당 업종에 직접 영업으로 사용하지 아니하고 다른 용도로 사용하는 것

소형승용차는 업무용으로 사용되더라도 영업용에 해당하지 아니하면 부가가치의 창출에 기여하지 않는 최종소비로 보기 때문에 매입세액을 공제받을 수 없다. 소형승용차의 특성상 업무용과 비업무용을 구분하기 곤란하므로 직접 영업목적으로 사용되는(즉, 업무용이 분명한) 영업용 소형승용차(운수업, 자동차 판매업, 자동차임대업, 운전학원업에 직접 영업목적으로 사용되는 것) 및 그 유지를 위한 재화에 한하여 매입세액을 공제해 주고 있는 것이다.

예를 들어, 자동차판매업을 경영하는 사업자가 매입세액을 공제받은 판매용 소형승용차(영업용)를 영업부서의 업무용 차량(비영업용)으로 용도를 변경하여 사용하게 되면 매입세액을 부당하게 공제받은 것이므로 해당 매입세액을 환수하는 조치가 필요하다. 이를 위해 해당 거래를 재화의 공급으로 간주하여 부가가치세를 납부하도록 하고 있는 것이다. 또한 자동차부품을 생산·판매하고 있는 회사가 판매용 부품을 영업부

서의 업무용 자동차(비영업용)의 유지를 위하여 소비하는 경우에도 이를 재화의 공급으로 간주한다.

비영업용 소형승용차[5]**의 정의**

'비영업용 소형승용차'란 개별소비세법 제1조 제2항 제3호에 따른 다음의 자동차로서 운수업, 자동차판매업, 자동차임대업, 운전학원업, 기계경비업(출동차량에 한함) 및 이와 유사한 업종에 직접 영업목적으로 사용되는 것을 제외한 것을 말한다.

① 승용자동차 : 정원 8명 이하의 자동차(배기량이 1000cc 이하인 것으로서 길이가 3.6미터 이하이고 폭이 1.6미터 이하인 것은 제외)

② 이륜자동차 : 내연기관을 원동기로 하는 것은 그 총배기량이 125cc를 초과하는 것에 한정하며, 내연기관 외의 것을 원동기로 하는 것은 그 최고 정격출력이 12킬로와트를 초과하는 것에 한정한다.

③ 캠핑용자동차(캠핑용 트레일러 포함)

④ 전기승용자동차 : 정원 8명 이하의 자동차(길이가 3.6미터 이하이고 폭이 1.6미터 이하인 것은 제외)

3) 판매목적의 타사업장 반출

사업장이 둘 이상인 사업자가 자기의 사업과 관련하여 생산 또는 취득한 재화를 판매할 목적으로 자기의 다른 사업장에 반출하는 것은 재화의 공급으로 본다. 다만, 다음 각 호의 어느 하나에 해당하는 경우는 재화의 공급으로 보지 아니한다(부가법 10 ③).

① 사업자가 사업자 단위 과세사업자로 적용을 받는 과세기간에 다른 사업장에 반출하는 경우

② 사업자가 주사업장 총괄납부의 적용을 받는 과세기간에 자기의 다른 사업장에 반출하는 경우. 다만, 세금계산서를 발급하고 관할세무서장에게 예정신고 또는 확정신고한 경우는 제외한다.

이 규정은 둘 이상의 사업장을 가지고 있는 사업자가 어느 사업장은 항상 환급세액만 발생하고, 다른 사업장은 납부세액만 발생할 경우 환급세액이 발생하는 사업장에서 다른 사업장에 반출하는 재화를 재화의 공급으로 간주함으로써 사업자의 자금 부담을 덜어주기 위한 것이다. 예를 들어 A사업장(공장)은 환급세액이 200원 발생하고, B사업장(직매장)은 납부세액이 500원 발생하는 경우 B사업장에서 500원을 납부하고, A사업장은 확정신고 기한 경과 후 30일 이내에 200원을 환급받게 된다. 하지만 A사업장에서 B사업장으로 반출되는 것을 재화의 공급으로 보아 A사업장에서 공급가액을

5) 2012년부터 시행되는 부가가치세법 개정 시 '비영업용 소형승용차'의 명칭을 '개별소비세법 제1조 제2항 제3호에 따른 자동차 중 영업용을 제외한 것'으로 대체하였으나, 본서에서는 기존의 관행과 독자의 이해를 돕기 위하여 '비영업용 소형승용차'를 정의하고 기존의 명칭을 그대로 사용하기로 한다.

3,000원으로 하여 세금계산서를 발급하게 되면 A사업장은 매출세액이 300원 발생하므로 100원(=300원−200원)을 납부하고, B사업장은 매입세액이 300원 발생하므로 200원(=500원−300원)을 납부하면 된다. 즉, 이 규정을 활용하여 환급세액(200원)을 차감한 순액(300원)만을 납부할 수 있게 된다.

⑸ 개인적공급과 사업상증여

사업자가 자기생산・취득재화를 대가를 받고 판매하는 경우에는 그 재화를 구입하여 소비하는 자가 부가가치세를 부담하게 된다. 만약 사업자가 자기생산・취득재화를 개인적인 목적으로 사용・소비하거나 고객에게 증여함으로써 고객이 사용・소비하는 경우 부가가치세를 과세하지 않는다면 동일한 재화를 소비함에 있어서 부가가치세 부담에 차이가 발생하게 된다. 이와 같은 부가가치세 부담의 형평성을 감안하여 개인적공급과 사업상증여를 재화의 공급으로 간주하고 사업자로 하여금 부가가치세를 납부하도록 한 것이다.

1) 개인적공급

사업자가 자기생산・취득재화를 사업과 직접적인 관계없이 자기의 개인적인 목적이나 그 밖의 다른 목적을 위하여 사용・소비하거나 그 사용인 또는 그 밖의 자가 사용・소비하는 것으로서 사업자가 그 대가를 받지 아니하거나 시가보다 낮은 대가를 받는 경우는 재화의 공급으로 본다(부가법 10 ④). 예를 들면, 전자제품 도매업을 경영하는 사업자가 판매용 김치냉장고 1대(시가 1,000,000원)를 가사용으로 사용・소비한다면 그에 따른 부가가치세 100,000원을 해당 사업자가 부담하여야 한다.

한편 사업자가 실비변상적이거나 복리후생적인 목적으로 그 사용인에게 대가를 받지 아니하거나 시가보다 낮은 대가를 받고 제공하는 것으로서 다음에 해당하는 경우는 재화의 공급으로 보지 아니한다. 이 경우 시가보다 낮은 대가를 받고 제공하는 것은 시가와 받은 대가의 차액에 한정한다(부가법 10 ④, 부가령 19의2).

① 사업을 위해 착용하는 작업복, 작업모 및 작업화를 제공하는 경우
② 직장연예 및 직장문화와 관련된 재화를 제공하는 경우
③ 다음의 어느 하나에 해당하는 재화를 제공하는 경우. 이 경우 '㉠'과 '㉡' 각각 사용인 1명당 연간 10만원을 한도로 하며, 10만원을 초과하는 경우 해당 초과액에 대해서는 재화의 공급으로 본다.
㉠ 경조사와 관련된 재화
㉡ 설날・추석, 창립기념일 및 생일 등과 관련된 재화

2) 사업상증여

사업자가 자기생산 · 취득재화를 자기의 고객이나 불특정 다수에게 증여하는 경우(증여하는 재화의 대가가 주된 거래인 재화의 공급에 대한 대가에 포함되는 경우는 제외)는 재화의 공급으로 본다. 다만, 사업자가 사업을 위하여 증여하는 것으로서 다음의 어느 하나에 해당하는 것을 증여하는 경우에는 재화의 공급으로 보지 아니한다(부가법 10 ⑤, 부가령 20).

① 사업을 위하여 대가를 받지 아니하고 다른 사업자에게 인도하거나 양도하는 견본품
② 재난 및 안전관리 기본법의 적용을 받아 특별재난지역에 공급하는 물품
③ 자기적립마일리지등으로만 전부를 결제받고 공급하는 재화

예를 들어, 전자제품 도매업을 경영하는 사업자가 판매용 김치냉장고 1대(시가 1,000,000원)를 거래처에 접대목적으로 증여하였다면 그에 따른 부가가치세 100,000원을 해당 사업자가 부담하여야 한다.

한편 사업자가 자기의 사업과 관련하여 생산하거나 취득한 재화를 자기사업의 광고선전 목적으로 불특정다수인에게 광고선전용 재화로서 무상으로 배포하는 경우(직매장 · 대리점을 통하여 배포하는 경우를 포함)에는 재화의 공급으로 보지 아니한다(부기통 10-0-4). 또한 사업자가 자기의 제품 또는 상품을 구입하는 자에게 구입당시 그 구입액의 비율에 따라 증여하는 기증품 등은 주된 재화의 공급에 포함하므로 과세되는 재화의 공급으로 보지 아니하나, 사업자가 자기의 고객 중 추첨을 통하여 당첨된 자에게 재화를 경품으로 제공하는 경우에는 과세되는 재화의 공급으로 본다(부기통 10-0-6).

(6) 폐업시 잔존재화

사업자가 폐업할 때 자기생산 · 취득재화 중 남아 있는 재화는 자기에게 공급하는 것으로 본다. 사업 개시일 이전에 사업자등록을 신청한 자가 사실상 사업을 시작하지 아니하게 되는 경우에도 또한 같다(부가법 10 ⑥).

사업자는 재화를 매입하는 시점에 매입세액을 먼저 공제받고, 나중에 그 재화가 판매되는 시점에 매출세액을 납부하게 된다. 그런데 사업자가 폐업을 한 이후에는 매출세액을 납부할 의무가 없으므로 사업자가 폐업하는 시점에 남아 있는 재화 중 매입세액을 공제받은 재화에 대해서는 사업자가 자기 자신에게 재화를 공급한 것으로 간주하여 매출세액을 납부하도록 한 것이다. 따라서 폐업시점에 재화를 보유하게 되면 잔존재화에 대한 부가가치세를 사업자가 부담하여야 하므로 가급적 재화를 모두 처분한 이후에 폐업을 하는 것이 좋다.

▶ **표 2-1** 간주공급의 요약

구 분		매입세액불공제분	세금계산서발급의무	과세표준
자가공급	면세전용	제외	×	시가(간주시가)
	비영업용소형승용차로 사용 또는 그 유지를 위해 사용	제외	×	시가(간주시가)
	판매목적의 타사업장 반출	포함	○	취득가액 또는 공급가액
개인적공급		제외	×	시가(간주시가)
사업상증여		제외	×	시가(간주시가)
폐업시 잔존재화		제외	×	시가(간주시가)

(7) 위탁매매 등

1) 위탁매매

위탁매매 또는 대리인에 의한 매매를 할 때에는 위탁자 또는 본인이 직접 재화를 공급하거나 공급받은 것으로 본다. 다만, 해당 거래 또는 재화의 특성상 또는 보관·관리상 위탁자 또는 본인을 알 수 없는 경우에는 수탁자 또는 대리인에게 재화를 공급하거나 수탁자 또는 대리인으로부터 재화를 공급받은 것으로 본다(부가법 10 ⑦).

2) 신탁재산

신탁법에 따라 위탁자의 지위가 이전되는 경우에는 기존 위탁자가 새로운 위탁자에게 신탁재산을 공급한 것으로 본다. 다만, 신탁재산에 대한 실질적인 소유권의 변동이 있다고 보기 어려운 경우로서 다음 경우에는 신탁재산의 공급으로 보지 아니한다(부가법 10 ⑧, 부가령 21의2).

① 자본시장과 금융투자업에 관한 법률에 따른 집합투자기구의 집합투자업자가 다른 집합투자업자에게 위탁자의 지위를 이전하는 경우

② 신탁재산의 실질적인 소유권이 위탁자가 아닌 제3자에게 있는 경우 등 위탁자의 지위 이전에도 불구하고 신탁재산에 대한 실질적인 소유권의 변동이 있다고 보기 어려운 경우

(8) 재화의 공급으로 보지 아니하는 거래

다음의 경우 재화의 공급으로 보지 아니한다.

▶ **표 2-2** 재화의 공급으로 보지 아니하는 거래

구 분	내 용
(1) 담보의 제공	질권 · 저당권 · 양도담보의 목적으로 동산 · 부동산 및 부동산상의 권리를 제공하는 경우. 다만, 채무불이행 등의 사유로 담보권자가 환가처분권을 행사하는 경우에는 재화의 공급(대물변제의 개념)에 해당한다.
(2) 사업의 포괄양도	사업장별로 그 사업에 관한 권리와 의무를 포괄적으로 승계시키는 것. 이 경우 그 사업에 관한 권리와 의무 중 다음의 것을 포함하지 아니하고 승계시킨 경우에도 해당 사업을 포괄적으로 승계 시킨 것으로 본다. ① 미수금 또는 미지급금에 관한 것 ② 해당 사업과 직접 관련이 없는 토지 · 건물 등에 관한 것 ※ 사업의 양도(포괄양도 여부가 불분명한 경우 포함)에 따라 그 사업을 양수받는 자가 대가를 지급하는 때에 그 대가를 받은 자로부터 부가가치세를 징수하여 납부한 경우에는 재화의 공급으로 본다.
(3) 조세의 물납	법률에 의하여 상속세 또는 지방세(재산세)를 사업용 자산으로 물납하는 경우 ※ 국가로부터 부가가치세를 징수하는 것이 현실적으로 불가능함.
(4) 신탁재산의 소유권 이전	① 위탁자로부터 수탁자에게 신탁재산을 이전하는 경우 ② 신탁의 종료로 인하여 수탁자로부터 위탁자에게 신탁재산을 이전하는 경우 ③ 수탁자가 변경되어 새로운 수탁자에게 신탁재산을 이전하는 경우
(5) 창고증권의 양도	① 보세구역에 있는 조달청 창고(조달청장이 개설한 것으로서 세관장의 특허를 받은 보세창고)에 보관된 물품에 대하여 조달청장이 발행하는 창고증권의 양도로서 임치물의 반환이 수반되지 아니하는 것(창고증권을 가진 사업자가 보세구역의 다른 사업자에게 인도하기 위하여 조달청 창고에서 임치물을 넘겨받는 경우를 포함) ② 보세구역에 있는 런던금속거래소의 지정창고에 보관된 물품에 대하여 런던금속거래소의 지정창고가 발행하는 창고증권의 양도로서 임치물의 반환이 수반되지 아니하는 것(창고증권을 가진 사업자가 보세구역의 다른 사업자에게 인도하기 위하여 지정창고에서 임치물을 넘겨받는 경우를 포함)
(6) 위탁가공을 위한 국외반출	사업자가 위탁가공을 위하여 원자재를 국외의 수탁가공사업자에게 대가 없이 반출하는 경우(영세율이 적용되는 것은 제외)
(7) 기타 재화의 공급으로 보지 않는 거래	① 하치장 반출 ⇨ 직매장 반출과 비교 ② 재고자산 또는 유형자산 등의 폐품처리 ⇨ 폐업시 잔존재화와 비교 ③ 화재 · 도난 등으로 인한 재화의 망실 ④ 건설업을 영위하는 사업자가 자기의 해외건설공사에 건설용 자재로 사용 · 소비할 목적으로 국외로 반출하는 경우 ⑤ 국내사업장이 있는 비거주자 또는 외국법인이 외국에서 자기가 생산 · 취득한 재화를 국내의 다른 사업자에게 비거주자 또는 외국법인의 국외사업장에서 직접 공급하는 경우(국외거래) ⑥ 한국석유공사법에 따른 한국석유공사가 석유 및 석유대체연료 사업법에 따라 비축된 석유를 수입통관하지 아니하고 보세구역에 보관하면서 국내사업장이 없는 비거주자 또는 외국법인과 무위험차익거래 방식으로 소비대차하는 경우

구 분	내 용
	⑦ 국세징수법에 따른 공매(국세징수법에 따른 수의계약에 따라 매각하는 것을 포함)에 따라 재화를 인도하거나 양도하는 경우 ⑧ 민사집행법에 따른 경매(강제경매, 담보권 실행을 위한 경매와 민법 · 상법 등 그 밖의 법률에 따른 경매를 포함)에 따라 재화를 인도하거나 양도하는 경우 ⑨ 도시 및 주거환경정비법, 공익사업을 위한 토지 등의 취득 및 보상에 관한 법률 등에 따른 수용절차에서 수용대상 재화의 소유자가 수용된 재화에 대한 대가를 받는 경우 ⑩ 도시 및 주거환경정비법에 따른 사업시행자의 매도청구에 따라 재화를 인도하거나 양도하는 경우

사 례 재화의 공급

거 래	재화공급	사 유
사업자가 주식을 매매계약에 의하여 양도한 경우	×	주식은 재화가 아님
사업자가 대가를 받고 가정용 전기를 공급하는 경우	○	전기는 무체물임
사업자가 특허권을 매매계약에 의하여 양도한 경우	○	특허권은 무체물임
사업자가 건물로 차입금을 변제한 경우	○	대물변제에 해당
사업자가 건물로 상속세를 납부한 경우	×	조세의 물납
사업자가 판매용 냉장고를 가사용으로 사용한 경우	○	개인적공급
사업자가 판매용 PC를 거래처에 무상으로 증여한 경우	○	사업상증여
사업자가 폐업하는 시점에 재화가 남아 있는 경우	○	폐업시 잔존재화
사업자가 사업을 포괄적으로 양도하는 경우	×	사업의 포괄적 양도
사업자가 아닌 자가 승용차를 대가를 받고 양도하는 경우	×	비사업자 공급

2. 용역의 공급

(1) 개 요

용역의 공급은 계약상 또는 법률상의 모든 원인에 따른 것으로서 다음의 어느 하나에 해당하는 것으로 한다(부가법 11 ①).

① 역무(役務)를 제공하는 것

② 시설물, 권리 등 재화를 사용하게 하는 것

용역의 공급은 사업자에 의하여 공급되는 것으로서 용역의 공급장소가 국내인 것에 한정한다. 따라서 국외에 있는 부동산의 임대용역은 해당 부동산이 사용되는 장소가 국외이므로 우리나라에서 부가가치세가 과세되지 아니한다(부기통 20－0－1).

⑵ 용역의 범위

용역이란 재화 외에 재산 가치가 있는 모든 역무(役務)와 그 밖의 행위를 말한다(부가법 2 ⑵). 부가가치세법에서는 건설업, 숙박 및 음식점업, 운수 및 창고업, 정보통신업(출판업과 영상·오디오 기록물 제작 및 배급업은 제외), 금융 및 보험업, 부동산업(다만, 전·답·과수원·목장용지·임야 또는 염전임대업과 공익사업과 관련해 지역권·지상권을 설정하거나 대여하는 사업 제외), 전문·과학 및 기술 서비스업, 사업시설관리·사업지원 및 임대서비스업, 공공행정·국방 및 사회보장 행정, 교육 서비스업, 보건업 및 사회복지 서비스업, 예술·스포츠 및 여가관련 서비스업, 협회 및 단체·수리 및 기타 개인서비스업, 가구내 고용활동 및 달리 분류되지 않은 자가소비 생산활동, 국제 및 외국기관의 사업에 해당하는 모든 역무(役務)와 그 밖의 행위를 용역으로 본다(부가령 3).

⑶ 용역공급의 범위

다음의 어느 하나에 해당하는 것은 용역의 공급으로 본다(부가령 25).

① 건설업의 경우 건설사업자가 건설자재의 전부 또는 일부를 부담하는 것
② 자기가 주요자재를 전혀 부담하지 아니하고 상대방으로부터 인도받은 재화를 단순히 가공만 해 주는 것
③ 산업상·상업상 또는 과학상의 지식·경험 또는 숙련에 관한 정보를 제공하는 것

한편 건설업과 부동산업 중 다음의 어느 하나에 해당하는 사업은 재화를 공급하는 사업으로 본다(부가칙 2 ②).

① 부동산 매매(주거용 또는 비거주용 건축물 및 그 밖의 건축물을 자영건설하여 분양·판매하는 경우를 포함) 또는 그 중개를 사업목적으로 나타내어 부동산을 판매하는 사업
② 사업상 목적으로 1과세기간 중에 1회 이상 부동산을 취득하고 2회 이상 판매하는 사업

⑷ 용역의 자가공급

사업자가 자신의 용역을 자기의 사업을 위하여 대가를 받지 아니하고 공급함으로써 다른 사업자와의 과세형평이 침해되는 경우에는 자기에게 용역을 공급하는 것으로 본다(부가법 12 ①). 이 경우 그 용역의 범위는 대통령령으로 정하도록 되어 있다. 그러나, 현재로는 대통령령에 용역의 범위가 정하여져 있지 않으므로 용역의 자가공급에

대해서는 부가가치세가 과세되지 않는다. 다음과 유사한 경우에는 용역의 자가공급이므로 부가가치세를 과세하지 아니한다(부기통 12-0-1).

① 사업자가 자기의 사업과 관련하여 사업장 내에서 그 사용인에게 음식용역을 무상으로 제공하는 경우
② 사업자가 사용인의 직무상 부상 또는 질병을 무상으로 치료하는 경우
③ 사업장이 각각 다른 수개의 사업을 겸영하는 사업자가 그 중 한 사업장의 재화 또는 용역의 공급에 필수적으로 부수되는 용역을 자기의 다른 사업장에서 공급하는 경우

(5) 용역의 무상공급

사업자가 대가를 받지 아니하고 타인에게 용역을 공급하는 것은 용역의 공급으로 보지 아니한다. 다만, 사업자가 특수관계인에게 사업용 부동산의 임대용역[6]을 무상으로 공급하는 것은 용역의 공급으로 본다(부가법 12 ②).

(6) 고용관계에 의한 근로의 제공

고용관계에 따라 근로를 제공하는 것은 용역의 공급으로 보지 아니한다(부가법 12 ③).

사 례 용역의 공급

거 래	용역공급	사 유
건설업자가 도급계약에 의하여 대가를 받고 교량건설용역을 제공하는 경우	○	역무의 제공
부동산임대업자가 임대차계약에 의하여 임대료를 받고 상가를 임대하는 경우	○	시설물 대여
사업자가 저작권에 대한 사용료를 받는 경우	○	권리의 대여
사업자가 인터넷을 통해 정보를 제공하고 정보이용료를 받는 경우	○	정보 제공
음식점을 영위하는 사업자가 사업장 내에서 종업원에게 음식용역을 무상으로 제공하는 경우	×	용역의 자가공급
변호사가 특수관계인에게 무상으로 법률자문용역을 제공한 경우	×	용역의 무상공급
부동산임대업자가 특수관계인에게 부동산을 무상으로 임대하는 경우	○	용역의 무상공급 중 과세되는 예외
고용관계에 의하여 대가를 받고 근로를 제공하는 경우	×	독립성 요건 위배

6) 다음의 어느 하나에 해당하는 경우에는 특수관계인간 부동산 무상임대용역의 범위에서 제외함으로써 부가가치세를 과세하지 않는다(부가령 26 ②).
① 산학협력단과 대학 간 사업용 부동산의 무상임대용역
② 공공주택사업자(국가, 지자체, LH, SH 등)와 부동산투자회사(리츠)간 사업용 부동산의 무상임대용역

3. 재화의 수입

(1) 개 요

재화의 수입은 다음의 어느 하나에 해당하는 물품을 국내에 반입하는 것(보세구역 또는 자유무역지역을 거치는 것은 보세구역 또는 자유무역지역에서 반입하는 것을 말함)으로 한다(부가법 13).

① 외국으로부터 국내에 도착한 물품(외국 선박에 의하여 공해(公海)에서 채집되거나 잡힌 수산물을 포함)으로서 수입신고가 수리(受理)되기 전의 것

② 수출신고가 수리된 물품으로서 선적된 물품 : 영세율이 적용되어 부가가치세 부담이 없으므로 이 물품을 다시 국내에 반입하는 것을 재화의 수입으로 간주하여 부가가치세를 과세하는 것이다.

(2) 재화의 수입으로 보지 않는 것

수출신고가 수리된 물품으로서 선적되지 아니한 물품을 보세구역에서 반입하는 경우는 재화의 수입으로 보지 아니한다. 또한 외국에서 보세구역 또는 자유무역지역으로 재화를 반입하는 것은 재화의 수입으로 보지 아니한다.

4. 부수재화 및 부수용역의 공급

(1) 주된 거래에 부수되어 공급되는 재화 · 용역

주된 재화 또는 용역의 공급에 부수되어 공급되는 것으로서 다음의 어느 하나에 해당하는 재화 또는 용역의 공급은 주된 재화 또는 용역의 공급에 포함되는 것으로 본다(부가법 14 ①).

① 대가관계 : 해당 대가가 주된 재화 또는 용역의 공급에 대한 대가에 통상적으로 포함되어 공급되는 재화 또는 용역

② 공급관계 : 거래의 관행으로 보아 통상적으로 주된 재화 또는 용역의 공급에 부수하여 공급되는 것으로 인정되는 재화 또는 용역

이 경우 주된 거래인 재화 또는 용역의 공급이 과세이면 부수되어 공급되는 재화 또는 용역의 공급도 함께 과세하며, 반대로 주된 거래인 재화 또는 용역의 공급이 면세이면 부수되어 공급되는 재화 또는 용역의 공급도 함께 면세로 처리한다.

예를 들어 어학용 도서(면세재화)에 부수하여 공급되는 설명용 CD(과세재화)는 주된 재화가 면세이므로 함께 면세한다. 반대로 어학용CD(과세재화)에 부수하여 공급되

는 설명용 교재(면세재화)는 주된 재화가 과세이므로 함께 과세된다. 또 하나의 사례로 잡지(면세재화)에 부수하여 공급되는 사은화장품(과세재화)도 주된 재화와 함께 면세된다.

(2) 주된 사업에 부수되어 공급되는 재화 · 용역

주된 사업에 부수되는 다음의 어느 하나에 해당하는 재화 또는 용역의 공급은 별도의 공급으로 보되, 과세 및 면세 여부 등은 주된 사업의 과세 및 면세 여부 등을 따른다(부가법 14 ②).

① 우발적 · 일시적 공급 : 주된 사업과 관련하여 우연히 또는 일시적으로 공급되는 재화 또는 용역

② 부산물 : 주된 사업과 관련하여 주된 재화의 생산 과정이나 용역의 제공 과정에서 필연적으로 생기는 재화

예를 들어, 한국출판사(면세사업자)가 우연히 또는 일시적으로 업무용트럭(과세재화)을 공급하는 경우에는 주된 사업이 면세이므로 업무용트럭의 공급도 함께 면세하는 것이다. 이는 면세사업자가 일시적으로 과세재화를 공급할 때 부가가치세를 거래징수하기 곤란하다는 점을 감안한 것이다. 그러나 한국출판사(면세사업자)가 부동산임대업(과세용역)을 별도의 사업으로 겸영하고 있다면 이는 주된 사업에 부수되어 공급되는 것이 아니므로 부동산임대업에 대하여 부가가치세가 과세된다. 한편 부산물의 사례로 복숭아통조림(과세재화)의 생산과정에서 필연적으로 생기는 복숭아씨(면세재화)는 주된 사업이 과세이므로 부가가치세가 과세된다.

▶ **표 2-3** 부수 재화 또는 용역의 구체적 사례

구 분	구 체 적 사 례
① 대가관계	• 공급하는 재화의 포장용기 및 운반용역 • 조경공사용역을 공급하면서 제공하는 수목 · 화초
② 공급관계	• 항공기 내에서 무상으로 제공되는 식사 • 가전제품 판매 후 일정기간 제공하는 사후무료서비스용역
③ 우발적 · 일시적 공급	• 금융업자가 면세사업에 사용하던 건축물 양도
④ 부산물	• 복숭아 통조림을 제조하는 사업자가 판매하는 복숭아 씨 • 옥수수를 원료로 전분을 제조하는 과정에서 생산되는 옥피 등

제 2 절 | 거래시기

부가가치세의 납세의무는 거래시기(공급시기)에 발생하기 때문에 거래시기를 확정하는 것은 중요한 과제 중의 하나이다.

1. 재화의 공급시기

(1) 일반원칙

재화의 공급시기 판정기준으로는 다음의 세 가지 원칙이 있다(부가법 15 ①).

① 재화의 이동이 필요한 경우에는 재화가 인도되는 때

② 재화의 이동이 필요하지 아니한 경우에는 재화가 이용가능하게 되는 때

③ 위 '①, ②'를 적용할 수 없는 경우에는 재화의 공급이 확정되는 때

(2) 거래형태별 공급시기

구체적인 거래형태별 공급시기는 다음과 같다(부가령 28).

▶ **표 2-4** 거래형태별 공급시기

거 래 형 태	공 급 시 기
(1) 현금판매 · 외상판매 · 할부판매 –상품권에 의한 판매의 경우	재화가 인도되거나 이용가능하게 되는 때 –재화가 실제로 인도되는 때
(2) 장기할부판매*의 경우	대가의 각 부분을 받기로 한 때
(3) 반환조건부판매 · 동의조건부판매 그 밖의 조건부 판매 및 기한부판매의 경우	그 조건이 성취되거나 기한이 지나 판매가 확정되는 때
(4) 완성도기준지급* 또는 중간지급조건부*로 재화를 공급하거나, 전력 그 밖에 공급단위를 구획할 수 없는 재화를 계속적으로 공급하는 경우	대가의 각 부분을 받기로 한 때
(5) 재화의 공급으로 보는 가공	가공된 재화를 인도하는 때
(6) 자가공급과 개인적공급 – 판매목적의 타사업장 반출	재화를 사용하거나 소비하는 때 – 재화를 반출하는 때
(7) 사업상증여	재화를 증여하는 때
(8) 폐업시 잔존재화	폐업하는 때
(9) 무인판매기를 이용하여 재화를 공급하는 경우	무인판매기에서 현금을 꺼내는 때
(10) 수출재화 –내국물품 또는 수입신고 수리전의 물품을 외국으로 반출하거나 중계무역방식으로 수출하는 경우 –원양어업 및 위탁판매수출의 경우	 –수출재화의 선(기)적일 –수출재화의 공급가액이 확정되는 때

거 래 형 태	공 급 시 기
– 외국인도수출, 위탁가공무역 방식의 수출 및 원료의 반출의 경우	– 외국에서 해당 재화가 인도되는 때
⑾ 사업자가 보세구역 내에서 국내에 재화를 공급하는 경우 해당 재화가 수입 재화에 해당할 때	수입신고수리일
⑿ 위탁판매 또는 대리인에 의한 매매의 경우	수탁자 또는 대리인의 공급을 기준으로 하여 위의 규정을 적용한다.

* 장기할부판매 등의 요건

구 분	요 건
장기할부판매	재화를 공급하고 그 대가를 월부 · 연부 그밖의 부불방법에 따라 받는 것 중 다음의 요건을 모두 갖춘 것 ① 2회 이상 분할하여 대가를 받는 것 ② 해당 재화의 인도일의 다음날부터 최종의 부불금의 지급기일까지의 기간이 1년 이상인 것
완성도기준 지급조건부 공급	재화의 공급에 상당기간이 소요되는 경우 그 재화제작의 완성비율에 따라 대가를 지급받는 조건으로 공급하는 것
중간지급조건부 공급	재화가 인도되기 전 또는 재화가 이용가능하게 되기 전이거나 용역의 제공이 완료되기 전에 계약금 이외의 대가를 분할하여 지급하는 경우로서 계약금을 지급하기로 한 날부터 잔금을 지급하기로 한 날까지의 기간이 6월 이상인 경우

2. 용역의 공급시기

역무가 제공이 완료되는 때 또는 시설물 · 권리 등 재화가 사용되는 때를 용역의 공급시기로 하며, 거래형태별 공급시기는 다음과 같다(부가법 16, 부가령 29).

▶ **표 2-5** 용역의 거래형태별 공급시기

거 래 형 태	공 급 시 기
① 통상적인 공급	역무의 제공이 완료되는 때
② 완성도기준지급 · 중간지급 · 장기할부 또는 기타 조건부로 용역을 제공하거나 그 공급단위를 구획할 수 없는 용역을 계속적으로 공급하는 경우	대가의 각 부분을 받기로 한 때 * 단기할부조건의 경우 역무의 제공이 완료되는 때 ** 완성도기준지급 및 중간지급의 경우 역무의 제공이 완료되는 날 이후 받기로 한 대가의 부분에 대해서는 역무의 제공이 완료되는 때
③ 위 '①'과 '②'의 규정을 적용할 수 없는 경우	역무의 제공이 완료되고 그 공급가액이 확정되는 때

거 래 형 태	공 급 시 기
④ 부동산임대용역에 대한 간주임대료와 사업자가 2과세기간 이상에 걸쳐 부동산임대용역을 공급하고 그 대가를 선불 또는 후불로 받는 경우	예정신고기간 또는 과세기간의 종료일

부동산임대용역의 공급시기

부동산임대업자가 부동산임대용역을 계속적으로 공급하고 그 대가를 월별, 분기별 또는 반기별로 기일을 정하여 받기로 한 경우 그 대가의 각 부분을 받기로 한 때를 공급시기로 본다(부가가치세 집행기준 16-29-5).

특정용역을 둘 이상의 과세기간에 걸쳐 계속적으로 제공하고 그 대가를 선불로 받는 경우

다음의 어느 하나에 해당하는 용역을 둘 이상의 과세기간에 걸쳐 계속적으로 제공하고 그 대가를 선불로 받는 경우에는 예정신고기간 또는 과세기간의 종료일을 공급시기로 한다.

① 헬스클럽장 등 스포츠센터를 운영하는 사업자가 연회비를 미리 받고 회원들에게 시설을 이용하게 하는 것

② 사업자가 다른 사업자와 상표권 사용계약을 할 때 사용대가 전액을 일시불로 받고 상표권을 사용하게 하는 것

③ 노인복지시설(유료인 경우에만 해당)을 설치·운영하는 사업자가 그 시설을 분양받은 자로부터 입주 후 수영장·헬스클럽장 등을 이용하는 대가를 입주 전에 미리 받고 시설 내 수영장·헬스클럽장 등을 이용하게 하는 것

사회기반시설의 임대용역

사업자가 둘 이상의 과세기간에 걸쳐 계속적으로 사회기반시설(준공 후 일정기간 동안 사업시행자에게 해당 시설의 소유권이 인정되며 그 기간이 만료되면 시설소유권이 국가 또는 지방자치단체에 귀속되는 방식을 준용하여 설치한 시설)을 이용하게 하고 그 대가를 받는 경우에는 예정신고기간 또는 과세기간의 종료일을 공급시기로 한다.

사 례 재화 또는 용역의 공급시기

거 래	공 급 시 기
20×3년 6월 20일에 재화를 인도하고 그 대금 200을 20×3년 7월 20일에 받은 경우(외상판매)	20×3년 6월 20일 : 200 공급 (인도일)
20×3년 6월 20일에 상품권을 200에 판매하고 20×3년 7월 20일에 상품권과 교환으로 재화를 인도한 경우(상품권에 의한 판매)	20×3년 7월 20일 : 200 공급 (인도일)
20×3년 6월 20일에 재화를 인도하고 인도 후 매 6개월마다 100씩 총 3번을 받기로 한 경우(장기할부판매)	20×3년 12월 20일 : 100 공급 20×4년 6월 20일 : 100 공급 20×4년 12월 20일 : 100 공급

거 래	공 급 시 기
20×3년 6월 20일에 용역제공을 시작하여 그 해 9월 20일에 완료하고 그 대금 200을 그 해 10월 20일에 받은 경우(통상적인 용역공급)	20×3년 9월 20일 : 200 공급 (역무제공 완료일)
20×3년 6월 1일부터 1년간 상가를 임대하고, 매월 말일에 임대료 100을 받기로 한 경우	20×3년 6월 30일 : 100 공급 이후 매월 말일 : 각각 100 공급

3. 재화의 수입시기

재화의 수입시기는 관세법에 따른 수입신고가 수리된 때로 한다(부가법 18).

4. 공급시기의 특례

(1) 폐업전에 공급한 재화 또는 용역의 공급시기가 폐업일 이후에 도래하는 경우

폐업 전에 공급한 재화 또는 용역의 공급시기가 폐업일 이후에 도래하는 경우에는 그 폐업일을 공급시기로 본다(부가령 28 ⑨, 29 ③).

(2) 공급시기가 되기 전에 세금계산서를 발급하는 경우(부가법 17)

① 사업자가 공급시기가 되기 전에 재화 또는 용역에 대한 대가의 전부 또는 일부를 받고, 그 받은 대가에 대하여 세금계산서 또는 영수증을 발급하는 경우에는 그 발급하는 때를 각각 그 재화 또는 용역의 공급 시기로 본다.

② 다음의 경우에는 대가의 수령 여부와 관계없이 공급시기가 도래하기 전에 세금계산서 또는 영수증을 발급하는 때를 그 재화 또는 용역의 공급시기로 본다(부가령 30).

㉠ 장기할부판매

㉡ 전력 기타 공급단위를 구획할 수 없는 재화를 계속적으로 공급하는 경우

㉢ 장기할부 또는 통신 등 그 공급단위를 구획할 수 없는 용역을 계속적으로 공급하는 경우

㉣ 외국항행용역의 공급으로서 상법에 따라 발행된 선하증권에 따라 거래사실이 확인되는 경우의 공급시기(용역의 공급시기가 선하증권 발행일로부터 90일 이내인 경우로 한정한다)

③ 사업자가 재화 또는 용역의 공급시기가 도래하기 전에 세금계산서를 발급하고

그 세금계산서 발급일부터 7일 이내에 대가를 지급받는 경우에는 적법하게 세금계산서를 발급한 것으로 본다. 한편 대가를 지급하는 사업자가 다음 중 하나를 충족하는 경우에는 재화 또는 용역을 공급하는 사업자가 그 재화 또는 용역의 공급시기가 되기 전에 세금계산서를 발급하고 그 세금계산서 발급일부터 7일이 지난 후 대가를 받더라도 해당 세금계산서를 발급한 때를 재화 또는 용역의 공급시기로 본다.

㉠ 거래 당사자 간의 계약서 · 약정서 등에 대금 청구시기(세금계산서 발급일)와 지급시기를 따로 적고, 대금 청구시기와 지급시기 사이의 기간이 30일 이내인 경우

㉡ 재화 또는 용역의 공급시기가 세금계산서 발급일이 속하는 과세기간 내(공급받는 자가 조기환급을 받은 경우에는 세금계산서 발급일부터 30일 이내)에 도래하는 경우

(3) 공급시기 이후에 세금계산서를 발급하는 경우

① 공급자 : 사업자가 세금계산서의 발급시기를 경과한 후 공급시기가 속하는 과세기간에 대한 확정신고기한까지 세금계산서를 발급한 경우에는 그 공급가액의 1%(공급시기가 속하는 과세기간에 대한 확정신고기한 경과후 발급하는 경우는 2%)에 해당하는 가산세를 납부세액에 더하거나 환급세액에서 뺀다.

② 공급받는 자 : 재화 또는 용역의 공급시기 후에 세금계산서를 발급받은 경우로서 해당 공급시기가 속하는 과세기간에 대한 확정신고기한까지 발급받은 경우는 매입세액공제를 받을 수 있지만 매입처별 세금계산서합계표 제출불성실가산세(공급가액의 0.5%)를 적용받는다. 한편 해당 공급시기가 속하는 과세기간에 대한 확정신고기한이 지난 후 세금계산서를 발급받은 경우에는 원칙적으로 매입세액공제를 받을 수 없으며, 가산세도 적용되지 않는다. 다만, 해당 공급시기가 속하는 과세기간에 대한 확정신고기한이 지난 후 세금계산서를 발급받았더라도 그 세금계산서의 발급일이 확정신고기한 다음 날부터 6개월 이내이고 다음의 어느 하나에 해당하는 경우에는 매입세액을 공제받을 수 있다. 이 경우 매입처별 세금계산서합계표 제출불성실가산세(공급가액의 0.5%)를 적용받는다.

㉠ 과세표준수정신고서와 경정청구서를 세금계산서와 함께 제출하는 경우

㉡ 해당 거래사실이 확인되어 납세지 관할세무서장등이 결정 또는 경정하는 경우

사 례 공급시기(5.10) 이후에 세금계산서를 발급하는 경우 세무상 처리

<table>
<tr><th colspan="2" rowspan="2">발급시기</th><th rowspan="2">공급자</th><th colspan="2">공급받는 자</th></tr>
<tr><th>매입세액공제</th><th>가산세</th></tr>
<tr><td colspan="2">공급시기(5.10)에 발급</td><td>가산세 없음</td><td>공제</td><td>없음</td></tr>
<tr><td colspan="2">확정신고기한 내(7.20) 발급</td><td>세금계산서불성실가산세 (지연발급) : 공급가액의 1%</td><td>공제</td><td>매입처별 세금계산서 합계표불성실 가산세 : 공급가액의 0.5%</td></tr>
<tr><td rowspan="2">확정신고기한 경과 후(9.20) 발급</td><td>원칙</td><td>세금계산서불성실가산세 (미발급) : 공급가액의 2%</td><td>불공제</td><td>없음</td></tr>
<tr><td>수정신고 경정청구 결정·경정 등의 경우</td><td>세금계산서불성실가산세 (미발급) : 공급가액의 2%</td><td>공제</td><td>매입처별 세금계산서 합계표불성실 가산세 : 공급가액의 0.5%</td></tr>
</table>

제 3 절 | 재화와 용역의 거래장소

1. 개 요

부가가치세의 납세의무는 국내에서 거래된 재화나 용역의 공급에 대해서 성립하므로 거래장소의 확정은 중요한 의미를 지닌다.

2. 재화의 거래장소

재화의 거래장소는 공급시 재화의 이동이 필요한가에 따라 각각 다르다. 즉, 재화의 이동이 필요한 경우에는 재화의 이동이 시작되는 장소가 공급장소가 된다. 반면에 재화의 이동이 필요하지 않는 경우에는 재화가 공급되는 시기에 재화가 있는 장소가 공급장소가 된다(부가법 19 ①).

3. 용역의 거래장소

용역이 공급되는 장소는 다음의 어느 하나에 해당하는 곳으로 한다(부가법 20 ①).

① 역무가 제공되거나 시설물, 권리 등 재화가 사용되는 장소

② 국내 및 국외에 걸쳐 용역이 제공되는 국제운송의 경우 사업자가 비거주자 또는 외국법인이면 여객이 탑승하거나 화물이 적재되는 장소

③ 정보통신망을 통하여 국내에 제공되는 게임 등 전자적 용역의 경우 용역을 공급받는 자의 사업장 소재지, 주소지 또는 거소지

국제운송의 거래장소

국제운송의 경우에 사업자가 거주자 또는 내국법인인 경우 용역이 제공되는 장소에 관계없이 우리나라의 과세권이 미치는 국내거래로 보며, 영세율이 적용된다.

그림 2-1 국제운송용역의 거래장소

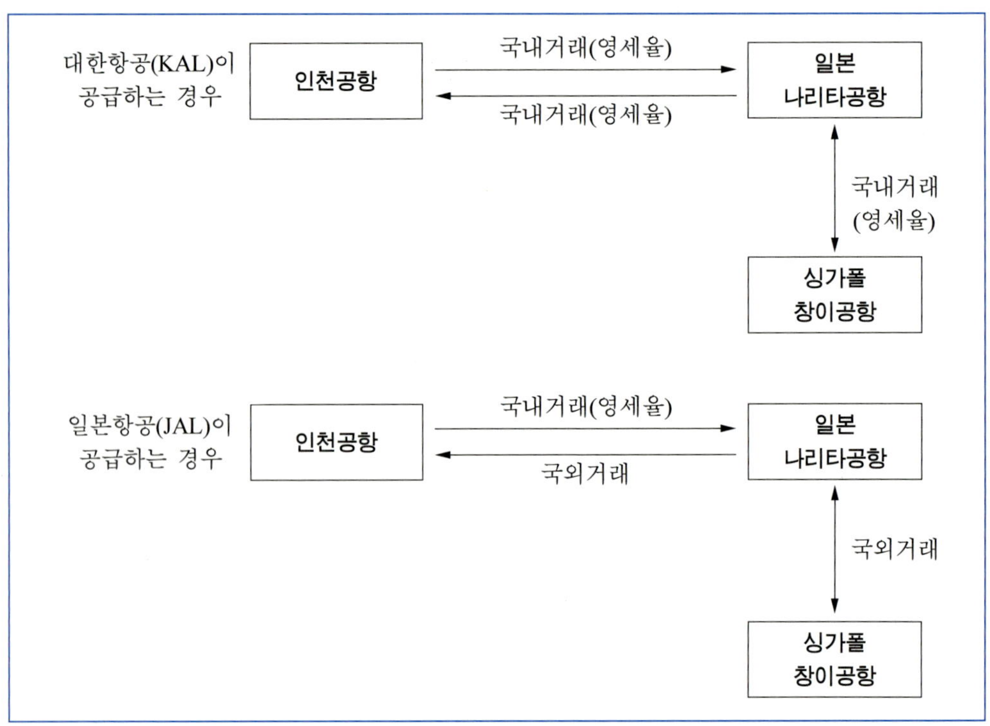

객 관 식 문 제

▶ 제2장 부가가치세 과세거래

1 부가가치세 과세거래에 관한 설명으로 가장 옳지 않은 것은?

① 사업자가 사업을 위하여 대가를 받고 다른 사업자에게 인도 또는 양도하는 견본품은 재화의 공급으로 보지 아니한다.

② 사업자가 매입세액이 공제되지 않는 재화를 사업과 직접 관계없이 대가를 받지 아니하고 자기의 개인적 목적으로 사용·소비하는 것은 재화의 공급으로 보지 않는다.

③ 사업자가 대가를 받지 않고 특수관계가 없는 자에게 건설용역을 공급하는 것은 용역의 공급으로 보지 않는다.

④ 사업자가 사업을 폐지하거나 사업자 등록 후 사실상 사업을 시작하지 않게 되는 때에 잔존하는 재화는 자기에게 공급하는 것으로 본다.

해설

사업자가 사업을 위하여 대가를 받고 다른 사업자에게 인도 또는 양도하는 견본품은 대가관계에 있으므로 재화의 공급으로 본다.

2 다음 중 부가가치세법상 재화의 공급으로 의제되는 것이 아닌 것은?

① 사업자가 자기생산·취득재화를 자기의 면세사업을 위하여 직접 사용하거나 소비하는 것

② 사업장이 둘 이상인 사업자가 자기의 사업과 관련하여 생산 또는 취득한 재화를 판매할 목적으로 자기의 다른 사업장에 반출하는 것

③ 사업자가 자기생산·취득재화를 비영업용 소형승용차로 사용 또는 소비하거나 그 자동차의 유지를 위하여 사용 또는 소비하는 것

④ 사업자가 자기의 사업과 관련하여 실비변상적이거나 복지후생적인 목적으로 자기의 사용인에게 작업복·작업모·작업화를 무상으로 공급하는 것

해설

사업자가 자기의 사업과 관련하여 실비변상적이거나 복지후생적인 목적으로 자기의 사용인에게 작업복·작업모·작업화 또는 직장체육비·직장문화비와 관련된 재화를 무상으로 공급하는 것은 재화의 공급으로 보지 아니한다.

3 부가가치세법령상 과세거래에 해당하는 것은? (2017년 국가직 7급)

① 사업장이 둘 있는 사업자(사업자단위과세사업자와 주사업장 총괄납부사업자에 모두 해당하지 아니함)가 자기의 사업과 관련하여 생산한 재화로서 매입세액이 불공제된 재화를 판매할 목적으로 자기의 다른 사업자에 반출하는 경우

② 사업자가 민사집행법에 따른 경매에 따라 재화를 인도하거나 양도하는 경우

③ 사업자가 대가를 받지 않고 특수관계인 외의 자에게 사업용부동산의 임대용역을 공급하는 경우

④ 사업자가 사업을 위하여 증여하는 것으로서 자기적립마일리지로만 전부를 결제받고 재화를 공급하는 경우

해설

판매목적의 직매장반출의 경우는 매입세액이 불공제된 재화를 반출하는 경우에도 재화의 공급으로 본다.

4 부가가치세법령상 재화의 공급으로 보지 아니하는 것만을 모두 고르면? (단, 자기생산·취득재화는 매입세액이 공제된 재화이다) (2024년 국가직 9급)

ㄱ. 사업자가 자기생산·취득재화를 「재난 및 안전관리 기본법」의 적용을 받아 특별재난지역에 공급하는 물품

ㄴ. 사업 개시일 이전에 사업자등록을 신청한 자가 사실상 사업을 시작하지 아니하게 되는 경우 자기생산·취득재화 중 남아 있는 재화

ㄷ. 「자본시장과 금융투자업에 관한 법률」에 따른 집합투자기구의 집합투자업자가 다른 집합투자업자에게 위탁자의 지위를 이전하는 경우

① ㄱ, ㄴ　　② ㄱ, ㄷ

③ ㄴ, ㄷ　　④ ㄱ, ㄴ, ㄷ

해설

사업 개시일 이전에 사업자등록을 신청한 자가 사실상 사업을 시작하지 아니하게 되는 경우 자기생산·취득재화 중 남아 있는 재화는 폐업시 잔존재화로 자기에게 공급하는 것으로 본다.

5 부가가치세 과세거래와 관련된 다음 설명 중 잘못된 것은?

① 사업자가 전・답・과수원・목장용지・임야 또는 염전을 임대하는 경우에는 부가가치세가 과세되지 아니한다.

② 외국으로부터 국내에 도착한 물품으로서 수입신고가 수리(受理)되기 전의 것을 국내에 반입하는 경우에는 부가가치세가 과세된다.

③ 주된 사업이 면세인 경우에는 주된 사업과 관련하여 우연히 또는 일시적으로 재화를 공급하는 경우 해당 재화가 과세재화인 경우에도 주된 사업에 따라 면세로 한다.

④ 사업자간에 원재료를 차용하여 사용・소비하고 동종의 재화를 반환하는 소비대차의 경우 해당 재화를 차용하거나 반환하는 거래 모두 재화의 공급으로 보지 아니한다.

해설

사업자간에 원재료를 차용하여 사용・소비하고 동종 또는 이종의 재화를 반환하는 소비대차의 경우 해당 재화를 차용하거나 반환하는 거래는 각각 재화의 공급으로 본다.

6 부가가치세법상 재화의 공급시기에 관한 다음 설명 중 잘못된 것은?

① 외상판매의 경우에는 재화가 인도되거나 이용가능하게 되는 때를 공급시기로 한다.

② 장기할부판매의 경우에는 대가의 각 부분을 받기로 한 때를 공급시기로 한다.

③ 내국물품을 외국의 반출하는 수출재화의 경우에는 수출재화의 선적일을 공급시기로 한다.

④ 재화의 공급으로 의제하는 사업상증여는 해당 재화를 사용・소비하는 때를 공급시기로 한다.

해설

간주공급 중 자가공급・개인적 공급인 경우에는 재화를 사용하거나 소비하는 때를 재화의 공급시기로 보나, 사업상증여의 경우에는 재화를 증여하는 때를 재화의 공급시기로 본다.

7 다음 중 부가가치세법상 재화의 공급에 해당하는 것은 모두 몇 개인가?

(1) 사업자가 자기가 생산한 재화를 자기의 고객에게 증여하는 경우
(2) 사업자가 위탁가공을 위하여 원자재를 국외의 수탁가공사업자에게 대가 없이 반출하는 경우
(3) 도시 및 주거환경정비법에 따른 수용절차에 있어서 수용대상인 재화의 소유자가 수용된 재화에 대한 대가를 받는 경우
(4) 사업자가 다른 사업자로부터 원재료를 차용하여 소비하고 동종의 재화를 반환하는 경우

① 1개　　② 2개
③ 3개　　④ 4개

해설

(1)과 (4)는 재화의 공급에 해당한다.

8 부가가치세법령상 용역의 공급시기에 대한 설명으로 옳지 않은 것은? ➲ 2021년 국가직 9급

① 장기할부조건부로 용역을 공급하는 경우에는 대가의 각 부분을 받기로 한 때로 한다.
② 사업자가 부동산 임대용역을 공급하고 전세금 또는 임대보증금을 받는 경우(부가가치세법 시행령 제65조에 따라 계산한 금액을 공급가액으로 함)에는 예정신고기간 또는 과세기간의 종료일로 한다.
③ 중간지급조건부로 용역을 공급하는 경우 역무의 제공이 완료되는 날 이후 받기로 한 대가의 부분에 대해서는 역무의 제공이 완료되는 날 이후 그 대가를 받는 때로 한다.
④ 헬스클럽장 등 스포츠센터를 운영하는 사업자가 연회비를 미리 받고 회원들에게 시설을 이용하게 하는 것을 둘 이상의 과세기간에 걸쳐 계속적으로 제공하고 그 대가를 선불로 받는 경우에는 예정신고기간 또는 과세기간의 종료일로 한다.

해설

중간지급조건부로 용역을 공급하는 경우 대가의 각 부분을 받기로 한 때를 용역의 공급시기로 하는 것을 원칙으로 하되 역무의 제공이 완료되는 날 이후 받기로 한 대가의 부분에 대해서는 역무의 제공이 완료되는 날을 그 용역의 공급시기로 본다.

9 부가가치세법상 재화의 수입에 대한 설명으로 옳지 않은 것은? ⊙ 2022년 국가직 9급

① 재화의 수입시기는 「관세법」에 따른 수입신고가 수리된 때로 한다.

② 외국으로부터 국가, 지방자치단체에 기증되는 재화의 수입에 대하여는 부가가치세를 면제한다.

③ 재화의 수입에 대한 부가가치세의 과세표준은 그 재화에 대한 관세의 과세가격과 관세, 개별소비세, 주세, 교육세, 농어촌특별세 및 교통·에너지·환경세를 합한 금액으로 한다.

④ 재화를 수입하는 자의 부가가치세 납세지는 수입자의 주소지로 한다.

해설

재화를 수입하는 자의 부가가치세 납세지는 「관세법」에 따라 수입을 신고하는 세관의 소재지로 한다(부가법 6 ⑥).

10 부가가치세법상 과세대상 거래에 대한 설명으로 옳지 않은 것은? ⊙ 2022년 국가직 9급

① 재화의 공급은 계약상 또는 법률상의 모든 원인에 따라 재화를 인도하거나 양도하는 것으로 한다.

② 용역의 공급은 계약상 또는 법률상의 모든 원인에 따른 것으로서 역무를 제공하는 것과 시설물, 권리 등 재화를 사용하게 하는 것 중 어느 하나에 해당하는 것으로 한다.

③ 수출신고가 수리된 물품으로서 선적되지 아니한 물품을 보세구역에서 반입하는 것은 재화의 수입에 해당한다.

④ 고용관계에 따라 근로를 제공하는 것은 용역의 공급으로 보지 아니한다.

해설

수출신고가 수리된 물품을 국내에 반입하는 것은 재화의 수입에 해당하나, 수출신고가 수리된 물품으로 선적되지 아니한 물품을 보세구역에서 반인하는 경우는 재화의 수입에서 제외한다(부가법 13 ⑵).

11 부가가치세법령상 일반과세자의 재화와 용역의 공급시기로 옳은 것은? ⊙ 2024년 국가직 7급

① 사업자가 용역의 공급시기가 되기 전에 세금계산서를 발급하고 그 세금계산서 발급일부터 7일 이내에 대가를 받는 경우 : 해당 세금계산서를 발급한 때

② 재화의 공급으로 보는 가공의 경우 : 재화의 가공이 완료된 때

③ 재화를 위탁판매수출하는 경우 : 외국에서 해당 재화가 인도되는 때

④ 사업자가 부동산 임대용역을 공급하고 전세금 또는 임대보증금을 받는 경우 : 대가의 각 부분을 받기로 한 때

해설

② 가공된 재화를 인도하는 때
③ 수출재화의 공급가액이 확정되는 때
④ 전세금 또는 임대보증금은 선불로 받는 경우이므로 예정신고기간 또는 과세시간의 종료일이 공급시기가 된다.

12 부가가치세법령상 용역의 공급시기에 대한 설명으로 옳은 것은? (단, 폐업은 고려하지 않는다) ⊙ 2022년 국가직 9급

① 역무의 제공이 완료되는 때 또는 대가를 받기로 한 때를 공급시기로 볼 수 없는 경우에는 예정신고기간 또는 과세기간의 종료일을 공급시기로 본다.

② 사업자가 용역의 공급시기가 되기 전에 세금계산서를 발급하고 그 세금계산서 발급일부터 7일 이내에 대가를 받으면 그 대가를 받은 때를 용역의 공급시기로 본다.

③ 사업자가 다른 사업자와 상표권 사용계약을 할 때 사용대가 전액을 일시불로 받고 상표권을 사용하게 하는 용역을 둘 이상의 과세기간에 걸쳐 계속적으로 제공하고 그 대가를 선불로 받는 경우에는 예정신고기간 또는 과세기간의 종료일을 공급시기로 본다.

④ 완성도기준지급조건부로 용역을 공급하는 경우 역무의 제공이 완료되는 날 이후 받기로 한 대가의 부분에 대해서는 대가의 각 부분을 받기로 한 때를 용역의 공급시기로 본다.

해설

① 역무의 제공이 완료되고 그 공급가액이 확정되는 때를 공급시기로 본다(부가령 29 ② (1)).
② 해당 세금계산서를 발급한 때를 용역의 공급시기로 본다(부가법 17 ②).
④ 역무의 제공이 완료되는 날을 용역의 공급시기로 본다(부가령 29 ① (2)).

13 다음은 「부가가치세법」상 재화 및 용역의 공급시기의 특례에 관한 규정이다. (가) ~ (다)에 들어갈 내용을 바르게 연결한 것은? ◐ 2023년 국가직 9급

제17조(재화 및 용역의 공급시기의 특례)

③ 제2항에도 불구하고 다음 각 호의 어느 하나에 해당하는 경우에는 재화 또는 용역을 공급하는 사업자가 그 재화 또는 용역의 공급시기가 되기 전에 제32조에 따른 세금계산서를 발급하고 그 세금계산서 발급일부터 [(가)]일이 지난 후 대가를 받더라도 해당 세금계산서를 발급한 때를 재화 또는 용역의 공급시기로 본다.

1. 거래 당사자 간의 계약서 · 약정서 등에 대금 청구시기(세금계산서 발급일을 말한다)와 지급시기를 따로 적고, 대금 청구시기와 지급시기 사이의 기간이 [(나)]일 이내인 경우
2. 재화 또는 용역의 공급시기가 세금계산서 발급일이 속하는 과세기간 내(공급받는 자가 제59조 제2항에 따라 조기환급을 받은 경우에는 세금계산서 발급일부터 [(다)]일 이내)에 도래하는 경우

	(가)	(나)	(다)
①	7	20	30
②	7	30	30
③	10	20	15
④	10	30	15

해설

법령 그대로이므로 해설은 필요없음

14 부가가치세법령상 부가가치세가 과세되는 것만을 모두 고르면? ◐ 2023년 국가직 7급

ㄱ. 개인 과세사업자가 특수관계인에게 사업용 부동산인 상가를 무상으로 임대하는 경우

ㄴ. 과세사업자가 사업용 과세재화를 자기적립마일리지 외의 마일리지만으로 전부를 결제받고 공급하는 경우

ㄷ. 과세사업자가 사업용 건물을 「상속세 및 증여세법」 및 「지방세법」에 따라 물납하는 경우

ㄹ. 부동산임대업자가 주택(국민주택규모 초과)을 유상으로 임대하는 경우

① ㄱ, ㄴ ② ㄱ, ㄹ

③ ㄴ, ㄷ ④ ㄷ, ㄹ

해설

ㄱ. 부가법 제12조 단서

ㄴ. 부가령 제20조 제3호에 의하면 자기적립마일리지로만 전부를 결제받고 공급하는 재화에 대해서만 재화의 공급으로 보지 않는다.

ㄷ. 부가령 제24조에 따라 물납하는 경우 재화의 공급으로 보지 않는다.

ㄹ. 부가법 제26조 제1항 제12호에 따라 주택의 임대는 부가가치세가 면세된다.

정답	1	①	2	④	3	①	4	②	5	④	6	④	7	②	8	③	9	④	10	③
	11	①	12	③	13	②	14	①												

세율 · 영세율 및 면세

제 1 절 | 세 율

1. 개 요

부가가치세의 세율구조는 ① 기본세율, ② 영세율(zero rate), ③ 면세(exemptions) 및 ④ 간이과세가 있다. 현행 부가가치세의 기본세율은 10%이며, 특정한 재화 또는 용역의 공급에 대해서는 기본세율 대신에 영세율을 적용하고 있다. 기본세율과 영세율 외에 부가가치세의 납세의무가 없는 면세제도와 일반과세를 간소화한 형태로 소규모 특정 사업자에게는 간이과세제도가 있다.

2. 과세 · 영세율 및 면세의 비교

기본세율을 적용받는 사업자를 일반과세사업자, 영세율을 적용받는 사업자를 영세율사업자, 부가가치세 납세의무가 없는 사업자를 면세사업자라 한다. 각각의 경우 부가가치세 산출구조를 비교하면 다음과 같다.

구 분	일반과세*	영세율	면 세
매출세액	공급가액 × 10%	공급가액 × 0%	공급가액 × 0%
매입세액	(−)공급받은 가액 × 10%	(−)공급받은 가액 × 10%	매입세액불공제
	= 납 부 (환 급) 세 액	= 환 급 세 액	= 부가가치세신고 · 납부 의무 없음

* 일반과세를 간소화한 형태로 소규모 특정 사업자에게 적용되는 간이과세제도는 제9장에서 설명한다.

사 례 면세와 영세율의 면세효과

사업자가 1,000(부가가치세 불포함)에 공급받은 재화에 그 거래단계에서 창출한 부가가치 500(부가가치세 불포함)을 더하여 공급하는 경우

① 과세 : 사업자는 공급가액 1,500(부가가치의 총합)에 매출세액 150을 더한 1,650을 거래상대방으로부터 받아 매출세액 150에서 매입세액 100을 차감한 50을 납부한다.

② 영세율 : 매출세액은 0이므로 사업자는 공급가액 1,500(부가가치의 총합)을 거래상대방으로부터 받아 매출세액 0에서 매입세액 100을 차감한 △100을 환급받는다.

③ 면세 : 매출세액은 없으나 매입세액 100을 환급받을 수 없으므로 사업자는 1,500(부가가치의 총합)에 매입세액불공제액 100을 더한 1,600을 거래상대방으로 받는다.

구 분	공급가액	매출세액	공급대가	면세정도	면세금액
과 세	1,500	150	1,650	없 음	0
영세율	1,500	0	1,500	완전면세	150
면 세	1,600	0	1,600	부분면세	50*

* 일반적으로 부가가치세 면세제도를 완전면세제도로 오해하는 경우가 많다. 기존의 과세재화를 면세재화로 새로 포함시켰다고 해서 그 재화의 가격이 10%(부가가치세) 감소될 것이라고 생각하는 것은 착각이다. 면세재화는 면세적용단계에서 창출된 부가가치에 대해서만 부가가치세 부담이 경감되는 효과가 있기 때문이다.

제 2 절 | 영세율

1. 개 요

영세율이란 재화나 용역을 공급할 때 매출세액으로 부과하는 세율을 영(0)으로 하는 것을 말한다. 매출에 대하여 영세율을 적용받게 되면 재화나 용역을 공급받을 때 징수당한 부가가치세 매입세액을 전액 환급받게 된다.

영세율제도는 원래 재화의 국제간 거래에 있어서 수출국에서 부가가치세를 부과하고 수입국에서도 이를 또 부과할 경우, 이중과세가 되는 문제점을 해소하기 위하여 소비지국과세원칙에 따라 생산수출국에서는 부가가치세를 완전히 면제하는 방식으로 고안되었다.

2. 영세율 적용대상자

영세율은 원칙적으로 거주자 또는 내국법인에 대해 적용한다. 따라서 외국법인이나 비거주자는 원칙적으로 영세율이 적용되지 않는다. 그러나 사업자가 비거주자 또는 외국법인인 경우에는 그 해당 국가에서 대한민국의 거주자 또는 내국법인에게 동일하게 면세하는 경우에만 영세율을 적용한다(상호면세주의, 부가법 25 ①). 간이과세자도 영세율을 적용받을 수 있으나, 매입세액을 환급받을 수는 없다.

3. 영세율 적용대상 거래

(1) 재화의 수출

재화의 공급이 수출에 해당하면 그 재화의 공급에 대하여는 영세율을 적용한다(부가법 21).

1) 일반적인 수출

수출은 다음의 것으로 한다.

① 내국물품(대한민국 선박에 의하여 채집되거나 잡힌 수산물을 포함)을 외국으로 반출하는 것 : 직수출 및 대행위탁수출을 포함한다.[7)]

② 국내 사업장에서 계약과 대가 수령 등 거래가 이루어지는 것으로서 다음의 어느 하나에 해당하는 것

㉠ 중계무역 방식의 수출 : 수출할 것을 목적으로 물품 등을 수입하여 보세구역 및 보세구역 외 장치의 허가를 받은 장소 또는 자유무역지역 외의 국내에 반입하지 아니하는 방식의 수출을 말한다.

㉡ 위탁판매수출 : 물품 등을 무환(無換)으로 수출하여 해당 물품이 판매된 범위에서 대금을 결제하는 계약에 의한 수출을 말한다.

㉢ 외국인도수출 : 수출대금은 국내에서 영수(領收)하지만 국내에서 통관되지 아니한 수출물품 등을 외국으로 인도하거나 제공하는 수출을 말한다.

㉣ 위탁가공무역 방식의 수출 : 가공임(加工賃)을 지급하는 조건으로 외국에서 가공(제조, 조립, 재성, 개조를 포함)할 원료의 전부 또는 일부를 거래 상대방에게 수출하거나 외국에서 조달하여 가공한 후 가공물품 등을 외국으로 인도하는 방식의 수출을 말한다.

---

7) 재화를 외국으로 반출하는 경우에는 유상이든 무상이든 영세율이 적용된다. 다만, 대가를 받지 아니하고 견본품을 국외사업자에게 증정하는 것은 재화의 공급(사업상증여)이 아니므로 영세율이 적용되지 않는다.

㉤ 원료의 반출 : 원료를 대가 없이 국외의 수탁가공 사업자에게 반출하여 가공한 재화를 양도하는 경우에 그 원료의 반출을 말한다.

㉥ 관세법에 따른 수입신고 수리 전의 물품으로서 보세구역에 보관하는 물품의 외국으로의 반출

2) 내국신용장 또는 구매확인서에 의한 수출

사업자가 내국신용장[8] 또는 구매확인서[9]에 의하여 재화[금지금(金地金)[10]은 제외]를 공급하는 것에 대해서는 영세율이 적용된다.

● 내국신용장 또는 구매확인서에 의하여 공급하는 재화

내국신용장 또는 대외무역법에서 정하는 구매확인서에 의하여 공급하는 재화는 공급된 이후 해당 재화를 수출용도에 사용하였는지의 여부에 불구하고 영세율을 적용한다(부기통 21－31－14).

3) 한국국제협력단 등에 공급하는 재화

사업자가 한국국제협력단, 한국국제보건의료재단 및 대한적십자사에 공급하는 재화(목적사업을 위하여 외국에 무상으로 반출하는 재화로 한정)는 수출재화의 범위에 포함되므로 영세율이 적용된다(부가령 31 ②).

4) 수탁가공무역 방식의 수출

사업자가 다음의 모든 요건에 따라 공급하는 재화는 재화의 수출에 해당하므로 영세율이 적용된다(부가령 31 ②).

① 국외의 비거주자 또는 외국법인과 직접 계약에 따라 공급할 것

② 대금을 외국환은행에서 원화로 받을 것

③ 비거주자 또는 외국법인이 지정하는 국내의 다른 사업자에게 인도할 것

④ 국내의 다른 사업자가 비거주자 등과 계약에 따라 인도받은 재화를 그대로 반출하거나 제조 · 가공후 반출할 것

---

8) "내국신용장"이란 사업자가 국내에서 수출용 원자재, 수출용 완제품 또는 수출재화임가공용역을 공급받으려는 경우에 해당 사업자의 신청에 따라 외국환은행의 장이 재화나 용역의 공급시기가 속하는 과세기간이 끝난 후 25일(그 날이 토요일 및 일요일, 공휴일 및 대체공휴일 또는 근로자의 날인 경우에는 바로 다음 영업일을 말함) 이내에 개설하는 신용장을 말한다(부가칙 21).

9) "구매확인서"란 대외무역법 시행령에 따라 외국환은행의 장이나 전자무역기반사업자가 내국신용장에 준하여 재화나 용역의 공급시기가 속하는 과세기간이 끝난 후 25일(그 날이 공휴일 또는 토요일인 경우에는 바로 다음 영업일을 말함) 이내에 발급하는 확인서를 말한다(부가칙 21).

10) 일반적으로 "금지금"이란 일정한 형태 · 순도 등을 갖춘 지금을 말하며, 금괴(덩어리) · 골드바 등 원재료 상태로서 순도가 1000분의 995 이상인 금을 말한다. 금지금에는 세공하지 않은 금세공용 금지금과 금융상품용 금지금 등이 있다.

⑵ 용역의 국외공급

국외에서 공급하는 용역에 대하여는 영세율을 적용한다(부가법 22). 사업자가 공급하는 용역은 해당 용역의 제공장소가 국외이면 그 대가의 수취방법이나 거래상대방에 관계없이 영세율을 적용한다. 예를 들어, 사업자가 국외에서 건설공사를 도급받은 사업자(내국법인)로부터 해당 건설공사를 재도급 받아 국외에서 건설용역을 제공하고 그 대가를 원도급자인 국내사업자로부터 원화로 받는 경우에도 영세율을 적용한다(부기통 22-0-1).

▶ **표 3-1** 용역의 국외공급 사례(부가가치세 집행기준 22-0-2)

용역의 국외공급에 해당되는 것	용역의 국외공급에 해당되지 아니하는 것
• 국외에서 건설공사를 도급받은 사업자로부터 건설공사를 하도급받아 국외에서 건설용역을 제공하는 경우	• 국내에서 외국법인에게 용역을 제공하고 그 대가를 외화로 받는 경우
• 광고물의 제작설치 및 유지보수용역을 제공하는 사업자가 광고대행업자의 주선으로 국내 광고주와 해외광고계약을 체결하고 국외에서 광고물을 제작, 설치한 후 해당 광고물의 유지보수용역을 공급하는 경우	• 국외에 소재하는 건설공사에 사용되는 건설장비 임대용역 • 국외 건설공사를 수주한 국내 건설업자에게 국내에서 제공하는 설계용역
• 사업자가 외국기업과 국외에 설립한 합작법인에 해당 사업자의 기술을 이전하여 주고 합작법인으로부터 출자지분을 취득하는 경우	• 세관의 보세구역에서 외국인이 입국시 예치품을 일시보관하였다가 출국시 인출하여 주고 외국인으로부터 경비료를 받는 경우

⑶ 외국항행용역의 공급

선박 또는 항공기에 의한 외국항행용역의 공급에 대하여는 영세율을 적용한다(부가법 23). 이 경우 외국항행용역은 선박 또는 항공기에 의하여 여객이나 화물을 국내에서 국외로, 국외에서 국내로 또는 국외에서 국외로 수송하는 것을 말하며, 외국항행사업자가 자기의 사업에 부수하여 공급하는 재화 또는 용역으로서 다음의 것을 포함한다(부가령 32 ①).

① 다른 외국항행사업자가 운용하는 선박 또는 항공기의 탑승권을 판매하거나 화물운송계약을 체결하는 것
② 외국을 항행하는 선박 또는 항공기 내에서 승객에게 공급하는 것
③ 자기의 승객만이 전용(專用)하는 버스를 탑승하게 하는 것
④ 자기의 승객만이 전용하는 호텔에 투숙하게 하는 것

한편 다음의 어느 하나에 해당하는 용역은 외국항행용역의 범위에 포함된다(부가령 32 ②).

① 운송주선업자가 국제복합운송계약에 의하여 화주(貨主)로부터 화물을 인수하고 자기 책임과 계산으로 타인의 선박 또는 항공기 등의 운송수단을 이용하여 화물을 운송하고 화주로부터 운임을 받는 국제운송용역

② 항공사업법에 따른 상업서류 송달용역

⑷ 기타 외화획득 재화 및 용역

부가가치세법은 외화획득의 장려 또는 수출산업의 지원 등을 위하여 다음에서 열거하는 국내거래에 대해서도 영세율을 적용한다(부가법 24, 부가령 33).

① 국내에서 비거주자(국내에 거소를 둔 개인, 외교공관등의 소속 직원, 우리나라에 상주하는 국제연합군 또는 미합중국군대의 군인 또는 군무원은 제외) 또는 외국법인에 공급되는 다음의 어느 하나에 해당하는 재화 또는 사업에 해당하는 용역으로서 직접계약요건과 대금결제요건을 충족하는 경우

㉠ 비거주자 또는 외국법인이 지정하는 국내사업자에게 인도되는 재화로서 해당 사업자의 과세사업에 사용되는 재화

㉡ 전문, 과학 및 기술 서비스업[수의업(獸醫業), 제조업 회사본부 및 기타 산업 회사본부는 제외]

㉢ 사업지원 및 임대서비스업 중 무형재산권 임대업, 통신업, 컨테이너수리업, 보세구역 내의 보관 및 창고업, 해운법에 따른 해운대리점업, 해운중개업 및 선박관리업

㉣ 정보통신업 중 뉴스 제공업, 영상·오디오 기록물 제작 및 배급업(영화관 운영업과 비디오물 감상실 운영업은 제외), 소프트웨어 개발업, 컴퓨터 프로그래밍, 시스템 통합관리업, 자료처리, 호스팅, 포털 및 기타 인터넷 정보매개서비스업, 기타 정보 서비스업

㉤ 상품 중개업 및 전자상거래 소매 중개업

㉥ 사업시설관리 및 사업지원 서비스업(조경 관리 및 유지 서비스업, 여행사 및 기타 여행보조 서비스업은 제외)

㉦ 투자자문업

㉧ 교육 서비스업(교육지원 서비스업으로 한정)

㉨ 보건업(임상시험용역을 공급하는 경우로 한정)

㉩ 관세법에 따른 보세운송업자가 제공하는 보세운송용역

● 직접계약요건과 대금결제요건

구 분	요 건
적용요건	㉠ 국내사업장이 없는 경우 : 대금결제요건만 충족 ㉡ 국내사업장이 있는 경우 : 직접계약요건과 대금결제요건을 모두 충족
직접계약요건	국외의 비거주자 또는 외국법인과 직접 계약에 의해 공급
대금결제요건	다음 중 어느 하나의 방법으로 대금을 결제받은 경우 ㉠ 그 대금을 외국환은행에서 원화로 받는 방법 ㉡ 국외의 비거주자 또는 외국법인으로부터 외화를 직접 송금 받아 외국환은행에 매각하는 방법 ㉢ 국내사업장이 없는 비거주자 또는 외국법인에게 재화를 공급하거나 용역을 제공하고 그 대가를 해당 비거주자 또는 외국법인에게 지급할 금액에서 빼는 방법

● 전문서비스업 등에 대한 상호주의

전문서비스업(변호사, 변리사, 법무사, 회계사, 세무사, 광고업, 시장조사업, 경영컨설팅업), 사업시설관리 및 사업지원서비스업(인력공급·고용알선업, 사무지원서비스업 등)과 투자자문업에 해당하는 용역의 경우에는 해당 국가에서 우리나라의 거주자 또는 내국법인에 대하여 동일하게 면세하는 경우(우리나라의 부가가치세 또는 이와 유사한 성질의 조세가 없거나 면세하는 경우를 말한다)에 한하여 영세율을 적용한다.

② 우리나라에 상주하는 외교공관, 영사기관(명예영사관원을 장으로 하는 영사기관은 제외), 국제연합과 이에 준하는 국제기구(우리나라가 당사국인 조약과 그 밖의 국내법령에 따라 특권과 면제를 부여받을 수 있는 경우만 해당) 등에 재화 또는 용역을 공급하는 경우

③ 외교공관등의 소속 직원으로서 해당 국가로부터 공무원 신분을 부여받은 자 또는 외교부장관으로부터 이에 준하는 신분임을 확인받은 자 중 내국인이 아닌 자에게 대통령령으로 정하는 방법에 따라 재화 또는 용역을 공급하는 경우[11)]

④ 수출업자와 직접 도급계약에 의하여 수출재화를 임가공하는 수출재화임가공용역(수출재화염색임가공을 포함). 다만, 사업자가 부가가치세를 별도로 적은 세금계산서를 발급한 경우는 제외한다.

⑤ 내국신용장 또는 구매확인서에 의하여 공급하는 수출재화임가공용역

⑥ 외국을 항행하는 선박 및 항공기 또는 원양어선에 공급하는 재화 또는 용역. 다만, 사업자가 부가가치세를 별도로 적은 세금계산서를 발급한 경우는 제외한다.

---

11) "대통령령으로 정하는 방법에 따라 재화 또는 용역을 공급하는 경우"란 국세청장이 정하는 바에 따라 관할세무서장으로부터 외교관면세점으로 지정받은 사업장(개별소비세법 시행령에 따라 지정받은 판매장을 포함)에서 외교부장관이 발행하는 외교관 면세카드를 제시받아 주류, 음식·숙박 용역 등 일정한 재화 또는 용역을 공급하는 경우로서 외교관등의 성명, 국적, 외교관 면세카드 번호, 품명, 수량, 공급가액 등이 적힌 외교관면세 판매기록표에 의하여 외교관등에게 공급한 것이 확인되는 경우를 말한다.

⑦ 우리나라에 상주(常住)하는 국제연합군 또는 미합중국군대(SOFA협정에 따른 공인조달기관을 포함)에 공급하는 재화 또는 용역

⑧ 일반여행업자가 외국인 관광객에게 공급하는 관광알선용역으로서 대금결제요건 등의 요건이 충족되는 것

⑨ 외국인전용판매장을 경영하는 자 또는 주한외국군인 및 외국인선원 전용 유흥음식점업을 경영하는 사업자가 국내에서 공급하는 재화 또는 용역. 다만, 그 대가를 외화로 받고 그 외화를 외국환은행에서 원화로 환전하는 경우로 한정한다.

4. 영세율첨부서류

영세율 적용대상의 과세표준신고시(예정신고 또는 확정신고)에는 부가가치세법 시행령에 의한 영세율첨부서류를 제출하여야 한다(부가령 101). 그러나 영세율 첨부서류를 제출하지 않은 경우라도 해당 과세표준이 영세율 적용대상임이 확인되면 영세율을 적용한다(부기통 24－101－6).

예제 3－1 | 영세율 대상 거래 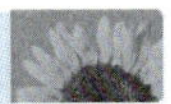

사업자가 대가를 받고 유상으로 공급하는 다음 거래가 영세율에 해당하는지 표시하시오.

1. 내국신용장에 의하여 부품을 수출업자에게 공급하는 경우
2. 도급계약에 의하여 국외에서 건설용역을 제공하는 경우
3. 항공기에 의하여 여객을 인천공항에서 싱가포르 창이공항까지 수송하는 용역을 공급하는 경우
4. 항공기에 의하여 여객을 김포공항에서 제주공항까지 수송하는 용역을 공급하는 경우
5. 주한 중국대사관에 디지털TV를 공급하고 그 대가를 원화로 받는 경우
6. 수출업자와 직접도급계약에 의하여 수출재화를 임가공하는 수출재화임가공용역을 공급하고 부가가치세를 별도로 적은 세금계산서를 발급한 경우

해답

거 래	과세구분	해 설
내국신용장에 의한 공급	영세율	수출재화에 해당함
도급계약에 의한 국외건설용역	영세율	국외제공용역에 해당함
국제선 항공기	영세율	외국항행용역에 해당함
국내선 항공기	과 세	고급운송용역이므로 과세됨
주한 외교공관에 공급	영세율	원화로 대가를 받는 경우에도 영세율 적용
수출재화임가공용역	과 세	부가가치세를 별도로 적은 세금계산서를 발급한 경우에는 과세거래로 봄

제3절 | 면 세

1. 개 요

면세란 특정한 재화 또는 용역의 공급 및 재화의 수입에 대하여 해당 공급자나 수입자에게 부가가치세의 납세의무 자체가 면제되는 것을 말한다. 면세대상인 재화 또는 용역을 공급하는 자는 거래상대방으로부터 재화 또는 용역의 공급에 대한 부가가치세를 거래징수하지 아니한다. 그러나 재화나 용역을 공급받을 때 거래징수당한 부가가치세 매입세액은 매출세액에서 공제받지 못한다. 이러한 점에서 면세는 영세율과 다르다.

면세의 경우 매입세액이 공제되지 아니하기 때문에 매입세액은 원가에 가산될 것이고 궁극적으로는 최종소비자에게 전가된다. 따라서 부가가치세의 면세는 면세되는 재화 또는 용역을 공급하는 자가 그 단계에서 창출한 부가가치에 대해서만 부가가치세가 면제되는 것으로 일종의 부분면제인 것이다.

영세율을 적용받는 자는 부가가치세법상의 사업자인데 비해, 면세대상 재화 또는 용역을 공급하는 자는 부가가치세법상 납세의무가 있는 사업자에 해당되지 아니한다.

따라서 면세사업자의 매출액은 부가가치세 과세표준에 포함되지 않지만 영세율 적용사업자는 세율이 0%일 뿐 매출액은 부가가치세 과세표준에 포함된다. 만약, 영세율 적용사업자가 매출액을 과세표준에 포함시키지 않으면 영세율과세표준 신고불성실가산세를 부과받게 된다. 영세율과 면세를 비교하면 다음과 같다.

▶ **표 3-2** 영세율 제도와 면세 제도의 비교

구 분	영 세 율	면 세
(1) 기 본 취 지	소비지국 과세원칙의 구현	부가가치세의 역진성 완화
(2) 적 용 대 상	수출하는 재화 등 특정 거래	기초생활 필수재화 · 용역 등 특정 재화 · 용역
(3) 면 세 정 도	완전면세제도(영세율 적용단계 및 그 전단계의 부가가치 전체에 대하여 면제)	부분면세제도(면세 적용단계에서 창출되는 부가가치에 한하여 면제)
(4) 과세표준 및 매출세액	과세표준에는 포함되나, 영의 세율이 적용되므로 거래징수할 매출세액은 없음	납세의무가 없으므로 과세표준에 포함되지 아니하며, 거래징수할 매출세액도 없음
(5) 매 입 세 액	매입세액이 전액 환급되어 최종소비자에게 전가되지 아니함	매입세액이 공제되지 아니하므로 재화의 공급가액에 포함되어 최종소비자에게 전가 됨
(6) 사업자여부	부가가치세법상의 사업자임	부가가치세법상의 사업자가 아님
(7) 의 무	부가가치세법상 사업자로서의 제반의무를 이행하여야 함	부가가치세법상 사업자가 아니므로 원칙적으로는 제반의무를 이행할 필요가 없음. 단, 매입처별 세금계산서합계표의 제출의무와 대리납부의무는 있음

2. 면세대상 재화 · 용역의 공급

부가가치세가 면세되는 재화 또는 용역은 부가가치세법과 조세특례제한법이 각각 규정하고 있다. 면세제도는 부가가치세 세부담의 역진성을 완화하는 방안으로 이용되고 있다. 부가가치세법이 규정하고 있는 면세대상 재화 또는 용역을 살펴보면 다음과 같다(부가법 26 ①).

(1) 미가공식료품 등

① 미가공식료품

구 분	내 용
미가공식료품 (외국산 포함)	곡류, 서류, 특용작물류, 과실류, 채소류, 수축류, 수육류, 유란류(우유와 분유를 포함), 생선류(고래를 포함), 패류, 해조류, 기타 식용으로 제공되는 농산물, 축산물, 수산물 또는 임산물로서 가공되지 아니하거나 탈곡 · 정미 · 정맥 · 제분 · 정육 · 건조 · 냉동 · 염장 · 포장이나 그 밖에 원생산물 본래의 성질이 변하지 아니하는 정도의 1차 가공을 거쳐 식용으로 제공하는 것으로 한다.
단순가공식료품 등	미가공식료품에는 다음의 것을 포함한다. ① 단순가공식료품 : 데친 채소류, 김치, 단무지, 장아찌, 젓갈류, 게장, 두부, 메주, 간장, 된장, 고추장 등(단순가공식료품을 거래단위로서 포장하여 최종소비자에게 그 포장의 상태로 직접 공급하는 경우에는 과세) ② 원생산물 본래의 성질이 변하지 아니하는 정도로 1차 가공을 하는 과정에서 필수적으로 발생하는 부산물 ③ 미가공식료품을 단순히 혼합한 것 ④ 쌀에 식품첨가물 등을 첨가 또는 코팅하거나 버섯균 등을 배양한 것으로서 쌀의 원형을 유지하고 있어야 하고, 쌀의 함량이 90% 이상인 것
사 례	① 조미료 · 향신료(고추 · 후추 등) 등을 가미하여 가공처리한 다음의 식료품에 대하여는 과세한다. 다만, 어류 등의 신선도 유지 · 저장 · 운반 등을 위하여 화학물질 등을 첨가하는 때에는 면세한다. ㉠ 맛김, 볶거나 조미한 멸치 및 조미하여 건조한 쥐치포 등의 어포류 ㉡ 생크림 · 유당 · 카제인 · 우유향 등을 배합하여 제조한 가공 우유 등 제품(영유아용 분유는 제외) ② 본래의 성질이 변한 정도의 가공을 거친 전분, 면류, 팥 · 콩 등의 앙금, 떡, 한천, 묵, 인삼차, 엿기름 등은 과세한다. ③ 식용에 사용하는 천일염(天日鹽), 재제(再製)소금은 면세재화인 소금에 포함하나, 공업용 소금 · 맛소금 · 공업용 천일염은 과세한다.

② 비식용 농 · 축 · 수 · 임산물

구 분	내 용
비식용 농 · 축 · 수 · 임산물	우리나라에서 생산되어 식용으로 제공되지 아니하는 농산물, 축산물, 수산물과 임산물 ⇨ 외국산은 과세함

구 분	내 용
사 례	① 우리나라에서 생산된 식용에 사용하지 아니하는 관상용의 새·열대어·금붕어 및 갯지렁이에 대하여는 면세한다. ② 우리나라에서 생산된 화초·수목 등의 공급에 대하여는 면세하나, 조경공사용역의 공급가액에 포함된 화초·수목 등에 대하여는 주된 용역의 공급에 포함되는 부수재화로 과세한다. ③ 우리나라에서 생산되어 단순히 건조한 크로레라(이끼)의 공급에 대하여는 면세한다. 다만, 해당 크로레라에 벌꿀 등을 가미하거나 정제한 크로레라제품의 공급에 대하여는 과세한다. ④ 우리나라에서 생산된 조개껍질(패각)의 공급에 대하여는 면세하나, 조개껍질(패각)을 분쇄한 패분의 공급에 대하여는 과세한다. ⑤ 상묘·잠종·잠아·치잠 등 잠견류와 누에고치(생견)를 열처리하여 건조시킨 마른 누에고치(건견) 및 누에가루(식용에 적합한 것에 한함)의 공급에 대하여는 면세하나, 제사공정에서 부산물로 산출되는 번데기의 공급에 대하여는 과세한다. ⑥ 우리나라에서 생산된 볏짚·왕골·청올치(갈저)의 공급에 대하여는 면세하나, 이를 재료로 하여 제조한 돗자리·공예품 등의 공급에 대하여는 과세한다.

(2) 기초생활필수품 및 용역

① 수도물(생수 등은 제외)

② 여성용 생리처리 위생용품

③ 영유아용 기저귀와 분유(액상형태의 분유 포함) (조특법 106 ① ⑾)

④ 연탄과 무연탄(유연탄·갈탄·착화탄 등은 제외)

⑤ 여객운송용역. 다만, 고급운송수단(항공기·시외우등고속버스 및 시외고급고속버스[12]·전세버스·택시·특수자동차·특종선박 또는 고속철도)에 의한 여객운송용역과 삭도·유람선 등 관광 또는 유흥 목적의 운송수단[13]에 의한 여객운송용역

12) 시외우등고속버스 및 시외고급고속버스를 제외한 일반 고속버스는 이미 부가가치세가 면제되고 있는 시외버스 등과 유사한 대중교통수단임을 고려하여, 일반 고속버스에 대해서도 부가가치세를 면제한다.

13) 삭도·유람선 등 관광 또는 유흥 목적의 운송수단에 의한 여객운송용역은 다음의 용역으로 한다(부가령 37).
① 궤도운송법에 따른 삭도(索道)에 의한 여객운송용역 : 스키장·관광지 등의 케이블카
② 관광진흥법 시행령에 따른 관광유람선업, 관광순환버스업, 관광궤도업(관광용 모노레일 등)에 제공되는 운송수단에 의한 여객운송용역
③ 관광 사업을 목적으로 운영하는 일반철도에 의한 여객운송 용역(철도사업법에 따라 철도사업자가 국토교통부장관에게 신고한 여객 운임·요금을 초과해 용역의 대가를 받는 경우로 한정) : 바다열차 등

및 자동차대여사업은 과세된다.

(3) 국민후생관련 재화 및 용역

① 의료보건용역과 혈액[14)]

구 분	내 용
의사가 제공하는 용역	의사·치과의사·한의사·조산사 또는 간호사가 제공하는 용역. 다만, 국민건강보험법에 따라 요양급여의 대상에서 제외되는 성형수술 등[15)]의 진료용역은 부가가치세가 과세된다.
약사가 제공하는 용역	약사가 제공하는 의약품 조제용역
수의사가 제공하는 용역	동물의 진료용역은 가축, 기르는 어업육성법에 따른 수산동물, 장애인 보조견 표지를 발급받은 장애인 보조견 및 기초생활수급자가 기르는 동물의 진료용역만 면세한다. 따라서 수의사 및 동물병원이 제공하는 애완동물 진료용역은 부가가치세가 과세된다.
기타 의료보건용역 중 주요항목	① 접골사·침사·구사 또는 안마사가 제공하는 용역 ② 장의업자가 제공하는 장의용역 ③ 소독업의 신고를 한 사업자가 공급하는 소독용역 ④ 산후조리원에서 분만 직후의 임산부나 영유아에게 제공하는 급식·요양 등의 용역 ⑤ 사회적기업 또는 사회적협동조합이 직접 제공하는 간병, 산후조리, 보육용역

② 교육용역 : 주무관청의 허가 또는 인가를 받거나 주무관청에 등록 또는 신고된 학교·학원·강습소·훈련원·교습소 그밖의 비영리단체나 청소년수련시설·산학협력단·사회적기업·과학관·박물관·미술관·사회적 협동조합 또는 어린이집에서 학생·수강생·훈련생·교습생 또는 청강생에게 지식·기술 등을 가르치는 것을 말한다. 다만, 무도학원 또는 자동차운전학원에서 가르치는 것은 제외한다.

③ 주택과 이에 부수되는 토지의 임대용역(주택법에 따라 토지소유자가 국민주택규모의 토지임대부 분양주택을 공급받은 자에게 토지임대부 분양주택의 토지를 임

---

14) 치료·예방·진단 목적으로 조제한 동물의 혈액을 포함한다. 개정

15) "성형수술 등"이란 다음에 해당하는 것을 말한다(부가령 35).
① 성형수술 : 쌍꺼풀수술, 코성형수술, 유방확대·축소술(유방암 수술에 따른 유방 재건술은 제외), 지방흡인술, 주름살제거술, 안면윤곽술, 치아성형(치아미백, 라미네이트, 잇몸성형술을 말함). 다만, 성형수술로 인한 후유증 치료, 선천성 기형의 개건수술, 종양제거에 따른 재건수술은 제외한다.
② 악안면 교정술. 다만, 치아교정치료가 선행되는 악안면 교정술은 제외한다.
③ 피부관련 시술 : 색소모반·주근깨·흑색점·기미치료술, 여드름치료술, 제모술, 탈모치료술, 모발이식술, 문신(제거)술, 피어싱, 지방융해술, 피부재생술, 피부미백술, 항노화치료술 및 모공축소술

대하는 경우를 포함한다) : 토지의 임대용역은 주택에 부수되는 토지로서 다음 '㉠, ㉡' 중 넓은 면적을 초과하지 아니한 임대를 말하며, 이를 초과한 부분은 토지의 임대로 보아 과세한다.

㉠ 주택의 연면적(지하층, 주차용, 주민공동시설 면적 제외)

㉡ 건물이 정착된 면적 × 5배(도시지역 밖의 토지는 10배)

한편 임대주택에 부가가치세가 과세되는 사업용 건물과 면세되는 주택이 함께 설치되어 있는 겸용주택의 경우 주택과 이에 부수되는 토지의 임대범위는 다음에 의하여 판정한다.

구 분	건물부분	주택부수토지
주택면적 > 사업용 건물부분의 면적	전부를 주택의 임대로 봄	주택부수토지 = Min[㉠, ㉡] ㉠ 토지전체면적 ㉡ Max[주택의 연면적, 건물이 정착된 면적× 5배(또는 10배)]
주택면적 ≤ 사업용 건물부분의 면적	주택부분만 주택의 임대로 봄	주택부수토지 = Min[㉠, ㉡] ㉠ 주택안분토지 = 토지전체면적 × $\frac{\text{주택연면적}}{\text{건물연면적}}$ ㉡ Max[주택의 연면적, 주택이 정착된 면적×5배(또는 10배)]

④ 공동주택 관리규약에 따라 공동주택 관리주체(자치관리기구의 대표자인 공동주택의 관리사무소장, 관리업무를 인계하기 전의 사업주체 및 주택관리업자) 또는 입주자대표회의가 제공하는 공동주택 어린이집의 임대용역

⑤ 우표(수집용 우표를 제외) · 인지 · 증지 · 복권과 공중전화

⑥ 제조담배로서 다음 중 어느 하나에 해당하는 것

㉠ 판매가격이 200원(20개비를 기준으로 함) 이하인 것

㉡ 특수제조용 담배 중 영세율이 적용되는 것을 제외한 것

(4) 문화관련 재화 및 용역

① 도서 · 신문 및 인터넷신문 · 잡지 · 관보 · 뉴스통신진흥에 관한 법률의 규정에 의한 뉴스통신. 다만, 광고는 제외한다.

② 도서대여 및 실내 도서열람 용역

③ 예술창작품 : 미술, 음악, 사진, 연극 또는 무용에 속하는 창작품. 다만, 골동품은 제외한다.

④ 예술행사 : 영리를 목적으로 하지 아니하는 발표회, 연구회, 경연대회 또는 그 밖에 이와 유사한 행사

⑤ 문화행사 : 영리를 목적으로 하지 아니하는 전시회, 박람회, 공공행사 또는 그 밖에 이와 유사한 행사

⑥ 아마추어 운동경기 : 대한체육회 및 그 산하 단체와 국기원이 주최, 주관 또는 후원하는 운동경기나 승단·승급·승품 심사로서 영리를 목적으로 하지 아니하는 것

⑦ 도서관·과학관·박물관·미술관·동물원 또는 식물원에의 입장(극장에의 입장은 과세)

(5) 생산요소

① 토지(토·사·석의 매매 및 토지의 임대는 과세)

② 저술가·작곡가 등이 직업상 제공하는 일정한 인적용역 : 부가가치세가 면세되는 인적용역은 특정요건을 갖춘 개인이 제공할 때에만 면세되는 것[16]과 개인·법인 또는 법인격 없는 단체 등 공급자의 구분없이 면세되는 것으로 구분된다(부가령 42).

③ 금융·보험용역[17][18]

---

16) 개인이 물적 시설 없이 고용계약이나 도급계약, 위임계약 등 그 명칭이나 형식에 관계없이 근로자 등을 고용하지 아니하고 독립된 자격으로 용역을 공급하고 대가를 받는 인적용역에는 다음과 같은 것들이 포함된다.
① 저술·서화·조각·작곡·음악·무용·만화·삽화·배우·성우·가수, 연예에 관한 감독·각색·연출·촬영·녹음·장치·조명, 교정·번역·고증·속기·필경(筆耕)·타자·음반취입, 작명·관상·점술, 직업운동가·역사·기수·운동지도가(심판 포함), 접대부·댄서, 보험모집인·방문판매원 또는 이와 유사한 용역
② 건축감독·학술 용역 또는 이와 유사한 용역
③ 음악·재단·무용(사교무용을 포함)·요리·바둑의 교수 또는 이와 유사한 용역
④ 저작자가 저작권에 의하여 사용료를 받는 용역, 고용관계 없는 사람이 다수인에게 강연을 하고 강연료·강사료 등의 대가를 받는 용역, 라디오·텔레비전 방송 등을 통하여 해설·계몽 또는 연기를 하거나 심사를 하고 사례금 또는 이와 유사한 성질의 대가를 받는 용역
⑤ 개인이 일의 성과에 따라 수당이나 이와 유사한 성질의 대가를 받는 용역

17) 다음의 어느 하나에 해당하는 용역은 금융·보험 용역으로 보지 아니한다(부가령 40 ④).
① 복권, 입장권, 상품권, 지금형주화 또는 금지금에 관한 대행용역. 다만, 수익증권 등 금융업자의 금융상품 판매대행용역, 유가증권의 명의개서 대행용역, 수납·지급 대행용역 및 국가·지방자치단체의 금고대행용역은 제외한다.
② 기업합병 또는 기업매수의 중개·주선·대리, 신용정보서비스 및 은행업에 관련된 전산시스템과 소프트웨어의 판매·대여 용역
③ 부동산 임대용역

18) 금융·보험 용역의 면세 범위 축소 : 선진국의 과세기준에 부합하고, 유사 업종과의 과세 형평을 제고하기 위해 2015년부터 은행법에 따른 보호예수, 자본시장과 금융투자업에 관한 법률에 따른 부동산·실물자산 등에 투자하는 금전 신탁업·투자일임업, 부동산 등 신탁업 중 관리·처분·분양관리 신탁, 투자자문업, 보험업법에 따른 보험계리용역, 근로자퇴직연금보장법에 따른 연금계리용역에 대해 부가가치세를 과세하도록 전환하였다.

(6) 기타의 재화 및 용역

① 종교·자선·학술·구호·기타 공익을 목적으로 하는 단체가 공급하는 재화 또는 용역으로 다음의 것

㉠ 주무관청에 등록된 공익단체가 그 고유목적사업을 위하여 일시적으로 공급하거나 실비 또는 무상으로 공급하는 재화·용역

㉡ 학술 및 기술 발전을 위하여 학술 및 기술의 연구와 발표를 주된 목적으로 하는 단체가 그 연구와 관련하여 실비 또는 무상으로 공급하는 재화 또는 용역

㉢ 지정문화재를 소유·관리하고 있는 종교단체(주무관청에 등록된 종교단체로 한정하되, 그 소속단체 포함)의 경내지 및 경내지 내의 건물·공작물 임대용역

㉣ 공익목적으로 기숙사를 운영하는 사업자가 학생 또는 근로자를 위하여 실비 또는 무상으로 공급하는 음식·숙박용역

㉤ 저작권위탁관리업자가 저작권자를 위해 실비 또는 무상으로 공급하는 신탁관리용역

㉥ 비영리교육재단이 외국인학교의 설립·경영사업을 영위하는 자에게 제공하는 학교시설 이용 등 교육환경개선과 관련된 용역

㉦ 저작물 보상금수령단체인 사업자가 저작자를 위하여 실비 또는 무상으로 공급하는 보상금 수령 관련 용역

② 국가·지방자치단체·지방자치단체조합이 공급하는 재화 또는 용역으로서 다음의 재화·용역을 제외한 것

㉠ 우정사업조직(우체국)이 소포우편물을 방문접수하여 배달하는 용역 및 선택적 우편역무 중 우편주문판매를 대행하는 용역

㉡ 고속철도에 의한 여객운송용역

㉢ 도매 및 소매업, 주차장 운영업, 음식점업·숙박업, 부동산임대업, 골프장·스키장 운영업, 기타 스포츠시설 운영업

㉣ 부가가치세가 과세되는 성형수술 등 진료용역과 동물의 진료용역

③ 국가·지방자치단체·지방자치단체조합 또는 공익단체에 무상으로 공급하는 재화 또는 용역 ⇨ 유상공급은 과세

예제 3-2 | 면세의 범위 

다음 재화 또는 용역이 면세에 해당하는지 표시하시오.

1. 규격단위로 포장하여 배달하는 우유
2. 찜질방에서 판매하는 삶은 계란

3. 마트에서 판매하는 칠레산 삼겹살
4. 편의점에서 규격단위로 포장하여 판매하는 김치
5. 재래시장에서 판매하는 두부
6. 꽃가게에서 우리나라에서 생산된 생화(꽃)로 만들어 판매하는 꽃다발
7. 외국에서 수입하여 판매하는 관상용 열대어
8. 영유아용 기저귀
9. 전철에 의한 여객운송용역
10. 의사가 제공하는 성형수술(쌍꺼풀수술) 진료용역
11. TOEIC학원에서 제공하는 교육용역
12. 극장에서 제공하는 영화관람용역
13. 프로야구구단이 제공하는 프로야구관람용역
14. 은행이 수수료를 받고 제공하는 계좌이체용역
15. 우체국이 제공하는 택배용역

해답

구 분	면세여부	해 설
1. 우유	면세	미가공식료품은 규격단위로 포장하여 판매하더라도 면세함
2. 삶은 계란	과세	본래의 성질이 변하였으므로 과세함(생계란은 면세)
3. 칠레산 삼겹살	면세	정육한 삼겹살은 미가공식료품에 해당하므로 면세함 (미가공식료품은 국내산과 수입산을 불문하고 면세)
4. 포장김치	과세	단순가공식료품을 규격단위로 포장하여 판매하는 것은 과세함
5. 두부	면세	규격단위로 포장하지 않고 판매하는 단순가공식료품은 면세함
6. 꽃다발	면세	국내에서 생산된 비식용 임산물이므로 면세함
7. 관상용 열대어	과세	수입한 비식용 수산물은 과세함
8. 영유아용 기저귀	면세	기초생활필수품으로서 면세재화임
9. 전철운임	면세	시내버스, 전철, 시외버스 등 기본운송수단은 면세함 (항공기, 택시, 우등고속버스, 고속철도 등 고급운송수단은 과세)
10. 성형수술 진료용역	과세	의사가 제공하는 진료용역은 면세하나, 성형수술은 과세함
11. 학원수강료	면세	일반학원수강료는 면세(무도학원 또는 자동차운전면허학원 수강료는 과세함)
12. 영화관람료	과세	박물관, 미술관 등의 입장료는 면세하지만 영화, 연극, 뮤지컬관람료 등은 과세함
13. 프로야구관람료	과세	아마추어 운동경기 관람료는 면세하지만 프로운동경기 관람료는 과세함
14. 계좌이체 수수료	면세	금융보험용역이므로 면세함
15. 우체국 택배	과세	우체국이 제공하는 일반용역은 면세하나, 다른 택배회사와의 형평성을 고려하여 택배용역은 과세함

3. 재화의 수입에 대한 면세

가공되지 아니한 식료품(식용으로 제공되는 농산물, 축산물, 수산물 및 임산물을 포함), 도서·신문 및 잡지, 거주자가 받는 소액물품으로서 관세가 면제되는 재화, 여행자의 휴대품, 별송(別送) 물품 및 우송(郵送) 물품으로서 관세가 면제되거나 간이세율이 적용되는 재화 등 법령에서 정하는 재화의 수입에 대해서도 부가가치세가 면세된다(부가법 27).

4. 면세의 포기

(1) 개 요

매출세액보다 매입세액이 많은 경우 일반과세자는 환급이 발생하지만, 면세사업자는 매출세액의 납부가 없는 대신에 매입세액의 공제도 받지 못한다. 이러한 경우에는 면세사업자보다 일반과세자가 더 유리할 수 있으므로 면세포기제도를 두고 있다.

(2) 면세포기의 적용대상

현행의 부가가치세법에서는 영세율 적용 대상인 재화·용역과 학술연구단체 및 기술연구단체가 학술연구나 기술연구와 관련하여 공급하는 재화·용역에 한하여 면세포기를 허용하고 있다(부가령 57). 만일 면세재화·용역을 국내공급도 하고 수출도 하는 경우에는 이 중에서 영세율 적용받는 부분인 수출 등에 대해서만 면세포기할 수 있다. 그리고 면세되는 2 이상의 사업 또는 종목을 영위하는 사업자는 면세포기대상이 되는 재화 또는 용역의 공급 중에서 면세포기하고자 하는 특정 재화 또는 용역의 공급만을 구분하여 면세포기할 수 있다(부기통 28－57－1).

(3) 면세포기의 절차

면세를 포기하고자 하는 사업자는 관할세무서장에게 면세포기신고서를 제출하고, 지체없이 사업자등록을 하여야 한다. 이 때 관할세무서장의 승인을 요하지 아니하며, 면세포기는 시기의 제한없이 언제든지 가능하다. 신규로 사업을 개시하는 경우에는 면세포기신고서를 사업자등록신청서와 함께 제출할 수 있다(부가령 57, 부가칙 44).

(4) 면세포기의 효력

면세포기신고를 한 사업자는 신고한 날로부터 3년간은 다시 면세를 적용받을 수 없다. 면세포기신고를 한 사업자가 신고한 날로부터 3년이 경과하여 다시 부가가치세의 면제를 받고자 하는 때에는 면세적용신고서와 함께 발급받은 사업자등록증을 제출하여야 하며, 면세적용신고서를 제출하지 아니한 경우에는 계속하여 면세를 포기한 것으로 본다(부가법 28 ②, ③).

객/관/식/문/제

▶ 제3장 세율 · 영세율 및 면세

1 영세율제도에 관한 설명으로 틀린 것은?

① 사업자가 국내에서 국내사업장이 있는 외국법인에게 용역을 공급하고 그 대가로 외화를 받은 경우에 그 대가에 대하여는 영세율이 적용되지 않는다.

② 간이과세자가 재화를 수출하는 경우에 그 수출하는 재화에 대하여는 영세율을 적용한다.

③ 수출업자와 직접 도급계약에 의하여 수출재화를 임가공하고 그 대가로 원화를 받았다면 그 대가에 대하여는 영세율 적용이 배제된다.

④ 사업자가 영세율의 적용대상이 되는 재화의 공급가액에 대한 신고를 누락하였다고 하더라도 그 재화의 공급가액에 대하여 영세율의 적용이 배제되는 것은 아니다.

해설

수출업자와 직접 도급계약에 의하여 수출재화의 임가공용역을 제공하는 경우에는 그 대가로 원화를 받았더라도 영세율이 적용된다.

2 다음의 부가가치세 영세율제도에 관한 설명 중 옳은 것은?

① 영세율을 적용받는 사업자는 일반적인 과세사업자와 달리 매입세액을 전액 공제받을 뿐 부가가치세의 납세의무가 없기 때문에 세법상 장부를 기장할 의무가 없다.

② 수출업자와 직접적인 임가공 도급계약을 맺고 공급하는 수출재화의 임가공 용역에 대해서는 임가공사업자 자신이 직접 임가공했는지 여부에 상관없이 영세율이 적용된다. 다만, 사업자가 부가가치세를 별도로 기재한 세금계산서를 발급한 경우에는 그러하지 아니하다.

③ 영세율적용거래는 영의 세율이 적용된다는 것을 제외하고는 일반적인 과세거래와 동일하므로 수출과 같이 재화나 용역을 외국에 공급하는 사업자는 과세사업자 · 면세사업자 및 간이과세자 모두 특별한 절차없이 영세율을 적용받을 수 있다.

④ 영세율사업자는 과세표준을 신고할 필요가 없다.

해설

① 영세율사업자도 부가가치세법상 납세의무자이다. 또한 장부기장할 의무도 있다.
③ 면세사업자는 면세를 포기하지 않는 한 영세율을 적용받을 수 없다.
④ 영세율사업자도 부가가치세법상 납세의무자이므로 과세표준을 신고하여야 한다.

3 부가가치세법상 국내에 사업장이 있는 사업자가 행하는 재화 또는 용역의 공급에 대한 영세율 적용과 관련한 설명으로 옳지 않은 것은? ◐ 2018년 국가직 9급

① 내국물품을 외국으로 반출하는 것에 대해서는 영세율이 적용된다.

② 국외에서 공급하는 용역에 대해서는 영세율이 적용된다.

③ 항공기에 의하여 여객을 국내에서 국외로 수송하는 것에 대해서는 영세율이 적용되지 않는다.

④ 외화를 획득하기 위한 것으로서 우리나라에 상주하는 국제연합과 이에 준하는 국제기구(우리나라가 당사국인 조약과 그 밖의 국내법령에 따라 특권과 면제를 부여받을 수 있는 경우에 한함)에 재화 또는 용역을 공급하는 것에 대해서는 영세율을 적용한다.

해설

항공기에 의하여 여객을 국내에서 국외로 수송하는 것에 대해서는 영세율이 적용된다.

4 부가가치세법상 영세율을 적용하는 재화 또는 용역의 공급에 해당하는 것만을 모두 고르면? (단, 영세율에 대한 상호주의는 고려하지 않는다) ◐ 2022년 국가직 7급

ㄱ. 내국물품을 외국으로 반출하는 것에 해당하는 재화의 공급
ㄴ. 부가가치세법 시행규칙으로 정하는 내국신용장에 의한 금지금(金地金)의 공급
ㄷ. 항공기에 의하여 여객이나 화물을 국외에서 국내로 수송하는 용역의 공급
ㄹ. 외화를 획득하기 위한 용역의 공급으로서 우리나라에 상주하는 외교공관에 공급하는 용역

① ㄱ, ㄴ, ㄷ ② ㄱ, ㄴ, ㄹ
③ ㄱ, ㄷ, ㄹ ④ ㄴ, ㄷ, ㄹ

해설

내국신용장에 의한 재화의 공급은 재화의 수출로 보아 영세율을 적용하나 금지금의 공급은 제외한다(부가법 21 ② (3)).

5 부가가치세의 면세와 관련한 설명으로서 틀린 것은?

① 면세사업자도 부가가치세가 과세되는 재화 또는 용역을 공급받는 때에는 그에 대한 부가가치세를 부담하여야 한다.

② 부가가치세가 면제되는 재화를 수출하는 사업자가 면세의 포기를 하면 그 수출하는 재화에 대하여는 영세율을 적용받을 수 있다.

③ 국가에게 공급하는 재화 또는 용역에 대하여는 유상 또는 무상을 불문하고 부가가치세가 면제된다.

④ 사업자가 토지를 공급하는 때에는 면세에 해당하나, 토지임대용역을 공급하는 때에는 과세에 해당한다.

해설

국가·지방자치단체 등에 무상으로 공급하는 재화 또는 용역에 한하여 부가가치세가 면제된다.

6 부가가치세법상 면세에 대한 설명으로 옳은 것만을 모두 고른 것은? ● 2016년 국가직 9급

ㄱ. 면세사업만을 경영하는 자는 부가가치세법에 따른 사업자등록의무가 없다.
ㄴ. 국가나 지방자치단체에 유상 또는 무상으로 공급하는 용역에 대하여는 부가가치세를 면제한다.
ㄷ. 면세의 포기를 신고한 사업자는 신고한 날부터 3년간 부가가치세를 면제받지 못한다.
ㄹ. 부가가치세가 면세되는 미가공 식료품에는 김치, 두부 등 기획재정부령으로 정하는 단순가공식료품이 포함된다.

① ㄱ, ㄴ, ㄷ　　② ㄱ, ㄴ, ㄹ
③ ㄱ, ㄷ, ㄹ　　④ ㄴ, ㄷ, ㄹ

해설

ㄴ. 국가나 지방자치단체에 유상으로 공급하는 용역에 대해서는 부가가치세를 과세한다. 다른 설명은 모두 옳은 설명이다.

7 다음은 부가가치세법상 영세율과 면세제도에 대한 설명이다. 잘못 기술된 것은?

① 영세율은 거주자 및 내국법인에 한하여 적용함을 원칙으로 한다.

② 영세율은 매입세액을 환급받을 수 있는 반면 면세는 매입세액을 환급받지 못한다.

③ 영세율사업자와 면세사업자는 모두 부가가치세법상 납세의무자이며, 부가가치세법상의 의무를 동일하게 이행하여야 한다.

④ 영세율은 수출 등 외화획득사업에 적용되고, 면세는 주로 가공되지 아니한 식료품, 수돗물 등 제한적으로 열거된 대상에 한하여 적용된다.

해설

면세사업자는 부가가치세법상 납세의무자가 아니다.

8 부가가치세법령상 부가가치세가 면세되는 것만을 모두 고르면? ◐ 2023년 국가직 9급

ㄱ. 「우정사업 운영에 관한 특례법」에 따른 우정사업조직이 제공하는 「우편법」 제1조의2 제3호의 소포우편물을 방문접수하여 배달하는 용역의 공급
ㄴ. 거주자가 받는 소액물품으로서 관세가 면제되는 재화의 수입
ㄷ. 「협동조합기본법」 제85조 제1항에 따라 설립인가를 받은 사회적협동조합이 직접 제공하는 간병 · 산후조리 · 보육 용역의 공급

① ㄴ　　② ㄱ, ㄷ

③ ㄴ, ㄷ　　④ ㄱ, ㄴ, ㄷ

해설

ㄱ. 부가령 제46조 제1호 가목에 따라 면세되는 용역에서 제외되므로 부가가치세가 과세된다.

9 부가가치세법령상 면세제도에 대한 설명으로 옳지 않은 것은? ◐ 2023년 국가직 7급

① 기업매수의 중개 및 은행업에 관련된 전산시스템과 소프트웨어의 판매 · 대여 용역은 부가가치세 면세 용역이 아니다.

② 국가에 공급하는 재화 또는 용역에 대하여는 유상 또는 무상을 불문하고 부가가치세가 면제된다.

③ 면세재화의 공급이 영세율 적용 대상인 경우에는 면세의 포기를 신고하고 「부가가치세법」에 따른 사업자등록을 하여 영세율을 적용받을 수 있다.

④ 면세의 포기를 적법하게 신고한 사업자는 신고한 날부터 3년간 부가가치세를 면제받지 못한다.

해설

부가법 제26조 제1항 제20호에 따라 국가에 무상으로 공급하는 재화 또는 용역에 대해서만 부가가치세가 면제된다.

정답	1	③	2	②	3	③	4	③	5	③	6	③	7	③	8	③	9	②

4 과세표준과 세액

제 1 절 | 과세표준

일반과세자는 전단계세액공제법에 따라 매출세액에서 매입세액을 뺀 금액을 납부세액으로 한다. 이 경우 매출세액을 초과하는 부분의 매입세액은 환급세액으로 한다.

매출세액 - 매입세액 = 납부세액(환급세액)

1. 과세표준의 일반원칙

(1) 재화와 용역의 공급에 대한 과세표준

1) 일반원칙

재화 또는 용역의 공급에 대한 부가가치세의 과세표준은 해당 과세기간에 공급한 재화 또는 용역의 『공급가액』을 합한 금액으로 한다. 과세표준에는 대금, 요금, 수수료, 그 밖에 어떤 명목이든 상관없이 재화 또는 용역을 공급받는 자로부터 받는 금전적 가치 있는 모든 것을 포함하되, 부가가치세는 포함하지 아니한다(부가법 29).

받는 대가의 구분	공급가액(과세표준)
대가를 금전으로 받는 경우	그 대가
금전 외의 대가를 받은 경우	공급한 재화나 용역의 시가
폐업시의 잔존재화	잔존재화의 시가

2) 부당행위계산의 부인

사업자가 특수관계에 있는 자에게 재화나 용역을 공급하고(수탁자가 위탁자의 특수관계인에게 공급하는 신탁재산과 관련된 재화 또는 용역을 포함) 부당하게 낮은 대가를 받거나 아무런 대가를 받지 아니하는 경우에는 다음의 금액을 과세표준으로 한다(부가법 29 ④).

<table>
<tr><th colspan="2">구 분</th><th>저가공급</th><th>무상공급</th></tr>
<tr><td colspan="2">재화의 공급</td><td>공급한 재화의 시가</td><td>공급한 재화의 시가</td></tr>
<tr><td rowspan="2">용역의 공급</td><td>사업용 부동산 임대용역</td><td>공급한 용역의 시가</td><td>공급한 용역의 시가</td></tr>
<tr><td>기타 용역</td><td>공급한 용역의 시가</td><td>과세거래 아님</td></tr>
</table>

3) 과세표준에 포함되는 항목과 제외되는 항목

① 다음의 항목은 과세표준에 포함되므로, 가산된 금액을 과세표준으로 한다.

㉠ 연불판매 또는 할부판매의 이자상당액

㉡ 대가의 일부로 받는 운송보험료, 산재보험료 등

㉢ 대가의 일부로 받는 운송비, 포장비, 하역비 등

㉣ 개별소비세 · 주세 · 교통에너지환경세 · 교육세 및 농어촌특별세 상당액

② 다음의 항목은 과세표준에서 공제하지 않으므로, 차감하기 전의 금액을 과세표준으로 한다.

㉠ 판매장려금 : 판매장려금을 현물로 지급한 경우에는 과세표준에서는 차감하지 않고 별도의 사업상증여로 처리되므로 과세표준에 추가된다.

㉡ 하자보증금

㉢ 대손금 : 대손금은 별도의 대손세액공제로 처리된다.

③ 다음의 금액은 과세표준에 포함되지 않으므로, 차감된 금액을 과세표준으로 한다.

㉠ 부가가치세(매출세액)

㉡ 매출에누리 : 재화나 용역을 공급할 때 그 품질이나 수량, 인도조건 또는 공급대가의 결제방법이나 그 밖의 공급조건에 따라 통상의 대가에서 일정액을 직접 깎아 주는 금액

㉢ 매출할인액 : 공급에 대한 대가를 약정기일 전에 받았다는 이유로 사업자가 당초의 공급가액에서 할인해 준 금액

㉣ 매출환입액 : 환입된 재화의 가액

㉤ 공급받는 자에게 도달하기 전에 파손되거나 훼손되거나 멸실한 재화의 가액

㉥ 재화 또는 용역의 공급과 직접 관련되지 아니하는 국고보조금과 공공보조금

㉦ 공급에 대한 대가의 지급이 지체되었음을 이유로 받는 연체이자

㉧ 반환조건부 포장용기대금과 포장비용 : 통상적으로 용기 또는 포장을 해당 사업자에게 반환할 것을 조건으로 그 용기대금과 포장비용을 공제한 금액으로 공급하는 경우에는 그 용기대금과 포장비용은 공급가액에 포함하지 아니한다.

㉢ 사업자가 음식·숙박용역이나 개인서비스 용역을 공급하고 그 대가와 함께 받는 종업원(자유직업소득자 포함)의 봉사료를 세금계산서 등에 그 대가와 구분하여 적은 경우로서 봉사료를 해당 종업원에게 지급한 사실이 확인되는 경우에는 그 봉사료는 공급가액에 포함하지 아니한다. 다만, 사업자가 그 봉사료를 자기의 수입금액에 계상하는 경우에는 그러하지 아니하다.

예제 4-1 | 부가가치세 과세표준

다음은 도매업을 영위하는 일반과세자인 거주자 甲의 20×4년 제1기 과세기간 동안의 해당 사업에서 발생한 수입내역이다. 다음 자료를 이용하여 甲의 20×4년 제1기 부가가치세 과세표준을 계산하시오. 단, 아래의 금액은 부가가치세액이 포함되지 아니한 금액이다.

1. 20×4년 1월 1일부터 6월 30일까지 총매출액은 ₩50,000,000(부가가치세 제외금액)이다.
   ① 위 총매출액 중 ₩10,000,000은 할부매출액으로서 이자상당액 ₩1,000,000이 포함된 금액이다.
   ② 외상매출금을 조기에 회수함에 따른 매출할인액 ₩2,000,000은 위 총매출액에서 차감되지 않았다.
   ③ 외상매출금의 회수지연에 따른 연체이자 ₩500,000이 위 총매출액에 포함되어 있다.
   ④ 거래처에서 받은 판매장려금 ₩400,000이 위 총매출액에 포함되어 있다.
   ⑤ 위 총매출액 중 ₩700,000은 거래처가 파산하여 회수하지 못하였다.
2. 지방자치단체로부터 공공보조금 ₩20,000,000원을 수령하였으며, 이를 영업외수익으로 처리하였다.
3. 지방자치단체에 상품(원가 : ₩5,000,000, 시가 : ₩8,000,000)을 무상으로 기증하고, 기부금으로 처리하였다.

해답

1. 매출액 : ₩50,000,000 − 2,000,000[*1] − 500,000[*2] − 400,000[*3] = ₩47,100,000
   *1 매출에누리·매출할인은 과세표준에 포함하지 않는다.
   *2 외상매출금의 회수지연에 따른 연체이자는 과세표준에 포함하지 않는다.
   *3 거래처에 받은 판매장려금은 대가관계가 없으므로 과세표준에 포함하지 않는다.
2. 지방자치단체 공공보조금 : 대가관계가 없으므로 과세표준에 포함하지 않는다.
3. 지방자치단체 무상공급 : 면세이므로 과세표준에 포함하지 않는다.

4) 마일리지등으로 결제받은 경우

구 분	내 용
과세표준 포함 여부	① 자기 적립 마일리지등*1 : 과세표준에 포함하지 아니함 ② 제3자 적립 마일리지등*2 : 사업자가 실제 받을 대가(마일리지등으로 결제받은 부분에 대해 신용카드사등으로부터 보전받을 금액)만큼 과세표준에 포함
마일리지등으로 결제받은 경우(원칙)	마일리지등*3으로 대금의 전부 또는 일부를 결제받은 경우 : 과세표준 = ① + ② ① 마일리지등 외의 수단으로 결제받은 금액 ② 제3자 적립 마일리지등으로 결제받은 부분에 대하여 재화 또는 용역을 공급받는 자 외의 자로부터 보전(補塡)받았거나 보전받을 금액
제3자 적립 마일리지등으로 결제받은 경우로서 보전금액이 없는 경우 등	제3자 적립 마일리지등으로 대금의 전부 또는 일부를 결제받은 경우로서 다음의 어느 하나에 해당하는 경우 : 과세표준 = 공급한 재화 또는 용역의 시가 ① 보전받지 아니하고 자기생산·취득재화를 공급한 경우 ② 특수관계인으로부터 부당하게 낮은 금액을 보전받거나 아무런 금액을 받지 아니하여 조세의 부담을 부당하게 감소시킬 것으로 인정되는 경우

*1 자기 적립 마일리지 : 당초 재화 또는 용역을 공급하고 마일리지등을 적립(다른 사업자를 통하여 적립하여 준 경우를 포함)하여 준 사업자에게 사용한 마일리지등(여러 사업자가 적립하여 줄 수 있거나 여러 사업자를 대상으로 사용할 수 있는 마일리지등의 경우 다음의 요건을 모두 충족한 경우로 한정)을 말한다.

㉠ 고객별·사업자별로 마일리지등의 적립 및 사용 실적을 구분하여 관리하는 등의 방법으로 당초 공급자와 이후 공급자가 같다는 사실이 확인될 것

㉡ 사업자가 마일리지등으로 결제받은 부분에 대하여 재화 또는 용역을 공급받는 자 외의 자로부터 보전받지 아니할 것

*2 제3자 적립 마일리지 : 자기 적립 마일리지 외의 마일리지

*3 마일리지등 : 재화 또는 용역의 구입실적에 따라 마일리지, 포인트 또는 그 밖에 이와 유사한 형태로 별도의 대가 없이 적립 받은 후 다른 재화 또는 용역 구입 시 결제수단으로 사용할 수 있는 것과 재화 또는 용역의 구입실적에 따라 별도의 대가 없이 교부받으며 전산시스템 등을 통하여 그 밖의 상품권과 구분 관리되는 상품권을 말한다.

5) 외화의 환산

외국통화나 그 밖의 대가를 받은 경우에는 다음에 규정하는 금액을 그 대가로 한다.

외국통화로 대가를 받는 경우 공급가액의 구분	과세표준(공급가액)
① 공급시기 도래전에 원화로 환가한 경우	그 환가한 금액
② 공급시기 이후에 외국통화나 그 밖의 외국환 상태로 보유하거나 지급받는 경우	공급시기의 기준환율 또는 재정환율로 환산한 금액

예제 4－2 | 외화환산

㈜갑을은 20×8년 제1기 과세기간 동안 제품을 수출하고, 그 대금을 미화(US $)로 지급받았다. 다음 자료를 이용하여 ㈜갑을의 제1기 부가가치세 과세표준을 계산하시오.

1. 공급일자 및 대금수령 내역

구 분	공급가액	선적일	대금수령일	원화환가일	환가액
TV	$200	2. 15	2. 10	2. 13	160,000
냉장고	$150	3. 20	3. 20	3. 28	105,000
오디오	$300	1. 20	1. 21	1. 21	213,000

2. 기준환율

일 자	1.20	1.21	2.10	2.13	2.25	3.20	3.28
기준환율	700	710	690	800	750	720	700

해답

1. TV*1	₩160,000
2. 냉장고*2 : $150 × 720 =	108,000
3. 오디오*2 : $300 × 700 =	210,000
과세표준	₩478,000

*1 공급시기(수출의 경우에는 선적일이 공급시기임)도래 전에 대금을 원화로 환가한 경우에는 그 환가한 금액을 과세표준으로 한다.

*2 공급시기 이후에 대금을 지급받은 경우에는 공급시기의 기준환율 또는 재정환율에 의해 환산한 가액이 과세표준이 된다.

6) 둘 이상의 과세기간에 걸쳐 용역을 제공하고 그 대가를 선불로 받는 경우

사업자가 둘 이상의 과세기간에 걸쳐 특정용역(스포츠센터를 운영하는 사업자가 연회비를 미리 받고 회원들에게 시설을 이용하게 하는 용역 등)을 제공하고 그 대가를 선불로 받는 경우에는 다음의 금액을 과세표준으로 한다.

$$\text{과세표준} = \text{선불로 받은 금액} \times \frac{\text{해당 과세대상기간의 월수}}{\text{계약기간의 월수}}$$

* 이 경우 월수의 계산에 관하여는 해당 계약기간의 개시일이 속하는 달이 1개월 미만인 경우에는 1개월로 하고, 해당 계약기간의 종료일이 속하는 달이 1개월 미만인 경우에는 산입하지 아니한다(초월산입 · 말월불산입).

(2) 재화의 수입에 대한 과세표준

재화수입에 대한 부가가치세의 과세표준은 관세의 과세가격과 관세 · 개별소비세 · 주세 · 교육세 · 교통에너지환경세 및 농어촌특별세의 합계액으로 한다(부가법 29 ②).

과세표준 = 관세의 과세가격 + 관세 + 개별소비세 · 주세 · 교통에너지환경세 · 교육세 · 농어촌특별세

사 례 부가가치세 과세표준의 계산

다음의 거래에서 별도의 언급이 없는 한 사업자가 과세 재화 또는 용역을 공급하는 것으로 하며, 거래금액은 부가가치세가 포함되지 않은 금액으로 한다.

거 래	과세표준
공급받는 자의 사업장에서 재화를 인도하기로 하고 현금 300(운송비 30 포함)에 판매하였다.	300 (대가의 일부로 받는 운송비 포함)
재화의 공급가액은 500이며, 재화의 공급과 관련하여 개별소비세 20과 교육세 10이 과세된다.	530(= 500 + 20 + 10)*1
재화를 200에 공급하면서 자기적립마일리지로 20을 결제받고 나머지 180을 현금으로 받은 경우	180 (자기적립마일리지로 결제한 금액 제외)
시가 200인 재화를 공급하고 시가 180인 재화를 대가로 받았다.	200 (자기가 공급한 재화의 시가)
특수관계인에게 시가 200인 재화를 100에 공급한 경우	200(시가)
특수관계인에게 시가 100인 음식용역을 무상으로 공급한 경우	없음 (과세거래 아님)
특수관계인에게 시가 100인 사업용 부동산 임대용역을 무상으로 공급한 경우	100(시가)
재화를 500에 외상판매하고 거래처에 지급하는 판매장려금 50을 제외한 450을 현금으로 회수한 경우	500(판매장려금은 과세표준에서 공제하지 아니함)
지방자치단체로부터 공공보조금 500을 받은 경우	없음(대가관계 없음)
재화를 200에 공급하면서 포장용기의 반환보증금 20을 별도로 받은 경우	200(반환보증금은 반환의무가 있으므로 과세표준에 포함하지 않음)
수입재화의 관세의 과세가격은 500, 관세는 50, 개별소비세 20, 농어촌특별세는 10이다.	580 = 500 + 50 + 20 + 10*2

*1 재화의 공급과 관련하여 부가가치세 외에 개별소비세 · 주세 · 교육세 및 농어촌특별세가 과세되는 경우에는 공급가액에 개별소비세 등을 모두 더한 금액을 부가가치세의 과세표준으로 한다. 따라서 이 사례에서 사업자는 거래상대방으로부터 583원[= 500(공급가액) + 20(개별소비세) + 10(교육세) + 53(부가가치세)]을 받아야 한다.

*2 수입재화에 대하여 부가가치세 외에 관세, 개별소비세 · 주세 · 교육세 및 농어촌특별세가 과세되는 경우에는 관세의 과세가격에 관세 및 개별소비세 등을 모두 더한 금액을 부가가치세의 과세표준으로 한다. 따라서 이 사례에서 세관장은 수입자로부터 138원[= 50(관세) + 20(개별소비세) + 10(교육세) + 58(부가가치세)]을 징수하여야 한다.

2. 간주공급에 대한 과세표준

간주공급의 과세표준은 해당 재화의 공급이 감가상각자산이 아닌 경우와 감가상각자산인 경우로 구분하여 달리 규정하고 있다.

(1) 감가상각자산이 아닌 경우

간주공급하는 자산이 감가상각자산이 아닌 경우 과세표준은 다음과 같다.

구 분	과 세 표 준
① 자가공급 · 개인적공급 · 사업상증여 · 폐업시 잔존재화	해당 자산의 시가
② 자가공급 중 판매목적 타사업장 반출	
㉠ 원 칙	취득가액
㉡ 취득가액에 일정액을 더하여 공급하는 경우	취득가액+일정액

(2) 감가상각자산인 경우

간주공급하는 재화가 감가상각자산일 경우 시가를 판정하는 데 어려움이 있다. 따라서 부가가치세법은 취득가액에 자산별 가치감소율을 적용하여 계산한 금액을 시가로 본다(부가령 66).

과세표준(간주시가) = 취득가액 × (1 − 가치감소율 × 경과된 과세기간의 수)

1) 취득가액

재화의 취득가액은 부가가치세법 제38조에 따라 매입세액을 공제받은 해당 재화의 가액으로 한다(부가령 66 ④).

2) 가치감소율

1 과세기간의 경과에 따른 가치감소율은 건물 · 구축물의 경우 5%, 건물 · 구축물을 제외한 기타의 감가상각자산의 경우 25%를 적용한다.

3) 경과된 과세기간의 수

경과기간은 부가가치세법에 의한 과세기간(즉, 6개월)을 단위로 계산한다. 경과된 과세기간의 수를 계산함에 있어서 과세기간의 개시일 후에 감가상각자산을 취득하거나 해당 재화가 공급된 것으로 간주되는 경우 그 과세기간의 개시일에 해당 재화를 취득하거나 해당 재화가 공급된 것으로 본다(부가령 49 ④). 예를 들면, 20×3년 3월 1일에 취득하여 동년 7월 2일에 해당 자산을 처분한 경우 실제경과기간은 6개월이 안 되지만, 20×3년 1월 1일에 취득하여 20×3년 7월 1일에 공급한 것으로 보기 때문에 1과세기간이 경과된 것으로 계산한다.

또한 가치감소율 총계가 100%를 초과할 수 없으므로 건물 또는 구축물의 경과된 과세기간의 수가 20을 초과할 때에는 이를 20으로 하며, 기타의 감가상각자산의 경과된 과세기간의 수가 4를 초과할 때에는 이를 4로 하여 과세표준을 계산하게 된다(부가령 66 ②).

예제 4-3 | 폐업시 잔존재화에 대한 과세표준

과세사업을 영위하던 ㈜갑을은 20×5. 10. 21 갑작스런 자금부족으로 폐업하게 되었다. 폐업 당시 ㈜갑을이 소유하고 있던 재화는 다음과 같으며, 매입세액공제 대상인 경우에는 모두 매입세액을 공제받았다. 다음 자료를 이용하여 부가가치세 과세표준을 계산하시오.

	취득일	취득가액	시 가	장부가액
상 품	20×4. 7. 21	₩600,000	₩700,000	₩650,000
건 물	20×4. 6. 26	100,000,000	120,000,000	70,000,000
토 지	20×2. 8. 24	240,000,000	300,000,000	290,000,000
기 계 장 치	20×4. 9. 20	80,000,000	65,000,000	40,000,000

해답

1. 상품	₩700,000
2. 건물 ₩100,000,000 × (1 − 5% × 3*)	85,000,000
3. 기계장치 ₩80,000,000 × (1 − 25% × 2)	40,000,000
과세표준	₩125,700,000

* 경과된 과세기간의 수는 20×4. 1. 1부터 20×5. 7. 1사이에 경과된 과세기간수로 계산한다.

3. 과세표준 계산의 특례

(1) 면세되는 토지와 과세되는 건물을 함께 공급하는 경우

토지(면세)와 토지에 정착된 건물 · 구축물(과세)을 함께 공급하는 경우에, 과세표준인 건물 · 구축물의 공급가액은 실지거래가액에 의한다. 실지거래가액 중 토지의 가액과 건물 또는 구축물 등의 가액의 구분이 불분명한 경우 및 사업자가 실지거래가액으로 구분한 토지와 건물 또는 구축물 등의 가액이 법정방식에 의하여 안분계산한 금액과 30% 이상 차이가 있는 경우에는 법정방식에 의하여 안분계산한 금액을 공급가액으로 한다(부가법 29 ⑨). 이 경우 법정방식이란 다음의 순서에 따라 안분계산하는 방식을 말한다. 다만, 다음 중 어느 하나에 해당하는 경우에는 건물등의 실지거래가액을 공급가액으로 한다.

㉠ 다른 법령에서 정하는 바에 따라 토지와 건물등의 가액을 구분한 경우

㉡ 토지와 건물등을 함께 공급받은 후 건물등을 철거하고 토지만 사용하는 경우

구 분		내 용
① 감정평가가액이 있는 경우		감정평가가액(감정평가업자가 평가한 가액)에 비례하여 안분 계산
② 감정평가가액이 없는 경우	기준시가가 모두 있는 경우	공급계약일 현재의 기준시가에 따라 계산된 가액에 비례하여 안분계산
	기준시가가 없는 자산이 포함된 경우	㉠ 1차안분 : 장부가액(장부가액이 없는 경우에는 취득가액)에 비례하여 안분계산 ㉡ 2차안분 : 기준시가가 있는 자산에 대해서는 1차 안분결과의 합계액을 다시 기준시가에 의해 안분계산
③ 위 규정을 적용할 수 없거나 적용하기 곤란한 경우		국세청장이 정하는 바에 따라 안분계산

한편, 안분계산함에 있어 양도가액에 부가가치세가 포함되어 있는지 여부를 고려하여야 한다.

① 양도가액에 부가가치세가 포함되지 아니한 경우

$$\text{과세표준} = \text{토지와 건물·구축물 등의 공급가액} \times \frac{\text{건물·구축물 등의 안분기준액}}{\text{건물·구축물 등의 안분기준액} + \text{토지의 안분기준액}}$$

② 양도가액에 부가가치세가 포함된 경우

$$\text{과세표준} = \text{토지와 건물·구축물 등의 공급대가} \times \frac{\text{건물·구축물 등의 안분기준액}}{(\text{건물·구축물 등의 안분기준액} \times 110\%) + \text{토지의 안분기준액}}$$

예제 4-4 | 토지와 건물의 일괄공급

부동산매매업자인 거주자 甲은 과세사업에 사용하던 건물과 그 부수토지를 ₩550,000,000(부가가치세 포함)에 양도하였다. 양도당시 건물과 그 부수토지의 가액의 구분은 불분명하다. 다음 자료를 이용하여 부가가치세의 과세표준을 계산하시오.

	장부가액	기준시가	취득가액	감정평가가액
건 물	₩120,000,000	₩170,000,000	₩140,000,000	₩200,000,000
부 수 토 지	80,000,000	150,000,000	160,000,000	180,000,000

해답

$$₩550{,}000{,}000 \times \frac{200{,}000{,}000^{*}}{200{,}000{,}000 \times 110\% + 180{,}000{,}000} = ₩275{,}000{,}000$$

* 양도당시 건물가액과 그 부수토지의 가액의 구분이 불분명하고 감정평가가액이 모두 존재하므로 감정평가가액을 이용하여 안분계산한다.

(2) 부동산 임대용역의 과세표준

사업자가 부동산 임대용역을 공급할 경우 임대의 대가로 수령하는 대가는 임대료와 전세금·임대보증금이 있다. 이때 전액 임대료를 받는 계약일 경우 과세표준은 임대료가 되지만 전부 또는 일부 전세금·임대보증금 계약일 경우 명시적인 임대료가 없거나 전액 임대료 계약일 경우보다 낮기 때문에 명시적인 임대료만을 용역의 공급대가로 보아 과세한다면 임대료 계약과 전세금·임대보증금 계약간의 과세형평에 문제가 있다. 이를 보완하기 위하여 세법에서는 전세금·임대보증금 계약에 대하여 간주임대료를 계산하여 과세표준에 포함시키고 있다. 또한 부동산임대와 관련하여 받는 관리비는 과세표준에 포함된다. 부동산 임대용역의 과세표준은 다음과 같다.

$$\text{과세표준} = \text{임대료} + \text{간주임대료} + \text{관리비}$$

1) 임대료

임대용역을 공급하고 이를 임대료로 받는 경우 해당 과세기간에 해당하는 임대료는 과세표준에 포함된다. 만약, 사업자가 둘 이상의 과세기간에 걸쳐 부동산임대용역을 공급하고 그 대가를 선불 또는 후불로 받는 경우에는 해당금액을 계약기간의 월수로 나눈 금액의 각 과세대상 기간의 합계액을 그 과세표준으로 한다.

$$과세표준 = 선불\ 또는\ 후불\ 임대료 \times \frac{해당\ 과세대상기간의\ 월수}{계약기간의\ 월수}$$

* 이 경우 월수의 계산에 관하여는 해당 계약기간의 개시일이 속하는 달이 1개월 미만인 경우에는 1개월로 하고, 해당 계약기간의 종료일이 속하는 달이 1개월 미만인 경우에는 산입하지 아니한다(초월산입 · 말월불산입).

2) 간주임대료

사업자가 부동산임대용역을 공급하고 전세금 또는 임대보증금을 받는 경우에는 금전 이외의 대가를 받는 것으로 보아 다음과 같이 계산한 금액을 간주임대료로 보아 과세표준으로 한다.

이 경우 국가 또는 지방자치단체의 소유로 귀속되는 지하도의 건설비를 전액 부담한 자가 지하도로 점용허가(1차 무상점용기간에 한함)를 받아 대여하는 경우에 건설비 상당액은 전세금 및 임대보증금으로 보지 아니한다(부가령 65 ①).

① 원칙 : 간주임대료 = (해당 과세기간의 전세금 · 임대보증금[*1] × 과세대상기간의 일수) × 정기예금이자율[*3] × $\frac{1}{365}$(윤년의 경우 $\frac{1}{366}$)

② 예외 : 간주임대료 = [(해당 과세기간의 전세금 · 임대보증금[*2] − 지하도건설비상당액) × 과세대상기간의 일수] × 정기예금이자율[*3] × $\frac{1}{365}$(윤년의 경우 $\frac{1}{366}$)

*1 임차부동산을 재임대하는 경우 : 전세금 · 임차보증금에서 임차시 지급한 전세금 · 임차보증금을 차감한 금액으로 계산함

*2 사업자가 계약에 따라 전세금 또는 임대보증금을 임대료에 충당한 경우에는 그 금액을 제외한 가액을 전세금 또는 임대보증금으로 한다.

*3 정기예금이자율은 예정신고기간 또는 과세기간 종료일 현재를 기준으로 하며, 예정신고기간 또는 과세기간의 중도에 변경이 된 경우에도 적수계산하지 아니한다.

예제 4-5 | 부동산임대용역의 간주임대료 계산 

다음 자료를 이용하여 부동산임대사업자인 거주자 갑의 20×7년 제1기 부가가치세 과세표준을 계산하시오. 단, 1년은 365일로 가정한다.

1. 임대기간 : 20×6. 7. 1~20×7. 7. 1
2. 월임대료 : ₩3,500,000
3. 임대보증금 : ₩1,200,000,000
4. 임대건물의 건설비상당액 : ₩1,500,000,000
5. 보증금 운용수익 : 이자수익 : ₩20,000,000(20×7. 5. 1~20×7. 5. 30까지 운용)
6. 정기예금이자율(가정) :
   ① 20×7. 6. 30 현재 ⇨ 3.65%
   ② 20×7. 12. 31 현재 ⇨ 3.50%

해답

$$(₩3,500,000 \times 6개월) + (1,200,000,000 \times 181일) \times 3.65\%^{*} \times \frac{1}{365} = ₩42,720,000$$

* 정기예금이자율은 예정신고기간 또는 과세기간의 종료일 현재 기준에 의하며, 건설비상당액과 임대보증금운용수익은 고려하지 않는다.

3) 관리비 · 공공요금

부동산 임대용역을 공급함에 있어 관리비를 영수하는 때에는 해당 관리비를 과세표준에 포함한다. 그러나 임차인이 부담하여야 할 공공요금 등을 부동산임대료와 구분 징수하여 납입을 대행하는 경우에는 이를 과세표준에 포함하지 아니한다.

4) 겸용주택임대의 과세표준

일반적인 부동산 임대용역은 부가가치세가 과세되고, 주택 및 부수토지에 대한 임대용역에 대해서는 부가가치세가 면세된다. 과세되는 부동산임대용역과 면세되는 주택임대용역을 함께 공급하고 그 임대구분과 임대료 등의 구분이 분명한 경우에는 다음 순서에 따라 과세표준을 계산한다(부가령 65 ④).

[1단계] 총임대료의 계산

총임대료 = 임대료 + 간주임대료 + 관리비 · 부동산임대료와 구분하지 아니하고 영수하는 공공요금

[2단계] 총임대료를 토지분과 건물분으로 안분계산

$$\text{토지분 임대료 상당액} = \text{총임대료} \times \frac{\text{토지의 기준시가}}{(\text{건물의 기준시가} + \text{토지의 기준시가})}$$

$$\text{건물분 임대료 상당액} = \text{총임대료} \times \frac{\text{건물의 기준시가}}{(\text{건물의 기준시가} + \text{토지의 기준시가})}$$

[3단계] 토지 및 건물의 임대료를 면적비율로 안분하여 부가가치세 과세표준 계산

$$\text{토지분 과세표준} = \text{토지분 임대료 상당액} \times \frac{\text{과세되는 토지임대면적}^{*}}{\text{총토지임대면적}}$$

$$\text{건물분 과세표준} = \text{건물분 임대료 상당액} \times \frac{\text{과세되는 건물임대면적}}{\text{총건물임대면적}}$$

* 과세되는 토지임대면적 = 총 부수토지면적 − 면세되는 주택부수토지면적
면세되는 주택부수토지면적의 계산은 '제3장 제3절 면세'를 참조할 것

예제 4-6 | 겸용임대주택의 과세표준

다음은 부동산임대사업자인 거주자 갑의 20×3년 제1기 겸용주택의 임대내역이다. 다음 자료를 이용하여 갑의 20×3년 제1기 확정신고기간(1. 1~6. 30)의 부가가치세 과세표준을 계산하시오. 단, 해당 임대건물은 도시지역에 소재해 있으며, 1년은 365일로 가정한다.

1. 임대내역
   (1) 건물면적(단층) : 500㎡ (상가면적 : 300㎡ 주택면적 : 200㎡)
   (2) 부수토지면적 : 1500㎡
   (3) 월임대료 : ₩3,000,000 (20×2년 9월 1일에 1년분 임대료를 먼저 받았다)
   (4) 임대보증금 : ₩400,000,000
   (5) 임대기간 : 20×2. 9. 1~20×4. 8. 31
2. 확정신고기간 종료일 현재 토지와 건물의 기준시가 : 토지 ₩400,000,000, 건물 ₩600,000,000
3. 확정신고기간 종료일 현재 정기예금이자율(가정) : 3.65%

해답

1. 총임대료 계산
   (1) 월임대료 ₩3,000,000 × 6개월 = ₩18,000,000
   (2) 간주임대료 ₩400,000,000 × 3.65% × 181/365 = ₩7,240,000
   (3) 총임대료 ₩18,000,000 + ₩7,240,000 = ₩25,240,000

2. 총임대료를 토지와 건물분으로 안분계산

(1) 토지분 임대료 상당액 = ₩25,240,000 × 40% = ₩10,096,000

(2) 건물분 임대료 상당액 = ₩25,240,000 × 60% = ₩15,144,000

3. 토지와 건물의 임대료를 과세와 면세의 면적비율로 안분계산하여 과세표준 계산

(1) 면세되는 주택부수토지면적 = Min[①안분토지, ②한도] = 600

① 안분토지 = 전체토지 × 주택연면적/건물연면적 = 1500 × 200/500 = 600

② 한　　도 = Max[주택연면적, 주택정착면적 × 5배]

= Max[200, 200 × 5배] = 1000

(2) 과세되는 토지면적 = 1500 − 600 = 900

(3) 토지분 과세표준 = ₩10,096,000 × 900/1500 = ₩6,057,600

(4) 건물분 과세표준 = ₩15,144,000 × 300/500 = ₩9,086,400

4. 과세표준 : ₩6,057,600 + ₩9,086,400 = ₩15,144,000

별해 면세되는 주택부수토지의 면적이 한도를 초과하지 않으므로, 토지의 과세비율(900/1500)이 건물의 과세비율(300/500)과 동일하다. 이 경우는 총임대료를 이 과세비율로 안분계산해도 동일한 결과가 된다(₩25,240,000 × 300/500 = ₩15,144,000).

제 2 절 | 매출세액

1. 매출세액

매출세액은 과세표준에 세율(10% 또는 0%)을 적용하여 계산한 금액에서 대손세액을 빼거나 더한 금액으로 한다.

▶ 표 4-1 매출세액 계산구조

구 분	과세표준	세 율	매출세액
(1) 과세	×××	10%	과세표준 × 10%
(2) 영세율	×××	0%	−
(3) 대손세액가감	−		×××
과세표준 또는 매출세액	(1) + (2)		(1) ± (3)

2. 대손세액공제

(1) 개 요

사업자는 부가가치세가 과세되는 재화 또는 용역을 공급하고 외상매출금이나 그 밖의 매출채권(부가가치세를 포함한 것을 말함)의 전부 또는 일부가 공급을 받은 자의 파산·강제집행이나 그 밖에 법령으로 정하는 사유로 대손되어 회수할 수 없는 경우에는 대손세액을 그 대손이 확정된 날이 속하는 과세기간의 매출세액에서 뺄 수 있다(부가법 45 ①). 예정신고시에는 대손세액공제를 적용하지 아니하며, 간이과세자는 대손세액공제를 적용할 수 없다.

현행 부가가치세법에서는 외상매출에 대해서도 인도시점이 속한 과세기간에 부가가치세(매출세액)를 납부하도록 규정하고 있다. 따라서 매출채권이 대손되는 경우 판매자는 채권의 원금뿐 아니라 이미 납부한 매출세액도 회수하지 못하게 되는 불이익을 당하게 된다. 납세의무자의 이러한 부담을 완화하기 위하여 대손세액공제제도를 두고 있다.

(2) 대손사유 및 대손사유 확정기한

① 대손사유 : 사업자가 대손세액공제를 적용하기 위해서는 다음의 대손사유를 충족하여야 한다.

㉠ 파산·강제집행 등 소득세법 및 법인세법에서 대손금(貸損金)으로 인정되는 경우

㉡ 채무자 회생 및 파산에 관한 법률에 따른 법원의 회생계획인가의 결정에 따라 채무를 출자전환하는 경우. 이 경우 대손되어 회수할 수 없는 금액은 출자전환하는 시점의 출자전환된 매출채권 장부가액과 출자전환으로 취득한 주식 또는 출자지분의 시가와의 차액으로 한다.

② 대손세액 공제의 범위 : 사업자가 대손세액공제를 적용하기 위해서는 부가가치세가 과세되는 재화 또는 용역을 공급한 후 그 공급일부터 10년이 지난 날이 속하는 과세기간에 대한 확정신고 기한까지 대손사유가 확정되어야 한다.

(3) 대손세액의 계산

대손세액은 대손금액(부가가치세 포함) 중 부가가치세에 해당되는 부분이다. 대손세액은 다음과 같이 계산한다.

$$\text{대손세액} = \text{대손금액(부가가치세 포함)} \times \frac{10}{110}$$

(4) 공급받는 자의 대응조정

1) 대손이 확정된 날이 속하는 과세기간

공급자가 대손세액공제를 한 경우에는 공급받은 자의 매입세액공제를 취소하는 것이 타당할 것이다. 따라서 재화 또는 용역을 공급받은 사업자가 대손세액에 해당하는 금액의 전부 또는 일부를 매입세액으로 공제받은 경우로서 그 사업자가 폐업하기 전에 재화 또는 용역을 공급하는 자가 대손세액공제를 받은 경우에는 그 재화 또는 용역을 공급받은 사업자는 관련 대손세액에 해당하는 금액(대손처분받은 세액)을 대손이 확정된 날이 속하는 과세기간에 자신의 매입세액에서 뺀다. 다만, 그 공급을 받은 사업자가 대손세액에 해당하는 금액을 빼지 아니한 경우에는 그 사업자의 관할세무서장이 빼야 할 매입세액을 결정 또는 경정(更正)하여야 하며, 이 경우 공급받는 자는 공급자가 대손세액공제를 한 것을 알 수 없으므로 가산세를 부과하지는 아니한다.

2) 대손금액을 회수한 과세기간

사업자가 대손세액공제를 한 후 대손금액의 전부 또는 일부를 회수한 경우에는 회수한 대손금액에 관련된 대손세액을 회수한 날이 속하는 과세기간의 매출세액에 더한다. 반면, 매입세액에서 대손세액에 해당하는 금액을 뺀(관할세무서장이 결정 또는 경정한 경우를 포함) 해당 사업자가 대손금액의 전부 또는 일부를 변제한 경우에는 변제한 대손금액에 관련된 대손세액에 해당하는 금액(변제대손세액)을 변제한 날이 속하는 과세기간의 매입세액에 더한다.

▶ **그림 4-1** 대손세액의 대응조정

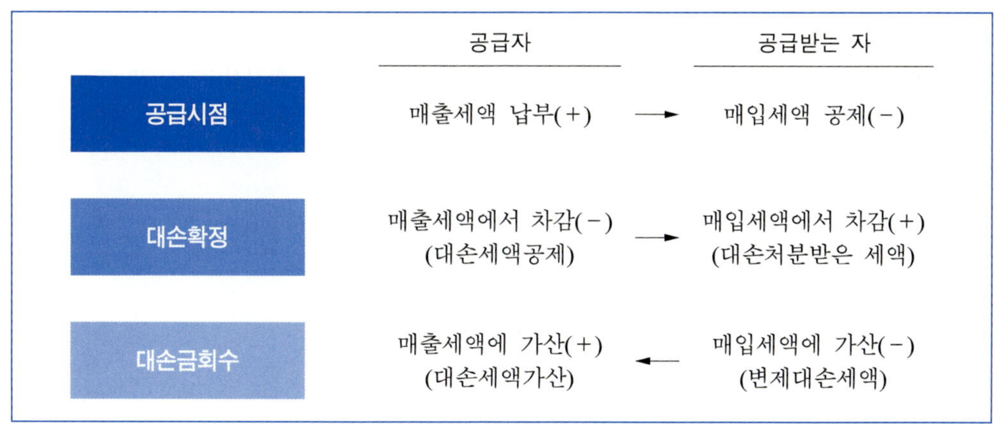

⑸ 대손세액공제 신고

대손세액공제를 적용받고자 하는 사업자는 과세표준확정신고와 함께 「대손세액공제신고서」에 대손금액이 발생한 사실을 증명하는 서류를 첨부하여 제출하여야 한다.

예제 4-7 | 대손세액공제

사업자인 갑의 20×9년 제1기 과세기간(1.1～6.30)의 대손세액공제액을 계산하시오.

1. 20×8년 11월 20일에 사업자인 을에게 상품A를 공급하고 그 대금 ₩3,300,000(부가가치세 포함)을 약속어음으로 받았으나, 어음의 지급기일인 20×9년 2월 20일에 부도가 발생하였다.
2. 당해 과세기간 개시일로부터 11년 8개월 전에 사업자인 병에게 상품B를 외상으로 ₩2,200,000(부가가치세 포함)에 판매하였으나 외상매출금을 회수하지 못하였으며, 동 외상매출금은 당해 과세기간 중 법원의 면책결정에 따라 회수불능으로 확정되었다.
3. 20×9년 1월 15일에 사업자인 정에게 상품C를 외상으로 ₩1,100,000(부가가치세 포함)에 판매하였다. 외상매출금 중 ₩550,000은 회수하였으나 나머지 ₩550,000은 20×9년 7월 20일에 채무자의 파산으로 인하여 대손이 확정되었다.

해답

1. 대손사유 미확정 : 부도발생일로부터 6개월 이상 지난 어음상의 채권은 대손사유를 충족한다. 20×9년 1기에 대손세액을 공제하기 위해서는 확정신고기한(20×9년 7월 25일)까지 대손사유가 확정되어야 하나, 부도발생일이 2월 20일이므로 8월 20일이 되어야 대손사유가 확정된다. 따라서 약속어음에 대한 대손세액은 20×9년 제2기 확정신고 시 공제한다.
2. 대손사유 확정기한 경과 : 재화의 공급일부터 10년이 지난 날이 속하는 과세기간에 대한 확정신고 기한까지 대손사유가 확정되어야 하나, 그 기간이 지난 후 대손사유가 확정되었으므로 대손세액을 공제할 수 없다.
3. 대손사유 확정 : 20×9년 1기에 대손세액을 공제하기 위해서는 확정신고기한(20×9년 7월 25일)까지 대손사유가 확정되어야 하며, 20×9년 7월 20일에 대손사유가 확정되었으므로 제1기 확정신고 시 대손세액을 공제할 수 있다.
   대손세액공제액 = 대손금액(부가가치세 포함) × 10/110
   = ₩550,000 × 10/110 = ₩50,000

제 3 절 | 매입세액

세금계산서수취분매입세액	…	세금계산서에 적힌 매입세액 총액(불공제분 포함)
(+) 신용카드매출전표 등 수취분 매입세액		
(+) 매입자발행세금계산서에 의한 매입세액		
(+) 의제매입세액	…	면세농산물 등의 매입가액×2/102～9/109
(+) 재고매입세액	…	간이과세자가 일반과세자로 변경되는 경우
(+) 변제대손세액	…	대손처분받은 세액을 변제하는 경우
(−) 대손처분받은세액	…	공급자가 대손세액공제를 한 세액
(−) 매입세액불공제액		
＝ 매입세액공제액		

1. 세금계산서 수취분 매입세액

(1) 의 의

사업자가 자기의 사업을 위하여 사용하였거나 사용할 목적으로 재화·용역을 공급받거나 재화를 수입하면서 세금계산서(또는 수입세금계산서)를 발급받은 경우에는 세금계산서에 의해 확인되는 매입세액을 매출세액에서 공제한다(부가법 38 ①).

(2) 매입세액의 공제시기

매입세액은 재화·용역을 공급받는 시기 또는 재화의 수입시기가 속하는 예정신고기간 또는 과세기간의 매출세액에서 공제한다(부가법 38 ②, ③). 따라서 거래형태, 대금의 결제 여부 및 구입한 재화의 사용 여부 등에 상관없이 재화·용역의 공급시기 또는 재화의 수입시기에 관련 매입세액을 공제한다.[19] 한편 예정신고기간에 공제하였어야 할 매입세액을 실수로 공제하지 못한 경우에는 확정신고시 공제할 수 있으며, 확정신고시 공제하지 못한 경우에는 수정신고·경정청구 또는 기한 후 신고시 공제할 수 있다. 이 경우에는 가산세가 부과되지 않는다. 그러나 경정시 경정기관의 확인을 거쳐

19) 외상으로 원재료를 매입하고 과세기간 종료일까지 그 대금을 결제하지 아니한 경우에도 원재료의 매입시기에 세금계산서를 발급받았다면 그 매입세액을 공제할 수 있다. 즉, 부가가치세를 실제로 현금지급하지 않은 경우라도 매입세액을 공제할 수 있는 것이다.

매입세액을 공제하는 경우에는 자발적으로 잘못된 것을 고쳐 신고하는 것이 아니므로 가산세(매입처별세금계산서합계표 제출불성실가산세)가 부과된다.

2. 신용카드매출전표 등 수취분 매입세액

사업자가 사업자로부터 재화 또는 용역을 공급받고 부가가치세액이 별도로 구분되는 신용카드매출전표·현금영수증 등을 발급받은 경우로서 다음의 요건을 모두 충족하는 경우 그 부가가치세액은 공제할 수 있는 매입세액으로 본다(부가법 46 ③).

① 신용카드매출전표등 수령명세서를 제출하고, 신용카드매출전표등을 그 거래사실이 속하는 과세기간에 대한 확정신고 기한 후 5년간 보관할 것(소득세법에 따라 증명 자료를 보관하는 경우 포함).

② 세금계산서를 발급할 수 없는 미용·욕탕 및 유사서비스업, 여객운송업, 입장권을 발행하여 영위하는 사업을 영위하는 사업자로부터 발급받지 아니한 것.

③ 간이과세자가 영수증을 발급하여야 하는 기간에 발급한 신용카드매출전표등이 아닐 것

3. 매입자발행세금계산서에 의한 매입세액

(1) 의 의

재화 또는 용역의 공급자가 세금계산서를 발급하지 아니하면 공급받는 자가 매입세액을 공제할 수 없어 불이익을 당하게 되므로 공급자가 세금계산서를 발급하지 아니한 경우에는 공급받는 자가 관할세무서장의 확인을 받아 매입자발행세금계산서를 발행하여 매입세액을 공제할 수 있도록 하였다.

(2) 매입자발행세금계산서의 발행

납세의무자로 등록한 사업자로서 세금계산서 발급의무가 있는 사업자(영수증발급대상사업자 중 거래상대방의 요구시 세금계산서 발급의무가 있는 사업자 포함)가 거래건당 공급대가가 5만원 이상인 재화 또는 용역을 공급하고 세금계산서 발급 시기에 세금계산서를 발급하지 아니한 경우(사업자의 부도·폐업, 공급 계약의 해제·변경 등이 발생한 경우로서 사업자가 수정세금계산서 또는 수정전자세금계산서를 발급하지 아니한 경우를 포함) 그 재화 또는 용역을 공급받은 자는 관할세무서장의 확인을 받아 매입자발행세금계산서를 발행할 수 있다(부가법 34의2 ①). 매입자발행세금계산서에 기재된 부가가치세액은 공제를 받을 수 있는 매입세액으로 본다(부가법 34의2 ②, 부가령 71의2 ①, ③).

⑶ 매입자발행세금계산서에 의한 매입세액공제

매입자발행세금계산서를 발급한 신청인은 예정신고 및 확정신고 또는 경정청구시 매입자발행세금계산서합계표를 제출한 경우 매입자발행세금계산서에 기재된 매입세액을 해당 재화 또는 용역의 공급시기에 해당하는 과세기간의 매출세액 또는 납부세액에서 매입세액으로 공제받을 수 있다.

4. 의제매입세액

⑴ 의제매입세액의 의의

사업자가 면세로 공급받거나 수입한 농산물 등을 원재료로 하여 제조·가공한 재화 또는 창출한 용역의 공급에 대하여 부가가치세가 과세되는 경우(본래 면세대상에 대하여 면세를 포기함으로써 영세율을 적용받는 경우는 제외)에는 공급받은 면세재화 매입가액에 의제매입세액공제율을 곱하여 계산한 금액을 매입세액으로 공제할 수 있는데 이를 "의제매입세액공제"라 한다(부가법 42).

면세재화에 대한 매입세액은 공제되지 않으므로 해당 재화의 원가에 가산된다. 만약 면세재화가 계속 면세로 거래되어 최종소비자가 소비하게 되면 문제가 없다. 그러나, 어느 단계에서 면세재화를 원재료로 하여 제조·창출된 재화 또는 용역이 과세로 전환되면, 공제받지 못하고 원가에 가산된 면세관련 매입세액에 대해서도 부가가치세가 부과되는 결과를 초래하게 된다. 이를 "누적효과"라 하는데 의제매입세액공제는 이러한 누적효과와 면세단계에서 과세를 포기한 부가가치세가 다시 국고에 환수되는 환수효과를 완화하기 위한 규정이다. 의제매입세액공제는 면세원재료를 이용한 재화의 생산원가를 줄이게 되고 결과적으로 최종소비자의 세부담을 경감시키는 효과를 얻을 수 있다.

⑵ 의제매입세액공제의 적용요건

의제매입세액을 공제받기 위해서는 다음의 요건을 모두 갖추어야 한다.

요 건	내 용
① 과세사업자일 것	면세사업자는 의제매입세액을 공제할 수 없다.
② 농산물 등을 면세로 공급받은 경우일 것	면세농산물 등은 농산물·축산물·수산물·임산물과 소금을 말하며, 다음의 것을 포함한다. ㉠ 면세농산물 등을 원생산물의 본래의 성질이 변하지 아니하는 정도의 1차 가공(탈곡·정미·정맥·제분·정육·건조·냉동·염장·포장 등)을 거친 것

요 건	내 용
② 농산물 등을 면세로 공급받은 경우일 것	㉡ 면세대상인 단순가공식료품(김치 · 두부 등) ㉢ 원생산물의 본래의 성질이 변하지 아니하는 정도로 1차가공하는 과정에서 필수적으로 발생하는 부산물 ㉣ 미가공식료품을 단순히 혼합한 것
③ 제조 · 가공한 재화 또는 창출한 용역이 과세대상일 것	면세농산물 등을 원재료로 제조 · 가공한 재화 또는 창출한 용역이 과세대상인 경우에만 의제매입세액을 공제할 수 있다. 면세농산물 등을 원재료로 면세재화를 생산하거나 면세농산물 등을 그대로 양도하는 경우에는 의제매입세액을 공제할 수 없다.
④ 공제서류를 제출할 것	의제매입세액을 공제받으려는 사업자는 예정신고 또는 확정신고시 의제매입세액공제신고서와 함께 매입처별계산서합계표, 신용카드매출전표 등 수령명세서 및 매입자발행계산서합계표 중 하나의 서류를 제출하여야 한다. 다만, 제조업을 경영하는 사업자가 농어민으로부터 면세농산물 등을 직접 공급받는 경우에는 의제매입세액공제신고서만을 제출하더라도 의제매입세액을 공제할 수 있다.

(3) 의제매입세액의 계산

의제매입세액은 다음의 산식에 의해 계산한다.

> 의제매입세액 = 면세농산물 등의 매입가액 × 의제매입세액공제율

① 매입가액 : 국내 매입분은 운임 등의 부대비용을 제외한 매입원가로 하며, 수입가액은관세의 과세가격으로 한다. 운임 등의 부대비용은 세금계산서를 발급받아 매입세액공제를 받을 수 있으므로 의제매입세액공제대상에서 제외한다.

② 의제매입세액공제율 : 의제매입세액공제율은 업종별로 다음과 같이 적용한다.

업 종		법인사업자	개인사업자
음식점업	과세유흥장소	$\frac{2}{102}$	$\frac{2}{102}$
	과세유흥장소 외	$\frac{6}{106}$	$\frac{8}{108}$ *1
제조업	최종소비자 대상 업종*2	$\frac{2}{102}$(중소기업 : $\frac{4}{104}$)	$\frac{6}{106}$
	기타 업종	$\frac{2}{102}$(중소기업 : $\frac{4}{104}$)	$\frac{4}{104}$

업 종	법인사업자	개인사업자
기타의 사업	$\frac{2}{102}$	$\frac{2}{102}$

*1 과세표준 2억원 이하인 경우에는 2026년 12월 31일까지 $\frac{9}{109}$

*2 과자점업, 도정업, 제분업 및 떡류 제조업 중 떡방앗간을 경영하는 사업

③ 의제매입세액공제의 한도(2025년 12월 31일까지)

구 분		공제한도
원칙	법인사업자	해당 과세기간에 해당 사업자가 면세농산물 등과 관련하여 공급한 과세표준 × 50% × 공제율
	개인사업자	과세표준이 2억원 이하인 경우 : 과세표준 × 65% × 공제율 과세표준이 2억원 초과인 경우 : 과세표준 × 55% × 공제율
음식점업을 경영하는 개인사업자		과세표준이 1억원 이하인 경우 : 과세표준 × 75% × 공제율 과세표준이 1억원 초과 2억원 이하인 경우 : 과세표준 × 70% × 공제율 과세표준이 2억원 초과인 경우 : 과세표준 × 60% × 공제율

(4) 제조업을 영위하는 사업자의 의제매입세액공제 특례

제2기 과세기간에 대한 납부세액을 확정신고하는 경우 일정 요건[20]을 모두 충족하는 제조업을 영위하는 사업자의 매입세액으로 공제할 수 있는 금액은 다음의 금액으로 할 수 있다(부가령 84 ③).

> 1월 1일부터 12월 31일까지 공급받은 면세농산물 등의 가액 × 공제율 − 제1기 과세기간 의제매입세액공제액

이 경우 매입세액으로서 공제할 수 있는 금액의 한도는 1월 1일부터 12월 31일까지 면세농산물 등과 관련하여 공급한 과세표준 합계액에 30%(2025년 12월 31일까지 개인사업자에 대해서는 과세표준 합계액이 4억원 이하인 경우에는 65%, 과세표준이 4억원 초과인 경우에는 55%, 법인사업자에 대해서는 50%)를 곱하여 계산한 금액에 공제율을 곱한 금액으로 한다.

---

20) ① 1월 1일부터 12월 31일까지 공급받은 면세농산물 등의 가액 대비 제1기 과세기간에 공급받은 면세농산물 등의 가액의 비중이 75% 이상이거나 25% 미만일 것
② 해당 과세기간이 속하는 해의 1월 1일부터 12월 31일까지 계속하여 제조업을 영위하였을 것

⑸ 의제매입세액 공제시기

의제매입세액은 면세농산물 등을 구입한 시점에 공제하는 것이므로 면세농산물 등을 사용하는 시점에 공제하는 것이 아니라는 점에 유의하여야 한다. 다만, 사업자가 면세원재료를 직접 재배·사육 또는 양식하거나 타인이 재배·사육 또는 양식 중에 있는 면세농산물 등을 구입한 때의 의제매입세액 공제시기는 해당 면세농산물 등을 생산·채취 또는 벌목 등을 하여 과세재화의 제조·가공 또는 과세용역의 창출에 사용하거나 사용할 수 있는 때이다(부기통 42-84-5).

예제 4-8 | 의제매입세액공제 

다음은 돼지고기를 구입하여 소세지(과세재화)를 제조하는 중소기업인 ㈜갑을식품의 자료이다. 20×4년 제1기 과세기간에 공제받을 수 있는 의제매입세액을 계산하시오. 단, 공제서류를 최대한 적법하게 제출한 것으로 가정한다.

1. 20×4. 1. 1부터 20×4. 6. 30까지 사업자로부터 돼지고기 ₩260,000,000을 구입하고 계산서를 발급받았으며, 돼지고기 구입과 관련하여 운임 등 부대비용으로 ₩3,900,000을 지불하였다.
2. 20×4. 5. 20에 농민으로부터 소세지 원재료인 농산물 ₩1,300,000을 직접 공급받고 그 대금을 계좌로 입금하였다(계산서를 발급받지 못함).
3. 20×4년 제1기 과세기간 동안 구입한 돼지고기 중 50%만 제조에 투입되었으며, 구입한 농산물은 전량 제조에 투입되었다.
4. 20×4년 제1기 과세기간 동안의 소세지 공급가액(과세표준)은 ₩780,000,000이다.

해답

의제매입세액공제액 = Min[①, ②] = ₩10,050,000

① 공제액 = (₩260,000,000 + 1,300,000)[*1] × $\frac{4}{104}$(제조업 : 중소기업) = ₩10,050,000

② 공제한도액 = ₩780,000,000(공급가액) × 50% × $\frac{4}{104}$(제조업 : 중소기업) = ₩15,000,000

*1 의제매입세액공제는 실제 제조에 투입되었는지 여부에 상관없이 면세농산물 등을 공급받거나 수입한 날이 속하는 과세기간의 매출세액에서 공제한다. 운임 등 부대비용은 의제매입세액공제대상에서 제외한다.

⑹ 의제매입세액의 재계산

의제매입세액을 공제받은 후 다음과 같은 사유가 발생하는 경우에는 의제매입세액을 재계산하여 납부세액에 가산하거나 환급세액에서 공제한다(부가령 84 ④). 이 경우 원래 계산된 금액과 재계산된 금액의 차이는 재계산 사유가 발생한 날이 속하는 예정신고 또는 확정신고시 납부세액에 가산하거나 환급세액에서 공제한다.

① 면세농산물 등을 그대로 양도 또는 인도하는 경우
② 면세사업을 위하여 사용하거나 소비하는 경우
③ 기타의 목적을 위하여 사용하거나 소비(개인적공급 또는 사업상증여)하는 경우

5. 매입세액불공제

다음의 매입세액은 매출세액에서 공제하지 아니한다(부가법 39 ①).

① 매입처별세금계산서합계표 미제출 및 부실기재
② 세금계산서 미수취 또는 필요적 기재사항 불분명분
③ 사업과 직접 관련 없는 지출에 대한 매입세액
④ 비영업용 소형승용차의 구입·임차와 유지에 관한 매입세액
⑤ 기업업무추진비 지출 관련 매입세액
⑥ 부가가치세가 면제되는 재화 또는 용역의 공급에 관련된 매입세액
⑦ 토지 관련 매입세액
⑧ 사업자등록을 신청하기 전의 매입세액

(1) 매입처별세금계산서합계표 미제출 및 부실기재

매입처별 세금계산서합계표 제출의무자[21)]가 합계표를 제출하지 아니한 경우에는 매입세액을 공제할 수 없다. 한편 제출한 매입처별 세금계산서합계표의 기재사항 중 거래처별 등록번호 또는 공급가액의 전부 또는 일부가 적히지 아니하였거나 사실과 다르게 적힌 경우 그 기재사항이 적히지 아니한 부분 또는 사실과 다르게 적힌 부분의 매입세액은 공제할 수 없다. 다만, 매입처별 세금계산서합계표의 거래처별 등록번호 또는 공급가액이 착오로 사실과 다르게 적힌 경우로서 발급받은 세금계산서에 의하여 거래사실이 확인되는 경우에는 매입세액을 공제한다(부가법 39 ① (1), 부가령 74).

---

21) 사업자는 세금계산서 또는 수입세금계산서를 발급하였거나 발급받은 경우에는 매출처별 세금계산서합계표와 매입처별 세금계산서합계표를 해당 예정신고 또는 확정신고를 할 때 함께 제출하여야 한다. 한편 전자세금계산서를 발급하거나 발급받고 전자세금계산서 발급명세를 해당 재화 또는 용역의 공급시기가 속하는 과세기간(예정신고의 경우에는 예정신고기간) 마지막 날의 다음 달 11일까지 국세청장에게 전송한 경우에는 매출·매입처별 세금계산서합계표를 제출하지 아니할 수 있다(부가법 54).

⑵ 세금계산서 미수취 또는 필요적 기재사항 불분명분

세금계산서 또는 수입세금계산서를 발급받지 아니한 경우 또는 발급받은 세금계산서 또는 수입세금계산서에 필요적 기재사항의 전부 또는 일부가 적히지 아니하였거나 사실과 다르게 적힌 경우에는 매입세액(공급가액이 사실과 다르게 적힌 경우에는 실제 공급가액과 사실과 다르게 적힌 금액의 차액에 해당하는 세액을 말함)을 공제할 수 없다(부가법 39 ① ⑵). 다만, 다음에 해당하는 경우에는 매입세액을 공제한다(부가령 75).

① 사업자등록을 신청한 사업자가 사업자등록증 발급일까지의 거래에 대하여 해당 사업자 또는 대표자의 주민등록번호를 적어 발급받은 경우

② 발급받은 세금계산서의 필요적 기재사항 중 일부가 착오로 사실과 다르게 적혔으나 그 세금계산서에 적힌 나머지 필요적 기재사항 또는 임의적 기재사항으로 보아 거래사실이 확인되는 경우

③ 재화 또는 용역의 공급시기 이후에 발급받은 세금계산서로서 해당 공급시기가 속하는 과세기간에 대한 확정신고기한까지 발급받은 경우

④ 발급받은 전자세금계산서로서 국세청장에게 전송되지 아니하였으나 발급한 사실이 확인되는 경우

⑤ 전자세금계산서 외의 세금계산서로서 재화 또는 용역의 공급시기가 속하는 과세기간에 대한 확정신고기한까지 발급받았고, 그 거래사실도 확인되는 경우

⑥ 실제로 재화 또는 용역을 공급하거나 공급받은 사업장이 아닌 사업장을 적은 세금계산서를 발급받았더라도 그 사업장이 총괄하여 납부하거나 사업자 단위 과세 사업자에 해당하는 사업장인 경우로서 그 재화 또는 용역을 실제로 공급한 사업자가 예정신고 납부 및 확정신고 납부 규정에 따라 납세지 관할세무서장에게 해당 과세기간에 대한 납부세액을 신고하고 납부한 경우

⑦ 재화 또는 용역의 공급시기가 속하는 과세기간에 대한 확정신고기한이 지난 후 세금계산서를 발급받았더라도 그 세금계산서의 발급일이 확정신고기한 다음 날부터 1년 이내이고 다음의 어느 하나에 해당하는 경우

㉠ 과세표준수정신고서와 경정청구서를 세금계산서와 함께 제출하는 경우

㉡ 해당 거래사실이 확인되어 납세지 관할세무서장등이 결정 또는 경정하는 경우

⑧ 재화 또는 용역의 공급시기 전에 세금계산서를 발급받았더라도 재화 또는 용역의 공급시기가 그 세금계산서의 발급일부터 6개월 이내에 도래하고 해당 거래사실이 확인되어 납세지 관할세무서장등이 결정 또는 경정하는 경우

⑨ 위탁매매－일반매매 오류에 대한 매입세액공제 허용

다음 중 하나의 경우로서 그 거래사실이 확인되고 거래당사자가 예정신고 또는 확정신고를 할 때 납세지 관할세무서장에게 해당 납부세액을 신고하고 납부한 경우

㉠ 거래의 실질이 위탁매매 또는 대리인에 의한 매매에 해당함에도 불구하고 거래 당사자 간 계약에 따라 위탁매매 또는 대리인에 의한 매매가 아닌 거래로 하여 세금계산서를 발급받은 경우

㉡ 거래의 실질이 위탁매매 또는 대리인에 의한 매매에 해당하지 않음에도 불구하고 거래 당사자 간 계약에 따라 위탁매매 또는 대리인에 의한 매매로 하여 세금계산서를 발급받은 경우

㉢ 거래의 실질이 용역의 공급에 대한 주선·중개에 해당함에도 불구하고 거래 당사자 간 계약에 따라 용역의 공급에 대한 주선·중개가 아닌 거래로 하여 세금계산서를 발급받은 경우

㉣ 거래의 실질이 용역의 공급에 대한 주선·중개에 해당하지 않음에도 불구하고 거래 당사자 간 계약에 따라 용역의 공급에 대한 주선·중개로 하여 세금계산서를 발급받은 경우

㉤ 다른 사업자로부터 사업(용역을 공급하는 사업으로 한정함)을 위탁받아 수행하는 사업자가 위탁받은 사업의 수행에 필요한 비용을 사업을 위탁한 사업자로부터 지급받아 지출한 경우로서 해당 비용을 공급가액에 포함해야 함에도 불구하고 거래 당사자 간 계약에 따라 이를 공급가액에서 제외하여 세금계산서를 발급받은 경우

㉥ 다른 사업자로부터 사업을 위탁받아 수행하는 사업자가 위탁받은 사업의 수행에 필요한 비용을 사업을 위탁한 사업자로부터 지급받아 지출한 경우로서 해당 비용을 공급가액에서 제외해야 함에도 불구하고 거래 당사자 간 계약에 따라 이를 공급가액에 포함하여 세금계산서를 발급받은 경우

㉦ 매출에누리를 공급가액에 포함하지 않아야 함에도 불구하고 거래 당사자 간 계약에 따라 해당 금액을 장려금 등으로 보고 이를 공급가액에 포함하여 세금계산서를 발급받은 경우

(3) 사업과 직접 관련없는 지출에 대한 매입세액

사업과 직접 관련이 없는 지출에 대한 매입세액은 공제받을 수 없다. 여기서 사업과 직접 관련이 없는 지출의 범위는 다음과 같다(부가령 77).

① 법인세법 및 소득세법의 업무무관비용

② 공동경비 중 기준에 의한 분담금액을 초과하는 금액으로서 법인세법상 손금불산입되는 금액

⑷ 비영업용 소형승용차의 구입·임차와 유지에 관한 매입세액

비영업용 소형승용차의 구입과 임차 및 유지에 관한 매입세액은 공제할 수 없다. 비영업용 소형승용차는 업무용으로 사용되는지 확인하기 어렵고, 영업에 직접 사용함으로써 수익에 직접 공헌하기보다는 임직원이 최종 소비하는 것으로 보아 비영업용 소형승용차의 구입과 임차 및 유지와 관련된 매입세액은 공제하지 아니한다.

⑸ 기업업무추진비 지출 관련 매입세액

소모성 비용의 지출을 억제하기 위하여 기업업무추진비 지출 관련 매입세액을 공제하지 아니한다. 기업업무추진비 지출 관련 매입세액은 소득세법 및 법인세법상 기업업무추진비로 보아 시부인하여야 한다.

⑹ 부가가치세가 면제되는 재화 또는 용역의 공급에 관련된 매입세액

부가가치세가 면제되는 재화 또는 용역을 공급하는 사업(부가가치세가 과세되지 아니하는 재화 또는 용역을 공급하는 사업을 포함)에 관련된 매입세액(투자에 관련된 매입세액을 포함)은 공제하지 않는다.

⑺ 토지 관련 매입세액

토지의 조성 등을 위한 자본적 지출에 관련된 매입세액으로서 다음의 어느 하나에 해당하는 경우에는 매입세액을 공제하지 아니한다(부가령 80).

① 토지의 취득 및 형질변경, 공장부지 및 택지의 조성 등에 관련된 매입세액
② 건축물이 있는 토지를 취득하여 그 건축물을 철거하고 토지만 사용하는 경우에는 철거한 건축물의 취득 및 철거 비용과 관련된 매입세액
③ 토지의 가치를 현실적으로 증가시켜 토지의 취득원가를 구성하는 비용에 관련된 매입세액

⑻ 사업자등록을 신청하기 전의 매입세액

신규로 사업을 개시한 자가 사업자등록을 신청하기 전의 매입세액은 공제되지 아니한다. 다만, 공급시기가 속하는 과세기간이 끝난 후 20일 이내에 등록을 신청한 경우 등록신청일부터 공급시기가 속하는 과세기간 기산일(1월 1일 또는 7월 1일)까지 역산

한 기간 내의 것은 제외한다.

사 례 매입세액공제 여부

다음 거래는 별도의 언급이 없는 한 세금계산서 수취 및 합계표 제출 등 형식적인 공제 요건을 충족한 것으로 한다.

거 래	매입세액 공제여부	사 유
발급받은 세금계산서에 필요적 기재사항의 일부가 적히지 아니한 경우	×	적법한 세금계산서가 아님
공급자가 세금계산서를 발급하지 않아 관할세무서장의 확인 없이 공급받는 자가 세금계산서를 발행한 경우	×	관할세무서장이 확인한 것만 가능
택시운수 사업자가 택시로 사용하기 위하여 소형승용차를 구입한 경우	○	영업용 소형승용차
제약회사가 업무용(영업사원들의 영업활동에 이용)으로 소형승용차를 구입한 경우	×	비영업용 소형승용차
제조업 사업자가 업무용으로 사용하기 위하여 경차를 구입한 경우	○	경 차
과세사업자가 기업업무추진비를 지출한 경우	×	기업업무추진비 관련 매입세액
출판사(면세사업자)가 도서 제작을 위한 종이를 구입한 경우	×	면세사업 관련 매입세액
건축물이 있는 토지를 취득하여 건축물을 철거하고 토지만을 사용하는 경우 건축물의 취득과 관련된 매입세액	×	토지관련 매입세액

객/관/식/문/제

▶ 제4장 과세표준과 세액

1 부가가치세의 과세표준에 관한 설명으로 틀린 것은?

① 공급에 대한 대가의 지급이 지체되었음을 이유로 받는 연체이자는 소비대차로 전환하였는지의 여부에 관계없이 과세표준에 포함하지 않는다.

② 재화 또는 용역을 공급하고 금전 외의 대가를 받는 경우에는 자기가 공급한 재화 또는 용역의 시가를 과세표준으로 한다.

③ 사업자가 고객에게 매출액의 일정 비율에 해당하는 마일리지를 적립해 주고, 향후 그 고객이 재화를 공급받고 그 대가의 일부 또는 전부를 적립된 마일리지로 결제하는 경우 해당 마일리지 상당액은 과세표준에 포함하지 않는다.

④ 재화의 수입에 대한 부가가치세의 과세표준은 관세의 과세가격으로 한다.

해설

재화의 수입에 대한 부가가치세 과세표준은 관세의 과세가격과 관세·개별소비세·교통에너지환경세·주세·교육세 및 농어촌특별세의 합계액으로 한다.

2 부가가치세 과세표준에 관한 다음 설명 중 틀린 것은?

① 통상적으로 용기 또는 포장을 해당 사업자에게 반환할 것을 조건으로 그 용기대금과 포장비용을 공제한 금액으로 공급하는 경우에는 그 용기대금과 포장비용은 공급가액에 포함하지 아니한다.

② 사업자가 토지와 그에 정착된 건물 및 구축물을 함께 공급하는 경우로서 실지거래가액을 알 수 없는 경우에는 기준시가에 의하여 안분계산한 금액을 과세표준으로 한다.

③ 사업자가 둘 이상의 과세기간에 걸쳐 부동산임대용역을 제공하고 그 대가를 선불로 받는 경우에는 해당 금액을 계약기간의 개월 수로 나눈 금액의 각 과세대상기간의 합계액을 과세표준으로 한다.

④ 특수관계인에게 재화를 공급하고 부당하게 낮은 대가를 받는 경우에는 자기가 공급한 재화의 시가가 과세표준이다.

해설

사업자가 토지와 그 토지에 정착된 건물·구축물을 함께 공급하는 경우에 그 건물·구축물의 공급가액은 실지거래가액에 의하는 것이 원칙이고, 그 가액의 구분이 불분명한 경우에는 ㉠ 감정평가가액 ㉡ 기준시가의 순서로 안분계산한 금액을 과세표준으로 한다.

3 부가가치세법령상 일반과세자의 과세표준에 대한 설명으로 옳은 것은? (단, 특수관계인에 대한 재화 또는 용역의 공급은 고려하지 않는다) ◐ 2024년 국가직 7급

① 자기가 공급한 재화에 대해 금전 외의 대가를 받는 경우에는 부가가치세를 포함한 그 대가를 공급가액으로 한다.

② 사업자가 재화 또는 용역을 공급받는 자에게 지급하는 장려금이나 이와 유사한 금액 및 대손금액은 과세표준에서 공제한다.

③ 재화 또는 용역의 공급과 직접 관련되지 아니하는 국고보조금과 공공보조금은 공급가액에 포함한다.

④ 완성도기준지급조건부 또는 중간지급조건부로 재화나 용역을 공급하는 경우에는 계약에 따라 받기로 한 대가의 각 부분을 공급가액으로 한다.

해설

① 공급한 재화나 용역의 시가를 공급가액으로 한다.
② 장려금이나 이와 유사한 금액 및 대손금액은 과세표준에서 공제하지 않는다.
③ 재화 또는 용역의 공급과 직접 관련되지 아니하는 국고보조금과 공공보조금은 과세표준에 포함되지 않는다.

4 다음은 과세사업자인 ㈜대한의 20×6년 제1기 과세기간의 부가가치세 신고자료이다. 20×6년 제1기 과세기간의 부가가치세 과세표준으로 옳은 것은? 단, 제시된 금액은 부가가치세가 포함되지 않은 금액이다. ◐ 2017년 국가직 9급

(1) 과세재화의 외상판매액 : ₩20,000,000(매출에누리 ₩1,000,000이 차감되지 않은 금액임)
(2) 거래처로부터 받은 판매장려금 : ₩500,000
(3) 사업을 위하여 대가를 받지 아니하고 다른 사업자에게 인도한 견본품(원가) : ₩2,000,000(시가는 ₩2,500,000)
(4) 업무용 소형승용차(매입세액을 공제받지 못함) 매각액 : ₩1,500,000 (장부가액 ₩1,000,000)
(5) 과세재화의 할부판매액 : ₩10,000,000(20×6년 1월 31일에 제품을 인도하고, 대금은 20×6년 1월 31일부터 10회로 분할하여 매월 말일에 ₩1,000,000씩 받기로 함)

① ₩26,500,000 ② ₩29,000,000
③ ₩30,500,000 ④ ₩33,000,000

해설

외상판매액 : ₩20,000,000 − ₩1,000,000 =	₩19,000,000
판매장려금 : 과세표준에 포함하지 아니함	−
대가를 받지 않은 견본품	−
소형승용차(매각액) :	1,500,000
할부판매(단기) : 재화가 인도되는 때 공급한 것으로 함	10,000,000
과세표준	₩30,500,000

5 다음은 도매업을 영위하는 일반과세자인 갑의 20×7년 제1기 과세기간 동안 해당 사업에서 발생한 수입내역이다. 20×7년 제1기 과세기간의 부가가치세 과세표준을 계산한 것으로 옳은 것은? (단, 제시된 금액은 부가가치세액이 포함되지 아니한 금액임) ⊙ 2018년 국가직 7급

(1) 매출액은 ₩50,000,000이며, 매출에누리 ₩1,000,000이 차감된 금액임
(2) 위 매출액에는 공급에 대한 대가의 지급이 지체되었음을 이유로 받은 연체이자 ₩500,000이 포함되어 있음.
(3) 위 매출액에는 공급받는 자에게 도달하기 전에 멸실한 재화의 가액 ₩2,000,000이 포함되어 있음
(4) 위 매출액 중 ₩600,000은 외상 매출한 것으로서 거래처가 파산하여 매출채권을 회수하지 못하였음

① ₩46,900,000 ② ₩47,500,000
③ ₩47,900,000 ④ ₩48,500,000

해설

매출액 :	₩50,000,000
연체이자 :	(500,000)
멸실한 재화 :	(2,000,000)
과세표준	₩47,500,000

* 거래처가 파산하여 회수하지 못한 매출채권도 과세표준에 포함하고, 대손세액공제를 적용 여부를 검토하여야 함.

6 부가가치세법령상 과세표준에 대한 설명으로 옳은 것은? (단, 제시된 금액은 부가가치세가 포함되지 않은 금액임) ⊙ 2021년 국가직 9급

① 시가 500원, 원가 450원인 재화를 공급하고 시가 480원인 재화를 대가로 받을 경우 과세표준은 480원이다.

② 특수관계인에게 시가 1,000원인 사업용 부동산 임대용역(「부가가치세법 시행령」에서 제외하는 사업용 부동산 임대용역은 아님)을 무상으로 제공한 경우 용역의 공급으로 보지 않으므로 과세표준은 없다.

③ 사업을 위하여 대가를 받지 않고 다른 사업자에게 인도한 견본품의 시가가 200원, 원가가 150원일 경우 과세표준은 150원이다.

④ 재화의 공급에 해당되는 폐업 시 남아 있는 재화(감가상각자산은 아님)의 시가가 1,000원, 원가가 800원일 경우 과세표준은 1,000원이다.

해설

1. 재화를 공급하고 금전 외의 대가를 받은 경우 공급한 재화의 시가 500원을 공급가액으로 한다.
2. 특수관계인에게 사업용 부동산 임대용역을 무상으로 제공한 경우 공급한 용역의 시가인 1,000원을 공급가액으로 한다.
3. 사업을 위하여 대가를 받지 않고 다른 사업자에게 인도한 견본품은 재화의 공급으로 보지 않는다.

7 과세사업을 영위하는 ㈜한국이 미국에 $ 20,000의 제품을 수출한 경우, 부가가치세법령상 ㈜한국의 2021년 제2기 과세기간의 부가가치세 과세표준은? ⊙ 2021년 국가직 7급

- 10월 1일 선수금으로 $10,000를 송금받아 당일에 1$당 1,000원에 환가하였다.
- 10월 15일 수출물품을 선적하였고, 당일의 기준환율은 1$당 1,100원이다.
- 10월 30일 수출대금 잔액 $10,000를 외화로 송금받아 1$당 1,200원에 환가하였다.

① 20,000,000원 ② 21,000,000원

③ 22,000,000원 ④ 24,000,000원

해설

10월 1일 선수금은 공급시기 도래 전이므로 환가 시점의 환율로 환산하는 반면, 10월 30일 잔액은 공급시기인 10월 15일 이후이므로 공급시기의 환율로 환산한다.

$10,000 × 1,000 + $10,000 × 1,100 = ₩21,000,000

8 ㈜서울은 한국에서 제조한 A제품을 미국에 USD 1,000에 수출하면서 A제품을 선적하기 전에 수출대금을 먼저 수령하여 원화로 환가(換價)하였다. 부가가치세법령상 2023년 제1기 부가가치세 신고 시 과세표준에 포함할 금액은? 2024년 국가직 9급

구 분	기준환율
A제품 제조일(2023.1.10.)	USD 1 = 1,100원
수출대금 수령 및 원화 환가일(2023.1.12.)	USD 1 = 1,150원
A제품 선적일(2023.1.16.)	USD 1 = 1,200원
A제품 미국 도착일(2023.1.18.)	USD 1 = 1,250원

① 1,100,000원 ② 1,150,000원
③ 1,200,000원 ④ 1,250,000원

해설

2023년 1월 12일 선수금을 공급시기 도래 전이므로 환가 시점의 환율로 환산한다.
USD 1,000 × 1,150 =1,150,000원

9 부가가치세법령상 건축자재 판매업을 영위하는 내국법인 ㈜K가 20×2년 제1기 부가가치세 확정신고 시 과세표준의 계산 내용으로 옳은 것은? (단, 거래금액은 부가가치세가 포함되지 않은 금액이다) 2022년 국가직 7급

① 20×2년 5월 1일 지방자치단체에 원가 35,000,000원, 시가 43,000,000원인 축제 준비용 건축자재를 38,000,000원에 공급하고 43,000,000원을 과세표준에 포함하였다.
② 20×2년 제1기 과세기간 최종 3개월 동안에 마일리지로 결제된 매출액은 15,000,000원으로 이 중 ㈜K가 적립해준 마일리지로 결제된 금액은 9,000,000원이고, 나머지는 신용카드사가 고객에게 적립해준 마일리지로 결제받고 추후 보전받는 것이기 때문에 마일리지로 결제된 매출액 중 6,000,000원만을 과세표준에 포함하였다.
③ 20×2년 5월 20일 미국의 F사(특수관계인이 아님)와 $80,000의 수출계약을 체결하고 5월 25일 선수금 $20,000을 송금 받아 23,000,000원으로 환전하였고, 6월 1일 수출품 전부를 선적하고 6월 20일 잔금 $60,000을 송금받아 원화로 환가한 수출거래에 대하여 92,600,000원을 과세표준에 포함하였다. (기준환율 : 5월 20일 1$당 1,100원, 6월 1일 1$당 1,130원, 6월 20일 1$당 1,160원)
④ 20×2년 4월 1일 특수관계인인 甲에게 회사의 창고를 임대보증금 없이 월 임대료 600,000원(시가는 1,000,000원)에 1년간 임대하고, 그 대가로 받은 과세기간 최종 3개월의 임대료 1,800,000원을 과세표준에 포함하였다. (단, 월 임대료 600,000원은 부당하게 낮은 대가로서 조세의 부담을 부당하게 감소시킬 것으로 인정된다)

해설

① 과세표준은 재화를 공급하고 수령한 대가인 38,000,000원이다(부가법 29 ①, ③).
③ 과세표준은 5월 25일 환전한 금액 23,000,000원과 6월 1일 선적 시점의 환산가액 67,800,000원($60,000 × 1,130)의 합계액 90,800,000원이다(부가법 29 ③ (1), 부가령 59).
④ 특수관계인에 대한 용역(사업용 부동산 임대용역)의 저가공급으로 과세표준은 시가로 계산한 3,000,000원이다(부가법 29 ④ (3)).

10 부가가치세법상 대손세액공제에 대한 설명으로 옳지 않은 것은? (단, 폐업은 고려하지 않기로 한다)

2017년 국가직 9급

① 재화 또는 용역의 공급자가 대손세액을 매출세액에서 차감한 경우 공급자의 관할세무서장은 대손세액공제 사실을 공급받는 자의 관할세무서장에게 통지하여야 한다.
② 대손세액공제를 받은 사업자가 그 대손금액의 전부 또는 일부를 회수한 경우에는 회수한 대손금액에 관련된 대손세액을 회수한 날이 속하는 과세기간의 매출세액에 더한다.
③ 대손세액공제를 적용받고자 하는 사업자는 대손사실을 증명하는 서류와 함께 해당 신고서를 예정신고 또는 확정신고 시 세무서장에게 제출(국세정보통신망에 의한 제출을 포함)하여야 한다.
④ 법인세법 시행령 제19조의2 제1항 및 소득세법 시행령 제55조 제2항에 따른 대손금으로 인정되는 경우 대손세액공제를 적용받을 수 있다.

해설

대손세액공제는 사업자가 과세표준확정신고서와 함께 대손세액공제신고서에 대손금액이 발생한 사실을 증명하는 서류를 첨부하여 제출한 경우에만 적용한다. 예정신고 시에는 대손세액공제를 적용하지 않는다.

11 부가가치세법상 대손세액공제에 대한 다음의 설명 중 가장 옳은 것은?

① 수표 또는 어음의 부도발생일로부터 6개월 이상 경과된 경우에는 사업자가 채무자의 재산에 대하여 저당권을 설정하고 있더라도 대손세액공제를 할 수 있다.
② 20×1년 2월 1일에 공급한 재화에 대한 외상매출금이 20×6년 9월 25일에 법에서 정한 대손사유가 확정되었다면 공급자는 대손세액공제를 할 수 없다.
③ 대손세액공제는 대손이 확정된 날이 속하는 예정신고기간 또는 과세기간의 매출세액에서 차감한다.
④ 사업자가 대손세액공제를 한 후 대손금액의 전부 또는 일부를 회수한 경우에는 회수한 대손금액에 관련된 대손세액을 회수한 날이 속하는 과세기간의 매출세액에 더한다.

해설

① 사업자가 채무자의 재산에 대하여 저당권을 설정하고 있는 경우에는 대손사유가 충족되지 않으므로 대손세액공제를 할 수 없다.
② 20×1년 2월 1일이 공급일인 경우 공급일로부터 10년이 되는 날이 속하는 과세기간의 확정신고기한까지 대손이 확정되어야 한다. 따라서 20×6년 9월 25일에 대손이 확정된 경우에는 대손세액공제를 할 수 있다.
③ 예정신고시에는 대손세액공제를 적용하지 아니하며, 확정신고시에만 적용한다.

12 부가가치세법상 매입세액공제와 관련된 다음 설명 중 잘못된 것은?

① 매입세액은 재화・용역을 공급받는 시기 또는 재화의 수입시기가 속하는 예정신고기간 또는 과세기간의 매출세액에서 공제한다.
② 예정신고기간에 공제하였어야 할 매입세액을 실수로 공제하지 못한 경우에는 확정신고시 공제할 수 있다.
③ 매입세액공제를 하기 위해서는 반드시 세금계산서를 발급받아야 하므로 세금계산서를 발급받지 않은 경우에는 매입세액공제를 할 수 없다.
④ 세금계산서 발급의무가 있는 사업자가 거래건당 공급대가가 10만원 이상인 재화・용역을 공급하고 세금계산서를 발급하지 아니한 경우에는 공급받은 자가 관할 세무서장의 확인을 받아 매입자발행세금계산서를 발행할 수 있다.

해설

세금계산서를 발급받지 않은 경우에도 의제매입세액공제 또는 신용카드매출전표 등 수취분에 대한 매입세액을 공제할 수 있다.

13 다음은 부가가치세법상 면세농산물 등의 의제매입세액공제에 관하여 설명한 것이다. 틀린 것은?

① 의제매입세액은 면세농산물 등을 공급받은 날이 속하는 예정신고기간 또는 확정신고기간의 매출세액에서 공제한다.
② 외국으로부터 수입한 면세농산물 등도 의제매입세액공제의 대상이 된다.
③ 의제매입세액공제를 한 면세농산물 등을 가공하지 않고 그대로 판매하는 때에는 그 공급가액을 부가가치세의 과세표준에 가산하여야 한다.
④ 제조업을 경영하는 사업자가 농어민으로부터 면세농산물 등을 직접 공급받는 경우에는 계산서 또는 신용카드매출전표를 수취하지 않더라도 의제매입세액을 공제할 수 있다.

해설

의제매입세액공제를 받은 면세농산물 등을 그대로 판매하는 때에는 그 공제한 금액을 납부세액에 가산하거나 환급세액에서 공제하여야 한다.

14 다음은 일반과세자의 매입세액공제와 관련된 설명이다. 잘못된 것은?

① 신규로 사업을 개시한 자가 사업자등록을 하기 전의 매입세액은 공제되지 아니한다.

② 매입처별 세금계산서합계표의 거래처별 등록번호 또는 공급가액이 착오로 사실과 다르게 적힌 경우로서 발급받은 세금계산서에 의하여 거래사실이 확인되는 경우에는 매입세액을 공제한다.

③ 사업자가 소매업을 경영하는 일반과세자로부터 재화를 공급받고 부가가치세액이 별도로 구분되는 신용카드매출전표등을 발급받은 경우에는 매입세액을 공제할 수 있다.

④ 발급받은 세금계산서의 필요적 기재사항 중 일부가 착오로 사실과 다르게 적혔으나 그 세금계산서에 적힌 나머지 필요적 기재사항 또는 임의적 기재사항으로 보아 거래사실이 확인되는 경우에는 매입세액을 공제할 수 있다.

해설

신규로 사업을 개시한 자가 사업자등록을 신청하기 전의 매입세액은 공제되지 아니한다. 다만, 공급시기가 속하는 과세기간이 끝난 후 20일 이내에 등록을 신청한 경우 등록신청일부터 공급시기가 속하는 과세기간 기산일까지 역산한 기간 내의 것은 제외한다.

15 부가가치세법령상 일반과세자의 매입세액 공제에 대한 설명으로 옳지 않은 것은?

2024년 국가직 7급

① 세금계산서의 필요적 기재사항 중 일부가 착오로 사실과 다르게 적혔으나 그 세금계산서에 적힌 나머지 필요적 기재사항 또는 임의적 기재사항으로 보아 거래사실이 확인되는 경우의 매입세액은 매출세액에서 공제한다.

② 건축물이 있는 토지를 취득하여 그 건축물을 철거하고 토지만 사용하는 경우 철거한 건축물의 취득 및 철거 비용과 관련된 매입세액은 매출세액에서 공제한다.

③ 의제매입세액으로서 공제한 면세농산물등을 그대로 양도 또는 인도하거나 부가가치세가 면제되는 재화 또는 용역을 공급하는 사업에 사용하거나 소비할 때에는 그 공제한 금액을 납부세액에 가산하거나 환급세액에서 공제하여야 한다.

④ 의제매입세액을 공제받으려는 제조업을 경영하는 사업자가 농어민으로부터 면세농산물등을 직접 공급받는 경우에는 의제매입세액 공제신고서만 제출한다.

해설

건축물이 있는 토지를 취득하여 그 건축물을 철거하고 토지만 사용하는 경우에는 철거한 건축물의 취득 및 철거 비용과 관련된 매입세액은 매출세액에서 공제하지 않는다(부가령 80).

정답	1	④	2	②	3	④	4	③	5	②	6	④	7	②	8	②	9	②	10	③
	11	④	12	③	13	③	14	①	15	②										

Chapter 5 거래징수와 세금계산서

제 1 절 | 거래징수

사업자가 재화 또는 용역을 공급하는 경우에는 공급가액에 세율을 적용하여 계산한 부가가치세를 재화 또는 용역을 공급받는 자로부터 징수하여야 한다(부가법 31).

▶ 표 5-1 부가가치세 거래징수

공급자	공급품목 또는 거래	거래징수 여부	비고
사업자	과세재화 또는 용역	○	
사업자	면세재화 또는 용역	×	징수의무 없음
사업자	영세율 대상 거래	×	매출세액 없음
비사업자	과세재화 또는 용역	×	과세거래 아님

제 2 절 | 세금계산서

1. 세금계산서

(1) 거래증명의 종류

거래당사자는 거래가 발생하는 시점에 해당 거래를 증명하는 세금계산서(수입세금계산서 포함)·영수증 및 계산서 등을 주고받는다. 거래가 이루어지는 시점에서 부가가치세가 징수된다는 점을 고려하면 이들 증명들은 부가가치세의 세원을 관리하는데 매우 중요한 자료가 된다. 부가가치세의 납세의무자인 과세사업자는 원칙적으로 세금계산서를 발급하여야 한다. 그러나 소매업 등 주로 최종소비자와 거래하는 영수증 발급대상자는 영수증을 발급할 수 있으며, 간이과세자 중 신규사업자 및 직전연도 공급대가 합계액이 4,800만원 미만인 사업자는 영수증을 발급하여야 한다.

부가가치세의 납세의무가 없는 면세사업자는 세금계산서를 발급할 수 없으며 대신에 계산서를 발급한다. 세금계산서와 계산서의 가장 큰 차이점은 세금계산서의 경우 부가가치세를 거래징수하기 위한 수단이기 때문에 공급가액과 부가가치세가 표시되어 있지만 계산서는 부가가치세가 없으므로 공급가액만 표기되어 있다.

▶ **표 5-2** 세금계산서 등의 발급의무

구 분			거래증명
과세사업자	일반과세자	일반적인 경우	세금계산서 발급
		소매업 등 영수증 발급대상자	영수증 발급
	간이과세자	일반적인 경우	세금계산서 발급
		신규사업자 및 소규모 사업자	영수증 발급
면세사업자		일반적인 경우	계산서 발급
		소매업 등 영수증 발급대상자	영수증 발급
세 관 장		수입재화가 과세재화인 경우	세금계산서 발급
		수입재화가 면세재화인 경우	계산서 발급

(2) 세금계산서의 의의

세금계산서란 과세사업자가 거래상대방으로부터 부가가치세를 징수하고, 그 징수사실을 증명하기 위하여 발급하는 계산서를 말한다. 세금계산서는 외상매출인 경우에는 청구서의 역할을, 현금매출인 경우에는 영수증의 역할을 수행하게 된다.

(3) 세금계산서의 발급

납세의무자로 등록한 사업자가 재화 또는 용역을 공급하는 경우에는 세금계산서를 공급을 받은 자에게 발급하여야 하며, 수입재화에 대해서는 세관장이 세금계산서를 수입하는 자에게 발급한다. 세관장이 발급하는 세금계산서를 수입세금계산서라 한다. 다만, 영수증 발급의무자와 세금계산서 발급의무가 면제되는 자의 경우에는 세금계산서를 발급하지 아니할 수 있다. 또한 면세사업자는 부가가치세법상 납세의무자가 아니기 때문에 세금계산서를 발급할 수 없으며, 계산서를 발급하여야 한다.

세금계산서는 부가가치세가 과세되는 재화·용역의 공급이라는 거래가 발생할 때 부가가치세를 징수하는 수단이 되기 때문에 재화·용역을 공급할 때는 원칙적으로 세금계산서를 발급하여야 한다. 만약, 세금계산서를 발급하여야 할 자가 세금계산서를 발급하지 않는다면 세금계산서불성실가산세가 부과된다. 영세율 적용대상 거래도 부가가치세를 거래징수하지 않지만 국내거래에 대해서는 원칙적으로 세금계산서를 발급해야 한다.

(4) 전자세금계산서

법인사업자와 전자세금계산서 의무발급 개인사업자[직전 연도의 사업장별 재화 및 용역의 공급가액(면세공급가액 포함)의 합계액이 8,000만원 이상인 개인사업자를 말함]는 전자적 방법으로 세금계산서(이하 "전자세금계산서"라 함)를 발급해야 한다. 관할세무서장은 개인사업자가 전자세금계산서 의무발급 개인사업자에 해당하는 경우에는 전자세금계산서를 발급하여야 하는 기간이 시작되기 1개월 전까지 그 사실을 해당 개인사업자에게 통지하여야 한다. 사업자가 전자세금계산서를 발급하였을 때에는 전자세금계산서 발급일의 다음 날까지 세금계산서 발급명세를 국세청장에게 전송하여야 한다. 발급일의 다음 날까지 세금계산서 발급명세를 전송하지 못하였으나 그 과세기간(예정신고의 경우에는 예정신고기간) 마지막 날의 다음 달 11일까지 전송하면 지연전송으로, 과세기간 마지막 날의 다음 달 11일까지 전송하지 못한 경우에는 미전송으로 가산세가 부과된다(부가법 32 ②, ③, 부가령 68).

한편 전자세금계산서를 발급하여야 하는 사업자가 아닌 사업자도 전자세금계산서를 발급하고 전자세금계산서 발급명세를 전송할 수 있다(부가법 32 ⑤).

(5) 세금계산서의 기재사항

세금계산서의 기재사항은 필요적 기재사항과 임의적 기재사항으로 나눌 수 있다. 필요적 기재사항과 임의적 기재사항은 다음과 같다(부가법 32 ①, 부가령 67 ②). 필요적 기재사항은 그 전부 또는 일부가 기재되지 아니하거나 사실과 다른 때에는 정당한 세금계산서로 보지 아니하고, 이러한 세금계산서를 발급한 사업자에 대해서는 가산세를 적용하며, 발급받은 사업자에 대해서는 해당 매입세액이 불공제되는 불이익이 있다. 따라서 세금계산서의 필요적 기재사항에 대해서는 발급받는 자도 그 정당성 여부를 확인할 필요가 있다. 한편 임의적 기재사항은 기재를 생략하거나 오류로 기재하더라도 가산세나 매입세액불공제의 불이익이 적용되지 아니한다.

필요적 기재사항	임의적 기재사항
① 공급하는 사업자의 등록번호와 성명 또는 명칭 ② 공급받는 자의 등록번호 ③ 공급가액과 부가가치세액 ④ 작성연월일(공급시기)	① 공급하는 자의 주소 ② 공급받는 자의 상호·성명·주소 ③ 공급하는 자와 공급받는 자의 업태와 종목 ④ 공급품목, 단가와 수량, 공급연월일 ⑤ 거래의 종류 ⑥ 사업자단위과세사업자의 경우 실제로 재화·용역을 공급하는 종된 사업장소재지 및 상호

▶ **그림 5-1** 세금계산서 양식

세금계산서(공급자보관용)	책 번 호	권	호
	일련번호	-	

공급자				공급받는자			
등 록 번 호	- -			등 록 번 호			
상호(법인명)		성 명 (대표자)		상호(법인명)		성 명 (대표자)	
사업장 주소				사업장 주소			
업 태		종 목		업 태		종 목	

작성				공 급 가 액													세 액												비 고
연	월	일	공란수	조	천	백	십	억	천	백	십	만	천	백	십	일	천	백	십	억	천	백	십	만	천	백	십	일	

월	일	품 목	규 격	수 량	단 가	공 급 가 액	세 액	비 고

합 계 금 액	현 금	수 표	어 음	외상 미수금	이 금액을 영수/청구 함

(6) 세금계산서의 발급시기

세금계산서는 재화 또는 용역의 공급시기에 발급하는 것을 원칙으로 한다. 다만, 사업자의 편의를 위하여 다음의 경우에는 재화 또는 용역의 공급일이 속하는 달의 다음 달 10일(다음 달 10일이 공휴일 또는 토요일인 때에는 바로 다음 영업일)까지 세금계산서를 발급할 수 있다(부가법 34 ①, ③). 이는 사업자가 재화나 용역을 계속적으로 공급하는 고정거래처에 대하여 거래처별로 매월 공급가격을 합계하여 발급하거나, 해당 월 이내에서 사업자가 임의로 정한 기간의 공급가액을 합계하여 발급할 수 있는 편의를 제공하는 조치이다.

① 거래처별로 달의 1일부터 말일까지의 공급가액을 합하여 해당 달의 말일을 작성 연월일로 하여 세금계산서를 발급하는 경우

② 거래처별로 달의 1일부터 말일까지의 기간 이내에서 사업자가 임의로 정한 기간의 공급가액을 합하여 그 기간의 종료일을 작성 연월일로 하여 세금계산서를 발급하는 경우

③ 관계 증명서류 등에 따라 실제거래사실이 확인되는 경우로서 해당 거래일을 작성 연월일로 하여 세금계산서를 발급하는 경우

⑺ 수정세금계산서 또는 수정전자세금계산서

세금계산서 또는 전자세금계산서의 기재사항을 착오로 잘못 적거나 세금계산서 또는 전자세금계산서를 발급한 후 그 기재사항에 관하여 수정세금계산서 발급사유가 발생하면 수정세금계산서 또는 수정전자세금계산서를 발급할 수 있다(부가법 32 ⑦).

일반과세자에서 간이과세자로 과세유형이 전환된 후 과세유형전환 전에 공급한 재화 또는 용역에 수정세금계산서 발급사유가 발생한 경우에는 처음에 발급한 세금계산서 작성일을 수정세금계산서 또는 수정전자세금계산서의 작성일로 적고, 비고란에 사유 발생일을 덧붙여 적은 후 추가되는 금액은 검은색 글씨로 쓰고 차감되는 금액은 붉은색 글씨로 쓰거나 음(陰)의 표시를 하여 수정세금계산서나 수정전자세금계산서를 발급할 수 있다(부가령 70 ②).

한편 간이과세자에서 일반과세자로 과세유형이 전환된 후 과세유형전환 전에 공급한 재화 또는 용역에 수정세금계산서 발급사유가 발생하여 수정세금계산서나 수정전자세금계산서를 발급하는 경우에는 처음에 발급한 세금계산서 작성일을 수정세금계산서 또는 수정전자세금계산서의 작성일로 적고, 비고란에 사유 발생일을 덧붙여 적은 후 추가되는 금액은 검은색 글씨로 쓰고 차감되는 금액은 붉은색 글씨로 쓰거나 음(陰)의 표시를 해야 한다(부가령 70 ③).

⑻ 세금계산서합계표의 제출

1) 사업자

사업자가 세금계산서를 발급하였거나 발급받은 때에는 「매출처별세금계산서합계표」와 「매입처별세금계산서합계표」를 해당 예정신고 또는 확정신고를 할 때 함께 제출하여야 한다. 다만, 전자세금계산서를 발급하거나 발급받고 전자세금계산서 발급명세를 해당 재화 또는 용역의 공급시기가 속하는 과세기간(예정신고의 경우에는 예정신고기간) 마지막 날의 다음 달 11일까지 국세청장에게 전송한 경우에는 해당 예정신고 또는 확정신고시 매출·매입처별 세금계산서합계표를 제출하지 아니할 수 있다(부가법 54 ①, ②).

한편, 예정신고의무가 면제된 개인사업자는 해당 과세기간의 확정신고와 함께 제출하여야 하며, 예정신고를 하여야 할 자가 각 예정신고와 함께 매출·매입처별세금계산서합계표를 제출하지 못하는 경우에는 해당 예정신고기간이 속하는 과세기간의 확정신고를 할 때 함께 제출할 수 있다(부가법 54 ③).

2) 수입세금계산서를 발급한 세관장

수입세금계산서를 발급한 세관장은 매출처별세금계산서합계표를 세관 소재지 관할 세무서장에게 제출하여야 한다(부가법 54 ④).

3) 부가가치세 납세의무가 없는 자의 합계표 제출의무

세금계산서를 발급받은 국가 · 지방자치단체 · 지방자치단체조합, 소득세 또는 법인세의 납세의무가 있는 면세사업자, 민법 또는 특별법에 의하여 설립된 법인, 각급학교 기성회 · 후원회 또는 이와 유사한 단체, 외국법인연락사무소는 부가가치세의 납세의무가 없는 경우에도 매입처별세금계산서합계표를 해당 과세기간이 끝난 후 25일 이내에 납세지 관할세무서장에게 제출하여야 한다(부가법 54 ⑤, 부가령 99).

4) 전산 테이프 또는 디스켓에 의한 제출

사업자가 국세청장이 정하는 바에 따라 매출 · 매입처별세금계산서합계표의 기재사항을 모두 적은 것으로서 전자계산조직을 이용하여 처리된 테이프 또는 디스켓을 제출하는 경우에는 매출 · 매입처별세금계산서합계표를 제출한 것으로 본다(부가령 97).

(9) 위탁판매 등에 대한 세금계산서 발급

1) 위탁판매 또는 대리인에 의한 판매

위탁판매 또는 대리인에 의한 판매의 경우 수탁자 또는 대리인이 재화를 인도할 때에는 수탁자 또는 대리인이 위탁자 또는 본인의 명의로 세금계산서를 발급하며, 위탁자 또는 본인이 직접 재화를 인도하는 때에는 위탁자 또는 본인이 세금계산서를 발급할 수 있다. 이 경우 수탁자 또는 대리인의 등록번호를 덧붙여 적어야 한다(부가령 69 ①).

2) 위탁매입 또는 대리인에 의한 매입

위탁매입 또는 대리인에 의한 매입의 경우에는 공급자가 위탁자 또는 본인을 공급받는 자로 하여 세금계산서를 발급한다. 이 경우 수탁자 또는 대리인의 등록번호를 덧붙여 적어야 한다(부가령 69 ②).

2. 영수증

(1) 영수증의 의의

영수증은 세금계산서의 필요적 기재사항 중 '공급받는 자의 등록번호'를 기재하지 않을 뿐만 아니라 원칙적으로 공급가액과 부가가치세액을 별도로 구분하지 않고 '공급대가'를 표시한 것을 말한다.

영수증은 주로 최종소비자와 거래하는 영세사업자와 간이과세자 중 신규사업자 또는 소규모사업자가 발급22)하며, 세금계산서와는 달리 합계표를 제출할 필요는 없고, 해당 영수증을 발급받은 자는 이를 근거로 매입세액을 공제받을 수 없다. 그 이유는 세금계산서는 거래사실이 사업자등록번호별로 집계되어 세무서에 보고되고 상호 대조되는데 반하여 영수증은 거래사실의 상호대조가 어렵기 때문이다. 또한 영수증 발급대상자는 이를 발급하지 않더라도 가산세를 부담하지 아니한다.

▶ 표 5-3 세금계산서와 영수증 비교

구 분	세금계산서	영수증
필요적 기재사항	공급받는 자의 사업자등록번호, 공급가액과 부가가치세액을 기재	공급받는 자의 사업자등록번호를 기재하지 않고, 원칙적으로 공급가액과 부가가치세액을 구분하지 않고 공급대가를 기재
합계표 제출	제출의무 있음	제출의무 없음
매입세액공제	공제받을 수 있음	공제받을 수 없음
미발급시 가산세	세금계산서불성실가산세(2%) 부과	가산세가 부과되지 않음

⑵ 공급가액과 세액의 구분기재

영수증에는 원칙적으로 공급가액과 세액을 별도로 구분기재하지 아니하고 공급대가만을 기재한다. 다만, 일반과세자 중 영수증 발급대상자가 신용카드기 또는 직불카드기 등 기계적 장치(금전등록기를 제외한다)에 의하여 영수증을 발급할 때에는 영수증에 공급가액과 세액을 별도로 구분하여 적어야 한다(부가령 73 ⑧).

⑶ 영수증 발급대상자

1) 일반과세자 중 영수증 발급대상자

일반과세자 중 주로 사업자가 아닌 자에게 재화 또는 용역을 공급하는 사업자로서 다음의 사업을 하는 자는 영수증을 발급하여야 한다(부가법 36 ①, 부가령 73).

22) 영수증은 다음의 어느 하나에 해당하는 방법으로 발급할 수 있다(부가령 73 ⑨).
① 신용카드단말기 또는 현금영수증발급장치 등을 통해 신용카드매출전표등을 출력하여 공급받는 자에게 발급하는 방법
② 공급대가 등 영수증 기재사항이 기재된 결제내역을 전자문서의 형태로 공급받는 자에게 송신하는 방법(공급받는 자가 동의한 경우에 한정함). 이 경우 전자적 방법으로 생성·저장된 결제내역을 국세기본법에 따른 정보통신망 등을 통하여 확인할 수 있는 경우에는 공급받는 자에게 송신한 것으로 본다.

① 소매업, 음식점업(다과점업을 포함), 숙박업
② 미용, 욕탕 및 유사 서비스업
③ 여객운송업
④ 입장권을 발행하여 경영하는 사업
⑤ 부가가치세가 과세되는 성형수술 등 진료용역
⑥ 부가가치세가 과세되는 수의사가 제공하는 동물의 진료용역
⑦ 부가가치세가 과세되는 무도학원과 자동차운전학원
⑧ 간편사업자등록을 한 사업자가 국내에 전자적 용역을 공급하는 사업
⑨ 간이과세가 배제되는 전문직서비스업 및 행정사업(사업자에게 공급하는 것은 제외)
⑩ 우정사업조직이 소포우편물을 방문접수하여 배달하는 용역을 공급하는 사업
⑪ 공인인증기관이 공인인증서를 발급하는 용역
⑫ 주로 사업자가 아닌 소비자에게 재화 또는 용역을 공급하는 사업으로서 기획재정부령으로 정하는 사업(예 떡방앗간, 양복점업 · 양장점 및 양화점업 등)

2) 간이과세자 중 영수증 발급대상자

간이과세자 중 다음의 어느 하나에 해당하는 자는 그 공급을 받은 자에게 세금계산서를 발급하는 대신 영수증을 발급하여야 한다(부가법 36 ①).

① 직전 연도의 공급대가의 합계액(직전 과세기간에 신규로 사업을 시작한 개인사업자의 경우 환산한 금액)이 4,800만원 미만인 자
② 신규로 사업을 시작하는 개인사업자로서 간이과세자로 하는 최초의 과세기간 중에 있는 자

(4) 영수증 발급을 선택할 수 있는 사업자

전기사업자가 산업용이 아닌 전력을 공급하는 경우 등 법령으로 정하는 경우 해당 사업자는 영수증을 발급할 수 있다. 이 경우 해당 사업자가 영수증을 발급하지 아니하면 세금계산서를 발급하여야 한다(부가법 36 ②).

(5) 영수증 발급대상자의 세금계산서 발급

일반과세자 중 영수증 발급대상자는 공급받는 자가 사업자등록증을 제시하고 세금계산서의 발급을 요구하는 경우에는 세금계산서를 발급하여야 한다. 다만, 위 '(3)'의 '②'에서 '⑦'까지의 사업(여객운송업 중 전세버스 운송사업은 제외)을 하는 사업자(세금계산서 발급금지 업종 사업자)는 세금계산서를 발급할 수 없다.[23)]

23) 단, '(3)'의 '②'에서 '⑦'까지의 사업을 하는 사업자가 감가상각자산을 공급하거나 사업의 역무 외의

(6) 영수증 발급대상자의 계산서 발급

영수증 발급대상자는 금전등록기를 설치하여 영수증을 대신하여 공급대가를 적은 계산서를 발급할 수 있다(부가법 36 ④). 이 경우 사업자가 계산서를 발급하고 해당 감사테이프를 보관한 경우에는 영수증을 발급하고 장부의 작성을 이행한 것으로 보며, 현금수입을 기준으로 부가가치세를 부과할 수 있다.

(7) 간이과세자의 영수증 발급 적용기간

① 직전 연도의 공급대가에 따라 영수증 발급에 관한 규정이 적용되거나 적용되지 아니하게 되는 기간은 해의 1월 1일부터 12월 31일까지의 공급대가의 합계액(신규로 사업을 시작한 개인사업자의 경우 환산한 금액)이 4,800만원에 미달하거나 그 이상이 되는 해의 다음 해의 7월 1일부터 그 다음 해의 6월 30일까지로 한다.

② 간이과세자 중 신규사업자의 영수증 발급에 관한 규정이 적용되는 기간은 사업 개시일부터 사업을 시작한 해의 다음 해의 6월 30일까지로 한다.

③ 간이과세자의 영수증 발급 적용기간에 재화 또는 용역을 공급하는 경우에는 공급받는 자가 사업자등록증을 제시하고 세금계산서의 발급을 요구하더라도 세금계산서를 발급할 수 없다.

3. 세금계산서(영수증)의 발급의무 면제

영업의 성격상 세금계산서 또는 영수증을 발급하는 것이 부자연스럽거나 비거주자 또는 외국법인을 상대로 하는 거래 및 간주공급 등에 대하여는 세금계산서(영수증) 발급의무가 면제된다.

(1) 발급요구가 없는 경우에 한하여 면제되는 경우

① 소매업의 경우에는 공급받는 자가 세금계산서의 발급을 요구하지 아니하는 경우에 한하여 세금계산서 발급의무가 면제된다.

② 공인인증기관이 공인인증서를 발급하는 용역의 경우에는 공급받는 자가 사업자로서 세금계산서의 발급을 요구하지 아니하는 경우에 한하여 세금계산서 발급의무를 면제한다.

역무를 공급하는 경우로서 그 재화 또는 용역을 공급받는 사업자가 세금계산서의 발급을 요구하는 경우에는 세금계산서를 발급해야 한다.

⑵ 기타의 면제대상

① 택시운송사업자 · 노점 또는 행상을 하는 자가 공급하는 재화 또는 용역
② 무인자동판매기를 이용하여 재화 · 용역을 공급하는 자가 공급하는 재화 또는 용역
③ 미용, 욕탕 및 유사서비스업 영위하는 자가 공급하는 재화 또는 용역
④ 간주공급(자가공급 · 개인적 공급 · 사업상 증여 및 폐업시 잔존재화의 공급). 다만, 판매목적의 타사업장 반출의 경우는 제외한다.
⑤ 영세율이 적용되는 재화 또는 용역 중 법령에서 정하는 것
⑥ 부동산임대용역 중 간주임대료에 해당하는 부분
⑦ 간편사업자등록을 한 사업자가 국내에 공급하는 전자적용역
⑧ 그 밖에 국내사업장이 없는 비거주자 또는 외국법인에 공급하는 재화 또는 용역

⑶ 신용카드매출전표 등의 발급시 세금계산서 발급의무면제의 특례

세금계산서 발급금지 업종 사업자 외의 사업자가 신용카드매출전표 · 직불카드영수증 · 결제대행업체를 통한 신용카드매출전표 · 기명식 선불카드 및 현금영수증 등을 발급한 경우에는 세금계산서를 발급하지 아니한다(부가법 33 ②).

객 관 식 문 제

▶ 제5장 거래징수와 세금계산서

1 세금계산서 등의 발급의무와 관련된 다음 설명 중 가장 옳지 않는 것은?

① 제조업을 경영하는 일반과세자는 재화・용역을 공급하는 경우에 세금계산서를 발급하여야 한다.

② 법인사업자는 재화・용역을 공급하는 경우에 전자세금계산서를 발급하여야 한다.

③ 소매업을 경영하는 일반과세자는 재화・용역을 공급하는 경우에 세금계산서를 발급할 수 없으므로 영수증을 발급하여야 한다.

④ 면세사업자는 재화・용역을 공급하는 경우에 계산서 또는 영수증을 발급하여야 한다.

해설

소매업(영수증 발급대상 업종)을 경영하는 일반과세자도 공급받는 자가 사업자등록증을 제시하고 세금계산서의 발급을 요구하는 경우에는 세금계산서를 발급하여야 한다.

2 세금계산서에 관한 다음 설명 중 잘못된 것은?

① 위탁판매 또는 대리인에 의한 판매의 경우 수탁자 또는 대리인이 재화를 인도할 때에는 수탁자 또는 대리인이 위탁자 또는 본인의 명의로 세금계산서를 발급한다.

② 일반과세자 중 영수증 발급대상자는 금전등록기를 설치하여 영수증을 대신하여 공급대가를 적은 계산서를 발급할 수 있다.

③ 재화의 간주공급(판매목적의 직매장반출은 제외)에 대해서는 세금계산서를 발급할 수 없다.

④ 소매업을 경영하는 사업자가 신용카드매출전표를 발급한 경우에도 공급받는 자가 세금계산서의 발급을 요구하는 경우에는 세금계산서를 발급하여야 한다.

해설

소매업 등 영수증 발급대상 업종을 경영하는 사업자가 신용카드매출전표를 발급한 경우에는 세금계산서를 발급하지 아니한다.

3 전자세금계산서와 관련된 다음 설명 중 옳지 않은 것은?

① 직전 연도의 사업장별 재화 및 용역의 공급가액의 합계액이 8,000만원 이상인 개인사업자는 전자세금계산서를 발급하여야 한다.

② 전자세금계산서를 발급하였을 때에는 공급시기가 속하는 과세기간 마지막 날의 다음 달 11일까지 전자세금계산서 발급명세를 국세청장에게 전송하여야 한다.

③ 착오로 전자세금계산서를 이중으로 발급한 경우에는 처음에 발급한 세금계산서의 내용대로 음(陰)의 표시를 하여 수정전자세금계산서를 발급할 수 있다.

④ 전자세금계산서를 발급하거나 발급받고 전자세금계산서 발급명세를 법정기한까지 국세청장에게 전송한 경우에는 예정신고 또는 확정신고시 매출·매입처별 세금계산서합계표를 제출하지 아니할 수 있다.

해설

전자세금계산서를 발급하였을 때에는 전자세금계산서 발급일의 다음 날까지 전자세금계산서 발급명세를 국세청장에게 전송하여야 한다.

4 부가가치세법상 세금계산서 발급과 관련된 다음의 설명 중 가장 옳은 것은?

① 공급하는 사업자의 등록번호와 성명 또는 명칭, 공급받는 사업자의 등록번호와 성명 또는 명칭은 필요적 기재사항이므로 이 중 어느 하나가 기재되지 않은 세금계산서를 발급한 사업자에 대해서는 가산세가 부과된다.

② 면세사업자는 부가가치세법상 사업자가 아니므로 세금계산서를 발급받은 경우에도 매입처별세금계산서합계표를 제출할 의무가 없다.

③ 거래처별로 달의 1일부터 말일까지의 공급가액을 합하여 해당 달의 말일을 작성 연월일로 하여 재화·용역의 공급일이 속하는 달의 말일까지 세금계산서를 발급할 수 있다.

④ 간주임대료에 대한 부가가치세는 이를 임대인과 임차인 중 누가 부담하는지를 불문하고 세금계산서를 발급하거나 발급받을 수 없다.

해설

① 공급받는 사업자의 성명 또는 명칭은 필요적 기재사항이 아니다.
② 소득세 또는 법인세의 납세의무가 있는 면세사업자는 세금계산서를 발급받은 경우 매입처별세금계산서합계표를 제출하여야 한다.
③ 재화·용역의 공급일이 속하는 달의 다음달 10일까지 세금계산서를 발급할 수 있다.

정답	1	③	2	④	3	②	4	④

경영사업자의 세액계산 특례

제1절 | 과세표준의 안분계산

1. 과세사업과 면세사업 공통사용재화의 공급

과세사업과 면세사업(부가가치세가 과세되지 아니하는 재화 또는 용역을 공급하는 사업을 포함하며, 이하 '면세사업'이라 한다)을 함께 경영하는 사업자를 겸영사업자라 한다. 겸영사업자가 과세사업에 사용하던 재화를 공급한 경우에는 부가가가치세 과세되며, 면세사업에 사용하던 재화를 공급한 경우에는 부가가치세가 면세된다.

한편 과세사업과 면세사업에 공통으로 사용하던 재화를 공급하는 경우에는 과세사업에 사용하던 부분만 과세되고, 면세사업에 사용하던 부분은 면세된다. 따라서 겸영사업자가 과세와 면세에 공통적으로 사용하던 재화를 공급할 때 과세표준은 전체 공급가액에서 과세사업에 사용하던 부분의 비율만큼 과세된다(부가법 29 ⑧). 예를 들어 쌀판매(면세)와 라면판매(과세)에 공통으로 사용하던 배달차량을 공급하는 경우에는 라면판매(과세)에 사용된 비율만큼만 과세된다.

과세사업에 사용된 비율은 직전과세기간의 과세공급가액 비율(=라면매출액/총매출액)로 계산하는 것이 원칙이다.

(1) 직전과세기간의 과세공급가액 비율에 의한 방식(부가령 63 ①)

$$\text{과세표준} = \text{해당 재화의 공급가액} \times \frac{\text{과세공급가액(직전과세기간)}^{*}}{\text{총공급가액 (직전과세기간)}}$$

* 휴업 등으로 인해 직전과세기간의 공급가액이 없을 때에는 그 재화를 공급한 날에 가장 가까운 과세기간의 공급가액에 의해 안분계산한다.

예제 6-1 | 공통사용재화의 공급시 과세표준계산-일반적인 경우

㈜금강여객은 20×6. 9. 20에 시내버스와 고속버스사업의 정비에 공통으로 사용하던 정비기계를 ₩70,000,000에 공급하였다. 해당 정비기계의 공급에 의한 부가가치세의 과세표준을 계산하시오.

1. 과세기간별 공급가액

	시내버스 공급가액	고속버스 공급가액
20×6년 제2기 과세기간	₩500,000,000	₩1,000,000,000
20×6년 제1기 과세기간	−	−
20×5년 제2기 과세기간	₩600,000,000	₩900,000,000

2. 20×6년 제1기 과세기간에는 노동조합의 파업에 의해 일체의 공급가액이 발생하지 않았다.

해답

$$₩70,000,000 \times \frac{900,000,000^{*}}{600,000,000+900,000,000}$$

* 휴업 등으로 인하여 직전과세기간(20×6년 1기)의 공급가액이 없는 경우에는 그 재화를 공급한 날에 가장 가까운 과세기간의 공급가액에 의하여 계산한다.

(2) 공통매입세액을 사용면적비율로 안분계산한 경우(부가령 63 ②)

공통사용재화의 과세사용비율은 직전과세기간의 과세공급가액비율을 사용하여 계산하는 것이 원칙이나, 공급하는 공통사용재화를 과거에 구입할 때 공통매입세액 중 공제가능 매입세액의 비율(과세에 사용할 부분의 비율)을 공급가액비율이 아니라 사용면적비율을 이용하여 안분계산하였다면 과세표준도 공급가액비율이 아니라 사용면적비율을 이용하여 계산하여야 한다.

$$\text{과세표준} = \text{해당 재화의 공급가액} \times \frac{\text{과세사용면적(직전과세기간)}^{*}}{\text{총사용면적(직전과세기간)}}$$

* 휴업 등으로 인하여 직전과세기간의 사용면적비율이 없을 때에는 그 재화를 공급한 날에 가장 가까운 과세기간의 사용면적비율에 의하여 안분계산한다.

예제 6-2 | 공통사용재화의 공급시 과세표준계산-사용면적비율기준

20×4. 3. 20 거주자인 갑은 과세사업과 면세사업에 공통으로 사용하기 위하여 ₩450,000,000(부가가치세 제외 금액임)에 건물을 취득하였으며, 20×5. 12. 5 이를 ₩600,000,000(부가가치세 제외 금액임)에 공급하였다. 20×5년 제2기 확정신고시 해당 건물의 공급으로 인한 과세표준을 계산하시오.

1. 건물의 사용내역

	과세사업	면세사업
20×5년 제2기 과세기간	1,000㎡	600㎡
20×5년 제1기 과세기간	-	-
20×4년 제2기 과세기간	1,100㎡	500㎡

2. 공급가액 내역

	과세사업	면세사업
20×5년 제2기 과세기간	₩200,000,000	₩1,000,000,000
20×5년 제1기 과세기간	-	-
20×4년 제2기 과세기간	210,000,000	90,000,000

3. 거주자 갑은 20×4년 제1기 과세기간에 대한 과세표준 확정신고시 사용면적비율에 의하여 건물에 대한 공통매입세액을 안분계산하였다.

해답

$$₩600,000,000 \times \frac{1,100}{1,100+500} = ₩412,500,000$$

1. 사용면적비율기준에 의하여 공통매입세액을 안분계산한 공통사용재화를 공급할 때에는 직전 과세기간의 사용면적비율기준에 의하여 과세표준을 안분계산한다.
2. 휴업 등으로 인하여 직전과세기간의 사용면적비율이 없는 경우에는 그 재화를 공급한 날에 가장 가까운 과세기간의 사용면적비율에 의하여 계산한다.

(3) 안분계산의 생략

다음의 경우 과세표준을 안분계산하지 않고 해당 재화의 공급가액 전부를 과세표준으로 한다(부가령 63 ③).

① 직전과세기간의 총공급가액 중 면세공급가액 비율이 5% 미만인 경우(해당 재화의 공급가액이 5천만원 이상인 경우는 제외)

② 재화의 공급가액이 50만원 미만인 경우

③ 신규로 사업을 시작하여 직전과세기간이 없는 경우

2. 과세사업에 사용하던 감가상각자산의 면세사업 일부 전용

과세사업에 사용하던 감가상각자산을 면세사업에 일부 전용한 경우 면세사업에 전용한 비율만큼 간주공급으로 과세된다. 이 경우 과세표준은 다음과 같이 계산한다(부가령 66 ③). 다만, 해당 면세사업에 의한 면세공급가액이 총공급가액의 5% 미만인 경우에는 과세표준이 없는 것으로 본다.

$$과세표준 = 간주시가^{*} \times \frac{전용일이\ 속하는\ 과세기간의\ 면세공급가액}{전용일이\ 속하는\ 과세기간의\ 총공급가액}$$

* 취득가액 × (1 − 가치감소율 × 경과된 과세기간의 수)

예제 6-3 | 면세사업에의 일부 전용

운송사업을 경영하는 ㈜금강은 고속버스사업(과세사업)의 정비에 사용하기 위하여 20×1. 6. 30 정비기계를 취득하였다. 그러던 중 20×2. 6. 7 시내버스의 정비에 사용하던 정비기계의 갑작스런 고장으로 고속버스정비에 사용하던 정비기계를 시내버스(면세사업)정비에 일부 사용하였다. 다음 자료를 이용하여 고속버스 정비기계의 공통사용으로 인한 과세표준을 계산하시오.

1. 고속버스 정비기계의 취득가액 : ₩90,000,000
2. 공급가액 내역

과세기간	시내버스	고속버스
20×1. 7. 1 ~ 20×1. 12. 31	₩500,000,000	₩1,000,000,000
20×2. 1. 1 ~ 20×2. 6. 30	600,000,000	1,200,000,000

해답

1. 면세공급가액 비율 = $\frac{₩600,000,000}{₩1,800,000,000} > 5\%$
2. 과세표준 = ₩90,000,000 × (1 − 25% × 2*) × $\frac{600,000,000}{1,800,000,000}$ = ₩15,000,000

* 경과과세기간의 수는 20×1년 제1기, 제2기이다.

제 2 절 | 공통매입세액의 안분계산 등

1. 면세재화의 과세전용

(1) 완전과세전용

면세사업과 관련하여 취득함에 따라 매입세액이 공제되지 아니한 감가상각자산을 과세사업에 사용하거나 소비하는 때에는 다음의 금액을 그 과세사업에 사용하거나 소비하는 날이 속하는 과세기간의 매입세액으로 공제할 수 있다(부가령 85 ①).

구 분	공 제 세 액
① 건물 또는 구축물	면세사업과 관련하여 공제되지 아니한 매입세액 ×(1 − 5%×경과된 과세기간의 수)
② 기타의 감가상각자산	면세사업과 관련하여 공제되지 아니한 매입세액 ×(1 − 25%×경과된 과세기간의 수)

(2) 일부과세전용

면세사업과 관련하여 취득함에 따라 매입세액이 공제되지 아니한 감가상각자산을 과세사업과 면세사업에 공통으로 사용하거나 소비하는 때에는 다음의 금액을 그 과세사업에 사용하거나 소비하는 날이 속하는 과세기간의 매입세액으로 공제할 수 있다. 다만, 그 과세사업에 의한 과세공급가액이 총공급가액 중 5% 미만인 경우에는 공제세액이 없는 것으로 본다(부가령 85 ②).

구 분	공 제 세 액
① 건물 또는 구축물	(면세사업과 관련하여 공제되지 아니한 매입세액) × (1 − 5% × 경과된 과세기간의 수) × (전용일이 속하는 과세기간의 과세공급가액 / 전용일이 속하는 과세기간의 총공급가액)
② 기타의 감가상각자산	(면세사업과 관련하여 공제되지 아니한 매입세액) × (1 − 25% × 경과된 과세기간의 수) × (전용일이 속하는 과세기간의 과세공급가액 / 전용일이 속하는 과세기간의 총공급가액)

예제 6-4 | 과세사업에의 일부 전용

운송사업을 경영하는 ㈜금강은 시내버스사업(면세사업)의 정비에 사용하기 위하여 20×4. 6. 30 정비기계를 취득하였다. 그러던 중 20×5. 6. 7 고속버스의 정비에 사용하던 정비기계의 갑작스런 고장으로 시내버스정비에 사용하던 정비기계를 고속버스(과세사업)정비에 일부 사용하였다. 다음 자료를 이용하여 고속버스 정비기계의 공통사용으로 인한 과세표준을 계산하시오.

1. 시내버스 정비기계의 매입세액불공제액 : ₩10,000,000
2. 공급가액 내역(부가가치세 제외금액임)

과세기간	시내버스	고속버스
20×4. 7. 1 ~ 20×4. 12. 31	₩500,000,000	₩1,500,000,000
20×5. 1. 1 ~ 20×5. 6. 30	600,000,000	1,400,000,000

해답

1. 과세공급가액 비율 = $\frac{₩1,400,000,000}{₩2,000,000,000} > 5\%$
2. 매입세액 = $₩10,000,000 \times (1 - 25\% \times 2^{*}) \times \frac{₩1,400,000,000}{₩2,000,000,000} = ₩3,500,000$

* 경과과세기간의 수는 20×4년 제1기, 제2기이다.

(3) 일부과세전용시 공급가액이 없는 경우

1) 안분계산

일부과세전용시 해당 과세기간 중 과세사업과 면세사업의 공급가액이 없거나 그 어느 한 사업의 공급가액이 없는 경우에 그 과세기간에 있어서의 안분계산은 다음의 순서에 따른다(부가령 85 ③).

구 분	공 제 세 액
① 일반적인 경우	㉠ 매입가액비율 : 총매입가액에 대한 과세사업에 관련된 매입가액의 비율 ㉡ 예정공급가액비율 : 총예정공급가액에 대한 과세사업에 관련된 예정공급가액의 비율 ㉢ 예정사용면적비율 : 총예정사용면적에 대한 과세사업에 관련된 예정사용면적의 비율
② 건물취득의 경우	㉠ 예정사용면적비율 ㉡ 매입가액비율 ㉢ 예정공급가액비율

2) 정 산

위 '1)'에 따라 안분하여 계산한 매입세액을 공제한 경우에는 면세사업용 감가상각자산의 과세사업용 사용 또는 소비로 과세사업과 면세사업의 공급가액 또는 과세사업과 면세사업의 사용면적이 확정되는 과세기간에 대한 납부세액을 확정신고하는 때에 다음의 기준에 따라 정산한다(부가령 85 ④).

구 분	공 제 세 액
① 매입가액비율 또는 예정공급가액비율에 의하여 안분계산한 경우	과세사업과 면세사업의 공급가액이 확정되는 과세기간의 실제공급가액비율로 정산
② 예정사용면적비율로 안분계산한 경우	과세사업과 면세사업의 사용면적이 확정되는 과세기간의 실제사용면적비율로 정산

2. 공통매입세액의 안분계산

(1) 일반적인 경우

과세사업과 면세사업을 겸영하는 경우 과세사업에 관련된 매입세액만 매출세액에서 공제할 수 있으며, 면세사업과 관련된 매입세액은 공제하지 못한다. 따라서 과세사업과 면세사업을 겸영하는 경우 엄격한 구분경리를 통하여 과세사업분과 면세사업분의 매입세액을 구분하여야 한다. 그러나 과세사업과 면세사업에 공통으로 사용되어 실지귀속을 구분할 수 없는 매입세액(공통매입세액)이 있는 경우 면세사업관련 매입세액은 인원수 등에 따르는 등 기획재정부령으로 정하는 경우를 제외하고는 해당 과세기간의 총공급가액 중 면세공급가액(면세사업등에 대한 공급가액과 사업자가 해당 면세사업등과 관련하여 받았으나 부가가치세 과세표준에 포함되지 않는 국고보조금과 공공보조금 및 이와 유사한 금액의 합계액을 말함)의 비율에 따라 안분계산한다. 한편 예정신고를 할 때에는 예정신고기간에 있어서 총공급가액에 대한 면세공급가액의 비율에 따라 안분하여 계산하고, 확정신고를 할 때에 정산한다(부가령 81 ①).

$$\text{불공제되는 면세사업관련 매입세액} = \text{공통매입세액} \times \frac{\text{면세공급가액(해당 과세기간)}}{\text{총공급가액(해당 과세기간)}}$$

(2) 해당 과세기간 중 공급가액이 없는 경우

1) 일반적인 경우

공통매입세액은 해당 과세기간의 총공급가액 중 면세공급가액의 비율에 따라 안분계산하는 것이 원칙이다. 그러나 해당 과세기간 중 과세사업과 면세사업의 공급가액이 없거나 그 어느 한 사업의 공급가액이 없는 경우에 해당 과세기간에 대한 안분계산은 다음의 순서에 의한다(부가령 81 ④).

① 총매입가액(공통매입가액은 제외)에 대한 면세사업등에 관련된 매입가액의 비율
② 총예정공급가액에 대한 면세사업등에 관련된 예정공급가액의 비율
③ 총예정사용면적에 대한 면세사업등에 관련된 예정사용면적의 비율

2) 건물을 신축 또는 취득하여 과세 및 면세사업에 제공할 면적을 구분할 수 있는 경우

건물을 신축 또는 취득하여 과세사업과 면세사업에 제공할 예정면적을 구분할 수 있는 경우는 위의 순서 중 '③'을 우선적용하고 그 다음 '①', '②'를 순차적으로 적용한다(부가령 81 ⑤). 이 경우 그 후 과세사업과 면세사업의 공급가액이 모두 있게 되어 면세공급가액 비율에 의해 공통매입세액을 계산할 수 있는 경우에도 과세사업과 면세사업의 사용면적이 확정되기 전의 과세기간까지는 예정사용면적비율을 적용하고, 과세사업과 면세사업의 사용면적이 확정되는 과세기간에 면세사용면적비율에 의해 공통매입세액을 정산한다.

예제 6-5 | 예정사용면적에 의한 공통매입세액의 안분계산 

㈜금강여객은 20×8년 제1기 과세기간 중에 사업개시 예정으로 20×7년도 제2기 과세기간부터 사업개시 준비작업을 착수하였다. 다음 자료를 이용하여 20×7년 제2기 과세기간에 대한 매입세액 중 공제 가능한 매입세액을 계산하시오.

1. 공급가액 내역(부가가치세 제외금액임)

	20×7년 제2기	20×8년 제1기
시 내 버 스 사 업	–	₩1,200,000,000
고 속 버 스 사 업	–	1,800,000,000

2. 매입가액 내역(부가가치세 제외금액임)

	20×7년 제2기	20×8년 제1기
시 내 버 스 사 업	₩150,000,000	₩100,000,000
고 속 버 스 사 업	350,000,000	250,000,000
공 통 매 입	600,000,000*	400,000,000

* 공통매입액에는 시내버스사업과 고속버스사업에 공통으로 사용될 정비기계의 구입액 ₩200,000,000과 고속버스와 시내버스를 6 : 4의 비율로 주차할 예정으로 구입한 건물구입액 ₩400,000,000이 포함되어 있다.

3. ㈜금강여객이 20×7년 제2기 과세기간 현재 예상하고 있는 예정공급가액 비율은 7 : 3이다.

해답

1. 과세사업 관련 매입세액 : ₩350,000,000 × 10% = ₩35,000,000

2. 공통매입세액중 과세사업관련분

   (1) 정비기계 : $₩200,000,000 \times 10\% \times \frac{350,000,000^{*1}}{150,000,000+350,000,000}$ = ₩14,000,000

   (2) 건 물 : $₩400,000,000 \times 10\% \times \frac{6^{*2}}{6+4}$ = ₩24,000,000

   *1 해당 과세기간의 공급가액이 없는 경우이므로 총매입가액(공통매입가액을 제외함)에 대한 과세사업에 관련된 매입가액의 비율로 안분하였다.

   *2 주차장용 건물구입액의 경우에는 과세사업과 면세사업에 제공할 예정면적을 구분할 수 있는 경우이므로 이를 우선적으로 적용한다.

3. 공제가능 매입세액 : ₩35,000,000 + 14,000,000 + 24,000,000 = ₩73,000,000

---

(3) 공통매입세액의 정산

사업자가 해당 과세기간의 공급가액이 없거나 그 어느 한 사업의 공급가액이 없어 예외적인 방법(공급가액비율 이외의 방법)에 의하여 공통매입세액을 안분계산한 경우에는 해당 재화의 취득으로 과세사업과 면세사업(비과세사업을 포함)의 공급가액 또는 과세사업과 면세사업(비과세사업을 포함)의 사용면적이 확정되는 과세기간에 대한 납부세액을 확정신고하는 때에 다음 산식에 의하여 정산한다. 다만, 예정신고를 하는 때에는 예정신고기간에 있어서 총공급가액에 대한 면세공급가액의 비율 또는 총사용면적에 대한 면세사용면적의 비율에 의하여 안분계산하고, 확정신고하는 때에 정산한다(부가령 82).

① 매입가액비율 또는 예정공급가액비율로 안분계산한 경우

가산 또는 공제되는 세액 =

$$\text{총공통매입세액} \times \left[1 - \frac{\text{과세사업과 면세사업의 공급가액이 확정되는 과세기간의 면세공급가액}}{\text{과세사업과 면세사업의 공급가액이 확정되는 과세기간의 총공급가액}}\right] - \text{기공제세액}$$

② 예정사용면적비율로 안분계산한 경우

가산 또는 공제되는 세액 =

$$\text{총공통매입세액} \times \left[1 - \frac{\text{과세사업과 면세사업의 사용면적이 확정되는 과세기간의 면세사용면적}}{\text{과세사업과 면세사업의 사용면적이 확정되는 과세기간의 총사용면적}}\right] - \text{기공제세액}$$

예제 6-6 | 안분계산한 공통매입세액의 정산

예제 6-5의 자료와 다음 자료를 이용하여 20×8년 제1기 과세기간에 대한 확정신고시 정산하여야 할 공통매입세액을 계산하시오.

㈜금강여객은 사업이 개시되면서 주차장 용도로 구입한 건물을 고속버스 40%, 시내버스 60%의 면적비율로 사용하고 있다.

해답

1. 공통매입세액중 정비기계관련 정산

$$₩200,000,000 \times 10\% \times \left(1 - \frac{1,200,000,000}{1,200,000,000 + 1,800,000,000}\right) - 14,000,000 = ₩\triangle 2,000,000$$

2. 공통매입세액중 주차장 건물관련 정산

$$₩400,000,000 \times 10\% \times \left(1 - \frac{6}{4+6}\right) - 24,000,000 = ₩\triangle 8,000,000$$

(4) 해당 과세기간에 매입한 공통사용재화를 해당 과세기간 중 공급하는 경우

과세사업과 면세사업에 공통으로 사용하던 재화를 공급하는 경우에는 직전과세기간의 공급가액비율에 의하여 안분계산하나, 공통매입세액은 직전 과세기간이 아니라 매입한 해당 과세기간의 공급가액비율에 의하여 안분계산한다.

만일 과세사업과 면세사업에 공통으로 사용되는 재화를 매입한 후 동일 과세기간 내에 해당 재화를 공급(판매)한 경우에는 해당 재화의 공통매입세액 안분계산은 직전 과세기간의 공급가액비율에 따라 계산한다(부가칙 54 ②). 그 이유는 공급시의 과세표준의 안분계산 기준과 일치시키기 위함이다.

● 동일 과세기간에 매입과 공급이 발생한 경우

$$\text{불공제되는 면세사업 관련 매입세액} = \text{공통매입세액} \times \frac{\text{면세공급가액(직전 과세기간)}}{\text{총공급가액(직전 과세기간)}}$$

예제 6-7 | 해당 과세기간에 매입한 공통사용재화를 해당 과세기간 중 매각하는 경우 

㈜갑을은 20×3. 2. 10에 과세사업과 면세사업에 공통으로 사용하기 위하여 기계장치를 구입하여 사용하던 중 동 기계장치가 급격히 진부화됨에 따라 20×3. 6. 21에 이를 처분하였다. 동 기계장치의 구입에 따른 매입세액 중 공제가능한 매입세액을 계산하시오.

1. 해당 기계장치의 구입가액 : ₩22,000,000(VAT 포함)
2. 해당 기계장치의 처분가액 : ₩12,000,000*
3. 공급가액 내역

	20×2년 제2기	20×3년 제1기
과 세 사 업	₩60,000,000	₩600,000,000
면 세 사 업	40,000,000	55,000,000

* 해당 기계장치의 처분시 적절하게 과세표준을 안분계산하여 부가가치세를 징수하였다.

해답

$$₩22,000,000 \times \frac{10}{110} \times \frac{60,000,000}{(60,000,000+40,000,000)} \text{(직전 과세기간 공급가액 비율)} = ₩1,200,000$$

⑸ 공통매입세액 안분계산의 생략

다음의 경우에는 안분계산을 생략하고 해당 매입세액 전액을 공제되는 매입세액으로 한다(부가령 81 ②).

① 해당 과세기간의 총공급가액 중 면세공급가액이 5% 미만인 경우의 공통매입세액(공통매입세액이 5백만원 이상인 경우는 제외)

② 해당 과세기간 중의 누적된 공통매입세액이 5만원 미만인 경우의 매입세액

③ 재화를 공급하는 날이 속하는 과세기간에 신규로 사업을 시작하여 직전과세기간이 없는 경우 해당 재화에 대한 매입세액

공통 사용재화의 공급시 과세표준 안분계산의 생략과 비교

다음의 경우 과세표준을 안분계산하지 않고 공급가액 전체를 과세표준으로 한다(부가령 48의 2 ③).

① 직전과세기간의 총공급가액 중 면세공급가액 비율이 5% 미만인 경우(해당 재화의 공급가액이 5천만원 이상인 경우는 제외)

② 재화의 공급가액이 50만원 미만인 경우

③ 신규로 사업을 시작하여 직전과세기간이 없는 경우

3. 의제매입세액의 안분계산

과세사업과 면세사업등을 겸영하는 사업자가 면세농산물 등을 원재료를 매입한 경우에는 그 과세기간 종료일까지 해당 원재료의 실지귀속(과세사업 또는 면세사업 및 비사업에 사용하였는지의 귀속)에 따라 의제매입세액 공제대상 원재료인지의 여부를 구분하게 된다. 만약 실지귀속이 불분명한 경우에는 공통매입세액의 안분계산 규정을 준용하여 해당 과세기간의 공급가액비율에 따라 다음의 산식과 같이 안분계산한다(부가칙 56 ④).

$$\text{의제매입세액} = \begin{matrix}\text{면세농산물}\\\text{등의 매입가액}\end{matrix} \times \frac{\text{과세공급가액(해당 과세기간)}}{\text{총공급가액(해당 과세기간)}} \times \text{의제매입세액공제율}$$

예제 6-8 | 의제매입세액의 안분계산

다음은 돼지고기를 구입하여 냉동만두 제조업(과세)과 돈육 판매업(면세)을 겸하고 있는 ㈜개성식품의 자료이다. 20×5년 제1기 과세기간에 공제받을 수 있는 의제매입세액을 계산하시오. 단, ㈜개성식품은 중소기업이 아니다.

1. 20×5. 1. 1 현재 돼지고기의 기초재고는 ₩102,000,000이다.
2. 20×5. 1. 1부터 20×5. 6. 30까지 돼지고기 구입액은 ₩153,000,000이다.
3. 20×5. 1. 1부터 20×5. 6. 30까지 돼지고기 수입액은 ₩90,000,000(관세의 과세가격은 ₩81,600,000, 관세는 ₩8,400,000)이다.
4. 20×5. 1. 1부터 20×5. 6. 30까지 돼지고기 사용액은 ₩204,000,000이며, 돼지고기의 실제 사용내역은 불분명하다.
5. 20×4년 제2기와 20×5년 제1기 과세기간동안의 공급가액내역은 다음과 같다.

	20×4년 제2기	20×5년 제1기
냉동만두 판매(과세사업)	₩600,000,000	₩700,000,000
돈육 판매(면세사업)	400,000,000	300,000,000

해답

$$(₩153{,}000{,}000 + 81{,}600{,}000)^{*1} \times \left(\frac{700{,}000{,}000}{700{,}000{,}000 + 300{,}000{,}000}\right)^{*2} \times \frac{2}{102} = ₩3{,}220{,}000^{*3}$$

*1 의제매입세액공제는 면세농산물 등을 공급받거나 수입한 날이 속하는 과세기간의 매출세액에서 공제한다. 의제매입세액의 공제대상이 되는 수입재화의 매입가액은 관세의 과세가격으로 한다.

*2 면세농산물 등의 실지귀속이 불분명한 경우에는 해당 과세기간의 공급가액비율에 따라 안분계산한 가액을 의제매입세액으로 공제한다.

*3 공제한도($₩700{,}000{,}000 \times 50\% \times \frac{2}{102} = ₩6{,}862{,}745$)를 초과하지 아니한다.

4. 납부 또는 환급세액의 재계산

(1) 개 요

과세사업과 면세사업에 공통으로 사용되는 겸용재화는 공통매입세액의 안분계산규정에 의한 공급가액의 구성비율에 따라 매입세액공제액을 계산한다. 그러나 감가상각자산의 경우 해당 재화를 사용하는 기간 중에 면세비율이 계속 변하기 때문에 납부세액 또는 환급세액을 재계산하여 증가 또는 감소된 면세비율에 해당하는 금액을 납부세액에 가산 또는 공제하거나 환급세액에 가산 또는 공제하여 해당 과세기간의 확정신고와 함께 관할세무서장에게 이를 신고납부하여야 하는데 이를 "납부 또는 환급세액의 재계산"이라 한다.

납부세액 또는 환급세액의 재계산은 다음의 세 가지 요건을 모두 갖춘 경우에만 적용되며(부가령 83 ①), 재계산은 예정신고 때는 적용하지 않고 확정신고 때에만 적용한다.

① 감가상각자산의 경우

② 공통매입세액 안분계산 규정에 따라 매입세액이 안분공제된 경우

③ 면세비율과 취득일이 속하는 과세기간(그 후의 과세기간에 재계산하였을 때에는 그 재계산한 기간)에 적용하였던 비율 간의 차이가 5% 이상인 경우

(2) 납부세액에서 가산 또는 공제(환급세액에 가산 또는 공제)하는 세액

면세비율간의 차이가 5% 이상이어서 납부·환급세액을 재계산하는 경우 가산 또는 공제하는 세액은 다음과 같이 감가율을 고려하여 계산한다(부가령 83 ②).

구 분	납부세액에 가산(또는 공제)되는 세액
건물 또는 구축물	공통매입세액 × (1 − 5 % × 경과된 과세기간의 수) × 증가* (또는 감소)된 면세비율
기타의 감각상각자산	공통매입세액 × (1 − 25% × 경과된 과세기간의 수) × 증가 (또는 감소)된 면세비율

* 면세비율의 증가는 과세사용 비율의 감소를 의미하므로 납부세액에 가산이 발생한다.

1) 경과된 과세기간의 수

경과된 과세기간은 부가가치세법에 의한 과세기간(즉, 6개월)을 단위로 계산한다. 경과된 과세기간의 수를 계산함에 있어서 과세기간의 개시일 후에 감가상각자산을 취득하거나 해당 재화가 공급된 것으로 보게 되는 경우 그 과세기간의 개시일에 해당 재

화를 취득하거나 해당 재화가 공급된 것으로 본다(부가령 83 ⑤). 또한 건물 또는 구축물의 경과된 과세기간의 수가 20을 초과할 때에는 이를 20으로 하며, 기타의 감가상각자산의 경과된 과세기간의 수가 4를 초과할 때에는 이를 4로 하여 과세표준을 계산하게 된다.

2) 증가 또는 감소된 면세공급가액(또는 면세사용면적)의 비율

해당 취득일이 속하는 과세기간의 총공급가액에 대한 면세공급가액의 비율로 안분하여 계산한 경우에는 증가되거나 감소된 면세공급가액의 비율에 따라 재계산하고, 해당 취득일이 속하는 과세기간의 총사용면적에 대한 면세사용면적의 비율로 안분하여 계산한 경우에는 증가되거나 감소된 면세사용면적의 비율에 따라 재계산한다(부가령 83 ③).

(3) 재계산의 배제

납부·환급세액의 재계산 대상 감가상각자산이 공급(자가공급 포함)된 경우 더 이상 재계산할 대상자산이 없으므로 납부·환급세액을 재계산하지 아니한다(부가령 83 ④).

예제 6-9 | 납부·환급세액의 재계산 

㈜갑을은 20×8. 4. 25 과세사업과 면세사업에 공통으로 사용할 목적으로 기계장치를 ₩44,000,000(부가가치세 포함)에 취득하였다. 다음 자료를 이용하여 20×8년 제1기 과세기간에 대한 확정신고시 공제가능한 매입세액과 취득일 이후 각 과세기간 확정신고시 납부세액에 가산 또는 공제하거나 환급세액에 가산 또는 공제할 세액을 계산하시오.

1. 공급가액 내역

	20×8년 제1기	20×8년 제2기	20×9년 제1기	20×9년 제2기
과 세 사 업	–	₩60,000,000	₩30,000,000	₩50,000,000
면 세 사 업	–	₩40,000,000	₩50,000,000	₩50,000,000

2. ㈜갑을의 20×8년 제1기 과세기간 매입가액 내역
   (1) 과세사업분 : ₩700,000,000(VAT 제외)
   (2) 면세사업분 : ₩300,000,000(VAT 제외)
   (3) 공통사용분 : ₩44,000,000(VAT 포함)

해답

1. 20×8년 제1기 과세기간 확정신고시 공제가능한 매입세액
   (1) 과세사업분 매입세액 : ₩700,000,000 × 10% = ₩70,000,000
   (2) 공통매입세액 : $₩44,000,000 \times \frac{10}{110} \times \frac{700,000,000}{700,000,000+300,000,000} = ₩2,800,000$
      * 공급가액이 없으므로 매입가액 세율로 안분한다.
   (3) 공제가능매입세액 : ₩70,000,000 + 2,800,000 = ₩72,800,000

2. 20×8년 제2기 확정신고시 공통매입세액의 정산

$$₩44,000,000 \times \frac{10}{110} \times \left(1 - \frac{40,000,000}{60,000,000+40,000,000}\right) - 2,800,000 = ₩\triangle 400,000$$

3. 20×9년 제1기 확정신고시 납부세액의 재계산

   면세비율이 정산시점 40% $\left(\frac{40,000,000}{100,000,000}\right)$에서 62.5% $\left(\frac{50,000,000}{80,000,000}\right)$로 5% 이상 증가되었으므로 다음과 같이 납부·환급세액을 재계산한다.

$$₩44,000,000 \times \frac{10}{110} \times (1 - 25\% \times 2) \times \left(\frac{50,000,000}{80,000,000} - \frac{40,000,000}{100,000,000}\right) = ₩450,000$$

   즉, ₩450,000을 납부세액에 가산하거나 환급세액에 공제하여야 한다.

4. 20×9년 제2기 확정신고시 납부·환급세액의 재계산

   면세비율이 직전기에 재계산한 62.5% $\left(\frac{50,000,000}{80,000,000}\right)$에서 50% $\left(\frac{50,000,000}{100,000,000}\right)$로 5% 이상 감소되었으므로 다음과 같이 납부·환급세액을 재계산한다.

$$₩44,000,000 \times \frac{10}{110} \times (1 - 25\% \times 3) \times \left(\frac{50,000,000}{100,000,000} - \frac{50,000,000}{80,000,000}\right) = ₩\triangle 125,000$$

   즉, ₩125,000을 납부세액에 공제하거나 환급세액에 가산하여야 한다.

객 관 식 문 제

▶ 제6장 겸영사업자의 세액계산 특례

1 과세사업과 면세사업에 공통으로 사용하던 재화를 공급하는 경우 과세표준의 안분계산에 대한 다음 설명 중 옳지 않은 것은?

① 재화를 공급하는 날이 속하는 과세기간의 직전 과세기간의 총공급가액 중 면세공급가액이 5% 미만인 경우에는 해당 재화의 공급가액 전부를 과세표준으로 한다.

② 과세표준에 포함되는 공급가액은 해당 재화의 공급가액에 해당 재화를 공급한 날이 속하는 과세기간의 직전과세기간의 총공급가액 중 과세된 공급가액이 차지하는 비율을 곱하여 계산한다.

③ 취득시 공통매입세액을 사용면적비율로 안분계산한 겸용재화를 공급하는 경우 과세표준에 포함되는 공급가액은 해당 재화의 공급가액에 직전 과세기간의 총사용면적 중 과세사용면적이 차지하는 비율을 곱하여 계산한다.

④ 재화를 공급하는 날이 속하는 과세기간에 신규로 사업을 시작하여 직전 과세기간이 없는 경우에는 안분계산을 생략하고 해당 재화의 공급가액은 없는 것으로 한다.

해설

재화를 공급하는 날이 속하는 과세기간에 신규로 사업을 시작하여 직전 과세기간이 없는 경우에는 안분계산을 생략하고 해당 재화의 공급가액 전부를 과세표준으로 한다.

2 다음 자료를 이용하여 사업자인 갑의 20×3년 제2기 부가가치세 과세표준을 계산하면 얼마인가?

(1) 일반과세자인 갑은 20×2년 10월 1일에 상가건물을 ₩150,000,000(그 중 토지분은 ₩60,000,000)에 취득하여 떡 공장(과세사업)을 운영해 오다가, 20×3년 9월 1일부터 사업을 확장하여 상가 건물 중 일부를 쌀 도매용(면세사업)으로 사용하게 되었다.

(2) 공급가액의 내역은 다음과 같다.

과세기간	떡 공급가액	쌀 공급가액
20×3년 제1기	₩75,000,000	−
20×3년 제2기	60,000,000	₩40,000,000

① ₩72,400,000　　② ₩88,800,000
③ ₩92,400,000　　④ ₩114,000,000

해설

(1) 과세표준 = ₩60,000,000(떡 공급가액) + 32,400,000(간주공급) = ₩92,400,000
(2) 간주공급 과세표준

과세표준 = ₩90,000,000 × (1 − 5% × 2과세기간[*1]) × $\frac{40,000,000^{*2}}{100,000,000}$ = ₩32,400,000

*1 경과과세기간 : 20×2년 2기, 20×3년 1기가 경과되었으므로 2과세기간이 된다.
*2 전용일이 속하는 과세기간의 면세공급가액 비율(5% 이상인 경우에 한함)

3 다음은 모든 재화를 과세사업과 면세사업에 공통으로 사용하는 ㈜독도에 대한 설명이다. ㈜독도는 재화를 매입하는 경우에는 정상적으로 세금계산서를 수취하고, 과세표준과 공통매입세액을 안분계산하는 경우에는 공급가액을 기준으로 하고 있다. 틀린 설명은?

① 겸용재화를 공급하는 경우에는 직전 과세기간의 공급가액을 이용하여 부가가치세 과세표준을 안분계산하지만, 휴업 등으로 인하여 직전과세기간의 공급가액이 없는 경우에는 그 재화를 공급한 날에 가장 가까운 과세기간의 공급가액에 의하여 안분계산한다.
② 공통으로 사용하기 위하여 재화를 매입하는 경우에는 해당 과세기간의 공급가액을 이용하여 부가가치세 과세표준을 안분계산하며, 예정신고를 하는 때에는 예정신고기간의 총공급가액에 대한 면세공급가액의 비율에 의하여 안분계산하고, 확정신고를 하는 때에 정산한다.
③ 재화를 공급받은 과세기간 중에 해당 재화를 공급하는 경우에는 과세표준의 안분계산과 그 재화에 대한 매입세액의 안분계산 모두 해당 과세기간의 공급가액을 기준으로 한다.
④ 재화를 공급하는 날이 속하는 과세기간의 직전과세기간의 총공급가액이 ₩50,000,000이고 그 중 면세공급가액이 ₩2,000,000인 경우에는 해당 재화의 공급가액 전부를 과세표준으로 한다.

해설

재화를 공급받은 과세기간 중에 해당 재화를 공급하는 경우에는 과세표준의 안분계산과 그 재화에 대한 매입세액의 안분계산 모두 직전 과세기간의 공급가액을 기준으로 한다.

4 과세사업과 면세사업을 겸영하는 경우, 다음 자료에 의하여 공제하는 매입세액을 계산하면?

(1) 과세사업과 면세사업의 공통매입세액 ₩3,000,000
(2) 과세사업과 관련된 매입세액 2,000,000
(3) 해당 과세기간 ┌ 과세공급가액 100,000,000
└ 면세공급가액 150,000,000
(4) 직전 과세기간 ┌ 과세공급가액 150,000,000
└ 면세공급가액 100,000,000
(5) 과세사업과 면세사업의 공통매입세액 중에는 당해 과세기간에 구입하여 당해 과세기간에 공급한 재화의 매입세액 ₩500,000 포함됨

① ₩1,800,000 ② ₩2,000,000
③ ₩2,500,000 ④ ₩3,300,000

해설

(1) 해당 과세기간에 구입하여 해당 과세기간에 공급한 재화에 대한 공통매입세액

$$₩500,000 \times \frac{150,000,000^{*}}{250,000,000} = ₩300,000$$

* 직전 과세기간의 과세공급가액비율

(2) 공통매입세액 : $(₩3,000,000 - 500,000) \times \frac{100,000,000^{*}}{250,000,000} = ₩1,000,000$

* 해당 과세기간의 과세공급가액비율

(3) 공제하는 매입세액 : ₩2,000,000 + 300,000 + 1,000,000 = ₩3,300,000

5 소매업을 영위하는 ㈜한국은 과세사업과 면세사업을 겸영하고 있다. 20×2년 제1기 과세 및 면세사업의 공급가액과 매입세액이 다음과 같을 때, 확정신고 시 공제받을 수 없는 매입세액은? (단, 모든 거래에 대한 세금계산서 및 계산서는 적법하게 발급받았으며, 주어진 자료 이외의 다른 사항은 고려하지 않는다) ◆ 2022년 국가직 9급

(단위 : 만 원)

구 분	공급가액	매입세액
과세사업	300	25
면세사업	200	10
과세・면세공통(실지귀속 불분명)	-	20
합계	500	55

① 8만원 ② 10만원

③ 18만원 ④ 30만원

해설

면세사업에 대한 매입세액 10만원과 실지귀속이 불분명한 매입세액을 과세사업과 면세사업의 공급가액 비율로 안분한 금액 8만원(20만×200/500)의 합계액인 18만원이 공제받을 수 없는 매입세액이 된다.

6 부가가치세법상 납부세액 또는 환급세액의 재계산에 대한 설명으로 틀린 것은?

① 해당 취득일이 속하는 과세기간의 총사용면적에 대한 면세사용면적의 비율로 안분계산한 경우에는 증가되거나 감소된 면세사용면적의 비율에 따라 재계산한다.

② 과세기간의 개시일 후에 감가상각자산을 취득한 경우에는 그 과세기간 개시일에 해당 재화를 취득한 것으로 보아 경과된 과세기간의 수를 계산한다.

③ 과세·면세사업등에 공통으로 사용되는 원재료나 기계장치 등에 대하여 면세비율이 증가(감소)한 경우 당초에 과다(과소)공제한 매입세액을 추징(환급)하는 제도이다.

④ 해당 재화를 공급하는 날이 속하는 과세기간에는 납부세액 또는 환급세액의 재계산이 배제된다.

해설

납부세액 또는 환급세액의 재계산은 감가상각 대상자산만 적용된다.

7 다음의 자료에 근거하여 ㈜용문이 20×5년 제2기 과세기간에 대한 확정신고시 공제할 수 있는 부가가치세 매입세액을 계산한 것으로 옳은 것은? 단, 건물분 공통매입세액 재계산분을 가감하여 계산할 것.

(1) ㈜용문은 과세사업(임대업)과 면세사업(도서출판업)을 겸영하고 있는 사업자이다. 20×5년 10월 1일부터 12월 31일까지 매입세액의 내역은 다음과 같다. 단, 20×5년 제2기 예정신고기간 중 공통매입세액은 없다.

가. 과세사업 관련 매입세액 : ₩3,000,000

나. 면세사업 관련 매입세액 : ₩4,000,000

다. 공통매입세액 : ₩2,000,000(비품으로서 이 중 ₩500,000은 20×5년 12월 7일에 처분하였다)

(2) ㈜용문의 사업용 건물은 20×4년 11월 1일에 완공된 후 과세사업과 면세사업에 함께 사용되었는데, 동 건물의 신축과 관련된 매입세액은 총 4천만원으로서 실제 사용면적비율에 의해 안분하여 매입세액공제를 받았다.

(3) 과세기간별 공급가액 및 사업용 건물의 사용면적 자료는 다음과 같다.

과세기간	구분	임대업	도서출판업	계
20×4년 제2기	공급가액	₩0	₩65,000,000	₩65,000,000
	사용면적	600㎡	400㎡	1,000㎡
20×5년 제1기	공급가액	45,000,000	105,000,000	150,000,000
	사용면적	500㎡	500㎡	1,000㎡
20×5년 제2기	공급가액	40,000,000	160,000,000	200,000,000
	사용면적	450㎡	550㎡	1,000㎡

① ₩1,600,000　② ₩1,650,000

③ ₩1,750,000　④ ₩1,800,000

해설

(1) 과세사업분 매입세액

₩3,000,000 + 1,500,000 × 20% + 500,000 × 30% = ₩3,450,000

(2) 건물분 공통매입세액 재계산

₩40,000,000 × (1 − 5% × 2과세기간) × (50% − 55%) = △₩1,800,000

(3) 가감액 : ₩1,650,000

8 다음은 과세사업과 면세사업을 겸영하는 일반과세자 K(개인)의 2023년 제2기(2023.7.1.~2023.12.31.) 부가가치세 관련 자료이다. 2023년 제2기에 매출세액에서 공제되는 매입세액은? (단, 모든 거래에 대한 세금계산서 및 계산서는 적법하게 발급받았다) 2023년 국가직 7급

• 매입세액

구 분	세 액
과세사업	30,000,000원
면세사업	30,000,000원
과세 · 면세공통(실지귀속 불분명)	10,000,000원*
합계	70,000,000원

* 2023년 제2기에 구입하여 2023년 제2기에 전부 공급한 기계장치에 대한 매입세액임

• 공급가액

구 분	과세사업	면세사업
2023년 제1기	960,000,000원	40,000,000원
2023년 제2기	800,000,000원	200,000,000원

① 35,000,000원　　② 38,000,000원

③ 39,600,000원　　④ 40,000,000원

해설

① 과세사업 매입세액 : ₩30,000,000

② 공통매입세액 안분 : ₩10,000,000 × (960,000,000) / (960,000,000 + 40,000,000)
= ₩9,600,000

공제되는 매입세액 : ① + ② = ₩39,600,000

공통재화의 구입시기와 공급시기가 동일 과세기간에 속하므로 공통매입세액 안분 계산시 직전 과세기간의 비율을 적용한다(부가칙 54 ③).

정답	1	④	2	③	3	③	4	④	5	③	6	③	7	②	8	③

Chapter 7 차가감납부할 세액

제 1 절 | 차가감납부(환급)할 세액

차가감납부할 세액(환급받을 세액)은 매출세액에서 매입세액을 공제한 납부(환급)세액에 각종 공제세액을 차감하고 가산세를 가산하여 계산한다.

▶ **그림 7-1** 차가감납부할 세액의 계산구조

납 부 (환 급) 세 액	= 매출세액 − 매입세액
(−) 신용카드매출전표등발행공제	
(−) 기 타 경 감 · 공 제 세 액	전자신고세액공제 등[24)]
(−) 예 정 신 고 미 환 급 세 액	예정신고시 환급세액을 신고한 경우
(−) 예 정 고 지 세 액	예정신고의무 없는 개인사업자등이 고지납부한 세액
(+) 가 산 세 액	
= 차 가 감 납 부(환 급)세 액	차가감 납부세액 중 25.3%는 지방소비세로 신고 · 납부[*1]

*1 부가가치세와 지방소비세를 신고 · 납부 · 경정 및 환급할 경우에는 부가가치세와 지방소비세를 합한 금액을 신고 · 납부 · 경정 및 환급한다(부가법 72 ②).

제 2 절 | 경감 · 공제세액

1. 신용카드매출전표 등 발행공제

일반과세자 중 영수증 발급대상 업종을 영위하는 개인사업자(직전 연도의 재화 또는 용역의 공급가액의 합계액이 사업장을 기준으로 10억원을 초과하는 개인사업자는 제

24) 여객자동차 운수사업법에 따른 일반택시 운송사업자에 대해서는 부가가치세 납부세액의 99%를 2026년 12월 31일 이전에 끝나는 과세기간분까지 경감한다(조특법 106의7 ①).

외)가 부가가치세가 과세되는 재화 또는 용역을 공급하고 세금계산서의 발급시기에 신용카드매출전표 등 거래증빙서류*를 발급하거나 전자적 결제수단(전자화폐)에 의하여 대금을 결제받는 경우에는 다음의 금액을 납부세액에서 공제한다(부가법 46 ①). 이 경우 공제받는 금액이 그 금액을 차감하기 전의 납부할 세액을 초과하면 그 초과하는 부분은 없는 것으로 본다(부가법 46 ②).

① 공제액 : 그 발급금액 또는 결제금액 × 1.3% (2027년부터 : 1%)
② 공제한도 : 연간 1,000만원 (2027년부터 : 500만원)

* "거래증빙서류"란 직불카드영수증, 결제대행업체를 통한 신용카드매출전표, 선불카드영수증(실제 명의가 확인되는 것으로 한정함), 현금영수증, 전자금융거래법에 따른 직불전자지급수단 영수증, 선불전자지급수단 영수증(실제 명의가 확인되는 것으로 한정함), 전자지급결제대행에 관한 업무를 하는 금융회사 또는 전자금융업자를 통한 신용카드매출전표를 말한다.

2. 전자신고에 대한 세액공제

납세자가 직접 전자신고방법으로 부가가치세 확정신고를 하는 경우에는 해당 납부세액에서 10,000원을 공제하거나 환급세액에 가산한다(조특법 104의8 ②).

3. 전자세금계산서 발급 전송에 대한 세액공제

직전 연도의 사업장별 재화 및 용역의 공급가액(부가가치세 면세공급가액을 포함)의 합계액이 3억원 미만인 개인사업자(해당 연도에 신규로 사업을 개시한 개인사업자 포함)가 전자세금계산서를 2027년 12월 31일까지 개정 발급(전자세금계산서 발급명세를 전송기한까지 국세청장에게 전송하는 경우로 한정)하는 경우에는 다음의 금액을 해당 과세기간의 부가가치세 납부세액에서 공제할 수 있다(부가법 47 ①, 부가령 68 ①).

전자세금계산서 발급 전송에 대한 세액공제 = Min[발급건수 × 200원, 100만원]

4. 예정신고미환급세액

일반적인 경우 예정신고기간의 환급세액은 환급되지 아니하고 확정신고시 납부할 세액에서 공제세액으로 차감하게 된다. 단, 조기환급을 신청한 경우는 예정신고기간의 세액도 환급받을 수 있다.

5. 예정고지세액

일반과세자는 예정신고를 하는 것이 원칙이지만, 개인사업자와 직전과세기간 공급가액의 합계액이 1억 5천만원 미만인 법인사업자는 일반과세자라 할지라도 예정신고를 하지 않고 고지납부하는 것이 원칙이다. 예정신고의무가 면제된 개인 또는 법인사업자는 예정신고기간마다 관할세무서장이 직전과세기간에 대한 납부세액의 50%(1천원 미만인 단수가 있을 때에는 그 단수금액은 버린다)로 결정하여 고지한 세액을 납부한다. 이와 같이 납부한 예정신고기간 고지납부세액은 확정신고시 공제세액으로 차감한다.

제 3 절 | 가산세

1. 가산세의 종류

구 분	내 용	가산세
미등록가산세	사업자 또는 국외사업자가 사업개시일로부터 20일 이내에 사업자등록을 신청하지 아니한 경우	사업개시일부터 사업자등록을 신청한 날의 직전일까지의 공급가액 합계액의 1%
타인명의 등록가산세	사업자가 타인*의 명의로 사업자등록을 하거나 그 타인명의의 사업자등록을 이용하여 사업을 하는 것으로 확인되는 경우 * 사업자의 배우자 및 가업상속으로 인하여 피상속인이 경영하던 사업이 승계되는 경우 그 피상속인(상속개시일부터 상속세 과세표준 신고기한까지의 기간 동안 상속인이 피상속인 명의의 사업자등록을 활용하여 사업을 하는 경우로 한정) 제외	그 타인 명의의 사업개시일부터 실제 사업을 하는 것으로 확인되는 날의 직전일까지의 공급가액 합계액의 2% 개정
세금계산서 불성실가산세	① 미발급 : 세금계산서의 발급시기가 지난 후 해당 재화 또는 용역의 공급시기가 속하는 과세기간에 대한 확정신고 기한까지 세금계산서를 발급하지 아니한 경우 ② 허위발급 : 재화 또는 용역을 공급하고 실제로 재화 또는 용역을 공급하는 자가 아닌 자 또는 실제로 재화 또는 용역을 공급받는 자가 아닌 자의 명의로 세금계산서 등을 발급한 경우 ③ 허위수취 : 재화 또는 용역을 공급받고 실제로 재화 또는 용역을 공급하는 자가 아닌 자의 명의로 세금계산서 등을 발급받은 경우	공급가액(④와 ⑤의 경우에는 실제보다 과다하게 기재한 부분에 대한 공급가액)의 2%

구 분	내 용	가산세
세금계산서 불성실가산세	④ 과다기재 발급 : 재화 또는 용역을 공급하고 세금계산서등의 공급가액을 과다하게 기재한 경우 ⑤ 과다기재 수취 : 재화 또는 용역을 공급받고 위 '④'가 적용되는 세금계산서등을 발급받은 경우	
	⑥ 가공발급 : 재화 또는 용역을 공급하지 아니하고 세금계산서등을 발급한 경우 ⑦ 가공수취 : 재화 또는 용역을 공급받지 아니하고 세금계산서등을 발급받은 경우 * 사업자가 아닌 자가 재화 또는 용역을 공급하지 아니하고 세금계산서를 발급하거나 재화 또는 용역을 공급받지 아니하고 세금계산서를 발급받으면 사업자로 보고 그 세금계산서를 발급하거나 발급받은 자에게 사업자등록증을 발급한 세무서장이 가산세로 징수한다.	세금계산서등에 적힌 공급가액의 3%
	⑧ 지연발급 : 세금계산서의 발급시기가 지난 후 공급시기가 속하는 과세기간에 대한 확정신고 기한까지 발급하는 경우 ⑨ 부실기재 : 세금계산서의 필요적 기재사항의 전부 또는 일부가 착오 또는 과실로 적혀 있지 아니하거나 사실과 다른 경우 ⑩ 전자세금계산서를 발급하여야 할 의무가 있는 자가 전자세금계산서를 발급하지 아니하고 세금계산서의 발급시기에 전자세금계산서 외의 세금계산서를 발급한 경우 ⑪ 둘 이상의 사업장을 가진 사업자가 공급한 사업장 명의로 세금계산서를 발급하지 아니하고 세금계산서의 발급시기에 자신의 다른 사업장 명의로 세금계산서를 발급한 경우	공급가액의 1%
매출처별 세금계산서 합계표 제출불성실 가산세	① 미제출 : 매출처별 세금계산서합계표를 제출하지 아니한 경우 ② 부실기재 : 제출한 매출처별 세금계산서합계표의 기재사항 중 거래처별 등록번호 또는 공급가액의 전부 또는 일부가 적혀 있지 아니하거나 사실과 다르게 적혀 있는 경우 * 합계표의 기재사항이 착오로 적힌 경우로서 발급한세금계산서에 의해 거래 사실이 확인되는 부분은 제외	공급가액의 0.5%
	③ 지연제출 : 예정신고시 제출하여야 할 합계표를 제출하지 아니하고 그 예정신고기간이 속하는 과세기간의 확정신고기한까지 제출하는 경우	공급가액의 0.3%

구 분	내 용	가산세
전자세금계산서 발급명세 전송 불성실가산세	① 지연전송 : 사업자가 전자세금계산서 발급명세 전송기한(발급일의 다음날)이 경과한 후 공급시기가 속하는 과세기간에 대한 확정신고기한까지 국세청장에게 세금계산서 발급명세를 전송하는 경우	공급가액의 0.3%
	② 미전송 : 사업자가 공급시기가 속하는 과세기간에 대한 확정신고기한까지 국세청장에게 세금계산서 발급명세를 전송하지 아니한 경우	공급가액의 0.5%
매입처별 세금계산서 합계표 제출불성실 가산세	① 지연수취 : 공급시기 이후에 발급받은 세금계산서로서 해당 공급시기가 속하는 과세기간에 대한 확정신고기한까지 발급받아 매입세액을 공제받는 경우 ② 공급시기가 속하는 과세기간에 대한 확정신고기한이 지난 후 세금계산서를 발급 : 그 세금계산서의 발급일이 확정신고기한 다음날부터 1년 이내이고 ㉠ 과세표준수정신고서와 경정청구서를 세금계산서와 함께 제출하는 경우 ㉡ 해당 거래사실이 확인되어 납세지 관할세무서장등이 결정 또는 경정하는 경우 ③ 공급시기 전에 세금계산서를 발급 : 재화 또는 용역의 공급시기가 그 세금계산서의 발급일부터 6개월 이내에 도래하고 해당 거래사실이 확인되어 납세지 관할세무서장등이 결정 또는 경정하는 경우 ④ 경정시 경정기관의 확인을 거쳐 세금계산서 또는 신용카드매출전표를 제출하여 매입세액을 공제받는 경우 ⑤ 공급가액을 사실과 다르게 과다하게 적어 신고한 경우	공제받은 매입세액에 해당하는 공급가액 또는 과다하게 적어 신고한 공급가액의 0.5%
현금매출명세서 등 제출 불성실가산세	제출의무가 있는 사업자가 현금매출명세서 또는 부동산임대공급가액명세서를 제출하지 아니하거나 제출한 수입금액(현금매출명세서의 경우에는 현금매출)이 사실과 다르게 적혀 있는 경우	제출하지 아니한 수입금액 또는 제출한 수입금액과 실제 수입금액과의 차액의 1%

● 매입처별 세금계산서합계표의 미제출 또는 부실기재 등

구 분	매입세액공제	가산세
매입처별 세금계산서합계표 미제출 또는 부실기재	×	×
예정신고시 제출하여야 할 합계표를 확정신고, 수정신고 또는 경정청구시 제출	○	×
경정시 세금계산서 또는 신용카드매출전표를 경정기관의 확인을 거쳐 제출	○	○

사업자가 아닌 자에 대한 가산세 적용

사업자가 아닌 자가 재화 또는 용역을 공급하지 아니하고 세금계산서를 발급하거나 재화 또는 용역을 공급받지 아니하고 세금계산서를 발급받으면 사업자로 보고 그 세금계산서에 적힌 공급가액의 3%를 그 세금계산서를 발급하거나 발급받은 자에게 사업자등록증을 발급한 세무서장이 가산세로 징수한다(부가법 60 ④).

2. 가산세의 중복적용 배제

구 분	적용배제 가산세
미등록가산세 또는 타인명의등록가산세 적용	① 세금계산서불성실가산세(가산세율 1% 적용분) ② 전자세금계산서발급명세 전송불성실가산세 ③ 매출처별세금계산서합계표 제출불성실가산세 ④ 매입처별세금계산서합계표 제출불성실가산세(경정시 신용카드매출전표를 제출하여 매입세액을 공제받는 경우에 적용되는 가산세에 한함)
세금계산서불성실가산세(가산세율 2% 또는 3% 적용분) 적용	① 미등록가산세 또는 타인명의등록가산세 ② 매출처별세금계산서합계표 제출불성실가산세 ③ 매입처별세금계산서합계표 제출불성실가산세(경정시 신용카드매출전표를 제출하여 매입세액공제를 받는 경우에 적용되는 가산세는 제외함)
세금계산서불성실가산세(허위발급 : 2% 적용분) 적용	세금계산서불성실가산세(미발급 : 2% 적용분)
세금계산서불성실가산세(과다기재 발급 : 2% 적용분) 적용	세금계산서불성실가산세(부실기재 : 1% 적용분)
세금계산서불성실가산세(가산세율 1% 적용분) 또는 전자세금계산서발급명세 전송불성실가산세 적용	매출처별세금계산서합계표 제출불성실가산세
세금계산서불성실가산세(지연발급 : 1% 적용분 또는 미발급 : 2% 적용분) 적용	① 전자세금계산서발급명세 전송불성실가산세 ② 세금계산서불성실가산세(부실기재 : 1% 적용분)
세금계산서불성실가산세(부실기재 : 1% 적용분) 적용	전자세금계산서발급명세 전송불성실가산세
전자세금계산서발급명세 전송불성실가산세 적용	매출처별세금계산서합계표 제출불성실가산세
법인세법 또는 소득세법의 현금영수증 발급 불성실 가산세(미발급에 한함) 적용	① 세금계산서불성실가산세(미발급 : 2% 적용분) ② 매출처별세금계산서합계표 제출불성실가산세

예제 7-1 | 미등록가산세

㈜갑을은 20×7. 3. 20에 사업을 개시하였으나, 사업자등록신청은 20×7. 6. 1에 하였다. 다음 자료를 이용하여 미등록가산세를 계산하시오.

1. 공급가액 내역

20×7. 3. 20 ~ 20×7. 3. 31	₩60,000,000
20×7. 4. 1 ~ 20×7. 4. 30	90,000,000
20×7. 5. 1 ~ 20×7. 5. 31	20,000,000
20×7. 6. 1 ~ 20×7. 6. 30	100,000,000

해답

(₩60,000,000 + 90,000,000 + 20,000,000) × 1% = ₩1,700,000

해설 미등록가산세의 산출기초가 되는 공급가액은 사업개시일부터 등록신청일의 직전일까지의 공급가액으로 한다.

예제 7-2 | 가산세 종합

㈜갑을의 다음 자료를 이용하여 20×2년 제1기 확정신고시 납부하여야 할 가산세를 각각 계산하시오. 단, 아래 각 항목은 상호독립적인 것으로 가정한다.

1. 4.20이 공급시기인 거래(공급가액 : ₩5,000,000)에 대하여 전자세금계산서를 6.30에 발급한 경우
2. 4.30에 재화를 공급받지 아니하고 전자세금계산서(공급가액 : ₩4,000,000)를 발급받은 경우
3. 5.20에 전자세금계산서(공급가액 : ₩3,000,000)를 발급하고, 7.10에 전자세금계산서발급명세를 국세청장에게 전송한 경우
4. 4.10에 재화를 공급(공급가액 : ₩2,000,000)하였으나 착오로 7.25까지 전자세금계산서를 발급하지 아니하였으며, 전자세금계산서 발급명세도 전송하지 않은 경우
5. 공급시기(4.10)가 지난 후 7.20에 세금계산서(공급가액 : ₩1,000,000)를 발급받아 매입세액을 공제한 경우

해답

1. 세금계산서불성실가산세 : ₩5,000,000 × 1%(지연발급) = ₩50,000
2. 세금계산서불성실가산세 : ₩4,000,000 × 3%(가공수취) = ₩120,000
3. 전자세금계산서발급명세 전송불성실가산세(지연전송) : ₩3,000,000 × 0.3%(법인사업자) = ₩9,000
4. 세금계산서불성실가산세 : ₩2,000,000 × 2%(미발급) = ₩40,000
   * 이 경우 전자세금계산서발급명세 전송불성실가산세는 적용하지 아니한다(중복적용 배제).
5. 매입처별세금계산서합계표 제출불성실가산세 : ₩1,000,000 × 0.5%(지연수취) = ₩5,000

객 관 식 문 제

▶ 제 7 장 차가감납부할 세액

1 부가가치세법상 경감 · 공제세액에 대한 다음 설명 중 옳지 않은 것은?

① 법인사업자는 신용카드매출전표 등 발행공제를 납부세액에서 공제할 수 없다.

② 신용카드매출전표 등 발행공제는 연간 1,000만원을 한도로 한다.

③ 개인사업자가 전자세금계산서를 발급 · 전송하는 경우에는 전자세금계산서 발급 · 전송에 대한 세액공제를 납부세액에서 공제할 수 있다.

④ 납세자가 직접 전자신고방법으로 부가가치세 확정신고를 하는 경우에는 해당 납부세액에서 10,000원을 공제하거나 환급세액에 가산한다.

해설

전자세금계산서 발급 · 전송에 대한 세액공제는 2016년부터 폐지되었다.

2 다음은 부가가치세법상 가산세에 대한 설명이다. 옳지 않은 것은?

① 제조업을 영위하는 자가 사업자등록을 하지 아니하고 그에 따라 매출처별세금계산서 합계표도 제출하지 아니한 경우에는 미등록가산세만 부과된다.

② 세금계산서의 발급시기를 지나더라도 공급시기가 속하는 과세기간 이내에 세금계산서를 발급하면 세금계산서불성실가산세가 부과되지 아니한다.

③ 사업자가 매입처별세금계산서합계표를 제출하지 아니한 경우에도 매입처별세금계산서합계표불성실가산세가 부과되지 아니한다.

④ 사업자가 아닌 자가 재화 또는 용역을 공급하지 아니하고 세금계산서를 발급한 경우에는 사업자로 보고 그 세금계산서에 적힌 금액의 3%에 해당하는 금액을 가산세로 징수한다.

해설

세금계산서의 발급시기가 지난 후 공급시기가 속하는 과세기간의 확정신고기한까지 세금계산서를 발급하면 세금계산서불성실가산세(지연발급 : 공급가액의 1%)가 부과된다.

정답	1	③	2	②

Chapter 8 부가가치세의 신고 · 납부

제 1 절 | 신고 · 납부

1. 과세기간

일반과세자의 부가가치세의 과세기간은 1년을 반분하여 제1기와 제2기로 나누고 있으며, 각 과세기간의 전반부 3개월간을 예정신고기간으로 정하고 있다. 각 예정신고기간과 확정신고기간 종료일로부터 25일 이내에 부가가치세를 신고 · 납부해야 한다. 즉, 1기 예정신고기간인 1월부터 3월까지의 거래내역은 4월 25일까지 신고납부하며, 1기 확정신고기간인 1월부터 6월까지의 거래내역 중 예정신고 때에 이미 신고된 거래내역(1월~3월)을 제외한 나머지 부분(4월~6월)을 7월 25일까지 신고 · 납부한다. 제2기(7월~12월)도 제1기와 동일하게 운영된다. 물론 예정신고 때에 누락분이 있으면 확정신고 시 추가하여 신고해야 하며, 이 부분에 대해서는 가산세를 부담한다.

과 세 기 간		신고 · 납부기한*1
제1기(1. 1~ 6. 30)	예정신고기간 : 1~ 3월	4.25
	확정신고기간*2 : 1~ 6월	7.25
제2기(7. 1~12. 31)	예정신고기간 : 7~ 9월	10.25
	확정신고기간*2 : 7~12월	익년 1.25

*1 부가가치세의 신고 · 납부기한은 예정 · 확정신고기간 종료후 25일이다.
*2 예정신고 때 신고된 거래를 제외하고 신고함.

2. 예정신고와 납부

(1) 원 칙

예정신고기간이 끝난 후 25일 이내에 각 예정신고기간에 대한 과세표준과 납부세액(해당 예정신고기간에 수시부과된 세액은 공제)을 납세지 관할세무서장에게 신고 · 납부하여야 한다. **개정** 예정신고시에는 대손세액공제와 가산세는 제외하고, 신용카드매출전표 등 발행공제 및 전자세금계산서 발급·전송에 대한 세액공제는 포함한다(부가령 90 ①). 이때, 신규로 사업을 시작하거나 시작하고자 하는 자에 대한 최초의 예정신고기간은 사업개시일 또는 사업개시일 이전에 사업자등록을 신청한 경우에는 그 신청일부터 그 날이 속하는 예정신고기간의 종료일까지로 한다.

⑵ 예 외

1) 원칙(고지납부)

납세지 관할세무서장은 개인사업자 및 직전과세기간 공급가액의 합계액이 1억 5천만원 미만인 법인사업자에 대하여 각 예정신고기간마다 직전(直前) 과세기간에 대한 납부세액(매출세액에서 매입세액, 신용카드매출전표 등 발행공제, 기타 경감·공제세액을 차감한 금액)에 50%를 곱한 금액(1천원 미만의 단수가 있을 때에는 그 단수금액은 버린다)을 결정하여 납부고지서를 발부하고 해당 예정신고기간이 끝난 후 25일까지 징수한다(부가법 48 ③). 다만, 다음 중 하나의 경우에는 징수하지 아니한다.

① 징수하여야 할 금액이 50만원 미만인 경우
② 간이과세자에서 해당 과세기간 개시일 현재 일반과세자로 변경된 경우
③ 납세자가 재난 또는 도난으로 재산에 심한 손실을 입은 경우, 경영하는 사업에 현저한 손실이 발생하거나 부도 또는 도산의 우려가 있는 경우, 납세자 또는 그 동거가족이 질병이나 중상해로 6개월 이상의 치료가 필요한 경우 또는 사망하여 상중(喪中)인 경우로 관할 세무서장이 징수하여야 할 금액을 사업자가 납부할 수 없다고 인정되는 경우

2) 예외(신고납부)

한편 다음의 어느 하나에 해당하는 사유가 있는 개인사업자 및 직전과세기간 공급가액의 합계액이 1억5천만원 미만인 법인사업자는 예정신고를 하고 예정신고기간의 납부세액을 납부할 수 있다. 이 경우 납세지 관할세무서장의 결정은 없었던 것으로 본다(부가법 48 ④, 부가령 90 ⑤).

① 휴업 또는 사업 부진 등으로 인하여 각 예정신고기간의 공급가액 또는 납부세액이 직전 과세기간의 공급가액 또는 납부세액의 3분의 1에 미달하는 자
② 각 예정신고기간분에 대하여 조기환급을 받으려는 자

⑶ 예정신고시 제출서류

부가가치세의 예정신고를 할 때에는 부가가치세 예정신고서를 각 납세지 관할세무서장에게 제출(국세정보통신망에 의한 제출을 포함)하여야 한다. 부가가치세 예정신고서를 제출할 때에는 매출처별세금계산서합계표, 매입처별세금계산서합계표, 신용카드매출전표 등 수령명세서, 영세율매출명세서, 현금매출명세서 등의 서류를 함께 제출하여야 한다(부가령 90 ②, ③).

3. 확정신고와 납부

⑴ 확정신고와 납부

사업자는 각 과세기간에 대한 과세표준과 납부세액 또는 환급세액을 그 과세기간이 끝난 후 25일(폐업하는 경우에는 폐업일이 속한 달의 다음 달 25일) 이내에 납세지 관할세무서장에게 확정신고·납부하여야 한다. 다만, 예정신고를 한 사업자 또는 조기에 환급을 받기 위하여 신고한 사업자는 이미 신고한 과세표준과 납부한 납부세액 또는 환급받은 환급세액은 신고하지 아니한다(부가법 49).

⑵ 확정신고시 제출서류

부가가치세의 확정신고를 할 때에는 부가가치세 확정신고서를 각 납세지 관할세무서장에게 제출(국세정보통신망에 의한 제출을 포함)하여야 한다. 부가가치세 확정신고서를 제출할 때에는 매출처별세금계산서합계표, 매입처별세금계산서합계표, 신용카드매출전표 등 수령명세서, 영세율매출명세서, 현금매출명세서 등의 서류를 함께 제출하여야 한다(부가령 91 ①, ②).

⑶ 전자세금계산서 발급명세 전송시 세금계산서합계표 제출의무 면제

전자세금계산서를 발급하거나 발급받고 전자세금계산서 발급명세를 해당 재화 또는 용역의 공급시기가 속하는 과세기간(예정신고의 경우에는 예정신고기간) 마지막 날의 다음 달 11일까지 국세청장에게 전송한 경우에는 해당 예정신고 또는 확정신고(개인사업자에게 예정고지하는 경우에는 해당 과세기간의 확정신고) 시 매출·매입처별 세금계산서합계표를 제출하지 아니할 수 있다(부가법 54 ②).

⑷ 현금매출명세서 등의 제출

① 예식장업, 부동산중개업, 보건업 중 병원과 의원, 간이과세가 배제되는 전문직서

비스업(변호사업, 공인회계사업 등)을 하는 사업자는 예정신고 또는 확정신고를 할 때 현금매출명세서를 함께 제출하여야 한다.

② 부동산임대업자는 부동산임대공급가액명세서를 예정신고 또는 확정신고를 할 때 함께 제출하여야 한다.

4. 재화의 수입에 대한 신고 · 납부 등

(1) 재화의 수입에 대한 신고 · 납부

수입자가 재화의 수입에 대하여 관세법에 따라 관세를 세관장에게 신고 · 납부하는 경우에는 재화의 수입에 대한 부가가치세를 함께 신고 · 납부하여야 한다(부가법 50).

(2) 재화의 수입에 대한 부가가치세 납부의 유예

세관장은 매출액에서 수출액이 차지하는 비율이 30% 이상이거나 수출액이 50억원 이상일 것 등 법령으로 정하는 요건을 충족하는 중소 · 중견사업자가 물품을 제조 · 가공하기 위한 원재료 등 자기의 과세사업에 사용하기 위한 재화(매입세액이 불공제되는 재화는 제외한다)의 수입에 대하여 부가가치세의 납부유예를 미리 신청하는 경우에는 해당 재화를 수입할 때 부가가치세의 납부를 유예할 수 있다(부가법 50의2 ①, 부가령 91의2).

납부를 유예받은 중소 · 중견사업자는 납세지 관할 세무서장에게 예정신고 또는 확정신고 등을 할 때 그 납부가 유예된 세액을 정산(매입세액에서 납부유예액을 차감하는 방법으로 정산)하거나 납부하여야 한다. 이 경우 납세지 관할 세무서장에게 납부한 세액은 세관장에게 납부한 것으로 본다(부가법 50의2 ②).

수출 중소 · 중견기업의 수입 부가가치세 납부유예제도

수출 중소기업을 지원하기 위하여 수출 중소기업이 재화 수입시 세관에 납부하는 부가가치세를 관할 세무서에 예정신고 또는 확정신고할 때까지 납부를 유예하는 제도를 신설하였으며(2016년 7월 1일부터 시행), 중견사업자의 수출을 지원하기 위하여 수입 부가가치세 납부유예제도의 적용 대상을 일정 요건을 갖춘 중견사업자로 확대(2017년 4월 1일 이후 수입신고하는 분부터 적용)하였다.

5. 대리납부

(1) 대리납부의 의의

국내에 사업장이 없는 비거주자 · 외국법인이 국내에서 용역 또는 권리를 공급하는 경우에 부가가치세를 과세하도록 규정하고 있다. 만약 이에 대하여 과세를 하지 않는다면 국내사업장이 있는 사업자가 국내사업장이 없는 비거주자 · 외국법인에 비하여 가격 경쟁에서 불리하게 되는 문제점이 발생하게 된다. 그러나 비거주자 · 외국법인에게 부가가치세 거래징수의무를 부과하고 그 이행을 강제하는 것은 어렵다. 이러한 징수문제를 해결하기 위하여 공급받는 자가 비거주자 · 외국법인을 대신하여 부가가치세를 징수 · 납부하도록 하는 것이 대리납부제도이다.

(2) 대리납부의 요건

다음의 요건을 모두 충족하는 경우에는 공급받는 자가 그 대가를 지급하는 때에 그 대가를 받은 자로부터 부가가치세를 징수하여야 한다(부가법 52 ①).

구 분	내 용
공급자	① 국내사업장이 없는 비거주자 · 외국법인 ② 국내사업장이 있는 비거주자 또는 외국법인으로서 국내사업장과 관련없이 용역등을 공급하는 경우
공급거래	① 국내에서 용역 또는 권리를 공급받는 경우 ② 국내에 반입하는 것으로서 관세와 함께 부가가치세를 신고 · 납부하여야 하는 재화의 수입에 해당하지 아니하는 경우
공급받는 자*	① 원칙 : 면세사업자 또는 비사업자인 경우 ② 예외 : 과세사업자가 매입세액이 공제되지 아니하는 용역등을 공급받는 경우

* 공급받는 자가 용역등을 과세사업에 사용하여 매입세액을 공제받는 경우에는 대리납부의 실익이 없으므로 대리납부의무를 부과하지 아니한다. 따라서 매입세액을 공제받을 수 없는 면세사업자, 비사업자 또는 매입세액불공제 대상 용역등에 한하여 대리납부의무가 부과된다.

사업양수인의 대리납부의무

사업의 포괄적인 양도(포괄양도 해당 여부가 불분명한 경우 포함)에 따라 그 사업을 양수받는 자는 그 대가를 지급하는 때에 그 대가를 받은 자로부터 부가가치세를 징수하여 그 대가를 지급하는 날이 속하는 달의 다음달 25일까지 사업장 관할세무서장에게 납부할 수 있다(부가법 52 ④). 이 경우 사업을 양수받는 자는 매입세액을 공제할 수 있다.

(3) 대리납부세액

대리납부세액 = 용역등의 공급가액 × 10%

용역등의 대가를 외화로 지급하는 경우에는 다음의 구분에 따른 금액을 그 대가로 한다(부가령 95 ③).

① 원화로 외화를 매입하여 지급하는 경우 : 지급일 현재의 대고객외국환매도율에 따라 계산한 금액

② 보유 중인 외화로 지급하는 경우 : 지급일 현재의 외국환거래법에 따른 기준환율 또는 재정환율에 따라 계산한 금액

⑷ 대리납부방법

징수한 대리납부세액은 부가가치세 대리납부신고서와 함께 부가가치세를 징수한 사업장 또는 주소지 관할세무서장에게 납부하거나 국세징수법에 따른 납부서를 작성하여 한국은행(그 대리점을 포함) 또는 체신관서에 납부하여야 한다(부가령 95 ①).

⑸ 대리납부의 시기

대리납부의 시기는 용역대가를 지급하는 때이다. 그 대가의 일부를 수회에 걸쳐 지급하는 경우에도 그 지급하는 때마다 대리납부한다.

⑹ 대리납부의무 불이행시 가산세

대리납부의무가 있는 자가 이를 이행하지 않을 경우에는 국세기본법상 원천징수 등 납부지연가산세가 적용되며, 가산세는 다음과 같다.

구 분	내 용
가산세액	가산세액 = ㉠ + ㉡ ㉠ 납부하지 아니한 세액 또는 과소납부분 세액 × 3% ㉡ 납부하지 아니한 세액 또는 과소납부분 세액 × 납부기한의 다음 날부터 자진납부일 또는 납세고지일까지의 기간 × 0.022%
한도액	납부하지 아니한 세액 또는 과소납부분 세액 × 10%

6. 신용카드 등 결제금액에 대한 부가가치세 대리납부제도

신용카드업자는 부가가치세 체납률 등을 고려하여 대통령령으로 정하는 특례사업자가 부가가치세가 과세되는 재화 또는 용역을 공급(신용카드 · 직불카드 또는 선불카드를 사용한 거래로 한정함)하고 그 신용카드업자로부터 공급대가를 받는 경우에는 해당 공급대가를 특례사업자에게 지급하는 때에 공급대가의 110분의 4에 해당하는 금액을 부가가치세로 징수하여 매 분기가 끝나는 날의 다음 달 25일까지 대리납부신고서와 함께 신용카드업자의 관할 세무서장에게 납부하여야 한다(조특법 106의10 ①).

7. 국외사업자의 용역등 공급에 관한 특례

(1) 국외사업자의 용역등 위탁매매에 관한 특례

국외사업자(국내사업장이 없는 비거주자 또는 외국법인 등 대리납부의 공급자를 말함)가 사업자등록의 대상인 위탁매매인, 준위탁매매인, 대리인 또는 중개인(구매자로부터 거래대금을 수취하여 판매자에게 지급하는 경우에 한정함)을 통하여 국내에서 용역등을 공급하는 경우에는 해당 위탁매매인등이 해당 용역등을 공급한 것으로 본다(부가법 53 ①).

(2) 국외사업자의 권리공급 시 거래장소의 특례

국외사업자로부터 권리를 공급받는 경우에는 공급받는 자의 국내에 있는 사업장의 소재지 또는 주소지를 해당 권리가 공급되는 장소로 본다(부가법 53 ①).

8. 전자적 용역을 공급하는 국외사업자의 사업자등록 등에 관한 특례

(1) 간편사업자등록

국외사업자가 전자적 용역[25)]을 국내에 제공하는 경우에는 사업의 개시일부터 20일 이내에 간편사업자등록을 하여야 한다(부가법 53의2 ①). 다만, 사업자등록을 한 자의 과세사업 또는 면세사업에 대하여 용역을 공급하는 경우는 제외한다.

(2) 납부 등의 특례

대리납부 규정에도 불구하고 간편사업자등록을 한 자는 정보통신망을 이용하여 인터넷 등으로 국세정보통신망에 접속하여 신고사항(총 공급가액, 공제받을 매입세액 및 납부할 세액 등)을 입력하는 방식으로 부가가치세 예정신고 및 확정신고를 하여야 한다.

간편사업자등록을 한 자는 해당 전자적 용역의 공급과 관련하여 공제되는 매입세액 외에는 매출세액 또는 납부세액에서 공제하지 아니한다.

---

25) 전자적용역이란 정보통신망을 통하여 이동통신단말장치 또는 컴퓨터 등으로 공급하는 용역으로서 다음 어느 하나에 해당하는 용역을 말한다.
① 게임 · 음성 · 동영상 파일 또는 소프트웨어 등 대통령령으로 정하는 용역
② 광고를 게재하는 용역
③ 클라우드컴퓨팅서비스
④ 재화 또는 용역을 중개하는 용역으로서 대통령령으로 정하는 용역
⑤ 그 밖에 이와 유사한 용역으로서 대통령령으로 정하는 용역

제 2 절 | 결정 · 경정 · 징수 및 환급

1. 결정 및 경정

(1) 결정 또는 경정의 의의

납세지 관할세무서장, 납세지 관할지방국세청장 또는 국세청장(이하 납세지 관할세무서장등)은 납세의무자가 부가가치세를 신고하지 아니한 경우에는 납부세액 또는 환급세액을 결정하게 되며, 납세의무자의 신고 내용에 오류·탈루가 있는 경우에는 경정을 하게 된다.

(2) 결정 또는 경정의 사유

납세지 관할세무서장등은 사업자가 다음의 어느 하나에 해당하는 경우에만 해당 예정신고기간 및 과세기간에 대한 부가가치세의 과세표준과 납부세액 또는 환급세액을 조사하여 결정 또는 경정한다(부가법 57 ①).

① 예정신고 또는 확정신고를 하지 아니한 경우

② 예정신고 또는 확정신고를 한 내용에 오류가 있거나 내용이 누락된 경우

③ 확정신고를 할 때 매출처별 세금계산서합계표 또는 매입처별 세금계산서합계표를 제출하지 아니하거나 제출한 매출처별 세금계산서합계표 또는 매입처별 세금계산서합계표에 기재사항의 전부 또는 일부가 적혀 있지 아니하거나 사실과 다르게 적혀 있는 경우

④ 사업장의 이동이 빈번한 경우 등 그 밖에 법령으로 정하는 사유로 부가가치세를 포탈(逋脫)할 우려가 있는 경우

(3) 수시부과의 결정 개정

납세지 관할세무서장등은 사업자가 과세기간 중에 재화 또는 용역을 공급하지 아니하고 세금계산서 등을 발급한 경우 등 법령으로 정하는 사유로 부가가치세를 포탈할 우려가 있는 경우에는 해당 과세기간의 개시일부터 해당 사유가 발생한 날까지를 수시부과기간으로 하여 수시로 그 사업자에 대한 부가가치세를 부과할 수 있다(부가법 57의2).

⑷ 경정의 제한

영수증 발급대상 사업 중 국세청장이 정하는 업종을 경영하는 사업자로서 같은 장소에서 계속하여 5년 이상 사업을 경영한 자에 대해서는 객관적인 증명자료로 보아 과소하게 신고한 것이 분명한 경우에만 경정할 수 있다(부가령 103 ②).

⑸ 결정 또는 경정의 방법

납세지 관할세무서장등은 각 예정신고기간 및 과세기간에 대한 과세표준과 납부세액 또는 환급세액을 조사하여 결정 또는 경정하는 경우에는 세금계산서, 수입세금계산서, 장부 또는 그 밖의 증명 자료를 근거로 하여 실지조사 결정(경정)을 하여야 한다. 다만, 실지조사 할 수 없는 경우에는 추계(推計)할 수 있다(부가법 57 ②).

2. 징 수

⑴ 징수의 의의 개정

납세지 관할세무서장은 다음 세액을 국세징수법에 따라 징수하며, 재화의 수입에 대한 부가가치세는 세관장이 관세법에 따라 징수한다(부가법 58).

① 예정신고 또는 확정신고를 할 때에 신고한 납부세액을 납부하지 아니하거나 납부하여야 할 세액보다 적게 납부한 경우 그 미납부세액
② 결정 또는 경정을 한 경우 추가로 납부해야 할 세액
③ 수시부과한 세액

⑵ 신탁재산에 대한 강제징수의 특례

수탁자가 납부하여야 하는 부가가치세가 체납된 경우에는 국세징수법 제31조에도 불구하고 해당 신탁재산에 대해서만 강제징수를 할 수 있다(부가법 58의2).

3. 환 급

부가가치세는 거래징수한 매출세액에서 거래징수당한 매입세액을 공제하여 납부세액을 계산한다. 이 경우에 매입세액이 매출세액을 초과하게 되면 환급세액이 발생되는데, 이러한 환급세액은 각 과세기간별로 환급하는 것이 원칙이다. 그러나 일정한 경우에는 예외적으로 신속하게 환급을 받을 수 있는 제도가 있는데, 이를 일반적인 경우(일반환급)와 구분하여 조기환급이라 한다.

(1) 일반환급

일반환급의 경우에는 과세기간별로 환급세액을 그 확정신고기한 경과 후 30일 이내에 사업자에게 환급한다(부가법 59 ①). 예정신고기간의 환급세액은 예정신고시 환급하지 아니하고 확정신고시 납부할세액에서 차감한다.

(2) 조기환급

1) 조기환급의 대상

다음에 해당하는 경우에는 조기환급을 받을 수 있다(부가법 59 ②).

① 영세율을 적용받는 경우

② 사업설비(감가상각자산에 한함)를 신축·취득·확장 또는 증축한 자

③ 사업자가 재무구조개선계획을 이행 중인 경우

조기환급의 취지는 ① 수출을 촉진시키고, ② 설비투자자금으로 인한 자금압박을 경감시켜주려는데 있다. 조기환급의 대상이 일부만 존재하는 경우에도 해당 조기환급기간에 대한 사업장 전체의 환급세액을 조기환급한다.

2) 조기환급의 단위

① 예정신고 또는 확정신고 시 조기환급 : 조기환급을 받으려는 사업자가 예정신고서 또는 확정신고서를 제출한 경우에는 조기환급을 신고한 것으로 본다. 이 경우 관할세무서장은 환급세액을 그 예정신고 또는 확정신고기한이 지난 후 15일 이내에 사업자에게 환급하여야 한다(부가령 107 ①, ③).

② 조기환급기간별 조기환급 : 사업자가 예정신고기간 중 또는 과세기간 최종 3개월 중 매월 또는 매 2월(조기환급기간)에 조기환급기간이 끝난 날부터 25일 이내(조기환급신고기한)에 조기환급기간에 대한 과세표준과 환급세액을 관할세무서장에게 신고하는 경우에는 조기환급기간에 대한 환급세액을 각 조기환급기간별로 해당 조기환급신고기한이 지난 후 15일 이내에 사업자에게 환급하여야 한다(부가령 107 ④).

사 례 조기환급기간

20×1년 제1기를 대상으로 조기환급기간의 적용사례를 살펴보면 다음과 같다.

(1) 일반적인 경우

예정신고기간(1월~3월)의 환급세액을 예정신고를 통해 조기환급받고, 과세기간 최종 3개월(4월~6월)의 환급세액을 확정신고를 통해 조기환급받는 방법이 일반적이다. 조기환급기간을 별도로 설정하여 조기환급신고를 하는 것이 사업자 입장에서 부담이 되기 때문이다.

(2) 매월 환급받는 경우

규정에 따르면 극단적으로는 월단위로 매월 조기환급신고를 하고, 조기환급을 받을 수 있다. 이 경우 3월과 6월분은 따로 조기환급신고를 하지 않고 예정신고 또는 확정신고를 조기환급신고로 대신하게 된다.

(3) 매2월 환급받는 경우

매 2월이라고 하여 1월과 2월, 3월과 4월, 5월과 6월을 조기환급기간으로 할 수 있다고 오해할 수 있다. 그러나, 조기환급기간을 매 2월로 한다는 것은 1월과 2월(조기환급신고), 3월(예정신고), 4월과 5월(조기환급신고), 6월(확정신고) 4차례 신고를 통해 조기환급을 받는 것을 말한다. 따라서 3월과 4월을 묶어서 조기환급신고를 하는 것은 불가능하다.

---

(3) 경정시 즉시 환급

관할세무서장은 결정·경정에 의하여 추가로 발생한 환급세액이 있는 경우에는 지체 없이 사업자에게 환급하여야 한다(부가령 106 ②).

객/관/식/문/제

▶ 제8장 부가가치세의 신고 · 납부

1 일반과세자의 부가가치세법상 신고 · 납부에 대한 다음 설명 중 틀린 것은?

① 직전 과세기간 공급가액의 합계액이 2억원인 법인사업자는 예정신고기간이 끝난 후 25일 이내에 각 예정신고기간에 대한 과세표준과 납부세액을 납세지 관할세무서장에게 신고하여야 한다. 이 때 가산세는 제외한다.

② 개인사업자는 관할세무서장이 각 예정신고기간마다 직전과세기간에 대한 납부세액에 50%를 곱한 금액을 결정하여 납부고지서를 발부하면 해당 예정신고기간이 끝난 후 25일까지 납부하여야 한다.

③ 휴업 또는 사업 부진 등으로 인하여 각 예정신고기간의 공급가액 또는 납부세액이 직전 과세기간의 공급가액 또는 납부세액의 3분의 1에 미달하는 개인사업자는 예정신고를 하고 예정신고기간의 납부세액을 납부할 수 있다.

④ 사업자는 각 과세기간에 대한 과세표준과 납부세액 또는 환급세액을 그 과세기간이 끝난 후 25일(폐업하는 경우에는 폐업일이 속한 달의 말일) 이내에 납세지 관할세무서장에게 확정신고 · 납부하여야 한다.

해설

사업자는 각 과세기간에 대한 과세표준과 납부세액 또는 환급세액을 그 과세기간이 끝난 후 25일(폐업하는 경우에는 폐업일이 속한 달의 다음 달 25일) 이내에 납세지 관할세무서장에게 확정신고 · 납부하여야 한다.

2 대리납부에 대한 설명 중 틀린 것은?

① 징수한 대리납부세액은 부가가치세 대리납부신고서와 함께 부가가치세를 징수한 사업장 또는 주소지 관할세무서장에게 납부할 수 있다.

② 국내에서 국내사업장이 없는 비거주자 또는 외국법인으로부터 용역을 공급받는 과세사업자는 대리납부의무가 없다.

③ 대리납부의무를 이행하지 않을 때에는 원천징수 등 납부지연가산세가 부과된다.

④ 사업의 포괄적인 양수도에 따라 그 사업을 양수받는 자는 그 대가를 지급하는 때에 그 대가를 받은 자로부터 부가가치세를 징수하여 그 대가를 지급하는 날이 속하는 달의 말일까지 사업장 관할세무서장에게 납부할 수 있다.

해설

과세사업자도 매입세액이 공제되지 아니하는 용역등을 공급받는 경우에는 대리납부의무를 진다.

3 결정 · 경정 및 징수에 관한 설명으로 옳지 않은 것은?

① 결정 또는 경정을 함에 있어서는 세금계산서, 장부 그밖의 증명서류를 근거로 실지조사하는 것을 원칙으로 한다.

② 납세지 관할세무서장은 사업자가 예정신고 또는 확정신고를 할 때에 신고한 납부세액을 납부하지 아니한 경우에는 그 세액을 국세징수법에 따라 징수한다.

③ 경정에 있어서 사업자가 발급받은 세금계산서를 경정기관의 확인을 거쳐 제출하는 경우에는 매입세액을 공제할 수 있다.

④ 영수증 발급대상 사업 중 국세청장이 정하는 업종을 경영하는 사업자로서 같은 장소에서 계속하여 5년 이상 사업을 경영한 자에 대해서는 경정을 할 수 없다.

해설

영수증 발급대상 사업 중 국세청장이 정하는 업종을 경영하는 사업자로서 같은 장소에서 계속하여 5년 이상 사업을 경영한 자에 대해서는 객관적인 증명자료로 보아 과소하게 신고한 것이 분명한 경우에만 경정할 수 있다.

4 다음은 부가가치세법상 신고 · 납부 등에 관한 설명이다. 가장 타당하지 않은 것은?

① 예정신고기간 또는 조기환급기간 중에 사업설비를 신설 · 취득 · 확장 또는 증축한 사업자에게 환급세액이 발생한 때에는 그 환급세액 중 사업설비의 신설 · 취득 · 확장 또는 증축과 관련한 매입세액에 한하여 조기환급한다.

② 예정신고기간의 고지세액이 50만원 미만인 개인사업자에 대해서는 예정고지를 하지 아니한다.

③ 예식장업 · 부동산중개업 등 법령에서 정하는 사업을 하는 사업자는 예정신고 또는 확정신고를 할 때 현금매출명세서를 함께 제출하여야 한다.

④ 수입자가 재화의 수입에 대하여 관세법에 따라 관세를 세관장에게 신고 · 납부하는 경우에는 재화의 수입에 대한 부가가치세를 함께 신고 · 납부하여야 한다.

해설

예정신고기간 또는 조기환급기간 중에 사업설비를 신설 · 취득 · 확장 또는 증축한 사업자에게 환급세액이 발생한 때에는 그 예정신고기간 또는 조기환급기간에 대한 사업장별 환급세액전액을 조기환급한다.

5 부가가치세법령상 환급 및 조기환급에 대한 설명으로 옳지 않은 것은? ◐ 2021년 국가직 9급

① 조기환급신고를 할 때 매출·매입처별 세금계산서합계표를 제출한 경우에는 예정신고 또는 확정신고를 할 때 함께 제출하여야 하는 매출·매입처별 세금계산서합계표를 제출한 것으로 본다.

② 사업자는 각 과세기간에 대한 과세표준과 납부세액 또는 환급세액을 그 과세기간이 끝난 후 25일(폐업하는 경우 폐업일이 속한 달의 다음 달 25일) 이내에 납세지 관할 세무서장에게 신고하여야 하며, 조기에 환급을 받기 위하여 신고한 사업자는 이미 신고한 과세표준과 환급받은 환급세액도 신고하여야 한다.

③ 관할 세무서장은 결정·경정에 의하여 추가로 발생한 환급세액이 있는 경우에는 지체 없이 사업자에게 환급하여야 한다.

④ 조기환급이 적용되는 사업자가 조기환급신고기한에 조기환급기간에 대한 과세표준과 환급세액을 관할 세무서장에게 신고하는 경우에는 조기환급기간에 대한 환급세액을 각 조기환급기간별로 해당 조기환급신고기한이 지난 후 15일 이내에 사업자에게 환급하여야 한다.

해설

조기에 환급을 받기 위하여 신고한 사업자의 경우 이미 신고한 과세표준과 납부한 납부세액 또는 환급받은 환급세액은 신고하지 않는다(부가법 49 ①).

6 부가가치세법령상 신고와 납부 등에 대한 설명으로 옳은 것은? (단, 부가가치세를 징수하지 않거나 휴업 또는 사업부진 등으로 인하여 사업실적이 악화된 경우 등은 고려하지 않는다)

◐ 2022년 국가직 7급

① 납세지 관할 세무서장은 개인사업자에 대하여는 제2기분 예정신고기간분 「부가가치세법」 제48조 제3항 본문에 따른 부가가치세액(예정고지세액)에 대하여 10월 1일부터 10월 15일까지의 기간 이내에 납부고지서를 발부해야 한다.

② 세금계산서를 발급받은 국가 또는 지방자치단체는 매입처별 세금계산서합계표를 해당 과세기간이 끝난 후 25일 이내에 납세지 관할 세무서장에게 제출하여야 한다.

③ 개인사업자에 대하여는 각 예정신고기간마다 직전 과세기간 납부세액의 30퍼센트에 상당하는 금액을 결정하여 징수한다.

④ 예정신고를 한 사업자 또는 조기에 환급을 받기 위하여 신고한 사업자는 확정신고를 할 때 이미 신고한 과세표준과 납부한 납부세액 또는 환급받은 환급세액을 포함해서 신고해야 한다.

해설

① 납세지 관할 세무서장은 개인사업자와 법령에 의한 법인사업자에 대해 제2기분 예정신고기간분 부가가치세액(예정고지세액)에 대하여 10월 1일부터 10월 10일까지의 기간 이내에 납부고지서를 발부해야 한다(부가법 48 ③, 부가령 90 ⑤).
③ 개인사업자에 대해서는 각 예정신고기간마다 직전 과세기간 납부세액의 50퍼센트에 상당하는 금액을 결정하여 징수한다(부가법 48 ③).
④ 이미 신고한 과세표준과 납부한 납부세액 또는 환급받은 환급세액을 제외하고 신고해야 한다(부가법 49 ①).

7 「부가가치세법」상 신고와 납부에 대한 설명으로 옳은 것은? 2024년 국가직 7급

① 예정신고를 한 사업자 또는 조기에 환급을 받기 위하여 신고한 사업자는 이미 신고한 과세표준과 납부한 납부세액 또는 환급받은 환급세액을 포함해서 확정신고를 해야 한다.
② 국외사업자로부터 국내에서 용역을 공급받는 자(공급받은 그 용역을 과세사업에 제공하는 경우는 제외하되, 매입세액이 공제되지 아니하는 용역을 공급받는 경우는 포함한다)는 그 대가를 지급하는 때에 그 대가를 받은 자로부터 부가가치세를 징수하여야 한다.
③ 국외사업자가 사업자등록의 대상으로서 위탁매매인을 통하여 국내에서 용역을 공급하는 경우에는 해당 국외사업자가 해당 용역을 공급한 것으로 본다.
④ 국외사업자가 정보통신망을 통하여 이동통신단말장치 또는 컴퓨터 등으로 공급하는 용역으로서 광고를 게재하는 용역을 국내에 제공하는 경우에는 그 용역을 공급받는 자가 사업자등록을 하여야 한다.

해설

① 이미 신고한 과세표준과 납부한 납부세액 또는 환급받은 환급세액을 제외하고 신고해야 한다(부가법 49 ①).
③ 국외사업자가 사업자등록의 대상으로서 위탁매매인을 통하여 국내에서 용역을 공급하는 경우에는 해당 위탁매매인이 해당 용역을 공급한 것으로 본다(부가법 53 ①).
④ 국외사업자가 전자적 용역24을 국내에 제공하는 경우에는 사업의 개시일부터 20일 이내에 간편사업자등록을 하여야 한다(부가법 53의2 ①).

정답	1	④	2	②	3	④	4	①	5	②	6	②	7	②

9 간이과세

제 1 절 | 간이과세자

1. 간이과세자의 의의

부가가치세는 신고납세제도에 의한 조세로서 납세의무자인 사업자의 성실한 협조를 바탕으로 운영되고 있다. 부가가치세제도를 운영하기 위하여 사업자에게 부과되는 의무는 그 내용이 복잡하다. 따라서 사업규모가 일정금액 이하인 영세한 개인사업자에게 신고·납부 등 제반의무를 단순화하여 그 부담을 줄여주고, 부가가치세의 납부세액 역시 일부 경감해 주기 위한 일종의 편의적 과세제도가 간이과세제도이다.

2. 간이과세대상자

(1) 간이과세대상자

간이과세자는 직전 연도의 공급대가(부가가치세가 포함된 대가)의 합계액이 1억 400만원에 미달하는 개인사업자를 말한다(부가법 61 ①). 다만, 다음의 어느 하나에 해당하는 사업자는 간이과세자로 보지 아니한다.

① 간이과세가 적용되지 아니하는 다른 사업장을 보유하고 있는 사업자

② 재화의 공급으로 보지 않는 사업의 양도로서 일반과세자로부터 양수한 사업(사업을 양수한 이후 공급대가의 합계액이 1억 400만원에 미달하는 경우는 제외)

③ 전전년도 기준 복식부기의무자가 경영하는 사업

④ 부동산임대업 또는 과세유흥장소를 경영하는 사업자로서 해당 업종의 직전 연도의 공급대가의 합계액이 4,800만원 이상인 사업자

⑤ 광업, 도매업(소매업을 겸영하는 경우 포함, 재생용 재료수집 및 판매업 제외), 상품중개업, 부동산매매업, 전문직서비스업(변호사, 공인회계사, 세무사, 의사, 한의사, 약사, 수의사 등), 전기·가스·증기 및 수도 사업을 경영하는 사업자

⑥ 제조업, 건설업, 전문・과학・기술서비스업, 사업시설 관리・사업지원 및 임대서비스업을 경영하는 사업자. 주로 최종소비자에게 직접 재화를 공급하는 사업으로서 기획재정부령으로 정하는 사업은 제외한다.

⑦ 사업장의 소재 지역과 사업의 종류・규모 등을 고려하여 국세청장이 정하는 기준에 해당하는 것

⑵ 직전 연도의 공급대가 환산

직전 과세기간에 신규로 사업을 시작한 개인사업자에 대하여는 그 사업개시일부터 그 과세기간 종료일까지의 공급대가를 합한 금액을 12개월로 환산한 금액을 기준으로 하여 간이과세의 규정을 적용한다. 이 경우에 1개월 미만의 단수가 있으면 1개월로 한다(부가법 61 ②).

$$기준액 = \frac{직전년의\ 공급대가}{사업월수^{*}} \times 12월$$

* 사업월수를 계산할 때 1월 미만의 끝수가 있을 때에는 이를 1월로 계산한다.

⑶ 신규사업자의 적용

해당연도에 신규로 사업을 시작하는 개인사업자는 사업을 시작한 날이 속하는 연도의 공급대가의 합계액이 1억 400만원에 미달할 것으로 예상되는 때에는 사업자등록신청서와 함께 간이과세적용신고서를 관할세무서장에게 제출하여야 하며, 이 때 개인사업자는 최초의 과세기간에 있어서 간이과세자로 한다(부가법 61 ③, ④).

사업자등록을 하지 아니한 자

사업자등록을 하지 아니한 개인사업자로서 사업을 시작한 날이 속하는 연도의 공급대가의 합계액이 1억 400만원에 미달하는 경우에는 최초의 과세기간에는 간이과세자로 한다(부가법 61 ⑤).

3. 간이과세 및 일반과세의 적용시기

(1) 과세유형의 전환

구 분	내 용
① 전환시기	간이과세자에 관한 규정이 적용되거나 적용되지 아니하게 되는 기간은 해의 1월 1일부터 12월 31일까지의 공급대가의 합계액이 1억 400만원에 미달하거나 그 이상이 되는 해의 다음 해의 7월 1일부터 그 다음 해의 6월 30일까지로 한다(부가법 62 ①).
② 신규사업 개시자	신규로 사업을 개시한 사업자의 경우 간이과세자에 관한 규정이 적용되거나 적용되지 아니하게 되는 기간은 최초로 사업을 개시한 해의 다음 해의 7월 1일부터 그 다음 해의 6월 30일까지로 한다(부가법 62 ②).
③ 배제업종의 겸영	간이과세자가 간이과세 적용배제업종을 신규로 겸영하는 경우에는 해당 사업의 개시일이 속하는 과세기간의 다음 과세기간부터 간이과세자에 관한 규정을 적용하지 아니한다(부가령 110 ④)*.
④ 결정 또는 경정시 간이과세 적용	간이과세자의 결정 또는 경정한 공급대가가 기준금액(연 1억 400만원) 이상인 개인사업자는 그 결정 또는 경정한 날이 속하는 과세기간까지 간이과세자로 본다(부가법 61 ⑥).

* 일반과세자로 전환된 사업자로서 해당 연도 공급대가의 합계액이 1억 400만원 미만인 사업자가 간이과세 적용배제 사업을 폐지하는 경우에는 해당 사업의 폐지일이 속하는 연도의 다음 연도 7월 1일부터 간이과세자에 관한 규정을 적용한다.

(2) 과세유형의 전환통지

과세유형이 변경되는 경우 해당 사업자의 관할세무서장은 간이과세자에 관한 규정이 적용되거나 적용되지 아니하게 되는 과세기간 개시 20일 전까지 그 사실을 통지하여야 하며, 사업자등록증을 정정하여 과세기간 개시 당일까지 발급하여야 한다(부가령 110 ①).

구 분	과세유형의 적용
일반과세자 → 간이과세자	통지와 관계없이 전환시기에 간이과세자에 관한 규정을 적용한다. 다만, 부동산임대업을 경영하는 사업자의 경우에는 통지를 받은 날이 속하는 과세기간까지는 일반과세자에 관한 규정을 적용한다.
간이과세자 → 일반과세자	통지를 받은 날이 속하는 과세기간까지는 간이과세자에 관한 규정을 적용한다.

4. 간이과세의 포기

(1) 간이과세의 포기신고

① 계속사업자 : 간이과세자가 간이과세자에 관한 규정의 적용을 포기하고 일반과세자에 관한 규정을 적용받으려는 경우에는 적용받으려는 달의 전달의 마지막 날까지 납세지 관할세무서장에게 신고하여야 한다(부가법 70 ①).

② 신규사업자 : 신규로 사업을 시작하는 개인사업자가 사업자등록을 신청할 때 납세지 관할세무서장에게 간이과세자에 관한 규정의 적용을 포기하고 일반과세자에 관한 규정을 적용받으려고 신고한 경우에는 일반과세자에 관한 규정을 적용받을 수 있다(부가법 70 ②).

(2) 간이과세의 포기의 효력

간이과세를 포기한 개인사업자는 일반과세자에 관한 규정을 적용받으려는 달의 1일(신규사업자는 사업개시일이 속하는 달의 1일)부터 3년이 되는 날이 속하는 과세기간까지는 간이과세자에 관한 규정을 적용받지 못한다(부가법 70 ③).

제 2 절 | 간이과세자의 납부세액 계산

1. 차가감납부할 세액의 계산구조

	과 세 표 준	… 공급대가(부가가치세 포함 금액)
(×)	업 종 별 부 가 가 치 율	… 업종별로 15%~40% 적용
(×)	세 율	… 10%(영세율은 0%)
	납 부 세 액	
(−)	공 제 세 액	… 세금계산서 등 세액공제, 신용카드매출전표 등 발행공제, 전자신고세액공제, 전자세금계산서 발급 전송에 대한 세액공제 … 예정부과기간 고지납부세액
(+)	가 산 세	
	차 가 감 납 부 세 액	… 차가감 납부세액 중 25.3%는 지방소비세로 신고 · 납부

2. 납부세액(매출세액)

간이과세자의 과세표준은 해당 과세기간의 공급대가의 합계액으로 한다(부가법 63 ①). 간이과세자의 납부세액은 다음의 계산식에 따라 계산한 금액으로 한다. 이 경우 둘 이상의 업종을 겸영하는 간이과세자의 경우에는 각각의 업종별로 계산한 금액의 합계액을 납부세액으로 한다(부가법 63 ②).

납부세액(매출세액) = 과세표준(공급대가) × 업종별 부가가치율 × 10%

(1) 업종별 부가가치율

1) 일반적인 경우

업종별 부가가치율은 직전 3년간 신고된 업종별 평균부가가치율을 고려하여 5%에서 50%의 범위 내에서 대통령령으로 정한 다음의 부가가치율을 말한다(부가령 111 ②).

구 분	부가가치율
1. 소매업, 재생용 재료수집 및 판매업, 음식점업	15%
2. 제조업, 농업 · 임업 및 어업, 소화물 전문 운송업	20%
3. 숙박업	25%
4. 건설업, 운수 및 창고업(소화물 전문 운송업은 제외한다), 정보통신업	30%
5. 금융 및 보험 관련 서비스업, 전문 · 과학 및 기술서비스업(인물사진 및 행사용 영상 촬영업은 제외한다), 사업시설관리 · 사업지원 및 임대서비스업, 부동산 관련 서비스업, 부동산임대업	40%
6. 그 밖의 서비스업	30%

2) 업종별 실지귀속을 구분할 수 없는 경우

간이과세자가 둘 이상의 업종에 공통으로 사용하던 재화를 공급하여 업종별 실지귀속을 구분 할 수 없는 경우에 적용할 부가가치율은 다음 산식에 의하여 계산한 율로 한다. 이 경우 휴업 등으로 인하여 해당 과세기간의 공급대가가 없을 때에는 가장 가까운 과세기간의 공급대가에 따라 계산한다(부가령 111 ⑤).

$$\Sigma \text{ 각 업종별 부가가치율} \times \frac{\text{해당 재화의 공급일이 속하는 과세기간의 각 업종의 공급대가}}{\text{해당 재화의 공급일이 속하는 과세기간의 각 업종의 총공급대가}}$$

3. 공제세액

(1) 세금계산서 등 세액공제

1) 일반적인 경우

간이과세자가 다른 사업자로부터 세금계산서 · 신용카드매출전표 등을 발급받아 매입처별세금계산서합계표 또는 신용카드매출전표등수령명세서를 납세지 관할세무서장에게 제출하거나, 세금계산서 또는 신용카드매출전표등수령명세서를 결정 · 경정기관의 확인을 거쳐 정부에 제출한 때에는 다음의 금액을 과세기간에 대한 납부세액에서 공제한다. 다만, 세금계산서 등 세액공제액과 신용카드매출전표 등 발행공제액이 과세기간의 납부세액을 초과하는 때에는 그 초과하는 부분은 없는 것으로 본다. 즉, 환급하지 아니한다(부가법 63 ③, ⑥).

공제액 = 세금계산서 등을 발급받은 재화 · 용역*의 공급대가 × 0.5%

* 매입세액 불공제분 제외

2) 겸영사업자의 경우

간이과세자가 과세와 면세를 겸영하는 경우에 세금계산서 등 세액공제는 과세사업과 면세사업의 실지귀속에 의하되 실지귀속이 불분명한 경우 공제할 세액은 다음과 같다(부가령 111 ⑦).

$$\text{공제액} = \text{세금계산서 등을 발급받은 재화·용역의 공급대가의 합계액} \times \frac{\text{과세공급대가(해당 과세기간)}}{\text{총공급대가(해당 과세기간)}} \times 0.5\%$$

(2) 신용카드매출전표 등 발행공제

신용카드매출전표 등 발행공제는 간이과세자에게 다음과 같이 적용된다(부가법 46).

구 분	내 용
① 공제 대상	간이과세자 중 영수증 발급대상자가 부가가치세가 과세되는 재화 또는 용역을 공급하고 세금계산서의 발급시기에 신용카드매출전표(직불카드영수증 포함) 또는 현금영수증을 발행하거나 전자화폐에 의하여 대금을 결제받는 경우에는 다음 금액을 납부세액에서 공제한다.
② 공제액	㉠ 공제액 : 그 발급금액 또는 결제금액의 1.3%(2027년부터 : 1%) ㉡ 공제한도 : 연간 1,000만원(2027년부터 : 500만원)

(3) 전자신고에 대한 세액공제

간이과세자가 직접 전자신고 방법으로 부가가치세 확정신고를 하는 경우에는 해당 납부세액에서 10,000원을 공제한다(조특법 104의8 ②).

(4) 전자세금계산서 발급 전송에 대한 세액공제

간이과세자(직전 연도 공급대가 4,800만원 미만 또는 신규사업자에 해당하는 간이과세자 제외)가 전자세금계산서를 2027년 12월 31일까지 개정 발급(전자세금계산서 발급명세를 전송기한까지 국세청장에게 전송한 경우로 한정)하는 경우에는 다음의 금액을 해당 과세기간의 부가가치세 납부세액에서 공제할 수 있다.

전자세금계산서 발급 전송에 대한 세액공제 = Min[발급건수 × 200원, 100만원]

예제 9-1 | 간이과세자의 차가감 납부세액 계산

다음은 음식점업(업종별 부가가치율은 15%이며, 과세유흥장소는 아님)을 경영하고 있는 영수증 발급대상 간이과세자인 갑의 20×6년 과세기간의 세액계산과 관련된 자료이다. 이 자료에 의하여 간이과세자가 과세표준 신고시 납부하여야 할 세액(차가감 납부세액)을 계산하시오. 단, 지방소비세를 포함한 금액을 계산할 것.

(1) 1월 1일부터 12월 31일까지의 공급대가(부가가치세 포함)는 ₩44,000,000이며, 이 중 신용카드매출전표 및 현금영수증 발행금액은 ₩10,000,000이다.

(2) 1월 1일부터 12월 31일까지의 세금계산서를 발급받은 재화 · 용역의 공급대가는 ₩11,000,000으로서 이 중 기업업무추진비와 관련된 공급대가 ₩2,200,000이 포함되어 있다.

(3) 갑은 20×6년 과세기간의 과세표준과 납부세액을 전자신고하고자 하며, 예정부과기간에 고지납부한 세액은 없다.

해답

1. 납부세액 : ₩44,000,000 × 15%(업종별 부가가치율) × 10% = ₩660,000
2. 공제세액
   (1) 신용카드매출전표 등 발행공제 : ₩10,000,000 × 1.3% = ₩130,000
   (2) 세금계산서 등 세액공제 : (₩11,000,000 − 2,200,000) × 0.5% = ₩44,000
   (3) 전자신고세액공제 : ₩10,000
3. 차가감 납부세액 : ₩660,000 − 130,000 − 44,000 − 10,000 = ₩476,000

제 3 절 | 신고 및 납부

1. 신고 · 납부절차

(1) 예정부과와 납부

사업장 관할세무서장은 간이과세자에 대하여 직전 과세기간에 대한 납부세액(신용카드매출전표 등 발행공제, 세금계산서 등 세액공제와 전자신고세액공제를 뺀 금액으로 함)의 50%(1천원 미만의 단수가 있을 때에는 그 단수금액은 버린다)를 예정부과기간(1월 1일부터 6월 30일)까지의 납부세액으로 결정하여 예정부과기한(예정부과기간이 끝난 후 25일 이내)까지 징수한다. 이 경우 관할세무서장은 예정부과할 부가가치세액에 대하여 7월 1일부터 7월 10일까지 납부고지서를 발부해야 한다(부가법 66 ①). 다만, 다음의 어느 하나에 해당하는 경우에는 징수하지 아니한다.

① 징수하여야 할 금액이 50만원 미만인 경우

② 간이과세자가 일반과세자로 변경되어 1월 1일부터 6월 30일까지의 과세기간이 적용되는 간이과세자의 경우

③ 국세징수법에 따른 납부기한의 연장사유로 관할 세무서장이 징수하여야 할 금액을 간이과세자가 납부할 수 없다고 인정되는 경우

(2) 예정부과기간의 납부세액 신고

① 휴업 또는 사업부진 등으로 인하여 예정부과기간의 공급가액 또는 납부세액이 직전 예정부과기간의 공급가액 또는 납부세액의 3분의 1에 미달하는 간이과세자는 예정부과기간의 과세표준과 납부세액을 예정부과기한까지 사업장 관할세무서장에게 신고 · 납부할 수 있다.

② 예정부과기간에 세금계산서를 발급한 간이과세자는 예정부과기간의 과세표준과 납부세액을 예정부과기한까지 사업장 관할 세무서장에게 신고하여야 한다.

(3) 과세기간 신고 · 납부

간이과세자는 과세기간(매년 1월 1일부터 12월 31일)의 과세표준과 납부세액을 그 과세기간이 끝난 후 25일(폐업하는 경우에는 폐업일이 속한 달의 다음 달 25일) 이내에 사업장 관할세무서장에게 신고 · 납부(예정부과기간에 대한 부가가치세를 납부한 경우에는 그 납부한 세액은 공제하고 납부)하여야 하며, 매출 · 매입처별 세금계산서합계표를 해당 신고와 함께 제출하여야 한다(부가법 67).

2. 납부의무의 면제(소액부징수)

간이과세자의 해당 과세기간에 대한 공급대가의 합계액이 4,800만원 미만인 경우에는 납부세액을 납부할 의무를 면제한다. 다만, 일반과세자가 간이과세자로 전환됨에 따라 납부세액에 가산하는 재고납부세액은 면제하지 아니한다(부가법 69 ①).

납부의무가 면제되는 경우에는 가산세도 부과하지 아니한다. 다만, 사업자등록을 하지 아니한 경우에는 미등록가산세를 부과하는데, 가산세율은 1% 대신에 '0.5%에 해당하는 금액과 5만원 중 큰 금액'으로 한다(부가법 69 ②). 이 경우에도 고정사업장이 없는 경우(고정된 물적시설을 갖추지 아니하고 공부에 등록된 사업장소재지가 없는 경우)에는 미등록 가산세도 적용하지 아니한다(부가령 115).

납세의무가 면제되는 간이과세자가 자진납부한 사실이 확인되는 경우에는 납세지 관할세무서장은 납부한 금액을 환급해야 한다.

3. 가산세

① 미등록가산세 : 공급대가 합계액의 0.5%

② 타인명의등록가산세 : 공급대가 합계액의 1% 개정

③ 세금계산서불성실 가산세 중 발급 관련 가산세는 일반과세자와 동일하게 적용되며, 수취 관련 가산세 중에는 다음의 2가지만이 적용된다.

㉠ 세금계산서 미수취 : 세금계산서를 발급하여야 하는 사업자로부터 재화 또는 용역을 공급받고 세금계산서를 발급받지 아니한 경우 : 그 공급대가의 0.5%

㉡ 결정 또는 경정 기관의 확인을 거쳐 납부세액을 계산할 때 매입세액으로 공제받는 경우 : 그 공급가액의 0.5%

④ 전자세금계산서발급명세 전송불성실 가산세와 매출처별세금계산서합계표제출불성실가산세는 일반과세자와 동일하게 적용된다.

⑤ 매입처별세금계산서합계표제출불성실가산세는 적용되지 않는다.

제 4 절 | 재고납부세액과 재고매입세액공제

1. 재고납부세액(일반과세자 ⇨ 간이과세자)

(1) 의 의

일반과세자가 간이과세자로 변경될 경우 변경일 현재 보유하고 있던 재화에 대해서는 일반과세자로서 공급받을 때 매입세액을 이미 공제받았다. 이 재고재화를 간이과세자로 변경된 후에 공급하면 부가가치율을 곱한 후의 적은 금액에 대해서 납부세액이 계산된다.

이러한 문제점을 해결하기 위하여 부가가치세법에는 일반과세자가 간이과세자로 전환될 때, 이미 공제받은 매입세액을 취소하는 방안으로 일종의 매입세액공제의 정산이라고 할 수 있는 재고납부세액제도를 도입하고 있다.

(2) 재고납부세액의 대상

재고납부세액의 대상은 거래당시 매입세액공제의 대상이 되었던 다음의 재화이다(부가령 86 ①). 단, 매입세액을 공제받은 경우만 해당하되, 사업의 포괄적인 양도에 의하여 사업양수자가 양수한 자산으로서 사업양도자가 매입세액을 공제받은 재화를 포함한다.

① 상품, 제품(반제품 및 재공품 포함), 재료(부재료 포함)

② 건설중인 자산

③ 감가상각자산

간이과세자가 일반과세자로 변경되었을 경우 적용되는 재고매입세액공제와 달리 재고납부세액은 장부 또는 세금계산서에 의하여 취득가액을 확인할 수 없는 경우에는 시가의 10%를 매입세액으로 보아 재고납부세액을 계산한다. 반면에 재고매입세액공제의 경우 세금계산서에 의하여 매입세액이 확인되지 아니하는 경우에는 재고매입세액공제를 인정하지 아니한다.

(3) 재고재화의 신고

재고납부세액의 적용대상 재화를 보유하고 있는 자는 변경되는 날의 직전과세기간에 대한 과세표준 신고와 함께 사업장 관할세무서장에 신고하여야 한다. 해당 사업자가 재고납부세액의 적용대상 재화를 신고하지 아니하거나 과소하게 신고한 경우에는 관할세무서장은 재고금액을 조사하여 해당 재고납부세액을 결정·통지하여야 한다.

⑷ 재고금액의 조사 및 통지

관할세무서장은 재고금액을 조사 · 승인하고 간이과세자로 변경된 날로부터 90일 이내에 재고납부세액을 통지하여야 한다. 이 경우 그 기한 내에 통지하지 아니하는 때에는 해당 사업자가 신고한 재고금액을 승인한 것으로 본다.

⑸ 재고납부세액의 계산

재고납부세액은 다음 산식에 따라 계산하며, 재고품이나 감가상각자산의 금액은 장부 또는 세금계산서에 의해 확인되는 취득가액으로 한다. 다만, 장부 또는 세금계산서가 없거나 기장이 누락된 경우 해당 재고품 및 감가상각자산의 경우의 가액은 시가에 의한다.

1) 상품 · 제품 · 재료

$$\text{재고납부세액} = \text{재고금액}^{*} \times 10\% \times (1 - 0.5\% \times \frac{110}{10})$$

* 재고금액은 일반과세자일 때 매입하여 매입세액공제를 받았으므로 부가가치세가 포함되지 않은 것이다.

2) 건설중인 자산

$$\text{재고납부세액} = \text{해당 건설중인 자산과 관련하여 공제받은 매입세액} \times (1 - 0.5\% \times \frac{110}{10})$$

3) 타인으로부터 매입한 감가상각자산

구 분	재고납부세액
건물 또는 구축물	취득가액* × (1 − 5% × 경과된 과세기간의 수) × 10% × $(1 - 0.5\% \times \frac{110}{10})$
기타의 감가상각자산	취득가액* × (1 − 25% × 경과된 과세기간의 수) × 10% × $(1 - 0.5\% \times \frac{110}{10})$

* 취득가액은 부가가치세가 포함되지 않은 것이다.

4) 사업자가 직접 제작·건설 또는 신축한 자산

구 분	재고납부세액
건물 또는 구축물	공제받은 매입세액* × (1 − 5% × 경과된 과세기간의 수) × $(1 - 0.5\% \times \frac{110}{10})$
기타의 감가상각자산	공제받은 매입세액* × (1 − 25% × 경과된 과세기간의 수) × $(1 - 0.5\% \times \frac{110}{10})$

* 해당 자산의 건설 또는 신축과 관련하여 공제받은 매입세액(장부 또는 세금계산서가 없거나 기장이 누락된 경우에는 시가의 10%에 상당하는 세액)

재고납부세액과 재고매입세액 계산방식 변경(2021년 7월 1일부터 시행)

세금계산서등 세액공제 방식이 변경(매입세액×업종별 부가가치율 → 공급대가×0.5%)됨에 따라 재고납부세액과 재고매입세액 계산식에서 (1 − 업종별 부가가치율)이 $(1 - 0.5\% \times \frac{110}{10})$으로 변경되어 적용된다.

(6) 재고납부세액의 납부시기

재고납부세액은 간이과세자로 변경된 날이 속하는 과세기간에 대한 확정신고를 할 때 납부할 세액에 더하여 납부한다.

예제 9-2 | 재고납부세액 

20×3. 7. 1에 일반과세자이던 갑은 간이과세자로 과세유형이 변경되었다. 과세유형 변경일 현재 사업장의 자산내역이 다음과 같을 때 갑의 과세유형변경에 따른 재고납부세액을 계산하시오.

	상 품	건 물	기계장치	비영업용 소형승용차
취 득 일	20×2. 1. 21	20×2. 7. 20	20×3. 6. 20	20×2. 4. 20
취 득 가	₩22,000,000	₩55,000,000	₩11,000,000	₩25,000,000
장 부 가	10,000,000	20,000,000	5,000,000	10,000,000
시 가	6,000,000	14,000,000	3,000,000	7,000,000

※ 상기 금액에는 부가가치세가 포함되어 있지 않다.

해답

1. 상　　품 : ₩22,000,000 × 10% × (1 − 0.5% × $\frac{110}{10}$) = ₩2,079,000
2. 건　　물 : ₩55,000,000 × (1 − 5% × 2) × 10% × (1 − 0.5% × $\frac{110}{10}$) = 4,677,750
3. 기계장치 : ₩11,000,000 × (1 − 25% × 1) × 10% × (1 − 0.5% × $\frac{110}{10}$) = 779,625
4. 비영업용 소형승용차 : −[*1]
5. 재고납부세액 : ₩7,536,375

*1 비영업용소형승용차는 매입세액불공제 대상에 해당하므로 재고납부세액공제대상이 아니다.

2. 재고매입세액공제(간이과세자 ⇨ 일반과세자)

(1) 의　의

간이과세자가 일반과세자로 변경되는 경우 변경일 현재 보유하고 있던 재화의 공급에 대해서도 일반과세자로서 매출세액을 납부하여야 한다. 따라서 간이과세자였을 때 매입하였던 잔존재화의 매입세액을 전액 공제해 주어야만 일반과세자와 과세형평을 유지할 수 있다. 즉, 간이과세자였을 때 재화를 매입하였음에도 불구하고 매입세액을 전액 공제받지 못하고 세금계산서 등 세액공제만 받았기 때문에 일반과세자로 전환되는 시점에서 잔존재화에 대한 매입세액을 공제해 주는데 이것이 재고매입세액공제이다.

(2) 재고매입세액공제의 대상

재고매입세액공제의 대상은 거래당시 매입세액공제의 대상인 다음의 재화이다(부가령 112 ①).

① 상품, 제품(반제품 및 재공품을 포함함), 재료(부재료를 포함함)
② 건설중인 자산
③ 감가상각자산

재고매입세액의 적용대상이 되는 재화는 부가가치세법상 매입세액공제 대상인 것에 한정한다. 그리고 세금계산서에 의하여 매입세액이 확인되지 아니하는 경우에는 재고매입세액을 인정하지 아니한다.

(3) 재고재화의 신고 및 통지

재고매입세액의 공제를 받으려면 간이과세자가 일반과세자로 변경되는 날 현재의 재고품 및 감가상각자산을 변경되는 날의 직전과세기간에 대한 과세표준 신고와 함께 각 사업장 관할세무서장에게 신고하여야 한다. 신고받은 관할세무서장은 이를 조사하여 재고품 및 감가상각자산의 신고기한 경과 후 1월 내에 해당 사업자에게 공제될 재고매입세액을 통지하여야 한다. 이때 이 기간 내에 통지하지 아니한 경우에는 승인된 것으로 본다.

(4) 재고매입세액의 계산

재고매입세액은 매입세액 전액을 인정하는 것이 아니라 간이과세자로서 공제받았거나 공제받을 수 있었던 세금계산서 등 세액공제를 차감한 금액이 된다.

1) 상품 · 제품 · 재료

$$\text{재고매입세액} = \text{재고금액}^{*} \times \frac{10}{110} \times \left(1 - 0.5\% \times \frac{110}{10}\right)$$

* 재고금액은 공급대가(부가가치세 포함)를 말한다.

2) 건설중인 자산

$$\text{재고매입세액} = \text{해당 건설중인 자산과 관련된 공제대상매입세액} \times \left(1 - 0.5\% \times \frac{110}{10}\right)$$

3) 타인으로부터 매입한 감가상각자산

구 분	재고납부세액
건물 또는 구축물	$\text{취득가액}^{*} \times (1 - 10\% \times \text{경과된 과세기간의 수}) \times \frac{10}{110} \times \left(1 - 0.5\% \times \frac{110}{10}\right)$
기타의 감가상각자산	$\text{취득가액}^{*} \times (1 - 50\% \times \text{경과된 과세기간의 수}) \times \frac{10}{110} \times \left(1 - 0.5\% \times \frac{110}{10}\right)$

* 취득가액은 공급대가(부가가치세 포함)를 말한다.

4) 사업자가 직접 제작·건설 또는 신축한 자산

구　분	재고납부세액
건물 또는 구축물	공제받은 매입세액 × (1 − 10% × 경과된 과세기간의 수) $\times (1 - 0.5\% \times \frac{110}{10})$
기타의 감가상각자산	공제받은 매입세액 × (1 − 50% × 경과된 과세기간의 수) $\times (1 - 0.5\% \times \frac{110}{10})$

예제 9-3 | 재고매입세액공제 

20×3. 7. 1에 간이과세자이던 甲은 일반과세자로 변경되었다. 과세유형 변경일 현재 사업장의 자산내역의 다음과 같을 경우 甲의 과세유형 변경에 따른 재고매입세액공제액을 계산하시오.

구 분	상 품	건 물	기계장치	비영업용 소형승용차
취 득 일	20×2. 1. 21	20×1. 7. 20	20×2. 6. 20	20×2. 4. 20
취 득 가	₩22,000,000	₩55,000,000	₩11,000,000	₩25,000,000
장 부 가	10,000,000	20,000,000	5,000,000	10,000,000
시　　가	6,000,000	14,000,000	3,000,000	7,000,000

* 상기 금액은 부가가치세가 포함된 것이다.

해답

1. 상　　품 : $₩22,000,000 \times \frac{110}{10} \times (1 - 0.5\% \times \frac{110}{10}) =$ ₩1,890,000
2. 건　　물 : $₩55,000,000 \times (1 - 10\% \times 2) \times \frac{110}{10} \times (1 - 0.5\% \times \frac{110}{10}) =$ 3,780,000
3. 기 계 장 치 : $₩11,000,000 \times (1 - 50\% \times 1) \times \frac{110}{10} \times (1 - 0.5\% \times \frac{110}{10}) =$ 472,500
4. 재고매입세액공제 : ₩6,142,500

* 비영업용소형승용차는 매입세액불공제대상에 해당되므로 재고매입세액공제대상이 아니다.

(5) 재고매입세액의 공제시기

결정된 재고매입세액은 그 승인을 얻은 날이 속하는 예정신고기간 또는 과세기간의 매출세액에서 공제한다.

재고매입세액공제와 재고납부세액의 비교

구 분	재고매입세액공제	재고납부세액
적용대상	간이과세자 ⇨ 일반과세자	일반과세자 ⇨ 간이과세자
대상자산	과세유형 변경일 현재의 재고품 및 감가상각자산(매입세액공제대상에 한함)	과세유형 변경일 현재의 재고품 및 감가상각자산(매입세액공제를 받은 것에 한함)
통지기한	재고품 등의 신고기한 경과 후 1월 이내	간이과세자로 변경된 날로부터 90일 이내
공제 및 납부방법	승인을 얻은 날이 속하는 예정신고기간 또는 과세기간의 매출세액에서 공제(환급가능)	간이과세자로 변경된 날로부터 6월간의 거래에 대한 납부할 세액에 가산하여 납부
재고품 또는 감가상각자산의 금액	장부 또는 세금계산서에 의해 확인되는 취득가액(부가가치세 포함)	장부 또는 세금계산서에 의해 확인되는 취득가액(부가가치세 제외)
취득가액이 확인되지 않는 경우	공제불가	장부 또는 세금계산서가 없거나 기장이 누락된 경우에는 시가에 의해 납부하여야 함
매입세액계산	재고금액 등의 10/110	재고금액 등의 10/100

객 / 관 / 식 / 문 / 제

▶ 제9장 간이과세

1 간이과세자에 대한 다음 설명 중 옳지 않은 것은?

① 간이과세자의 해당여부를 가리는 직전 연도의 공급대가는 부가가치세가 포함된 대가를 말한다.

② 간이과세자의 해당 과세기간에 대한 공급대가의 합계액이 4,800만원 미만인 경우에는 그 납부세액의 납부의무를 면제하지만, 사업자가 스스로 해당 세액을 자진납부한 경우에는 이를 환급하지 않는다.

③ 간이과세자에 대해서도 세금계산서불성실가산세가 적용된다.

④ 납부세액은 공급대가에 해당 업종별 부가가치율과 세율을 곱하여 계산하며, 둘 이상의 업종을 겸영하는 경우에는 각각의 업종별로 계산한 금액의 합계액으로 한다.

해설

납부의무가 면제되는 간이과세자가 자진납부한 사실이 확인되는 경우에는 납세지 관할세무서장은 납부한 세액을 환급하여야 한다.

2 간이과세에 관한 다음 설명 중 가장 타당한 것은?

① 소매업을 경영하는 개인사업자는 공급대가에 관계없이 간이과세자가 될 수 없다.

② 과세유형이 변경되는 경우 해당 사업자의 관할세무서장은 간이과세자에 관한 규정이 적용되거나 적용되지 아니하게 되는 과세기간 개시 20일 전까지 그 사실을 통지하여야 하며, 통지를 늦게 한 때에는 그 통지일이 속하는 과세기간까지는 과세유형이 전환되지 아니한다.

③ 직전연도의 공급대가의 합계액이 4,800만 미만인 간이과세자는 재화나 용역을 공급할 때 영수증을 발급하여야 한다. 그러나 상대방이 사업자등록증을 제시하고 세금계산서의 발급을 요구하는 경우에는 세금계산서를 발급할 수 있다.

④ 간이과세를 포기한 개인사업자는 일반과세자에 관한 규정을 적용받으려는 달의 1일(신규사업자는 사업개시일이 속하는 달의 1일)부터 3년이 되는 날이 속하는 과세기간까지는 간이과세자에 관한 규정을 적용받지 못한다.

해설

① 소매업을 경영하는 개인사업자는 간이과세자가 될 수 있다.
② 일반과세자가 간이과세자로 전환되는 경우에는 부동산임대업을 제외하고는 관할세무서장 통지에 관계없이 간이과세자 적용을 받는다. 하지만 간이과세자가 일반과세자로 전환되는 경우로서 통지를 늦게 한 때에는 그 통지일이 속하는 과세기간까지는 과세유형이 전환되지 아니한다.
③ 직전연도의 공급대가의 합계액이 4,800만원 미만인 간이과세자는 거래 상대방이 사업자등록증을 제시하는 경우에도 세금계산서를 발급할 수 없다.

3 부가가치세법령상 간이과세자로 보는 사업자에 해당하는 것은? 2024년 국가직 9급

① 부동산매매업을 경영하는 자로서 직전 연도의 공급대가의 합계액이 5천만원인 개인사업자
② 전기 · 가스사업을 경영하는 자로서 직전 연도의 공급대가의 합계액이 6천만원인 개인사업자
③ 도배, 실내 장식사업을 경영하는 자로서 직전 연도의 공급대가의 합계액이 7천만원인 개인사업자
④ 특별시에서 「개별소비세법」 제1조 제4항에 해당하는 과세유흥장소를 경영하는 자로서 직전 연도의 공급대가의 합계액이 5천만원인 개인사업자

해설

부동산매매업, 전기사업, 가스사업을 경영하는 자는 금액과 관계없이 간이과세자로 보지 않으며, 개별소비세법 제1조 제4항에 해당하는 과세유흥장소를 경영하는 자는 직전 연도의 공급대가의 합계액이 4천 800만원 이상인 경우 간이과세자로 보지 않는다.

4 부가가치세법상 일반과세자와 간이과세자를 비교하여 설명한 것 중 잘못된 것은?

① 일반과세자는 재화나 용역의 공급가액이 과세표준인데 반하여 간이과세자는 부가가치세가 포함된 공급대가를 과세표준으로 한다.
② 일반과세자는 소매업 등 일부업종을 제외하고 세금계산서 발급의무가 있는데 반하여 간이과세자는 세금계산서 발급의무가 없다.
③ 일반과세자는 의제매입세액공제를 적용할 수 있으나 간이과세자는 의제매입세액공제를 적용할 수 없다.
④ 일반과세자는 세금계산서에 의해 확인되는 매입세액 전액을 매출세액에서 공제할 수 있으나 간이과세자는 세금계산서를 발급받은 재화 · 용역의 공급대가에 0.5%를 곱한 금액을 납부세액에서 공제할 수 있다.

해설

간이과세자도 원칙적으로 세금계산서 발급의무가 있다.

5 부가가치세법령상 과세유형의 전환에 대한 설명으로 옳지 않은 것은? ◆ 2022년 국가직 7급

① 일반과세자가 간이과세자로 변경되는 경우 그 변경되는 해에 간이과세자에 관한 규정이 적용되는 기간의 부가가치세의 과세기간은 그 변경 이후 1월 1일부터 12월 31일까지이다.

② 간이과세자가 일반과세자로 변경되는 경우 그 변경되는 해에 간이과세자에 관한 규정이 적용되는 기간의 부가가치세의 과세기간은 그 변경 이전 1월 1일부터 6월 30일까지이다.

③ 간이과세자가 부가가치세법 시행령 제109조 제2항에 따른 사업(간이과세자로 보지 아니하는 사업)을 신규로 겸영하는 경우에는 해당 사업의 개시일이 속하는 과세기간의 다음 과세기간부터 간이과세자에 관한 규정을 적용하지 않는다.

④ 부가가치세법 시행령 제109조 제2항에 따른 사업(간이과세자로 보지 아니하는 사업)을 신규로 겸영하여 일반과세자로 전환된 사업자로서 해당 연도 공급대가의 합계액이 1억 4백만원 미만인 사업자가 해당 간이과세자로 보지 아니하는 사업을 폐지하는 경우에는 해당 사업의 폐지일이 속하는 연도의 다음 연도 7월 1일부터 간이과세자에 관한 규정을 적용한다.

해설

일반과세자가 간이과세자로 변경되는 경우 그 변경되는 해에 간이과세자에 관한 규정이 적용되는 기간의 부가가치세 과세기간은 그 변경 이후 7월 1일부터 12월 31일까지이다(부가법 5 ④ (1)).

6 다음은 재고납부세액 및 재고매입세액에 대한 설명이다. 옳지 않은 것은?

① 간이과세자가 일반과세자로 변경되는 경우에는 결정된 재고매입세액은 관할세무서장으로부터 승인을 받은 날이 속하는 예정신고기간 또는 과세기간의 매출세액에서 공제한다.

② 신고를 받은 관할세무서장은 재고금액을 조사·승인하고 간이과세자로 변경된 날부터 90일 이내에 해당 사업자에게 재고납부세액을 통지하여야 한다.

③ 일반과세자가 간이과세자로 변경될 경우 변경일 현재 건설중인 자산에 대해서는 재고납부세액을 납부하지 아니한다.

④ 재고매입세액을 계산할 때 재고품등의 금액은 장부 또는 세금계산서에 의하여 확인되는 해당 재고품등의 취득가액(부가가치세를 포함)으로 한다.

해설

변경일 현재 건설중인 자산에 대해서도 재고납부세액을 납부하여야 한다.

7 다음은 숙박업(업종별 부가가치율은 25%임)을 경영하고 있는 간이과세자인 갑(소득세법상 간편장부대상자임)의 20×5년 과세기간의 세액계산과 관련된 자료이다. 이 자료에 의하여 간이과세자가 과세표준 신고시 납부하여야 할 세액(차가감 납부세액)을 계산한 것으로 옳은 것은? 단, 지방소비세를 포함한 금액을 계산할 것.

(1) 1월 1일부터 12월 31일까지의 공급대가(부가가치세 포함)는 ₩55,000,000이며, 이 중 신용카드매출전표 및 현금영수증 발행금액은 ₩11,000,000(부가가치세 포함)이다.
(2) 1월 1일부터 12월 31일까지의 발급받은 세금계산서에 의한 공급대가는 ₩22,000,000 이 중 기업업무추진비와 관련된 공급대가 ₩3,300,000이 포함되어 있다.
(3) 갑은 20×5년 과세기간의 과세표준과 납부세액을 전자신고하고자 하며, 예정부과기간에 고지납부(또는 신고납부)한 세액은 없다.

① ₩797,000　② ₩985,000
③ ₩1,128,500　④ ₩1,138,500

해설

(1) 납부세액 : ₩55,000,000 × 25%(업종별 부가가치율) × 10% = ₩1,375,000
(2) 공제세액
가. 신용카드매출전표 등 발행공제 : ₩11,000,000 × 1.3% = ₩143,000
나. 세금계산서 등 세액공제 : (₩22,000,000 − 3,300,000) × 0.5% = ₩93,500
다. 전자신고세액공제 : ₩10,000
(3) 차가감 납부세액 :
₩1,375,000 − 143,000 − 93,500 − 10,000 = ₩1,128,500

정답	1	②	2	④	3	③	4	②	5	①	6	③	7	②

제 6 편

상속세 및 증여세

상 속 세

제 1 절 | 과세대상 및 납세의무자

1. 과세대상

상속세는 피상속인이 사망함으로써 무상으로 이전되는 재산을 과세물건으로 하여 이를 취득하는 자에게 부과하는 조세이다. 상속세제도는 부(富)의 편재를 시정하고, 빈부격차가 유전되는 것을 방지하기 위한 사회정책적 의의도 지니고 있다.

상속세의 과세방식은 크게 유산세(estate tax)방식과 유산취득세(inheritance tax)방식으로 나눌 수 있다. 유산세방식은 피상속인의 유산 자체를 과세대상으로 한다는 점에서 재산세적 성격을 띠며, 유산취득세방식은 유산분할에 따라, 즉 유산취득자의 취득재산 각각의 가액을 과세가액으로 하여 과세하는 것으로 수익세적 성격을 띤다.[1)]

우리나라는 미국·영국 등과 같이 유산세방식으로 상속세를 부과하고 있다. 따라서 피상속인의 유산액을 통합하여 상속세를 과세한다. 유산세방식과 유산취득세방식을 비교하면 다음과 같다.

구 분	과세기준	과세가액	성 격
유 산 세 방 식	피상속인	피상속인의 유산총액	재산세의 성격
유 산 취 득 세 방 식	상 속 인	상속인별 취득재산	수익세의 성격

2. 납세의무자

(1) 의 의

상속세 납세의무자는 상속으로 인하여 재산을 취득하는 상속인 또는 수유자이다. 상속이란 민법 제5편에 따른 상속을 말하며, 유증(遺贈)·사인증여(死因贈與)·특별연고

1) 이태로, 조세법개론, 조세통람사, 1988, 274~275면

자에 대한 상속재산의 분여(分與)·유언대용신탁[2] 및 수익자연속신탁[3]을 포함한다. 따라서 상속으로 인하여 재산을 취득하는 자는 상속인뿐만 아니라 유증 또는 피상속인의 사망으로 인하여 효력이 발생하는 사인증여(상속개시일 전 10년 이내에 피상속인이 상속인에게 진 증여채무 및 상속개시일 전 5년 이내에 피상속인이 상속인이 아닌 자에게 진 증여채무의 이행 중에 증여자가 사망한 경우의 그 증여를 포함)에 의하여 재산을 취득하는 자와 유언대용신탁 및 수익자연속신탁에 의하여 신탁의 수익권을 취득한 자를 포함한다.

구 분	내 용
① 상 속 인	민법의 규정에 의한 상속인을 말하며, 동법의 규정에 의하여 상속을 포기한 사람 및 특별연고자[4]를 포함한다.
② 수 유 자	㉠ 유언에 의해 재산을 무상으로 증여받은 자 ㉡ 사인증여에 의하여 재산을 취득한 자 ㉢ 유언대용신탁 및 수익자연속신탁에 의하여 신탁의 수익권을 취득한 자

유증과 사인증여의 차이

1. 유증(遺贈) : 유언에 의하여 재산이 무상으로 증여되는 것을 말한다(단독행위).
2. 사인증여(死因贈與) : 증여자의 생존시에 계약을 체결하였으나, 증여자의 사망을 법정조건으로 효력이 발생하는 계약을 말한다(계약).

상속의 본래의 의미를 따르면 상속인은 자연인에 한정되는 것이나 유증 또는 사인증여 등에 대해서도 상속세를 부과하기 때문에 수유자가 법인인 경우에는 법인도 상속세의 납세의무자가 될 수 있다. 다만, 특별연고자 또는 수유자가 영리법인인 경우에는 해당 영리법인이 납부할 상속세를 면제하되, 그 영리법인의 주주 또는 출자자 중 상속인과 그 직계비속이 있는 경우에는 법령으로 정하는 바에 따라 계산한 지분상당액을 그 상속인 및 직계비속이 납부할 의무가 있다(상증법 3의2).[5]

---

2) 유언대용신탁 : 신탁계약에 의해 위탁자의 사망시 수익자가 수익권을 취득하는 신탁 또는 수익자가 위탁자의 사망이후에 신탁재산에 기한 급부를 받는 신탁(신탁법 59)

3) 수익자연속신탁 : 수익자가 사망한 경우 그 수익자가 갖는 수익권이 소멸하고 타인이 새로 수익권을 취득하는 신탁(신탁법 60)

4) 특별연고자에 대한 분여 : 상속인 없는 재산의 청산에 있어서 일정한 기간 내에 상속권을 주장하는 자가 없는 때에는 가정법원은 특별연고자(피상속인과 생계를 같이 하고 있던 자, 피상속인의 요양간호를 한 자 및 그 밖에 피상속인과 특별한 연고가 있던 자)의 청구에 의하여 상속재산의 전부 또는 일부를 분여할 수 있다(민법 1057의2 ①).

5) 상속인 또는 유증(遺贈)을 받는 자가 영리법인인 경우 상속세를 면제하는 점을 악용하여 피상속인이 상속인이 주주로 있는 영리법인에 상속재산을 유증이나 사인증여(死因贈與)를 하는 사례가 많이 발

영리법인에 한하여 상속세를 면제하는 이유

우리나라 법인세법은 순자산증가설을 취하고 있기 때문에 자산수증이익이 익금에 산입되며, 영리법인이 상속으로 인하여 재산을 수증받은 경우에도 자산수증이익에 해당하여 법인세를 부담하므로 상속세를 면제한다. 그러나, 비영리법인은 법인세법에 열거된 수익사업소득에 자산수증이익이 포함되지 아니하므로 법인세를 부담하지 아니하며, 대신 상속세 또는 증여세의 납세의무자가 된다.

⑵ 공동상속 등의 경우

상속으로 인해 재산을 취득하는 자가 여러 사람인 경우에는 부과된 상속세에 대하여 상속재산(증여재산가액 중 상속인 또는 수유자가 받은 증여재산을 포함한다) 중 각자가 받았거나 받을 재산을 기준으로 계산한 상속세 부담비율에 따라 상속세를 납부할 의무가 있다(상증법 3의2 ③). 이 경우 상속세는 상속인 또는 수유자 각자가 받았거나 받을 재산[6]을 한도로 연대하여 납부할 의무를 진다.

⑶ 상속세 과세대상

상속개시일(피상속인이 사망한 날, 피상속인의 실종선고로 인하여 상속이 개시되는 경우에는 실종선고일) 현재 다음의 구분에 따른 상속재산에 대하여 상속세를 부과한다(상증법 3). 상속재산이란 피상속인에게 귀속되는 모든 재산을 말하며, 금전으로 환산할 수 있는 경제적 가치가 있는 모든 물건과 재산적 가치가 있는 법률상 또는 사실상의 모든 권리를 포함한다. 다만, 피상속인의 일신(一身)에 전속(專屬)하는 것으로서 피상속인의 사망으로 인하여 소멸되는 것은 제외한다.

① 피상속인이 거주자인 경우 : 모든 상속재산
② 피상속인이 비거주자인 경우 : 국내에 있는 모든 상속재산

유산세방식을 취하는 경우에는 피상속인(사망한 자)을 기준으로 납세의무의 범위를 판단하게 된다. 즉, 상속개시일 현재 피상속인이 거주자인 경우에는 국내에 소재하는 상속재산뿐 아니라 국외에 소재하는 상속재산에 대해서도 상속세가 부과(이를 '무제한 납세의무'라 한다)되는 것이며, 상속개시일 현재 피상속인이 비거주자인 경우에는 국내에 소재하는 상속재산에 대해서만 상속세가 부과(이를 '제한 납세의무'라 한다)된

생하였다. 이러한 변칙적인 상속에 대한 과세를 강화하기 위하여 상속인이 영리법인의 주주인 경우 면제된 상속세 중 영리법인의 주주인 상속인의 지분상당액을 납부하도록 하였다(2014년부터 시행).

6) 상속으로 인하여 얻은 자산(상속세 과세가액에 가산한 증여재산을 포함)의 총액에서 부채총액과 그 상속으로 인하여 부과되거나 납부할 상속세 및 상속세 과세가액에 가산한 증여재산에 대한 증여세를 공제한 가액을 말한다.

다. 이 경우 거주자란 국내에 주소를 두거나 183일 이상 거소(居所)를 둔 사람을 말하며, 비거주자란 거주자가 아닌 사람을 말한다.

이와 같이 납세의무의 범위를 구분하는 기준은 상속개시일 현재 피상속인의 거주자 여부에 의하는 것이지, 상속인의 거주자 여부는 납세의무의 범위를 판단할 때 아무런 관련이 없다는 점에 유의하여야 한다.

구 분	상 속 인	납세의무의 범위
① 피상속인이 거주자인 경우	무제한 납세의무자	국내 · 외에 소재하는 상속재산
② 피상속인이 비거주자인 경우	제 한 납세의무자	국내에 소재하는 상속재산

⑷ 과세관할

상속세는 상속개시지(피상속인의 주소지 또는 주소지가 없거나 분명하지 아니한 경우에는 거소지)를 관할하는 세무서장 등이 과세한다. 다만, 상속개시지가 국외인 경우에는 국내에 있는 재산의 소재지를 관할하는 세무서장 등이 과세하고, 상속재산이 2 이상의 세무서장 등의 관할구역에 있을 경우에는 주된 재산의 소재지를 관할하는 세무서장 등이 과세한다(상증법 6 ①).

제 2 절 | 상속세 과세가액

	상 속 재 산 가 액	상속재산 · 유증재산 · 사인증여재산 및 의제상속재산의 가액
(+)	추정상속재산가액	① 재산처분액 · 채무부담액 중 용도가 객관적으로 명백하지 않은 금액 ② 상속인이 변제할 의무가 없다고 추정되는 채무
(=)	총 상 속 재 산 가 액	
(−)	과 세 가 액 공 제 액	① 공과금 ② 장례비용 ③ 채무
(+)	증 여 재 산 가 액	① 상속개시일 전 10년 이내에 상속인에게 증여한 재산 ② 상속개시일 전 5년 이내에 상속인이 아닌 자에게 증여한 재산
(−)	비 과 세 재 산 가 액	① 전사자 등에 대한 비과세 ② 비과세 되는 상속재산
(−)	과 세 가 액 불 산 입	① 공익법인 등의 출연재산에 대한 상속세 과세가액 불산입 ② 공익신탁재산에 대한 상속세 과세가액 불산입
(=)	상 속 세 과 세 가 액	

1. 상속재산가액

(1) 상속재산의 범위

상속재산은 피상속인에게 귀속되는 재산으로서 금전으로 환산할 수 있는 경제적 가치가 있는 모든 물건과 재산적 가치가 있는 법률상 또는 사실상의 모든 권리를 포함한다. 단, 상속재산 중 피상속인의 일신에 전속하는 것으로서 피상속인의 사망으로 인하여 소멸되는 것은 이를 제외한다(상증법 2 ⑶).

상속재산가액에 포함되는 재산은 다음과 같다.

구 분	내 용
① 민법상의 상속재산	피상속인의 재산에 관한 모든 권리와 의무를 승계하는 재산
② 민법상의 유증재산	유언에 의해 증여하는 재산*
③ 민법상의 사인증여재산	피상속인의 사망을 조건으로 하여 증여의 효력이 발생하는 재산

* 민법에서는 유언에 따른 증여는 상속에 우선하는 효력을 가지며 상속과 구분되는 행위로 본다. 그러나, 상속세 및 증여세법에서는 유증재산도 상속세의 과세대상으로 상속재산에 포함한다.

⑵ 의제상속재산

의제상속재산은 민법상 규정하는 상속재산이 아님에도 불구하고 상속세 및 증여세법에서 이를 상속재산에 포함하여 과세하는 재산을 말한다. 의제상속재산에는 다음의 재산이 포함된다.

1) 보험금

피상속인의 사망으로 인하여 받는 생명보험 또는 손해보험의 보험금으로서 피상속인이 보험계약자인 보험계약에 의하여 받는 것은 상속재산으로 본다(상증법 8 ①). 보험계약자가 피상속인 외의 자인 경우에도 피상속인이 실질적으로 보험료를 납부하였을 때에는 피상속인을 보험계약자로 본다(상증법 8 ②).

$$\text{보험금} = \text{지급받은 보험금의 총합계액} \times \frac{\text{피상속인이 부담한 보험료의 금액}}{\text{해당 보험계약에 따라 피상속인의 사망시까지 납입된 보험료의 총합계액}}$$

2) 신탁재산

피상속인이 신탁한 재산은 상속재산으로 본다. 다만, 신탁이익의 증여규정(상증법 33)에 따라 수익자의 증여재산가액으로 하는 해당 신탁의 이익을 받을 권리의 가액은 상속재산으로 보지 아니한다. 또한 피상속인이 신탁으로 인하여 타인으로부터 신탁의 이익을 받을 권리를 소유하고 있는 경우에는 해당 이익에 상당하는 가액을 상속재산에 포함한다(상증법 9 ①, ②).

한편 수익자연속신탁의 수익자가 사망하여 타인이 새로 그 신탁의 수익권을 취득하는 경우 그 타인이 취득한 신탁의 이익을 받을 권리의 가액은 사망한 수익자의 상속재산에 포함한다(상증법 9 ③).

3) 퇴직금 등

피상속인에게 지급될 퇴직금·퇴직수당·공로금·연금 또는 이와 유사한 것[7]으로서 피상속인의 사망으로 인하여 지급되는 금액은 상속재산으로 본다. 다만, 국민연금법에 따라 지급되는 유족연금 또는 사망으로 인하여 지급되는 반환일시금 등 법령에서 정하는 것은 상속재산에 포함하지 아니한다(상증법 10).

2. 추정상속재산가액

(1) 재산처분 또는 채무부담의 경우

피상속인이 피상속인의 재산을 처분하였거나 채무를 부담한 경우로서 일정한 경우에는 이를 상속인이 상속받은 것으로 추정하여 다음의 금액을 상속세 과세가액에 산입한다(상증법 15 ①).

추정상속재산가액 = (일정한 재산처분액 또는 채무부담액 − 용도가 입증된 금액)
(−) Min[재산처분액·채무부담액 × 20%, 2억원]

1) 재산처분 또는 인출의 경우

피상속인이 재산을 처분하거나 피상속인의 재산에서 인출한 금액이 상속개시일 전 1년 이내에 재산종류별로 계산하여 2억원 이상인 경우와 상속개시일 전 2년 이내에 재산종류별로 계산하여 5억원 이상인 경우로서 용도가 객관적으로 명백하지 아니한 경우에는 용도가 입증되지 않은 금액을 상속재산가액으로 추정한다. 이 경우 "재산종류별"이라 함은 다음의 구분에 의한 것을 말한다(상증령 11 ⑤).

---

7) 퇴직급여 등의 범위(상증통 10－0－1)
"퇴직금·퇴직수당·공로금·연금 또는 기타 이와 유사한 것"이라 함은 퇴직급여지급규정 등에 의하여 지급받는 금품과 피상속인이 근무하고 있는 사업과 유사한 사업에 있어서 피상속인과 같은 지위에 있는 자가 받거나 받을 수 있다고 인정되는 금액을 고려하여 피상속인의 지위·공로 등에 따라 지급되는 금품을 말한다.

① 현금 · 예금 및 유가증권
② 부동산 및 부동산에 관한 권리
③ 그 외의 기타재산

2) 채무부담의 경우

피상속인이 부담한 채무를 합친 금액이 상속개시일 전 1년 이내에 2억원 이상인 경우와 상속개시일 전 2년 이내에 5억원 이상인 경우로서 용도가 객관적으로 명백하지 아니한 경우에는 상속재산가액으로 추정한다.

3) 상속추정의 배제

용도가 입증되지 아니한 금액이 다음의 금액에 미달하는 경우에는 용도가 객관적으로 명백하지 않은 것으로 추정하지 아니하므로 상속세 과세가액에 산입하지 아니한다(상증령 11 ④).

Min ┌ ① 피상속인 재산처분액 · 재산에서 인출한 금전 또는 채무부담액 × 20%
　　 └ ② 2억원

⑵ 가공채무에 대한 특례

피상속인이 국가, 지방자치단체 및 법령으로 정하는 금융회사등이 아닌 자에 대하여 부담한 채무로서 상속인이 변제할 의무가 없는 것으로 추정되는 경우에는 이를 가공채무로 추정하여 그 채무 전액을 상속세 과세가액에 산입한다(상증법 15 ②).

3. 과세가액공제액

거주자의 사망으로 인하여 상속이 개시되는 경우에는 상속개시일 현재 피상속인이나 상속재산에 관련된 다음의 가액 또는 비용은 상속재산의 가액에서 차감한다(상증법 14 ①). 이 경우 과세가액공제액이 총상속재산가액을 초과하는 경우 그 초과액은 없는 것으로 본다(상증법 13 ①)

과세가액공제액 = 공과금 + 장례비용 + 채무

⑴ 공과금

상속개시일 현재 피상속인이 납부할 의무가 있는 것으로서 상속인에게 승계된 조세·공공요금 및 공과금을 말한다(상증령 9 ①). 공제대상 공과금에는 피상속인이 상속개시일 현재 납부할 의무가 확정된 것뿐만 아니라 납부의무가 성립되어 상속인에게 승계된 것까지를 포함하여야 한다.

한편, 공과금에는 상속개시일 이후 상속인의 귀책사유로 납부 또는 납부할 가산세·강제징수비·벌금·과료·과태료 등은 포함되지 아니한다(상증통 14-9-1).

⑵ 장례비용

장례비용은 다음의 구분에 의한 금액을 합한 금액으로 한다(상증령 9 ②). 이 경우 장례비용에는 시신의 발굴 및 안치에 직접 소요되는 비용과 묘지구입비(공원묘지사용료를 포함한다)·비석·상석 등 장례에 직접 소요된 제반비용을 포함한다(상증통 14-9-2).

① 피상속인의 사망일부터 장례일까지 장례에 직접 소요된 금액(봉안시설 또는 자연장지의 사용에 소요된 금액을 제외함). 이 경우 그 금액이 500만원 미만인 경우에는 500만원으로 하고 그 금액이 1,000만원을 초과하는 경우에는 1,000만원으로 한다.

② 봉안시설 또는 자연장지(自然葬地)의 사용에 소요된 금액. 이 경우 그 금액이 500만원을 초과하는 경우에는 500만원으로 한다.

⑶ 채 무

공제대상이 되는 채무란 명칭여하에 불구하고 상속개시일 현재 피상속인이 부담하여야 할 확정된 채무로서 공과금 외의 모든 부채를 말한다. 다만, 다음의 증여채무는 제외한다.

① 상속개시일 전 10년 이내에 피상속인이 상속인에게 진 증여채무

② 상속개시일 전 5년 이내에 피상속인이 상속인이 아닌 자에게 진 증여채무

한편, 상속재산가액에서 차감하는 채무의 금액은 상속개시당시 피상속인의 채무로서 상속인이 실제로 부담하는 사실이 다음의 방법에 의해 입증되는 것을 말한다(상증령 10 ①).

① 국가, 지방자치단체 및 금융회사 등에 대한 채무는 해당 기관에 대한 채무의 존재를 확인할 수 있는 서류

② 그 밖의 자에 대한 채무는 채무부담계약서, 채권자확인서, 담보 및 이자지급에 관한 증빙 등에 의하여 상속인이 실제로 부담하는 사실을 확인할 수 있는 서류

4. 증여재산가액

상속세는 5단계 초과누진세율에 의해 과세되므로 상속세 누진과세를 회피하기 위하여 상속개시일 전에 피상속인의 재산을 여러 사람에게 증여함으로써 상속재산가액을 줄이고자 할 가능성이 있다. 이를 방지하기 위하여 상속개시일로부터 소급하여 일정기간 내에 타인에게 증여한 재산은 상속세 과세가액에 포함시킨다.

상속세 과세가액에 가산되는 증여재산가액은 상속개시일로부터 소급하여 다음의 기간 내에 피상속인이 상속인 또는 상속인 이외의 자에게 증여한 재산가액을 말한다(상증법 13 ①).

① 상속개시일 전 10년 이내에 피상속인이 상속인에게 증여한 재산가액

② 상속개시일 전 5년 이내에 피상속인이 상속인이 아닌 자에게 증여한 재산가액

이 경우 상속재산의 가액에 가산하는 증여재산의 가액은 증여일 현재의 시가에 의하여 계산하며(상증법 60 ④), 상속개시일 현재의 시가로 다시 평가하지 않는다는 점에 유의하여야 한다. 한편, 비과세되는 증여재산 및 공익법인 등이 출연받은 재산에 대한 증여세 과세가액 불산입 규정이 적용되는 재산의 가액 등은 상속세 과세가액에 가산하는 증여재산가액에 포함하지 아니한다(상증법 13 ③).

5. 비과세

(1) 전사자 등에 대한 상속세 비과세

전쟁 또는 사변 또는 이에 준하는 비상사태로 토벌 또는 경비 등 작전업무의 수행 중 사망하거나 해당 전쟁 또는 공무의 수행 중 입은 부상 또는 그로 인한 질병으로 사망하여 상속이 개시되는 경우에는 상속세를 부과하지 아니한다(상증법 11, 상증령 7).

(2) 비과세되는 상속재산

다음의 재산에 대하여는 상속세를 부과하지 아니한다(상증법 12).

① 국가·지방자치단체 또는 공공단체에 유증(사인증여를 포함)한 재산

② 제사를 주재하는 상속인(다수의 상속인이 공동으로 제사를 주재하는 경우에는 그 공동으로 주재하는 상속인 전체를 말한다)을 기준으로 다음에 해당하는 재산

구 분	한 도
피상속인이 제사를 주재하고 있던 선조의 분묘에 속한 9,900㎡ 이내의 금양임야와 분묘에 속한 1,980㎡ 이내의 묘토인 농지	2억원
족보와 제구(祭具)	1천만원

③ 정당법에 따른 정당에 유증 등을 한 재산

④ 사내근로복지기금 · 우리사주조합 · 공동근로복지기금 및 근로복지진흥기금에 유증 등을 한 재산

⑤ 사회통념상 인정되는 이재구호금품, 치료비 또는 불우한 자를 돕기 위하여 유증한 재산

⑥ 상속재산 중 상속인이 상속세 과세표준 신고기한까지 국가 · 지방자치단체 또는 공공단체에 증여한 재산

참고

2023년부터 국가지정문화유산 및 시 · 도 지정문화유산과 해당 문화유산이 속하여 있는 보호구역 안의 토지를 비과세 상속재산에서 제외하고, 징수유예대상자산에 추가하였다.

6. 과세가액 불산입액

(1) 공익법인등에 출연한 재산에 대한 상속세 과세가액 불산입

상속재산 중 피상속인이나 상속인이 공익법인등(종교 · 자선 · 학술 관련 사업 등 공익성을 고려하여 법령으로 정하는 사업을 하는 자)에게 출연한 재산의 가액으로서 상속세 과세표준 신고기한까지 출연한 재산의 가액은 상속세 과세가액에 산입하지 아니한다(상증법 16 ①). 다만, 내국법인의 의결권 있는 주식등을 공익법인등에 출연하는 경우로서 출연하는 주식등과 특정주식등[8]을 합한 것이 공익법인 주식 보유한도(그 내국법인의 의결권 있는 발행주식총수등의 10%[9])를 초과하는 경우에는 그 초과하는 가액을 상속세 과세가액에 산입한다(상증법 16 ②).

(2) 공익신탁재산에 대한 상속세 과세가액불산입

상속재산 중 피상속인이나 상속인이 공익신탁(공익신탁법에 따른 공익신탁으로서

---

8) "특정주식등"이란 : 다음의 주식등을 말한다.
① 출연자가 출연할 당시 해당 공익법인등이 보유하고 있는 동일한 내국법인의 주식등
② 출연자 및 그의 특수관계인이 해당 공익법인등 외의 다른 공익법인등에 출연한 동일한 내국법인의 주식등
③ 상속인 및 그의 특수관계인이 재산을 출연한 다른 공익법인등이 보유하고 있는 동일한 내국법인의 주식등

9) 다음의 요건을 모두 갖춘 공익법인등에 출연하는 경우 20%, 다만, 상호출자제한기업집단과 특수관계에 있는 공익법인등과 법령에서 정하는 요건을 충족하지 못하는 공익법인등에 출연하는 경우 5%
① 출연받은 주식등의 의결권을 행사하지 아니할 것
② 자선 · 장학 또는 사회복지를 목적으로 할 것

종교·자선·학술 또는 그 밖의 공익을 목적으로 하는 신탁)을 통하여 공익법인 등에 출연하는 재산의 가액은 상속세 과세가액에 산입하지 아니한다(상증법 17).

예제 1-1 | 상속세 과세가액 

다음 자료를 기초로 상속세 과세가액을 계산하시오.

(1) 피상속인의 상속개시당시 재산가액 : 10억원

(2) 장례비용 : ₩5,000,000

(3) 상속개시 8개월 전에 피상속인이 은행으로부터 4억원을 차입하였고 상속개시당시까지 미상환중이며, 해당 차입자금의 용도는 객관적으로 명백하지 아니하다.

(4) 상속개시 2년 전에 피상속인은 당시 시가 3억원의 토지(상속 개시당시의 시가 7억원)를 상속인에게 증여한 바 있다.

(5) 상속공제의 합계 : 5억원

해답

(1) 상속재산가액 :		₩1,000,000,000
(2) 추정상속재산 :	(+)	320,000,000*1
(3) 증여재산가액 :	(+)	300,000,000*2
(4) 과세가액공제액 :	(−)	405,000,000*3
(5) 상속세 과세가액 :		₩1,215,000,000

*1 4억원 − Min [4억원 × 20%, 2억원] = 3억2천만원

*2 상속개시전 10년 이내에 상속인에게 증여한 재산가액은 상속세 과세가액에 포함한다.

*3 ₩400,000,000(채무) + 5,000,000(장례비용) = ₩405,000,000

제 3 절 | 상속세 과세표준

1. 상속세 과세표준의 계산구조

상속세 과세표준은 상속세 과세가액에서 상속공제액을 차감한 금액으로 한다. 이 경우 과세표준이 50만원 미만이면 상속세를 부과하지 아니한다(상증법 25 ①, ②). 상속세 과세표준 계산구조를 요약하면 다음과 같다.

	상속세과세가액	
(−)	인 적 공 제 액	(기초공제액 + 그 밖의 인적공제액) 또는 일괄공제액* 배우자상속공제액
(−)	물 적 공 제 액	① 가업상속공제 또는 영농상속공제 ② 금융재산상속공제액 + 재해손실공제액 + 동거주택상속공제
(−)	감정평가수수료공제액	
(=)	상속세과세표준	

* 기초공제액과 그 밖의 인적공제액의 합계액이 일괄공제액(5억원)에 미달하는 경우에는 일괄공제를 선택할 수 있다. 단, 배우자가 단독으로 상속을 받는 경우에는 일괄공제를 선택할 수 없다.

2. 인적공제

(1) 기초공제

거주자나 비거주자의 사망으로 상속이 개시되는 경우에는 상속세 과세가액에서 2억원을 기초공제로서 공제한다(상증법 18). 다만, 비거주자의 사망으로 상속이 개시되는 경우에는 기초공제만을 적용하며, 다른 인적공제 및 물적공제를 적용하지 아니한다.

(2) 그 밖의 인적공제

거주자의 사망으로 인하여 상속이 개시되는 경우 상속인 또는 동거가족 중 다음에 해당하는 자가 있는 경우에는 일정 금액을 상속세 과세가액에서 공제한다(상증법 20 ①).

구 분	대 상 자	공 제 액
① 자녀공제	자녀(태아 포함)	1인당 5,000만원
② 미성년자 공제	상속인(배우자 제외) 및 동거가족*1 중 미성년자(태아 포함)	미성년자 1인당 1,000만원 × 19세가 될 때까지의 연수*3
③ 연로자 공제	상속인(배우자 제외) 및 동거가족*1 중 65세 이상인 자	1인당 5,000만원
④ 장애인 공제	상속인(배우자 포함) 및 동거가족*1 중 장애인	장애인 1인당 1,000만원 × 기대여명*2, 3

*1 동거가족은 상속개시일 현재 피상속인이 사실상 부양하고 있는 직계존비속(배우자의 직계존속을 포함한다), 형제자매 및 태아(연로자공제 및 장애인공제는 제외)를 말한다(상증령 18 ①).

*2 기대여명(期待餘命) : 상속개시일 현재 통계법에 따라 통계청장이 승인하여 고시하는 통계표에 따른 성별·연령별 기대여명의 연수를 말한다.

*3 1년 미만의 기간은 1년으로 한다.

인적공제의 중복공제 여부

㉠ 자녀공제와 미성년자공제는 중복하여 공제할 수 있다.

㉡ 장애인공제는 배우자공제 · 자녀공제 · 미성년자공제 및 연로자공제와 중복하여 공제할 수 있다.

㉢ 배우자공제는 장애인공제를 제외하고는 그 밖의 인적공제와 중복하여 공제할 수 없다.

(3) 일괄공제

거주자의 사망으로 인하여 상속이 개시되는 경우에 상속인 또는 수유자는 다음의 금액을 공제할 수 있다. 다만, 상속세 과세표준 신고 또는 국세기본법에 따른 기한 후 신고가 없는 경우에는 5억원을 공제한다(상증법 21 ①). 이 경우 피상속인의 배우자가 단독으로 상속받는 경우에는 기초공제액과 그 밖의 인적공제액의 합계액으로만 공제하며, 일괄공제를 적용하지 아니한다(상증법 21 ②).

Max [① 기초공제액 + 그 밖의 인적공제액
　　 ② 5억원 ⇨ 이를 "일괄공제액"이라 함

(4) 배우자상속공제

거주자의 사망으로 상속이 개시되어 배우자가 실제 상속받은 금액의 경우 배우자상속공제 한도액을 한도로 상속세 과세가액에서 공제한다(상증법 19 ①). 이 경우 배우자 상속공제는 배우자상속재산분할기한(상속세 과세표준신고기한의 다음날부터 9개월이 되는 날)까지 배우자의 상속재산을 분할(등기 · 등록 · 명의개서 등이 필요한 경우에는 그 등기 · 등록 · 명의개서 등이 된 것에 한정함)한 경우에 적용한다(상증법 19 ②).

다만, 부득이한 사유로 배우자상속재산분할기한까지 배우자의 상속재산을 분할할 수 없는 경우로서 배우자상속재산분할기한(부득이한 사유가 소의 제기나 심판청구로 인한 경우에는 소송 또는 심판청구가 종료된 날)의 다음 날부터 6개월이 되는 날(배우자상속재산분할기한의 다음 날부터 6개월이 지나 과세표준과 세액의 결정이 있는 경우에는 그 결정일을 말한다)까지 상속재산을 분할하여 신고하는 경우에는 배우자상속재산분할기한까지 신고한 것으로 본다. 이 경우 상속인이 그 부득이한 사유를 배우자상속재산분할기한까지 납세지 관할세무서장에게 신고하는 경우에 한정한다(상증법 19 ③).

한편, 배우자가 실제 상속받은 금액이 없거나 상속받은 금액이 5억원 미만이면 5억원을 공제한다(상증법 19 ④).

배우자 상속공제액

Max ┌ ① Min [㉠ 배우자가 실제로 상속받은 금액, ㉡ 배우자 상속공제 한도액]
　　 └ ② 5억원

배우자 상속공제 한도액

배우자 상속공제 한도액 : Min[①, ②]

① [상속재산의 가액 × 배우자의 법정상속지분] – 가산한 증여재산 중 배우자에게 증여한 재산에 대한 과세표준

② 30억원

예제 1-2 | 인적공제

다음 자료를 기초로 인적공제액의 합계액을 계산하시오. 단, 상속세 부담의 최소화를 가정한다.

(1) 상속인 및 동거가족의 현황은 다음과 같다.

① 배우자(45세, 장애인으로서 기대여명은 30년임)

② 장남(23세)

③ 차남(18세)

④ 부친(70세)

(2) 배우자가 실제 상속받은 금액은 4억원이며, 배우자상속재산분할기한까지 배우자의 상속재산을 신고하였다.

해답

(1) 기초공제 : 2억원

(2) 기타 인적공제액

① 자녀공제 : ₩50,000,000 × 2인 = ₩100,000,000

② 미성년자공제 : ₩10,000,000 × 1년 = ₩10,000,000

③ 연로자공제 : ₩50,000,000(부친)

④ 장애인공제 : ₩10,000,000 × 30년 = ₩300,000,000

⑤ 계 : ₩100,000,000 + 10,000,000 + 50,000,000 + 300,000,000 = ₩460,000,000

(3) 배우자상속공제 : ₩500,000,000(최저공제액)

(4) 인적공제액의 합계액 : ₩200,000,000(기초공제) + 460,000,000(기타 인적공제)
+ 500,000,000(배우자상속공제) = ₩1,160,000,000

3. 물적공제

(1) 가업상속공제

거주자의 사망으로 상속이 개시되는 경우로서 가업상속[법정요건을 충족하는 중소기업 또는 중견기업[10](상속이 개시되는 소득세 과세기간 또는 법인세 사업연도의 직전 3개 소득세 과세기간 또는 법인세 사업연도의 매출액의 평균금액이 5천억원 이상인 기업은 제외)으로서 피상속인이 10년 이상 계속하여 경영한 기업의 상속을 말함]에 해당하는 경우에는 다음의 금액을 한도로 하여 가업상속 재산가액에 상당하는 금액을 상속세 과세가액에서 공제한다(상증법 18의2 ①).

① 피상속인이 10년 이상 20년 미만 계속하여 경영한 경우 : 300억원

② 피상속인이 20년 이상 30년 미만 계속하여 경영한 경우 : 400억원

③ 피상속인이 30년 이상 계속하여 경영한 경우 : 600억원

이 경우 가업상속 재산가액이란 법정요건을 모두 갖춘 상속인[11]이 받거나 받을 상속재산의 가액을 말한다(상증령 15 ⑤).

① 소득세법을 적용받는 가업 : 가업에 직접 사용되는 토지(비사업용 토지는 제외함 개정), 건축물, 기계장치 등 사업용 자산의 가액에서 해당 자산에 담보된 채무액을 뺀 가액

② 법인세법을 적용받는 가업 : 가업에 해당하는 법인의 주식등의 가액(해당 주식등의 가액에 그 법인의 총자산가액 중 상속개시일 현재 사업무관자산을 제외한 자산가액이 차지하는 비율을 곱하여 계산한 금액)

(2) 영농상속공제

거주자의 사망으로 인하여 상속이 개시되는 경우로서 영농(양축 · 영어 및 영림을 포함)상속에 해당하는 경우에는 영농상속재산가액(30억원을 한도로 함)을 상속세과세

---

10) 2019년 1월 1일부터 가업이 중견기업에 해당하는 경우로서 가업상속인의 가업상속재산 외의 상속재산가액이 해당 상속인이 상속세로 납부할 금액의 2배를 초과하면 가업상속공제를 적용하지 아니한다(상증법 18의2 ②).

11) 다음의 요건을 모두 갖춘 경우를 말한다. 이 경우 상속인의 배우자가 다음의 요건을 모두 갖춘 경우에는 상속인이 그 요건을 갖춘 것으로 본다(상증령 15 ③ (2)).
① 상속개시일 현재 18세 이상일 것
② 상속개시일 전에 2년 이상 직접 가업에 종사하였을 것. 다만, 피상속인이 65세 이전에 사망하거나 천재지변 및 인재 등 부득이한 사유로 사망한 경우에는 그러하지 아니하다.
③ 상속세과세표준 신고기한까지 임원으로 취임하고, 상속세 신고기한부터 2년 이내에 대표이사등으로 취임할 것

가액에서 공제한다(상증법 18의3 ①).

가업상속공제와 영농상속공제의 중복적용 배제

동일한 상속재산에 대해서는 가업상속공제와 영농상속공제를 동시에 적용하지 아니한다(상증법 18의4).

(3) 금융재산상속공제

거주자의 사망으로 인하여 상속이 개시되는 경우로서 상속개시일 현재 상속재산가액 중 순금융재산의 가액(금융재산의 가액에서 금융채무를 차감한 가액)이 있는 경우에는 다음의 구분에 의한 금액을 상속세 과세가액에서 공제한다(상증법 22 ①).

순금융재산가액	공 제 액
① 1억원을 초과하는 경우	Min[㉠, ㉡] ㉠ 순금융재산의 가액 × 20% ㉡ 2억원
② 2,000만원 초과 1억원 이하인 경우	2,000만원
③ 2,000만원 이하인 경우	순금융재산의 가액

① 금융재산의 범위 : 금융회사등이 취급하는 예금 · 적금 · 부금 · 계금 · 출자금 · 신탁재산(금전신탁재산에 한정함) · 보험금 · 공제금 · 주식 · 채권 · 수익증권 · 출자지분 · 어음 등의 금전 및 유가증권과 기타 기획재정부령으로 정하는 것을 말한다(상증령 19 ①). 다만, 금융재산에는 최대주주 또는 최대출자자[12]가 보유하고 있는 주식등과 상속세 과세표준 신고기한까지 신고하지 아니한 타인 명의의 금융재산은 포함되지 아니한다(상증법 22 ②).

② 금융채무의 범위 : 해당 금융회사등에 대한 채무임을 확인할 수 있는 서류에 의하여 입증된 금융회사등에 대한 채무를 말한다(상증령 19 ④).

(4) 재해손실공제

거주자의 사망으로 인하여 상속이 개시되는 경우로서 상속세 과세표준 신고기한 이내에 화재 · 붕괴 · 폭발 · 환경오염사고 및 자연재해 등으로 인한 재난으로 인하여 상속재산이 멸실 · 훼손된 경우에는 그 손실가액을 상속세 과세가액에서 공제한다. 다만, 그 손실가액에 대한 보험금 등의 수령 또는 구상권 등의 행사에 의하여 해당 손실가액에 상당하는 금액을 보전받을 수 있는 경우에는 그러하지 아니하다(상증법 23 ①, 상증

12) '최대주주 또는 최대출자자'라 함은 주주 또는 출자자 1인과 그의 특수관계인의 보유주식 등을 합하여 그 보유주식 등의 합계가 가장 많은 경우의 해당 주주 등을 말한다(상증령 19 ②).

령 20 ①). 이 때 상속인 또는 수유자는 그 손실가액 및 명세와 이를 입증할 수 있는 서류를 납세지 관할세무서장에게 제출하여야 한다(상증법 23 ②).

⑸ 동거주택 상속공제

거주자의 사망으로 상속이 개시되는 경우로서 다음의 요건을 모두 갖춘 경우에는 동거주택 상속공제액을 상속세 과세가액에서 공제한다. 다만, 그 공제할 금액은 6억원을 한도로 한다(상증법 23의2).

① 피상속인과 상속인*이 상속개시일부터 소급하여 10년 이상(상속인이 미성년자인 기간은 제외) 계속하여 하나의 주택에서 동거할 것

② 피상속인과 상속인*이 상속개시일부터 소급하여 10년 이상 계속하여 1세대를 구성하면서 1세대 1주택에 해당할 것. 이 경우 무주택인 기간이 있는 경우에는 해당 기간은 1세대 1주택에 해당하는 기간에 포함한다.

③ 상속개시일 현재 무주택자이거나 피상속인과 공동으로 1세대 1주택을 보유한 자로서 피상속인과 동거한 상속인*이 상속받은 주택일 것

* 직계비속 및 민법의 규정에 따라 상속인이 된 그 직계비속의 배우자인 경우로 한정함

> 동거주택 상속공제액 : Min[①, ②]
> ① 공제액 : 상속주택가액*의 100%
> ② 한도액 : 6억원

* 주택부수토지의 가액을 포함하되, 상속개시일 현재 해당 주택 및 주택부수토지에 담보된 피상속인의 채무액을 뺀 가액을 말한다.

4. 상속공제의 한도

상속공제액(인적공제액과 물적공제액의 합계액)은 다음의 금액을 초과하지 못한다(상증법 24).

구 분	상속공제의 종합한도
상속세 과세가액 5억원 이하	상속세 과세가액 - 선순위인 상속인이 아닌 자에게 유증·사인증여 한 재산가액 - 선순위인 상속인의 상속 포기로 그 다음 순위 상속인이 상속받은 재산가액
상속세 과세가액 5억원 초과	상속세 과세가액 - 선순위인 상속인이 아닌 자에게 유증·사인증여 한 재산가액 - 선순위인 상속인의 상속 포기로 그 다음 순위 상속인이 상속받은 재산가액 - 상속세 과세가액에 가산한 증여재산가액(증여재산공제액, 혼인·출산 증여재산공제액 및 재해손실공제액을 뺀 금액)

5. 감정평가수수료공제

(1) 평가수수료의 범위

상속재산의 감정평가수수료라 함은 상속세를 신고·납부하기 위하여 상속재산을 평가하는 데 소요되는 수수료로서 다음에 해당하는 금액을 말한다(상증령 20의3).

① 감정평가 및 감정평가사에 관한 법률에 의한 감정평가업자의 평가에 따른 수수료(상속세 납부목적용으로 한정함). 이 경우 그 평가된 가액으로 상속세를 신고·납부하는 경우에 한하여 이를 적용한다.

② 신용평가전문기관의 평가에 따른 평가수수료

③ 서화·골동품 등 예술적 가치가 있는 유형재산에 대한 전문가의 평가에 따른 수수료

(2) 공제한도

감정평가업자의 평가에 따른 수수료 또는 서화·골동품 등에 대한 전문가의 평가수수료가 500만원을 초과하는 경우에는 이를 500만원으로 하고, 비상장주식에 대한 신용평가전문기관의 평가에 따른 평가수수료는 평가대상법인의 수 및 평가를 의뢰한 신용평가전문기관의 수별로 각각 1천만원을 한도로 한다.

예제 1-3 | 상속세 과세표준 

다음 자료를 이용하여 상속세를 최소화하기 위한 상속세 과세표준을 계산하시오.

(1) 상속재산 :

㉠ 주택 및 토지(동거주택에 해당하지 아니함)	₩900,000,000
㉡ 피상속인의 사망으로 수취한 생명보험금	200,000,000

(2) 장례비 지출액 : ₩1,200,000

(3) 동거가족 : 배우자와 자녀 4명(모두 성년자임)

(4) 배우자는 법정상속분을 실제 상속받았다.

해답

(1) 상속재산가액 : ₩900,000,000 + 200,000,000 = ₩1,100,000,000

(2) 과세가액공제액 : ₩5,000,000(장례비)

(3) 상속세 과세가액 : ₩1,100,000,000 − 5,000,000 = ₩1,095,000,000

(4) 상속공제액 : ₩500,000,000 + 500,000,000 + 40,000,000 = ₩1,040,000,000

㉠ 일괄공제 : ₩500,000,000 ⇨ 기초공제(2억원)와 그 밖의 인적공제(2억원 = 5천만원 × 4명)의 합계액이 일괄공제액보다 적으므로 일괄공제를 선택함

㉡ 배우자공제 : ₩500,000,000 ⇨ 배우자의 법정상속분은 ₩300,000,000*이므로 배우자상속공제의 최저한인 5억원을 공제함

* 배우자 법정상속분 : ₩1,100,000,000 × 1.5/5.5 = ₩300,000,000

㉢ 금융재산상속공제 : ₩40,000,000 ⇨ ₩200,000,000 × 20%

(5) 상속세 과세표준 : ₩1,095,000,000 − ₩1,040,000,000 = ₩55,000,000

제 4 절 | 상속세액의 계산

1. 산출세액 및 신고납부세액의 계산구조

	상속세 과세표준	
(×)	세 율	10%에서 50%까지의 5단계 초과누진세율
(=)	산 출 세 액	세대생략상속에 대한 할증세액을 가산함
(−)	징수유예세액	문화재자료 등에 대한 상속세 징수유예액
(−)	세 액 공 제 액	증여세액공제 · 외국납부세액공제 · 단기재상속세액공제 · 신고세액공제
(=)	신고납부세액	

2. 상속세 산출세액의 계산

(1) 상속세 산출세액

상속세는 상속세의 과세표준에 다음의 세율을 적용하여 계산한 금액으로 한다(상증법 26).

과세표준	세 율
1억원 이하	10%
1억원 초과 5억원 이하	1천만원 + 1억원을 초과하는 금액의 20%
5억원 초과 10억원 이하	9천만원 + 5억원을 초과하는 금액의 30%
10억원 초과 30억원 이하	2억 4천만원 + 10억원을 초과하는 금액의 40%
30억원 초과	10억 4천만원 + 30억원을 초과하는 금액의 50%

(2) 세대를 건너뛴 상속에 대한 할증과세

상속인이나 수유자가 피상속인의 자녀를 제외한 직계비속인 경우에는 상속세 산출세액에 다음의 금액을 가산한다. 다만, 민법 1001조의 규정에 의한 대습상속(代襲相續)[13]의 경우에는 그러하지 아니하다(상증법 27, 상증통 27－0－1).

$$\text{할증세액 가산액} = \text{상속세 산출세액} \times \frac{\text{피상속인의 자녀를 제외한 직계비속이 상속받은 재산가액}}{(\text{총상속재산가액} + \text{일정한 증여재산가액}^{*1})} \times 30\%^{*2}$$

*1 상속재산에 가산한 증여재산 중 상속인이나 수유자가 받은 증여재산을 말한다.
*2 상속인 또는 수유자가 미성년자로서 상속재산의 가액이 20억원을 초과하는 경우에는 40%

3. 가업상속에 대한 상속세 납부유예

가업에 해당하는 중소기업을 상속받았으나, 법령에 의한 가업상속공제를 받지 않은(영농상속공제를 받은 경우 가업상속공제를 받은 것으로 봄) 납세의무자가 가업상속에 대한 상속세의 납부유예를 신청하는 경우 납세지 관할세무서장은 납부유예를 허가할 수 있다(상증법 72의2 ①).

이 때 가업상속에 대한 상속세 납부유예 허가를 받으려는 납세의무자는 담보를 제공하여야 하며, 납세지 관할세무서장은 상속인이 법령에 따른 정당한 사유 없이 다음에 해당하는 경우에는 그에 대한 납부유예세액과 법령에 따라 계산한 이자상당액을 징수한다(상증법 72의2 ②, ③).

① 소득세법을 적용받는 가업을 상속받은 경우로서 가업용 자산의 100분의 40 이상을 처분한 경우
② 해당 상속인이 가업에 종사하지 아니하게 된 경우
③ 주식등을 상속받은 상속인의 지분이 감소한 경우
④ 상속개시일 이후 5년간 가업의 정규직 근로자 수의 전체 평균과 총급여액의 전체 평균이 법령에서 정하는 요건에 미달하는 경우
⑤ 해당 상속인이 사망하여 상속이 개시되는 경우

---

13) 대습상속(민법 1001) : 상속인이 될 직계비속 또는 형제자매가 상속개시전에 사망하거나 결격자가 된 경우에 그 직계비속이 있는 때에는 그 직계비속이 사망하거나 결격된 자의 순위에 갈음하여 상속인이 된다.

4. 지정문화유산 등에 대한 상속세 징수유예

(1) 의 의

납세지 관할세무서장은 상속재산 중 문화유산자료 등, 박물관자료 등 및 국가지정문화유산 등이 포함되어 있는 경우에는 그 재산가액에 상당하는 상속세액의 징수를 유예한다(상증법 74 ①). 이 경우 징수유예는 실질적으로는 그 징수의 면제와 같은 것이다.

이 규정에 의한 징수유예를 받고자 하는 자는 그 유예한 상속세액에 상당하는 담보를 제공하여야 한다(상증법 74 ④). 다만, 국가지정문화유산 등에 대한 상속세를 징수유예 받으려는 자는 그 유예할 상속세액에 상당하는 담보를 제공하지 아니할 수 있다(상증법 74 ⑤).

(2) 징수유예세액의 계산

문화유산자료 등에 대하여 징수유예되는 상속세액은 다음의 산식에 의하여 계산한 금액에 의한다(상증령 76 ①).

$$\text{징수유예되는 상속세액} = \text{상속세 산출세액} \times \left(\frac{\text{문화유산자료 등의 가액} + \text{박물관자료 등의 가액} + \text{국가지정문화유산 등의 가액}}{\text{총상속재산가액} + \text{증여재산가액}} \right)$$

5. 세액공제

(1) 증여세액공제

상속재산에 가산한 증여재산에 대한 증여세액(증여 당시의 해당 증여재산에 대한 증여세 산출세액)은 상속세 산출세액에서 이를 공제한다. 다만, 상속세 과세가액에 가산하는 증여재산에 대하여 국세의 부과제척기간 만료로 인하여 증여세가 부과되지 아니하는 경우와 상속세 과세가액이 5억원 이하인 경우에는 증여세액공제를 적용하지 않는다(상증법 28 ①). 이는 동일한 재산에 대하여 일단 증여세를 부과하는 것을 취소하고 상속세를 부과함에 따른 조정인 것이다.

(2) 외국납부세액공제

거주자의 사망으로 인하여 상속세를 부과하는 경우(무제한 납세의무자의 경우)에 외국에 있는 상속재산에 대하여 외국의 법령에 의하여 상속세를 부과받은 경우에는 그 부과받은 상속세에 상당하는 금액을 상속세 산출세액에서 공제한다(상증법 29, 상증령 21 ①).

외국납부세액공제액 = Min[①, ②]

① 공제액 : 상속세 산출세액 × $\dfrac{\text{해당 외국의 법령에 따라 상속세가 부과된 상속세의 과세표준}^{*}}{\text{상속세 과세표준}}$

② 한도액 : 외국의 법령에 따라 부과된 상속세액

* 해당 외국의 법령에 따른 상속세의 과세표준을 말한다.

⑶ 단기재상속에 대한 세액공제

상속개시 후 10년 이내에 상속인 또는 수유자의 사망으로 다시 상속이 개시되는 경우에는 전의 상속세가 부과된 상속재산(상속재산에 가산하는 증여재산 중 상속인이나 수유자가 받은 증여재산을 포함) 중 재상속되는 상속재산에 대한 전의 상속세 상당액을 상속세 산출세액에서 공제한다(상증법 30 ①). 이 규정은 동일재산에 대하여 상속세가 단기간 내에 중복하여 과세되는 경우 해당 재상속재산에 대한 상속세의 부담을 완화함을 그 목적으로 한다.

세액공제액 = Min[①, ②]
① 세액공제대상액 × 공제율
② 한도액 : 상속세 산출세액 – 증여세액공제액 – 외국납부세액공제액

① 세액공제대상액 : 다음의 산식에 의하여 계산한 금액으로 한다(상증법 30 ②).

$$\text{전의 상속세 산출세액} \times \dfrac{\text{재상속분의 재산가액} \times \dfrac{\text{전의 상속세 과세가액}}{\text{전의 상속재산가액}}}{\text{전의 상속세 과세가액}}$$

② 공제율

재상속기간	공 제 율
1년 이내	100%
2년 이내~9년 이내	90%~20%
10년 이내	10%

⑷ 신고세액공제액

법정신고기한까지 상속세 과세표준을 신고한 경우에는 다음의 금액을 상속세 산출세액에서 공제한다(상증법 69 ①). 이 경우 신고한 상속세 과세표준에 대한 납부세액에 대하여 자진납부를 하지 않은 경우에도 신고세액공제를 적용한다(상증통 69－0－1 ②).

> 신고세액공제액 = [상속세 산출세액(세대생략 상속에 대한 할증세액 포함)
> －지정문화재 등의 징수유예세액－공제 · 감면세액]×3%

⑸ 각 상속인의 상속분별 납부세액

각 상속인 또는 수유자는 일정한 상속세 부담비율에 따라 상속세를 부담하게 된다.

앞에서 설명한 바와 같이 현행 상속세 및 증여세법은 유산세방식을 채택하고 있으므로 상속세는 유산 자체를 과세대상으로 하는 것이며, 상속인이 취득하는 취득분을 일일이 고려하여 과세하지 않는다. 즉, 각종 공제 후 산출된 상속세를 일정한 상속세 부담비율에 따라 상속인간에 나누게 되므로, 배우자 상속공제를 통하여 상속세를 줄이는 데 공헌한 배우자라 해도 그 혜택을 직접적으로 누리는 것은 아니다.

제 5 절 | 상속세의 납세절차

1. 상속세의 부과 및 징수방법

상속세는 납세의무자가 신고한 내용을 기초로 하여 정부가 이를 조사 · 결정하는 부과과세제도에 해당하는 국세이다. 따라서 납세의무자의 신고 및 자진납부는 일종의 협력의무에 지나지 않는다. 상속세의 징수는 ① 납세의무자의 과세표준신고, ② 세액의 자진납부, ③ 과세표준 및 세액의 결정, ④ 과세표준 및 세액의 결정통지 등의 순서에 의하여 이루어진다.

2. 상속세의 신고 및 납부

(1) 상속세 과세표준신고

상속세 납부의무가 있는 상속인 또는 수유자는 상속개시일이 속하는 달의 말일부터 6개월(피상속인이나 상속인 전원이 외국에 주소를 둔 경우에는 9개월) 이내에 상속세의 과세가액 및 과세표준을 납세지 관할세무서장에게 신고하여야 한다(상증법 67 ①).

(2) 상속세의 자진납부

상속세의 신고를 하는 자는 상속세 과세표준 신고기한까지 각 산출세액에서 다음에 규정된 금액을 차감한 금액을 납세지 관할세무서·한국은행 또는 우체국에 납부하여야 한다(상증법 70 ①).

① 지정문화재 등의 징수유예세액 및 공제·감면세액

② 신고세액공제액

③ 연부연납, 납부유예 및 물납을 신청한 금액

(3) 상속세의 분할납부

자진납부할 상속세액이 1천만원을 초과하는 경우에는 다음의 금액을 납부기한이 지난 후 2개월 이내에 분할납부할 수 있다. 다만, 연부연납을 허가받은 경우에는 그러하지 아니하다(상증법 70 ②, 상증령 66 ②).

① 납부할 세액이 2천만원 이하인 때 : 1천만원을 초과하는 금액

② 납부할 세액이 2천만원을 초과하는 때 : 그 세액의 50% 이하의 금액

(4) 상속세의 연부연납

납세지 관할세무서장은 상속세 납부세액이 2천만원을 초과하는 경우에는 납세의무자의 신청을 받아 연부연납을 허가할 수 있으며, 이 경우 현금납부를 원칙으로 한다. 이 경우 납세의무자는 담보를 제공하여야 하며, 금전, 국채증권·지방채증권 등 법령으로 정하는 유가증권, 납세보증보험증권 및 납세보증서를 납세담보로 제공하여 연부연납 허가를 신청하는 경우에는 그 신청일에 연부연납을 허가받은 것으로 본다(상증법 71 ①).

1) 연부연납의 기간

연부연납의 기간은 다음의 구분에 따른 기간의 범위에서 해당 납세의무자가 신청한

기간으로 한다. 다만, 각 회분의 분할납부세액이 1천만원을 초과하도록 연부연납기간을 정하여야 한다.

① 기업상속재산[14)] : 연부연납 허가일부터 20년 또는 연부연납허가 후 10년이 되는 날부터 10년

② 기업상속재산이 아닌 경우 : 연부연납 허가일부터 10년

2) 연부연납가산금

연부연납의 허가를 받은 자는 연부연납가산금을 각 회분의 분할납부세액에 가산하여 납부하여야 한다(상증법 72).

(5) 상속세의 물납

납세지 관할 세무서장은 다음의 요건을 모두 갖춘 경우에는 납세의무자의 신청을 받아 물납을 허가할 수 있다. 다만, 물납을 신청한 재산의 관리 · 처분이 적당하지 아니하다고 인정되는 경우에는 물납허가를 하지 아니할 수 있다(상증법 73 ①).

① 상속재산(상속재산에 가산하는 증여재산 중 상속인 및 수유자가 받은 증여재산을 포함한다) 중 부동산과 유가증권(국내에 소재하는 부동산 등 물납에 충당할 수 있는 재산으로 한정한다)의 가액이 해당 상속재산가액의 2분의 1을 초과할 것

② 상속세 납부세액이 2천만원을 초과할 것

③ 상속세 납부세액이 상속재산가액 중 금융재산(금전과 금융회사등이 취급하는 예금 · 적금 · 부금 · 계금 · 출자금 · 특정금전신탁 · 보험금 · 공제금 및 어음을 말하며, 상속재산에 가산하는 증여재산의 가액을 포함하지 아니한다)의 가액을 초과할 것

물납에 충당할 수 있는 부동산 및 유가증권은 다음의 것으로 한다(상증령 74 ①).

① 국내에 소재하는 부동산

② 국채 · 공채 · 주권 및 내국법인이 발행한 채권 또는 증권 등의 유가증권. 다만, 다음의 어느 하나에 해당하는 유가증권은 제외한다.

㉠ 거래소에 상장된 것 : 최초로 거래소에 상장되어 물납허가통지서 발송일 전일 현재 자본시장과 금융투자업에 관한 법률에 따라 처분이 제한된 경우에는 그러하지 아니하다.

㉡ 거래소에 상장되어 있지 아니한 법인의 주식등 : 상속의 경우로서 그밖의 다

---

14) "기업상속재산"이란 가업상속 공제를 받았거나 법정 요건에 따라 중소기업 또는 중견기업을 상속받은 경우 법정 요건을 충족한 상속인이 받거나 받을 상속재산(사립유치원에서 직접 사용하는 재산 등 포함)을 말한다.

른 상속재산이 없거나 부동산 또는 다른 유가증권으로 상속세 물납에 충당하더라도 부족하면 그러하지 아니하다.

3. 상속세의 결정과 경정

(1) 과세표준과 세액의 결정 · 경정

세무서장 등은 상속세 과세표준 신고기한부터 9개월 이내에 그 과세표준 신고에 따라 과세표준과 세액을 결정하여야 한다(상증법 76, 상증령 78 ①).[15] 다만, 신고를 하지 아니하였거나 그 신고한 과세표준이나 세액에 탈루 또는 오류가 있는 경우에는 그 과세표준과 세액을 조사하여 결정한다(상증법 76 ①).[16] 한편, 세무서장 등은 과세표준과 세액의 결정 후 그 과세표준과 세액에 탈루 또는 오류가 있는 것을 발견한 경우에는 즉시 그 과세표준과 세액을 조사하여 결정하거나 경정한다(상증법 76 ④).

(2) 과세표준과 세액의 결정통지

세무서장 등은 결정한 과세표준과 세액을 상속인 · 수유자 등에게 납부고지서에 과세표준과 세액의 산출근거를 적어 통지해야 한다(상증법 77, 상증령 79).

(3) 결정 후 사후관리

세무서장 등은 결정된 상속재산의 가액이 30억원 이상인 경우로서 조사기준일(상속개시일부터 5년이 되는 날)까지의 기간 이내에 상속인이 보유한 부동산 · 주식 등 주요재산의 가액이 현저하게 증가한 경우 그 결정한 과세표준과 세액에 탈루 또는 오류가 있는지를 조사하여야 한다.[17] 다만, 상속인이 그 증가한 재산의 자금출처를 입증한 경우에는 그러하지 아니하다(상증법 76 ⑤, 상증령 78).

(4) 경정 등의 청구특례

상속세 과세표준을 신고한 자 또는 상속세 과세표준 및 세액의 결정 또는 경정을

---

15) 다만, 상속재산의 조사 · 가액의 평가 등에 장기간이 소요되는 등 부득이한 사유가 있어 그 기간 이내에 결정할 수 없는 경우에는 그 사유를 상속인 · 수유자 등에게 통지하여야 한다(상증법 76 ③ 단서).

16) 세무서장 등은 납부기한 전 징수 사유가 있는 경우에는 상속세 과세표준 신고기한 전이라도 수시로 과세표준과 세액을 결정할 수 있다(상증법 76 ②).

17) 단, 주요재산가액의 증가 규모가 경제상황 등의 변동에 비추어 보아 정상적인 증가규모를 현저하게 초과하였다고 인정되고 그 증가요인이 객관적으로 명백하지 아니한 경우로 한정한다(상증령 78 ④).

받은 자에게 다음에 해당하는 사유가 발생한 경우에는 그 사유가 발생한 날부터 6개월 이내에 결정이나 경정을 청구할 수 있다(상증법 79). 이는 국세기본법상 후발적 사유에 의한 경정 등의 청구에 대한 특례규정에 해당한다.

① 상속재산에 대한 상속회복청구소송 또는 유류분반환청구소송의 확정판결로 상속개시일 현재 상속인간에 상속재산가액이 변동된 경우

② 상속개시 후 1년이 되는 날까지 상속재산의 수용 등 일정한 사유로 상속재산의 가액이 크게 하락한 경우

③ 최대주주 등의 주식(또는 출자지분)에 해당하여 주식 등을 할증평가하였으나 상속세 신고기한으로부터 6개월 이내에 일괄하여 매각(피상속인 및 상속인의 친족 및 상속인의 직계비속의 배우자의 2촌 이내의 부계혈족과 그 배우자에게 일괄하여 매각한 경우를 제외함)함으로써 최대주주 등의 주식 등에 해당되지 아니하는 경우

(5) 지급명세서 등의 제출

국내에서 다음의 어느 하나에 해당하는 자는 지급명세서 또는 명의변경 내용을 지급자별로 그 지급일이 속하는 분기종료일의 다음달 말일까지 본점 또는 주사무소의 소재지를 관할하는 세무서장에게 제출하여야 한다(상증법 82). 다만, 보험금수취인과 보험료불입자가 같은 경우로서 보험금 지급누계액이 1천만원 미만인 경우에는 그러하지 아니하다(상증령 84 ① 단서).

① 의제상속재산(상증법 8) 및 보험금의 증여(상증법 34)에 규정된 생명보험이나 손해보험의 보험금(해약환급금 및 중도인출금을 포함)을 지급하거나 명의변경을 취급하는 자

② 의제상속재산(상증법 10) 규정에 따른 퇴직금 · 퇴직수당 · 공로금 그 밖에 이와 유사한 금액(연금을 제외함)을 지급하는 자

지급명세서 제출불성실가산세

세무서장 등은 지급명세서 등을 제출하여야 할 자가 지급명세서 등을 제출하지 아니하거나 누락하여 제출한 경우와 제출한 지급명세서 등이 불분명한 부분이 있는 경우에는 미제출 · 누락제출분 또는 불분명한 부분에 해당하는 금액의 0.2%(제출기한 경과 후 1개월 이내에 제출하는 경우에는 0.1%)에 상당하는 금액을 소득세 또는 법인세에 가산하여 징수한다. 이 경우 산출세액이 없는 경우에도 가산세는 징수한다.

객 관 식 문 제

▶ 제1장 상 속 세

1 상속세에 대한 다음 설명 중 틀린 것은?

① 피상속인의 사망으로 인하여 지급되는 연금 및 공과금은 상속재산에 포함하지 아니한다.

② 피상속인의 사망으로 인하여 지급받는 생명보험금으로서 피상속인이 보험계약자가 된 보험계약에 의해 지급받는 것은 이를 상속재산에 포함한다.

③ 상속세 납부세액이 1,000만원을 초과할 때에는 세무서장의 허가를 받아 연부연납할 수 있다.

④ 상속인은 상속재산 중 각자가 받을 재산을 기준으로 계산한 비율에 따라 상속세를 연대하여 납부할 의무가 있다.

해설

피상속인에게 지급될 퇴직금·퇴직수당·공로금·연금 등으로서 피상속인에게 지급될 것이 피상속인의 사망으로 인하여 지급되는 것에 대하여는 그 금액을 상속재산으로 본다. 그러나, 상속개시일 현재 피상속인이 납부할 의무가 있는 공과금으로서 상속인에게 승계된 조세·공공요금 등은 상속세 과세가액 계산시 상속재산가액에서 차감된다.

2 상속세의 납세의무에 대한 설명이다. 그 중 가장 옳은 것은?

① 상속인 또는 수유자는 상속세 전액을 연대하여 납부할 의무가 있다.

② 증여재산을 상속재산에 가산한 경우에 그 증여세는 수증자가 상속인인 경우에는 상속세 산출세액에서 공제한다.

③ 수유자가 영리법인인 경우에는 해당 영리법인이 납부할 상속세액을 면제하며, 이에 대해서는 법인세도 부과되지 않는다.

④ 피상속인이 비거주자인 경우에는 국내에 있는 모든 상속재산에 대하여 상속세를 부과한다.

해설

① 상속인 또는 수유자는 각자가 받았거나 받을 재산을 한도로 연대납세의무를 진다.
② 수증자가 상속인인 경우에는 각자가 납부할 상속세액에서 증여세액을 공제한다.

③ 수유자가 영리법인인 경우에는 해당 영리법인이 납부할 상속세액을 면제한다. 그러나 영리법인의 각 사업연도의 소득금액 계산시 수유한 재산가액이 자산수증이익이므로 익금에 포함되어 법인세는 과세된다.

3 다음 중 상속세 과세가액 계산시 포함되지 않는 것은?

① 피상속인이 상속개시일 6개월 전에 처분한 토지의 처분가액 3억원의 용도가 객관적으로 명백하지 아니한 경우

② 피상속인이 상속개시일 1년 8개월 전에 부담한 채무 4억원의 용도가 객관적으로 명백하지 아니한 경우

③ 피상속인의 사망으로 인하여 지급받는 생명보험의 보험금 1억원(보험계약자가 피상속인 외의 자이지만 피상속인이 실질적으로 보험료를 납부한 것으로 확인됨)

④ 피상속인에게 지급될 퇴직금 3억원이 피상속인의 사망으로 인하여 지급된 경우

해설

피상속인이 부담한 채무의 합계액이 상속개시일 전 2년 이내에 5억원 이상인 경우로서 용도가 객관적으로 명백하지 아니한 경우에는 이를 상속인이 상속받은 것으로 추정하여 상속세 과세가액에 산입한다.

4 「상속세 및 증여세법」상 거주자의 사망으로 상속이 개시된 경우 상속세 과세표준에 대한 설명으로 옳지 않은 것은? (단, 공제 적용의 한도와 피상속인의 배우자가 단독으로 상속받는 경우는 고려하지 아니한다)

2024년 국가직 9급

① 「상속세 및 증여세법」 제67조 또는 「국세기본법」 제45조의3에 따른 신고가 없는 경우에는 상속세 과세가액에서 5억원을 공제한다.

② 「정당법」에 따른 정당에 유증(遺贈)등을 한 재산에 대해서는 상속세를 부과하지 아니한다.

③ 상속세의 과세표준이 50만원 미만이면 상속세를 부과하지 아니한다.

④ 상속개시일 전 10년 이내에 피상속인이 상속인에게 진 증여채무는 상속재산의 가액에서 뺀다.

해설

상속개시일 전 10년 이내에 피상속인이 상속인에게 진 증여채무는 상속세 공제대상이 되는 채무에서 제외하는 것이므로 상속재산의 가액에 포함되는 것이다.

5 갑은 20×6년 3월 1일 질병으로 사망하였다. 다음 자료를 이용하여 상속세 부담을 최소화하는 경우에 상속세 과세표준을 계산하면 얼마인가?

---

(1) 갑의 상속재산
　① 주　　　택 : ₩1,050,000,000(동거주택의 요건을 충족함)
　② 생명보험금 : 　200,000,000
(2) 20×3. 2. 14 갑이 여동생에게 증여한 건물(증여당시의 시가 : ₩50,000,000, 20×6년 3월 1일의 시가 : ₩100,000,000)이 있다. 증여당시 증여세 과세표준은 ₩45,000,000, 증여세 산출세액은 ₩4,500,000이었다.
(3) 장례비용
　① 자연장지의 사용에 소요된 금액 : 　₩8,000,000
　② 자연장지 사용금액을 제외한 장례비용 : 　3,000,000
(4) 갑의 동거가족으로는 부인(63세), 아들(28세), 딸(18세)이 있다. 상속세 신고시 상속재산의 분할신고는 하지 않는다.

---

① ₩249,000,000　　② ₩250,000,000
③ ₩290,000,000　　④ ₩45,000,000

해설

(1) 상속재산가액 : ₩1,050,000,000 + 200,000,000 = ₩1,250,000,000
(2) 증여재산가액 : ₩50,000,000(증여당시의 시가)
(3) 과세가액공제액(장례비용) :
　₩5,000,000(자연장지 사용료 : 한도액) + 5,000,000(기타장례비용 : 기본금액)
　= ₩10,000,000
(4) 상속세 과세가액 : ₩1,250,000,000 + 50,000,000 − 10,000,000 = ₩1,290,000,000
(5) 상속공제액
　① 일괄공제 : ₩500,000,000(기초공제와 그 밖의 인적공제의 합계액이 일괄공제액에 미달함)
　② 배우자상속공제 : ₩500,000,000(상속재산을 분할신고하지 아니하였으므로 최저공제액을 적용함)
　③ 금융재산상속공제 : Min[₩200,000,000 × 20%, 2억원] = ₩40,000,000
　④ 동거주택상속공제 : Min[₩1,050,000,000 × 100%, 6억원] = ₩600,000,000
　⑤ 상속공제액 : Min[㉠, ㉡] = ₩1,245,000,000
　　㉠ 공제액 : ₩500,000,000 + 500,000,000 + 40,000,000 + 600,000,000
　　　　　= ₩1,640,000,000
　　㉡ 공제한도(인적공제 및 물적공제의 종합한도) :
　　　₩1,290,000,000(상속세 과세가액) − 45,000,000 = ₩1,245,000,000
(6) 상속세 과세표준 : ₩1,290,000,000 − 1,245,000,000 = ₩45,000,000

6 상속세 및 증여세법상 상속세에 대한 설명으로 옳지 않은 것은? ⊙ 2018년 국가직 7급

① 거주자의 사망으로 상속이 개시되어 배우자가 실제 상속받은 금액이 있는 경우 배우자상속공제는 최고 30억원을 한도로 상속세 과세가액에서 공제한다.

② 상속인(대습상속인이 아님)이 피상속인의 자녀를 제외한 직계비속이며 성년인 경우는 상속세산출세액에서 상속재산(상속재산에 가산한 증여재산 중 상속인이 받은 증여재산을 포함) 중 그 상속인이 받았거나 받을 재산이 차지하는 비율을 곱하여 계산한 금액의 100분의 30에 상당하는 금액을 가산한다.

③ 상속세 신고납부를 위하여 상속재산을 감정평가업자에게 평가를 받아 그 평가수수료를 상속세 과세가액에서 공제받을 수 있는 경우에는 500만원을 한도로 한다.

④ 거주자의 사망으로 상속이 개시되는 경우로서 자녀 1명에 대해서는 3천만원을 상속세 과세가액에서 공제한다.

해설

인적공제 중 자녀공제는 자녀 1명당 5천만원을 공제한다.

7 상속세 및 증여세법에 대한 설명으로 옳지 않은 것은? ⊙ 2017년 국가직 9급

① 상속재산에 가산한 증여재산에 대한 증여 당시의 증여세산출세액을 상속세산출세액에서 공제하는 것은 이중과세를 방지하기 위함이다.

② 영리법인은 유증 또는 사인증여로 취득한 재산에 대해 상속세를 납부할 의무가 있다.

③ 피상속인이나 상속인 전원이 외국에 주소를 둔 경우에는 상속개시일이 속하는 달의 말일부터 9개월 이내에 납세지 관할세무서장에게 상속세의 과세가액 및 과세표준을 신고하여야 한다.

④ 기초공제와 배우자 상속공제 외의 인적공제는 그 공제요건에 해당하는 자가 상속의 포기 등으로 상속을 받지 아니하는 경우에도 적용한다.

해설

수유자가 영리법인인 경우에는 해당 영리법인이 납부할 상속세를 면제한다.

8 상속세 및 증여세법상 거주자인 피상속인의 사망으로 상속이 개시되는 경우 상속재산에 대한 설명으로 옳지 않은 것은? ◐ 2017년 국가직 7급

① 피상속인의 사망으로 인하여 받는 생명보험 또는 손해보험의 보험금으로서 피상속인이 보험계약자인 보험계약(피상속인이 사망시까지 보험료 전액을 납입함)에 의하여 받는 것은 상속재산으로 본다.

② 피상속인이 신탁으로 인하여 타인으로부터 신탁의 이익을 받을 권리를 소유하고 있는 경우에는 그 이익에 상당하는 가액을 상속재산에 포함한다.

③ 상속개시일 전 8년 전에 피상속인이 상속인에게 증여한 재산의 가액은 상속개시 당시의 시가로 평가하여 상속재산에 가산한다.

④ 국민연금법에 따라 지급되는 유족연금 또는 사망으로 인하여 지급되는 반환일시금은 상속재산으로 보지 않는다.

해설

상속개시일 전 10년 이내에 피상속인이 상속인에게 증여한 재산의 가액은 증여일 현재의 시가로 평가하여 상속재산에 가산한다.

9 상속세 및 증여세법상 상속공제에 관한 설명이다. 옳은 것은? ◐ 2020년 회계사 1차

① 비거주자의 사망으로 상속이 개시되는 경우에는 기초공제를 적용하지 아니한다.

② 상속이 개시되는 법인세 사업연도의 직전 3개 사업연도 매출액의 평균금액이 5천억원 이상인 기업은 가업상속공제 대상에서 제외한다.

③ 거주자의 사망으로 그 배우자가 실제 상속받은 금액이 없는 경우 배우자상속공제를 적용하지 아니한다.

④ 피상속인의 배우자가 단독으로 상속받는 경우 기초공제와 그 밖의 인적공제에 따른 공제액을 합친 금액과 5억원 중 큰 금액으로 공제받을 수 있다.

⑤ 거주자의 사망으로 상속이 개시되는 경우로서 상속개시일 현재 상속재산가액 중 순금융재산의 가액이 1억원을 초과하면 1억원을 공제한다.

해설

① 비거주자의 사망 시 기초공제만을 적용한다.
③ 배우자가 실제 상속받은 금액이 없는 경우 5억원을 공제한다.
④ 피상속인의 배우자가 단독으로 상속받는 경우 기초공제와 그 밖의 인적공제에 따른 공제액의 합계액으로만 공제하며, 일괄공제를 적용하지 아니한다.
⑤ 순금융재산가액이 1억원을 초과하면 2억원을 한도로 순금융재산가액의 20%를 공제한다.

10 「상속세 및 증여세법」상 거주자의 사망으로 상속이 개시되는 경우 상속공제에 대한 설명으로 옳은 것만을 모두 고르면?

2023년 국가직 9급

ㄱ. 배우자가 실제 상속받은 금액이 없거나 상속받은 금액이 5억 원 미만이면 5억 원을 공제한다.

ㄴ. 상속개시일 현재 상속재산가액 중 순금융재산의 가액이 2천만 원인 경우에는 2천만 원을 상속세 과세가액에서 공제한다.

ㄷ. 상속인(배우자는 제외한다) 및 동거가족 중 미성년자에 대해서는 2천만 원에 19세가 될 때까지의 연수를 곱하여 계산한 금액을 상속세 과세가액에서 공제한다.

ㄹ. 법령의 요건을 모두 갖춘 경우에는 상속주택가액의 100분의 100에 상당하는 금액을 상속세 과세가액에서 공제하되, 그 공제할 금액은 5억 원을 한도로 한다.

① ㄱ　　② ㄱ, ㄴ

③ ㄷ, ㄹ　　④ ㄴ, ㄷ, ㄹ

해설

㉢ 미성년자에 대해서는 1천만원에 19세가 될 때까지의 연수를 곱하여 계산한 금액을 공제한다.

㉣ 동거주택 상속공제의 공제한도 금액은 6억원이다.

11 「상속세 및 증여세법」상 상속재산에 대한 설명으로 옳지 않은 것은?

2021년 국가직 9급

① 「국민연금법」에 따라 지급되는 유족연금은 상속재산으로 본다.

② 피상속인이 신탁으로 인하여 타인으로부터 신탁의 이익을 받을 권리를 소유하고 있는 경우에는 그 이익에 상당하는 가액을 상속재산에 포함한다.

③ 피상속인의 사망으로 인하여 받는 생명보험의 보험금으로서 피상속인이 보험계약자인 보험계약에 의하여 받는 것은 상속재산으로 본다.

④ 수익자연속신탁의 수익자가 사망함으로써 타인이 새로 신탁의 수익권을 취득하는 경우 그 타인이 취득한 신탁의 이익을 받을 권리의 가액은 사망한 수익자의 상속재산에 포함한다.

해설

국민연금법에 따라 지급되는 유족연금은 상속재산으로 보지 않는다(상증법 10 (1)).

정답	1	①	2	④	3	②	4	④	5	④	6	④	7	②	8	③	9	②	10	②
	11	①																		

2 증 여 세

제 1 절 | 과세대상 및 납세의무자

1. 과세대상

증여세는 타인의 증여에 의하여 취득한 재산을 과세물건으로 하여 그 취득자에게 부과하는 조세이다. 만일 상속의 경우에만 상속세를 부과하고 증여에 대해서는 과세하지 않는다면 상속개시일 이전에 상속재산을 상속인에게 증여함으로써 상속세를 회피할 수 있게 된다. 따라서 증여세는 상속세의 보완적 조세로서 그 의의가 있다고 할 수 있다.

증여세의 과세방식은 수증자 과세방식과 증여자 과세방식으로 크게 나눌 수 있다. 수증자 과세방식은 수증자가 취득한 재산을 과세대상으로 하여 수증자에게 증여세의 납세의무를 지우는 것을 말하며, 증여자 과세방식은 증여자에게 증여세의 납세의무를 지우는 것을 말한다.

우리나라는 수증자 과세방식을 채택하고 있으며, 다음의 증여재산에 대해서는 증여세를 부과한다(상증법 4 ①).

① 무상으로 이전받은 재산 또는 이익

② 현저히 낮은 대가를 주고 재산 또는 이익을 이전받음으로써 발생하는 이익이나 현저히 높은 대가를 받고 재산 또는 이익을 이전함으로써 발생하는 이익. 다만, 특수관계인이 아닌 자 간의 거래인 경우에는 거래의 관행상 정당한 사유가 없는 경우로 한정한다.

③ 재산 취득 후 해당 재산의 가치가 증가한 경우의 그 이익. 다만, 특수관계인이 아닌 자 간의 거래인 경우에는 거래의 관행상 정당한 사유가 없는 경우로 한정한다.

④ 증여예시 규정(제33조부터 제39조까지, 제39조의2, 제39조의3, 제40조, 제41조의2부터 제41조의5까지, 제42조, 제42조의2 또는 제42조의3)에 해당하는 경우의 그 재산 또는 이익

⑤ 증여추정 규정(제44조 또는 제45조)에 해당하는 경우의 그 재산 또는 이익

⑥ 증여의제 규정(제45조의2부터 제45조의5까지)에 해당하는 경우의 그 재산 또는 이익

⑦ 증여예시 규정의 경우와 경제적 실질이 유사한 경우 등 증여예시 규정을 준용하여 증여재산의 가액을 계산할 수 있는 경우의 그 재산 또는 이익

2. 납세의무자

(1) 의 의

수증자(受贈者)는 증여재산에 대하여 증여세를 납부할 의무가 있다(상증법 4의2). 수증자란 증여재산을 받은 거주자(본점이나 주된 사무소의 소재지가 국내에 있는 비영리법인을 포함) 또는 비거주자(본점이나 주된 사무소의 소재지가 외국에 있는 비영리법인을 포함)를 말한다.

① 명의신탁재산의 증여의제 규정(상증법 45의2)에 따라 재산을 증여한 것으로 보는 경우(명의자가 영리법인인 경우를 포함)에는 실제소유자가 해당 재산에 대하여 증여세를 납부할 의무가 있다.[18)]

② 증여재산에 대하여 수증자에게 소득세 또는 법인세가 부과되는 경우에는 증여세를 부과하지 아니한다. 소득세 또는 법인세가 비과세되거나 감면되는 경우에도 또한 같다.

③ 영리법인이 증여받은 재산 또는 이익에 대하여 법인세가 부과되는 경우(법인세가 비과세되거나 감면되는 경우를 포함) 해당 법인의 주주등에 대해서는 제45조의3부터 제45조의5까지의 규정에 따른 경우를 제외하고는 증여세를 부과하지 아니한다.

④ 법인격이 없는 사단 · 재단 또는 그 밖의 단체가 국세기본법에 따른 법인으로 보는 단체에 해당하는 경우에는 비영리법인으로, 그 외의 경우에는 거주자 또는 비거주자로 보아 상속세 및 증여세법을 적용한다.

(2) 납세의무의 범위

우리나라는 수증자 과세원칙을 채택하고 있으므로 수증자의 거주자 여부에 따라 납세의무의 범위가 달라진다. 즉, 증여일 현재 수증자가 거주자인 경우에는 증여세 과세

---

18) 권리의 이전이나 그 행사에 등기 등이 필요한 재산의 실제소유자와 명의자가 다른 명의신탁재산에 대하여 종전에는 명의자에게 과세하고 실제소유자에게는 연대납세의무만 부여하였으나, 조세회피 목적으로 명의신탁을 활용하는 주체는 실제소유자라는 점을 고려하여 2019.1.1. 이후 증여로 의제되는 분부터 납세의무자를 실제소유자로 변경하였다(경과규정 : 2018.12.31. 이전 소유권을 취득한 분은 종전 규정 적용).

대상이 되는 모든 증여재산에 대하여 증여세를 납부할 의무를 지지만(이를 "무제한 납세의무자"라 함), 수증자가 증여일 현재 비거주자인 경우에는 국내에 있는 모든 증여재산에 대해서만 증여세를 납부할 의무를 진다(이를 "제한 납세의무자"라 함).

수 증 자	증여세 과세대상
거 주 자*1	증여세 과세대상이 되는 모든 증여재산
비거주자*2	① 증여세 과세대상이 되는 국내에 있는 모든 증여재산 ② 거주자로부터 증여받은 국외 예금이나 국외 적금 등 금융거래를 위하여 해외금융회사에 개설한 계좌에 보유한 재산 ③ 거주자로부터 증여받은 외국법인(증여재산 취득일 현재 자산총액 중 국내 소재 자산가액의 합계액이 차지하는 비율이 50% 이상인 법인)의 주식 또는 출자지분

*1 본점 또는 주된 사무소의 소재지가 국내에 있는 비영리법인을 포함한다.
*2 본점 또는 주된 사무소의 소재지가 국내에 없는 비영리법인을 포함한다.

⑶ 수증자가 납부능력이 없는 경우 증여세의 면제

다음의 규정에 해당하는 경우로서 수증자가 증여세를 납부할 능력이 없다고 인정되는 경우로서 강제징수를 하여도 증여세에 대한 조세채권을 확보하기 곤란한 경우에는 그에 상당하는 증여세의 일부 또는 전부를 면제한다(상증법 4의2 ⑤).

① 저가양수·고가양도에 따른 이익의 증여(상증법 35)
② 채무면제 등에 따른 증여(상증법 36)
③ 부동산무상사용에 따른 이익의 증여(상증법 37)
④ 금전무상대출 등에 따른 이익의 증여(상증법 41의4)

⑷ 증여자의 연대납세의무

증여자는 다음의 어느 하나에 해당하는 경우에는 수증자가 납부할 증여세를 연대하여 납부할 의무가 있다(상증법 4의2 ⑥). 다만, 저가·고가양도에 따른 이익의 증여(상증법 35)등 법령에서 정하는 경우는 제외한다.

① 수증자의 주소나 거소가 분명하지 아니한 경우로서 증여세에 대한 조세채권(租稅債權)을 확보하기 곤란한 경우
② 수증자가 증여세를 납부할 능력이 없다고 인정되는 경우로서 강제징수를 하여도 증여세에 대한 조세채권을 확보하기 곤란한 경우
③ 수증자가 비거주자인 경우

(5) 명의신탁재산에 대한 물적납세의무

실제소유자가 명의신탁재산의 증여의제 규정에 따른 증여세·가산금 또는 강제징수비를 체납한 경우에 그 실제소유자의 다른 재산에 대하여 강제징수를 하여도 징수할 금액에 미치지 못하는 경우에는 국세징수법에서 정하는 바에 따라 명의신탁재산의 증여의제 규정에 따라 명의자에게 증여한 것으로 보는 재산으로써 납세의무자인 실제소유자의 증여세·가산금 또는 강제징수비를 징수할 수 있다(상증법 4의2 ⑨).

(6) 과세관할

증여세는 수증자의 주소지(주소지가 없거나 분명하지 아니한 경우에는 거소지를 말한다)를 관할하는 세무서장 등이 과세한다. 다만, 수증자가 비거주자인 경우, 수증자의 주소 및 거소가 분명하지 아니한 경우, 명의신탁재산의 증여의제 규정에 따라 재산을 증여하는 것으로 보는 경우에는 증여자의 주소지를 관할하는 세무서장 등이 과세한다(상증법 6 ②). 한편 다음의 어느 하나에 해당하는 경우에는 증여재산의 소재지를 관할하는 세무서장등이 과세한다(상증법 6 ③).

① 수증자와 증여자가 모두 비거주자인 경우
② 수증자와 증여자 모두의 주소 또는 거소가 분명하지 아니한 경우
③ 수증자가 비거주자이거나 주소 또는 거소가 분명하지 아니하고, 증여자가 다수이거나 존재 여부가 불분명하여 증여자로 의제된 경우(예 합병, 증자 및 현물출자에 따른 이익의 증여, 일감몰아주기 증여 등)

제 2 절 | 증여세 과세가액

1. 증여세 과세가액의 계산구조

	증 여 재 산 가 액	본래의 증여재산가액 또는 증여의제(추정)가액
(+)	재 차 증 여 재 산 가 산 액	10년 이내에 동일인으로부터 증여받은 재산가액의 합계액
(−)	비 과 세 재 산 가 액	일정한 비과세 증여재산의 가액
(−)	과 세 가 액 불 산 입 액	① 공익법인 등이 출연받은 재산에 대한 과세가액불산입 ② 공익신탁재산에 대한 과세가액불산입 ③ 장애인이 증여받은 재산의 과세가액불산입
(−)	부담부증여시 채무인수액	증여재산에 담보된 채무로서 수증자가 인수한 금액
(=)	증 여 세 과 세 가 액	

2. 증여재산가액

(1) 증여재산의 범위

증여재산이란 증여로 인하여 수증자에게 귀속되는 모든 재산 또는 이익을 말하며, 금전으로 환산할 수 있는 경제적 가치가 있는 모든 물건, 재산적 가치가 있는 법률상 또는 사실상의 모든 권리 또는 금전으로 환산할 수 있는 모든 경제적 이익을 포함한다. 다만, 다음의 규정에 의한 증여재산(이를 "합산배제 증여재산"이라 함)의 가액을 제외한다(상증법 47 ①).

① 재산 취득 후 해당 재산의 가치가 증가하는 경우(상증법 31 ① ⑶)

② 전환사채 등의 주식전환 및 전환사채 등의 양도에 따른 이익의 증여(상증법 40 ① ⑵,⑶)

③ 주식등의 상장 등에 따른 이익의 증여(상증법 41의3)

④ 합병에 따른 상장 등 이익의 증여(상증법 41의5)

⑤ 재산 취득 후 재산가치 증가에 따른 이익의 증여(상증법 42의3)

⑥ 재산취득자금 중의 증여추정(상증법 45)

⑦ 명의신탁재산의 증여 의제(상증법 45의2)

⑧ 특수관계법인과의 거래를 통한 이익의 증여 의제(상증법 45의3)

⑨ 특수관계법인으로부터 제공받은 사업기회로 발생한 이익의 증여 의제(상증법 45의4)

1) 상속재산에 대한 협의분할

상속개시 후 상속재산에 대하여 등기·등록·명의개서 등으로 각 상속인의 상속분이 확정된 후, 그 상속재산에 대하여 공동상속인이 협의하여 분할한 결과 특정 상속인이 당초 상속분을 초과하여 취득하게 되는 재산은 그 분할에 의하여 상속분이 감소한 상속인으로부터 증여받은 것으로 보아 증여세를 부과한다. 다만, 다음의 어느 하나에 해당하는 경우에는 증여세를 부과하지 아니한다(상증법 4 ③, 상증령 3의2).

① 상속세 과세표준 신고기한까지 재분할에 의하여 당초 상속분을 초과하여 취득한 경우

② 상속회복청구의 소에 의한 법원의 확정판결에 따라 상속인 및 상속재산에 변동이 있는 경우

③ 민법에 따른 채권자대위권의 행사에 의하여 공동상속인들의 법정상속분대로 등기등이 된 상속재산을 상속인 사이의 협의분할에 의하여 재분할하는 경우

④ 상속세과세표준 신고기한 내에 상속세를 물납하기 위하여 민법에 따른 법정상속

분으로 등기·등록 및 명의개서 등을 하여 물납을 신청하였다가 물납허가를 받지 못하거나 물납재산의 변경명령을 받아 당초의 물납재산을 상속인 사이의 협의분할에 의하여 재분할하는 경우

2) 증여받은 재산의 반환

수증자가 증여재산(금전을 제외한다)을 당사자 사이의 합의에 따라 증여세 과세표준 신고기한까지 증여자에게 반환하는 경우에는 처음부터 증여가 없었던 것으로 본다. 다만, 반환하기 전에 증여세 과세표준과 세액의 결정을 받은 경우에는 그러하지 아니하다. 또한 수증자가 증여받은 재산(금전을 제외한다)을 증여세 과세표준 신고기한이 지난 후 3개월 이내에 증여자에 반환하거나 증여자에게 다시 증여하는 경우에는 그 반환하거나 다시 증여하는 것에 대해서는 증여세를 부과하지 아니한다(상증법 4 ④).

구 분	증여세 납세의무	
	최초 증여	반환 또는 재증여
증여세 신고기한까지 반환하는 경우	×	×
증여세 신고기한이 지난후 3개월 이내에 반환·재증여하는 경우	○	×
증여세 신고기한이 지난후 3개월 경과후 반환·재증여하는 경우	○	○

(2) 증여재산가액 계산의 일반원칙

증여재산가액은 다음의 방법으로 계산한다(상증법 31 ①).

① 재산 또는 이익을 무상으로 이전받은 경우 : 증여재산의 시가 상당액

② 재산 또는 이익을 현저히 낮은 대가를 주고 이전받거나 현저히 높은 대가를 받고 이전한 경우 : 시가와 대가의 차액. 다만, 시가와 대가의 차액이 3억원 이상이거나 시가의 30% 이상인 경우로 한정한다.

③ 재산 취득 후 해당 재산의 가치가 증가하는 경우 : 증가사유가 발생하기 전과 후의 재산의 시가의 차액으로서 재산가치상승금액. 다만, 그 재산가치상승금액이 3억원 이상이거나 해당 재산의 취득가액, 통상적인 가치상승분 및 가치상승기여분을 합한 금액의 30% 이상인 경우로 한정한다.

(3) 증여재산의 취득시기

증여재산의 취득시기는 제33조부터 제39조까지, 제39조의2, 제39조의3, 제40조, 제41조의2부터 제41조의5까지, 제42조, 제42조의2, 제44조, 제45조 및 제45조의2부터 제45조의5까지가 적용되는 경우를 제외하고는 등기부·등록부에 기재된 등기·등록접

수일, 건물의 사용승인서 교부일, 재산을 인도한 날 또는 사실상 사용한 날 등 법령으로 정하는 날로 한다(상증법 32).

⑷ 재차증여재산 가산액

해당 증여일 전 10년 이내에 동일인(증여자가 직계존속인 경우에는 그 직계존속의 배우자를 포함)으로부터 받은 증여재산가액을 합친금액이 1천만원 이상인 경우에는 그 가액을 증여세 과세가액에 가산한다(상증법 47 ②). 다만, 합산배제증여재산의 경우에는 그러하지 아니하다. 이 경우 증여재산의 가액은 각 증여일 현재의 재산가액에 의한다(상증통 47－0－2).

3. 비과세되는 증여재산

다음에 해당하는 금액에 대하여는 증여세를 부과하지 아니한다(상증법 46, 상증령 35).

① 국가나 지방자치단체로부터 증여받은 재산의 가액
② 내국법인의 종업원으로서 우리사주조합에 가입한 자가 해당 법인의 주식을 우리사주조합을 통하여 취득한 경우로서 그 조합원이 소액주주의 기준에 해당하는 경우 그 주식의 취득가액과 시가와의 차액으로 인하여 받은 이익에 상당하는 가액
③ 정당법의 규정에 의한 정당이 증여받은 재산의 가액
④ 사내근로복지기금 · 우리사주조합 · 공동근로복지기금 및 근로복지진흥기금이 증여받은 재산의 가액
⑤ 사회통념상 인정되는 이재구호금품 · 치료비, 피부양자의 생활비, 교육비 기타 이와 유사한 다음의 것으로서 해당 용도에 직접 지출한 것
　㉠ 학자금 또는 장학금 기타 이와 유사한 금품
　㉡ 기념품 · 축하금 · 부의금 기타 유사한 금품으로서 통상 필요하다고 인정되는 금품
　㉢ 혼수용품으로서 통상 필요하다고 인정되는 금품
　㉣ 타인으로부터 기증을 받아 외국에서 국내에 반입된 물품으로서 해당 물품의 관세의 과세가격이 100만원 미만인 물품
　㉤ 무주택근로자가 건물의 총연면적이 85제곱미터 이하인 주택(주택에 부수되는 토지로서 건물연면적의 5배 이내의 토지를 포함한다)을 취득 또는 임차하기 위하여 사내근로복지기금 및 공동근로복지기금으로부터 증여받은 주택취득보조금 중 그 주택취득가액의 5% 이하의 것과 주택임차보증금 중 전세가액의 10% 이하의 것

⑥ 신용보증기금 기타 이와 유사한 것으로서 일정한 단체가 증여받은 재산의 가액
⑦ 국가 · 지방자치단체 또는 공공단체가 증여받은 재산의 가액
⑧ 장애인을 보험금수취인으로 하는 보험으로서 장애인복지법 등의 규정에 의하여 등록한 장애인 및 등록한 상이자를 수익자로 한 보험의 보험금. 이 경우 비과세되는 보험금은 연간 4,000만원을 한도로 한다.
⑨ 국가유공자의 유족이나 의사자(義死者)의 유족이 증여받은 성금 및 물품 등 재산의 가액
⑩ 비영리법인의 설립근거가 되는 법령의 변경으로 비영리법인이 해산되거나 업무가 변경됨에 따라 해당 비영리법인의 재산과 권리 · 의무를 다른 비영리법인이 승계받은 경우 승계받은 해당 재산의 가액

4. 과세가액 불산입

(1) 공익법인 등이 출연받은 재산에 대한 과세가액 불산입

공익법인 등이 출연받은 재산의 가액은 증여세 과세가액에 산입하지 아니한다. 다만, 공익법인등이 내국법인의 의결권 있는 주식등을 출연받은 경우로서 출연받은 주식등과 특정주식등을 합한 것이 공익법인 주식 보유한도를 초과하는 경우에는 그 초과하는 가액을 증여세 과세가액에 산입한다(상증법 48 ①).

(2) 공익신탁재산에 대한 증여세 과세가액불산입

증여재산 중 증여자가 공익신탁을 통하여 공익법인 등에 출연하는 재산의 가액은 증여세 과세가액에 산입하지 아니한다(상증법 52).

(3) 장애인이 증여받은 재산의 과세가액불산입

1) 자익신탁의 경우

장애인이 재산(금전, 유가증권 및 부동산을 말함)을 증여받고 그 재산을 본인을 수익자로 하여 신탁한 경우로서 해당 신탁(자익신탁)이 다음의 요건을 모두 충족하는 경우에는 그 증여받은 재산가액은 증여세 과세가액에 산입하지 아니한다(상증법 52의 2 ①).

① 자본시장과 금융투자업에 관한 법률에 따른 신탁업자에게 신탁되었을 것
② 그 장애인이 신탁의 이익 전부를 받는 수익자일 것
③ 신탁기간이 그 장애인이 사망할 때까지로 되어 있을 것. 다만, 장애인이 사망하

기 전에 신탁기간이 끝나는 경우에는 신탁기간을 장애인이 사망할 때까지 계속 연장하여야 한다.

2) 타익신탁의 경우

타인이 장애인을 수익자로 하여 재산을 신탁한 경우로서 해당 신탁(타익신탁)이 다음의 요건을 모두 충족하는 경우에는 장애인이 증여받은 그 신탁의 수익(신탁원본의 인출이 있는 경우에는 해당 인출금액을 포함)은 증여세 과세가액에 산입하지 아니한다(상증법 52의2 ②).

① 신탁업자에게 신탁되었을 것

② 그 장애인이 신탁의 이익 전부를 받는 수익자일 것. 다만, 장애인이 사망한 후의 잔여재산에 대해서는 그러하지 아니하다.

③ 다음 각 목의 내용이 신탁계약에 포함되어 있을 것

㉠ 장애인이 사망하기 전에 신탁이 해지 또는 만료되는 경우에는 잔여재산이 그 장애인에게 귀속될 것

㉡ 장애인이 사망하기 전에 수익자를 변경할 수 없을 것

㉢ 장애인이 사망하기 전에 위탁자가 사망하는 경우에는 신탁의 위탁자 지위가 그 장애인에게 이전될 것

3) 한도액

자익신탁의 경우 그 증여받은 재산가액(그 장애인이 살아 있는 동안 증여받은 재산가액을 합친 금액을 말함) 및 타익신탁 원본의 가액(그 장애인이 살아 있는 동안 그 장애인을 수익자로 하여 설정된 타익신탁의 설정 당시 원본가액을 합친 금액을 말함)을 합산한 금액은 5억원을 한도로 한다(상증법 52의2 ③).

5. 부담부증여시 채무인수액

증여재산에 담보된 채무(증여자가 해당 재산을 타인에게 임대한 경우의 해당 임대보증금을 포함)로서 수증자가 인수한 금액은 증여재산가액에서 차감한다(상증법 47 ①). 이 경우 배우자간 또는 직계존비속간의 부담부증여(배우자 또는 직계존비속에 대한 양도시 증여로 추정되는 경우를 포함한다)에 대하여는 수증자가 증여자의 채무를 인수한 경우에도 해당 채무액은 수증자에게 채무가 인수되지 아니한 것으로 추정한다. 다만, 해당 채무액이 국가 및 지방자치단체에 대한 채무 등 객관적으로 인정되는 경우에는 그러하지 아니하다(상증법 47 ③).

제 3 절 | 증여세 과세표준

1. 증여세 과세표준의 계산구조

(1) 일반적인 경우

증여세의 과세표준은 증여세 과세가액에서 증여재산공제액, 혼인 · 출산 증여재산공제액 및 재해손실공제액을 차감한 금액으로 한다(상증법 55 ①). 이 경우 과세표준이 50만원 미만인 때에는 증여세를 부과하지 아니한다(상증법 55 ②).

	증 여 세 과 세 가 액	
(-)	증 여 재 산 공 제 액	배우자 등의 친족으로부터 증여를 받는 경우
(-)	혼인 · 출산 증여재산공제액	
(-)	재 해 손 실 공 제 액	
(-)	감정평가수수료공제액	상속세와 동일함
(=)	증 여 세 과 세 표 준	

(2) 과세표준계산특례

① 명의신탁재산의 증여의제 : 그 명의신탁재산의 금액 - 감정평가수수료 공제액

② 특수관계법인과의 거래를 통한 이익의 증여의제 : 증여의제이익 - 감정평가수수료 공제액

③ 합산배제증여재산 : 그 증여재산가액 - 3,000만원 - 감정평가수수료 공제액

2. 증여공제

(1) 증여재산공제

거주자가 다음에 해당하는 자로부터 증여를 받은 경우에는 다음의 구분에 따른 금액을 증여세 과세가액에서 공제한다. 이 경우 그 증여세 과세가액에서 공제받을 금액과 수증자가 그 증여를 받기 전 10년 이내에 공제받은 금액(혼인 · 출산 증여재산공제액은 제외)을 합한 금액이 증여재산공제액을 초과하는 경우에는 그 초과하는 부분은 공제하지 아니한다(상증법 53 ①).

구　분	증여재산공제액
① 배우자로부터 증여를 받은 경우	6억원
② 직계존속(배우자 포함)으로부터 증여를 받은 경우	5,000만원 (미성년자가 직계존속으로부터 증여를 받은 경우에는 2,000만원)
③ 직계비속(혼인 중인 배우자의 직계비속 포함)으로부터 증여를 받은 경우	5,000만원
④ 배우자 및 직계존비속이 아닌 친족(6촌 이내의 혈족, 4촌 이내의 인척)으로부터 증여를 받는 경우	1,000만원

(2) 혼인 · 출산 증여재산공제

거주자가 직계존속으로부터 다음 사유에 따라 증여를 받는 경우에는 증여재산공제와 별개로 1억원을 증여세 과세가액에서 공제한다(상증법 53의2).

① 혼인일(법령에 따른 혼인관계증명서상 신고일) 전후 2년 이내 증여를 받는 경우

② 자녀의 출생일(법령에 따른 출생신고서상 출생일) 또는 입양일(법령에 따른 입양신고일)부터 2년 이내에 증여를 받는 경우

단, 증여세 과세가액에서 위 '①'과 '②'로 인해 공제받을 금액의 합계액이 1억원을 초과하는 경우에는 그 초과하는 부분은 공제하지 아니한다. 즉, 동일한 증여세 과세가액에 대하여 혼인공제와 출산공제가 동시에 적용될 경우에는 1억원을 한도로 공제한다.

(3) 재해손실공제

거주자가 타인으로부터 재산을 증여받은 경우로서 증여세 과세표준 신고기한까지 화재 · 붕괴 · 폭발 · 환경오염사고 및 자연재해 등으로 인한 재난으로 인하여 증여재산이 멸실 · 훼손된 경우에는 그 손실가액을 증여세 과세가액에서 공제한다. 다만, 그 손실가액에 대한 보험금 등의 수령 또는 구상권 등의 행사에 의하여 해당 손실가액에 상당하는 금액을 보전받을 수 있는 경우에는 그러하지 아니하다(상증법 54, 상증령 47).

예제 2-1 | 증여세 과세표준 

거주자인 윤재원씨(만 29세)는 20×8. 4. 10에 직계존속 등으로부터 재산을 증여받아 사업을 시작하였다. 다음 자료를 이용하여 증여세 과세표준을 계산하면?

(1) 배우자로부터 토지 ₩250,000,000(감정평가한 가액으로서 감정평가수수료 ₩6,000,000을 지급함)을 증여받았다.

(2) 20×7년 6월 2일에 배우자로부터 ₩600,000,000 상당의 아파트를 증여받은 바 있다.
(3) 부친으로부터 상가 ₩50,000,000을 증여받았다.
(4) 모친으로부터 현금 ₩30,000,000을 증여받았다.
(5) 조부로부터 시가 ₩100,000,000 상당의 건물을 ₩50,000,000에 양수하였으며, 대가를 지급하고 양수한 사실이 명백히 인정된다.

해답

(1) 배우자 증여분 : ₩250,000,000 + 600,000,000[*1] − 600,000,000 − Min[6,000,000, 5,000,000]
= ₩245,000,000

*1 10년 이내 증여받은 재산을 합산하여 과세한다.

(2) 부친 · 모친 증여분 : 50,000,000 + 30,000,000[*2] − 40,000,000[*3] = ₩40,000,000

*2 직계존속으로부터 증여받은 것은 소급하여 10년 이내에 그 직계존속의 배우자로부터 증여받은 재산을 합산하여 과세표준을 계산한다.

(3) 조부로부터 양수한 건물 : (₩70,000,000 − 50,000,000) − 10,000,000[*3] = ₩10,000,000
① 대가를 지급하고 양수한 사실이 명백히 인정되므로 증여추정에 해당하지 아니한다.
② 그러나, 시가와의 차액이 30% 이상이므로 저가양수에 따른 이익의 증여에 해당한다.

*3 2 이상의 증여가 동시에 있는 경우에는 증여재산공제액(친족공제)은 각각의 증여세 과세가액에 비례하여 안분계산한다. 따라서 부친 · 모친 증여분에 대한 증여재산공제액(친족공제)은 ₩40,000,000(=₩50,000,000×80,000,000/100,000,000)이 되며, 조부에 대한 증여재산공제액은 ₩10,000,000이 된다.

제 4 절 | 증여세액의 계산

1. 산출세액 및 신고납부세액의 계산구조

	증 여 세 과 세 표 준	
(×)	세 율	10%에서 50%까지의 5단계 초과누진세율(상속세율과 동일)
(=)	산 출 세 액	세대생략증여에 대한 할증세액을 가산함
(−)	박물관자료 등 징수유예세액	박물관자료(미술관자료 포함)에 대한 징수유예액
(−)	세 액 공 제 액	납부세액공제 · 외국납부세액공제 · 신고세액공제 · 공제감면세액
(=)	납 부 세 액	

2. 증여세 산출세액의 계산

(1) 증여세 산출세액

증여세 산출세액은 증여세의 과세표준에 상속세율과 동일한 세율을 적용하여 계산한 금액으로 한다(상증법 56).

(2) 직계비속에 대한 증여의 할증과세

수증자가 증여자의 자녀가 아닌 직계비속인 경우에는 증여세 산출세액에 30%(수증자가 증여자의 자녀가 아닌 직계비속이면서 미성년자인 경우로서 증여재산가액이 20억원을 초과하는 경우에는 40%)에 상당하는 금액을 가산한다. 다만, 증여자의 최근친인 직계비속이 사망하여 그 사망자의 최근친인 직계비속이 증여받은 경우에는 그러하지 아니하다(상증법 57).

창업자금 및 가업승계에 대한 증여세 과세특례

구 분	내 용
창업자금에 대한 증여세 과세특례 (조특법 30의5)	18세 이상인 거주자가 창업중소기업에 해당하는 업종을 영위하는 중소기업을 창업할 목적으로 60세 이상의 부모(증여 당시 아버지나 어머니가 사망한 경우에는 그 사망한 아버지나 어머니의 부모를 포함)로부터 창업자금(증여세 과세가액 50억원을, 창업을 통하여 10명 이상을 신규 고용한 경우에는 100억원을 한도로 함)을 증여받는 경우에는 상속세 및 증여세법에도 불구하고 증여세 과세가액에서 5억원을 공제하고 세율을 10%로 하여 증여세를 부과한다. 이 경우 창업자금을 2회 이상 증여받거나 부모로부터 각각 증여받는 경우에는 각각의 증여세 과세가액을 합산하여 적용한다.
가업승계에 대한 증여세 과세특례 (조특법 30의6)	18세 이상인 거주자가 가업(증여받은 날이 속하는 법인세 사업연도의 직전 3개 법인세 사업연도의 매출액 평균금액이 5천억원 이상인 중견기업은 제외)을 10년 이상 계속하여 경영한 60세 이상의 부모로부터 해당 가업의 승계를 목적으로 주식 또는 출자지분을 증여받고 가업을 승계한 경우에는 그 주식등의 가액 중 가업자산상당액에 대한 증여세 과세가액*에서 10억원을 공제하고 세율을 10%(과세표준이 120억원을 초과하는 경우 그 초과금액에 대해서는 20%)로 하여 증여세를 부과한다. 다만, 가업의 승계 후 가업의 승계 당시 상속세 및 증여세법에 따른 최대주주 또는 최대출자자에 해당하는 자(가업의 승계 당시 해당 주식등의 증여자 및 해당 주식등을 증여받는 자는 제외)로부터 증여받는 경우에는 그러하지 아니하다. 이 경우 주식등을 증여받고 가업을 승계한 거주자가 2인 이상인 경우에도 가업승계자 모두에게 특례를 적용한다.

* 다음의 구분에 따른 금액을 한도로 한다.

구 분	한 도
부모가 10년 이상 20년 미만 계속하여 경영한 경우	300억원
부모가 20년 이상 30년 미만 계속하여 경영한 경우	400억원
부모가 30년 이상 계속하여 경영한 경우	600억원

3. 박물관자료의 징수유예

납세지 관할세무서장은 증여재산 중 박물관자료(미술관자료 포함)가 포함되어 있는 경우에는 그 재산가액에 상당하는 증여세액의 징수를 유예한다(상증법 75). 이 경우 상속세의 징수유예와 달리 문화유산자료와 해당 문화유산자료가 속하여 있는 보호구역 안의 토지에 대해서는 징수유예가 되지 않는다는 점에 유의하여야 한다.

박물관자료에 대하여 징수유예되는 증여세액은 다음의 산식에 의하여 계산한 금액에 의한다(상증령 77).

$$징수유예되는\ 증여세액 = 증여세\ 산출세액 \times \frac{박물관자료의\ 가액}{(증여재산가액 + 재차증여재산\ 가산액)}$$

4. 세액공제

(1) 납부세액공제

재차증여시 합산과세 규정에 의하여 증여세 과세가액에 가산한 증여재산의 가액(2 이상의 증여가 있을 때에는 그 가액의 합계액)에 대하여 납부하였거나 납부할 증여세액(증여당시의 해당 증여재산에 대한 증여세산출세액)은 증여세산출세액에서 공제한다. 다만, 국세의 부과제척기간 만료로 인하여 증여세가 부과되지 아니하는 경우에는 그러하지 아니하다(상증법 58 ①).

(2) 외국납부세액공제

거주자가 타인으로부터 재산을 증여받은 경우(무제한 납세의무자의 경우)에 외국에 있는 증여재산에 대하여 외국의 법령에 따라 증여세를 부과받은 경우에는 그 부과받은 증여세에 상당하는 금액을 증여세산출세액에서 공제한다(상증법 59, 상증령 48).

외국납부세액공제액 = Min[①, ②]

① 공제액 : $증여세\ 산출세액 \times \frac{해당\ 외국의\ 법령에\ 의한\ 증여세\ 과세표준}{증여세\ 과세표준}$

② 한도액 : 외국의 법령에 의하여 부과된 증여세액

(3) 신고세액공제액

법정신고기한까지 증여세 과세표준을 신고한 경우에는 다음의 금액을 증여세산출세액에서 공제한다(상증법 69 ②). 이 경우 신고한 증여세 과세표준에 대한 납부세액에 대하여 자진납부를 하지 않은 경우에도 신고세액공제를 적용한다(상증통 69-0-1 ②).

> 신고세액공제액=[증여세 산출세액(세대생략 증여에 대한 할증세액 포함)
> -박물관자료 등의 징수유예세액-공제·감면세액] × 3%

제 5 절 | 증여세의 납세절차

1. 증여세의 신고 및 납부

(1) 증여세 과세표준 신고

증여세 납부의무가 있는 자는 증여받은 날이 속하는 달의 말일부터 3개월 이내에 증여세의 과세가액 및 과세표준을 납세지 관할 세무서장에게 신고하여야 한다. 다만, 다음의 규정에 의한 비상장주식의 상장 또는 법인의 합병 등에 따른 증여세 과세표준 정산신고기한은 정산기준일이 속하는 달의 말일부터 3개월이 되는 날로 한다(상증법 68 ①).

① 주식 또는 출자지분의 상장 등에 따른 이익의 증여(상증법 41의3)

② 합병에 따른 상장 등 이익의 증여(상증법 41의5)

한편 특수관계법인과의 거래를 통한 이익의 증여의제(상증법 45의3)와 특정법인과의 거래를 통한 이익의 증여의제(상증법 45의5)에 따른 증여세 과세표준 신고기한은 수혜법인 또는 특정법인의 법인세 과세표준의 신고기한이 속하는 달의 말일부터 3개월이 되는 날로 한다.

(2) 증여세의 자진납부

증여세의 신고를 하는 자는 증여세 과세표준 신고기한까지 각 산출세액에서 다음에 규정된 금액을 차감한 금액을 납세지 관할세무서·한국은행 또는 우체국에 납부하여야 한다(상증법 70 ①).

① 박물관자료의 징수유예세액 및 공제·감면세액

② 신고세액공제액

③ 연부연납, 납부유예 또는 물납을 신청한 금액

⑶ 증여세의 분할납부 및 연부연납

증여세의 분할납부 및 연부연납에 대하여는 상속세의 규정을 준용한다. 다만, 증여세의 연부연납기간은 연부연납허가일부터 5년의 범위에서 해당 납세의무자가 신청한 기간으로 한다(상증법 70 ②, 71, 72).

2. 증여세의 결정과 경정

세무서장 등은 증여세 과세표준 신고기한부터 6개월 이내에 과세표준과 세액을 결정하여야 한다(상증법 76 ③, 상증령 78 ①). 또한 세무서장 등은 결정한 과세표준과 세액을 수증자에게 납부고지서에 과세표준과 세액의 산출근거를 적어 통지해야 한다(상증법 77).

한편 증여세 과세표준과 세액의 결정에 관련된 기타의 사항은 상속세의 규정을 준용한다.

증여세의 경정 등의 청구특례(상증법 79 ②)

다음에 해당하는 경우에는 그 사유가 발생한 날부터 3개월 이내에 증여세의 결정 또는 경정을 청구할 수 있다.

① 부동산무상사용에 따른 이익에 대하여 증여세를 결정 또는 경정받은 자가 부동산무상사용기간(5년) 중 부동산소유자로부터 해당 부동산을 상속 또는 증여받거나 법령에서 정하는 사유로 해당 부동산을 무상으로 사용하지 아니하게 되는 경우

② 금전 무상대출 등에 따른 이익에 대하여 증여세를 결정 또는 경정받은 자가 대출기간 중에 대부자로부터 해당 금전을 상속 또는 증여받거나 법령에서 정하는 사유로 해당 금전을 무상으로 또는 적정이자율보다 낮은 이자율로 대출받지 아니하게 되는 경우

③ 타인의 재산을 무상으로 담보로 제공하고 금전 등을 차입(借入)함에 따라 재산사용 및 용역제공 등에 따른 이익의 증여 규정(상증법 42)에 따른 증여세를 결정 또는 경정받은 자가 재산의 사용기간 중에 재산 제공자로부터 해당 재산을 상속 또는 증여받거나 담보제공자가 사망한 경우 등의 사유로 무상으로 또는 적정이자율보다 낮은 이자율로 차입하지 아니하게 되는 경우

제 6 절 | 증여재산가액의 계산

1. 완전포괄주의 도입의 체계

상속세 및 증여세에 대한 완전포괄주의 도입에 따라 다음과 같이 증여세 과세체계를 정비하였다.

구 분	내 용	근거규정
① 증여개념 정의	㉠ 증여의 개념을 정의	제2조 6호
	㉡ 둘 이상의 규정이 동시에 적용되는 경우	제43조
② 예시규정	㉠ 일반거래의 증여유형 예시(8개 유형) : –신탁이익, 보험금, 저가양수 · 고가양도에 따른 이익, 채무면제이익, 부동산무상사용이익 –전환사채 등의 주식전환이익 등, 초과배당이익, 금전무상대부이익	제33조~제37조 제40조, 제41조의2, 제41조의4
	㉡ 자본거래의 증여유형 예시(6개 유형) : –합병, 증자, 감자, 현물출자 –상장시세차익, 합병시세차익	제38조~제39조의3 제41조의3, 제41조의5
③ 포괄규정	㉠ 재산 및 용역의 무상사용 및 제공 ㉡ 법인의 조직 변경 ㉢ 재산 취득 후 재산가치증가	제42조 제42조의2 제42조의3
④ 증여추정	㉠ 배우자 등에 대한 양도시 증여추정 ㉡ 재산취득자금 등의 증여추정	제44조 제45조
⑤ 증여의제	㉠ 명의신탁재산의 증여의제 ㉡ 특수관계법인과의 거래를 통한 이익의 증여의제 ㉢ 특수관계법인으로부터 제공받은 사업기회로 발생한 이익의 증여의제 ㉣ 특정법인과의 거래를 통한 이익의 증여의제	제45조의2 제45조의3 제45조의4 제45조의5

2. 증여개념의 정의

(1) 증여의 정의

상속세 및 증여세법에서 "증여"란 그 행위 또는 거래의 명칭 · 형식 · 목적 등과 관계없이 직접 또는 간접적인 방법으로 타인에게 무상으로 유형 · 무형의 재산 또는 이익을 이전(현저히 낮은 대가를 받고 이전하는 경우를 포함)하거나 타인의 재산가치를 증가시키는 것을 말한다. 다만, 유증과 사인증여, 유언대용신탁 및 수익자연속신탁은 제외한다(상증법 2 ⑹).

(2) 증여세 과세특례

하나의 증여에 대하여 제33조부터 제39조까지, 제39조의2, 제39조의3, 제40조, 제41조의2부터 제41조의5까지, 제42조, 제42조의2, 제42조의3, 제44조, 제45조 및 제45조의3부터 제45조의5까지의 규정이 둘 이상 동시에 적용되는 경우에는 그 중 이익이 가장 많게 계산되는 것 하나만을 적용한다(상증법 43 ①).

한편 제31조 제1항 제2호, 제35조, 제37조부터 제39조까지, 제39조의2, 제39조의3, 제40조, 제41조의2, 제41조의4, 제42조 및 제45조의5에 따른 이익을 계산할 때 그 증여일부터 소급하여 1년 이내에 동일한 거래 등이 있는 경우에는 각각의 거래 등에 따른 이익(시가와 대가의 차액을 말한다)을 해당 이익별로 합산하여 계산한다(상증법 43 ②).

3. 일반거래의 증여유형 예시

(1) 신탁이익의 증여

신탁계약에 의하여 위탁자가 타인을 신탁의 이익의 전부 또는 일부를 받을 수익자로 지정한 경우로서 다음의 어느 하나에 해당하는 경우에는 원본 또는 수익이 수익자에게 실제 지급되는 날 등을 증여일로 하여 해당 신탁의 이익을 받을 권리의 가액을 수익자의 증여재산가액으로 한다(상증법 33 ①).

① 원본을 받을 권리를 소유하게 한 경우에는 수익자가 그 원본을 받은 경우
② 수익을 받을 권리를 소유하게 한 때에는 수익자가 그 수익을 받은 경우

(2) 보험금의 증여

생명보험이나 손해보험에서 보험사고(만기보험금 지급의 경우를 포함)가 발생한 경우 해당 보험사고가 발생한 날을 증여일로 하여 다음의 구분에 따른 금액을 보험금 수령인의 증여재산가액으로 한다(상증법 34 ①). 다만, 보험금을 상속재산으로 보는 경우에는 그러하지 아니한다.

① 보험금 수령인과 보험료 납부자가 다른 경우(보험금 수령인이 아닌 자가 보험료의 일부를 납부한 경우를 포함) : 보험금 수령인이 아닌 자가 납부한 보험료 납부액에 대한 보험금 상당액
② 보험계약 기간에 보험금 수령인이 재산을 증여받아 보험료를 납부한 경우 : 증여받은 재산으로 납부한 보험료 납부액에 대한 보험금 상당액에서 증여받은 재산으로 납부한 보험료 납부액을 뺀 가액

(3) 저가 양수 또는 고가 양도에 따른 이익의 증여

1) 특수관계인 간 거래

특수관계인 간에 재산(전환사채 등과 거래소에 상장되어 있는 법인의 주식 및 출자지분으로서 증권시장에서 거래된 것은 제외)을 시가보다 낮은 가액으로 양수하거나

시가보다 높은 가액으로 양도한 경우로서 그 대가와 시가의 차액이 기준금액 이상인 경우에는 해당 재산의 양수일 또는 양도일을 증여일로 하여 그 대가와 시가의 차액에서 기준금액을 뺀 금액을 그 이익을 얻은 자의 증여재산가액으로 한다(상증법 35 ①).

▶ **표 2-1** 특수관계인간 거래시 증여재산가액

구 분	요 건	증여재산가액
저가양수	㉠ (시가 - 양수대가) ≥ 시가의 30% 또는 ㉡ (시가 - 양수대가) ≥ 3억원	(시가 - 양수대가) - Min [㉠ 시가의 30%, ㉡ 3억원]
고가양도	㉠ (양도대가 - 시가) ≥ 시가의 30% 또는 ㉡ (양도대가 - 시가) ≥ 3억원	(양도대가 - 시가) - Min [㉠ 시가의 30%, ㉡ 3억원]

2) 특수관계인이 아닌 자간의 거래

특수관계인이 아닌 자 간에 거래의 관행상 정당한 사유 없이 재산을 시가보다 현저히 낮은 가액으로 양수하거나 시가보다 현저히 높은 가액으로 양도한 경우로서 그 대가와 시가의 차액이 기준금액 이상인 경우에는 해당 재산의 양수일 또는 양도일을 증여일로 하여 그 대가와 시가의 차액에서 3억원을 뺀 금액을 그 이익을 얻은 자의 증여재산가액으로 한다(상증법 35 ②).

▶ **표 2-2** 특수관계인이 아닌 자간의 거래시 증여재산가액

구 분	요 건	증여재산가액
저가양도	(시가 - 양수대가) ≥ 시가의 30%	(시가 - 양수대가) - 3억원
고가양수	(양도대가 - 시가) ≥ 시가의 30%	(양도대가 - 시가) - 3억원

3) 법인세법상 시가로 거래한 경우

개인과 법인간에 재산을 양수 또는 양도하는 경우로서 그 대가가 법인세법시행령 제89조의 규정에 의한 시가에 해당하여 그 법인의 거래에 대하여 부당행위계산부인 규정이 적용되지 아니하는 경우에는 이 규정을 적용하지 아니한다. 다만, 거짓이나 그 밖의 부정한 방법으로 상속세 또는 증여세를 감소시킨 것으로 인정되는 경우에는 그러하지 아니하다(상증법 35 ③).

⑷ 채무면제 등에 따른 증여

채권자로부터 채무의 면제를 받거나 제3자로부터 채무의 인수 또는 변제를 받은 경

우에는 그 면제·인수 또는 변제를 받은 날을 증여일로 하여 그 면제등으로 인한 이익에 상당하는 금액(보상액을 지급한 경우에는 그 보상액을 뺀 금액으로 한다)을 그 이익을 얻은 자의 증여재산가액으로 한다(상증법 36).

(5) 부동산 무상사용에 따른 이익의 증여

1) 부동산 무상사용 이익

타인(특수관계인이 아닌 자 간의 거래인 경우에는 거래의 관행상 정당한 사유가 없는 경우에 한정)의 부동산(그 부동산 소유자와 함께 거주하는 주택과 그에 딸린 토지는 제외)을 무상으로 사용함에 따라 이익을 얻은 경우에는 그 무상사용을 개시한 날을 증여일로 하여 그 이익에 상당하는 금액을 부동산 무상 사용자의 증여재산가액으로 한다. 다만, 그 이익에 상당하는 금액이 1억원 미만인 경우는 제외한다(상증법 37 ①).

부동산 무상사용에 따른 이익은 다음의 계산식에 따라 계산한 각 연도의 부동산 무상사용 이익을 기획재정부령으로 정하는 방법(향후 5년 동안 발생할 부동산 무상사용 이익을 현재가치로 할인하는 방법)에 따라 환산한 가액으로 한다. 이 경우 해당 부동산에 대한 무상사용 기간은 5년으로 하고, 무상사용 기간이 5년을 초과하는 경우에는 그 무상사용을 개시한 날부터 5년이 되는 날의 다음 날에 새로 해당 부동산의 무상사용을 개시한 것으로 본다(상증령 27 ③).

무상사용 이익 = 부동산가액 × 1년간 부동산 사용료를 고려하여 기획재정부령으로 정하는 율(2%)

2) 부동산 무상담보사용 이익

타인(특수관계인이 아닌 자 간의 거래인 경우에는 거래의 관행상 정당한 사유가 없는 경우에 한정)의 부동산을 무상으로 담보로 이용하여 금전 등을 차입함에 따라 이익을 얻은 경우에는 그 부동산 담보 이용을 개시한 날을 증여일로 하여 그 이익에 상당하는 금액을 부동산을 담보로 이용한 자의 증여재산가액으로 한다. 다만, 그 이익에 상당하는 금액이 1천만원 미만인 경우는 제외한다(상증법 37 ②).

부동산을 무상으로 담보로 이용하여 금전 등을 차입함에 따라 얻은 이익은 차입금에 적정 이자율을 곱하여 계산한 금액에서 금전 등을 차입할 때 실제로 지급하였거나 지급할 이자를 뺀 금액으로 한다. 이 경우 차입기간이 정하여지지 아니한 경우에는 그 차입기간은 1년으로 하고, 차입기간이 1년을 초과하는 경우에는 그 부동산 담보 이용을 개시한 날부터 1년이 되는 날의 다음 날에 새로 해당 부동산의 담보 이용을 개시한 것으로 본다(상증령 27 ⑤).

무상담보사용 이익 = 차입금 × 적정 이자율 - 실제 차입이자

⑹ 전환사채 등의 주식전환 등에 따른 이익의 증여

전환사채등을 인수 · 취득 · 양도하거나, 전환사채등에 의하여 주식으로 전환 · 교환 또는 주식의 인수를 함으로써 이익을 얻은 경우에는 그 이익에 상당하는 금액을 그 이익을 얻은 자의 증여재산가액으로 한다. 다만, 그 이익에 상당하는 금액이 기준금액(전환사채등의 시가의 30%에 상당하는 가액과 1억원 중 적은 금액 등) 미만인 경우는 제외한다(상증법 40 ①).

⑺ 초과배당에 따른 이익의 증여

법인이 이익이나 잉여금을 배당 또는 분배하는 경우로서 그 법인의 최대주주등이 본인이 지급받을 배당등의 금액의 전부 또는 일부를 포기하거나 본인이 보유한 주식등에 비례하여 균등하지 아니한 조건으로 배당등을 받음에 따라 그 최대주주등의 특수관계인이 본인이 보유한 주식등에 비하여 높은 금액의 배당등을 받은 경우에는 법인이 배당 또는 분배한 금액을 지급한 날을 증여일로 하여 그 최대주주등의 특수관계인이 본인이 보유한 주식등에 비례하여 균등하지 아니한 조건으로 배당등을 받은 금액(초과배당금액)에서 해당 초과배당금액에 대한 소득세 상당액을 공제한 금액을 그 최대주주등의 특수관계인의 증여재산가액으로 한다(상증법 41의2 ①). 초과배당금액에 대하여 증여세를 부과받은 자는 해당 초과배당금액에 대한 소득세를 납부할 때(납부할 세액이 없는 경우 포함) 초과배당금액에 대한 실제 소득세액을 반영한 증여재산가액에 대한 증여세액에서 위의 증여재산가액에 대한 증여세액을 차감한 금액을 관할 세무서장에게 납부하여야 한다. 이 때 차감한 금액이 부의 금액인 경우에는 그 부의 금액을 환급받을 수 있다(상증법 41의2 ②).

⑻ 금전무상대출 등에 따른 이익의 증여

타인(특수관계인이 아닌 자 간의 거래인 경우에는 거래의 관행상 정당한 사유가 없는 경우에 한정)으로부터 금전을 무상으로 또는 적정 이자율[19])보다 낮은 이자율로 대출받은 경우에는 그 금전을 대출받은 날에 다음의 구분에 따른 금액을 그 금전을 대출

19) 적정 이자율이란 당좌대출이자율을 고려하여 기획재정부령으로 정하는 이자율을 말한다. 다만, 법인으로부터 대출받은 경우에는 법인세법 시행령 제89조 제3항에 따른 인정이자율을 적정 이자율로 본다.

받은 자의 증여재산가액으로 한다. 다만, 다음의 구분에 따른 금액이 기준금액(1천만원) 미만인 경우는 제외한다(상증법 41의4). 대출기간이 정해지지 아니한 경우에는 그 대출기간을 1년으로 보고, 대출기간이 1년 이상인 경우에는 1년이 되는 날의 다음 날에 매년 새로 대출받은 것으로 보아 해당 증여재산가액을 계산한다.

① 무상으로 대출받은 경우 : 대출금액에 적정 이자율을 곱하여 계산한 금액

② 적정 이자율보다 낮은 이자율로 대출받은 경우 : 대출금액에 적정 이자율을 곱하여 계산한 금액에서 실제 지급한 이자 상당액을 뺀 금액

4. 자본거래의 증여유형 예시

(1) 합병에 따른 이익의 증여

특수관계에 있는 법인 간의 합병으로 소멸하거나 흡수되는 법인 또는 신설되거나 존속하는 법인의 대주주등이 합병으로 인하여 이익을 얻은 경우에는 그 합병등기일을 증여일로 하여 그 이익에 상당하는 금액을 그 대주주등의 증여재산가액으로 한다. 다만, 그 이익에 상당하는 금액이 기준금액(합병 후 신설 또는 존속하는 법인의 주식등의 평가가액의 30%에 상당하는 가액과 3억원 중 적은 금액) 미만인 경우는 제외한다(상증법 38 ①).

(2) 증자에 따른 이익의 증여

법인이 자본금을 증가시키기 위하여 신주(新株)를 발행함으로써 이익을 얻은 경우에는 주식대금 납입일 등 대통령령으로 정하는 날을 증여일로 하여 그 이익에 상당하는 금액을 그 이익을 얻은 자의 증여재산가액으로 한다(상증법 39 ①).

법인이 신주를 발행하여 유상증자하는 경우에 신주를 시가보다 낮거나 높은 가액으로 발행하면서 일부 주주가 신주인수권을 포기함으로써 조세부담 없이 해당 법인의 다른 주주에게 경제적 이익을 제공하거나 또는 다른 주주로부터 경제적 이익을 제공받는 결과를 얻을 수 있다. 이러한 증자거래를 통한 조세회피행위를 방지하고자 증자를 통해 특정주주가 분여받은 이익에 대하여 증여세를 과세하도록 규정하고 있는 것이다.

(3) 감자에 따른 이익의 증여 개정

법인이 자본금을 감소시키기 위하여 주식등을 소각(消却)하는 경우로서 일부 주주등의 주식등을 소각함으로써 다음에 해당하는 이익을 얻은 경우에는 감자(減資)를 위한 주주총회결의일을 증여일로 하여 그 이익에 상당하는 금액을 그 이익을 얻은 자의

증여재산가액으로 한다. 다만, 감자한 주식등의 1주당 평가액과 주식등 소각시 지급한 1주당 금액의 차액이 감자한 주식등의 1주당 평가액의 100분의 30 미만인 경우 감자에 따른 이익에 상당하는 금액이 3억원 미만이라면 증여재산가액은 없는 것으로 한다(상증법 39의2 ①, 상증령 29의2 ②). 개정

① 주식등을 시가보다 낮은 대가로 소각한 경우 : 주식등을 소각한 주주등의 특수관계인에 해당하는 대주주등이 얻은 이익

② 주식등을 시가보다 높은 대가로 소각한 경우 : 대주주등의 특수관계인에 해당하는 주식등을 소각한 주주등이 얻은 이익

⑷ 현물출자에 따른 이익의 증여

현물출자(現物出資)에 의하여 다음의 어느 하나에 해당하는 이익을 얻은 경우에는 현물출자 납입일을 증여일로 하여 그 이익에 상당하는 금액을 그 이익을 얻은 자의 증여재산가액으로 한다(상증법 39의3 ①).

① 주식등을 시가보다 낮은 가액으로 인수함으로써 현물출자자가 얻은 이익

② 주식등을 시가보다 높은 가액으로 인수함으로써 현물출자자의 특수관계인에 해당하는 주주등이 얻은 이익

⑸ 주식등의 상장 등에 따른 이익의 증여

기업의 경영 등에 관하여 공개되지 아니한 정보를 이용할 수 있는 지위에 있다고 인정되는 최대주주등의 특수관계인이 다음 중 어느 하나의 방법으로 해당 법인의 주식등을 증여받거나 취득한 경우 그 주식등을 증여받거나 취득한 날부터 5년 이내에 그 주식등이 증권시장에 상장됨에 따라 그 가액이 증가한 경우로서 그 주식등을 증여받거나 취득한 자가 당초 증여세 과세가액 또는 취득가액을 초과하여 이익을 얻은 경우에는 그 이익에 상당하는 금액을 그 이익을 얻은 자의 증여재산가액으로 한다. 다만, 그 이익에 상당하는 금액이 대통령령으로 정하는 기준금액 미만인 경우는 제외한다(상증법 41의3).

① 최대주주등으로부터 해당 법인의 주식등을 증여받거나 유상으로 취득한 경우

② 증여받은 재산(주식등을 유상으로 취득한 날부터 소급하여 3년 이내에 최대주주등으로부터 증여받은 재산을 말한다)으로 최대주주등이 아닌 자로부터 해당 법인의 주식등을 취득한 경우

⑹ 합병에 따른 상장 등 이익의 증여

최대주주등의 특수관계인이 다음의 어느 하나에 해당하는 경우로서 그 주식등을 증여받거나 취득한 날부터 5년 이내에 그 주식등을 발행한 법인이 특수관계에 있는 주권상장법인과 합병되어 그 주식등의 가액이 증가함으로써 그 주식등을 증여받거나 취득한 자가 당초 증여세 과세가액(증여받은 재산으로 주식등을 취득한 경우는 제외한다) 또는 취득가액을 초과하여 이익을 얻은 경우에는 그 이익에 상당하는 금액을 그 이익을 얻은 자의 증여재산가액으로 한다. 다만, 그 이익에 상당하는 금액이 대통령령으로 정하는 기준금액 미만인 경우는 제외한다(상증법 41의5).

① 최대주주등으로부터 해당 법인의 주식등을 증여받거나 유상으로 취득한 경우
② 증여받은 재산으로 최대주주등이 아닌 자로부터 해당 법인의 주식등을 취득한 경우
③ 증여받은 재산으로 최대주주등이 주식등을 보유하고 있는 다른 법인의 주식등을 최대주주등이 아닌 자로부터 취득함으로써 최대주주등과 그의 특수관계인이 보유한 주식등을 합하여 그 다른 법인의 최대주주등에 해당하게 되는 경우

5. 포괄규정

⑴ 재산사용 및 용역제공 등에 따른 이익의 증여

재산의 사용 또는 용역의 제공에 의하여 다음의 어느 하나에 해당하는 이익을 얻은 경우에는 그 이익에 상당하는 금액(시가와 대가의 차액을 말한다)을 그 이익을 얻은 자의 증여재산가액으로 한다. 다만, 그 이익에 상당하는 금액이 대통령령으로 정하는 기준금액(1천만원 또는 시가의 30%에 상당하는 가액) 미만인 경우는 제외한다(상증법 42 ①). 한편 특수관계인이 아닌 자 간의 거래인 경우에는 거래의 관행상 정당한 사유가 없는 경우에 한정하여 이 규정을 적용한다.

① 타인에게 시가보다 낮은 대가를 지급하거나 무상으로 타인의 재산(부동산과 금전은 제외한다)을 사용함으로써 얻은 이익
② 타인으로부터 시가보다 높은 대가를 받고 재산을 사용하게 함으로써 얻은 이익
③ 타인에게 시가보다 낮은 대가를 지급하거나 무상으로 용역을 제공받음으로써 얻은 이익
④ 타인으로부터 시가보다 높은 대가를 받고 용역을 제공함으로써 얻은 이익

⑵ 법인의 조직 변경 등에 따른 이익의 증여

주식의 포괄적 교환 및 이전, 사업의 양수·양도, 사업 교환 및 법인의 조직 변경 등에 의하여 소유지분이나 그 가액이 변동됨에 따라 이익을 얻은 경우에는 그 이익에 상당하는 금액(소유지분이나 그 가액의 변동 전·후 재산의 평가차액)을 그 이익을 얻은 자의 증여재산가액으로 한다. 다만, 그 이익에 상당하는 금액이 대통령령으로 정하는 기준금액(변동 전 해당 재산가액의 30%에 상당하는 가액과 3억원 중 적은 금액) 미만인 경우는 제외한다(상증법 42의2). 특수관계인이 아닌 자 간의 거래인 경우에는 거래의 관행상 정당한 사유가 없는 경우에 한정하여 이 규정을 적용한다.

⑶ 재산 취득 후 재산가치 증가에 따른 이익의 증여

1) 의 의

직업, 연령, 소득 및 재산상태로 보아 자력(自力)으로 해당 행위를 할 수 없다고 인정되는 자가 다음 중 어느 하나의 사유로 재산을 취득하고 그 재산을 취득한 날부터 5년 이내에 개발사업의 시행, 형질변경, 공유물(共有物) 분할, 사업의 인가·허가 등 재산가치증가사유로 인하여 이익을 얻은 경우에는 그 이익에 상당하는 금액을 그 이익을 얻은 자의 증여재산가액으로 한다. 다만, 그 이익에 상당하는 금액이 대통령령으로 정하는 기준금액(취득가액·통상적인 가치상승분 및 가치상승 기여분 합계액의 30% 또는 3억원 중 적은 금액) 미만인 경우는 제외한다(상증법 42의3 ①).

① 특수관계인으로부터 재산을 증여받은 경우

② 특수관계인으로부터 기업의 경영 등에 관하여 공표되지 아니한 내부 정보를 제공받아 그 정보와 관련된 재산을 유상으로 취득한 경우

③ 특수관계인으로부터 증여받거나 차입한 자금 또는 특수관계인의 재산을 담보로 차입한 자금으로 재산을 취득한 경우

2) 재산가치 증가에 따른 이익의 계산

재산가치 증가에 따른 이익은 다음과 같이 계산한 금액으로 한다. 이 경우 그 재산가치증가사유 발생일 전에 그 재산을 양도한 경우에는 그 양도한 날을 재산가치증가사유 발생일로 본다(상증법 42의3 ②, 상증령 32의3 ③).

재산가치 증가에 따른 이익 = 해당 재산가액 − (해당 재산의 취득가액 + 통상적인 가치상승분 + 가치상승 기여분)

① 해당 재산가액 : 재산가치증가사유가 발생한 날 현재의 가액

② 해당 재산의 취득가액 : 실제 취득하기 위하여 지급한 금액(증여받은 재산의 경우에는 증여세 과세가액)

③ 통상적인 가치상승분 : 기업가치의 실질적인 증가로 인한 이익과 연평균지가상승률 · 연평균주택가격상승률 및 전국소비자물가상승률 등을 고려하여 해당 재산의 보유기간중 정상적인 가치상승분에 상당하다고 인정되는 금액

④ 가치상승 기여분 : 개발사업의 시행, 형질변경, 사업의 인가 · 허가 등에 따른 자본적지출액 등 해당 재산가치를 증가시키기 위하여 지출한 금액

3) 부정한 방법으로 증여세 등을 감소시킨 경우

거짓 그 밖의 부정한 방법으로 상속세 또는 증여세를 감소시킨 것으로 인정되는 경우에는 특수관계인이 아닌 자간의 증여에 대하여 이 규정을 적용한다. 이 경우 위 '1)'의 규정 중 기간에 관한 규정은 이를 없는 것으로 본다(상증법 42의3 ③).

6. 증여추정 및 증여의제

(1) 증여추정의 의의

증여추정은 일단 증여로 추정하지만 자금출처에 관한 충분한 소명이 있는 경우 등 증여에 해당하지 아니함을 증명하는 경우에는 이를 증여로 보지 않는 것을 말한다.

(2) 배우자 등에게 양도한 재산의 증여추정

1) 의 의

배우자 또는 직계존비속에게 양도한 재산은 양도자가 해당 재산을 양도한 때에 그 재산의 가액을 배우자 등에게 증여한 것으로 추정한다(상증법 44 ①).

한편 특수관계인에게 양도한 재산을 그 특수관계인이 양수일부터 3년 이내에 당초 양도자의 배우자 또는 직계존비속에게 다시 양도한 경우에는 그 특수관계인이 해당 재산을 양도한 당시의 재산가액을 당초 양도자가 그의 배우자 등에게 직접 증여한 것으로 추정하여 이를 배우자 등의 증여재산가액으로 한다(상증법 44 ②). 이 규정에 의하여 해당 배우자 등에게 증여세가 부과된 경우에는 소득세법의 규정에 불구하고 당초 양도자 및 양수자에게 해당 재산양도에 따른 소득세를 부과하지 아니한다(상증법 44 ④).

2) 증여추정의 배제

위 '1)'의 규정을 적용함에 있어서 다음에 해당하는 경우에는 이를 증여로 추정하지 아니한다(상증법 44 ③).

① 법원의 결정으로 경매절차에 의하여 처분된 경우
② 파산선고로 인하여 처분된 경우
③ 국세징수법에 따라 공매된 경우
④ 증권시장을 통하여 유가증권이 처분된 경우. 다만, 증권시장에서 이루어지는 유가증권의 매매 중 시간외시장에서 매매된 것을 제외한다.
⑤ 배우자 등에게 대가를 받고 양도한 사실이 명백히 인정되는 경우로서 다음에 해당하는 경우
　㉠ 권리의 이전이나 행사에 등기 또는 등록을 요하는 재산을 서로 교환한 경우
　㉡ 해당 재산의 취득을 위하여 이미 과세(비과세 또는 감면받은 경우를 포함)받았거나 신고한 소득금액 또는 상속 및 수증재산의 가액으로 그 대가를 지급한 사실이 입증되는 경우
　㉢ 해당 재산의 취득을 위하여 소유재산을 처분한 금액으로 그 대가를 지급한 사실이 입증되는 경우

(3) 재산취득자금 등의 증여추정

1) 재산취득자금의 증여추정

재산 취득자의 직업·연령·소득 및 재산상태 등으로 보아 재산을 자력으로 취득하였다고 인정하기 어려운 경우로서 재산취득자금의 출처가 입증된 금액의 합계액이 취득재산의 가액에 미달하는 경우에는 해당 재산을 취득한 때에 해당 재산 취득자금을 그 재산 취득자가 증여받은 것으로 추정하여 이를 그 재산 취득자의 증여재산가액으로 한다(상증법 45 ①). 다만, 입증되지 아니하는 금액이 취득재산가액의 20%에 상당하는 금액과 2억원 중 적은 금액에 미달하는 경우를 제외한다(상증령 34 ①).

이 경우 재산취득자금의 출처(또는 채무상환자금의 출처)가 입증된 금액이란 다음에 의하여 입증된 금액을 말한다.

① 신고하였거나 과세(비과세 또는 감면받은 경우를 포함)받은 소득금액
② 신고하였거나 과세받은 상속 또는 수증재산의 가액
③ 재산을 처분한 대가로 받은 금전이거나 부채를 부담하고 받은 금전으로 해당 재산의 취득 또는 해당 채무의 상환에 직접 사용한 금액

차명계좌에 대한 증여추정 적용(상증법 45 ④)

금융실명거래 및 비밀보장에 관한 법률에 따라 실명이 확인된 계좌 또는 외국의 관계 법령에 따라 이와 유사한 방법으로 실명이 확인된 계좌에 보유하고 있는 재산은 명의자가 그 재산을 취득한 것으로 추정하여 재산취득자금의 증여추정 규정을 적용한다.

2) 채무상환액의 증여추정

채무자의 직업・연령・소득 및 재산상태 등으로 보아 채무를 자력으로 상환(일부 상환을 포함)하였다고 인정하기 어려운 경우로서 채무상환자금의 출처가 입증된 금액의 합계액이 채무상환금액에 미달하는 경우에는 그 채무를 상환한 때에 해당 상환자금을 해당 채무자가 증여받은 것으로 추정하여 이를 해당 채무자의 증여재산가액으로 한다(상증법 45 ②). 다만, 입증되지 아니하는 금액이 채무상환액의 20%에 상당하는 금액과 2억원 중 적은 금액에 미달하는 경우를 제외한다(상증령 34 ①).

3) 증여추정의 배제

다음에 해당하는 경우에는 위 증여추정규정을 적용하지 아니한다(상증법 45 ③, 상증령 34 ②).

① 취득자금 또는 상환자금이 직업・연령・소득・재산상태 등을 고려하여 정하는 일정한 금액[20] 이하에 해당하는 경우

② 취득자금 또는 상환자금의 출처에 관한 충분한 소명이 있는 경우

(4) 명의신탁재산의 증여의제

1) 의 의

권리의 이전이나 그 행사에 등기 등을 요하는 재산(토지와 건물은 제외)에 있어서 실제 소유자와 명의자가 다른 경우에는 국세기본법상 실질과세원칙에 불구하고 그 명의자로 등기 등을 한 날(그 재산이 명의개서를 요하는 재산인 경우에는 소유권 취득일이 속하는 연도의 다음연도 말일의 다음날)에 그 재산의 가액(그 재산이 명의개서를 하여야 하는 재산인 경우에는 소유권 취득일을 기준으로 평가한 가액)을 실제소유자가 명의자에게 증여한 것으로 본다. 다만, 다음에 해당하는 경우에는 그러하지 아니하다(상증법 45의2 ①).

① 조세회피목적없이 타인의 명의로 재산의 등기 등을 하거나 소유권을 취득한 실제소유자 명의로 명의개서를 하지 아니한 경우

② 자본시장과 금융투자업에 관한 법률에 따른 신탁재산인 사실의 등기등을 한 경우

③ 비거주자가 법정대리인 또는 재산관리인의 명의로 등기등을 한 경우

---

20) "일정한 금액"이라 함은 재산취득일 전 또는 채무상환일 전 10년 이내에 해당 재산취득자금 또는 해당 채무상환자금의 합계액이 5천만원 이상으로서 연령・직업・재산상태・사회경제적 지위 등을 참작하여 국세청장이 정하는 금액을 말한다(상증령 34 ②).

2) 조세회피목적의 추정

타인의 명의로 재산의 등기등을 한 경우 및 실제소유자 명의로 명의개서를 하지 아니한 경우에는 조세 회피 목적이 있는 것으로 추정한다. 다만, 실제소유자 명의로 명의개서를 하지 아니한 경우로서 다음의 어느 하나에 해당하는 경우에는 조세 회피 목적이 있는 것으로 추정하지 아니한다(상증법 45의2 ③).

① 매매로 소유권을 취득한 경우로서 종전 소유자가 양도소득 과세표준신고 또는 증권거래세법 제10조에 따른 신고와 함께 소유권 변경 내용을 신고하는 경우

② 상속으로 소유권을 취득한 경우로서 상속인이 상속세 과세표준신고(수정신고와 기한 후 신고 포함)와 함께 해당 재산을 상속세 과세가액에 포함하여 신고한 경우. 다만, 상속세 과세표준과 세액을 결정 또는 경정할 것을 미리 알고 수정신고하거나 기한 후 신고를 하는 경우는 제외한다.

(5) 특수관계법인과의 거래를 통한 이익의 증여의제

수혜법인이 일감몰아주기 과세대상에 해당하는 경우에는 그 수혜법인의 지배주주와 그 지배주주의 친족[21]이 증여의제이익을 각각 증여받은 것으로 본다(상증법 45의3 ①). 이 경우 수혜법인이 사업부문별로 회계를 구분하여 기록하는 등의 경우에는 법령으로 정하는 바에 따라 사업부문별로 특수관계법인거래비율 및 세후영업이익 등을 계산할 수 있다. 또한, 증여의제이익의 계산은 수혜법인의 사업연도 단위로 하고, 수혜법인의 해당 사업연도 종료일을 증여시기로 본다(상증법 45의3 ③).

1) 일감몰아주기 과세대상

구 분	내 용
수혜법인이 중소기업* 또는 중견기업*인 경우	특수관계법인 거래비율이 정상거래비율(중소기업은 50%, 중견기업은 40%)을 초과하는 경우
수혜법인이 중소기업 또는 중견기업이 아닌 경우	① 특수관계법인 거래비율이 정상거래비율(30%)을 초과하는 경우 ② 특수관계법인거래비율이 정상거래비율의 3분의 2를 초과하는 경우로서 특수관계법인에 대한 매출액이 1,000억원을 초과하는 경우

* 조세특례제한법에 따른 중소기업 또는 중견기업으로 하되, 독점규제 및 공정거래에 관한 법률 제14조에 따른 공시대상기업집단(자산 5조원)에 소속된 기업은 제외한다.

21) 주식보유비율(수혜법인의 발행주식총수 또는 출자총액에 대하여 직접 또는 간접으로 보유하는 주식보유비율)이 한계보유비율을 초과하는 주주에 한정한다.

2) 증여의제이익

수혜법인 구분	내 용
중소기업	세후영업이익×(특수관계법인 거래비율－50%)×(주식보유비율－10%)
중견기업	세후영업이익×(특수관계법인 거래비율－20%)×(주식보유비율－ 5%)
중소기업 또는 중견기업이 아닌 경우	세후영업이익×(특수관계법인 거래비율－5%)×주식보유비율

(6) 특수관계법인으로부터 제공받은 사업기회로 발생한 이익의 증여 의제

1) 개시사업연도의 증여의제이익

지배주주와 그 친족이 직접 또는 간접으로 보유하는 주식보유비율이 30% 이상인 수혜법인이 지배주주와 특수관계에 있는 법인(중소기업은 제외)으로부터 사업기회를 제공받는 경우에는 그 사업기회를 제공받은 날이 속하는 사업연도(개시사업연도)의 종료일에 그 수혜법인의 지배주주등이 다음 계산식에 따라 계산한 금액을 증여받은 것으로 본다(상증법 45의4 ①).

증여의제이익 =

$$\left[\left\{\begin{matrix}\text{제공받은 사업기회로 인하여}\\\text{발생한 개시사업연도의}\\\text{수혜법인의 이익}\end{matrix} \times \begin{matrix}\text{지배주주}\\\text{등의 주식}\\\text{보유비율}\end{matrix} - \begin{matrix}\text{개시사업연도분의}\\\text{법인세납부세액중}\\\text{상당액}\end{matrix}\right\} \times \frac{12}{\text{개시사업 연도월수}}\right] \times 3$$

2) 증여의제이익의 정산

위 '1)'의 규정에 따라 증여의제이익이 발생한 수혜법인의 지배주주등은 개시사업연도부터 사업기회제공일 이후 2년이 지난 날이 속하는 사업연도(정산사업연도)까지 수혜법인이 제공받은 사업기회로 인하여 발생한 실제 이익을 반영하여 다음 계산식에 따라 계산한 금액에 대한 증여세액과 기 납부한 증여의제이익에 대한 증여세액과의 차액을 관할 세무서장에게 납부하여야 한다. 다만, 정산증여의제이익이 당초의 증여의제이익보다 적은 경우에는 그 차액에 상당하는 증여세액(기 납부한 세액을 한도로 한다)을 환급받을 수 있다(상증법 45의4 ③).

정산증여의제이익 =

$$\left(\begin{matrix}\text{제공받은 사업기회로 인하여}\\\text{개시사업연도부터 정산사업연도까지}\\\text{발생한 수혜법인의 이익 합계액}\end{matrix} \times \begin{matrix}\text{지배주주등의}\\\text{주식보유비율}\end{matrix}\right) - \begin{matrix}\text{개시사업연도분부터}\\\text{정산사업연도분까지의}\\\text{법인세납부세액중 상당액}\end{matrix}$$

⑺ 특정법인과의 거래를 통한 이익의 증여 의제

지배주주와 그 친족(지배주주등)이 직접 또는 간접으로 보유하는 주식보유비율이 30% 이상인 법인(특정법인)이 지배주주의 특수관계인과 다음의 거래를 하는 경우에는 거래한 날을 증여일로 하여 그 특정법인의 이익에 특정법인의 지배주주등이 직접 또는 간접으로 보유하는 주식보유비율을 곱하여 계산한 금액(증여의제이익)을 그 특정법인의 지배주주등이 증여받은 것으로 본다(증여의제이익이 1억원 이상인 경우로 한정함). 다만, 이 경우 증여세액이 지배주주등이 직접 증여받은 경우의 증여세 상당액에서 특정법인이 부담한 법인세 상당액을 차감한 금액을 초과하는 경우 그 초과액은 없는 것으로 본다(상증법 45의5 ①, ②).

① 재산 또는 용역을 무상으로 제공받는 것

② 재산 또는 용역을 통상적인 거래 관행에 비추어 볼 때 현저히 낮은 대가로 양도·제공받는 것

③ 재산 또는 용역을 통상적인 거래 관행에 비추어 볼 때 현저히 높은 대가로 양도·제공하는 것

④ 해당 법인의 채무를 면제·인수 또는 변제하는 것. 다만, 해당 법인이 해산(합병 또는 분할에 의한 해산은 제외함) 중인 경우로서 주주등에게 분배할 잔여재산이 없는 경우는 제외한다.

⑤ 시가보다 낮은 가액으로 해당 법인에 현물출자하는 것

객 / 관 / 식 / 문 / 제

▶ 제2장 증여세

1 갑은 아들인 을에게 20×7. 2. 10 소유중이던 상장주식을 증여하였다. 그러나 주가가 계속 하락하자 증여세 신고를 하지 아니하고 동년 6. 25에 해당 주식을 아들로부터 반환받았다. 이 경우 증여 및 반환에 대한 증여세 과세여부는 어떻게 되는가?

	2월 10일의 증여	6월 25일의 반환
①	과　세	과　세
②	과세제외	과　세
③	과　세	과세제외
④	과세제외	과세제외

해설

증여받은 재산을 신고기한인 3월 이내에 반환하는 경우에는 당초의 증여와 반환을 모두 증여로 보지 않는다. 그러나 증여세 신고기한 경과 후 3월 이내에 반환하는 경우에는 당초 증여는 증여로 보되, 반환은 증여로 보지 않는다. 따라서 ③번이 정답이 된다.

2 거주자인 갑씨는 20×4년 2월 20일에 토지를 증여받았다. 다음 중 잘못된 설명은?

① 해당 증여일 1년 전에 동일인(증여자가 직계존속이 아님)으로부터 증여받은 건물의 합계액이 8,000,000원인 경우, 그 가액을 증여세 과세가액에 가산한다.

② 갑씨의 주소 또는 거소가 분명하지 아니한 경우로서 조세채권의 확보가 곤란한 경우에 증여자는 갑씨가 납부할 증여세에 대하여 연대납세의무를 진다.

③ 갑씨가 증여받은 토지를 증여세 과세표준과 세액의 결정을 받지 않은 시점인 5월 15일에 당사자간의 합의에 따라 당초 증여자에게 반환한다면, 처음부터 증여가 없었던 것으로 본다.

④ 갑씨가 증여받은 토지를 6월 2일에 당초 증여자에게 반환한다면, 당초 증여에 대해서는 증여세가 부과되지만 그 반환에 대하여는 증여세를 부과하지 아니한다.

해설

해당 증여일 전 10년 이내에 동일인(증여자가 직계존속인 경우에는 그 직계존속의 배우자를 포함)으로부터 받은 증여재산가액의 합계액이 1,000만원 이상인 경우에는 그 재산가액을 해당 증여재산가액에 합산하여 증여세를 과세한다.

3 증여재산가액의 계산과 관련된 다음 설명 중 가장 옳은 것은?

① 생명보험에 있어서 보험금수취인과 보험료불입자가 다른 경우로서 보험계약기간 안에 보험금수취인이 타인으로부터 재산을 증여받아 보험료를 불입한 경우에는 그 보험료불입액에 대한 보험금상당액을 보험금수취인의 증여재산가액으로 한다.

② 개인과 법인간에 재산을 양수 또는 양도하는 경우로서 그 대가가 법인세법상 시가에 해당되어 해당 법인의 거래에 대하여 부당행위계산 부인규정이 적용되지 아니하는 경우에는 저가·고가양도에 따른 이익의 증여로 보지 아니한다.

③ 타인의 부동산을 무상으로 사용함에 따라 3천만원의 이익을 얻은 경우에는 그 무상사용을 개시한 날을 증여일로 하여 그 이익에 상당하는 금액을 부동산 무상 사용자의 증여재산가액으로 한다.

④ 타인으로부터 금전을 무상 또는 적정이자율보다 낮은 이자율로 대출받는 경우에는 그 금전을 대출받은 날에 금전무상대출 등에 따른 이익을 증여재산가액으로 한다. 단, 금전무상대출 등에 따른 이익이 1억원 미만인 경우는 제외한다.

해설

① 보험금상당액에서 보험료불입액을 차감한 가액을 증여재산가액으로 한다.
③ 그 이익이 1억원 미만인 경우는 제외한다.
④ 그 이익이 1천만원 미만인 경우는 제외한다.

4 상속세와 증여세에 대한 다음 설명 중 가장 잘못된 것은?

① 피상속인과 상속인이 국내에 주소를 두고 있으며, 20×2년 3월 5일에 상속이 개시되는 경우에 상속세 납부의무가 있는 상속인은 20×2년 9월 5일까지 상속세의 과세가액 및 과세표준을 신고하여야 한다.

② 연부연납을 허가받은 경우를 제외하고는, 납부할 증여세가 ₩18,000,000인 경우에는 ₩10,000,000을 납부하고 나머지 ₩8,000,000은 납부기한 경과 후 2개월 이내에 분할납부할 수 있다.

③ 상속세와 증여세의 연부연납 기간은 연부연납 허가를 받은 날부터 3년 이내이다.

④ 납세자 관할 세무서장은 법정요건을 모두 갖춘 경우에는 납세의무자의 신청을 받아 물납을 허가할 수 있다.

해설

상속세와 증여세의 연부연납기간은 연부연납허가일부터 각각 10년, 5년의 범위에서 해당 납세의무자가 신청한 기간으로 한다.

5 상속세 및 증여세법상 증여추정과 관련된 다음의 내용 중 틀린 것은?

① 모친 소유의 상장주식을 증권시장에서 이루어지는 유가증권의 매매 중 시간외 시장에서의 매매를 통해 딸이 취득하는 경우 증여로 추정하지 않는다.

② 재산취득일 이전에 자기재산의 대여로서 받은 전세금이 있는 경우 이는 자금출처로 인정된다.

③ 직업, 연령 등을 고려하여 취득자금출처에 대한 충분한 소명이 있는 경우에는 증여추정을 적용하지 않는다.

④ 재산이 특수관계인에게 양도되었다가 3년 이내에 직계비속에게 양도되는 경우 증여로 추정될 수 있다.

해설

증권시장을 통하여 유가증권이 처분된 경우에는 배우자 등에 대한 양도시 이를 증여로 추정하지 아니한다. 다만, 증권시장에서 이루어지는 유가증권의 매매 중 시간외시장에서 매매된 것을 제외한다.

6 상속세 및 증여세법상 증여세의 과세대상에 대한 설명으로 옳지 않은 것은?

2012년 국가직 9급

① 수증자가 거주자인 경우에는 증여세 과세대상이 되는 모든 증여재산이 증여세 과세대상이 된다.

② 수증자가 비거주자인 경우에는 증여세 과세대상이 되는 국내에 있는 모든 증여재산이 증여세 과세대상이 된다.

③ 증여세는 타인에게 무상으로 유형·무형의 재산 또는 이익을 이전하거나 타인의 재산가치를 증가시키는 경우에 부과된다.

④ 영리법인이 재산을 증여받은 경우에는 증여세와 법인세가 모두 부과된다.

해설

영리법인이 증여받은 재산 또는 이익에 대하여 법인세가 부과되는 경우에는 증여세를 부과하지 않는다.

7 상속세 및 증여세법상 증여추정에 대한 설명으로 옳지 않은 것은? 2016년 국가직 7급

① 파산선고로 인하여 재산이 처분된 경우에는 배우자 또는 직계존비속에 대한 증여추정 규정을 적용하지 아니한다.

② 갑 소유의 빌딩을 국세징수법에 따른 공매를 통하여 갑의 자녀가 취득하는 경우 증여로 추정하지 않는다.

③ 미성년자인 거주자 갑이 20억원인 상가를 취득한 경우에 자금출처로 입증된 금액이 16억원인 경우 증여추정대상금액은 2억원이다.

④ 특수관계인에게 양도한 재산을 그 특수관계인이 양수일부터 3년 이내에 당초 양도자의 배우자에게 다시 양도한 경우에는 증여로 추정될 수 있다.

해설

미성년자인 거주자 갑이 20억원인 상가를 취득한 경우에 자금출처로 입증된 금액이 16억원인 경우 증여추정대상금액은 4억원이다.

8 상속세 및 증여세법상 권리의 이전이나 그 행사에 등기등이 필요한 재산의 명의신탁에 대해 증여의제 과세를 하는 것과 관련한 설명으로 옳지 않는 것은? 2018년 국가직 9급

① 토지와 건물의 명의신탁에 대해서는 증여의제 과세를 하지 않는다.

② 비거주자가 법정대리인 또는 재산관리인의 명의로 등기등을 한 경우에는 증여의제 과세를 하지 않는다.

③ '조세회피' 목적 없이 타인의 명의로 재산의 등기등을 한 경우에는 증여의제 과세를 하지 않는데, 이 때 회피하려는 '조세'는 상속세와 증여세에 한정한다.

④ 주식명의신탁에 대해 증여의제 과세를 할 때 주주명부가 작성되지 아니하였다면 법인세법에 따라 납세지 관할세무서장에게 제출한 주주등에 관한 서류 및 주식등변동상황명세서에 의하여 명의개서 여부를 판정한다.

해설

'조세회피'에서 '조세'란 국세 및 지방세와 관세를 말한다.

정답	1	③	2	①	3	②	4	③	5	①	6	④	7	③	8	③		

Chapter 3 재산의 평가

제 1 절 | 재산평가의 원칙

1. 재산평가의 원칙

상속세 및 증여세법에 의하여 상속세 또는 증여세가 부과되는 재산의 가액은 평가기준일(상속개시일 또는 증여일) 현재의 시가에 의한다(상증법 60 ①).

2. 시가의 개념

(1) 원 칙

시가란 불특정다수인 사이에 자유로이 거래가 이루어지는 경우에 통상 성립된다고 인정되는 가액으로 한다. 이 때 상장주식에 대하여 보충적 평가방법으로 평가한 가액(기업공개 준비중인 주식 등의 경우를 제외함)은 이를 시가로 본다(상증법 60 ①, ②).

한편 가상자산에 대해서는 2025년부터 시가 규정을 적용하며 법령에 의한 보충적 평가방법으로 평가한 가액을 시가로 본다(상증법 60 ①)[22].

(2) 준용시가

1) 준용시가의 범위

평가기준일(상속개시일 또는 증여일) 전후 6개월(증여재산의 경우에는 평가기준일 전 6개월부터 평가 기준일 후 3개월까지) 이내의 기간(이를 '평가기간'이라 함) 중 매매·감정·수용·경매(민사집행법에 의한 경매를 말함) 또는 공매가 있는 경우에 다음의 규정에 의하여 확인되는 가액은 이를 시가로 인정한다. 다만, 평가기간에 해당하지 아니하는 기간으로서 평가기준일 전 2년 이내의 기간 중에 매매 등이 있거나 평가기간이 경과한 후부터 법정결정기한까지의 기간 중에 매매 등이 있는 경우에도 평가

22) 2025.1.1부터 과세될 예정이었던 소득세법상 가상자산소득에 대한 과세는 2년 유예되어 2027.1.1부터 시행될 예정이다.

기준일부터 매매계약일 등까지의 기간 중에 주식발행회사의 경영상태, 시간의 경과 및 주위환경변화 등을 고려하여 가격변동의 특별한 사정이 없다고 보아 상속세 또는 증여세 납부의무가 있는 자(납세자), 지방국세청장 또는 관할세무서장이 신청하는 때에는 평가심의위원회의 심의를 거쳐 해당 매매 등의 가액을 다음의 규정에 의하여 확인되는 가액에 포함시킬 수 있다(상증법 60 ②, 상증령 49 ①).

① 해당 재산에 대한 매매사실이 있는 경우 : 그 거래가액. 다만, 다음의 어느 하나에 해당하는 경우는 제외한다.

㉠ 특수관계인과의 거래 등으로 그 거래가액이 객관적으로 부당하다고 인정되는 경우

㉡ 거래된 비상장주식의 가액(액면가액의 합계액)이 액면가액의 합계액으로 계산한 해당 법인의 발행주식총액 또는 출자총액의 1%에 해당하는 금액과 3억원 중 적은 금액 미만인 경우(평가심의위원회의 심의를 거쳐 그 거래가액이 거래의 관행상 정당한 사유가 있다고 인정되는 경우는 제외)

② 해당 재산(주식 및 출자지분을 제외함)에 대하여 둘 이상의 공신력있는 감정기관이 평가한 감정가액이 있는 경우 : 그 감정가액의 평균액[23]. 다만, 다음에 해당하는 것을 제외하며, 해당 감정가액이 보충적 평가방법에 의하여 평가한 가액과 시가의 90%에 해당하는 가액 중 적은 금액(기준금액)에 미달하는 경우[24]에는 세무서장 등이 다른 감정기관에 의뢰하여 감정한 가액에 의하되, 그 가액이 납세자가 제시한 감정가액보다 낮은 경우에는 그렇지 않다.

㉠ 일정한 조건이 충족될 것을 전제로 해당 재산을 평가하는 등 상속세 및 증여세의 납부 목적에 적합하지 아니한 감정가액

㉡ 평가기준일 현재 해당 재산의 원형대로 감정하지 아니한 경우의 해당 감정가액

③ 해당 재산에 대하여 수용·경매 또는 공매사실이 있는 경우 : 그 보상가액·경매가액 또는 공매가액. 다만, 다음의 어느 하나에 해당하는 경우에는 해당 경매가액 또는 공매가액은 이를 제외한다.

㉠ 물납한 재산을 상속인 또는 그의 특수관계인이 경매 또는 공매로 취득한 경우

㉡ 경매 또는 공매로 취득한 비상장주식의 가액(액면가액의 합계액을 말함)이

---

23) 기준시가 10억원 이하의 부동산의 경우에는 하나의 감정기관 감정가액도 시가로 인정한다.

24) 기준금액 이상인 경우에도 비상장주식 평가심의위원회의 자문을 거쳐 감정평가목적 등을 고려하여 해당 가액이 부적정하다고 인정되는 경우를 포함한다.

액면가액의 합계액으로 계산한 해당 법인의 발행주식총액 또는 출자총액의 1%에 해당하는 금액과 3억원 미만인 경우

㉢ 경매 또는 공매절차의 개시 후 관련 법령이 정한 바에 따라 수의계약에 의하여 취득하는 경우

㉣ 최대주주등의 상속인 또는 최대주주등의 특수관계인이 최대주주등이 보유하고 있던 비상장주식등을 경매 또는 공매로 취득한 경우

2) 거래가액 등의 기준일

준용시가의 규정을 적용함에 있어서 위에 열거된 가액이 평가기준일 전후 6개월(증여재산의 경우에는 평가기준일 전 6개월부터 평가기준일 후 3개월까지) 이내에 해당하는지 여부는 다음에 규정된 날을 기준으로 하여 판단하며, 시가로 보는 가액이 2 이상인 경우에는 평가기준일을 전후하여 가장 가까운 날에 해당하는 가액(그 가액이 둘 이상인 경우에는 그 평균액)을 적용한다. 다만, 해당 재산의 매매등의 가액이 있는 경우에는 유사재산의 준용시가를 적용하지 아니한다(상증령 49 ②).

① 거래가액의 경우에는 매매계약일

② 감정가액의 경우에는 가격산정기준일과 감정가액평가서 작성일

③ 보상가액 등의 경우에는 보상가액·경매가액 또는 공매가액이 결정된 날

3) 유사재산의 준용시가 적용

준용시가의 규정을 적용할 때 해당 재산과 면적·위치·용도·종목 및 기준시가가 동일하거나 유사한 다른 재산에 대한 준용시가[상속세 또는 증여세 과세표준을 신고한 경우에는 평가기준일 전 6개월부터 평가기간 이내의 신고일까지의 가액을 말함]가 있는 경우에는 해당 가액을 시가로 본다(상증령 49 ④).

⑶ 평가심의위원회

다음 사항의 심의를 위하여 국세청과 지방국세청에 각각 평가심의위원회를 둔다(상증령 49의2 ①).

① 준용시가 단서규정에 따른 매매등의 가액의 시가인정

② 시가불인정 감정기관의 지정

③ 비상장주식등의 가액평가 및 평가방법

④ 가업의 주된 업종 변경

⑤ 건물, 오피스텔 및 상업용 건물 가치의 산정·고시를 하기 위한 자문

⑷ 저당권 등이 설정된 재산의 평가특례

① 저당권 또는 질권이 설정된 재산, ② 양도담보재산, ③ 전세권이 등기된 재산(임대보증금을 받고 임대한 재산을 포함) 및 ④ 위탁자의 채무이행을 담보할 목적으로 신탁계약을 체결한 재산은 위의 규정에 불구하고 다음의 금액에 의하여 평가한다(법법 66).

평가액 : Max ┌ ① 해당 재산이 담보하는 채권액 또는 전세금(임대보증금)
　　　　　　　└ ② 평가기준일 현재의 시가 또는 보충적 평가방법에 의한 평가액

⑸ 국외재산에 대한 평가특례

외국에 있는 상속 또는 증여재산으로서 상속세 및 증여세법의 평가방법을 적용하는 것이 부적당한 경우에는 해당 재산이 소재하는 국가에서 양도소득세 · 상속세 또는 증여세 등의 부과목적으로 평가한 가액을 평가액으로 한다(상증령 58의3 ①). 이러한 평가액이 없는 경우에는 세무서장 등이 2 이상의 국내 또는 외국의 감정기관에 의뢰하여 감정한 가액을 참작하여 평가한 가액에 의한다(상증령 58의3 ②).

⑹ 외화자산 및 부채의 평가

외화자산 및 부채는 평가기준일 현재 외국환거래법에 따른 기준환율 또는 재정환율에 따라 환산한 가액을 기준으로 평가한다(상증령 58의4).

제 2 절 | 보충적 평가방법

1. 보충적 평가방법

상속재산 및 증여재산의 평가에 있어서 시가를 산정하기 어려운 경우에는 해당 재산의 종류 · 규모 · 거래상황 등을 고려하여 규정된 방법(상증법 61에서 65에 규정된 보충적 평가방법)에 의하여 평가한 가액을 시가로 본다(상증법 60 ③).

2. 부동산 등의 평가

(1) 부동산의 평가(상증법 61 ①, ②, 상증령 50 ①, ②, ③, ⑤, ⑥)

구　분	평가금액
① 토　지	㉠ 원 칙 : 평가기준일 현재 고시되어 있는 개별공시지가 ㉡ 개별공시지가가 없는 토지 : 납세지 관할세무서장이 인근 유사토지의 개별공시지가를 참작하여 일정한 방법에 의하여 평가한 금액 ㉢ 지가가 급등하거나 급등할 우려가 있는 지역으로서 국세청장이 지정한 지역의 토지 : 개별공시지가 × 국세청장이 고시하는 배율
② 건　물	건물의 신축가격 · 구조 · 용도 · 위치 · 신축연도 등을 참작하여 매년 1회 이상 국세청장이 산정 · 고시하는 가액
③ 지정지역 안의 오피스텔 및 상업용 건물	건물의 종류 · 규모 · 거래상황 · 위치 등을 참작하여 매년 1회 이상 국세청장이 토지와 건물에 대하여 일괄하여 산정 · 고시한 가액
④ 주　택	부동산 가격공시에 관한 법률에 따른 개별주택가격 및 공동주택가격(국세청장이 결정 · 고시한 공동주택가격이 있는 때에는 그 고시주택가격). 다만, 다음의 어느 하나에 해당하는 경우에는 납세지 관할세무서장이 인근 유사주택의 고시주택가격을 고려하여 법령으로 정하는 방법에 따라 평가한 금액으로 한다. ㉠ 해당 주택의 고시주택가격이 없는 경우 ㉡ 고시주택가격 고시 후에 해당 주택을 건축법에 따른 대수선 또는 리모델링을 하여 고시주택가격으로 평가하는 것이 적절하지 아니한 경우

(2) 지상권 등의 평가(상증법 61 ③, ④, 상증령 51 ①, ②, 상증칙 16)

구 분	평가금액
① 지 상 권	지상권이 설정되어 있는 토지의 가액에 2%를 곱하여 계산한 금액을 해당 지상권의 잔존연수를 고려하여 일정한 방법에 의해 환산한 가액*1
② 부동산을 취득할 수 있는 권리	㉠ 부동산을 취득할 수 있는 권리에 대하여 소득세법의 규정에 의한 기준시가가 있는 경우 : 해당 기준시가 ㉡ 기타의 경우 : 평가기준일까지 납입한 금액*2 + 평가기준일 현재의 프리미엄에 상당하는 금액
③ 특정시설물이용권	평가기준일까지 불입한 금액 + 평가기준일 현재의 프리미엄에 상당하는 금액
④ 기타 시설물 및 구축물	그것을 다시 건축하거나 다시 취득할 경우에 소요되는 가액(재취득가액 등)에서 그것의 설치일부터 평가기준일까지의 감가상각비상당액을 차감하는 방법에 의하여 평가한 가액

*1 일정한 방법에 의해 환산한 가액 : 다음의 산식에 의해 환산한 금액의 합계액을 말한다.

$$\frac{\text{각 연도의 수입금액}}{(1+10\%)^{n}}$$

n : 평가기준일부터의 경과연수

*2 조합원입주권의 경우 도시 및 주거환경정비법에 따른 관리처분계획을 기준으로 하여 기획재정부령으로 정하는 조합원권리가액과 평가기준일까지 납입한 계약금, 중도금 등을 합한 금액으로 한다.

⑶ 부동산 등의 평가특례

사실상 임대차계약이 체결되거나 임차권이 등기된 재산의 경우에는 다음의 금액을 그 재산의 가액으로 한다(상증법 61 ⑤, 상증령 50 ⑦, 상증칙 15의2).

평가액 : Max
- ① 일반평가액 : 위 ⑴, ⑵의 방법에 의하여 평가한 가액
- ② 특례평가액 : $\frac{\text{1년간의 임대료}}{12\%}$ + 임대보증금

3. 선박 등 기타 유형재산의 평가

⑴ 평가원칙

선박 등 기타 유형재산의 평가는 다음에 의한다(상증법 62, 상증령 52).

구 분	평 가 금 액
선박 · 항공기 · 차량 · 기계장비 및 입목	① 처분할 경우 다시 취득할 수 있다고 예상되는 가액 ② 그 가액이 확인되지 아니하는 경우 : 장부가액(취득가액에서 감가상각비를 차감한 가액) 및 지방세법에 의한 시가표준액을 순차적으로 적용한 가액
재고자산 및 소유권의 대상이 되는 동산	처분할 때 취득할 수 있다고 예상되는 가액. 단, 그 가액이 확인되지 아니하는 경우에는 장부가액
판매용이 아닌 서화 · 골동품 등 예술적 가치가 있는 유형재산	Max [① 2인 이상의 전문가가 감정한 가액의 평균액 ② 감정평가심의회에서 감정한 감정가액]
소유권의 대상이 되는 동물 및 따로 평가방법을 규정하지 아니한 기타 유형자산	처분할 때 취득할 수 있다고 예상되는 가액. 단, 그 가액이 확인되지 아니하는 경우에는 장부가액

⑵ 선박 등의 평가특례

선박, 항공기, 차량 및 기계장비의 경우에는 다음의 금액을 그 재산의 가액으로 한다(상증법 62 ③, 상증령 52 ③, 상증칙 16의2).

평가액 : Max
- ① 일반평가액 : 위 ⑴의 방법에 의하여 평가한 가액
- ② 특례평가액 : $\frac{\text{각 연도에 받을 임대료}}{(1+3\%)^{n}}$ + 임대보증금

n : 평가기준일부터 수익시기까지의 연수

4. 주식 및 출자지분의 평가

⑴ 상장주식의 평가

상장주식(유가증권시장과 코스닥시장증권시장에서 거래되는 주권상장법인의 주식등으로 법령으로 정하는 주식등[25]을 말함)은 평가기준일(평가기준일이 공휴일 및 대체공휴일, 토요일 등 매매가 없는 날인 경우에는 그 전일을 기준으로 함) 이전·이후 각 2개월 동안 공표된 매일의 거래소 최종 시세가액(거래실적 유무를 따지지 아니함)의 평균액[26]에 의하여 평가한다(상증법 63 ① ⑴ ㈎).

⑵ 비상장주식 등의 평가

1) 평가원칙

비상장주식은 1주당 순손익가치와 1주당 순자산가치를 각각 3과 2의 비율로 가중평균한 가액으로 평가하되, 부동산과다보유법인(해당 법인의 자산총액 중 부동산 및 부동산에 관한 권리의 합계액이 차지하는 비율이 50% 이상인 법인을 말함)의 경우에는 1주당 순손익가치와 순자산가치의 비율을 각각 2와 3의 비율로 가중평균한 가액에 의한다. 다만, 그 가중평균한 가액이 1주당 순자산가치에 80%를 곱한 금액 보다 낮은 경우에는 1주당 순자산가치에 80%를 곱한 금액을 비상장주식등의 가액으로 한다(상증

---

25) 평가기준일 전후 2개월 이내에 거래소가 정하는 기준에 따라 매매거래가 정지되거나 관리종목으로 지정된 기간의 일부 또는 전부가 포함되는 주식등(적정하게 시가를 반영하여 정상적으로 매매거래가 이루어지는 경우로서 기획재정부령으로 정하는 경우는 제외)을 제외한 주식등을 말한다(상증령 52의2 ③).

26) 평균액을 계산할 때 평가기준일 이전·이후 각 2개월 동안에 증자·합병 등의 사유가 발생하여 그 평균액으로 하는 것이 부적당한 경우에는 평가기준일 이전·이후 각 2개월의 기간 중 법령으로 정하는 바에 따라 계산한 기간의 평균액으로 한다.

법 63 ① ㈏, 상증령 54 ①).

2) 1주당 순손익가치의 계산

순손익가치는 다음의 산식에 의해 계산한다. 이 경우 그 가액이 0원 이하인 경우에는 0원으로 한다.

$$1\text{주당 순손익가치} = \frac{1\text{주당 최근 3년간의 순손익액의 가중평균액}}{\text{순손익가치환원율}}$$

① 1주당 최근 3년간의 순손익액의 가중평균액 : 최근 3년간의 기간 중 제1차년도 · 제2차년도 · 제3차년도의 진행에 따라 각 연도의 가중치를 달리하여 다음과 같이 계산한 금액을 말한다.

$$1\text{주당 최근 3년간의 순손익액의 가중평균액} = [㉠ + ㉡ + ㉢] \times \frac{1}{6}$$

㉠ 상속개시 전 1년이 되는 사업연도의 1주당 순손익액 × 3
㉡ 상속개시 전 2년이 되는 사업연도의 1주당 순손익액 × 2
㉢ 상속개시 전 3년이 되는 사업연도의 1주당 순손익액 × 1

② 순손익가치 환원율 : 금융회사등이 보증한 3년 만기 회사채의 유통수익률을 고려하여 국세청장이 고시하는 이자율을 말한다(상증령 54 ①).

3) 1주당 순자산가치의 계산

1주당 순자산가치는 다음의 산식에 의하여 계산한다(상증령 54 ②).

$$1\text{주당 순자산가치} = \frac{\text{해당 법인의 순자산가액}}{\text{발행주식총수}}$$

4) 순자산가치에 의한 평가특례

다음에 해당하는 경우에는 위 규정에 불구하고 1주당 순자산가치에 의한다(상증령 54 ④).

① 상속세 및 증여세 과세표준신고기한까지 평가대상 법인의 청산절차가 진행 중이거나 사업자의 사망 등으로 인하여 사업의 계속이 곤란하다고 인정되는 법인의 주식

② 사업개시전의 법인, 사업개시 후 3년 미만의 법인 또는 휴업 · 폐업 중인 법인의

주식(적격분할 또는 적격물적분할로 신설된 법인의 사업기간은 분할 전 동일사업부분의 사업개시일부터 기산)

③ 법인의 자산총액 중 토지·건물 및 부동산에 관한 권리 등의 자산의 합계액이 차지하는 비율이 80% 이상인 법인의 주식

④ 법인의 자산총액 중 주식등의 가액의 합계액이 차지하는 비율이 80% 이상인 법인의 주식

⑤ 법인의 설립 시 정관에 존속기한이 확정된 법인으로서 평가기준일 현재 잔여 존속기한이 3년 이내인 법인의 주식

예제 3-1 | 비상장주식의 평가

다음은 거주자 김영랑 씨가 상속받은 주식과 관련된 자료이다. 다음 자료를 이용하는 경우에 김영랑 씨가 상속받은 ㈜설악의 주식은 김영랑 씨의 상속세 과세가액 계산시 얼마로 평가되는가?

(1) 상속받은 주식은 주권비상장법인인 ㈜설악의 주식 5,000주(주당 액면가액 ₩5,000)이며 상속개시일은 20×5년 3월 2일이다. 김영랑 씨는 ㈜설악의 최대주주가 아니다.

(2) 상속 개시일 당시 ㈜설악의 세무상 자산(영업권 평가액을 포함함)은 30억원이고, 세무상 부채는 20억원이다. ㈜설악의 총발행주식수는 설립 이후 계속 100,000주로 유지되고 있고, ㈜설악은 부동산과다보유법인이 아니다.

(3) 상속개시전 ㈜설악의 최근 3년간의 주당순이익은 다음과 같다.

평가기준일 3년 전	평가기준일 2년 전	평가기준일 1년 전
₩900	₩1,200	₩1,500

(4) 1주당 순손익가치 계산시 적용되는 국세청장 고시이자율은 10%이다.

해답

(1) 1주당 최근 3년간 순손익액의 가중평균액 = (₩900 × 1 + 1,200 × 2 + 1,500 × 3) × $\frac{1}{6}$
= ₩1,300

(2) 1주당 순손익가치 = ₩1,300 ÷ 10% = ₩13,000

(3) 1주당 순자산가치 = (30억원 − 20억원) ÷ 100,000주 = ₩10,000

(4) 1주당 비상장주식 평가액 : (₩13,000 × 3 + 10,000 × 2) × $\frac{1}{5}$ = ₩11,800

(5) 상속재산가액 : ₩11,800 × 5,000주 = ₩59,000,000

⑶ 최대주주 등에 대한 할증평가의 특례

최대주주 또는 최대출자자 및 그의 특수관계인에 해당하는 주주등(최대주주등)의 주식등(중소기업 및 중견기업 주식, 평가기준일이 속하는 사업연도 전 3년 이내의 사업연도부터 계속하여 결손금이 있는 법인의 주식등 대통령령으로 정하는 주식등은 제외함)에 대해서는 상속세 및 증여세법에 따라 평가한 가액에 그 가액의 20%를 가산한다(상증법 63 ③).

이 경우 최대주주 등이 보유하는 주식 또는 출자지분의 계산을 함에 있어서는 해당 주식 등의 상속개시일 또는 증여일부터 소급하여 1년 이내에 양도하거나 증여한 주식 등을 합산하여 이를 계산한다(상증령 53 ⑤).

⑷ 평가심의위원회에 의한 평가

비상장주식등을 평가할 때 납세자가 다음의 어느 하나에 해당하는 방법으로 평가한 평가가액을 첨부하여 평가심의위원회에 비상장주식등의 평가가액 및 평가방법에 대한 심의를 신청(상속세 과세표준 신고기한 만료 4개월 전, 증여의 경우에는 증여세 과세표준 신고기한 만료 70일 전까지)하는 경우에는 비상장주식 평가규정에 불구하고 평가심의위원회가 심의하여 제시하는 평가가액에 의하거나 그 위원회가 제시하는 평가방법 등을 고려하여 계산한 평가가액에 의할 수 있다. 다만, 납세자가 평가한 가액이 보충적 평가방법에 따른 주식평가액의 70%에서 130%까지의 범위 안의 가액인 경우로 한정한다(상증령 54 ⑥).

① 해당 법인의 자산・매출액 규모 및 사업의 영위기간 등을 고려하여 같은 업종을 영위하고 있는 다른 법인(유가증권시장과 코스닥시장에 상장된 법인)의 주식가액을 이용하여 평가하는 방법

② 향후 기업에 유입될 것으로 예상되는 현금흐름에 일정한 할인율을 적용하여 평가하는 방법

③ 향후 주주가 받을 것으로 예상되는 배당수익에 일정한 할인율을 적용하여 평가하는 방법

④ 그 밖에 위에 준하는 방법으로서 일반적으로 공정하고 타당한 것으로 인정되는 방법

5. 그 밖의 유가증권의 평가(상증법 63 ① (2), ④, 상증령 58, 58의2)

구 분	평 가 방 법
국·공채 및 사채	① 거래소에서 거래되는 국채 등 : Max[㉠ 평가기준일 이전 2개월동안 공표된 매일의 최종시세가액의 평균액, ㉡ 평가기준일 이전 최근일의 최종시세가액] * 이 경우 평가기준일 이전 2개월간 거래실적이 없는 경우에는 ②의 가액에 의한다. ② 기타의 국채 등 ㉠ 타인으로부터 매입한 국채 등(국채 등의 발행기관 및 발행회사로 부터 액면가액으로 직접 매입한 것을 제외) : 매입가액 + 평가기준일까지의 미수이자상당액 ㉡ 기타 국채 등 : 평가기준일 현재 처분예상금액
전환사채 등	① 거래소에서 거래되는 전환사채 등 : 국채 등의 평가방법을 준용하여 평가한 가액 ② 기타의 전환사채 등 : 법령에서 정하는 평가방법에 의해 평가한 가액
대부금·매출채권	원본의 회수기간·약정이자율 및 금융시장에서 형성되는 평균이자율을 고려하여 기획재정부령으로 정하는 바에 따라 평가한 가액
간접투자증권	평가기준일 현재의 거래소의 기준가격에 의하거나 자산운용회사 또는 투자회사가 산정·공고한 기준가격 ⇨ 평가기준일의 기준가격이 없는 경우에는 평가기준일 현재의 환매가격 또는 평가기준일 전 가장 가까운 날의 기준가격
예금·저금·적금	평가기준일 현재 예입총액 + 이미 지난 미수이자상당액 － 원천징수세액

6. 무체재산권 등의 평가(상증법 64, 상증령 59)

구 분	평 가 방 법
무체재산권	다음의 금액 중 큰 금액으로 한다. ① 재산의 취득가액에서 취득한 날부터 평가기준일까지의 감가상각비를 뺀 금액 ② 장래의 경제적 이익 등을 고려하여 법령으로 정하는 방법으로 평가한 금액
영업권 (어업권)	초과이익금액*을 평가기준일 이후의 영업권지속연수(원칙적으로 5년으로 함)를 감안하여 현재가치로 환산한 가액에 의한다. 다만, 무체재산권으로서 그 성질상 영업권에 포함시켜 평가되는 무체재산권의 경우에는 이를 별도로 평가하지 아니하되, 해당 무체재산권의 평가액이 환산한 가액보다 큰 경우에는 해당 가액을 영업권의 평가액으로 한다.
특허권등	특허권·실용신안권·상표권·디자인권 및 저작권 : 그 권리에 의해 장래에 받을 각 연도의 수입금액을 현재가치로 환산한 금액의 합계액
광업권 ·채석권	평가기준일 이후의 채굴가능연수에 대하여 평가기준일 전 3년간 평균소득(또는 예상순소득)을 각 연도마다 현재가치로 환산한 금액의 합계액

* 초과이익금액 = 최근 3년간(3년에 미달하는 경우에는 해당 연수)의 순손익액의 가중평균액의 50%에 상당하는 가액 － (평가기준일 현재의 자기자본×10%)

7. 조건부권리 등의 평가(상증법 65, 상증령 60, 61, 62)

구　분	평 가 방 법
조건부 권리	본래의 권리의 가액을 기초로 하여 평가기준일 현재의 조건내용을 구성하는 사실, 조건성취의 확실성 그 밖의 모든 사정을 고려한 적정가액
존속기간이 확정되지 않은 권리	평가기준일 현재의 권리의 성질, 목적물의 내용연수, 그 밖의 모든 사정을 고려한 적정가액
소송 중인 권리	평가기준일 현재 분쟁관계의 진상을 조사하고 소송진행 상황을 고려한 적정가액
가상자산	다음 구분에 따라 평가한 가액 ① 국세청장이 고시하는 가상자산사업자의 사업장에서 거래되는 가상자산 : 평가기준일 전·이후 각 1개월 동안에 해당 가상자산사업자가 공시하는 일평균가액의 평균액 ② 그 밖의 가상자산 : 위 '①'에 해당하는 가상자산사업자 외의 가상자산사업자 및 이에 준하는 사업자의 사업장에서 공시하는 거래일의 일평균가액 또는 종료시각에 공시된 시세가액 등 합리적으로 인정되는 가액
신탁의 이익을 받을 권리	다음의 어느 하나의 방법에 따라 평가한 가액으로 한다. 다만, 평가기준일 현재 신탁계약의 철회, 해지, 취소 등을 통해 받을 수 있는 일시금이 다음의 방법으로 평가한 가액보다 큰 경우에는 그 일시금의 가액으로 한다. ① 원본을 받을 권리와 수익을 받을 권리의 수익자가 같은 경우 : 평가기준일 현재 상속세 및 증여세법에 따라 평가한 신탁재산의 가액(Ⓐ) ② 원본을 받을 권리와 수익을 받을 권리의 수익자가 다른 경우 ㉠ 원본을 받을 권리를 수익하는 경우 : 'Ⓐ'에서 아래 'Ⓑ'를 뺀 금액 ㉡ 수익을 받을 권리를 수익하는 경우 : 평가기준일 현재 추산한 장래에 받을 각 연도의 수익금에 대하여 수익의 이익에 대한 원천징수상당액을 고려하여 현재가치로 계산한 금액의 합계액(Ⓑ)
정기금을 받을 권리	다음의 어느 하나의 방법에 따라 평가한 가액에 의한다. 다만, 평가기준일 현재 계약의 철회, 해지, 취소 등을 통해 받을 수 있는 일시금이 다음의 방법으로 평가한 가액보다 큰 경우에는 그 일시금의 가액에 의한다. ① 유기정기금 : 그 잔존기간에 각 연도에 받을 정기금액을 기준으로 계산한 금액의 합계액에 의한다. 다만, 1년분 정기금액의 20배를 초과할 수 없다. ② 무기정기금 : 1년분 정기금의 20배 ③ 종신정기금 : 정기금을 받을 권리가 있는 자의 통계법에 따라 통계청장이 승인하여 고시하는 통계표에 따른 성별·연령별 기대여명의 연수까지의 기간중 각 연도에 받을 정기금액을 기준으로 계산한 금액의 합계액에 의한다.

객/관/식/문/제

▶ 제3장 재산의 평가

1 다음은 상속재산에 대한 평가방법을 설명한 것이다. 옳지 않은 것은?

① 평가기준일 전후 6월 이내의 기간 중 해당 재산에 대한 매매사실이 있는 경우에는 그 거래가액을 시가로 한다.

② 시가를 산정하기 어려운 경우에는 해당 재산의 종류·규모·거래상황 등을 고려하여 정하는 보충적 평가방법으로 평가한 가액에 의한다.

③ 상속세 과세표준 신고기간 중 상속재산에 대하여 수용 또는 공매사실이 있는 경우에는 그 보상가액 또는 공매가액을 시가로 한다.

④ 일반건물은 지방세법상 시가표준액으로 평가한다.

해설

일반건물은 건물의 신축가격·구조·용도·위치·신축연도 등을 참작하여 매년 1회 이상 국세청장이 산정·고시하는 가액에 의하여 평가한다.

2 상속세 및 증여세법상 상속재산의 평가에 대한 설명으로 옳지 않은 것은?

① 소송중인 권리의 가액은 평가기준일 현재의 분쟁관계의 진상을 조사하고 소송진행의 상황을 고려한 적정가액으로 평가한다.

② 서화에 대해서는 해당 재산의 종류, 규모, 거래상황 등을 고려하여 법령으로 정하는 방법으로 평가한다.

③ 지가가 급등하지 않은 지역으로서 개별공시지가가 없는 토지의 가액은 납세지 관할세무서장이 인근 유사 토지의 개별공시지가를 고려하여 법령으로 정하는 방법으로 평가한 금액으로 한다.

④ 양도담보재산은 그 재산이 담보하는 채권액을 그 재산의 가액으로 평가한다

해설

양도담보재산은 그 재산이 담보하는 채권액과 평가기준일 현재 시가 중 큰 금액으로 평가한다.

3 주식 및 출자지분에 대한 평가방법으로 옳지 않은 것은?

① 상장주식은 평가기준일 이전·이후 각 2월간에 공표된 매일의 한국거래소 최종 시세가액(거래실적의 유무를 불문한다)의 평균액으로 평가함을 원칙으로 한다.

② 비상장주식은 순손익가치와 순자산가치를 가중평균한 금액에 의하여 평가한다.

③ 최대주주의 주식 등에 대해서는 일반적인 평가액에 그 가액의 10%를 가산한 금액으로 평가한다.

④ 주권상장법인의 주식 중 해당 법인의 증자로 인하여 취득한 새로운 주식으로서 평가기준일 현재 상장되지 아니한 주식은 상장주식의 평가액에서 배당차액을 차감한 가액에 의하여 평가한다.

해설

최대주주 및 그와 특수관계인은 주주 등의 주식 및 출자지분(중소기업 및 평가기준일이 속하는 사업연도 전 3년 이내의 사업연도부터 계속하여 결손금이 있는 법인의 주식 등은 제외)에 대하여는 일반적인 평가액에 그 가액의 20%를 가산한다.

4 상속 또는 증여재산의 시가를 산정하기 어려울 경우 적용되는 보충적 평가방법에 대한 다음의 설명 중 가장 옳은 것은?

① 비상장된 부동산과다보유법인의 주식은 1주당 순자산가치와 순손익가치를 각각 3과 2의 비율로 가중평균한 가액으로 한다.

② 아파트 분양 당첨권은 분양가액으로 한다.

③ 판매용이 아닌 골동품은 감정평가심의회에서 감정한 감정가액으로 한다.

④ 차량은 처분할 경우 다시 취득할 수 있다고 예상되는 가액과 장부가액 중 큰 가액으로 한다.

해설

② 아파트당첨권은 평가기준일까지 불입한 금액에 평가기준일 현재 프리미엄 상당액을 가산한 가액으로 평가한다.

③ 판매용이 아닌 골동품은 2인 이상의 전문가가 감정한 가액의 평균액과 감정평가심의회에서 감정한 감정가액 중 큰 금액으로 평가한다.

④ 차량은 처분할 때에 취득할 수 있다고 예상되는 가액으로 하되, 그 가액이 확인되지 아니하는 경우에는 장부가액(취득가액에서 감가상각비를 차감한 가액), 시가표준액에 의한 가액을 순차로 적용한 가액으로 평가한다.

정답	1	④	2	④	3	③	4	①

제 7 편

지방세법 및 종합부동산세법

1 총 칙

제 1 절 | 지방세 총론

1. 지방세의 의의

지방세는 지방자치단체가 그 재정수요를 충당하기 위하여 부과·징수하는 조세이다. 따라서 지방세는 국가의 재정수요에 충당하기 위한 조세인 국세와 구분된다.

국가가 지방자치단체를 형성하고 통치권의 일부를 위임하는 지방자치제는 민주정치의 이념상 필연적인 것이라 할 수 있다. 이러한 지방자치단체가 기능을 수행하기 위해서는 일정한 재산을 유지하고 고유 업무를 처리할 수 있어야 한다. 따라서 지방자치단체에게는 재정에 관한 권리가 부여되고 있으며, 이에 따라 조세를 부과하고 사용료·분담금·수수료 등을 징수하게 된다.

지방자치단체가 재정수입을 확보하는 방식에는 크게 두 가지가 있을 수 있다. 그 한 가지 방식은 국가가 모든 조세를 징수하여 이를 중앙정부와 지방자치단체에 분배하는 방식이다. 또 다른 방식으로는 국가가 과세권을 분할하여 중앙정부의 재정수입을 위한 국세와 지방자치단체의 재정수입을 위한 지방세로 나누는 것이다.

지방자치단체의 재정적 자주성을 제고하기 위해서는 국세와 지방세를 분리하는 방식이 바람직한 것으로 볼 수 있다. 우리나라에서는 과세권을 분리하여 국세와 지방세로 나누어 징수하여 지방세를 지방자치단체의 재정수입으로 하고 있으며, 지방교부금 제도도 병용하고 있다. 국가의 과세권을 국세와 지방세로 구분함에 있어서 세계 각국에서는 재산세·영업세·주세 등을 주로 지방세의 세목으로 운용하고 있다.

2. 지방세의 체계

(1) 지방세의 체계

지방자치단체는 지방세기본법 또는 지방세관계법에서 정하는 바에 따라 지방세의 과세권을 갖는다(지기법 4).

우리나라의 지방세는 과세권자에 따라 다음과 같은 체계를 갖추고 있다(지기법 8).[1)]

구분	특별시와 광역시*1		도		특별자치시와 특별자치도*4
	특별시세, 광역시세	구세	도세*2	시 · 군세*3	특별자치시세, 특별자치도세
보통세	① 취득세 ② 레저세 ③ 담배소비세 ④ 지방소비세 ⑤ 주민세 ⑥ 지방소득세 ⑦ 자동차세	① 등록면허세 ② 재산세	① 취득세 ② 등록면허세 ③ 레저세 ④ 지방소비세	① 담배소비세 ② 주민세 ③ 지방소득세 ④ 재산세 ⑤ 자동차세	① 취득세 ② 등록면허세 ③ 레저세 ④ 담배소비세 ⑤ 지방소비세 ⑥ 주민세 ⑦ 지방소득세 ⑧ 재산세 ⑨ 자동차세
목적세	① 지역자원시설세 ② 지방교육세		① 지역자원시설세 ② 지방교육세		① 지역자원시설세 ② 지방교육세

*1 광역시의 경우에는 주민세 사업소분 및 종업원분은 구세(區稅)로 하며, 지방소비세 중 시 · 군 · 구에 납입된 금액은 시 · 군세, 구세로 한다

*2 광역시의 군 지역에서는 도세를 광역시세로 한다.

*3 광역시의 군 지역의 군세에도 동일하게 적용된다.

*4 특별자치도의 관할 구역 안에 지방자치단체인 시 · 군이 있는 경우에는 도세를 해당 특별자치도의 특별자치도세로, 시 · 군세를 해당 시 · 군의 시 · 군세로 한다.

(2) 지방세 세목체계의 간소화

종전 지방세는 같은 세원에 대한 중복과세, 유사세목 등으로 세목체계가 복잡하고, 재원조달 기능이 미흡한 영세세목이 포함되어 있어 조세행정의 효율적 운영에 어려움이 많았다. 이에 따라 2010년 3월 지방세법의 전부 개정을 통하여 세원이 같은 세목 및 유사세목을 통 · 폐합하고, 농 · 축산업의 경쟁력 강화를 위해 농업소득세와 도축세를 폐지하는 등 세목을 대폭 간소화 하였다.

1) 한편 지방세는 그 사용목적을 기준으로 보통세와 목적세로 나눌 수도 있다(지기법 7).

▶ 지방세 세목체계의 간소화

구 분	종 전		세목간소화
중복과세 통・폐합	① 취득세+② 등록세(취득관련분)	➡	① 취득세
	③ 재산세+④ 도시계획세		② 재산세
유사세목 통 합	② 등록세(취득무관분)+⑤ 면허세		③ 등록면허세
	⑥ 공동시설세+⑦ 지역개발세		④ 지역자원시설세
	⑧ 자동차세+⑨ 주행세		⑤ 자동차세 ※ 주행세 → 자동차세 하위세원
폐 지	⑯ 도축세		(폐지)
현행유지	⑩ 주민세 ⑪ 지방소득세 ⑫ 지방소비세 ⑬ 담배소비세 ⑭ 레저세 ⑮ 지방교육세		⑥ 주민세 ⑦ 지방소득세 ⑧ 지방소비세 ⑨ 담배소비세 ⑩ 레저세 ⑪ 지방교육세

＊ 자료 출처 : "지방세제 선진화・전문화를 위한 지방세법 분법(보도자료)", 행정안전부, 2010.3.3

3. 지방세의 법원

(1) 지방세법의 분법(分法)

2011년부터 종전의 지방세법은 지방세기본법, 지방세법, 지방세특례제한법 등 3개 법률로 분할되어 시행되었다. 종전 지방세법 제1장 총칙을 확대 개편하여 지방세기본법을 제정하였으며, 종전 지방세법 제5장과 다른 세법에 산발적으로 흩어져 있던 비과세와 감면, 감면조례의 일부를 통합하여 지방세특례제한법을 제정하였다. 또한 지방세법의 전면개정을 통하여 종전의 지방세법 16개 세목을 11개 세목으로 통폐합하였다.

한편 지방세징수법을 새로 제정하여 지방세의 강제징수에 관한 내용을 규정(2017년 3월 28일부터 시행)하였다.

▶ 지방세법의 개편구조

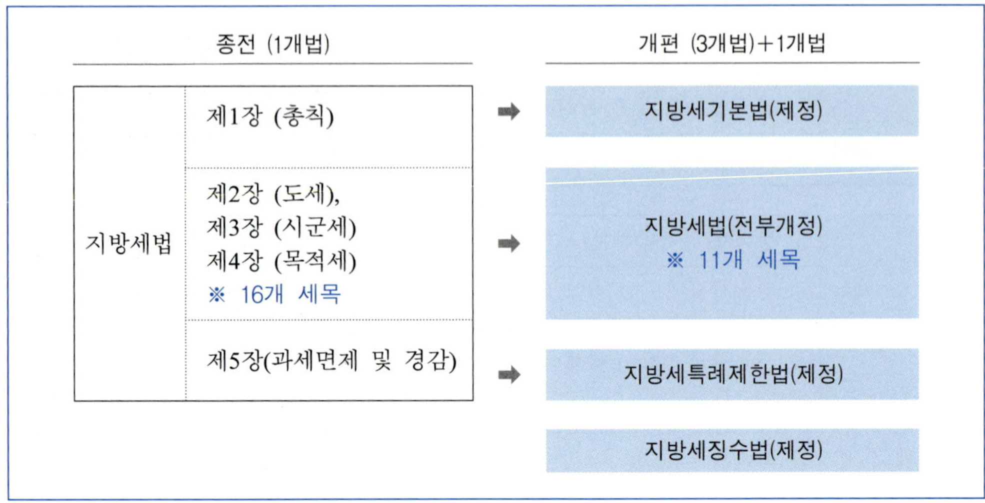

* 자료 출처 : "지방세제 선진화 · 전문화를 위한 지방세법 분법(보도자료)", 행정안전부, 2010.3.3

(2) 지방세법의 법원(法源)

지방세는 법률(지방세기본법 · 지방세징수법 · 지방세법 및 지방세특례제한법), 대통령령(지방세기본법 시행령 · 지방세징수법 시행령 · 지방세법 시행령 및 지방세특례제한법 시행령) 및 행정안전부령(지방세기본법 시행규칙 · 지방세법 시행규칙)으로 규정되어 있으며, 국세와는 달리 "조례(條例)"와 "규칙(規則)"이라는 법원(法源)이 별도로 존재한다.

지방자치단체는 지방세의 세목, 과세대상, 과세표준, 세율, 그밖에 부과 · 징수에 필요한 사항을 정할 때에는 지방세기본법 또는 지방세관계법에서 정하는 범위에서 조례로 정하여야 하며, 지방자치단체의 장은 조례의 시행에 따르는 절차와 그밖에 그 시행에 필요한 사항을 규칙으로 정할 수 있다(지기법 5).

4. 지방세의 세율

지방세법에서 세율을 정하는 방식에는 ① 고정세율, ② 표준세율, ③ 제한세율, ④ 임의세율이 있는데, 그 내용은 다음과 같다.

구 분	내 용	해당 세목
① 고정세율	법률에 의해 일정액 또는 일정률로 고정된 세율 ⇨ 조정불가	면허에 대한 등록면허세, 담배소비세, 레저세, 자동차세(주행분), 지방소비세
② 표준세율	통상 적용하여야 할 세율 ⇨ 재정상의 사유 또는 그밖의 특별한 사유가 있는 경우에는 이에 따르지 아니할 수 있는 세율	취득세, 등록에 대한 등록면허세, 재산세, 주민세 사업소분 및 종업원분, 자동차세(소유분), 지역자원시설세, 지방소득세, 지방교육세
③ 제한세율	지방세를 과세함에 있어서 초과할 수 없는 세율 ⇨ 상한세율	주민세 개인분 등
④ 임의세율	각 지방자치단체가 임의로 결정하는 세율	없음

5. 지방세의 감면

(1) 비과세 · 감면

지방세특례제한법과 조세특례제한법에서 규정하고 있는 지방세에 대한 비과세와 감면규정은 모든 지방자치단체에 대하여 일률적으로 적용된다.

지방세특례제한법에 규정된 감면항목은 다음과 같다.

① 농어업을 위한 지원(지특법 제2장 제1절)
② 사회복지를 위한 지원(지특법 제2장 제2절)
③ 교육 및 과학기술 등에 대한 지원(지특법 제2장 제3절)
④ 문화 및 관광 등에 대한 지원(지특법 제2장 제4절)
⑤ 기업구조 및 재무조정 등에 대한 지원(지특법 제2장 제5절)
⑥ 수송 및 교통에 대한 지원(지특법 제2장 제6절)
⑦ 국토 및 지역개발에 대한 지원(지특법 제2장 제7절)
⑧ 공공행정 등에 대한 지원(지특법 제2장 제8절)

(2) 조례에 따른 지방세 감면

지방자치단체는 주민의 복리 증진 등 효율적인 정책 추진을 위하여 필요하다고 인정될 경우 지방세 특례의 원칙에 따라 3년의 기간 이내에서 감면(세율경감, 세액감면 및 세액공제를 말함)을 할 수 있다(지특법 4 ①).

지방자치단체는 지방세 감면을 하려면 지방세심의위원회의 심의를 거쳐 조례로 정하여야 한다.[2] 이 경우 일정 규모 이상[해당 조례안의 지방세 감면 조문별로 그 감면

2) 다만, 지방자치단체의 장은 천재지변이나 지진, 풍수해, 벼락, 화재, 전화, 도괴 또는 이와 유사한

기간 동안 발생할 것으로 예상되는 지방세 감면 추계액이 30억원(시·군·자치구의 경우에는 10억원) 이상인 경우를 말한다]의 지방세 감면을 신설 또는 연장하거나 변경하려는 경우에는 법령에서 정하는 조세 관련 전문기관이나 법인 또는 단체에 의뢰하여 감면의 필요성, 성과 및 효율성 등을 분석·평가하여 심의자료로 활용하여야 한다(지특법 4 ③).

⑶ 조례에 따른 지방세 감면의 제한

한편 지방자치단체는 위 '⑵'에도 불구하고 다음의 어느 하나에 해당하는 지방세 감면을 할 수 없다(지특법 4 ②).

① 지방세특례제한법에서 정하고 있는 지방세 감면을 확대(지방세 감면율·감면액을 확대하거나 지방세 감면 대상·적용 대상자·세목·기간을 확대하는 것을 말한다)하는 지방세 감면

② 지방세법 제13조(과밀억제권 안 취득 등에 대한 취득세 중과세) 및 제28조 제2항(대도시 법인설립 등에 대한 등록면허세 중과세)에 따른 중과세의 배제를 통한 지방세 감면

③ 토지에 대한 재산세 과세대상의 구분 전환을 통한 지방세 감면

④ 취득세 중과대상 부동산등에 대한 지방세 감면

⑤ 과세의 형평을 현저하게 침해하거나 국가의 경제시책에 비추어 합당하지 아니한 지방세 감면 등으로서 행정안전부장관이 정하여 고시하는 사항

6. 지방세의 징수방법

지방세의 징수방법에는 보통징수와 특별징수가 있다. 보통징수란 세무공무원이 납세고지서를 해당 납세자에게 발급하여 지방세를 징수하는 것을 말한다. 보통징수의 경우에는 세액에 대한 부과처분이 납세고지서의 발급에 의하여 먼저 이루어지게 된다. 특별징수란 지방세를 징수할 때 편의상 징수할 여건이 좋은 자로 하여금 징수하게 하고 그 징수한 세금을 납부하게 하는 제도로서 국세의 원천징수제도와 유사하다.

한편 지방세의 경우에도 납세의무자가 과세표준과 세액을 신고하고, 신고한 세액을 납부하는 신고납부방식을 인정하고 있다. 이 경우 납세의무자가 납부기한까지 자진신고납부하지 아니하거나 미달하게 납부한 경우에는 납부하지 아니한 세액 또는 부족액

재해로 지방세 감면이 필요하다고 인정되는 자에 대하여는 해당 지방의회의 의결을 얻어 지방세 감면을 할 수 있다(지특법 4 ④).

에 대하여 가산세를 가산하여 보통징수방법에 의하여 징수한다.

구 분	내 용	해당세목
① 보통징수	납세고지서를 납세의무자에게 발급하여 징수하는 방법	재산세, 자동차세(소유분), 주민세 개인분 등
② 특별징수	특별징수의무자가 지방세를 징수하여 납입하는 방법	지방소득세(원천징수의 경우) 등
③ 신고납부	납세의무자가 과세표준과 세액을 신고함과 동시에 자진납부하는 방법	취득세, 등록면허세, 레저세, 담배소비세, 주민세 사업소분 및 종업원분, 지방소득세(원천징수의 경우 제외), 지방소비세, 자동차세(주행분)

7. 납세자의 권리보호

지방세기본법은 국세기본법과 유사하게 납세자의 권리보호에 관한 사항을 규정하고 있는데, 그 내용은 다음과 같다.

① 납세자권리헌장의 제정 및 교부(지기법 76)
② 납세자 권리보호(지기법 77)
③ 납세자의 성실성 추정(지기법 78)
④ 납세자의 협력의무(지기법 79)
⑤ 조사권의 남용 금지(지기법 80)
⑥ 세무조사 범위 확대의 제한(지기법 80의2)
⑦ 세무조사 등에 따른 도움을 받을 권리(지기법 81)
⑧ 세무조사 대상자 선정(지기법 82)
⑨ 세무조사의 통지와 연기신청 등(지기법 83)
⑩ 세무조사 기간(지기법 84)
⑪ 장부등의 보관 금지(지기법 84의2)
⑫ 통합조사의 원칙(지기법 84의3)
⑬ 세무조사 등의 결과 통지(지기법 85)
⑭ 세무조사의 절차 등(지기법 85의2)
⑮ 비밀유지(지기법 86)
⑯ 납세자 권리 행사에 필요한 정보의 제공(지기법 87)
⑰ 과세전적부심사(지기법 88)

8. 지방세에 대한 불복청구

⑴ 불복청구의 개요

지방세기본법 또는 지방세관계법에 따른 처분으로서 위법 또는 부당한 처분을 받았거나 필요한 처분을 받지 못함으로써 권리 또는 이익을 침해당한 자는 불복청구(이의신청, 심사청구 또는 심판청구)를 할 수 있다. 이의신청 및 심사청구에 관한 사항을 심의 또는 의결하기 위하여 지방자치단체에 지방세심의위원회를 둔다.

지방세에 대한 쟁송절차는 종전에는 2002년부터 행정심판전치주의가 폐지됨에 따라 지방세기본법에 따른 불복청구절차 또는 감사원 심사청구를 거치지 않고도 바로 행정소송을 제기할 수 있도록 했다. 그러나 2021년부터는 지방세기본법에 의한 조세심판원의 심판청구나 감사원법에 따른 감사원의 심사청구 절차를 거쳐야만 행정소송을 제기할 수 있다. 따라서 국세의 경우와 같이 필요적 전치주의를 취하고 있다(지기법 98 ③, ⑥).

⑵ 이의신청

이의신청을 하려면 그 처분이 있은 것을 안 날(처분의 통지를 받았을 때에는 그 통지를 받은 날)부터 90일 이내에 불복의 사유를 구비하여 특별시세·광역시세·도세의 경우에는 시·도지사에게, 특별자치시세·특별자치도세의 경우에는 특별자치시장·특별자치도지사에게, 시·군·구세의 경우에는 시장·군수·구청장에게 이의신청[3)]을 하여야 한다(지기법 90).

⑶ 심판청구

이의신청을 거친 후에 심판청구를 할 때에는 이의신청에 대한 결정 통지를 받은 날부터 90일 이내에 조세심판원장에게 심판청구를 하여야 한다. 그러나 해당 결정기간에 이의신청에 대한 결정 통지를 받지 못한 경우에는 결정 통지를 받기 전이라도 그 결정기간이 지난 날부터 심판청구를 할 수 있다(지기법 91 ①, ②).

한편 이의신청을 거치지 아니하고 바로 심판청구를 할 때에는 그 처분이 있은 것을 안 날(처분의 통지를 받았을 때에는 통지받은 날)부터 90일 이내에 조세심판원장에게 심판청구를 하여야 한다(지기법 91 ③).

---

3) 도세 중 소방분 지역자원시설세 및 시·군세에 부가하여 징수하는 지방교육세와 특별시세·광역시세 중 특별시분 재산세, 소방분 지역자원시설세 및 구세(군세 및 특별시분 재산세를 포함한다)에 부가하여 징수하는 지방교육세는 시장·군수·구청장에게 이의신청을 하여야 한다.

⑷ 감사원 심사청구

지방자치단체도 감사원의 감사대상이 되기 때문에 지방세에 관한 처분도 감사원 심사청구대상이 된다. 감사원법에 의한 심사청구를 할 경우에는 그 처분이 있은 것은 안 날(처분의 통지를 받은 때에는 그 통지를 받은 날)부터 90일 이내에 하여야 한다.

⑸ 행정소송

조세심판원 또는 감사원의 결정에 불복하는 자는 결정의 통지를 받은 날부터(결정기간 내에 결정의 통지를 받지 못한 경우에는 결정의 통지를 받기 전이라도 그 결정기간이 지난 날부터) 90일 이내에 처분청을 당사자로 하여 행정소송을 제기할 수 있다(지기법 98 ③, ⑥).

객 관 식 문 제

▶제1장 총 칙

1 다음 중 지방세법상 납세의무자가 과세표준과 세액을 신고하고, 신고한 세액을 납부하는 신고납부방식을 인정하고 있는 세목이 아닌 것은?

① 지방소비세 ② 재산세
③ 취득세 ④ 등록면허세

해설

재산세의 징수는 보통징수방법에 의한다.

2 지방세의 세율을 정하는 방식에는 고정세율, 표준세율, 제한세율 등이 있다. 다음 중 표준세율에 해당하는 지방세가 아닌 것은?

① 취득세 ② 사업소분 주민세
③ 재산세 ④ 지방소비세

해설

지방소비세는 고정세율에 해당하며, 표준세율을 적용하는 지방세로는 취득세, 등록에 대한 등록면허세, 재산세, 사업소분 주민세, 자동차세(소유분), 지역자원시설세, 지방소득세, 지방교육세 등이 있다.

3 국세와 지방세에 대한 설명이다. 틀린 것은?

① 국가가 과세권을 가지고 있는 조세가 국세이며, 지방자치단체가 과세권을 가지고 있는 조세가 지방세이다.
② 국세는 국가의 재정수입의 조달을 주목적으로 부과되고, 지방세는 지방자치단체의 재정수입의 조달을 주목적으로 부과된다.
③ 국세와 지방세의 징수는 보통징수방법에 의한다.
④ 국세와 지방세는 모두 과세전적부심사 청구를 인정한다.

해설

지방세의 징수는 보통징수·신고납부 또는 특별징수방법에 의한다.

4 지방세와 관련된 다음 설명 중 옳지 않은 것은?

① 지방세기본법상 불복절차 또는 감사원 심사청구를 거치지 않더라도 지방세의 부과 및 징수와 관련하여 행정소송을 제기할 수 있다.
② 국세와는 달리 "조례(條例)"와 "규칙(規則)"이라는 법원(法源)이 별도로 존재한다.
③ 지방자치단체는 지방세 감면을 하려면 지방세심의위원회의 심의를 거쳐 조례로 정하여야 한다.
④ 지방자치단체의 장은 납세자의 권리 및 권리보호에 관한 사항을 포함하는 납세자 권리헌장을 제정하여 고시하여야 한다.

해설

2021년부터 지방세기본법상 심판청구 또는 감사원법상 감사원 심사청구를 거쳐야만 행정소송을 제기할 수 있다.

5 지방세에 대한 설명으로 옳지 않은 것은?

① 지방세는 지방자치단체가 그 재정수요를 충당하기 위하여 부과 · 징수하는 조세이다.
② 지방자치단체는 특정지역의 개발을 위하여 지방세의 감면이 필요하다고 인정될 때에는 3년의 기간 이내에서 지방세의 세율경감, 세액감면 및 세액공제를 할 수 있다.
③ 지방세 중 지역자원시설세와 지방교육세는 목적세에 해당한다.
④ 지방세는 보통징수 또는 특별징수 방법에 의하여 징수하며, 신고납부하는 지방세는 없다.

해설

취득세 · 등록면허세 등은 납세의무자가 과세표준가 세액을 신고함과 동시에 자진납부하는 신고납부방식을 채택하고 있다.

6 지방세기본법상 지방세와 지방자치단체의 세목에 대한 설명으로 옳지 않은 것은?

◐ 2023년 지방직 9급

① 특별시의 세목에는 등록면허세가 포함되지 않는다.
② 특별자치시의 세목에는 지역자원시설세가 포함된다.
③ 시 · 군의 세목에는 목적세인 지방교육세가 포함된다.
④ 광역시의 군(郡) 지역에서는 도세를 광역시세로 한다.

해설

지방교육세는 특별시세, 광역시세, 도세, 특별자치시세, 특별자치도세에 포함된다.

정답	1	②	2	④	3	③	4	①	5	④	6	③

지방세의 세목

제 1 절 | 취득세 및 등록면허세

1. 취득세

(1) 과세대상

취득세는 부동산(토지 및 건축물), 차량, 기계장비, 항공기, 선박, 입목, 광업권, 어업권, 양식업권, 골프회원권, 승마회원권, 콘도미니엄 회원권, 종합체육시설 이용회원권 또는 요트회원권을 취득한 자에게 부과한다(지법 7 ①).

여기서 취득이란 매매, 교환, 상속, 증여, 기부, 법인에 대한 현물출자, 건축, 개수(改修), 공유수면의 매립, 간척에 의한 토지의 조성 등과 그밖에 이와 유사한 취득으로서 원시취득, 승계취득 또는 유상·무상의 모든 취득을 말한다(지법 6 (1)).

구 분	과 세 대 상
부 동 산	토지 및 건축물
부동산에 준하는 것	선박 · 항공기 · 차량 · 기계장비 · 입목
무 형 자 산	광업권 · 어업권 · 양식업권
시 설 물 이 용 권	골프회원권 · 콘도미니엄회원권 · 종합체육시설이용권 · 승마회원권 · 요트회원권

(2) 납세의무자

취득세의 납세의무자는 취득세 과세대상재산을 취득한 자이며, 취득은 실질취득과 간주취득으로 구분된다.

1) 실질취득

관계 법령에 따른 등기·등록 등을 하지 아니한 경우라도 사실상 취득하면 각각 취득한 것으로 보고 해당 취득물건의 소유자 또는 양수인을 각각 취득자로 한다. 다만,

차량, 기계장비, 항공기 및 주문을 받아 건조하는 선박은 승계취득인 경우에만 해당한다(지법 7 ②).

2) 간주취득

① 종류변경·지목변경 : 선박·차량과 기계장비의 종류를 변경하거나 토지의 지목을 사실상 변경함으로써 그 가액이 증가한 경우에는 취득으로 본다(지법 7 ④).

② 과점주주의 간주취득 : 법인의 주식 또는 지분을 취득함으로써 과점주주[4)]가 되었을 때에는 그 과점주주는 해당 법인의 취득세 과세대상재산(법인이 신탁법에 따라 신탁한 재산으로서 수탁자 명의로 등기·등록이 되어 있는 부동산등 포함)을 취득한 것으로 본다. 다만, 법인설립 시에 발행하는 주식 또는 지분을 취득함으로써 과점주주가 된 경우에는 취득으로 보지 아니한다(지법 7 ⑤). 이 경우 과점주주는 연대납세의무를 진다.

3) 과점주주의 간주취득

① 최초로 과점주주가 된 경우 : 법인의 과점주주가 아닌 주주 또는 유한책임사원이 다른 주주 또는 유한책임사원의 주식 또는 지분을 취득하거나 증자 등으로 최초로 과점주주가 된 경우에는 최초로 과점주주가 된 날 현재 해당 과점주주가 소유하고 있는 법인의 주식등을 모두 취득한 것으로 보아 취득세를 부과한다.

② 주식 등의 비율이 증가하는 경우 : 이미 과점주주가 된 주주 또는 유한책임사원이 해당 법인의 주식등을 취득하여 해당 법인의 주식등의 총액에 대한 과점주주가 가진 주식등의 비율이 증가된 경우에는 그 증가분을 취득으로 보아 취득세를 부과한다. 다만, 증가된 후의 주식등의 비율이 해당 과점주주가 이전에 가지고 있던 주식등의 최고비율보다 증가되지 아니한 경우에는 취득세를 부과하지 아니한다.

③ 다시 과점주주가 된 경우 : 과점주주였으나 주식등의 양도, 해당 법인의 증자 등으로 과점주주에 해당하지 아니하게 되었다가 해당 법인의 주식등을 취득하여 다시 과점주주가 된 경우에는 다시 과점주주가 된 당시의 주식등의 비율이 그 이전에 과점주주가 된 당시의 주식등의 비율보다 증가된 경우에만 그 증가분만을 취득으로 보아 취득세를 부과한다.

---

4) 과점주주란 주주 또는 유한책임사원 1명과 친족, 그밖의 특수관계인의 소유주식의 합계 또는 출자액의 합계가 해당 법인의 발행주식총수 또는 출자총액의 50%를 초과하는 자를 말한다(지기법 46 (2)).

(3) 과세표준

1) 과세표준의 기준

취득세의 과세표준은 취득 당시의 가액으로 한다. 다만, 연부로 취득하는 경우 취득세의 과세표준은 연부금액(매회 사실상 지급되는 금액을 말하며, 취득금액에 포함되는 계약보증금을 포함)으로 한다.

2) 거래유형별 과세표준

구 분	과 세 표 준
무상취득	① 취득시기 현재 불특정 다수인 사이에 자유롭게 거래가 이루어지는 경우 : 통상적으로 성립된다고 인정되는 시가인정액 ② 상속에 따른 무상취득 또는 시가인정액 산정이 어려운 경우 : 시가표준액 ③ 시가표준액이 1억원 이하인 부동산을 취득한 경우 : 시가인정액과 시가표준액 중 납세자가 정하는 가액
유상승계취득	사실상취득가격*
원시취득	① 부동산등을 원시취득하는 경우 : 사실상취득가격 ② 법인이 아닌 자가 건축물을 건축하여 취득하는 경우로서 사실상취득가격을 확인할 수 없는 경우 : 시가표준액
차량 또는 기계장비 특례	① 차량 또는 기계장비를 무상취득하는 경우 : 시가표준액 ② 차량 또는 기계장비를 유상승계취득하는 경우 : 사실상취득가격. 다만, 사실상취득가격에 대한 신고 또는 신고가액의 표시가 없거나 그 신고가액이 시가표준액보다 적은 경우는 시가표준액으로 한다. ③ 차량 제조회사가 생산한 차량을 직접 사용하는 경우 : 사실상취득가격

* 취득시기 이전에 해당 물건을 취득하기 위하여 거래 상대방이나 제3자에게 지급했거나 지급해야 할 직접비용과 간접비용(할부 또는 연부 계약에 따른 이자상당액, 공인중개사에 지급한 중개보수 등)의 합계액을 말한다.

3) 취득으로 보는 경우의 과세표준(지법 10의6)

① 다음의 경우 취득 당시가액은 그 변경으로 증가한 가액에 해당하는 사실상취득가격으로 한다.

㉠ 토지의 지목을 사실상 변경한 경우

㉡ 선박, 차량 또는 기계장비의 용도 등 대통령령으로 정하는 사항을 변경한 경우

② 과점주주가 취득한 것으로 보는 해당 법인의 부동산등의 취득당시가액은 해당 법인의 결산서와 그 밖의 장부 등에 따른 그 부동산등의 총가액을 그 법인의 주식 또는 출자의 총수로 나눈 가액에 과점주주가 취득한 주식 또는 출자의 수를 곱한 금액으로 한다.

(4) 세 율

1) 표준세율

취득세의 표준세율은 다음과 같으며, 지방자치단체의 장은 조례로 정하는 바에 따라 취득세의 세율을 표준세율의 50%의 범위에서 가감할 수 있다(지법 14).

① 부동산(주택제외) 취득의 표준세율 : 일반적인 유상취득의 경우에 4%[5](농지는 3%)로 하되, 상속으로 인한 취득(농지 2.3%, 농지 외의 부동산 2.8%), 공유물의 분할(2.3%) 등 취득원인에 따라 표준세율을 각각 정하고 있다(지법 11 ①).

② 주택 취득의 표준세율 : 유상거래를 원인으로 취득 당시의 가액이 6억원 이하인 주택을 취득하는 경우에는 1%의 세율을, 6억원 초과 9억원 이하의 주택을 취득하는 경우에는 1%~3%의 세율을, 9억원 초과 주택을 취득하는 경우에는 3%의 세율을 각각 적용한다. 다만, 주택에 대한 취득세의 중과 규정은 다음과 같다(지법 13의2).

구분	주택수	조정대상지역	그 외 지역
개인	1주택	주택가액에 따라 1~3%	
	2주택	8%	주택가액에 따라 1~3%
	3주택	12%	8%
	4주택 이상	12%	
법인		12%	
증여		3.5%	

③ 부동산 외 취득의 표준세율 : 비영업용 승용자동차 7%(경자동차 4%), 기계장비(3%), 골프회원권(2%) 등 재산유형 및 취득원인에 따라 각각 표준세율을 정하고 있다(지법 12 ①).

2) 과밀억제권역 안 취득 등에 대한 중과세율

① 과밀억제권역에서 본점이나 주사무소의 사업용으로 신축하거나 증축하는 건축물과 과밀억제권역에서 공장을 신설하거나 증설하기 위하여 사업용 과세물건을 취득하는 경우

> 표준세율 + 중과기준세율(2%) × 2배

5) 지방세 개편에 따라 2011년부터 취득세와 등록세(취득분)가 통합되었으며, 부동산 유상취득에 대한 취득세 표준세율(2%)과 등록세 표준세율(2%)을 합한 4%를 취득세 표준세율로 적용한다.

② 대도시에서 법인을 설립하거나 지점 또는 분사무소를 설치하는 경우 및 법인의 본점 · 주사무소 · 지점 또는 분사무소를 대도시로 전입함에 따라 대도시의 부동산을 취득(그 설립 · 설치 · 전입 이후의 부동산 취득을 포함)하는 경우 또는 대도시에서 공장을 신설하거나 증설함에 따라 부동산을 취득하는 경우

표준세율 × 3배 − 중과기준세율(2%) × 2배

③ 사치성 재산(별장 · 골프장 · 고급주택 · 고급오락장 · 고급선박)을 취득하는 경우 (별장 등을 구분하여 그 일부를 취득하는 경우를 포함)

표준세율 + 중과기준세율(2%) × 4배[6)]

(5) 취득세의 납부절차

1) 원칙(신고 및 납부)

취득세 과세물건을 취득한 자는 그 취득한 날부터 60일[무상취득(상속은 제외) 또는 증여자의 채무를 인수하는 부담부 증여로 인한 취득의 경우는 취득일이 속하는 달의 말일부터 3개월, 상속으로 인한 경우는 상속개시일이 속하는 달의 말일부터 6개월] 이내에 그 과세표준에 세율을 적용하여 산출한 세액을 신고하고 납부하여야 한다(지법 20 ①).

한편 취득세 과세물건을 취득한 후에 그 과세물건이 중과세율의 적용대상이 되었을 때에는 사무소로 최초로 사용한 날 등 법령으로 정하는 날부터 60일 이내에 중과세율을 적용하여 산출한 세액에서 이미 납부한 세액(가산세는 제외)을 공제한 금액을 세액으로 하여 신고하고 납부하여야 한다(지법 20 ②).

2) 부족세액의 추징 및 가산세

납세의무자가 신고 또는 납부의무를 다하지 아니하면 산출세액 또는 그 부족세액에 무신고가산세 또는 과소신고가산세와 납부불성실가산세를 합한 금액을 세액으로 하여 보통징수의 방법으로 징수한다(지법 21 ①).

---

6) 종전규정에 의하면 사치성 재산에 대하여 취득세 10%(5배 중과)와 등록세 2%가 각각 과세되었다. 개정된 법령에서는 종전과 동일한 수준으로 취득세를 과세하기 위하여 중과기준세율의 개념을 도입하여 다음과 같은 방법으로 중과세율을 적용한다.

표준세율(4%) + 중과기준세율(2%)의 4배 = 12%

한편 납세의무자가 취득세 과세물건을 사실상 취득한 후 취득세 신고를 하지 아니하고 매각하는 경우에는 산출세액에 80%를 가산한 금액을 세액으로 하여 보통징수의 방법으로 징수한다. 다만, 등기 · 등록이 필요하지 아니한 과세물건 등 법령으로 정하는 과세물건에 대하여는 그러하지 아니하다(지법 21 ②).

⑹ 면세점

취득가액이 50만원 이하일 때에는 취득세를 부과하지 아니한다(지법 17).

2. 등록면허세

⑴ 납세의무자

등록을 하는 자 또는 면허를 받는 자(변경면허를 받는 자를 포함하며, 이 경우 납세의무자는 그 면허의 종류마다 등록면허세를 납부하여야 한다)는 등록면허세를 납부할 의무를 진다(지법 24).

이 경우 "등록"이란 재산권과 그밖의 권리의 설정 · 변경 또는 소멸에 관한 사항을 공부에 등기하거나 등록하는 것(예 부동산등기 · 선박등기 · 차량등록 · 기계장비 등록 · 법인등기 · 상호등기 · 광업권 등록 · 특허권 등록 등)을 말한다. 다만, 부동산 등의 취득을 원인으로 이루어지는 등기 또는 등록은 제외하되, 광업권 · 어업권 및 양식업권의 취득에 따른 등록, 외국인 소유의 취득세 과세대상물건(차량 · 기계장비 · 항공기 및 선박만 해당)의 연부취득에 따른 등기 또는 등록, 취득세 부과제척기간이 경과한 물건의 등기 또는 등록과 면세점(50만원) 이하에 해당하는 물건의 등기 또는 등록은 포함한다.

한편 "면허"란 각종 법령에 규정된 면허 · 허가 · 인가 · 등록 · 지정 · 검사 · 검열 · 심사 등 특정한 영업설비 또는 행위에 대한 권리의 설정, 금지의 해제 또는 신고의 수리(受理) 등 행정청의 행위(법률의 규정에 따라 의제되는 행위를 포함)를 말한다. 이 경우 면허의 종별은 사업의 종류 및 규모 등을 고려하여 제1종부터 제5종까지 구분하여 대통령령으로 정한다(지법 23).

⑵ 등록에 대한 등록면허세의 과세표준

등록에 대한 등록면허세는 다음과 같이 종가세(從價稅)와 종량세(從量稅)의 성격을 모두 포함하고 있다.

① 종가세 : 부동산 · 선박 · 항공기 · 자동차 및 건설기계의 등록에 대한 등록면허세의 과세표준은 등록 당시의 가액으로 한다(지법 27 ①). 이 경우 과세표준은 조례

로 정하는 바에 따라 등록자의 신고에 따른다. 다만, 신고가 없거나 신고가액이 시가표준액보다 적은 경우에는 시가표준액을 과세표준으로 한다(지법 27 ②).

② 종량세 : 본점 또는 주사무소의 이전 등기, 상호 등기, 광업권 · 어업권 등록, 저작권 · 특허권 등록 등의 경우에는 등기 또는 등록의 건수를 과세표준으로 한다.

⑶ 세 율

1) 등록에 대한 등록면허세의 세율

등록에 대한 등록면허세의 세율은 종가세의 경우 비율로, 종량세의 경우 건당 금액으로 규정되어 있다(지법 28 ①). 예를 들면 비영업용 승용자동차의 소유권 등록에 대해서는 과세표준(신고가액 또는 시가표준액 중 높은 가액)의 1,000분의 50(5%)을 등록면허세로 납부하여야 한다. 종량세의 형태로 매건 단위로 부과하는 등록면허세의 예로는 법인의 본점 또는 주사무소 이전등기를 들 수 있는데, 건당 112,500원을 등록면허세로 납부하여야 한다.

한편 지방자치단체의 장은 조례로 정하는 바에 따라 등록면허세의 세율을 표준세율의 50%의 범위에서 가감할 수 있다.

2) 면허에 대한 등록면허세의 세율

면허에 대한 등록면허세의 세율은 종량세로서 면허의 종별(1종부터 5종까지) 구분과 지역(인구 50만 이상 시, 그 밖의 시, 군) 구분에 따라 일정금액으로 규정되어 있다(지법 34 ①). 예를 들면 제1종 면허로서 인구 50만 이상 시의 경우 등록면허세는 67,500원이다.

⑷ 등록에 대한 등록면허세의 중과

다음의 어느 하나에 해당하는 등기를 할 때에는 그 세율을 일반적인 등록면허세율의 3배로 한다. 다만, 대도시 중과 제외 업종에 대하여는 그러하지 아니하다(지법 28 ②).

① 대도시에서 법인을 설립(설립 후 또는 휴면법인을 인수한 후 5년 이내에 자본 또는 출자액을 증가하는 경우를 포함)하거나 지점이나 분사무소를 설치함에 따른 등기

② 대도시 밖에 있는 법인의 본점이나 주사무소를 대도시로 전입(전입 후 5년 이내에 자본 또는 출자액이 증가하는 경우를 포함)함에 따른 등기. 이 경우 전입은 법인의 설립으로 보아 세율을 적용한다.

⑸ 신고납부

1) 등록에 대한 등록면허세

등록을 하려는 자는 과세표준에 세율을 적용하여 산출한 세액을 등록을 하기 전까지 납세지를 관할하는 지방자치단체의 장에게 신고하고 납부하여야 한다. 다만, 법령의 규정에 따른 신고의무를 다하지 아니한 경우에도 등록면허세 산출세액을 등록을 하기 전까지 납부하였을 때에는 법령의 규정에 따라 신고를 하고 납부한 것으로 본다. 이 경우 무신고 또는 과소신고가산세를 징수하지 아니한다(지법 30 ①, ④).

2) 면허에 대한 등록면허세

새로 면허를 받거나 그 면허를 변경받는 자는 면허증서를 발급받거나 송달받기 전까지 납세지를 관할하는 지방자치단체의 장에게 그 등록면허세를 신고하고 납부하여야 한다. 다만, 면허의 유효기간이 정하여져 있지 아니하거나 그 기간이 1년을 초과하는 면허에 대하여는 매년 1월 1일에 그 면허가 갱신된 것으로 보아 납세지를 관할하는 해당 지방자치단체의 조례로 정하는 납기에 보통징수의 방법으로 매년 그 등록면허세를 부과하고, 면허의 유효기간이 1년 이하인 면허에 대하여는 면허를 할 때 한 번만 등록면허세를 부과한다(지법 35 ①, ②).

면허에 대한 등록면허세 납세의무자가 신고 또는 납부의무를 다하지 아니한 경우에는 산출세액에 무신고 또는 과소신고가산세와 납부불성실 가산세를 합한 금액을 세액으로 하여 보통징수의 방법으로 징수한다. 다만, 신고를 하지 아니한 경우에도 등록면허세를 납부기한까지 납부하였을 때에는 무신고 또는 과소신고가산세를 부과하지 아니한다.

⑹ 특별징수

① 특허권, 실용신안권, 디자인권 및 상표권 등록의 경우에는 특허청장이 등록면허세 산출세액을 특별징수하여 그 등록일이 속하는 달의 다음 달 말일까지 해당 납세지를 관할하는 지방자치단체의 장에게 그 내용을 통보하고 해당 등록면허세를 납부하여야 한다(지법 31 ①).

② 저작권법에 따른 등록에 대하여는 해당 등록기관의 장이 등록면허세 산출세액을 특별징수하여 그 등록일이 속하는 달의 다음 달 말일까지 해당 납세지를 관할하는 지방자치단체의 장에게 그 내용을 통보하고 해당 등록면허세를 납부하여야 한다(지법 31 ②).

③ 특별징수의무자가 징수하였거나 징수할 세액을 법정기한까지 납부하지 아니하거

나 부족하게 납부하더라도 특별징수의무자에게 특별징수납부 등 불성실가산세는 부과하지 아니한다(지법 31 ④).

⑺ 부족세액의 추징 및 가산세

등록에 대한 등록면허세 납세의무자가 법령의 규정에 따른 신고 또는 납부의무를 다하지 아니하면 산출세액 또는 그 부족세액에 무신고 또는 과소신고가산세와 납부불성실가산세를 합한 금액을 세액으로 하여 보통징수의 방법으로 징수한다(지법 32).[7]

제 2 절 | 기타의 지방세

1. 재산세

⑴ 과세대상

재산세는 토지 · 건축물 · 주택 · 항공기 및 선박 등의 재산을 과세대상으로 한다(지법 105).

⑵ 토지에 대한 재산세 과세대상의 구분

토지에 대한 재산세과세대상은 종합합산과세대상, 별도합산과세대상 및 분리과세대상으로 구분한다(지법 106).

1) 종합합산과세대상

과세기준일 현재 납세의무자가 소유하고 있는 토지 중 별도합산과세대상 또는 분리과세대상이 되는 토지를 제외한 토지를 말한다. 다만, 다음에 해당하는 토지는 종합합산과세대상으로 보지 아니한다.

2) 별도합산과세대상

과세기준일 현재 납세의무자가 소유하고 있는 토지 중 다음의 어느 하나에 해당하는 토지를 말한다.

---

7) 면허에 대한 등록면허세는 부족세액을 보통징수의 방법으로 추징하거나 가산세를 부과하지 않고, 면허 시의 납세확인(면허의 부여기관이 면허를 부여하거나 변경하는 경우에는 면허에 대한 등록면허세의 납부 여부를 확인한 후 그 면허증서를 발급하거나 송달하여야 한다) 또는 면허의 취소(지방자치단체의 장은 등록면허세를 납부하지 아니한 자에 대하여는 면허부여기관에 대하여 그 면허의 취소 또는 정지를 요구할 수 있다) 등을 통하여 등록면허세의 납부를 강제하고 있다.

① 공장용 건축물의 부속토지 등 법령으로 정하는 건축물의 부속토지

② 차고용 토지, 보세창고용 토지, 시험·연구·검사용 토지, 물류단지시설용 토지 등 공지상태(空地狀態)나 해당 토지의 이용에 필요한 시설 등을 설치하여 업무 또는 경제활동에 활용되는 토지로서 법령으로 정하는 토지

③ 철거·멸실된 건축물 또는 주택의 부속토지로서 법령으로 정하는 부속토지

3) 분리과세대상

과세기준일 현재 납세의무자가 소유하고 있는 토지 중 국가의 보호·지원 또는 중과가 필요한 토지로서 다음의 어느 하나에 해당하는 토지를 말한다.

① 공장용지·전·답·과수원 및 목장용지로서 법령으로 정하는 토지

② 산림의 보호육성을 위하여 필요한 임야 및 종중 소유 임야로서 법령으로 정하는 임야

③ 골프장용 토지와 고급오락장용 토지로서 법령으로 정하는 토지

④ 공장의 부속토지로서 개발제한구역의 지정이 있기 이전에 그 부지취득이 완료된 곳으로서 법령으로 정하는 토지

⑤ 국가 및 지방자치단체 지원을 위한 특정목적 사업용 토지로서 법령으로 정하는 토지

⑥ 에너지·자원의 공급 및 방송·통신·교통 등의 기반시설용 토지로서 법령으로 정하는 토지

⑦ 국토의 효율적 이용을 위한 개발사업용 토지로서 법령으로 정하는 토지

⑧ 그 밖에 지역경제의 발전, 공익성의 정도 등을 고려하여 분리과세하여야 할 타당한 이유가 있는 토지로서 법령으로 정하는 토지

(3) 납세의무자

1) 본래의 납세의무자

재산세 과세기준일(매년 6월 1일) 현재 재산을 사실상 소유하고 있는 자는 재산세를 납부할 의무가 있다. 다만, 다음의 어느 하나에 해당하는 경우에는 그 지분권자 등을 납세의무자로 한다.

① 공유재산인 경우 : 그 지분에 해당하는 부분(지분의 표시가 없는 경우에는 지분이 균등한 것으로 본다)에 대해서는 그 지분권자

② 주택의 건물과 부속토지의 소유자가 다를 경우 : 그 주택에 대한 산출세액을 건축물과 그 부속토지의 시가표준액 비율로 안분계산(按分計算)한 부분에 대해서는 그 소유자

2) 의제납세의무자

위 '1)'의 규정에 불구하고 재산세과세기준일 현재 다음의 어느 하나에 해당하는 자는 재산세를 납부할 의무가 있다(지법 107 ②).

① 공부상의 소유자가 매매 등의 사유로 소유권이 변동되었는데도 신고하지 아니하여 사실상의 소유자를 알 수 없는 때에는 공부상의 소유자

② 상속이 개시된 재산으로서 상속등기가 이행되지 아니하고 사실상의 소유자를 신고하지 아니하였을 때에는 행정안전부령이 정하는 주된 상속자

③ 공부상에 개인 등의 명의로 등재되어 있는 사실상의 종중재산으로서 종중소유임을 신고하지 아니한 때에는 공부상 소유자

④ 국가 · 지방자치단체 · 지방자치단체조합과 재산세과세대상재산을 연부로 매매계약을 체결하고 그 재산의 사용권을 무상으로 부여받은 경우에는 그 매수계약자

⑤ 신탁법에 의하여 수탁자명의로 등기 · 등록된 신탁재산의 경우에는 위탁자(이 경우 수탁자는 납세관리인으로 본다)

⑥ 도시개발법에 따라 시행하는 환지방식에 의한 도시개발사업 및 도시및주거환경정비법에 따른 정비사업(재개발사업만 해당)의 시행에 따른 환지계획에서 일정한 토지를 환지로 정하지 아니하고 체비지 또는 보류지로 정한 경우에는 사업시행자

⑦ 외국인 소유의 항공기 또는 선박을 임차하여 수입하는 경우에는 수입하는 자

3) 사실상의 소유자를 확인할 수 없는 경우

재산세과세기준일 현재 소유권의 귀속이 분명하지 아니하여 사실상의 소유자를 확인할 수 없는 경우에는 그 사용자가 재산세를 납부할 의무가 있다(지법 107 ③).

(4) 과세표준

① 토지 · 건축물 · 주택에 대한 과세표준 : 시가표준액×공정시장가액비율[8)]

② 선박 및 항공기에 대한 과세표준 : 시가표준액

(5) 세 율

재산세는 과세표준에 다음의 표준세율을 적용하여 계산한 금액을 그 세액으로 한다(지

8) 부동산 시장의 동향과 지방재정 여건 등을 고려하여 다음에 정한 범위에서 대통령령으로 정하는 공정시장가액비율을 말한다.
① 토지 및 건축물 : 시가표준액의 100분의 50부터 100분의 90까지
② 주택 : 시가표준액의 100분의 40부터 100분의 80까지

법 111 ①). 지방자치단체의 장은 특별한 재정수요나 재해 등의 발생으로 재산세의 세율 조정이 불가피하다고 인정되는 경우 조례로 정하는 바에 따라 표준세율의 50%의 범위에서 가감할 수 있다. 다만, 가감한 세율은 해당 연도에만 적용한다(지법 111 ③).

① 종합합산과세대상 토지 : 0.2%~0.5%의 3단계 초과누진세율

② 별도합산과세대상 토지 : 0.2%~0.4%의 3단계 초과누진세율

③ 분리과세대상 토지

㉠ 전·답·과수원·목장용지 및 임야 : 과세표준의 0.07%(저율분리과세)

㉡ 골프장 및 고급오락장용 토지 : 과세표준의 4%(고율분리과세)

㉢ 그밖의 토지 : 과세표준의 0.2%(저율분리과세)

④ 건축물

㉠ 골프장·고급오락장용 건축물 : 과세표준의 4%

㉡ 특별시·광역시(군 지역은 제외)·시(읍·면지역은 제외) 지역에서 관계 법령에 따라 지정된 주거지역 및 해당 지방자치단체의 조례로 정하는 지역의 공장용 건축물 : 과세표준의 0.5%

㉢ 그밖의 건축물 : 과세표준의 0.25%[9]

⑤ 주택 : 0.1%~0.4%의 4단계 초과누진세율(별장은 과세표준의 4%)

⑥ 선박 : 과세표준의 0.3%(고급선박은 과세표준의 5%)

⑦ 항공기 : 과세표준의 0.3%

(6) 세율적용(지법 113)

구 분	내 용
① 토지에 대한 세율적용	㉠ 종합합산과세대상 : 납세의무자가 소유하고 있는 해당 지방자치단체 관할구역 에 있는 종합합산과세대상이 되는 토지의 가액을 모두 합한 금액을 과세표준으로 하여 세율을 적용한다.
	㉡ 별도합산과세대상 : 납세의무자가 소유하고 있는 해당 지방자치단체 관할구역 에 있는 별도합산과세대상이 되는 토지의 가액을 모두 합한 금액을 과세표준으로 하여 세율을 적용한다.
	㉢ 분리과세대상 : 분리과세대상이 되는 해당 토지의 가액을 과세표준으로 하여 세율을 적용한다.

9) 수도권정비계획법에 따른 과밀억제권역(산업집적활성화 및 공장설립에 관한 법률을 적용받는 산업단지 및 유치지역과 국토의 계획 및 이용에 관한 법률을 적용받는 공업지역은 제외)에서 행정안전부령으로 정하는 공장 신설·증설에 해당하는 경우 그 건축물에 대한 재산세의 세율은 최초의 과세기준일부터 5년간 건축물에 대한 일반세율(0.25%)의 5배에 해당하는 세율로 중과한다(지법 111 ②).

구 분	내 용
② 주택에 대한 세율적용	㉠ 주택에 대한 재산세는 주택별로 세율을 적용한다. ㉡ 주택을 2명 이상이 공동으로 소유하거나 토지와 건물의 소유자가 다를 경우 해당 주택에 대한 세율을 적용할 때 해당 주택의 토지와 건물의 가액을 합산한 과세표준에 세율을 적용한다.

(7) 재산세의 납세절차(보통징수방법)

구 분	내 용
① 징수방법	㉠ 재산세는 관할 지방자치단체의 장이 세액을 산정하여 보통징수의 방법으로 부과·징수한다. ㉡ 재산세를 징수하려면 토지, 건축물, 주택, 선박 및 항공기로 구분한 납세고지서에 과세표준과 세액을 적어 늦어도 납기개시 5일 전까지 발급하여야 한다.
② 물납·분납	㉠ 재산세의 납부세액이 1천만원을 초과하는 경우에는 물납을 할 수 있다. ㉡ 재산세의 납부세액이 250만원을 초과하는 경우에는 납부할 세액의 일부를 납부기한이 지난 날부터 2개월 이내에 분할납부할 수 있다.
③ 소액징수면제	고지서 1장당 재산세로 징수할 세액이 2,000원 미만인 경우에는 해당 재산세를 징수하지 아니한다.
④ 납기	㉠ 토지 : 매년 9월 16일부터 9월 30일까지 ㉡ 건축물·선박·항공기 : 매년 7월 16일부터 7월 31일까지 ㉢ 주택 : 해당 연도에 부과·징수할 세액의 2분의 1은 매년 7월 16일부터 7월 31일까지, 나머지 2분의 1은 9월 16일부터 9월 30일까지. 다만, 해당 연도에 부과할 세액이 20만원 이하인 경우에는 조례로 정하는 바에 따라 납기를 7월 16일부터 7월 31일까지로 하여 한꺼번에 부과·징수할 수 있다.
⑤ 세부담의 상한	해당 재산에 대한 재산세의 산출세액이 직전 연도의 해당 재산에 대한 재산세액 상당액의 100분의 150을 초과하는 경우에는 100분의 150에 해당하는 금액을 해당 연도에 징수할 세액으로 한다.*

* 주택의 경우에는 다음의 금액을 해당 연도에 징수할 세액으로 한다.
  ① 주택공시가격 또는 시장·군수가 산정한 가액이 3억원 이하인 주택의 경우 : 해당 주택에 대한 재산세의 산출세액이 직전 연도의 해당 주택에 대한 재산세액 상당액의 100분의 105를 초과하는 경우에는 100분의 105에 해당하는 금액
  ② 주택공시가격 또는 시장·군수가 산정한 가액이 3억원 초과 6억원 이하인 주택의 경우 : 해당 주택에 대한 재산세의 산출세액이 직전 연도의 해당 주택에 대한 재산세액 상당액의 100분의 110을 초과하는 경우에는 100분의 110에 해당하는 금액
  ③ 주택공시가격 또는 시장·군수가 산정한 가액이 6억원을 초과하는 주택의 경우 : 해당 주택에 대한 재산세의 산출세액이 직전연도의 해당 주택에 대한 재산세액 상당액의 100분의 130을 초과하는 경우에는 100분의 130에 해당하는 금액

2. 주민세

(1) 주민세의 종류와 납세의무자

종 류	납세의무자
개인분	① 지방자치단체에 주소(외국인의 경우에는 출입국관리법에 따른 체류지)를 둔 개인[*1]
사업소분[*2]	① 지방자치단체에 법령으로 정하는 일정한 규모 이상의 사업소를 둔 개인 ② 지방자치단체에 사업소를 둔 법인 : 법인세의 과세대상이 되는 법인격 없는 사단·재단 및 단체를 포함 ③ 원칙 : 매년 7월 1일 현재의 사업주(매년 7월 1일 현재 1년 이상 계속 휴업하고 있는 자는 제외) ④ 사업소용 건축물의 소유자와 사업주가 다른 경우에는 건축물의 소유자에게 제2차 납세의무를 지울 수 있다.
종업원분	① "종업원분"이란 종업원의 급여총액을 과세표준으로 하여 부과하는 주민세를 말한다. ② 종업원분의 납세의무자는 종업원에게 급여를 지급하는 사업주로 한다.

*1 다만, 과세기준일 현재 다음의 어느 하나에 해당하는 자는 제외한다.
① 국민기초생활 보장법에 따른 수급자
② 민법에 따른 미성년자(그 미성년자가 미성년자가 아닌 자와 주민등록법상 같은 세대를 구성하고 있는 경우는 제외)
③ 주민등록법에 따른 세대원 및 이에 준하는 개인으로서 대통령령으로 정하는 자
④ 출입국관리법에 따른 외국인등록을 한 날부터 1년이 경과되지 아니한 외국인

*2 "사업소분"이란 사업소 연면적을 과세표준으로 하여 부과하는 주민세를 말한다.

(2) 주민세의 과세표준과 세율

구 분		과세표준과 세율	성 격
개인분		지방자치단체에 주소를 둔 개인 : 지방자치단체의 장이 1만원을 초과하지 아니하는 범위에서 조례로 정하는 세액	제한세율
사업소분	개인	지방자치단체에 사업소를 둔 개인 : 50,000원	표준세율
	법인	자본금에 따른 정액세(50,000원~200,000원)	표준세율
	연면적	㉠ 과세표준 : 과세기준일 현재의 사업소 연면적[*1] ㉡ 표준세율 : 사업소 연면적 1제곱미터당 250원	표준세율
종업원분[*3]		㉠ 과세표준 : 종업원에게 지급한 그 달의 급여 총액[*2] ㉡ 표준세율 : 종업원 급여총액의 0.5% ㉢ 면세점 : 납세의무 성립일이 속하는 달부터 최근 1년간 해당 사업소 종업원 급여총액의 월평균금액이 300만원에 50을 곱한 금액 이하인 경우에는 종업원분을 부과하지 아니한다.	표준세율

*1 면세점 : 해당 사업소의 연면적이 330제곱미터 이하인 경우에는 사업소분을 부과하지 아니한다.

*2 "종업원의 급여총액"이란 사업소의 종업원(사업소에 근무하거나 사업소로부터 급여를 지급받는 임직원, 그밖의 종사자로서 법령으로 정하는 사람)에게 지급하는 봉급, 임금, 상여금 및 이에 준하는 성질을 가지는 급여로서 법령으로 정하는 것을 말한다.

*3 중소기업 고용지원 : 중소기업의 사업주가 종업원을 추가로 고용한 경우(해당 월의 종업원 수가 50명을 초과하는 경우만 해당)에는 다음의 계산식에 따라 산출한 금액을 종업원분의 과세표준에서 공제한다. 이 경우 직전 연도의 월평균 종업원 수가 50명 이하인 경우에는 50명으로 간주하여 산출한다.

공제액 = (신고한 달의 종업원 수 − 직전 사업연도의 월평균 종업원 수) × 월 적용급여액

(3) 주민세의 납세절차

구 분	내 용
① 개인분	㉠ 개인분의 징수는 보통징수의 방법으로 한다. ㉡ 개인분의 과세기준일은 매년 7월 1일로 한다. ㉢ 개인분의 납기는 매년 8월 16일부터 8월 31일까지로 한다.
② 사업소분	㉠ 사업소분의 징수는 신고납부의 방법으로 한다. ㉡ 사업소분의 과세기준일은 7월 1일로 한다. ㉢ 사업소분의 납세의무자는 매년 납부할 세액을 8월 1일부터 8월 31일까지를 납기로 하여 납세지를 관할하는 지방자치단체의 장에게 신고·납부하여야 한다.*1
③ 종업원분	㉠ 종업원분의 징수는 신고납부의 방법으로 한다. ㉡ 종업원분의 납세의무자는 매월 납부할 세액을 다음 달 10일까지 납세지를 관할하는 지방자치단체의 장에게 신고하고 납부하여야 한다.*1

*1 사업소분 또는 종업원분의 납세의무자가 신고 또는 납부의무를 다하지 아니하면 산출세액 또는 그 부족세액에 무신고 또는 과소신고가산세와 납부불성실 가산세를 합한 금액을 세액으로 하여 보통징수의 방법으로 징수한다.

3. 지방소비세

구 분	내 용
① 과세대상	지방소비세의 과세대상은 부가가치세와 동일하다.
② 납세의무자	지방소비세는 재화와 용역을 소비하는 자의 주소지 또는 소재지를 관할하는 도에서 부가가치세법에 따라 부가가치세를 납부하여야 하는 자에게 부과한다.
③ 납세지	지방소비세의 납세지는 부가가치세의 신고·납세지로 한다.
④ 과세표준과 세액	㉠ 지방소비세의 과세표준은 부가가치세의 납부세액에서 부가가치세법 및 다른 법률에 따라 부가가치세의 감면세액 및 공제세액을 빼고 가산세를 더하여 계산한 세액으로 한다. ㉡ 지방소비세의 세액은 과세표준에 25.3%를 적용하여 계산한 금액으로 한다.
⑤ 특별징수 의무자	부가가치세의 납세지를 관할하는 세무서장 또는 관세법에 따라 부가가치세를 부과·징수하는 세관장을 지방소비세의 특별징수의무자로 한다.

구 분	내 용
⑥ 신고 및 납부	㉠ 지방소비세와 부가가치세를 신고·납부·경정 및 환급할 경우에는 지방소비세와 부가가치세가 합쳐진 금액으로 신고·납부·경정 및 환급하여야 한다. ㉡ 부가가치세법에 따라 부가가치세를 신고·납부한 경우에는 지방소비세도 신고·납부한 것으로 본다.

4. 지방소득세

구 분	내 용
① 납세의무자	소득세법에 따른 소득세 또는 법인세법에 따른 법인세의 납세의무가 있는 자는 지방소득세를 납부할 의무가 있다.
② 지방소득	㉠ 개인지방소득 : 소득세법에 따른 거주자 또는 비거주자의 소득을 말한다. ㉡ 법인지방소득 : 법인세법에 따른 내국법인 또는 외국법인의 소득을 말한다.
③ 과세표준	㉠ 종합소득, 퇴직소득 및 양도소득에 대한 개인지방소득세 과세표준은 소득세법과 동일하게 계산한 소득세의 과세표준(조세특례제한법및 다른 법률에 따라 과세표준 산정과 관련된 조세감면 또는 중과세 등의 조세특례가 적용되는 경우에는 이에 따라 계산한 소득세의 과세표준)과 동일한 금액으로 한다. ㉡ 내국법인의 각 사업연도의 소득, 청산소득 및 토지등 양도소득에 대한 법인지방소득세의 과세표준은 법인세법에 따라 계산한 법인세의 과세표준(조세특례제한법 및 다른 법률에 따라 과세표준 산정과 관련된 조세감면 또는 중과세 등의 조세특례가 적용되는 경우에는 이에 따라 계산한 법인세의 과세표준)과 동일한 금액으로 한다.
④ 표준세율	표준세율(법인세 및 소득세 세율의 10분의 1 수준)을 별도로 정함. → 지방자치단체의 조례로 표준세율의 50% 범위 내에서 표준세율을 가감할 수 있음.
⑤ 신고납부	㉠ 거주자가 종합소득, 퇴직소득 또는 양도소득에 대한 과세표준 예정신고 또는 확정신고를 하는 경우에는 해당 신고기한까지 종합소득, 퇴직소득 또는 양도소득에 대한 개인지방소득세 과세표준과 세액을 납세지 관할 지방자치단체의 장에게 신고·납부하여야 한다. ㉡ 각 사업연도 소득 및 토지등 양도소득에 대한 법인세 신고의무가 있는 내국법인은 각 사업연도의 종료일이 속하는 달의 말일부터 4개월 이내에 그 사업연도의 소득 및 토지등 양도소득에 대한 법인지방소득세의 과세표준과 세액을 납세지 관할 지방자치단체의 장에게 신고·납부하여야 한다. ㉢ 청산소득에 대한 확정신고의무가 있는 내국법인은 해당 신고기한까지 청산소득에 대한 법인지방소득세의 과세표준과 세액을 납세지 관할 지방자치단체의 장에게 신고·납부하여야 한다.

구 분	내 용
⑥ 특별징수의무	㉠ 소득세법 또는 조세특례제한법에 따른 원천징수의무자(특별징수의무자)가 거주자로부터 소득세를 원천징수하는 경우에는 원천징수하는 소득세의 10%에 해당하는 금액을 소득세 원천징수와 동시에 개인지방소득세로 특별징수하여야 한다. ㉡ 특별징수의무자가 개인지방소득세를 특별징수하였을 경우에는 그 징수일이 속하는 달의 다음 달 10일까지 납세지를 관할하는 지방자치단체에 납부하여야 한다. 다만, 소득세법에 따라 원천징수한 소득세를 반기(半期)별로 납부하는 경우에는 반기의 마지막 달의 다음 달 10일까지 납부할 수 있다. ㉢ 원천징수의무자가 내국법인으로부터 법인세를 원천징수하는 경우에는 원천징수하는 법인세의 10%에 해당하는 금액을 법인지방소득세로 특별징수하여야 한다. ㉣ 특별징수의무자는 특별징수한 지방소득세를 그 징수일이 속하는 달의 다음 달 10일까지 관할지방자치단체에 납부하여야 한다.
⑦ 연말정산 시 정산	개인지방소득세 특별징수의무자가 연말정산을 하는 경우에는 종합소득과세표준을 개인지방소득세 과세표준으로 하여 개인지방소득세 산출세액을 계산하고, 세액공제 등을 한 후 해당 과세기간에 이미 특별징수하여 납부한 지방소득세를 차감하고 그 차액을 특별징수(또는 환급)한다.
⑧ 소액징수 면제	지방소득세로 징수할 세액이 고지서 1장당 2천원 미만일 때에는 그 지방소득세를 징수하지 아니한다.

● 지방소득세의 독립세 전환(2014년부터 시행)

지방소득세의 과세표준을 확대하고 지방의 자주재원을 확충하기 위하여 부가세인 지방소득세를 독립세로 전환하였으며, 지방소득세 종업원분을 주민세로 전환하였다.

5. 기타의 보통세 요약

구 분	과세대상과 납세의무자	과세표준 및 세율	징수방법
자동차세	① 소유분 : 자동차의 소유자	자동차 1대당 일정액(표준세율)	보통징수
	② 주행분 : 휘발유·경유 등에 대한 교통에너지환경세의 납세의무가 있는 자	교통에너지환경세액의 1천분의 360(부가세)	신고납부
담배소비세	담배의 제조자·수입판매업자 등	담배의 개비수, 중량 또는 니코틴 용액의 용량의 일정액	신고납부
레저세	경마·경륜·경정·전통소싸움 등의 사업을 하는 자	승마투표권 등의 발매금총액의 10%	신고납부

6. 목적세

구 분	과세대상과 납세의무자	과세표준 및 세율	징수방법
지역자원시설세	흐르는 물을 이용하여 직접 수력발전(양수발전은 제외한다)을 하는 자, 지하수를 이용하기 위하여 채수(採水)하는 자, 원자력 또는 화석연료를 이용하여 발전을 하는 자, 건축물 소유자	용수량·채수량 등의 일정액 등 (표준세율)	신고납부 또는 보통징수
지방교육세	부동산 취득에 대한 취득세 등 법령에서 정하는 지방세의 납세의무자	지방세 납부세액의 일정률 (부가세)	신고납부 또는 보통징수

객 / 관 / 식 / 문 / 제

▶ 제2장 지방세의 세목

1 다음 중 취득세의 과세대상으로 올바르게 짝지워진 것은?

㉠ 종합체육시설이용권	㉡ 콘도미니엄 회원권	㉢ 특허권
㉣ 기계장비	㉤ 선 박	

① ㉠, ㉡, ㉣, ㉤　　② ㉠, ㉡, ㉢
③ ㉠, ㉡, ㉤　　④ ㉡, ㉢, ㉣

해설

특허권은 취득세의 과세대상이 아니다.

2 지방세법상 취득세에 관한 설명이다. 옳지 않은 것은?

① 요트회원권은 취득세 과세대상이다.
② 취득의 범위에는 교환에 의한 승계취득도 포함된다.
③ 법인 설립시에 발행하는 주식을 취득함으로써 과점주주가 된 경우 그 과점주주는 해당 법인의 취득세 과세대상을 취득한 것으로 보지 아니한다.
④ 관계 법령에 따라 등기·등록을 요하는 취득세 과세대상의 취득은 사실상 취득하여도 해당 등기·등록을 하지 아니하면 취득한 것으로 보지 아니한다.

해설

관계 법령에 따른 등기·등록 등을 하지 아니한 경우라도 사실상 취득하면 각각 취득한 것으로 보고 해당 취득물건의 소유자 또는 양수인을 각각 취득자로 한다.

3 다음은 과점주주에 대한 취득세와 관련된 설명이다. 잘못된 것은?

① 개인인 "갑"이 특수관계인과 함께 주권비상장법인 지분의 60%를 장외에서 취득한 경우에는 취득세 납세의무가 있다.

② 개인인 "을"이 주권비상장법인 설립시 70% 지분을 취득한 경우에는 취득세 납세의무가 없다.

③ 다른 주주의 주식이 감자됨으로써 주권비상장법인의 대주주인 "병"의 지분비율이 60%에서 70%로 증가한 경우에는 취득세 납세의무가 있다.

④ 개인인 "정"이 새로 취득한 지분 비율이 51%에서 1주라도 모자라는 경우에는 취득세 납세의무가 없다.

해설

과점주주가 당해 법인의 주식 또는 지분을 취득함으로써 지분비율이 증가한 경우에만 취득세 납세의무를 진다. 따라서 다른 주주의 주식이 감자됨으로써 지분비율이 증가한 경우에는 취득세 납세의무가 없다.

4 취득세에 관한 설명이다. 옳지 않은 것은?

① 선박 · 차량 · 기계장비의 종류의 변경 또는 토지의 지목을 사실상 변경함으로써 그 가액이 증가한 경우에는 이를 취득으로 보지 아니한다.

② 개인이 유상으로 취득한 토지의 취득세 과세표준은 취득자가 신고한 가액으로 하며 그 신고가액이 시가표준액보다 적을 때에는 그 시가표준액을 과세표준으로 한다.

③ 관계법령의 규정에 의한 등기 · 등록을 이행하지 아니한 경우라도 사실상으로 취득한 때에는 이를 취득한 것으로 보고, 해당 취득물건의 소유자 또는 양수인을 각각 취득자로 한다. 다만, 차량 · 기계장비 · 항공기 및 주문에 따라 건조하는 선박은 승계취득의 경우에 한정한다.

④ 원시취득과 승계취득을 포함한 유 · 무상의 일체의 취득에 대하여 과세한다.

해설

선박 · 차량 · 기계장비의 종류의 변경 또는 토지의 지목을 사실상 변경함으로써 그 가액이 증가한 경우에는 취득으로 본다.

5 지방세법상 취득세 및 재산세의 납세의무에 관한 설명이다. 옳지 않은 것은?

① 광업권을 취득한 자는 취득세 납세의무를 진다.

② 취득세의 징수는 신고납부의 방법으로 한다.

③ 재산세는 관할 지방자치단체의 장이 세액을 산정하여 보통징수의 방법으로 부과·징수한다.

④ 토지에 대한 재산세 과세대상은 종합합산과세대상 및 분리과세대상으로 구분한다.

해설

토지에 대한 재산세 과세대상은 종합합산과세대상, 별도합산과세대상 및 분리과세대상으로 구분한다.

6 지방세법상 부동산에 대한 취득세를 계산할 때 적용되는 표준세율이 다른 것은? (단, 조례에 따른 세율 조정 및 세율의 특례 등 별도로 제시되지 않은 사항은 고려하지 않음)

2024년 지방직 9급

① 상속으로 인한 농지 외의 것의 취득

② 상속으로 인한 취득 외의 무상취득 중 대통령령으로 정하는 비영리사업자의 취득

③ 원시취득

④ 합유물 및 총유물의 분할로 인한 취득

해설

합유물 및 총유물의 분할로 인한 취득에 대한 세율은 원칙적으로 2.3%이며, 그 외 보기 항목에 대한 세율은 모두 2.8%이다(지법 11 ①).

7 다음은 지방세에 대한 설명이다. 옳지 않은 것은?

① 부동산·선박·항공기·자동차 및 건설기계의 등록에 대한 등록면허세의 과세표준은 등록 당시의 가액으로 한다.

② 토지·건축물·주택에 대한 재산세 과세표준은 시가표준액으로 한다.

③ 지방소비세는 재화와 용역을 소비하는 자의 주소지 또는 소재지를 관할하는 도에서 부가가치세법에 따라 부가가치세를 납부하여야 하는 자에게 부과한다.

④ 법인지방소득세의 납세의무자는 산출세액을 각 사업장 관할 지방자치단체별로 안분계산하여 해당 사업연도종료일부터 4개월 내에 관할 지방자치단체의 장에게 신고하고 납부하여야 한다.

해설

토지 · 건축물 · 주택에 대한 재산세 과세표준은 시가표준액에 공정시장가액비율을 곱한 금액으로 한다.

8 지방세법상 재산세에 관한 설명으로 옳지 않은 것은?

① 재산세의 과세기준일은 매년 6월 1일로 한다.

② 토지에 대한 재산세의 납기는 매년 7월 16일부터 7월 31일까지이다.

③ 선박에 대한 재산세의 과세표준은 지방세법에서 규정하는 시가표준액으로 한다.

④ 주택에 대한 재산세는 해당 주택의 소재지를 관할하는 지방자치단체에서 부과한다.

해설

토지에 대한 재산세의 납기는 매년 9월 16일부터 9월 30일까지이다.

9 지방세법상 재산세에 대한 설명으로 옳지 않은 것은? ➲ 2024 지방직 9급

① 재산세는 토지, 건축물, 주택, 항공기 및 선박을 과세대상으로 한다.

② 재산세 과세기준일 현재 지방자치단체와 재산세 과세대상 재산을 연부로 매매계약을 체결하고 그 재산의 사용권을 무상으로 받은 경우에는 그 매수계약자가 재산세를 납부할 의무가 있다.

③ 재산세 과세기준일 현재 공부상의 소유자가 매매 등의 사유로 소유권이 변동되었는데도 신고하지 아니하여 사실상의 소유자를 알 수 없을 때에는 공부상의 소유자가 재산세를 납부할 의무가 있다.

④ 국가, 지방자치단체가 유료로 1년 이상 공용 또는 공공용으로 사용하는 재산에 대하여는 재산세를 부과하지 아니한다.

해설

국가, 지방자치단체가 1년 이상 공용 또는 공공용으로 사용하는 재산에 대해서는 원칙적으로 재산세를 부과하지 않으나, 유료로 사용하는 경우에는 재산세를 부과한다(지법 109 ②).

10 지방세법에 관한 설명으로 옳은 것은?

① 지방소비세의 과세대상은 소득세법을 준용한다.

② 지방자치단체의 장은 해당 지방자치단체의 관할 구역에 있는 부동산에 대하여 어떠한 경우에도 재산세의 물납을 허가할 수 없다.

③ 토지에 대한 재산세의 납기는 매년 5월 16일부터 5월 31일까지이다.

④ 재산세의 징수는 보통징수의 방법에 의하며 고지서 1매당 세액이 2,000원 미만인 때에는 재산세를 징수하지 아니한다.

해설

① 지방소비세의 과세대상은 부가가치세법을 준용한다.

② 지방자치단체의 장은 재산세의 납부세액이 1천만원을 초과하는 경우에는 재산세의 물납을 허가할 수 있다.

③ 토지에 대한 재산세의 납기는 매년 9월 16일부터 9월 30일까지이다.

11 다음은 지방세의 세목과 납세의무자 및 징수방법에 관한 설명이다. 올바른 것은?

	세 목	납 세 의 무 자	징수방법
①	재 산 세	재산을 사실상 소유하고 있는 자	보통징수
②	자 동 차 세	자동차를 사실상 이용하는 자	보통징수
③	개인분주민세	지방자치단체에 주소를 둔 개인	신고납부
④	등록면허세	재산권 등의 사실상 소유자 또는 면허를 받는 자	신고납부

해설

② 자동차세는 자동차를 소유하는 자(소유분) 또는 휘발유 · 경유 등에 대한 교통에너지환경세의 납세의무가 있는 자(주행분)을 납세의무자로 하고, 소유분은 보통징수, 주행분은 신고납부방법에 의하여 징수한다.

③ 개인분 주민세는 지방자치단체에 주소를 둔 개인을 납세의무자로 하고 보통징수방법에 의하여 징수한다.

④ 등록면허세는 등록을 하는 자(명의상의 권리자) 또는 면허를 받는 자를 납세의무자로 하고, 신고납부방법에 의하여 징수한다.

정답	1	①	2	④	3	③	4	①	5	④	6	④	7	②	8	②	9	④	10	④
	11	①																		

3 종합부동산세

제 1 절 | 종합부동산세의 개요

구 분	내 용
과세구분 및 세액	① 종합부동산세는 주택에 대한 종합부동산세와 토지에 대한 종합부동산세의 세액을 합한 금액을 그 세액으로 한다. ② 토지에 대한 종합부동산세의 세액은 토지분 종합합산세액과 토지분 별도합산세액을 합한 금액으로 한다.
과세기준일	종합부동산세의 과세기준일은 재산세의 과세기준일(매년 6월 1일)로 한다.
납세지	① 납세의무자가 개인 또는 법인으로 보지 아니하는 단체인 경우 : 소득세의 납세지 ② 납세의무자가 법인 또는 법인으로 보는 단체인 경우 : 법인세의 납세지
납세절차	① 원칙(부과징수) : 관할세무서장은 납부하여야 할 종합부동산세의 세액을 결정하여 당해연도 12월 1일부터 12월 15일(납부기간)까지 부과·징수한다. 관할세무서장은 종합부동산세를 징수하고자 하는 때에는 납부고지서에 주택 및 토지로 구분한 과세표준과 세액을 기재하여 납부기간 개시 5일 전까지 발급하여야 한다. ② 예외(신고납부) : 종합부동산세를 신고납부방식으로 납부하고자 하는 납세의무자는 종합부동산세의 과세표준과 세액을 당해연도 12월 1일부터 12월 15일까지 관할세무서장에게 신고·납부하여야 한다. 이 경우 관할세무서장의 종합부동산세 결정은 없었던 것으로 본다.
분납	관할세무서장은 종합부동산세로 납부하여야 할 세액이 250만원을 초과하는 경우에는 그 세액의 일부를 납부기한이 지난 날부터 6개월 이내에 분납하게 할 수 있다.
결정과 경정	① 관할세무서장 또는 관할지방국세청장은 과세대상 누락, 위법 또는 착오 등으로 인하여 종합부동산세를 새로 부과할 필요가 있거나 이미 부과한 세액을 경정할 경우에는 다시 부과·징수할 수 있다. ② 관할세무서장 또는 관할지방국세청장은 종합부동산세를 신고한 자의 신고내용에 탈루 또는 오류가 있는 때에는 당해연도의 과세표준과 세액을 경정한다.

제 2 절 | 주택에 대한 종합부동산세

구 분	내 용
납세의무자	① 과세기준일 현재 주택분 재산세의 납세의무자 ② 신탁법에 따른 수탁자의 명의로 등기 또는 등록된 신탁주택의 경우 그 신탁주택의 위탁자 → 세대별 합산과세에서 2009년부터 개인별 과세로 전환됨
과세표준	[(∑납세의무자별 주택의 공시가격) − 공제액*1] × 공정시장가액비율*2
	*1 1) 대통령령으로 정하는 1세대 1주택자 : 12억원 2) 법인 또는 법인으로 보는 단체 : 0원 3) 그 외의 자 : 9억원 *2 2022년 이후 : 60%
	※ 혼인함으로써 1세대를 구성하는 경우에는 혼인한 날부터 5년 동안은 주택을 소유하는 자와 그 혼인한 자별로 각각 1세대로 본다.
합산배제 주택	① 임대주택법에 따른 건설임대주택 · 매입임대주택 또는 다가구임대주택 등 법정요건을 충족하는 주택 ② 종업원의 주거에 제공하기 위한 기숙사 및 사원용 주택(국민주택규모 이하이거나 과세기준일 현재 공시가격이 6억원 이하), 주택건설사업자가 건축하여 소유하고 있는 미분양주택, 가정어린이집용 주택
세 율	① 일반주택 : 0.5%~2.7% 7단계 초과누진세율 ② 3주택 이상 소유 또는 조정대상지역 내 2주택 소유 : 0.5~5% 7단계 초과누진세율
재산세액의 공제	주택분 과세표준 금액에 대하여 해당 과세대상주택의 주택분 재산세로 부과된 세액(재산세 표준세율에 50% 범위 안에서 가감조정된 세율이 적용된 경우에는 그 세율이 적용된 세액, 재산세 세부담 상한을 적용받은 경우에는 그 상한을 적용받은 세액을 말함)은 주택분 종합부동산세액에서 이를 공제한다.
세액계산	① 일반적인 경우 : 종합부동산세액 = (주택분 종합부동산세 과세표준 × 세율) − 주택분 재산세
	② 1세대1주택자에 해당하는 경우 : 종합부동산세액 = (주택분 종합부동산세 과세표준 × 세율) − 주택분 재산세 − 고령자세액공제 − 장기보유자 세액공제
고령자 세액공제	① 만 60세 이상 만 65세 미만 : 산출세액의 20% ② 만 65세 이상 만 70세 미만 : 산출세액의 30% ③ 만 70세 이상 : 산출세액의 40%
	* 고령자세액공제와 장기보유자세액공제에서 산출세액이란 "(주택분 종합부동산세 과세표준 × 세율) − 주택분 재산세"를 말한다.
장기보유자 세액공제	① 5년 이상 10년 미만 보유 : 산출세액의 20% ② 10년 이상 15년 미만 보유 : 산출세액의 40% ③ 15년 이상 보유 : 산출세액의 50%
	* 장기보유자세액공제는 고령자세액공제와 중복적용이 가능하며, 두 공제를 합하여 공제율 70%를 한도로 한다.

구 분	내 용
세부담의 상한	종합부동산세의 납세의무자가 해당연도에 납부하여야 할 주택분 재산세액상당액(신탁주택의 경우 재산세의 납세의무자가 납부하여야 할 주택분 재산세액상당액)과 주택분 종합부동산세액상당액의 합계액(주택에 대한 총세액상당액)이 해당 납세의무자에게 직전연도에 해당 주택에 부과된 주택에 대한 총세액상당액으로서 대통령령으로 정하는 바에 따라 계산한 세액의 150%를 초과하는 경우에는 그 초과하는 세액에 대하여는 이를 없는 것으로 본다. 다만, 납세의무자가 법인 또는 법인으로 보는 단체인 경우에는 그러하지 아니하다.

제 3 절 | 토지에 대한 종합부동산세

구 분	내 용
과세방법	토지에 대한 종합부동산세는 국내에 소재하는 토지에 대하여 종합합산과세대상과 별도합산과세대상으로 구분하여 과세한다.
납세의무자	과세기준일 현재 토지분 재산세의 납세의무자로서 다음에 해당하는 자는 해당 토지에 대한 종합부동산세를 납부할 의무가 있다. 한편, 수탁자의 명의로 등기 또는 등록된 신탁토지의 경우 위탁자가 종합부동산세를 납부할 의무가 있다. 이 경우 위탁자가 신탁토지를 소유한 것으로 본다. ① 국내에 소재하는 종합합산과세대상 토지의 공시가격을 합한 금액이 5억원을 초과하는 자 ② 국내에 소재하는 별도합산과세대상 토지의 공시가격을 합한 금액이 80억원을 초과하는 자
과세표준	① 종합합산과세대상 토지 : [(∑납세의무자별 토지의 공시가격) − 5억원] × 공정시장가액비율 ② 별도합산과세대상 토지 : [(∑납세의무자별 토지의 공시가격) − 80억원] × 공정시장가액비율 ③ 공정시장가액비율 : 2022년 이후 100%
세 율	① 종합합산과세대상 토지 : 1%~3%의 3단계 초과누진세율 ② 별도합산과세대상 토지 : 0.5%~0.7%의 3단계 초과누진세율
재산세액의 공제	종합합산과세대상 또는 별도합산과세대상인 토지의 과세표준 금액에 대하여 해당 과세대상토지의 토지분 재산세로 부과된 세액(재산세 표준세율에 50% 범위 안에서 가감조정된 세율이 적용된 경우에는 그 세율이 적용된 세액, 재산세 세부담 상한을 적용받은 경우에는 그 상한을 적용받은 세액을 말함)은 토지분 종합합산세액 또는 토지분 별도합산세액에서 이를 공제한다.
세액계산	종합부동산세액 = (토지분 종합부동산세 과세표준 × 세율) − 토지분 재산세
세부담의 상한	종합부동산세의 납세의무자가 종합합산과세대상 또는 별도합산과세대상인 토지에 대하여 해당연도에 납부하여야 할 재산세액상당액과 토지분 종합합산세액상당액 또는 별도합산세액상당액의 합계액(종합합산과세대상 또는 별도합산과세대상인 토지에 대한 총세액상당액)이 해당 납세의무자에게 직전연도에 해당 토지에 부과된 종합합산과세대상인 토지 또는 별도합산과세대상인 토지에 대한 총세액상당액의 150%를 초과하는 경우에는 그 초과하는 세액에 대하여는 이를 없는 것으로 본다.

객 / 관 / 식 / 문 / 제

▶ 제3장 종합부동산세

1 다음은 다음은 종합부동산세에 대한 설명이다. 옳지 않은 것은?

① 국내에 있는 재산세 종합합산과세대상 토지의 공시가격이 5억원을 초과하는 경우 종합부동산세 과세대상이다.

② 국내에 있는 재산세 과세대상 주택의 공시가격이 6억원을 초과하는 경우 종합부동산세 과세대상이다.

③ 국내에 있는 재산세 별도합산과세대상 토지의 공시가격이 80억원을 초과하는 경우 종합부동산세 과세대상이다.

④ 종합부동산세의 과세기준일은 7월 1일로 재산세 과세기준일과 동일하다.

해설

종합부동산세의 과세기준일은 6월 1일로 재산세 과세기준일과 동일하다.

2 주택분 종합부동산세와 관련된 다음 설명 중 옳지 않은 것은?

① 주택분 종합부동산세의 납세의무자는 종합부동산세의 과세표준과 세액을 당해연도 12월 1일부터 12월 15일까지 관할세무서장에게 신고·납부하여야 한다.

② 1세대 2주택을 소유한 개인의 주택에 대한 종합부동산세는 국내에 있는 재산세 과세대상인 주택의 공시가격을 합산한 금액이 9억원을 초과하는 경우 납세의무가 있다.

③ 종업원의 주거에 제공하기 위한 기숙사는 종합부동산세 과세표준 합산의 대상이 되는 주택의 범위에 포함되지 않는 것으로 본다.

④ 주택분 과세표준 금액에 대하여 해당 과세대상주택의 주택분 재산세로 부과된 세액은 주택분 종합부동산세액에서 이를 공제한다.

해설

종합부동산세는 관할세무서장이 부과징수함을 원칙으로 하되, 납세의무자가 신고납부방식으로 납부하고자 하는 경우에는 과세표준과 세액을 관할세무서장에게 신고·납부할 수 있다.

3 토지분 종합부동산세와 관련된 다음 설명 중 옳지 않은 것은?

① 토지에 대한 종합부동산세는 국내에 소재하는 토지에 대하여 종합합산과세대상과 별도합산과세대상으로 구분하여 과세한다.

② 종합합산과세대상인 토지에 대한 종합부동산세의 과세표준은 납세의무자별로 해당 과세대상토지의 공시가격을 합산한 금액에서 5억원을 공제한 금액에 공정시장가액비율을 곱한 금액으로 한다.

③ 과세기준일 현재 토지분 재산세의 납세의무자로서 국내에 소재하는 종합합산과세대상 토지의 공시가격을 합한 금액이 5억원을 초과하는 자는 종합부동산세의 납세의무를 진다.

④ 종합합산과세대상 토지에 적용되는 종합부동산세율은 별도합산과세대상 토지에 적용되는 종합부동산세율보다 낮다.

해설

종합합산과세대상 토지에 적용되는 종합부동산세율은 별도합산과세대상 토지에 적용되는 종합부동산세율보다 높다.

정답	1	④	2	①	3	④

이 만 우

약 력

고려대학교 경영대학 졸업
미국 조지아대학 경영학박사(Ph.D.)
한국 및 미국공인회계사
전, 회계기준심의위원 역임
한국세무학회 회장 · 한국회계학회 회장
사법시험 시험위원
정부투자기관운영위원
예금보험공사 예금보험위원
국민경제자문회의 자문위원
기획재정부 세제발전심의위원
KBS 객원해설위원
조세심판원 비상임심판관
현, 고려대학교 경영대학 명예교수

저 서

회계원리, 회계감사, 고급회계, 경영학원론 등 다수

정 규 언

약 력

고려대학교 경영대학 졸업
고려대학교 경영학박사(Ph.D.)
University of Florida 법학박사(SJD in Taxation) 과정 수료
공인회계사 · 세무사
전, 삼일회계법인, 신한회계법인 근무
사단법인 한국세무학회 회장
기획재정부 세제발전심의위원
기획재정부 국세예규심사위원회 민간위원
현, 고려대학교 글로벌비즈니스대학 교수

저 서

세법1, 세법2, 세무회계

정 재 연

약 력

고려대학교 경영대학 졸업
고려대학교 경영학박사(Ph. D.)
공인회계사 · 세무사
전, 삼일회계법인, 삼덕회계법인 근무
기획재정부 세제발전심의위원
사단법인 한국세무학회 회장
현, 국회예산정책처 예산정책자문위원회 위원
한국대학교육협의회 이사
강원대학교 총장

저 서

객관식세법, 포인트세법, 중급세무회계연습
세무회계연습, 실전세무회계연습

노 준 화

약 력

고려대학교 경영대학 졸업(경영학 학사)
고려대학교 대학원 졸업(경영학 석사 · 박사)
한국공인회계사(KCPA) / 미국공인회계사(Washington State licensed CPA)
전, Visiting Scholar, Purdue University(2007.7 - 2008.12, LG연암재단 해외연구교수)
Pacific Lutheran University(2017.8 - 2018.7)
한국회계학회 회계감사분과위원장
현, 충남대학교 경영학부 교수

심 준 용

약 력

고려대학교 경영대학 졸업
서울대학교 경영학석사
고려대학교 경영학박사(Ph. D.)
공인회계사
전, 한국생산성본부 근무
삼정회계법인, 유진회계법인 근무
현, 명지대학교 경영학과 부교수

세법개론 <개정25판>

발 행 일 / 2001년 2월 16일 초 판 발행
2025년 2월 24일 개정25판 인쇄
2025년 2월 28일 개정25판 발행
저 자 / 이만우 · 정규언 · 정재연 · 노준화 · 심준용
발 행 인 / 김 원 술
발 행 처 / 세 학 사
주 소 / 04607 서울특별시 중구 다산로15길 28 (다산동)
전 화 / (02) 2231 - 4640(代)
팩 스 / (02) 2253 - 2209
등 록 / 제2 - 1311호
E-mail / book@saehaksa.co.kr
http://www.saehaksa.co.kr

정가 **52,000**원 ISBN 978-89-6622-705-1 93320